Handbuch
Moderneforschung

Friedrich Jaeger
Wolfgang Knöbl
Ute Schneider
(Hrsg.)

Verlag J. B. Metzler

Die Herausgeber:
Friedrich Jaeger ist Senior Fellow am Kulturwissenschaftlichen Institut Essen und apl. Professor für Neuere Geschichte an der Universität Witten/Herdecke.

Wolfgang Knöbl ist Direktor des Hamburger Instituts für Sozialforschung und Professor für Soziologie an der Universität Göttingen.

Ute Scheider ist Professorin für Sozial- und Wirtschaftsgeschichte an der Universität Duisburg-Essen.

Gedruckt auf chlorfrei gebleichtem, säurefreiem und alterungsbeständigem Papier

Bibliografische Information der Deutschen Nationalbibliothek
Die Deutsche Nationalbibliothek verzeichnet diese Publikation in der Deutschen Nationalbibliografie; detaillierte bibliografische Daten sind im Internet über http://dnb.d-nb.de abrufbar.

ISBN 978-3-476-02442-8

Dieses Werk einschließlich aller seiner Teile ist urheberrechtlich geschützt. Jede Verwertung außerhalb der engen Grenzen des Urheberrechtsgesetzes ist ohne Zustimmung des Verlages unzulässig und strafbar. Das gilt insbesondere für Vervielfältigungen, Übersetzungen, Mikroverfilmungen und die Einspeicherung und Verarbeitung in elektronischen Systemen.

© 2015 J. B. Metzler'sche Verlagsbuchhandlung
und Carl Ernst Poeschel Verlag GmbH in Stuttgart
www.metzlerverlag.de
info@metzlerverlag.de

Einbandgestaltung: Finken & Bumiller, Stuttgart (Foto: photocase.de / time.)
Satz: Claudia Wild, Konstanz in Kooperation mit primustype Hurler GmbH
Druck und Bindung: Kösel, Krugzell · www.koeselbuch.de

Printed in Germany
Verlag J. B. Metzler, Stuttgart

Inhalt

Einleitung 1	Rechtswissenschaft 216
Afrika . . . . 17 *Andreas Eckert*	*Thomas Gutmann*
	Religionswissenschaft . . . . 231 *Hans G. Kippenberg*
Arabische Welt . . . . 27 *Gudrun Krämer*	Russland und Osteuropa . . . . 244 *Stephan Merl*
Architekturgeschichte und Architekturtheorie 38 *Carsten Ruhl*	Soziologie . . . . 261 *Wolfgang Knöbl*
Ästhetische Theorie und American Studies . . . 49 *Winfried Fluck*	Stadtgeschichte und Urbanistik . . . . 275 *Clemens Zimmermann*
China . . . . 61 *Sabine Dabringhaus*	Technikgeschichte . . . . 288 *Ulrich Wengenroth*
Ethnologie . . . . 70 *Susanne Schröter*	Theaterwissenschaft . . . . 299 *Erika Fischer-Lichte*
Filmwissenschaft . . . . 81 *Wulf Kansteiner*	Theologie, Katholische . . . . 309 *Georg Essen*
Geschichtswissenschaft . . . . 94 *Christof Dipper*	Theologie, Protestantische . . . . 319 *Jan Rohls*
Japan . . . . 110 *Shingo Shimada*	Wirtschaftsgeschichte . . . . 332 *Werner Plumpe*
Jüdische Studien . . . . 118 *Philipp Lenhard*	Wissenschaftsgeschichte . . . . 348 *Noyan Dinçkal*
Kunstwissenschaft . . . . 132 *Gabriele Genge*	Die Autorinnen und Autoren 359
Lateinamerika . . . . 143 *Sérgio Costa*	Personenregister 365
Literaturwissenschaften . . . . 154 *Annette Simonis/Linda Simonis*	
Medizin und Medizingeschichte . . . . 166 *Alfons Labisch*	
Musik und Musikwissenschaft . . . . 180 *Nina Noeske*	
Muslimisches Südasien . . . . 192 *Claudia Preckel*	
Philosophie . . . . 204 *Gerald Hartung*	

Einleitung

Erfahrungskontexte und Herausforderungen der gegenwärtigen Debatten

Die ›Moderne‹ hat in den Kultur- und Sozialwissenschaften seit den 1980er-Jahren Konjunktur, wie etwa eine Auswertung bei Googles NgramViewer zu den Titeln von neu publizierten Büchern mit graphischer Anschaulichkeit zu zeigen vermag. Dabei wird zugleich ersichtlich, dass es sich keineswegs um ein deutschsprachiges Phänomen handelt; die zunehmende Verwendung des Begriffs *modernity* lässt sich gerade auch in englischsprachigen Wissenschaftskontexten feststellen. Weiterhin fällt auf, dass diese begriffliche Verdichtung in den Jahren »nach dem Boom« (Doering-Manteuffel/Raphael 2008) mit einer gleichermaßen zunehmenden Fortschrittsskepsis zusammenfiel, die der Zeit unmittelbar nach dem Zweiten Weltkrieg fremd war. Die zwei Jahrzehnte nach 1945 waren vielmehr auch die goldenen Zeiten der höchst fortschrittsgläubigen Modernisierungstheorie (Knöbl 2007, 23), die über die makrosoziologischen Debatten und ihre Akteure nicht nur in andere Wissenschaftsdisziplinen ausgestrahlt, sondern auch die politischen Reformprogramme bis zur Entwicklungspolitik geprägt hatte. Spätestens seit Ende der 1960er-Jahre geriet diese Theorie stark in die Defensive; neue Zeitdiagnosen tauchten auf, die nun von ›Risikogesellschaft‹, ›zweiter‹ oder ›reflexiver Moderne‹ und schließlich von ›Postmoderne‹ sprachen (Beck 1986; Beck et al. 1996; Lyotard 1982 [franz. 1979]) und damit jenen (vermeintlichen) Strukturbruch markierten, der zumeist mit Verweisen auf den soziostrukturellen Wandel der Industriegesellschaften, auf Umweltkatastrophen und Ressourcenknappheit sowie auf die Risiken etwa durch die Atomenergie begründet wurde.

Wie plausibel derartige Begründungen auch immer waren und sind, die Auseinandersetzungen mit diesen neuen Herausforderungen der Gegenwart öffneten jedenfalls nicht nur den Blick auf die globalen Dimensionen und Folgen menschlichen Handelns; sie warfen nochmals ganz grundsätzlich die Frage nach der Entstehung, den Strukturen und Leitkategorien der dieser jüngsten Zäsur vorhergehenden Epoche auf. Dabei gewann in der Abgrenzung der Gegenwart und Zukunft von der unmittelbaren Vergangenheit der Begriff der ›Moderne‹, der um 1880 von den Zeitgenossen zur Charakterisierung gegenwärtiger Veränderungen erstmalig Verwendung fand (Gumbrecht 1978), an Bedeutung. ›Moderne‹ avancierte zu einem »Makroperiodisierungsbegriff« (Klinger 2002, 122), der sich im Deutschen wie im Englischen durch ein breites semantisches Feld von ›Modernisierung‹ über ›Modernität‹, und *modernity* über *modernism* bis zu *modernization* auszeichnet. Begriffsgeschichtlich ist dies insofern ein interessanter Vorgang, als hier ein relationaler Begriff der Selbstbeschreibung und Abgrenzung von Vorhergehendem zu einer Zuschreibung vergangener Entwicklungen wurde und sich damit die Zeitlichkeit des Modernebegriffs veränderte.

Die einschlägigen Forschungsströmungen und Buchpublikationen in unterschiedlichen Disziplinen zeigen somit auf der einen Seite an, dass sich der Begriff der Moderne in den Kulturwissenschaften etabliert hat. Offensichtlich verbindet sich mit ihm die Überzeugung, dass er erstens unter Rezeptionsgesichtspunkten breite öffentliche und wissenschaftliche Aufmerksamkeit zu erzeugen und aktuelle Orientierungsbedürfnisse zu befriedigen vermag. Sie zeigen auch, dass er zweitens unter Gesichtspunkten der Themenerschließung wichtige Transformationsprozesse der Gegenwart und unmittelbaren Vergangenheit mit hinreichender Trennschärfe und Präzision zu identifizieren hilft; und dass er drittens eine tragfähige zeitliche Verortung der Untersuchungsgegenstände erlaubt, auch wenn dabei das Epochenspektrum der Moderne vom 18. Jh., gelegentlich sogar vom 15. Jh., bis zur unmittelbaren Gegenwart reichen kann.

Auf der anderen Seite ist jedoch auch unverkennbar, dass fast zeitgleich mit der Etablierung des Begriffs sogleich auch Kritiken und Modifikationen am Modernebegriff auftraten. Neben ubiquitären Begriffsadaptionen waren es vornehmlich soziologische Debatten über die ›Moderne‹ als Projekt und Leitkonzept, die in den Kulturwissenschaften Aufmerksamkeit fanden und zu einer intensiven Auseinandersetzung mit der ›Moderne‹ führten (Dipper 2012; Knöbl 2012b). Die Frage nach Periodisierungen, Strukturen, Zielen, Pfaden und Prozessen der Moderne mündete in eine Vielzahl von konzeptuellen Erweiterungen, Nuancierungen und alternativen Entwürfen (Therborn 1995; Wagner 1995; Habermas 1996; Eisenstadt 1998; Wittrock 1998; Arnason 2003; Schwinn 2006). Auf der begrifflichen Ebene schlugen sich diese Debatten in vielen Neuprägungen und

Komposita nieder wie etwa »Stabilisierungsmoderne« (Kittsteiner 2010), »Hochmoderne« (Herbert 2006), »sozialistische« oder »koloniale Moderne« (Chakrabarty 2002) oder *Late* bzw. *High Modernity* (Giddens 1991).

Insbesondere unter dem Eindruck der breit rezipierten Untersuchungen Shmuel Eisenstadts (1923 – 2010) geriet gerade die Vorstellung eines vorherrschenden westlichen Modells in die Kritik und seither bereichert die Rede von vielfältigen ›Modernen‹ (nun im Plural) die Debatten und Forschungen einiger Disziplinen (Eisenstadt 2000; Randeria et al. 2004). Diese Pluralisierung des Modernebegriffs ist inzwischen bereits selbst wiederum Gegenstand der Kritik, denn globalgeschichtliche und postkoloniale Theorieansätze wenden sich gegen den Eurozentrismus der Protagonisten des *multiple modernities*-Ansatzes, welche noch immer verkennen würden, wie sehr doch die Weltregionen (im Sinne *der connected histories*) miteinander verbunden waren und damit die Unterstellung der Entstehung und Existenz je disparater Modernen schon von vornherein schief ist (vgl. zu dieser Kritik etwa Chakrabarty 2000; Bhambra 2007; Mignolo 2011).

Im Rahmen der Untersuchungen kolonialer und postkolonialer Gesellschaften kamen insbesondere lokale Diskurse und Praktiken in den Blick, welche die Frage nach dem Stellenwert von Kultur und Religion aufwarfen und zudem die Dichotomie von Tradition und Moderne sehr viel stärker hinterfragten, als dies in der Kritik an der Modernisierungstheorie seit den späten 1960er-Jahren ohnehin schon getan worden war. Die inzwischen zahlreichen Revisionsangebote knüpfen also in gewisser Weise an Debatten über und Kritiken an der Modernisierungstheorie in den späten 1960er-Jahren an; indem sie aber die Frage nach den Akteuren und dem Verlauf gesellschaftlichen Wandels in global und epochal vergleichender Perspektive auf die Agenda der Moderneforschung setzen, haben sie selbst zu einer radikalen Relativierung vermeintlich gesicherter Erkenntnisse beigetragen, die nicht ohne Folgen für die Erforschung der ›Moderne‹ geblieben ist (Bendix 1988; Bayly 2004; Willems u. a. 2013; Köhler 2014; Bringel/Domingues 2015).

Die kontroversen Forschungsdebatten über die Singularität oder Pluralität der ›Moderne‹ haben in der Verknüpfung mit regional, global und epochal vergleichenden Ansätzen einerseits und der Frage nach den Spezifika dieser Moderne(n) – etwa im Hinblick auf ethnische, klassenmäßige und geschlechtsspezifische Merkmale maßgeblicher Akteure und die jeweilige Gestalt involvierter Institutionen und Organisationen – anderseits inzwischen ein breites und heterogenes Forschungsfeld konstituiert. Auf die gemeinsame und zentrale Frage, was denn nun die Moderne sei, bieten sie ein ebenso breites Spektrum von Antworten, das von normativen Theorieangeboten bis zu Periodisierungsvorschlägen reicht (Schwinn 2009; Bonacker/Reckwitz 2007; Beck/Mulsow 2014). Weil dabei die Grenzen zwischen analytischer Kategorie und Selbstbeschreibung changieren, werden über den Begriff der ›Moderne‹ eben auch weltanschauliche Differenzen ausgehandelt, und dies weit über die Forschungskontexte hinaus.

Die Politisierung der Forschungskontexte und Zweifel am analytischen Potential der ›Moderne‹ haben einzelne Wissenschaftler veranlasst, zu einem Moratorium im Hinblick auf die Verwendung des Modernebegriffs aufzurufen (Joas 2012c), oder mündeten in dem Vorschlag, sie als einen Begriff der Selbstbeschreibung und der Abgrenzung zu analysieren (Luhmann 1992, 14; s. auch Knöbl 2012b). Grundlage dafür ist jedoch eine Bestandsaufnahme der Rezeption von Modernekonzepten und der Debatten über diese in den unterschiedlichen Disziplinen, wie sie bisher nur in wenigen Round-Table-Gesprächen (AHR 2011) oder Forschungsüberblicken versucht wurde (Klinger 2012; Knöbl 2012b; Dipper 2012). Erste vorläufige Ergebnisse verweisen auf das Vorhandensein sehr unterschiedlicher Konzepte und Debattenstränge in den einzelnen Disziplinen der Sozial- und Kulturwissenschaften mit weiteren erheblichen Binnendifferenzierungen innerhalb der Fächer. An diesem Befund setzt nun das vorliegende Handbuch an, das sich eine breite disziplinäre Bestandsaufnahme der Modernedebatten zum Ziel gesetzt hat.

Fächerübergreifender und forschungsorientierter Ansatz

Innerhalb der aktuellen Diskussionslandschaft zum Thema ›Moderne‹ eröffnet das Handbuch eine neue Perspektive, indem es das Thema fächerübergreifend und zugleich forschungsorientiert angeht. Dem entspricht der Titel des Bandes, der sich bewusst nicht als ein *Handbuch der Moderne*, sondern als ein *Handbuch der Moderneforschung* versteht. Gefragt wird also nicht: »Was ist die Moderne«, d. h. worin bestehen die sie als Epoche ›objektiv‹ kennzeichnenden Strukturen, Eigenschaften, Entwicklungsprozesse und Formationen. Vielmehr soll in Auseinandersetzung mit der Forschung ›reflexiv‹ herausgearbeitet werden, wie zentrale Disziplinen im universitären Fächerkanon die Moderne als Epochenphänomen bislang aufgegriffen haben bzw. wie sie die Moderne gegenwärtig aus ihren jeweiligen Perspektiven zum Thema machen. Angestrebt werden dabei disziplinäre Bestandsaufnahmen im Sinne detaillierter Forschungsüberblicke, die den *state of the art* der Moderne-Debatten in einem breiten Spektrum kultur- und sozialwissenschaftlicher Disziplinen sichtbar machen sollen.

Ein solcher Blick auf die in den kulturwissenschaftlichen Disziplinen geführten empirischen Moderne-Diskurse steht bislang aus und verspricht interessantere und ertragreichere Einsichten als eine bloße Sammlung und Darstellung mittlerweile gut bekannter geschichtsphilosophisch inspirierter Makrotheorien oder modernisierungstheoretisch angeleiteter Epochenbeschreibungen, die in der Vergangenheit die Modernedebatten geprägt haben. Dies ist deshalb der Fall, weil schon ein oberflächlicher Blick auf einzelne Disziplinen zum Staunen darüber führt, mit welchen unterschiedlichen Argumenten und Begriffen dort jeweils über die Moderne gesprochen wird, welche theoretischen Figuren wie selbstverständlich verwendet werden (und welche nicht) und welche benachbarten Fächer die Modernediskussion in der jeweils eigenen Disziplin prägen (und welche nicht).

Die Autorinnen und Autoren der verschiedenen Beiträge wurden daher gebeten, keine eigenen Konzepte der Moderne auf dem neuesten Stand der Diskussion in ihren jeweiligen Fächern zu entwickeln, sondern sowohl in Auseinandersetzung mit der Forschungsgeschichte als auch unter Berücksichtigung der aktuellen Forschungspraxis zu untersuchen, auf welchen Semantiken und Begriffstraditionen die für ihre Fächer einschlägigen Konzepte der Moderne beruhen, mit welchen methodischen Zugriffen sie operieren und welche empirischen Einsichten und Befunde sie bereitstellen. In fundierter Auseinandersetzung mit der kulturwissenschaftlichen Empirie soll auf diese Weise sowohl die historische als auch die gegenwärtige Vielfalt von Moderne-Ansätzen im Rahmen des Handbuchs aufgearbeitet werden. Aus diesen allgemeinen Perspektiven ergeben sich die folgenden Überlegungen zum Spektrum der berücksichtigten Disziplinen sowie zum forschungsorientierten Ansatz des Handbuchs.

Das Spektrum der Disziplinen

Anspruch und Leitidee des Handbuchs ist es, diejenigen kulturwissenschaftlichen Fächer zu berücksichtigen, die in der Vergangenheit und Gegenwart von zentraler Bedeutung für die Moderne-Diskussion waren bzw. heute noch sind. Dieser Ansatz gewährleistet, die disziplinäre Vielfalt von Moderneansätzen abzubilden und sie in ihren Gemeinsamkeiten und Unterschieden sichtbar werden zu lassen. Dem dabei einschlägigen kulturwissenschaftlichen Fächerspektrum sind 21 der insgesamt 28 Beiträge des Handbuchs zugeordnet. Ihre Auswahl entspricht weitgehend dem Kanon derjenigen geistes- und sozialwissenschaftlichen Fächer, die seit langem akademisch institutionalisiert sind und methodisch eigenständige Forschungsstrategien verfolgen. Die ihnen gewidmeten Artikel sind – von der Architekturtheorie bis zur Wissenschaftsgeschichte – alphabetisch sortiert.

Mit dieser Orientierung an einem eher klassisch-traditionellen Fächerkanon der Kulturwissenschaften grenzt sich das Handbuch von anderen Möglichkeiten ab, die Inter- bzw. Transdisziplinarität kulturwissenschaftlicher Forschung im Hinblick auf bestimmte Themenfelder zur Geltung zu bringen. Gemeint sind damit v. a. diejenigen Rekonstruktionsversuche kulturwissenschaftlicher Interdisziplinarität, die sich seit einigen Jahren unter den Leitbegriffen der *cultural turns* (Bachmann-Medick 2006) oder der *Cultural Studies* (Moebius 2012) etabliert haben. Zweifellos gelingt es diesen Ansätzen auf innovative Weise, den fächerübergreifenden Charakter aktueller kulturwissenschaftlicher Forschungstrends und Schwerpunktthemen einzufangen – vom *iconic turn* und die *Visual Studies* über den *spatial turn* und die *Media Studies* bis zum *postcolonial turn*.

Im Hinblick auf das spezielle Thema des hier vorliegenden Handbuchs erlaubt jedoch die Fokussierung auf einzelne konkrete Fächer eine zielgenauere Rekonstruktion der Unterschiede und Besonderheiten der wichtigsten Diskurse innerhalb der neueren Moderneforschung. Zwar lassen sich auch in ihrem Kontext durchaus fächerübergreifende Fragestellungen, Konzepte und methodische Zugriffe erkennen, wie z. B. die Kritik westlicher oder eurozentrischer Denkformen im Kontext der *Postcolonial Studies*, die starke Berücksichtigung räumlicher Faktoren und Entwicklungswege im Sinne des *spatial turn*, oder die Ausrichtung an globalen Unterschieden, Verflechtungen und Relationen im Sinne der *Global Studies* und der *multiple modernities*. Diesen fächerübergreifenden Ansätzen im Sinne von ›Turns‹ und ›Studies‹ sind im Rahmen des Handbuchs jedoch keine eigenen Artikel gewidmet. Im Mittelpunkt der Beiträge steht vielmehr die jeweils disziplinspezifische Ausprägung von Forschungstrends, deren fächerübergreifender Charakter gleichwohl bei der Querlektüre der Beiträge unmittelbar sichtbar wird.

Mit den an einzelnen Fächern orientierten Bestandsaufnahmen spiegelt das Handbuch einen Modernediskurs, wie er derzeit in der europäisch-westlichen Wissenschaftskultur gepflegt wird bzw. in ihrem Kontext bisher gepflegt worden ist. Das heißt jedoch nicht, dass in den Beiträgen ausschließlich Aspekte der westlichen Moderne zum Thema gemacht werden. Vielmehr gehört es zu den expliziten Arbeitsaufgaben der Autorinnen und Autoren, in ihren Artikeln auch einen Überblick darüber zu geben, inwieweit in der empirischen Forschungspraxis der verschiedenen Disziplinen aktuelle Erfahrungen einer globalen Verflechtung unterschiedlicher Modernen verarbeitet werden und auf welche Weise die Vielfalt von Entwicklungspfaden jenseits westlicher Modernisierungsparadigmen zur Geltung kommt. Mit dieser Maßgabe sollte eine Erweiterung des Modernediskurses über den europäisch-westlichen Reflexionsraum hinaus erreicht und dabei insbesondere der Frage nachgegangen werden, ob und ggf. in welcher Form die Forschungsansätze zu den *multiple modernities* oder die postkoloniale Kritik an diesen in den verschiedenen Fächern als Theorieangebote zur Überwindung überlieferter Ethnozentrismen westlicher Provenienz genutzt werden (Boatca/Spohn 2010; Gaonkar 2001; Schelkshorn/Ben Abdeljelil 2012). In vielen Beiträgen des Handbuchs ließ sich diese Leitfrage auf fruchtbare Weise aufgreifen. Deutlicher und differenzierter als bisher dürfte nun erkennbar sein, mit welchen Fragestellungen, Forschungsansätzen, Methoden und Resultaten in den Kulturwissenschaften zum Thema multipler, verflochtener, alternativer und globaler Modernen gearbeitet wird.

Darüber hinaus wird das an der westlichen Wissenschaftslandschaft orientierte Fächerspektrum des Handbuchs durch Beiträge aus den für die neuere Moderne-Diskussion immer wichtiger werdenden *Area-Studies* ergänzt. In ihnen werden Debatten über die Moderne in den nicht-westlichen Weltregionen aufgearbeitet und untersucht, die z. T. mit denjenigen im Westen kaum in Einklang zu bringen sind. Aus diesem Grunde werden in weiteren sieben Beiträgen des Handbuchs die dafür einschlägigen Weltregionen separat zum Thema gemacht. Dabei handelt es sich um Afrika, den arabischen Raum, China, das muslimische Indien, Japan, Lateinamerika sowie schließlich Russland und Osteuropa – Russland nicht zuletzt auch deshalb, weil sich der seit der Frühen Neuzeit dort geführte Modernediskurs ebenfalls maßgeblich von einschlägigen Konzepten des übrigen Europas unterscheidet. Auch diese Beiträge zu den verschiedenen *Area Studies* sind in die alphabetische Struktur des Handbuchs integriert.

In diesen Beiträgen aus den verschiedenen Regionalwissenschaften geht es um die Erschließung von Argumenten vornehmlich aus solchen Kulturen und Gesellschaften, in denen es eine ›Moderne‹ im westlichen und vielleicht als ›modernisierungstheoretisch‹ zu bezeichnenden Sinne terminologisch gar nicht gegeben hat bzw. die in einem überaus spannungsvollen Verhältnis zur westlichen Moderne standen und stehen, wie dies von postkolonialen Ansätzen der vergangenen Jahre herausgearbeitet worden ist (Bhambra 2007). Aber auch die Rezeption und Kritik des europäisch-westlichen Modernediskurses in diesen verschiedenen Regionen soll in Auseinandersetzung mit der jeweiligen Forschung präzise herausgearbeitet werden.

Angesichts einer komplexen Gemengelage von wechselseitigen Einflüssen, kulturellen Adaptionen, Gegendiskursen und alternativen Denkwegen ist u. a. zu sondieren, welche äquivalenten Formen historischer Zeit-, Epochen- und Gegenwartsdeutungen es gegeben hat; welche Wahrnehmungsformen, Semantiken, Begriffsapparate und Gesellschaftsvorstellungen anstelle des Konzepts der Moderne dominierten; innerhalb welcher disziplinärer Strukturen, Kommunikationsmedien, intellektueller Reflexionsformen oder literarischer Gattungen die hier in Rede stehenden Zeiterfahrungen formuliert worden sind; und schließlich von wem diese Reflexionen zur Moderne konkret angestellt worden sind, d. h. welchen sozialen Gruppen und intellektuellen Milieus die jeweiligen Autorinnen und Autoren angehörten oder in welchen institutionellen Zusammenhängen sie verankert waren. Beabsichtigt ist, damit eine interkulturelle ›Übersetzung‹ von Diskursen über die Moderne in andere, nicht-westliche Formen des Zeitdenkens und der Gegenwartsanalyse zu ermöglichen, um den gegenwärtigen Debatten über multiple, alternative, globale und verflochtene Modernen eine solide Forschungsbasis zu geben. Erst durch eine derartige globale Ausrichtung des Handbuchs können die Semantiken und Konzepte unterschiedlicher Pfade der Moderne komparativ sichtbar gemacht und im Interesse einer interkulturellen Wissenskommunikation in ihrer Pluralität und Unterschiedlichkeit erschlossen werden.

Der forschungsorientierte Ansatz

Mit der Aufarbeitung der empirischen Praxis einer interdisziplinär organisierten kulturwissenschaftlichen Moderneforschung reagiert das Handbuch auf eine Kritik, die in den vergangenen Jahren am Begriff der Moderne geübt worden ist und die dessen Legitimität und Angemessenheit auf grundsätzliche Weise infrage stellt (z. B. Joas 2012 b, 38 f.). Grob zusammengefasst besagt diese Kritik, dass sich mit hochabstrakten Allgemeinbegriffen wie dem der Moderne eine doppelte Gefahr verbinde: Zum einen droht die Entkopplung von der Empirie kulturwissenschaftlicher Forschung, indem eine Fülle gänzlich heterogener gesellschaftlicher Phänomene und geschichtlicher Entwicklungen unter einen einzigen Begriff gezwungen wird. Ein derartiger Begriff der Moderne suggeriere eine gedankliche Einheit und homogene Struktur der Wirklichkeit, die deren realer Vielfalt und den dort zu findenden kontingenten Entwicklungen nicht entspricht, sodass ihm gegenüber eine »kontingenzbezogene Revision unseres Verständnisses von Moderne und Modernisierung« gefordert wird (Joas 2012 a, 114; s. auch Knöbl 2007). Zum anderen verbinde sich mit einer abstrahierenden Denkweise, die die Moderne zu einem Totalitätsbegriff von Realität hypostasiert, die Gefahr einer normativen Aufladung westlicher Entwicklungsmodelle in der Tradition geschichtsphilosophischer Meistererzählungen, die seit ihrer Entstehung im 18. Jh. Kernbestandteile des europäischen Ethnozentrismus repräsentieren (Schloßberger 2013). Im weiteren Sinne wurde dieses Argument bereits von der postmodernen Kritik an den klassischen Konzepten der Moderne geltend gemacht, wie sie sich in den europäischen Gesellschaften des 18. und 19. Jh.s wissenskulturell etabliert hatten (Welsch 2008).

Nun ist in der Tat evident, dass Epochenbegriffe wie derjenige der Moderne (und vergleichbar auch der Begriff der Neuzeit) traditionell auf europäische Erfahrungsbestände zugeschnitten sind und insofern auch die partikularen Ideenkomplexe und Wertvorstellungen eines kulturellen Eurozentrismus verkörpern (Jaeger 2003; Knöbl 2012 a). Als Elemente der historischen Selbstdeutung sowie des kulturellen Gedächtnisses geben sie gemeinsamen Erfahrungen Ausdruck und leisten damit einen wesentlichen Beitrag für die kulturelle Formierung moderner westlicher Gesellschaften. Die Frage ist jedoch, ob Epochenkonzepte wie das der Moderne dabei geradezu zwanghaft die normativen und teleologischen Fallstricke ehemaliger Geschichtsphilosophien reproduzieren (müssen), oder ob sie sich interkulturell gegenüber anderen Zeitkonzepten sowie empirisch gegenüber der kulturwissenschaftlichen Forschung öffnen lassen. Lassen sie sich möglicherweise auf eine forschungspraktisch fruchtbare, methodisch kontrollierte und heuristisch offene Weise nutzen, die sie als wichtige Instrumente der zeitlichen Periodisierung mit hohem forschungsoperativem Wert und damit als »notwendige Denkschritte zur Ordnung des Erfahrungsbereichs der Geschichte im Ganzen« (Rüsen 2013, 151) auszeichnen und legitimieren?

Dieser ergebnisoffen gestellten Ausgangsfrage nach der ›Legitimität der Moderne‹ als einer wesentlichen fächerübergreifenden Forschungskategorie gehen die Beiträge des Handbuchs am Beispiel der einschlägigen kulturwissenschaftlichen Disziplinen und deren jeweiliger Verwendung des Moderne-Begriffs nach. Ihre Antworten auf diese Frage spiegeln die Pluralität einer überaus heterogenen Forschungspraxis. Um trotz dieser disziplinären Vielfalt eine Vergleichbarkeit der Befunde sowie eine größtmögliche inhaltliche Kohärenz des Bandes sicherzustellen, folgen die Artikel zu den verschiedenen Fächern einer einheitlichen Struktur und einem Set gemeinsamer Fragestellungen, die im Folgenden näher dargelegt werden sollen.

Aufbau und Struktur der Beiträge: Aufgaben, Fragestellungen, Themen

Mit Blick auf die heuristischen Perspektiven, die für die vorliegenden Artikel leitend sind, strebt das Handbuch, wie bereits erwähnt, einen Mittelweg zwischen einem hohen Maß an Einheitlichkeit der Beiträge und der gleichzeitigen Berücksichtigung fachspezifischer Besonderheiten an. Um die Vergleichbarkeit der Befunde sowie die Kohärenz des Bandes zu gewährleisten, liegen den Beiträgen einerseits übergreifende Leitfragen und Argumentationsschritte zugrunde, aus denen eine weitgehend identische Kapitelstruktur resultiert, die den Handbuchcharakter des Bandes unterstreicht. Andererseits werden diese Leitfragen auf ganz unterschiedliche Art und Weise empirisch eingelöst. Denn um zu große Uniformität zu vermeiden, konnten die Autorinnen und Autoren jeweils auch alternative Themenschwerpunkte definieren und eigene Perspektiven einnehmen, sofern die Besonderheiten der Moderne-Narrationen in den einzelnen Fächern dies erforderlich machten. In diesem Sinne repräsentieren die Leitfragen, an denen sich die Beiträge des Bandes orientieren, kein starres Korsett, sondern einen offenen heuristischen Rahmen, der die disziplinäre Vielfalt und Unterschiedlichkeit von Diskursen über die Moderne nicht verstellt, sondern in den Blick zu bringen versucht.

(1) Beim ersten Punkt, *Definitionen und Anwendungsbereiche*, wurden die Verfasserinnen und Verfasser gebeten, die konkreten Prozesse und Phänomene zu benennen, die der Begriff der Moderne in den verschiedenen Disziplinen in den Blick bringt. Es geht darum, welches Bedeutungsspektrum er jeweils besitzt, welche geschichtlichen Entwicklungen postuliert bzw. rekonstruiert werden und wie er von wichtigen Vertretern der Moderneforschung definiert wird bzw. in wichtigen Forschungstraditionen historisch definiert worden ist. Dabei sind die Beiträge zu den *Area Studies* gezielt der Frage nach den äquivalenten Definitionen von Moderne in den nicht-westlichen Wissenschaftskulturen gewidmet.

Darüber hinaus ist die Frage nach dem forschungspraktischen Gebrauch sowie nach den konkreten Einsatzfeldern und den Anwendungszwecken der Modernekategorie in den verschiedenen Fächern für die Erkenntnisziele des Handbuchs von besonderer Bedeutung. Dazu gehört insbesondere, ob und inwieweit sich in den verschiedenen Fächern eine deskriptiv-analytische und eine politisch-normative Verwendung der Moderne-Kategorie unterscheiden lassen bzw. ob Formen ihrer Überlagerung und Vermittlung erkennbar sind. Dies erstreckt sich auch darauf, welche Bedeutung dem jeweiligen Untersuchungsgegenstand – z. B. der Wissenschaft, der Literatur oder der Technik – für die Herausbildung und den Fortgang der Moderne beigemessen wird und woran sich seine spezielle Relevanz für die Formierung moderner Gesellschaften und Kulturen erkennen lässt.

(2) Die Themen *Forschungsgeschichte, Semantik und Gegenkonzepte* markieren einen weiteren Gesichtspunkt, an dem sich die Artikel dieses Handbuchs orientieren. Im Zentrum der forschungsgeschichtlichen Rekonstruktion steht erstens die Frage, wann und in welchen historischen Kontexten, soziokulturellen Konstellationen und wissenschaftlichen Medien sich in dem jeweils untersuchten Fach die einschlägigen Moderne-Diskussionen vollzogen haben. Ein zweiter wesentlicher Untersuchungsaspekt ist, welche Akteure diese wissenschaftlichen Debatten geführt haben, auf welche Zeiterfahrungen sie dabei reagierten, mit welchen methodischen Instrumentarien sie operierten und welchen Einfluss sie auf Öffentlichkeit, Staat und Gesellschaft besaßen. Zu untersuchen ist drittens, ob sich bestimmte Konjunkturen ausmachen und welche Ursachen sich für ihr Auftreten anführen lassen. Unter rezeptionsgeschichtlichen Gesichtspunkten ist es viertens von besonderem Interesse, welche Wissenschafts- und Theorietraditionen als maßgebliche ›Klassiker‹ erkannt werden, inwiefern man an sie anknüpft oder sich kritisch von ihnen abgrenzt.

Besondere Bedeutung kommt dabei den Austauschprozessen, Querverbindungen und wechselseitigen Einflüssen zwischen den Disziplinen zu. Sind hier – ganz im Sinne der interdisziplinären Erkenntnisinteressen des Handbuchs – für den Moderne-Diskurs in den jeweiligen Disziplinen Nachbarfächer oder Autoren aus Nachbarfächern besonders einflussreich geworden und auf welche Weise wurden sie ggf. fruchtbar gemacht? Zu erwarten sind von den Artikeln fünftens schließlich auch Aussagen darüber, ob sich in bestimmten Perioden Leitdisziplinen ausmachen lassen, die neue konzeptionelle Ansätze entwickelt haben, von denen ausgehend sich auch in anderen Disziplinen neue Denkwege ergeben haben. Als Beispiel mag der in der Makrosoziologie entwickelte Forschungsansatz der *multiple modernities* gelten, der in zahlreichen Disziplinen neue Forschungsperspektiven eröffnet hat.

In der empirischen Einlösung dieser forschungsgeschichtlichen Leitfragen wird in einer ganzen Reihe von Beiträgen eine lange, z. T. bis ins 18. und 19. Jh. zurückgehende Forschungsgeschichte sichtbar. Mit der Aufarbeitung dieser Traditionen werden komplexe Selbstbeschreibungen der Moderne aus unterschiedlichen Perioden erkennbar, die einen großen theoriegeschichtlichen Nutzen besitzen. Jürgen Osterhammels Appell an die Adresse der neueren Moderneforschung: »Die reichen Selbstdiagnosen des 19. Jh.s müssen der Ausgangspunkt jedes Versuchs sein, die Signatur des Zeitalters zu verstehen« (Osterhammel 2010, 1281), ist insofern auch für dieses Handbuch leitend.

Neben der Forschungsgeschichte steht aber auch die Semantik der Moderneforschung im Zentrum des Interesses. Hier geht es darum, mit welcher Begrifflichkeit in den einzelnen Etappen der Forschungsgeschichte operiert wurde und wie sich Aufstieg, Konjunktur und Krise der jeweils kennzeichnenden Leitbegriffe (wie zum Beispiel des Begriffs der Modernisierung) erklären lassen. Das Ziel ist dabei zunächst, die disziplinären Besonderheiten der jeweiligen Begriffsverwendung in den Blick zu bringen. Darüber hinaus geht es aber auch um den Bedeutungsgehalt, den Modernebegriffe in unterschiedlichen Wissenschaftssprachen angenommen haben, denn aus zahlreichen Beiträgen geht hervor, dass diese Begriffe selbst innerhalb der europäischen Sprachen häufig etwas sehr Unterschiedliches meinen. Schließlich ergeben sich große semantische Bedeutungsunterschiede der Moderne-Begrifflichkeit, je nachdem, ob man sie auf die adjektivische Zuschreibung bestimmter Eigenschaften und Modernitätsmerkmale begrenzt – im Sinne von ›moderner Gesellschaft‹ etwa –, oder man sie zu einem festgefügten Epochenbegriff ›der Moderne‹ substantiviert, mit dem sich die Gefahren einer geschichtsphilosophischen Essenzialisierung sowie einer raum-zeitlichen Fixierung verbindet, die heutzutage nicht selten als traditioneller Ballast eurozentrischer Modernekonzeptionen problematisiert werden.

Von der Seite der *Area Studies* werden die Herausforderungen der begriffsgeschichtlichen Arbeit zudem dahingehend potenziert, dass sie die Aufmerksamkeit auf die globale Vielfalt von Moderne-Semantiken und Theoriesprachen in den nicht-westlichen Kulturen lenken. Deren Vermittlung und Vergleich stellen anspruchsvolle kulturwissenschaftliche Aufgaben dar, zu deren Lösung die entsprechenden Artikel des Handbuchs ebenfalls einen Beitrag leisten wollen.

Besondere Beachtung verdient schließlich noch die Frage nach den Gegen- und Alternativbegriffen der Moderne sowie nach deren Bedeutung in den verschiedenen Disziplinen der kulturwissenschaftlichen Forschung. Zu erwähnen ist hier etwa der Begriff der Postmoderne, der v. a. vor der Jahrtausendwende die einschlägigen kulturwissenschaftlichen Debatten geprägt hat, seitdem jedoch offensichtlich wieder an diskursstrategischer Bedeutung verloren hat. Aber auch Konzepte der Neuzeit, der Anti- oder Vormoderne, des Antiken oder auch der Modernekritik der *Postcolonial Studies* werden in verschiedenen Beiträgen auf ihren Einfluss auf die disziplinären Debatten über die Moderne reflektiert.

(3) Ein weiteres Untersuchungsfeld der Beiträge bilden die *Regionen, Räume und Entwicklungspfade*, die in der kulturwissenschaftlichen Moderneforschung zum Thema gemacht werden. In diesem Punkt steht also die geographische Reichweite der jeweiligen Moderne-Begriffe auf dem Prüfstand. Insbesondere ist zu fragen, ob der Blick mehr oder weniger ausschließlich auf ›Europa‹ und den ›Westen‹ gerichtet ist – etwa im Sinne eines europäischen Sonderwegs, dessen Besonderheiten v. a. beleuchtet werden – oder ob eine kulturvergleichende bzw. globale Perspektive mit der Differenzierung unterschiedlicher Modernisierungspfade dominiert. Welche Rolle spielt also – unterschwellig oder offensichtlich; deskriptiv oder normativ – der Westen als ›paradigmatischer‹ Ort und Raum der Moderne? Haben sich die Fächer den neueren Konzepten der verflochtenen, globalen, postkolonialen oder multiplen Moderne(n) gegenüber geöffnet und in welcher Form finden transfergeschichtlich oder komparatistisch angelegte Forschungsansätze aktuell Verwendung? Wenn ja, seit wann ist dies der Fall und welche Rezeptionswege lassen sich rekonstruieren?

Insgesamt wird man nach der Lektüre der einzelnen Beiträge mit Blick auf derartige Fragen konstatieren können, dass sich die Moderneforschung in den verschiedenen Disziplinen zwar noch immer weitgehend auf den europäisch-westlichen Raum, d. h. auf die Gesellschaften diesseits und jenseits des Nordatlantiks bezieht, dass aber gleichwohl eine beginnende Öffnung gegenüber nicht-westlichen Diskursen und Entwicklungen zu konstatieren ist, deren kulturvergleichende Perspektiven und methodische Neuansätze sich aus den Beiträgen ersehen lassen.

Auch unter diesem Gesichtspunkt erweisen sich die Beiträge zu den Regionalwissenschaften von besonderer Bedeutung, indem sie die unübersichtliche Gemengelage zwischen westlichen und indigenen Modernen untersuchen und die überaus verzweigten Austausch- und Verflechtungsprozesse zwischen ihnen aufzeigen, zugleich aber auch die Besonderheiten der verschiedenen Regionaldiskurse abbilden. In nahezu allen Beiträgen zu den Modernediskursen in den *Area Studies* wird die grundsätzliche Spannung zwischen dem Transfer westlicher Moderne-Konzepte und der Aufarbeitung eigener Traditionen bzw. der ihnen entsprechenden Entwicklung alternativer Deutungsmodelle deutlich herausgearbeitet. Damit sind erste Bausteine für eine typisierende Aufarbeitung unterschiedlicher und multipler Modernen gelegt, die sich zukünftig zu einem wichtigen und innovativen Aufgabenfeld der vergleichenden Moderneforschung entwickeln dürfte.

(4) Eine weitere Leitfrage ist den *Zeithorizonten und Epochenkonzepten* der Moderneforschung in den kulturwissenschaftlichen Disziplinen gewidmet. Sie zielt zum einen auf die jeweils dominierenden Periodisierungen in den Fächern sowie auf die Argumente, mit denen bestimmte Epochenschwellen und Zäsuren, Brüche oder Kontinuitäten, Anfänge oder auch ein Ende der Moderne begründet werden. Wel-

che Rolle spielen dabei besonders einschneidende Ereignisse wie etwa die beiden Weltkriege? Lassen sich in deren Folge unvorhergesehene Brüche, Zäsuren und radikale Wendungen des Diskurses beobachten? Auch die Vorschläge zur Binnendifferenzierung oder Phasenbildung der Moderne, wie sie in den vergangenen Jahren mit Konzepten der Klassischen, der Zweiten oder der Reflexiven Moderne bzw. der Hoch- oder Spätmoderne vorgenommen worden sind, werden in mehreren Beiträgen zur Sprache gebracht. Zum anderen zielt die Frage nach Zeithorizonten und Periodisierungsansätzen auch auf den epistemischen Status sowie auf die operativen Funktionen von Epochenkonzepten in den kulturwissenschaftlichen Disziplinen. Was also ›leisten‹ sie gewissermaßen in der jeweiligen Wissenschaft mit Blick auf die temporale Ordnung und Strukturierung geschichtlicher Prozesse?

Aus mehreren Artikeln geht dabei deutlich hervor, dass nicht nur erhebliche Unterschiede zwischen den Modernekonzepten der verschiedenen Fächer existieren, sondern dass sich selbst innerhalb einzelner Disziplinen konkurrierende bzw. alternative Modernebegriffe mit unterschiedlicher Reichweite und anders gelagerten Epochenzuschnitten ausmachen lassen. Exemplarisch lässt sich in diesem Zusammenhang auf den Beitrag zu den Literaturwissenschaften hinweisen: Dort werden Konzepte der Moderne, für die die frühneuzeitliche Leitunterscheidung zwischen Moderne und Antike im Sinne der *Querelle des Anciens et de Modernes* an der Wende vom 17. zum 18. Jh. entscheidend ist, von anders gelagerten Vorstellungen flankiert, die entweder die Moderne als Sattelzeit begreifen und dementsprechend das Augenmerk auf langfristige Transformationsprozesse des 18. und 19. Jh.s lenken, oder aber in zeitlich engerem Sinne die Klassische Moderne bzw. den literarischen Modernismus zwischen 1850 und 1930 in den Mittelpunkt rücken, mit besonderer Akzentuierung der Epochenschwelle um 1900.

Ähnliche Befunde einer Parallelexistenz zeitlich heterogener und divergierender Modernekonzepte ergeben sich auch in anderen Disziplinen: Während sich in einigen Fällen die Anfänge der Moderne mit plausiblen Gründen bis ins 16. Jh. zurückverfolgen lassen, liegt es in anderen Disziplinen mit ebenso guten Gründen nahe, die Moderne als Epoche im Wesentlichen auf das 20. Jh. zu beschränken. Insofern verweisen die empirischen Einzelbeiträge dieses Handbuchs auf eine komplexe Mischung gleichzeitiger und ungleichzeitiger Zeitschichten der Moderne, die eine eindeutige und übereinstimmend zu definierende Epochenstruktur der Moderne negiert. Was in den Kulturwissenschaften jeweils als Moderne begriffen und vergegenwärtigt wird, spiegelt vielmehr stark die besonderen Beschleunigungsdynamiken oder retardierenden Prozesse, die sich in diesen Untersuchungsfeldern zu unterschiedlichen Zeiten konkret vollzogen haben.

Wie die Beiträge zu den *Area Studies* zeigen, nehmen die Schwierigkeiten der zeitlichen Periodisierung von Ungleichzeitigkeit in globaler Perspektive noch einmal deutlich zu. Eine wichtige Herausforderung der kulturwissenschaftlichen Forschung dürfte daher in den kommenden Jahren darin bestehen, in diesem Punkt empirisch tragfähige Modelle kulturübergreifender und kulturvergleichender Art zu entwickeln, die jenseits eurozentrischer Epochenkonzeptionen der Moderne den besonderen Zeitstrukturen, Traditionen, Rhythmen und Dynamiken nicht-westlicher Gesellschaften gerecht zu werden vermögen. Auch an diesem Punkt verweist der Begriff der Moderne also weniger auf eine abgeschlossene Epoche der geschichtlichen Entwicklung, als vielmehr auf einen andauernden Diskurs.

(5) Ein letztes Analysefeld der Handbuchbeiträge zielt schließlich auf die konkreten *Themen und Leitprozesse*, denen sich die Moderneforschung in den verschiedenen Disziplinen analytisch und begrifflich widmet. Zu fragen ist in diesem Zusammenhang, welche Themen auf der inhaltlichen Ebene die fachspezifischen Diskurse über die Moderne dominieren und wo die Schwerpunkte jeweils gesetzt werden. Lassen sich dabei auf der operativen Ebene einschlägige ›Bewegungsbegriffe‹ ausmachen, mit denen die historischen Prozesse und Entwicklungen interpretiert werden? Welche methodische Funktion besitzen sie genau und welcher epistemische und methodische Status kommt ihnen im Einzelnen zu? Zu denken ist hier etwa an solche geschichtlichen Bewegungsbegriffe und die damit verbundenen empirischen Forschungskonzepte wie Fortschritt, Säkularisierung, Modernisierung, Urbanisierung, Individualisierung, funktionale Differenzierung, Rationalisierung, Globalisierung, Staatsbildung und Bürokratisierung, Ökonomisierung und Industrialisierung, Autonomisierung und Disziplinierung, Demokratisierung u. a. m.

Deren Analyse könnte Aufschluss darüber geben, ob sich in den Fächern Aussagen zu übergreifenden Richtungsbestimmungen und gerichteten Verläufen, zu evolutionären Trends, aber auch zu Beharrungsfaktoren und Krisenzusammenhängen der Moderne finden lassen und worin ihre jeweiligen Ursachen,

Triebkräfte oder Akteure gesehen werden. Und schließlich: Werden übergreifende Kontinuitäten oder aber Gegenbewegungen und Brüche der Moderne diagnostiziert, die sie – etwa im Sinne der Postmoderne bzw. Antimoderne – grundsätzlich negieren und in Frage stellen? – Auch diese Fragestellungen werden in den Beiträgen dieses Bandes auf ganz unterschiedliche Weise bearbeitet, worin sich eine enorme Vielfalt der methodischen Arbeit mit Modernekonzepten in den Kulturwissenschaften dokumentiert.

Die Beiträge zu den systematischen Wissenschaftsdiszplinen

Wie sich dem Inhaltsverzeichnis entnehmen lässt und wie oben auch bereits erwähnt wurde, beansprucht das Handbuch, die Moderne-Diskussion in allen wesentlichen sozial- und kulturwissenschaftlichen Disziplinen zu repräsentieren. Dies ist anspruchsvoll formuliert, da immer strittig sein wird, welche Disziplinen ›wesentlich‹ sind und welche nicht. Klare Kriterien kann es hier nicht geben, sodass fast unvermeidlich der eine oder andere Leser schmerzlich gerade ›seine‹ Disziplin vermissen wird. Schon beim Blättern sollte aber deutlich werden, dass sich die Herausgeber bemüht haben, unterschiedliche Fächer zu berücksichtigen, die ein weites Feld abstecken: Fächer mit klarer empirischer Ausrichtung und solche, die eher theoretisch orientiert sind; Fächer mit einer sehr alten Geschichte und eher jüngere Disziplinen; Fächer, deren Ergebnisse oft im Zentrum der öffentlichen Aufmerksamkeit stehen, und solche, die – aus welchen Gründen auch immer – eher selten von einem größeren Publikum wahrgenommen werden. Mit dieser Vielfalt ist für die Leser das Problem der Vergleichbarkeit gegeben, ganz konkret: Können sie die ausgebreiteten Informationen aus disparaten Bereichen noch sinnvoll zueinander in Beziehung setzen?

Um dies zu ermöglichen, haben wir die Autorinnen und Autoren gebeten, sich an die oben dargelegten Vorgaben zu halten. Fast alle von ihnen konnten sich mit einer solchen Struktur anfreunden, was aus unserer Sicht die Lesbarkeit des gesamten Bandes enorm erleichtert und den Einsatz dieses Handbuches zur Moderneforschung in inter- oder transdisziplinären Kontexten problemlos erlauben dürfte.

Sieht man sich nun die 21 Beiträge zu den sog. systematischen Wissenschaften inhaltlich genauer an, überrascht wenig, dass hier sehr Unterschiedliches unter die Rubrik ›Moderne‹ fällt: Die Theaterwissenschaft hat schlicht einen ganz anderen Gegenstand als die Architekturtheorie oder die Medizingeschichte. Schon etwas weniger selbstverständlich ist die Tatsache, dass trotz aller Unterschiede im Einzelnen in vielen der hier angesprochenen Disziplinen ein ähnliches Epochenkonzept vertreten wird. Häufig sind es die europäische Aufklärung und die unmittelbar daran anschließenden sozialen Wandlungsprozesse, mit denen man in den einzelnen Fächern die Moderne beginnen lässt. Nun könnte man argumentieren, dass diese Einigkeit durch den Gegenstand bewirkt ist, also dadurch, dass für jeden doch ziemlich eindeutig ist, was man als der Moderne zugehörig bezeichnet und was nicht, wodurch dann auch relativ problemlos Epochenzäsuren zu setzen sind – Zäsuren, die in den Fächern sehr ähnlich sind. Doch so einfach ist die Sache nicht, gibt es doch zweifellos im Einzelfall erhebliche Differenzen. Zudem sollte skeptisch machen, dass in den zu besprechenden sieben Beiträgen zu den *Area Studies* z. T. ganz andere Zäsuren gesetzt werden.

Eine andere Art der Erklärung scheint deshalb näher zu liegen: Im Hinblick auf vergleichsweise ähnliche Epochenabgrenzungen in den systematischen Wissenschaften ist es nämlich zum einen sicherlich so, dass einige Disziplinen jüngeren Datums nicht zuletzt deshalb ins Leben gerufen worden sind, um jene neuartigen Phänomene zu thematisieren, die man später dann als ›modern‹ bezeichnen sollte. In Absetzung vom alten Fächerkanon etabliert, haben jene neuen Disziplinen gerade ihre eigene Gründungszeit auch als Zeit der Moderne begriffen. Im deutlichen Unterschied dazu hat eine so alte und ehrwürdige Disziplin wie die Rechtswissenschaft aus sich heraus eher selten – und dann auch erst sehr spät – Anstrengungen unternommen, um über die Moderne zu reflektieren. So waren es eher die am Rechtswesen interessierten Nachbarfächer, welche der Rechtswissenschaft – gewissermaßen von außen! – den Modernediskurs überhaupt erst nahegelegt haben.

Zum anderen ist hervorzuheben, dass es zwischen den Disziplinen sehr ungleiche Austauschbeziehungen gab und gibt. Gerade die starke und bis heute nachwirkende Stellung der Philosophie oder der Geschichtswissenschaft im deutschen, aber durchaus auch im europäischen Universitätssystem hat nicht selten dazu geführt, dass Interpretamente zu Epochenzäsuren aus diesen Disziplinen auch in solchen Fächern aufgegriffen wurde, bei denen keine Nachbarschaft oder enge Verwandtschaft vermutet werden muss. Historiker wie Reinhart Koselleck und Philosophen wie Theodor W. Adorno werden auch außerhalb ihrer jeweiligen Heimatfächer zustimmend rezipiert, sodass man in der Auseinandersetzung um die Moderne durchaus von hegemonialen Diskursen reden könnte, welche die Ähnlichkeit der Zäsuren über Fächergrenzen hinweg erklären. Etwas Ähnliches wird man vermutlich auch von der Soziologie sagen können, die in den 1960er und 1970er-Jahren erheblichen Einfluss hatte (und sich selbst demzufolge damals sogar als ›Leitwissenschaft‹ verstand), von dem sie nach wie vor zehrt. So werden in höchst unterschiedlichen Disziplinen noch heute Soziologen wie Anthony Giddens, Niklas Luhmann oder Jürgen Habermas als Gewährsleute einer maßgeblichen Modernedeutung mit den ihr eigenen Zäsuren zitiert.

Ähnliche Erklärungen lassen sich auch für eine weitere Beobachtung verwenden: Die meisten der systematischen Fächer beziehen sich bei ihrem Versuch, eine Epocheneinteilung vorzunehmen, in ihrer Beschreibung neuartiger und damit ›moderner‹ Phänomene implizit (zuweilen aber auch explizit) auf solche, die sich im ›Westen‹, also in Europa und Nordamerika finden. Auch dies hat damit zu tun, dass alle diese Disziplinen zuerst im ›westlichen‹ Universitätssystem entstanden sind. Deshalb nahmen sie als Beobachtungsinstanzen ihrer Zeit auch überwiegend nur ihre eigene Region in den Blick und kümmerten sich (vielleicht mit Ausnahme der Ethnologie) zunächst nur wenig um andere Weltregionen. Auch wenn – wie in den Artikeln zur ästhetischen Theorie und zur Kunstwissenschaft dokumentiert – nicht wenige dieser Disziplinen bereit waren, den Einfluss der außereuropäischen Welt auf ihre als modern bezeichneten Forschungsgegenstände anzuerkennen, so ist doch nicht zu übersehen, dass die meisten dieser Wissenschaften Schwierigkeiten hatten und haben, sich diesen Regionen zu öffnen.

Bemerkenswert ist weiterhin, dass die Geschichte des Modernediskurses noch nicht sehr weit zurückreicht. In fast allen Kapiteln zu den sog. systematischen Fächern wird deutlich, dass der Moderne-Begriff gerade in jüngster Zeit stark diskutiert wird, selbst wenn die Beschäftigung mit der Moderne im jeweiligen Fach schon älter sein mag. Aber erst in den letzten Jahrzehnten hat der Begriff erheblich an Attraktivität gewonnen, was auch dadurch nicht dementiert wird, dass gleichzeitig Gegenbegriffe auftauchten wie etwa derjenige der Postmoderne. Aber im Hinblick auf diesen Terminus ist unverkennbar, dass ihm, so attraktiv er für eine gewisse Zeit (wenn auch nicht in allen Fächern) gewesen sein mag, ein wirklicher Durchbruch nicht gelungen ist, dass also der Moderne-Begriff seine in den 1970er-Jahren errungene Stellung behaupten konnte. Zu notieren ist allenfalls, dass man – in Anlehnung an Tendenzen in der Soziologie und der Geschichtswissenschaft – den Modernebegriff spezifiziert (also etwa von unterschiedlichen Stufen oder Ausprägungen der Moderne spricht) oder ihn pluralisiert und damit von ›Modernen‹ redet.

Insgesamt zeigt sich also, dass der Modernebegriff trotz aller gegen ihn ins Feld geführten Kritiken eine erhebliche Attraktivität besitzt, nicht zuletzt auch deshalb, weil er normativ aufgeladen und überwiegend positiv besetzt ist. Das Adjektiv ›modern‹ lässt sich, ebenso wie der Epochenbegriff ›Moderne‹, eben nicht nur in deskriptiver Hinsicht verwenden, sondern eingeschrieben ist beiden fast unvermeidlich eine normative Dimension, die es geradezu unmöglich macht, sie in abwertender Absicht zu verwenden. Am deutlichsten wird dies im Beitrag zur Medizingeschichte, da – wie dessen Autor selbst betont – der neuzeitlichen Medizin der Fortschrittsgedanke geradezu implantiert und dabei Fortschritt zugleich mit Moderne zusammengezogen worden ist. Etwas abstrakter formuliert ließe sich sagen, dass der Moderne-Diskurs im Sinne eines Fortschrittsnarrativs zutiefst dem westlichen Selbstverständnis entspricht, weshalb die deutlichsten Distanzierungen von diesem Begriff in den Fächern vorgenommen worden sind, die sich (wie etwa die Ethnologie) nicht zuletzt in kritischer Absetzung von jener fortschrittlich-westlichen Moderne konstituiert haben.

Wenn nun der Modernebegriff, wie soeben angedeutet, mit unvermeidlich normativen Konnotationen einhergeht, liegt die Schlussfolgerung nahe, dass er immer auch als ein Kampfbegriff verwendet werden konnte und tatsächlich auch so verwendet worden ist. Als Inbegriff einer (positiven) Selbstbeschreibung beinhaltet er bis heute stets zugleich eine Distanzierung von anderen. Mit Moderne-Konzepten gingen immer auch Deutungskämpfe einher, deren genaue Rekonstruktion erst verständlich macht, warum sich heute in einzelnen Fächern bestimmte Moderne-Konzeptionen durchgesetzt haben und andere nicht. Vermutlich war die Durchsetzung des Modernekonzepts und auch die später erfolgten semantischen Verschiebungen in allen Fächern mehr als ein Reflex in Bezug auf empirisch vorfindbare Wandlungsprozesse. Eine wichtige Aufgabe der zukünftigen Moderneforschung in den kulturwissenschaftlichen Disziplinen dürfte daher auch darin bestehen, diese in gewisser Weise ›agonale‹ Qualität wissenschaftlicher Moderne-Konzepte, die aufgrund ihrer lebenspraktischen Fundierung und Verankerung unweigerlich im Widerstreit mit konkurrierenden Positionen und Deutungen stehen, akzentuierter herauszuarbeiten als dies bislang geschehen ist.

Gerade dieser Aspekt zeigt sich in größter Deutlichkeit in den Fächern, die man nicht zu den systematischen zählt und die man – oft in abwertender Weise – als bloße Regionaldisziplinen bezeichnet. Die Herausgeber teilen diese Sicht nicht, sondern vertreten die Auffassung, dass es gerade diese Fächer sind, aus denen in jüngster Zeit die interessantesten Anstöße für die Modernediskussion kamen. Wir haben uns deshalb entschlossen, sie in jeweils eigenen Beiträgen zu Wort kommen zu lassen, da sie in der Lage sind, dem westlichen Moderne-Diskurs neue Impulse zu verleihen und ihn *systematisch* neu zu beleuchten und zu hinterfragen. Anders formuliert: Erst die Kenntnis der Debatten in den *Area Studies* erlaubt es, Fragen zu stellen, die im westlichen Diskurs über die Moderne lange Zeit ausgeblendet waren.

Die Beiträge zu den Regionaldisziplinen und Area Studies

Tatsächlich wird in den sieben Kapiteln zu den *Area Studies* deutlich, dass sich die in Afrika und im arabischen Raum, in Japan, China und im muslimischen Südasien, in Lateinamerika sowie in Osteuropa geführten Modernediskurse zumindest zu Beginn von einer als ›westlich‹ begriffenen Moderne kritisch absetzten bzw. sich an ihr abarbeiteten. Es handelt sich um Diskurse, in denen diese westliche Moderne entweder adoriert oder aber vehement abgelehnt wurde. Der Charakter des Terminus ›Moderne‹ als Kampf- oder Selbstbeschreibungsbegriff ist also gerade in diesen sieben Beiträgen nicht zu übersehen. Freilich sollte diese Einsicht historisch sensibel gewertet werden, denn es wäre sicherlich falsch zu behaupten, dass der Modernediskurs außerhalb des Westens seit dem 19. Jh. ubiquitär gewesen und überall in gleicher Intensität geführt worden wäre. Dies ist deshalb nicht der Fall, weil jeweils besondere politische und soziokulturelle Ausgangslagen höchst unterschiedliche Dringlichkeiten bezüglich der Orientierung an der vermeintlichen Vorbildhaftigkeit des Westens bedingt haben.

Gleichzeitig sollte man bei der Lektüre der jeweiligen Beiträge beachten, dass die Autorinnen und Autoren vor z. T. erheblichen konzeptionellen Schwierigkeiten standen, waren sie doch gehalten, über Debatten in Großregionen Auskunft zu geben, die durch eine enorme Vielfalt und Heterogenität geprägt waren und noch immer sind. Dies zeigt sich etwa in dem Beitrag zu Lateinamerika, weil hier unter dem Dach der *Latin American Studies* Länder zusammengespannt sind, deren Ähnlichkeiten sich allenfalls über koloniale Vergangenheiten und offizielle Landessprachen begründen lassen und deren Unterschiede erheblich sind. Die Rekonstruktion des Modernediskurses in Lateinamerika konnte also nur durch den Mut zur Verallgemeinerung und zur Auslassung gelingen. Ganz generell gilt in diesem Kontext, dass mit der Fokussierung der Debatte auf einzelne Gebiete oder Länder in einer Großregion Ausschlussmechanismen am Werk sind, die eigentlich begründet werden müssten, was im Rahmen vergleichsweise kurzer Handbucharikel freilich kaum zu leisten ist.

Die schon angesprochene Rede von einer (negativen wie positiven) Orientierung am Westen ist auch insofern problematisch, weil höchst unterschiedliche Länder des Westens als Maßstab dienen konnten, was tatsächlich machtpolitische Hintergründe gehabt haben dürfte. Ob man sich eher an Frankreich orientierte oder an Großbritannien, ob man das US-amerikanische Modell kritischer sah als das deutsche, die sozialistische Moderne für geeigneter erachtete als die kapitalistische – all dies hing nicht zuletzt auch davon ab, welche Gewinne man sich im innenpolitischen Kampf durch die Propagierung oder Ablehnung dieser, und nicht jener Moderne versprach.

Damit hängt im Übrigen auch die offensichtlich gegebene Heterogenität der Moderne-relevanten Themen in den jeweiligen Beiträgen zusammen: Während in Südamerika Fragen der ethnischen Identität im Modernediskurs eine große Rolle spielten, scheint dieser Aspekt im arabisch-islamischen Raum gegenüber der Rolle von Religion eher von untergeordneter Bedeutung gewesen zu sein; während in Indien in den Debatten um die Moderne intensiv der Zusammenhang von Wissenschaft und Religion zum Thema gemacht wird, steht im andinen Amerika eher die Problematik und reale Gewährung gleicher staatsbürgerlicher Rechte im Mittelpunkt. Dies hat nicht allein mit der ›wirklichen‹ politischen oder sozialen Bedeutung der jeweiligen Aspekte in den Regionen zu tun, sondern auch damit, dass Trägergruppen des Modernediskurses nicht zuletzt aus taktischen Überlegungen heraus bestimmte Themen anvisieren, andere jedoch nicht.

Tatsächlich findet man in den Kapiteln zu den *Area Studies* häufig eindrucksvolle Beschreibungen von Intellektuellen und Eliten, Technokraten und Mittelschichten, für welche die Auseinandersetzungen um die Moderne Mittel sind, um Einfluss im politischen Tagesgeschäft zu erringen oder zu behaupten. Insofern ist es nicht verwunderlich, dass der Modernediskurs vielfach auch an denjenigen um die Nation gekoppelt, dass die Rede von Moderne und Modernisierung in fast allen Weltregionen mit derjenigen über Nation, Nationalismus und Nationalstaatsbildung verwoben war und ist. In engem Zusammenhang mit dieser Thematik steht auch die Frage, wie die jeweilige Nation ›geschrieben‹ wurde und wird, um sie in den Modernediskurs einpassen zu können: Welche historischen Bilder entwerfen Historiker, Feuilletonisten oder Intellektuelle, um die Nähe oder Ferne der Nation zur Moderne zu begründen? Welche historischen Zäsuren setzen sie, um die Vorbildhaftigkeit dieser und die problematischen Merkmale jener nationalen Epoche zu legitimieren? Welche national-kulturellen Ressourcen und Traditionen bemühen und mobilisieren sie (und welche nicht!), um die Modernität der Nation voranzubringen etc.?

In diesem Kontext ist ferner darauf aufmerksam zu machen, dass es – und auch dies kommt in verschiedenen Beiträgen zum Ausdruck – von durchaus entscheidender Bedeutung ist, in welcher Sprache und v. a. an welchen Orten und in welchen Räumen dieser Modernediskurs jeweils geführt wird oder geführt worden ist: Es besteht ein Unterschied, ob er überwiegend in englischer Sprache und mit Blick auf ein großes internationales Publikum stattfand und stattfindet, wodurch die ›indigene‹ Bevölkerung weitgehend ausgeschlossen bleibt, oder ob sich dieser Diskurs an eben diese indigene Bevölkerung richtet. Und es liegt ebenfalls ein Unterschied darin, ob dieser Diskurs im jeweiligen Land selbst geführt wird oder aber im Exil, was – wie der Artikel zu China zeigt – nochmals besondere Probleme der Interpretation aufwirft. All diese Aspekte sind hier erwähnt, weil sich mit ihnen auf zwei wichtige Punkte verweisen lässt.

Erstens: Wenn der Modernediskurs durch eine enge Kopplung an nationale (und zuweilen auch an ›zivilisatorische‹) Fragen geprägt war, so ist natürlich bei allen Gegenbegriffen zur ›Moderne‹ gleichermaßen zu fragen, ob sich mit ihnen – versteckt oder offen – nicht ebenfalls nationalistische Projekte verbinden. Dies gilt insbesondere für Debatten, wie sie in der postkolonialen Theorie geführt werden, bei denen man nicht selten den Eindruck hat, dass hier unter der Flagge einer Kritik des Ethnozentrismus auch nationale Schlachten geschlagen und entsprechend partikulare Interessen verfolgt werden.

Zweitens sollte diese Einsicht auch Rückwirkungen auf die im Westen und in den sog. systematischen Disziplinen geführten Modernediskurse haben, worauf postkoloniale Theoretiker zu Recht hinweisen. Denn es ist wohl kaum davon auszugehen, dass ausgerechnet die seit dem 19. Jh. verstärkt im Westen geführten Modernedebatten unbeeinflusst geblieben wären von den hier herrschenden nationalen Strömungen, sodass man in Zukunft stärker als bislang geschehen konkret nach den nationalistischen Wurzeln des westlichen Modernediskurses fragen sollte, wie universalistisch und theoretisch-abstrakt dieser auch immer daherkommen mag.

In den Kapiteln zu den *Area Studies* tritt stärker als in denjenigen zu den systematischen Fächern hervor, dass es hier nicht nur schwerer fällt, klar zwischen Moderne und Modernisierung zu trennen, sondern dass man hier sensibler ist für Surrogate des Modernebegriffs. Denn offensichtlich ist es so, dass in manchen Regionen zwar ein expliziter Moderne-Diskurs nicht zu finden, dass er aber gleichwohl vorhanden ist und nur in einer anderen Begrifflichkeit geführt wird. In diesem Zusammenhang sind Begriffe wie ›Entwicklung‹ und ›Zivilgesellschaft‹ besonders interessant, weil sie entweder – wie der erste – ohnehin eng an den Modernisierungs- und Modernediskurs gekoppelt waren und sind, oder weil sie sich von diesem Diskurs – wie im Falle des zweiten – zwar entfernt, aber dennoch die normativen Implikationen der Moderne-Rhetorik in sich aufbewahrt haben.

Resümiert man die in den Beiträgen zu den *Area Studies* vorgelegten Ergebnisse, so fallen im Rückblick mehrere Befunde und Eigentümlichkeiten auf, die man durchaus als überraschend bezeichnen kann und die nicht immer einfach zu erklären sind.

Bemerkenswert ist *erstens*, dass der Zusammenhang von Moderne und Gender in diesen Kapiteln zwar immer wieder auftaucht, insgesamt gesehen aber eine vergleichsweise randständige Rolle spielt. Dies kann unterschiedlich zu erklären sein: Es mag ggf. auch damit zusammenhängen, dass in manchen der behandelten Regionen die Gender-Thematik weniger stark zum Thema gemacht wurde und wird als in ›westlichen‹ Diskussionskontexten, was enorme Auswirkungen auf die regionale Modernedebatte haben konnte oder noch immer hat. Erklären ließe sich dies aber auch durch die Tatsache, dass in den Subregionen der *Area Studies* die Gender-Frage sehr unterschiedliche Bedeutung besitzt (Needell 1995; Stephenson 1999), was alle Verallgemeinerungen schwierig macht. Es mag schließlich aber auch damit zusammenhängen, dass der Gender- und der Modernediskurs zwar generell in der feministischen Theorie durchaus eine wichtige Rolle gespielt hat (Felski 1995), darüber hinaus aber beide Diskurse bislang noch nicht systematisch zusammengeführt worden sind, sodass dieser Aspekt sicherlich Anknüpfungspunkte für zukünftige Debatten bietet.

Ebenso überraschend ist *zweitens* die vergleichsweise marginale Stellung der Religion bei der Analyse von Moderne-Diskursen in den von den *Area Studies* analysierten Regionen. Natürlich gibt es hier Ausnahmen, wie die Beiträge zur arabisch-islamischen Welt oder zum muslimischen Indien dokumentieren. Gleichwohl überrascht, dass in Zeiten, in denen Religionen zu zentralen Forschungsobjekten der Sozial- und Kulturwissenschaften geworden sind (Willems et al. 2013) und in denen man allenthalben von einer ›Wiederkehr‹ der Religionen spricht, der religiöse Aspekt eine vergleichsweise geringe Rolle spielt. Auch dies ist erklärungsbedürftig, wobei man vielleicht darauf verweisen könnte, dass in vielen Regionen Modernediskurse oftmals von Intellektuellen geführt worden sind, die darauf bedacht waren, eine Essenzialisierung ihrer jeweils eigenen Kultur zu vermeiden und die deshalb der Thematisierung von Religion und Moderne bewusst oder unbewusst keine allzu große Beachtung schenkten.

Drittens ist schließlich bemerkenswert, dass im Zusammenhang mit den von Region zu Region sehr unterschiedlichen Modernediskussionen dem Kapitalismus oder den Kapitalismen keine systematische Bedeutung beigemessen wird. Der Kapitalismus wird zwar gelegentlich angesprochen, im Zusammenhang mit der Moderne allerdings nur selten explizit zum Thema gemacht. Überraschend ist dies, weil sowohl im Zuge vergangener und gegenwärtiger entwicklungspolitischer Debatten als auch im Zuge der Rede von der gegenwärtigen Krise des Kapitalismus (Streeck 2013) in diesem Punkt stärkere Bezüge zu erwarten gewesen wären (vgl. Austin/Sugihara 2013). Warum dies nicht der Fall ist, hängt möglicherweise mit der Geschichte des Moderne-Diskurses zusammen, d. h. mit der Tatsache, dass der Aufschwung der Moderne-Debatte weltweit tatsächlich erst in den späten 1970er-Jahren erfolgte und – zumindest im westlichen Diskussionskontext – die überwiegend marxistisch geführte Kapitalismusdebatte verdrängt oder ersetzt hat. Vielleicht wird man diesbezüglich behaupten dürfen, dass es seither (mit wenigen Ausnahmen, z. B. Dirlik 2015) kaum jemals gelungen ist, beide Debattenstränge – denjenigen über den Kapitalismus und den über die Moderne – zusammenzufügen, schon weil die im jeweiligen Kontext verwendeten Begrifflichkeiten höchst disparat und Gefahren eines ökonomischen Reduktionismus stets virulent waren. Man darf deshalb gespannt sein, ob sich dies in Zukunft ändern wird.

Was soll das Handbuch leisten? Ziele, Adressaten, Nutzung, Ergebnisse und Grenzen

Wie bereits erwähnt, kann und will das Handbuch keine Antwort auf die Frage geben, was die Moderne denn nun sei. Als *Handbuch der Moderneforschung* macht es vielmehr im internationalen Kontext erstmalig den Versuch, den aktuellen kultur- und sozialwissenschaftlichen Diskurs über die Moderne in seiner thematischen Breite und interdisziplinären Ausdifferenzierung sowie unter Berücksichtigung der neuesten Forschungsentwicklungen und des internationalen Forschungsstands aufzuarbeiten. Die eingangs skizzierte Diskussionslage kommt einem solchen Versuch unmittelbar entgegen: Denn eine nahezu fächerübergreifend zu konstatierende Konjunktur des Moderne-Begriffs signalisiert zwar einen erheblichen Bedarf an Makrokonzepten zur Deutung und historischen Einordnung wesentlicher Entwicklungen der Gegenwart und unmittelbaren Vergangenheit. Jedoch erschweren hochgradige Segmentierungen der entsprechenden Diskurse über die Moderne in den jeweiligen Disziplinen und eine Instrumentalisierung der Moderne zur Abgrenzung disziplinärer Felder und Markierung von Fächergrenzen eine wechselseitige Wahrnehmung der Fachdiskurse.

Die Überwindung dieser Hindernisse gehört zu den vorrangigen Zielen des vorliegenden Handbuchs, in dem Vertreter verschiedener kultur- und sozialwissenschaftlicher Disziplinen sowie der verschiedenen *Area Studies* die Fachdebatten und Forschungsergebnisse entlang des oben vorgestellten Frageprasters einer kritischen Sichtung unterzogen haben. Die hier nun vorliegenden systematischen Forschungsüberblicke haben sich der keineswegs immer leicht zu bewältigenden Herausforderung gestellt, einerseits die verschiedenen Stränge der Fachdebatten herauszuarbeiten; damit leisten sie einen gewichtigen Beitrag zur Historisierung der Modernediskurse überhaupt. Zum Anderen zeigen sie aber auch disziplinäre Probleme und Fragehorizonte auf. Das ist durchaus beabsichtigt, denn das Handbuch strebt nicht nur eine wissenschaftshistorische Bestandsaufnahme an, sondern zielt vielmehr auf die wechselseitige Rezeption von Moderne-Debatten in den einzelnen Disziplinen, um auf diese Weise einen neuen Stand der Forschung und der internationalen Debatte zu erreichen.

Mit dem Ziel, das bisherige Vakuum der interdisziplinären Kommunikation zu beheben, erlaubt die systematische Anlage des Handbuchs den Lesern und Leserinnen eine vergleichende Lektüre über die Grenzen der Disziplinen und Regionen hinweg. Es richtet sich deshalb gleichermaßen an Studierende und Fachvertreter aller relevanten kultur- und sozialwissenschaftlichen Disziplinen und bietet ihnen die Möglichkeit, sich konzentriert und zuverlässig über die einschlägigen Positionen, Problemstellungen, Forschungsentwicklungen und aktuellen Publikationen in den jeweils anderen Fächern zu informieren. Das Handbuch soll damit als interdisziplinär einsetzbares Arbeitsbuch dienen, das in Forschung, Lehre und Studium gleichermaßen Anwendung finden kann. Schließlich richtet es sich auch an ein interessiertes fachfremdes Publikum, dem es Einblicke in aktuelle Debatten über unsere unmittelbare Vergangenheit und Gegenwart innerhalb eines breiten Spektrums der Sozial- und Kulturwissenschaften ermöglicht. Gerade durch die kohärente und übersichtliche Strukturierung wird es für ein breites Nutzerspektrum relevant und rezipierbar.

Die Nutzung wird durch ein Personenregister erleichtert, das zudem ein gezieltes Lesen im Hinblick auf ausgewählte Autoren und ihre Rezeption in den verschiedenen Fächern oder Regionen erlaubt. Zur vertiefenden Lektüre regen knappe, auf die zentralen Werke konzentrierte Literaturangaben an. Bei ausländischen Titeln wurde, wenn möglich, auf deutsche Ausgaben zurückgegriffen; im Fall der Regionalstudien spiegeln sich an der Wissenschaftssprache bereits Rezeptionswege, Anschlüsse an internationale Debatten wie eigenständige Wege der Begriffs- und Theoriebildung. Letzteres gilt für China und Japan, zunehmend auch für Südamerika, während die Modernedebatten über den Nahen Osten und die arabische Welt einerseits auf Englisch und von Wissenschaftlern, die in Großbritannien oder den USA leben, und andererseits mit Beiträgen aus den Regionen auch auf Arabisch geführt werden. Diese Hinweise auf die jeweiligen dominanten Wissenschaftssprachen und die damit verbundenen Probleme von Übersetzungen, Begriffs- und Theorietransfer gehören sicherlich zu den Erträgen und Ergebnissen des vorliegenden Handbuchs.

Interessante Ergebnisse und weiterführende Fragen werfen auch die Beiträge auf, die für ihre Fächer und Regionen auf den ersten Blick ein Fehlen von Modernedebatten konstatierten. Bei genauerer Betrachtung zeigt sich aber, dass die Debatten in je unterschiedlicher Weise an die Rechtswissenschaft oder an die Osteuropa- und Afrikaforschung von außen herangetragen und z. T. unter anderen Begriffen und Konzepten wie ›Tradition‹ oder ›Rückständigkeit‹ verhandelt wurden. Mit der Moderne, so das nahezu übereinstimmende Ergebnis aller Beiträge, wird immer auch über die Bestimmung des Eigenen und/oder des Anderen Differenz ausgehandelt. Der Prozess der Aushandlung geht einher mit Wissenserwerb und Wissenserweiterungen, sodass wir in den Modernedebatten vielfach wie in einem Brennglas die Entstehungsbedingungen von Wissen beobachten können.

Die eingangs konstatierte kontinuierliche Zunahme der Modernediskurse spiegelt sich in zahlreichen Fächern und Regionen in unterschiedlichen Wellenbewegungen wider. Das hängt, so ein weiteres Ergebnis vergleichender Lektüre, mit Debattenschüben, Theorietransfers und Rezeptionswegen zusammen, wie sie in zahlreichen Fächern auf geradezu exemplarische Weise vom Konzept der *multiple modernities* an der Wende vom 20. ins 21. Jh. ausgelöst worden sind, die schlagartig zu einer Fülle von Austauschbeziehungen zwischen den Fächern und über die Kontinente hinweg geführt haben. Andere Fächer wiederum, die wie die Kunstgeschichte oder die Literaturwissenschaften schwerpunktmäßig mit anderen Modernekonzepten – z. B. mit dem der ›klassischen Moderne‹ – arbeiten, unterliegen dementsprechend ganz anderen zeitlichen Konjunkturen, sodass sich in einer langfristigen Forschungsperspektive durchaus ein asynchroner Verlauf von Modernedebatten in und zwischen den kulturwissenschaftlichen Disziplinen beobachten lässt.

Die Abgrenzung gegenüber der Vergangenheit verbindet alle Modernedebatten und Begriffe, während die Frage nach den Zeithorizonten der jeweiligen Akteure und Debattenträger zu den offenen Forschungsperspektiven gehört, die sich aus der Lektüre des Handbuchs ergeben. Das Problem der Zeitlichkeit ›multipler Modernen‹ wird bisher, wenn überhaupt, nur in Ansätzen diskutiert und vielfach von einer erstaunlichen Euphorie angesichts globaler Forschungsperspektiven überdeckt. Dass zugleich im Zuge der Debatten über die Modernen in einigen

Forschungskontexten das Lokale und damit der ländliche Raum und in manchen Regionen schließlich Minderheiten als Gegenbilder zu einem dominanten Modernediskurs ›entdeckt‹ werden, gehört sicherlich zu den vielversprechenden Ergebnissen und Perspektiven des Handbuchs.

Überraschend ist dieser Befund wohl nicht. Vielmehr ist er einer europäischen Tendenz geschuldet, Großräume unter völliger Vernachlässigung politischer, ethnischer, sprachlicher und religiöser Differenzen zusammenzufassen. Mit dieser Schwierigkeit – und dies markiert eine der Grenzen des vorliegenden Handbuchs – sahen wir uns auch als Herausgeber konfrontiert. Unser vorrangiges Ziel, die Breite der internationalen Debatten in kompakter und systematisierender Form darzustellen, bedeutete in der Konsequenz auch, Eingrenzungen vorzunehmen und Beschränkungen zu akzeptieren. Dies gilt für den ganzen Band wie für die einzelnen Beiträge, deren Autoren und Autorinnen sich im Bewusstsein dieser Problematik mit Perspektivierungen zu und in der Modernedebatte positionieren. Schließlich ist es ihrer Expertise und Kompetenz zu verdanken, dass das Handbuch trotz der nötigen Begrenzungen im Umfang und unter Verzicht auf Differenzierungen die vorliegenden Überblicke präsentieren kann.

Dass es dennoch – jenseits der bereits benannten Grenzen – einige Desiderate gibt, verweist auf den Umstand, dass es trotz intensiver Bemühungen der Herausgeber nicht in allen Fällen gelungen ist, von den vorgesehenen Autoren die zugesagten Beiträge zu bekommen. So bedauern wir außerordentlich, dass unsere Bemühungen um einen Beitrag zum nicht-muslimischen Indien letztlich gescheitert sind. Spuren der indischen Debatten und die Behandlung einzelner indischer Autoren, deren Modernebeiträge sich in den Überblicken verschiedener Fächer und Regionen finden, können dieses Desiderat nicht völlig beheben. Im Vergleich dazu kann das Fehlen der Politikwissenschaft leichter aufgefangen werden, da sich für maßgebliche Teile dieser Disziplin einschlägige Verflechtungen mit den soziologischen und philosophischen Debatten ergeben, die in den diesen beiden Fächern gewidmeten Beiträgen abgehandelt und aufgearbeitet werden, während sich für andere Subdisziplinen der Politikwissenschaft sogar ein weitgehend fehlender Bezug zu den Modernedebatten der vergangenen Jahre konstatieren lässt. Wir hoffen jedoch, dass das vorliegende Handbuch trotz dieser Leerstellen neue Impulse für eine interdisziplinäre Moderneforschung zu geben vermag.

Den hier vorgestellten Forschungsüberblicken gingen drei intensive Workshops am Kulturwissenschaftlichen Institut in Essen voraus, die im interdisziplinären Gespräch wesentlich zur Vermessung der Moderneforschung und zur Schärfung der Perspektiven beigetragen haben. Die Gerda Henkel Stiftung und das Kulturwissenschaftliche Institut Essen haben diese Vorbereitungen großzügig unterstützt. Ihnen gilt ebenso unser Dank wie allen Teilnehmern und beteiligten Autoren und Autorinnen, die die Vorgaben des Handbuchformats in instruktive und anregende Beiträge umgesetzt haben.

Essen und Göttingen, April 2014
Friedrich Jaeger, Wolfgang Knöbl und Ute Schneider

Literatur

AHR Roundtable. Historians and the Question of »Modernity«. In: *American Historical Review* 116/3, 2011, 631–751.
Arnason, Johann: Communism and Modernity. In: *Daedalus. Multiple Modernities* 129/1, 2000, 61–90.
Austin, Gareth/Sugihara, Kaoru (Hrsg.): *Labour-Intensive Industrialization in Global History*. London/New York 2013.
Bachmann-Medick, Doris: *Cultural Turns. Neuorientierungen in den Kulturwissenschaften*. Reinbek 2006.
Bayly, Christopher Alan: *The Birth of the Modern World, 1780–1914. Global Connections and Comparisons*. Oxford 2004.
Beck, Ulrich: *Risikogesellschaft. Auf dem Weg in eine andere Moderne*. Frankfurt am Main 1986.
Beck, Ulrich et al. (Hrsg.): *Reflexive Modernisierung. Eine Kontroverse*. Frankfurt am Main 1996.
Beck, Ulrich/Mulsow, Martin (Hrsg.): *Vergangenheit und Zukunft der Moderne*. Berlin 2014.
Bendix, Reinhard: Tradition and Modernity Reconsidered (1988). In: Bendix, Reinhard, *Embattled Reason*, Bd. 1. New Brunswick 1986, 279–320.
Bhambra, Gurminder K.: *Rethinking Modernity. Postcolonialism and the Sociological Imagination*. Houndmills 2007.
Boatca, Manuela/Spohn, Willfried (Hrsg.): *Globale, multiple und postkoloniale Modernen*. München 2010.
Bonacker, Thorsten/Reckwitz, Andreas (Hrsg.): *Kulturen der Moderne. Soziologische Perspektiven der Gegenwart*. Frankfurt am Main 2007.
Bringel, Breno M./Domingues, José Maurício (Hrsg.): *Global Modernity and Social Contestation*. London u. a. 2015.
Chakrabarty, Dipesh: *Provincializing Europe. Postcolonial Thought and Historical Difference (Princeton Studies in Culture/Power/History)*. Princeton 2000.
Chakrabarty, Dipesh: *Habitations of Modernity. Essays in the Wake of Subaltern Studies*. Chicago 2002.
Dipper, Christof: Die deutsche Geschichtswissenschaft und die Moderne. In: *Internationales Archiv für Sozialgeschichte der Deutschen Literatur* 37, 2012, 37–62.

Dirlik, Arif: Revisioning Modernity: Modernity in Eurasian Perspective. In: Trakulhun, Sven/Weber, Ralph (Hrsg.): *Delimiting Modernities. Conceptual Challenges and Regional Responses.* Lanham u. a. 2015, 143–177.

Doering-Manteuffel, Anselm/Raphael, Lutz: *Nach dem Boom. Perspektiven auf die Zeitgeschichte seit 1970.* Göttingen 2012.

Eisenstadt, Shmuel: *Die Antinomien der Moderne. Die jakobinischen Grundzüge der Moderne und des Fundamentalismus.* Frankfurt am Main 1998.

Eisenstadt, Shmuel: *Die Vielfalt der Moderne.* Weilerswist 2000 (engl. 2000).

Felski, Rita: *The Gender of Modernity.* Cambridge, Mass. 1995.

Gaonkar, Dilip P. (Hrsg.): *Alternative Modernities.* Durham/London 2001.

Giddens, Anthony: *Modernity and Self-Identity. Self and Society in the Late Modern Age.* Cambridge 1991.

Gumbrecht, Hans Ulrich: Modern, Modernität, Moderne. In: Brunner, Otto et al. (Hrsg.): Geschichtliche Grundbegriffe. Stuttgart 1978, Bd. 4, 93–131.

Habermas, Jürgen: Modernity: An Unfinished Project (dt. 1988). In: D'Entreves, Maurizio Passeri/Benhabib, Seyla (Hrsg.): *Habermas and the Unfinished Project of Modernity. Critical Essays on »The Philosophical Discourse of Modernity«.* Cambridge 1996, 38–58.

Herbert, Ulrich: Europe in High Modernity. Reflections on a Theory of the 20th Century. In: *Journal of Modern European History* 4, 2006, 5–21.

Jaeger, Friedrich: Epochen als Sinnkonzepte historischer Entwicklung. In: Rüsen, Jörn (Hrsg.): *Zeit deuten. Perspektiven – Epochen – Paradigmen.* Bielefeld 2003, 313–354.

Joas, Hans: *Glaube als Option. Zukunftsmöglichkeiten des Christentums.* Freiburg u. a. 2012a.

Joas, Hans (Hrsg.): *Vielfalt der Moderne – Ansichten der Moderne.* Frankfurt am Main 2012b.

Joas, Hans: Das Zeitalter der Kontingenz. In: Toens, Katrin/Willems, Ulrich (Hrsg.): *Politik und Kontingenz.* Wiesbaden 2012c, 25–37.

Kittsteiner, Heinz Dieter: *Die Stabilisierungsmoderne. Deutschland und Europa 1618–1715.* München 2010.

Klinger, Cornelia: Modern/Moderne/Modernismus. In: Barck, Karlheinz et al. (Hrsg.): *Ästhetische Grundbegriffe (ÄGB). Historisches Wörterbuch*, Bd. 4. Stuttgart 2002, 121–167.

Knöbl, Wolfgang: *Die Kontingenz der Moderne. Wege in Europa, Asien und Amerika.* Frankfurt am Main 2007.

Knöbl, Wolfgang: Die historisch-partikularen Wurzeln des soziologischen Diskurses über die ›Moderne‹. In: Schelkshorn, Hans/Ben Abdeljelil, Jameleddine (Hrsg.): *Die Moderne im interkulturellen Diskurs. Perspektiven aus dem arabischen, lateinamerikanischen und europäischen Denken.* Weilerswist 2012a, 21–60.

Knöbl, Wolfgang: Beobachtungen zum Begriff der Moderne. In: *Internationales Archiv für Sozialgeschichte der Deutschen Literatur* 37, 2012b, 63–78.

Köhler, Benedikt: *Early Islam and the Birth of Capitalism.* Lanham 2014.

Luhmann, Niklas: *Beobachtungen der Moderne.* Opladen 1992.

Lyotard, Jean-François: *Das postmoderne Wissen.* Bremen 1982 (franz. 1979).

Mignolo, Walter D.: *The Darker Side of Western Modernity. Global Futures, Decolonial Options.* Durham 2011.

Moebius, Stephan (Hrsg.): *Kultur. Von den Cultural Studies bis zu den Visual Studies. Eine Einführung.* Bielefeld 2012.

Needell, Jeffrey D.: Identity, Race, Gender, and Modernity in the Origins of Gilberto Freyre's Œuvre. In: *The American Historical Review* 100/1, 1995, 51–77.

Osterhammel, Jürgen: *Die Verwandlung der Welt. Eine Geschichte des 19. Jahrhunderts.* München ^{5}2010.

Randeria, Shalini et al. (Hrsg.): *Konfigurationen der Moderne. Diskurse zu Indien.* Baden-Baden 2004.

Rüsen, Jörn: *Historik. Theorie der Geschichtswissenschaft.* Köln u. a. 2013.

Schelkshorn, Hans/Ben Abdeljelil, Jameleddine (Hrsg.): *Die Moderne im interkulturellen Diskurs: Perspektiven aus dem arabischen, lateinamerikanischen und europäischen Denken.* Weilerswist 2012.

Schloßberger, Matthias: *Geschichtsphilosophie.* Berlin 2013.

Schwinn, Thomas (Hrsg.): *Die Vielfalt und Einheit der Moderne. Kultur- und strukturvergleichende Analysen.* Wiesbaden 2006.

Schwinn, Thomas: Multiple Modernities: Konkurrierende Thesen und offene Fragen. Ein Literaturbericht in konstruktiver Absicht. In: *Zs. für Soziologie* 38/6, 2009, 454–176.

Stephenson, Marcia: *Gender and Modernity in the Andean Bolivia.* Austin 1999.

Streeck, Wolfgang: *Gekaufte Zeit. Die vertagte Krise des demokratischen Kapitalismus.* Berlin 2013.

Therborn, Goran: *European Modernity and Beyond. The Trajectory of European Societies, 1945–2000.* London 1995.

Wagner, Peter: *Soziologie der Moderne. Freiheit und Disziplin.* Frankfurt am Main 1995.

Welsch, Wolfgang: *Unsere postmoderne Moderne.* Berlin ^{7}2008.

Willems, Ulrich et al. (Hrsg.): *Moderne und Religion. Kontroversen um Modernität und Säkularisierung.* Bielefeld 2013.

Wittrock, Björn: Early Modernities. Varieties and Transitions. In: *Daedalus. Early Modernities* 127/3, 1998, 19–40.

Afrika

Definitionen und Anwendungsbereiche

In einem leider unveröffentlicht gebliebenen Beitrag hat der verstorbene Berliner Afrikahistoriker Albert Wirz (1944–2003) mit einer gewissen Ironie den Vorschlag gemacht, Moderne bzw. Modernität als ein »diskursiv hergestelltes Konstrukt unter anderen« zu interpretieren, »wie ein Geist oder sonstige Imagination. Und so wie Geister Geister sind, ist modern dann all das, was Menschen in der Kommunikation miteinander als modern bezeichnen. Wenn zairische Biertrinker in ihrem Bierkonsum ein Zeichen der Moderne sehen: Bitte schön, das ist ihre Wahrheit. Wer wollte mit ihnen rechten? Die Hauptaufgabe der Forschung besteht dann darin, den Begriff zu übersetzen, ihn zu kontextualisieren und nach seinem Bedeutungsgehalt und Stellenwert im Rahmen der jeweiligen Zeit und Gesellschaft zu suchen. Wenn sich Gemeinsamkeiten zwischen solch emischen Sichtweisen und dem typologischen Moderne-Konzept ergeben: gut so; wenn nicht, dann ist es auch nicht weiter tragisch. Freilich bleibt auch hier die Forderung, den Menschen ihre Ehre zu geben, sie als Individuen zu achten und sie im Austausch mit anderen zu zeigen und – vielleicht schwieriger noch – Moderne und Tradition, das Alte und das Neue, innen und außen zusammenzudenken, in ihrer wechselseitigen Verknüpfung zu analysieren« (Wirz 1997, 18 f.). Wirz verweist auf einige der zentralen Herausforderungen des Konzepts ›Moderne‹, denen sich (nicht allein) die afrikawissenschaftliche Forschung zu stellen hat. Ist alles Moderne? Und ist Moderne nun eigentlich ein Zustand oder eine Repräsentation? Ist es vornehmlich eine Akteurskategorie oder auch als analytisches Konzept nutzbar?

Man könnte Moderne als eine Repräsentation deuten, als eine Möglichkeit, über die Welt zu sprechen und dabei eine Sprache zeitlicher Veränderung zu benutzen sowie parallel die Gleichzeitigkeit globaler Unterschiede hervorzuheben, einer Ungleichheit, in der ›Tradition‹ produziert wird, indem man erzählt, wie einige Gesellschaften modern wurden. Doch um wessen Repräsentation geht es dann (Cooper 2005, 114)? Oder ist Moderne beides, also ein Zustand und die Repräsentation dieses Zustands? Dies scheint jedenfalls Björn Wittrocks Aussage in einem vielzitierten Aufsatz zu suggerieren, dass Moderne eine globale Bedingung sei, die nun all unsere Aktivitäten, Deutungen und Gewohnheiten präge – und dies über alle Nationen hinweg und unabhängig davon, welche zivilhistorischen Wurzeln wir haben oder auf welche wir uns berufen (Wittrock 2000, 59).

Eine solche Lesart führt jedoch zu der Frage, über welche Schärfe Moderne als analytische Kategorie für die Erforschung afrikanischer Gesellschaften verfügt, wenn Moderne alles und alles Moderne ist. Gilt es Abschied von der Moderne als wissenschaftlichem Deutungsmuster zu nehmen, wie einige Afrikawissenschaftler vorgeschlagen haben (Englund/Leach 2000; Cooper 2005)? Oder ist dies keine Lösung, weil sich dieses Konzept weder theoretisch noch empirisch ›beseitigen‹ lässt, es vielmehr darauf ankomme, die außerordentliche Verbreitung von Konzepten des ›Modernen‹ in Afrika ernst zu nehmen, Moderne aber weder als wertfreie analytische Kategorie noch als nachgeordnete Realität zu begreifen? Gerade weil Moderne zuvorderst ein interpretatives Instrument der sozialen Selbstreflexion darstelle, so die Herausgeber eines einschlägigen Sammelbandes, kann und sollte sie als analytisches Instrument nicht leichtfertig über Bord geworfen werden (Probst/Deutsch/Schmidt 2002, 14). Auch andere verteidigen mit großem Nachdruck das Konzept der afrikanischen Moderne; sie sei »gleichermaßen ein diskursives Konstrukt und ein empirisches Faktum [...], etwas Singuläres und etwas Plurales, eine bestimmte Bestrebung und ein Komplex von vielschichtigen Realitäten« (Comaroff/Comaroff 2012, 22). Obgleich umstritten und schillernd, seien dieser Begriff und die dahinter stehenden Vorstellungen, Praktiken, Ambivalenzen und verschlungenen Bedeutungen für die Analyse der Vergangenheit und Gegenwart Afrikas unabdingbar.

In den Afrikawissenschaften ist der Terminus der ›Moderne‹ seit den 1990er-Jahren ubiquitär. Ein gewichtiger Teil der Literatur markiert dabei die dezidierte Abwendung vom gleichsam naiv-unschuldigen Optimismus der Jahre der Dekolonisation und frühen Unabhängigkeit, welche ganz im Zeichen von Modernisierung und Entwicklung standen. Die Absetzung von der Modernisierungstheorie mit ihrem arg vereinfachenden gradlinigen Fortschrittsmodell von der Tradition zur Moderne gehört zwar seit geraumer Zeit zu den Standardargumenten der Afrikaforschung. Dabei darf freilich nicht übersehen werden, dass das Denken und Handeln internationaler Geberorganisationen, afrikanischer Eliten und ganz normaler Bürger in Afrika weiterhin auf der Vorstellung beruht, allein der Transfer von Technologie und politischen Systemen aus dem Westen könne Afrika in die Moderne katapultieren. Im Kontext von Globalisierung und Neoliberalismus haben Intellektuelle mit Nähe zur Politik die Modernisierungstheorie auf eine spezifische Weise wiederbelebt: Im Zentrum steht hier die Zivilgesellschaft als Reformerin und Entwicklerin des Staates in Afrika, nicht mehr der Staat als Entwickler einer vornehmlich agrarischen Gesellschaft. Einen Kontrast dazu bilden die enttäuschten Erwartungen an die Moderne.

Wie Ferguson (1999) eindringlich am Beispiel der Minenarbeiter im sambesischen Kupfergürtel gezeigt hat, liegt eine große Herausforderung in der verbreiteten Nutzung von relationalen Begrifflichkeiten der Moderne bzw. des Modernen in Gestalt von ›externen‹ und ›einheimischen‹ Termini. Oft ist es schwierig, zwischen ›Beobachtern‹ und ›Einheimischen‹ trennscharf zu unterscheiden. Eine weitere Komplikation entsteht durch die Tatsache, dass unser historisch gewachsenes Erbe der Repräsentationen von Afrika und unser Verständnis von Moderne implizieren, dass die ›Moderne‹ des einen die ›Rückständigkeit‹ des anderen bedeuten kann – so wie erfolgreiche afrikanische Unternehmer heute mitleidig oder mit Verachtung auf die Generation der 1960er-Jahre mit ihrem Glauben an Fortschritt durch staatliche Bildung und Bürokratie schauen, oder wie einstmals ›moderne‹ Minenarbeiter sich heute angesichts der neoliberalen Ordnung der Ökonomie ›zurückgelassen‹ fühlen.

Sowohl die Entstehung des modernen Kapitalismus als auch die gegenwärtige Bedeutung des Wortes ›Afrika‹ sind eng mit dem *Schwarzen Atlantik* (Gilroy 1993) verknüpft, der wiederum ein Produkt des Sklavenhandels war. Die *Idee von Afrika* (Mudimbe 1994) ist Teil der Beziehungen zwischen dem Westen und Afrika; Afrika war daher schon immer ›modern‹. Die Nachfrage nach afrikanischer Arbeitskraft für die Plantagen der Neuen Welt leitete eine von Gewalt geprägte ›Modernisierung‹ des sozialen Lebens in Teilen Afrikas ein, führte jedoch keineswegs dazu, Afrika als Teil des Projektes der Moderne anzuerkennen. Im Gegenteil: Afrikanern wurde in der berühmten Formulierung Johannes Fabians die ›Gleichzeitigkeit‹ versagt, sie galten als Verkörperung des Primitiven und ›Anderen‹ (Fabian 1983). Zu dekonstruieren, wie sich das Projekt der Moderne durch die Konstruktion des ›Anderen‹, nämlich Afrika, entwarf, zählt seit geraumer Zeit zu den Themen der Afrikawissenschaften (Appiah 1992), ist aber nur ein Aspekt in der vielfältigen Auseinandersetzung mit dem Konzept der Moderne in der afrikabezogenen Forschung.

›Modern‹ zu sein oder zu werden entfaltet im Alltag in Afrika, aller Skepsis gegenüber den Narrativen von Modernisierung und Entwicklung zum Trotz, eine beträchtliche Kraft, auf welche die Wissenschaft mit höchst unterschiedlichen Perspektiven und Zugängen reagiert. Ein Ansatz besteht darin, die diversen Vorstellungen von Moderne im heutigen Afrika zu untersuchen, den Wunsch vieler Afrikaner zu analysieren, sich zu ›entwickeln‹, ›Rückständigkeit‹ und ›Tradition‹ abzustreifen. In diesen Forschungen wird aber auch deutlich, dass für viele Afrikaner ›Moderne‹ nicht nur Verheißung bedeutet, sondern ebenso Abscheu hervorruft, verbunden mit nostalgischen Referenzen auf eine bessere Vergangenheit (Piot 1999).

Andere vornehmlich ethnographisch orientierte Studien untersuchen lokale Lebenswelten und kulturelle Partikularitäten und fragen, wie sich Menschen in Afrika in unterschiedlichsten Kontexten mit den Attraktionen und Verwerfungen von Moderne auseinandersetzen (Larkin 1997; Spitulnik 2002). Diese ›alternativen Modernen‹ werfen jedoch die Frage auf, ob viele Afrikaner die Vorstellung einer solchen spezifischen Moderne nicht ablehnen und sich eher einer Moderne zugehörig fühlen oder ein modernes Leben anstreben, das sich mit der nordatlantischen Welt verbindet. Spitznamen wie ›Santa Barbara‹ oder ›Maison Blanche‹ für neue wohlhabende Vorstädte in Afrika scheinen Ausdruck einer uniformen Vorstellung davon zu sein, was Moderne ausmacht (Geschiere et al. 2008, 2). Doch gilt es das Paradox im Auge zu behalten, dass auf der einen Seite Menschen in verschiedenen Weltregionen zunehmend Aspirationen, materielle Standards und soziale Institutionen teilen, auf der anderen Seite ihre lokale Definition und jeweilige Auseinandersetzung mit diesen Aspekten Vorstellungen und Praktiken kultureller Besonderheit befeuert (ebd.; Knauft 2002, 2).

Forschungsgeschichte, Semantik und Gegenkonzepte

An dieser Stelle sei kurz daran erinnert, dass vor dem Aufstieg der Modernisierungstheorie nach dem Zweiten Weltkrieg die Klassiker der Sozialtheorie ein durchaus ambivalentes Verständnis der Moderne offenbarten (zum Folgenden Geschiere et al. 2008, 3 f.). Karl Marx (1818–1883) etwa verknüpfte bekanntermaßen seine Vorstellung von der wachsenden Kontrolle der Menschen über die Natur mit der pessimistischen Vorahnung einer wachsenden Entfremdung in der kapitalistischen Ordnung. Émile Durkheim (1858–1917) sah die Entwicklung von einer ›mechanischen Solidarität‹ zu einer durch eine komplexere soziale Arbeitsteilung charakterisierten ›organischen Solidarität‹ geprägt. Zugleich betonte er, dass es auch in modernen, funktionalen Gesellschaften Bereiche gebe, die nach dem Prinzip segmentärer Differenzierung aufgebaut sind. Sein in vielerlei Hinsicht Antipode Max Weber (1864–1920) sprach von einem Prozess der Entzauberung, in welchem die Magie der Tradition durch die Rationalität des Rechts abgelöst wurde. Letztere freilich sah er durch das Streben nach charismatischer Herrschaft bedroht, welches wiederum durch das eiserne Gehäuse der Disziplin genährt werde.

Bei all diesen Denkern blieb die Moderne also geprägt von den Geistern ihrer Entstehung. Diese Geister wie Fetischismus, Religion, Tradition und Charisma kamen in Gewändern daher, welche ›moderne‹ Menschen längst abgelegt und ihren ›primitiven‹ und ›barbarischen‹ Nachbarn überlassen zu haben glaubten. Diese ambivalente Vorstellung der Moderne wurde jedoch nicht zuletzt von Talcott Parsons (1902–1979) aufgelöst, dessen 1951 publiziertes Werk *The Social System* den Optimismus der Modernisierungstheorie der Nachkriegszeit verkörperte. Grob gesprochen stellte er zwei idealtypische Gesellschaftsformen gegeneinander: einen modernen Typus, geprägt etwa durch Universalismus, funktionale Spezifität und Leistungsorientierung, und einen traditionellen Typus, der Partikularismus, das Diffuse und Selbst-Orientierung vereint. Moderne und Tradition konnten jeweils durch weitere Etiketten charakterisiert werden, die alle auf die ideologische Konstruktion eines Ideals der Moderne hinausliefen, nach dem alle Menschen streben sollten, das bisher aber nur der Westen erreicht habe.

Die Ambivalenz der ›Tradition‹

Afrika schien in den Dekaden nach dem Zweiten Weltkrieg ausreichend Anschauungsmaterial für diese Vorstellung zu liefern. Eine neue Generation von Politikwissenschaftlern, die sich im Kontext des Kalten Krieges und des institutionellen Aufstiegs der Afrikawissenschaften auf den Weg südlich der Sahara machte, nahm vermeintlich traditionelle und tribale Systeme in den Blick, im europäischen Verständnis charakterisiert durch Chiefs, Verwandtschaftsstrukturen und personale Herrschaft. Die traditionellen Ordnungen könnten, so das Rezept, durch politischen institutionellen Transfer modernisiert werden, etwa durch die Einführung parlamentarischer Strukturen. Der Nationalstaat war das Maß aller (modernen) Dinge, und v. a. die Distanz zu diesem Vorbild bestimmte in der Lesart der Modernisierungstheoretiker den Grad der Entwicklung.

›Tradition‹ stand für ›Stammesorganisation‹, ›Moderne‹ für den Nationalstaat westlicher Prägung. *From Tribe to Nation* (Cohen/Middleton 1970): Das sollte der Entwicklungsweg sein, den die Wissenschaftler begleiten. Die britische Sozialanthropologie wandte sich in diesem Zusammenhang nun verstärkt den Themen des sozialen Wandels, der Arbeitsmigration und der Urbanisierung zu und kam zu differenzierteren Einsichten als ihre politikwissenschaftlichen Kollegen. Insbesondere im rhodesischen Kupfergürtel entstanden methodisch und theoretisch innovative Studien über ›afrikanische urbane Systeme‹ (Werbner 1990; Ferguson 1999; Schumaker 2001). Autoren wie Max Gluckman (1911–1975), Clyde Mitchell (1918–1995) und Arnold L. Epstein (1924–1999) identifizierten eine spezifisch urbane Ethnizität – *tribalisms in towns* –, die »nicht als Verlängerung von ländlichen Institutionen und Verhaltensweisen in die Stadt hinein, sondern als eigenständiges städtisches Phänomen« galt (Lentz 1997, 164). Der am Ende der Kolonialzeit verstärkt einsetzenden konstruktivistischen Analyse urbaner Ethnizität stand ungebrochen die Überzeugung gegenüber, dass die ländliche Bevölkerung tief in historisch weit zurückliegenden Stämmen verankert sei.

Bereits der französische Soziologe und Ethnologe Georges Balandier (geb. 1920) bürstete hingegen viele der zeitgenössischen Weisheiten gegen den Strich. In seinen Studien (Balandier 1955a, 1955b, 1957) beschrieb er prekäre Lebensbedingungen, rapide Mobilität, den Zusammenbruch von Verwandtschaftsstrukturen, aber auch weiter bestehende Verbindungen zu den ländlichen Herkunftsregionen. Er war aber nicht nur an der Mikropolitik in den Städten interessiert. Ebenso analysierte Balandier die umfassende Machtstruktur – die ›koloniale Situation‹ –, in der Bauern und Städter in Afrika ihr Überleben zu organisieren suchten. Leidenschaftlich kritisierte er in diesem Zusammenhang die damals verbreitete Vorstellung, ›primitive‹ Gesellschaften würden nun durch eine moderne Ökonomie sukzessive transformiert. Die Nachkriegszeit deutete Balandier treffend als »technokratische Phase der Kolonisierung«. Wellen von Experten waren nach Afrika gekommen, um den Bauern neue Wege des Anbaus zu weisen, den Arbeitern neue Formen der Arbeit nahezulegen und das Gesundheits- und Bildungswesen neu zu gestalten. Diese Anstrengungen sollten den Metropolen ökonomischen Nutzen und den Afrikanern für eine künftige Unabhängigkeit die nötige ›Reife‹ bescheren. Besonders intensiv war die koloniale Entwicklungspolitik – andere Autoren sprachen später von der ›zweiten kolonialen Okkupation‹ (Low/Lonsdale 1976, 1) – in den rasch wachsenden Städten. Dort war man jedoch, wie Balandier konstatierte, weit davon entfernt, stabile urbane Gesellschaften zu schaffen. Im Gegenteil: Er beobachtete ›Übergangslösungen‹ und ›Unruhen‹, hervorgerufen von Afrikanern, die nicht gewillt waren, den Planungen der Kolonialherren zu entsprechen.

Balandiers Studien waren nicht frei von der Entwicklungsrhetorik der Zeit. Er schrieb von »embryonischen sozialen Klassen« und sah bei einigen Gruppen »so etwas wie das Bewusstsein einer Mittelklasse« entstehen. Parallel wies er jedoch immer wieder auf gleichsam gegen-evolutionäre Tendenzen hin. Die Arbeiterklasse schlug in den Städten zwar verstärkt Wurzeln, aber, so Balandier, die Verbindungen zwischen urbanen Zentren und dem platten Land gestalteten sich weit intensiver und vielfältiger, als es die kolonialen Herrscher, aber auch viele ihrer Kritiker zu verstehen in der Lage waren. Die Modernisierungstheoretiker nahmen in den 1950er-Jahren an, dass ethnische Identität unter denen am stärksten sei, die sich am wenigsten verändert hätten. Nationalistische afrikanische Politiker nannten Ethnizität Hochverrat und wetterten gegen »tribalistische Tendenzen«. Balandier dagegen bezweifelte, dass ethnische Gruppen als ineffiziente und unbefriedigende Formen der menschlichen Gesellschaft zwangsläufig und mit Recht zum Untergang verurteilt waren. Er kehrte subversiv die Modernisierungstheorie um und deutete Tribalismus als Kampf gegen kapitalistische Ausbeutung und staatliche Unterdrückung.

Die Menschen verließen, wie er weiter ausführte, die traditionelle Gesellschaft nicht freiwillig. Denn ihr Leben unter dem Kolonialismus wurde korrupt, nicht modern. Dagegen verteidigten sich die Afrikaner Balandier zufolge, indem sie ihre lokalen Gesellschaften neu erfanden, um die Kontrolle über ihre Beziehung zur Außenwelt wiederzugewinnen – notfalls durch Abschottung. Der Stamm war demnach nicht ein sich unvermeidlich leerendes Fass, sondern ein sorgfältig konstruierter Zufluchtsort, eine ortsgebundene moralische Ordnung, die vor der Unordnung schützte, welche rassistische Staaten und vom Ausland beherrschte Märkte verursachten. Dieser Ansatz ist in der Ethnizitätsdebatte der 1980er- und 1990er-Jahre häufig und zumeist zustimmend aufgegriffen worden (Lentz 1995). Diese Debatte markierte eine entscheidende Wende in der Betrachtung von Moderne in Afrika.

Ethnizität, Häuptlingstum, Hexerei

Viele Jahrzehnte lang hatten afrikanische Politiker und Intellektuelle ebenso wie westliche Sozialwissenschaftler ›Ethnizität‹ und ›Tribalismus‹ gleichsam routinemäßig als rückschrittlich und schändlich, als unwillkommene Unterbrechung auf dem Weg zur Moderne gebrandmarkt. Aus der Sicht liberaler oder marxistischer Modernisierungstheorien mit ihrem gemeinsamen Leitbild des säkularen Nationalstaats musste die Persistenz von Ethnizität, die partout nicht den weiter gefassten, ›modernen‹ und fortschrittlichen Solidaritäten von Klassen und Nation weichen wollte, den gesamten Entwicklungsprozess bedrohen. »For the nation to live, the tribe must die«, fasste der langjährige Führer der antikolonialen Befreiungsbewegung FRELIMO und spätere Staatspräsident Mosambiks, Samora Machel, diese Haltung prägnant zusammen (zitiert nach Berman et al. 2004, 8). Und doch stellte die Fähigkeit lokaler afrikanischer Kulturen, neue Identitäten und Ordnungen der Differenz aus eklektischen und oft widersprüchlichen Elementen von Tradition und Moderne zu schaffen, die gängigen Entwicklungsparadigmen nachhaltig in Frage und unterstrich »the inescapable fact that Westerners are not the only ones going places in the modern world« (Clifford 1989, 17). Das ›Missverständnis der Modernisierung‹ entstand also nicht zuletzt aus der unzureichenden Reflexion darüber, was ›Tradition‹ und ›Ethnizität‹ eigentlich seien. Diese sind i. d. R. eben nicht zähe Überbleibsel, die der Entwicklung zur Moderne gegenüberstehen. Vielmehr handelt es sich bei näherer Betrachtung um recht rezente Ausgeburten der Auseinandersetzung mit jener Moderne, der sie häufig entgegengestellt wurden (Kößler/Schiel 1996).

V. a. das von Eric Hobsbawm (1917–2012) und Terence Ranger (1929–2015) geprägte Konzept der »Erfindung von Tradition« (Hobsbawm/Ranger 1983) entfaltete für die Erforschung der afrikanischen Geschichte eine immense Wirkung. Seither ist es nahezu unmöglich geworden, über Tradition, Gebräuche oder Ethnizität in Afrika zu sprechen, ohne auf deren ›erfundenen‹, ›imaginierten‹ oder ›konstruierten‹ Charakter zu verweisen. Hatte etwa der ›Stamm‹ mit einem ›Häuptling‹ an der Spitze lange

Zeit als Inbegriff afrikanischer Sozialordnungen gegolten, suchten Historiker im Anschluss an Ranger nun zu zeigen, dass die sog. Stämme, die bis heute die afrikanische Politik mitprägen, weniger Überbleibsel des vorkolonialen Afrika als vielmehr Resultat kolonialer Durchdringung oder der Modernisierung sind, bewusst gestaltet und zielgerichtet konstruiert, erfunden von Kolonialbeamten, Missionaren und einigen afrikanischen Älteren. Das Konzept der Erfindung hat jedoch dazu geführt, die Fähigkeiten der Kolonialherren, afrikanische Institutionen zum Zwecke der europäischen Hegemonie zu manipulieren, i. d. R. weit zu überschätzen (Lentz 1997; Spear 2003).

Der Fokus auf die koloniale Konstruktion vermeintlich zeitloser, unveränderbarer Traditionen und Ordnungen führte ohne Zweifel zu wichtigen Einsichten in die jüngere Historie Afrikas. Er ermöglichte es, zentrale Widersprüche kolonialer Rhetorik aufzuzeigen und die scheinbare Dichotomie von afrikanischer Tradition und europäischer Modernität in Frage zu stellen. Zu den tieferen Ironien der Kolonialgeschichte gehört es, dass die Kolonisierenden den Kolonisierten jede eigene Geschichte absprachen, dass jedoch die kolonialen Verwaltungen auf der lokalen Ebene versuchten, historische Erinnerungen zu instrumentalisieren, indem sie sich, wo immer es ging, vor Ort auf Männer stützten, welche die eigene Vorrangstellung durch Rückgriff auf Traditionen zu legitimieren wussten.

Der Begriff ›Erfindung‹ bereitet jedoch seit geraumer Zeit schon Unbehagen. Er erweist sich als wenig sinnvolle analytische Kategorie, weil er Tradition essentialisiert, historische Prozesse der Re-Interpretation und Neuordnung negiert und Afrikaner als leichtgläubige Subjekte konstruiert. Hingegen sind in der Kolonialperiode ältere Traditionen kontinuierlich neuinterpretiert, Gewohnheiten endlos debattiert und ethnische Grenzen beständig verschoben worden. Jüngere Studien haben wiederholt hervorgehoben, dass Kolonialpolitik keineswegs einer kohärenten Herrschaftsstrategie entsprang, sondern durch beständige Aushandlungen und Kompromisse charakterisiert war. Kolonialregimes hingen, um erfolgreich sein zu können, in beträchtlichem Maße von der Kooperation der Kolonisierten ab. Um afrikanische Ambitionen zu mobilisieren, mussten die Kolonialherren sowohl an die Vergangenheit als auch an die Zukunft appellieren; an das, was Afrikaner gewesen seien und auch an das, was viele zu sein wünschten. Die Europäer mussten also Instrumente finden, um die Tradition für die Gestaltung der Zukunft einsetzen zu können.

Zentrale Kennzeichen für das vermeintliche Verharren afrikanischer Gesellschaften in Tradition und Atavismus wurden seit den 1980er-Jahren im Kontext dieser Debatten zunehmend als ›modern‹ entdeckt. Dazu gehörten etwa die ›Häuptlinge‹ bzw. ›Chiefs‹, die genau in dieser Dekade angesichts der zunehmenden Fragilität staatlicher Strukturen im politischen Leben vieler afrikanischer Staaten neu wachsende Bedeutung erlangten und in das Blickfeld der afrikawissenschaftlichen Forschung gelangten (Almeida-Topor et al. 2003). Die Wiederkehr des Häuptlingstums, so zeigen zahlreiche Studien, beruht zum einen auf einer kreativen Kontinuität im Bereich der politischen Kultur, die sich in der Vielfalt und Geschmeidigkeit von Vorstellungen über Gemeinschaft, Führerschaft und Gemeinwohl manifestiert. Zum anderen gründet sie auf einem sehr kreativen Umgang mit der Dichotomie von Tradition und Moderne.

Wie ihre kolonialen Vorgänger schöpfen gegenwärtige Chiefs Macht aus ihrer Position als Intermediäre zwischen den Sphären des Staates und der Tradition. In einigen Fällen hat diese Zwischenposition rechtliche Gestalt angenommen, wenn in manchen afrikanischen Staaten etwa das Bodenrecht wenigstens partiell als eine Angelegenheit der Tradition definiert wurde. Zumeist verblieb die Unterscheidung zwischen diesen beiden Sphären jedoch auf einer diskursiven Ebene, die weder in der Rechtsprechung verankert noch im Alltagsleben leicht erkennbar war. Wie Justin Willis (2013, 219) konstatiert, sind Tradition und Moderne zunehmend schwer auseinanderzuhalten in einer Welt der permanenten technologischen und kulturellen Innovation, in der Mobiltelefone und Geld, Pharmazeutika und Fotos selbst im tiefsten afrikanischen Hinterland inzwischen zum Alltag gehören und in der Menschen, Worte und Bilder lange und häufig sehr schnelle Reisen unternehmen. Die wichtige Rolle von Chiefs im gegenwärtigen Afrika verweist weniger auf das Beharren auf Tradition noch notwendigerweise auf die Schwäche von Staaten, sondern auf die verbreitete Einstellung, dass selbst vergleichsweise gut funktionierende Staaten die Erwartungen ihrer Bürger nicht erfüllt haben. Dieses Gefühl der Enttäuschung, Frustration und des Verdachts macht die diskursive Unterscheidung zwischen ›traditioneller Autorität‹ und ›modernem Staat‹ in Afrika so nützlich. ›Tradition‹ evoziert nicht allein gegenwärtige Interessen mittels des Verweises auf die Vergangenheit, sondern zudem die Distanz zum Staat. Diese Dichotomie erlaubt es den Chiefs, die Verantwortung für staatliche Fehlleistungen von sich zu weisen. Tradition dient als diskursive Ressource, um vom Staat abzurücken und die von ihm produzierten und dann enttäuschten Erwartungen an die Moderne für die Festigung der eigenen Position zu nutzen.

Hexerei repräsentiert ein weiteres in der Forschung oft herangezogenes Beispiel dafür, wie ›modern‹ das vermeintlich Traditionelle und Atavistische ist. Sie wird gemeinhin als Gebrauch übernatürlicher Kräfte durch eine Person zum Schaden einer anderen definiert. In der industrialisierten Welt gilt die Hexerei als ›traditionelles‹ Relikt des Mittelalters und der Frühen Neuzeit. Entsprechende Phänomene im Afrika des 20. Jh.s wurden entsprechend lange Zeit als zähes Überbleibsel afrikanischer Traditionen interpretiert. Aus der Sicht der Afrikaforschung ist diese Perspektive fundamental falsch (Geschiere 1997; Smith 2008). Der im Übrigen seit Jahren stetig wachsende Hexereiglauben im nachkolonialen Afrika wird vielmehr als Auseinandersetzung mit Prozessen sozialer Differenzierung interpretiert, hervorgerufen durch die Entwicklung neuer Marktbeziehungen und die ›Modernisierung‹ von Wirtschaft und Gesellschaft.

Die ›Modernität‹ von Hexerei lässt sich demnach v. a. an drei Aspekten festmachen: Zum ersten wird die Ambivalenz von Hexerei in Relation zu Macht herausgearbeitet; Diskurse über Hexerei können Macht sowohl unterminieren als auch zu festigen suchen. Die herrschenden Bürokraten in vielen Teilen Afrikas etwa sehen Hexerei als ›Waffe der Schwachen‹ gegen den Staat und seine Projekte. Die dörfliche Bevölkerung wiederum glaubt, dass die Macht der staatlichen Eliten mit okkulten Kräften zusammenhängt. Zweitens unterstreicht die Forschung die regionalen Varianten von Hexerei. Diese hängen sehr eng mit der jeweils unterschiedlichen Art und Weise zusammen, in der lokale Gesellschaften neue Formen von Reichtum und Hierarchien integrieren konnten. Das dritte Leitmotiv schließlich ist die enge und anhaltende Verbindung zwischen Hexerei und Verwandtschaft. Selbst in einem modernen Umfeld wie der Großstadt entsteht die ›Politik des Okkulten‹ zunächst im familiären Kontext. In vielerlei Hinsicht ist Hexerei gleichsam die dunkle Seite von Verwandtschaft: Denn sie steht für Eifersucht und Aggressivität innerhalb des Familienverbandes, der doch eigentlich ein Hort von Vertrauen und Solidarität sein sollte. Geschiere (1997) kommt zu dem Schluss, dass Moderne/Tradition und Religion/Politik falsche Dichotomien sind. Hexerei in Afrika stehe nicht für ein traditionelles Verweigern von Wandel, sondern markiere den Versuch, sich modernen Entwicklungen zu stellen und sie zu verstehen. In diesem Sinne reflektierten Hexereidiskurse und -praktiken die Auseinandersetzung mit Problemen, die allen menschlichen Gemeinschaften gemein seien. Sein Buch ist im Übrigen ein interessantes Beispiel dafür, dass die Diskussion von Moderne in der Afrikaforschung zwar häufig auf der Erforschung einer spezifischen Region beruht – hier Kamerun –, dass dabei aber doch für Afrika als Ganzes argumentiert wird.

Welche Moderne für welches Afrika?

Doch kann Hexerei im heutigen Afrika anders sein als ›modern‹? Die Argumente der Hexereiforschung sind zweifellos wichtige Gegenmittel gegen die stereotype Darstellung von afrikanischen kulturellen und religiösen Praktiken als rückständig. Doch dient am Ende das Konzept ›modern‹ lediglich dazu, den früheren eurozentrischen Missbrauch desselben Wortes zu korrigieren? Ist am Ende alles, jede und jeder in Afrika modern? Mit dem Afrika-Historiker Frederick Cooper (geb. 1947), einem der schärfsten Kritiker des Moderne-Konzepts, lassen sich vier dominante Perspektiven auf die Moderne unterscheiden, von denen drei – positiv oder negativ – auf Europa zentriert sind (Cooper 2005, 113 f.):

(1) Folgen wir der ersten Lesart, repräsentiert Moderne einen machtvollen Anspruch auf Singularität und ist ein langes, andauerndes Projekt, welches eng mit der Geschichte Westeuropas verknüpft ist und umgekehrt ein Ziel definiert, zu dem der Rest der Welt hinstrebt. Diese Singularität wird von jenen gut geheißen, die neue Gelegenheiten für individuelles, soziales und politisches Fortkommen als Befreiung von der Last der Rückständigkeit sowie von der Unterdrückung vergangener Formen des westlichen Imperialismus ansehen.

(2) Eine zweite Lesart sieht Moderne ebenfalls als ein Bündel sozialer, ideologischer und politischer Phänomene, deren historische Ursprünge im Westen liegen, das hier aber als imperialistisches Konstrukt verdammt wird, gleichsam als globales Aufzwingen spezifisch westlicher Formen in Gesellschaft, Wirtschaft und Politik, welche die reiche Vielfalt menschlicher Erfahrungen und gesellschaftlicher Ordnungen sterilisiert.

(3) Die dritte Lesart konzediert der Moderne eine Singularität und sieht sie als europäisches Projekt und Errungenschaft, die es gegen jene zu verteidigen gilt, die an die Pforten Europas klopfen, deren kultu-

relle Dispositionen sie jedoch daran hindern, das Niveau der Moderne zu erreichen.

(4) Die vierte Lesart postuliert hingegen die Pluralität von Moderne und verweist auf ›multiple‹ oder ›alternative‹ Modernen. Entsprechende Ansätze betonen entweder die Art und Weise, in der nicht-westliche Gesellschaften kulturelle Formen und Praktiken entwickeln, die Ausdruck ihrer jeweils eigenen Sichtweisen von Fortschritt sind; oder der Fokus richtet sich auf kolonisierte Intellektuelle und politische Führer, welche die westlichen Ansprüche auf Modernität hinterfragen und Alternativen formulieren.

Die zuletzt genannte, v. a. von Shmuel N. Eisenstadt (1923–2010) angestoßene Perspektive ist für einen Historiker Afrikas sicherlich die sympathischste, denn sie gesteht Afrikanern nicht nur das Eifern nach von Europa gesetzten Maßstäben zu, sondern konzediert eigenständige Perspektiven. Insgesamt beruht Eisenstadts Ansatz auf der Anerkennung unterschiedlicher historischer Entwicklungen, der Multiplizität der Zukunftsentwürfe sowie der prinzipiellen Gleichberechtigung kulturell-gesellschaftlicher Varianz (Eisenstadt 2000). Im Anschluss an Parsons hat Eisenstadt eine regional übergreifende Analyse der Muster sozialer Ordnung und Integration entwickelt, ohne in diesem Zusammenhang jedoch den Prozess der Modernisierung mit Verwestlichung gleichzusetzen. Seine Versuche, den Eurozentrismus der herkömmlichen Modernisierungstheorie zu überwinden, zielen auf eine Pluralisierung der Entwicklungslinien. Eisenstadt akzentuiert die Variabilität der kulturellen Muster der Moderne. Der lobenswerte Ansatz, den nicht-westlichen Zivilisationen eine jeweils eigene, endogene Dynamik der Modernisierung zu konzedieren, geht jedoch einher mit der Konzeptualisierung dieser Zivilisationen als nicht weiter problematisierte in sich geschlossene Komplexe. So erscheint Modernität im Gegensatz zu vielen anderen Konzepten hier zwar nicht als Produkt der Ausbreitung westlicher Ideen und Institutionen, doch wird die lange Geschichte der Interaktionen und Austauschbeziehungen zwischen den Zivilisationen nahezu komplett ignoriert. In unserem Zusammenhang impliziert dieser Ansatz insbesondere aber die kritische Frage, welches analytische Potential der Begriff Moderne noch hat, wenn eine alternative Moderne auch Moderne genannt wird, wenn also jede Form von Innovation Modernität produziert (Cooper 2005, 114).

Cooper wendet sich auch gegen das verbreitete Konzept der kolonialen Moderne (Scott 2004), welches die Gefahr berge, komplexe Geschichten zu glätten und sie unter ein vermeintlich konsistentes Projekt zu subsumieren. Auf diese Weise überschätze es die transformative Kapazität des Kolonialismus, v. a. aber würden die Anstrengungen der Kolonisierten unterschätzt, sich Elemente des kolonialen Projektes anzueignen, gleichsam das koloniale Projekt in seine Bestandteile zu zerlegen und sich bestimmte Elemente herauszugreifen. Er warnt mit guten Gründen davor, Auseinandersetzungen und Bestrebungen innerhalb kolonialer Regimes mit der Essenz kolonialer Herrschaft gleichzusetzen. Zu bestimmten Zeitpunkten der Kolonialgeschichte gab es umfassende Modernisierungsprojekte, zu anderen Zeiten jedoch eher den Trend in der Kolonialideologie, ›traditionelle Gesellschaften‹ gleichsam einzufrieren. Es wäre zu simpel, diese verschiedenen Trends, die jeweils in sehr unterschiedlichen Kontexten entstanden und immer auch von einheimischen sozialen und politischen Bewegungen mitgeprägt wurden, in die Schublade der kolonialen Moderne abzulegen (Cooper 2005, 145).

Dem steht nicht entgegen, dass sich in verschiedenen Kolonien zu verschiedenen Zeiten die Aufoktroyierung moderner Gouvernementalität beobachten lässt. Dies gilt wohl besonders für Indien (vgl. den Beitrag »Muslimisches Südasien« in diesem Band). Dort maßen Kolonialbeamte jenen Institutionen große Bedeutung bei, die das kolonisierte Subjekt in Beziehung zum Staat definierten: Zensus, Kataster und allgemein die Produktion von Wissen, das eine ›Bevölkerung‹ klassifiziert und dazu benutzt werden kann, Überwachung auszuüben und sozialen Wandel einzuleiten (Cohn 1996; Metcalf 1995). Das Sammeln von Informationen zum Zwecke der Kontrolle der Kolonisierten ist jedoch nicht mit einer stabilen Herrschaftsausübung gleichzusetzen. Christopher Bayly (1996) hat hervorgehoben, dass die relativ rasche Eroberung Indiens durch die Briten nicht nur aufgrund militärischer Überlegenheit, sondern gleichfalls durch die Errichtung eines ausgefeilten Informationssystems möglich wurde. Die britische Verwaltung baute zunächst Netzwerke indischer Spione und einheimischer politischer Sekretäre auf, um sich militärische, politische und soziale Kenntnisse über ihre kolonialen Untertanen zu sichern. Nach 1820 schufen die Briten sukzessive neue Strukturen und setzten verstärkt auf die Erstellung von aufwendigen Katastern, Statistiken und kartographischen und geographisch-geologischen Erhebungen. Durch diese Formen der Datensammlung und -aufbereitung entfernten sich die Kolonialherren immer weiter von den ›Graswurzeln‹ der kolonisierten Gesellschaft. So traf sie 1857 die große Revolte indischer Nationalisten nahezu unvorbereitet. Ignoranz war für die britische Herrschaft in Indien mindestens ebenso charakteristisch wie das Streben nach Kontrolle und Überwachung.

Noch problematischer erscheint die Vorstellung von der Schaffung einer kolonialen Moderne im Falle Afrikas. Denn insgesamt gibt es für Afrika keine Hinweise darauf, dass sich dort in der Kolonialzeit so etwas wie die Hinwendung zu einer modernen Gouvernementalität vollzog. »Colonial states did not necessarily want or need to see individual subjects in relation to the state or to classify and enumerate them on various axes; they belonged in tribes and could be governed through the collectivity« (Cooper 2005, 143). Während europäische Staaten offenkundig ihre Bevölkerungen in die Gesunden und die Wahnsinnigen, die Kriminellen und die Unbescholtenen aufteilen wollten und Institutionen wie Gefängnisse und Irrenhäuser erfanden, die ihre Subjekte entsprechend markierten, betonten koloniale Institutionen oft sehr viel stärker das Fehlverhalten des Kollektivs als das des Individuums. Das koloniale Strafenregister sah bis weit in die Zeit nach dem Zweiten Weltkrieg jene Praktiken vor, die aus einer Foucaultschen Perspektive längst durch moderne Gouvernementalität hätten abgelöst sein müssen: das Auspeitschen, die kollektive Bestrafung ganzer Dörfer oder Verwandtschaftsgruppen (wie im Falle von Mau Mau in Kenia) und rigide Zuchthausstrafen etwa bei Vertragsbruch. Koloniale Regimes in Afrika waren offenkundig nicht in der Lage, die Ausübung ihrer Herrschaft zu routinisieren und zu normalisieren, und sie waren ebenso wenig kohärent in ihren Bemühungen, ›Tradition‹ und ›traditionelle Herrscher‹ in eine stabile Form der Herrschaft einzuspannen.

Coopers kritische Debatte der Nutzung des Moderne-Konzepts im Zusammenhang mit afrikanischer Geschichte bzw. Kolonialgeschichte mündet in der Bilanz, dass Moderne zwar eine zentrale Akteurskategorie sei, als analytische Kategorie jedoch lediglich begrenzten Nutzen habe. Diese Auffassung wird etwa von den Comaroffs (2012, 22 f.) dezidiert zurückgewiesen. Dass die theoretischen und alltagssprachlichen Bedeutungen von ›Moderne‹ oft zusammengeworfen und verwechselt würden, habe der Begriff mit anderen Konstrukten im Vokabular der Humanwissenschaften wie Kolonialismus, Identität, Politik oder Liberalismus gemein. Gerade das Schillernde mache den Begriff der Modernität, den sie gegenüber Moderne bevorzugen, als Ausdruck materieller Forderungen, als politischen Anspruch und als theoretischen Gegenstand so produktiv. Und dieses so schillernde und umstrittene Phänomen könne nicht, wie Cooper fordere, durch »blanken Empirismus« offengelegt werden. Sie halten an dem Gedanken multipler oder pluraler Modernen fest, weil dieser Ansatz »die westliche Universalismus-Illusion provinzialisiert und relativiert« (Comaroff/Comaroff 2012, 71, Anm. 9). Die afrikanische Moderne sei kein bloßer Ableger oder Doppelgänger eines euroamerikanischen Originals, sondern müsse in ihrer Eigenart erfasst und betrachtet werden. V. a. aber laufe die afrikanische Moderne der westlichen Moderne nicht nach, sondern eile ihr gegenwärtig voraus. Freilich hilft die Wortakrobatik der Comaroffs nicht bei dem Versuch, Moderne als einen Begriff kritischer Analyse zu fundieren; sie tendiert vielmehr dazu, die von Cooper beklagte Beliebigkeit und mangelnde Präzision im Umgang mit diesem Konzept zu bestätigen.

Im starken Kontrast zur These der Comaroffs, die das Triebwerk des globalen Kapitalismus in Afrika bzw. im Süden verorten und daraus schließen, dass Afrika gleichsam die Moderne vorantreibe, findet sich der vieldiskutierte Ansatz des nigerianischen, in den USA lehrenden Philosophen Olúfémi Táíwò, der argumentiert, der Kolonialismus habe die Moderne in Afrika abgeschnitten (Táíwò 2010). Er möchte mit Nachdruck, dass Afrika ›modern‹ werde. Und obgleich er darauf insistiert, dass Afrikaner ihren eigenen Weg in die Moderne finden müssen und werden, spielt das Konzept der multiplen Modernen in seinen Ausführungen keine Rolle. In seiner Perspektive ist Moderne ein komplexes Gut von universeller Anwendbarkeit. Als Rechtsphilosoph konzentriert er sich besonders auf die rechtlich-politischen Aspekte der Moderne, namentlich die Anerkennung des individuellen Subjekts, die zentrale Rolle der Vernunft und das Regieren mit Zustimmung der Allgemeinheit. Táíwòs Hauptthese besagt, dass der Kolonialismus keineswegs eine Quelle der Moderne darstellte, die dann im nachkolonialen Afrika nicht ausreichend Fuß gefasst habe. Vielmehr habe der Kolonialismus die Entfaltung der Moderne in Afrika verhindert. Dieses Argument schließt im Kern an ältere Ansätze an, etwa an Walter Rodneys (1975) berühmte Darlegung, der von Europäern inszenierte Sklavenhandel habe die Entwicklung Afrikas in eine industrialisierte Moderne entscheidend gebremst. Táíwò zufolge strebte koloniale Politik in Afrika v. a. nach der Einfriedung archaischer sozialer Ordnungen, statt den Afrikanern zu ermöglichen, selbstbestimmt jene Institutionen zu wählen, die sie gerne wollten.

Wiederum im Anschluss an frühere Forschungen (die Rathbone 2002 zusammenfasst), hebt Táíwò die große Bedeutung christlicher Missionen und v. a. einheimischer Christen für das Säen der Moderne im Afrika des 19. Jh.s hervor. Die Angehörigen einer kleinen christlichen Bildungselite »verstanden sich als Bürger und Afrikaner, die im Christentum eine zivilisierende Kraft und in der Kolonisation ein Mittel zur Begründung moderner Demokratien und konstitutioneller Monarchien sahen, mit Schulen und Technik als den wichtigsten Instrumenten des Fortschritts« (Wirz 2000, 88).

James Africanus Horton (1835–1883) etwa, als Sohn ehemaliger Sklaven in Freetown in Sierra Leone geboren und in Edinburgh in Medizin promoviert, plädierte für eine Kolonisierung Westafrikas durch Großbritannien, weil er sich dadurch für Afrika einen ähnlichen wirtschaftlichen und politischen Modernisierungsschub erhoffte, wie ihn Europa im 19. Jh. erfahren hatte. Seine diesbezüglichen Hoffnungen wurden jedoch rasch enttäuscht. Zunehmend sah er sich mit dem rassistischen Denken der Europäer konfrontiert, und der in den 1880er-Jahren einsetzende *Scramble for Africa*, so schreibt Táíwò, begrub das zarte Pflänzchen der Moderne. Der Schurke in seinem Narrativ ist Lord Lugard (1858–1945), der Architekt der indirekten Herrschaft, der den Zugang Afrikas zu den universellen Werten der Moderne und das Streben von Afrikanern nach liberaler Demokratie und Rechtsstaatlichkeit durch von außen aufoktroyierte Vorstellungen über afrikanische Gesellschaften versperrte. Diese Vorstellungen kamen ironischerweise in Gestalt von vermeintlich unveränderbaren afrikanischen Traditionen einher, ›erfundene Traditionen‹, wie die Afrikaforschung viele Dekaden später herausgearbeitet hat (s. o.) – eine Debatte, die Táíwò jedoch nicht aufgreift. Anstatt die Moderne nach Afrika zu bringen, habe der Kolonialismus Afrika in den Käfig der Tradition eingesperrt; er habe zwar mit großem Getöse die Einführung von Rechtsstaatlichkeit propagiert, in der Praxis die Judikative aber stets der Exekutive untergeordnet und auf diese Weise die Wurzeln für die Bereitschaft von Richtern im nachkolonialen Afrika gelegt, sich autoritären Systemen unterzuordnen.

Zeithorizonte

Der hier vorgestellte Auszug aus dem Spektrum der afrikabezogenen Moderneforschung verweist einmal mehr auf die Tatsache, dass der Terminus Moderne dazu tendiert, mehr zur Verwirrung beizutragen als zur Klärung von Sachverhalten. Moderne scheint mithin Realität und Mythos in einem zu sein. Und weil Neues immer Neues gebiert, entzieht sich die Moderne jedem Zugriff. »Sie gleicht letztlich dem Hasen auf der Flucht, der im Zickzack über die Felder hoppelt. Man glaubt ihn zu packen – schon ist er wieder weg« (Wirz 1997, 11). Nun ist es allemal leichter, ein Konzept zu dekonstruieren als konstruktive Vorschläge für Alternativen zu machen. Geschiere/Meyer/Pels (2008) haben ein relationales Konzept der Moderne vorgeschlagen, das der außergewöhnlichen Wirksamkeit und Verbreitung von Begriffen des Modernen in Afrika Rechnung zu tragen sucht. Die Schlagkraft der mit Moderne verknüpften Begriffe gründet demnach auf ihrer Fähigkeit, temporale Ungleichheiten zu artikulieren, und die einen als ›modern‹ und die anderen als ›noch nicht modern‹ zu etikettieren. Eine relationale Perspektive auf die Moderne muss, folgen wir diesem Autorentrio, das Bewusstsein und die kritische Auseinandersetzung mit der verbreiteten Idee eines universellen, von Europa geprägten Modernepakets mit der Analyse von Kontexten in Afrika verbinden, in denen dieses Modernepaket auseinandergenommen und neu zusammengesetzt wird. Auf diese Weise entstehe ein Bild voller Paradoxien und Widersprüche, in welchem ›Tradition‹ sehr ›modern‹ daherkomme und ›Entwicklung‹ nicht selten dazu führe, bestimmte Gesellschaften und Menschen ›rückständiger‹ zu machen.

Ein solcher Zugang stelle überdies den in der internationalen Ordnung weiterhin sehr präsenten Gedanken in Frage, man brauche Afrika lediglich die Technologien für wirtschaftliches Wachstum und *good governance* zu verabreichen, um es auf den Weg zur Moderne zu bringen. Eine solche Vorstellung negiere die Jahrhunderte alte Genealogie der Ungleichheit zwischen Afrika und dem Westen. Zugleich mache es wenig Sinn, Afrikas ›eigene Entwicklung‹ zu fordern, weil dieser Vorschlag Afrikas ›Gleichzeitigkeit‹ und Verbindung mit dem ›entwickelten‹ Teil der Welt negiere.

Doch bei aller Kritik: Endgültig Abschied zu nehmen von der Moderne als wissenschaftlichem Deutungsmuster ist derzeit jedenfalls für die wenigsten Afrikawissenschaftler eine Option.

Literatur

Almeida-Topor, Hélène et al. (Hrsg.): *Le retour des rois. Les autorités traditionelles et l'État en Afrique contemporaine*. Paris 2003.

Appiah, Anthony: *In My Father's House. Africa in the Philosophy of Culture*. London 1992.

Balandier, Georges: *Sociologie des Brazzavilles noires*. Paris 1955 a.

Balandier, Georges: *Sociologie actuelle de l'Afrique noire. Dynamique et changements sociaux en Afrique*. Paris 1955 b.

Balandier, Georges: *Afrique ambiguë*. Paris 1957.

Bayly, Christopher A.: *Empire and Information. Intelligence Gathering and Social Communication in India, 1780–1870*. Cambridge 1996.

Berman, Bruce et al.: Ethnicity and the Politics of Democratic Nation-Building in Africa. In: Dies. (Hrsg.): *Ethnicity & Democracy in Africa*. Oxford 2004, 1–21.

Clifford, James: *The Predicament of Culture. Twentieth Century Ethnography, Literature and Art*. Cambridge, Mass. 1989.

Cohen, Ronald/Middleton, John (Hrsg.): *From Tribe to Nation*. Scranton, PA 1970.

Cohn, Bernard: *Colonialism and Its Forms of Knowledge. The British in India*. Princeton 1996.

Comaroff, Jean/Comaroff, John: *Der Süden als Vorreiter der Globalisierung. Neue postkoloniale Perspektiven*. Frankfurt am Main 2012.

Cooper, Frederick: *Colonialism in Question. Theory, Knowledge, History*. Berkeley 2005.

Eisenstadt, Shmuel N.: *Die Vielfalt der Moderne*. Weilerswist 2000.

Englund, Harry/Leach, James: Ethnography and the Metanarratives of Modernity. In: *Current Anthropology* 41/2, 2000, 225–245.

Fabian, Johannes: *Time and the Other. How Anthropology Makes Its Objects*. New York 1983.

Ferguson, James: *Expectations of Modernity. Myths and Meaning of Urban Life on the Zambian Copperbelt*. Berkeley 1999.

Geschiere, Peter: *The Modernity of Witchcraft. Politics and the Occult in Postcolonial Africa*. Charlottesville/London 1997.

Geschiere, Peter et al.: Introduction. In: Dies. (Hrsg.): *Readings in African Modernity*. Athens, OH 2008, 1–7.

Gilroy, Paul: *The Black Atlantic. Modernity and Double Consciousness*. London 1993.

Hobsbawm, Eric/Ranger, Terence (Hrsg.): *The Invention of Tradition*. Cambridge 1983.

Knauft, Bruce: Critically Modern: An Introduction. In: Ders. (Hrsg.): *Critically Modern. Alternatives, Alterities, Anthropologies*. Bloomington 2002, 1–50.

Kößler, Reinhart/Schiel, Tilmann: *Auf dem Weg zu einer kritischen Theorie der Modernisierung*. Frankfurt am Main 1996.

Larkin, Brian: Indian Films and Nigerian Lovers: Media and the Creation of Parallel Modernities. In: *Africa* 67/3, 1997, 406–439.

Lentz, Carola: »Tribalismus« und Ethnizität in Afrika – ein Forschungsüberblick. In: *Leviathan. Zs. für Sozialwissenschaft* 23, 1995, 115–145.

Lentz, Carola: Ethnizität und die Interpretation der Vergangenheit. In: Deutsch, Jan-Georg/Wirz, Albert (Hrsg.): *Geschichte in Afrika. Einführung in Probleme und Debatten*. Berlin 1997, 149–174.

Low, Donald A./Lonsdale, John: Introduction: Towards the New Order 1945–1963. In: Low, Donald A. Low/Smith, Alison (Hrsg.): *History of East Africa*, Bd. 3. Oxford 1976, 1–63.

Metcalf, Thomas: *Ideologies of the Raj*. Cambridge 1996.

Mudimbe, Valentin: *The Idea of Africa*. Bloomington 1994.

Piot, Charles: *Remotely Global. Village Modernity in West Africa*. Chicago 1999.

Probst, Peter/Deutsch, Jan-Georg/Schmidt, Heike: Introduction. Cheerished Visions & Entangled Meanings. In: Dies. (Hrsg.): *African Modernities. Entangled Meanings in Current Debates*. Oxford 2002, 1–17.

Rathbone, Richard: West Africa. Modernity & Modernization. In: Probst, Peter/Deutsch, Jan-Georg/Schmidt, Heike (Hrsg.): *African Modernities. Entangled Meanings in Current Debates*. Oxford 2002, 18–30.

Rodney, Walter: *Afrika. Die Geschichte einer Unterentwicklung*. Berlin 1975 (engl. 1972).

Schumaker, Lyn: *Africanizing Anthropology. Fieldwork, Networks, and the Making of Cultural Knowledge*. Durham, NC 2001.

Scott, David: *Conscripts of Modernity. The Tragedy of Colonial Enlightenment*. Durham, NC 2004.

Smith, James Howard: *Bewitching Development. Witchcraft and the Reinvention of Development in Neoliberal Kenya*. Chicago 2008.

Spear, Thomas: Neo-Traditionalism and the Limits of Invention in British Colonial Africa. In: *Journal of African History* 44/1, 2003, 391–418.

Spitulnik, Debra: Accessing »Local« Modernities: Reflections on the Place of Linguistic Evidence in Ethnography. In: Knauft, Bruce M. (Hrsg.): *Critically Modern. Alternatives, Alterities, Anthropologies*. Bloomington 2002, 194–219.

Táíwò, Olúfémi: *How Colonialism Preempted Modernity in Africa*. Bloomington 2010.

Werbner, Richard: South Central Africa: The Manchester School and After. In: Fardon, Richard (Hrsg.): *Localizing Strategies. Regional Traditions of Ethnographic Writing*. Edinburgh 1990, 152–181.

Willis, Justin: Chieftaincy. In: Parker, John/Reid, Richard (Hrsg.): *The Oxford Handbook of Modern African History*. Oxford 2013, 208–223.

Wirz, Albert: Die Moderne als Prozess. Oder: Auf zur Hasenjagd! *Unveröffentlichtes Manuskript*. April 1997.

Wirz, Albert: Sklavenhandel, Sklaverei und legitimer Handel. In: Grau, Inge et al. (Hrsg.): *Afrika. Geschichte und Gesellschaft im 19. und 20. Jahrhundert*. Wien 2000, 75–91.

Wittrock, Björn: Modernity: One, None, or Many? European Origins and Modernity as a Global Condition. In: *Daedalus* 129, 2000, 31–59.

Andreas Eckert

Arabische Welt

Disziplinen und Definitionen

Ein systematischer Überblick über die relevante Forschung zur arabischen Welt fällt angesichts des Nebeneinanders von Fragmentierung und internationaler Verflechtung schwer: Mit der arabischen Welt beschäftigt sich nicht eine einzelne Disziplin mit ihren spezifischen Referenzen, Traditionen und Konventionen, sondern ein ganzes Spektrum von Fächern. Zu ihnen gehören sowohl etablierte Disziplinen wie Geschichte, Jura, Philosophie, Religionswissenschaft, Ethnologie/Sozial- und Kulturanthropologie, Geographie, Politikwissenschaft, Philologie und Literaturwissenschaft (die mit Blick auf die verwandten Theorien und Methoden alles andere als einheitlich sind, selbst wenn einige als ›systematisch‹ eingestuft werden) als auch multidisziplinär angelegte Fächer wie die Islamwissenschaft und die Kulturwissenschaften. Im deutschsprachigen und im arabischen Raum, in Israel sowie in einer Reihe nord-, süd- und osteuropäischer Länder wirken die Fachvertreter mehrheitlich an eigenen – islamwissenschaftlichen, arabistischen, orientalistischen oder regionalwissenschaftlichen – Instituten (zunehmend häufig: Asienwissenschaften); im angelsächsischen und frankophonen Raum sind sie meist in die jeweilige Fachdisziplin eingebunden und ggf. parallel dazu in ein regionalwissenschaftliches Institut (i. d. R. Nah- und Mitteloststudien). Die ungeachtet aller Kritik am Orientalismus (s. u.) große orientalistische Tradition der philologischen Textarbeit ist so spätestens seit den 1980er-Jahren um eine Vielzahl von Perspektiven, Theorien und Methoden mit ihrem je eigenen Kanon an Bezügen und Autoritäten erweitert worden.

Selten konzentrieren sich die beteiligten Wissenschaftlerinnen und Wissenschaftler exklusiv auf die arabische Welt – dies tun am ehesten die Arabisten sowie einige Historiker, Islam-, Politik- und Sozialwissenschaftler, namentlich die in der arabischen Welt selbst verankerten (der auch im Folgenden aus Gründen der Lesbarkeit verwendete männliche Plural schließt die weibliche Form mit ein). Vielfach geht ihr Interesse deutlich über die arabische Welt hinaus, sei es räumlich, indem sie Kultur, Politik und Gesellschaft des Nahen und Mittleren Ostens einschließlich Irans und der Türkei, wenn nicht gar der bis Süd- und Zentralasien reichenden persisch- und türksprachigen Kulturräume studieren, sei es thematisch, indem sie den Islam als Religion, Kultur und Diskurstradition bearbeiten, der als globales Phänomen die ›islamische Welt‹ hinter sich gelassen hat. Der transregionale, wenn nicht globale Blick stellt auch die pauschale Zuordnung der beteiligten Forscher zu den Regionalwissenschaften (*Area Studies*) in Frage, als die sie in der Außenwahrnehmung häufig firmieren. Die Verbindung mit anderen Räumen und Kulturen, die v. a. die Beziehungs- und die Globalgeschichte unter den Vorzeichen der *connectedness* und des *entanglement* (im Deutschen etwas gröber: Verflechtung) behandeln, ist den Islam- und Nahostwissenschaften regelrecht eingeschrieben.

Die Verflechtung betrifft nicht nur den Gegenstand der Forschung, sondern die Forschenden selbst: Von früher Stunde an, ganz unübersehbar aber seit den 1960er-Jahren ist die Forschung zum Nahen und Mittleren Osten, zum Islam und zur islamischen Welt international ausgerichtet. Referenzwerke wie die *Enzyklopädie des Islam* (EI1), 1913–1938; *The Encyclopaedia of Islam, New Edition* (EI2), 1986–2004; *The Encyclopaedia of Islam Three* (EI3, ab 2007) sind das Produkt internationaler Zusammenarbeit, allerdings mit deutlichem Schwerpunkt in Europa und Amerika. Als wichtigste Kommunikationssprache dient zumindest außerhalb der arabischen Welt, die natürlich intensiv an ihrer eigenen Erforschung beteiligt ist, das Englische.

Als besonders durchschlagkräftig haben sich – offenkundiger Reflex politischer Machtverhältnisse – seit dem Zweiten Weltkrieg Theorien erwiesen, die in den USA etabliert oder von dort aus propagiert wurden. Dabei war nicht die Herkunft der beteiligten Wissenschaftlerinnen und Wissenschaftler ausschlaggebend (mit Blick auf die hier interessierende Moderne-Diskussion stammen auffällig viele vom indischen Subkontinent, einige wenige aus der arabischen Welt), sondern der Standort ihres Wirkens und ihr Zugang zu den einflussreichen Medien der wissenschaftlichen Kommunikation. Die internationale Zusammenarbeit schließt selbstverständlich arabische Wissenschaftler ein, die, unabhängig davon, ob sie in der arabischen Welt leben oder außerhalb ihrer, i. d. R. unmittelbarer in die – eminent politische – Auseinandersetzung um den Begriff der Moderne einbezogen sind als ihre nicht-arabischen Kollegen. Historiker und Philosophen wie Mohammed Abed al-Jabri (1936–2010), Abdallah Laroui (geb. 1933), Sadeq Jalal al-Azm (geb. 1934) oder

Aziz al-Azmeh (geb. 1947; verwendet wird hier und im Folgenden die international übliche Schreibweise von Namen), deren Stimme in der internationalen Wissenschaft Gewicht hat, sind zugleich *public intellectuals*, deren Ausstrahlung weit über ihr Geburtsland hinausreicht (Marokko im Fall von al-Jabri und Laroui, Syrien bei al-Azm und Azmeh). Mit Bezug auf die arabische Welt ist die gesellschaftliche Relevanz der Moderne-Diskussion mit Händen zu greifen.

Die Verschränkung lokaler und internationaler Wissenschaft ist allerdings weder komplett noch reibungsfrei, und es sind nicht nur Sprachbarrieren, die den freien Fluss der Ideen behindern, der nach dem Motto ›Forschen mit‹ den Blick *auf* die Region systematisch mit dem Blick *aus* der Region verbinden sollte. Das geschieht auch mit Hilfe der klassischen Instrumente wissenschaftlicher Kommunikation – Publikationen, Internetforen, Konferenzen, Gasteinladungen und Forschungsverbünde. Ein Beispiel bietet der Arbeitskreis »Moderne und Islam« (AKMI), der 1996 am Wissenschaftskolleg zu Berlin eingerichtet und 2007 unter verändertem Namen, wenig später auch in veränderter Trägerschaft fortgeführt wurde und mit seinen internationalen Fellows rege Aktivitäten entfaltete. Spannung gewinnt das Verhältnis, indem die beteiligten Wissenschaftler, Intellektuellen und Künstler einander wechselseitig zum Gegenstand der kritischen Betrachtung machen: Westliche Islamwissenschaftler studieren arabische mit Blick auf deren Verständnis von Moderne, diese ihre westlichen Kollegen. So kompliziert insgesamt die Verhältnisse sind, ist eines doch klar: Sie lassen sich nicht auf einen Dualismus zwischen systematischen, im Westen verankerten Disziplinen hier und (ebenfalls vorrangig im Westen lokalisierten) *Area Studies* da reduzieren, wobei Letztere – dieser Fehldeutung zufolge – kraft ihrer Sprach- und Sachkenntnisse gewissermaßen den O-Ton liefern, mit dessen Hilfe die systematischen Disziplinen ggf. ihre Theorien mit globaler Reichweite verfeinern.

Um die Darstellung angesichts poröser disziplinärer, geographischer und sprachlicher Grenzen nicht völlig zerfasern zu lassen, konzentriert sich der folgende Überblick auf die geistes- und kulturwissenschaftliche, mit Einschränkungen auch auf die sozial- und politikwissenschaftliche Nahostforschung. Im deutschsprachigen Raum umschließt das die multidisziplinär verfasste Islamwissenschaft (überwiegend historisch-sozialwissenschaftlich oder religionswissenschaftlich fundiert) und die philologisch und/oder literaturwissenschaftlich ausgerichtete Arabistik, zwei ›orientalistische‹ Fächer, die an manchen Orten in Personalunion vereint sind, den Begriff der Moderne prinzipiell aber auf unterschiedlichen Feldern diskutieren. Hinzu kommen die Osmanistik und die Geschichte des Vorderen Orients (alternativ auch: Westasiens), die an manchen Orten der sog. Allgemeinen Geschichtswissenschaft eingegliedert sind.

Sieht man von der marxistisch-leninistischen Forschung ab, so sind die orientalistischen Fächer lange Zeit wenig theorieorientiert vorgegangen. Tatsächlich verfügen sie über keine eigene Methode, bedienen sich methodisch und theoretisch vielmehr bei wechselnden ›Leitdisziplinen‹ wie der Philologie, Geschichte, Sozial- und Kulturanthropologie oder Komparatistik und verknüpfen deren Angebote mit Blick auf den eigenen Gegenstand mehr oder weniger virtuos. Klammert man die seit 1990 marginalisierte marxistische Forschung aus, so ist die Spannweite der Möglichkeiten breit und reicht bei einzelnen Fachvertretern von Weber und Bourdieu bis zu Luhmann und Habermas (auch Marx ist nicht ganz vergessen) und von Gramsci, Foucault, Derrida, Lyotard und Butler bis zu Said, Asad und Chakrabarty. Natürlich kann der eklektische Theorie- und Perspektivenmix zu bedenklicher konzeptioneller Unschärfe führen. Er bietet im besten Fall aber die Chance, sich hochkomplexen Phänomenen wie ›Islam‹, ›Kultur‹ und ›Moderne‹ mit der angemessenen Subtilität anzunähern (vgl. für die Islamwissenschaft Poya/Reinkowski 2008).

Ein eigenes Profil erhalten Islamwissenschaft, Arabistik und die nahostbezogene Forschung als Ganzes über die kritische Auseinandersetzung mit Konzepten und Theorien, die auf der Grundlage *westlicher* Erfahrungen mit dem Anspruch auf universelle Gültigkeit entwickelt wurden. Die Kritik am Eurozentrismus (und an dessen Sonderform, dem Orientalismus) ist seit den 1980er-Jahren in den Mainstream der beteiligten Fächer eingegangen; für postkoloniale und postmoderne Ansätze haben sich v. a. die Sozial-, Kultur- und Literaturwissenschaftler geöffnet. Dafür gibt es sowohl wissenschaftsimmanente als auch politische Gründe: Kolonialismus und Entkolonisierung, die sich in der arabischen Welt als politische Prozesse bis in die 1970er-Jahre hinzogen und weder ökonomisch noch kulturell als abgeschlossen gelten können, die schwierige Nation- und Staatsbildung, der Aufschwung islamistischer Ideen und Bewegungen seit den späten 1960er-Jahren, die iranische Revolution von 1979, die Terroranschläge des 11. September 2001 und der Arabische Frühling von 2010–2012 haben leidenschaftliche Debatten ausgelöst, gerade mit Blick auf den Begriff der Moderne. Im Ergebnis haben Islamwissenschaft und Arabistik zwar keinen eigenen Begriff der Moderne als Epoche und Programm entwickelt, wohl aber ein hohes kritisches Potential gegenüber eurozentrischen Perspektiven jeder Art.

Forschungsgeschichte, Kontroversen und Gegenkonzepte

Angesichts der Vielfalt an Theorieangeboten aus unterschiedlichen Disziplinen macht es wenig Sinn, die semantischen Verschiebungen des Moderne-Begriffs in der Nahostforschung im Einzelnen nachzuzeichnen. Aufschlussreicher ist die Benennung der großen Forschungskontroversen. Die in den USA entfalteten Modernisierungstheorien wurden in den 1960er-Jahren auch in der Nahostforschung rezipiert. Charakteristisch für die schlichte Variante der Modernisierungstheorie(n) sind erstens binäre Annahmen, die, einem linearen Entwicklungsschema folgend, mit den Kategorien von Tradition und Moderne, Stagnation und Dynamik, Rückständigkeit und Fortschritt operieren, wobei ›Tradition‹ plural gedacht, die ›Moderne‹ aber als exklusiv europäisch-westlich verstanden wird. Anschluss verspricht demnach bestenfalls die ›nachholende Entwicklung‹, ›verspätete Nationen‹ zahlen für ihre Verspätung einen Preis. Das übersetzt die qualitative Differenz von ›Entwicklung‹ und ›Unterentwicklung‹ in eine zeitliche und eine räumliche Dimension. Die zugrunde liegende Zweiteilung der Welt hat der britische Soziologe Stuart Hall (geb. 1932) knapp in die Formel *the West and the rest* gefasst.

Charakteristisch ist zweitens die Diffusionsthese, der zufolge Elemente der Moderne von Europa bzw. dem Westen aus in die nicht-westlichen Zivilisationen, Kulturen und Gesellschaften getragen und dort entweder übernommen oder aber unter dem Einfluss traditioneller Strukturen und nativistischer Ideologien abgestoßen werden. Modernisierung bedeutet nach diesem Verständnis tatsächlich Verwestlichung. Wie viele Wissenschaftlerinnen und Wissenschaftler mit Schwerpunkt auf der nicht-westlichen Welt haben Nahostforscher früh auf die koloniale Einbettung der Modernisierungstheorien und ihrer praktischen Umsetzung verwiesen, die in den ›systematischen‹ Disziplinen lange entweder ausgeblendet oder unterbelichtet wurden. (Dabei sei daran erinnert, dass auch Teile der nahöstlichen Eliten in emanzipatorischer Absicht Modernisierung als Verwestlichung begriffen – und bejahten.) Potentiell offener ist ein drittes Moment: die Unterscheidung zwischen einer ›technischen‹ und einer ›kulturellen‹ Dimension der Moderne. Während Erstere als partiell oder sektoral durchsetzbar gilt, erfordert Letztere eine umfassende ›Transformation‹ des Denkens und Handelns. Dieser Strang der Reflexion über die Moderne ist bekanntlich von dem britischen Soziologen Anthony Giddens (geb. 1938) und anderen sehr nuanciert ausgearbeitet worden.

Das Besondere der nahostbezogenen Diskussion lag und liegt in der Bedeutung, die der Religion, genauer: dem Islam, für die Bestimmung von Kultur, Tradition und Moderne zugeschrieben wird. Die Frage nach dem Verhältnis von Islam, Tradition und Moderne bestimmt in der einen oder anderen Form bis heute die wissenschaftliche und die öffentliche Debatte, die gelegentlich kaum voneinander zu trennen sind. Dabei handelt es sich nicht allein um eine orientalistische Projektion, die im Sinne des *othering* den ›Anderen‹ auf eine religiöse Essenz festschreibt: Die Rolle der Religion für Identität und Kultur ist seit zwei Jahrhunderten fester Bestandteil der lokalen Moderne-Diskussion; über Jahrzehnte schien sie alle anderen Aspekte zu überlagern. Kontrovers sind dementsprechend weniger die Aspekte der ›technischen‹ Moderne als vielmehr ihre ›kulturellen‹ Seiten. Der amerikanische Soziologe Daniel Lerner (1917–1980) formulierte einprägsam, der Mittlere Osten stehe zwischen »Mekka und Mechanisierung«: »The key«, schrieb er 1958, »is modernization. The top policy problem, for three generations of Middle Eastern leaders, has been whether one must choose between ›Mecca or mechanization‹ or whether one can make them compatible. The crux of the matter has been, not whether, but *how* one should move from traditional ways toward modern life-styles« (Lerner 1958, 405).

Dem Verhältnis von ›Tradition und Moderne‹ widmete sich in den 1960er und 1970er-Jahren auch die Nahostforschung. Als besonders lohnendes Objekt galten die arabischen Golfstaaten, die im Zusammenhang mit dem Ölboom tatsächlich den viel beschriebenen ›raschen‹ sozialen Wandel erlebten, der für große Teile der arabischen Welt gerade nicht typisch ist, weil dort die Veränderungen (und die mit ihnen in Verbindung gebrachten ›Krisen‹) viel weiter in die Geschichte zurückreichen und daher nicht rasch verliefen (s. u., koloniale Moderne). Eine Variante der Modernisierungstheorie bot in den 1990er-Jahren der aus Syrien stammende und damals in Göttingen lehrende Politikwissenschaftler Bassam Tibi (geb. 1944). In seinen Studien zum politischen Islam (bei ihm: Fundamentalismus) sprach er davon, dem Islam gehe es lediglich um die »halbe Moderne«, die technische nämlich, während er die kulturelle nicht angenommen habe. »Das Projekt der Moderne« sei »dem Islam äußerlich geblieben« (Tibi 1991, 211). Die mangelnde Unterscheidung zwischen Islam und Islamismus brachte Tibi in Essentialismus-Verdacht. Er distanzierte sich allerdings scharf von den Orientalisten und plädierte angesichts einer »Gleichzeitigkeit von zunehmender struktureller Globalisierung und parallel sich intensivierender kultureller Fragmentierung« für eine »kreative Aneignung der Moderne durch Muslime« – als Option, nicht als notwendig zu erreichende Evolutionsstufe (Tibi 1991, 216 und 217).

In ihren Grundfesten erschüttert wurden Islamwissenschaft und Arabistik von der Kritik des Literaturwissenschaftlers Edward Said (1935–2003), der mit seiner Studie zum Orientalismus das Selbstverständnis der Orientalistik als prinzipiell unpolitische, allein der Wahrheit verpflichtete, textbasierte Wissenschaft in Frage stellte (Said 1978). Der eine oder andere Orientalist hatte sich bereits zuvor mit Kolonialismus, Imperialismus und Neoimperialismus beschäftigt, ebenso mit den Prämissen der eigenen wissenschaftlichen Arbeit. Said, aus Palästina stammend, an der US-amerikanischen Eliteuniversität Columbia lehrend, rhetorisch brillant und als *public intellectual* zugleich politisch aktiv, verlieh der Auseinandersetzung eine neue Qualität, indem er sie in die neueren postmodernen und postkolonialen Diskussionen einbettete. Seine Thesen blieben freilich selbst in der arabischen Welt nicht unwidersprochen. Zu Saids wichtigsten Kritikern zählt der syrische Philosoph Sadeq Jalal al-Azm (geb. 1934), der ihn des »umgekehrten Orientalismus« zieh (al-Azm 1980, Wiederabdruck 2000). Meist unter Verweis auf Said wurden in den 1980er- und 1990er-Jahren auf breiterer Front Ansätze rezipiert, die, ggf. unabhängig vom Selbstverständnis des zitierten Autors, als postkolonial oder postmodern eingestuft wurden, wobei in beiden Fällen das Element »post« insofern irreführend ist, als es keineswegs immer eine zeitliche Abfolge (*nach* der Moderne, *nach* dem Ende des Kolonialismus) impliziert.

Über alle Disziplinen hinweg setzte sich die Ächtung des Essentialismus durch, der den Islam und die Muslime auf eine von Koran und Prophetentradition (Sunna, Hadith) abgeleitete Essenz festschreibt. Die Ächtung schlug sich u. a. in der Hinwendung zu Pluralformen selbst dort nieder, wo bislang der Singular gebraucht worden war (Islame, Modernen, Politiken, Musiken usw.), wobei der Plural die zugrundeliegenden Definitions- und Verständnisschwierigkeiten meist lediglich verschleiert (dies gilt nicht für al-Azmeh 1993). Die Abkehr vom Singular richtete sich nicht allein gegen die Orientalisten, sondern auch gegen die lange als Fundamentalisten bezeichneten Islamisten, die eben jene textbasierte Essenz ›des Islam‹ (und eben nicht: der Islame) postulieren. Vor diesem Hintergrund ist zugleich die Ablehnung der Huntington-These vom Kampf der Kulturen (Huntington 1993) durch die Fachwissenschaft zu sehen, die freilich in der arabischen Welt selbst keineswegs nur auf Widerspruch stieß, sondern gerade in islamistischen Kreisen auch auf emphatische Zustimmung.

Postmoderne Ansätze, die, so diffus das damit bezeichnete Geflecht von Perspektiven, Thesen und Theorien sein mag, auf die soziale bzw. diskursive Konstruktion aller Begriffe und Konzepte und damit zugleich auf ihre Wandelbarkeit, Durchlässigkeit, Ambiguität, Kontingenz und/oder Instabilität verweisen, haben sich v. a. in den Literatur-, Kultur- und Sozialwissenschaften durchgesetzt. Aber auch in der Islamwissenschaft und Arabistik etablierte sich der in New York lehrende Anthropologe Talal Asad (geb. 1933) als Autorität, der den Islam als diskursive Tradition begreift (vgl. u. a. Asad 2003) – an sich kein revolutionärer Gedanke, bedenkt man die jahrhundertealte Praxis der ›Konstruktion‹ intellektueller Bezüge, ja Genealogien auf den Feldern der islamischen Rechts- sowie Hadith-Wissenschaft, Philosophie, Theologie und des Sufismus. Asad weitet die diskursive Praxis jedoch über intellektuelle Zirkel auf ›gewöhnliche Gläubige‹ und deren Umgang mit der Tradition aus (vgl. Mahmood 2005, 113–117). Von Diskurs ist seit den 1990er-Jahren in der Islamwissenschaft und Arabistik viel die Rede; im strengen Sinn diskurstheoretische Ansätze sind allerdings rar. In anspruchsvoller Weise benutzt sie der Soziologe Armando Salvatore, der ›Islam‹ und ›Moderne‹ bzw. ›Modernität‹ konsequent als Diskursphänomene behandelt (Salvatore 1997).

Mit Blick auf postmoderne Ansätze verdienen zwei Publikationen Beachtung: Aus der Perspektive des engagierten Muslims, der sich gleichwohl für die Postmoderne interessiert, rechnet der aus Pakistan stammende und in Cambridge lehrende Politikwissenschaftler Akbar S. Ahmed mit den intellektuellen Tendenzen in der islamischen Welt ab (Ahmed 1992); der in Münster lehrende Arabist und Islamwissenschaftler Thomas Bauer kritisiert sowohl die westliche Moderne als auch den modernen Islam (Bauer 2011). Ahmed rekurriert auf den Topos der Ungleichzeitigkeit, indem er konstatiert, »die Muslime« und »der Westen« bewegten sich, wenn sie über Moderne und Postmoderne sprächen, regelrecht in unterschiedlichen Zeitzonen (Ahmed 1992, 28 f.). Bauer stellt sich in die Tradition der Aufklärungskritik und weist der westlichen Moderne das Streben nach Gewissheit, ja die »Vernichtung der Ambiguität« zu, dem ›klassischen‹, sunnitischen Islam hingegen die Bejahung der kulturellen Ambiguität, der Viel- und der Mehrdeutigkeit, die Lust am Spielerischen, den gelassenen Blick auf die Widersprüche der Welt. Beide operieren daher, ungeachtet ihrer offen oder latent postmodernen Stoßrichtung, erkennbar mit (kulturellen) Grenzziehungen.

Räume und Entwicklungspfade

In den Nahostwissenschaften ist der Begriff der Moderne nie ausschließlich selbstreferentiell auf den arabischen Raum (den Nahen und Mittleren Osten, die islamische Welt) fokussiert, sondern implizit oder explizit immer zugleich Auseinandersetzung mit Europa bzw. dem Westen und den dort real oder vermeintlich geschaffenen Ideen, Verfahren und Institutionen. Die Fixierung auf Europa bzw. den Westen als (einzig) ›relevantem Anderen‹ ist selbst ein Reflex der Moderne: Die Beziehungs-, Verflechtungs- und Transfergeschichte ist v. a. in der historischen Forschung seit langem fest verankert, wenn auch nicht zwingend unter Verwendung der aktuellen Begrifflichkeit. Für die Zeit bis ins späte 18. Jh. berücksichtigt sie zwar den Mittelmeerraum: Dieser stellt jedoch nur einen Bezugsraum neben dem Osmanischen Reich, dem iranischen Kulturraum, dem Indischen Ozean, Ostafrika und/oder dem transsaharischen Raum dar. Von diesem Denken in Beziehungen, wenn nicht Verflechtungen ist der Übergang zu einer genuin globalgeschichtlichen Perspektive gleitend – aber deswegen noch nicht einfach. (Konsequent hat sich um sie der Islamwissenschaftler Reinhard Schulze bemüht; vgl. u. a. Schulze 1994).

Das von Shmuel Eisenstadt und anderen entwickelte Konzept der multiplen Modernen, das der Moderne ihren festen Standort nimmt und zugleich ihre teleologische Ausrichtung auf eine Konvergenz mit der westlichen Moderne, wurde in der Nahost- und Islamwissenschaft sehr wohlwollend aufgenommen, bislang jedoch kaum rigoros auf seine Prämissen und Konsequenzen hin überprüft. Generell dominiert die Tendenz, eher von lokalen und kulturellen Variationen der Moderne zu sprechen als von multiplen oder alternativen Modernen (so dezidiert Watenpaugh 2006, 13 f.; auch Freitag 2008; Büssow 2011, 12). Unverkennbar schwingt das Konzept überall dort mit, wo über eine ›arabische‹ (türkische, iranische), ›osmanische‹ oder ›islamische‹ Moderne reflektiert wird. Dies geschieht v. a. in der Philosophie, der Ideen- und Geistesgeschichte (die sich seit einigen Jahren gelegentlich als *intellectual history* im Sinne der sog. Cambridge School versteht), in den Studien zu islamischen Reform- und Frömmigkeitsbewegungen bis hin zum politischen Islam und in den Arbeiten zu Staats- und Subjektformierung.

Zeithorizont und Epochenkonzept

Die Nahostwissenschaften sind generell hoch sensibel für Periodisierungsfragen. Das trifft bezeichnenderweise weniger auf die Antike und die Spätantike zu, die im Wesentlichen die vorislamische Ära betreffen, für die ganz offensichtlich geringere Empfindlichkeiten gelten, als vielmehr auf die der europäischen Geschichte entlehnte Gliederung in Mittelalter, Frühe Neuzeit und Neuzeit bzw. Moderne. Mit Blick auf die »islamisch geprägte« (*Islamicate*) Welt hat der amerikanische Historiker Marshall G. S. Hodgson (1922–1968) dieses Raster verworfen und eine eigene Periodisierung vorgeschlagen. Einmal abgesehen von der Tatsache, dass er dabei eine lineare Entwicklung durch eine andere ersetzt, erkennt auch Hodgson die Moderne als Epoche von universaler Reichweite an (»Modern Technical Age, *c.* 1789–present«; Hodgson 1974, Bd. 1, 50–52, 96, und Bd. 3). Ähnlich der marokkanische Historiker Abdallah Laroui (geb. 1933), der unter den arabischen Intellektuellen vielleicht am intensivsten über Fragen der Periodisierung und des Zeitverständnisses (»Temporalitäten«) nachgedacht hat (vgl. aus seinem umfangreichen Œuvre Laroui 1987). Den Ausschlag geben dabei die Begegnung mit Europa bzw. die durch diese Begegnung ausgelösten Prozesse der Staats- und Subjektformierung, die nicht in allen Teilen des Nahen und Mittleren Ostens mit kolonialer Durchdringung und Beherrschung zusammenfallen.

Bestimmend ist weiterhin die erklärte Bejahung von Neuerung, Innovation, Öffnung, die sowohl die staatszentrierten Reformen des 19. Jh.s als auch die religiösen Reformbestrebungen an der Wende zum 20. Jh. charakterisieren. Eine wachsende Zahl von

Forschern insistiert auf der Handlungsmacht (*agency*) lokaler Akteure, die zwar in koloniale Zusammenhänge eingebunden sind (Weltmarktintegration, koloniale Expansion und Imperialismus), aber doch eigenständig handeln und eigene Vorstellungen von Moderne bzw. Modernität realisieren. Im Zuge dieser Überlegungen wurde auch die sog. Französische Expedition von 1798–1801 (die Eroberung des osmanischen Ägypten durch ein von Napoleon Bonaparte geführtes französisches Heer) neu bewertet, die im Einklang mit der Diffusionsthese lange als ›Beginn der Moderne‹ in der arabischen Welt gehandelt worden war.

Ungeachtet aller Bedenken gegenüber eurozentrischen Kategorien setzen die meisten Fachvertreter den Beginn der Moderne als Epoche um 1800 an, wenngleich sie einzelnen Regionen unterschiedliche Rhythmen oder Temporalitäten zuweisen. Unbestritten ist dabei der Zusammenhang von europäischer Expansion und staatlicher Reform im Sinn einer bewusst angestrebten Modernisierung von Militär, Verwaltung, Justiz, Infrastruktur und Wissen (›technische Moderne‹) sowie der Herausbildung einer neuen Öffentlichkeit mit neuen Medien und Foren der Kommunikation, Geselligkeit und Unterhaltung, in denen um einen eigenen Ausdruck von Modernität gerungen wurde (›kulturelle Moderne‹). Im Osmanischen Reich und seiner weitgehend autonomen Provinz Ägypten setzten die staatlichen Reformen im ersten Drittel des 19. Jh.s ein und weiteten sich in den 1860er-Jahren räumlich und inhaltlich erheblich aus. Niemand bestreitet den tiefgreifenden Einfluss der um 1830 beginnenden kolonialen Durchdringung des arabischen Raums, die nach dem Zerfall des Osmanischen Reiches in der Zwischenkriegszeit des 20. Jh.s ihren Höhepunkt erreichte; lediglich Jemen und Saudi-Arabien blieben außerhalb der kolonialen Sphäre. Die politische Entkolonisierung war in den meisten arabischen Staaten in den 1950er-Jahren abgeschlossen, in Algerien 1962, am Persisch/Arabischen Golf in den 1970er-Jahren. Die Auseinandersetzung um Moderne und Modernisierung setzte sich im Zeichen des Panarabismus (1950er und 1960er-Jahre) und des politischen Islam (seit den ausgehenden 1960er-Jahren) fort.

Der Begriff der Vormoderne wird zwar in Überblicksdarstellungen gelegentlich als Kürzel verwandt, meist aber als Notbehelf verstanden, der die notwendigen räumlichen und zeitlichen Differenzierungen zugunsten des bloßen Kontrastes mit ›der Moderne‹ vernachlässigt. Das ändert nichts daran, dass der Horizont sehr vieler Wissenschaftler, und zwar gerade der postkolonial inspirierten, in der kolonialen Ära endet und sie alles Davorliegende (die Rolle der Religion, die Beweglichkeit der Grenzen, den informellen Charakter des Wissenstransfers, die Toleranz gegenüber Mehrdeutigkeit) auffallend undifferenziert, wenn nicht essentialistisch wahrnehmen. Der diffuse Begriff der Postmoderne – von manchen über seine postindustrielle Ordnung definiert, von anderen über die Ausbreitung neuer Medien und neuer Ausdrucksformen der Popularkultur, das Ende des Subjekts und der Erzählung, des Fortschrittsglaubens, der Utopie und der Kohärenz – wurde in der Fachliteratur als Epochenbegriff bislang kaum auf den Nahen Osten angewandt, der im Übrigen, legt man das Kriterium der industriellen Massenproduktion an, nie modern war (vgl. nochmals Ahmed 1992).

Themen und Leitprozesse

Etwas vereinfachend könnte man sagen, dass in der Islam- und Nahostforschung ›Bewegungsfaktoren‹ und ›Bewegungsbegriffe‹ (Modernisierung, Demokratisierung, Säkularisierung) neben ›Beharrungsfaktoren‹ und ›Beharrungsbegriffen‹ (wie kulturelle Identität, Authentizität, kulturelles Erbe) stehen. Da die Forschung zum 19. und zum ersten Drittel des 20. Jh.s den Moderne-Begriff auf breiter Basis diskutiert und bestimmte Fragen seit etwa einem Jahrhundert in ähnlicher Weise gestellt werden, liegt der Schwerpunkt im Folgenden auf diesem Zeitraum.

Defensive Modernisierung, koloniale Moderne, lokale Moderne(n)

Die staatlichen Reformen im Osmanischen Reich und in Ägypten, zeitversetzt auch in Marokko und Tunesien, die sich seit dem ausgehenden 18. Jh. erstmals offen an europäischen Vorbildern (Frankreich, Russland, Preußen) orientierten, wurden in der Fachwissenschaft bis in die 1990er-Jahre vorrangig als ›defensive Modernisierung‹ beschrieben. Damit knüpft sie an die vorherrschende Interpretation von Interaktion und Innovation im eurasischen Raum an, die für die Militärtechnologie wohl besser untersucht ist als für jeden anderen Sektor und die längste Zeit unter dem Vorzeichen der Diffusion (von Europa in den Orient) gesehen wurde. Ähnliches gilt für die Studien zu Militär und Gesellschaft im 20. Jh., die in Reaktion auf die 1949 beginnende Serie von arabischen Militärputschen v. a. in den 1970er-Jahren verfasst wurden.

In den 1990er-Jahren verschob sich der Schwerpunkt erkennbar von der Diffusion europäischer Standards über europäische Träger zu den Modalitäten einer Aneignung oder Anverwandlung moderner Referenzen durch lokale Akteure. Etwas schematisch lassen sich dabei Untersuchungen, die das repressive Potential der Moderne in den Vordergrund rücken (›koloniale Moderne‹), von solchen unterscheiden, die neben dem repressiven auch ihr emanzipatorisches Potential berücksichtigen (›lokale Moderne‹). Zur ›kolonialen Moderne‹ arbeiten insbesondere angelsächsische Geschichts-, Sozial- und Literaturwissenschaftler, die sich auch als Erste postkolonialen und postmodernen Ansätzen zuwandten. Im Mittelpunkt stehen üblicherweise die an Foucault anknüpfende Fokussierung auf Disziplinieren und Strafen und das auf Heidegger, Lyotard und Derrida verweisende Interesse an Repräsentation, an Rahmung (*framing*) und am kolonialen Blick (*colonial gaze*). Hier lassen sich Arbeiten zur Herausbildung des modernen Staates in Ägypten unter Muhammad Ali (reg. 1805–1848) und seinen Nachfolgern, den Khediven, nennen, wobei Ägypten 1882 von Großbritannien erobert wurde, bis 1914 jedoch nominell osmanische Provinz blieb. Ein wichtiges Ergebnis der einschlägigen Forschung liegt in dem Nachweis, dass die Prozesse der Staatsbildung *vor* der kolonialen Durchdringung des Landes einsetzten und der Entwicklung eines nationalen Gedankens vorausgingen. In noch höherem Maß gilt dies für das Osmanische Reich, das im Zeitalter der Reformen (Tanzimat 1839–1876, hamidische Ära 1876–1908) zwar ökonomisch durchdrungen und in den europäisch dominierten kapitalistischen Weltmarkt integriert, nicht aber militärisch unterworfen und politisch kolonisiert wurde. Die Bezeichnung des modernen Staats als ›kolonialer Staat‹, die einige der beteiligten Forscher vorschlagen, birgt daher die Gefahr konzeptioneller Verwirrung – im Nahen Osten mehr als im frühneuzeitlichen Frankreich.

Der in den USA lehrende Politikwissenschaftler Timothy Mitchell führte in seiner Studie *Colonising Egypt* das Instrumentarium des modernen, auf Repräsentation abhebenden Disziplinierungs- und Überwachungsstaats vor (Mitchell 1988; mit anderen Akzenten auch Mitchell 2000). Obwohl seine Studie v. a. wegen ihrer schematischen Darstellung der vorkolonialen Verhältnisse und ihres mangelnden Interesses an der tatsächlichen Umsetzung des vorgestellten Disziplinierungs- und Rahmungsprogramms kritisiert worden ist, wird sie nach wie vor häufig zitiert. Mit Blick auf die Umsetzung hat sich allerdings seit den 1980er-Jahren viel getan: Der in Oxford ausgebildete ägyptische Historiker Khaled Fahmy legte eine Reihe von Untersuchungen zu den Disziplinierungspraktiken und -institutionen des modernen ägyptischen Staats vor, angefangen mit der Rekrutierung eines stehenden Heers unter Muhammad Ali, den nicht nur die nationalistische ägyptische Historiographie lange als ›Vater des modernen Ägypten‹ heroisiert hatte (Fahmy 1997). Weitere Studien zu Armee und Polizei, Rechts-, Justiz- und Gefängniswesen, Bildung, Schule, Hygiene und Gesundheit, Stadtplanung, Bevölkerungskontrolle sowie Sklaverei haben das Bild erheblich verfeinert. Die Untersuchungen betreffen im Übrigen vorrangig die für die Moderne konstatierte Verdichtung des Raums; das Verhältnis zur Zeit tritt erst seit wenigen Jahren in das Blickfeld (vgl. Georgeon/Hitzel 2012).

Am intensivsten ist die postmoderne ›Dekonstruktion‹ von Disziplinierungspraktiken, Festschreibungen und Grenzziehungen jeder Art – auch solchen, die nicht unmittelbar vom Staat ausgehen – wohl in den (nicht auf die moderne Epoche beschränkten) Studien zu Körperpolitik, Gender und Transgression rezipiert worden. Diesem Themenkomplex widmete das in den USA erscheinende *International Journal of Middle East Studies* (*IJMES*), eines der zentralen Fachorgane, kürzlich ein eigenes Heft zu den *Queer Affects* (*IJMES* 45/2, 2013). Als Negativfolie dient den einschlägigen Beiträgen das koloniale Stereotyp vom aktiv-dynamischen, als männlich dargestellten Europa und dem passiv-trägen, als weiblich vorgestellten Orient (s. die Sammelbesprechung von Marilyn Booth in *IJMES* 45/2, 2013). Wenige Fachvertreter gehen dabei so weit wie Wilson Jacob in seiner Arbeit zu Maskulinität und Subjektformierung in Ägypten 1870–1940, der sich mehr für die theoretische Reflexion interessiert als für die historische Fallstudie (Jacob 2011). (Ein vergleichbares Maß an Theoriesättigung erreichen derzeit wahrscheinlich nur die Studien zu *critical whiteness* und antimuslimischem Rassismus, die allerdings weniger in der Islam- und Nahostwissenschaft, als vielmehr in den Sozial- und Kulturwissenschaften angesiedelt sind und nicht den Nahen und Mittleren Osten in den Blick nehmen, sondern Europa und Amerika.)

Nicht alle Fachwissenschaftler sehen sich in gleicher Weise postkolonialen und postmodernen Ansätzen verpflichtet, obgleich sie die Kritik an Eurozentrismus, Orientalismus und schlichten Modernisierungstheorien durchaus verinnerlicht haben.

Insbesondere Osmanisten und Historiker der arabischen Provinzen des Osmanischen Reiches (historisches Syrien, eingeschränkter auch Irak) arbeiten zunehmend mit dem Begriff einer »osmanischen Moderne« und deren Aneignung in unterschiedlichen lokalen Kontexten. Explizit oder implizit verweist das auf das Konzept der multiplen oder alternativen Modernen. Auch diese Forschung verfolgt ein Programm: Sie will die Handlungsmacht (*agency*) lokaler Akteure gegenüber der verbreiteten Fixierung auf europäische Akteure (Diplomaten, Missionare, Financiers) belegen und betont zugleich deren Einbindung in den osmanischen Rahmen, der sowohl von modernisierungstheoretisch inspirierten Makrohistorikern (die das Osmanische Reich als Bezugsgröße übersahen) als auch von arabischen Nationalisten (die es als rückständige Unterdrückungsmacht wahrnahmen) lange vernachlässigt wurde. Unverkennbar ist die Absicht, einen gering geschätzten nicht-westlichen Akteur (hier das Osmanische Reich als den sprichwörtliche »kranken Mann am Bosporus«) zu rehabilitieren, zu ent-exotisieren und als historische Größe mit anderen vergleichbar zu machen.

Der in London lehrende Nahosthistoriker Benjamin Fortna hat dieses Programm in einer viel beachteten Studie zum spätosmanischen Schulwesen so formuliert: »Ottoman policy was committed to creating its own solutions [...] these solutions did not necessarily conform to Western models or Westernizing historical perceptions. Neither were they part of an exotic, Oriental, and ultimately Quixotic project, as has sometimes been assumed. It was informed by a very enlightened notion of progress that relied heavily on Western European models but cut them with a strong dose of Ottoman and Islamic elements that were deemed capable of meliorating the deleterious sideeffects of Western influence« (Fortna 2002, 3).

Handlungsmacht schreibt die einschlägige Forschung nicht nur dem osmanischen Staat zu, der im Zuge umfassender Modernisierungsmaßnahmen (der Begriff bleibt erhalten) seine »infrastrukturelle Macht« (Michael Mann) zu Lasten lokaler Eliten ausbaute und bislang unkontrolliert agierende Gruppen (tribale Verbände, Nomaden, Migranten) und periphere Regionen (Nordalbanien, Kurdistan, Jemen, das Libanongebirge, den Distrikt Jerusalem) »integrierte« (vgl. Reinkowski 2005; Büssow 2011; Kuehn 2011). Als handlungsfähig begreift sie auch lokale Eliten, soziale Gruppen und – entgegen der verbreiteten Vorstellung, im Orient wie im Islam zähle nur das Kollektiv (Großfamilie, Stamm, die islamische Umma) – nicht zuletzt Individuen. An der Herausbildung einer neuen Öffentlichkeit mit neuen Foren und Formen der Kommunikation, Geselligkeit und Unterhaltung (Vereinigungen, Clubs, Salons, Theater, Cafés) hatte die rapid expandierende Presse großen Anteil (vgl. am Beispiel 1876–1952 erschienenne Zeitschrift *al-Muqtataf* Glaß 2004); sie war nicht primär Ausfluss der staatlichen bzw. kolonialen Bestrebungen zu disziplinieren, zu repräsentieren und zu rahmen. Stellvertretend für diese Tendenz – osmanische Bezüge, Betonung der Rolle lokaler Akteure (eines städtischen, nahezu exklusiv männlichen Bürgertums von Unternehmern, Kaufleuten, Bürokraten, Freiberuflern, Journalisten, Literaten, Religions- und Rechtsgelehrten) als Träger von explizit als »modern« verstandenen Ideen und Praktiken – steht Jens Hanssens Studie zum *fin de siècle* in Beirut (Hanssens 2005). Keith Watenpaughs (sehr selbstbewusst formulierte) Monographie zur modernen Mittelschicht in Aleppo 1908–1946 geht über das Konzept der Reform hinaus und arbeitet die Nuancen dessen heraus, was es für die Aleppiner Mittelschicht der ersten Hälfte des 20. Jh.s hieß, »modern zu sein« (Watenpaugh 2006).

Auffällig viel Interesse hat in diesem Zusammenhang die Entwicklung einer neuen politischen Sprache gefunden, sei es die Sprache des modernen ägyptischen oder osmanischen Staates, sei es die einer gebildeten städtischen Öffentlichkeit, welche Kernbegriffe wie Republik und Parlament, Fortschritt und Freiheit, Bürger und Nation in das Arabische oder Osmanische übertrugen. Auch hier spricht die Forschung mittlerweile weniger von Transfer und Nachahmung (so für das Arabische noch Ayalon 1987) als vielmehr von kreativer Aneignung oder Anverwandlung (vgl. Reinkowski 2005, bes. 273–276; auch Doganalp-Votzi/Römer 2008; mit Betonung auf Ikonographie und Symbolpolitik Deringil 2009). Die zeitgenössische Kritik an der Nachahmung westlicher Sitten, Kleider und Gebräuche (›Mimikry‹) in populären Medien und ggf. auch im lokalen Dialekt kommt dabei nicht zu kurz, eine Kritik, die im Übrigen nicht notwendig religiös grundiert, i. d. R. aber mit patriotischen, wenn nicht protonationalen Ansätzen verknüpft war. Entscheidend ist dabei nicht so sehr, ob hier tatsächlich das Konzept einer alternativen (arabischen/kurdischen/armenischen/jüdischen) Moderne entworfen wurde. Entscheidend ist vielmehr, dass Teile der gebildeten ›neuen‹ städtischen Mittelschicht (im 20. Jh. arab. Efendiyya, abgeleitet von dem osmanischen Titel *efendi*) aktiv und aus eigenem Antrieb daran arbeiteten, »modern zu sein«, ohne dazu vom modernen, ›kolonialen‹ Staat gezwungen worden zu sein. Die europäischen Träger der Moderne (Missionare, Ärzte, Konsuln) sind präsent, sei es als Partner, sei es als Konkurrenten, aber sie sind nicht die exklusiven Mittler moderner Werte, moderner Institutionen und eines modernen Geschmacks und Lebensstils.

Identität, Authentizität, Säkularität

Das Forschungsinteresse an kolonialer und lokaler Moderne unterscheidet Nahostwissenschaftler nicht grundlegend von ihren Kollegen, die am Beispiel des subsaharischen Afrika, der Karibik, Süd-, Südost- oder Ostasiens zur Herausbildung des modernen Staates, zur Verbreitung des kapitalistischen Marktes, zur Durchsetzung moderner Institutionen und Praktiken der Disziplinierung, zu »Wissensproduktion«, Gender-Konstruktion und »Subjektformierung« arbeiten. Das Besondere der Nahostforschung wie der intellektuellen Debatten in der arabischen Welt als Teil der islamischen Welt liegt, wie angedeutet, im Stellenwert des Faktors Kultur und deren Verhältnis zu Religion. Gemeint ist so gut wie immer der Islam.

Die Debatten reichen zumindest bis ins 19. Jh. zurück; bestimmte Argumentationsmuster haben sich über die Zeit kaum verändert. Im Kern geht es um Identität, Authentizität und das ›kulturelle Erbe‹ (arab. *turath*), zumal in den Zeiten einer beschleunigten Globalisierung. In diesen Zusammenhang gehört die Reflexion über den Begriff der Moderne als Epoche (arab. *'asriyya*) und Modernität als Programm (arab. *hadatha*) (vgl. etwa Laroui 1987). Die Reflexion ist, wie zahlreiche Studien zum arabischen politischen Denken belegen, nicht zwingend an Religion gebunden; linke und säkularistische Intellektuelle wie al-Azm, al-Azmeh oder der gleichfalls aus Syrien stammende Dichter Adonis zählen zu den schärfsten Kritikern einer ideologisierten, politisierten Religion (vgl. Kassab 2010; mit anderem Fokus Meijer 1995). In vielen Fällen ist die Grenze zwischen ›Religiös‹ und ›Säkular‹ jedoch nicht ganz so scharf gezogen, v. a. wenn das kulturelle Erbe über die arabische Sprache und Kultur definiert wird, die wiederum in engstem Zusammenhang mit dem Islam stehen (vgl. neben Laroui 1987 besonders Al-Jabri 2009). Damit rücken erneut die Religion und ihre Vereinbarkeit mit der Moderne in den Vordergrund. Beharrungsbegriffe stehen neben Bewegungsbegriffen: Religion, Vernunft und Wissenschaft; Religion und Fortschritt; Islam, Menschenrechte und Demokratie; Islam, Freiheit und Gerechtigkeit, Gender und Frauenrechte, Säkularisierung und das säkulare Prinzip. Zu all diesen Aspekten ist aus nahe liegenden Gründen in der Islamwissenschaft besonders intensiv geforscht worden.

Zur klassischen Referenz avancierte die Schrift des arabischen Intellektuellen und Aktivisten Shakib Arslan (1869–1946), *Warum sind die Muslime zurückgeblieben und warum sind andere vorangeschritten?* (Arslan 1930/1975), der das Gegenüber von Rückständigkeit (arab. *ta'akhkhur*) und Fortschritt (arab. *taqaddum*) explizit aufgriff – wohlgemerkt *vor* der Formulierung der gängigsten Modernisierungstheorien. In der arabischen Debatte standen sich lange zwei Lager gegenüber: diejenigen, die den Grund für die beobachtete Rückständigkeit und Abhängigkeit in der Religion (sprich: dem Islam) suchten, und jene, die umgekehrt einen (in der einen oder anderen Weise reformierten) Islam für die einzig tragfähige Grundlage für Fortschritt und Emanzipation hielten. Noch gröber vereinfacht lautete die Kontroverse: Reform von Staat und Gesellschaft durch Abkehr vom Islam oder Reform von Staat und Gesellschaft durch einen reformierten Islam. Die Wissenschaft hat sich mit den kulturellen Erneuerungs- und Reformdebatten des ausgehenden 19. und beginnenden 20. Jh.s – ›arabische Renaissance‹ (*nahda*); islamische Reform (*islah* und sog. Salafiyya) – insbesondere den Debatten um Rationalität und Wissenschaft, eingehend befasst (zur Publizistik vgl. nochmals Glaß 2004). Viel Aufmerksamkeit haben die Neuansätze rationalen Denkens in der Philosophie und den religiösen Wissenschaften gefunden (vgl. Kügelgen 1994; Hildebrandt 2007). Noch dichter ist die Forschung zum sog. islamischen Modernismus einschließlich der sunnitisch-arabischen Reformer, für die sich in den 1920er-Jahren die Bezeichnung ›Salafiyya-Bewegung‹ einbürgerte. Sie deuteten den Islam als Religion der Vernunft und des Fortschritts und unterstrichen in dieser Absicht die eigenständige Fortentwicklung des Rechts (Ijtihad) (vgl. stellvertretend Weismann 2001).

Im Gegensatz zu Betrachtern, die den politischen Islam (Islamismus, Fundamentalismus) des 20. und beginnenden 21. Jh.s als ›Rückfall ins Mittelalter‹ verstehen und mit dieser Deutung längere Zeit die öffentliche Diskussion beherrschten, interpretiert die Fachwissenschaft den politischen Islam weithin als modernes Phänomen – modern im Sinne eines Produkts der Moderne, aber auch hinsichtlich seiner konstitutiven Konzepte (Islam als System, Subjektformierung, Familienideal, politische Vorstellungen, Verhältnis zu Technologie) und Aktions- bzw. Organisationsformen (vgl. mit unterschiedlichem Fokus Göle 1996; Krämer 2009). Die aus Pakistan stammende und in den USA lehrende Anthropologin Saba Mahmood explorierte in einer viel beachteten Studie zu weiblichen Frömmigkeitspraktiken im zeitgenössischen Ägypten gewissermaßen im Dialog mit Michel Foucault und Judith Butler die Aktivierung von Tradition im modernen Kontext (Mahmood 2005). Neu belebt hat sich zudem die kritische Reflexion über Säkularisierung, Säkularismus und Säkularität, denn so unübersehbar die Prozesse der Säkularisierung auf unterschiedlichsten Feldern sind, so kontrovers bleiben Funktion, Rezeption und Interpretation des säkularen Prinzips im arabisch-islamischen Kontext. Die jüngere Forschung rekurriert u. a. auf José Casanovas Überlegungen zu den Dimensionen von Säkularisierung und Charles Taylors Reflexionen über die »Bedingungen des Glaubens«. Die rasche Ausweitung neuer Medien, welche die etablierten Grenzen zwischen öffentlich und privat aufheben, und die Expansion ›islamischer‹ Märkte, ›islamischen‹ Konsums und ›islamischer‹ Unterhaltung geben dazu Anlass, bestehende Theoretisierungen des säkularen Prinzips kritisch zu überdenken (vgl. Krämer 2013; auch Peterson 2013; Van Nieuwkerk 2013).

Keine der knapp skizzierten Forschungskontroversen ist gewissermaßen ausdiskutiert, viele stehen einigermaßen unverbunden nebeneinander, und dies wohl auch, weil die beteiligten Wissenschaftlerinnen und Wissenschaftler sich in unterschiedlichen Disziplinen bewegen und wechselseitig nicht so intensiv wahrnehmen, wie es gut und notwendig wäre. Eine neue, v. a. von Anthropologen getragene Forschungsrichtung, die nach dem Verhältnis von Modernität, Authentizität und *connectedness* im Zeichen beschleunigter Globalisierung fragt, illustriert die Fragmentierung (nicht nur) der nahostbezogenen Forschung: Am Beispiel von Lebensstil, Geschmack und Konsum erfassen diese Studien sehr genau die Wechselwirkung von Globalisierung und Lokalisierung und bereichern damit die Debatte um die Vielfalt der Moderne (vgl. Peterson 2013), besitzen allerdings keine historische Tiefe und knüpfen nicht an die relevanten historischen Untersuchungen an (vgl. etwa Hanssen 2005; Watenpaugh 2006). Selbst eine Integrationswissenschaft wie die Islamwissenschaft ist nur sehr begrenzt in der Lage, die unterschiedlichen Interessen und Ansätze zusammenzuführen.

Literatur

Ahmed, Akbar S.: *Postmodernism and Islam*. London/New York 1992.

Arslan, Shakib: *Limadha ta'akhkhara al-muslimun walimadha taqaddama ghairuhum? (Warum sind die Muslime zurückgeblieben und andere vorangeschritten?)*. Beirut 1975.

Asad, Talal: *Formations of the Secular. Christianity, Islam, Modernity*. Stanford 2003.

Ayalon, Ami: *Language and Change in the Arab Middle East. The Evolution of Modern Arabic Political Discourse*. New York/Oxford 1987.

Al-Azm, Sadeq Jalal: Orientalism and Orientalism in Reverse [1981]. In: Macfie, Alexander L. (Hrsg.): *Orientalism. A Reader*. New York 2000, 217–238.

Al-Azmeh, Aziz: *Islams and Modernities*. London 1993.

Bauer, Thomas: *Die Kultur der Ambiguität. Eine andere Geschichte des Islams*. Berlin 2011.

Booth, Marilyn: Wayward Subjects and Negotiated Disciplines: Body Politics and the Boundaries of Egyptian Nationhood. In: *International Journal of Middle East Studies* 45/2, 2013, 353–374.

Büssow, Johann: *Hamidian Palestine. Politics and Society in the District of Jerusalem 1872–1908*. Leiden/Boston 2011.

Deringil, Selim: *The Well-Protected Domains. Ideology and Legitimation of Power in the Ottoman Empire, 1876–1909*. London/New York 2009.

Doganalp-Votzi, Heidemarie/Römer, Claudia: *Herrschaft und Staat. Politische Terminologie des Osmanischen Reiches der Tanzimatzeit*. Wien 2008.

Fahmy, Khaled: *All the Pasha's Men. Mehmed Ali, His Army and the Making of Modern Egypt*. Cambridge 1997.

Fortna, Benjamin C.: *Imperial Classroom. Islam, the State, and Education in the Late Ottoman Empire*. Oxford 2002.

Freitag, Ulrike: Arabische Visionen von Modernität im 19. und frühen 20. Jahrhundert: Die Aneignung von Universalien oder die Übernahme fremder Konzepte? In: Baberowski, Jörg et al. (Hrsg.): *Selbstbilder und Fremdbilder. Repräsentationen sozialer Ordnungen im Wandel*. Frankfurt/New York 2008, 89–117.

Georgeon, François/Hitzel, Frédéric (Hrsg.): *Les Ottomans et le temps*. Leiden/Boston 2012.

Glaß, Dagmar: *Der Muqtataf und seine Öffentlichkeit. Aufklärung, Räsonnement und Meinungsstreit in der frühen arabischen Zeitschriftenkommunikation*, 2 Bde. Würzburg 2004.

Göle, Nilüfer: *The Forbidden Modern. Civilization and Veiling*. Ann Arbor 1996.

Hanssen, Jens: *Fin de Siècle Beirut. The Making of an Ottoman Provincial Capital*. Oxford 2005.

Hildebrandt, Thomas: *Neo-Mu'tazilismus? Intention und Kontext im modernen arabischen Umgang mit dem rationalistischen Erbe des Islam*. Leiden/Boston 2007.

Hodgson, Marshall G. S.: *The Venture of Islam*, 3 Bde. Chicago/London 1974.

Huntington, Samuel: The Clash of Civilizations. In: *Foreign Affairs* 72, 1993, 22–49.

Al-Jabri, Mohammed Abed: *Kritik der arabischen Vernunft. Naqd al-'aql al-'arabi. Die Einführung*. Berlin 2009.

Jacob, Wilson Chacko: *Working Out Egypt. Effendi Masculinity and Subject Formation in Colonial Modernity, 1870–1940.* Durham/London 2011.

Kassab, Elizabeth Suzanne: *Contemporary Arab Thought. Cultural Critique in Comparative Perspective.* New York 2010.

Krämer, Gudrun: *Hasan al-Banna.* Oxford 2009.

Krämer, Gudrun: Modern but not Secular. Religion, Identity and the *ordre public* in the Arab Middle East. In: *International Sociology* 28/6, 2013, 629–644.

Kuehn, Thomas: *Empire, Islam, and the Politics of Difference. Ottoman Rule in Yemen, 1849–1919.* Leiden/Boston 2011.

Kügelgen, Anke von: *Averroes und die arabische Moderne. Ansätze zu einer Neubegründung des Rationalismus im Islam.* Leiden/Boston 1994.

Laroui, Abdallah: *Islam et modernité.* Casablanca 1987.

Lerner, Daniel: *The Passing of Traditional Society. Modernizing the Middle East.* New York/London 1958.

Mahmood, Saba: *Politics of Piety. The Islamic Revival and the Feminist Subject.* Princeton 2005.

Meijer, Roel: *The Quest for Modernity. Secular Liberal and Left-Wing Political Thought in Egypt, 1945–1958.* Amsterdam 1995.

Mitchell, Timothy: *Colonising Egpt.* Cambridge 1988.

Mitchell, Timothy (Hrsg.): *Questions of Modernity.* Minnesota 2000.

Peterson, Mark Allen: *Connected in Cairo. Growing up Cosmopolitan in the Modern Middle East.* Bloomington/Indianapolis 2013.

Poya, Abbas/Reinkowski, Maurus (Hrsg.): *Das Unbehagen in der Islamwissenschaft.* Bielefeld 2008.

Reinkowski, Maurus: *Die Dinge der Ordnung. Eine vergleichende Untersuchung über die osmanische Reformpolitik im 19. Jahrhundert.* München 2005.

Said, Edward: *Orientalism.* New York 1978.

Salvatore, Armando: *Islam and the Political Discourse of Modernity.* Reading 1997.

Schulze, Reinhard: *Geschichte der islamischen Welt im 20. Jahrhundert.* München 1994.

Tibi, Bassam: *Die Krise des modernen Islams. Eine vorindustrielle Kultur im wissenschaftlich-technischen Zeitalter.* Erw. Ausgabe. Frankfurt am Main ²1991.

Van Nieuwkerk, Karin: *Performing Piety. Singers and Actors in Egypt's Islamic Revival.* Austin 2013.

Watenpaugh, Keith David: *Being Modern in the Middle East. Revolution, Nationalism, Colonialism, and the Arab Middle Class.* Princeton 2006.

Weismann, Itzchak: *Taste of Modernity. Sufism, Salafiyya, and Arabism in Late Ottoman Damascus.* Leiden 2001.

Gudrun Krämer

Architekturgeschichte und Architekturtheorie

Definition und Anwendungsbereiche

Allgemein verbindet sich mit dem Begriff der Moderne die Vorstellung einer weitreichenden Neubestimmung der europäischen Architektur zu Beginn des 20. Jh.s. Als eines ihrer wesentlichen Merkmale gilt die Überwindung des Historismus zugunsten eines radikalen Gegenwartsbezugs. Dabei bleibt zumeist unbeachtet, dass der Modernebegriff in diesem Zusammenhang zunächst nur eine untergeordnete Rolle spielte. Stattdessen wurde etwa in Deutschland und den Niederlanden von Neuem Bauen gesprochen, während in Frankreich und Italien von einer neuen Baugesinnung die Rede war. Den damit verbundenen Konzepten gemeinsam ist der Versuch, die Architektur auf neue Grundlagen zu stellen. Unter dem Einfluss der Industrialisierung trat an die Stelle der akademischen Baukunst allmählich die Orientierung am konstruktiv-materiellen Fortschritt sowie an den Leistungen des Ingenieurs. Die Lösung der sozialen Frage sowie das Problem des Massenwohnungsbaus stellten in diesem Zusammenhang zweifellos die wichtigsten Herausforderungen dar, denen sich die neue Architektur zu stellen hatte. Denn ihrem eigenen Selbstverständnis nach sah sie sich nicht länger als Medium der Repräsentation von bestehenden gesellschaftlichen Verhältnissen, sondern als deren Gestalterin.

Entsprechend entstanden in der ersten Hälfte des 20. Jh.s zahlreiche visionäre Stadtkonzepte. Die sog. Charta von Athen (1933) fasste die neuen Prinzipien zusammen. Darin wurde die Stadt in Abgrenzung zu ihrer europäischen Tradition als in Funktionseinheiten aufgeteilte Megastruktur vorgestellt. Bereits der berühmte Entwurf des französisch-schweizerischen Architekten Charles-Édouard Jeanneret-Gris (1887–1965), genannt Le Corbusier, für eine Stadt der Gegenwart (*Ville Contemporaine*) von 1922 stellte sich entsprechend als streng rationaler Masterplan dar, der den umfassenden Gestaltungsanspruch der neuen Architektur in besonderer Weise verdeutlichte. Dass diese Entwicklungen für lange Zeit den Städtebau des 20. Jh.s prägen sollten und einen folgenreichen Einfluss auf die architektonische Praxis sowie auf das Selbstverständnis des Architekten hatten, wurde seitdem in zahllosen architekturhistorischen Darstellungen immer wieder aus einer kritischen Perspektive betont (Samonà 1985; Rowe 1987; Lampugnani 2010).

Weitaus weniger Beachtung fand indessen die Tatsache, dass sich damit auch die Zielsetzung der Architekturgeschichte als wissenschaftliche Disziplin entscheidend veränderte. Im 19. Jh. bestand ihre Aufgabe v. a. in der Kanonisierung von Epochen, Stilen und Monumenten, deren Autorität und Gültigkeit für die Gegenwart nicht infrage zu stellen waren. Unter den Bedingungen des neuen Gegenwartsbezugs dagegen galt es nunmehr die Autorität des Neuen historisch zu legitimieren.

Während Architekten wie Ludwig Mies van der Rohe (1886–1969), Walter Gropius (1883–1969), Hannes Meyer (1889–1954) und Ludwig Hilberseimer (1885–1967) in Manifesten die Überwindung der Tradition und der Geschichte proklamierten, interpretierten Historiker wie etwa Sigfried Giedion (1888–1968) und Emil Kaufmann (1891–1953) die Gegenwart als Endpunkt eines historischen Klärungsprozesses. Die Geschichte wurde so zur Repräsentation der Gegenwart (Tournikiotis 1999). Die spätere Rede von der Klassischen Moderne verdankte sich im Wesentlichen der unkritischen Adaption dieser Denkfigur, wurde damit doch der Anspruch formuliert, dass der Architektur des frühen 20. Jh.s in ähnlicher Weise wie der Baukunst der griechischen Antike eine überhistorische Bedeutung beigemessen werden könne.

Insbesondere die Bauten der 1920er-Jahre wurden in diesem Sinne als nachahmenswerte Verwirklichung eines Ideals begriffen. Walter Gropius' *Dessauer Bauhaus* (1925/1926), die *Weißenhofsiedlung* (1927), Le Corbusiers *Villa Savoy* (1929), Mies van der Rohes *Barcelona Pavillon* (1929) und viele andere Beispiele dieser Zeit galten seither als Inkunabeln der architektonischen Moderne. Zu deren wesentlichen Merkmalen zählten kubische Formen, transparente Fassaden, neue Raumkonzepte sowie die Verwendung der neuen Baumaterialien Beton, Glas und Stahl. V. a. aber der weitgehende Verzicht auf das Ornament galt seither als Ausweis besonderer Modernität, entsprach dies doch dem a-mimetischen Selbstverständnis der Avantgarde, deren Malerei – wie etwa im Fall des niederländischen Künstlers Piet Mondrian (1872–1944) – einen direkten Einfluss auf die zeitgenössische Architektur ausübte. Konzepte, die diesem Schema nicht entsprachen, gerieten dabei in Vergessenheit oder wurden als unausgereifte Phänomene auf dem Weg zu einer konsequent modernen Architektur interpretiert. Die Architekturgeschichte des 20. Jh.s hatte einen wesentlichen Anteil an der Legitimierung dieses normativen Anspruchs, während sich die Konsolidierung der Architekturtheorie als wissenschaftliche Disziplin in weiten Teilen der Kritik daran verdankte.

Forschungsgeschichte, Semantik und Gegenkonzepte

Vom Neuen Bauen zum Internationalen Stil

Wenngleich zahlreiche Protagonisten der modernen Architektur eines ihrer wesentlichen Merkmale in der Überwindung der Geschichte sahen, bedeutet dies nicht, dass die Architekturgeschichte im 20. Jh. an Bedeutung verloren hätte. Das Gegenteil ist der Fall. Sie profitierte in einem ganz erheblichen Maße hiervon. Je radikaler die Protagonisten des Neuen Bauens auf eine Verankerung in der Tradition verzichteten, desto mehr konnte sich die Architekturgeschichte ihrerseits als objektive Darstellung einer sich selbst erfüllenden Geschichte begreifen.

Dieser Anspruch schloss jede Form der stilistischen Zuschreibung aus. Sie galt als willkürliche Einordnung der Architektur in das Entwicklungsbild der Kunstgeschichte. Indessen offenbart bereits der Blick auf die Manifeste der Architekturmoderne die Ambivalenz dieser Haltung. Im Vorwort der zweiten Ausgabe von *Internationale Architektur* (1927) strebt Walter Gropius, Gründer des Staatlichen Bauhauses Weimar, ganz offensichtlich einen neuen Stil an. Allerdings ist es symptomatisch, dass er in diesem Zusammenhang nicht den Stilbegriff verwendet, sondern stattdessen von Baugesinnung und Baugeist spricht. Dessen Grundlage sieht Gropius in einer wesenhaften Architekturauffassung, während der unmittelbar vorausgegangenen Zeit ein oberflächlicher Formalismus attestiert wird, der sich zuletzt in einer schnellen Stilfolge Bahn gebrochen habe.

Die Distanzierung vom Stilbegriff der Kunstgeschichte beschränkte sich damit weitestgehend auf die sprachliche Ebene. Im Kern zielte sie mehr denn je auf die Durchsetzung eines Stiles ab, dessen Authentizität sich gerade darin erweisen sollte, dass er sich der historisierenden Kunstgeschichte entzog. Derart betrachtet, kann die Architekturmoderne kaum als ein Bruch mit den historischen Erklärungsmodellen des 19. Jh.s interpretiert werden (Goldhagen 2005, 151). Im Gegenteil: In ihrem Selbstverständnis als konsequente Überwindung früherer Stile radikalisierte sie vielmehr die Auffassung, die Kunstgeschichte bestehe aus einer Folge präzise voneinander trennbarer Epochen.

Erst vor diesem Hintergrund lässt sich erklären, warum Architekten wie Ludwig Mies van der Rohe, Walter Gropius, Le Corbusier oder der Niederländer Jacobus Johannes Pieter Oud (1890–1963), lange bevor deren Entwürfe als historische Phänomene begriffen werden konnten, Aufnahme in das Kunstmuseum fanden, eine Institution, die sich wie keine andere dem stilgeschichtlichen Denken des 19. Jh.s verdankte.

So präsentierte etwa das New Yorker Museum of Modern Art (MoMA) 1932 erstmals unter dem Titel *Modern Architecture* ein Panorama der zeitgenössischen europäischen Architektur. Was hier von den Kuratoren unter moderner Architektur verstanden wurde, war im höchsten Maße selektiv. Henry Russel Hitchcock (1903–1987), einer der damals renommiertesten amerikanischen Architekturhistoriker, lieferte der Ausstellung sowie der begleitenden Publikation *The International Style. Architecture since 1922* die zentralen Begriffe. Bereits Ende der 1920er-Jahre sprach er sich für eine neue antitraditionalistische und antiregionalistische Architektur aus, die sich an einem bestimmten Bild der europäischen Avantgarde zu orientieren hatte. Kristalline Formen, offene Grundrisse, die Auflösung der statischen Wand galten als wesentliche Merkmale dieser neuen Ästhetik. Was sich mit diesem Ideal nicht zur Deckung bringen ließ, fiel durch den Raster. Dies traf etwa auf das Werk von Pionieren der modernen Architektur wie Otto Wagner (1841–1918), Henry van de Velde (1863–1957) und Peter Behrens (1868–1940) zu, betraf aber auch Adolf Loos (1870–1933), den Kritiker überflüssiger Ornamente in der Architektur.

Alle genannten Architekten erschienen jetzt aufgrund ihrer Auseinandersetzung mit der Bautradition und mit dem Stilbegriff als anachronistische Figuren, wenngleich Wagner und Loos schon um die Jahrhundertwende gegen den Historismus vorgegangen waren, Henry van de Velde in Weimar den Weg für das Bauhaus geebnet hatte und Peter Behrens einen direkten Einfluss auf Le Corbusier, Ludwig Mies van der Rohe, Walter Gropius und andere Architekten ausübte. Identität mit dem Zeitgeist, Universalität der Formen und Internationalität sollten fortan eine neue Ästhetik prägen, die sich mit den großen Epochen der Architekturgeschichte messen lassen konnte. Dabei sahen amerikanische Historiker wie Philip Johnson und Henry-Russel Hitchcock in der expliziten Verwendung des Stilbegriffes offensichtlich weniger ein Problem als ihre europäischen Kollegen. Im Gegenteil: Sie identifizierten mit den ausgestellten Architekten einen Stil, der sich mit den früheren Epochen der Kunstgeschichte messen lassen konnte.

Besonders nützlich für die Herstellung einer Einheitsästhetik durch die Architekturgeschichte war das neue Medium der Photographie (Colomina 1994). Im Unterschied zur Zeichnung besaß seine sachliche Ästhetik die Fähigkeit, die präsentierten Architekturkonzepte in zweifacher Hinsicht zu vereinheitlichen: Auf der einen Seite schuf es die Illusion autonom-abstrakter Körper, die keinerlei Zeichen einer individuellen Gestaltung sowie eines individuellen Ortes aufzuweisen schienen. Auf der anderen Seite ersetzte die photographische Aufnahme des Gebauten die subjektive Erfahrung des Betrachters durch die massenmediale Reproduktion vereinheitlichter Ansichten. Die damit verbundene Mobilisierung und Omnipräsenz der Architektur im photographischen Bild verfolgte die Absicht, das Gebaute im Sinne des *International Style* als eine von Raum und Zeit unabhängige Ästhetik vorzustellen. Le Corbusiers Vision der Wohnmaschine, Walter Gropius' Betonung des Existenzminimums und Ludwig Mies van der Rohes Proklamation gestalterischer Askese schienen sich dabei kongenial mit der unterstellten Objektivität des neuen Mediums zu ergänzen. Nicht zuletzt deswegen entsprachen die genannten Architekten aus der Perspektive der modernen Architekturgeschichtsschreibung in besonderer Weise dem neuen Maschinenzeitalter (Giedion 1948).

Historiographien der Architekturmoderne

Etwa zeitgleich mit derartigen Versuchen, eine bestimmte Spielart der modernen Architektur als objektiven Ausdruck der Gegenwart zu verabsolutieren, interpretierte sie der später in die USA emigrierte österreichische Architekturhistoriker Emil Kaufmann als das Ergebnis eines langen historischen Prozesses, der bis in das 18. Jh. zurückreiche. Dies zeigt sich v. a. in Kaufmanns Interpretation des französischen Klassizismus, die er 1933 unter dem Titel *Von Ledoux bis Le Corbusier. Ursprung und Entwicklung der Autonomen Architektur* veröffentlichte. Mit Ledoux, so die Lesart Kaufmanns, sei es der Architektur des späten 18. Jh.s erstmals gelungen, sich der gesellschaftlichen Konventionen des *Ancien Régime* zu entledigen. An die Stelle absolutistischer Repräsentation sei die autonome Form getreten, die sich nunmehr vollends in den Dienst einer aufgeklärten Nation stellte. Aus dieser Perspektive betrachtet, ließ sich für Kaufmann eine direkte Verbindung zwischen dem Klassizismus und der Architektur Le Corbusiers herstellen. Die moderne Architektur des frühen 20. Jh.s scheint darin unmittelbar dem Geist der Aufklärung entsprungen. Das 19. Jh. hingegen spielte in derartigen »Erzählkonstruktionen der Moderne« (Ocón Fernández 2004) nur eine untergeordnete Rolle. In Übereinstimmung mit den programmatischen Manifesten der Avantgarde galt es weitgehend als eine Zeit des oberflächlichen Formalismus, der in keiner Weise eine Beziehung zur Wirklichkeit des modernen Zeitalters herzustellen vermochte. Das Fin de Siècle und die Zeit vor dem Ersten Weltkrieg hingegen wurden im Horizont dieser Deutung als vormoderne Übergangsphasen gedeutet (Goldhagen 2005, 151). Form und Inhalt, so die auch in der zweiten Hälfte des 20. Jh.s gelegentlich noch vertretene Interpretation, hatten hier noch nicht zu einer neuen Identität geführt (Sembach 1989).

Damit waren die wesentlichen Differenzkriterien formuliert, um die moderne Architektur als längst überfällige Berücksichtigung des technischen Zeitalters und als Überwindung willkürlicher Stile legitimieren zu können. Fortan steckten die Oppositionen Wesen und Formalismus, Sein und Schein, Bild und Raum das Feld ab, auf dem die neue Architektur als Gestaltung der Lebensrealität in der Architekturgeschichte verhandelt wurde. Dabei lassen sich die Absichten der Architekturhistoriker kaum mehr von denen der Architekten unterscheiden.

In dieser Hinsicht symptomatisch sind die Schriften des Schweizer Architektur- und Kunsthistorikers Sigfried Giedion. Nach dem Kunstgeschichte-Studium in Basel war Giedion 1923 in Kontakt mit Gropius und dem Weimarer Bauhaus gekommen. Im Jahr 1928 gehörte er zu den Mitbegründern der Congrès Internationaux d'Architecture Moderne (CIAM) und wurde deren erster Generalsekretär (Mumford 2002). Fortan galten seine wichtigsten Publikationen den Entwicklungen der modernen Architektur. 1928 erschien *Bauen in Frankreich* und 1929 *Befreites Wohnen*. 1941 folgte mit *Space, Time and Architecture* (1941) seine einflussreichste Veröffentlichung. Die reich bebilderte Schrift war aus Vorlesungen hervorgegangen, die Giedion als *Norton Lecturer* in Harvard zwischen 1938 und 1939 gehalten hatte. Es war Gropius, der Giedion zu dieser Position verholfen hatte, nachdem er selbst erst kurze Zeit zuvor in die USA emigriert war. Mit der Verpflichtung Giedions verband Gropius ganz konkrete Ziele. Giedion hatte die paradoxe Aufgabe, das ahistorische Selbstverständnis der Avantgarde historisch zu legitimieren. Dies galt v. a. für das Werk von Walter Gropius. Dessen Verständnis des Architekten als Designer internationaler Netzwerke ließen ihn insbesondere in Abgrenzung zum traditionellen Baukünstler des 19. Jh.s wie eine ideale Verkörperung des modernen Architekten erscheinen. Dabei wusste sich Gropius selbst sehr gut in dieser Hinsicht zu präsentieren. Seit Mitte der 1920er-Jahre, also etwa zu dem Zeitpunkt, da das Bauhaus von Weimar nach Dessau wechselte, arbeitete er daran, seinen Ruhm als Ideengeber und Repräsentant des Neuen Bauens zu festigen. In *The New Architecture and the Bauhaus* (1935) lässt Gropius keinen Zweifel daran, dass sich die Wahrhaftigkeit der Architektur sowie die Ideale des Bauhauses am besten anhand des eigenen Werks in Erinnerung rufen ließen.

Wie dankbar diese Zuspitzung der modernen Architektur auf Gropius in der Architekturgeschichte aufgenommen wurde, zeigen Veröffentlichungen namhafter Historiker einer neuen Tradition (Giedion 1941; Pevsner 1949; Argan 1951; Frampton 1980). An seinem Beispiel wurde ja geradezu idealtypisch vorgeführt, wie sich mit den Mitteln der Architekturgeschichte das Bild einer vollkommenen Übereinstimmung von Architekt, Werk und Zeitgeist konstruieren ließ. In seiner Studie *Walter Gropius e la Bauhaus* (1951) betrachtet der italienische Architektur- und Kunsthistoriker Giulio Carlo Argan (1909–1992) Gropius in diesem Sinne als unabhängigen Visionär eines neuen Form- und Raumgefühls. Der architektonische Entwurf wird darin als ein autonomer Prozess verstanden, der seinen eigenen Gesetzen folgt.

Die Realitäten des 20. Jh.s ließen sich indessen kaum mit einer derartigen Interpretation der modernen Architektur in Einklang bringen. Die faschistischen und nationalsozialistischen Regime offenbarten nur allzu deutlich, dass sich die moderne Architektur ebenso wenig wie diejenige früherer Epochen von ihren politisch-ideologischen Kontexten trennen ließ. Im Gegenteil, in den ersten Jahren des NS-Regimes bewarben sich Gropius, Mies van der Rohe und andere prominente Vertreter des Neuen Bauens rege um öffentliche Aufträge (Miller Lane 1986; Nerdinger 2004), während italienische Rationalisten wie Giuseppe Terragni (1904–1941) moderne Repräsentationsarchitekturen für die faschistische Partei wie die *Casa del Fascio* in Como (1932–1936) entwarfen. Auch die Charakterisierung des Nationalsozialismus als antimodern ist ungeachtet der zahlreichen Hetzkampagnen gegen das Neue Bauen unzureichend. Denn genauso unübersehbar sind die großen Kontinuitäten zwischen den kontroversen Auseinandersetzungen um die moderne Architektur während der Weimarer Republik und der NS-Zeit (Blümm 2013). Weder ist architektonische Modernität zwangsläufig an bestimmte politische Programme gebunden noch können die Diktaturen des 20. Jh.s als Unterbrechungen eines später wieder aufgenommenen Modernisierungsprozesses beschrieben werden.

Letzteres suggerierten zahlreiche architekturhistorische Darstellungen, die nach dem Krieg entstanden waren. Darin wurde die These aufgestellt, dass die moderne Architektur durch die faschistischen und nationalsozialistischen Regime missbraucht worden sei. Sie erschien darin als seltsam unbeteiligtes Opfer außerarchitektonischer Gewalten. Diese Deutung der jüngeren Geschichte legte insbesondere die monumentale Darstellung *An Outline of European Architecture* des deutschstämmigen Architekturhistorikers Nikolaus Pevsner (1902–1983) nahe, die erstmals 1943 in England veröffentlicht wurde. In der späteren deutschsprachigen Fassung wird die Nachkriegszeit als Wiederaufnahme des 1933 gewaltsam abgerissenen Fadens verstanden. Die moderne Architektur der Weimarer Republik (1918–1933) galt im Rückblick als Idealtypus demokratischen Bauens, die baulichen Hinterlassenschaften des NS-Regimes hingegen als barbarischer Monumentalismus. Das avantgardistische Denken in radikalen Brüchen erfuhr damit unter veränderten Vorzeichen seine Fortführung. An die Stelle eines fortschreitenden Gegenwartsbezugs trat jetzt die Sehnsucht nach einer Architektur, die nunmehr selbst historisch geworden war.

Die Nachkriegszeit: Kontinuitäten und Brüche

Dass auch die Nachkriegszeit tatsächlich aber sehr viel stärker von Kontinuitäten als von den erhofften Brüchen geprägt war, haben architekturhistorische Forschungen gezeigt, die sich eingehend mit den biographischen Verflechtungen deutscher Architekten nach 1945 beschäftigten (Durth 1987). Mithilfe derartiger Studien wurde deutlich, wie sehr prominente Architekten des NS-Regimes noch im Nachkriegsdeutschland Architektur und Städtebau bestimmten. Die Situation im postfaschistischen Italien stellte sich in dieser Hinsicht nicht anders dar. Zahlreiche Architekten des Faschismus konnten nach dem Krieg ihre Karriere erfolgreich fortsetzen. Indessen waren hier die Grenzen zwischen der offiziellen Staatsarchitektur und der architektonischen Avantgarde fließender als in Deutschland. Zahlreiche Vertreter der modernen Architektur Italiens arbeiteten bis in die späten 1930er-Jahre für die Faschisten und bekannten sich zu deren Ideologie. Entsprechend kritisch wurde die Kontinuität der modernen Architektur nach dem Krieg bewertet. So forderte der italienische Architekturhistoriker Bruno Zevi (1918–2000) nicht nur die Abkehr vom verstaubten Akademismus der architekturhistorischen Lehrstühle Italiens, sondern auch von dem etablierten Verständnis der modernen Architektur (Zevi 1945).

Dennoch unternahmen Architekten und Architekturhistoriker bis in die 1960er-Jahre den Versuch, die moderne Repräsentationsarchitektur der Faschisten als autonome Form zu deuten (Maltese 1960; Mantero 1969, 23; Eisenman 1970). Die kritische Infragestellung der jüngsten Entwicklungen und ihre Verstrickungen mit den Regimen des frühen 20. Jh.s konnte dies allerdings nicht verhindern (Zevi 1945). Sie löste in der Nachkriegszeit eine intensiv geführte und architekturhistorisch informierte Diskussion aus. Dabei beschränkte sich der Kreis der Beteiligten keineswegs auf die Architekturgeschichte. Mehr als jemals zuvor waren die Architekten selbst Teil dieser Auseinandersetzung um die Bedeutung der modernen Architektur. Denn während sich die Architekturhistoriker intensiv der eigenen Gegenwart zuwandten, sahen die Architekten ihrerseits in der Geschichte ein konkretes Fundament für die Praxis. Entsprechend intensiv setzten sich Architekten wie Aldo Rossi (1931–1997), Oswald Mathias Ungers (1926–2007), Robert Venturi (geb. 1925) u. a. in ihren Veröffentlichungen mit der historischen Genese ihres Faches auseinander. Geschichte und Architektur traten so in einen regen Dialog, der zu einer nachhaltigen Infragestellung zentraler Grundannahmen der Moderne führte.

Kritik und Entzauberung

Die Architekturgeschichte erfuhr hierdurch sowohl in methodischer als auch in inhaltlicher Hinsicht eine entscheidende Neubestimmung: Die Konstruktionen einer linearen Geschichte, dies zeigen insbesondere die Studien der Architekturhistoriker Manfredo Tafuri (1976) und Colin Rowe (1978), wichen einer spekulativeren Reflexion übergreifender Probleme. Jede modernistische Fortschrittsgeschichte, wie sie etwa Kaufmann oder Giedion konstruiert hatten, wurde darin aufgegeben. Dies führte nicht zwangsläufig zu einer Abkehr von der Moderne, im Gegenteil: Zahlreiche der nach dem Krieg entstandenen Diskussionsbeiträge waren von dem Versuch geprägt, die Moderne im Sinne ihrer angenommenen ursprünglichen Bedeutung zu erneuern. Hierzu bedurfte es allerdings zunächst ihrer Entzauberung. In seinem Essay *Monumentalism, Symbolism and Style* (1949) setzt sich der amerikanische Architekturhistoriker Lewis Mumford (1895–1990) entsprechend kritisch mit der funktionalistischen Ästhetik auseinander. Hinter ihrem normativen Geltungsanspruch verberge sich letztlich eine Fetischisierung der Maschine, die ebenso willkürlich sei wie die anachronistische Nachahmung historischen Bauschmucks im 19. Jh.

Die Folgen derartiger Relativierungen ließen sich dann spätestens in den 1960er-Jahren nicht mehr übersehen. An die Stelle eines emphatischen Fortschrittsbegriffs trat jetzt die Diagnose einer Krise, die in letzter Konsequenz mit einem Ende der Architektur als gesellschaftlich relevanter Disziplin identifiziert wurde. Vor diesem Hintergrund forderte etwa Manfredo Tafuri (1935–1994), einer der bedeutendsten Architekturhistoriker der zweiten Jahrhunderthälfte, eine kritische Architekturgeschichte (Tafuri 1976). In strikter Abgrenzung von der Position Giedions sollte sie sich nicht länger durch die Architekten vereinnahmen lassen, sondern zu eigenständigen Interpretationen der Gegenwart gelangen. In diesem Zusammenhang kritisierte Tafuri die geläufigen Geschichtsmodelle, denen zufolge sich die Architektur in schöner Linearität entwickelte. Die Aufgabe des Historikers und des Kritikers bestehe gerade darin, alle architektonischen Phänomene und deren Historisierung als Manifestationen von Ideologien zu begreifen und dieselben einer kritischen Analyse zu unterziehen.

Im Horizont dieser neuen Zielsetzung entwickelte sich die Architekturtheorie zu einer eigenständigen akademischen Disziplin. Hierfür symptomatisch ist neben Tafuris 1968 begonnener Tätigkeit am Istituto Universitario di Architettura di Venezia die etwa gleichzeitige Gründung des Instituts für Geschichte und Theorie der Architektur an der ETH Zürich durch den Architektur- und Kunsthistoriker Adolf Max Vogt (1920–2013). Die Analyse und Reflexion von bis dahin weitestgehend vorausgesetzten Prinzipien der modernen Architektur stellte das primäre Ziel dieser neuen Disziplin dar. Dabei beschränkten sich die daraus hervorgegangen Analysen keineswegs mehr auf die Entwicklungen des 20. Jh.s. Im Unterschied zu den bestehenden Darstellungen rückten nun ideen- und geistesgeschichtliche Aspekte der Architekturgeschichte sowie ihre theoretischen und politisch-ideologischen Prämissen in den Mittelpunkt. Damit verlor die moderne Architektur endgültig ihren Status als Essenz oder Vollendung der Architekturgeschichte. Sie wurde erstmals als ein zeitbedingtes Phänomen verhandelbar, dessen kritische Infragestellung nicht länger einem Verstoß gegen die vielfach beschworene Natur des Architektonischen gleichkam.

Revision und Medialität

In ironischen Zitaten, Kopien, Doppeldeutigkeiten und Nachahmungen nutzten die Architekten des späten 20. Jh.s diese neu gewonnene Freiheit aus und erzeugten so widersprüchliche bis irritierende Bilder, Texte und Bauten. Die Medien der Architektur dienten dabei nicht länger allein der Repräsentation oder Erläuterung eines zu verwirklichenden Projekts. Hiervon weitestgehend losgelöst ermöglichten sie die Reflexion größerer Zusammenhänge. V. a. der Architektur des Bildes kam hierbei eine zentrale Bedeutung zu. Neben den klassischen Formen der architekturtheoretischen Reflexion traten komplexe Collagen und Montagen, in denen sich nicht selten die ästhetische Moderne gegen ihre gebaute Realität wendete (Ruhl 2013). Das Ziel derartiger Strategien bestand also keineswegs in der Überwindung der Moderne, sondern in der Wiederherstellung ihrer künstlerischen Autonomie gegenüber jeglicher Form der politisch-ideologischen Instrumentalisierung.

Vor diesem Hintergrund ist der Begriff der ›Postmoderne‹, wie er seit Mitte der 1970er-Jahre in die Architekturdiskussion eingeführt wurde, irreführend. Der Architekturhistoriker Heinrich Klotz (1935–1999) zog es daher anlässlich der Eröffnungsausstellung des Deutschen Architekturmuseums in Frankfurt am Main (1985) vor, von einer »Revision der Moderne« zu sprechen (Klotz 1984). Allerdings bezog er dies weniger auf die neuen historischen und theoretischen Erklärungsversuche als auf aktuelle Architekturpositionen. Die Architektur selbst wurde so als ein Medium zur Reflexion der Moderne begriffen, das den gesellschaftlich-sozialen Impetus des Neuen Bauens weitestgehend abgelegt hatte. In seiner Rede zur Verleihung des Adorno-Preises im Jahre 1980 mit dem Titel *Die Moderne – ein unvollendetes Projekt* (Habermas 1988) sprach Jürgen Habermas (geb. 1929) daher zu Recht von einer Avantgarde unter verkehrten Vorzeichen. An die Stelle des bautechnologischen Fortschritts sowie der sozialen Verantwortung des Architekten rückte nun die Reflexion über die historisch vermittelten Grundlagen des Entwurfes und seiner Medien.

Dies führte wiederum zu einer Neuausrichtung historisch-theoretischer Reflexionen über die Architektur. Mehr denn je drängte sich die Frage nach dem Einfluss der Medien auf die gesamte architektonische Praxis auf. Dies galt allerdings keineswegs allein für die Auseinandersetzung mit der Moderne. In seiner Studie *Architecture in the Age of Printing* (2001) wies Mario Carpo bereits für die Frühe Neuzeit nach, welche große Bedeutung der Buchdruck für die Praxis hatte. Damit wandelte sich einmal mehr in Architekturgeschichte und Architekturtheorie das Verständnis des Modernebegriffs. Modernität ließ sich jetzt nicht mehr nur auf der Grundlage tatsächlich gebauter Formen diskutieren. Mindestens ebenso zentral wurde die Frage nach den medialen Dispositiven. Der Traum des modernen Architekten von der totalen Gestaltung, so formulierte es der amerikanische Architekturtheoretiker Mark Wigley 1998, wanderte von der gebauten Architektur in deren mediale Repräsentation.

Regionen, Räume und Entwicklungspfade

Der Modernebegriff in Architekturgeschichte und Architekturtheorie umfasst im Wesentlichen die Beschäftigung mit der westlichen Architektur des 20. Jh.s. Während sich zu Beginn der Blick auf die Epizentren der Moderne – Niederlande, Deutschland, Russland, Frankreich – richtete, erweiterte sich nach 1933 die Perspektive. Der Grund hierfür ist allerdings nicht allein in der Proklamation eines *International Style* seit der MoMA-Ausstellung von 1932 zu suchen. Es waren nicht zuletzt die politischen Entwicklungen des 20. Jh.s, die eine Internationalisierung der Architektur erzwangen. Seit der Machtergreifung durch die Nationalsozialisten verließen zahlreiche Protagonisten des Neuen Bauens Europa. Die Motive waren durchaus unterschiedlich. Während sich Architekten jüdischen Glaubens zunehmend der konkreten Bedrohung durch die Nationalsozialisten ausgesetzt sahen, verließen andere den Kontinent, weil sie als Vertreter einer modernen Architekturauffassung nicht im erhofften Maße von den neuen Machtverhältnissen profitieren konnten.

V. a. die USA boten zahlreichen Vertretern der modernen Architektur die Möglichkeit, ihre Karriere fortzuführen. Ludwig Mies van der Rohe, Walter Gropius, Marcel Breuer (1902–1981) und Ludwig

Hilberseimer prägten hier als Lehrer eine ganze Generation junger Architekten, trugen durch zahlreiche Ausstellungen und Publikationen zur internationalen Verbreitung der neuen Architektur auf dem amerikanischen Kontinent bei und bestimmten recht bald schon den dortigen Diskurs. Die Leistungen amerikanischer Architekten, die auch in Europa wesentlich zum Durchbruch einer neuen Architekturauffassung beigetragen hatten, gerieten dabei schnell in den Hintergrund. Dies gilt insbesondere für das Werk Irving Gills (1870–1936), Frank Lloyd Wrights (1867–1959) sowie der schon in den 1920er-Jahren von Österreich nach Kalifornien ausgewanderten Architekten Richard Neutra (1892–1970) und Rudolph Michael Schindler (1887–1953).

Die moderne Architektur konnte aufgrund dieser Entwicklungen umso mehr als ein europäisches Phänomen von internationaler Geltung präsentiert werden, das sich ungeachtet der regionalen Bautraditionen als objektiver Ausdruck einer neuen Epoche durchzusetzen vermochte. Bereits gegen Ende des Zweiten Weltkriegs änderte sich diese Haltung allerdings grundsätzlich. Schien es in den 1930er-Jahren noch möglich, einen allgemein verbindlichen Stil über die tatsächlich sehr unterschiedlichen Positionen der modernen Architektur hinweg zu definieren, galten derartige Schematisierungen bereits zehn Jahre später als naive Vereinfachungen. Auf beiden Seiten des Atlantik wurde nun grundsätzlich die bedingungslose Abhängigkeit der Architektur vom technischen Fortschritt sowie die Loslösung von allen regionalen Bautraditionen in Frage gestellt.

Der Internationalisierung der Architektur folgte entsprechend eine Internationalisierung der Architekturgeschichte und ihrer theoretischen Reflexion. Institutionell fand diese Entwicklung ihren Ausdruck in den zahlreichen architekturhistorischen Vereinigungen, die in Periodika und Tagungen aktuelle Forschungen präsentierten. Den Anfang machte die 1940 an der Harvard University gegründete Society of Architectural Historians. Es folgten ähnliche Institutionen in Großbritannien (1956) und Australien (1984). Parallel hierzu wurden zahlreiche international orientierte Zeitschriften ins Leben gerufen, die sich ausdrücklich mit der jüngeren Architekturgeschichte sowie mit zeitgenössischen Fragen der Architekturtheorie auseinandersetzten. Seit 1952 erscheint das von Studenten der Yale School of Architecture herausgegebene Magazin *Perspecta*, und zwischen 1973 und 1984 veröffentlichte das Institute for Architecture and Urban Studies *Oppositions. A Journal for Ideas and Criticism in Architecture*. Die Bedeutung derartiger Formate ist allerdings nicht allein in der Veröffentlichung eigener redaktioneller Beiträge zu sehen; durch die Übersetzung zahlreicher fremdsprachlicher Texte trugen sie in erheblichem Maße zur Internationalisierung der Modernediskussion bei. Diese beschränkt sich allerdings auch heute noch weitestgehend auf den europäisch-westlichen Raum. Denn wenngleich sich zuletzt zahlreiche Ausstellungen und Publikationen mit außereuropäischen Architekturentwicklungen auseinandergesetzt haben, stehen grundlegende Studien zur transkulturellen Bedeutung des architektonischen Modernebegriffs noch aus (Frampton 2010, 11). Dies liegt u. a. daran, dass die in den Kulturwissenschaften aktuell geführten Diskussionen um die *multiple modernities* bisher keine nennenswerte Beachtung in Architekturgeschichte und Architekturtheorie erfahren haben. Vielmehr scheint die Dominanz der westlichen Perspektive auf den Gegenstand auch im Zeitalter der Globalisierung ungebrochen.

In disziplinärer Hinsicht hingegen hat sich das Feld erheblich erweitert. Heute beschäftigen sich höchst unterschiedliche Disziplinen wie Technik- und Wissenschaftsgeschichte, Architekturphilosophie, Architekturtheorie sowie Medien- und Kulturwissenschaften mit den historischen und zeitgenössischen Bedingungen architektonischer Praxis. Hierdurch hat sich die Frage nach der Modernität weitestgehend von den gebauten Realitäten abgelöst. Themen wie die phänomenologische Wahrnehmung des Raumes und seiner Atmosphäre (Wagner 2004; Böhme 2006), die mediale Repräsentation (Colomina 1994; Carpo 2001; Ruhl 2013) und die Prozesshaftigkeit des Entwerfens rückten zuletzt ebenso in das Zentrum des Interesses wie die Möglichkeit, den Entwurf selbst als epistemische Praxis begreifen zu können (Ammon/Froschauer 2013). Auf dieser Grundlage hat sich ein differenzierter Diskurs über die unterschiedlichen Facetten architektonischer Modernität entfaltet. Darin geht es schon längst nicht mehr um die Verabsolutierung einer bestimmten Ästhetik oder um die objektive Bestimmung eines modernistischen Kanons. In Geschichte und Theorie der Architektur bietet sich heute die Möglichkeit, die durch den Modernediskurs aufgeworfenen Fragen unabhängig von stilistischen Einordnungsversuchen und jenseits strikter epochaler Beschränkungen in einem größeren, interdisziplinären Rahmen zu diskutieren.

Zeithorizont und Epochenkonzept

Die Frage nach dem historischen Beginn der Moderne wurde in der Architekturgeschichte unterschiedlich beantwortet. Das Spektrum reicht vom Klassizismus des 18. Jh.s (Kaufmann 1933) über die *Arts-and-Crafts*-Bewegung des 19. Jh.s (Pevsner 1949) bis hin zu den Bewegungen und Tendenzen kurz vor und nach dem Ersten Weltkrieg bis zur Machtübernahme durch die Nationalsozialisten (Huse 1975). Hierzu zählen etwa der italienische Futurismus, der deutsche Expressionismus, das Bauhaus in Weimar, Dessau und Berlin, die *De-Stijl*-Bewegung in den Niederlanden, der *Esprit Nouveau* in Frankreich sowie der russische Konstruktivismus. Innerhalb der Architekturtheorie hat es sich seit den 1980er-Jahren darüber hinaus durchgesetzt, den Ursprung der Moderne in das späte 17. Jh. zu verlegen. Als Grund für diese Periodisierung wird in den einschlägigen Werken die Abkehr vom sog. Vitruvianismus genannt (Rykwert 1980; Mallgrave 2005). Tatsächlich wurde die bis dahin weitestgehend akzeptierte Lehre des römischen Architekten und Architekturtheoretikers Vitruv (geb. etwa 84 v. Chr.) in dieser Zeit erstmals grundsätzlich infrage gestellt. Mit seinen *Zehn Büchern über Architektur* hatte Vitruv für Jahrhunderte das Verständnis der europäischen Architektur bestimmt und die entscheidenden Schlüsselbegriffe zu ihrer theoretischen Reflexion geliefert. Seit der Renaissance stellte sich die Architekturtheorie weitestgehend als Exegese der vitruvianischen Bücher dar.

Dies änderte sich grundlegend mit den Schriften des französischen Architekturtheoretikers, Mediziners und Naturwissenschaftlers Claude Perrault (1613–1688). 1682 veröffentlichte er eine französische Übersetzung der Architekturbücher Vitruvs, und ein Jahr später folgte eine umfangreiche Beschäftigung mit den Säulenordnungen und ihren zahlreichen Interpretationen. Beide Schriften leisteten einen wesentlichen Beitrag zur sog. *Querelle des Anciens et des Modernes*. Auf der Basis eines neuen Wissenschaftsverständnisses relativierte Perrault darin die Autorität der antiken Vorbilder und gelangte mittels empirischer Beobachtungen zu der folgenreichen Erkenntnis, dass die Existenz einer objektiven Schönheit in der Realität nicht nachweisbar sei. Die Erfahrung lehre stattdessen, dass ästhetische Präferenzen von den Gewohnheiten ihrer Zeit abhängig seien. Sie würden zum Gegenstand des Geschmacks und unterlägen daher dem historischen Wandel. Perrault spielte erstmals in der Geschichte der Architekturtheorie mit der Möglichkeit eines Fortschritts, der Vergangenheit und Gegenwart in ein neues Verhältnis zueinander setzte.

Entsprechend wurde im frühaufgeklärten Architekturdiskurs eine wichtige Voraussetzung für die moderne Architektur gesehen. Das 19. Jh. erschien im Gegensatz hierzu als eine Phase der Desorientiertheit. Aus der Perspektive der modernen Architekturgeschichtsschreibung offenbarte insbesondere der Historismus der zweiten Hälfte des 19. Jh.s, idealtypisch verwirklicht in der 1857 begonnenen Wiener Ringstraße, einen unzumutbaren Anachronismus. Das Festhalten an überkommenen Repräsentationsformen der antiken und frühneuzeitlichen Baukunst erschien angesichts einer neuen bürgerlichen und industrialisierten Gesellschaft als längst überholtes Epigonentum. Allein das späte 19. Jh. mit seiner Kritik an der akademischen Stildiskussion erfuhr eine gewisse Wertschätzung. So galten etwa die Vertreter der englischen *Arts-and-Crafts*-Bewegung als Pioniere einer modernen Entwurfsauffassung (Pevsner 1949). Ihr prominentester Vertreter, der englische Reformer, Sozialist und Künstler William Morris (1834–1896), forderte ganz im Sinne des späteren Bauhauses, dass eine anspruchsvolle Gestaltung nicht länger ein Privileg Weniger sein sollte. Zugleich distanzierte er sich aber von deren industrieller Herstellung. Angesichts der offensichtlichen sozialen Probleme am Ende des 19. Jh.s sah er allein im Kunsthandwerk eine geeignete ethische Grundlage für die Reformierung der Gesellschaft. Als Vorbild diente das Mittelalter, dessen gesellschaftliche Verhältnisse allerdings von Morris sozialromantisch verklärt wurden.

Nicht zuletzt wegen dieser direkten Bezugnahme auf ältere Epochen wurden derartige Entwicklungen schon wenige Jahrzehnte später als Übergangserscheinungen auf dem Weg zu einer neuen baukulturellen Identität interpretiert (Behne 1926). Dabei gingen zahlreiche Architekturhistoriker davon aus, dass diese Phase bis nach dem Ersten Weltkrieg dauerte, bevor die Stildebatten endgültig durch einen authentischen Ausdruck der Zeit abgelöst worden seien, der bis 1933 anhielt. Die Zeit zwischen 1933 und 1945 wurde unter dieser Maßgabe als Bruch auf dem Weg zu einer modernen Architektur interpretiert. Besonders der Begriff der Nachkriegsmoderne legt diesen Eindruck nahe. Er umfasst grob die Zeit zwischen 1945 und 1975 und wurde in den architekturhistorischen Darstellungen der 1990er-Jahre erstmals dazu verwendet, die Kontinuitäten zwischen der Klassischen Moderne und der Nachkriegszeit zu betonen (Dolff-Bonekämper 1999).

Im Unterschied zur Vorkriegsmoderne war die Nachkriegsmoderne allerdings von Anfang an der Kritik ausgesetzt. Dies galt insbesondere für ihre städtebaulichen Prämissen (s. hierzu auch den Beitrag »Stadtgeschichte und Urbanistik« in diesem Band). Die Aufteilung des Stadtraumes in funktionale Einheiten wurde u. a. von Stadt- und Architekturkritikern wie Jane Jacobs (1916–2006) seit Beginn der 1960er-Jahre für die Krise der modernen Großstadt verantwortlich gemacht. Als am 15. Juli 1972 in St. Louis/Missouri Teile der erst zwanzig Jahre zuvor entstandenen Siedlung Pruitt-Igoe gesprengt wurden, nahm dies der Architekturkritiker Charles Jencks (geb. 1939) in seinem Manifest *The Language of Post-Modern Architecture* (1977) zum Anlass, das Ende des modernen Städtebaus auszurufen. Historisch bestimmt, verwurzelt in Konventionen, unbegrenzt oder doppeldeutig sowie radikal eklektizistisch sollte fortan die neue Architektur sein. Dabei signalisierte bereits der Titel von Jencks' Schrift, dass er die Architektur in Analogie zur Sprache definierte. Die Untersuchung ihrer grammatikalischen und syntaktischen Strukturen führte allerdings nicht von der Moderne weg. Vielmehr ermöglichte erst die avantgardistische Distanzierung von den tradierten Mitteln der Baukunst, die Geschichte als Fundus formaler Lösungen zu betrachten.

Im Zuge dieser Entwicklung trat der Hang zur ästhetischen Reduktion unter veränderten Vorzeichen erneut in den Vordergrund. Symptomatisch für diesen Zusammenhang sind etwa die frühen Schriften des amerikanischen Architekten und Theoretikers Peter Eisenman (geb. 1932). In offensichtlicher Anlehnung an die Klassische Moderne reklamiert er in seiner Dissertation von 1963 mit dem Titel *The Formal Basis of Modern Architecture* für die architektonische Form einen ahistorischen, universalen und v. a. autonomen Charakter. Als Epochenbegriff konnte die Postmoderne in der Architekturgeschichte daher nur wenig überzeugen. Bereits zwanzig Jahre nach der erstmaligen Proklamation der Postmoderne sah sich Jencks dazu gezwungen, den Begriff der Postmoderne durch zahlreiche Abwandlungen des Modernebegriffs zu ersetzen, angefangen bei der *Post-Modern Ecology* bis hin zu *Late Modern* und *New Modern Ecology* (Jencks/Kropf 1997). So überwiegt bis heute der Eindruck, dass es sich bei der Moderne keineswegs um eine abgeschlossene Phase, sondern um einen andauernden Diskurs handelt, der von Architekten, Urbanisten, Kuratoren, Kritikern, Historikern und Theoretikern geführt wird.

Themen und Leitprozesse

Der Terminus ›moderne Architektur‹ impliziert daher nicht allein besondere Formmerkmale oder ästhetische Prämissen. Darüber hinaus lässt er sich auf die Art und Weise übertragen, wie seit dem frühen 20. Jh. über Architektur als gesellschaftlich relevante Disziplin nachgedacht wurde. Die Architekturhistoriker Adrian Forty und Sarah William Goldhagen stellten daher zuletzt die These auf, dass unter moderner Architektur eher ein diskursives Feld als eine bestimmte Ästhetik zu begreifen sei (Forty 2000; Goldhagen 2005). Die moderne Architekturtheorie als Disziplin ließe sich entsprechend als Institutionalisierung einer wissenschaftlichen Beschäftigung mit den zentralen Schlagworten dieses Feldes begreifen.

In jüngeren architekturtheoretischen Beiträgen führte dies zu der Auffassung, die Architektur sei ebenso wie viele andere Bereiche der Gesellschaft als ein soziales System beschreibbar, das auf einem spezifischen Sprachcode beruhe. Tatsächlich lässt sich nicht übersehen, dass die Reflexion architekturhistorischer und architekturtheoretischer Fragestellungen im 20. Jh. eine gewisse Konstanz aufweist, die diesen Eindruck nahelegt. Dies gilt insbesondere für die Regelmäßigkeit, mit der zentrale Schlagworte der Avantgarde bis heute Anlass zu einer grundsätzlichen Auseinandersetzung mit der Architektur geben (Goldhagen 2005). Hierzu zählen zweifelsohne Begriffe wie u. a. Autonomie, Funktion, Rationalität, Transparenz, Raum, Struktur, Form, Wahrheit, Typus, Geschichte, Entwurf, Erinnerung, Kontext. Dabei stehen die genannten Kategorien z. T. in einer engen Beziehung zueinander und lassen sich nicht immer präzise voneinander trennen. So hat etwa der Begriff der Rationalität durchaus gegensätzliche Bedeutungen, die sich mit denen anderer Begriffe überschneiden. Zum einen verweist er auf die funktionale und technisch-konstruktive Natur der Architektur. Zum anderen ist damit ein ästhetischer Idealismus gemeint, der nicht selten dazu diente, die Autonomie der Architektur zu behaupten. Dieser Widerspruch blieb bis in das frühe 20. Jh. bestehen. Er bildete in der Architekturtheorie gleichsam die Grundlage für den frühen Versuch einer definitorischen Bestimmung des modernen Zweckbaus (Behne 1926). V. a. aber spiegelt sich darin die Sehnsucht nach einer möglichst objektiven Begründung der Architektur wider. Insbesondere nach dem Ende des Zweiten Weltkriegs galt der normative Anspruch des Funktionalismus allerdings als eindimensionale Perspektive auf einen komplexen Gegenstand.

Die Entwicklungen des 20. Jh.s verdeutlichten nur allzu sehr, inwieweit dieses Bild der modernen Architektur im Gegensatz zur Realität stand. Fragen der modernen Architektur als Medium der politischen Repräsentation (Schneider/Wang 1998) sowie als Symbolisierung und Hervorbringung des kollektiven Gedächtnisses (Boyer 1994) erfuhren vor diesem Hintergrund besondere Aufmerksamkeit. Dabei wurde die Architektur jetzt im Gesamtzusammenhang einer problematischen Ökonomisierung der Gesellschaft interpretiert. Konnte Gropius noch in den 1920er-Jahren von einer harmonischen Einheit aus Kunst und Technik sprechen, galt die planerische Ratio der Architektur nun als Instrument eines posthumanen Kapitalismus (Hays 1992). Im Horizont derartiger Zuschreibungen entfaltete sich eine kontroverse Debatte über die Architektur als Medium kapitalistischer Überwältigungsstrategien (Leach 2000). Dabei wurde allerdings keineswegs allein die moderne Architektur zur Zielscheibe der Kritik. Auch in der neuen Bildhaftigkeit der postmodernen Architektur, wie sie seit den 1970er-Jahren in Opposition zum modernen Primat des Raumes gefordert wurde, sahen Kritiker eine fatale Instrumentalisierung der Architektur. Dies gilt besonders für diejenigen Konzepte, in denen sich die Architektur nicht mehr als Gestalterin der Realität, sondern als deren Ästhetisierung darstellte (Leach 2000).

Aus kulturwissenschaftlicher Perspektive hingegen interessierte die Architektur in den letzten Jahren v. a. wegen ihrer räumlichen Dimension (Wagner 2004). Bis dahin wenig beachtete Quellen des frühen 20. Jh.s wie z. B. Herman Sörgels Architekturästhetik (Sörgel 1921) rückten damit erstmals in den Fokus des wissenschaftlichen Interesses. Dies bewirkte auch innerhalb der Architekturgeschichte eine neue Perspektive auf die Moderne. Wurde das Neue Bauen zuvor mit einem funktionalistischen Raumbegriff identifiziert, zeigte sich nun die Oberflächlichkeit derartiger Interpretationen. Denn die neuen Architekturkonzepte waren tatsächlich doch im Kontext einer breiten und interdisziplinären Auseinandersetzung mit dem Problem der Raumwahrnehmung zu Beginn des 20. Jh.s zu sehen (Müller 2004). In diesem Zusammenhang wurde deutlich, dass die wichtigsten Beiträge zur Architekturtheorie keineswegs von den schillernden Protagonisten des *International Style* stammten. Weder Gropius noch Mies van der Rohe oder Le Corbusier setzten sich eingehender mit dem architektonischen Raumbegriff auseinander. Es waren international eher unbekannte Architekten und Theoretiker wie Herman Sörgel (1885–1952), Fritz Schumacher (1869–1947) oder Adolf Hildebrand (1847–1921), die sich unter dem Einfluss der zeitgenössischen Philosophie diesem komplexen Thema widmeten. Mit dem neuen Interesse an phänomenologischen Deutungen des architektonischen Raumes seit den 1990er-Jahren traten diese frühen Auseinandersetzungen mit dem Thema wieder verstärkt in den Fokus. Dies gilt insbesondere, seitdem die digitalen Entwurfswerkzeuge begannen, die architektonische Praxis in entscheidender Weise zu verändern. Der neue Glaube an den medientechnologischen Fortschritt löste auf der anderen Seite ein verstärktes Interesse an der physischen Materialität des Raumes und dessen subjektiver Wahrnehmung aus.

Literatur

Ammon, Sabine/Froschauer, Eva Maria (Hrsg.): *Wissenschaft Entwerfen. Vom forschenden Entwerfen zur Entwurfsforschung der Architektur*. München 2013.

Argan, Giulio Carlo: *Walter Gropius e la Bauhaus*. Turin 1951 (dt. 1962).

Behne, Adolf: *Der moderne Zweckbau*. München 1926 (Ndr. Berlin 1998).

Blümm, Anke: *»Entartete Baukunst«? Zum Umgang mit dem Neuen Bauen 1933–1945*. München 2013.

Böhme, Gernot: *Architektur und Atmosphäre*. München 2006.

Boyer, M. Christine: *The City of Collective Memory. Its Historical Imagery and Architectural Entertainments*. Cambridge, Mass./London 1994.

Carpo, Mario: *Architecture in the Age of Printing. Orality, Writing, Typography, and Printed Images in the History of Architectural Theory*. Cambridge, Mass. 2001.

Colomina, Beatriz: *Privacy and Publicity. Modern Architecture and Mass Media*. Cambridge, Mass. 1994.

Dolff-Bonekämper, Gabi: *Das Hansaviertel. Internationale Nachkriegsmoderne in Berlin*. Berlin 1999.

Durth, Werner: *Deutsche Architekten. Biographische Verflechtungen 1900–1970*. Braunschweig/Wiesbaden ²1987.

Eisenman, Peter: *The Formal Basis of Modern Architecture*. Diss. Cambridge, Mass. 1963 (dt. *Die formale Grundlegung der modernen Architektur*, hrsg. von Werner Oechslin. Zürich/Berlin 2005).

Eisenman, Peter: Dall'oggetto alla relazionalità. La casa del Fascio di Terragni. In: *Casabella* 344, 1970, 38–41.

Forty, Adrian: *Words and Buildings. A Vocabulary of Modern Architecture*. New York 2000.

Frampton, Kenneth: *Die Architektur der Moderne. Eine kritische Baugeschichte*. München 2010 (engl. 1980).

Giedion, Sigfried: *Bauen in Frankreich. Bauen in Eisen. Bauen in Eisenbeton*. Leipzig 1928.

Giedion, Sigfried: *Befreites Wohnen*. Zürich 1929.

Giedion, Sigfried: *Space, Time and Architecture*. Cambridge 1941.

Giedion, Sigfried: *Mechanization Takes Command. A Contribution to Anonymous History*. New York 1948.

Goldhagen, Sarah Williams: Something to Talk about. Modernism, Discourse, Style. In: *Journal of the Society of Architectural Historians* 64/2, 2005, 144–167.

Habermas, Jürgen: Die Moderne – ein unvollendetes Projekt. In: Welsch, Wolfgang (Hrsg.): *Wege aus der Moderne. Schlüsseltexte der Postmoderne-Diskussion.* Weinheim 1988, 177–193.

Hays, K. Michael: *Modernism and the Posthumanist Subject. The Architecture of Hannes Meyer and Ludwig Hilberseimer.* Cambridge, Mass. 1992.

Hitchcock, Henry-Russel/Johnson, Philip: *The International Style. Architecture since 1922.* New York 1932.

Huse, Norbert: *Neues Bauen 1918 bis 1933.* München 1975.

Jencks, Charles: *The Language of Post-Modern Architecture,* London 1977.

Jencks, Charles/Kropf, Karl (Hrsg.): *Theories and Manifestoes of Contemporary Architecture.* Chichester, West Sussex 1997.

Kaufmann, Emil: *Von Ledoux bis Le Corbusier. Ursprung und Entwicklung der Autonomen Architektur.* Wien 1933 (Ndr. Stuttgart 1985).

Klotz, Heinrich (Hrsg.): *Revision der Moderne. Postmoderne Architektur 1960–1980.* München 1984.

Lampugnani, Vittorio Magnago: *Die Stadt im 20. Jahrhundert. Visionen. Entwürfe. Gebautes.* Berlin 2010.

Leach, Neil: *The Anaesthetics of Architecture.* Cambridge, Mass./London ^{2}2000.

Mallgrave, Harry Francis: *Modern Architectural Theory. A Historical Survey. 1673–1968.* New York 2005.

Maltese, Corrado: *Storia dell'arte in Italia. 1785–1943.* Turin 1960.

Mantero, Enrico: Introduzione agli scritti di Giuseppe Terragni. In: Ders.: *Giuseppe Terragni e la città del razionalismo italiano* (Architettura e città 4). Como 1969, 9–31.

Miller Lane, Barbara: *Architektur und Politik in Deutschland 1918–1945.* Braunschweig 1986 (engl. 1968).

Müller, Ulrich: *Raum, Bewegung und Zeit im Werk von Walter Gropius und Ludwig Mies van der Rohe.* Berlin 2004.

Mumford, Eric: *The CIAM Discourse on Urbanism 1928–1960.* Cambridge, Mass./London 2002.

Mumford, Lewis: Monumentalism, Symbolism and Style. In: *The Architectural Review* 105, 1949, 173–180.

Nerdinger, Winfried: Architektur im Nationalsozialismus. In: Hölz, Christoph/Prinz, Regina (Hrsg.): *Winfried Nerdinger. Architektur, Macht, Erinnerung. Stellungnahmen 1984 bis 2004.* München u. a. 2004, 91–119.

Ocón Fernández, María: *Ornament und Moderne. Theoriebildung und Ornamentdebatte im deutschen Architekturdiskurs (1850–1930).* Berlin 2004.

Pevsner, Nikolaus: *An Outline of European Architecture.* Harmondsworth, Middlesex 1943.

Pevsner, Nikolaus: *Pioneers of Modern Design. From William Morris to Walter Gropius.* Museum of Modern Art, New York 1949.

Rowe, Colin: *Collage City.* Cambridge, Mass. 1978.

Ruhl, Carsten: *Magisches Denken – Monumentale Form. Aldo Rossi und die Architektur des Bildes.* Tübingen 2013.

Rykwert, Joseph: *The First Moderns. The Architects of the Eighteenth Century.* Cambridge 1980.

Samonà, Giuseppe: *L'urbanistica e l'avvenire della città negli stati Europei.* Bari 1985.

Schneider, Romana/Wang, Wilfried (Hrsg.): *Moderne Architektur in Deutschland 1900 bis 2000.* Ostfildern-Ruit 1998.

Sembach, Klaus-Jürgen: *Henry van de Velde.* Stuttgart, 1989.

Sörgel, Herman: *Architektur-Ästhetik.* München 1921.

Tafuri, Manfredo: *Architecture and Utopia. Design and Capitalist Development.* Cambridge, Mass./London 1976, ^{6}1988.

Tournikiotis, Panayotis: *The Historiography of Modern Architecture.* Cambridge, Mass. 1999.

Wagner, Kirsten: Vom Leib zum Raum. Aspekte der Raumdiskussion in der Architektur aus kulturwissenschaftlicher Perspektive. In: *Wolkenkuckucksheim. Internationale Zs. für Theorie der Architektur* 9/1, 2004. http://www.tu-cottbus.de/theoriederarchitektur/Wolke/deu/Themen/041/Wagner/wagner.htm (19. 10. 2013).

Wigley, Mark: Whatever Happened to Total Design? In: *Harvard Design Magazine* 5, 1998, 1–8.

Zevi, Bruno: *Verso un' architettura organica.* Turin 1945.

Carsten Ruhl

Ästhetische Theorie und American Studies

Der Begriff der Moderne in den American Studies

Die USA gelten als das exemplarische Land der Moderne, aber erstaunlicherweise hat der Begriff der Moderne in den US-amerikanischen *American Studies* wie auch in den deutschen Amerikastudien lange Zeit keine wichtige Rolle gespielt. Auch heute noch ist der Begriff umstritten und auf breiter Ebene nicht gebräuchlich. Die Gründe dafür bilden ein interessantes Kapitel der Fach- und Ideengeschichte. Für amerikanische Patrioten, die ihre Gesellschaft als Antwort auf europäische Tyrannei und Dekadenz verstanden, wurde die Moderne mit der Entdeckung Amerikas eingeleitet; benutzt man den Begriff jedoch in diesem weiten Sinn, quasi deckungsgleich mit dem der Neuzeit, dann erweist er sich für eine Analyse der amerikanischen Gesellschaft und Kultur als unzureichend, und das in zweierlei Hinsicht. Zum einen besitzt der Begriff keine hinreichende Trennschärfe, sodass in der Politik-, Sozial- und Kulturgeschichtsschreibung nach wie vor mit Epochenbezeichnungen wie *Gilded Age* (für die Phase von 1865–1890) und *Progressive Period* (1890–1914) gearbeitet wird. Gerade diese beiden Perioden gelten als exemplarische Phasen der Modernisierung Amerikas, doch werden beide i. d. R. nicht unter dem Stichwort Moderne diskutiert, weil sie sehr verschiedene Antworten auf den Modernisierungsprozess darstellen.

Der Begriff der Moderne war jedoch in den *American Studies* lange Zeit auch aus einem zweiten Grund wenig gebräuchlich. Wenn von den USA als einem exemplarischen Land der Moderne die Rede war, dann wurde v. a. an ökonomische und technologische Entwicklungen gedacht, die dem Land zunächst eine Pionierrolle und dann eine Spitzenstellung unter den westlichen Industrienationen verliehen hatten. Aber diese Bereiche galten als die materieller Werte, und die prominente Rolle, die ihnen in der Entwicklung der USA zukam, schien ein weit verbreitetes Vorurteil zu bestätigen, dass die USA eine primär materialistische Gesellschaft seien – und darin die Seelenlosigkeit wie auch den Sinn- und Wertverlust der Moderne verkörpern. Für die europäische Kulturkritik wurde die amerikanische Gesellschaft daher gerade in ihrer avancierten Modernität zu einem Paradefall des Kulturverlusts.

Eindrücklich und mit nachhaltiger Wirkung findet sich dieses Argument im Kulturindustriekapitel von Max Horkheimers und Theodor W. Adornos Studie *Dialektik der Aufklärung* (1947), in dem die USA als eine Gesellschaft beschrieben werden, in der die Zweckrationalität der Moderne längst auch die Kultur vereinnahmt und in ihrer Funktion entscheidend verändert hat. Aus Kultur ist im Zuge dieser Entwicklung eine Kulturindustrie geworden, und mit dieser Standardisierung wird die Kultur nicht nur ihrer künstlerischen Möglichkeiten beraubt, sondern auch ihres gesellschaftskritischen Negationspotenzials. So gesehen wären die USA am weitesten fortgeschritten auf dem Weg zu einer Gesellschaft, in der kulturelle und ästhetische Werte den rationalen Zweckmäßigkeitserwägungen moderner Gesellschaften zum Opfer gefallen sind. Bis zum Ersten Weltkrieg wird daher in Selbstbeschreibungen der USA vorzugsweise der Begriff der Demokratie und nicht der der Moderne benutzt. Das gilt insbesondere für den Bereich der amerikanischen Kultur, in dem Autoren wie Ralph Waldo Emerson (1803–1882), Walt Whitman (1819–1892) und Mark Twain (1835–1910) Amerika zum Land des *common man*, des einfachen Mannes, erklären. Der wichtigste Beitrag der USA zur Moderne liegt in dieser Sicht in der praktischen Umsetzung des Ideals der Demokratie. Es ist nur schwer vorstellbar, dass Tocqueville ein Buch zum Thema »Modernity in America« geschrieben hätte anstelle seines noch heute hoch geschätzten Klassikers *Democracy in America*.

Moderne und amerikanische Kultur

Die zurückgenommene Rolle des Begriffs Moderne hat auch etwas mit dem Fach und Forschungsfeld *American Studies* zu tun, das seinen Untersuchungsgegenstand auf eine ganz bestimmte, stark historisch beeinflusste Weise konstituiert hat. Als eine Form der *Area Studies* hat das Fach seine konzeptionellen Anfänge in den 1930er-Jahren, entwickelt sich jedoch als eigenständige Disziplin bzw. eigenständiges Forschungs- und Studienprogramm erst nach dem Zweiten Weltkrieg. Das Selbstverständnis ist von Anfang an interdisziplinär, doch überwiegen de facto die ideen- und literaturgeschichtlichen, später die kulturgeschichtlichen Perspektiven. Und das aus einem Grund, der etwas mit eben jenem Materialismusverdacht – und Begriff der Moderne – zu tun hat, von dem bereits die Rede war.

Es geht den *American Studies* um ein vertieftes, möglichst vorurteilsfreies Verständnis der USA, und das heißt zugleich: Es geht um die Frage, welches Selbstverständnis für die USA das eigentlich angemessene ist. Die Forschungsschwerpunkte und fachlichen Argumentationsmuster, die nach dem Zweiten Weltkrieg entwickelt werden, können als Antwort auf diese Frage verstanden werden. Wenn die USA mehr sein wollen als das Land einer seelenlosen Moderne, dann entsteht die Herausforderung, eine amerikanische Kultur zu identifizieren, die über die von Horkheimer/Adorno und anderen Gesellschaftskritikern in den Vordergrund gerückte Massenkultur hinausgeht. Diese Kultur soll nicht marktkonform, aber auch »spezifisch amerikanisch« sein, d. h. Ausdruck bester und »tiefster« amerikanischer Werte (denn nur so lässt sich das Studium der USA als eines eigenständigen Forschungsbereichs rechtfertigen).

Man findet eine solche Kultur in einer Gruppe von Denkern und Schriftstellern aus der Mitte des 19. Jh.s – v. a. Ralph Waldo Emerson, Nathaniel Hawthorne (1804 – 1864), Herman Melville (1819 – 1891), Walt Whitman Henry David Thoreau (1817 – 1862) –, die als *American Renaissance* beschrieben wird und bald zum Kern eines jeden *American Studies*-Curriculums gehörte. Interessanterweise wird dabei als wichtigstes Wertattribut deren lange übersehene moderne Dimension betont (Matthiessen 1941). Aus einer – wo sie noch nicht industriell standardisiert ist – provinziellen, hinter europäischen Entwicklungen zurückgebliebenen amerikanischen Kultur kann auf diesem Wege eine von unerwarteter Modernität werden (Lawrence 1923). Dabei muss allerdings der Bedeutungswandel in Rechnung gestellt werden, den der Begriff der Moderne hier durchläuft. Gemeint ist nicht mehr die ökonomische und technologische Moderne, sondern eine künstlerisch experimentierfreudige, grenzüberschreitende, potenziell subversive Modernität, für die zumeist der kunstgeschichtliche Epochenbegriff des Modernismus benutzt wird (Bradbury 1976; Calinescu 1987; Signal 1987; Tichi 1987).

Über den Begriff des Modernismus findet die Idee der Moderne Eingang in die *American Studies* und wird zu einem Versprechen. Moderne, verstanden als ein von Zweckrationalität geprägter Entwicklungsprozess mit beklagenswerten kulturellen Konsequenzen, wird konterkariert durch den Begriff des Modernismus. Damit wird ein interessantes Paradoxon geschaffen: Der Modernismus als die, dem eigenen Anspruch nach, exemplarisch moderne Kultur konstituiert sich als radikale Kritik der Moderne.

In den Auseinandersetzungen darüber, welche Rolle der Kunst und Ästhetik in einer modernen Gesellschaft wie den USA zukommen soll, gab es allerdings von vornherein auch andere Stimmen. Bereits 1911 hatte der Philosoph George Santayana (1863 – 1952) in einem ideengeschichtlich wegweisenden Aufsatz »The Genteel Tradition in American Philosophy« die Dynamik des Modernisierungsprozesses in den USA betont und argumentiert, die amerikanische Kultur solle sich zu dieser dynamischen Modernität bekennen. In den USA, so Santayanas Argument, dominiere noch immer eine epigonale viktorianische Kultur, die die Modernität Amerikas um den Preis kultureller Rückständigkeit ignoriere: »Eine Hälfte des amerikanischen Geistes, die nicht intensiv mit den praktischen Dingen des Lebens befasst ist, treibt beschaulich im Nebenarm eines toten Gewässers, während sich die andere Hälfte im Bereich der Erfindungen, der industriellen Produktion und der sozialen Organisation in einen reißenden Strom stürzt, der den Niagarafällen gleichkommt. Diese Trennung lässt sich an der amerikanischen Architektur verdeutlichen [...] Der amerikanische Gestaltungswillen ist im Wolkenkratzer zu Hause, der amerikanische Intellekt immer noch in der Villa aus der Kolonialzeit. Der Wolkenkratzer ist die Sphäre des amerikanischen Mannes; die koloniale Villa die der amerikanischen Frau. Der eine Bereich ist der eines aggressiven Unternehmertums, der andere der einer verweiblichten und verweichlichten epigonalen Tradition [*genteel tradition*]« (Santayana 1937, 128 f., Übers. W. F.).

Will die amerikanische Kultur ihre lebensfremde Traditionsverhaftetheit überwinden, so muss sie Formen entwickeln, die in ihrer Energie und Dynamik der amerikanischen Moderne entsprechen. Santayana findet Vorläufer für eine derartige moderne Kultur bei Schriftstellern wie Walt Whitman und Mark Twain oder auch im Werk pragmatistischer Philosophen wie John Dewey (1859 – 1952) und William James (1842 – 1910), die einen eigenen amerikanischen Weg beschritten hatten. Es geht Santayana dabei nicht um eine gesellschaftskritische Kultur der Negation, sondern um die Befreiung von den Restriktionen eines viktorianischen Wirklichkeitsverständnisses, das vitale Lebensaspekte unterdrückt. Santayanas Sicht der Moderne ist somit nicht die einer alles vereinnahmenden Zweckrationalität, sondern die einer Freisetzung bisher abgeschnürter Energien. Die USA müssen eine Kultur entwickeln, die der Dynamik der Moderne angemessen ist.

Einig waren sich beide Gruppen – Kritiker einer

alles verschlingenden Zweckrationalität der Moderne ebenso wie Apologeten einer dynamischen Modernität –, dass sich eine genuin moderne Kultur nur bilden könne durch den Ausbruch aus etablierten kulturellen Konventionen, die als viktorianisch oder puritanisch beschrieben werden. Aufbruch, Ausbruch und Befreiung gehören daher zu den wiederkehrenden Selbstbeschreibungen der ästhetischen Moderne. Zwei Wege bieten sich in diesem Kontext an. Der eine ist lebensweltlich: Der amerikanische Mittelwesten – das Landesinnere und ›Herzstück‹ Amerikas – wird insbesondere in den 1920er-Jahren zum exemplarischen Ort jenes konformistischen Zwangs erklärt, den erstarrte Konventionen ausüben können. Dieser Provinzialität setzen die Vertreter der ästhetischen Moderne wie Gertrude Stein (1874–1946) oder Ernest Hemingway (1899–1961) einen konsequenten Kosmopolitismus entgegen, der nach dem Ersten Weltkrieg viele Mitglieder einer dem eigenen Selbstverständnis nach ›verlorenen‹ Generation nach Europa führt. Dort werden Kontakte mit der europäischen Avantgarde etabliert, und die amerikanische Kultur beginnt sich verstärkt zu internationalisieren. In diesem Sinne ist der amerikanische Modernismus von Anfang an integraler Bestandteil eines transatlantischen kulturellen Systems und bildet sich in Prozessen des wechselseitigen Austauschs.

Die transnationale Reorientierung weist den Weg zu einer zweiten Möglichkeit des Ausbruchs: die der Suche nach einer neuen Ästhetik, die – je nach zugrundeliegender Sicht der Moderne – geeignet wäre, sich der Fremdbestimmung durch eine zweckrationale Moderne oder den ›Puritanismus‹ viktorianischer Konventionen zu entziehen. Durch die New Yorker Kunstausstellung *Armory Show* (1913) werden Künstler in den USA auf breiter Ebene mit Bildern der europäischen Avantgarde bekannt gemacht, darunter Cézanne (1839–1905), Picasso (1881–1979) und Matisse (1869–1954). Für viele stellt das eine Art Erweckungserlebnis dar. Noch während des Ersten Weltkriegs formiert sich in New York eine Da-Da-Gruppe. Die Galerie des Fotografen Alfred Stieglitz (1864–1946) und der Annenberg-Zirkel werden für Maler wie Marsden Hartley (1877–1943), die Präzisionisten Charles Demuth (1883–1935) und Charles Sheeler (1883–1965) und Schriftsteller wie William Carlos Williams (1883–1963) und Hart Crane (1899–1932) zu wichtigen Vermittlern zwischen amerikanischer und europäischer Avantgarde. T. S. Eliot (1888–1965), Ezra Pound (1885–1972) und William Carlos Williams entwickeln Formen moderner Lyrik, die radikal mit den Konventionen der viktorianischen Verslyrik brechen.

Wenig später schaffen Autoren wie Ernest Hemingway, F. Scott Fitzgerald (1896–1940), William Faulkner (1897–1962) und John Dos Passos (1896–1970) Formen des zeitgenössischen Romans, die heute zu den Klassikern der ästhetischen Moderne gehören (Ickstadt 1998). Noch radikaler sind die Sprachexperimente einer Gertrude Stein. In New York formieren sich in der *Harlem Renaissance* alternative, afro-amerikanische Formen einer amerikanischen Moderne (Hutchinson 1995; Huggins 1995). Insgesamt erfasst und verändert die ästhetische Moderne auch in den USA nahezu alle künstlerischen Ausdrucksformen: die visuellen Medien Malerei und Photographie, Skulptur und Architektur, die Musik und den Tanz sowie alle literarischen Gattungen von der Lyrik und dem Drama bis zum Roman und der Kurzgeschichte. Dazu passt, dass auch die ästhetische Theorie selbst eine grundlegende Reorientierung durchläuft.

Die Vielfalt der ästhetischen Moderne

Der Begriff ästhetische Moderne kann den Eindruck einer Homogenität vermitteln, die so nie gegeben war. Ein genauerer Blick ergibt eine Reihe konkurrierender künstlerischer Bewegungen, von denen sich Kubismus, Imagismus, Futurismus, Expressionismus, Dadaismus, Surrealismus, Konstruktivismus und der abstrakte Expressionismus am einflussreichsten erwiesen haben. Zudem durchläuft die ästhetische Moderne mehrere Stationen. Nach einer anarchisch-experimentellen Phase in der Zeit nach dem Ersten Weltkrieg, in der Bewegungen wie Dada und der Surrealismus das Bild und Selbstverständnis bestimmen, bildet sich im Verlauf der 1920er-Jahre jene heute als ›Hochmoderne‹ (*high modernism*) geltende Phase, die – man denke an *Ulysses* von James Joyce (1882–1941), an die Romane William Faulkners oder an die Zwölftonmusik –, zwar nach wie vor radikal experimentell, aber zugleich auch verstärkt strukturbewusst ist (Ickstadt 2010).

Im Gegensatz zur ersten Phase ist Kunst nun nicht mehr eine Institution, die zerschlagen werden muss, sondern im Gegenteil jene – für die moderne Gesellschaft überlebenswichtige – Institution, die allein dem zweckrationalen Denken noch Widerstand zu leisten vermag. Ablesbar ist diese Repositionierung am Beispiel des veränderten Verhältnisses der ästhetischen Moderne zur Populärkultur: Sind in der ersten Phase das anarchische Spiel der Comics oder die ›schamlose‹ Expressivität der Werbung noch als Provokation bürgerlicher Hochkultur willkommen, so wird die amerikanische Populärkultur nunmehr in der zweiten Phase als standardisierte Massenkultur eingestuft und als solche zum Inbegriff des Verrats am Widerstandspotenzial des Ästhetischen.

Diese Sicht verstärkt sich in einer dritten Phase nach dem Zweiten Weltkrieg, die durch die Aufnahme der Meisterwerke des Modernismus in die Curricula der höheren Bildung gekennzeichnet ist. Diese Entwicklung geht Hand in Hand mit der universitären Institutionalisierung formalistischer Interpretationsmethoden – vom russischen Formalismus über die ›werkimmanente‹ Methode im deutschsprachigen Raum bis zum angelsächsischen *New Criticism* –, denen es um die werknahe Herausarbeitung künstlerisch gelungener Strukturen geht, aus denen sich ein Autonomieanspruch der Sphäre des Ästhetischen ableiten lässt (Halfmann 1971). So wird das verstärkte Form- und Strukturbewusstsein der ästhetischen Moderne zum Ausgangspunkt der Formulierung eines Autonomiepostulats des Ästhetischen, das den Modernismus später immer wieder zur Zielscheibe radikaler Gesellschafts- und Erkenntniskritik gemacht hat. Tatsächlich aber hatten auch die Formexperimente des Modernismus immer eine erkenntnis- und gesellschaftskritische Stoßrichtung und lassen sich nicht als selbstgenügsamer Formalismus abtun.

Die Entwicklung der ästhetischen Moderne von ihren anarchischen dadaistischen Anfängen über die experimentellen neuen Ordnungsstrukturen der ›Hochmoderne‹ bis hin zur formalistischen Reinterpretation des modernistischen Werks als einer in sich geschlossenen und daher ›autonomen‹ Gestalt hat zwangsläufig zur Pluralisierung der ästhetischen Moderne beigetragen. Es gibt nicht nur die eine charakteristische Ausprägung der ästhetischen Moderne, sondern verschiedene Erscheinungsweisen und Entwicklungsstufen, die oft in Konkurrenz und teilweise im Widerspruch zueinander stehen. Durch neue fachliche Bezugspunkte wie *Race* und *Gender*, aber auch durch verstärkt transnationale Perspektiven ist diese Pluralisierung weiter vorangetrieben worden. Das entspricht dem heutigen Stand der Diskussion der Moderne insgesamt, für die das folgende Zitat von Dilip Gaonkar aus seinem Aufsatz »On Alternative Modernities« als typisch gelten kann: »It is generally assumed that the lived experience and the embodied character of modernity vary vastly from site to site« (Gaonkar 1999, 17).

Vielfalt und Differenz werden heute als das eigentliche Charakteristikum auch der ästhetischen Moderne betrachtet und nicht mehr die gemeinsame Basis eines ästhetischen Programms. Damit wird das Profil der ästhetischen Moderne allerdings auch diffus, denn in Zeiten immer weitergehender gesellschaftlicher Ausdifferenzierung sind Vielfalt und Differenz mittlerweile praktisch zu Merkmalen eines jeden Phänomens geworden. Produktiver erscheint daher der Hinweis, dass die ohne Zweifel beträchtliche Vielfalt modernistischer Stile und Projekte auf Ausgangsprämissen beruht, die diese verschiedenen Stile und Ansätze dann doch wieder miteinander verbinden.

Der zivilisationskritische Ausgangspunkt der ästhetischen Moderne

Alle modernistischen Bewegungen, so verschieden und divergent sie in ihrer weiteren Ausformung auch sein mögen, haben letztlich einen verwandten philosophischen Ausgangspunkt: Sie entstehen in der Kritik und im Widerstand gegen ein Wirklichkeitsverständnis des 19. Jh.s, in dem Geist und Körper, Vernunft und Gefühl, Denken und Handeln als Gegensätze begriffen werden und voneinander getrennte Seinsbereiche darstellen. Für diese Kritik haben, bei aller Verschiedenheit, Denker wie Friedrich Nietzsche (1844–1900), Henri Bergson (1859–1941), Sigmund Freud (1856–1939) und William James entscheidende Grundlagen gelegt. Sie alle fordern, eine Trennung zu überwinden, die philosophisch unhaltbar erscheint und sich als schädlich, wenn nicht gar als zerstörerisch erwiesen hat. Künstlich aufrechterhaltene Trennungen hätten dazu geführt, dass elementare Bereiche menschlicher Existenz, sei es durch die unerbittliche Logik der Zweckrationalität der Moderne, sei es durch die moralischen Hierarchien des viktorianischen Zivilisationsverständnisses, unterdrückt worden sind. Dementsprechend geht die positive Wertigkeit des Begriffes ›Zivilisation‹ gegen Ende des 19. Jh.s endgültig verloren. Die Zivilisation wird als ein lebensfeindliches Zwangs- und Ausschlusssystem gesehen; der Erste Weltkrieg wird als Offenbarungseid der westlichen Zivilisation begriffen – bis zu jenem Punkt, an dem von einigen Bewegungen des Modernismus wie etwa dem Futurismus und dem Vortizismus die ›Barbarei‹ als eine heilsame *tabula rasa* gepriesen wird. Eine Reihe modernistischer Künstler begrüßten den Ersten Weltkrieg zunächst als großen Kehraus der westlichen Zivilisation, und die Sympathien, die Modernisten wie Ezra Pound in den 1930er-Jahren für faschistische Bewegungen zeigten, passen ebenfalls in dieses Muster.

Vor diesem Hintergrund kann als gemeinsamer Ausgangspunkt der ästhetischen Moderne die These gelten, die moderne Zivilisation unterdrücke essenzielle, vitale Lebenskräfte. Die Interpretation und Charakterisierung dieser elementaren, lebensspendenden Kräfte sind verschieden; sie reichen vom Unbewussten und dem Traum über ›primitive‹ Ebenen unserer Existenz, die Gefühlswelt und das Begehren, den Körper, die Sinnlichkeit und die Sexualität bis hin zu assoziativen Denkprozessen jenseits rationaler Kontrolle. Miteinander verbunden sind die verschiedenen Bewegungen der ästhetischen Moderne in dem Versuch, die Trennung zu überwinden, durch die diese elementaren Dimensionen menschlicher Existenz ausgegrenzt worden sind, um auf diese Weise eine verloren gegangene Ganzheit menschlicher Existenz zurückzugewinnen. Dazu gehört auch die Hinwendung zu bisher vom Vernunftbegriff und dem viktorianischen Zivilisationsverständnis herabgesetzten oder ausgegrenzten Bereichen wie dem ethnisch Anderen, dem Kind oder dem Wahnsinn, die Grunderfahrungen menschlicher Existenz näher zu stehen scheinen als das den westlichen Vernunft- und Disziplinaranforderungen unterworfene Bürgertum. Im Zusammenhang dieser Gesellschafts- und Kulturkritik gewinnt und verändert auch das Ästhetische seine Funktion: Es kann zu jener Instanz werden, die es erlaubt, Zugang zu Bereichen zu finden, die bisher unterdrückt, abgespalten oder ausgegrenzt, aber gerade deshalb auch noch nicht völlig instrumentalisiert worden sind (Torgovnick 1990; Lemke 1998).

Verfahren der ästhetischen Moderne

Wenn die moderne westliche Zivilisation ein ›stahlhartes‹ Gehäuse ist, in dem emotionale, psychische und andere vitale Quellen menschlicher Kreativität unterdrückt werden, dann stellt sich die Frage, wie die Kunst dazu beitragen kann, diese Potenziale wiederum freizusetzen. Die Antwort darauf ist ein auf den ersten Blick breites Spektrum von Stilen und Strategien. Im Wesentlichen lassen sich dabei jedoch vier grundlegende Strategien erkennen: (1) das Projekt einer Verfremdung bzw. Desautomatisierung etablierter Wahrnehmungsmuster, (2) Formen der Negation von Zweckrationalität, (3) eine Autonomisierung der Sphäre des Ästhetischen und (4), auf der Ebene der ästhetischen Theorie, die Abkehr von einem noch essenzialistischen Verständnis des Kunstwerks hin zum Begriff der ästhetischen Erfahrung.

Verfremdung

Als ein zivilisations- und erkenntniskritischer Diskurs ist die ästhetische Moderne grundsätzlich experimentell, denn sie muss von ihrem erweiterten Wirklichkeitsverständnis her darauf angelegt sein, der gegebenen Wirklichkeit ihre Selbstverständlichkeit und Normalität zu nehmen und die Wahrnehmung für jene Elemente zu öffnen, die bisher verdrängt oder unterdrückt worden sind. Die ästhetische Moderne als permanente Suche nach ästhetischer Innovation zu beschreiben, bleibt daher an der Oberfläche des Phänomens. Konventionsbruch und ästhetische Innovation stellen keinen Selbstzweck dar, sondern beziehen ihre Funktion aus Vorannahmen darüber, was dem Menschen fehlt bzw. in der Moderne verloren gegangen ist.

In einem der theoretischen Grundlagentexte der ästhetischen Moderne, dem Aufsatz »Kunst als Verfahren« des russischen Formalisten Viktor Šklovskij (1893–1984), wird die anthropologische Basis der Suche nach dem ästhetischen Konventionsbruch deutlich. Šklovskijs Argument nimmt seinen Ausgangspunkt von einem Tagebucheintrag Tolstois über eine beiläufige alltägliche Verrichtung: »Ich war dabei, in meinem Zimmer aufzuräumen, und als ich bei meinem Rundgang zum Sofa kam, konnte ich mich nicht mehr erinnern, ob ich es saubergemacht hatte oder nicht. Weil diese Bewegungen gewohnt und unbewusst sind, kam ich nicht darauf und fühlte, dass es unmöglich war, sich noch daran zu erinnern. Also, wenn ich es schon saubergemacht hätte und hätte es vergessen, d. h. wenn ich unbewusst gehandelt hätte, dann wäre es genau so, als wäre es nicht gewesen.« Aus eben jener Beobachtung über eine Routinisierung des Lebens leitet Šklovskij die Funktion der (modernen) Kunst ab: »So kommt das Leben abhanden und verwandelt sich in nichts. Die Automatisierung frisst die Dinge, die Kleidung, die Möbel, die Frau und den Schrecken des Krieges. [...] Und gerade, um das Empfinden des Lebens wiederherzustellen, um die Dinge zu fühlen, um den Stein steinern zu machen, existiert das, was man Kunst nennt. Ziel der Kunst ist es, ein Empfinden des Gegenstandes zu vermitteln, als Sehen, und nicht als Wiedererkennen; das Verfahren der Kunst ist das Verfahren der ›Verfremdung der Dinge‹« (Šklovskij 1981, 14 f.).

Eine Aufgabe moderner Kunst besteht demnach darin, das, was allzu vertraut und daher zur gedankenlos ausgeführten Routine geworden ist, wieder ›fremd‹ zu machen, um ihm neuerlich Beachtung schenken zu können. Noch 1962 schreibt der Dadaist Hans Richter (1888–1976) unter dem Eindruck eines ersten Happenings von Allan Kaprow (1927–2006), dort werde »die erstorbene Alltäglichkeit ›verfremdet‹ und ihr wieder der Aspekt des Lebens gegeben« (Benson 2014, 39). In der ästhetischen Moderne hat man diese Funktion mit Begriffen wie Verfremdung, Des- oder Entautomatisierung oder auch Defamiliarisierung bezeichnet.

Eine Strategie der Verfremdung muss zu neuen künstlerischen Ordnungsprinzipien führen. Kompositionselemente, die bis dahin im Dienst einer möglichst wirklichkeitsgetreuen Darstellung standen, werden aus vertrauten Kontexten herausgelöst und verselbständigen sich. Durch die Freisetzung einzelner Werkelemente wie Wort, Ton, Farbe oder Linie aus vertrauten Ordnungszusammenhängen entsteht die Notwendigkeit, neue Formen der Ordnung zu entwickeln. Das führt zum fortlaufenden Experiment mit der Möglichkeit neuer Strukturen. Collage, Montage, Simultaneität, Parataxe, Wiederholungsstrukturen mit oft fast unmerklicher Variation, aber auch das Spiel und der Zufall stellen solche neuen Ordnungsmuster dar. Mythos und Symbol werden wichtig, nicht nur weil sie ›archetypische‹, d. h. ›vor-zivilisatorische‹, Bezugspunkte menschlicher Existenz verkörpern, sondern auch, weil sie fragmentierten Zeichensystemen einen unterliegenden Ordnungsrahmen zu geben vermögen. In Bewegungen wie dem Kubismus oder der Zwölftonmusik werden andererseits dezidiert arbiträre Ordnungsverfahren zu neuen Organisationsprinzipien des Werkes.

Negation

Damit ist ein Punkt der Verweigerung gesellschaftlicher Ordnungsvorstellungen erreicht, an dem sich die Kunst einer Instrumentalisierung und Verwertbarkeit radikal entzieht. Die Verfremdung von vorgegebener Wirklichkeit weitet sich zu deren Negation. In der Ästhetik der Negation ist das Ziel der ästhetischen Erfahrung nicht mehr primär der erneuerte Blick auf die Wirklichkeit, sondern die Möglichkeit, der Vereinnahmung durch diese Wirklichkeit Widerstand entgegenzusetzen. In dieser Insistenz auf dem Negationspotenzial des Ästhetischen spiegelt sich die historische Erfahrung einer Moderne, in der die instrumentelle Vernunft inzwischen nahezu alle Lebensbereiche vereinnahmt hat. Angesichts dieser Entwicklung kann die Verfremdung von habitualisierten Wahrnehmungsmustern nicht mehr hinreichend sein. Vielmehr muss es der Kunst darum gehen, das Bestehende radikal zu negieren, um ein Bewusstsein der Möglichkeit eines anderen Lebens erhalten zu können. Dafür ist das ästhetische Werk in besonderem Maße geeignet, denn es steht per Definition im Gegensatz zur Welt der instrumentellen Vernunft. In dieser Negativität liegen der utopische Gehalt des Ästhetischen und sein gesellschaftlicher Wahrheitsgehalt. Die Kunst kann diese Wahrheit allerdings nur über ihre ästhetische Dimension zum Ausdruck bringen. Wahr kann die Kunst daher in der Moderne nur sein, wenn sie die Wirklichkeit als Zerrissene und Unversöhnte zur Erscheinung bringt. Das aber kann überzeugend nur gelingen, wenn diese Zerrissenheit qua ästhetischer Form des Werkes anschaulich und sinnlich erfahrbar gemacht wird. Für diese Ästhetik der Negation kann daher nur noch das schwer zugängliche, in sich hermetisch verschlossene Werk von Modernisten wie Arnold Schönberg (1874–1951), Franz Kafka (1883–1924) oder Samuel Beckett (1906–1989) den Anspruch einer entschiedenen Negation erfüllen (Adorno 1973; Wellmer 1983).

Innerhalb der Kritischen Theorie ist dieser Blick auf die moderne Kunst allerdings nicht der einzige geblieben. In seinem einflussreichen Essay »Das Kunstwerk im Zeitalter seiner technischen Reproduzierbarkeit« weist Walter Benjamin (1892–1940) auch der modernen Massenkunst als einer historisch neuen Form künstlerischer Produktion die Möglichkeit eines konventionssprengenden Schocks des Erkennens zu. Die technische Reproduzierbarkeit zerstört die Aura der Kunst und stellt die ästhetische Erfahrung auf eine neue Basis; es ist somit das Medium, das unsere Wahrnehmung und Bedeutungszuweisung entscheidend prägt. Damit aber werden neue Möglichkeiten ästhetischer Wirkung geschaffen, denn wenn es das Medium ist, das die Wahrnehmung reorganisiert, dann können daraus kollektive Erfahrungen erwachsen, die einen politischen Stellenwert gewinnen können. Benjamin kann daher mit dem Massenmedium Film die vorsichtige Erwartung einer Politisierung der ›Massen‹ verbinden. Als Marxist dachte er dabei an ein revolutionäres Klassenbewusstsein; der Faschismus, dessen Opfer er schließlich wurde, zeigte, dass auch andere Konsequenzen denkbar sind. Dennoch hat Benjamin im Folgenden ständig an Einfluss gewonnen, denn er ist einer der wenigen Theoretiker der ästhetischen Moderne, für die es nicht die Form ist, die letztlich die Funktion ästhetischer Erfahrung bestimmt, sondern das Medium.

Autonomisierung

Die Ästhetik der Negation verdeutlicht, dass dem experimentellen Charakter, mit dem die ästhetische Moderne i. d. R. assoziiert wird, sehr verschiedene Funktionen zugewiesen werden können. Neben die Verfremdung habitualisierter Wahrnehmungsweisen und den Widerstand gegen eine instrumentelle Vernunft kann daher in der ästhetischen Moderne auch ein Autonomieanspruch des Ästhetischen treten, der nicht nur gegen eine Instrumentalisierung des Ästhetischen gerichtet ist, sondern damit zugleich auch das Versprechen einer ›humanisierenden‹ Befreiung von ideologischen, emotionalen und anderen Formen der Fremdbestimmung verbindet. Diese Funktion kann jedoch nur von einer formbewussten, ideologiefreien Kunst erfüllt werden, der es nicht mehr um moralische oder politische Botschaften geht.

Die Befreiung von solchen dem ästhetischen Objekt extern bleibenden Sinnbezügen kann am besten durch eine künstlerisch geschlossene Form gelingen, durch die es möglich wird, der Fragmentierung und Spezialisierung der modernen Lebenswelt eine Alternative entgegenzusetzen (Krieger 1963). Dem Zeichenmaterial wird dabei im Werkzusammenhang seine überkommene Bedeutung genommen und eine neue poetische Bedeutung verliehen. Für den Formalismus der ästhetischen Moderne ist es daher die in sich geschlossene, ›autonome‹ Gestalt des Werkes, die zum Maßstab des ästhetischen Wertes wird, wobei sich Mythos und Symbol als bevorzugte einheitsstiftende Ordnungsmuster erweisen. Zur Interpretation eines Werkes wie *Ulysses* von James Joyce, dem ersten bedeutsamen Beispiel einer kunstbewussten Hochmoderne, bedarf es daher aus formalistischer Perspektive nicht, wie in der Ästhetik der Negation, einer kritischen Gesellschaftstheorie, sondern einer Kenntnis des westlichen Bildungskanons und der Bereitschaft zum *close reading* der ästhetischen Form (Grabes 1968). Denn das Kunstwerk kann die Autonomie des Ästhetischen nur realisieren, wenn es gelungen ist, die ästhetische Form zum bestimmenden bedeutungs- und erfahrungsbildenden Element zu machen.

Ästhetische Funktion und ästhetische Erfahrung

Gegen diese Prämisse einer Bedeutungshoheit der Form wendet sich die Rezeptionsästhetik, für die nicht die Form, sondern die Aktivität des Rezipienten die entscheidende Instanz ist. Damit aber muss sich die philosophische Ästhetik zu einer Theorie der ästhetischen Erfahrung wenden, angestoßen durch John Dewey (Dewey 1980) und weiterentwickelt in der Rezeptionsästhetik Wolfgang Isers (1926–2007; Iser 1976). Mit ihr ist eine klare Absage an den Formalismus verbunden: Weder kann die ästhetische Form allein die Wahrnehmung und Interpretation eines ästhetischen Objekts bestimmen, noch sollte sie es im Interesse einer Emanzipation des Adressaten. Die Rezeptionsästhetik setzt sich jedoch nicht nur vom Formalismus ab. An der Ästhetik der Negation wird als unzureichend empfunden, dass das Potenzial ästhetischer Erfahrung auf einen eng umgrenzten Bereich von Werken reduziert werden muss. Auch eine Ästhetik der Verfremdung wird als unzureichend angesehen, denn sie reduziert die Rezeption ästhetischer Objekte auf die Wahrnehmung. Die entscheidende Instanz im Rezeptionsakt ist jedoch nicht die Wahrnehmung, sondern die Vorstellung, die aus abstrakten Zeichen bedeutsame Erfahrungen machen muss. Nur mithilfe unserer Vorstellung kann das jeweilige Zeichenmaterial Bedeutung und damit einen Erfahrungswert gewinnen. Der Rezipient muss dabei einzelne Werkelemente imaginär ergänzen und zusammenführen. Er befindet sich daher in einem ständigen Perspektivwechsel zwischen Werk und eigener Vorstellungswelt.

Distanz und Selbstreflexivität sind somit nicht mehr an Strategien der Verfremdung, der Negation oder der Autonomisierung gebunden, sondern entstehen bereits in Prozessen der Vorstellungsbildung, durch die ein ästhetisches Objekt überhaupt erst konstituiert wird. Diese Prozesse der Vorstellungsbildung sind nicht an die ästhetische Moderne gebunden, sondern stellen ein Merkmal der ästhetischen Erfahrung im Allgemeinen dar. Aber andererseits gilt auch, dass es die ästhetische Moderne ist, die diese Prozesse optimiert hat und den Rezipienten durch formale Strategien wie die unbestimmter Anschlussstellen, bewusst unterbrochener Anschlussfähigkeiten, des Spiels mit Perspektiven und Perspektivwechseln und des wechselnden Verhältnisses von Hintergrund und Figur in besonderem Maße aktiviert (sodass die Rezeptionsästhetik auch als eine Antwort auf die interpretatorische Herausforderung verstanden werden kann, die durch die Experimente und Innovationen der ästhetischen Moderne geschaffen worden sind).

Tatsächlich machen die Formexperimente der ästhetischen Moderne nur Sinn, wenn immer auch ein Rezipient mitgedacht wird, der in Reaktion auf Verfahren der Verfremdung, Negation oder Autonomisierung neue Vorstellungsobjekte bildet. Bereits mit einem der Gründungsakte der ästhetischen Moderne, Marcel Duchamps' (1887–1968) erstem *ready-made* von 1913, wird ja verdeutlicht, dass die ästhetische Funktion nicht notwendigerweise im Objekt selbst angelegt ist, sondern durch einen Einstellungswechsel des Betrachters aktiviert werden kann. Ein Objekt, gleich welcher Art, wird erst durch eine entsprechende Einstellung des Rezipienten als ästhetisches Objekt erfahrbar.

Darstellungsprobleme der ästhetischen Moderne: Das Beispiel des Surrealismus

Der ästhetischen Moderne geht es um einen Zugang zu jenen Dimensionen menschlicher Existenz, die von der modernen Zivilisation bedroht, verdrängt, unterdrückt oder ausgeschlossen worden sind. Der Surrealismus, eine der frühesten und radikalsten Bewegungen der ästhetischen Moderne, kann in dieser Hinsicht als exemplarisch gelten und ist geeignet, ein Darstellungsproblem zu verdeutlichen, das im Zuge dieses Projekts entsteht. Wie andere Bewegungen der ästhetischen Moderne auch, konstituiert sich der Surrealismus in dem Versuch, das Bewusstsein von jenen rationalen Restriktionen zu befreien, die zur Trennung von Bewusstem und Unbewusstem, Rationalem und Irrationalem führen. Im surrealistischen Manifest von 1918 heißt es dazu:

»SURREALISMUS, Subst., m. – Reiner psychischer Automatismus, durch den man mündlich oder schriftlich oder auf jede andere Weise den wirklichen Ablauf des Denkens auszudrücken versucht. Denk-Diktat ohne jede Kontrolle durch die Vernunft, jenseits jeder ästhetischen oder ethischen Überlegung.

ENZYKLOPÄDIE. *Philosophie.* Der Surrealismus beruht auf dem Glauben an die höhere Wirklichkeit gewisser, bis dahin vernachlässigter Assoziationsformen, an die Allmacht des Traums, an das zweckfreie Spiel des Denkens. Er zielt auf die endgültige Zerstörung aller anderen psychischen Mechanismen und will sich zur Lösung der hauptsächlichen Lebensprobleme an ihre Stelle setzen« (Schneede 2006, 42).

Um diese Ziele zu erreichen, muss es dem Surrealismus gelingen, den »wirklichen Ablauf des Denkens« zum Ausdruck bzw. zur Anschauung zu bringen. Wie aber kann das geschehen? Ein Merkmal verdrängter oder unterdrückter Elemente ist es ja gerade, dass sie bisher als nicht darstellungsfähig oder -würdig galten. Es muss somit erst eine neue Form der Darstellung entwickelt werden. Dabei zeigte sich im Fall des Surrealismus bald, dass einem Denken, das nicht unter der Kontrolle der Vernunft steht, auf sehr verschiedene Weise Ausdruck gegeben werden kann. Eine Möglichkeit war die, die Un-Ordnung des Traumbildes zu simulieren. Das ist im Wesentlichen der Weg Salvador Dalís (1904–1989), der zu diesem Zweck eine eigene Ikonographie des Traumbildes entwickelt. Es ist aber auch denkbar, die Gegenständlichkeit der Darstellung noch weiter zurückzunehmen und den Strom des Denkens jenseits der Kontrolle durch die Vernunft durch assoziative, automatische oder biomorphe Formen zum Ausdruck zu bringen, die durch eine amorphe Gestaltlosigkeit oder eine Vermischung von gegenständlichen und ungegenständlichen Formen gekennzeichnet sind.

Beide, die halluzinatorischen Traumlandschaften eines Dalí und die biomorphe und automatistische Methode, haben ihren Ausgangspunkt in Freuds Analyse des Unbewussten, betonen jedoch jeweils andere Aspekte. In der surrealistischen Traumlandschaft soll die unheimliche Dimension eines Denkstroms deutlich werden, der jenseits rationaler Kontrolle ein Eigenleben führt und zu verdrängtem sexuellen Begehren und fetischistischen Besetzungen führen kann. Dagegen versuchen Darstellungen, in denen der frei laufende Assoziationsstrom mentaler und psychischer Prozesse im Vordergrund steht, die Unkontrollierbarkeit und oft diffuse Gestaltlosigkeit unseres Denkens zur Anschauung zu bringen und zur Erfahrung des Rezipienten zu machen.

Von diesen beiden Richtungen war zunächst der Traumlandschaftssurrealismus der erfolgreichere, sicherlich nicht nur, weil er die Malerei zurück zur Gegenständlichkeit führte, sondern auch deshalb, weil damit ein nicht unbeträchtlicher Sensationalismus verbunden war. Diese Bilder sollten schockieren und hatten den Reiz des Skandalösen. Aber die plakative, oft verstörende Anschaulichkeit des Verbotenen und Verdrängten schafft auch ein Problem. Denn die ins Surreale gesteigerte Darstellung von Traumlandschaften führt zu dem paradoxen Resultat, dass sich das vermeintlich nicht Darstellbare, das Unbewusste, nunmehr in Bildern mit Wiedererkennungswert verfestigt und auf diese Weise nicht nur darstellbar wird, sondern auch Gefahr läuft, sich zu konventionalisieren. Denn da dieser Surrealismus im Versuch einer Darstellung des Traums auf ein bestimmtes Zeichenrepertoire zurückgreifen muss, das mit den Attributen ›verdrängt‹ oder ›verboten‹ assoziiert werden kann, ergibt sich letztlich nicht eine Darstellung der Unkontrollierbarkeit psychischer Prozesse, sondern gerade umgekehrt so etwas wie eine motivische Vorhersehbarkeit, wenn nicht gar Standardisierung surrealistischer Motive. Dalís anfangs als originell empfundene Bildersprache ist sicherlich ein wesentlicher Grund für die Aufmerksamkeit, die sein Werk gefunden hat. Gleichzeitig ähneln sich seine Bilder aber auch so sehr, dass man sie sofort als einen Dalí identifiziert. Gewiss hat dieser Wiedererkennungseffekt zum Erfolg seines Werkes beigetragen.

Verglichen mit dem Werk Dalís haben die biomorphen Darstellungsformen des Surrealismus, wie sie sich beispielsweise im Werk von Joan Miró (1893–1983) und, in den USA, von Arshile Gorky (1904–1948) finden, weniger Beachtung gefunden. Dennoch wird mit ihnen das hier diskutierte Darstellungsproblem konsequenter angegangen, denn es wird ernst gemacht mit dem Anspruch, dass es eine Dimension menschlicher Existenz gibt, die eigentlich nicht darstellbar ist, weil sie keine Struktur besitzt – und es damit auch keine visuelle Ordnung geben kann, die ihr entspricht. Bilder dieser Richtung können daher immer neue amorphe Konfigurationen bilden. Sie sind weniger anschaulich als die Dalís, aber auch weniger vorhersehbar. Sie eröffnen ein breiteres Spektrum expressiver Möglichkeiten – was allerdings nicht heißt, dass nicht auch die Freiheit des assoziativen Selbstausdrucks – das belegen beispielsweise die Bilder von Jackson Pollock (1912–1956) – zu wiedererkennbaren Darstellungsmustern führen kann. Dennoch bleibt diese Dimension in den biomorphen Darstellungsformen diffuser und optisch weniger festgelegt als im Traumlandschaftssurrealismus.

Der Surrealismus spielte in den USA keine kunsthistorisch zentrale Rolle, aber er bildete den Nährboden dafür, dass sich mit dem abstrakten Expressionismus eine Form der Malerei entwickeln konnte, die heute als Inbegriff der modernen Malerei schlechthin gilt. Diesen Einfluss konnte der Surrealismus allerdings nur entwickeln, weil er im Zuge seiner Adaption in den USA amerikanisiert wurde. Pollocks Form des *Action Painting* ist zugleich Methode und Sujet; ihr Ziel ist es, den künstlerischen Akt ganz vom Filter und der Zensur des Bewusstseins zu befreien und damit psychischen Prozessen zu einem unmittelbaren, unverfälschten Ausdruck zu verhelfen (Leja 1998). Es war diese nochmalige Radikalisierung des surrealistischen Projekts, die einer konsequent abstrakten Kunst in den USA den Weg bereitete. In diesem Prozess wurde die moderne Malerei jedoch zugleich auch einem signifikanten Funktionswandel unterzogen: Aus der Kritik westlicher Zivilisation wurde die Suche nach den Möglichkeiten eines genuin spontanen und authentischen Selbstausdrucks, der nunmehr zur spezifisch amerikanischen Tugend erklärt wurde.

Die amerikanische Kulturpolitik nach dem Zweiten Weltkrieg erkannte sehr bald die Chance, die USA auf diese Weise mit den Attributen rebellisch, authentisch, non-konform und kreativ zu assoziieren und förderte daher internationale Ausstellungen des abstrakten Expressionismus (genau wie Jazzkonzerte), in dem Versuch, die USA als ein Land zu präsentieren, in dem eine rebellische ästhetische Moderne zu Hause ist. Damit verband sich zugleich ein demokratisches Versprechen: Die USA seien diejenige Gesellschaft, die unterdrückte Potenziale des Individuums am ehesten und »spontansten« freizusetzen vermag. Die künstlerische Selbstermächtigung, der die ästhetische Moderne den Weg bereitet, wurde auf diese Weise zu einer nationalen Selbstermächtigung, die ironischerweise ihren Ausgangspunkt in der radikalen Zivilisationskritik des Surrealismus hat.

Als exemplarischer Bewegung der ästhetischen Moderne geht es dem Surrealismus, wie später auch dem abstrakten Expressionismus, darum, die Kontrolle der Vernunft zu unterlaufen und vitale, aber bisher unterdrückte Dimensionen menschlicher Existenz sichtbar zu machen. Das gelingt beiden Bewegungen dadurch, dass eine ganz neue Bildersprache entwickelt wird. Aber mit jedem erfolgreichen Versuch, das bisher Nicht-Darstellbare zur Anschauung zu bringen, werden Zeichen gefunden, die das Nicht-Darstellbare repräsentieren und dieses als Zeichensystem etablieren. Bestimmte Zeichenkombinationen stehen dann für eine Traumlandschaft, andere für assoziative Denkprozesse, wiederum andere für einen spontanen, authentischen Selbstausdruck. Alle sind, trotz radikaler Konventionsbrüche und experimenteller Verfahren, Repräsentationen von etwas, das semantisch letztlich relativ leicht identifizierbar ist.

Es ist dies die zentrale Darstellungsproblematik der ästhetischen Moderne: In dem Versuch, dem noch nicht Vereinnahmten, dem Verdrängten, dem Unterdrückten oder Ausgegrenzten Ausdruck und

Geltung zu verschaffen, werden Formen gefunden, die dessen Aufnahme in ein kulturelles Zeichenrepertoire ermöglichen – und damit wird auch der Weg frei gemacht zu dessen gesellschaftlicher Vereinnahmung (Spiteri 2003). Dieser Schritt ist inzwischen längst vollzogen: Auf dem durch Spekulation angeheizten Auktionsmarkt erzielen die Werke der ästhetischen Moderne heute Höchstpreise.

Ästhetische Moderne und Postmoderne

Die Darstellungsproblematik, die aus dem Versprechen entsteht, Zugang zu bisher künstlich abgetrennten, verdrängten Lebensbereichen zu schaffen, ist der Ausgangspunkt für eine Kritik der Postmoderne an der ästhetischen Moderne, in der sich wiederum Erkenntniskritik und Ästhetik miteinander verbinden. In Anlehnung an den philosophischen Antifundamentalismus des postmodernen Denkens wird im Werk von Autoren wie Donald Barthelme und Thomas Pynchon die Frage gestellt, ob Philosophie oder Kunst tatsächlich Zugang zu einer »tieferen«, elementaren Wirklichkeit schaffen können. Wir haben keinen Zugang zu einer solchen Wirklichkeit, so das Argument, denn zwischen uns und der Wirklichkeit liegt immer deren Repräsentation in Form von Zeichen. Oder, anders ausgedrückt: Wir haben keinen unmittelbaren Zugang zur Wirklichkeit, denn dieser Zugang ist immer schon zeichenvermittelt. Insofern unterläuft die ästhetische Moderne nicht kulturelle Darstellungskonventionen, sondern nutzt den Freiraum der Ästhetik, um neue zu schaffen. Ein Bild Salvador Dalís, obwohl dem Anspruch nach Darstellung eines »frei« und unkontrolliert verlaufenden Traumgeschehens, erkennt jeder Kenner heute als einen – egal ob guten oder schlechten – Dalí. Mehr noch: Einmal als Bildsprache mit hohem Wiedererkennungswert etabliert, kann der Name Dalí zum künstlerischen Markenzeichen mit hohem Verkaufswert werden.

Mit dieser erkenntniskritischen Herausforderung der ästhetischen Moderne durch die Postmoderne stellt sich die Frage, ob mit der Postmoderne das Ende der Moderne erreicht ist, oder ob sie deren Fortsetzung in anderer Form darstellt (Iser 1991; Jameson 1991). Entscheidend ist dabei, wie man das Projekt der Moderne definiert. Die ästhetische Moderne ist kein Projekt der Aufklärung, in dem die Kultur im Dienst der Vernunft steht. Vielmehr geht es der ästhetischen Moderne gerade darum, zu jenen Dimensionen menschlicher Existenz vorzustoßen, die bisher vom Vernunftbegriff unterdrückt worden sind, aber nicht, um sie der Vernunft einzuverleiben, sondern um umgekehrt der Un-Vernunft Raum zu geben und Geltung zu verschaffen. Das heißt andererseits nicht, dass das Irrationale der Leitbegriff der ästhetischen Moderne ist. Das gilt schon allein deshalb nicht, weil der Gegenbegriff zur Rationalität nicht einfach die Irrationalität ist, sondern ein umfängliches semantisches Feld des Nicht-Instrumentalisierbaren oder noch nicht Instrumentalisierten, das vom Spiel über das Unbewusste, das Imaginäre oder auch das Ausgeschlossene, ethnisch Andere, Abjekte, das Subversive und Oppositionelle bis hin zum Ästhetischen reicht.

Die ästhetische Moderne ist in diesem Sinne durchaus wirklichkeitsbezogen; ›autonom‹ will sie lediglich darin sein, dass sie nicht zweckrationalen Erwägungen unterworfen ist und auf der Freiheit insistiert, diese zu negieren. Im ersten surrealistischen Manifest kann der Begriff Wirklichkeit daher gleich zweimal vorkommen: als Verweis auf eine der Kontrolle durch die Vernunft nicht unterworfene ›höhere Wirklichkeit‹ und als Versuch, den ›wirklichen Ablauf des Denkens auszudrücken‹. Auch der Surrealismus will somit Wirklichkeitsdarstellung sein, aber auf der Basis eines erweiterten Wirklichkeitsverständnisses, das dem reduzierten Wirklichkeitsbegriff des zweckrationalen Denkens oder auch des viktorianischen Zivilisationsverständnisses entgegengesetzt wird.

Man könnte auch sagen: Die ästhetische Moderne formuliert den Anerkennungs- und Geltungsanspruch jener Dimensionen von Wirklichkeit, die bisher als nicht relevant anerkannt worden sind. Formuliert man das Projekt der ästhetischen Moderne auf diese Weise, dann stellen die Postmoderne oder die *Race and Gender Studies* oder auch das postkoloniale Denken Radikalisierungen dieses Projekts dar, denn sie legen allesamt Dimensionen der Wirklichkeit frei – wie z. B. die Zeichenvermitteltheit eines jeden Wirklichkeitsverständnisses oder die konstitutive Rolle von Rasse und Geschlecht für die Identität des Subjekts –, die vorher als Wirklichkeitskonstituenten nicht hinreichend anerkannt und in Rechnung gestellt worden sind. In diesem Sinne stellt die Postmoderne »weniger eine Liquidation der Moderne« dar, »sondern eher deren Radikalisierung« (Iser 1991, 55).

Die politische Kritik der Moderne in den American Studies

Diese Radikalisierung muss Rückwirkungen haben auf die Sicht von Moderne und ästhetischer Moderne. Schien der Begriff der Moderne in den *American Studies* zunächst ungeeignet für ein differenziertes Verständnis der amerikanischen Kultur und Gesellschaft, so ist er gegenwärtig zu einem Leitbegriff geworden, durch den eine Wahrheit ans Licht gebracht werden kann, die bisher vom exzeptionalistischen amerikanischen Selbstverständnis unterdrückt worden ist (Michaels 1995). Unter dem Einfluss der neuen sozialen Bewegungen, die sich in den USA in den 1960er-Jahren formierten, sind die exzeptionalistischen Prämissen dieses amerikanischen Selbstverständnisses inzwischen einer radikalen Kritik unterzogen worden, und damit ist zugleich ein neues Verständnis der Moderne verbunden (Gilroy 1993; North 1994). Diese wird nun nicht mehr geschichtsphilosophisch als Projekt der Aufklärung oder als Ausgangspunkt einer Herrschaft der instrumentellen Vernunft verstanden; vielmehr ist die Definition jetzt politisch: Die westliche Moderne wird überhaupt erst möglich durch eine koloniale Expansion, die auf einer Reihe von Gewaltakten beruht.

Aus der Sicht der neuen sozialen Bewegungen ist Moderne mit Neuzeit gleichzusetzen, und die Neuzeit ist für die neuen sozialen Bewegungen der Beginn des Verbrechens an ihnen. Denn die ›Entdeckungen‹, die die Moderne einleiteten, wurden nur möglich durch Vertreibung, Versklavung und Ausrottung. Bei den *Native Americans* spricht man von bis zu 20 Millionen Opfern. Für die schwarzen Bewohner Afrikas beginnt mit der Neuzeit der transatlantische Sklavenhandel. *Mexican Americans* laufen heute Gefahr, als illegale Einwanderer in einem Gebiet behandelt zu werden, das die ›moderneren‹ USA Mexiko nach dem mexikanisch-amerikanischen Krieg abgenommen haben. *Asian Americans* gehörten lange zu den am stärksten stigmatisierten und diskriminierten Minderheiten in den USA, weil sie als Inbegriff des ethnisch Fremden galten. Mit anderen Worten: Anstatt ein Begriff für Fortschritt zu sein, ist der Begriff der Moderne für die US-amerikanischen *American Studies* gegenwärtig – pointiert gesagt – ein Begriff für lange Zeit uneingestandene globale Verbrechen. Unter diesen Umständen sind Fragen modernistischer Ästhetik für das Moderneverständnis der neuen sozialen Bewegungen obsolet geworden. In den lange Zeit dominanten Fortschrittsnarrativen, die durch die Moderne geschaffen wurden, wurde diese andere Seite der Moderne bisher unterschlagen. Als Thomas Jefferson (1743–1826) in der Unabhängigkeitserklärung die »Versklavung« der amerikanischen Kolonien durch die englische Krone beklagte, war er selbst einer der größten Sklavenhalter Virginias. Weder schien er selbst diesen Widerspruch zu realisieren, noch machten ihn die *American Studies* vor ihrer revisionistischen Wende je zum Thema.

Diese Kritik ist in ihrem moralischen und politischen Anspruch grundlegender als jene zivilisationskritische Perspektive, von der die ästhetische Moderne ihren Ausgangspunkt nimmt, und insofern kann die ästhetische Moderne nunmehr auch nicht mehr als kritische Gegenstimme fungieren. Die ästhetische Moderne mag einer wachsenden Zweckrationalität der Moderne entgegengetreten sein, aber für ihre Ästhetik der Verfremdung oder Negation sind die kolonialen Gewaltakte kein Bezugspunkt. Im Gegenteil: Die Konstruktionen des Primitiven in der ästhetischen Moderne werden nun nicht mehr als eine positive Rückwendung zu verschütteten vitalen Lebenskräften – und damit als eine Quelle gesellschaftlicher Revitalisierung – gesehen, sondern als ein Rollenspiel, durch das das Vorurteil schwarzer Inferiorität im ästhetischen Spiel mit der Maske des Schwarzen umso effektiver verfestigt wird (North 1994; Gubar 1997). Unübersehbar ist auch – beispielsweise im oben bereits angeführten Zitat von Santayana zur *genteel tradition* – eine Herabsetzung von Weiblichkeit als schwach und minderwertig, die sich durch die gesamte ästhetische Moderne zieht (DeKoven 1991).

Wurde die ästhetische Moderne zuvor als eine Quelle gesellschaftlicher Negation und kultureller Veränderung angesehen, so wird dieses Versprechen nunmehr als Teil einer »kunstvollen« Verfestigung von Machtstrukturen begriffen, die mit dem Beginn der Moderne etabliert wurden. Aus der Macht der Ästhetik wird eine Ästhetik der Macht, in der die ästhetische Moderne einen radikal anderen Stellenwert gewinnt. Am Beginn der ästhetischen Moderne steht die Aussicht, die Kunst sei vielleicht das einzig verbleibende Mittel, um der Fremdbestimmung durch die Zweckrationalität und das Vernunftdiktat der Moderne zu entgehen. Am Ende steht die Anklage, dass dieses Versprechen neuerlicher Selbstbestimmung seine Basis in der Fremdbestimmung jenes anderen, nicht-weißen Teils der Moderne hatte, der die Entwicklung der Moderne erst ermöglichte. Darauf hat die ästhetische Moderne als ein europäisch-amerikanischer Diskurs bisher keine Antwort gefunden.

Literatur

Adorno, Theodor W.: *Ästhetische Theorie*. Frankfurt am Main 1973.
Benjamin, Walter: Das Kunstwerk im Zeitalter seiner technischen Reproduzierbarkeit (zweite Fassung). In: *Gesammelte Schriften*, hrsg. von Rolf Tiedemann und Hermann Schweppenhäuser, Bd. 1.2. Frankfurt am Main 1980, 471–508.
Benson, Timothy O.: Hans Richter. Begegnungen. In: Ders. (Hrsg.): *Hans Richter. Begegnungen*. München u. a. 2014, 13–39.
Bradbury, Malcolm/McFarlane, James (Hrsg.): *Modernism. 1890–1930*. New York 1976.
Calinescu, Matei: *Five Faces of Modernity. Modernism, Avant-Garde, Decadence, Kitsch, Postmodernism*. Durham 1987.
DeKoven, Marianne: *Rich and Strange. Gender, History, Modernism*. Princeton 1991.
Dewey, John: *Kunst als Erfahrung*. Frankfurt am Main 1980.
Gaonkar, Dilip Parameshwar: On Alternative Modernities. In: *Public Culture* 11, 1999, 1–18.
Gilroy, Paul: *The Black Atlantic. Modernity and Double Consciousness*. Cambridge 1993.
Grabes, Herbert: ›Close Reading‹ and ›The Meaning of Meaning‹. In: *Anglia* 86, 1968, 321–338.
Gubar, Susan: *Racechanges. White Skin, Black Face in American Culture*. New York 1997.
Halfmann, Ulrich: *Der amerikanische ›New Criticism‹*. Frankfurt am Main 1971.
Horkheimer, Max/Adorno, Theodor W.: Kulturindustrie. Aufklärung als Massenbetrug. In: Dies.: *Dialektik der Aufklärung. Philosophische Fragmente* [1947]. Frankfurt am Main 1969, 128–176.
Huggins, Nathan Irvin (Hrsg.): *Voices of the Harlem Renaissance*. Oxford 1995.
Hutchinson, George: *The Harlem Renaissance in Black and White*. Cambridge 1995.
Ickstadt, Heinz: *Der amerikanische Roman im 20. Jahrhundert*. Darmstadt 1998.
Ickstadt, Heinz: Making It New: Constructions of Modernisms. In: Lauter, Paul (Hrsg.): *A Companion to American Literature and Culture*. Oxford 2010, 377–393.
Ickstadt, Heinz: Imaginaries of American Modernism. In: Bieger, Laura et al. (Hrsg.): *The Imaginary and Its Worlds*. Hanover, NH 2013, 42–63.
Iser, Wolfgang: *Der Akt des Lesens*. München 1976.
Iser, Wolfgang: Von der dementierten zur zerspielten Form des Erzählens. In: *Wohin treibt die Moderne?* (Studium Generale 1991/92). Heidelberg 1991, 55–73.
Jameson, Fredric: *Postmodernism or, The Cultural Logic of Late Capitalism*. Durham 1991.
Krieger, Murray: *The New Apologists for Poetry*. Bloomington 1963.
Lawrence, David H.: *Studies in Classic American Literature* (1923). New York 1961.
Leja, Michael: Jackson Pollock: Representing the Unconscious. In: Doezema, Marianne/Milroay, Elizabeth (Hrsg.): *Reading American Art*. New Haven 1998, 440–464.
Lemke, Sieglinde: *Primitivist Modernism. Black Culture and the Origins of Transatlantic Modernism*. Oxford 1998.
Matthiessen, Francis O.: *American Renaissance. Art and Expression in the Age of Emerson and Whitman*. New York 1941.
Michaels, Walter Benn: *Our America. Nativism, Modernism, and Pluralism*. Durham 1995.
North, Michael: *The Dialect of Modernism. Race, Language, and Twentieth-Century Literature*. New York 1994.
Santayana, George: The Genteel Tradition in American Philosophy. In: *Winds of Doctrine. The Works of George Santayana*, Bd. 7. New York 1937, 127–150.
Schneede, Uwe M.: *Die Kunst des Surrealismus*. München 2006.
Signal, Daniel Joseph (Hrsg.): Modernist Culture in America (*American Quarterly* 39/1), 1987.
Šklovskij, Viktor: Die Kunst als Verfahren. In: Striedter, Jurij (Hrsg.): *Russischer Formalismus*. München ³1981, 3–35.
Spiteri, Raymond/LaCoss, Donald (Hrsg.): *Surrealism, Politics and Culture*. Aldershot 2003.
Tichi, Cecilioa: *Shifting Gears. Technology, Literature, Culture in Modernist America*. Chapel Hill 1987.
Tocqueville, Alexis de: *Democracy in America*, hrsg. von Jacob P. Mayer. Garden City, NY, 1969.
Torgovnick, Marianna: *Gone Primitive. Savage Intellects, Modern Lives*. Chicago 1990.
Wellmer, Albrecht: Wahrheit, Schein, Versöhnung. Adornos ästhetische Rettung der Modernität. In: Friedeburg, Ludwig von/Habermas, Jürgen (Hrsg.): *Adorno-Konferenz 1983*. Frankfurt am Main 1983, 138–176.

Winfried Fluck

China

Definitionen und Anwendungsbereiche

Der westliche Begriff der Moderne bezieht sich im Chinesischen v. a. auf den zeitlichen Aspekt und wird wörtlich als ›gegenwärtige Zeit‹ (*xiandai*) übersetzt. Schwieriger ist es, die Moderne als Gegensatz zur Tradition und als Ausdruck von technologischem Fortschritt wiederzugeben. Sie wird vielmehr als ›Modernisierung‹ (*xiandaihua*) beschrieben. Angestoßen wurde dieser Prozess erstmals während der zweiten Hälfte des 19. Jh.s, als in China die eigene Gegenwart als Rückständigkeit im Vergleich zum Westen wahrgenommen wurde. Ziel war es, den Westen technologisch und machtpolitisch einzuholen. Daher entschloss sich die kaiserliche Regierung unter dem Leitwort der ›Selbststärkung‹ (*ziqiang*) zu einer staatlichen Modernisierungsinitiative. Die Einführung westlicher Militärtechnologie etwa basierte auf der Strategie »chinesisches Wissen als Substanz, westliches Wissen zum praktischen Nutzen« (*zhongxue wei ti, xixue wei yong*). Dabei stand die Stabilisierung der Monarchie im Mittelpunkt, die durch innere Aufstände und externe Bedrohung durch die Imperialmächte geschwächt war.

Zu Beginn des 21. Jh.s hat sich Chinas Umfeld vollständig verändert. Die Volksrepublik gehört zu den einflussreichsten Wirtschaftsmächten und gibt sich selbstbewusst als *global player*. Wie im 19. Jh. verfolgt die Regierung einen pragmatischen Modernisierungskurs. Gleichzeitig wird in der Öffentlichkeit und im akademischen Umfeld über eine eigenständige chinesische Moderne debattiert. Die Wortführer sind einerseits Vertreter der Staatsmacht, andererseits Intellektuelle aus Wissenschaft, Literatur und Kunst. Charakteristisch für den Staatsdiskurs ist sein Festhalten am Paradigma der Revolution. Selbst Chinas Aufstieg der letzten beiden Jahrzehnte wird auf seine revolutionären Grundlagen zurückgeführt. Das staatliche Bild einer sozialistischen Moderne mit chinesischer Prägung orientiert sich nicht an westlichen Vorbildern. Der Bezug zur kulturellen Tradition beschränkt sich auf plakative Formulierungen, insofern man beispielsweise auf das Ideal einer ›harmonischen Gesellschaft‹ (*hexie shehui*) verweist, das bereits in der klassischen Utopie der ›Großen Einheit‹ (*Datong*) aus dem 4. Jh. v. Chr. erwähnt wurde (vgl. dazu die Aufsätze in Guo Sujian/Guo Baogang 2008). Der staatliche Ansatz wird von der kommunistischen Partei vorgegeben. Abweichungen davon sind aus Sicht des Einparteienstaates nicht möglich.

Gerade die Vielfalt der Deutungen von Moderne charakterisiert hingegen die Beiträge der Intellektuellen. Sie gewichten sowohl den Einfluss der westlichen Moderne unterschiedlich als auch die Rolle der kulturellen Tradition. Mit den Staatsvertretern teilen die Wissenschaftler, Schriftsteller und Künstler den Anspruch, modern zu sein. Die einzelnen Beiträge der Wissenschaftler sind von ihren jeweiligen Fachdisziplinen geprägt. So sieht der Philosoph Chen Lai, der zu den Neukonfuzianern gehört, in der Rückbesinnung auf den Konfuzianismus die geistige Grundlage der chinesischen Moderne (Chen Lai 2009). Aus der Perspektive des Literatur- und Kulturwissenschaftlers beurteilt Wang Hui (2003) die Entwicklung seit den 1990er-Jahren als Teil einer globalen kapitalistischen Neuordnung, wobei er die damit verbundenen ökonomischen und sozialen Ungerechtigkeiten im Land kritisiert. Modernekritik äußert ebenso die Ökonomin He Qinglian (2006), die vor einer »Modernisierungsfalle« warnt. Ähnlich argumentiert der Soziologe Zhao Litao, der in seinen Arbeiten die wachsenden sozialen Gegensätze darstellt und darin ein Hindernis für die Verwirklichung des staatlichen Konzepts einer »harmonischen Gesellschaft« sieht (Zhao Litao/Lim Tin Seng 2010). Die kritischen Einschätzungen vieler Intellektueller beruhen auf ihrer Beschäftigung mit den Modernisierungsfolgen. Die starke Politisierung der chinesischen Gesellschaft engt jedoch ihren Spielraum ein, sodass sich einige von ihnen zum Exil entschlossen haben.

Forschungsgeschichte, Semantik, Gegenkonzepte

Bis zum frühen 20. Jahrhundert

›Aufklärung‹ (*qimeng*) und Moderne gehören in China von Anfang an eng zusammen. Ihre Inhalte haben sich allerdings im Verlauf des 20. Jh.s stark verändert. So bezog sich der Begriff der Aufklärung in den ersten Jahrzehnten auf eine radikale Kritik und Neubewertung der Tradition und entsprang einem Gefühl nationaler Bedrohung. Da China nach den Opiumkriegen (1839–1842, 1858–1860) auch alle anderen militärischen Auseinandersetzungen des 19. Jh.s verloren hatte, war klar geworden, dass eine partielle Modernisierung des Kaiserreiches nicht ausreichte. Die ersten Schritte zum Aufbau moderner Strukturen hatte noch die letzte Dynastie der chinesischen Geschichte, das Kaiserhaus der Qing (1644–1911), unternommen. Die Abschaffung des traditionellen Staatsprüfungssystems ermöglichte ab 1905 eine inhaltliche und soziale Verbreitung von Bildung und Wissen. Die Einführung von Parlamenten und Verfassung auf regionaler Ebene bereitete den konstitutionellen Wandel vor. Während die chinesische Forschung diese wichtigen Modernisierungsimpulse der qingkaiserlichen ›Neuen Politik‹ inzwischen würdigt, werden sie im staatlichen Moderne-Diskurs übergangen.

Ebenso unterschiedlich wird von beiden Seiten der frühe Einfluss des Westens auf Chinas Modernisierung beurteilt: Bis 1905 waren die modernen Berufe des Journalisten, Lehrers oder Mediziners in den von den Kolonialmächten kontrollierten Vertragshäfen die einzigen Alternativen zum offiziellen Karriereweg der Gelehrtenbeamten der Qing-Dynastie. Die Option eines Auslandsstudiums hatte sich ab 1896 ergeben, als die ersten chinesischen Studenten nach Japan gingen. In der Republikzeit (1912–1949) sollte sich die USA zum Hauptzielort von Auslandsstudenten entwickeln. Viele dieser Studenten übernahmen nach ihrer Rückkehr wichtige Funktionen in Politik, Wirtschaft und Kultur. Ihr Beitrag zum Aufbau einer modernen Gesellschaft im China des frühen 20. Jh.s darf nicht unterschätzt werden. Freilich erfolgte der Wissenstransfer auch auf anderen Wegen. Schon im 19. Jh. hatten Missionare und Kaufleute die ersten Verlage und Presseorgane gegründet und die Übersetzung westlicher Werke organisiert. Institutionalisiert wurde diese Art des Wissenstransfers dann 1876 durch die Gründung von *Shanghai Polytechnic*, das einer breiteren chinesischen Öffentlichkeit erstmals ermöglichte, sich über die wissenschaftlichen Entwicklungen in Europa und Nordamerika zu informieren, und das somit einen wichtigen Aufklärungsimpuls gab (Bieler 2004; Buck 1980; Elman 2005).

Während der vielfältige Wissenstransfer aus dem Westen zur Schaffung der geistigen und institutionellen Grundlagen der Moderne beitrug, führte die Politisierung und Radikalisierung der chinesischen Gelehrten um die Jahrhundertwende die verschiedenen Impulse zusammen. Obwohl der erste Versuch einer politischen Modernisierung in Richtung konstitutionelle Monarchie während einer hunderttägigen Reformphase 1898 am konservativen Widerstand im Kaiserhof scheiterte, legten die Schriften von Kang Youwei (1858–1927) und Liang Qichao (1873–1929), der Wortführer der Reforminitiative, die Grundlagen eines Kanons chinesischer Aufklärungsliteratur. Kang Youwei forderte in seinem 1902 im indischen Exil abgeschlossenen und 1935 erstmals veröffentlichten Hauptwerk, dem *Buch der Großen Gemeinschaft* (*Datong shu*), eine völlige Gleichstellung der Geschlechter und die Befreiung der Frauen aus patriarchalischen Zwängen (Kang Youwei 1974).

Ebenfalls 1902, jedoch im japanischen Exil, entwickelte Liang Qichao eine ›Neue Geschichtswissenschaft‹ (*Xin shixue*) für China, in der er die traditionelle Dynastiengeschichte durch eine moderne Nationalgeschichte ersetzte. Liang kritisierte die bisherige Gleichsetzung von Staat und Dynastie und die Beschränkung der Historiographie auf die Darstellung großer Herrschergestalten. Er rief zu einer Revolutionierung der Geschichtsschreibung auf, die er als Hinwendung zum Volk und als Suche nach den Prinzipien des Fortschritts in der Vergangenheit verstand (Liang Qichao 1980). Nach westlichem Vorbild führte Liang Qichao ein lineares, progressives Geschichtsbild ein, das auch auf einer Epocheneinteilung beruhte. Dabei entwickelte er eine Typologie des chinesischen Nationalismus, der den Aufbau eines modernen Staates theoretisch abstützen sollte. Liang unterschied zwischen einem – von ihm bevorzugten – »großen Nationalismus« (*da minzu zhuyi*), der alle Völker des Qing-Imperiums einschloss, und einem »kleinen Nationalismus« (*xiao minzu zhuyi*), der nach 1912 gewaltsam unterdrückt wurde, seitdem jedoch in Widerstandsaktionen von Tibetern oder Turkvölkern immer wieder aufflammt.

Erste Hälfte des 20. Jahrhunderts

Ein radikaler Bruch mit der kulturellen Tradition ergab sich erst aus dieser Kombination von neuem Wissen aus dem Westen und dem Gefühl nationaler Bedrohung. Noch 1898 hatte Kang Youwei die Fähigkeit des Konfuzianismus, sich zu modernisieren, propagiert, und sein Buch *Konfuzius als Reformer* hatte immerhin produktive Debatten ausgelöst. Solche Versuche einer Versöhnung von westlicher Moderne und Konfuzianismus fanden aber im Laufe der Zeit immer weniger Anklang; vielmehr wurde der Konfuzianismus selbst zum Angriffsziel, wobei die ikonoklastischen Attacken auf ihn in der Vierten-Mai-Bewegung von 1919 ihren Höhepunkt erreichten (Kang Youwei 1988 [1898]). Jene Bewegung bezeichnet die patriotischen Proteste chinesischer Studenten in Beijing gegen die Versailler Friedensordnung, die Japans Ansprüche auf das Erbe des deutschen Kolonialismus in der Provinz Shandong bestätigte (vgl. dazu Lin Yüsheng 1979; Schwartz 2002).

Auch die Terminologie änderte sich. In den Debatten wurden nicht mehr die eigenen chinesischen Werte mit den fremden, westlichen Einflüssen verglichen, sondern alles Traditionelle, Alte sollte durch Modernes, Neues ersetzt werden. Der sprachliche Wandel spiegelte die Überzeugung wider, dass sich das traditionelle Denken mit den universalen Errungenschaften der modernen Wissenschaft nicht mehr vereinbaren lasse. Dieser Perspektivenwechsel erfolgte nicht zuletzt durch den wachsenden Einfluss einer jugendlichen Gegenkultur in Schulen, Studiengruppen, Universitäten, politischen Vereinigungen und Zeitschriftenredaktionen, die sich selbstbewusst vom traditionellen Gelehrtenbeamtentum absetzte. Journalisten, Professoren und Studenten repräsentierten den neuen Typus eines modernen Intellektuellen. Diese erste Generation chinesischer Intellektueller bildete die soziale Basis für die ökonomische, politische und kulturelle Modernisierung im 20. Jh. (Xin Ping 1997). Sie verband die Überzeugung, dass v. a. die »feudale Tradition« für Chinas Krise verantwortlich sei, erst an zweiter Stelle die ausländische Aggression. Professionalität, technischer Fortschritt und objektives Forschen wurden zu Emblemen von Modernität. Der breiter angelegte Begriff der ›Modernisierung‹ (*xiandaihua*) ersetzte die von den Intellektuellen zunächst bevorzugte ›Verwestlichung‹ (*xihua*), an der nur eine Minderheit festhielt.

Gleichzeitig entstanden unterschiedliche Konzepte darüber, welchen Weg in die Moderne China einschlagen sollte. Für die Jahrzehnte vor 1949 lassen sich drei Hauptströmungen unterscheiden: Im Kontext der Verwestlichungsthese entwickelte sich erstens ein liberaler Ansatz weiter, der v. a. auf Demokratie und Wissenschaftlichkeit als Grundpfeiler einer chinesischen Moderne setzte. Einer der Wortführer war Hu Shi (1891–1962). Er forderte die Einführung einer leichter verständlichen, vereinfachten Zeichenschrift und Umgangssprache für das ganze Volk und engagierte sich bei der akademischen Reorganisation des traditionellen Wissens. Noch stärker war der Traditionsbezug bei der zweiten Strömung, dem Konservatismus. Dessen Vertreter bezeichneten Chinas nationales Erbe als wichtigen Faktor in seiner modernen Entwicklung. Daraus entstand die Schule des Neukonfuzianismus, die nach dem Vorbild Kang Youweis den Konfuzianismus für die Moderne nutzen wollte. Ein dritter Ansatz formierte sich in den 1920er-Jahren unter dem Begriff des Sozialismus. Dazu gehörten die radikalen Marxisten der Gründungsgeneration der KP China ebenso wie die Reformer Zhang Dongsun (1886–1973) und Zhang Junmai (1886–1969), die eine bolschewistische Revolution ablehnten und einen evolutionären Weg in den Sozialismus befürworteten.

Für alle drei Ansätze gilt im Grunde, dass sie nur Sammelnamen darstellen, innerhalb derer die einzelnen Positionen sehr variierten. Liberale, konservative und sozialistische Intellektuelle verfolgten in diesen Jahrzehnten immerhin ein gemeinsames Ziel: den Aufbau eines souveränen Nationalstaates. Da aber gerade dies in der Republikzeit nicht gelang, entwickelten sich die intellektuellen Ansätze nicht sehr viel weiter. Man teilte ein Bedürfnis nach kritischer Reflexion, man verwendete die gleichen Schlüsselbegriffe und stellte ähnliche Fragen – auch wenn jeweils andere Antworten gegeben wurden: Liberale wie Konservative sprachen von Tradition und Moderne, von Altem und Neuem, von Chinesischem und Westlichem, meinten dabei aber eben durchaus etwas Unterschiedliches.

Zweite Hälfte des 20. Jahrhunderts

Der Sieg des Kommunismus erreichte ab 1949 zweierlei: die Verwirklichung des Nationalstaates und die Durchsetzung der Moderne – wenngleich in einer sozialistischen Variante. Damit veränderte sich der chinesische Moderne-Diskurs grundlegend. Mao Zedongs Regierung schuf in den 1950er-Jahren radikal neue staatliche Strukturen. Ihr Konzept der sozialistischen Moderne war v. a. auf die Schaffung einer Industriegesellschaft ausgerichtet, wobei bis Ende der 1950er-Jahre – vor dem Hintergrund der Blockbildung im Kalten Krieg – die kommunistische Modernisierung nach sowjetischem Vorbild erfolgte. Seit den 1920er-Jahren hatten die chinesischen Kommunisten jedoch auch eine eigene Interpretation des revolutionären Wegs in die Moderne entwickelt. Mao Zedong bestimmte 1940 den Historiker Fan Wenlan (1891–1969) zum offiziellen Parteihistoriker. Dessen 1949 erstmals veröffentlichtes Hauptwerk »Moderne Geschichte Chinas« (*Zhongguo jindaishi*) wird von der chinesischen Historiographie heute als Beginn der systematischen, wissenschaftlichen Erforschung des modernen China betrachtet (Chen Qitai 1993: 72). In diesem Werk beschränkt

Fan Wenlan den Begriff ›modern‹ (*jindai*) auf seine Beschreibung der Periode zwischen 1840 und 1919 und betont, dass die Revolution sich gegen Imperialismus und Feudalismus als die beiden Hauptgefahren in der modernen chinesischen Geschichte gewendet habe. 1949 sei nun mit dem kommunistischen Sieg die letzte Phase der Revolutionsgeschichte erreicht worden. Die moderne Gesellschaft wurde fortan gemäß den Kategorien von ›Klassenkämpfen‹, ›Produktivkräften‹ und ›Grundwidersprüchen‹ beurteilt. Die Epoche der Moderne erschien als Phase innerhalb des marxistischen Stadienschemas; revolutionäre Ereignisse bildeten die zeitlichen Zäsuren. Drei Jahrzehnte lang wurde so die chinesische Gesellschaft in ein ideologisches Korsett gezwungen und auf eine maoistische Interpretation der Moderne festgelegt.

Der Wandel von der revolutionären Orthodoxie der Mao-Herrschaft (1949–1976) zu einem Reform- und Öffnungskurs wurde eingeleitet mit dem Konzept der ›Vier Modernisierungen‹ (*sige xiandaihua*). Wie ein Jahrhundert zuvor ging es der neuen Staatsführung darum, den wirtschaftlichen, technologischen und militärischen Rückstand gegenüber dem Westen aufzuholen und die eigene politische Macht zu stabilisieren. Die staatliche Modernisierungspolitik konzentrierte sich auf die Bereiche von Landwirtschaft, Industrie, Wissenschaft und Technologie. Den theoretischen Rahmen bildeten weiterhin die ›vier Grundprinzipien‹ (Sozialismus, Diktatur des Proletariats, Führung der Kommunistischen Partei und Marxismus-Leninismus-Mao-Zedong-Ideen). Neues Schlagwort wurde der ›Sozialismus chinesischen Charakters‹ (*Zhongguo tese de shehui zhuyi*).

Die chinesischen Intellektuellen erlebten diese Veränderungen – ungeachtet der weiterhin bestehenden ideologischen Einschränkungen – als den Beginn einer ›neuen Aufklärung‹ (*xin qimeng*). Sie forderten die Einhaltung humanistischer Prinzipien und die ›Befreiung des Geistes‹ (*jiefang sixiang*). Damit verbunden war eine Neubewertung der Historiographie der Moderne. Als fortschrittlich bezeichnete der Historiker Li Shiyue (1928–1996) nicht mehr die zu Revolutionen verklärten Rebellionen des 19. Jh.s, sondern Reforminitiativen wie die Selbststärkungsbewegung qingkaiserlicher Beamter (1861–1995) oder die Hundert-Tage-Reform Kang Youweis (1898), die zuvor als reaktionär verurteilt worden waren (Li Shiyue 1980, 33 f.). Dies war ein Weg, um mit dem maoistischen Radikalismus abzurechnen. Damit stellte Li Shiyue ebenso das Revolutionsparadigma in Frage und ersetzte es durch eine sich in Reformprojekten offenbarende Modernisierung (Li Shiyue 1984). Sein Kollege Li Shu (1912–1988) warf der kommunistischen Führung vor, dass sie den Feudalismus zwar in Wirtschaft und Politik, aber nicht im chinesischen Denken beseitigt habe. Als Beleg führte er die Auswüchse des Mao-Kultes und der Kulturrevolution an (Li Shu 1979). Dagegen setzte Li Shu eine Umkehrung der Selbststärkungsformel des 19. Jh.s: Er sah im westlichen Wissen die notwendige moderne Substanz, die in den chinesischen Kontext übertragen werden sollte (Li Shu 1989). Zum gleichen Ergebnis kam der Philosoph Li Zehou (geb. 1930), der darin auch einen Weg erkannte, um chinesische Tradition für die Moderne nutzbar zu machen (Min Lin 1999, 57). Dennoch blieben diese Intellektuellen Marxisten. Ihre Kritik galt dem modernen Dogmatismus in China, nicht den marxistischen Klassikern wie Marx und Engels, die Li Shu der notwendigen Wissenssubstanz zuordnete (Li Shu 1989, 53).

Entwicklungen der jüngsten Zeit

Einig waren sich immer mehr Intellektuelle in den letzten beiden Jahrzehnten des 20. Jh.s über die Notwendigkeit einer endgültigen Ablösung des Revolutionsparadigmas durch die Modernisierungstheorie (Feng Lin 1998). Die Revolution wurde auf einen Teilaspekt der weiter gefassten Geschichte der Modernisierung herabgestuft. Der Historiker Luo Fuhui reduzierte die Revolutionen auf ein Phänomen der Übergangsphase von der traditionellen zur modernen Herrschaft (Luo Fuhui 1993, 29–32). Damit verlagerten sich die inhaltlichen Schwerpunkte: Chinas Wissenschaftler interessieren sich heute nicht mehr für Klassengegensätze, bäuerliche Massen oder Produktionsbeziehungen, sondern suchen in den Städten, bei den neuen Mittelschichten und in den intellektuellen Diskursen neue Formen von Modernität. Auch eine Neubewertung der kulturellen Tradition gehörte zu diesem Themenwandel. Die konfuzianischen Werte erhielten einen Platz in der chinesischen Modernisierungsgeschichte. Erstmals in der chinesischen revolutionär-kommunistischen Tradition wurde der Konfuzianismus nicht länger als Modernisierungshindernis, sondern als Entwicklungsvorteil bewertet. Dazu trugen nicht zuletzt die chinesische Rezeption von Max Webers Protestantismus-These und der Aufstieg der asiatischen ›Tigerstaaten‹ zu technisch fortgeschrittenen Industriewirtschaften bei, von denen drei (Hongkong, Singapur und Taiwan) zur chinesischen Zivilisation gehören.

Unterstützt wird der Paradigmenwechsel durch eine Rezeption westlicher Theorien zur Modernisierung. Drei chinesische Verlage bieten eigene Buchreihen mit Übersetzungen westlicher Theoretiker an. Das in den letzten Jahren im Westen viel diskutierte Konzept der *multiple modernities* regt in China zur Bestimmung einer eigenständigen Moderne an. Gleichzeitig integriert sich in der Sicht einiger Historiker die chinesische Modernisierung in einen Prozess, der im späten 18. Jh. in England und Westeuropa einsetzte und in drei großen Wellen die ganze Welt erfasste (Luo Rongqu 1990). China wird dabei der letzten Welle zugeordnet, die in der Mitte des 20. Jh.s begann und erstmals auf Länder der Dritten Welt traf. Wie ihre Vorgänger in den 1930er-Jahren, die westliche Zivilisationsdebatten aufnahmen und dazu ihre eigenen Theorien entwickelten, beteiligen sich auch heute chinesische Intellektuelle an der Diskussion um eine universale Bedeutung der Moderne. Dem staatlichen Modernisierungsprogramm in China bieten ihre Arbeiten einen theoretischen Rückhalt.

Zur Konfrontation zwischen Intellektuellen- und Staatsdiskurs kommt es allerdings, wenn sich der Parteistaat in seiner autoritären Herrschaftsdeutung bedroht fühlt. Einer der bekanntesten Dissidenten ist Wei Jingsheng (geb. 1950), der mit seinem Ansatz der Demokratisierung als fünfter Modernisierung auf erbitterten staatlichen Widerstand stieß, viele Jahre in Gefängnissen und Arbeitslagern verbrachte und schließlich 1997 ausgewiesen wurde. Von seinem amerikanischen Exil aus engagiert sich Wei weiterhin für eine Demokratisierung Chinas. Diesem Ziel dient auch die von ihm gegründete Dachorganisation chinesischer Demokratiebewegungen weltweit (*Zhongguo minzhu yundon haiwai lianxi huiyi, Overseas Chinese Democracy Coalition*). Sein Beispiel weist auf einen Faktor hin, der zunehmend an Bedeutung in den chinesischen Moderne-Debatten gewinnt: die Auslandschinesen.

Regionen, Räume, Entwicklungspfade

Die erste Generation chinesischer Intellektueller, die sich mit der Frage der Moderne auseinandersetzte, erlebte den Ersten Weltkrieg als eine tiefe Zäsur. Sie sah in den dramatischen Zerstörungen, die der Krieg in Europa verursacht hatte, den Bankrott der materiellen Kultur des Westens. Nachdem Liang Qichao unmittelbar nach Kriegsende durch Europa gereist war und die Versailler Friedensverhandlungen beobachtet hatte, distanzierte er sich vom bisherigen Ideal der ›Verwestlichung‹ (*xihua*). Er schlug stattdessen die Schaffung einer neuen Zivilisation vor, die positive Errungenschaften aus der westlichen und der chinesischen Zivilisation in sich vereinigen sollte (Liang Qichao 2001 [1936], 34–95). Stärkere Grenzlinien zwischen den Kulturen zog Liang Shuming (1893–1988). Auch er lehnte die westliche Kultur als einziges Modell modernen Fortschritts ab und bevorzugte den Begriff der Weltkultur, der alle menschlichen Gesellschaften in ein universales Muster einordnete, aber zwischen ihrer chinesischen, westlichen und indischen Form unterschied, indem er sie einer rückwärts, vorwärts und nach innen gewandten Orientierung zuordnete (Liang Shuming 2006 [1921]). Beiden gemeinsam ist die Überzeugung, dass sich die chinesische Kultur auf gleichem Niveau mit den anderen Kulturen entwickelte.

Dem widersprach Chang Yansheng (1898–1947), der den Westen mit der Moderne und den Osten mit dem Alten gleichsetzte und folglich dem Westen einen Vorsprung in der Entwicklung zugestand (Chang Yansheng 1990 [1935], 177). Von der Universalität der Moderne war gleichwohl auch er überzeugt. China unterscheide sich von den westlichen Nationen nur in seinem Entwicklungsstand, nicht aber im grundsätzlichen Potential zur Entfaltung von Modernität. In der Realität waren allerdings die Unterschiede innerhalb des Landes sehr groß. Modernes Leben konzentrierte sich während der ersten Hälfte des 20. Jh.s auf die westlich beeinflussten städtischen Metropolen entlang der Küste und die Hauptstadt Beijing.

Erst der Regierung der Volksrepublik China gelang es, ihr Konzept einer sozialistischen Moderne landesweit durchzusetzen. Gewaltsam verfolgten die kommunistischen Machthaber ihr Ziel, China von einer traditionellen Agrargesellschaft in eine moderne Industriegesellschaft umzuwandeln. Durch infrastrukturelle Großprojekte, Massenkampagnen und Volkskommunen wurde die chinesische Gesellschaft radikal umgestaltet. Die Ideologisierung der Wissenschaft erreichte unter der Herrschaft Mao Zedongs ihren Höhepunkt. So wurde auf die Reinheit des chinesischen Entwicklungsmodells Wert gelegt, das auch allen anderen Formen des Sozialismus überlegen sei. Aufgabe der Intellektuellen war es dabei, die Erfolge im Aufbau der sozialistischen Moderne zu dokumentieren.

Der Beginn der Reformphase eröffnete nach 1978 neue Denkräume. Wie ein Jahrhundert zuvor ging es darum, mit einer Modernisierungsstrategie den wirtschaftlichen und wissenschaftlichen Rückstand gegenüber dem Westen aufzuholen und international konkurrenzfähig zu werden. Die westliche Moderne gewann wieder an Attraktivität, und westliche Unterstützung war in China willkommen. Der Politikwandel schlug sich in der Wissenschaft nieder. Nicht mehr die Revolution, sondern Chinas Modernisierungsgeschichte rückte in den Vordergrund. Der historische Einfluss des Westens auf diesem Weg wurde nun positiv gewertet. Auf diese Weise waren zum Beispiel amerikanische Missionsschulen für Mädchen im 19. Jh. nun nicht mehr Speerspitzen des Imperialismus, sondern wichtige Modernisierungsimpulse.

Neben einer Umdeutung der Geschichte erfolgten auch neue Themensetzungen. So rückten Chinas Städte in das Zentrum des Forschungsinteresses. Allein in den letzten beiden Jahrzehnten des 20. Jh.s erschienen über 700 Artikel und zahlreiche Monographien zur Stadtentwicklung (He Yimin 2000). Auch hier wird der modernisierende Einfluss des Westens vor 1949 gewürdigt. Allerdings finden die negativen Seiten dieser Entwicklung kaum Beachtung. Denn die von den Kolonialmächten geförderte Modernisierung der *treaty ports* stand im Gegensatz zu einem Bedeutungsverlust der städtischen Zentren im Inland und in den kontinentalen Grenzregionen. Die städtische Modernisierung ist heute ein landesweites Phänomen. Selbst auf der Ebene von Kreisstädten entstehen seit einigen Jahren Symbole der Modernität in Form von staatlichen Repräsentationsbauten und Prachtalleen. Lokale Museen dokumentieren den Einzug der Moderne in ihrem Umfeld durch eine teilweise innovative Architektur und durch den hohen Stellenwert, den ihre Ausstellungen der kulturellen Tradition als Ausdruck des eigenständigen Charakters von Chinas Modernität zuschreiben.

Themen und Leitprozesse

Chinas Einbindung in globale Strukturen und seine wachsende ökonomische Machtstellung haben dazu geführt, dass die Regierung heute selbstbewusst den chinesischen Charakter (*zhonghuaxing*) der Moderne hervorhebt und Chinas Intellektuelle ein inhaltlich vielfältiges Bild davon zeichnen. Die Rückbesinnung auf die Geschichte und die kulturelle Tradition erhält dabei eine zentrale Bedeutung. Die historischen Schlüsselereignisse im Prozess der Modernisierung werden neu bestimmt. Der Konfuzianismus gehört heute zu den Leitmotiven nationaler Identitätsfindung. Er verbindet zudem weltweit die chinesischen Intellektuellen. So betrachten der an der Beijing Universität lehrende Chen Lai, sein taiwanesischer Kollege Huang Chun-chieh und der Harvard-Professor Tu Weiming gleichermaßen den Konfuzianismus als ein humanistisches Weltbild, dessen kultureller Wertkonservatismus sich mit dem Prozess der Modernisierung in Einklang bringen lasse. Sie sehen in seiner Vermittlung von Werten und Moral die Fähigkeit des Konfuzianismus, der modernen Gesellschaft eine humanere Gestalt zu verleihen. Gleichzeitig biete er der chinesischen Nation im globalen Umfeld die notwendige kulturelle Identität. Die Autoren schätzen diese Doppelfunktion des Konfuzianismus als Inbegriff der chinesischen Tradition und zugleich als Identitätsanker für die moderne Gesellschaft (dazu ausführlich Chen Lai 2009; ferner Huang Chun-chieh 2009 und 2010; Tu Weiming 1984 und 1992). Chen Lai sieht zudem in der Verbindung von wirtschaftlicher Modernität und konfuzianischer Moralität die Grundlage für Chinas neue regionale Identität im ostasiatischen Kulturraum. Darüber hinaus ist Tu Weiming davon überzeugt, dass die gegenwärtige Renaissance dem Konfuzianismus eine über China hinausgehende universale Bedeutung verleihe. Daher zählt er den Neukonfuzianismus zu den Weltphilosophien der Gegenwart.

Soweit würde Wang Hui nicht gehen. Er beginnt seine vierbändige Analyse des modernen chinesischen Denkens mit dem Neokonfuzianismus der Song-Zeit (960–1279) (Wang Hui 2008, Bd. 1, 260–428). Den Konfuzianismus historisiert er und erkennt in ihm keine moderne Kraft. Wang Huis Hauptanliegen ist es, als kritischer Beobachter des 1978 begonnenen Reformprozesses vor den negativen Begleiterscheinungen der chinesischen Modernität zu warnen. Wang bewertet die Niederschlagung der Studentenproteste auf dem Tian'anmen-Platz in Beijing (1989) als eine wichtige Zäsur, in der sich durch die gewaltsame Konfrontation zwischen Staat und Gesellschaft das Ende des Revolutionsparadigmas in der chinesischen Moderne offenbart habe. Die Entwicklung seit den 1990er-Jahren bezeichnet er als eine neoliberale Neuordnung, warnt aber davor, Chinas Wandel in westliche Kategorien zu zwängen. Denn Wang Hui lehnt eine direkte Übertragung von westlichen Leitbegriffen wie ›Postmoderne‹ oder ›Globalisierung‹ entschieden ab und setzt – ähnlich wie der Neukonfuzianer Chen Lai – auf einen »humanistischen Geist« der chinesischen Moderne. Auch in seinem Ansatz wird die generelle Umorientierung vieler Intellektueller, ihre Distanzierung vom Westen und ihre Konzentration auf China, deutlich.

Diese Umorientierung folgt letztlich einer Tendenz, die sich in Bezug auf die wirtschaftliche Entwicklung des Landes bereits in den 1950er-Jahren feststellen lässt, als Maos Regierung sich für einen eigenständigen Weg in die Industriegesellschaft entschied, der Anfang der 1960er-Jahre zum Bruch mit der Sowjetunion führte. Ein ähnliches Bedürfnis nach Eigenständigkeit zeigt sich in den gegenwärtigen Debatten der chinesischen Intellektuellen. Nur zeitweise erhalten sie allerdings den dazu notwendigen ›entpolitisierten‹ (*qu zhengzhihua*) geistigen Freiraum. Dies gilt gerade auch für Wang Huis Ideal eines organisch mit der Gesellschaft verbundenen Intellektuellen nach dem Vorbild von Lu Xun (1881–1936). Denn an Lu Xun schätzt Wang, dass dieser sowohl Kritik an den Zwängen der traditionellen Gesellschaft übte als auch die Auswirkungen einer vom Westen übernommenen Moderne hinterfragte. Daher gehört zu Wang Huis Gesellschaftskritik sowohl eine Verurteilung der neoliberalen Unterordnung der Kultur unter den Markt wie auch die Klage über wachsende Korruption und über den Rückzug vieler Intellektueller in die akademische Einsamkeit.

Von einer »Modernisierungsfalle« spricht die seit 2001 im US-amerikanischen Exil lebende Ökonomin He Qinglian in Bezug auf Chinas aktuelle Entwicklung (He Qinglian 2006). Sie lenkt das Augenmerk auf die negativen Folgen des Modernisierungskurses der letzten Jahrzehnte: Korruption, soziale Ungerechtigkeit und moralischer Verfall gehören heute zu den Krisenphänomenen der Moderne. Als Ursachen betrachtet sie ein durch die politische Entwicklung der letzten Jahrzehnte entstandenes Bündnis zwischen Parteikadern und Unternehmern, das zu einer »Vermarktung von Macht« führte. He Qinglian teilt mit Chen Lai und Wang Hui die Sorge um den Mangel an Normen und Werten in der chinesischen Gesellschaft. Auch sie mahnt zur Schaffung eines »humanistischen Geistes« als Stütze der ökonomischen Modernisierung. Ihre Appelle an ein Erwachen des politischen Bewusstseins des Volkes erinnern an die Aufklärungsbewegung der 1920er-Jahre. He Qinglians Forderung nach einer Umsetzung von Bürgerrechten (v. a. der Rede- und Versammlungsfreiheit) als wichtiger Grundlage einer modernen Gesellschaft entspricht ihrer Erfahrungswelt im westlichen Exil.

Von staatlicher Seite wird versucht, der intellektuellen Kritik am Modernisierungsprozess das Leitbild der ›harmonischen Gesellschaft‹ (*hexie shehui*) entgegenzusetzen. Diese wird durch eine sozialistische Demokratie, die Herrschaft der Gesetze, Gleichheit und Gerechtigkeit, Ernsthaftigkeit und Engagement charakterisiert (vgl. dazu ausführlich Guo Sujian/Guo Baogang 2008). In der Außenpolitik entspricht diesem offiziellen Ideal der ›friedliche Charakter des chinesischen Aufstiegs‹ (*heping jueqi*). Dessen theoretische Grundlage ist die Strategie der *soft power* (*ruan quanli*, wörtlich: sanfte Macht). Der Bevölkerung wird dieser staatliche Moderne-Kurs als ›Weg des Wiederaufstiegs‹ (*fuxing zhi lu*) vermittelt. Eine Ausstellung im Sommer 2013 im Nationalmuseum in Beijing veranschaulichte, was die Regierung darunter versteht. Zwar ist im staatlichen Denken der Revolutionsdiskurs noch nicht verschwunden, jedoch propagieren die Bilder und Texte der Ausstellung v. a. den Patriotismus als Leitideologie. Die staatliche Unsicherheit gegenüber den politischen und kulturellen Einflüssen aus dem Westen zeigt sich in der wiederholten Kritik an vermeintlichen Versuchen, China zu verwestlichen. Derartige offizielle Warnungen harmonisieren mit Publikationen nationalistisch gesinnter Intellektueller mit Titeln wie »China kann dennoch Nein sagen« oder »China freut sich nicht«.

Die Spannweite der Debatten reicht von einer Unterstützung der kommunistischen Einparteienherrschaft, wie sie der Politologe Pan Wei in seinem autoritären und zentralistischen Rechtsstaatsmodell als »konsultative Herrschaft eines Rechtsregimes« vertritt, bis zur Befürwortung einer Öffnung Chinas zum Mehrparteiensystem und einer vollen Verwirklichung des Rechtsstaats (beides wichtige Säulen im westlichen Verständnis von Moderne). Vertreter dieser letztgenannten Position stellen eine Minderheit unter den Intellektuellen dar, werden wie Liu Xiaobo freilich aber auch als Dissidenten zum Schweigen gebracht.

Die Mehrheit chinesischer Intellektueller engagiert sich aber nicht öffentlich, sondern reflektiert in den jeweiligen akademischen Disziplinen den sozialen Wandel, wobei in der Auseinandersetzung mit dem Konzept der Moderne durchaus auch neue Forschungsansätze verwendet werden. So hat die gegenwärtige Betonung eines eigenständigen Charakters der chinesischen Moderne zur Folge, dass sich in der Geschichtswissenschaft neue Themenschwerpunkte herausbilden. Beeinflusst vom westlichen Konzept der Postmoderne wendet sich Zhao Shiyu (2006) von den großen Meistererzählungen der chinesischen Geschichtsschreibung ab und stellt die Lokalgeschichte in den Vordergrund, um den Eigencharakter von Regionen hervorzuheben. Yang Nianqun verbindet dies mit der Forderung nach einer neuen Sozialgeschichte, die sich nicht mehr von der politischen Ideologie ihre Themen diktieren lässt, sondern Impulse aus dem westlichen Theorieangebot aufgreift, um sich neue Themen zu erschließen. Er zeigt dies am Beispiel von Robert K. Mertons Forderung nach Theorien mittlerer Reichweite, insofern er die diesbezüglichen Konsequenzen für eine Alltagsgeschichte der kleinen Leute ausbuchstabiert (Yang Nianqun 2001 und 2002).

Sowohl die Regionalgeschichte als auch die Sozialgeschichte betonen eine eigenständige Entwicklung Chinas. Mit ihrer Themenwahl leistet die chinesische Forschung einen Beitrag zur Verbreitung neuer Perspektiven auf die chinesische Moderne. Ein nächster Schritt in Richtung Eigenständigkeit wäre es, wenn die theoretische Inspiration nicht mehr aus dem Westen käme, sondern chinesische Wissenschaftler auch in diesem Bereich in der eigenen Kultur und global wirken würden.

Literatur

Bieler, Stacey: «Patriots« or «Traitors«? A History of American-Educated Chinese Students. Armonk, NY 2004.
Buck, Peter: American Science and Modern China, 1876–1936. Cambridge 1980.
Chang Yansheng: Dong Xi wenhua wenti zhi Hu Shizhi xianheng (Fragen an Herrn Hu Shizhi in Bezug auf die Problematik östlicher und westlicher Kulturen) [1935]. In: Luo Rongqu (Hrsg.): Cong Xihua dao Xiandaihua: Wusi yilai youguan Zongguo de wenhua quxiang he fazhan daolu lunzheng wenxuan (Von der Verwestlichung zur Modernisierung: Ausgewählte Essays über die Debatte zu Chinas kultureller Orientierung und den Entwicklungsweg seit der Vierten-Mai-Periode). Beijing 1990, 176–183.
Chen Lai: Tradition and Modernity. A Humanist View. Leiden/Boston 2009.
Chen Qitai: Fan Wenlan Zhongguo jindaishi de kaituo yiyi (Die grundlegende Bedeutung von Fan Wenlans ›Moderne Geschichte Chinas‹). In: Zhongguo shehui kexueyuan yanjiusheng yuan xuebao 6, 1993, 72–78.
Elman, Benjamin A.: On Their Own Terms. Science in China, 1550–1900. Cambridge, Mass. 2005.
Feng Lin (Hrsg.): Chongxin renshi bainian Zhongguo: jindaishi redian wenti yanju yu zhengming (Chinas hundert Jahre überdacht: Studien und Diskussionen über die zentralen Ereignisse der modernen Geschichte). Beijing 1998.
Guo Sujian/Guo Baogang (Hrsg.): China in Search of a Harmonious Society. Lanham 2008.
He Qinglian: China in der Modernisierungsfalle. Hamburg 2006.
He Yimin: Zhongguo jindai chengshi shi yanjiu jinzhan cunzai wenti yui zhanwang (Die Forschung über die moderne chinesische Stadtgeschichte: Forschungsstand, Probleme und Ausblick). In: Zhonghua wenhua luntan (Diksussionsforum für Chinesische Kultur) 4, 2000, 65–69.
Huang Chun-chieh: Konfuzianismus: Kontinuität und Entwicklung. Studien zur chinesischen Geistesgeschichte. Bielefeld 2009.
Huang Chun-chieh: Humanism in East Asian Confucian Contexts. Bielefeld 2010.
Kang Youwei: Ta Tung-shu. Das Buch von der Großen Gemeinschaft. Düsseldorf 1974.
Kang Youwei: Kongzi gaizhi kao (Konfuzius als Reformer) [1898]. Beijing 1988.
Li Shiyue: Cong yangwu, weixin, dao zichanjiejie geming (Von der Selbststärkung und Konstitutionellen Reform zur bourgeoisen Revolution). In: Lishi yanjiu (Historische Forschungen) 1, 1980, 31–40.
Li Shiyue: Zhongguo jindaishi zhuyao xiansuo jiq biaozhi zhi wojian (Meine Meinung über die wesentliche Bedrohung der modernen chinesischen Geschichte und ihre Manifestationen). In: Lishi yanjiu (Historische Forschungen) 2, 1980. 122–133.
Li Shu: Xiaomie fengjian canyu yingxiang shi Zhongguo xiandaihua de zhongyao jiajian (Die Beseitigung der feudalen Reste ist eine wichtige Voraussetzung für die Modernisierung Chinas). In: Lishi yanjiu (Historische Forschungen) 1, 1979, 3–20.
Li Shu: Zhongxi wenhua wenti (Fragen chinesischer und westlicher Kultur). In: Lishi yanjiu (Historische Forschungen) 3, 1989, 50–55.
Liang Qichao: Xin shixue (Neue Geschichtswissenschaft). In: Ders.: Shixue lunzhu sanzhong (Drei verschiedene Erörterungen zur Geschichtswissenschaft). Hongkong 1980, 1–40.
Liang Qichao: Ou you xin ying lu (Exzerpte von Eindrücken einer Reise durch Europa) [1936]. In: Ders.: Yinbingshi wenji dianjiao (Sammlung von Essays aus der Yinbing-Kammer). Kunming 2001, 34–95.
Liang Shuming: Dong Xi wenhua jiqi zhexue (Kulturen des Ostens und des Westens und ihre Philosophien). Shanghai 2006 [1921].
Lin Yüsheng: The Crisis of Chinese Consciousness: Radical Antitraditionalism in the May Fourth Era. Madison, WI. 1979.
Luo Fuhui: Xiandaihua lilun he quanqiuxing xiandaihua yundong de lishi huigu (Modernisierungstheorie und eine historische Bilanz der globalen Modernisierungsbewegung). In: Zhang Kaiyuan/Ders. (Hrsg.): Bijao zhong de shenshi. Zhongguo zaoqi xiandaihua yanjiu (Eine vergleichende Studie der frühen Modernisierung Chinas). Hangzhou 1993, 1–82.
Luo Rongqu: Zhongguo xiandaihua de shijie jincheng (Über den weltweiten Prozess der Modernisierung). In: Zhongguo shehui kexue (Chinesische Sozialwissenschaften) 5, 1990, 107–126.
Min Lin: Li Zehou and His Enlightment Philosophy. In: Ders.: The Search for Modernity. Chinese Intellectuals in the Post-Mao Era. New York 1999, 41–69.
Pan Wei: Toward a Consultative Rule of Law Regime in

China. In: *Journal of Contemporary China* 34, 2003, 3–43.

Pan Wei: *The Chinese Model of Development*. London 2007.

Schwartz, Benjamin I.: Themes in Intellectual History: May Fourth and After. In: Goldman, Merle/Leo Ou-Fan Lee (Hrsg.): *An Intellectual History of Modern China*, Cambridge 2002, 97–141.

Song Qiang et al: *Zhongguo haishi neng shuo bu* (China kann dennoch nein sagen). Hongkong 1996.

Song Xiaojun: *Zhongguo bu gaoxing* (China freut sich nicht). Beijing 2009.

Tu Weiming: *Confucian Ethics Today*. Singapur 1984.

Tu Weiming: *Rujia zhuantong de xiandai chuanhua* (Die moderne Veränderung der Konfuzianischen Tradition). Beijing 1992.

Wang Hui: *China's New Order. Society, Politics, and Economy in Transition*. Cambridge, Mass. 2003.

Wang Hui: *Xiandai zhongguo sixiang xingqi* (Die Entstehung modernen chinesischen Denkens), 4 Bde. Beijing 2008.

Xin Ping: Qingmo xinzheng yu Zhongguo xiandaihua jincheng (Die Neue Politik der späten Qing-Zeit im Prozess der Modernisierung). In: *Shehui kexue zhanxian* 2, 1997, 214–225.

Yang Nianqun: Cong zizhi dao fansi: Zhongguo shehuishi yanjiu de xin zhuanxiang (Von der Unterstützung der Regierung zum reflektierenden Denken: Eine neue Wende in der sozialhistorischen Forschung Chinas). In: *Tianjin shehui kexue* 4, 2001, 76–81.

Yang Nianqun: Dangdai Zhongguo lishixue heyi yinru zhongceng lilun (Die heutige chinesische Geschichtswissenschaft und die Theorie mittlerer Reichweite). In: *Kaifang shidai* 2, 2002, 6–30.

Zhao Litao/Lim Tin Seng (Hrsg.): *China's New Social Policy. Initiatives for a Harmonious Society*. Singapur 2010.

Zhao Shiyu: *Xiao lishi yu da lishi: quyu shehuishi de linian, fangfa yu shijian* (Niedrigere Geschichte und höhere Geschichte: Konzepte, Methoden und Praktiken einer Geschichte regionaler Gesellschaften). Beijing 2006.

Sabine Dabringhaus

Ethnologie

Definitionen und Anwendungsbereiche

Seit der Herausbildung des Faches im späten 18. Jh. hat die Ethnologie zur ›Moderne‹ ein schwieriges Verhältnis. Das den öffentlichen wie wissenschaftlichen Diskurs oftmals prägende evolutionistische Entwicklungsmodell wurde nämlich keineswegs positiv bewertet, sondern vielmehr mit einer verklärten Idee des ›edlen Wilden‹ kontrastiert. In gewisser Weise definierte sich somit die Disziplin als Sachwalterin des Anti-Modernismus, die ihre Aufgabe primär darin sah, Einsprüche sowohl gegen Modernisierungstheorien als auch die Moderne selbst zu erheben. In jüngster Zeit wurde die ethnologische Zivilisationskritik unter dem Einfluss postkolonialer Theorien reformuliert und zu einer Kritik neoliberaler Expansionen und politischer Herrschaftsverhältnisse zugespitzt, wobei Konzepte einer ›alternativen‹, ›indigenen‹ oder ›verwobenen Moderne‹ geprägt wurden. Vor dem Hintergrund dieser Entwicklung wurde auch der Gegenstand des Faches neu bestimmt. Ethnologen erforschen heute nicht mehr ausschließlich kleine *face-to-face*-Gesellschaften in abgelegenen Regionen außerhalb Europas, sondern auch Phänomene der Globalisierung und Urbanisierung in westlichen und nichtwestlichen Gebieten. Der Blick auf das Partikulare wird durch makroanthropologische Perspektiven ergänzt, das Lokale mit dem Globalen in Beziehung gesetzt, und die Dimension des Transkulturellen gewinnt zunehmend an Bedeutung. Mit diesem Paradigmenwechsel ist die Ethnologie stärker an verwandte Disziplinen wie die Soziologie, die Politologie sowie die Geschichts- und vergleichenden Rechtswissenschaften herangerückt.

Forschungsgeschichte, Semantik und Gegenkonzepte

18. und 19. Jahrhundert

Zu Beginn der Etablierung des Faches war davon allerdings keine Rede; vielmehr kann man von einer Trennung der Zuständigkeitsbereiche insbesondere zwischen der Ethnologie und der Soziologie sprechen. Während die Soziologie versuchte, die in Bewegung geratenen sozialen Wirklichkeiten in den sich industrialisierenden Staaten nachzuvollziehen, fühlte sich die Ethnologie für die vermeintlich vormodernen Völker außerhalb Europas zuständig. Die deutschen Begriffe ›Völkerkunde‹ und ›Ethnologie‹ zeigen, wo die Grenzen des Faches gezogen wurden, und auch die amerikanische ›Anthropologie‹, die stets einen weiteren Zuständigkeitsradius beanspruchte, befasste sich in erster Linie mit sog. *savages*, denen ein inhärenter Gegensatz zur als zivilisiert geltenden Moderne zugeschrieben wurde. In den ›Wilden‹ glaubte man bis zum Beginn des 20. Jh.s überlebende Denkmäler vergangener Zeiten entdeckt zu haben, die Aufschluss über die eigene Vergangenheit geben könnten. Entsprechend dem evolutionistischen Paradigma kategorisierte man die fremden und die eigenen Kulturen, verortete sie innerhalb eines entwicklungsgeschichtlichen Stufenmodells und verglich sie miteinander.

Viele Ethnologen waren Zivilisationsskeptiker, welche die Dynamiken der Moderne mit Sorge betrachteten und die indigenen Völker zu Repräsentanten einer wahren und unverfälschten Menschlichkeit stilisierten, die ihrer Meinung nach dem Zivilisierten verloren gegangen sei (vgl. Kohl 1986). Eine solche Idee des ›edlen Wilden‹ findet sich freilich bereits lange vor der Etablierung der Disziplin, nämlich in frühen Reisebeschreibungen wie den Berichten des Weltumseglers Louis-Antoine de Bougainvilles (1729–1811) oder des Barons de Lahontan (1666–1716) über die nordamerikanischen Huronen. Die Indianer seien noch nicht vom Materialismus verdorben wie die Europäer, schrieb Lahontan (1704), sondern lebten in Harmonie miteinander und mit der Natur.

Dieser Romantizismus entfaltete eine immense Anziehungskraft über die Grenzen der Disziplin hinaus und entwickelte sich im beginnenden 20. Jh. zu einer einflussreichen Geisteshaltung, die dafür sorgte, dass die Ethnologie zur Inspiration für Bohème und Alternativkulturen wurde sowie Einfluss auf die Kunst, Literatur, Psychologie und Pädagogik entfaltete. Einzelne Weltregionen standen dabei für unterschiedliche exotisierte Stereotype. Südseebewohner, seit Paul Gauguin (1848–1903) v. a. weiblich gedacht, wurden zu Imaginationen von Verführung und sexueller Libertinage stilisiert, nordamerikanische Indianer zu Symbolen des Edelmutes und der Tapferkeit. Der amerikanische Ethnologe Lewis Henry Morgan (1818–1881), der Mitte des 19. Jh.s die Seneca erforschte, war überzeugt, dass diese eine besonders glückliche Stufe der Menschheitsentwicklung repräsentierten. Das sei v. a. der streng gemeinschaftlich organisierten Struktur des Stammes geschuldet gewesen, die auch die Ökonomie umfasst hätte. Erst die Herausbildung des Privateigentums, so schrieb er in seinem zentralen Werk *Ancient Society* (1871), und mit ihm die Konkurrenz, die Hierarchie und die Jagd nach Reichtum hätten der goldenen Zeit ein Ende bereitet.

Morgans Ideen wurden von Sozialwissenschaftlern und politischen Philosophen seiner Zeit, allen voran von Karl Marx (1818–1883) und Friedrich Engels (1820–1895), begeistert aufgegriffen und in Engels' Schrift zum *Ursprung der Familie, des Privateigentums und des Staats* (1884) weiter ausformuliert. Mit Verweis auf seine Publikationen und die des Schweizer Altertumsforschers Johann Jakob Bachofen (1815–1887), der 1861 eine der ersten Geschlechtergeschichten geschrieben hatte, entwickelten sie die Idee einer paradiesisch anmutenden, vollkommen egalitären ›Urgesellschaft‹, in der Privateigentum genauso unbekannt gewesen sei wie Arbeitsteilung und in der die Mitglieder der auf verwandtschaftlichen Banden beruhenden Gemeinschaften ohne Einschränkungen ihren sexuellen Neigungen nachgehen konnten. Die ökonomische Entwicklung der Menschheit, darin waren sich Marx und Engels mit vielen Ethnologen einig, habe zwar materiellen Wohlstand hervorgebracht, aber auch Ausbeutung, ungerechte Verteilungen des gesellschaftlichen Reichtums und die Spaltung der Bevölkerung in Besitzende und Besitzlose.

20. und 21. Jahrhundert

Aus dem gemeinsamen Befund wurden jedoch unterschiedliche Schlüsse gezogen und jeweils andere Gegenstände des Interesses definiert. Anders als die politischen Philosophen richteten die Ethnologen ihren Fokus nicht auf die Unterprivilegierten der westlichen Industrienationen, sondern ausschließlich auf die indigenen Völker. Aus deren Perspektive heraus formulierten sie ihre Gesellschaftskritik und entwickelten ab der Mitte des 20. Jh.s teilweise eigene Utopien. Als Beispiel dafür wären Sol Tax (1907–1995) und Karl Schlesier (geb. 1927) zu nennen, die Anfang der 1960er-Jahre Mitbegründer und Förderer des *American Indian Movement* wurden und nicht nur eine neue Wissenschaftskultur, sondern auch eine radikale Kehrtwende des Zivilisationsprozesses forderten. Wolle man verhindern, dass die Menschheit sich in ihrer Gier nach Reichtum selbst vernichte, so schrieb Schlesier 1980 in der *Zeitschrift für Ethnologie*, müsse man sich der Führung der Indianer und anderer unterdrückter indigener Gruppen anvertrauen, die der Natur noch nicht entfremdet seien. Ähnlich dramatisch argumentierte in den USA Stanley Diamond (1974), der jede Art von ›Zivilisation‹ von der Antike bis zur Gegenwart als ausbeuterisch und unterdrückerisch verurteilte und eine Krise der westlichen Welt auszumachen glaubte. Entfremdung und Verunsicherung, gesellschaftliche Exklusion und Hierarchien prägten seiner Ansicht nach das Leben der Einzelnen, die sowohl an der Entfaltung ihrer Potentiale als auch an einem glücklichen Leben gehindert würden. Gegen diese düstere Analyse setzt er eine lichte Konstruktion ›primitiver Gesellschaften‹, die sich durch Egalität und Partizipation auszeichneten. Aufgrund der noch nicht ausgeprägten Arbeitsteilung könne sich das Individuum in diesen Gesellschaften kreativ verwirklichen und umfänglich seinen Neigungen nachgehen.

Etwas weniger alarmistisch, aber in ähnlicher Weise euphorisch gaben sich die Berliner Wissenschaftler Fritz Kramer und Christian Sigrist, die gleichzeitig die Werke britischer Sozialanthropologen aus den 1920er- bis 1960er-Jahren neu rezipierten und die darin beschriebenen akephalen politischen Strukturen tribaler afrikanischer Gesellschaften zu ›regulierten Anarchien‹ stilisierten. In dieser Form politischer Organisation zeige sich, so Kramer, dass »es keine anthropologische Notwendigkeit für zentrale Herrschaft, Hierarchie, Ausbeutung und strukturelle Ungleichheit gibt« (Kramer 1978, 43.) Das immense Konfliktpotential der »Gesellschaften ohne Staat« (Kramer/Sigrist 1978) und der Umstand, dass Streit um Ressourcen unter den Bedingungen der Akephalie häufig gewaltsam ausgetragen wurde, fand in den Schriften der beiden Autoren keine Beachtung. Ähnliches gilt für den Ansatz von James Scott (2009), der dreißig Jahre später für die Hochlandbewohner Süd- und Südostasiens behauptete, sie entzögen sich der staatlichen Kontrolle bewusst, um nach den Regeln ihrer eigenen (überlegenen) Ordnungen handeln zu können und sich nicht einem ausbeuterischen System unterwerfen zu müssen.

Die bedingungslose Parteinahme für bestimmte Gruppen von Indigenen, die die Geschichte der Ethnologie bis heute durchzieht, führte immer wieder zu blinden Flecken der Forschung und einem Verschwimmen der Grenze zwischen wissenschaftlicher Argumentation einerseits und Ethno-Romantik und Zivilisationskritik andererseits. Nicht selten resultierte aus der Idealisierung der ›Anderen‹ auch eine

Identifizierung mit ihnen, und einige Ethnologen stellten sich nicht nur in den Dienst der Erforschten, sondern integrierten sich vollständig in die indigenen Gemeinschaften und ließen sich in deren religiöse Kulte initiieren. Beispiele dafür sind der amerikanische Ethnologe Frank Hamilton Cushing (1857–1900), der 1881 Mitglied des Bogenpriesterbundes der Zuni wurde, oder die Professorin Barbara Tedlock, die sich hundert Jahre später bei den Maya zur Schamanin ausbilden ließ.

Kramer, Sigrist und Scott begründeten ihre Thesen empirisch, wenngleich nicht auf der Grundlage eigener Erhebungen, und entwickelten ihre Theorien anarchischer Völker, ohne sich mit kulturgeschichtlichen oder entwicklungspolitischen Theorien der Nachbardisziplinen auseinanderzusetzen. Die ›Moderne‹ stand bei diesen Autoren also eher im Hintergrund und wurde selten systematisch zum Thema. Andere Ethnologen hingegen waren konfrontativer und suchten explizit die Auseinandersetzung mit modernisierungstheoretischen Thesen in anderen Fächern. Zu ihnen gehört in Deutschland Hans Peter Duerr, der in einem fünfbändigen und mehr als 3.500 Seiten starken Werk Argumente gegen Norbert Elias' (1897–1990) einflussreiche Zivilisationstheorie zusammentrug, die – bereits in den 1930er-Jahren formuliert – bestimmte Argumente der späteren Modernisierungstheorie vorwegnahm. Im Wesentlichen wandte Duerr sich dabei gegen Elias' These einer fortschreitenden moralischen Entwicklung und dessen Behauptung, dass Scham und Triebkontrolle Produkte des Zivilisationsprozesses seien. Beides, so versuchte er mit einer schier unendlichen Fülle ethnographischer und historischer Beispiele aufzuzeigen, lasse sich in nahezu jeder Gesellschaft nachweisen, werde aber häufig nicht erkannt, weil die Kodierungen von Obszönität und Schamhaftigkeit kulturspezifisch seien und von Angehörigen anderer Kulturen nicht erkannt werden. Anders als Elias behaupte, seien nicht-moderne Gesellschaften nicht schamloser, sondern schamhafter als moderne und hätten beispielsweise keine Praktiken des Zurschaustellens nackter Körper entwickelt, wie man sie in unserer eigenen Gesellschaft beobachten könne.

Ethnologen brachten allerdings nicht nur Argumente für eine moralische Überlegenheit vormoderner Kulturen vor, sondern bezweifelten auch den ökonomischen Sinn des Fortschritts. Gegen die These des kanadisch-stämmigen Wirtschaftswissenschaftlers John Kenneth Galbraith (1908–2006), dass erst die Industrialisierung materiellen Wohlstand möglich gemacht habe und möglich mache, entwickelte Marshall Sahlins (geb. 1930) die These vorkapitalistischer Überflussgesellschaften. Dabei korrelierte er den Begriff des Überflusses mit einer eigenen Bedürfnistheorie: Wenn eine Gesellschaft nur wenige Bedürfnisse produziere, die ihre Mitglieder dann mit einem Minimum an Aufwand befriedigen könnten, müsse dies als Überfluss definiert werden. Neue moderne Bedürfnisse, wie sie Galbraith ebenfalls kritisiert hatte, führten seiner Meinung nach nicht zu einem zufriedeneren Leben, sondern oft zum Gegenteil, da sie durch neue Zwänge erkauft würden. In einer Reihe von Aufsätzen (gesammelt in Sahlins 1972) führte er z. B. aus, dass die Arbeitsbelastung des Menschen mit zunehmender Entwicklung kontinuierlich gestiegen sei. Jäger- und Sammler-Populationen hätten nur zwischen zwei und vier Stunden täglich arbeiten müssen, um alle ihre Bedürfnisse zu befriedigen und die verbleibende Zeit mit sozialen Aktivitäten und Müßiggang verbracht.

Ethnologische Zivilisationskritik und die Kritik evolutionistischer Theorien sind untrennbar mit dem Paradigma des Kulturrelativismus verbunden, das u. a. von Bronislaw Malinowski (1884–1942), Margaret Mead (1901–1978) und Franz Boas (1858–1942) zu Beginn des 20. Jh.s entwickelt und schnell als verbindendes Element der sonst eher schwer eingrenzbaren Disziplin aufgegriffen wurde. Kulturrelativismus bedeutet im Kern die Gleichwertigkeit aller Kulturen und die Behauptung, diese nur aus sich selbst, nicht aber im Vergleich mit anderen erklären zu können. Mit diesem Bekenntnis zu Diversität und Pluralität hat die Ethnologie den Diskurs der Postmoderne vorweggenommen, gleichzeitig aber auch ein implizites Programm der Moderne-Verweigerung entworfen. Die großen ethnologischen Theorien der ersten Hälfte des 20. Jh.s – Funktionalismus, Strukturalismus und Strukturfunktionalismus – analysierten die innere Beschaffenheit kleiner *face-to-face*-Gesellschaften, nicht deren Beziehungen zum Staat oder zu anderen Einrichtungen der Moderne. Eine Auseinandersetzung mit den Veränderungsprozessen, denen die kleinen Gesellschaften unterworfen waren, fand nicht statt, und das Moment des Wandels wurde vollständig ausgeblendet – auch, um die romantisierenden Verklärungen des ganz Anderen nicht zu gefährden. Die Verweigerung der Moderne resultierte auch aus einer zutiefst kulturpessimistischen Haltung. Viele Ethnologen, unter ihnen Malinowski und Mead, waren überzeugt, dass die von ihnen erforschten Gesellschaften den unausweichlichen Zusammenprall mit der Moderne nicht überleben würden und dass sie, die Ethnologen, die letzten Dokumentatoren untergehender Kulturen seien, welche kommende Generationen nur noch im Museum oder den ethnographischen Archiven studieren könnten.

Allerdings gab es auch Ausnahmen. Zu ihnen zählte der in Chicago lehrende Robert Redfield (1897–1958), der ab den 1920er-Jahren mehrfach Forschungen in Mexiko durchführte. Redfield interessierten die vielfältigen Veränderungen kleiner dörflicher Gemeinschaften im Prozess von Urbanisierung und Modernisierung, die er in einem Modell zu fassen suchte, das er *tribal-folk-urban-continuum* nannte. Während die lokalen Gemeinschaften durch Homogenität, enge soziale Beziehungen und eine strenge normative Ordnung gekennzeichnet seien, käme es in Städten, so Redfield, zu Säkularisierung, Individualisierung und sozialer Desorganisation. Schließlich versuchte er, das Modell auf der Basis interkultureller Vergleichsdaten zu generalisieren (Redford 1956). Innerhalb der Ethnologie freilich wurde Redfield zu Lebzeiten stark kritisiert, einerseits weil das Arbeiten mit Modellen an den gerade überwunden geglaubten Evolutionismus erinnerte, andererseits aber auch, weil er die Grenzen zur Soziologie bewusst ignorierte.

Die Anerkennung der ›Anderen‹ bzw. das Studium ›fremder‹ Kulturen ließen sich allerdings nicht ohne die Reflexion des Eigenen denken, und so ist es nicht verwunderlich, dass Ethnologen bereits in den 1930er-Jahren Front gegen essentielle Grundannahmen westlicher Gesellschaften machten und sie als kulturelle Konstruktionen zu entlarven suchten. So hatte Margaret Mead beispielsweise 1935 in *Sex and Temperament in Three Primitive Societies* darauf hingewiesen, dass Eigenschaften wie Aggressivität und Friedfertigkeit, Egoismus und Altruismus, Unternehmergeist und Häuslichkeit in unterschiedlichen Gesellschaften unterschiedlichen Geschlechtern zugewiesen werden und keinesfalls, wie im amerikanischen Mainstream angenommen, natürliche Eigenschaften von Männern oder von Frauen seien. Wenn derartige Zuschreibungen aber nicht das Ergebnis gesicherten Wissens, sondern kultureller Prägungen sind, so die Kulturrelativisten, dann seien Charakterisierungen von anderen als ›Wilde‹ und ›Unzivilisierte‹ keinesfalls unbezweifelbare Wahrheiten, sondern lediglich die Folge von Vorurteilen.

Als Wissenschaftler aus den ehemaligen Kolonien in den 1950er-Jahren begannen, scharfe Kritik an diskriminierenden Repräsentationen nichtwestlicher Kulturen zu formulieren, wurde dies von Ethnologen begeistert aufgenommen. Die Arbeiten von Frantz Fanon (1925–1961) und Aimé Césaire (1913–2008), Edward Said (1935–2003) und Homi Bhabha (geb. 1949) waren gleichermaßen Vorlage wie Ansporn für eine Überprüfung eigener Positionen und begründeten eine bis auf den heutigen Tag anhaltende Debatte um Orientalismen und Rassismen in und außerhalb der Ethnologie. Die postkoloniale Auseinandersetzung mit den Grundlagen des Faches, wie sie u. a. Talal Asad (geb. 1933) führte (Asad 1973), entlarvte die Wurzeln des Faches im Kolonialismus und förderte zutage, dass viele Ethnologen sogar unmittelbar im Dienste kolonialer Bürokratien standen. Die problematischen Verstrickungen hörten mit dem Ende des Kolonialismus keineswegs auf, sondern erschienen stets in neuem Gewande, etwa beim Camelot-Projekt der US-Armee in den 1960er-Jahren, in dem ethnologische Arbeiten zur Unterstützung des Vietnam-Einsatzes herangezogen wurden, oder im Kontext der sogenannten *embedded anthropologists* in der Operation *Enduring Freedom* in Afghanistan.

Obgleich beide Fälle in der anthropologischen Ethik-Debatte Furore machten, stellen sie doch Ausnahmen von der Regel dar, dass Ethnologen sich in ihrer Mehrheit eher staatskritisch positionieren. Für die Neuausrichtung der Disziplin waren sie daher von untergeordneter Bedeutung. Weitaus wichtiger sollte sich die postkoloniale Kritik am ethnologischen Kulturbegriff und an orientalisierenden Darstellungen nichteuropäischer Bevölkerungen erweisen. Hier kam es im ausgehenden 20. Jh. zu einer Reihe theoretischer Innovationen. So wiesen beispielsweise Akhil Gupta und James Ferguson (1997) die bis dahin angenommene Vorstellung einer Einheit von Kultur, Volk und Raum als Konstruktion zurück: Statt von einer ursprünglichen lokalisierbaren Gemeinschaft auszugehen, sollten sich Ethnologen mit deren Herausbildung in hierarchisch strukturierten interkonnektiven Räumen befassen.

Da sich diese Verwobenheiten am deutlichsten in Grenzregionen oder bei Flüchtlingen und Migranten erforschen lassen, wurden diese dann zu den erklärten neuen Forschungsthemen der postkolonialen Ethnologie (vgl. u. a. Baumann 1996; Koshravi 2010). Ähnlich wie die *Subaltern Studies Group* um die postkoloniale Theoretikerin Gayatri C. Spivak (geb. 1942) bestimmten postkoloniale Ethnologen ihre Forschungen als Studien zur Diskriminierung bzw. Ausbeutung marginalisierter Gruppen, aber auch zu deren Widerstand gegen die vielen Formen ihrer Unterdrückung. Beispiele dieser neuen Ethnographien sind die Arbeiten von James Scott, der neben der bereits erwähnten Studie über asiatische Hochlandbewohner auch eine Monographie über bäuerliche Revolten in Burma und Vietnam vorlegte (Scott 1977), sowie ein Buch, das sich mit alltäglichen Selbstbehauptungsstrategien armer Bauern in Malaysia befasst (Scott 1987). Eine bemerkenswerte Arbeit von Aihwa Ong analysierte Besessenheitsphänome junger Fabrikarbeiterinnen in Malaysia als Sprache des Protests (Ong 1987).

Keine Publikation aus den Reihen der postkolonialen Theorie hatte jedoch größeren Einfluss als Edwards Saids Schrift *Orientalism*, in dem die Ethnologie allerdings nur am Rande erwähnt wird (Said 1978). Sie setzt an einer zentralen Prämisse ethnologischen Selbstverständnisses an, der gerechten und angemessenen Repräsentation der Anderen im ethnographischen Text, denen Ethnologen – so eines ihrer wichtigsten Rechtfertigungsnarrative – eine Stimme geben wollten. Dass es möglich sei, den *natives' point of view* zu erfassen und adäquat im ethnographischen Text abzubilden, wie es Bronislaw Malinowski 1922 gefordert hatte, wurde bis dahin nicht bezweifelt, sondern primär als Problem der richtigen Anwendung ethnologischer Methoden behandelt. Saids Monographie, in der er westlichen Autoren vorwarf, die nichtwestlichen Anderen als Zerrbilder eigener vorurteilsbehafteter Projektionen darzustellen, löste unmittelbare Irritationen innerhalb der Disziplin aus.

Ethnologen wie der Niederländer Johannes Fabian fühlten sich zu einer kritischen Revision der Grundprinzipien ihres Faches und zu einem Überdenken des ethnographischen Schreibens aufgerufen. In seiner Monographie *Time and the Other* (Fabian 1987) machte er auf die Diskrepanz zwischen Forschung und Textproduktion aufmerksam: Während Erstere durch eine intersubjektiv geteilte Zeit charakterisiert sei, komme es im Prozess des Schreibens zu einer Distanz zwischen dem Ethnographen und den Menschen, die im ethnographischen Text repräsentiert werden. Wenn Schreiben aber ein System der intellektuellen und politischen Unterdrückung des Anderen sei, müsse man sich überlegen, ob es Wege gebe, dies zu verhindern. Die sog. ›Krise der ethnographischen Repräsentation‹ führte zu einem radikalen Perspektivenwechsel und zu einer Reihe von literarischen Experimenten, u. a. zu dialogischen Stilen, die durch das persönliche Verhältnis zwischen dem Ethnographen und dem indigenen Gesprächspartner sowie der mehr oder weniger wörtlichen Wiedergabe von Gesprächspassagen gekennzeichnet waren. Vincent Crapanzano (1980), Ivo Strecker (1979) und Kevin Dwyer (1982) gehören zu den einflussreichsten Vertretern dieser Richtung.

Das wichtigste Werk innerhalb der Debatte war jedoch die von James Clifford und George E. Marcus herausgegebene Anthologie *Writing Culture* (Clifford/Marcus 1986), die einen grundsätzlichen Abschied von der Idee der ›objektiven‹ Darstellung bedeutete und die Subjektivität der Ethnographen in den Mittelpunkt rückte. Das vornehmliche Interesse der Forschung galt plötzlich nicht mehr den exotischen Anderen, sondern den eigenen Fachvertretern. »From participant observation to the observation of participation« hatte Barbara Tedlock dies in einem 1991 erschienenen Aufsatz genannt. Durch rückhaltlose Selbstreflexion und den Verzicht auf autoritative Wirklichkeitsrepräsentationen hoffte man, den Anderen gerecht werden und die Beschränkungen kolonialer Asymmetrien hinter sich lassen zu können.

Regionen, Räume und Entwicklungspfade

Die reflexive postkoloniale Ethnologie zeichnet sich einerseits durch den Willen aus, die Moderne in einer antihierarchischen Form mitzugestalten; andererseits hegte man doch auch tiefe Skepsis gegenüber den großen Zügen gesellschaftlicher Entwicklung. Die Erkenntnis, dass die Globalisierung selbst die letzten abgelegen lebenden Gesellschaften in die globale Moderne einbinden würde, führte zu einer Redefinition des ethnologischen Forschungsgegenstandes und dazu, dass bereits in den 1980er-Jahren eigene Modernisierungstheorien aus den Reihen der Disziplin entstanden.

Einer der Vorreiter dieser Richtung war der in den USA lehrende Eric Wolf (1923–1999), der zu einer Gruppe marxistisch orientierter Ethnologen gehörte und den Ideen der Weltsystemtheorie nahe stand. In seiner Monographie *Europe and the People without History* analysierte er die Expansion Europas und die Konsequenzen der neuen globalen Verflechtungen für außereuropäische Gesellschaften (Wolf 1982). Der ironisch gemeinte Titel spielte auf das westliche Stereotyp der vermeintlichen Geschichtslosigkeit außereuropäischer Völker an, das er in seinem Buch nachhaltig entkräftete. Im Jahr 800 unserer Zeitrechnung, schrieb er, wäre der Blick eines wissenschaftlichen Beobachters wohl kaum auf Europa gefallen. Zu unbedeutend und unterentwickelt sei diese Region im Vergleich mit vielen Regionen Asiens, Afrikas und Lateinamerikas gewesen, in denen bereits komplexe Handelsnetze und Allianzsysteme existiert hätten. Erst mit der beginnenden Neuzeit habe sich Europa von einer ökonomischen und politischen Randzone zu einem Zentrum entwickelt. Die außereuropäischen Völker seien auf sehr vielschichtige Weise – keineswegs nur als passive Opfer – in diese Entwicklung eingebunden gewesen und hätten sich dadurch verändert. Teilweise seien sie gerade durch die neue Entwicklung zu den Kulturen geworden, welche, so Wolf, frühe Ethnologen als ›ursprünglich‹ bezeichnet hatten. Als Beispiel nannte er die indianischen Bewohner Nordamerikas, die erst durch die Konfrontation mit europäischen Kolonisatoren und den damit verbundenen Neuerungen (Feuerwaffen, Handelsbeziehungen) zu den Reiterkriegern wurden, welche die westliche Indianerromantik für authentisch erachtet.

Wolf wandte sich entschieden gegen eine Trennung in moderne und traditionelle Völker und betonte stattdessen die Verwobenheit der Weltgeschichte. Er nahm damit einen Paradigmenwechsel innerhalb des Faches vorweg, der die Fokussierung auf den Einzelfall, auf eine ethnische Gruppe oder sogar ein Dorf nicht mehr als ultimativen Standard gelten lassen wollte und sich stärker auf Konnektivitäten und Interdependenzen (vgl. Conrad/Randeria 2002), transnationale Prozesse des *place making* und *people making* (Gupta/Ferguson 1997) sowie großräumige Untersuchungseinheiten konzentrierte, was der schwedische Ethnologe Ulf Hannertz (1996) als ›Makroanthropologie‹ charakterisierte.

Die Verflechtungen der Moderne, so der in New York lehrende Arjun Appadurai, führten zu einer Deterritorialisierung von Kultur und ihre Transnationalisierung zu einer unaufhörlichen Bewegung. Anstelle statischer Kulturmodelle schlug Appadurai (1996) vor, von *scapes*, ›Landschaften‹ also, zu sprechen, wobei er fünf Kategorien unterschied: (1) Ethnolandschaften, die durch Menschen in Bewegung, Flüchtlinge, Touristen oder Migranten bestimmt sind; (2) technologische Landschaften, die eine Überwindung von Zeit und Raum ermöglichen; (3) mediale Landschaften, die durch neue soziale Medien determiniert sind; (4) Finanzlandschaften, in denen globale Investitionen, finanzielle Transferleistungen und Spekulationen stattfinden; (5) ideologische Landschaften, in denen Ideen weltweit kursieren. Die Landschaften selbst sind laut Appadurai durch Unabgeschlossenheit, Überlappungen und eine inhärente Dynamik gekennzeichnet, die sowohl für die Aufrechterhaltung von politischen und ökonomischen Machtasymmetrien als auch für den Widerstand gegen sie genutzt werden könnten. Schattenseiten der Globalisierung seien die Marginalisierung, Ausgrenzung und Bedrohung von Minderheiten, fügte er einige Jahre später hinzu (Appadurai 2006).

Die Frage, ob die Moderne grundsätzlich eine negative Entwicklung darstellt oder auch positive Seiten besitzt, treibt die Ethnologen bis heute um. Für kapitalismuskritische Theoretiker wie Gerd Baumann (2002) oder Jonathan Friedman (2006) zeichnet sie sich primär durch einen immensen Machtzuwachs multinationaler Unternehmen und des global operierenden Finanzkapitals sowie durch die Etablierung neuer pyramidaler Machtverhältnisse aus. Die Moderne führe zu sozialer Desintegration, zu Entfremdung und zu fragilen Identitäten, schrieb Friedman in seinem Aufsatz »The implosion of modernity. A new tribalism« (2008) – und genau dagegen setzten Migranten, Minderheiten und andere Ausgeschlossene die Entwicklung neuer ethnischer Identitäten mit dezidierten Inklusions- und Exklusionsmechanismen. Für Baumann verkörpern also Migranten und ihre transnationalen Netzwerke eine gewisse Widerständigkeit gegen die hegemonialen Machtverhältnisse (vgl. Baumann 2002, 119); Friedman ist diesbezüglich skeptischer, insofern er auf die Zunahme kollektiver Gewalt als Folge der neuen ›tribalen‹ Identitäten verweist.

Transnationale Studien, u. a. diejenigen von Baumann, Hannertz, Appadurai, Randeria und Friedman, sind ein neues, wenngleich noch immer marginales Feld der modernen Ethnologie. Viele Ethnologen, die sich dem Studium der Moderne widmen, bewegen sich eher im nationalstaatlichen oder regionalen Kontext. Anders als in makroanthropologischen Arbeiten ist das Methodenproblem dann weniger drängend, und Ethnologen können ihre empirischen Stärken besser zur Geltung bringen. Ein Beispiel ist die Studie von Peter Geschiere (1997) über Hexerei im postkolonialen Kamerun: Spannungen zwischen lokalen Politiken und postkolonialen staatlichen Institutionen, zwischen neuen und alten Eliten würden in Hexereidiskursen verhandelt. Ohnehin sind Hexerei, Magie und Besessenheitsphänome, das zeigten die gegenwartorientierten Forschungen von Ethnologen, keineswegs Erscheinungen der Vormoderne, sondern lassen sich in modernisierter Form in höchst modernen Kontexten nachweisen.

Die Vielfalt der kulturellen Moderne, für die diese religiösen Ausdrucksformen stehen, verweist auf die Debatte, ob und inwieweit das Vordringen westlicher

Ideologien und Konsumgüter zu einer Homogenisierung von Kulturen führt, wie Fachvertreter in der Vergangenheit mehrheitlich annahmen. Gegen diese These spricht zunächst die Empirie. Zwar ist evident, dass Waren, Menschen und Ideen Grenzen überschreiten wie wohl niemals zuvor in der menschlichen Geschichte, doch dies bedeutet keineswegs, dass das Lokale vom Globalen übernommen oder die außereuropäische Welt kulturell vom Westen kolonisiert wurde und wird. Globales wird lokal angeeignet, seiner ursprünglichen Bedeutung beraubt und neu kontextualisiert. Es sei »nicht die tödliche Langeweile einer Einheitskultur, die uns bevorsteht«, schrieb der Frankfurter Ethnologe Karl-Heinz Kohl (2001, 113), vielmehr habe die Globalisierung zu einer neuen Vielfalt der Kulturen beigetragen. Der vom britischen Soziologen Roland Robertson (1995) ins Spiel gebrachte Neologismus ›Glokalisierung‹ verweist genau auf diesen Umstand und wurde von Ethnologen gewinnbringend rezipiert. Glokalisierung bedeutet, in ethnologische Kategorien übertragen, dass auch kleine Gemeinschaften in der Lage sind, sich ein übermächtiges Fremdes kreativ zu eigen zu machen und zu einem hybriden Eigenen zu transformieren. Der Begriff wurde als Konkretisierung verwandter Termini wie Kreolisierung (vgl. Hannertz 1987) oder kulturelle Mélange (vgl. Nederveen Pieterse 2003) verstanden, lässt aber dennoch unbeantwortet, in welchem Verhältnis das Lokale und das Globale sich bewegen.

Auch methodisch gestaltete sich das neue Konzept der Glokalisierung als Herausforderung, insbesondere in transnationalen Settings wie denen der ethnologischen Migrationsforschung. Um die Verbindungen zwischen sozialen Orten untersuchen zu können, die von Menschen in Bewegung geschaffen werden, entwickelte George E. Marcus (1995) das Konzept der *multi-sited ethnography*. Es bricht nicht nur mit dem Paradigma der stationären Feldforschung an einem überschaubaren Ort, einem Dorf oder einem Stadtviertel, sondern auch mit den tradierten Anforderungen bezüglich der Dauer von Feldforschung. *Multi-sited ethnography* sei kürzer, dafür aber fokussierter als traditionelle ethnologische Forschung, betont der Soziologe Hubert Knoblauch (2001), und sie verwische die Grenzen zu anderen Disziplinen wie der Soziologie. Nicht mehr das langjährige ›Dabeisein‹, die familiären Beziehungen zu den Erforschten und die Beobachtungen des Alltags konstituierten die neue ethnographische Forschung; vielmehr seien es Methoden, die eine schnelle, wenngleich oft oberflächlichere Erfassung des Feldes ermöglichten. Der Verlust ethnographischer Dichte, so der Soziologe Mark-Anthony Falzon, sei das gewichtigste Argument gegen die *multi-sited ethnography* (Falzon 2009, 7), der sich wandelnde Forschungsgegenstand dagegen sein stärkstes unterstützendes Argument.

Längst haben sich Ethnologen von den entlegenen Dörfern in den Peripherien abgewandt – die berühmten ›weißen Flecken auf der Landkarte‹, die die ethnographische Grundlagenforschung legitimierten, sind verschwunden – und untersuchen nun Phänomene der Moderne: religiöse Fundamentalismen, den Einfluss neuer Medien oder moderne Unternehmenskulturen. Hier spielt Örtlichkeit eine andere Rolle als bei Malinowski oder Mead zu Beginn des 20. Jh.s. Die radikalste Form einer modernen Ethnographie hat seit den 1980er-Jahren der französische Ethnologe Marc Augé (geb. 1935) vorgelegt, indem er den Fokus von Orten zu ›Nicht-Orten‹ (*non-lieux*) erweiterte (Augé 1992). Sein Interesse galt den Gepflogenheiten der Pariser im Jardin du Luxembourg im Jahr 1985, der Metro als sozialem Raum und der Welt, die sich in Kleinanzeigen französischer Zeitungen erschließt. Was dies alles mit einem ethnologischen Gegenstand zu tun habe, begründete Augé mit einer eigenen Definition des Faches als moderne Xenologie und mit der Methode des ›fremden Blickes‹, den Ethnologen auf jedes Feld zu werfen imstande sind, auf die Bewohner entlegener Regionen außerhalb Europas genauso wie auf das vermeintlich Eigene, die urbane Kultur Frankreichs. Augé gehört zu den Ethnologen, die die Moderne nicht als Kraft der Homogenisierung oder gar der Auslöschung kultureller Vielfalt begreifen. Das Ethnische, und die Stämme, so meint er, erscheinen heute auch im Dschungel der Großstädte.

Themen und Leitprozesse

Einer der wichtigsten Beiträge der Ethnologie zur Debatte um die globale Moderne ist wohl die These, dass Moderne nur im Plural vorkomme, dass man von Modernen sprechen müsse, die jeweils lokal geprägt seien. Anders als der Ansatz der ›multiplen Moderne‹ des israelischen Soziologen Shmuel N. Eisenstadt (1923–2010), so Helene Basu, resultiere die ethnologische Sichtweise in der fachspezifischen Vorstellung von Tradition (Basu 2013, 382). Ethnologen studierten Tradition als gegenwärtige Form der Praxis, nicht als essentialisierten Gegensatz zu Moderne. Diese Einsicht ist allerdings nicht ganz neu.

Der Amerikaner Clifford Geertz (1926–2006) publizierte ein derartiges Programm in einem Sammelband schon vor über 50 Jahren (Geertz 1963). Es war die ethnologische Antwort auf den Umstand, dass die postkolonialen Länder nach ihrer Unabhängigkeit Modernität anstrebten und auch modern waren, keinesfalls jedoch einem westlichen Weg nachzueifern gedachten. Geertz, der zunächst in Indonesien und später auch in Marokko geforscht hatte, verglich neun postkoloniale Staaten hinsichtlich der Bedeutung von primordialen Beziehungen, die die westlichen Normen von Staatlichkeit gewissermaßen konterkarierten. Das Konzept der primordialen Zugehörigkeiten erwies sich als außerordentlich produktiv für die Analyse von Staats- und Nationenbildungen in nichtwestlichen Ländern und half zu verstehen, warum der Transfer politischer Konzepte aus einer Kultur in eine andere häufig nicht gelang.

In der modernen ethnologischen Konfliktforschung konnte man auf diese Erkenntnisse aufbauen und damit einen wichtigen Beitrag zur Erforschung der Ursachen der ›neuen Kriege‹ (Münkler 2002) leisten, die viele Regionen nachhaltig destabilisieren und in ihren Erscheinungsformen moderner Piraterie oder islamistischen Terrors transnationale Bedeutung erlangen. Anders als die Politikwissenschaft beleuchtet die Ethnologie dabei neu entstehende Strukturen lokaler Herrschaft, die in Auseinandersetzung zum jeweiligen Staat bzw. einzelnen staatlichen Repräsentanten agieren (vgl. u. a. Bellagamba/Klute 2008; Hanser/Trotha 2002). Der Soziologe Trutz von Trotha (1926–2013) und der Ethnologe Georg Klute (2011) verwenden den Begriff der ›Parastaatlichkeit‹ oder ›Parasouveränität‹, wenn sie die komplexen Beziehungen zwischen staatlichen und nichtstaatlichen Akteuren in sog. gescheiterten oder scheiternden Staaten in den Blick nehmen. In ihren Arbeiten zeigt sich, dass auch die Ergebnisse älterer ethnologischer Forschungen zur Struktur akephaler Gesellschaften ungebrochen aktuell sind, wenn man nachvollziehen möchte, wie lokale Allianzen gegen einen externen Feind, z. B. in Form einer westlichen Interventionsarmee, auch in scheinbar desorganisierten politischen Feldern funktionieren. Georg Elwert (1947–2005) hat zusätzlich auf die ökonomischen Dimensionen in Konfliktregionen hingewiesen, in denen nicht nur einzelne Akteure, sondern u. U. ganze Bevölkerungsgruppen von ›Gewaltmärkten‹ profitieren (Elwert 1999).

Ethnologische Konfliktforschung zeigt die Grenzen westlicher Politik insbesondere in den Bereichen der Implementierung von Demokratie und *good governance* auf bzw. dort, wo westliche Politikkonzepte mit militärischen Mitteln durchgesetzt werden wie in Afghanistan oder im Irak. Ein ähnliches Erkenntnispotential lässt sich auch in der ethnologischen Entwicklungsforschung beobachten. Ethnologen weisen seit vielen Jahren darauf hin, dass trotz finanz- und personalstarker Programme häufig keine Erfolge erzielt werden (vgl. Bierschenk/Elwert 1991; Olivier de Sardin 2005). Vielfach, so der amerikanische Ethnologe James Ferguson (1990), seien schon die Grundannahmen falsch, die den Entwicklungsprogrammen vorausgingen. So sei das südafrikanische Lesotho beispielsweise nicht, wie angenommen, eine traditionelle bäuerliche Subsistenzökonomie, sondern seit langem ein Teil der kapitalistischen Wirtschaft Südafrikas und die dortige Bevölkerung ein ländliches Proletariat. Nationale und internationale Ausbeutungsverhältnisse, eine asymmetrische Arbeitsteilung, die erzwungene Exportorientierung lokaler Ökonomien und die vornehmlich am Selbsterhalt interessierte Entwicklungsindustrie, so die ethnologische Kritik, verhindere Entwicklung oft mehr, als sie zu befördern.

Diese Fundamentalkritik wurde allerdings in den letzten Jahren teilweise zurückgenommen, nicht zuletzt aufgrund veränderter Programme der Entwicklungszusammenarbeit, mit denen man sich bemüht, sog. *stake holders* auf partizipative Weise einzubinden und stärker auf lokales Wissen zu rekurrieren. In diesem Zusammenhang fühlen sich Ethnologen in besonderer Weise aufgefordert, ihre eigenen Forschungsergebnisse beizusteuern (vgl. Sillitoe et al. 2002).

Ein anderer Aspekt der Vielfalt der Modernen, den die Ethnologie in den vergangenen Jahren aufgegriffen hat, ist die sog. ›Rückkehr der Religionen‹ (Riesebrodt 2001) in die Öffentlichkeit und die Einsicht, dass das sozialwissenschaftliche Säkularisierungsparadigma von der Realität widerlegt wurde. Die Beschäftigung mit indigenen Religionen gehörte zwar durchgehend zum Repertoire ethnologischer Forschungen, doch seit dem Ende des 20. Jh.s befassten sich Ethnologen verstärkt gerade mit modernen Dynamiken innerhalb der Weltreligionen, wie etwa die 2006 und 2008 von Fenella Cannell bzw. von Gabriele Marranci publizierten Sammelbände *The Anthropology of Christianity* und *The Anthropology of Islam* zeigen. Drei Richtungen innerhalb der modernen ethnologischen Religionsforschungen lassen sich dabei ausmachen. Die erste analysiert neue hybride Formen religiöser Praxis und schließt damit gewissermaßen an die Diskurse zu Glokalität und

Aneignung an; die zweite nimmt neo-konservative bzw. fundamentalistische Bewegungen und Gruppierungen in den Blick; die dritte befasst sich mit Reaktionen westlicher Staaten auf das Vordringen islamischer Akteure in den öffentlichen Raum.

Die beiden letztgenannten Richtungen sind stark von wissenschaftlichen und politischen Debatten zur Konstruktion von Gender geprägt. Auffällig ist, dass klassische ethnologische Arbeiten innerhalb religiöser Organisationen – das betrifft die zweite Richtung – fast ausschließlich von Ethnologinnen durchgeführt wurden und dass aufgrund der Geschlechtertrennung auch nur Frauen erforscht werden. Von wenigen Ausnahmen abgesehen bemühen sich die Forscherinnen um die Perspektive der Erforschten, wobei es ein besonderes Anliegen ist, das Vorurteil der unterdrückten religiösen Frau zu entkräften. Beispiele sind die Arbeiten von Tamar el-Or (1994) über ultraorthodoxe jüdische Frauen in Israel oder die von Saba Mahmood (2011) und Sylva Frisk (2009) über Islamistinnen. In diesen Schriften ist – wie in den genannten modernisierungskritischen Publikationen – auch ein Kommentar zu aktuellen Entwicklungen der Moderne enthalten. Stärker noch ist dieser Aspekt, nämlich das Bedürfnis, sich in laufende Debatten einzubringen, in der dritten Richtung ersichtlich. Dazu zählen eine Auseinandersetzung von Saba Mahmood und Charles Hirschkind (2002) mit der Politik der USA nach dem 11. September 2001 oder die Publikationen von John Bowen (2007; 2009) zur französischen Debatte um Kopftuch und Schleier.

Das modernste aller ethnologischen Forschungsgebiete, in dem die Problematik des Raumes in einer revolutionären Weise neu gedacht werden muss, ist die Ethnologie der neuen Medien und speziell die Cyberethnologie. Erste Arbeiten dazu gehen in die 1990er-Jahre zurück. Andreas Ackermann publizierte in Deutschland bereits im Jahr 2000 Überlegungen zu einer diesbezüglichen Ethnologie, doch noch immer ist dieses Feld erst im Entstehen begriffen. Dies betrifft auch methodische Verfahren. Tom Boellstorff etwa hatte für seine Untersuchungen zur Internetplattform *Second Life* einen eigenen Avatar erfunden, der einen Teil dieser Forschung erfolgreich durchführte. Seine daraus entstandene Monographie (2009) wurde mehrfach mit Preisen ausgezeichnet. Doch nicht nur westliche oder globale Netz-Communities stehen im Zentrum der Cyberethnologie, sondern auch die Bedeutung der neuen Medien für nichtwestliche Gesellschaften. V. a. in urbanen Regionen außerhalb Europas spielt das Internet als Möglichkeit der Überwindung strenger Normkontrollen eine zunehmend wichtige Rolle. Ethnologen tragen dieser Entwicklung Rechnung und befassen sich mit Chat-Kulturen von Jugendlichen, internetgestützter Teilhabe an globalen Diskursen, politischer Kommunikation unter den Bedingungen von Repression und den Beziehungen zwischen Online- und Offline-Welten (u. a. Braune 2008; Slama 2010).

Fazit

Der modernen Ethnologie ist es gelungen, sich im ausgehenden 20. Jh. weitgehend von der Beschränkung auf vermeintlich vormoderne Gesellschaften und von einer antimodernen Verweigerungshaltung zu verabschieden und sowohl den Gegenstand des Faches als auch das methodische Repertoire den veränderten Bedingungen anzupassen. Die Trennung zwischen außereuropäischen und europäischen Gesellschaften wurde wenigstens im Ansatz aufgehoben und erodiert zusehends in dem Maß, wie sie von der sozialen Realität überholt wird. Die moderne Ethnologie betreibt Moderneforschung, setzt das Lokale und das Globale miteinander in Verbindung und hat eine stark transkulturelle Perspektive eingenommen. Sie beschäftigt sich zwar immer noch mit lokalen Gemeinschaften in abgelegenen Regionen, aber auch mit virtuellen Welten, Problemen der Migration, Friedens- und Konfliktforschung, Entwicklungspolitik oder dem Postsäkularismus.

Literatur

Ackermann, Andreas: Das virtuelle Universum der Identität. Überlegungen zu einer Ethnographie des Cyberspace. In: Schomburg-Scherff, Sylvia/Heintze, Beatrix (Hrsg.): *Die offenen Grenzen der Ethnologie. Schlaglichter auf ein sich wandelndes Fach*. Frankfurt am Main 2000, 276–290.

Appadurai, Arjun: *Modernity at Large. Cultural Dimensions of Globalization*. Minneapolis 1996.

Appadurai, Arjun: *Fear of Small Numbers. An Essay on the Geography of Anger*. Durham 2006.

Asad, Talal (Hrsg.): *Anthropology and the Colonial Encounter*. London 1973.

Augé, Marc: *Non-lieux. Introduction à une anthropologie de la surmordernité*. Paris 1992.

Bachofen, Johann: *Das Mutterrecht. Eine Untersuchung über die Gynaikokratie der alten Welt nach ihrer religiösen und rechtlichen Natur* [1861]. Basel ³1948.

Basu, Helene: Ethnologie und die Vervielfältigung von Modernität. In: Willems, Ulrich et al. (Hrsg.): *Moderne und Religion. Kontroversen um Modernität und Säkularisierung*. Bielefeld 2013.

Baumann, Gerd: *Contesting Culture. Discourses on Identity in Multi-Ethnic London*. Cambridge 1996.

Baumann, Gerd: Fünf Verflechtungen im Zeitalter der Globalisierung. Migranten und Ethnologen in nationalen und transnationalen Kräftefeldern. In: Hauser-Schäublin, Brigitta/Braukämper, Ulrich (Hrsg.): *Ethnologie der Globalisierung. Perspektiven kultureller Verflechtungen*. Berlin 2002, 111 – 124.

Bellagamba, Alice/Klute, Georg (Hrsg.): *Besides the State. Emergent Powers in Contemporary Africa*. Köln 2008.

Bierschenk, Thomas/Elwert, Georg (Hrsg.): *Entwicklungshilfe und ihre Folgen. Ergebnisse empirischer Untersuchungen im ländlichen Afrika*. Frankfurt am Main 1991.

Boellstorff, Tom: *Coming of Age in Second Life. An Anthropologist Explores the Virtually Human*. Princeton 2009.

Bougainville, Louis-Antoine de: *Reise um die Welt. Durch die Inselwelt des Pazifik 1766 – 1769*, hrsg. von Detlef Brennecke. Stuttgart 2002.

Bowen, John: *Why the French Don't like Headscarves. Islam, the State, and Public Space*. Princeton 2007.

Bowen, John: *Can Islam Be French? Pluralism and Pragmatism in a Secular State*. Princeton 2009.

Braune, Ines: *Aneignungen des Globalen. Alltag in der arabischen Welt. Eine Fallstudie in Marokko*. Bielefeld 2008.

Canell, Fenella: *The Anthropology of Christianity*. Durham 2006.

Clifford, James/Marcus, George E. (Hrsg.): *Writing Culture. The Poetics and Politics of Representation*. Berkeley 1986.

Conrad, Sebastian/Randeria, Shalini: *Jenseits des Eurozentrismus. Postkoloniale Perspektiven in den Geschichts- und Kulturwissenschaften*. Frankfurt am Main 2002.

Crapanzano, Vincent: *Tuhami. Portrait of a Moroccan*. Chicago 1980.

Diamond, Stanley: *In Search of the Primitive. A Critique of Civilization*. New Brunswick 1974.

Duerr, Hans Peter: *Der Mythos vom Zivilisationsprozess*, 5 Bde. Frankfurt am Main 1988 – 2002.

Dwyer, Kevin: *Moroccan Dialogues. Anthropology in Question*. Baltimore 1982.

El-Or, Tamar: *Educated and Ignorant. Ultraorthodox Jewish Women and their World*. Boulder 1994.

Elwert, Georg: Markets of Violence. In: Elwert, Gerorg et al (Hrsg.): *Dynamics of Violence. Processes of Escalation and De-Escalation in Violent Group Conflicts*. Berlin 1999, 85 – 102.

Engels, Friedrich: *Der Ursprung der Familie, des Privateigentums und des Staats. Im Anschluss an Lewis Henry Morgans Forschungen*. Zürich 1884 (u. ö.).

Fabian, Johannes: *Time and the Other. How Anthropology Makes Its Objects*. New York 1983.

Falzon, Mark-Anthony: Introduction. In: Ders. (Hrsg.): *Multi-Sited Ethnography. Theory, Practice and Locality in Contemporary Research*. Burlington 2009, 1 – 24.

Ferguson, James: *The Anti-Politics Machine. ›Development‹, Depoliticization and Bureaucratic Power in Lesotho*. Cambridge 1990.

Friedman, Jonathan: *Globalization and Violence*. London 2006.

Friedman, Jonathan: The Implosion of Modernity. A New Tribalism. In: Friedman, Kajsa E./Friedman, Jonathan: *Modernity, Class and the Contradictions of Globalization. The Anthropology of Global Systems*. Walnut Creek 2008, 239 – 262.

Frisk, Sylva: *Submitting to God. Women and Islam in Urban Malaysia*. Seattle 2009.

Geertz, Clifford (Hrsg.): *Old Societies, New States. The Quest for Modernity in Asia and Africa*. Chicago 1963.

Geschiere, Peter: *The Modernity of Witchcraft. Politics and the Occult in Postcolonial Africa*. Charlottesville 1997.

Gupta, Akhil/Ferguson, James: *Culture, Power, Place. Explorations in Critical Anthropology*. Durham 1997.

Hannertz, Ulf: The World in Creolization. In: *Africa. Journal of the International African Institute* 5/4, 1987, 546 – 59.

Hannertz, Ulf: *Transnational Connections. Culture, People, Spaces*. London 1996.

Hanser, Peter/Trotha, Trutz von: *Ordnungsformen der Gewalt. Reflexionen über die Grenzen von Staat und Recht an einem einsamen Ort in Papua Neuguinea*. Köln 2002.

Knoblauch, Hubert: Fokussierte Ethnographie. Soziologie, Ethnologie und die neue Welle der Ethnographie. In: *Sozialer Sinn* 2/1, 2001, 123 – 141.

Kohl, Karl-Heinz: *Entzauberter Blick. Das Bild vom guten Wilden*. Frankfurt am Main 1986.

Kohl, Karl-Heinz: Globalisierung – Das Ende kultureller Identitäten? In: Mensen, Bernhard (Hrsg.): *Globalisierung und ihre Auswirkungen auf religiösem und kulturellem Gebiet*. Nettetal 2001, 101 – 114.

Koshravi, Sharam: *›Illegal‹ Traveller. An Auto-Ethnography of Borders*. Houndmills 2010.

Kramer, Fritz/Sigrist, Christian (Hrsg.): *Gesellschaften ohne Staat*, 2 Bde. Frankfurt am Main 1978.

Kramer, Fritz: Die *social anthropology* und das Problem der Darstellung anderer Gesellschaften. In: Kramer, Fritz/Sigrist, Christian (Hrsg.): *Gesellschaften ohne Staat*, Bd. 1, Frankfurt am Main 1978, 9 – 27.

Lahontan, Louis A.: *Suite de voyage de l'Amerique ou Dialogues de Monsieur le Baron Lahontan et d'un sauvage dans l'Amerique*. Amsterdam 1704.

Mahmood, Saba: *Politics of Piety. The Islamic Revival and the Feminist Subject*. Princeton 2011.

Mahmood, Saba/Hirschkind, Charles: Feminism, the Taliban, and Politics of Counter-Insurgency. In: *Anthropological Quarterly* 75/2, 2002, 339 – 354.

Malinowski, Bronislaw: *Argonauts of the Western Pacific. An Account of Native Enterprise and Adventure in the Archipelagoes of Melanesian New Guinea*. London 1922.

Marcus, George E.: Ethnography in/of the World System. The Emergence of Multi-Sited Ethnography. In: *Annual Review of Anthropology* 24, 1995, 95 – 117.

Marranci, Gabriele: *The Anthropology of Islam*. Berg 2008.

Mead, Margaret: *Sex and Temperament in Three Primitive Societies*. New York 1935.

Morgan, Lewis Henry: *Ancient Society. Researches in the Lines of Human Progress from Savagery through Barbarism to Civilization*. London 1871.

Münkler, Herfried: *Die neuen Kriege*. Reinbek 2002.

Nederveen Pieterse, Jan: *Global Mélange. Globalization and Culture*. Lanham, Boulder 2003.

Olivier de Sardan, Jean-Pierre: *Anthropology and Development. Understanding Contemporary Social Change*. London 2005.

Ong, Aihwa: *Spirit of Resistance. Factory Women in Malaysia.* Albany 1987.

Redfield, Robert: *Peasant Society and Culture. An Anthropological Approach to Civilization.* Chicago 1956.

Riesebrodt, Martin: *Die Rückkehr der Religionen. Fundamentalismus und der ›Kampf der Kulturen‹.* München 2001.

Robertson, Roland: Glocalization. Time – Space and Homogeneity – Heterogeneity. In: Featherstone, Mike et al. (Hrsg.): *Global Modernities.* London 1995, 25–46.

Sahlins, Marshall: *Stone Age Economics.* Chicago 1972.

Said, Edward W: *Orientalism.* New York 1978.

Schlesier, Karl: Zum Weltbild einer neuen Kulturanthropologie. Erkenntnis und Praxis. Die Rolle der Action Anthropology. Vier Beispiele. In: *Zs. für Ethnologie* 105, 1980, 32–66.

Scott, James C.: *The Moral Economy of the Peasant. Rebellion and Subsistence in Southeast Asia.* New Haven 1977.

Scott, James C.: *Weapons of the Weak. Everyday Forms of Peasant Resistance.* New Haven 1987.

Scott, James C.: *The Art of not Being Governed. An Anarchist History of Upland Southeast Asia.* New Haven 2009.

Sillitoe, Paul et al. (Hrsg.): *Participation in Development. Approaches to Indigenous Knowledge.* London 2002.

Slama, Martin: *The Agency of the Heart. Internet Chatting as Youth Culture in Indonesia.* In: Social Anthropology 18/3, 2010, 316–330.

Strecker, Ivo: *Baldambe Explains.* Hohenschäftlarn 1979.

Tedlock, Barbara: From Participant Observation to the Observation of Participation. The Emergence of Narrative Anthropology. In: *Journal of Anthropological Research* 47/1, 1991, 69–94.

Trotha, Trutz von/Klute, Georg: Von der Postkolonie zur Parastaatlichkeit. Das Beispiel Schwarzafrika. In: Reiter, Erich (Hrsg.): *Jb. für internationale Sicherheitspolitik.* Hamburg 2011, 683–707.

Wolf, Eric: *Europe and the People without History.* Berkeley 1982.

Susanne Schröter

Filmwissenschaft

Definitionen von Moderne und Anwendungsbereiche

Film und Moderne sind eng miteinander verbundene und deshalb schwer verhandelbare Begriffe. Erstens ist der Film eine zentrale Komponente der technologischen Innovationen, die die Moderne ausmachen und deshalb selbst eine Ikone der Moderne wie z. B. die Eisenbahn, die Fabrik und das Auto. Zweitens ist der Film neben der Photographie der wichtigste mediale und soziale Ort, an dem diese Ikonographie und die dynamische visuelle Kultur der Moderne zum Ausdruck kommt und rezipiert wird. Drittens ist das Kino folglich eine wichtige Lehranstalt der Moderne, weil es den Menschen beigebracht hat, was es heißt, modern zu sein und modern zu agieren. Und viertens verbinden sich mit den Begriffen und Erfahrungswelten von Moderne und Film ausgeprägte Gefühle der Wehmut und Wertschätzung, denn beide scheinen – bis heute hoch geachtet – ihren Zenit überschritten zu haben. Gerade weil sie eine gewisse Patina angesetzt haben, gewähren die Bilder und Geschichten des Kinos besonders authentisch erscheinende Einblicke in die Geschichte der 20. Jh.s. Der Film ist unser kollektives Gedächtnis der westlichen Moderne.

Die umfangreiche Literatur zum Thema Film und Moderne arbeitet sich an diesen komplexen Überschneidungen ab, in dem Versuch, die beiden Begriffe unterschiedlicher Reichweite und Abstraktionsgrade aus unabhängigen Blickwinkeln zu definieren und sie dadurch objektiver aufeinander beziehen zu können. Dieses Unterfangen hat seine eigene Geschichte, die eine eindeutige Periodisierung insbesondere der frühen Filmgeschichte und eine interessante Schichtung an filmhistorischen und filmtheoretischen Texten hervorgebracht hat, in denen z. T. sehr unterschiedliche Wertungen und Schwerpunkte gesetzt werden.

Die Auseinandersetzung mit Film und Moderne findet in einem interdisziplinären Referenzrahmen mit fünf Eckpunkten statt. (1) Das empirische Interesse richtet sich vorwiegend auf die frühe Filmgeschichte und konzentriert sich auf die erste Hälfte des 20. Jh.s (exemplarisch Charny/Schwartz 1995). Diese frühe Geschichte wird insbesondere seit den 1980er-Jahren in den anglo-amerikanischen *Film Studies* explizit als zentrales Element der modernen Kulturgeschichte konzipiert (z. B. Musser 1990; Bordwell/Staiger/Thompson 1985). Deshalb steht diese Literatur im Folgenden als erster Eckpunkt im Mittelpunkt des Interesses. (2) Die Diskussion der *Film Studies* wird durch eine überschaubare Zahl wichtiger philosophischer Einlassungen ergänzt, die das Phänomen Film in weitreichende Reflexionen zu Medien und Moderne einbetten (v. a. Deleuze 1992). (3) In beiden Diskursen über Film und Moderne spielen drittens die Stimmen intellektueller Zeitzeugen, die den Triumphzug des Films selbst erlebt und scharfsinnig kommentiert haben, eine besonders einflussreiche Rolle (Benjamin 1972; Kracauer 1995). Die zeitgenössischen Beobachter fungieren v. a. seit den 1980er-Jahren in »the era of the witness« (Wieviorka 2006) als gewichtige Authentizitätszeugen für eine z. T. nostalgisch eingefärbte akademische Rehabilitierung des Films als Wahrzeichen, Drehscheibe und kulturelles Gedächtnis der Moderne. (4) An diese Diskurse schließt sich eine konzeptionell ähnlich ausgerichtete und ähnlich emotional eingefärbte Wertschätzung des europäischen Autorenkinos der Nachkriegsjahrzehnte an, als der italienische Neorealismus, die französische *Nouvelle Vague* und der Neue Deutsche Film in Reaktionen auf die modernen Gewaltkatastrophen des Zweiten Weltkriegs und des Holocausts eine neue, selbst-reflexive Filmsprache kreierten. Die Filmautoren konzipierten diese Filme ganz bewusst als Kunstwerke, die besonders gut geeignet sind, moderne Zeiterfahrungen zu reflektieren (Betz 2009).

Der Filmwissenschaft ist es leicht gefallen, diese vier verschiedenen Texttraditionen und Reflexionsebenen über Film und Moderne zu integrieren, denn alle vier Literaturen konzentrieren sich in ihren analytischen Bemühungen auf die dialektische Beziehung zwischen Hollywood und dem europäischen Kino. Die Grenzen dieser Diskurse wurden erst offensichtlich, als in den Filmwissenschaften ein postkolonialer Perspektivenwechsel stattfand, der langsam an Bedeutung gewann. Die Filmemacher des postkolonialen und transnationalen *Third Cinema* positionierten sich schon seit den 1960er-Jahren in bewusster Abgrenzung gegenüber dem europäischen Autorenkino (*Second Cinema*) und Hollywood (*First Cinema*). Aber die Filmwissenschaft begann erst in den 1990er-Jahren und zudem recht zögerlich, den postkolonialen Blickwinkel in den wissenschaftlichen Kanon zu integrieren. Deshalb erscheint die für viele Jahre selbstverständliche geographische und historische Verortung von Film und Moderne im Westen des 20. Jh.s heute fragwürdig (Ponzanesi/Waller 2012).

(5) Mit dem postkolonialen Wendepunkt, der den fünften Eckpunkt markiert, beginnt ein Abschnitt konzeptioneller Unübersichtlichkeit. Die Filmwissenschaften hatten zuvor die attraktive Aufgabe gut gemeistert, für das Medium Film einen angemessenen Platz in den Annalen der Moderne zu finden. Aber diese Leistung ist seither von zweifelhaftem Wert, weil die dabei zugrunde gelegten Kriterien von Modernität nur noch bedingt tragfähig erscheinen (Chakrabarty 2000). Auch in den Filmwissenschaften spielen jetzt Konzepte der *multiple modernities* eine zentrale Rolle, die die Gleichzeitigkeit des Ungleichzeitigen betonen (Lau 2003). Einerseits belegt diese Literatur die lange und unabhängige Geschichte und modernisierende Funktion des Films in nicht-westlichen Kontexten, und andererseits gewinnen Film und Modernität eine neue, radikal gegenwartsorientierte Qualität, weil das Medium auch im 21. Jh. noch eine bedeutende Reflexionsfläche bietet, wenn in einer Gesellschaft wie z. B. China über gesellschaftliche Entwicklung und Ungleichheit nachgedacht wird (Gong 2012). Die modernistische und modernisierende Rolle des Films lässt sich offensichtlich nicht auf den so liebevoll rekonstruierten geschichtlichen Raum der amerikanischen und europäischen Metropolen der ersten Hälfte des 20. Jh.s begrenzen. Es stellt sich erneut die wichtige Frage, nach welchen politischen und ästhetischen Kriterien die Leistungen dieser transnationalen Filmlandschaft beurteilt werden können. Es geht nicht mehr um Hollywood und seine vermeintlich anti-modernistischen Tendenzen, sondern um die genaue Verortung von Bollywood als transnationales modernes Kulturphänomen (Kishore/Sarwal/Patra 2014).

In seinem Klassiker *Melodrama and Modernity* hat Ben Singer 2001 die Bedeutung des Begriffs der Moderne für die Filmwissenschaft des 20. Jh.s sehr gut auf den Punkt gebracht. Bis in die 1980er-Jahre spielte das Konzept der Moderne in der Filmgeschichte und Filmtheorie keine zentrale Rolle, während sich gleichzeitig die Sozialwissenschaften in bewusster Auseinandersetzung mit der Moderne als Wissenschaftszweig konstituierten. Folglich importierten Filmwissenschaftler Teile dieser umfangreichen Wissensbestände, als sie in den letzten Jahrzehnten des 20. Jh.s eine breit gefächerte, durchaus kontrovers geführte Neuinterpretation der frühen Filmgeschichte vorlegten. Denn diese Interpretationsanstrengung war u. a. der Aufgabe gewidmet, das Kino als essenziell moderne Kulturform zu erfassen und in die übergreifenden soziokulturellen Modernisierungsprozesse einzubetten. Singer versteht dabei die Moderne als ein von instrumenteller Vernunft gesteuertes Zeitalter explosionsartiger sozioökonomischer und technischer Entwicklung, das durch ein großes Maß an Diskontinuität, Mobilität, und soziale Fragmentierung geprägt ist. Für Singer spielt das Kino folgerichtig eine besondere soziale Rolle, weil seine Interpretation der Moderne für viele Menschen ein Alltagsleben beispielsloser Reizkomplexität und -intensität postuliert, die im Film reflektiert und z. T. auch über den Film transportiert wird (Singer 2001).

Forschungsgeschichte

Analyserichtungen

Die empirische und konzeptionelle Nähe des Films als Kommunikationsmedium und der Moderne im Sinne eines gesellschaftlichen und akademischen Leitbegriffs hat zur Folge, dass alle Überlegungen zu der historischen, geographischen und sozialen Verortung des Films in Auseinandersetzungen über angemessene gesellschaftliche Entwicklung und gesellschaftlichen Fortschritt verstrickt sind. In der Filmwissenschaft lassen sich dabei drei prinzipielle Analyserichtungen unterscheiden.

Zum einen stellt sich die Frage, inwieweit die Geschichte des Films als Fortschrittsgeschichte erzählt werden kann oder soll, wobei sich unterschiedliche Erzählungen ergeben, je nachdem, ob technologische, sozial-politische oder kulturell-ästhetische Entwicklungskriterien im Vordergrund stehen (z. B. Utterson 2005). Dem Fortschrittsnarrativ entgegengerichtet ist zum anderen ein Erinnerungsnarrativ, das Kinogeschichte, Kinobesuch und die damit verbundene Erfahrung von Urbanität in eine Verlustgeschichte einbettet. Das Verschwinden bestimmter Medienformate und -rituale wird auch in der akademischen Filmwissenschaft als ein Verlust an Authentizität und Identität gedeutet (Sontag 1996; Dimendberg 2004). In diesen Ausführungen dominiert eine nostalgisch geprägte, der Vergangenheit zugewandte Erzählhaltung, die Trauer über das frühzeitige Ende der Moderne und seiner Fortschrittsgeschichte zum Ausdruck bringt. Beide Narrative betrachten die Filmgeschichte aus unterschiedlichen Perspektiven, aber ihnen liegen komplementäre Werturteile zugrunde und sie sind deshalb entsprechend einfach kombinierbar.

Die scheinbar so klar strukturierte filmwissenschaftliche Erzähllandschaft gewinnt allerdings an Komplexität, weil sowohl das Fortschritts- als auch das Nostalgienarrativ im Kontext post-strukturalistischer und postkolonialer Theorieansätze schon zu einem Zeitpunkt normativ fragwürdig erschienen, als sich die Filmwissenschaft in den 1980er-Jahren zum ersten Mal explizit dem Thema Film und Moderne zuwandte. Insbesondere seit der Jahrtausendwende produziert die schnelle Abfolge widersprüchlicher Erzählstrategien ein interessantes Spektrum einander relativierender und überlagernder kulturwissenschaftlicher und filmwissenschaftlicher Fachdiskurse. Zu traditionellen intellektuellen Vorbehalten gegenüber modernen Massenmedien gesellten sich akademische Wertschätzungen der filmischen Avantgarde und des europäischen Autorenkinos, erfolgreiche Ehrenrettungen Hollywoods als eines komplexen kulturellen Ortes des politischen Selbstfindung und schließlich postkoloniale Medienanalysen, welche die diesen Diskursen zugrundeliegenden Werturteile in Frage stellen.

Doch die postkoloniale Fundamentalkritik wird vermutlich auch keine intellektuelle Stabilität produzieren, denn in einer Spirale konsequenter Selbstreferentialität haben die Kulturwissenschaften schon mit der Aufgabe begonnen, die kulturindustrielle Verwertung postkolonialer Werturteile zu thematisieren. Dritte Welt-Memorabilia und postkoloniale Mediendiskurse sind selbst schon zu einer Ware, zu einer Art Neo-Orientalismus, verkommen (Ponzanesi 2014). Diese Entwicklung hat den Vorteil, dass Film und Filmwissenschaft nicht mehr nur als Erinnerungsorte für die vergangene Welt der europäischen Moderne dienen, sondern als komplexe, transnationale kulturelle Umschlagplätze, auf denen die Inhalte, Formate und Erinnerungen an zeitgenössische und zukünftige (Post-) Modernitätserfahrungen mehr oder weniger elegant und widersprüchlich verdichtet werden können (Sinha/McSweeney 2012; Radstone 2010). Das Medium Film hat also keineswegs ausgedient, obwohl rückwärtsgewandte Interpretationslinien den akademischen Diskurs beherrschen.

Kinogeschichte

Das Reservoir an filmwissenschaftlichen Erzählbausteinen ist schnell umrissen. Die Kinogeschichte begann 1895 auf den Jahrmärkten und in den Variétés Europas. Das zahlende Publikum bekam wenige Minuten währende, kurzweilige Filme zu sehen, auf denen Alltagsszenen, überraschende und groteske Ereignisse sowie visuelle Inszenierungen abgelichtet waren. In der Forschungsliteratur wird dieser Abschnitt der Filmgeschichte auch als *cinema of attractions* bezeichnet, das durch geringe narrative Komplexität geprägt war (Gunning 1986; Gaudreault 2011). Es folgte eine experimentelle Übergangsphase, zumeist von 1905/07 bis 1916/20 angesetzt, in der Filme deutlich an Länge, ästhetischer Vielfalt und narrativer Komplexität gewannen, ohne dass sich schon ein dominantes Format herauskristallisierte (Bowers 1990). Aus der rückblickenden Perspektive der Filmwissenschaftler des späten 20. und frühen 21. Jh.s entstand ein solches dominantes Paradigma erst mit der Entwicklung des klassischen Hollywood-Films in den Jahren nach 1920 (Bordwell et al. 1985).

Bis zur Entstehung des Hollywood-Paradigmas verlief der Ideen- und Kulturtransfer in erster Linie in westlicher Richtung. Am Ende des 19. und zu Beginn des 20. Jh.s galten die Vereinigten Staaten auf beiden Seiten des Atlantiks als kulturelle Wüste. Die US-amerikanischen Wissenschaftler und Künstler orientierten sich an der Arbeit ihrer Kollegen in den modernen europäischen Metropolen London, Wien, Berlin und insbesondere Paris und bezogen oft selbst dort Quartier. Hollywood hat seit seinen Anfängen von diesem Transfer profitiert und ist entscheidend vom deutschen Expressionismus, italienischen Neorealismus und von der neuen französischen Welle geprägt worden. Die Vereinigten Staaten haben den Kulturtransfer nach dem Zweiten Weltkrieg aber ins Gegenteil verkehrt und mit Jazz, Rock and Roll, Fernsehen, Vergnügungsparks, Werbung und Fast Food einem ganzen Planeten Furcht vor US-amerikanischer kultureller Hegemonie und Amerikanisierung eingeflößt. Die Kunst der Moderne ist nicht in den USA erfunden worden, aber Hollywood hat die amerikanische Metropole als Inbegriff moderner Kultur und Lebensweise etabliert, auf die große Teile der Weltbevölkerung ihre Ängste und Hoffnungen projizieren konnten. Folglich wird der Niedergang der US-amerikanischen Kinokultur, der in schwindenden Besucherzahlen und zunehmender kultureller und politischer Desillusionierung gegenüber den USA zum Ausdruck kommt, als generelle Abkehr vom Projekt der Moderne gedeutet (Pells 2011).

In der Literatur (z. B. Perry 2006) wird dem Behemoth Hollywood mit dem experimentellen Avantgarde-Film ein ungleicher Partner an die Seite gestellt, wobei die kritische Wertschätzung der auf diese Weise dialektisch miteinander verbundenen

Filmtraditionen gerade im Hinblick auf ihre Bedeutung für die kulturelle Moderne über viele Jahre sehr unterschiedlich beurteilt wurde. Während Hollywood die Modernität im Sinne einer aufklärerischen Modernität über viele Jahrzehnte abgesprochen wurde, galten Avantgarde-Film, experimenteller Film und nicht-kommerzielles Kino schon vor dem Zweiten Weltkrieg als Ort politisch-ästhetischen Widerstands gegen die Zurichtungen des Kapitalismus. Diese Konstellation wird für die Jahre nach 1920 angesetzt, als sich Hollywood als kulturelle Institution und ästhetisches Paradigma etabliert hatte (Turvey 2013; McParland 2013). Weitere wichtige filmhistorische Entwicklungen wie die Einführung des Tonfilm 1929 und des Farbfilms 1937 spielen in den Diskussionen über die spezifisch modernen Eigenschaften des Mediums nur eine untergeordnete Rolle.

Entscheidende zusätzliche Wendepunkte in der Geschichte der Interpretation des Films als modernes Kulturprodukt ergeben sich erst im Kontext der Analyse des selbstreflexiven Autorenkinos nach dem Zweiten Weltkrieg, der postkolonialen Kritik der Institution Film und dem immer wieder verkündeten Tod des Kinos, das erst vom Fernsehen und dann viel folgenreicher von digitalen Aufzeichnungs- und Kommunikationssystemen in das gesellschaftliche Abseits gedrängt wurde. In der Fachliteratur werden der erste vollständig digital produzierte Film – *Toystory* (1995) – und der sich rapide ausbreitende DVD-Markt als Wendepunkte benannt (Murphet 2008). Aus der Perspektive des Jahres 2015 erscheint bedeutsamer, dass Hollywood und Bollywood schon seit Jahren in Umsatzzahlen und Profit weit hinter den globalen Verkaufszahlen von Videospielen rangieren (Griffiths 2013). Interaktive digitale Kultur hat dem betagten Filmmedium den Rang abgelaufen, was Konsumenten nicht darin hindert, alte und neue Medien munter miteinander zu kombinieren und ohnehin allseits gegenwärtige Konvergenz- und Remedialisierungsprozesse voranzutreiben (Bolter/Grusin 2000).

Film als modernes Kommunikationsmedium

Der wiederholt prognostizierte Niedergang des Kinos scheint für die Filmwissenschaft eine produktive Rolle gespielt zu haben, denn die Trennung des symbiotischen und ungleichen Paares ›Moderne‹ und ›Film‹ fällt den Experten offenbar leichter, seit sie das Gefühl haben, nicht mehr so richtig in der Moderne verhaftet zu sein. *Cinematic Modernism Studies* explodierten in den 1990er-Jahren im Kontext einer wenn auch vage, so doch weithin empfundenen postmodernen Schwellengrenze, die historischer Selbstvergewisserung durch die Auseinandersetzung mit dem vornehmlichen kulturellen Vorgänger, der Moderne, Vorschub leistete (Bordwell et al. 1985; Hansen 1991; Musser 1990; Orr 1993).

Am vorläufigen Ende eines mehrere Jahrzehnte währenden Interpretationsprozesses erscheint die besondere Bedeutung des Films für das Zeitalter der Moderne unumstritten. In der Wahrnehmung des Philosophen Alain Badiou (geb. 1937) ist der Film das moderne Medium par excellence, weil er durch sein plötzliches Auftreten die anderen sechs Künste (Architektur, Skulptur, Malerei, Tanz, Musik und Dichtkunst) gezwungen habe, einen Teil ihrer Kernkompetenzen und gesellschaftlichen Aufgaben an den industriellen Emporkömmling abzutreten (Badiou 2005). Der Film sei zu diesem Kraftakt fähig, weil er, durch keine genuin eigene ästhetische Essenz behindert, bestehende ästhetische Kategorien aushebeln könne und sich gegenüber den anderen Künsten rücksichtslos parasitär verhalte. Nach Badiou gründet sich die ontologische Vormachtstellung des Films in der Moderne auf den Umstand, dass er sich in den Räumen zwischen den traditionellen Künsten eingenistet hat und aus dieser Position eine unwiderstehliche Anziehungskraft auf die Konkurrenten und deren traditionelle Klientel ausübt.

Der Filmtheoretiker Francesco Casetti (geb. 1947) hat diese besondere Synchronie zwischen Film und Moderne zeitgleich mit Badiou auf komplementäre Weise bestätigt. Casetti betont die außerordentliche soziale Präsenz, Zugänglichkeit und Reaktionsschnelligkeit des Mediums Film in einem historischen und gesellschaftlichen Kontext, der sich durch einen besonderen Bedarf an neuen Riten und Mythen auszeichnet. Casetti führt das synchrone Verhältnis auf die der filmischen Optik eingeschriebenen Spannungsverhältnisse zurück, welche die Widersprüche moderner Gesellschaften reflektieren und deshalb auch kritisch thematisieren und z. T. sogar ausgleichen können. Der Film bestätigt den partiellen, subjektiven Blickwinkel des einzelnen Individuums, kann ihn jedoch durch Schnitt und Totale jederzeit relativieren und auf einen übergeordneten Interpretationszusammenhang ausrichten. Dadurch bietet das Kino den Zuschauern eine Immersionserfahrung, die bis zum Ende des 20. Jh.s von keinem anderen Medium erreicht wird, ohne dass der Film seine Fähigkeit zu objektivierender Distanz und Analyse verliert.

Gleichzeitig verspricht die Apparatur Film eine rein technische, vom Menschen unabhängige Darstellung der Welt, in der sich Realität und Fantasie mühelos kombinieren lassen, um sich in der filmischen Praxis dann doch immer wieder auf eine klare Differenzierung zwischen realistischen und imaginierten narrativen Welten und einen kompromisslosen anthropomorphen Blickwinkel festzulegen. Casetti feiert den Film deshalb als ein mit der Moderne symbiotisch verbundenes, zutiefst ambivalentes Kulturprodukt, das tragfähige Kompromisse herstellen kann, ohne die den Kompromissen zugrundeliegenden Widersprüche auszublenden (Casetti 2008). Im Film kann eine verunsicherte, ihrer selbst entfremdete Individualität wichtige Einblicke in moderne Lebensumstände gewinnen und sich im Idealfall ihrer Entfremdung sogar ein Stück weit entziehen.

Klassiker der Filmtheorie

Badious spannungsreiche, leicht bedrohlich wirkende Metapher des Film-Parasiten verhält sich durchaus komplementär zu der Bildsprache und den Kernaussagen der Klassiker der Filmtheorie und Zeitgenossen des frühen Kinos, deren Texte seit den 1980er-Jahren im Mittelpunkt des akademischen Interesse standen (Murphet 2008). Walter Benjamin (1892–1940) begrüßte den Film schon 1936 als willkommene Schocktherapie für eingefahrene bürgerliche Konventionen, und Siegfried Kracauer (1889–1966), dessen Texte erst nach der Übersetzung ins Englische eine zentrale Rolle spielen sollten, sprach vom Kino als einer durch und durch modernen Erfahrung, weil nur in diesem Medium die Auswirkungen von Modernisierung auf die Menschen angemessen thematisiert werden könnten (Benjamin 1972; Kracauer 1995). Benjamin und Kracauer waren beide gleichermaßen fasziniert von der zutiefst ambivalenten Rolle der Institution Film, die einerseits die industrielle Modernisierung und Entfremdung vorantrieb, andererseits aber auch als Ort kritischer Distanz und Aufklärung fungieren konnte. Diese Ambivalenz scheint dem Medium von Anfang an eingeschrieben. Das Kino war seit seiner Entstehung dem Realitätsprinzip der Photographie genauso verpflichtet wie den narrativen Montagetechniken der Literatur. Im Zentrum der Moderne steht folgerichtig ein Hybrid, oder, provokativer formuliert, eine folgenreiche Fälschung: Der Film verwandelt die Stasis der Photographie in eine Illusion von Bewegung; der Takt dieses Betrugs ist der Rhythmus der Moderne. Beim herkömmlichen kommerziellen Film lag dieser Rhythmus bei 24 Aufnahmen pro Sekunde.

Es passt zu der Interpretation der filmischen Apparatur als einer Betrugsanstalt, dass die Wahrnehmung des Kinos als eines komplexen und dezidiert modernen Mediums mit der energischen Dekonstruktion eines Betrugsverhältnisses begann. In diesem Fall stand aber nicht die visuelle Illusion des Kinos, sondern sein vermeintlicher politischer Verrat im Vordergrund. Nach dem durchschlagenden Erfolg faschistischer Kultur und im Kontext der rasanten Amerikanisierung europäischer Massenmedien begegneten viele Intellektuelle, Filmkritiker und Filmschaffende dem Erfolgsmodell der neuen Populärkultur, dem Unterhaltungskino aus Hollywood, mit erheblichen ideologischen Bedenken. Aufgrund ihrer grundlegenden Vorbehalte waren Intellektuelle wie Theodor Adorno (1903–1969) zu dem Zeitpunkt nicht in der Lage, zwischen US-amerikanischer und nationalsozialistischer Filmindustrie zu differenzieren, und operierten mit einem einfach strukturierten, binären Modell moderner Kultur. Die ideologisch bedenklichen kapitalistischen Massenmedien, das neue Medium Fernsehen eingeschlossen, gehörten zur negativen Seite der Moderne, die ihre destruktive und politisch reaktionäre Grundstruktur als Begleitmusik von Faschismus und Imperialismus, vom Zweiten Weltkrieg bis zum Vietnamkrieg, immer wieder unter Beweis gestellt hatte. Dieser negativen Seite wurde die positive, selbstreflexive Seite der klassischen europäischen Moderne in der Literatur und den bildenden Künsten gegenübergestellt; sie erschien in einem ähnlich eindeutigen, wenn auch diametral entgegengesetzten Licht und wurde in der intellektuellen Wahrnehmung oft als ein Ort prinzipiellen, geschlossenen Widerstands gegen den Status quo imaginiert (grundlegend: Rosen 1986; Miller/Stam 2004). Dieses einfache, moralisch überfrachtete Modell galt es zu überwinden, bevor eine differenzierte Analyse des Mediums Film möglich war, und dies geschah auf breiter Front erst in den 1980er-Jahren, ein halbes Jahrhundert nach dem Durchbruch des realistischen Erzählkinos.

Filmtheorie seit den 1970er-Jahren

Die herrschende Mehrheitsmeinung über die dem Unterhaltungsfilm eingeschriebene strukturelle ideologische Verblendung lässt sich an der tonangebenden, marxistisch inspirierten Filmtheorie der 1970er-Jahre dingfest machen. Nach dem einflussreichen, vernichtenden Urteil von Colin McCabe (geb. 1949) ist der Hollywood-Film nicht in der Lage, fundamentale gesellschaftliche Widersprüche anzuerkennen, geschweige denn zu deren Auflösung beizutragen (McCabe 1974). Diese orthodoxe, eindimensionale Lesart des Mediums Film, die an Adornos ebenso eindimensionale und einflussreiche Verurteilung der Kulturindustrie erinnert, lehnt sich an eine positive Einschätzung der ästhetischen Verfahren der literarischen Moderne an, die sich, wie auch schon Adorno behauptete, genau solcher Widersprüche annehmen könne (Adorno/Horkheimer 1988).

Deshalb wurde in der Filmtheorie der Nachkriegsjahrzehnte entschieden zwischen Filmindustrie und Avantgarde differenziert. Während Erstere als hoffnungslos in kapitalistische Verwertungskreisläufe verstrickt galt, feierten mehrere Generationen von Intellektuellen die Avantgarde als Hort des Widerstands gegen die instrumentelle Vernunft (z. B. noch Calinescu 1987). Sie verliehen den Filmen der klassischen Avantgarde – z. B. denen von Oskar Fischinger (1900–1967), Walter Ruttmann (1887–1941), Dudley Murphy (1897–1968), Marcel Duchamp (1887–1968), Rene Clair (1898–1981) und Man Ray (1890–1976) – das Prädikat ›modern‹ im Sinne von ›modernistisch‹ und ließen ihnen entsprechende analytische Aufmerksamkeit zuteilwerden. Das Interesse richtet sich besonders auf die experimentellen Filme der 1920er-Jahre, die ein breites Genrespektrum vom abstrakten Zeichentrickfilm über den Dada-Film bis zum innovativen Dokumentarfilm abdecken (Turvey 2011; MacDonald 1993).

Experimenteller Film und Unterhaltungskino

Dieses Interesse ist nachvollziehbar und hat sich bis in die Gegenwart erhalten, denn auf dem Feld des experimentellen Films tummelten sich zu Beginn des 20. Jh.s auch bedeutende Künstler, die vorwiegend in anderen Medien arbeiteten, wie z. B. Hans Richter (1888–1976), Fernand Leger (1881–1955) und Salvador Dalí (1904–1989); viele ähnlich innovative Filmschaffende sind ihnen gefolgt. In der Filmwissenschaft erfreuen sich diese Regisseure besonderer Wertschätzung, da sie die formelhaften Genrekonventionen des Erzählkinos unterlaufen und durch die Flucht in die Abstraktion oder die widersprüchliche Manipulation von Schnitt, Ton, Licht, Erzählstrategie, Charakterentwicklung und Themensetzung die mimetische Qualität des Films aushebeln und eine völlig widersprüchliche, ungewohnte Bilderwelt schaffen, die sich weder chronologisch noch räumlich eindeutig erfassen lässt und den Film als Medium zum Gegenstand selbst-reflexiver Analyse macht (Perry 2006).

Dabei gehen die Filmemacher sehr unterschiedlich zu Werke. Alain Resnais (1922–2014) entwirft in *Letztes Jahr in Marienbad* (*L'Année dernière à Marienbad*, 1961) eine Erzählwelt, die auf den ersten Blick realistisch wirkt, aber durch erzählerische Komplexität schnell in gegenläufige Versatzstücke zerlegt wird, die sich weder mit der Bildsprache unser Alltagswelt noch der des Genrekinos mimetisch deckt und erklären lässt (Kline 2006). Andy Warhol (1928–1987) löst in *Sleep* (1963) den alltäglichen Anblick eines schlafenden Mannes in eine abstrakte Lichtkomposition auf und distanziert sich auf diesem einfachen, aber effektiven Weg von den Konventionen realistischer Darstellung (Joseph 2006). Diese Beispiele verdeutlichen, dass der modernistische Film ein eigenständiges Medium mit eigenen Gestaltungsmöglichkeiten und -strategien darstellt, obwohl viele seiner semantischen Kunstgriffe auf andere Kunsträume verweisen, die von der modernen Literatur bis zur poststrukturalistischen Philosophie reichen (O'Pray 2013).

Dem amerikanischen Unterhaltungskino gelang zeitgleich mit der ersten Blüte des experimentellen Films in den 1920er-Jahren der entscheidende Durchbruch zum klassischen Erzählkino. Die akademische Filmkritik aber hat die Formate und Genres dieses Kinos über mehrere Jahrzehnte nicht als besondere moderne Kulturleistung anerkannt. Der entscheidende Wendepunkt in der filmwissenschaftlichen Beurteilung Hollywoods liegt in den 1980er-Jahren, als eine grundlegende Neuinterpretation des realistischen Hollywoodkinos vorlegt wurde (Bordwell et al. 1985). Die Autoren weigerten sich, zwischen einer guten und einer schlechten Moderne zu unterscheiden, und definierten den Widerspruch zwischen Kommerz und Aufklärung als ein entscheidendes, dem Kino inhärentes Qualitätsmerkmal, das Letzteres erst als ein modernes Medium auszeichnete. Damit kritisierten sie auch den einfachen, dem Nachkriegsparadigma eingeschriebenen Gegensatz zwischen realistischen und modernistischen Verfahrensweisen und führten den Film zu gleichen Teilen auf das realistische Prinzip der Photographie und das konstruktivistische, narrative Element der Literatur zurück.

Die spannungsreiche Beziehung zwischen diesen beiden Konstruktionsprinzipien konnte nicht mehr mit dem Verweis auf affirmative Populärkultur und revolutionäre Avantgarde aufgelöst werden, sondern verband sich mit der unbequemen Einsicht, dass die

Widersprüche zwischen instrumenteller und aufklärerischer Vernunft in die technische Apparatur Film und das sozial-mediale Epistem Kino konstitutiv eingeschrieben waren. Obwohl Bordwell et al. einen wichtigen ersten Schritt taten, um herrschenden ideologischen Orthodoxien zu begegnen, legten sie sich gleichzeitig auf ein wenig dynamisches evolutionäres Erklärungsmodell für den Erfolg des Films fest. In ihrer Interpretation stellt das klassische Erzählkino aus Hollywood eine perfekte Synergie zwischen in Millionen von Jahren entstandenen menschlichen mentalen Strukturen und physiologischen optischen Wahrnehmungsabläufen einerseits und der Filmapparatur andererseits her.

Neuere Ansätze

Die herausragende soziale und kulturelle Bedeutung des Films beruhte also auf einem zufälligen und glücklichen Aufeinandertreffen von biologischen Konstanten und technologischer Innovation, die prinzipiell auch zu einem anderen Zeitpunkt hätte geschehen können – es sei denn, man argumentiert mit Jonathan Crary, dass die eigentliche visuelle Revolution der Moderne und die damit verbundene drastische Aufwertung visueller Erfahrungen schon am Anfang des 19. Jh. stattfand. Denn bereits zu diesem Zeitpunkt, so Crary, führte eine Konstellation aus neuen Verwaltungs- und Machtanforderungen, neuen Sehtechnologien wie dem Stereoskop und dem Phenakistiskop und neuen sozialen Praktiken und Perspektiven zu einem Bruch mit dem klassischen Renaissance-Modell menschlicher Umweltwahrnehmung, in dem Gesichtssinn und Tastsinn z. B. noch eng miteinander verknüpft waren. Der Triumphzug des Sehens setzte also schon zu Beginn des 19. Jh.s ein und ist eine entscheidende Voraussetzung für die Erfindung von Photographie, Film und des Okularzentrismus der Moderne (Crary 1990; Jay 1993).

Auf den Befreiungsschlag von Bordwell et al. folgte eine ganze Reihe von empirisch gesättigten Studien, die sich mit der Anfangsgeschichte des Kinos auseinandersetzten und eindrucksvoll verdeutlichten, dass die Erfolgsgeschichte des Films in der urbanen Kulturlandschaft des 19. Jh.s verankert ist und schon die ersten, scheinbar unbeholfenen Schritte des neuen Mediums in vielfältige, dynamische Produktions- und Rezeptionsprozesse eingebunden waren, die sich nicht auf einfache politische Formeln und Kommunikationsmodelle reduzieren lassen. Charles Musser analysierte solche komplexen Beziehungsgeflechte z. B. anhand der sich überlagernden visuellen Projektionstechnologien in der Populärkultur der Vereinigten Staaten um die Jahrhundertwende (Musser 1990); Eileen Bowers setzte diese Geschichte mit einer Studie der Kinokultur der amerikanischen Metropolen in den Jahren nach der Etablierung der Nickelodeons fort (Bowers 1990); Tom Gunning konzentrierte sich auf die vielen Kurzfilme, die David Wark Griffith (1874–1948) zwischen 1908 und 1913 für die Produktionsgesellschaft Biograph herstellte (Gunning 1991); Thomas Elsaesser und Adam Barker boten einen umfassenden Überblick über die ersten Jahre des Kinos in Europa und den USA (Elsaesser/Barker 1990). Diese und ähnliche Veröffentlichungen rekonstruierten die Medienprodukte, Produktionskreisläufe und Sehgewohnheiten, die insbesondere den städtischen Alltag radikal veränderten und ein neues, visuell definiertes Paradigma kultureller Selbstverortung begründeten, das nur mithilfe moderner Technik und im Kontext moderner Gesellschaftsstrukturen entstehen konnte.

Als Geburtshelfer für die erste Welle von *Cinematic Modernism Studies* fungierten die Zeitzeugen der Filmgeschichte der ersten Stunde. Insbesondere Walter Benjamins Essay aus über *Das Kunstwerk im Zeitalter seiner mechanischen Reproduzierbarkeit* (1936) spielte schnell eine zentrale programmatische Rolle (Benjamin 1972). In einer einflussreichen Interpretation von Benjamins überschaubaren Ausführungen zum Medium Film hat Peter Wollen den Essay effektiv verdichtet (Wollen 1993). Neben Benjamins Wertschätzung des Films als Schocktherapie für die kleinmütige bürgerliche Kultur des 19. Jh.s ist für Wollen Benjamins Begriff der Zerstreuung von spezieller Bedeutung. Benjamin will damit gerade nicht auf durch den Film transportierte ideologische Verblendungen aufmerksam machen, sondern das Kino als wichtigen Umschlagplatz moderner kultureller Angewohnheiten und Wahrnehmungsstrategien anerkennen. Das Kino propagiert z. B. Zeitkonzepte, die der Bevölkerung die Integration in das moderne Arbeits- und Kulturleben entscheidend erleichtern. Dabei werden Körper und Geist zwar auf industrielle Produktionsprozesse aus- und zugerichtet, aber die Zerstreuung im Kino bietet im Prinzip eben auch die Möglichkeit, mit diesem Wissen kritisch über die Gegenwart zu reflektieren.

Siegfried Kracauers komplementäre Einsichten in die ambivalenten politischen Auswirkungen des Kinos fanden in Miriam Hansen eine besonders effektive Fürsprecherin (Hansen 1991; Koch 2000). Sie betonte, dass für Kracauer das Kino das entscheidende soziale Forum war, in dem die Auswirkungen der Modernisierung umfassend und für alle Gesellschaftsschichten thematisiert wurden. Dadurch bot das Kino den Massen überhaupt erst die Möglichkeit, sich als eigene und potentiell kritische Öffentlichkeit zu konstituieren (Kracauer 1995). Hansen gab diesem Gedankengang eine besonders produktive und weitreichende Wendung, indem sie die Bedeutung des Films für die Konstituierung alternativer kollektiver Identitäten in den Vordergrund stellte. In ihrer Einschätzung war das Kino der Ort, an dem sich nicht-hegemoniale Gruppen wie Frauen, Einwanderer und Arbeiter über ihre spezifischen Interessen verständigen konnten – und zwar nicht trotz, sondern wegen der wirtschaftlich begründeten großen Reichweite des Kinos. In letzter Konsequenz ermöglicht die universelle Bildsprache des Films sowie dessen transnationale wirtschaftliche Ausdehnung eine globale Auseinandersetzung über die Moderne, die so in keinem anderen Medium geführt werden kann. Hansen ist sich bewusst, dass diese Auseinandersetzung von großer Instabilität geprägt ist und alternative Öffentlichkeiten i. d. R. ebenso schnell wieder zerfallen, wie sie entstanden sind (Hansen 1991). Trotzdem hat ihre Intervention, die sie mit dem Begriff *vernacular modernity* auf den Punkt bringt, entscheidend dazu beigetragen, dass jedwede eindimensionale, ausschließlich auf die Manipulationskraft des Films abhebende Kritik des Mediums nicht mehr legitim erscheint.

Räume, Zeithorizont und Ausblick

Die Fachliteratur, die sich explizit um das Verhältnis von Moderne und Film bemüht hat und den Film als genuin modernes Medium anerkennt, ist wie viele andere filmwissenschaftliche Diskurse von einem Gefühl der Nostalgie durchzogen (Grainge 2003; Cook 2005; Casetti 2008). Das Verhältnis von Film und Moderne scheint für die Filmwissenschaft also genau in dem Moment zu einer ernsten Herausforderung geworden zu sein, in dem es von eben dieser Moderne Abschied zu nehmen heißt.

Vom Film Noir bis zum Hollywood-Kino der 1970er-Jahre

Ed Dimendberg hat diesen Erinnerungsdiskurs in entwaffnender autobiographischer Offenheit thematisiert (Dimendberg 2004): In seiner Einschätzung evoziert der *Film Noir* aus den frühen 1940er- bis zu den späten 1950er-Jahren drei Zeitschichten US-amerikanischer Urbanität. Hier verbindet sich in einem polyrhythmisch verdichteten kulturellen Prisma die klassische Moderne der 1920er- und 1930er-Jahre mit dem technologischen Innovationsschub des Zweiten Weltkriegs und der breiten Wohlstandsgesellschaft der Nachkriegsjahrzehnte, in der sich allerdings aus rückblickender Perspektive bereits die von Dimendberg als postmodern gedeuteten sozialen Fragmentierungs- und Ausdifferenzierungsprozesse der 1960er erkennen lassen. Für Dimendberg thematisiert der *Film Noir* folglich »traumas of unrecoverable time and space« und »the inability to dwell comfortably either in the present or the past«, die er mit seinen Erinnerungen an die Spuren der Nachkriegszeit im New York der 1960er-Jahre verbindet (Dimendberg 2004, 1). Hier erscheint in überaus konkreter Form die grundlegende Erinnerungsgeste, die dem Diskurs über Film und Moderne eingeschrieben ist: Trauer über die nicht eingelösten Versprechungen einer zu früh zu Grabe getragenen sozialen und kulturellen Utopie.

Diese Erfahrung der Trauer über das Scheitern des politischen Projekts der Moderne führte in der Zeit nach dem Zweiten Weltkrieg zur Entwicklung einer neuen Filmsprache, die aus einer europäischen und ästhetisch-philosophischen Perspektive als ein Höhepunkt, wenn nicht gar *der* Höhepunkt der Filmgeschichte betrachtet werden kann. Mit dem Autorenkino gesellte sich in jedem Fall zu der Triade frühes Kino, experimenteller Film und klassisches Hollywood eine weitere höchst originelle und durch und durch moderne Filmtradition hinzu.

Bis in die 1940er-Jahre gab es den Begriff des modernen Kinos nicht; dieser Ausdruck wäre redundant gewesen. Film wurde prinzipiell als modernes Medium wahrgenommen und musste nicht explizit als ein solches gekennzeichnet werden (Kovacs 2007). Aber das änderte sich nach dem Zweitem Weltkrieg, als europäische Filmemacher und ihre akademischen Kritiker ein neues Kino konzipierten, das auf den experimentellen Avantgarde-Film bezugnehmend eine narrative Filmsprache definierte, die sich deutlich vom dominanten Hollywoodkino und dem an Hollywood ästhetisch und technisch ausgerichteten Nazi-Kino unterschied (zur Modernität des Nazi-Unterhaltungsfilms Hake 2001). In mehreren kreativen Schüben etablierten sich der italienische Neorealismus, *die Nouvelle Vague* und der Neue Deutsche Film zwischen den späten 1940er-Jahren und Mitte der 1970er-Jahre als ein modernes Kino (Betz 2009). Die staatlich finanzierte und nationalstaatlich organisierte Antwort auf Hollywood erfuhr nur begrenzten Zuspruch von Seiten der Zuschauer und verlor vollends an Einfluss, als Hollywood mit einer neuen Welle technisch und narrativ ausgefeilter Blockbuster wie *Jaws* und *Star Wars* den europäischen Markt nach Belieben zu beherrschen begann (Kilbourn 2010).

Doch in den drei Nachkriegsjahrzehnten gelang es den »sound-film modernists« (Murphet 2008) wie z. B. Akira Kurosawa (1910 – 1998), Roberto Rossellini (1906 – 1977), Ingmar Bergman (1918 – 2007), François Truffaut (1932 – 1984) und vielen anderen, unter besonders vorteilhaften Produktions- und Rezeptionsbedingungen die Grenzen des Mediums Film auszureizen. Denn nach Einschätzung vieler Beobachter waren diese Filmautoren in der Lage, der durch schnelle Montageschnitte auf die Darstellung von kontinuierlichen Handlungsabfolgen abgestellten Bildersprache Hollywoods ein intellektuell und filmästhetisch schlüssiges Gegenmodell entgegenzusetzen, das aufgrund intelligenter Entschleunigung besonders geeignet war, subjektive psychologische Befindlichkeiten und Zeitwahrnehmungen in bewegten Bildern festzuhalten.

Die europäischen Filmemacher stellten ihre Zeit-Bilder den amerikanischen Aktionsbildern gegenüber (Bordwell et al. 1985). Der französische Philosoph Jacques Rancière (geb. 1940) ließ sich sogar zu der radikalen Schlussfolgerung hinreißen, dass das Autorenkino die Fesseln der Mimesis durchtrennt und ein zuvor und seither niemals wieder erreichtes Maß an kultureller Autonomie erreicht habe (Rancière 2006). Gilles Deleuze (1925 – 1995) legte in der Auseinandersetzung mit derselben Filmtradition eine ähnlich radikale Interpretation vor: Das Medium Film, beginnend mit den Arbeiten des italienischen Neorealismus, habe moderne Lebenserfahrung und Selbstreflexion auf besonders konsequente Art verdichtet. In den Filmen von Roberto Rossellini, Vittorio de Sica und Luchino Visconti werden Alltagssituationen auf eine rein optische, nicht von der Filmhandlung vorgegebenen Weise komplexe Bedeutungen zugeschrieben. Die Apparatur Film erhalte und reproduziere diese optisch definierten Vignetten in relativer Unabhängigkeit von subjektivem menschlichen Bewusstsein. Im Vergleich mit der Sinneswahrnehmung des Menschen sei das moderne Kino deshalb trotz vielfältiger menschlicher Intervention der bessere, weil unparteiischere Augenzeuge. So biete das Medium Film einen kulturellen Reflexionsrahmen, in dem sich am besten ›modern‹ denken lasse, insbesondere wenn es darum gehe, moderne Zeitkonstruktionen adäquat zu erfassen und sich ihrer zu erinnern (Deleuze 1992).

Postmoderne und postkoloniale Ansätze

Mit dem Niedergang des modernen Autorenkinos und dem Erfolg des neuen Hollywood-Kinos der 1970er-Jahre ergab sich ein filmgeschichtlicher Einschnitt. Dieser Wendepunkt wird v. a. in der filmwissenschaftlichen Literatur um die Jahrtausendwende mit der Entwicklung einer postmodernen Kinokultur in Verbindung gebracht. Die Befürworter dieser Begrifflichkeit, allen voran Frederic Jameson (geb. 1934), entdeckten in der Kinolandschaft des späten 20. Jh.s einen neuen Filmtrend, in dem Ironie, Pastiche und Bricolage als Stukturprinzipien eingesetzt werden, um Genregrenzen, Filmtraditionen und Unterschiede zwischen Populär- und Elitenkultur spielerisch zu vermischen (Jameson 1991). Jameson betrachtet diese Entwicklung freilich aus einem sehr kritischen Blickwinkel, weil der Film im Zeichen der Postmoderne zu viel Wert auf Oberflächenstrukturen und ästhetische Effekte lege. Dadurch, so schlussfolgert er, werde das postmoderne Kino zu einem kulturellen Symptom des spätkapitalistischen Wirtschaftssystems, zu dem es im Gegensatz zum Autorenkino als seinem modernistischen Vorläufer keine kritische Distanz entwickeln könne.

Der Begriff des postmodernen Films, der einmal mehr eine rückwärtsgewandte Werteskala offenbart, konnte sich letztlich nicht durchsetzen. Dies lag sicherlich auch daran, dass sich viele Filmwissenschaftler Jamesons kapitalismuskritischem Urteil nicht anschließen wollten. Sie verständigten sich auf eine deutlich optimistischere Interpretation zeitgenössischer Kultur und entwickelten eine Nomenklatur postmoderner Filme und Regisseure, zu der etwa Brian de Palmas *Diva*, Quentin Tarrantinos *Pulp Fiction*, David Lynchs *Blue Velvet* und viele andere Produktionen gehören (Degli-Esposti 1998; Friedberg 1993; Booker 2006). Jamesons Fundamentalkritik erschien u. a. deshalb unangemessen, weil die Filmkritik viele Filme und Filmemacher identifizieren konnte, die postmoderne Konstruktionsprinzipien ganz bewusst und erfolgreich zu gesellschaftskritischen Zwecken einsetzen, um z. B. feministische und antirassistische Ziele zu verfolgen (Kuhn 1994; Mercer 2013). Die verschiedenen Varianten des Konzepts des postmodernen Kinos waren zudem durch eine grundsätzliche Instabilität und Widersprüchlichkeit geprägt. Ästhetische Konzepte poststrukturalistischer Provenienz wie Bricolage und Deterritorialisierung lassen sich nicht sauber von traditionell modernistischen Darstellungskonzepten wie Verfremdung und Montage unterscheiden. In der Filmwissenschaft lassen sich deshalb eine deutliche Abkehr von postmoderner Begrifflichkeit und eine Rückkehr zu Modernekonzepten feststellen, z. B. zu Begriffen wie ›reflexive Moderne‹ (Booker 2002).

Die Rückkehr zu Modernekonzepten lässt sich aber nicht nur mit der Instabilität alternativer Konzepte erklären. Wichtige neue Perspektiven auf die Verschränkung von Film und Moderne ergeben sich durch den konsequenten Einsatz postkolonialer Theorie für die Neukonzeptualisierung von Filmtheorie und Filmgeschichte. Diese Neuansätze profitieren von dem Umstand, dass Filmproduktion und -distribution schon seit Jahrzehnten in international und transnational organisierte Austauschprozesse eingebettet sind und dass sich diese im Zeitalter digitaler Filmproduktion rasant beschleunigt haben. Aus postkolonialer Perspektive lässt sich z. B. festhalten, dass das Medium Film ein wichtiges Herrschaftsinstrument für die Durchsetzung kolonialer wie postkolonialer Interessen war und ist. Als Paradebeispiel hierfür gelten das britische Empire und das britische Commonwealth (Bloom et al. 2014).

Doch postkoloniale Theorie lässt nicht nur die Filmgeschichte in einem neuen Licht erscheinen, sondern wirft kritische, provokative Schlaglichter auf zeitgenössische und zukünftige Kulturtransferprozesse. Es geht plötzlich nicht mehr um die Zeit, als die Bilder laufen lernten, Hollywood entstand oder der Autorenfilm sich behaglich in den europäischen Wohlfahrtsstaaten einrichtete. Jetzt stellt sich die Frage, wie eine global agierende, digital produzierte und entsprechend bewegliche Filmindustrie sich zu Fragen radikaler Ungleichzeitigkeit und Ungleichheit verhält. Postkoloniale Filmtheorie und -praxis stellt die Machtfrage – und zwar nicht nur in Bezug auf die ideologische Zurichtung vergangener Ausbeutungsprozesse, sondern insbesondere in Bezug auf die filmische Darstellung gegenwärtiger und zukünftiger politischer Aspirationen und Entwicklungen. Moderne und Modernisierung werden wieder zu Kampfbegriffen, die verschiedene Akteure medial mit Inhalt zu füllen versuchen. Diese Entwicklungen lassen sich an vielen Orten der Welt beobachten, z. B. in dem durch vielfältige Modernitäten geprägten China des 21. Jh.s (Gong 2012; Lau 2003). Ein Dokumentarfilm wie *Under the Dome* (2015), der die Umweltverschmutzung in China thematisiert und innerhalb von wenigen Tagen mehrere hundert Millionen Zuschauer erreicht hat, verdeutlicht die Aktualität konkurrierender Modernitätskonzepte. Die Zuschauer des Films sind sicherlich gespannt, wie sich die konfliktreiche Beziehung zwischen Industrialisierung, Umweltschutz und digitalen Kulturtechnologien weiterentwickeln wird (Wong 2015).

Dieses Beispiel verdeutlicht den Strukturwandel medialer Praxis und filmtheoretischer Theoriebildung. Der schnelle Wechsel zwischen westlichen und nicht-westlichen Standorten, zwischen Vergangenheit und Zukunft und zwischen analogen und digitalen Konsumkontexten hat einen multi-direktionalen Einsatz (Rothberg 2009) der Begriffe Moderne und Film zur Folge, bei dem Chronologien, politische und ästhetische Werturteile sowie Kausal- und Machtbeziehungen auf globaler Ebene neu justiert werden. Das führt zu terminologischen Ausdifferenzierungen mit entsprechenden Unübersichtlichkeiten. Die Filmwissenschaft benutzt Begriffe wie *third cinema*, *accented cinema*, *transnational*, *intercultural* oder *world cinema*, um postkoloniale Macht- und Medienkonstellationen zu thematisieren (z. B. Durovikova/Newman 2009; Ezra/Rowden 2006). In diesen Kontexten findet sich eine entsprechende Vielfalt an Modernitätsbegriffen wie z. B. *interrupted modernity*, *diasporic modernity*, *deterritorialized modernity* etc. (Featherstone 2005; Ponzanesi/Waller 2012).

Trotz aller terminologischen und perspektivischen Innovationen der *Postcolonial Cinema Studies* (Ponzanesi/Waller 2012), die die interpretativen Vektoren der Filmwissenschaft gründlich durcheinander gewirbelt haben, sind die unter diesem Begriff versammelten Positionen und Strömungen z. T. weiterhin von traditionellen filmwissenschaftlichen Vorgehensweisen und Problemstellungen geprägt. Die Protagonisten der *Postcolonial Cinema Studies* problematisieren zwar die bisher vorherrschenden Fortschritts-, Modernisierungs-, und Hierarchisierungsmodelle, benutzen aber Begriffe wie ›modern‹ und ›Modernität‹ oft mit einem erstaunlich geringen Maß an Selbstreflexivität, z. B. wenn sie mit diesen Termini schlicht die gegenwärtigen typisch westlichen oder typisch industriellen filmästhetischen Praktiken bezeichnen. Die *Postcolonial Film Studies* bieten besonderes Innovationspotential, wenn sie das Konzept der Moderne wieder ins Zentrum des analytischen Interesses rücken, um z. B. in einem Prozess der Provinzialisierung Hollywoods nicht-westliche Filmtraditionen als wichtige Quellen moderner Filmsprachen und Filmpraktiken anzuerkennen (Weaver-Hightower/Hulme 2014).

Solche Versuche sind mit Problemen konfrontiert, die man zutreffend als *Chakrabarty-Dilemma* bezeichnet hat (Mignolo 2012): Das Bestreben, alternative, nicht-westliche Modernitäten empirisch und konzeptionell dingfest zu machen, lässt sich oft nur mit den Methoden westlicher Kulturgeschichtsschreibung bewerkstelligen, die ja in diesem Prozess radikal relativiert und transformiert werden sollen. Folglich tauchen in postkolonialen Filmstudien einige der Hierarchisierungen auf, die über viele Jahre den Diskurs über Film und Moderne beherrscht haben. Wenn Teshome Gabriel z. B. in seinen Ausführungen über das *Third Cinema* ein Drei-Phasen-Modell entwickelt, das zwischen einer Phase der völlig unkritischen Assimilation Hollywoods in der Dritten Welt, einer Phase der schrittweisen Indigenisierung von Themen und Produktionsprozessen und einer noch in den Anfängen befindlichen Phase eines kritischen und kämpferischen postkolonialen Kinos unterscheidet, dann reproduziert er genau die Grabenkämpfe, die bereits die Auseinandersetzung um die politische Beurteilung der Avantgarde und des Unterhaltungskinos geprägt haben (Gabriel 1995). Da verwundert es nicht, dass Gabriel eben dieselbe Antwort erhält, die schon Bordwell et al. gegeben hatten: dass nämlich Bollywood zwar durchaus Hollywood imitiert, dabei jedoch trotz seiner vermeintlichen politischen Naivität die Entwicklung eines kritischen politischen Bewusstseins befördert, weil die Zuschauer sich im Konsum der populären Hindi-Unterhaltungsfilme als soziales Kollektiv konstituieren (Featherstone 2005).

Ende der Modernediskussion?

Ungefähr bis zur Jahrtausendwende ließen sich die Begriffe ›Film‹ und ›Moderne‹ in den Filmwissenschaften noch verlässlich verorten. Der Film galt als ein Emblem der Moderne (Mulvey 2006) und als der kulturelle Ort, an dem man sich gerade in der rückblickenden Analyse intime Kenntnisse über diese Moderne verschaffen konnte. Aber diese Sicherheit scheint uns abhanden gekommen zu sein, denn es ist zunehmend unklar, was diese Moderne eigentlich ausmacht, zu der der Film so deutliche Affinitäten besitzt.

Vielleicht hat am vorläufigen Ende der Modernediskussion tatsächlich nur Gianni Vattimos minimalistische Definition Bestand: Auf ernüchternde Weise begreift er (Post-)Moderne als Zeitalter kapitalistisch getriebener Erneuerungs- und Veränderungsprozesse, die von Fragen gesellschaftlichen Fortschritts und gesellschaftlicher Verantwortung völlig losgelöst sind (Vattimo 1991). Oder wir orientieren uns an Bruno Latours ähnlich gelagerten radikalen Prognosen aus dem Jahr 1991, als er verkündete, dass wir noch nie modern gewesen sind (Latour 1995). Latour gewann diese Einsicht bei der Lektüre zeitgenössischer Alltagskultur, die ihn davon überzeugte, dass die Fantasiegebäude linearer Zeitrechnung, gesellschaftlicher Fortschrittsutopien und des klassifikatorischen Denkens nicht mehr aufrecht zu erhalten sind, u. a. weil wir nicht zwischen Modernisierungsgewinnern und -verlierern unterscheiden können und überall von Hybriden und Monstern umgeben sind, die sich unserem konzeptionellen Zugriff entziehen. Die sich rapide ausdifferenzierende digitale Medienkultur und unsere fast ebenso hektischen Versuche, diese Entwicklungen intellektuell einzuordnen, scheinen Latour Recht zu geben. In der Filmwissenschaft haben sich Diskurse über Modernität und Modernisierung auf jeden Fall deutlich vervielfacht und beschleunigt; sie lassen sich nicht mehr so eindeutig geographisch und chronosophisch verorten, wie das vor 20 Jahren noch möglich war.

Was bleibt, sind die Filme, von *Metropolis* (1927) bis *Under the Dome*, die uns immer schon vor den Monstern gewarnt haben, die Latour besser verstehen und mit denen er sich anfreunden will. Trotz aller Unübersichtlichkeit geben uns die Filme weiterhin die Möglichkeit, kulturelle Gedächtnisse zu konstruieren, die die normative Ausrichtung moderner Zeiten kritisch beleuchten und zu verändern suchen. Die Moderne mag sich unseres analytischen Zugriffs weiterhin entziehen, aber ihr Gedächtnis können wir aktiv mitgestalten.

Literatur

Adorno, Theodor W./Horkheimer, Max: *Dialektik der Aufklärung. Philosophische Fragmente* [1947]. Frankfurt am Main 1988.
Badiou, Alain: *Handbook of Inaesthetics*. Stanford 2005.
Benjamin, Walter: Das Kunstwerk im Zeitalter seiner technischen Reproduzierbarkeit. In: Ders.: *Gesammelte Schriften*, Bd. 1. Frankfurt am Main 1972, 471–508.
Betz, Mark: *Beyond the Subtitle. Remapping European Art Cinema*. Minneapolis 2009.
Bignall, Simone/Patton, Paul (Hrsg.): *Deleuze and the Postcolonial*. Edinburgh 2010.
Bloom, Peter et al. (Hrsg.): *Modernization as Spectacle in Africa*. Bloomington 2014.
Bolter, David/Grusin, Richard: *Remediation: Understanding New Media*. Boston 2000.
Booker, Keith: *Postmodern Hollywood. What's New in Film and Why It Makes Us Feel So Strange*. Westport 2006.
Booker, Peter: *Modernity and Metropolis. Writing, Film and Urban Formations*. New York 2002.

Bordwell, David et al.: *The Classical Hollywood Cinema. Film Style and Mode of Production to 1960.* London 1985.

Bowers, Eileen: *The Transformation of Cinema, 1907–1915.* New York 1990.

Calinescu, Matei: *Five Faces of Modernity. Modernism, Avant-Garde, Decadence, Kitsch, Postmodernism.* Durham 1987.

Casetti, Francesco: *Eye of the Century. Film, Experience, Modernity.* New York 2008.

Chakrabarty, Dipesh: *Provincializing Europe. Postcolonial Thought and Historical Difference.* Princeton 2000.

Charny, Leo/Schwartz, Vanessa (Hrsg.): *Cinema and the Invention of Modern Life.* Berkeley 1995.

Cook, Pam: *Screening the Past. Memory and Nostalgia in Cinema.* New York 2005.

Crary, Jonathan: *Techniques of the Observer. On Vision and Modernity in the Nineteenth Century.* Cambridge, Mass. 1990.

Degli-Esposti, Christina (Hrsg.): *Postmodernism in the Cinema.* New York 1998.

Deleuze, Gilles: *Cinema*, Bd. 1: *The Movement Image.* New York 1992.

Dimendberg, Edward: *Film Noir and the Spaces of Modernity.* Cambridge, Mass. 2004.

Durovikova, Natasa/Newman, Kathleen: *World Cinemas. Transnational Perspectives.* New York 2009.

Elsaesser, Thomas/Barker, Adam (Hrsg.): *Early Cinema. Space, Frame, Narrative.* London 1990.

Ezra, Elisabeth/Rowden, Terry: *Transnational Cinema. The Film Reader.* New York 2006.

Featherstone, Simon: *Postcolonial Cultures.* Edinburgh 2005.

Ford, Hamish: *Post-War Modernist Cinema and Philosophy. Confronting Negativity and Time.* London 2012.

Friedberg, Anne: *Window Shopping. Cinema and the Postmodern.* Berkeley 1993.

Gabriel, Teshome: Towards a Critical Theory of Third World Films. In: Martin, Michael (Hrsg.): *Cinemas of the Black Diasporas. Diversity, Dependence and Oppositionality.* Detroit 1995, 70–90.

Gaudreault, André: *Film and Attraction. From Kinematography to Cinema.* Urbana-Champaign 2011.

Gong, Haomin: *Uneven Modernity. Literature, Film, and Intellectual Discourse in Postsocialist China.* Honolulu 2012.

Grainge, Paul (Hrsg.): *Memory and Popular Film.* Manchester 2003.

Griffiths, Devin: *Virtual Ascendance. Video Games and the Remaking of Reality.* Lanham 2013.

Gunning, Tom: The Cinema of Attraction: Early Film, Its Spectator and the Avant-Garde. In: *Wide Angle* 8, 1986, 1–14.

Gunning, Tom: *D.W.Griffith and the Origins of American Narrative Film. The Early Years at Biograph.* Urbana-Champaign 1991.

Hake, Sabine: *Popular Cinema of the Third Reich.* Austin 2001.

Hansen, Miriam: *Babel and Babylon. Spectatorship in American Silent Film.* Cambridge, Mass. 1991.

Jameson, Frederic: *Postmodernism, or, The Cultural Logic of Late Capitalism.* Durham 1991.

Jay, Martin: *Downcast Eyes. The Denigration of Vision in Twentieth-Century French Thought.* Berkeley 1993.

Joseph, Branden: Andy Warhol's *Sleep*: The Play of Repetition. In: Perry, Ted (Hrsg.): *Masterpieces of Modernist Cinema.* Bloomington 2006, 179–206.

Kilbourn, Russell: *Cinema, Memory, Modernity.* New York 2010.

Kishore, Vikrant et al. (Hrsg.): *Bollywood and Its Others.* New York 2014.

Kline, Jefferson: *Last Year at Marienbad*: High Modern and Postmodern. In: Perry, Ted (Hrsg.): *Masterpieces of Modernist Cinema.* Bloomington 2006, 208–234.

Koch, Gertrud: *Siegfried Kracauer: An Introduction.* Princeton 2000.

Kovacs, Andras Balint: *Screening Modernism. European Art Cinema, 1950–1980.* Chicago 2007.

Kracauer, Siegfried: *The Mass Ornament. Weimar Essays.* Cambridge, Mass. 1995 (dt. 1963).

Kuhn, Annette: *Women's Pictures. Feminism and Cinema.* London 1994.

Latour, Bruno: *Wir sind nie modern gewesen.* Berlin 1995 (franz. 1991).

Lau, Jenny Kwok Wah (Hrsg.): *Multiple Modernities. Cinema and Popular Media in Transcultural Asia.* Philadelphia 2003.

MacDonald, Scott: *Avant-Garde Film. Motion Studies.* Cambridge 1993.

McCabe, Colin, Realism and the Cinema: Notes on Some Brechtian Theses. In: *Screen* 15/2, 1974, 7–27.

McParland, Robert (Hrsg.): *Film and Literary Modernism.* Cambridge 2013.

Mercer, Kobena: *Welcome to the Jungle. New Positions in Black Cultural Studies.* London 2013.

Mignolo, Walter: *Local Histories/Global Designs: Coloniality, Subaltern Knowledges, Border Thinking.* Princeton 2012.

Miller, Toby/Stam, Robert: *A Companion to Film Theory.* Malden 2004.

Mulvey, Laura: *Death 24x a Second. Stillness and the Moving Image.* London 2006.

Murphet, Julian: Film and (as) Modernity. In: Donald, James/Renov, Michael (Hrsg.): *The SAGE Handbook of Film Studies.* London 2008, 343–360.

Musser, Charles: *The Emergence of Cinema. The American Screen to 1907.* New York 1990.

O'Pray, Michael: *Avant-Garde Film. Forms, Themes, and Passions.* New York 2013.

Orr, John: *Cinema and Modernity.* Cambridge 1993.

Orr, John: *The Demons of Modernity. Ingmar Bergman and European Cinema.* New York 2014.

Pells, Richard: *Modernist America. Art, Music, Movies and the Globalization of American Culture.* New Haven 2011.

Perry, Ted: Introduction. In: Perry, Ted (Hrsg.): *Masterpieces of Modernist Cinema.* Bloomington 2006, 1–12.

Ponzanesi, Sandra: *The Postcolonial Cultural Industry. Icons, Markets, Mythologies.* London 2014.

Ponzanesi, Sandra/Waller, Marguerite (Hrsg.): *Postcolonial Cinema Studies.* London 2012.

Radstone, Susannah: Cinema and Memory. In: Dies./Schwarz, Bill (Hrsg.): *Memory: Histories, Theories, Debates.* New York 2010, 325–342.

Rancière, Jacques: *Film Fables*. London 2006.
Rosen, Philip: *Narrative, Apparatus, Ideology. A Film Theory Reader*. New York 1986.
Rothberg, Michael: *Remembering the Holocaust in the Age of Decolonization*. Stanford 2009.
Sellier, Genevieve: *Masculine Singular. French New Wave Cinema*. Durham 2008.
Singer, Ben: *Melodrama and Modernity. Early Sensational Cinema and Its Contexts*. New York 2001.
Sinha, Amresh/McSweeney, Terence: *Millenial Cinema. Memory in Global Film*. New York 2012.
Sontag, Susan: The Decay of Cinema. In: *New York Times Magazine*, 2/25/1996.
Turvey, Malcolm: *The Filming of Modern Life. European Avant-Garde Film of the 1920s*. Cambridge, Mass. 2011.
Utterson, Andrew (Hrsg.): *Technology and Culture. The Film Reader*. London 2005.
Vattimo, Gianni: *The End of Modernity. Nihilism and Hermeneutics in Post-Modern Culture*. Baltimore 1991.
Weaver-Hightower, Rebecka/Hulme, Peter (Hrsg.): *Postcolonial Film. History, Empire, Resistance*. London 2014.
Wieviorka, Annette: *The Era of the Witness*. Ithaca 2006.
Wollen, Peter: *Raiding the Icebox. Reflections on Twentieth Century Culture*. Bloomington 1993.
Wong, Edward: China Blocks Web Access to ›Under the Dome‹. Documentary on Pollution. In: *New York Times*, 3/6/2015.

Wulf Kansteiner

Geschichtswissenschaft

Definitionen und Anwendungsbereiche

›Moderne‹ ist von Anbeginn, d. h. seit ihrer Begriffsschöpfung im Jahre 1886 durch den Berliner Schriftsteller Eugen Wolff (1863–1923), ein Kampfbegriff; Rudolf Borchardt sprach 1902 von »planvoller Selbst-Historisierung« (Borchardt 1955, 53). Es ist deshalb nicht zu erwarten, dass über Gehalt und Verwendung jemals Einmütigkeit herzustellen sein wird. Man kann ›Moderne‹ auch unter die Grundbegriffe reihen, die, »immer mehrdeutig« sind (Koselleck 1963, 86).

Definitionen wird man aus vielerlei Gründen, von denen einige nachfolgend vorgestellt werden, in historischen Arbeiten vergeblich suchen, sodass nur ein Blick auf die geschichtswissenschaftliche Praxis einigermaßen verlässliche Kenntnis über Bedeutungsspektrum und Zeitgrenzen von Moderne-Konzepten verspricht. Dies wird hier versucht; die Betrachtung von Regionen und Räumen im letzten Abschnitt, enthält, um Wiederholungen zu vermeiden, nur knappe Ergänzungen.

Die Geschichtswissenschaft hat sich dem Thema ›Moderne‹ schon deshalb lange verweigert, weil sie über ein – scheinbar – jahrhundertealtes, jedenfalls bewährtes dreigliedriges Einteilungsschema verfügt, dessen jüngste Periode, die Neuzeit, sich gegenüber den sich wandelnden historiographischen Bedürfnissen und ihrem unaufhaltsamen chronologischen Fortgang als anpassungsfähig erwiesen hat. Insofern besteht in der Geschichtswissenschaft nach Ansicht vieler kein Bedarf an einem alternativen Gliederungsschema; dies erklärt auch die Randstellung aller Versuche, die ›Moderne‹ in der Disziplin zu verankern.

Nur einer Minderheit erscheint die Plausibilität von ›Neuzeit‹ bzw. des dreifaltigen Gliederungsschemas überhaupt diskussionsbedürftig. Weder der deutsche Historikerverband noch die offiziöse *Historische Zeitschrift* haben bislang eine Debatte initiiert, wie sie die *American Historical Review* 2011 präsentierte, als der scheidende Herausgeber Robert A. Schneider neun Kolleginnen und Kollegen mit der Frage »Historians and the question of Modernity« konfrontierte (AHR Roundtable 2011). In den multiethnischen USA liegt eine solche Anfrage sicherlich näher als hierzulande, wo ausweislich ihrer Produktion die Geschichtswissenschaft nach wie vor in erster Linie der nationalen Selbstverständigung dient.

Wie zu erwarten, waren sich die Befragten uneinig; eine Mehrheit, auch Fachleute für Japan, Südasien oder gar afrikanische (Frauen-)Geschichte, hielt jedoch die Kategorie ›Moderne‹ für sinnvoll, ja berechtigt, wenn nicht gar alternativlos, während etwa eine Mediävistin jegliche Epochalbezeichnung in klassisch postmoderner Entrüstung als »ideologically suspect« ablehnte (Carol Symes, in: AHR Roundtable 2011, 724). Alle neun orientierten sich mehr oder minder stark an der gleichnamigen soziologischen Großtheorie, die sie allerdings in unterschiedlicher Weise für verbesserungswürdig empfanden. Freilich, und das wurde, weil so eingeschliffen, gar nicht erst reflektiert, gibt es im angelsächsischen Sprachgebrauch kein Äquivalent zur deutschen – und unübersetzbaren – ›Neuzeit‹, sondern es ist seit jeher von *modern* und neuerdings auch von *early modern history* die Rede; von hier aus ist die Brücke zu *modernity*, *modernism* und *modernization* – alle drei Termini wurden in den Beiträgen diskutiert – naturgemäß schnell geschlagen.

Für die Situation in der deutschen Geschichtswissenschaft (auf die Ergebnisse des von 1994 bis 2004 in Graz angesiedelten SFB *Moderne. Wien und Zentraleuropa um* 1900 kann hier nicht eingegangen werden; s. Spezialforschungsbereich Moderne 2004) charakteristisch ist dagegen die freihändige Verwendung von ›Moderne‹ in Titeln von Büchern und Beiträgen. Seit den 1980er-Jahren ist immer öfter von ihr die Rede, aber nur in Einzelfällen handelt es sich um reflektierten Wortgebrauch. Für die meisten Historiker ist ›Moderne‹, dem allgemeinen Sprachgebrauch folgend, nur ein anderer Begriff für ›Neuzeit‹ oder ›Gegenwart‹ und soll den schwerfällig wirkenden Ausdruck ›neueste Geschichte‹ vermeiden helfen. Sehr oft ist ›Moderne‹ zugleich ein Ziel, das zwar inhaltlich nicht näher umschrieben, aber von dem historischen Subjekt, um das es geht, beharrlich angesteuert wird. So erklären sich die auffallend häufigen Kombinationen von ›Moderne‹ und ›Weg‹ bzw. ›Aufbruch‹, ohne dass im Text auch nur einmal der Moderne-Begriff reflektiert wird. Historische Längsschnitte qualifizieren ihren Gegenstand zunehmend als ›auf dem Weg in die Moderne‹ befindlich. Ein vom Verfasser für 2012 mithilfe der *Jahresberichte für deutsche Geschichte* vorgenommener Gesamtüberblick erbrachte 231 Nennungen, die teils automatisch, teils aber auch durch Zuordnung seitens der Redaktion (Klassifikationsstichwort ›Moderne‹) zustande gekommen sind. Der Bogen spannt sich von einer Festschrift der Gemeinde Sulzbach im Taunus, wo im zweiten Band *Tradition auf Moderne* trifft, bis zu dem einschlägigen Sammelband *Theorien und Experimente der Moderne* (Raphael 2012).

Definitionsversuche sind schon deshalb selten, weil Historiker inzwischen ihren Droysen (1808–1884) nicht mehr kennen, demzufolge »es in der Geschichte so wenig Epochen gibt wie auf dem Erdkörper die Linien des Äquators und der Meridiankreise« (Droysen 1972, 20), und deshalb Epochen »als ontisch vorgegebene Einheiten« aufzufassen pflegen, die nicht weiter reflektiert werden müssen (Koselleck 1998, 202). Tatsächlich aber sind Epochalisierungen nichts anderes als Sinnstiftungsversuche und also »Ergebnis historischer Reflexion und Konstruktion« (Osterhammel 2009, 88). Daraus folgt, dass alle zeitlichen Ordnungsmuster als relativ zu betrachten sind und deshalb nicht nur im Verlauf der Zeiten wechseln können, sondern auch in verschiedenen Kulturen unterschiedliche Festlegungen begegnen. Friedrich Jaeger hat die Neuzeit-Konzeption als Ausdruck protestantischer und besonders deutscher Sicht auf die Weltgeschichte bezeichnet (Jaeger 2004, 507). Sie ist hierzulande entsprechend anders gegliedert als etwa in Frankreich und Italien und hat sich selbst im Englischen als unübersetzbar erwiesen (Koselleck 1985). Penelope Corfield bringt eine Reihe von Beispielen nationalspezifischer Deutungen zum Beginn der ›Moderne‹: Während in Frankreich die »histoire moderne« bekanntlich 1789 ende, werde anderswo die Gründung des Nationalstaats i. d. R. mit ihr gleichgesetzt (Corfield 2007, 137 f.). ›Moderne‹ entspricht in diesen Fällen einer volkspädagogisch verstandenen ›Zeitgeschichte‹.

Damit wird einmal mehr deutlich, dass Geschichtsschreibung unabwendbar stets die Funktion der jeweiligen Gegenwart ist und die Epochengliederung deshalb mit der Selbstwahrnehmung der Zeitgenossen übereinstimmen muss. Es gibt unübersehbare Signale, dass sich unsere Selbstwahrnehmung seit einiger Zeit zu ändern beginnt; eines der bedeutsamsten davon ist die Rede von der ›Postmoderne‹, die ihrerseits der Gipfelpunkt einer seit den 1960er-Jahren zu beobachtenden »Post-Rhetorik« ist (Corfield 2007, 127). Ohne in eine inhaltliche Diskussion dieses höchst umstrittenen Diskurses hier eintreten zu wollen, wird man ihm doch das Verdienst zuschreiben, dass dadurch der Begriff ›Moderne‹ überhaupt erst so richtig in Gebrauch gekommen ist. Dies gilt, wie bemerkt, auch für die Geschichtswissenschaft. Erst seither sind (zumeist implizite) Definitionsversuche von ›Moderne‹ überhaupt zu registrieren.

Kategorien historischer Moderne-Definitionen

Diese Definitionsversuche lassen sich zwanglos in zwei Gruppen ordnen, von denen die erste volkspädagogischen Interessen dient, die andere ein genuin geschichtswissenschaftliches Ziel verfolgt (Dipper 2012). Die erste Gruppe hat v. a. die exzeptionellen Verwüstungen des 20. Jh.s im Blick und das bedeutet, dass sie das ›deutsche Verhängnis‹ zu erklären versucht; die zwölf Jahre zwischen 1933 und 1945 sind mehr oder minder der Fokus, in dem die Autoren das ›Ganze‹ bündeln. Die zweite Gruppe greift die gleichsam ins Rutschen gekommene Selbstwahrnehmung auf und will dem zeitgenössischen Publikum einen daran orientierten Deutungsvorschlag unterbreiten. Dazu erstellt sie einerseits eine Zeitdiagnose der Gegenwart und erklärt andererseits, von wo diese Gegenwart ihren Ausgang genommen und wie sich seither das Selbstverständnis der Menschen entwickelt hat. In beiden Fällen ist ›Moderne‹ sowohl der Name einer historischen Epoche als auch – und diese Koppelung unterscheidet sie von der herkömmlichen Geschichtsschreibung – ein Modus oder Weltverhältnis. Wahrnehmungen, Erfahrungen und Diskurse sind hier nicht nur einfach Bestandteil geschichtlicher Erklärung, sondern bestimmen diese letztlich.

»Pädagogische« Definitionen

Zur *ersten Gruppe* gehört zunächst Heinz Dieter Kittsteiner (1942–2008), dessen mehrbändige Geschichte Deutschlands im europäischen Rahmen auf 1945 ausgerichtet war. Dass der Versuch nicht überzeugt, liegt nicht an Kittsteiners überraschendem Tod (vollendet ist darum lediglich Kittsteiner 2010), sondern an seinem Moderne-Konzept. Es hat willkürliche Setzungen und ist widersprüchlich. Schon Kittsteiners Geschichtsphilosophie stellt den disziplinär geprägten Leser – an dem er allerdings nicht sonderlich interessiert zu sein behauptete – auf harte Proben, beginnt er doch seine Moderne-Theorie mit der überraschenden Feststellung, dass die Menschen stets eine epochenspezifische »Grundaufgabe« hätten. Sie herauszufinden gelinge am ehesten mithilfe von Ernst Cassirers (1874–1945) *Philosophie der symbolischen Formen*. In der Summe ergebe sich die Epochengliederung aus »den symbolischen Formen des Verhältnisses der Menschen zur historischen Zeit«, d. h. aus den Bildern und ›großen Erzählungen‹, die »von einem gemeinsamen ›Erfahrungsraum‹ in der Beleuchtung eines ›Erwartungshorizonts‹« getragen seien, aber natürlich immer umstritten blieben (Kittsteiner 2003, 94, 96).

Mithilfe dieses Ansatzes geben sich Kittsteiner drei »Stufen der ›Moderne‹« zu erkennen, deren »Grundaufgaben« schon ihre Bezeichnungen verraten: die »Stabilisierungsmoderne« (1618–1781) nach den Erschütterungen der Religionskriege, die »evolutive Moderne als Subjekt ihrer selbst« (1770–1880) – aus ihr machte er in seinem Buchprojekt die »Fortschrittsmoderne« – und schließlich die »Heroische Moderne« (1880–1945). Sie hat ihren Namen von dem sich verbreitenden Eindruck, das ›Ganze‹ der Geschichte laufe in die falsche Richtung, weshalb sich diese Epoche als »Grundaufgabe« gestellt habe, die »›Weltverdüsterung‹ mit heroischer Anstrengung« zu bändigen (Kittsteiner 2003, 108). Letztlich hat man den Eindruck, dass Kittsteiner seine aus Cassirerschen und Marxschen Theoriebausteinen zusammengesetzte Geschichte aus nicht näher erkennbaren Gründen mit dem Moderne-Etikett in verschiedener Ausführung versehen, sich aber den spezifischen Anforderungen disziplinspezifischen Argumentierens verschlossen hat.

Größere Beachtung verdienen darum die beiden Niethammer-Schüler Detlev Peukert (1950–1990) und Ulrich Herbert (geb. 1951). Herbert zielt zwar auf die europäische Geschichte zwischen 1890 und 1970 und stellt sich damit offenkundig in die gegenwärtig im geschichtswissenschaftlichen Diskurs gängige Periodisierung, doch geht es ihm im Kern um die Erklärung, weshalb die Deutschen binnen zwanzig Jahren einmal den Nationalsozialismus und ein andermal die Demokratie gewählt haben (Herbert 2007). Er stellt die außerordentliche Heftigkeit wirtschaftlichen, sozialen und kulturellen Wandels als Folge dramatisch rascher Industrialisierungsprozesse heraus, die die Menschen zur Suche nach Antworten veranlasst haben. Eine davon war der Nationalsozialismus, eine andere der Bolschewismus, wieder andere waren ebenfalls antidemokratisch. Erst die dritte Generation habe mit der menschheitsgeschichtlich neuen Situation zu leben gelernt, sodass in den 1970ern auch etwas Neues, die ›Gegenwart‹ eben, angebrochen sei.

Herberts theoretischer Entwurf kombiniert die Modernisierungstheorie mit dem Modell der ›klassischen Moderne‹, Toynbees (1889–1975) Schema von *challenge* und *response* und dem Drei-Generationen-Assimilationsmodell der Migrationssoziologie (Esser 1980) und wirft dennoch oder gerade deshalb eine ganze Reihe von Problemen auf, die Lutz Raphael diskutiert hat (Raphael 2008). Einzuwenden ist v. a., dass Herberts ›Hochmoderne‹ gleichsam wie ein *deus ex machina* die Bühne betritt und nach 1970 wieder abtritt, d. h. sie ist nicht eingebettet in eine Theorie, die erklärt, was ›Moderne‹ ist und was man mit ihr besser begreiflich machen kann als mit herkömmlichen Antworten. Tatsächlich ist die ›Hochmoderne‹ im Grunde ein sich über drei Generationen erstreckender Lernprozess der modernen, d. h. der Industriegesellschaft. ›Moderne‹ ist aber kein Lernprozess, sondern die Existenzform unserer Zeit, die darum Epochencharakter angenommen hat. Herberts Deutungsvorschlag fand in der Geschichtswissenschaft wenig Nachhall.

Anders bei dem bereits 1990 verstorbenen Historiker Peukert, der bei längerer Lebensdauer seine Bruchstücke einer Moderne-Theorie wohl zu einem eindrucksvollen Gesamtpanorama zusammengefügt hätte. Denn darauf läuft hinaus, was er an verschiedenen Stellen dazu geschrieben hat (Peukert 1987; Peukert 1989). Peukert las Max Weber anders als die meisten Soziologen. Nicht um Rationalismus ist es ihm in erster Linie zu tun, sondern um Webers Blick auf die Kontingenzen der ›Moderne‹ als einer Epoche, die »nur widersprüchlich sein« kann, ja von »unaufhebbare[n] Antinomien« geprägt ist (Peukert 1989, 64). Wenig bekannt, weil nur beiläufig formuliert, sind Peukerts Aussagen zu den Ursprüngen der ›Moderne‹. Ihm war aufgefallen, dass es in den letzten zwei Jahrhunderten drei »Kreuzwegdiskussionen über den Fortschritt« gegeben hat, d. h. dass drei Mal Aufbruch-, Umbruch- und Endzeitstimmung miteinander rangen und dadurch eine Kulturschwelle hervorbrachten: Um 1800 löste die Romantik Aufklärungsoptimismus und revolutionäre *terreur* ab, um 1900 fuhr Kulturkritik der Selbstsicherheit industriegesellschaftlicher Hochstimmung in die Parade und in den 1980er-Jahren brachten die sichtbar gewordenen ›Grenzen des Wachstums‹ die ›Postmoderne‹ hervor (Peukert 1989, 68). Das deckt sich im Grundsatz mit dem, was die zweite Gruppe zur Gesamtgeschichte der Moderne zu sagen hat (s. u.).

Peukert beleuchtete monographisch die Weimarer Republik, für deren kulturgeschichtliche Seite er den von der Kunstgeschichte geprägten Begriff der ›klassischen Moderne‹, versehen mit dem Zusatz »Krisenjahre«, in der Hoffnung übernahm, dass dadurch der Blick der Forschung auf die Alltagskultur mit ihren vergleichbaren Zäsuren gelenkt würde. Die ›klassische Moderne‹ insgesamt umfasst bei ihm die Jahrzehnte etwa zwischen 1880 und 1930 und sei das erste Beispiel für die grundsätzliche »Krisenhaftigkeit der industriegesellschaftlichen Modernität« (Peukert 1987, 11). Sie finde einen wesentlichen Ausdruck in der aus Unsicherheit und Unübersichtlichkeit resultierenden Radikalisierung der Ordnungsmuster, die am Ende dieser Phase in den USA zum New Deal, in Deutschland aber in den Nationalsozialismus geführt habe (Peukert 1989, 66). Damit ist klar – und das ergibt sich aus Peukerts Gesamtwerk –, dass bei ihm die Suche nach einer Erklärung für das ›deutsche Verhängnis‹ den Letztgrund seiner Moderne-Theorie abgab. Den Nationalsozialismus nicht als Rückfall in irgendwelche geschichtlichen Atavismen zu interpretieren, sondern als eine der möglichen Konsequenzen der Moderne – diese ebenso unbequeme wie einleuchtende These demonstrierte er großartig in seinem Aufsatz über die »Genesis der ›Endlösung‹« (Peukert 1989, 102–121).

Peukerts Skizzen setzten Maßstäbe: Erstens wies er alle modernisierungstheoretisch geprägten Deutungen der Geschichte der letzten zweihundert Jahre als vollkommen unangemessen auf, indem er stattdessen als einer der Ersten das Wesen der ›Moderne‹ als einer strukturell widersprüchlichen Epoche der Weltgeschichte herausarbeitete. Zweitens überblickte er souverän die moderne Zeit als ganze und entdeckte dabei ihre Binnengrenzen, indem er Zeitdiagnosen sammelte und miteinander verrechnete. Drittens stellte er eine fünf Gesichtspunkte umfassende historiographische Rezeptur zur gründlichen, angemessenen »Diagnose der Moderne« vor (Peukert 1989, 69). Nicht zu übersehen ist freilich auf der anderen Seite, wie sehr Peukert in der kulturkritischen Tradition des konservativen Umgangs mit der Moderne stand. Er sprach von ihrer »Pathogenese« (Peukert 1989, 39), machte für die Übergänge der Binnenphasen ausschließlich fortschritts- bzw. kulturkritische Argumente geltend und übersah die auf Erweiterung der Optionsmöglichkeiten zielenden Zeitströmungen.

Definitionen mit wissenschaftlicher Zielsetzung

Die *zweite Gruppe* vertritt ein integrales Konzept von ›Moderne‹, d. h. sie versucht, die o. g. Kriterien so anzuwenden, dass irgendwann in der Zukunft eine historisch brauchbare Moderne-Konzeption zur Hand ist. Von einer fertigen Konzeption kann derzeit also keine Rede sein; die Dinge sind im Fluss, verändern sich permanent. Es empfiehlt sich, die Beiträge dieser Gruppe zu unterteilen: zum einen in diejenigen, die den Kulturschwellen gelten; zum anderen in diejenigen, die die Ordnungsmuster in den Fokus rücken. Die Kombination der beiden Schwerpunkte ist vermutlich der Königsweg für ein historisch tragfähiges Moderne-Konzept.

Die wirkungsvollsten Beiträge zum Thema der Kulturschwelle stammen von Reinhart Koselleck, dessen Metapher ›Sattelzeit‹, wenn auch gegen trivialisierende Verwendung nicht geschützt, größte Verbreitung erfahren hat. Dass Koselleck den Begriff ›Moderne‹ ausgesprochen selten benutzt hat (Schneider 2008), erklärt sich aus seinem eigentlichen wissenschaftlichen Anliegen, das er früh und spontan im Begriff ›Sattelzeit‹ subsumierte: die Umbruchszeit zwischen 1750 und 1850 (Koselleck 1972). Dessen Originalität besteht in seinem zu jener Zeit ungewöhnlichen geistesgeschichtlichen Zugriff, den welthistorischen Umbruch im Wandel der Erfahrungen und ihres sprachlichen Ausdrucks aufzusuchen. Dass das der Beginn der Moderne sei, gehe auf eine im Rückblick getroffene geschichtstheoretische Entscheidung Ernst Troeltschs (1865–1923) und Max Webers (1864–1920) um 1900 zurück, die man zur Kenntnis nehmen müsse, während er, Koselleck, versuche, »die Selbstreflexivität [der Sattelzeit] in einen objektiven Kriterienkatalog zu überführen« (Koselleck 1998, 195), um auf diesem Wege einen quellengesättigten Nachweis führen zu können, wann die Moderne begonnen hat.

Dieser Katalog besteht aus vier Teilen: der Wahrnehmung sich beschleunigender Zeiten; dem davon ausgelösten Auseinandertreten von »Erfahrungsraum« und »Erwartungshorizont« (Koselleck 1979 b, 349–375); neuen oder auch solchen Begriffen, »die sich in den Dezennien um 1800 durchsetzten oder mit neuem Sinn verbunden wurden« (Koselleck 1979 a, 320); und schließlich vier neue sprachliche Möglichkeiten: Demokratisierung (im Sinne der Anwendbarkeit dieser Begriffe auf immer weitere gesellschaftliche Kreise), Ideologisierbarkeit, Politisierung und Verzeitlichung. Das mittlerweile Weltruhm genießende, von Koselleck angestoßene Projekt der *Geschichtlichen Grundbegriffe*, das diese Erkenntnisse ganz wesentlich zutage gefördert hat, ist deshalb im Grunde »kein Nachschlagewerk, sondern ein alphabetisch sortiertes Handbuch zur semantischen Geburt der Moderne« (Geulen 2011, 80). Gerade weil, so Koselleck, die gesamte Erfahrung natürlich niemals in diesen Begriffen aufgehe und auch die von ihnen imaginierten Erwartungen sich nicht lückenlos mit der tatsächlich eintretenden Zukunft deckten, entwickle die Moderne die ihr eigene ungeheure Dynamik; der subjektive Korrekturbedarf verwandle sich permanent in objektive Sachverhalte, die ihrerseits sprachlich verarbeitet werden müssten, was das weitere Handeln legitimiere. Die ›Janusgesichtigkeit‹ der Begriffe dieser Epoche (Koselleck 1963, 3) – Peukert (1989, 55, 64) spricht vom »Janusgesicht der Moderne« überhaupt – veranlasste Koselleck zur These einer Kulturschwelle, die er als »Sattelzeit« bezeichnete (Koselleck 1972, XV). Da sie sich ihm nicht ausschließlich, aber vornehmlich im Medium ihrer sprachlichen Verarbeitung erschloss, betonte er zunehmend ihren spezifisch deutschen Charakter; andere Länder hätten zu anderen Zeiten ihre sprachlichen Kulturschwellen in die Moderne erlebt (Koselleck 1998, 195 f.).

Kosellecks beiläufige Bemerkung, der Beginn der Moderne sei um 1900 von Troeltsch und Weber retrospektiv festgelegt worden, richtet den Blick auf eine Zeit, die seit ca. zwanzig Jahren eine starke Aufwertung erfährt (Nitschke et al. 1990). Gangolf Hübinger (geb. 1950) bemüht sich derzeit, maßgeblich unterstützt von dem Theologen Friedrich Wilhelm Graf (geb. 1948), die Umbruchsphase von etwa 1880 bis 1930 zu einer der Sattelzeit (mindestens) gleichrangigen Kulturschwelle aufzuwerten. Wieder geht es um eine Kombination von dramatischem sachgeschichtlichem Erfahrungswandel, nunmehr angereichert bzw. enorm verstärkt durch ästhetische Revolutionen (Gay 2008), die die Zeitgenossen verunsicherten, aufgerüttelt und zu neuen gegenwartsdiagnostischen Anstrengungen veranlassten. Diese können schon deshalb als ›modern‹ bezeichnet werden, weil dieses Adjektiv damals in aller Munde war und 1886 eine in anderen Sprachen so nicht mögliche Substantivierung hervorgebracht hatte.

Hübinger geht nicht von neuen, erweiterten oder umgedeuteten Begriffen aus (dazu Klinger 2002, 138 f.), sondern verbindet Medien-, Diskurs- und Wissenschaftsgeschichte. Die »kulturelle Doppelrevolution um 1900« habe ganz Europa erfasst und darin bestanden, dass nunmehr »alle Lebensbereiche wissenschaftlich durchleuchtet« und die Ergebnisse »auf den Prüfstand einer demokratischen Öffentlichkeit gestellt« wurden (Hübinger 2009, 50). Die gesellschaftliche Selbstbeobachtung erfuhr also dank neuer Wissenschaften eine bedeutsame Ausweitung und nötigte die Beobachter zur Stellungnahme. Anhänger eines geistesaristokratisch-elitären Selbstverständnisses assoziierten die Moderne vorzugsweise mit »Krise«, »stahlhartem Gehäuse der Hörigkeit« (kein wörtliches Zitat; vgl. Weber 1920, 203 und Weber 1984, 464) und anderen, die schicksalhafte Macht des neuen Lebens artikulierenden Attributen. Im Extremfall antworteten sie mit Ordnungsmustern, die direkt auf autoritäre Herrschaftsformen hinausliefen, in der Hoffnung, auf diese Weise die Moderne unter Kontrolle zu bringen. Die »konkurrierenden biologistisch und technizistisch ausgerichteten neuen Disziplinen« (Hübinger 1989, 197) strahlten angesichts der von ihnen beispiellos erweiterten Handlungsoptionen eher Zuversicht aus und lieferten vielfach geradezu utopische Ordnungsentwürfe, die vielen Menschen begreiflicherweise ebenfalls Angst machten.

Trotzdem bleibt natürlich Max Webers Urteil schon wegen seiner zumindest langfristig größeren Wirkung ein unverzichtbares erfahrungsgeschichtliches und wissenschaftliches Zeugnis jener Schwellenzeit, denn er war fraglos einer der genauesten Beobachter und Analytiker seiner Gegenwart (Hübinger 2011). Das Werden der modernen europäischen Kultur wurde seit der Jahrhundertwende zum Thema seines Lebens. Er sah sie aus Entwicklungsbrüchen und dadurch verursachten Kulturkämpfen hervorgegangen und fügte dem seine 1910 gemachte ›Entdeckung‹ der spezifischen Rationalität des europäischen Menschen und der daraus folgenden Rationalisierung sämtlicher Lebensbereiche hinzu. Für seine Gegenwart diagnostizierte er eine grundsätzlich neuartige Konstellation der Verhältnisse in Europa und, mehr noch, in Nordamerika, bestehend aus Kapitalismus als der schicksalhaftesten Macht des modernen Lebens, pluralisierter Massenkultur und politischem Massenmarkt – und als Summe ein neuartiges Weltverhalten, das er 1913 erstmals metaphorisch als »Entzauberung« bezeichnete (beiläufig Weber 1922, 409; ausführlich Weber 1992, 86).

Die Kulturschwelle um 1900 mit ihrer doppelten Ausrichtung – Fin de Siècle und Auftakt der Moderne im engeren Sinne – wurde zur Inkubationsphase jener Bewegungen und Momente, die bis in unsere Tage hineinragende soziokulturelle Muster, Lebensstile, Lebensrhythmen und Werthaltungen geprägt haben. Womöglich ist es dies, das nach wie vor nicht Abgegoltene, das der ›Epoche um 1900‹ gegenwärtig so viel an Aufmerksamkeit beschert, denn unsere eigene, vielfach als ›Postmoderne‹ bezeichnete Gegenwart fühlt sich in ihrem Wissen um Verlorengehendes und in ihrer Ungewissheit jener Umbruchsphase näher als chronologisch näheren Zeiten. Dank Doering-Manteuffel und Raphael verfügen wir für diese neuerliche Schwelle über eine erste Orientierung (Doering-Manteuffel/Raphael 2012).

Die Rekonstruktion der Kulturschwellen bedarf der Ergänzung durch einen Erklärungsansatz, der das Verhalten der Menschen in den zwischen den Schwellen befindlichen Zeiträumen plausibel macht. Es ist, wie angedeutet, in der Moderne in hohem Maße von Erfahrung, Selbstbeobachtung, Erwartung und davon abgeleiteten Ordnungsmustern bestimmt. Deren Zahl ist schwer zu überschauen. Forschungspragmatisch empfiehlt sich die Beschränkung auf gesellschaftssteuernde Ordnungsmuster (Raphael 2012), naturgemäß miteinander im Konflikt liegen bzw. im Wettbewerb stehen (Dipper 2010, 9–16). Sie sind natürlich epochenspezifisch und liefern den Historikern wichtige Indikatoren für Heraufkunft und Fortgang der Moderne. Das bedeutet naturgemäß auch: Wenn die Ordnungsmuster als Folge der trendmäßigen Entwicklung ihre Erklärungskraft verlieren, steuern Gesellschaften auf eine Kulturschwelle zu, bei deren Überschreitung neue Ordnungsmuster Geltung erhalten. Die Abfolge von Ordnungsmustern, d. h. der Wertverfall geltender Verhaltens- und Steuerungsmaximen folgt in der Moderne rascheren Rhythmen als in der Zeit davor, die, jedenfalls in dieser Hinsicht, aus der Rückschau von unwiederbringlich verlorener Stabilität gekennzeichnet war.

Die Einlösung dieses Programms ist höchst anspruchsvoll und daher bislang erst ansatzweise versucht worden bzw. gelungen. Dies mag auch eine Erklärung für die eingangs vermerkte Zurückhaltung der Disziplin gegenüber dem Moderne-Ansatz sein. Lutz Raphael (geb. 1955) hat das Geflecht von Bedingungen – oder soll man besser von Bedingungsgruppen sprechen? – zusammengestellt, die mindestens für große Teile des europäischen 20. Jh.s Geltung besitzen (Raphael 2008, 85 – 91) und eine ebenso ambitionierte wie gelungene Übersicht für die erste Hälfte dieses Jahrhunderts vorgelegt (Raphael 2011). Sie ordnet er um die widerstreitenden Ordnungsmuster »Planung« und »Utopie« an (Raphael 2011, bes. Kap. 4), um »die totalitäre Dynamik der explizit wissenschaftsbasierten« Zukunftsentwürfe zu verdeutlichen (Raphael 2008, 87). Der damit erheblich verringerte Abstand zwischen Demokratien und Diktaturen ist gewollt, schließlich handelt es sich um das »Zeitalter der Extreme« (Hobsbawm). Eines der Bindeglieder ist das verbreitete, in Schweden bis zum nationalen Kennzeichen aufgerückte *social engineering*, das den Zeitgenossen je nachdem friedfertig oder brutal gegenüber trat (Raphael 2011, 157).

Für die übrigen modernen Zeiten sieht die Forschungslage unterschiedlich aus. Die Aufklärer haben für ihre Zeit keinen Zweifel daran gelassen, dass ihr Leitmotiv ›Vernunft‹ dem hergebrachten Ordnungsmuster ›Offenbarung‹ den Kampf ansagte (Dipper 2014, 38 – 40). Die internationale Forschung sieht keinen Anlass, dieser Selbstaussage grundsätzlich zu misstrauen, relativiert sie allerdings seit den 1940er-Jahren unter Hinweis auf die totalitären Züge der Aufklärung (Horkheimer/Adorno 1947; Koselleck 1959; Talmon 1961).

Im Blick auf das sich anschließende 19. Jh. versichert Raphael eher beiläufig, dass anders als im 20. Jh., in dem die epochengestaltenden Ordnungsmuster mehr oder minder staatszentriert gewesen sein, Liberalismus und Konservatismus dominiert hätten (Raphael 2008, 87). Das leuchtet ein, denn die Ordnungsentwürfe jener Zeit dienten tatsächlich v. a. der Abgrenzung und Selbstbeschreibung der Gesellschaft und der Kontrolle bzw. Einhegung des Staates im Zuge seines Umbaus zum Verfassungs- und Nationalstaat. Sämtliche politischen Richtungen standen vor der Aufgabe, sich in allererster Linie zu der von der politisch-industriellen ›Doppelrevolution‹ (Hobsbawm) geschaffenen neuen Gesellschaft zu verhalten und damit vor der Alternative, den Akzent entweder auf Freiheit oder Bindung zu setzen. Eine diese Hypothese einlösende Gesamtdarstellung existiert derzeit nicht.

Anders verhält es sich mit der unmittelbaren Vorgeschichte unserer Gegenwart. Hier haben Doering-Manteuffel und Raphael eine überzeugende, inzwischen mehrfach aufgelegte Skizze der seit den 1970ern zutage tretenden Umbrüche und der darauf reagierenden Diskurse vorgelegt (Doering-Manteuffel/Raphael 2012). Einige ihrer Schüler stellten kürzlich dazugehörige Fallstudien vor (Reitmayer/Schlemmer 2014). Direkt mit dem Aufbruch »in eine andere Moderne« verbundene Einzeluntersuchungen liegen auch von anderer Seite vor (Raithel et al. 2009), was nur beweist, dass die Vorstellung einer jüngst eingetretenen Zeitenwende – Kulturschwelle – tatsächlich weit verbreitet ist. Bei unseren Nachbarn ist das nicht anders.

Wenig wird allerdings über die epochesteuernden Ordnungsmuster reflektiert, obwohl die entsprechenden Stichworte seit Jahren einen zentralen Platz im wissenschaftlichen und publizistischen Diskurs und im öffentlichen Bewusstsein einnehmen. Schon ein Blick in den Katalog der Deutschen Nationalbibliothek – nicht weniger als 2.316 Bücher führen derzeit diesen Begriff im Titel – spricht dafür, dass eines der neuen, zeitgemäßen und alle anderen übergreifenden Ordnungsmuster ›Nachhaltigkeit‹ ist. Es hat die in der Moderne lange Zeit äußerst populären Leitbegriffe ›Modernisierung‹ und ›Fortschritt‹ in die Defensive gedrängt, eine Folge des seit den 1970ern erkennbaren Wertewandels, dem amerikanische Zeitdiagnostiker wie Daniel Bell und Dennis Meadows weithin beachteten Ausdruck verliehen haben. Ersterer sprach bereits 1973 von der Heraufkunft der postindustriellen Moderne (Bell 1975) – d. h. einer Moderne, die ihre Identität nicht mehr an der natürlich weiterhin gegebenen Industriearbeit abliest –, Letzterer sagte schlicht das Ende wirtschaftlichen Wachstums als Folge übermäßiger Ressourcenausbeutung voraus (Meadows 1972).

Die vom neuen Leitparadigma verlangten Maßnahmen der Umsteuerung erfordern jedoch einen Zuwachs an Steuerungspotentialen, deren Angemessenheit oder Leistungsfähigkeit nicht unwidersprochen blieb. Wer so dachte bzw. denkt, kann darauf verweisen, dass bereits in den 1970er-Jahren der keynesianische Konsens – eine moderate Staatsverschuldung garantiere Wachstum, Vollbeschäftigung und politische Stabilität – sich selber widerlegt hat. Jene Wirtschaftswissenschaftler, die schon immer in der Beschränkung der Staatstätigkeit und Befreiung der Märkte das angemessene Mittel sahen, erlangen deshalb zunehmend Deutungshoheit (Stedman Jones 2012) und bekämpfen seither dieses Ordnungsmuster, zumindest soweit mit ihm ein Zuwachs an Staatstätigkeit verbunden ist.

Auch in der Politikwissenschaft und der politischen Philosophie schlug das Pendel zurück, am radikalsten in Gestalt des Libertarianismus (Niesen 2009). Durch den Zusammenbruch der kommunistischen Staaten fühlen sich Anhänger dieser Weltsicht zusätzlich legitimiert. Kurze Zeit schien es vielen deshalb sogar, dass die Geschichte der Moderne nun auf Dauer gestellt und insofern an ihr Ende gekommen sei (Fukuyama 1992) – das radikale Gegenmodell zur postmodernen Kulturkritik. Fukuyamas These ist aus vielen Gründen irrig, aber Andreas Wirsching hat jüngst überzeugend nachgewiesen, dass dem seit 1990 neu entstehenden Europa sehr bewusst der ›Geist des Neoliberalismus‹ zugrunde liegt (Wirsching 2012; Ulrich Herberts Rezension in der *Süddeutschen Zeitung* trägt den Titel: »Das neue Europa entsteht im Geist des Neoliberalismus« [13. 03. 2012]). Das antagonistische Ordnungsmuster ist daher die Freiheit in ihrer zeitgemäßen Form des Neoliberalismus.

Forschungsgeschichte, Semantik und Gegenkonzepte

Nach heutigem Kenntnisstand wurde ›Moderne‹ 1950 im Deutschen von einem professionellen Historiker zum ersten Mal gebraucht (Schieder 1962 [1950], 132). Bei genauerer Prüfung waren weder Autor noch Zeitpunkt Zufall. Indessen ist beides an Vorbedingungen geknüpft, die hier nur knapp skizziert werden können. Abgekürzt könnte man sagen: Die Geschichtswissenschaft musste lernen, mit Diskontinuität umzugehen, und das war erst nach der seit Ende des 19. Jh.s diskutierten Krise des Historismus möglich. Aus zwei gewaltigen Quellströmen speiste sich die Ablehnung des historistischen Kontinuitätstheorems: kulturell aus dem seit 1880 immer stärker sich artikulierenden Bewusstsein, an einer »absoluten Kulturschwelle« angelangt zu sein (Gehlen 2007 [1957], 97), die auch darin bestand, dass der Preis des unaufhaltsamen Fortschritts sichtbar wurde, und politisch aus der Fundamentalopposition nicht erst gegen die Revolution von 1918/19, sondern v. a. gegen die von 1789, die die Mächte des Bösen entfesselt habe. Paradoxerweise stand somit in der deutschen Geschichtswissenschaft (Troeltsch immer ausgenommen) radikal politisierte Zivilisationskritik am Beginn ihrer Auseinandersetzung mit dem Thema ›Moderne‹, d. h. es dominierte hier für viele Jahrzehnte und im Gegensatz zum ursprünglichen Sprachgebrauch die Auffassung, dass ›Moderne‹ gleichbedeutend mit dem ›Untergang des Abendlandes‹ sei. Vertreten haben dies, abgesehen von den katholischen Historikern – der Vatikan hatte in einer fünfzig Jahre dauernden Anstrengung die Moderne als grundsätzlich verworfen lehramtlich durchgesetzt (ausführlich dazu Wolf 1998) – besonders Völkische und Jungkonservative. Sie hielten die Gegenwart für das Ergebnis einer 1789 begonnenen Weltverschwörung und prägten damit einen außerordentlich folgenreichen Denkstil.

Aus wirkungsgeschichtlicher Perspektive sind Otto Brunner (1898–1982), Werner Conze (1910–1986) und Theodor Schieder (1908–1984) zu nennen, die als Nachwuchshistoriker in den 1930er-Jahren jungkonservative Ideen vertraten und damit jenen abweichenden Blick auf die Vergangenheit: Diese dachten sie radikal anders als die Gegenwart, nämlich als statisch, geordnet und darum gut, bis ihr die Revolution ein Ende machte. Indirekt war das dann doch ein Beitrag zur Theorie der ›Moderne‹, und insofern wies diese Alternative zum damaligen historiographischen *mainstream* weit in die Zukunft.

Denn so normativ der Blick auf die Gegenwart war und so unerklärt letztlich der Übergang in die Moderne blieb, so hatten sich die Jungkonservativen doch zum Sprachrohr des verbreiteten Bewusstseins gemacht, in einer neuartigen, von der Vergangenheit radikal unterschiedenen Epoche zu leben.

Politisch gesäubert, erwies sich darum dieses Geschichtsbild nach 1945 dank der kultursoziologischen Synthesen von oftmals konservativen Autoren wie Hans Freyer (1887–1969), Arnold Gehlen (1904–1976), aber auch von Alfred Weber (1868–1958) als modernisierungsfähig. Dann erst erhielten auch die beiden konträren Großepochen brauchbare Benennungen: An die Stelle der seit Jahrhunderten üblichen Trias ›Altertum-Mittelalter-Neuzeit‹ trat die Zweiteilung ›Alteuropa‹ – das bei Brunner viel mehr umfasste als die heute gängigen drei Jahrhunderte zwischen Reformation und Revolution, nämlich die vom »ganzen Haus« geprägte und bis in die griechische Archaik zurückreichende Sozialordnung (Brunner 1949; vgl. dazu auch das Kapitel »Wirtschaftsgeschichte« in diesem Band) – und ›industrielle Welt‹ (Conze 1957).

Letzteres war für Conze zunächst ein Notbehelf, um nicht die damals vom Marxismus gefärbten Begriffe ›bürgerliche Gesellschaft‹ oder ›Kapitalismus‹ benutzen zu müssen, während die Brunnersche Prägung ›Zeitalter der Ideologien‹ noch so sehr dem hergebrachten Vorbehalt gegen die Gegenwart verpflichtet war, dass er sie alsbald aus dem Verkehr zog. Er selbst lieferte schon mit seiner Feststellung, »dass die Ideologien als konkrete historische Erscheinungen [...] zum Durchbruch der modernen Welt gehören« (Brunner 1968, 61), den Begriff, der sich alsbald durchsetzen sollte: ›moderne Welt‹. Dass Troeltsch schon 1906 den »Begriff der modernen Welt« zu bestimmen gesucht hatte, und zwar auf dem Stuttgarter Historikertag, war offenbar vergessen (Troeltsch 2001, 208).

Dass es deutsche Historiker mit ›braunen Wurzeln‹ waren, die sich für ein alternatives, zukunftsträchtiges Geschichtsbild offen zeigten, wird in einer auf *political correctness* ausgerichteten Zeit weder verstanden noch gar akzeptiert. Solange andere Belege nicht gefunden werden, gilt aber: Vor der Rezeption Max Webers in den späten 1960er-Jahren waren jedenfalls sie es, die, weil sie ›Moderne‹ kulturpessimistisch als das bis in die Gegenwart reichende Zeitalter der Krise verstanden, ihr Interesse auf diese Epoche verstärkt ausrichteten und so mithilfe ihrer vor 1945 erworbenen abstrakten Modelle nunmehr »eine spezifisch historische Anschauung und Methodologie« entwickelten (Chun 2000, 107), um auf originelle Weise die moderne Welt zu erforschen. Ihre ›Moderne‹ war wie diejenige Max Webers ambivalent, nur dass sie zu dieser Bewertung nicht wie jener durch wissenschaftliche Analyse, sondern durch Vorurteil gelangten. An der Modernität ihres Zugriffs und der Tragfähigkeit ihrer Forschungsergebnisse ändert das allerdings wenig.

Eine insgesamt positive Grundeinstellung zur ›Moderne‹ besitzen dagegen die u. a. an der amerikanischen Makrosoziologie geschulten und von dort auf Max Weber gestoßenen Schüler dieser Historikergeneration – Hans-Ulrich Wehler (1931–2014), Wolfgang J. Mommsen (1930–2004), Wolfgang Schieder (geb. 1935), Jürgen Kocka (geb. 1941), um nur einige der führenden Vertreter der Gesellschaftsgeschichte zu nennen –, obgleich auch sie von ›Moderne‹ i. d. R. nicht zu sprechen pflegen, sondern vorzugsweise in einer modernisierungstheoretischen Terminologie von ›bürgerlicher Gesellschaft‹, ›industrieller Welt‹ und ›Kapitalismus‹. Auf sie geht auch die Popularisierung der Vorstellung historischer Diskontinuität mit der von Eric Hobsbawm (1917–2012) ins Spiel gebrachten ›Doppelrevolution‹ in Politik und Wirtschaft als Zäsur zurück.

Am Ende der 1980er-Jahre war also unter westdeutschen Historikern die Vorstellung eines diskontinuierlichen Geschichtsverlaufs innerhalb der Neuzeit weit verbreitet und der Gedanke verschwunden, dass dies eine Wendung zum Schlechten bedeute. Nach wie vor vermieden sie jedoch den Begriff ›Moderne‹, weil sie, anders als im Falle der Trias ›Altertum, Mittelalter, Neuzeit‹ (noch) nicht hätten sagen können, worin das Wesentliche einer so bezeichneten Epoche bestünde. Dazu bedurfte es erst einer erneuerten Kulturgeschichte, die ihrerseits an das sich ausbreitende modernisierungskritische Bewusstsein geknüpft war und im Zeichen der (heraufziehenden) Postmoderne das Nachdenken über die (sich verabschiedende) Moderne wenn nicht ausgelöst, so doch erheblich vorangebracht hat.

Regionen und Räume

Der moderne-spezifische Entwicklungspfad ist schematisch bereits im ersten Abschnitt skizziert worden; dort war von den die Entwicklung steuernden antagonistischen Ordnungsmuster-Paaren die Rede, die, sobald sie an die Grenzen ihrer Plausibilität stoßen, durch neue Konzepte abgelöst werden. Deshalb geht es hier nur noch um die Regionen und Räume.

Die Moderne-Theorie der Soziologie, wie sie seit den 1930er-Jahren anhand der okzidentalen Entwicklung zunächst in den USA entwickelt und dann nahezu weltweit rezipiert wurde, bezieht sich auf die Welt insgesamt. Damit hat sie sich große Probleme eingehandelt; sie wird deshalb seit rund zwei Jahrzehnten von verschiedenen Seiten heftig angegriffen und auch von historisch sensiblen Soziologen nicht länger verteidigt (Knöbl 2012). Diese haben vielmehr mit verschiedenen, die Kontingenz einbeziehenden Entwürfen zu reagieren versucht, von denen Eisenstadts *Vielfalt der Moderne* und Knöbls *Kontingenz der Moderne* wohl die bekanntesten sind (Eisenstadt 2000; Knöbl 2007; zu den verzweigten disziplinären Debatten um die Vielfalt der Modernen s. auch die Beiträge zu den verschiedenen *Area Studies* in diesem Band, in denen die regions- und kulturspezifischen Konzeptionen der Moderne in Auseinandersetzung mit der jeweiligen Forschungslandschaft gesondert behandelt werden).

Die Geschichtswissenschaft, deren eigentliches Geschäft Entwicklungen sind, und die deshalb immer die Kontingenzen im Blick hat und spätestens seit dem *linguistic turn* auch für hermeneutische Fragen und für Diskurse empfänglich geworden ist, sollte im Grunde mit der Idee ›multipler Modernen‹ kein Problem haben. Trotzdem tat oder tut sie sich in dieser Frage mit der Lösung von den Denkmustern sozialwissenschaftlicher Großtheorien schwer. Dabei belehrte uns Hugo von Hofmannsthal (1874–1929) schon 1893, dass die Moderne eine zeitliche und räumliche Dimension hat. Was »im geistigen Sinn modern ist«, sei »heute« etwas anderes als »zu Anfang des Jahrhunderts«. Aber weil es in »Rotwelsch« formuliert werde, verstünden das »Merkwort der Epoche« nur wenige: »Ich rede von ein paar tausend Menschen, in den großen europäischen Städten verstreut. […] Sie sind nicht notwendigerweise der Kopf oder das Herz der Generation: sie sind nur ihr Bewußtsein. Sie fühlen sich mit schmerzlicher Deutlichkeit als Menschen von heute; sie verstehen sich untereinander, und das Privilegium dieser geistigen Freimaurerei ist fast das einzige, was sie im guten Sinne vor den übrigen voraushaben« (Hofmannsthal 1956, 148 f.).

Hofmannsthal meinte natürlich die literarische Moderne mit ihren Zentren Paris, Wien und Berlin, also nur einen Teilausschnitt aus dem, was der *Brockhaus* praktisch gleichzeitig als »den Inbegriff der jüngsten socialen, literarischen und künstlerischen Richtungen« bezeichnete (Brockhaus 1895, 959), die entsprechend breiter gestreut waren.

Wo ist also die ›moderne Welt‹ zu finden? Weder an einem bestimmten Ort noch zu einer bestimmten Zeit, sondern in Räumen, die das Ergebnis kultureller, sozialer und wirtschaftlicher Prozesse sind und deshalb ständigem Wandel unterliegen. Forschungspraktisch ist diese Feststellung schwer einzulösen – man sehe sich nur die bekannte ›konzeptuelle Karte‹ Europas des historisch bestens informierten Soziologen Stein Rokkan an, eine aus Grundkonstellationen und Variablen zusammengesetzte Tabelle (Rokkan 2000, 179, Abb. 13) –, aber jedenfalls wirklichkeitsnäher, als wenn man immer gleich von der Welt insgesamt handelt, die es empirisch nicht gibt. Schon der Raum namens ›Europa‹ wirft große Probleme auf, weil er allzu oft nur »als Ansammlung nationaler Gesellschaftscontainer« behandelt wird (Raphael 2012, 10).

Gleichwohl ist es legitim, in bestimmter Hinsicht und zu bestimmten Zeiten von ›europäischer Moderne‹ zu sprechen, wobei es zur Mindestvoraussetzung gehört, dass dies von Zeugnissen der Selbstbeobachtung gedeckt ist. Dabei wird man unvermeidlicherweise feststellen, dass es spätestens seit dem frühen 19. Jh. mehrere Europa- und entsprechende europäische Modernevorstellungen gewöhnlich nebeneinander und in Konkurrenz zueinander gibt (Beispiele für die erste Hälfte des 19. Jh.s bei Osterhammel 2009, 144–148). Mit dem geographischen Europa, über dessen Grenzen ebenfalls lange gestritten wurde (zur Herstellung der ›wissenschaftlichen Tatsache‹, dass Europa erst am Ural endet, s. Cecere 2006), stimmt keine der europäischen Modernen überein, nicht einmal in der Gegenwart. Umgekehrt besaß das, was als europäische Moderne jeweils gelten kann, zu allen Zeiten eine Strahlkraft über ihre räumlichen Grenzen hinaus. Niemals war sie größer als im 19. Jh., das darum als »Epoche Europas« bezeichnet werden kann (Osterhammel 2009, 20), wie es umgekehrt »schwierig [ist], für die Zeit zwischen etwa 1800 und 1900 eigenständige und unverwechselbare indische, chinesische, nahöstlich-islamische oder afrikanische Wege in die Moderne zu finden, die dem hegemonialen westeuropäischen Moderne-Modell Eigenes entgegensetzten« (ebd., 1281).

Im Regelfall wird man aber schon wegen der großen Rolle der diskursiven Erzeugung modernen Denkens und Weltverhaltens die Räume sprachlich und religiös bestimmter Gesellschaften, oft vorschnell mit Nationen gleichgesetzt, als Orte einer vergleichsweise einheitlichen Moderne bezeichnen können, aber immer dabei im Kopf behalten müssen, dass namentlich Meinungsführer seit jeher über Grenzen hinweg in vielerlei Form im geistigen Austausch stehen, zumal in Europa. Die Moderne-Diskurse sind daher in der nordatlantischen Welt ähnlich, aber nicht identisch. Dasselbe gilt für die realen Erscheinungsformen der Moderne.

Zeithorizont und Epochenkonzept

Reinhart Koselleck hat vor längerer Zeit eine Reihe historiographischer, darunter auch sozial- und wirtschaftsgeschichtlicher Angebote zum Beginn der Moderne zusammengestellt – mit dem zu erwartenden Ergebnis, dass je nach Sachverhalt bzw. Gegenstand der Beginn anders datiert werden muss (Koselleck 1977). Dabei hat sich der politik- und geistesgeschichtliche Aspekt weitgehend durchgesetzt und zu »eine(r) Art Konsens« darüber geführt, dass der Beginn der Moderne in der zweiten Hälfte des 18. Jh.s liege, auch wenn dieser Konsens »brüchig« sei (Langewiesche 1998, 335). Davon war hier bereits mehrfach die Rede. Mit Recht fügte Langewiesche hinzu, dass es sich dabei zunächst um eine Erfahrung bzw. Einschätzung der Gebildeten handle, die sich allerdings im Laufe der Zeit ausgebreitet habe, während der Alltag ganz anderen Rhythmen zu folgen pflege (ebd., 336–338).

Jenseits dieses ›brüchigen Konsenses‹ über den Beginn, d. h. über Epochenkonzept und Verlauf der Moderne existiert dagegen in der (deutschen) Geschichtswissenschaft keinerlei Einmütigkeit, weil ›Moderne‹, wie schon mehrfach festgestellt, zumeist kaum anders als alltagssprachlich verwendet wird. Nur wo das nicht der Fall ist, zeichnet sich Einvernehmen ab, dass die Epoche der Moderne in von Kulturschwellen hervorgebrachte Phasen oder Zeitabschnitte zerfällt. Von der ›Sattelzeit‹ abgesehen, besteht über die Benennungen jedoch keine Einigkeit. Die große Bedeutung, die die kulturgeschichtliche Perspektive der Selbstbeobachtung zuschreibt, führt zu zwei Konsequenzen: Erstens genießen die epochalen Selbstbezeichnungen Vorrang vor nachträglich verliehenen, historiographisch vielleicht praktikableren Etiketten und zweitens stellen die 1880er-Jahre in dieser Hinsicht eine klare Wasserscheide dar, denn erst damals konnte man in Deutschland wissen und sagen, man lebe in der ›Moderne‹. Vorher ist die rückblickende Epochenbenennung – sie ist für frühere Zeiten ohnedies alternativlos – legitim, danach, vorsichtig gesagt, eher nicht. Das bedeutet, dass die Anfänge der ›modernen Zeiten‹, wie es nun korrekterweise heißen sollte, als ›Aufklärung‹ bezeichnet werden können, denn damals diskutierte man bekanntlich ausführlich, ob man in einem ›Zeitalter der Aufklärung‹ lebe oder vielleicht schon in ›aufgeklärten Zeiten‹ (dazu ausführlich Dipper 2014, 40–48). Es ist jedenfalls »ein Novum in der Geschichte, dass sich eine Generation von Zeitgenossen selber schon eine epochale Eigenbezeichnung zumisst« (Koselleck 2010, 120). Von einer ›Sattelzeit‹ wussten die Zeitgenossen dagegen nichts, wohl aber, dass sie eine Zeitschwelle durchlebten (Dipper 2013).

Der ungefähr zwischen 1790 und 1880 angesiedelten Epoche kommt dann die Bezeichnung ›Zeitalter der Revolution‹ zu, denn so sahen sich viele auch nach 1814 verortet, wie nicht zuletzt Aussagen von Carsten Niebuhr bis Jacob Burckhardt belegen (Dipper 2010, 10 f.). Die danach anhebende neuerliche Schwellenzeit ist mit *Fin de Siècle* semantisch zwar korrekt, aber zugleich einseitig bezeichnet, wie die gleichzeitige, hochgestimmte Prägung ›Moderne‹ belegt. Bis daraus ein historisch bündiger Epochenbegriff wurde, dauerte es noch lange, denn die ›modernen Zeiten‹, von denen alsbald und immer öfter gesprochen wurde, entsprachen eher einer Zeitwahrnehmung als einem präzise anzugebenden Zeitabschnitt. Es scheint, dass in der deutschen Geschichtswissenschaft erst Ulrich Herberts Aufsatz von 2007 die Schleusen geöffnet hat, weil inzwischen die von der erneuerten Kulturgeschichte vorgeschlagene, vom Jahrhundertschematismus abweichende Periodisierung auf breite Zustimmung gestoßen war (Raphael; Wirsching 2012; Raithel et al. 2009): Um 1890 beginne *a phase of intensive change* (Herbert 2007, 10), die er als *High Modernity* bezeichnete, um sie vom generischen Moderne-Begriff unterscheidbar zu machen.

Es ist erklärungsbedürftig, weshalb ausgerechnet die Zeit zwischen 1880/90 und 1970/80 keinen bündigen, allgemein akzeptierten Epochenbegriff geschaffen hat, denn an zeitgenössischen Vorschlägen mangelte es ja keineswegs. Vielleicht hat gerade das Überangebot eine Entscheidung verhindert. Jedenfalls handelt es sich bei ›Hochmoderne‹ wieder um eine im Rückblick vorgenommene Benennung, denn inzwischen hatte sich bekanntlich der Wind bereits erneut gedreht. Seit 1979 macht der von Jean-François Lyotard (1924–1998) zwar nicht erfundene, aber erfolgreich popularisierte Begriff der ›Postmoderne‹ so gut wie weltweit Furore; offensichtlich traf er damit einen mehr als nur semantischen Nerv (Lyotard 1979). Trotzdem ist dieser Ausdruck eher noch umstrittener als ›Moderne‹, insbesondere wenn man den ganzen Deutungsballast der Soziologen – von anderen Disziplinen sowie vom

»Geschnatter in Medien und Akademikerkreisen« (Doering-Manteuffel/Raphael 2012, 90) ganz zu schweigen – ins Auge fasst. Aber das ist bei dem hier vorgeschlagenen Verfahren zu vernachlässigen. Es genügt, wenn der Historiker registriert, dass bewusstseinsprägend von ›Postmoderne‹ als Bezeichnung unserer Gegenwart gesprochen wird. Dass viele damit die Vorstellung verbinden, die Moderne sei überhaupt zu Ende, ist zu vernachlässigen, denn das kann nach Ansicht der Geschichtswissenschaft ohnedies nur die Zukunft feststellen – und dann vermutlich nur mit Begriffen, die nicht mehr als ›modern‹ bezeichnet werden können, denn die modernen Begriffe sind immer Begriffe der Moderne. Insofern wird gelegentlich mit gewissem Recht die Ansicht vertreten, die Moderne sei eine Meta-Epoche (Grasskamp 1998).

Die vorstehenden Ausführungen machen besonders deutlich, dass sich die Arbeit mit der Moderne-Theorie grundlegend von anderen Verfahren zur Erschließung der Vergangenheit unterscheidet, denn es handelt sich um eine Epoche, die nicht nur, wie üblich, medial vermittelt, sondern auch persönlich erinnert und qualifiziert wird – insbesondere nach 1886. Wie grundlegend, illustriert Wolfgang Knöbl am Beispiel von Petrarcas Besteigung des Mont Ventoux, die vielen als Beginn der Renaissance gilt, was Petrarca selbst natürlich gar nicht wissen konnte (Knöbl 2012, 63 f.). 1886 hat Eugen Wolff die »Moderne« dagegen selber ausgerufen und damit buchstäblich Epoche gemacht.

Die Wertbefrachtung von ›Moderne‹ tut ein Übriges, auch wenn die Historiker sich Wertaussagen zu vergangenen Epochen abgewöhnt haben. Die namentlich bei den Soziologen anzutreffenden Wertvorstellungen, von denen eine gar so weit geht, von einem ›unvollendeten Projekt‹ der Moderne zu sprechen (Habermas 1990), stellen immer wieder eine Versuchung dar. Die Gegenthese von der Ambivalenz der Moderne (Bauman 1995) ist für Historiker auch keine Hilfe, denn nochmals: Nach Meinung der gesamten Disziplin haben Epochen keine Eigenschaften – selbst im hier verhandelten Falle, dass Epochenbezeichnungen in gut historistischer Manier von den Zeitgenossen, die damit natürlich eine inhaltliche, kaum aber eine chronologische Botschaft verbanden, übernommen werden.

Themen und Leitprozesse

Die große Frage, ob es jenseits kontingenter Vorgänge institutionelle Strukturen und kulturelle Konstellationen gab, die in möglicherweise kausalem Zusammenhang mit den in der Moderne zu beobachtenden Sachverhalten stehen (Knöbl 2012, 69), wird von Historikern gern umgangen, da alle Antworten zwingend hochgradig spekulativ bleiben müssen. Man behilft sich stattdessen mit einer Kette strukturierender Überlegungen.

Die *erste* ist der Gedanke eines gerichteten Verlaufs der Geschichte. ›Gerichteter Verlauf‹ meint nur, dass spätere Epochen eine Reaktion auf frühere darstellen, weil die Menschen nicht nur Zuschauer dessen sind, was auf der Weltbühne aufgeführt wird. Die Rekonstruktion dieses Verlaufs bedarf, zweitens, ihrerseits dreier weiterer Annahmen, um die zahllosen historischen Antriebskräfte zu identifizieren, zu sortieren und ihnen ihre je spezifische Rolle zuzuweisen. Zum einen hat man davon auszugehen, dass namentlich die europäischen und nordamerikanischen Gesellschaften in den letzten 300 Jahren einem grundlegenden Wandel ausgesetzt sind. Dabei sind langfristige evolutionäre Vorgänge, Trends, im Spiel, die durchaus eigengesetzliche Verlaufsformen aufweisen (können). Man kann sie als Basisprozesse bezeichnen. Sie betreffen verschiedene Ebenen: die institutionelle Formenbildung (Staatsbildung, Bürokratisierung, Verrechtlichung), die Form wirtschaftlicher Entwicklung (industrielles Wachstum innerhalb der für die Moderne typischen konjunkturellen Schwankungen), die Einbettung Europas in die Welt als Ganzes (Globalisierung), die Ebenen der Vergesellschaftung (Schichten, Gruppen, Familie) und des Wissens (Verwissenschaftlichung und Technisierung) sowie die Trends gesellschaftlicher Entwicklung (demographischer Wandel, Urbanisierung, Alphabetisierung und Bildungsexpansion sowie Medialisierung). Das sind seit langem klassische Felder der Geschichtswissenschaft und hier gibt es auch wesentliche Berührungspunkte mit der herkömmlichen Modernisierungstheorie.

Die *zweite* Annahme korrigiert aber deren zumindest lange Zeit prägende Vorstellung einer starren Koppelung und einheitlichen Entwicklung als Folge der Verknüpfung aller Basisprozesse miteinander, in der der beobachtende und handelnde Mensch nicht eigentlich vorkommt. Dem setzt die kulturgeschichtlich geprägte Sicht auf die Geschichte die Auffassung entgegen, dass sich im Zeitverlauf auch Selbstwahrnehmung und -beschreibung der Gesellschaften ändern (Beispiele bei Raphael 2012). Wahrnehmungsmuster, Erfahrungen, Diskurse und Sprache sind aus dieser Perspektive nicht nachgeordnete Phänomene, sondern stehen mit den Basisprozessen in spannungsreicher Wechselwirkung; sie werden in ihrer Gesamtheit als Ordnungsmuster bezeichnet. Die Gesellschaften beobachten sich mit ihrer Hilfe und suchen ihre Entwicklung zu steuern. Deshalb verändern sich diese Ordnungsmuster permanent.

Von den vier epochenprägenden antagonistischen Paaren war bereits die Rede. Neben ihnen gibt es aber natürlich eine Fülle weiterer gesellschaftlicher Ordnungsmuster, angefangen mit Religion und Nation über Klasse, Recht und Verfassung bis Konsum, Körper, Freizeit und Ästhetik. Hinzugefügt sei nur noch, dass im Laufe der Zeit Selbstbeobachtungs- und Steuerungsfähigkeit zunahmen, und das bedeutet zugleich, dass die Varianten der Erscheinungsformen in der Moderne ebenfalls zunehmen. Als vielleicht einleuchtendstes Beispiel sei auf das Ordnungsmuster ›Planung‹ hingewiesen, mit dem seit dem späten 19. Jh. die neuen sozialwissenschaftlichen Disziplinen der liberalen Weltsicht mit ihrer Devise des *laissez-faire* im Glauben an die Normier- und Steuerbarkeit von Individuen und ganzen Gesellschaften im Dienste des Gemeinwohls zu Leibe rückten. Der Experte ist die wichtigste Sozialfigur für diesen Umbruch, der von der Stadtplanung über die vielgestaltige Sozialreform bis zur Umsiedlung und Ausrottung, aber auch zur wirtschaftlichen Globalsteuerung reicht und in den 1920er-Jahren in Europa seinen Durchbruch erlebte. ›Planung‹ fand in sämtlichen politischen Systemen ihren Niederschlag, mit einer gewissen Ausnahme von England und der Schweiz, wo die liberale Kultur tiefer verwurzelt ist als anderswo. Die Vielfalt moderner Gesellschaften hat durch dieses Ordnungsmuster enorm zugenommen, und auch wenn die Planungseuphorie inzwischen stark abgenommen hat, ist sie als Mittel des politischen und wirtschaftlichen Gestaltens unverzichtbar (van Laak 2010).

Daneben gibt es aber auch, *drittens*, epochenspezifische Errungenschaften im Umgang mit der jeweiligen Gegenwart, die nicht wieder verschwinden. Ihnen ist es letztlich zu danken, dass der hier mehrfach angesprochene ›Rückfall‹ bloße Rhetorik bleibt und die Moderne sich immer weiter entfaltet. Die drei besonders wirkmächtigen Errungenschaften sind das sich ändernde Verhältnis zu Zeit, Selbstbeobachtung und Sprache. Das im späten 18. Jh. eingetretene grundstürzend neue, nicht mehr hintergehbare Verhältnis zu Zeit und Geschichte ist die Folge des damals ›entdeckten‹ Fortschritts, der die Menschen veranlasste, von Beschleunigung der Zeiten im positiven Sinne zu sprechen, vielen Grundbegriffen eine zeitliche Dimension verlieh und die Geschichte zum unwiederholbaren Prozess und Subjekt ihrer selbst machte. Dies alles setze die Geschichtsphilosophie frei – das Wort hat Voltaire 1765 geprägt (Voltaire 1969) –, die fortan zur Deutung der Vergangenheit und Legitimierung zukünftiger Vorhaben diente. Die besondere Dynamik der Moderne nahm hiervon ihren Ausgang (Koselleck 1979a, 1979b).

Die Kulturschwelle um 1900 veränderte die gesellschaftliche Selbstbeobachtung grundlegend und dauerhaft, indem sie die älteren philosophisch-spekulativen Formen als ›pseudo-wissenschaftlich‹ abwertete und durch sozialwissenschaftliche (disziplinär im weitesten Sinne verstanden) ersetzte. Dieser neuerdings als »Verwissenschaftlichung des Sozialen« (Raphael 1996) bezeichnete Vorgang stellt sich in den Dienst des sozialen Fortschritts, der naturgemäß ganz verschieden interpretiert wird, und verdankt seinen Erfolg dem durch ihn verstärkten performativen Charakter des Politischen, indem nun der politische Wille als wissenschaftliche Prognose, rationaler Sachzwang oder Ähnliches dargestellt werden kann. Der Charakter der gesellschaftlichen Interventionen ändert sich nicht minder grundlegend, indem der Mensch an die modernen militärischen, industriellen, administrativen usw. Verhältnisse angepasst werden soll. In Gestalt der Experten stehen von nun an auch die Fachleute zur Umsetzung dieser Ziele zur Verfügung. Die damals entworfenen neuen Ordnungsmuster Planung und Utopie gehen direkt auf jene grundstürzende Errungenschaft zurück und wenn diese auch inzwischen an Bedeutung verloren haben, bleiben doch die Sozialwissenschaften die übliche Form, in der sich bis heute industriekapitalistische Gesellschaften über ihre eigenen Grundlagen und Perspektiven verständigen.

Unser Verhältnis zur Sprache, zum Sagbaren, hat sich in den letzten dreißig Jahren v. a. durch den französischen Poststrukturalismus grundlegend verändert, auch wenn die Dinge üblicherweise unter dem Stichwort *linguistic turn* verhandelt werden. Ausschlaggebend ist die These, dass Sprache kein neutrales Medium zur Kommunikation ist, sondern ein fragwürdiges Instrument zur Herstellung gesellschaftlicher Verhältnisse; kurz: Fakten gibt es nicht, Diskurse sind Macht. Folglich geriet die Sprache unter Generalverdacht, dem die Technik des Dekonstruktivismus die Mittel zur Neugestaltung unseres Weltverständnisses verschafft. Sprachverbote auf der einen, radikale Erweiterung des Denk- und Sagbaren auf der anderen Seite sorgen für den allseits fassbaren Wertewandel, der unsere natürlich unabgeschlossene Gegenwart kennzeichnet (Dietz et al. 2014).

Die Vorstellung einer Epoche namens Moderne gründet sich *schließlich* noch auf vier weitere zentrale Merkmale geschichtlicher Beobachtung, die abschließend zusammengestellt werden sollen, auch wenn sie bisher in anderen Kontexten schon genannt worden sind. Das erste Merkmal ist der Bruch mit der Vergangenheit. Es gibt in dieser Hinsicht kein geschichtliches Kontinuum – insofern handelt es sich bei dieser Annahme um Geschichtsphilosophie – und es ist im Grunde auch gleichgültig, wo genau der Bruch zeitlich verortet wird. Das macht die Aufklärung zum Grenzfall der Moderne, denn sie fürchtete noch dauerhaft einen Rückfall in die Vor-Aufklärung. Erst unmittelbar nach 1789 sind die ersten Belege überliefert, die eine Rückkehr zur »Barbarei« nachdrücklich ausschlossen (Dipper 2014, 53–56). Viele Deutungsangebote vom Marxismus bis zur Konservativen Revolution und von den Freimaurern bis zum christlichen Fundamentalismus verorten in »1789« den grundlegenden Umbruch zum Guten bzw. Bösen, als entscheidende Etappe zum Fortschritt oder zur Verdammung, und in der Tat bedeutete ja die Französische Revolution nichts Geringeres als den »Bruch des gesellschaftlichen Bewusstseins« (Koselleck/Reichardt 1988). Aber auch wer sich nicht diesen problematischen Großdeutungen anvertraut, hat in unseren Tagen keinen Zweifel, dass sich die Gegenwart kategorial von aller Vergangenheit unterscheidet.

Zweitens und eng damit im Zusammenhang steht die Wahrnehmung der Kulturschwellen als Schock. Sie sind entsprechend umstritten. Denn den einen bedeuten sie den Abschied von Vertrautem, den Verlust von Legitimität im weitesten Sinne; den anderen eröffnen sie als berechtigt empfundene Möglichkeiten, sie nehmen sie daher als Aufbruch zu neuen Horizonten wahr. Hintergrund ist der von Koselleck entdeckte Kontrast von »Erfahrungsraum« und »Erwartungshorizont« (Koselleck 1979b), der letztlich den Bruch verursacht hat und in der Moderne nicht mehr verschwindet, wohl aber je nach Konstellation unterschiedliche Latenz entwickelt.

Drittens gibt es die ungleiche Entwicklung – auf zwei Ebenen, denn neben den raum-zeitlich bedingten Unterschieden zwischen den nationalkulturellen Modernen existieren immer auch Unterschiede innerhalb ihrer selbst; beispielsweise gibt es keinen zwangsläufigen Zusammenhang zwischen technischer und kultureller oder, wie das Beispiel Chinas am eindrucksvollsten zeigt, zwischen wirtschaftlicher und politischer Moderne. Diese Ungleichheiten werden seit den 1920er-Jahren, also gegen Ende der zweiten Kulturschwelle, stärker als zuvor beachtet und seit damals in der Formel der »Ungleichzeitigkeit des Gleichzeitigen« verhandelt. Ernst Bloch (1885–1977) thematisierte sie ausführlich und sah in ihr 1935 keine simple Zeitdifferenz, sondern eine kritikwürdige Lebens- und Denk- bzw. Bewusstseinsform. Diagnosen wie dieser liegt eine »implizite Zeit- und Modernitätskritik« (Geyer 2007, 170) zugrunde, verbunden mit der Vorstellung, diese als »Rückständigkeit« kritisierten Zustände abschaffen zu sollen. Auch so erklärt sich das diese Zeit beherrschende Ordnungsmuster-Paar ›Utopie vs. Planung‹, denn die ›Ungleichzeitigkeit‹ wird nicht einfach hingenommen, sondern in Utopien bzw. Planungen übersetzt. Als Maßstab für historische Urteilsfindung taugt dieser »Chronozentrismus« allerdings nicht (Landwehr 2012).

Viertens schließlich ist die Antimoderne ein fester Bestandteil der Moderne. Das wird nicht nur von den Parteigängern der Antimoderne bestritten, sondern auch von jenen Historikern, die – bewusst oder unbewusst – normative Urteilskategorien verwenden, wie sie namentlich die Modernisierungstheorie popularisiert hat. Dann ist regelmäßig von »Rückfall« (besonders prominent Adorno 1998 [1959]), »vorgetäuschter Moderne« (Mommsen 1990), »Weg aus der Geschichte« (Jäckel 1986, 123) u. Ä. die Rede, in Deutschland vorzugsweise mit Blick auf den Nationalsozialismus (Zusammenstellung bei Hildebrand 2009, 175–179), weniger beim italienischen Faschismus, während kommunistische Herrschaftsformen bei aller Brutalität oft in den Genuss des marxschen Fortschrittsbonus zu kommen pflegen. Dabei ist aus moderne-theoretischer Perspektive unzweifelhaft: Alle Versuche, die Vergangenheit – oder, soziologisch gesprochen, die Tradition – wiederherzustellen, sind nicht nur modern, sie führen auch nicht hinter den Bruch zurück, sondern kreieren neue Spielarten der Moderne – in diesen Fällen eine »gewalttätige Moderne« (Plaggenborg 2006, 121).

Ein *letzter* und notwendigerweise sehr summarischer Blick gilt den von der deutschen Geschichtswissenschaft behandelten Themenfeldern. Sie sind vom *cultural turn* in ganz unterschiedlichem Ausmaß erfasst worden und dementsprechend gibt es (ohne dass sich das, wie eingangs bemerkt, immer in den Titeln niederschlägt) neben Bereichen, die von Moderne-Theorie so gut wie frei sind – insbesondere die Rechts- und Verfassungs-, die Wirtschafts- und die klassische Politikgeschichte – auch solche, in denen sie inzwischen deutlich Fuß gefasst hat. Zu ihnen zählen die Kulturgeschichte im weiten Sinn, also einschließlich der Religionsgeschichte, und dann die ohnehin moderne-affinen Bereiche Technik- und Stadtgeschichte. Besonders geglückte Überblickswerke mit klaren Erkenntnisprioritäten, unter denen Selbstaussagen, raum-zeitlichen Differenzierungen und Ordnungsmustern angemessener Platz eingeräumt wird, liegen inzwischen vor und belegen, dass der moderne-typische hohe Theoriebedarf in leserfreundlicher Form präsentiert werden kann (Osterhammel 2009; Raphael 2011; Plaggenborg 2012). Sie bieten einen gesteigerten Grad an Orientierungswissen und liefern damit den Nachweis, dass der reflektierte Umgang mit ›Moderne‹ der Geschichtswissenschaft Impulse zu liefern vermag, die auf herkömmliche Weise unterblieben wären.

Literatur

Adorno, Theodor W.: Was bedeutet Aufarbeitung der Vergangenheit? [1959]. In: Ders.: *Kulturkritik und Gesellschaft* (Gesammelte Schriften. Bd. 10, hrsg. von Rolf Tiedemann). Darmstadt 1998, 555–572.
AHR Roundtable: Historians and the Question of Modernity. In: *American Historical Review* 116, 2011, 631–751.
Bauman, Zygmunt: *Moderne und Ambivalenz. Das Ende der Eindeutigkeit*. Frankfurt am Main 1995.
Bell, Daniel: *Die nachindustrielle Gesellschaft*. Frankfurt am Main 1975 (engl. 1973).
Borchardt, Rudolf: Rede über Hofmannsthal [1902]. In: Ders.: *Reden* (Gesammelte Werke in Einzelbänden, Bd. 1). Stuttgart 1955, 45–103.
Brockhaus Konversationslexikon. 14. vollst. neubearb. Aufl., 16 Bde. Leipzig, Bd. 11, 1895, 959 (Stichwort »Modern«).
Brunner, Otto: *Adeliges Landleben und europäischer Geist*. Salzburg 1949.
Brunner, Otto: Das Zeitalter der Ideologien. Anfang und Ende [1954]. In: Ders.: *Neue Wege der Verfassungs- und Sozialgeschichte*. Göttingen ²1968, 45–79.
Cecere, Giulia: Wo Europa endet. Die Grenze zwischen Europa und Asien im 18. Jh.. In: Dipper, Christof/Schneider, Ute (Hrsg.): *Kartenwelten. Der Raum und seine Repräsentation in der Neuzeit*. Darmstadt 2006, 127–145.
Chun, Jin-Sung: *Das Bild der Moderne in der Nachkriegszeit. Die westdeutsche »Strukturgeschichte« im Spannungsfeld von Modernitätskritik und wissenschaftlicher Innovation, 1948–1962*. München 2000.
Conze, Werner: *Die Strukturgeschichte des technisch-industriellen Zeitalters als Aufgabe für Forschung und Lehre*. Köln/Opladen 1957.
Corfield, Penelope J.: *Time and Shape of History*. New Haven/London 2007.
Dietz, Bernhard et al.: *Gab es den Wertewandel? Neue Forschungen zum gesellschaftlich-kulturellen Wandel seit den 1960er Jahren*. München 2014.
Dipper, Christof: Moderne, Version: 1. 0. In: *Docupedia-Zeitgeschichte*, 25. 08. 2010, URL: https://docupedia.de/zg/Moderne?oldid=80259 (18. 3. 2014).
Dipper, Christof: Die deutsche Geschichtswissenschaft und die Moderne. In: *Internationales Archiv für die Sozialgeschichte der Literatur* 37, 2012, 37–62.
Dipper, Christof: Die historische Schwelle um 1800. In: *Geschichte in Wissenschaft und Unterricht* 64, 2013, 600–611.
Dipper, Christof: Aufklärung und Moderne. In: Asbach, Olaf (Hrsg.): *Europa und die Moderne im langen 18. Jahrhundert*. Hannover 2014, 33–62.
Doering-Manteuffel, Anselm/Raphael, Lutz: *Nach dem Boom. Perspektiven auf die Zeitgeschichte nach 1970*. 3., ergänzte Auflage. Göttingen 2012.
Droysen, Johann Gustav: *Texte zur Geschichtstheorie. Mit ungedruckten Materialien zur »Historik«*, hrsg. von Günter Birtsch und Jörn Rüsen. Göttingen 1972.
Eisenstadt, Shmuel N.: *Die Vielfalt der Moderne*. Weilerswist 2000.
Esser, Hartmut: *Aspekte der Wanderungssoziologie. Assimilation und Integration von Wanderern, ethnischen Gruppen und Minderheiten*. Darmstadt 1980.
Fukuyama, Francis: *Das Ende der Geschichte. Wo stehen wir?* München 1992.
Gay, Peter: *Die Moderne. Eine Geschichte des Aufbruchs*. Frankfurt am Main 2008.
Gehlen, Arnold: *Die Seele im technischen Zeitalter. Sozialpsychologische Probleme in der industriellen Gesellschaft* [1957]. Frankfurt am Main 2007.
Geulen, Christian: Plädoyer für eine Geschichte der Grundbegriffe des 20. Jahrhunderts. In: *Zeithistorische Forschungen* 7, 2011, 79–97.
Geyer, Martin H.: »Die Gleichzeitigkeit des Ungleichzeitigen«. Zeitsemantik und die Suche nach Gegenwart in der Weimarer Republik. In: Hardtwig, Wolfgang (Hrsg.): *Ordnungen in der Krise. Zur politischen Kulturgeschichte Deutschlands 1900 bis 1933*. München 2007, 165–187.
Grasskamp, Walter: Ist die Moderne eine Epoche? In: *Merkur* 52, H. 9/10, 1998, 757–765.
Habermas, Jürgen: *Die Moderne, ein unvollendetes Projekt. Philosophisch-politische Aufsätze 1977–1990*. Leipzig 1990.
Herbert, Ulrich: Europe in High Modernity. Reflections on a Theory of the 20th Century. In: *Journal of Modern European History* 5, 2007, 5–21.
Hildebrand, Klaus: *Das Dritte Reich*. München ⁷2009.
Hofmannsthal, Hugo von: Gabriele d'Annunzio (I) [1893]. In: Ders.: *Prosa* (Gesammelte Werke in Einzelausgaben, Bd. 1). Frankfurt am Main 1956, 147–158.
Horkheimer, Max/Adorno, Theodor W.: *Dialektik der Aufklärung. Philosophische Fragmente* [1947]. Frankfurt am Main 1969.
Hübinger, Gangolf: Krise und Kultur. Ergebnisse der Schlussdiskussion. In: Bruch, Rüdiger vom et al. (Hrsg.): *Kultur und Kulturwissenschaften um 1900. Bd. 1: Krise der Moderne und Glaube an die Wissenschaft*. Stuttgart 1989, 197–201.
Hübinger, Gangolf: Störer, Wühler, Weichensteller. Intellek-

tuelle Mobilmachung im 20. Jahrhundert. In: *Zs. für Ideengeschichte* 3, H. 4, 2009, 47–57.

Hübinger, Gangolf: *Max Weber und die Selbstbeobachtung der Moderne.* Vortrag im Historischen Kolleg München, 04. 07. 2011 (Teile davon zu finden in: Ders.: Max Webers Geschichtsdenken. In: *Jb. für Universitätsgeschichte* 14, 2011, 75–86).

Jäckel, Eberhard: *Hitlers Herrschaft. Vollzug einer Weltanschauung.* Stuttgart 1986.

Jaeger, Friedrich: Neuzeit als kulturelles Sinnkonzept. In: Ders. et al. (Hrsg.): *Handbuch der Kulturwissenschaften*, Bd. 1. Stuttgart/Weimar 2004, 506–531.

Kittsteiner, Heinz Dieter: Die Stufen der Moderne. In: Rohbeck, Johannes/Nagl-Docekal, Herta (Hrsg.): *Geschichtsphilosophie und Kulturkritik. Historische und systematische Studien.* Darmstadt 2003, 91–117.

Kittsteiner, Heinz Dieter: *Die Stabilisierungsmoderne. Deutschland und Europa 1618–1715.* München 2010.

Klinger, Cornelia: Modern, Moderne, Modernismus. In: *Ästhetische Grundbegriffe. Historisches Wörterbuch*, Bd. 4. Stuttgart/Weimar 2002, 121–167.

Knöbl, Wolfgang: *Die Kontingenz der Moderne. Wege in Europa, Asien und Amerika.* Frankfurt am Main/New York 2007.

Knöbl, Wolfgang: Beobachtungen zum Begriff der Moderne. In: *Internationales Archiv für die Sozialgeschichte der Literatur* 37, 2012, 63–77.

[Koselleck, Reinhart: Richtlinien für] Das Lexikon politisch-sozialer Begriffe der Neuzeit. Manuskript o. O. [Heidelberg], o. J. (1963).

Koselleck, Reinhart: *Kritik und Krise. Ein Beitrag zur Pathogenese der bürgerlichen Welt.* Freiburg [1959] ²1969.

Koselleck, Reinhart: Einleitung. In: Brunner, Otto et al. (Hrsg.): *Geschichtliche Grundbegriffe. Historisches Lexikon zur politisch-sozialen Sprache in Deutschland*, Bd. 1. Stuttgart 1972, XIII-XXVII.

Koselleck, Reinhart (Hrsg.): *Studien zum Beginn der modernen Welt.* Stuttgart 1977.

Koselleck, Reinhart: »Neuzeit«. Zur Semantik moderner Bewegungsbegriffe. In: Ders.: *Vergangene Zukunft. Zur Semantik geschichtlicher Zeiten.* Frankfurt am Main 1979 a, 300–348.

Koselleck, Reinhart: »Erfahrungsraum« und »Erwartungshorizont« – zwei historische Kategorien. In: Ders.: *Vergangene Zukunft. Zur Semantik geschichtlicher Zeiten.* Frankfurt am Main 1979 b, 349–375.

Koselleck, Reinhart: »Neuzeit«: Remarks on the Semantics of Modern Concepts of Movement. In: Ders.: *Futures Past. On the Semantics of Historical Time.* Cambridge, Mass. 1985, 222–254.

Koselleck, Reinhart/Reichardt, Rolf (Hrsg.): *Die Französische Revolution als Bruch des gesellschaftlichen Bewußtseins.* München 1988.

[Koselleck, Reinhart] Begriffsgeschichte, Sozialgeschichte, begriffene Geschichte. Reinhart Koselleck im Gespräch mit Christof Dipper. In: *Neue Politische Literatur* 43, 1998, 187–205.

Koselleck, Reinhart: Über den Stellenwert der Aufklärung in der deutschen Geschichte. In: Ders.: *Vom Sinn und Unsinn der Geschichte. Aufsätze und Vorträge aus vier Jahrzehnten*, hrsg. von Carsten Dutt. Frankfurt am Main 2010, 117–130.

Landwehr, Achim: Von der ›Gleichzeitigkeit des Ungleichzeitigen‹. In: *Historische Zs.* 295, 2012, 1–34.

Langewiesche, Dieter: »Postmoderne« als Ende der »Moderne«? Überlegungen eines Historikers in einem interdisziplinären Gespräch. In: Pyta, Wolfram/Richter, Ludwig (Hrsg.): *Gestaltungskraft des Politischen* (Fs. Eberhard Kolb). Berlin 1998, 331–347.

Lyotard, Jean-François: *La condition postmoderne.* Paris 1979 (deutsche Übers. 1986 u. ö.).

Meadows, Dennis et al.: *Die Grenzen des Wachstums. Bericht des Club of Rome zur Lage der Menschheit.* Reinbek 1973 (engl. 1972).

Mommsen, Hans: Nationalsozialismus als vorgetäuschte Modernisierung. In: Pehle, Walter H. (Hrsg.): *Der historische Ort des Nationalsozialismus. Annäherungen.* Frankfurt am Main 1990, 31–46.

Niesen, Peter: Die politische Theorie des Libertarianismus: Robert Nozick und Friedrich A. von Hayek. In: Brodocz, André/Schaal, Gary S. (Hrsg.): *Politische Theorien der Gegenwart*, Bd. 1. Opladen. 3. überarb. Aufl. 2009, 69–110.

Nitschke, August et al. (Hrsg.): *Jahrhundertwende. Der Aufbruch in die Moderne 1880–1930*, 2 Bde. Reinbek 1990.

Osterhammel, Jürgen: *Die Verwandlung der Welt. Eine Geschichte des 19. Jahrhunderts.* München 2009.

Peukert, Detlev J. K.: *Die Weimarer Republik. Krisenjahre der klassischen Moderne.* Frankfurt am Main 1987.

Peukert, Detlev J. K.: *Max Webers Diagnose der Moderne.* Göttingen 1989.

Plaggenborg, Stefan: »*Experiment Moderne*«. *Der sowjetische Weg.* Frankfurt am Main/New York 2006.

Plaggenborg, Stefan: *Ordnung und Gewalt. Kemalismus, Faschismus, Sozialismus.* München 2012.

Raithel, Thomas et al. (Hrsg.): *Auf dem Weg in eine neue Moderne? Die Bundesrepublik Deutschland in den siebziger und achtziger Jahren.* München 2009.

Raphael, Lutz: Die Verwissenschaftlichung des Sozialen als methodische und konzeptionelle Herausforderung für eine Sozialgeschichte des 20. Jahrhunderts. In: *Geschichte und Gesellschaft* 22, 1996, 165–193.

Raphael, Lutz: Ordnungsmuster der »Hochmoderne«? Die Theorie der Moderne und die Geschichte der europäischen Gesellschaften im 20. Jahrhundert. In: Schneider, Ute/Raphael, Lutz (Hrsg.): *Dimensionen der Moderne* (Fs. Christof Dipper). Frankfurt am Main 2008, 73–91.

Raphael, Lutz: *Imperiale Gewalt und mobilisierte Nation. Europa 1914–1945.* München 2011.

Raphael, Lutz (Hrsg.): *Theorien und Experimente der Moderne. Europas Gesellschaften im 20. Jahrhundert.* Köln 2012.

Reitmayer, Morten/Schlemmer, Thomas (Hrsg.): *Die Anfänge der Gegenwart. Umbrüche in Westeuropa nach dem Boom.* München 2014.

Rokkan, Stein: *Staat, Nation und Demokratie in Europa. Die Theorie Stein Rokkans aus seinen gesammelten Werken, rekonstruiert und eingeleitet von Peter Flora.* Frankfurt am Main 2000.

Schieder, Theodor: Die historischen Krisen im Geschichtsdenken Jacob Burckhardts [1950]. In: Ders.: *Begegnungen mit der Geschichte.* Göttingen 1962, 129–162.

Schneider, Ute: Spurensuche. Reinhart Koselleck und die »Moderne«. In: Dies./Raphael, Lutz (Hrsg.): *Dimensio-*

nen der Moderne (Fs. Christof Dipper). Frankfurt am Main 2008, 61–72.

Spezialforschungsbereich *Moderne – Wien und Zentraleuropa um 1900*. Endbericht 1994–2004. Graz 2004. http://www.gewi.uni-graz.at/moderne/sfb2004.htm (7.9.2013).

Stedman Jones, Daniel: *Masters of the Universe. Hayek, Friedman and the Birth of Neoliberal Politics*. Princeton 2012.

Talmon, Jacob L.: *Die Ursprünge der totalitären Demokratie* [1952]. Köln/Opladen 1961.

Troeltsch, Ernst: Aufklärung. In: Hauck, Albert (Hrsg.): *Realencyklopädie für protestantische Theologie und Kirche*, Bd. 2. Leipzig ³1897, 225–241.

Troeltsch, Ernst: Die Bedeutung des Protestantismus für die Entstehung der modernen Welt [1906/11]. In: *Ernst Troeltsch. Kritische Gesamtausgabe*, Bd. 8, hrsg. von Trutz Rendtorff. Berlin/New York 2001, 183–316.

Van Laak, Dirk: Planung, Planbarkeit, Planungseuphorie. Version 1.0. In: *Docupedia-Zeitgeschichte*. 16.2.2010, URL: https://docupedia.de/zg/Moderne?oldid=80259 (18.3.2014).

Voltaire: *La Philosophie de l'Histoire* [1765]. In: Complete Works of Voltaire, hrsg. von Institut et Musée Voltaire & Voltaire Foundation, Bd. 59, Oxford ²1969.

Weber, Max: Die protestantische Ethik und der ›Geist‹ des Kapitalismus [1904/05]. In: Ders.: *Gesammelte Aufsätze zur Religionssoziologie*, Bd. 1. Tübingen 1920, 17–206.

Weber, Max: Über einige Kategorien der verstehenden Soziologie [1913]. In: Ders.: *Gesammelte Aufsätze zur Wissenschaftslehre*. Tübingen 1922, 403–450.

Weber, Max: Parlament und Regierung im neugeordneten Deutschland [1918]. In: *Max Weber Gesamtausgabe*, Abt. 1, Bd. 15, hrsg. von Wolfgang J. Mommsen in Zusammenarbeit mit Gangolf Hübinger, Tübingen 1984, 421–596.

Weber, Max: Wissenschaft als Beruf [1917/19]. In: *Max Weber Gesamtausgabe*, Abt. 1, Bd. 17, hrsg. von Wolfgang J. Mommsen und Wolfgang Schluchter. Tübingen 1992, 71–111.

Wirsching, Andreas: *Der Preis der Freiheit. Geschichte Europas in unserer Zeit*. München 2012.

Wolf, Hubert (Hrsg.): *Antimodernismus und Modernismus in der katholischen Kirche*. Paderborn 1998.

Christof Dipper

Japan

Definitionen und Anwendungsbereiche

Unter Moderne und Modernisierung versteht man im japanischen Kontext etwas, das überwiegend durch Einflüsse von außen, von dem als einheitlich verstandenen Westen, angestoßen wurde. Darunter gefasst werden u. a. die Nationsbildung durch den Aufbau einer industrielle Strukturen hervorrufenden Marktwirtschaft, einer staatlichen Bürokratie sowie eines zu kultureller Homogenisierung führenden einheitlichen Bildungs- und Militärwesens. Auffällig ist jedenfalls, dass ›Moderne‹ und ›Modernisierung‹ immer schon auf eine bewusste Auseinandersetzung mit westlichen Einflüssen verweisen, wodurch die Frage nach dem Eigenen und dem Fremden immer neu aufgeworfen wurde. Erst dadurch konstituierte sich der scharfe Gegensatz zwischen Moderne und Tradition, welcher häufig als ein Kennzeichen der japanischen Gesellschaft angesehen wird. Der Anwendungsbereich der Begriffe der Moderne und Modernisierung erstreckt sich dabei auf alle Sphären der Gesellschaft, angefangen vom Alltagsleben (etwa Wohnungseinrichtungen und Bekleidungsstile) über die gehobene Kultur, Religion und Politik bis hin zur Technologie. Die Moderne beinhaltet in diesem Verständnis einen Übersetzungsprozess, durch den das Wissen, die Institutionen und auch die Lebensstile aus dem westlichen Kontext in die japanische Gesellschaft transferiert wurden.

Semantisch steht im Japanischen der Ausdruck *kindai* (Moderne) bzw. *kindaika* (Modernisierung allgemein) zur Verfügung. Beide sind aus westlichen Sprachen übersetzte Termini und gelten als Oberbegriffe für kulturelle und soziale Prozesse ab der zweiten Hälfte des 19. Jh.s. Nur für die Anfangsphase der Modernisierung zwischen 1868 und 1900 wird noch ein anderer spezieller Ausdruck mit spezifischen Konnotationen verwendet, nämlich *bunmei kaika* (Öffnung zur Zivilisation): Mit ›Zivilisation‹ wird auf die zivilisationstheoretischen Strömungen dieser Zeit verwiesen – vertreten von westlichen Autoren wie François Pierre Guillaume Guizot und Henry Thomas Buckle –, mit ›Öffnung‹ wird die positive Grundhaltung der Bevölkerung gegenüber allen neuen zivilisatorischen Phänomenen, die zu dieser Zeit in die eigene Lebenswelt eindrangen, zum Ausdruck gebracht.

Die Moderne ist auf der Alltagsebene durchaus ambivalent. Sie bringt mit ihren zivilisatorischen Errungenschaften Erleichterungen im Alltagsleben. Doch ist sie zugleich eine Bedrohung, weil sie die althergebrachte Lebensform vernichten kann.

Forschungsgeschichte, Semantik und Gegenkonzepte

Im japanischen Kontext enthält die Semantik der Moderne eine Grundspannung zwischen »Abwehr und Verlangen« (Kohl 1987). Begründet ist diese Spannung v. a. in der ambivalenten Bezugnahme auf den Westen, der die Moderne repräsentiert. Einerseits strahlte die moderne Zivilisation mit ihrer überlegenen Technologie eine unwiderstehliche Faszination aus; andererseits konnte sie für das eigene Selbstverständnis zugleich auch bedrohlich wirken: Der Westen war also sowohl das Ziel der Modernisierung als auch der negative Bezugspunkt, von welchem man sich zu distanzieren suchte. Dieses Spannungsverhältnis prägte die Modernisierung Japans, wobei je nach Epoche, aber auch je nach individuellen Dispositionen die eine oder andere Seite dominierte.

Die Affinität zum Westen äußerte sich in einer emotionalen Identifizierung mit der westlichen Literatur, Kunst, Musik und Wissenschaft; die Abwehr zeigte sich in einer extremen, emotional aufgeladenen Zuwendung zur Tradition, die aber i. d. R. erst nach der Begegnung mit dem Westen als solche konstruiert worden war (vgl. Vlastos 1998): Was bis dahin selbstverständlicher Teil des Alltagslebens gewesen war, wurde in der Begegnung mit einer fremden Zivilisation erst zu einer eigenen kulturellen Tradition. ›Moderne‹ lässt sich insofern als Konfliktgeschehen im Sinne interpretativer Auseinandersetzungen verstehen, durch die erst die eindeutigen kulturellen Grenzziehungen erfolgten.

Phasen der Modernisierung und Moderne-Diskussion

Die intensive Diskussion um die Moderne lässt sich in zwei Phasen einteilen: Die erste begann in der zweiten Hälfte des 19. Jh.s, die zweite nach dem Ende des Zweiten Weltkriegs 1945. Beiden Phasen ist gemeinsam, dass eine radikale gesellschaftliche Neuorientierung in Gang gesetzt wurde; in beiden spielte der Westen eine zentrale Rolle als Vorbild für die Suche nach Orientierung. Während jedoch in der ersten Phase die westeuropäischen Mächte wie England, Frankreich und später Deutschland entscheidenden Einfluss auf die neue japanische Gesellschaft ausübten, übernahmen später die USA diese Rolle als direkte Besatzer des Landes zwischen 1945 und 1952.

Die *erste Phase* war durch die Übernahme der aufklärerischen Ideen aus Europa geprägt. Die Aufklärung wurde als *keimô shugi* übersetzt und war prägend für die intellektuellen Eliten. In der japanischen kulturgeschichtlichen Betrachtung dieser Zeit wird der Beginn der Phase der Aufklärung allgemein in der Gründung des intellektuellen Zirkels *Meiroku sha* (1873) gesehen, dessen Mitglieder – wie z. B. Mori Arinori (1847–1889), Nishi Amane (1829–1897) und Fukuzawa Yukichi (1835–1901) – die japanische Modernisierung entscheidend prägten. Diese Gruppe gab eine neue Zeitschrift *Meiroku zasshi* heraus, die von 1874 bis 1875 publiziert wurde und als die erste intellektuell orientierte Zeitschrift Japans angesehen werden kann. In dieser Zeitschrift wurden die Ideen der Aufklärung in der japanischen Gesellschaft bekannt gemacht; zu diesem Zweck wurden viele abstrakte Begriffe wie z. B. Freiheit, Gerechtigkeit, Gleichheit als *jiyû*, *seigi* und *byôdô* ins Japanische übersetzt.

Für diese erste Phase der Diskussion um die Moderne steht wie bereits erwähnt der japanische Ausdruck *bunmei kaika* (Öffnung zur Zivilisation), der eine zivilisationstheoretische Perspektive widerspiegelt, die in dieser Phase auch in Europa weit verbreitet war. Stellvertretend für diese Denkrichtung sei Fukuzawa Yukichi mit seinem Hauptwerk *Bunmeiron no gairyaku* (Grundriss der Zivilisationstheorie) aus dem Jahr 1875 genannt. Hierin bezog er sich auf englischsprachige Werke wie die *History of Civilization* (1861) von Henry Thomas Buckle und ins Englische übersetzte Arbeiten von François Guizot (1787–1874) und führte somit die zivilisationsgeschichtliche Denkweise in die japanische Gesellschaft ein. Diesem Werk liegt das Krisenbewusstsein zugrunde, dass nur durch Aufklärung der Bevölkerung die neue Gesellschaft gefestigt werden könne, die dann auch in der Lage sei, dem imperialistischen Machtstreben des Westens standzuhalten (s. auch Fukuzawas bemerkenswerte und 2007 ins Englische übersetzte Autobiographie *Fukuô jiden* aus dem Jahr 1899).

Die Öffnung zur westlichen Zivilisation erstreckte sich nicht nur auf die intellektuelle Ebene, sondern auf alle Bereiche des Alltagslebens, sodass neue, dem westlichen Vorbild nacheifernde Lebensstile aufkamen, die nach und nach v. a. von der neu entstehenden städtischen Mittelschicht übernommen wurden. So entstand in den 1920er-Jahren auch eine neue, primär an damaligen englischen Vorbildern orientierte Jugendkultur, deren Vertreter *mobo* und *moga* genannt wurden – *mobo* stand für *modern boy* und *moga* für *modern girl*.

Gegenüber dieser modernistischen Tendenz gab es allerdings auch Bestrebungen, die in eine ganz andere Richtung führten. Beeinflusst durch die englischsprachige Folklore-Bewegung und die deutschsprachige Volkskunde fingen einige Intellektuelle an, ihr Interesse auf traditionelle Kulturen am Rande der Gesellschaft zu richten. Zu nennen sind in diesem Zusammenhang Yanagita Kunio (1875–1962) sowie Minakata Kumagusu (1867–1941; vgl. dazu Shimada 2007, 151–160). Sie begannen sich mit regionalen Kulturen Japans auseinanderzusetzen, die durch die rasche Modernisierung unterzugehen drohten. Daraus entwickelte sich die japanische Volkskunde – *minzokugaku* –, die sich jedoch erst nach 1945 als wissenschaftliche Disziplin etablieren konnte. Stellvertretend für diese Denkrichtung sei das heute als Klassiker geltende Werk *Tôno monogatari* (1910; Sagen von Tôno) von Yanagita genannt, in dem die bis dahin oral tradierten Geschichten aufgezeichnet sind, die von Sasaki Kizen (1886–1933) erzählt wurden. Diese Geschichten vermitteln das tradierte Weltbild der ländlichen Bevölkerung zu Beginn des 20. Jh.s. So schärfte dieser Wissenschaftszweig den Blick auf die traditionellen Alltagskulturen, die gerade durch die Modernisierung zu verschwinden drohten. Die theoretische Eigenheit dieser intellektuellen Bestrebung lag darin, dass sie sich dezidiert als Gegenbewegung zu den etablierten westlich orientierten Wissensformen verstand, dabei aber problematischerweise in den ländlichen Alltagskulturen allzu sehr den Ursprung des »Japanischen« suchte.

Die *zweite Phase der Modernisierung* war, wie bereits erwähnt, insbesondere durch die US-amerikanische Besatzungsmacht bestimmt. Erst zu diesem Zeitpunkt – v. a. durch die vom Oberbefehlshaber der Besatzungsmacht, General MacArthur, zutiefst geprägte neue Verfassung aus dem Jahr 1946 – wurde die Idee der allgemeinen Menschenrechte in Japan gesellschaftlich verankert. In diesem Rahmen wurde eine neue Modernisierung unter dem Zeichen der Entmilitarisierung und Demokratisierung in Gang gesetzt. Direkt nach 1945 war diese Modernisierung daher von einer radikalen Ablehnung der japanischen Tradition gekennzeichnet, welche als die Ursache der gesamtgesellschaftlichen Militarisierung in der vorangegangenen Zeit gesehen wurde. Die Vorbildfunktion, die die westeuropäische Moderne lange Zeit innehatte, ging nun auf die US-amerikanische Kultur über, welche die japanische Gesellschaft sowohl kulturell als auch intellektuell stark beeinflusste.

In dieser Situation tauchten junge Intellektuelle auf, die in der Kriegsphase kaum in Erscheinung getreten waren, darunter Maruyama Masao (1914–1996), Ôtsuka Hisao (1907–1996) und Kawashima Takenobu (1909–1992), die unter dem Einfluss Max Webers eine modernistische Position einnahmen. Sie wiesen in ihren Werken auf die Defizite der Modernisierung Japans hin und forderten eine Neuausrichtung der Gesellschaft, wofür die westliche Moderne wiederum als Vorbild dienen sollte. Hauptwerke dieser Denkrichtung sind: Maruyama Masao, *Nihon seiji shisôshi kenkyû* (1952; Studie zur politischen Ideengeschichte in Japan), Ôtsuka Hisao, *Kyôdôtai no kisoriron* (1955; Grundtheorie der Gemeinschaft), Kawashima Takeyoshi, *Nihonjin no hôishiki* (1978; Das Rechtsbewusstsein der Japaner).

Gegenüber dieser als modernistisch zu bezeichnenden Denkströmung, die sicherlich in der Traditionslinie der japanischen Rezeption der ›Aufklärung‹ der zweiten Hälfte des 19. Jh.s stand, kam in den 1970er-Jahren ein Diskurs auf, der eher die Eigenheit der japanischen Moderne in den Mittelpunkt des Interesses rückte. Dieser Diskurs um die japanische Kultur (*nihon bunkaron* bzw. *nihonjinron*) verbreitete sich sowohl auf der wissenschaftlichen als auch auf der populärwissenschaftlichen Ebene und diente als Erklärungsansatz für die wirtschaftlichen Erfolge Japans in den 1970er- und 1980er-Jahren. Hier sind zu nennen: Nakane Chie (geb. 1926), *Tate shakai no kôzô* (1967; Vertikale Struktur der japanischen Gesellschaft, dt. 1985), Doi Takeo (1920–2009), *Amae no kôzô* (1971; Struktur der Amae, dt. 2002). Wissenschaftlich anspruchsvoll ist das Werk *Bunmei to shite no ie shakai* (1979; Haus-Gesellschaft als Zivilisation) von Kumon Shunpei, Murakami Yasusuke und Satô Seizaburô, insofern es auf einem differenzierten Verständnis der Modernisierungstheorie basiert und mit theoretischen Mitteln versucht, die japanische Entwicklung gegenüber der westlichen als überlegen darzustellen.

Erst in den 1990er-Jahren entstand vor dem Hintergrund der europäischen Diskussion um die Postmoderne eine kritische Reflexion auf diesen Selbstbehauptungsdiskurs. So nahm Oguma Eiji (geb. 1962) mit seinen Werken *Tan itsu minzoku shinwa no kigen – nihonjin no jigazô no keifu* (1995; Ursprung des Mythos des homogenen Volkes. Genealogie des japanisches Selbstbildes) und ›*Nihonjin‹ no kyôkai – Okinawa, Ainu, Taiwan, Chôsen: Shokuminchi shihai kara fukki undô made* (1998; Grenzen des ›Japaners‹ – Von der kolonialen Herrschaft bis zur Rückkehrbewegung: Okinawa, Ainu, Taiwan und Korea) eine neue kritische Perspektive auf die japanische Kultur ein, indem er die Grundlagen der kulturellen Identität historisch dekonstruierte. Dadurch wurde die scheinbare Selbstverständlichkeit der politischen Moderne mit ihrer Gleichsetzung von Kultur, Volk und Nationalstaat zunehmend in Frage gestellt und kritisch reflektiert.

Generelle Auseinandersetzungen mit neueren theoretischen Konzepten wie *multiple, entangled, connected* oder *alternative modernities* findet man im japanischen Kontext kaum. Vermutlich liegt der Grund dafür darin, dass im japanischen Diskurs zur Moderne und Modernisierung diese für den Westen neue Perspektive schon immer enthalten war. Das o. g. Werk *Bunmei toshite no ie-shakai* aus dem Jahr 1979 enthält explizit die Vorstellung von der Vielfalt der Moderne, was aber wohl wegen der Sprachbarriere im Westen nicht bekannt wurde.

Regionen, Räume, Entwicklungspfade

Erst durch die Begegnung mit der westlichen Moderne kam auch die Idee eines einheitlichen und zusammenhängenden staatlichen Territoriums auf. In der Anfangsphase der Meiji-Zeit (ab 1868) war das Konzept eines Territorialstaates zwar schon vorhanden, doch waren die staatlichen Grenzen keineswegs klar. Der Status des Königsreiches Okinawa blieb undefiniert, bis es 1879 in das japanische Territorium eingegliedert wurde. Auch die nördlichen Grenzen der Insel Hokkaido und Sacharin blieben umstritten, und die infrastrukturelle Erschließung dieser Gebiete begann erst lange nach der Meiji-Restauration, was auch eine Kolonisierung der Bevölkerung der *Ainu* beinhaltete. So konstituierte sich das territoriale Staatsgebiet erst nach und nach.

Doch bereits gegen Ende des 19. Jh.s beteiligte sich Japan an den imperialistischen Machtkämpfen der westlichen Staaten und begann sein Konzept der Moderne in die neuen kolonialen Gebiete wie Taiwan (1895 bis 1945) und Korea (1910 bis 1945) hineinzutragen. Zur Legitimation dieser imperialistischen Strategie nutzte die japanische Regierung die aus dem Westen übernommene orientalistische Perspektive im Sinne Edward Saids, um bis 1945 das japanische Territorium immer weiter auf dem asiatischen Festland kriegerisch zu erweitern: Japan begründete seine imperialistischen Eroberungen dadurch, dass es die Nachbargebiete von westlichen Mächten unter dem Konzept Großasiens ›befreien‹ wollte. Freilich verhielt sich Japan dabei selbst imperialistisch und handelte als Kolonisator, wofür die westlichen Mächte wiederum als Vorbild dienten. Daher blieb das Verhältnis Japans zu seinen asiatischen Nachbargebieten stets äußerst ambivalent.

Auch nach 1945 war die territoriale Frage keineswegs gelöst. Bis 1952 war Japan aufgrund der US-amerikanischen Besatzung kein souveräner Staat und selbst danach waren die Staatsgrenzen noch lange nicht festgelegt: Die Inselgruppe Okinawa blieb bis 1972 unter US-amerikanischer Besatzung; die politische Auseinandersetzung um die nördliche Grenze mit Russland ist bis heute ein Dauerthema der Außenpolitik; und 2012 wurden Grenzfragen mit der Volksrepublik China und Südkorea um die Senkaku- bzw. Take-Inseln zu Streitfällen.

Wie bereits mehrfach erwähnt, ist die Moderne in Japan nur in ihrer Beziehung zum Westen verstehbar. Von Anfang an gab die westliche Moderne den Rahmen und den Entwicklungspfad vor. Ohne Übernahme der westlichen Konzepte von Gesellschaft, Individuum, Staat oder gar Religion ist die Moderne in Japan völlig undenkbar (vgl. Shimada 2007). Dabei blieb die Beziehung Japans zum Westen stets ambivalent. Einerseits war der Westen ein klares Vorbild und auch ein Objekt der Identifizierung. Andererseits löste dies das Gefühl der Verunsicherung aus, sodass man die eigene kulturelle Identität durch die westliche ›dekadente‹ Moderne gefährdet sah. Diese Tendenzen wechselten sich zeithistorisch ab. War die Stimmung nach der Meiji-Restauration 1868 allgemein positiv oder gar euphorisch gegenüber der westlichen Zivilisation, folgte später die Phase der Besinnung auf eigene kulturelle Wurzeln, was auch häufig zur Erfindung der Tradition im Sinne von Hobsbawm und Ranger (1993) führte. Dieser Prozess wiederholte sich nach 1945 auf vergleichbare Weise, wenn auch ohne ultranationalistische Konsequenzen wie in der Zeit vor 1945.

So gesehen war die japanische Moderne schon immer ›komparatistisch‹ angelegt. Man verstand die eigene Situation stets im Vergleich zur westlichen Moderne. Diesbezüglich wurden die asiatischen Nachbarländer im Kontext des Deutungsrahmens aufeinander folgender Modernisierungsstufen stets als zurückgeblieben betrachtet. Dies bedeutet, dass sich Japan selbst auf der Stufe zwischen der vorauseilenden westlichen Moderne – ob positiv oder negativ bewertet – und der überwundenen Stufe der asiatischen Vormoderne verortete. Diese Betrachtungsweise wurde wiederum von asiatischen Intellektuellen übernommen, die v. a. am Ende des 19. und Anfang des 20. Jh.s in Japan studierten. Ein Beispiel dafür ist der chinesische Schriftsteller Lu Hsün (1881–1936), der zwischen 1904 und 1906 an der Medizinischen Hochschule in Sendai studierte. Anhand der Werke dieses Schriftstellers entwickelte später der Sinologe Takeuchi Yoshimi das Konzept der Moderne als Widerstand, den er in der damaligen chinesischen Situation vorzufinden glaubte; umgekehrt kritisierte er die japanische Modernisierung als allzu musterschülerhaft. Damit meinte er das mehr oder weniger blinde Befolgen des vom Westen vorgelegten Modernisierungspfades durch Japan (Takeuchi 2005, vgl. dazu Uhl 2003). Ein derartiger Wissenstransfer zwischen China und Japan am Anfang des 20. Jh.s macht schlaglichtartig die Verbreitungswege von Vorstellungen über die Moderne sichtbar, die systematische Aufarbeitung dieses Prozesses steht allerdings noch aus.

Zeithorizont und Epochenkonzept

Von 1868 bis 1945

Es ist wohl unumstritten, dass für die Moderne und Modernisierung Japans die Meiji-Restauration 1868 die erste entscheidende Zäsur darstellt. Die 1853 begonnene Öffnung des Landes, die Abschaffung des Ständesystems und damit zusammenhängend der Shogunats-Herrschaft mit vielen einzelnen Fürstentümern (*bakuhan-taisei*) sowie der Beginn der Nationalstaatsbildung gelten als Markierungspunkte für den Beginn der Moderne in Japan. Streng genommen kann von einem modernen Territorialstaat namens Japan erst ab dieser Zeit gesprochen werden. Auch von einer japanischen Nation lässt sich vor dieser Zeit kaum reden.

Zur Frage, wann die Moderne in Japan beginnt, ist ein Disput über den Charakter des Kapitalismus in Japan (*nihon shihonshugi ronsô*) unter marxistisch orientierten Sozialwissenschaftlern etwa zwischen 1927 und 1937 aufschlussreich. Hierbei ging es um die Frage, ob die Meiji-Restauration als eine bürgerliche Revolution aufgefasst werden könne oder nicht. Damit wurde zum ersten Mal im japanischen Kontext das Aufeinandertreffen einer universalen Entwicklung (derjenigen des Kapitalismus) auf einen partikularen, kulturell verstandenen Kontext als ein theoretisches Problem aufgefasst. Dieser Diskurs um den japanischen Kapitalismus ist wohl die erste wissenschaftlich ernstzunehmende Auseinandersetzung, in der völlig unterschiedliche Betrachtungsweisen der eigenen Gesellschaft sichtbar wurden. Mit dem Marxismus trafen die japanischen Intellektuellen nämlich auf eine universal angelegte, wissenschaftliche Theorie, sodass nun die Frage lauten musste, ob Japans Kapitalismus im Vergleich zur okzidentalen Entwicklung eine Abweichung darstellte. Konkret ging es um die Interpretation des Übergangs vom Feudalismus zum Kapitalismus und hier um die Frage, wie die historische Entwicklung in Japan mit dem Marxschen Entwicklungsmodell in Übereinstimmung zu bringen sei.

Vor dem Beginn des eigentlichen Disputs hatte Noro Eitarô (1900–1934) *Nihon shihon shugi hattatsushi* (1927; Die Geschichte der kapitalistischen Entwicklung Japans) veröffentlicht, das als die erste marxistische Analyse der gesellschaftlichen Entwicklung Japans angesehen werden kann. Mit diesem Werk führte Noro eine neue Perspektive in die japanische Geschichtswissenschaft ein, indem er unter Zuhilfenahme abstrakter sozialwissenschaftlicher Begriffe den Wandel der Sozialstruktur beschrieb. So wurde zum ersten Mal ein speziell japanisches Phänomen mit abstrakt-universellen Begriffen erfasst und damit ein vergleichender Blickwinkel möglich. Noro interpretierte die japanische Situation als ungleichgewichtige Koexistenz einer »feudalen Produktionsform« und einer »hoch entwickelten kapitalistischen Produktionsform«, also als Koexistenz von Tradition und Moderne.

Diese Interpretation findet sich auch in der von Noro und Iwata Yoshimichi herausgegebenen, siebenbändigen Reihe *Nihon shihonshugi kôza* (1932/ 33; Seminar zur Entwicklungsgeschichte des japanischen Kapitalismus) und an genau dieser Veröffentlichung entzündete sich dann der oben beschriebene Disput. In Bezug auf den politischen Umsturz 1868 wurden dabei unterschiedliche Interpretationen vorgelegt: Die der offiziellen Linie der kommunistischen Partei der Sowjetunion nahe stehende *Rônôha* (Schule der Arbeiter und Bauern) bezeichnet ihn als eine bürgerliche Revolution, während die *Kôzaha* (Schule des Seminars) ihn mit Noro als eine unvollständige Revolution interpretierte.

Dieser Disput zeigt einerseits den enormen Einfluss des Marxismus auf die japanische Gesellschaft; andererseits verdeutlicht er, dass man tatsächlich die Meiji-Restauration weithin als den entscheidenden Markierungspunkt zwischen der Vormoderne und Moderne betrachtete, sodass die theoretisch interessante Frage, wie weit man die theoretischen Vorgaben, die im Westen entwickelt worden waren, auf die japanische Situation übertragen könne, allgemein als höchst relevant angesehen wurde.

Der o. g. Ausdruck *bunmei kaika* wird v. a. für die Zeit von 1868 bis etwa 1900 verwendet, in der – in einem ersten Modernisierungsschub – die Errungenschaften der westlichen Zivilisation mehr oder weniger unkritisch übernommen worden waren. Mit der Kodifizierung der Verfassung 1889 und dem Erlass des Erziehungsediktes 1890 begann aber eine Reflexion auf die fraglose Imitation der westlichen Ideen und Institutionen, sodass man diese Phase zu diesem Zeitpunkt als beendet betrachten kann. Es entstand allmählich eine Moderne, in die immer stärker Elemente der erfundenen Traditionen einflossen. So erfolgte die Legitimierung des neu entstandenen Nationalstaates durch die Mystifizierung der Figur des Tennos im Artikel 1 der Meiji-Verfassung. Dieser Artikel macht exemplarisch sichtbar, wie sehr die japanische Moderne jenen schon angesprochenen hybriden Charakter in sich birgt: Während Institutionen wie der Nationalstaat und seine Verfassung zutiefst modern sind, ist der Inhalt des Artikels rückwärtsgewandt und mystisch, wobei das Mystische durch die kulturelle Einzigartigkeit begründet wird. Damit begann eine komplexe Auseinandersetzung mit der westlichen Moderne, in der immer wieder die eigene Position im globalen Kontext gesucht wurde.

Der zweite Modernisierungsschub etwa zwischen 1910 und 1920 (vgl. Meyer 2005) wird mit dem Ausdruck *Taishô demokurashî* (Taishô-Demokratie) gefasst. Dieser bezeichnet die in der Taishô-Ära (1912–1926) erstarkte Demokratiebewegung unter den städtischen Intellektuellen. Als Hintergrund kann man die Bildung einer neuen städtischen Mittelschicht sehen, die sich durchaus als Träger der Modernisierung verstand. Auch diese politische Bewegung ist ohne den Einfluss aus dem Westen nicht denkbar. Nicht nur, dass ihre demokratischen Ideen wie Gleichheit der Bürger, Gleichheit der Geschlechter und allgemeines Wahlrecht aus dem Westen stammten, auch konkrete Ereignisse wie die Revolution in Russland 1917 und in Deutschland 1918 wirkten unmittelbar auf diese Bewegung.

Nach dieser relativ liberalen Phase folgte eine Militarisierung der Politik, in der die nationalistischen Bestrebungen immer stärker wurden. Sie gründeten sich auf die Tradition Japans, die sich als Gegensatz zur westlichen Zivilisation verstand. Es entstand ein kultureller Fundamentalismus, in dem die Figur des Tennos die Hauptrolle spielte. Der Tenno verkörperte mit seiner zehntausendjährigen Erbfolge die Reinheit des japanischen Blutes und mit dem Konzept *kokutai* (Landeskörper) wurde die mystische Einheit dieses Herrschers mit Nation, Kultur und Staat begründet. Dieses Konzept wurde ab etwa 1935 unantastbar. Bezeichnend dafür ist der Vorfall im Oberhaus (*Kizokuin*) 1935, der später als *tenno kikansetsu jiken* bekannt wurde. Hier wurde die rechtliche Auffassung des Tenno im Sinne eines bloßen Organs des Staates, die von dem Juristen Minobe Tatsukichi (1873–1948) vertreten wurde, als Verneinung des *kokutai* angegriffen, weil sie die Absolutheit der Herrschaft verletze. Somit wurde kritisiert, dass diese Auffassung die Souveränität des Tennos als zentraler Figur der Macht leugne.

Dieser Fall macht die politische Tendenz des Kulturfundamentalismus sichtbar, insofern dort jede rationale Argumentation als westlicher Einfluss abgelehnt und eine emotional aufgeladene nationalistische Gegenposition als eigenkulturelle Perspektive etabliert wurde. Diese Gegenposition gipfelte 1942 in der Diskussion zur *kindai no chôkoku* (Überwindung der Moderne) (Kawakami/Takeuchi 2006). An ihr beteiligten sich führende Intellektuelle der damaligen Zeit; die Ergebnisse, veröffentlicht in der Zeitschrift *Bungakukai* (Die literarische Welt), wurden später als Legitimierungsversuche des japanischen Imperialismus scharf kritisiert. Die Diskussion ist für den vorliegenden Zusammenhang aber insofern bemerkenswert, als darin die Semantik der Moderne im japanischen Zusammenhang besonders deutlich hervortritt: Die Moderne wurde auch hier mit dem Westen identifiziert, und man suchte dann einen eigenen Weg. Freilich führte die Interpretation des eigenen Wegs hier zur Schlussfolgerung der Notwendigkeit der kriegerischen Auseinandersetzung mit dem Westen, die mit der Zeit immer einflussreicher werden sollte.

Seit dem Ende des Zweiten Weltkriegs

Unumstritten ist, dass die bedingungslose Kapitulation Japans 1945 die zweite entscheidende Zäsur der Moderne in Japan darstellt. Die kulturfundamentalistischen Bestrebungen gegen die westliche Moderne endeten hier abrupt. Der Abwurf zweier Atombomben steht symbolisch für die Niederlage der kulturalistischen Position gegen die westliche Zivilisation. Umstritten ist jedoch, wie man diese Zäsur interpretiert.

In Japan selbst scheint die Perspektive zu überwiegen, welche in der Kapitulation einen eindeutigen Bruch sieht. Diese Betrachtungsweise drückt sich auch darin aus, dass man allgemein für die Phase nach 1945 eine eigene Epochenbezeichnung benutzt: *gendai* (gegenwärtige Zeit). Von westlichen Forschern hingegen wird nicht selten der Aspekt der Kontinuität gesehen, v. a. wenn es um die Rolle der politischen Führungspersönlichkeiten geht. Gerade die Rolle des Tennos während der Kriegsjahre wird hier diskutiert, und es ist wohl nicht zu bestreiten, dass in dieser Hinsicht die Vergangenheit im japanischen Kontext noch unbewältigt ist.

Klar zu sein scheint aber auch, dass trotz alledem in vielen Bereichen des Alltagslebens das Gefühl der Befreiung von einer militärisch geprägten, totalitären Herrschaft überwog. Die neue Verfassung, welche der japanischen politischen Führung von der US-amerikanischen Besatzungsmacht auferlegt wurde, vermittelte moderne demokratische Werte und schrieb die Menschenrechte für die Bürger fest. Daher ist es durchaus angemessen, erst ab dieser Phase von einem eindeutig modernen Nationalstaat im japanischen Kontext zu sprechen. In dieser Wiederaufbauphase spielte die westliche Moderne, die insbesondere von der US-amerikanischen Besatzungsmacht verkörpert wurde, wiederum die Vorbildrolle. So wurde die aus den USA kommende Modernisierungstheorie breit rezipiert und zur theoretischen Hauptströmung in den Sozialwissenschaften. Diese Sichtweise blieb in der Anfangsphase des Wirtschaftsaufschwungs der 1950er-Jahre prägend. Erst nachdem sich Japan als Wirtschaftsmacht etabliert hatte, begann wieder eine positive Bewertung der eigenkulturellen Voraussetzungen, was in dem neu erstarkten Diskurs um die japanische Kultur zum Ausdruck kam (vgl. Aoki 1990).

Auf der Alltagsebene schritt die Modernisierung in vielen Bereichen voran. Die Form der Kernfamilie begann sich unter der städtischen Mittelschicht zu verbreiten. Parallel dazu etablierte sich die geschlechtliche Arbeitsteilung nach dem bürgerlichen Familienmodell, demzufolge der Ehemann als abhängig Beschäftigter außerhalb des Hauses der Erwerbstätigkeit nachzugehen, die Ehefrau die Rolle der Hausfrau zu übernehmen hatte. Dieses Modell der modernen Familie verband sich mit der traditionellen japanischen Idee des Hauses (*ie*), wodurch eine gesellschaftliche Norm verstärkt wurde, die sich in den 1960er und 1970er-Jahren weiter verbreitete.

Der einsetzende und anhaltende Wirtschaftsaufschwung nivellierte in dieser Zeit zunehmend die sozialen Ungleichheiten und etablierte eine Art der Mittelstandsgesellschaft. Vor dem Hintergrund dieser Wandlungsprozesse sprach man auch vom Ende der Nachkriegszeit (*sengo no owari*), womit der Abschluss der Wiederaufbauphase gemeint war. Doch bleibt diese Epochenbezeichnung umstritten, je nachdem, welchen Aspekt man betrachtet. Es ist auch durchaus möglich, mit diesem Ausdruck die Zeit von 1945 bis heute zu bezeichnen.

Schluss

Das durchgängige Thema der Moderne im japanischen Kontext ist die Beseitigung der zivilisatorischen Defizite gegenüber der westlichen Moderne. Die eigene Situation wird i. d. R. als defizitär erfahren, woraus für die Bevölkerung die Pflicht abgeleitet wird, sich für den gesellschaftlichen Fortschritt einzusetzen. Dahinter steckt ein tiefliegendes Krisenbewusstsein, insofern man annahm, dass ohne diese Bestrebung die eigene Gesellschaft von westlichen Mächten überwältigt werden würde, was in der zweiten Hälfte des 19. Jh.s durchaus im Bereich des Möglichen lag.

Damit einhergehend ist das zweite durchgängige Thema die Suche nach der kulturellen Identität. Begriff man die Modernisierung als Verwestlichung, gefährdete sie die kulturellen Grundlagen der eigenen Gesellschaft. So entstanden nach Phasen der euphorischen Übernahme bestimmter westlicher Errungenschaften immer wieder Gegenbewegungen, die zur Rückkehr zur eigenen Tradition aufforderten. Diese Spannung zwischen Affinität und Ablehnung der westlichen Moderne war konstitutiv für die Moderne im japanischen Kontext und bleibt es bis zur Gegenwart.

Vor diesem Hintergrund sind die Auseinandersetzungen um Moderne und Modernisierung im japanischen Kontext weitestgehend durch staatliche Projekte geprägt. Die Prozesse wurden meist von oben herab, eben von Seiten des Staates, eingeleitet und vorangetrieben. Zwar gab es auch Gegenströmungen wie die Demokratiebewegung bereits in der Meiji-Zeit (*jiyû minken undô*), die von Intellektuellen wie Nakae Chômin (als Übersetzer der Werke Rousseaus bekannt) geführt wurde, doch ihre Auswirkungen auf die Bevölkerungsmehrheit blieben begrenzt. Daher sind die Debatten um die »Moderne« in Japan zutiefst in einem nationalstaatlichen Rahmen verortet, sodass man sich mit der zunehmenden Globalisierung seit der Jahrtausendwende schwer tut. Ebenso schwer tut man sich daher mit zivilgesellschaftlichem Engagement von unten. Zwar sind heute zahlreiche lokale Bewegungen zu verzeichnen, doch fehlen dort die verbindenden Strukturen.

Heute, einige Jahre nach der dreifachen Katastrophe am 11. März 2011, stellt sich die Frage nach der Moderne und Modernisierung im japanischen Kontext mit besonderer Intensität. Der Super-GAU der Atomreaktoren von Fukushima I erzwingt eine kritische Reflexion auf den historischen Prozess, der hinter der Katastrophe liegt. Diese Ereignisse sollten Anlass sein, die Modernisierung in Japan neu zu interpretieren bzw. eine gründliche Reflexion der Modernisierungsgeschichte Japans einzuleiten – was freilich bislang noch nicht geschehen ist.

Literatur

Aoki, Tamotsu: *Nihon bunkaron no henyô. Sengo nihon no bunka to aidenthithî* (Der Wandel des Diskurses über die japanische Kultur. Die Kultur und Identität des Nachkriegsjapans). Tokyo 1990.
Doi, Takeo: *Amae no kôzô* (Struktur des Amae-Prinzips). Tokyo 1971.
Doi, Takeo: *Amae – Freiheit in Geborgenheit. Zur Struktur japanischer Psyche.* Frankfurt am Main 2002.
Fukuzawa, Yukichi: *Bunmeiron no gairyaku* (Grundriss der Zivilisationstheorie). Tokyo 1931.
Fukuzawa, Yukichi: *Fukuô jiden* (Autobiographie Fukuzawas). Tokyo 1988.
Fukuzawa, Yukichi: *Autobiography of Fukuzawa Yukichi.* New York 2007.
Hobsbawm, Eric J./Ranger, Terence (Hrsg.): *The Invention of Tradition.* Cambridge 1991.
Kawakami, Tetsutarôet al.: *Kindai no chôkoku* (Überwindung der Moderne). Tokyo 2006.
Kawashima, Takeyoshi: *Nihonjin no hôishiki* (Rechtsbewusstsein der Japaner). Tokyo 1978.
Kohl, Karl-Heinz: *Abwehr und Verlangen. Zur Geschichte der Ethnnologie.* Frankfurt/New York 1987.
Kumon, Shunpei et al.: *Bunmei toshite no ie-shakai* (Haus-Gesellschaft als Zivilisation). Tokyo 1979.
Maruyama, Masao: *Nihon seiji shisôshi kenkyû* (Studien zur Geschichte der politischen Ideen in Japan). Tokyo 1952.
Maruyama, Masao: *Intellectual History of Tokugawa Japan.* Tokyo 1989.
Meyer, Harald: *Die ›Taishô-Demokratie‹. Begriffsgeschichtliche Studien zur Demokratierezeption in Japan von 1900 bis 1920.* Bern 2005.
Nakane, Chie: *Tate shakai no ningenkankei* (Die menschlichen Beziehungen in einer vertikal strukturierten Gesellschaft). Tokyo 1967.
Nakane, Chie: *Die Struktur der japanischen Gesellschaft.* Frankfurt am Main 1985.
Oguma, Eiji: *Tan itsu minzoku shinwa no kigen – nihonjin no*

jigazô no keifu (Ursprung des Mythos des homogenen Volkes. Genealogie des japanischen Selbstbildes). Tokyo 1996.

Oguma, Eiji: ›*Nihonjin‹ no kyôkai – Okinawa, Ainu, Taiwan, Chôsen: Shokuminchi shihai kara fukki undô made* (Grenzen des ›Japaners‹ – Von der kolonialen Herrschaft bis zur Rückkehrbewegung: Okinawa, Ainu, Taiwan und Korea). Tokyo 1998.

Ôtsuka, Hisao: *Kyôdôtai no kisoriron* (Grundtheorie der Gemeinschaft). Tokyo 1955.

Shimada, Shingo: *Erfindung Japans. Kulturelle Wechselwirkung und nationale Identitätskonstruktion*. Frankfurt/New York 2007.

Takeuchi, Yoshimi: *Nihon to ajia* (Japan und Asien). Tokyo 2005.

Uhl, Christian: *Wer war Takeuchi Yoshimis Lu Xun?* München 2003.

Vlastos, Stephan (Hrsg.): *Mirror of Modernity. Invented Traditions of Modern Japan*. Berkeley 1998.

Yanagita, Kunio: *Tôno monogatari-Yamano jinsei* (Geschichten aus Tôno – Leben in den Bergen). Tokyo 1976.

Shingo Shimada

Jüdische Studien

Definitionen von Moderne und Anwendungsbereiche

Das Fach

Die Jüdischen Studien sind ein relativ neues Fach, das sich aus mehreren Teilbereichen zusammensetzt, weshalb auch der Modernebegriff in ganz unterschiedlichen Forschungskontexten Verwendung findet. Als eigenständiger Studiengang, der im deutschsprachigen Raum heute in Basel, Düsseldorf, Graz, Halle, Heidelberg und Potsdam absolviert werden kann, gehen die Jüdischen Studien auf das maßgeblich von dem Historiker Salo W. Baron (1895–1989) an der Columbia University entwickelte Fach *Jewish Studies* zurück, das an zahlreichen amerikanischen Universitäten angeboten wird. Jüdische Studien beinhalten so unterschiedliche Disziplinen wie Geschichts-, Religions- und Kulturwissenschaften, Philologien (Hebraistik, Jiddistik, Arabistik, Aramistik) sowie Regionalstudien (Israel, Naher und Mittlerer Osten, Osteuropa, Nordamerika). Sie umfassen den gesamten Zeitraum jüdischer Geschichte.

Die Geschichte des Fachs, zumal in Deutschland, führt bereits selbst in die Modernediskussion hinein, da die Jüdischen Studien in Abgrenzung zur traditionellen Judaistik entstanden sind, die sich v. a. mit dem Altertum beschäftigt und ursprünglich als gesonderter Zweig aus der christlichen Theologie und den Bibelwissenschaften hervorgegangen ist. Zwar hat sich auch die Judaistik in den letzten Jahren in vielerlei Hinsicht neu aufgestellt, dennoch bleibt ihr Schwerpunkt auf antiken Sprachen und Kulturen bestehen, insbesondere auf der Erforschung des rabbinischen Judentums. Demgegenüber hatte die von jüdischen Intellektuellen im 19. Jh. entwickelte ›Wissenschaft des Judentums‹ einen breiter angelegten Ansatz. 1822 definierte Immanuel Wolf (1799–1847) in dem programmatischen Aufsatz »Über den Begriff einer Wissenschaft des Judentums« den Forschungsgegenstand als »Inbegriff der gesamten Verhältnisse, Eigenthümlichkeiten und Leistungen der Juden, in Beziehung auf Religion, Philosophie, Geschichte, Rechtswesen, Litteratur überhaupt, Bürgerleben und alle menschlichen Angelegenheiten« (Wolf 1822, 1). Im Unterschied zur Judaistik wurde die Wissenschaft des Judentums allerdings dezidiert als Wissenschaft von Juden über das Judentum verstanden und damit ein reformerisches Anliegen verknüpft: Indem die Juden sich wissenschaftlich mit ihrer Religion, Geschichte und Kultur auseinandersetzten, sollten sie zu aufgeklärten Staatsbürgern werden. Die zugrundeliegende Fortschrittsideologie ist unübersehbar: Aufgabe der Wissenschaft sei es, den Aberglauben der untergegangenen Epochen zu überwinden und die vermeintlich kulturell rückständigen Juden auf die Höhe der Zeit zu heben. Die heutigen Jüdischen Studien schließen insofern zwar an die interdisziplinäre Breite der ›Wissenschaft des Judentums‹ an, betreiben aber nicht ausschließlich Wissenschaft ›von Juden für Juden‹.

Definitionen

Allgemeine, von konkreten Anwendungsgebieten abgekoppelte Definitionen der jüdischen Moderne sind in den Jüdischen Studien bislang kaum zu finden. Die *Encyclopaedia Judaica* fasst in der Einleitung des ausführlichen Artikels »History: Modern Times« das Verständnis des Modernebegriffs folgendermaßen zusammen: »Jewish society found itself in the new modern state facing the break-up of its national, religious, and social cohesion in exchange for the benefit of material and individual gains« (Ben-Sasson 2007, 228). Mithin gilt die Moderne v. a. als Auflösungsprozess der traditionellen Gemeinschaft, wobei die Betroffenen für den Verlust des ›Alten‹ mit sozialem Aufstieg und rechtlicher Gleichstellung entschädigt worden seien. ›Moderne‹ und ›Tradition‹ bilden ein Gegensatzpaar, das analytisch in ganz verschiedenen Kontexten Anwendung findet. Freilich hat sich in den letzten Jahren, auch unter dem Einfluss der Postmoderne, zunehmend eine kritischere Perspektive auf Modernisierungstheorien herausgebildet. Dennoch kann festgehalten werden, dass die Pole ›Moderne‹ und ›Tradition‹ noch immer das Denken über die jüdische Geschichte und Kultur dominieren, wenngleich die normative Bewertung der Begriffe changiert.

Dan Diner (geb. 1946) etwa versteht die Moderne v. a. als Zeitalter des Ethnonationalismus und versucht, die sog. Protomoderne, in der die Juden eine transnationale und transterritoriale Einheit gebildet hätten, als Muster für die Gestaltung der ›Postmoderne‹ zur Anwendung zu bringen (Diner 2003). Die Vielvölkerreiche der Habsburger, Romanows und Osmanen erscheinen dabei als Vorläufer des postnationalen Europas, während der Staat Israel eine verspätete Moderne repräsentiert. Diners Modernebegriff ist also deutlich politisch konturiert. Andere Autoren wählen einen kultur- oder sozialgeschichtlichen Zugang. Shmuel Feiner (geb. 1955) etwa hebt hervor, dass »the modern age was marked by the growing tension between the traditional religious structure of the society and culture with the dominant, all-embracing presence of religion, in both private life and the public sphere, and the erosion of this structure by processes of secularization« (Feiner 2010, XI).

Umfassendere methodologische Überlegungen zum Modernebegriff in den Jüdischen Studien hat der Historiker Michael A. Meyer (geb. 1937) vorgelegt. Allerdings beschränkt er sich auf das Beispiel des deutschen Judentums und räumt ein, dass seine Gedanken sich nur bedingt auf jüdische Gemeinschaften in anderen Regionen übertragen lassen. ›Jüdische Modernisierung‹ bezeichne einen Prozess, der im Inneren der jüdischen Gemeinschaft durch äußere Impulse angestoßen werde (Meyer 2001a). Diesem Ansatz entsprechend bestehe die jüdische Moderne in großem Maße in der Übernahme bzw. dem Eindringen dezidiert westlicher Modelle von Gesellschaft, Wirtschaft, Kunst und Wissenschaft. Die Moderne sei für die Juden aber nicht nur etwas Fremdes und von außen Kommendes gewesen, sondern habe auch Partizipation ermöglicht. Allerdings schränkt Meyer ein, dass für nicht wenige Juden ›Modernsein‹ impliziert habe, der jüdischen Religion den Rücken zuzukehren. Von dieser üblicherweise unter dem Schlagwort ›Säkularisierung‹ firmierenden Entwicklung grenzt Meyer eine ›Modernisierung‹ ab, die nicht aus dem Judentum herausführt, sondern dieses selbst verändert und dadurch zugleich in erneuerter Gestalt bewahrt.

Anwendungsweisen

Der disziplinären Vielfalt der Jüdischen Studien entspricht ein breites Feld der Anwendungsweisen des Begriffsfeldes von ›Moderne‹, ›Modernität‹ und ›Modernisierung‹. Als zentrale Kategorie der politischen Sozialgeschichte umfasst ›Moderne‹ laut David Feldman (geb. 1957) »the advances of urban growth and industrialization, of secularization and plurality within civil society, of more open forms of representative government and of increasingly centralized and bureaucratic forms of administrative rule« (Feldman 1998, 171). Eine solche mehr additive als theoretische Bestimmung findet sich in der Literatur sehr häufig, was zur Folge hat, dass der Modernebegriff vielen Studien äußerlich bleibt. Industrialisierung, Urbanisierung oder Demokratisierung erscheinen dann als anonym ablaufende Prozesse, auf die Juden reagieren müssen. Insofern verwundert es nicht, dass eine Vielzahl von Aufsätzen und Monographien Titel wie »Antworten auf die Moderne« tragen. Auch wenn in den letzten Jahren die Reziprozität von Aushandlungsprozessen betont worden ist, knüpfen diese Reaktionsstudien implizit an die mindestens ein Jahrhundert dominante Assimilationsthese an, wonach Juden immer nur versucht hätten, wie ihre nichtjüdischen Mitbürger zu werden. Eli Lederhendler (geb. 1952) etwa spricht dann auch nicht zufällig von einer »culture and rhetoric of the Jewish adjustment to modernity« (Lederhendler 1994, 1). Auch Todd M. Endelman (geb. 1946) schreibt in seiner Studie über die englischen Juden, dass »English Jews, like all Jews in the modern period, faced challenges to their inherited identities«, hebt aber zugleich die Kontingenz der verschiedenen Wege in die Moderne hervor: »most Jews did not enter the modern world like a well-disciplined army« (Endelman 2000, 10). Der Literaturwissenschaftler Jonathan M. Hess (geb. 1965) rückt von der einseitigen Anpassungsvorstellung ab und entdeckt eine »alternative conception of the modern world« (Hess 2002, 10f.), die durch ein Zusammenwirken partikularer Kulturen gekennzeichnet sei.

Verabschiedet man die klassische Assimilationsthese, eröffnet sich die Möglichkeit, Aspekte dieser alternativen Moderne auf zahlreichen Gebieten zu rekonstruieren. In Bezug auf die Religions- und kommunitäre Institutionengeschichte hat Jacob Katz (1904–1998) Pionierarbeit geleistet und den Übergang von der frühneuzeitlichen Gemeindeautonomie, die von der Autorität des Rabbinats geprägt war, hin zu jüdischen Religionsgemeinschaften ohne zivilrechtliche Sanktionierungsinstrumente nachgezeichnet. Die sich wandelnde Bedeutung und Aufgabe des Rabbiners kann dabei als Ausdruck des Übergangs von einer ›traditionellen‹ Gemeinschaft zu einer ›modernen‹ Gesellschaft gelten (Katz 2002; Katz 1973). Michael A. Meyers Studie über die Reformbewegung im Judentum knüpft an diese Beobachtungen an und stellt die Konfessionalisierung als wichtiges Kriterium der jüdischen Moderne heraus (Meyer 1988; zu den sephardischen Juden s. Stillman 1995). Diese hatte die staatliche Auflösung der frühneuzeitlichen Einheitsgemeinden zur Voraussetzung und war fast überall von tiefgreifenden Konflikten innerhalb der jüdischen Gemeinschaft begleitet, wobei es hauptsächlich um Entscheidungsbefugnisse,

Reformen der Gottesdienstordnungen und Eingriffe in die Liturgie ging.

Der Entstehung des Reformjudentums folgte diejenige einer modernen Orthodoxie auf dem Fuße (Ellenson 2004), in den Vereinigten Staaten entstanden weitere jüdische »Konfessionen« wie etwa der religiösen Reformen prinzipiell durchaus offen gegenüberstehende *Conservative Judaism* oder auch der *Reconstructionism*, der das Judentum als sich ständig wandelnde Zivilisation begreift (Cohen 2012; Libowitz 1983). Alle diese Strömungen waren sich einig darin, dass Veränderungen vorgenommen werden mussten, um den sog. Kern des Judentums zu bewahren – nur in der Frage, worin dieser Kern bestehe, waren sich die Lager uneins. Kennzeichnend für die jüdische Moderne ist in religionsgeschichtlicher Hinsicht demnach die Existenz eines Marktes der Religionen bzw. Konfessionen, die um Anhänger konkurrierten und darüber stritten, was das Judentum ist. Auch die Auseinandersetzungen über die Bedeutung jüdischer Ethnizität gehören in diesen Kontext. Erstmals in der Geschichte traten der ethnische und der religiöse Aspekt des Judentums auseinander, im Zuge der Entstehung der Nationalstaaten wurde das jüdische Volksbewusstsein infrage gestellt und die Umwandlung des Judentums in eine bloße Glaubensgemeinschaft avisiert (Lenhard 2014).

Geistesgeschichtlich wird die jüdische Moderne v. a. auf die *Haskala*, die jüdische Aufklärungsbewegung, zurückgeführt (Meyer 1967; Feiner 2002). Die *Maskilim* (Anhänger der *Haskala*) verfolgten eine Revision des jüdischen Curriculums und gründeten neue Bildungsanstalten, in denen neben den klassischen jüdischen Fächern auch Mathematik, Geschichte, Philosophie und Fremdsprachen gelehrt wurden. Ziel der *Maskilim* war die Verbindung religiöser und weltlicher Bildung und die Aussöhnung von Glaube und Vernunft. Obwohl verschiedene Strömungen innerhalb der *Haskala* zu unterscheiden sind und nicht alle Aufklärer sich gleichermaßen radikal von den Auffassungen der sog. Traditionalisten abgrenzten, wurden diese Auseinandersetzungen oftmals leidenschaftlich geführt. Die Aufklärer bezogen explizit die Position der ›Modernisten‹. Häufig gilt Moses Mendelssohn (1729–1786) als erster ›moderner Jude‹ (Bourel 2004). Diese ikonographische Stilisierung übersieht freilich, dass Mendelssohn bereits in einer älteren aufklärerischen jüdischen Tradition stand. Insofern scheint insbesondere David Sorkins (geb. 1958) Forschung zur frühen *Haskala* und zu sephardischen Vorläufern berechtigt (Sorkin 1999; Sorkin 2001).

Kulturgeschichtlich war die Adaption weltlicher Bildung auch für den Prozess der sog. Verbürgerlichung zentral. Ausgehend von Bourdieus Konzept des ›kulturellen Kapitals‹ hat besonders Simone Lässig (geb. 1964) den Stellenwert der Bildung für die Entstehung einer jüdischen Mittelschicht herausgestellt und auf diese Weise Kultur- und Sozialgeschichte miteinander verknüpft (Lässig 2004). Allerdings war der Aufstieg ins Bürgertum nicht der einzige Weg einer ›Modernisierung‹, wovon die Existenz einer jüdischen Arbeiterbewegung v. a. in Osteuropa und in den USA zeugt. Bewusst antireligiös und antitraditionalistisch ausgerichtet, war der ›Allgemeine jüdische Arbeiterbund von Polen, Litauen und Russland‹ (kurz: Bund) seit 1897 als jüdisch-sozialistische Massenbewegung tätig (Jacobs 2009). In Nordamerika waren zahlreiche seiner Mitglieder in teilweise jüdisch geprägten Gewerkschaften aktiv. Der Bund stand in Konkurrenz zur modernen jüdischen Nationalbewegung des Zionismus, die ebenfalls mehrheitlich säkular und sozialistisch dominiert war (Gitelman 2003). Während der Bund die jiddische Kultur zur Grundlage hatte und diese zugleich als vermeintlich authentische jüdische Volkskultur förderte, bekämpfte der Zionismus den jiddischen ›Diasporajargon‹ und favorisierte die Wiederbelebung des Hebräischen als Volkssprache.

Das moderne Hebräisch (*Ivrit*) basiert auf der antiken semitischen Sprache, beinhaltet aber sowohl zahlreiche Neologismen als auch Lehnwörter aus den europäischen Sprachen. Auch auf grammatikalischer Ebene sind westeuropäische und slawische Einflüsse festzustellen (Wexler 1990). Sowohl die Verfechter des Jiddischen als auch die des modernen Hebräisch haben ein lebendiges modernes Kulturleben hervorgebracht, das in Theater, Film, Literatur, Kunst und Musik seinen Niederschlag gefunden hat (Schweid 2008). Aus einer bloßen Umgangssprache hat sich im *Fin de Siècle* v. a. in Osteuropa und den USA eine komplexe jiddische Kultur entwickelt, die sich sowohl über alle literarischen Gattungen erstreckt als auch wichtige avantgardistische Impulse gegeben hat (Fishman 2005; Wolitz 2014). Im Mandatsgebiet bzw. im späteren Staat Israel lässt sich eine ähnliche Entwicklung für das hebräische Kulturleben beobachten, das nach dem Holocaust und der Staatsgründung Israels in der jüdischen Welt Hegemonie gegenüber dem Jiddischen erlangt hat.

Der Modernebegriff ist auch auf die Geschlechterbeziehungen angewendet worden, obgleich sich die diesbezügliche Forschung noch immer in ihren Anfängen befindet (Hyman 1995; Kaplan/Moore 2011).

Dass die Kategorie ›Gender‹ geeignet ist, ein tieferes und v. a. differenzierteres Verständnis der jüdischen Moderne zutage zu fördern, ist weitgehend unbestritten, obwohl die Re- und Dekonstruktion von Geschlechterrollen noch immer polarisiert. So sorgen die Geschlechterverhältnisse im sog. ultra-orthodoxen Judentum – selbst definiert sich diese Gemeinschaft als die *Charedim* – immer wieder für Gesprächsstoff unter nicht-charedischen Juden, wobei beide Seiten den Gleichheitsgrundsatz zwischen den Geschlechtern als Indiz für Modernität verstehen, dies aber vor dem Hintergrund ihrer jeweiligen Bezugssysteme genau gegenteilig bewerten. Wie weit die Gleichstellung von Männern und Frauen geht und ob etwa Rabbinerinnen als religiöse Autoritäten akzeptiert werden, hängt von den einzelnen konfessionellen Strömungen, mitunter auch von einzelnen Gemeinden ab. Auch jenseits des Egalitätsideals kann das soziale Geschlecht eine tragende Rolle für das Verständnis von Modernität spielen: Allen voran im amerikanischen Judentum mit seiner starken Ausrichtung auf das (im engeren Sinne nichtreligiöse) Gemeindeleben spielen sowohl der klassische Gleichheitsfeminismus als auch der Differenzfeminismus, der Frauen besondere, positive Eigenschaften zuschreibt, eine wichtige Rolle (Prell 2007). Wie Männer und Frauen sich jeweils innerhalb der familiären, religiösen, kulturellen oder politischen Gemeinschaft verorten, ist mithin bedeutsam für das spezifische Gepräge moderner Jüdischkeit.

Forschungsgeschichte, Semantik und Gegenkonzepte

18. und 19. Jahrhundert

Die Verwendung des Begriffs ›Moderne‹ geht in den Jüdischen Studien eindeutig auf den französischen Sprachraum zurück, wo er als Gegenbegriff zur Antike seit der *Querelle des Anciens et des Modernes* zunächst synonym für alles Neue stand. Während im deutschen Sprachraum lange die Termini ›Neuzeit‹ und ›Gegenwart‹ bzw. ›unsere Zeiten‹ verwendet wurden und erst in Anlehnung an die amerikanische Forschungsliteratur auch das Adjektiv ›modern‹ Verbreitung gefunden hat, erschien in Frankreich eine der ersten jüdischen Geschichtsdarstellungen bereits 1828 unter dem Titel *Résumé de l'histoire des Juifs modernes*. Autor war der Historiker Léon Halévy (1802–1883), der sich – neben zeitgenössischen Autoren wie François Guizot und Augustin Thierry –

auf den ersten Verfasser einer Geschichte der Juden bis zur Gegenwart bezog, den protestantischen Gelehrten Jacques Basnage (1653–1723) (Brenner 2006). In dessen *Histoire des Juifs, depuis Jésu-Christ jusqu'à présent* (1716), die auf breite Resonanz auch unter jüdischen Gelehrten des 19. Jh.s stieß, taucht der Begriff ›modern‹ mehrfach auf, ohne allerdings näher spezifiziert zu werden. Er scheint weitestgehend gleichbedeutend mit *présent* zu sein. Allerdings hatte Basnage drei Jahre zuvor bereits eine Schrift über die ›Republik der Hebräer‹, also den antiken jüdischen Staat, verfasst, die den Titel *Antiquitez Judaïques* trug. Er nahm aber nicht nur die Begrifflichkeiten der *Querelle* auf, sondern auch den Inhalt des Streits, insofern die nachantike Geschichte des Judentums stets mit der Antike verglichen wird. In Basnages Werk allerdings ist die Antike unauflösbar mit dem Erscheinen Jesu Christi verknüpft, weshalb die Bewertung der unterschiedenen Epochen deutlich religiös konturiert ist

Halévy schließt an Basnages Abgrenzung zwischen der Zeit vor und nach der Zerstörung des Jerusalemer Tempels an, die in etwa mit Jesu Wirken zusammenfällt, relativiert aber als jüdischer Autor dessen Bedeutung. Ein weiterer, merklich spürbarer Einfluss auf Halévys Darstellung ist das Buch *Loi de Moïse* (1822) des zum Christentum konvertierten sephardischen Historikers Joseph Salvador (1779–1873), das den Modernebegriff bereits in einem Sinne verwendet, wie er heute geläufig ist. So wird etwa den Hebräern attestiert, sie hätten den Anstoß für den »modernen Handel« gegeben: »ce sont eux qui ont établi les premières relations entre la plupart des peuples de l'Europe et de l'Asie, qui ont inventé les moyens sans lesquels le commerce végéterait; qui ont réveillé l'industrie du moyen âge« (Salvador 1822, 160). In Halévys Buch vermischen sich beide Semantiken von Moderne: Einerseits wird diese als Abgrenzung von der vordiasporischen Geschichte in strikter Gegenüberstellung zur Antike verwandt, andererseits werden damit Gegenwartsphänomene bezeichnet, vom Welthandel über die Industrieproduktion bis hin zur Staatsform der Republik.

Ganz parallel argumentierte Isaak Markus Jost (1793–1860) vor dem deutschen Hintergrund, indem er das Jahr 1740 – die Thronbesteigung Friedrich des Großen – als Beginn einer jüdischen Neuzeit festsetzte. Die Auflösung gesonderter Körperschaften und die Integration aller gesellschaftlichen Gruppen, die laut Jost mit Friedrich II. ihren Anfang nahm, waren für ihn genuine Unterscheidungsmerkmale einer neuen Epoche. Der Historiker Heinrich Graetz (1817–1891) schloss sich grundsätzlich Jost an, verlagerte die Perspektive aber auf die jüdische Geschichte: Für Graetz wie für viele seiner Nachfolger markierte die Gestalt Moses Mendelssohns eine neue Ära, die gleichermaßen durch Integration wie durch eine selbstbewusste, gelehrte und aufgeklärte Gestalt des Judentums geprägt war. Ganz ähnlich argumentierte Nachman Krochmal (1785–1840), ein jüdischer Hegelianer und prominenter Vertreter der osteuropäischen *Haskala*, der am Anfang des 19. Jh.s die Auffassung vertrat, jedes Zeitalter sei durch den Ablauf von Wachstum, Blüte und Zerfall bestimmt. Das Mittelalter endete dieser Ansicht zufolge mit den Kosakenaufständen in der Mitte des 17. Jh.s, die mit massiven Pogromen und der Zerstörung hunderter jüdischer Gemeinden in Osteuropa verknüpft waren. Damit hatte Krochmal den Blick von den deutschen Ländern ab- und dem osteuropäischen Judentum zugewendet.

20. Jahrhundert

Der bekannteste jüdische Historiker Osteuropas, Simon Dubnow (1860–1941), schloss zu Beginn des 20. Jh.s daran an und kritisierte Josts und Graetz' germanozentrische Geschichtsschreibung. Für Dubnow begann die jüdische Moderne jedoch – zunächst erstaunlich – mit der Französischen Revolution. Diese machte er als Ursprung der rechtlichen Gleichstellung aus, die für ihn die Grundlage moderner jüdischer Autonomie bilden sollte. Die Simultanität von individueller Gleichberechtigung und jüdischer kultureller Autonomie kennzeichnete Dubnows Modell einer jüdischen Moderne, die ihren Ort in den Shtetls Polens und Russlands hatte. Das ›deutsche Modell‹ dagegen stand aus seiner Perspektive für das Schreckbild einer vollständigen Assimilation der Juden an die nichtjüdische Umwelt und damit für einen Verlust des Judentums in der Moderne. In der Ablehnung jüdischer Assimilation war sich Dubnow einig mit der zionistischen Geschichtsschreibung, prominent vertreten durch Ben-Zion Dinur (1884–1973) und Shmuel Ettinger (1919–1988). Anders als Dubnow aber bestritten die Zionisten, dass es eine wahre jüdische Heimat in der Diaspora, außerhalb Eretz Israels, geben könne. Entsprechend war die historische Perspektive der Zionisten auf die ›Rückkehr in die Heimat‹ ausgerichtet: Dinur datierte das neue Zeitalter, das seinen Höhepunkt in der Gründung des modernen Staates Israel hatte, auf das Jahr 1700, als der Prediger Judah he-Chassid (ca. 1660–1700) gemeinsam mit 31 auswanderungswilligen jüdischen Familien aus Polen im Heiligen Land ankam (Meyer 2001b).

Interessant ist, dass Dinurs eigenwillige Definition einer jüdischen Neuzeit, welche 1948 ihren Abschluss gefunden habe, zeitlich ein ähnliches Datum als Beginn wählt wie Definitionen, die vor einem ganz anderen geistigen Hintergrund formuliert werden. Gershom Scholem (1897–1982) etwa, der wichtigste Erforscher der jüdischen Mystik, sieht, obwohl ebenfalls Zionist, nicht die Rückkehr nach Israel als entscheidenden Zug der neuen Zeit, sondern das Entstehen mystischer Massenbewegungen wie Sabbatianismus und Chassidismus. Mit diesen habe ein libertärer, auf individuelle Freiheit ausgerichteter Zug Eingang in die jüdische Geschichte gehalten. Auch der bereits erwähnte Jacob Katz sieht diese Entwicklungen mit dem Chassidismus verknüpft und konstruiert auf diese Weise eine Gleichzeitigkeit von Chassidismus (Osten) und *Haskala* (Westen) als Geburtshelfer der jüdischen Moderne (Katz 2002).

Was besonders in Salvadors und Halévys Schriften positiv bewertet und apologetisch für die Juden ins Feld geführt wird, hat auch eine Schattenseite: Die im 19. Jh. als Antisemitismus neu formulierte Judenfeindschaft identifiziert die Juden ebenfalls mit der Moderne, hier allerdings negativ konnotiert und mit Begriffen wie ›Zersetzung‹, ›Auflösung traditioneller Strukturen‹, ›Chaos‹ und ›Entfremdung‹ assoziiert (Volkov 2000). Fragen der Antisemitismusforschung berühren zwar mittelbar auch die Forschung zur jüdischen Geschichte, soweit diese allerdings Juden in erster Linie als historische Akteure anstatt nur als Objekte in den Blick nimmt, muss hier im Anschluss an die These Joseph Salvadors die Frage erörtert werden, inwieweit Juden tatsächlich als Motoren der Modernisierung wirkten. Ein Resultat der neueren Forschung lautet, dass noch bis in die zweite Hälfte des 19. Jh.s hinein die absolute Mehrheit der Juden sowohl arm als auch kulturell wie religiös konservativ war. Allerdings spielten einzelne Juden im transatlantischen Handel eine herausragende Rolle oder fungierten als Wegbereiter moderner Industrie und Geldwirtschaft. Diese Ausnahmestellung der jüdischen Elite war dem Außenseiterstatus geschuldet, denn Juden blieb der Zugang zu handwerklichen und landwirtschaftlichen Berufen, die das Rückgrat antimoderner, ständischer Gesinnung bildeten, weitgehend verwehrt. Mit der wachsenden Bedeutung von Handel, Manufaktur und Geldwirtschaft gelang jüdischen Unternehmern ein gesellschaftlicher Aufstieg. Ein bedeutender Anteil der Moderneforschung in den Jüdischen Studien widmet sich diesen Erfolgsgeschichten, teilweise implizit noch der älteren apologetischen Anschauung verhaftet, den ›wertvollen Beitrag‹ der Juden zum Wohl der Gesamtgesellschaft nachweisen zu müssen.

Pionierarbeit auf diesem Gebiet leistete Selma Stern (1890–1981) seit den 1950er-Jahren mit ihren Untersuchungen zum ›Hofjuden‹. Die daran anschließenden Forschungen zur jüdischen Sozialgeschichte Mitteleuropas haben bestätigt, dass Juden von den jeweiligen Landesherren oftmals als ›Modernisierer‹ im ökonomischen oder auch politischen Sektor, etwa im Steuer- und Verwaltungswesen, in Anspruch genommen wurden und sich diesem Auftrag aufgrund ihrer Zwangslage kaum zu entziehen vermochten. ›Hofjuden‹, auch ›Hoffaktoren‹ genannt, lebten häufig in zwei Welten, der jüdischen und der höfischen, und fungierten als Vermittler. Dies verweist darauf, dass eine moderne, hier also: individualisierte Gesellschaft erst im Entstehen begriffen und die Grenze zwischen den ständischen oder quasi-ständischen Gemeinschaften noch intakt war. Der Hofjude als Zwischenfigur symbolisierte daher in dieser Hinsicht auch noch nicht ›die Moderne‹. Hingegen implizierte die Notwendigkeit, sich in beiden Welten zurechtzufinden, eine gewisse Flexibilität des Habitus sowie eine Weltläufigkeit, etwa im Bereich der Sprachen und des profanen Wissens. Daher sind die Hofjuden und ihre Nachkommen in der Forschung oft als erste ›Kulturbürger‹ verstanden worden, die der jüdischen Aufklärung erst den Weg geebnet hätten (Keuck 2011). Der Heterogenität des jüdischen städtischen Großbürgertums wurde erst in letzter Zeit nachgegangen (Niedhammer 2013).

Tradition und Identitäten

Unbestritten ist, dass die ›Moderne‹ einen Bewusstseinswandel mit sich brachte. Yosef Hayim Yerushalmi (1932–2009) hat in seinem bahnbrechenden Buch *Zakhor* (1982) gezeigt, wie sehr sich das kollektive Gedächtnis der Juden, das sich auf die Geschichten der Bibel stützte und in der rabbinischen Literatur seine Fortsetzung fand, von einem genuinen Geschichtsbewusstsein unterscheidet. Letzteres habe sich erst mit der im 19. Jh. entstandenen ›Wissenschaft des Judentums‹ voll entwickelt und förderte eine Distanz des Erzählenden zur Geschichte zutage. Zudem wurde diese als fortschreitende Zeit verstanden, in der sich eine Veränderung bzw. eine stetige Verbesserung ereignete, während das kollektive Gedächtnis die Zeit als zirkuläre Wiederkehr des Immergleichen wahrnahm und historische Ereignisse unmittelbar vor dem Hintergrund der biblischen Geschichten deutete.

Shulamit Volkov (geb. 1942) hat Eric Hobsbawms (1917–2012) ideologiekritisches Konzept der *invention of tradition* auf das Judentum angewandt und deutlich gemacht, in welchem Ausmaß die jüdische Moderne von der Rückprojektion eigener Vorstellungen in die Vergangenheit lebt (Volkov 2001). Dies gilt sowohl für das Reformjudentum, wenn etwa Abraham Geiger (1810–1874) die Notwendigkeit, im Gottesdienst eine Orgel zu verwenden, auf die musikalische Tradition des antiken Tempelgottesdienstes zurückführte, als auch für die Nationalgeschichtsschreibung des Zionismus, als auch für die heutigen *Charedim*, wenn sie die frühneuzeitliche Kultur des osteuropäischen Judentums bewusst revitalisieren. All diese ›Erfindungen‹ sind eng mit der Ausbildung spezifisch moderner Identitäten verbunden.

Um die Vielfalt jüdischer Identitäten in der Moderne angemessen zu berücksichtigen, hat sich die Forschung immer wieder kritisch mit dem Essentialismus des 19. Jh.s auseinandergesetzt. Ein Konzept, um diesem zu entgehen, hat Till van Rahden (geb. 1967) vorgelegt. In Auseinandersetzung mit Fredrik Barths (geb. 1928) Überlegungen zu sozial organisierten Grenzlinien ethnischer Gruppen zeigt er am Beispiel der Gesellschaft Breslaus im 19. und frühen 20. Jh., dass moderne Identität maßgeblich durch Kommunikation, Performanz, Aushandlungsprozesse und Konflikte gekennzeichnet ist (van Rahden 2000). In einer hochgradig ausdifferenzierten Gesellschaft bewegen sich die Individuen in verschiedenen Räumen und sozialen Gruppen, die sich jeweils situativ zusammensetzen. Ob jemand als Jude, Unternehmer, Mann, Bürger oder Genießer guter Weine auftritt, hängt vom konkreten Anlass ab. Moderne Identität ist somit kein hermetisch abgeschlossener Kern, sondern setzt sich aus vielen, fast beliebig abrufbaren Facetten zusammen. Programmatisch hat Susannah Heschel konstatiert, dass die jüdische Identitätsforschung viel von der Gender Theory lernen könne: »Butler's notions of performativity and citationality offer useful alternatives to the overused concept of assimilation. Both in relation to Judaism and to the Gentile world, modern Jewishness might be approached as a construct that is parallel, in certain structural ways, to gender« (Heschel 2007, 546). Demzufolge ist das Judentum keine essentielle Wesenheit, sondern v. a. ein soziales Konstrukt, das seine Existenz aus einem Geflecht von Selbst- und Fremdzuschreibungen bezieht.

Gerade für das moderne amerikanische Judentum ist die Künstlichkeit von Grenzziehungen hervorgehoben worden. Stephen J. Whitfield (geb. 1942) hat in seiner breit angelegten Untersuchung der amerikanisch-jüdischen Kulturgeschichte die Moderne als eine Zeit charakterisiert, in der Jüdischkeit v. a. auf individuelle Konstruktionen und beliebig adaptierbare Traditionen zurückgeht: »The story of American Jews in the twentieth century can be told in terms of the erosion of a stable identity, so that eventually all of them would be described as Jews by choice« (Whitfield 1999, 9). Andererseits findet im Kontext postkolonialer Theoriebildung auch eine Wiederentdeckung des ›Essentialismus‹ statt. So wurde der ›Wissenschaft des Judentums‹ in Anlehnung an die postkoloniale Theoretikerin Gayatri Chakravorty Spivak (geb. 1942) bescheinigt, eine Politik des »strategischen Essentialismus« verfolgt zu haben: »[…] these scholars made holistic and essentialist statements about ›Judaism‹ in order to demonstrate their worthiness of legal emancipation and equal rights« (Goldberg 2011, 327).

Dieser flexible und diversifizierte Begriff moderner Jüdischkeit ist durchaus anschlussfähig auch für postmoderne Ansätze, die mit Zygmunt Bauman (geb. 1925) vom »Ende der Eindeutigkeit« sprechen. Allerdings ist etwa van Rahdens Konzept – beeinflusst von Niklas Luhmann (1927–1998) und Max Weber (1864–1920) – deutlich an soziale Prozesse zurückgebunden, während klassisch postmoderne Theorien v. a. auf diskursive Eigendynamiken bezogen sind. Anstatt der ›Situativität‹ hat sich hier besonders die Vorstellung durchgesetzt, moderne Identitäten seien »fluid« oder »hybrid« (Blianiuk 2010). Damit verbunden ist die These, dass sich der Diskurs selbsttätig in das Subjekt einschreibe oder dieses als sprachliche Spur gar erst erzeuge. Interessanterweise beziehen sich dezidiert postmoderne Theoretiker positiv auf die rabbinische, teilweise auch kabbalistische Literatur, die bereits durch Intertextualität und sprachliche Diskursivität gekennzeichnet gewesen sei (Hezser 2002). Eine Reihe jüdischer Philosophen, etwa Daniel Boyarin (geb. 1946) und Emmanuel Levinas (1905–1995), haben diese Intertextualität genutzt, um moderne Interpretationen der rabbinischen Talmud- und Midraschliteratur vorzulegen und auf ihrer Grundlage Antworten auf aktuelle Fragen zu formulieren. Während insbesondere für Boyarin auch der Kontext der Entstehung eines Textes wichtig ist, orientieren sich andere Autoren stärker an sprachontologischen Narratologie des Literaturwissenschaftlers Hayden White (geb. 1928), in der ›Moderne‹ als außersprachliche Wirklichkeit nicht mehr formulierbar ist.

Regionen, Räume und Entwicklungspfade

Da in fast allen europäischen Ländern, in Nord- und Südamerika, im Nahen und Mittleren Osten, in Nordafrika, ja, sogar in Australien, Indien und China Juden gelebt haben und immer noch leben, verändert sich der Modernebegriff bei jeder Studie mit Bezug auf die regionale Geschichte und Kultur. Entsprechend der lange eurozentrischen Sicht der Moderneforschung wurde das Einsetzen der ›jüdischen Moderne‹ ebenfalls zunächst in Europa verortet. Deutschland gilt als Heimat der *Haskala*, Frankreich als Geburtsstätte der rechtlichen und politischen Gleichstellung. Zu Recht ist gegen diese Perspektive eingewendet worden, dass Entwicklungen in anderen Ländern und Regionen aus dem Blick geraten. Bezüglich der *Haskala* etwa kann die Bedeutung der italienischen Renaissance, des sephardischen Marranentums in Amsterdam und London sowie der frühneuzeitlichen Prager Schule, die von Rabbi Jehuda ben Bezalel Löw (um 1520–1609) und seinem Schülerkreis ausging, nicht ausgeblendet werden, wenn über die Entstehung der jüdischen Aufklärung gesprochen wird. Die *Haskala* setzte in Osteuropa zwar später ein – und hier lässt sich eindeutig von einem Ideentransfer von West nach Ost sprechen –, hat aber dennoch einen nachhaltigen Einfluss auf die dortige jüdische Kultur ausgeübt. Die politische Emanzipation der Juden in Frankreich wiederum ist auch im Kontext der Entwicklungen in Nordamerika zu verstehen.

Generell ist zwischen der Forschung zum aschkenasischen (mittel- und osteuropäischen) und zum sephardischen (ausgehend von der iberischen Halbinsel) Judentum zu unterscheiden, wobei etwa in Amsterdam, London, Hamburg und Paris beide Gruppierungen aufeinander trafen. Das klassische Modernisierungsmodell orientiert sich am aschkenasischen Judentum Frankreichs und Preußens, wobei jenes für eine ›revolutionäre‹, dieses für eine ›evolutionäre‹ Form der Emanzipation steht. Dem stehen allerdings »alternative paths to modernity« entgegen, wie es der Historiker Yosef Kaplan (geb. 1944) treffend formulierte (Kaplan 2000): Wer das Judentum der deutschen Länder erforscht, wird seine Ergebnisse nur stark modifiziert auf das polnische oder russische Judentum übertragen können;

um so mehr gilt dies für das arabische und nordafrikanische Judentum, die innerhalb einer nichteuropäischen und islamischen Umwelt existierten. Diverse Faktoren wie der Grad an zivilrechtlicher Autonomie, die innergemeindliche Hierarchie, die Bedeutung religiösen Expertentums, der Kontakt zur nichtjüdischen Umwelt, Sprachkenntnisse oder auch die Berufs- und Bevölkerungsstruktur tragen zu diesen unterschiedlichen Pfaden in die Moderne bei und machen regionale Differenzierungen so dringend notwendig.

Die regionalspezifischen Wege in die Moderne lassen sich jedoch am besten anhand der Debatten über den zeitlichen Beginn der jeweiligen Modernisierungsprozesse nachvollziehen.

Zeithorizont und Epochenkonzept

Über die Epocheneinteilung der jüdischen Geschichte wird seit jeher leidenschaftlich gestritten, wie sich schon in der Diskussion der Forschungsgeschichte gezeigt hat. Diese Auseinandersetzungen sind noch nicht beendet, sondern flackern immer wieder auf. Grundsätzlich wird heute zwischen Antike/Altertum, Mittelalter, Früher Neuzeit und Neuzeit unterschieden, wobei die ›Neuzeit‹ in der angloamerikanischen Welt als ›Modern Era‹ bzw. ›Modern Age‹ bezeichnet wird. Das Ende des Mittelalters markiert zugleich den Beginn der Frühen Neuzeit, wobei wiederum der genaue Übergang von der Frühen Neuzeit zur Neuzeit schwer zu bestimmen ist. Weitgehend einig ist sich die Forschung darin, dass die Frühe Neuzeit mehr als eine reine Zwischen- oder Übergangsperiode zwischen Mittelalter und Moderne darstellt, sondern ein eigenes Profil ausgebildet hat (Israel 1989).

Als Ende des Mittelalters gilt häufig – parallel zur allgemeinen Geschichtswissenschaft – das Jahr 1492, weniger aufgrund der Entdeckung Amerikas als vielmehr des Endes jüdischer Ansiedlung auf der iberischen Halbinsel. Die sephardischen Juden im weitgehend muslimisch beherrschten Spanien stellten über Jahrhunderte die größte jüdische Gemeinschaft der Welt und standen für eine beeindruckende kulturelle und religiöse Produktivität. Mit dem Alhambra-Edikt von 1492 und der Ausweisung der Juden aus Portugal (1497) wurde diese Ära jäh beendet. In der Folge flüchtete ein großer Teil der sephardischen Juden ins Osmanische Reich, nach Nordafrika und in westeuropäische Hafenstädte. Sephardische Kaufleute – seien es Juden, *Conversos* oder Kryptojuden (›Marranen‹) – spielten im transatlantischen Handel mit der Neuen Welt eine bedeutende Rolle und waren somit sowohl Nutznießer als auch Träger des entstehenden kolonialen Welthandels. Die kosmopolitische Kultur der Hafenstädte an Atlantik und Mittelmeer wird in der Forschung oft als Brutstätte modernen, aufgeklärten Denkens und toleranten Geistes beschrieben (Sorkin 1999).

Für den aschkenasischen Raum spielt das Jahr 1492 eine nur geringe Rolle. Weniger die in den deutschen Ländern wirkenden christlichen Hebraisten wie Johannes Reuchlin (1455–1522) als vielmehr Vertreter der italienischen Renaissance, speziell Pico della Mirandola (1463–1494), übten großen Einfluss auf die jüdische Gelehrtenkultur des 16. und 17. Jh.s aus. Allerdings wäre es falsch, sich diesen Einfluss als einseitigen Prozess vorzustellen. Aschkenasische, vorwiegend, wenn auch nicht ausschließlich in Italien (Padua, Florenz, Venedig) wirkende Gelehrte wie Leone da Modena (1571–1648) und Joseph Delmedigo (1591–1655) steuerten beträchtliche Beiträge zur Wissenschaft und Kultur der europäischen Renaissance bei, blieben aber zugleich ihrem Judentum treu, das sie unter dem Einfluss wissenschaftlichen und ästhetischen Fortschritts erneuerten (Ruderman 2010).

Auch technische Neuerungen bewirkten einen Wandel des Lebensalltags. Die Kutsche etwa – von den Römern bereits genutzt, im Mittelalter aber lange in Vergessenheit geraten – begann ihren Siegeszug zu Beginn des 16. Jh.s und ermöglichte in Verbindung mit dem massiven Ausbau des Straßennetzes im 17. Jh. eine schnellere Zirkulation von Waren und Informationen auf dem Landweg. Die Erfindung des Buchdruckes mit beweglichen Lettern durch Johannes Gutenberg (1400–1468) veränderte die Verbreitung religiösen Wissens fundamental, zumal innerhalb weniger Jahrzehnte v. a. in Deutschland und Italien hebräische Buchdruckereien aus dem Boden sprossen und fahrende jüdische Händler ihre Glaubensgenossen mit religiöser Literatur versorgten. Nicht zuletzt der *Shulchan Aruch* (»Gedeckter Tisch«) – ein halachischer Gesetzeskodex aus dem 16. Jh. – legt von der immensen Bedeutung des Buchdrucks für die Entstehung des neuzeitlichen Judentums Zeugnis ab. Zwar kompilierte und subsumierte der *Shulchan Aruch* genau wie die älteren Kodizes lediglich die halachischen Vorschriften und kann insofern inhaltlich kaum unter dem Stichwort ›Modernisierung‹ gefasst werden, beförderte jedoch maßgeblich die Vereinheitlichung der rabbinischen Lehre und machte ein Studium der komplizierten talmudischen

Diskussionen tendenziell überflüssig. Zudem bot der auf Hebräisch anstatt Aramäisch (wie der Talmud) geschriebene Kodex nun – mit dem neuen Druckverfahren in großen Stückzahlen produziert – auch Laien Einblicke in die rabbinische Rechtsprechung, was die Autorität des Rabbineramts auf lange Sicht untergrub. Das Beispiel Jacob Emdens (1697–1776), eines Rabbiners aus Norddeutschland, zeigt, dass die rabbinische Autorität auch auf andere Weise durch den Buchdruck gefährdet wurde: Emden war im Besitz einer privaten Druckerei und publizierte weite Verbreitung findende Bücher und Streitschriften gegen wirkliche oder vermeintliche Häretiker. Seine Auseinandersetzung mit dem Rabbiner der Dreigemeinde Hamburg-Altona-Wandsbek, Jonathan Eybeschütz (1690–1764), und seinen Schülern, die um den Vorwurf kreiste, dieser sei ein Anhänger des Pseudo-Messias Sabbatai Zwi (1626–1676), hatte eine Spaltung der europäischen Rabbinerschaft in Eybeschütz' Fürsprecher und Gegner zur Folge. Beide Parteien überzogen einander so sehr mit *charamot* (Bannurteilen), dass der Bann, der über Jahrhunderte als drastischstes Sanktionierungsmittel rabbinischer Autorität gewirkt hatte, seine Verbindlichkeit verlor. Somit trugen innerjüdischen Entwicklungen maßgeblich zur Schwächung der traditionellen Gesellschaftsstruktur bei.

Der Niedergang der rabbinischen Autorität wurde allerdings durch nichts so sehr beschleunigt wie durch die sukzessive oder – in Frankreich – revolutionäre Abschaffung jüdischer Gemeindeautonomie. In Preußen hatte mit dem *Codex Fridericianus* von 1747–1749 die staatliche Beschränkung rabbinischer Gerichtsbarkeit begonnen, in Frankreich war diese durch die Auflösung religiöser Körperschaften 1790 außer Kraft gesetzt, und in Nordamerika, das lange von der Muttergemeinde im Amsterdam abhängig gewesen war, übernahm ohnehin erst 1840 der aus Deutschland immigrierte Abraham Rice (1800–1862) das erste Rabbineramt der USA. Rabbiner durften formell nicht mehr auf ihrem angestammten Gebiet – der *Halacha* – tätig sein und wurden immer mehr in Richtung eines »jüdischen Pfarrers« gedrängt; ihre Aufgaben lagen nun vornehmlich im rituellen, seelsorgerischen, liturgischen und repräsentativen Bereich. Die Macht innerhalb der Gemeinden fiel seit dem 17. Jh. zunehmend, nach dem Sturz der rabbinischen Gerichtsbarkeit endgültig der wirtschaftlichen Elite zu. V. a. in Nordamerika entstand innerhalb der Gemeinden infolge der Amerikanischen Revolution eine Demokratisierungstendenz, während im napoleonischen Frankreich und in Teilen Deutschlands ›Konsistorien‹ errichtet wurden, zentralistisch organisierte, kirchenartige Strukturen, die unter direkter oder indirekter Kontrolle des Staates standen. In Osteuropa dagegen dauerte die jüdische Selbstverwaltung teilweise noch bis ins 20. Jh. an, sodass sich der Modernisierungsprozess dort innerhalb der Sphäre jüdischer Autonomie ereignete und nicht so sehr in Gegnerschaft zu dieser erfolgte.

In einem für die Frage der konkreten Datierung der jüdischen Moderne zentralen Aufsatz argumentiert Michael A. Meyer, dass die jüdische Moderne als übergreifendes Konzept aufgrund der großen regionalen Unterschiede und der heterogenen ideologischen Ansätze der Historiker unbestimmbar bleibe (Meyer 2001b). Stattdessen müsse es darum gehen, den Prozess der Modernisierung – an dessen Ende die Epoche der Moderne stehe – nachzuzeichnen. Dieser Prozess, nicht die Moderne selbst, beginne im 17. Jh.. Für Europa schlägt Meyer den späten und relativ kurzen Zeitraum von der Mitte des 19. Jh.s bis zur Oktoberrevolution als Epoche der Moderne vor. Für den Orient und Nordafrika gelte diese Einteilung aber nicht, da hier die Konfrontation mit der Moderne eigentlich erst mit der Auswanderung nach Israel in den 1950er-Jahren eingesetzt habe. Meyer plädiert daher dafür, einerseits den Fokus auf Prozesse zu richten, auf die Synchronie von Kontinuität und Wandel, andererseits zwischen partikularen Judentümern zu unterscheiden. Dies macht er insbesondere in der Auseinandersetzung mit der zionistischen Geschichtsschreibung stark, indem er die Existenz von zwei Modernen im Staat Israel und in der Diaspora kontrastiert. Insgesamt ist Meyers Auseinandersetzung mit der Periodisierung der Moderne v. a. als Plädoyer für eine Problematisierung und Kontextualisierung zu verstehen. Für ihn steht nicht so sehr im Vordergrund, *was* die Moderne ist und für welchen Zeitraum sie zu datieren ist, sondern die Frage, welchen ideologischen oder wissenschaftsstrategischen Subtext Periodisierungen per se mit sich führen. Mithin ist Meyers Essay v. a. als Periodisierungs*kritik* gelesen worden, wenngleich bereits deutlich geworden sein dürfte, dass dieser die grundsätzliche Notwendigkeit der Epochenunterteilung nicht zur Disposition stellte; in Frage steht vielmehr die Absolutheit der jeweiligen Grenzziehungen und die vermeintliche Starrheit dieser Epochengrenzen.

David B. Ruderman (geb. 1947) hat in seiner Relektüre von Meyers Essay die Notwendigkeit der Periodisierung noch einmal bekräftigt. Er bestreitet nicht, dass jeder Modernebegriff durch des Historikers eigene Epoche und ideologischen Bedürfnisse geprägt ist, sieht darin aber keinen hinreichenden Grund, auf Periodisierungen zu verzichten, die in epistemologischer Hinsicht unabdingbar seien. In Bezug auf sein eigenes Forschungsfeld, die Frühe Neuzeit, die er vom Ende des 15. bis zum späten 18. Jh. datiert, konstatiert Ruderman, dass diese Epoche »its own right with an integrity of its own« hat und »neither medieval nor modern« sei (Ruderman 2008, 32). Dieser substantialistische Ansatz, der trotz des Wissens um die Konstruiertheit von Historizität gegen die postmoderne Forderung nach einer vollständigen Preisgabe essentialistischen Denkens gerichtet ist, wird durch die Benennung eines Kataloges für die Frühe Neuzeit charakteristischer Aspekte eingelöst (detailliert in Ruderman 2010). Rudermans Plädoyer hat bislang jedoch nicht zu einer vergleichbaren katalogischen Definition der Moderne geführt. Dennoch scheint Meyers Relativierung Forscher nicht davon abzuhalten, mit Modernekonzepten zu arbeiten.

Themen und Leitprozesse

Die wichtigsten Leitprozesse, die der Moderne zugeschrieben werden, sind auch in den Jüdischen Studien Gegenstand vielfältiger Forschungsarbeit.

Sozialgeschichte

Insbesondere die Entstehung des industriellen Kapitalismus und die damit verbundene Ausbreitung der Marktwirtschaft werden nicht nur von Sozialhistorikern als grundlegende Entwicklungen identifiziert. Da gegen Ende des 18. Jh.s die absolute Mehrheit der Juden in den verschiedenen Formen des Handels – meist im Kleinst- und Hausierhandel, in der Pfandleihe, im Viehhandel und Trödel, aber auch im Finanzsektor und, deutlich seltener, im Groß- und Kolonialhandel – tätig war, bedeutete die Umstellung der feudalen Landwirtschaft zur Agrarindustrie für die meisten Juden zunächst einen geringeren Einschnitt als für andere Bevölkerungsgruppen. Mit der Perfektionierung des kommerziellen Systems und Distributionswesens wurde allerdings dem gerade für das Landjudentum typischen Kleinhandel sukzessive die Grundlage entzogen, sodass zu Beginn des 19. Jh.s – auch als Folge neuer ›Judengesetzgebungen‹ – ein jüdisches Proletariat aus Bettlern und Vaganten entstand, das oft illegal über Land zog, von der jüdischen Armenfürsorge abhängig war und teilweise mit einem Bein im kriminellen Milieu stand (Battenberg 1990, 4–10). Anders als die jüdische Unterschicht in Osteuropa, die erst am Ende des 19. Jh.s in großen Zahlen nach Nordamerika auswanderte und dort den Grundstock der jüdischen Arbeiterbewegung bildete, war den Kindern und Enkeln ihrer Leidensgenossen in Mittel- und Westeuropa zu diesem Zeitpunkt oftmals bereits der Aufstieg in die bürgerliche Mittelschicht gelungen (Prinz 1984). Neben dem Handel erlangte auch die Industrieproduktion, besonders im Textilbereich, eine gewisse Bedeutung. Die Massenherstellung von preiswerter Konfektionsware verdrängte zusehends das traditionelle Schneiderhandwerk und Juden waren sowohl als Textilfabrikanten als auch – besonders in Nordamerika – als Näher in den Manufakturen beschäftigt.

Der Industrialisierungsprozess verlief parallel zur Urbanisierung des 19. Jh.s ab. In dem Maße, wie sich die Städte zu kommerziellen Zentren entwickelten und die traditionelle ökonomische Struktur auf dem Land erodierte, zog es auch die europäischen Juden in die Städte. Angesichts der Tatsache, dass zu Beginn des Jahrhunderts allerdings noch die Mehrzahl der Juden in Dörfern und Kleinstädten lebte, ist es wichtig festzuhalten, dass das Landjudentum nicht plötzlich verschwand, sondern bis zum Holocaust ein fester Bestandteil des europäischen Judentums blieb. Dies zeigt sich etwa in Frankreich, wo zwar die Zahl der Juden in Paris von ca. 500 am Vorabend der Revolution auf knapp 9.000 im Jahr 1831 und 40.000 im Jahr 1891 anstieg (Benbassa 2000, 135), aber um 1900 immer noch ein Viertel der französischen Juden im ländlich geprägten Elsass und in Lothringen lebte. Dennoch ist eine klare Proportionalität zu beobachten: Hatten zu Beginn des 19. Jh.s noch 80 % der Juden Frankreichs auf dem Land bzw. in Kleinstädten gelebt und nur etwa 6 % in Paris, so waren es schon 1861 nur noch 57 % gegenüber 26 %. Ähnliche Prozesse sind in Wien zu beobachten, wo die Zahl der Juden von ca. 500 im Jahr 1787 auf 146.926 im Jahr 1900 anstieg (Rozenblit 1983, 17), in geringerem Ausmaß auch in Preußen (Lowenstein 1980).

Häufig wird die anonyme Großstadt mit Individualisierungstendenzen in Verbindung gebracht, was für die jüdische Geschichte besonders insofern gilt, als die Urbanisierung des 19. Jh.s mit der Auflösung der traditionellen Gemeindestrukturen zusammenfiel. Man war nun nicht mehr Zwangsmitglied der jüdischen Gemeinde, sondern schloss sich ihr freiwillig an – oder unterließ es. Inwieweit der Einzelne am Gemeindeleben partizipieren wollte, war ihm also grundsätzlich selbst anheimgestellt. Das breite Angebot an gesellschaftlicher Betätigung in den Städten, das zunehmend auch Juden offenstand, bot ihnen die Möglichkeit einer Geselligkeit jenseits der jüdischen Gemeinschaft. Für die Gemeinden bedeutete das andererseits, dass sie mit anderen Organisationen konkurrieren und mithin ihr Angebot den Bedürfnissen der Mitglieder entsprechend anpassen mussten. Durch diese neue Ausrichtung hielt in vielen Gemeinden – insbesondere im entstehenden Reformjudentum – eine Demokratisierung Einzug in das Gemeindeleben. Die Übernahme protestantischer Elemente in den Gottesdienst, um diesen ›würdevoller‹ zu gestalten und spirituell aufzuwerten, ist dafür nur ein Beispiel (Meyer 1988). Auch die Gemeindehierarchie veränderte sich stark; die sog. Laien übernahmen immer mehr das Zepter. In Nordamerika rückte im 20. Jh. sogar das einfache Gemeindeleben (Jugendarbeit, Kultur, Wohlfahrt) zusehends gegenüber dem im engeren Sinne religiösen Bereich in den Vordergrund (Goren 1999).

Religion

Ob dieser Prozess sinnvoll als Säkularisierung zu beschreiben ist, ist nach wie vor umstritten und hängt stark davon ab, wie diese definiert wird. Meyer sieht in ihr ein »displacement of the sacred rather than its abandonment« (Meyer 2001a, 37) und ist damit in der Lage, den veränderten Stellenwert des Religiösen als einem sozialen Teilbereich unter anderen zu beschreiben. Eine andere Auffassung geht davon aus, dass die Religion in der Moderne generell an Bedeutung verloren hat. Obwohl es gute Argumente dafür gibt, eher von einem Wandel des Religiösen zu sprechen, ist etwa die Zahl der Synagogenbesuche im Westen im letzten Jahrhundert rapide gesunken. Auch das Religionsgesetz wird von der Mehrheit der Juden nicht mehr oder nur selektiv beachtet. Ebenso ist die Selbstzuschreibung, ein *secular Jew* zu sein, weit verbreitet (Malkin 2004). Inwieweit diese Säkularisierung auch mit einer Rationalisierung verbunden ist, bleibt fraglich. Zwar wurde lange Zeit die Moderne einseitig auf die Aufklärungsphilosophie des 18. Jh.s zurückgeführt, aber spätestens mit der Einbeziehung der Romantik, die nicht einfach als ›Gegenmoderne‹ abzutun ist, ist klar geworden, dass die Betonung von Emotionalität und Spiritualität ebenso zur Moderne gehört wie die der Vernunft (Meyer 1967). Zugleich bezieht sich die *Haskala* (von hebr. *sechel*, Verstand) nicht nur auf nichtjüdisch-säkulare Quellen, sodass Feiner den Ursprung der jüdischen Säkularisierung auch in rabbinischen Diskussionen des 18. Jh.s identifizieren konnte (Feiner 2010).

Politik

Auch politisch lässt sich die jüdische Modernisierungsgeschichte auf vielfältige Weise schreiben: Die Abwendung von der traditionellen jüdischen Gemeinschaftskonzeption, die noch mit der Erwartung einer Rückkehr ins Heilige Land und der künftigen Wiedererrichtung des jüdischen Staates verbunden war, zugunsten einer konfessionalisierten Privatisierung jüdischer ›Religion‹ bedeutete zunächst den Verzicht auf jegliche Form kollektiver politischer Souveränität. Sie war verbunden mit dem Wunsch, gleichberechtigter Bürger der jeweiligen Heimatnation zu werden (Katz 1973). War dieser jüdische Diaspora-Patriotismus traditionell mit der Loyalität gegenüber dem jeweiligen Herrscher verbunden, so wurde diese mit dem Entstehen demokratischer Bewegungen zunehmend infrage gestellt. In Deutschland gab es noch bis ins 20. Jh. hinein – wie in der deutschen Gesellschaft insgesamt – eine starke monarchistische Tradition, nach dem Ende des Kaiserreiches eine Konzentration im liberalen und sozialdemokratischen Lager (Toury 1966). In Frankreich ging die Loyalität fast nahtlos von Ludwig XVI. auf Napoleon über und war seit der Revolution mit einem ausgeprägten Republikanismus verknüpft (Schechter 2003). An der Amerikanischen Revolution waren zahlreiche Juden aktiv beteiligt, darunter der wichtigste Finanzier des Unabhängigkeitskampfes, der Bankier Haym Salomon (1740–1785). Im US-Bürgerkrieg engagierten sich im Norden und im Süden Juden sowohl für als auch gegen die Sklaverei, meist entsprechend den Positionierungen der Umgebungsgesellschaft. Die lange Tradition des jüdischen Sozialismus, die ihren Ursprung in Ost- und Mitteleuropa hat, aber auch in der amerikanischen Arbeiterbewegung des frühen 20. Jh.s von großer Bedeutung war, ist sicherlich der historische Hintergrund für die mehrheitlich eher linke und linksliberale Orientierung amerikanischer Juden. Häufig wird die Forderung nach ›Gerechtigkeit‹ und ›Gleichheit‹ als authentisches jüdisches Motiv betrachtet. Sowohl in der Parteipolitik als auch in Nichtregierungsorganisationen und politischen Bewegungen sind Juden also bis zur Gegenwart aktiv gewesen.

Kollektive jüdische Politikentwürfe sind erst (wieder) seit dem späten 19. Jh. entstanden: Neben dem Autonomiekonzept in Osteuropa, das die Juden als ethnische Gemeinschaft verstand, welche innerhalb eines Vielvölkerreiches über kollektive Minderheitenrechte verfügen sollte, ist v. a. der Zionismus in seinen verschiedenen Spielarten zu nennen. Der Kulturzionismus Achad Haams (1856–1927) und Martin Bubers (1878–1965) legte den Stellenwert auf die Schaffung eines kulturellen jüdischen Zentrums in Palästina und sah dafür die Staatsgründung allenfalls als ein Mittel, der Allgemeine sowie der Revisionistische Zionismus machte dagegen die Etablierung eines jüdischen Staatswesens zum eigentlichen Zweck. Im religiösen Zionismus vermischten sich moderne politische Ideen mit dem traditionellen, messianisch geprägten Wunsch nach dem Wiederaufbau des antiken jüdischen Staates, wohingegen der sozialistische Zionismus im Aufbau Israels auch ein utopisches Projekt verstand. Insgesamt ist zu konstatieren, dass die Staatsgründung Israels eine Revolution im politischen Leben des Judentums darstellte.

Kultur, Kunst und Musik

Auch im weiten Bereich der Kultur wird der Modernebegriff in den Jüdischen Studien verwendet. Die Entwicklung des Jiddischen zur Literatursprache schloss die Adaption neuer literarischer Formen ebenso ein wie die Vereinheitlichung von Orthographie und Grammatik (Wolitz 2014). Insofern das Jiddische als Volks- und Alltagssprache traditionell gegenüber dem Hebräischen als Sakralsprache abgegrenzt war, muss die Entstehung des modernen Hebräisch als tiefer Einschnitt gelten. Der ›Vater der israelischen Literaturkritik‹, Baruch Kurzweil (1907–1972), sah den Bruch zwischen der religiösen Erfülltheit der Vormoderne und der ›säkularen Leere‹ der Moderne als entscheidenden Unterschied zwischen vormoderner und moderner hebräischer Literatur an. Er richtete sich damit gegen Dov Sadan (1902–1989), der – als Zionist – ein essentialistisches Verständnis des Hebräischen als ewige Quelle des jüdischen Volksgeistes gepflegt hatte. Generell aber war die neuhebräische Literatur ebenso wie die jiddische durch eine Vielzahl literarischer Formen gekennzeichnet. Ungleich stärker aber ist das Neuhebräische auf einen experimentellen Umgang mit Neologismen angewiesen gewesen, da eine Lücke zwischen dem beschränkt verfügbaren Wortschatz und der sozialen Realität, die nach künstlerischer Darstellung verlangte, bestand (Shaked 1996).

Im Bereich der bildenden Kunst stellt sich mehr noch als in der Literatur die Frage, was das Adjektiv ›jüdisch‹ in der ›modernen jüdischen Kunst‹ bedeuten kann. Zumeist wird daher das Jüdische im ›Inhalt‹ identifiziert, etwa die Shtetl-Thematik in den Bildern Marc Chagalls (1887–1985). Eine andere Möglichkeit ist die Definition ›jüdischer Kunst‹ als das Werk eines Künstlers jüdischer Herkunft. Diese Bestimmung ist letztlich außerästhetisch, auch wenn Kunsthistoriker immer wieder versucht haben, das Kunstwerk vor dem biographischen Hintergrund seines Schöpfers zu deuten. Eine wichtige Unterscheidung betrifft demgegenüber die Imagination einer Vormoderne, in der es aufgrund des religionsgesetzlichen Bilderverbotes noch keine jüdische Kunst gegeben habe, auf der einen Seite, die einer säkularen Moderne auf der anderen Seite, in der der Bruch mit der Religion Kunst erst ermöglicht habe. Diese strikte Trennung zwischen ›vormodern‹ und ›modern‹ ist allerdings wenig geeignet, Licht in das Dunkel der jüdischen Kunstgeschichte zu bringen. Schließlich gab es bereits im Mittelalter gegenständliche, auch figürliche Kunst, etwa in den teilweise prächtig gestalteten Pessach-Haggadot. Demzufolge gibt es durchaus eine jüdische Kunsttradition, die Eingang in die Kunst der Moderne finden konnte. Jüdische Künstler sind in sämtlichen Stilrichtungen moderner Kunst vertreten. Dabei haben sie einige dieser Richtungen mehr geprägt (z. B. Konstruktivismus) als andere (z. B. Impressionismus), bei wieder anderen waren jüdische Künstler sogar stilbildend (z. B. Abstrakter Expressionismus). Inwiefern die Wahl der Kunstform mit ihrem jüdischen Hintergrund zu tun hat, bleibt dahingestellt.

Vieles, was bereits für den Bereich der bildenden Kunst gesagt wurde, trifft auch auf die *Musik* zu: »Der Begriff ›jüdische Musik‹ ist ein verblüffend junger Begriff, ein Begriff der Moderne und von Beginn an eine Konstruktion, die religiöse und nationale, kulturelle und soziale, psychologische und nicht zuletzt musikalische Aspekte ins Spiel bringt« (Zimmermann 2004, 1 f.). Musik ist nichtbegrifflich, ihre Sprache unterscheidet sich grundlegend von der Logik des Gesprochenen. Freilich tritt im Gesang das Wort hinzu, weshalb auch in der Musik ›jüdische Musik‹ mit jüdischen Inhalten verknüpft werden kann. Dies gilt insbesondere für hebräische oder jiddische Gesangstexte, kann sich aber auch auf Themen, etwa biblische, beziehen. Wie heikel diese Definition ist, zeigt sich beispielsweise an Felix Mendelssohn-Bartholdy (1809–1847), dem getauften Enkel Moses Mendelssohns. Zahlreiche seiner Stücke behandeln Stoff aus dem sog. Alten Testament und er wurde von antisemitischer Seite vehement als jüdischer Komponist angegriffen. Dennoch definierte sich Mendelssohn-Bartholdy selbst als Christ; die von ihm behandelten Themen schließen explizit das Neue Testament ein und seine Musik steht in der Tradition Händels und Bachs anstatt der des synagogalen Gesanges. Anders verhält es sich mit Arnold Schönberg (1874–1951), dessen Oper *Moses und Aron* und Melodram *A Survivor of Warsaw* explizit in einem jüdischen Kontext stehen.

Die Geschichte jüdischer Musik wurde im 19. Jh. zum Gegenstand kontroverser Auseinandersetzungen über die Frage, ob die Einführung von Orgeln und Chören in den Gottesdienst gestattet sei. In der Bibel werden zahlreiche antike Musikinstrumente erwähnt, die sowohl im Alltagsleben als auch in der Tempelliturgie Verwendung gefunden zu haben scheinen. Mit der Zerstörung des zweiten Tempels (70 n.Chr.) verschwand gemäß rabbinischer Überlieferung aus Trauer über den Verlust die Musik aus dem Gottesdienst. Faktisch war der Untergang des Tempels der Beginn einer äußerst vielschichtigen Entwicklung synagogalen Gesanges, der unterschiedliche Traditionen ausgebildet hat. Die Kombination von Gesang und Instrumentalmusik lebte erstmals im Italien der Renaissance auf; am bekanntesten ist der Geiger und Komponist Salomone Rossi (1570–1630). Im 19. Jh. wurde die ältere Synagogalmusik wiederentdeckt und sollte für die ›spirituelle Hebung‹ des Gottesdienstes Verwendung finden. Wenn die ›Musik der Moderne‹ allerdings durch den Bruch mit ihrer einstigen sakralen Bestimmung gekennzeichnet ist, dann ist neben der »Wiener Schule« und der Einführung der Atonalität auch die Geschichte des Klezmer bemerkenswert. In (Süd-) Osteuropa aus dem Fundus der Volksmusik entstanden, musizierten die Klezmorim v. a. bei Feierlichkeiten der jüdischen Gemeinde, etwa Hochzeiten. Mit der Massenauswanderung rumänischer, russischer und polnischer Juden in die USA in den 1880er-Jahren wurde der Klezmer vom Land in die Stadt getragen, insbesondere nach New York und Philadelphia. Hier vermischte er sich mit populären neuen Stilrichtungen wie dem Swing. Zudem hielt er Einzug in das moderne jiddische Theater. Insofern ist der Klezmer sowohl in die amerikanische Mainstream-Kultur eingegangen wie diese umgekehrt den Klezmer verändert hat.

Literatur

Battenberg, Friedrich: *Das Europäische Zeitalter der Juden.* Bd. 2: *von 1650 bis 1945.* Darmstadt 1990.

Benbassa, Esther: *Geschichte der Juden in Frankreich.* Berlin/Wien 2000.

Ben-Sasson, Haim Hillel: History: Modern Times – to 1880. In: Berenbaum, Michael/Skolnik, Fred (Hrsg.): *Encyclopaedia Judaica,* Bd. 9. Detroit ²2007, 228–241.

Bilaniuk, Laada: The Contested Logics of Jewish Identity. In: Glenn, Susan A./Sokoloff, Naomi B. (Hrsg.): *Boundaries of Jewish Identity.* Seattle 2010, 203–215.

Bourel, Dominique: *Moses Mendelssohn. La naissance du Judaïsme modern.* Paris 2004.

Brenner, Michael: *Propheten des Vergangenen. Jüdische Geschichtsschreibung im 19. und 20. Jahrhundert.* München 2006.

Cohen, Michael R.: *The Birth of Conservative Judaism. Solomon Schechter's Disciples and the Creation of an American Religious Movement.* New York 2012.

Diner, Dan: Geschichte der Juden – Paradigma einer europäischen Geschichtsschreibung. In: Ders.: *Gedächtniszeiten. Über jüdische und andere Geschichten.* München 2003, 246–262.

Ellenson, David: *After Emancipation. Jewish Religious Responses to Modernity.* Detroit 2004.

Endelman, Todd M.: *The Jews of Britain, 1656 to 2000.* Berkeley u. a. 2000.

Feiner, Shmuel: *Haskalah and History. The Emergence of a Modern Jewish Historical Consciousness.* Oxford 2002.

Feiner, Shmuel: *The Origins of Jewish Secularization in Eighteenth-Century Europe.* Philadelphia 2010.

Feldman, David: Was Modernity Good for the Jews? In: Cheyette, Bryan/Marcus, Laura (Hrsg.): *Modernity, Culture, and »the Jew«.* Stanford 1998, 171–187.

Fishman, David E.: *The Rise of Modern Jewish Culture.* Pittsburgh 2005.

Gitelman, Zvi (Hrsg.): *The Emergence of Modern Jewish Politics. Bundism and Zionism in Eastern Europe.* Pittsburgh 2003.

Goldberg, Harvey E.: Epilogue. Toward an Integrative Approach in Jewish Studies. A View from Anthropology. In: Boustan, Ra'anan S. et al. (Hrsg.): *Jewish Studies at the Crossroads of Anthropology and History. Authority, Diaspora, Tradition.* Philadelphia 2011, 318–334.

Goren, Arthur A.: *The Politics and Public Culture of American Jews.* Bloomington 1999.

Heschel, Susannah: The Impact of Feminist Theory on Jewish Studies. In: Gotzmann, Andreas/Wiese, Christian (Hrsg.): *Modern Judaism and Historical Consiousness. Identities, Encounters, Perspectives.* Leiden 2007.

Hess, Jonathan M.: *Germans, Jews, and the Claims of Modernity.* Yale 2002.

Hezser, Catherine: Rabbinic Literature and Postmodern Literary Theory. In: Goodman, Martin et al. (Hrsg.): *The Oxford Handbook of Jewish Studies.* Oxford/New York 2002, 133–140.

Hyman, Paula E.: *Gender and Assimilation in Modern Jewish History. The Roles and Representations of Women.* Seattle 1995.

Israel, Jonathan: *European Jewry in the Age of Mercantilism, 1550–1750.* Oxford ²1989.

Kaplan, Marion/Moore, Deborah Dash (Hrsg.): *Gender and Jewish History*. Bloomington 2011.

Kaplan, Yosef: *An Alternative Path to Modernity. The Sephardi Diaspora in Western Europe*. Leiden u. a. 2000.

Katz, Jacob: *Out of the Ghetto. The Social Background of Jewish Emancipation, 1770 – 1870*. Cambridge 1973.

Katz, Jacob: *Tradition und Krise. Der Weg der jüdischen Gesellschaft in die Moderne*. München 2002.

Keuck, Thekla: *Hofjuden und Kulturbürger. Die Geschichte der Familie Itzig in Berlin*. Göttingen 2011.

Lässig, Simone: *Jüdische Wege ins Bürgertum. Kulturelles Kapital und sozialer Aufstieg im 19. Jahrhundert*. Göttingen 2004.

Lederhendler, Eli: *Jewish Responses to Modernity. New Voices in America and Eastern Europe*. New York/London 1994.

Lenhard, Philipp: *Volk oder Religion? Die Entstehung moderner jüdischer Ethnizität in Frankreich und Deutschland 1782 – 1848*. Göttingen 2014.

Libowitz, Richard: *Mordecai M. Kaplan and the Development of Reconstructionism*. New York 1983.

Lowenstein, Steven M.: The Rural Community and the Urbanization of German Jewry. In: Central European History 13/3, 1980, 218 – 235.

Malkin, Yaakov: *Secular Judaism: Faith, Values, and Spirituality*. London 2004.

Meyer, Michael A.: *The Origins of the Modern Jew. Jewish Identity and European Culture in Germany, 1749 – 1824*. Detroit 1967.

Meyer, Michael A.: *Response to Modernity. A History of the Reform Movement in Judaism*. Oxford 1988.

Meyer, Michael A.: Reflections on Jewish Modernization. In: Ders.: *Judaism within Modernity. Essays on Jewish History and Religion*. Detroit 2001 a, 32 – 43.

Meyer, Michael A.: Where Does the Modern Period of Jewish History Begin? In: Ders.: *Judaism within Modernity. Essays on Jewish History and Religion*. Detroit 2001 b, 21 – 31.

Niedhammer, Martina: *Nur eine »Geld-Emancipation«? Loyalitäten und Lebenswelten des Prager jüdischen Großbürgertums 1800 – 1867*. Göttingen 2013.

Prell, Riv-Ellen (Hrsg.): *Women Remaking American Judaism*. Detroit 2007.

Prinz, Arthur: *Juden im Deutschen Wirtschaftsleben, 1850 – 1914*. Tübingen 1984.

Rozenblit, Marsha L.: *The Jews of Vienna, 1867 – 1914. Assimilation and Identity*. Albany 1983.

Ruderman, David B.: Michael A. Meyer's Periodization of Modern Jewish History: Revisiting a Seminal Essay. In: Strauss, Laura B./Brenner, Michael (Hrsg.): *Mediating Modernity. Challenges and Trends in the Jewish Encounter with the Modern World. Essays in Honor of Michael A. Meyer*. Detroit 2008, 27 – 42.

Ruderman, David B.: *Early Modern Jewry. A New Cultural History*. Princeton 2010.

Salvador, Joseph: *Loi de Moïse: ou, Système religieux et politique des Hébreux*. Paris 1822.

Schechter, Ronald: *Obstinate Hebrews. Representations of Jews in France, 1715 – 1815*. Berkeley u. a. 2003.

Schweid, Eliezer: *The Idea of Modern Jewish Culture*. Brighton 2008.

Shaked, Gershon: *Geschichte der modernen hebräischen Literatur. Prosa von 1880 bis 1980*. Frankfurt am Main 1996.

Sorkin, David: The Port Jew. Notes Toward a Social Type. In: Journal of Jewish Studies 50/1, 1999, 87 – 97.

Sorkin, David: The Early Haskalah. In: Ders./Shmuel Feiner (Hrsg.): *New Perspectives on the Haskalah*. London 2001, 9 – 26.

Stillman, Norman A.: *Sephardi Religious Responses to Modernity*. Luxemburg 1995.

Toury, Jacob: *Die politischen Orientierungen der Juden in Deutschland. Von Jena bis Weimar*. Tübingen 1966.

Van Rahden, Till: *Juden und andere Breslauer. Die Beziehungen zwischen Juden, Protestanten und Katholiken in einer deutschen Großstadt von 1860 bis 1925*. Göttingen 2000.

Volkov, Shulamit: *Antisemitismus als kultureller Code*. München ^{2}2000.

Volkov, Shulamit: Die Erfindung einer Tradition. Zur Entstehung des modernen Judentums in Deutschland. In: Dies.: *Das jüdische Projekt der Moderne. Zehn Essays*. München 2001, 118 – 137.

Wexler, Paul: *The Schizoid Nature of Modern Hebrew. A Slavic Language in Search of a Semitic Past*. Wiesbaden 1990.

Whitfield, Stephen J.: *In Search of American Jewish Culture*. Hanover/London 1999.

Wolf, Immanuel: Über den Begriff einer Wissenschaft des Judenthums. In: Zs. für die Wissenschaft des Judenthums 1, 1822, 1 – 15.

Wolitz, Seth L.: *Yiddish Modernism. Studies in Twentieth-Century Eastern European Culture*. Bloomington 2014.

Yerushalmi, Yosef Hayim: *Zakhor: Jewish History and Jewish Memory*. Seattle 1982.

Zimmermann, Heidy: Was heißt »jüdische Musik«? Grundzüge eines Diskurses im 20. Jahrhundert. In: Dies./John, Eckhard (Hrsg.): *Jüdische Musik? Fremdbilder – Eigenbilder*. Köln 2004, 11 – 32.

Philipp Lenhard

Kunstwissenschaft

Definitionen und Anwendungsbereiche

Rückblickend auf die Genese des kunstwissenschaftlichen Begriffes der ›Moderne‹ kann man heute seine enorme Erfolgsgeschichte konstatieren, die lange ungetrübt von Kritik und Einwänden blieb. Zeitgenossenschaft, Lebendigkeit und Widerspenstigkeit gegen Konventionen und Traditionsbildung galten als Auszeichnung ›moderner‹ künstlerischer Positionen, die gerade in ihrer polemischen Absetzung von einem Vorangegangenen überdies eine neue Epoche mit eigener Programmatik einzuläuten suchten (Klinger 2010, 122). Charles Baudelaires (1821–1867) kunstkritische Ausführungen im *Salon de 1859* und seinem Essay *Le peintre de la vie moderne* von 1863 fassen jenes dichotome Konzept der ›Moderne‹ (*modernité*) treffend zusammen (Baudelaire 1863, 683–724). Für Baudelaire erscheint die Moderne verdichtet als künstlerischer Ausdruck einer notwendig flüchtigen Wahrnehmung von sozialer und kultureller Gegenwart in der historischen Phase westlicher Industrialisierung und Urbanisierung, die dennoch einem *beau éternel* verpflichtet bleibt und das poetische Vermögen der Einbildungskraft – z. T. mit Vorbehalt gegenüber den medialen Möglichkeiten technischen Fortschrittes – feiert.

Die Emphase, mit der Baudelaire gleichermaßen die Außenseiterrolle des modernen dandyhaften Flaneurs und die Befreiung der künstlerischen Mittel von Auftrag und Regelzusammenhang feiert, verweist auf zahlreiche der kommenden Manifestationen künstlerischer Moderne, die sich im späteren 19. und im 20. Jh. in Projekten stetiger Erneuerung rasch abwechseln sollten. Dabei wich jene vordergründige Feindseligkeit gegenüber den Prozessen gesellschaftlicher und technischer/industrieller Modernisierung in der Folge auch immer wieder der Erkenntnis, dass die Kunst geradezu Vorreiterin utopischer Erneuerung sein könnte oder an der Spitze politischer Aufklärung wirken müsste. Die hierbei in Kauf genommene Vereinnahmung durch das Politische kollidierte ebenso regelmäßig mit jenen durch Baudelaire vorgebrachten Freiheitsvorgaben.

Als prominente Figur machte Baudelaire zugleich die bürgerliche Kunstkritik und Kunsttheorie, die nachfolgend die künstlerischen Äußerungen begleitete, zur entscheidenden Voraussetzung für das Verständnis einer ästhetisch und kunsttheoretisch geprägten Moderne. Was Baudelaire noch mit der Frage nach Einbildungskraft und Kreativität beanspruchte, die Freiheit und Integrität des künstlerischen Individuums, wurde bald zur weltanschaulichen Kompensationsfigur einer säkularen Gesellschaft, die in der Kunst auch metaphysische Deutungsangebote suchte. Hier lieferte die Kunstliteratur begleitend zur inflationär ansteigenden Ausstellungskultur und Musealisierung die entscheidenden Verbreitungsformen. Die ›klassische Moderne‹, die sich ab Beginn der 1870er-Jahre in Europa mit einer Abfolge unterschiedlicher ›Stile‹ etablierte, fand ihren Weg zum städtischen Publikum über dogmatisch anmutende Manifestationen einer neuen, autonomen Bildsprache, welche vermehrt um 1900 die Befreiung von mimetischen Vorgaben, die Verabsolutierung materieller Stofflichkeit und Formgebung und damit letztlich auch die direkte gesellschaftliche Einflussnahme in den Gattungen Malerei, Skulptur, Architektur, Design, Photographie sowie Film vorführte.

Das skizzierte Bedeutungsspektrum der künstlerischen Moderne hat unterschiedliche Bewertungen und Kritik erfahren, die sich in erster Linie als Konsequenz ihrer polemisch-universalen Programmatik des Neuen verstehen lässt. Keineswegs blieb die Moderne unberührt von den ideologischen Theoremen des 19. und 20. Jh.s, was bereits andeutungsweise im Begriff der ›Avantgarde‹ zu fassen ist. Die kritische Auseinandersetzung findet eben hier ihren Ausgangspunkt, u. a. in Absetzung von anderen Begriffen wie ›Dekadenz‹, ›Kitsch‹ und ›Postmoderne‹, und macht überdies weitere Brüche und Schwächen in jenem Konzept aus, die sich v. a. aus dem Projekt einer ausschließlich auf den Westen fixierten raumzeitlichen Verortung von Gegenwart und Zukunft ergeben (Calinescu 1987), die erst in der jüngeren kunstgeschichtlichen Forschung grundsätzlich verhandelt worden ist.

Forschungsgeschichte, Semantik und Gegenkonzepte

Die Disziplin Kunstwissenschaft, in der die künstlerische ›Moderne‹ im Gegensatz zur stärker positivistisch orientierten Kunstgeschichte seit dem 20. Jh. auch unter Prämissen von Ästhetik und Psychologie erfasst wurde, kann auf eine längere Tradition der Begriffsverwendung von ›modern‹ zurückgreifen, deren äußerst heterogene Kontexte bereits erste Hinweise auf die späteren Forschungsdebatten geben können. Getreu der frühesten Begriffsverwendung von *modernus* bei Papst Gelasius in seinen *Epistolae Pontificum* zum Ende des 5. Jh.s galt als ›modern‹ jenes Gegenwärtige, was das Vergangene (*antiquus*) ablöste. Die Kontrastbildung von *modernus/antiquus* wurde jedoch zunehmend gleichermaßen aus der Warte christlich geprägter Gegenwart gesehen, die sich als Ablösung einer pagan geprägten Antike verstand. Damit wurde aus der beiläufigen Zeitbenennung eine auszeichnende Relationsbildung von ›modern‹ und ›alt‹, die über die Jahrhunderte an Polemik zunahm. Stets erneut flammte dabei der Streit um die Rolle der Modellhaftigkeit und Vorbildhaftigkeit der Antike auf, deren Nachahmung im Sinne von *imitatio* bzw. *aemulatio* in der frühen akademischen Kunsttheorie gefordert wurde (Klinger 2010).

In der Folge verbreitete sich jener Spalt zwischen Gegenwart und Antike vollends, und mit der durch den Architekten und Kunstkritiker Charles Perrault (1628–1703) im Jahr 1687 initiierten *Querelle des Anciens et des Modernes* fand die Auseinandersetzung schließlich prominenten Eingang in die ästhetische Doktrin der Akademie. Perraults Plädoyer für die Gleichrangigkeit der zeitgenössischen Künste gegenüber der Antike berief sich in erster Linie auf den Regelkanon der französischen akademischen Lehre, deren Fortschrittlichkeit er – mit polemischer Attacke gegen die Gruppierung antikenorientierter Künstler – herausstrich. Die nachfolgende Debatte ist von besonderer Bedeutung für das spätere ästhetische Konzept der Moderne gewesen. Fortschrittlichkeit, bis dahin allein auf dem Terrain der Wissenschaften ein vorherrschendes Denkmodell, wurde nun zur – wenn auch umstrittenen – Leitlinie der Künste.

Mit dem Disput um den Vorrang der Farbe (*coloris*) gegenüber der Zeichnung (*dessin*) nahm hier überdies die französische Kunsttheorie eine eigenständige Positionierung vor: Die auf dem sinnlichen Eindruck der Farbe fußende *composition pittoresque* eines Peter Paul Rubens (1577–1640) hob der Kunsttheoretiker Roger de Piles gegen die antikenorientierte Bildordnung der Zeichnung eines Nicolas Poussin (1594–1665) als vorbildlich und zugleich zeitgemäß hervor (Imdahl 1964). Fassbar wird hier überdies, dass die Autoren beider Seiten zu einem Bewusstsein relativierbarer historischer Größe gelangten – eine entscheidende Einsicht in epochal und nicht mehr normativ geprägte Deutungen künstlerischer Phänomene (Jauß 1964).

Was sich bereits in der frühen französischen Kunstkritik angedeutet hatte, die Herausbildung neuer ästhetischer Kategorien und Formen der Geschmacksbildung, die Wertschätzung sinnlicher Wahrnehmung und ihres Anteils an Erkenntnis und Erfahrung, geriet mit Aufklärung und Revolution gegen Ende des 18. Jh.s zu einem Höhepunkt, sodass hier auch von einer Epochenschwelle für die künstlerische Moderne gesprochen werden kann. Die bürgerliche Ausstellungskultur der Salons brachte den Ausstellungskünstler (Bätschmann 1997) hervor, aber auch die Salonkritik und damit die moderne Auseinandersetzung mit den Grundlagen autonomer Ästhetik, die schließlich über Immanuel Kant mit Friedrich Schiller ihre kunsttheoretisch-normative Auslegung erfuhr, aber gleichermaßen durch Victor Cousin (1792–1867) und Théophile Gautier (1811–1872) in Frankreich im Begriff des *L'art pour l'art* Verbreitung und elitäre Umwidmung fand und letzte Absicherung in den modernen Museumsgründungen des 19. und frühen 20. Jh.s erhielt.

Zum vielschichtigen Schlüsselbegriff in der Verortung künstlerischer Moderne avancierte zeitgleich die ›Avantgarde‹, die in der Verpflichtung des modernen Künstlers auf seine gesellschaftliche Rolle als Revolutionär gleichermaßen die gesellschaftliche, ästhetische und politische Fortschrittlichkeit und Zukunftsorientierung der Kunst bedeutete. Aufbegehren gegen die tradierten Institutionen der Kunst wie staatliche Ausstellungspraxis und Musealisierung fand hier in der Verpflichtung der Künstler auf die Zusammenführung von »Kunst und Leben« ihren Ausdruck (Bürger 1994).

In jenem dichotom ausgeprägten Selbstverständnis der Moderne zwischen Autonomie und Avantgarde, das Baudelaire noch so kunstvoll auflöste, lassen sich eine Reihe exemplarischer künstlerischer Beiträge im 19. und 20. Jh. benennen, deren divergente Bildsprache sowohl mit Mitteln selbstreferenzieller Formbildung als auch mit deutlichen Bezugnahmen auf gesellschaftliche Modernisierungsprozesse operierte. Neben Édouard Manets (1832–1883) den illusionistischen Bildraum betont negierender Inszenierung einer Prostituierten in der Tradition akademischer Aktdarstellung (*Olympia*, 1863) lieferten die Impressionisten im Kontext urbaner und landschaftlicher Bildmotive und im Medium der Farbe verstofflichte Äquivalente sinnlicher Wahrnehmung, die nachfolgende Künstler zu weitergehenden Auflösungen mimetischer Darstellung, zur Thematisierung visueller Erfahrung und zur Neukonstruktionen des dinglichen Bildhaften führten (Paul Cézanne, 1839–1906; Kubismus).

Gleichermaßen erweiterte der Symbolismus die Bildsprache um Elemente des Dekorativen, die der zeitgleichen europäischen Kunstgewerbe-Bewegung geschuldet waren und dennoch die autonome Verpflichtung der Bildsprache auf reine Farbe und flächenhafte Form propagierten, in die auch bereits Erkenntnisse der Psychologie zum Unbewussten einflossen wie etwa bei Maurice Denis (1870–1943) und Albert Aurier (1865–1892; Zimmermann 1991). Blieben im zeitgenössischen Selbstverständnis der künstlerischen Moderne die akademisch ausgebildeten Künstler der offiziellen Salons bis in die ersten Jahrzehnte des 20. Jh.s Gegenpart und Gegner jener autonomen Bildsprache, so lassen sich doch deren monumentale Historien- und Aktbilder heute als wichtige Belege für die enge Verknüpfung der Kunst mit den Erkenntnisformen moderner Geschichts- und Naturwissenschaft und Psychologie begreifen (Genge 2000; Bann 1984; Jordanowa 1989).

Weitaus stärker setzten schließlich die künstlerischen Avantgardebewegungen zwischen 1905 und 1920 in ihrem Ringen mit der (Un-)Möglichkeit autonomer Moderne auf die antibürgerliche Proklamation, auf die Einbindung ›primitiver‹ Exotismen (Die Brücke, Les Fauves), Prozesse theosophischer Sinnstiftung (Wassily Kandinsky, 1866–1944) oder deutlicher Verweigerung und Destruktion (Dada) bzw. die Verpflichtung auf utopische politische (Kazimir Malevich, 1879–1935; Piet Mondrian, 1872–1974) bzw. transgressive (Surrealismus) Konzepte gesellschaftlicher Erneuerung, die bald auch die Gattungen der Architektur und des Designs (Bauhaus, *International Style*), Photographie und Film umfassten. In jener für die klassische Moderne kurz benannten Abfolge lieferten die Manifeste und Theorien zwar ein geschlossenes Bild stetiger Entwicklung, Überbietung und Erneuerung, das lange Zeit auch in einer stilorientierten Kunstgeschichtsschreibung affirmiert wurde (Harrison/Zeidler 1998). Doch lassen sich entscheidende Krisen bereits zu Beginn der 1920er- und 1930er-Jahre ausmachen, als die Moderne auf dem Höhepunkt ihrer Konsolidierung stand, die sich nachgerade durch ihre deutliche Einbindung in nationale, kulturreformerische bzw. koloniale Konzepte der Ideologisierung auszeichnet.

So ist charakteristisch, dass die im 19. Jh. in Europa entstehende Kunstgeschichte und Kunstwissenschaft um 1900 vereinzelt Phänomene der künstlerischen Moderne mit Mitteln der Stil- bzw. Völkerpsychologie und Kulturanthropologie untersuchte (August Schmarsow, 1853–1936; Wilhelm Worringer, 1881–1965; Maurice Denis, 1870–1943), die bald unter den Begriffen von ›Abstraktion‹ und ›Einfühlung‹ bzw. *art primitif* und *art classique* subsumiert und gleichermaßen historisiert wurden (Bushart 1990; Marlais 1992; Genge 2009). Die daraus erwachsende nationale bzw. kunstgeographische (Wilhelm Pinder, 1878–1947; Élie Faure, 1873–1937; Henri Focillon, 1881–1943) und z. T. rassenpsychologische (Josef Strzygowski, 1862–1941) Kunstgeschichtsschreibung (Halbertsma 1992) begleitete durchaus autoritär die Rückbindung der künstlerischen Moderne in Europa an volkskulturelle Traditionen v. a. seit den 1920er-Jahren und vermittelte – gestützt durch kulturreformerische Bewegungen – das visuelle Vokabular der Kunst für eine sich nun anbahnende staatliche Ideologisierung des Ästhetischen, die nachfolgend insbesondere den Expressionismus und Kubismus erfasste (Bushart 1990; Antliff 2001). Die von Walter Benjamin (1892–1940) ausgelöste Debatte um die auratische Ambivalenz des Ästhetischen im Kontext massenmedialer Propaganda in den Medien Photographie und Film, die Auseinandersetzung um die politische Instrumentalisierung des Expressionismus im deutschen Nationalsozialismus (Germer 1990) und die surrealistische Anprangerung des französischen Kolonialismus und seiner Vereinnahmung der *art nègre* sind dafür vereinzelte Belege.

Die Annäherung künstlerischer Moderne an den Faschismus ist im italienischen ›zweiten Futurismus‹ bis 1945 dokumentiert; im ideologisch verwandten Deutschland war die Lage deutlich anders, insofern die NS-Kunstpolitik ab 1936, wenn auch vergleichsweise spät, die politische Verfolgung der Moderne und ihrer KünstlerInnen betrieb. So konnte die klassische Moderne nach 1945 weiterhin als ›abstrakte Kunst‹ an ihr einstiges Renommee anknüpfen, ja dessen Vorgaben nochmals potenzieren, mit emphatischen Ausstellungen wie der ersten documenta in Kassel von 1955. Dass im Selbstverständnis der künstlerischen Moderne die NS-Zeit ausgeblendet blieb und ausschließlich als Bruch und Verfemung durch eine nationalsozialistische Anti-Moderne verstanden wurde, war Teil einer Entpolitisierung und Mythenbildung, die sich u. a. auch in den sog. *Darmstädter Gesprächen* seit 1950 fortsetzte.

Entscheidend für die Nachkriegszeit wurde die Ablösung des Kunstzentrums Paris durch New York und in der Folge die Übernahme des Avantgarde-Begriffes in die US-amerikanische Moderne-Debatte, die nach neuen Konzepten einer nach wie vor klassischen Verortung nun jenseits der europäischen Moderne suchte. Hier inaugurierte Clement Greenberg (1909–1994) bereits 1939 im Vorgriff auf den Abstrakten Expressionismus und in Abgrenzung zur Massenkultur des ›Kitsch‹ eine eigene Begrifflichkeit des *modernism* (Greenberg 1939). Während *modern* bzw. *modernism* in der US-amerikanischen Kunstgeschichte den inhärenten Bezug der Kunst auf eine gesellschaftliche Moderne unterstreicht, versteht Greenberg im engeren Sinne unter *modernism* und dem dazugehörigen Adjektiv *modernist* eine *modern tradition in high art*, die sich durch mediale Selbstreflexion, Originalität und Autonomie geradezu als Gegenteil von *modern* begreift (Clark 1999; Harrison 2003).

Erst seit den 1960er-Jahren geriet die klassische Moderne in den Fokus der Kritik, ihr universalisierender Zugriff, die elitäre Abgrenzung von Alltagskultur und Massenmedien, aber auch die tatsächliche Mythisierung des autonomen männlichen weißen Künstlers wurden ausgehend von den USA problematisiert (s. auch den Beitrag »Ästhetische Theorie und American Studies« in diesem Band). Es war die neue rezeptionsästhetische Ausrichtung installativer Medien in der Konzeptkunst, aber auch der Erfolg von Aktionskunst und Performance, die Dogmen und Verfestigungen der Moderne abzulösen suchten. Dass hier z. T. plurale Vorgaben der Moderne erneut aufgegriffen wurden, ändert nichts daran, dass erst jetzt eine v. a. auf dem Feld der Architektur erstmals mit dem Begriff der »Postmoderne« (Habermas 1981; Welsch 1991) operierende Kunsttheorie die Dogmatik und Ideologie der Moderne zum Angriffspunkt wählte, während sich die kunstwissenschaftliche Auseinandersetzung der *New Art History* gleichermaßen vom Feld der Kunstkritik und Gesellschaftskritik, insbesondere ausgehend von den *cultural studies*, den *postcolonial studies* und den VertreterInnen der Gendertheorie, in die Kunstwissenschaft verlagerte (Bryson 1988; Harris 2001; Schmidt-Linsenhoff 2002).

Regionen, Räume und Entwicklungspfade

Die kunstgeschichtliche Eingrenzung der Moderne auf den Westen und die enge Bindung an nationalstaatliche bzw. kunstgeographische Idiome gehören zu den derzeit zentral benannten Kritikpunkten einer vermehrt in räumlichen Dimensionen operierenden, »globalen« Kunstwissenschaft (Appadurai 1996; Castro et al. 2009). Vorrangig verlief hier die Auseinandersetzung mit einem geschlossenen sowie auf Europa und die USA eingeschränkten Modernebegriff zunächst im Rahmen künstlerischer und kuratorischer Positionierungen seit den 1980er-Jahren. Das großangelegte Ausstellungsprojekt *Primitivism and Modern Art* im Museum of Modern Art in New York von 1984, das die Anbindung westlicher Moderne an das scheinbar zeitlose Formenvokabular nicht-westlicher ethnologisch beschriebener afrikanischer, mexikanischer und ozeanischer »Stammeskulturen« suchte, zog eine Reihe grundlegender kritischer Diskussionen nach sich (Price 1989). In erster Linie ging es um die Inklusion zeitgenössischer KünstlerInnen (Yinka Shonibare, geb. 1962; Romouald Hazoumé, geb. 1962; Bodys Isek Kingelez, geb. 1948; Fred Wilson, geb. 1954; Kara Walker, geb. 1969) in das westliche Kunstsystem, die auf (post)-koloniale Differenzbildung in den westlichen Bildmedien Malerei, Skulptur und Architektur mit interpikturalen Verweisen und installativen Konzepten reagierten. Bald aber ging es auch um die kulturelle Dekolonisierung der kolonial geprägten Kunstgeschichte der Moderne selbst und ihre postkoloniale Öffnung im Zuge allgemeiner Globalisierungsprozesse, die eben nicht durch die politische Unabhängigkeit der Kolonien bereits erfolgt war.

Mit der von Okwui Enwezor (geb. 1963) kuratierten *documenta 11* im Jahr 2002 etablierte sich erstmals eine postkolonial geprägte Theoriedebatte zur Frage ethnischer und kultureller Differenz, zu Orientalismus, Rassismus und Alterität und den vermittelnden Modellen »dritter Räume« mit wandelnden migrantischen Identitätsbildungen, die jedoch zunächst in der universitären Kunstgeschichte nur marginales Echo fand (Bronfen 1997; Schmidt-Linsenhoff 2011). Diese hatte das Feld der ästhetischen Bewertung künstlerischer Positionen in den Geographien einer kolonialen Moderne der älteren Ethnologie überlassen, die v. a. für die Anerkennung paralleler kultureller Moderneentwicklungen eintrat, überdies daher vorrangig Populär- und Alltagskultur im Sinne älterer avantgardistischer Positionen untersuchte. Der Gedanke einer verflochtenen Moderne, eine theoretische Vorgabe der »Globalgeschichte« (Conrad et al. 2007), ist dennoch schon früh in transnationalen Theoriekonzepten nachweisbar, die vorzugsweise den transatlantischen Raum zwischen Afrika, Europa und den Amerikas fokussierten (Gilroy 1993). Es waren schließlich zunächst afrikanisch amerikanische Kunstwissenschaftler, die die kolonialen Kunstsysteme der Moderne und ihre Verflechtungen mit den imperialen Kunstgeschichten untersuchten (Mercer 2007; Ogbechie 2008). Man kann sagen, dass jene Rück-Blicke auf eine ›andere‹ verflochtene Moderne zu den entscheidenden Auslösern einer kritischen Überarbeitung der ideologischen Voraussetzungen der Moderne zählen.

Zeithorizont und Epochenkonzept

Aus dem Vorangegangenen ergibt sich die besondere Sensibilität aktueller Forschung für die zeitlichen Bezugssysteme der Moderne, die zum wesentlichen Ausschlussmerkmal, zum Katalysator künstlerischer Differenz geworden waren. Die Epochenbestimmung der Moderne, »die das Bewusstsein und den Begriff von Epoche entdeckt hat« (Klinger 2010, 146), vorzugsweise bis heute sichtbar an den in der Kunstgeschichte vorherrschenden Stilbegriffen, brachte zwar das Denken eines Bruches mit der Vergangenheit und die Vorstellung von Gegenwartsbezogenheit und stetiger Verzeitlichung hervor. Damit einher ging jedoch die Verabsolutierung ihrer universalen Geltung.

Die in der englischen Diskussion etablierte Begrifflichkeit von *modern* und *modernist* trifft hier eine subtile Unterscheidung zwischen zwei Zeithorizonten, einer unmittelbaren Gegenwartsbezogenheit der Moderne, die damit Gültigkeit auch für andere Epochen haben kann, und dem *modernism*, der tatsächlich nur für die spezifische Hochkunst der klassischen Moderne gilt und sich nach und nach als statisches Konzept gegenüber Überbietungs- und Verzeitlichungsansprüchen verhärtete. Insbesondere die Enthistorisierung nicht-westlicher Kunst mit Begriffen des »Primitiven« (Fabian 1983; Küster 2003) weist bereits auf jene konzeptuelle Einschränkung des Gegenwartsbezuges hin, der nicht-westlichen Kulturen zwar eine gewisse ästhetische Wertschätzung, zugleich jedoch eine stetige Ungleichzeitigkeit bzw. allenfalls das Aufholen im Rahmen gesellschaftlicher Modernisierungsprozesse zugestand.

Die Aufkündigung des Fortschrittsdenkens und des Epochenmodells der Moderne durch das Zeitmodell der Postmoderne hatte in dieser Hinsicht allein zur Folge, dass nunmehr zwar eine unübersichtliche, pluralisierte Gegenwart proklamiert wird, die Bezugssysteme der Ausschließung durch die Moderne jedoch nach wie vor nicht thematisiert werden. Zahlreiche Autoren wenden sich daher einer kritischen und neuen Aufwertung der ›Gegenwart‹ zu, die als ›globales‹ Gegenkonzept gleichermaßen zur Moderne und Postmoderne fungiert: zum einen verstanden als rückblickende räumliche Erweiterung und Verdichtung der Moderne und ihrer nach wie vor z. T. beanspruchten Theoreme ästhetischer Autonomie u. a. in den heterochronen Zeitvorstellungen einer »Altermoderne« als »positive experience of disorientation through an art-form exploring all dimensions of the present, tracing lines in all direction of time and space« (Bourriaud 2009), oder aber in jenen Positionen, die das Projekt der Moderne insgesamt aufkündigen und mit einer »Prämoderne« verschmelzen, somit nicht allein die Fortschrittlichkeit der Moderne in Zweifel ziehen, sondern überdies den Gedanken »symmetrischer Anthropologie« verfolgen, in stetiger Auseinandersetzung mit dem magischen Denken und seiner Aufkündigung eines absoluten Subjektbegriffes. Jener durch Bruno Latour vorgebrachte Ansatzpunkt erweist sich in der aktuellen Kunstwissenschaft als eine der zukunftsträchtigen Reformulierungen des Moderne-Projektes, wie unten weiter dargelegt wird (Latour 1994).

Terry Smith schließlich sieht die aktuelle Ablösung der Moderne in der klaren Neudefinition einer neuen Gegenwart ohne Zukunft und Vergangenheit, die im Vollzug geschehe und ohne Meta-Theorie auszukommen verspreche, »that contemporaneity consists precisely in the acceleration, ubiquity, and constancy of radical disjunctures of perception, of mismatching ways of seeing and valuing the same world, in the actual coincidence of asynchronous temporalities, in the jostling contingency of various cultural and social multiplicities, all thrown together, in ways that highlight the fast-growing inequalities within and between them« (Smith 2008, 8 f.).

Themen und Leitprozesse

Es besteht Übereinstimmung darüber, dass die Epoche der Moderne im Hinblick auf die Kunst und den Kontext ihrer Theorie ihr Ende in den 1970er-Jahren gefunden hat. Wenn auch debattiert wird, ob einzelne Vorgaben der Moderne weiterhin Gültigkeit besitzen können, so überwiegt inzwischen die Kritik an ihren Leitvorgaben, an ihrem Dogmatismus und den Auswirkungen ihrer universalen Inklusions- und Exklusionsmechanismen, die in einem Zeitraum globaler Verhandlungen von Kunst, Ästhetik und Kunsttheorie als obsolet erachtet werden. Die postmodernen Dekonstruktionen der »großen Erzählungen« (Lyotard 1979) haben den Blick erst geschärft für jene »ästhetische Ideologie« (Klinger 2010, 150), die das kunstwissenschaftliche Verständnis der Moderne bestimmt hat und die im Folgenden etwas genauer betrachtet werden soll.

Wie oben bereits angedeutet und wie nun im Folgenden weiter auszuführen sein wird, wird zur bestimmenden Kategorie aller künstlerischen Phänomene der Moderne der Begriff der Autonomie als deren unmittelbare Umsetzung die Befreiung des Kunstwerkes aus seiner Gebundenheit an religiöse, politische, ökonomische und soziale Normen und Konventionen verstanden, in engstem Zusammenhang mit der Lösung des Künstlers von allen Ketten und der emphatischen Proklamation voraussetzungsloser Subjektivität, Kreativität und Originalität. Das aus diesen Vorgaben erwachsene problematische Verhältnis künstlerischer Produktion zu einer Gesellschaft, deren Rationalisierungsprozesse ihrerseits zu autonomen Systemen von Wissenschaft, Religion und Moral geführt hatten, soll schließlich anhand der Überschreitungsthematik untersucht werden, die deutlich stärker von der Dialektik von Autonomie und Avantgarde bestimmt wird.

Die Befreiung des Kunstwerks und das autonome Bild

Im Zentrum aller Debatten um die Bestimmung des autonomen, d. h. modernen Kunstwerkes steht das Bild, das Gotthold Ephraim Lessing (1729–1781) in seiner Schrift *Laokoon: oder über die Grenzen der Mahlerey und Poesie* von 1766 apodiktisch in Abgrenzung zu Poesie und Theater beschrieb. Bezog er sich zunächst auf die Skulptur, wurden seine Gedanken bald insbesondere in der Gattung des *tableau vivant* auf das gemalte Bild übertragen (Fried 1988; Joos 1999; Rebentisch 2003). Überlegungen zur Bestimmung bildlicher Autonomie waren nun wesentlich geprägt von der Leistung, jene interesselose, nicht-affektiv bestimmte Wahrnehmung zu evozieren, die geistige Befreiung im Akt der Kontemplation und Rezeption versprach, wobei die aus der antiken Poetik übernommenen und im Barock befestigten rhetorischen Postulate von Nachahmung und Belehrung ihre Gültigkeit scheinbar verloren. Ebenso wurden Vorstellungen von Bildmagie, lebenden und sprechenden Bildern in Ethnologie und Anthropologie bzw. Formen literarischer Fiktion aus dem Feld der Kunst verwiesen (Rincón 2002). Ornamentale Bildprinzipien wie *serpentine line* (William Hogarth, 1697–1764) und Arabeske (Philipp Otto Runge, 1777–1810) gerieten in den Blick der Künstler und Kunsttheoretiker, um daran ein spezifisches Vermögen des Bildes zu beschreiben, das, jenseits mimetischer Verpflichtung, gerade aus der Referenzlosigkeit die Begründung seiner autonomen Gattungsbestimmung entwickelte, die überdies die gesamte Produktion der angewandten Künste geradezu apologetisch – und in Fortsetzung akademischer Gattungshierarchie – als kunstfremd ausschied.

Jene Leitlinie der proklamierten Bildautonomie, die im Grunde bereits in den akademischen Debatten zu *coloris* und *dessin* angelegt war, fand ihre deutlichste Umsetzung im 19. Jh. im Kontext des Symbolismus, der insbesondere die Befreiung des Bildes von seiner Bedingtheit durch die Alltäglichkeit visueller Wahrnehmung anstrebte, d. h. zur ›Abstraktion‹ gelangen wollte. Tatsächlich verstand die Moderne das Bild als Oberbegriff für die Gattungen Malerei und Skulptur, deren Gegenstandsbereich nun ausschließlich durch stoffliche (Flachheit der Leinwand, Farbe) und formale Vorgaben (dekorative Komposition) geprägt sein sollte. So band Albert Aurier (1865–1892) das autonome Bild an eine nun als ›primitiv‹ benannte dekorative Formgebung, die im Kontext der Weltausstellungen an die Formensprache nicht-westlicher bzw. volkskultureller Artefakte anschloss sowie eine exklusive und zugleich religiös-esoterisch überhöhte Nobilitierung des westlichen Bildes daraus entwickelte, für die Paul Gauguin (1848–1903) und die Nabis als Modelle galten.

Paul Cézannes (1839–1906) Auseinandersetzung mit dem Vermögen einer spezifischen Bildsprache suchte hingegen insbesondere die Lösung von den Vorgaben visueller Wahrnehmung zu erlangen, um zur Objektivität und Selbstreferenz des Bildes zu gelangen. Diese bildtheoretischen Leitlinien kulminierten im 20. Jh. in den künstlerischen und kunsttheoretischen Bekenntnissen von Guillaume Apollinaire (1880–1918), Wassily Kandinsky, Piet Mondrian und anderen zu einer radikalen abstrakten ›reinen Malerei‹, die nun das Medium Bild in Absetzung von modernen Reproduktionsmedien wie Photographie und Film zu befestigen suchten und dabei auch auf die Traditionen des 19. Jh.s zurückgriffen.

Einflussreich für jene Festlegung des modernen Bildes wurden Clement Greenbergs Publikationen *Avantgarde and Kitsch* (1939) und *Towards a New Laoccon* (1940), die jene mediale Bestimmung der Künste erneut unterstrichen. Greenberg reagierte mit seinem autoritären Rekurs auf die Gattungsreinheit des Bildes (Cheetham 1991) auch auf die zeitgenössische ideologische Instrumentalisierung der Kunst, von der er diese abzulösen hoffte: »In turning his attention away from subject matter of common experience, the poet or artist turns in upon the medium of his own craft [...]. Picasso, Braque, Mondrian, Miró, Kandinsky [...] derive their chief inspiration from the medium they work in. The excitement of their art seems to lie most of all in its pure preoccupation with the invention and arrangement of spaces, surfaces, shapes, colors, etc., to the exclusion of whatever is not necessarily implicated in these factors« (Greenberg 1939, 8).

Kunsttheoretisch weitaus anspruchsvoller bekräftigte schließlich Max Imdahl (1925–1988) die Bildautonomie, indem er sie nicht mehr ausschließlich an die medialen Eigenschaften des Bildobjektes band, sondern ebenso jene durch das Bild ausgelöste ästhetische Erfahrung untersuchte. Mit der durch ihn inaugurierten »Ikonik«, einer Methodik der Bildinterpretation, die er aus der modernen ›gegenstandslosen‹ Malerei (u. a. Konstruktivismus, Tachismus, Informel, abstrakter Expressionismus) entwickelt, untersuchte er die ästhetische Differenz zwischen »sehendem« und »wiedererkennendem« Sehen und konstatiert, »dass das Bild die ihm historisch vorgegebenen und in es einfließenden Wissensgüter exponiert in der Überzeugungskraft einer unmittelbar anschaulichen, das heißt ästhetischen Evidenz, die weder durch bloße Wissensvermittlung historischer Umstände, noch durch irgendwelche (fiktiven) Rückübersetzungen in diese historischen Umstände einzuholen ist« (Imdahl 1980, 97).

In seiner Nachfolge hob die Bildwissenschaft Gottfried Boehms (geb. 1942) v. a. auf die Kategorie der Bildbetrachtung und Bildwahrnehmung ab, die in der phänomenologischen Festlegung der »ikonischen Differenz« die wesentlichen Eigenschaften des »leibhaftigen« Bildes zusammenfasste, in dem »das Gesehene und das Sehende durchmischt erscheinen« (Boehm 1986, 298). Indem Boehm schließlich die Eigentlichkeit des Bildes in z. T. metaphysischer Überhöhung an die grundlegende Erneuerung und Universalisierung der Bilderfahrung durch die westliche künstlerische Moderne band, dezidiert zunächst unter Ausschluss von Photographie und Film und in Abgrenzung von der Medienindustrie, blieb auch bei ihm der Bildbegriff Teil des ideologischen Rahmens der Bildautonomie. Im Rückzug auf einen phänomenologisch universalisierten »Leib« wurde hier die Körperlosigkeit des Bildes bis in die Postmoderne perpetuiert.

Die Befreiung und Originalität des Künstlers

Auch wenn der exklusive Status des künstlerischen Bildes zu bedeutsamen Reflexionsleistungen moderner Kunst und ihrer Theorie führte, so steht seit dem 18. Jh. doch uneingeschränkt in erster Linie der männliche weiße Künstler selbst als Garant autonomer Produktion im Fokus der großen Erzählungen der kunstwissenschaftlichen Moderne (Zimmermann 2006). Dies wird besonders in den frühen Überlegungen zur schöpferischen Kreativität und Imaginationskraft des Künstlers nachvollziehbar, die nach und nach die genieästhetischen Vorgaben übernahmen und umformulierten. Der Künstler scheint jenem modernen Subjektbegriff, wie die Aufklärung ihn definierte, in besonderer Weise zu entsprechen, indem er nicht allein selbstbestimmter Gestalter, sondern darüber hinaus auch selbstverständlicher Teil und zugleich Gegenpart einer auf technischen Fortschritt und Ökonomisierung sowie Wissensmehrung und -kontrolle hin ausgerichteten Gesellschaft wird, die mit den Auswirkungen einer fragmentierten Wirklichkeit, Entfremdung und Sinnverlust zu kämpfen hatte (Ruppert 1998; Krieger 2007).

Frühe Überlegungen zur Originalität und Authentizität des Künstlersubjektes stellen bereits die besondere Verpflichtung des Künstlers zur natürlichen Ursprünglichkeit und Unversehrtheit heraus, die ihn dafür prädestiniert, die bürgerlichen Tugendideale zu verkörpern und zugleich das utopische Potenzial eines Außenseiters zu liefern (Krauss 1996). Neben einer Fülle von apologetischen Künstlerbiographien und romanhaften Inszenierungen, die allesamt in eine stetige Geschichte der Legendenbildung um Künstler zu verorten sind, liefert gerade die Moderne eine Reihe von neuen Vorgaben für die Festlegung künstlerischer Autonomie, die bezeichnend sind. Zum einen findet die biographische Stilisierung des modernen Künstlers und dessen Lösung von den Konventionen der Akademie auch in Absetzung von einer ›anderen‹ modernen akademischen Künstlerschicht der Salons statt, die sich durch die kenntnisreiche Auseinandersetzung mit dem Geschäft des Ausstellens und Vermarktens ein selbstbestimmtes Eingreifen in die Gesetze des Marktes sichert (Ruppert 1998, 143 f.).

Ähnlich wie die künstlerische Originalität in der Moderne Traditionen der Genieästhetik erneuerte, griff sie zum anderen in der Bestimmung ihrer genuinen Produktion, dem ›Meisterwerk‹, auf akademische Traditionen zurück, die nun ebenfalls konzise modernisiert wurden: Das Meisterwerk, jene Kulmination autonomer künstlerischer Kreativität und männlicher Schöpferkraft, fand seine Verkörperung in der künstlerischen Transformation der weiblichen Aktdarstellung, die im 19. und frühen 20. Jh. erfolgte. Der weibliche Körper, in der Salonkunst im Kontext moderner Gesellschafts- und Wissenschaftsdiskurse ein Konstrukt unvermittelter Natur, triebhafter Sexualität und erotischer Fremdheit, beispielhaft im Pygmalionmythos Jean-Léon Gérômes (1824–1904; *Pygmalion et Galatée*) re-inszeniert, wurde in der avantgardistischen Moderne zum Medium des Bildes schlechthin: zur scheinbar authentischen Repräsentation künstlerischer Subjektivität und Projektionsfläche einer nicht-mimetischen, abstrakten Bildfiktion (Eiblmayr 1993). Der weibliche Akt wurde zum Anlass für die Formexperimente der Moderne, die ein Absehen von seiner sexuellen körperhaften Verfassung mit der Begründung künstlerischer Eigengesetzlichkeit einforderten und auch erlangten.

Seinen Höhepunkt fand das Medium der Aktdarstellung bei den Vertretern der klassischen Moderne, die den weiblichen Körper mit der grotesken Formensprache (kolonialer) Artefakte (Pablo Picasso, *Les Demoiselles d'Avignon*, 1906; Henri Matisse, *Nu bleu: Souvenir de Biskra*, 1907) überlagerten, und insbesondere auch die Skulptur als Gattung verstärkt mit einbezogen (Herbert 1992; Connelly 1995; Küster 2003). Hier gelang es erst der dekonstruktivistischen gendertheoretischen Forschung, das Fortwirken rhetorischer Körperkonstrukte, die Einschreibungen von Geschlecht, Rasse und Kultur in dem Nachwirken allegorischer Körperkonzepte im Aktbild zu belegen und damit die mythischen Voraussetzungen künstlerischer Subjektivität herauszuarbeiten. In gleicher Weise konterkarierten sie damit auch die bildautonomen Ansprüche der Moderne und ihre Leugnung der Körperhaftigkeit des Bildes (Nead 1992; Wenk 1996).

Auch wenn die Autonomie und Originalität des Künstlers in großen Teilen durch die ›Kränkungen‹ des modernen Subjekts aufgekündigt worden waren, wie bereits die im Folgenden behandelten avantgardistischen Angriffe vor und nach dem Zweiten Weltkrieg (Hannah Höch, 1889–1978; Marcel Duchamp, 1887–1968; René Magritte, 1898–1967) auf die männliche Autorschaft bzw. den weiblichen ›Bildkörper‹ zeigten, lieferte das Feld der Kunst offenkundig den kompensatorischen Raum für die Verwirklichung der ehemals utopischen Entwürfe, die besonders nach 1945 und mit der Etablierung der Moderne in den musealen Institutionen zum Rettungsanker einer neuen Anknüpfung an die künstlerische Autonomie wurden. Ab den 1960er-Jahren erfolgte überdies eine neue Berufung auf Autorschaft, nun allerdings ausgehend von der affektiven Erfahrbarkeit eines scheinbar vorgängigen KünstlerInnenleibes in den Inszenierungen der Aktionskunst, die zwar jene körperhaften männlichen Subjektvorstellungen aufzulösen suchten (Marina Abramovic, geb. 1946; Vito Acconci, geb. 1940; Bruce Nauman, geb. 1941; Chris Burden, geb. 1946; Gina Pane, 1939–1990), sie zuletzt aber doch auch oft wieder in essenzialisierenden Körperkonstrukten affirmierten, wobei schließlich im Zuge der Postmoderne die Dekonstruktionen von Originalität und Autorschaft in der Konzeptkunst, Installationskunst bzw. der *Appropriation Art* erfolgte.

Affizierung und Überschreitung

Liefern die beiden oben benannten Abschnitte Hinweise auf Tenor und Duktus einer sich autonom gerierenden Moderne, so suchen die folgenden Ausführungen stärker jenes Wechselspiel zu beschreiben, dem die autonomen Vorgaben der Moderne seit Beginn durch ihre Verortung in den Modernisierungsprozessen der Gesellschaft ausgesetzt waren, die die künstlerische Moderne als »Alterität« (Klinger 2010, 157) funktionalisierte, und der sie paradoxerweise stetig Formen der Erneuerung entnahm, deren Wirken sich in Teilen bis heute fortsetzt.

Während die Kunst in ihrer postulierten Andersheit und Fremdheit scheinbar ideologischen und politischen Funktionalisierungen abhold war, prädestinierte sie eben jene Exklusion auch wiederum zur gesellschaftlich verankerten Kompensationsfigur, da sie eine genuin ›andere‹ ästhetische Erfahrung im autonomen Bild versprach und – vermittelt durch ihre Produktion – damit zugleich Garant von Authentizität werden konnte. Unterstanden die Prozesse der Affizierung zunächst zwar der bürgerlich-aufklärerischen Disziplinierung, so rückte im Laufe des 19. Jh.s u. a. auch im Rahmen naturwissenschaftlicher Diskurse die Fremdheit und Unvertrautheit des Körpers und seiner Sinneswahrnehmung in den Vordergrund und mit ihm das Interesse für eine neue Bewertung seiner affektiven Regulierung, die auch in eine stärkere wirkästhetische Ausrichtung der Kunsttheorie einfloss (Ott 2010).

Von besonderem Stellenwert für die wissenschaftliche Analyse der künstlerischen Moderne wird die Psychologie, sei es als Form- bzw. Stilpsychologie, deren Instrumentarien des einfühlenden bzw. ekstatisch-fremden ›abstrakten‹ Nachvollzugs einer genuin ästhetischen Erfahrung, eines ›Kunstwollens‹, u. a. Wilhelm Worringer (1881–1965) sowie sein französisches Pendant Maurice Denis (1870–1943) im ›Primitiven‹ festmachen. Sie münden schließlich in weiter ausgedehnte Untersuchungen zur kollektiven Reichweite des Bild-Affektes und seiner Erinnerungs- und Historisierungsfunktionen bei Aby Warburg (1866–1929). Wie stark jene kunsttheoretischen Beiträge sich kulturanthropologischen bzw. ethnologischen Wissenschaftsdiskursen und ihren musealen Vermittlungsorten verdanken, ist jüngst erneut herausgestellt worden (Didi-Huberman 2010; Genge 2009; Därmann 2005).

Die Erfahrung affektiver Überschreitung und Ekstase, die Wilhelm Worringer in der Beschreibung eines ›primitiven‹ gotischen Germanischen fasste, wurde bald zur volkskulturellen Legitimation expressionistischen Pathos, das nun auch gegen die Ansprüche bürgerlicher Autonomie auftrat. Die Forderungen, die im Sinne der Avantgarde unmittelbare Wechselwirkungen von Kunst und Leben benannten, ein revolutionäres Wirken der Kunst in die Gesellschaft hinein verlangten und zugleich jedoch auch die Affirmation von kultureller Identität gegen eine festgestellte Desintegration der Gesellschaft erhofften, waren Teil jener politischen Projekte kultureller Erneuerung im Zuge von Kultur- und Lebensreform, die sich in den westlichen Staaten v. a. um 1900 im Zuge der Nationalstaatsbildung und der zeitgleichen räumlichen Vernetzung und Machtausdehnung auf dem Höhepunkt des Kolonialismus nachweisen lassen. Die damit verbundenen Heilserwartungen, die nun an Kunst und Künstler neue z. T. eskapistische und politische Forderungen herantrugen, deuteten ihn selbst als Angehörigen ›nationaler‹ Kultur- bzw. ›Rassen‹-Traditionen, die schließlich in den massenmedialen Spektakeln der Kulturindustrie bzw. den Inszenierungen der Künste in den staatspolitischen Ideologien von NS-Zeit und Faschismus mündeten.

Doch kann hier nicht allein von der Funktionalisierung einer ästhetischen Moderne gesprochen werden. Vielmehr lieferte diese auch die Mittel ihrer Indienstnahme. Die Freistellung der künstlerischen Mittel im religiös überhöhten, abstrakten Bild lieferte zugleich Möglichkeiten anti-bürgerlicher und anti-intellektualistischer Überhöhung kultureller Gemeinschaft und »Verwurzelung«, die sich u. a. im deutschen Expressionismus und dessen französischem Pendant, bei den Fauves, nachweisen lassen (Herbert 1992; Lloyd 1991). Auch jene oben benannten Phänomene der affektiven Entgrenzung des modernen Bildes, die mit dem Stichwort des künstlerischen Primitivismus zu benennen sind, bieten kaum Rückschlüsse auf eine tatsächliche avantgardistische Auseinandersetzung mit der kolonial geprägten Bestimmung des Anderen, dessen Exotisierung letztlich kulturelle Differenz affirmierte (Schmidt-Linsenhoff 2010).

Die Brüchigkeit jener Indienstnahmen der Avantgarde erweist sich insbesondere auch in den surrealistischen intermedialen bildlichen und filmischen Dekonstruktionen, die Fremdheit und Differenz in der Überschreitung und Destruktion bildautonomer Vorgaben suchten, die Affizierung der Massenmedien in ihren Arbeiten aufdeckten, ethnologisches und medizinisches bzw. kriminologisches und psychopathologisches Bildmaterial und dessen Inszenierungskraft mit Gesten des Schocks überschritten (Eiblmayr 1993; Müller-Tamm/Sykora 1999; Gorsen 2000). Walter Benjamins Vorbehalte gegen Prozesse der Auratisierung sowie Theodor W. Adornos (1903–1969) Einschränkungen bildmagischer Affizierung im Rückzug auf eine Dialektik des autonomen Kunstwerkes zeigen jedoch auch auf, wie stark die künstlerische Moderne die spezifische Wirkmacht von Bildern auch an den Grenzen des Spektakels evozierte. So waren auch die Surrealisten Teil des Kunstsystems und seiner etablierten staatspolitischen Indienstnahmen. Während Film und Photographie im Kontext der zeitgenössischen Ästhetik durchaus reflektiert wurden, gehörten sie nur im Ausnahmefall zum Reflexionsgegenstand der begleitenden zeitgenössischen Kunstwissenschaft (Ott 2010).

Den stärksten Angriff gegen die besprochenen affizierenden Wirkungen und Rezeptionsformen des modernen Bildes lieferte 1966 wider Willen Michael Frieds (geb. 1939) Bestimmung der *objecthood* als einer ›dinghaften‹ Inszenierung bezogen auf künstlerische Arbeiten der *Minimal Art*, deren Aspekte von *presence* und *site-specificity* die Abhängigkeit des Werkes von seiner Rezeption bestimmten und damit Frieds an Clement Greenberg orientierten Ansprüchen des autonomen Bildes zuwiderliefen (Didi-Huberman 1992; Stemmrich 1995). Bereits 1964 hatten George Maciunas' (1931–1978) Fluxus-Bewegung bzw. Allan Kaprows (1927–2006) Happenings neue intermediale Techniken theatraler Inszenierungen erprobt, die die Grenzen des autonomen Bildes und seiner musealen Institutionalisierung (O'Doherty 1969; Crimp 1993; Blunck 2003) aufbrachen, das Kunstwerk öffneten und zum Teil partizipierender Rezeption machten. Und doch ist es jene Grundlegung des Kunstwerkes in der ästhetischen Erfahrung der Betrachtenden, beispielhaft umgesetzt im Medium der Installation, die jüngst erneut als Voraussetzung der Bildautonomie bekräftigt wurde: »Autonom ist Kunst nicht, weil sie auf diese oder jene Weise verfasst ist, sondern weil sie einer Erfahrung stattgibt, die sich aufgrund der spezifischen Struktur und der Beziehung zwischen ihrem Subjekt und ihrem Objekt von den Sphären der praktischen und der theoretischen Vernunft unterscheidet« (Rebentisch 2013, 12).

Jene Diskussionen um die affektiven und theatralen Überschreitungen des Bildbegriffes und seiner Metatheorie, die nur bisweilen bis in die Gegenwart reichen, z. T. allerdings unter Absehung der bereits angesprochenen gendertheoretischen Positionierungen (Bredekamp 2010), werden heute u. a. verstärkt mit Blick auf die Festlegungen des ›westlichen Bildes‹ geführt und zuletzt von William T. Mitchells (geb. 1942) transkulturellen Bestrebungen abgelöst, die Fetisch, Totem und Idol als Vorgaben einer Neuverhandlung des Bildbegriffes einführen, die das »Eigenleben der Bilder« einfordert (Mitchell 2005). Orientiert u. a. an Bruno Latours Aufkündigung des modernen Subjektbegriffes durch die Wirkkraft unkontrollierter Artefakte und »Dinge« (Kneer et al. 2008) bildeten seine Überlegungen den Anstoß für eine rückwirkende Neu-Betrachtung eines über die Prämoderne hinausreichenden affektiven Wirkpotenzials des Bildes. Bildmagie und Animismus werden zu neuen Forschungsfeldern der historischen Überarbeitung einer globalen, verflochtenen und historisch verdichteten Moderne und ihrer Institutionen, deren Voraussetzungen in den bildanthropologischen Konzepten seit der Aufklärung zu suchen sind (Franke/Albers 2012; Genge/Stercken 2014).

Literatur

Antliff, Mark: *Cubism and Culture*. London 2001.
Appadurai, Arjun: *Modernity at Large. Cultural Dimensions of Globalization*. Minneapolis 1996.
Bann, Stephen: *The Clothing of Clio: A Study of the Representation of History in Nineteenth-Century Britain and France*. Cambridge 1984.
Bätschmann, Oskar: *Ausstellungskünstler. Kunst und Karriere im modernen Kunstsystem*. Köln 1997.
Baudelaire, Charles: Le peintre de la vie moderne (1863). In: Ders.: *Œuvres complètes*, hrsg. von Claude Pichois, Bd. 2. Paris 1976, 683–724.
Blunck, Lars: *Between Object & Event. Partizipationskunst zwischen Mythos und Teilhabe*. Weimar 2003.
Boehm, Gottfried: Der stumme Logos. In: Métraux, Alexandre/Waldenfels, Bernhard (Hrsg.): *Leibhaftige Vernunft. Spuren von Merleau-Pontys Denken*. München 1986, 289–304.

Bourriaud, Nicolas: Altermodern. In: Ders. (Hrsg.): *Tate Triennial Altermodern*. London 2009.
Bredekamp, Horst: *Theorie des Bildakts*. Berlin 2010.
Bronfen, Elisabeth (Hrsg.): *Hybride Kulturen. Beiträge zur angloamerikanischen Multikulturalismusdebatte*. Tübingen 1997.
Bryson, Norman: Calligram. *Essays in New Art History from France*. Cambridge u. a. 1988.
Bürger, Peter: *Theorie der Avantgarde*. Frankfurt am Main 1974.
Bushart, Magdalena: *Der Geist der Gotik und die expressionistische Kunst. Kunstgeschichte und Kunsttheorie 1911–1925*. München 1990.
Calinescu, Matei: *Five Faces of Modernity. Modernism, Avantgarde, Decadence, Kitsch, Post-Modernism*. Durham 1987.
Castro, Varela María do Mar et al.: Postkoloniale Theorie. In: Günzel, Stephan (Hrsg.): *Raumwissenschaften*. Frankfurt am Main 2009, 308–323.
Cheetham, Mark A.: *The Rhetoric of Purity. Essentialist Theory and the Advent of Abstract Painting*. Cambridge u. a. 1991.
Clark, Timothy J.: *The Painting of Modern Life. Paris in the Art of Manet and his Followers*. New York 1985.
Clark, Timothy J.: *Farewell to an Idea. Episodes from a History of Modernism*. New Haven 1999.
Connelly, Frances S.: *The Sleep of Reason. Primitivism in modern European Art and Aesthetics, 1725–1907*. Pennsylvania 1995.
Conrad, Sebastian et al. (Hrsg.): *Globalgeschichte. Theorien, Ansätze, Themen*. Frankfurt am Main 2007.
Crimp, Donald: *On the Museum's Ruins*. Cambridge, Mass. 1993.
Därmann, Iris: *Fremde Monde der Vernunft. Die ethnologische Provokation der Philosophie*. München 2005.
Didi-Huberman, Georges: *Was wir sehen, blickt uns an. Zur Metapsychologie des Bildes*. München 1999 (franz. 1992).
Didi-Huberman, Georges: *Das Nachleben der Bilder. Kunstgeschichte und Phantomzeit nach Aby Warburg*. Frankfurt 2010 (franz. 2002).
Eiblmayr, Silvia: *Die Frau als Bild. Der weibliche Körper in der Kunst des 20. Jahrhunderts*. Berlin 1993.
Fabian, Johannes: *Time and the Other. How Anthropology Makes Its Object*. New York 1983.
Franke, Anselm/Albers, Irene (Hrsg.): *Animismus. Revisionen der Moderne*. Zürich 2012.
Fried, Michael: *Absorption and Theatricality. Painting and Beholder in the Age of Diderot*. Chicago u. a. 1988.
Genge, Gabriele: *Geschichte im Négligé. Geschichtsästhetische Aspekte der Pompiermalerei*. Weimar 2000.
Genge, Gabriele: *Artefakt – Fetisch – Skulptur. Aristide Maillol und die Beschreibung des Fremden in der Moderne*. München 2009.
Genge, Gabriele/Stercken, Angela: *Fetishism and Art History Abroad. Global Shiftings in Media and Methods*. Bielefeld 2014.
Germer, Stefan: Kunst der Nation. Zu einem Versuch, die Avantgarde zu nationalisieren. In: Brock, Bazon/Preiß, Achim: *Kunst auf Befehl? Dreiunddreißig bis Fünfundvierzig*. München 1990, 9–20.
Gilroy, Paul: *The Black Atlantic. Modernity and Double Consciousness*. London/New York 1993.

Gorsen, Peter: Die stigmatisierte Schönheit aus der Salpêtrière. In: Eiblmayr, Silvia et al. (Hrsg.): *Die verletzte Diva*. München 2000, 43–60.
Greenberg, Clement: Avant-Garde and Kitsch [1939]. In: Ders.: *Collected Essays and Criticism*, hrsg. von John O'Brian, Bd. 1. Chicago 1986, 5–22.
Habermas, Jürgen: Die Moderne. Ein unvollendetes Projekt. In: Ders.: *Kleine politische Schriften (I-IV)*. Frankfurt am Main 1981, 444–464.
Halbertsma, Marlite: *Wilhelm Pinder und die deutsche Kunstgeschichte*. Worms 1992.
Harris, Jonathan: *The New Art History. A Critical Introduction*. London 2001.
Harrison, Charles: Modernism. In: Nelson, Robert S./Shiff, Robert (Hrsg.): *Critical Terms for Art History* [1996]. Chicago ²2003, 188–202.
Harrison, Charles/Zeidler, Sebastian (Hrsg.): *Kunsttheorie im 20. Jahrhundert. Künstlerschriften, Kunstkritik, Kunstphilosophie, Manifeste, Statements, Interviews*, 2 Bde. Ostfildern-Ruit 1998.
Herbert, James: *Fauve Painting. The Making of Cultural Politics*. New Haven/London 1992.
Herding, Klaus: Die Moderne: Begriff und Problem. In: Wagner, Monika (Hrsg.): *Moderne Kunst*, Bd. 1. Reinbek 2000, 175–196.
Imdahl, Max: Kunstgeschichtliche Exkurse zu Perraults »Parallèle des Anciens et des Modernes«. In: Perrault, Charles: *Parallèle des Anciens et des Modernes* [Paris 1688–1697]. München 1964, 65–81.
Imdahl, Max: *Giotto. Arenafresken. Ikonographie, Ikonologie, Ikonik*. München 1980.
Jauß, Hans Robert: Ästhetische Norm und geschichtliche Reflexion in der »Querelle des Anciens et des Modernes«. In: Perrault, Charles: *Parallèle des Anciens et des Modernes* [Paris 1688–1697]. München 1964, 8–64.
Joos, Birgit: *Lebende Bilder: körperliche Nachahmung von Kunstwerken in der Goethezeit*. Berlin 1999.
Jordanowa, Ludmilla: *Sexual Visions. Images of Gender in Science and Medicine between the Eighteenth and Twentieth Centuries*. Wisconsin 1989.
Klinger, Cornelia: Modern/Moderne/Modernismus. In: Barck, Karlheinz et al. (Hrsg.): *Ästhetische Grundbegriffe. Historisches Wörterbuch in sieben Bänden*, Bd. 4. Stuttgart 2010, 121–167.
Kneer, Georg et al. (Hrsg.): *Bruno Latours Kollektive*. Frankfurt am Main 2008.
Krauss, Rosalind: *The Originality of the Avantgarde and Other Myths* [1985]. Cambridge, Mass./London ¹⁰1996.
Krieger, Verena: *Was ist ein Künstler? Genie – Heilsbringer – Antikünstler. Eine Ideen- und Kulturgeschichte des Schöpferischen*. Köln 2007.
Küster, Bärbel: *Matisse und Picasso als Kulturreisende. Primitivismus und Anthropologie um 1900*. Berlin 2003.
Latour, Bruno: *Wir sind nie modern gewesen. Versuch einer symmetrischen Anthropologie*. Berlin 1994.
Lloyd, Jill: *German Expressionism, Primitivism and Modernity*. New Haven/London 1991.
Lyotard, Jean-François: *La condition postmoderne*. Lyon 1979.
Marlais, Michael Andrew: *Conservative Echoes in Fin de Siècle Art Criticism*. University Park, Pennsylvania 1992.
Mercer, Kobena (Hrsg.): *Exiles, Diasporas & Strangers*. London 2007.
Mitchell, William J. T.: *What Do Pictures Want? The Lives and Loves of Images*. Chicago/London 2005.
Müller-Tamm, Pia/Sykora, Katharina (Hrsg.): *Puppen, Körper, Automaten – Phantasmen der Moderne*. Ausstellungskatalog Kunstsammlung Nordrhein-Westfalen Düsseldorf 1999. Köln 1999.
Nead, Lynda: *The Female Nude. Art, Obscenity and Sexuality*. London/New York 1992.
O'Doherty, Brian: *In der weißen Zelle. Inside the White Cube*, hrsg. von Wolfgang Kemp. Berlin 1996.
Ogbechie, Silvester O.: *Ben Enwonwu. The Making of an African Modernist*. Rochester 2008.
Ott, Michaela: *Affizierung. Zu einer ästhetisch-epistemischen Figur*. München 2010.
Price, Sally: *Primitive Art in Civilised Places*. Chicago 1989.
Rebentisch, Juliane: *Ästhetik der Installation*. Frankfurt 2003.
Rincón, Carlos: Magisch/Magie. In: Barck, Karlheinz et al. (Hrsg.): *Ästhetische Grundbegriffe. Historisches Wörterbuch in sieben Bänden*, Bd. 3. Stuttgart 2010, 724–760.
Ruppert, Wolfgang: *Der moderne Künstler. Zur Sozial- und Kulturgeschichte der kreativen Individualität in der kulturellen Moderne im 19. und frühen 20. Jahrhundert*. Frankfurt am Main 1998.
Schmidt-Linsenhoff, Viktoria (Hrsg.): *Postkolonialismus*. Osnabrück 2002.
Schmidt-Linsenhoff, Viktoria: *Ästhetik der Differenz. Postkoloniale Perspektiven vom 16. bis 21. Jahrhundert*. 2 Bde., Marburg 2010.
Schmidt-Linsenhoff, Viktoria: Postkolonialismus. In: Ulrich Pfisterer (Hrsg.): *Metzler Lexikon Kunstwissenschaft*. Stuttgart 2011, 348–352.
Smith, Terry: Introduction: The Contemporaneity Question. In: Condee, Nancy et al. (Hrsg.): *Antinomies of Art and Culture. Modernity, Postmodernity, Contemporaneity*. Durham/London 2008, 1–19.
Stemmrich, Gregor (Hrsg.): *Minimal Art. Eine kritische Retrospektive*. Dresden u. a. 1995.
Welsch, Wolfgang: *Unsere postmoderne Moderne*. Weinheim ³1991.
Wenk, Silke: *Versteinerte Weiblichkeit. Allegorien in der Skulptur der Moderne*. Köln u. a. 1996.
Zimmermann, Anja: *Kunstgeschichte und Gender. Eine Einführung*. Berlin 2006.
Zimmermann, Michael F.: *Seurat. Sein Werk und die kunsttheoretische Debatte seiner Zeit*. Weinheim 1991.

Gabriele Genge

Lateinamerika

Definitionen und Anwendungsbereiche

Lateinamerika hatte stets ein zwiespältiges und problematisches Verhältnis zur Moderne, meinte der Essayist und Schriftsteller Octavio Paz. Diesen Eindruck präzisierte er 1990 in Stockholm, als er den Nobelpreis für Literatur entgegennahm. Demnach hätten sich die Lateinamerikaner selbst immer schon als Verkörperungen der vormodernen Kehrseite eines modernen Europas dargestellt: »This is why there was frequent talk of ›Europeanizing‹ our countries: the modern was outside and had to be imported« (Paz 1990). In der Tat prägt diese Selbstdarstellung die Anwendung des Moderne-Begriffs in Lateinamerika, insofern die Moderne räumlich und zeitlich an die Strukturen Westeuropas und später dann der USA gekoppelt wurde. Deshalb findet gemäß dem noch heute herrschenden Selbstverständnis vieler Lateinamerikaner die Moderne entweder außerhalb der Region oder, wenn in Lateinamerika, zu einem Zeitpunkt statt, der in der Zukunft liegt: Mit Moderne beschrieb und beschreibt man also oft nicht die Gegenwart, sondern die Zukunft Lateinamerikas.

Damit hängt ein weiteres Problem bei der Bestimmung des Begriffs Moderne zusammen: die untrennbare Verknüpfung einer politisch-ideologischen und einer theoretisch-analytischen Begriffsverwendung. Mindestens seit den nationalen Unabhängigkeiten, die in Lateinamerika in der ersten Hälfte des 19. Jh.s weitgehend erreicht worden waren, ist Moderne ein umkämpfter Terminus: Er beschreibt ein bestimmtes (fremdes) Gesellschaftsmuster und entspricht zugleich einer Zukunftsvision, mit der Herrschaftsformen – eben durch den Verweis auf die Moderne und die Möglichkeit der (Selbst)Modernisierung – legitimiert werden. Hier sind zwei Aspekte von Bedeutung: Einerseits stellt die Idealisierung Europas und später der USA als Quelle der authentischen modernen Werte eine politische Selbstunterwerfung der lateinamerikanischen herrschenden Klassen dar. Andererseits wirken die imitierten Ideen nach innen wie eine Ideologie, welche die Herrschaft einer vermeintlichen europäisierten Elite über die (noch) »nicht europäisierte« breite Masse rechtfertigt (Schwarz 1992).

Eine weitere Schwierigkeit, den Begriff Moderne im Rahmen der Wissenschaftslandschaft Lateinamerikas zu präzisieren, bezieht sich auf seine dortige Ubiquität; die Diskussion über die Moderne – ihre unterschiedlichen Ausprägungen, die Modernisierungspläne und -hürden – war und bleibt in Lateinamerika allgegenwärtig: ein Hauptthema sowohl der Kultur- als auch der Sozialwissenschaften seit dem 19. Jh. In einem derart weiten Untersuchungsfeld besteht keine einheitliche Begriffsbestimmung: Die Bedeutung von ›Moderne‹ variiert nach Disziplinen, historischen Phasen und theoretischer Orientierung. Der vorliegende Beitrag versucht nicht, diese breite Landschaft nachzuzeichnen. Es geht zunächst lediglich darum, die wichtigsten Einschnitte in der Geschichte der sozialwissenschaftlichen Beschäftigung mit der Moderne in Lateinamerika darzulegen und diese durch die Diskussion der Thesen einiger weniger einschlägiger Werke bzw. Autoren zu verdeutlichen. Ausgehend von den festgestellten Zäsuren werden danach die Raum- und Zeitvorstellungen in den Moderne-Debatten sowie die wichtigsten Merkmalsbestimmungen der Moderne analysiert, die in unterschiedlichen historischen Phasen von Theoretikern aus je verschiedenen Lagern vertreten wurden und werden.

Forschungsgeschichte, Semantik und Gegenkonzepte

Vorab sei vermerkt, dass sich die Rede von Lateinamerika als einer Region und somit auch die Betrachtung Lateinamerikas als analytischer Einheit durchaus kritisieren lassen. Wie mehrere Autoren (Cairo 2010; Mignolo 2005) hervorheben, haben die darunter gefassten Länder außer der sprachlichen Verwandtschaft und einer ähnlichen Geschichte als ehemalige spanische und portugiesische Kolonien tatsächlich nicht sehr viel gemein. Kein Wunder also, dass – so das Argument – die herrschende »global idea of ›Latin‹ America« erst im Rahmen des Kalten Krieges durch »imperial states« entwickelt und erfunden wurde (Mignolo 2005, 96).

Diese konzeptuellen Einwände sind berechtigt und dienen als Warnung, einer politisch-ideologisch konstruierten Einheit automatisch auch analytische Relevanz zuschreiben zu wollen. Betrachtet man allerdings die Entwicklung der Moderneforschung und des Diskurses über die Moderne, so stellt Lateinamerika eine zwar nicht homogene, doch weitgehend schlüssige Referenz dar. Mit anderen Worten: Trotz der ungleichzeitigen Transformation der lateinamerikanischen Länder beobachtet man in der Gesamtregion breite Überschneidungen in der wissenschaftlichen Auseinandersetzung mit der Moderne. Dabei können vier Phasen der Forschungs- und Diskursgeschichte unterschieden werden.

Moderne als Transplantat

Domingo Sarmiento (1811–1888), der 1868–1874 Präsident Argentiniens war, legte 1845 mit dem Buch *Facundo o Civilización i barbarie* (dt. 2007) sehr wahrscheinlich die erste systematische intellektuelle Auseinandersetzung mit den Möglichkeiten und Problemen einer Anwendung des Begriffs der Moderne auf Lateinamerika vor. Das Wort ›modern‹ (span. *moderno* bzw. *moderna*) erscheint im Buch als Adjektiv, während das Substantiv ›Moderne‹ (*modernidad*) nicht auftaucht. Immerhin drückt aber der Begriff der Zivilisation alle positiven Merkmale aus, die der Autor Europa bzw. den als europäisiert bezeichneten modernen Lebens- und Gesellschaftsformen zuschreibt. Demnach spiegelt sich die Spannung zwischen einem zivilisierten Europa und dem barbarischen amerikanischen Kontinent auch intern in Argentinien wieder. Sarmiento zufolge verkörpern die Städte mit Buenos Aires an ihrer Spitze die Zivilisation, während die ländlichen Gebiete (die Pampa) für das Rückständige stünden: »Vorerst aber ist festzuhalten, dass die Früchte der Zivilisationsfortschritte sich alleine in Buenos Aires sammeln: Die Pampa ist ganz ungeeignet, sie weiterzuleiten und auf die Provinzen zu verteilen […]« (Sarmiento 2007, 31, 32). Die Übertragung der europäischen Zivilisation auf Argentinien könne nicht allein dadurch gelingen, dass europäische Institutionen auf den amerikanischen Kontinent transferiert werden; vielmehr müssten auch die europäischen Menschen nach Argentinien migrieren und die Einheimischen ersetzen, um den Fortschritt zu gewährleisten: »Nun wohl: hunderttausend [Einwanderer] pro Jahr wären in zehn Jahren eine Million erfinderischer Europäer über die ganze Republik verteilt, die uns lehrten, zu arbeiten, die neu entdeckten Reichtümer auszubeuten und das Land mit ihren Fähigkeiten reicher zu machen« (Sarmiento 2007, 319).

Das Vorhaben, die (europäische) Zivilisation durch entsprechende Migrationsströme auf das unzivilisierte Amerika zu übertragen, wurde im Rahmen der Rezeption des europäischen wissenschaftlichen Rassismus vom Ende des 19. Jh.s bis zu den 1920er-Jahren in ganz Lateinamerika weiter verfolgt. Die Frage war stets, wie die Zivilisationsträger aus Europa ihre fortschrittlichen Impulse auf dem neuen Kontinent optimal setzen könnten. Während etwa in Argentinien in strikter Übernahme der Rassentheorien geschlussfolgert wurde, dass der Aufbau einer modernen Nation nur durch den Ersatz der indigenen Bevölkerung durch europäische Einwanderer gelingen könne, wurden die Rassentheorien in Ländern wie Mexiko und Brasilien zum Legitimierungsargument für die Durchmischung von Indigenen, Schwarzen und Europäern uminterpretiert. Denn nur sie würde zu einer ›Europäisierung‹ – sprich: Aufhellung der Hautfarbe – der Gesamtbevölkerung führen (Stepan 1991, 135 ff.; s. auch Costa 2013a).

Die Einsicht in die Unhaltbarkeit der Koppelung der Moderne im Sinne eines Zivilisationsmodells einerseits und einem vermeintlich europäischen und als Entwicklungsträger fungierenden Menschentypus andererseits setzte sich in Lateinamerika erst in den 1930er-Jahren durch, und zwar im Rahmen der breiten Rezeption der Arbeiten des deutsch-amerikanischen Anthropologen Franz Boas (1858–1942). In seiner Kulturtheorie stellt Europa zwar weiterhin das Modell für Zivilisation – im Singular verwendet – dar. Die technologische und kulturelle Rückständigkeit anderer Regionen führt Boas allerdings nicht auf die Biologie, sondern auf historische Gegebenheiten zurück (Boas 1969 [1904]; s. auch Schwarcz 1993; Hofbauer 2006). Diese Thesen leiteten in der Tat eine Wende in der lateinamerikanischen Moderneforschung ein, insofern die Wissenschaftler nun ihren Fokus verschoben: weg von der Biologie hin zur Untersuchung sozialer und politischer Prozesse, die Modernisierung hindern und fördern. Ab diesem Zeitpunkt wird ›Moderne‹ nicht mehr als europäisches Transplantat, sondern als das Ergebnis eines Prozesses der gesellschaftlichen (Selbst-)Transformation gedeutet.

Moderne als Selbsttransformation

Die systematische Suche nach sozialwissenschaftlichen Lösungen für die Notwendigkeit, die wahrgenommenen Strukturunterschiede zwischen den Gesellschaften Lateinamerikas und den als modern bezeichneten Gesellschaften Europas zu überwinden, nahm in Lateinamerika ihre ersten Konturen noch in den 1930er-Jahren im Rahmen der Rezeption des Werks von Max Weber (1864–1920) an. Ein paradigmatisches Beispiel hierfür ist das 1936 erschienene Buch *Die Wurzeln Brasiliens*, in dem der brasilianische Sozialhistoriker Sérgio Buarque de Holanda (1902–1982) eine umfassende Interpretation der

Modernisierungsdefizite Brasiliens im Spiegel des westeuropäischen und v. a. des deutschen Vorbilds vorlegte. Demzufolge hatte die portugiesische und spanische Kolonialisierung die Entstehung von Gesellschaften zur Folge, in denen kein Gespür für das Gemeinwohl und für eine unpersönliche und rational legitimierte Herrschaft entstehen konnte. Da der Staatsapparat und das Beamtentum ausschließlich nach der Logik von Privatinteressen und persönlichen Loyalitäten handelten, hätten sich Konturen eines modernen bürokratischen Staates mit der für ihn typischen »fortschreitenden Aufteilung der Funktionen« und seiner »unpersönlichen Ordnung« nie herausgebildet (Holanda 2013 [1936], 177).

In Holandas Buch wird ›Moderne‹ nicht explizit definiert. In seinen Ausführungen zu den Kontrasten zwischen Brasilien und den »modernen Gesellschaften« lässt sich jedoch erkennen, dass »Moderne« für ihn ein komplexes soziales Gefüge bildet, das sich über spezifische Gesellschaftsstrukturen (Primat des urbanen Lebens, politischer Sieg über die Großgrundbesitzer, Ausdifferenzierung von Politik, Ökonomie, Familie etc.), bestimmte Werte (Arbeitsethik, Säkularität) sowie entsprechende Persönlichkeitsmerkmale (Individualismus, Autonomie, Rationalismus) definiert (Costa 2013b). Auch der Begriff Modernisierung erscheint im Buch nicht: Brasiliens Übergang von einem auf partikularistischen, religiösen und familistischen Strukturen basierten Kollektiv zu einer säkularisierten, individualistischen und leistungsorientierten Gesellschaft bezeichnet Holanda aber als »unsere Revolution«, wobei mit dieser Redeweise keine marxistisch-leninistische Konnotation verbunden ist, sondern auf etwas angespielt wird, was späterhin als ›Modernisierung‹ gelten sollte: »Wenn der revolutionäre Prozeß, den wir erleben [...], eine unmißverständliche Bedeutung hat, dann diese: die allmähliche, jedoch unwiderrufliche Beseitigung der archaischen Überreste, die wir als unabhängiges Land bis heute nicht ausrotten konnten. Genauer gesagt: Nur so werden wir am Ende die alte koloniale und patriarchalische Ordnung mit allen moralischen, sozialen und politischen Konsequenzen aufgehoben haben, die sie mit sich brachte und auch heute noch mit sich bringt« (Holanda 2013 [1936], 221).

Holandas frühes Buch verwies schon auf Argumente, die erst einige Jahrzehnte später ihre volle Wirksamkeit entfalten sollten. Denn von den 1950er bis hin zu den 1970er-Jahren wurde unter dem Einfluss der Modernisierungstheorie die implizit komparatistische Auseinandersetzung mit der Moderne, nach der die Gesellschafts- und Lebensformen Lateinamerikas ein Vorstadium der (authentischen) europäischen und US-amerikanischen Moderne darstellten, zu einer hegemonialen Tendenz in den lateinamerikanischen Sozialwissenschaften.

Der seinerzeit international weithin anerkannte und einflussreiche italienisch-argentinische Soziologe Gino Germani (1911–1979) verkörperte dabei wie kein anderer Sozialwissenschaftler Lateinamerikas die Übertragung des Forschungsprogramms der Modernisierungstheorie auf die Region. Im Zentrum seines Modernitätsbegriffs steht der Prozess der Säkularisierung, den er über Verschiebungen in der normativen Struktur der Gesellschaft definiert. Die Veränderungen der Handlungsformen der Gesellschaftsmitglieder und des institutionellen Aufbaus im Rahmen der Modernisierung beschreibt er stichpunktartig so: »(1) type of social action: *from prescriptive to elective action*; (2) acceptance of change: from *institutionalization of tradition* to *institutionalization of change*; (3) institutional specialization: from a *relatively undifferentiated* complex of institutions to a high degree of *institutional differentiation and specialization* (Germani 1968, 345; Hervorhebungen im Original).

Die Umwandlung einer ›traditionellen‹ in eine ›moderne Gesellschaft‹ impliziert Germani zufolge eine Modernisierung auf ökonomischer, sozialer und politischer Ebene. Die Transformationen auf diesen drei Ebenen können asynchron erfolgen, wodurch sich in unterschiedlichen Regionen auch verschiedene Entwicklungspfade ergeben. So grenzt Germani das westliche Modernisierungsmuster (*modelo occidental*) ab von den Modellen, die im 20. Jh. entstehen sollten, nämlich vom sowjetischen, chinesischen und Castroschen Modell (Letzteres benannt nach Fidel Castro). Mit Bezug auf die Modernisierungsetappen Lateinamerikas unterscheidet Germani im Detail vier Stufen, deren Formen sich zwar endogen ausgebildet hätten, aber durchaus auch von »externen Faktoren« beeinflusst würden:

(1) traditionelle Gesellschaft, die mit der Conquista und dem Kolonialismus zusammenhängt;
(2) beginnende Überwindung der traditionellen Gesellschaft, beeinflusst von der Amerikanischen und Französischen Revolution;
(3) duale Gesellschaft mit Ausdehnung nach außen: eine Gesellschaft mit traditionellen und modernen Bereichen, die von außen durch die Industrielle Revolution, die Massenmigration von Europa nach Amerika, den westlichen Kapitalexport in die ›peripheren Länder‹, den Liberalis-

mus sowie die britische Machtstellung im Weltkontext mitgeprägt wird;
(4) soziale Massenmobilisierung, die auf internationaler Ebene mit der Weltwirtschaftskrise von 1929, dem Kalten Krieg und unterschiedlichen Ideologien (Liberalismus, Marxismus, Nationalismus, Faschismus) zusammenhängt (Germani 1971, 51 ff.).

Die modernisierungstheoretisch basierte Moderneforschung ist bis heute in mehreren akademischen und auch entwicklungspolitischen Einrichtungen Lateinamerikas vertreten. Die Plausibilität einiger ihrer Prämissen wurde allerdings bereits Mitte der 1960er-Jahre v. a. im Rahmen der im Folgenden zu behandelnden Dependenztheorie in Frage gestellt.

Die abhängige Moderne

Der Beitrag der Dependenztheorie zur Forschung über die Moderne in Lateinamerika besteht v. a. in der deutlichen Auslotung der Interdependenzen zwischen Unterentwicklung und Entwicklung. Dabei wird sowohl der vermeintlich endogene Charakter der Modernisierung als auch die »scharfe Antithese zwischen Moderne und Tradition« (Knöbl 2001, 32), wie von der Modernisierungstheorie postuliert, angefochten.

Die Dependenztheorie bildet bekanntlich keine einheitliche Schule. Es handelt sich um analytisch und politisch heterogene Studien, die zunächst in Lateinamerika in den 1960er- und 1970er-Jahren entstanden waren, die aber bald weltweit und insbesondere in Deutschland neue Anhänger hinzugewinnen konnten. Auch die Verdienste dieser Studien im Rahmen der Modernedebatte in Lateinamerika waren und sind individuell sehr unterschiedlich zu beurteilen.

Bei der Einschätzung des Innovationsschubs, den die unterschiedlichen Dependenzansätze in die Moderneforschung (nicht nur) in Lateinamerika einbrachten und noch immer einbringen, hilft die Unterscheidung zwischen einer reformistischen und einer marxistischen Dependenztheorie (vgl. hierzu Kay 1989, 125 ff.). Zur ersten Gruppe gehören Autoren wie u. a. Fernando Henrique Cardoso (geb. 1931), Enzo Faletto (1935 – 2003), Osvaldo Sunkel (geb. 1929), die der CEPAL/ECLAC (*UN-Economic Comission for Latin America and the Caribbean*) und ihrer strukturalistischen Sicht nahe standen. Zu den marxistischen Dependenz-Autoren wären u. a. Ruy Mauro Marini (1932 – 1997), Theotonio dos Santos (geb. 1936) und André Gunder Frank (1929 – 2005) zu zählen, die die Überwindung von Unterentwicklung im Kapitalismus für unwahrscheinlich hielten. Hinzuzufügen ist, dass der marxistische Dependenzansatz seinerzeit die breite Rezeption des Marxismus in Lateinamerika erneuerte, welche am Ende des 19. Jh.s begann (Teilüberblick bei Miller 2008).

Kay (1989, 129) zeigt, wie Marxisten und Reformisten sich darüber einig sind, dass Unterentwicklung »or the pattern of development of dependent countries« nicht ein chronologisches und logisches Vorstadium von Entwicklung darstellt, wie es die Industrieländer kannten. Ihrer Ansicht nach ist vielmehr davon auszugehen, dass sich außerhalb der westlichen Welt Entwicklung und Unterentwicklung immer schon gegenseitig bedingten, weil gezeigt werden kann, dass die abhängigen Länder »were forcefully integrated into the world capitalist system by the dominant countries«. Damit korrigieren die Dependenzautoren die Modernisierungstheorie, nach der die Moderne in Europa anfängt und sich erst dann global ausdehnt. Für die Dependenztheorie dagegen geht die Moderne seit ihren Anfängen mit der Verdichtung der Verflechtungen zwischen Europa und dem Rest der Welt einher.

Innerhalb der Dependenzschule wird diese interdependente Konstituierung der Moderne von Marxisten und Reformisten freilich mit unterschiedlicher Radikalität behauptet. Zwei Essays von Marini und Sunkel, beide 1973 erschienen, veranschaulichen die Deutungsunterschiede.

Sunkels Text fasst für eine internationale Leserschaft die Ergebnisse seiner vorherigen Beschäftigung mit Fragestellungen zur Entwicklung Lateinamerikas zusammen. Demzufolge führte die industrielle Revolution in Europa zu einem »international system of division of labour which allocated manufacturing activity to the central countries and primary activities to the periphery« (Sunkel 1973, 12). Obwohl Sunkel die Abhängigkeit der Länder Lateinamerikas auf diese globale Arbeitsteilung zurückführt, weist er Entscheidungen, die auf der Ebene der nationalen Politik getroffen wurden und werden, eine bedeutende Rolle zu bei der Erklärung der Frage, warum bestimmte Länder in die Abhängigkeit gerieten (Sunkel 1973, 25). Diese Deutung prägte auch seine damaligen Handlungsempfehlungen zur Überwindung der Unterentwicklung: Eine konsequente nationale Strategie der Importsubstitution könne die Asymmetrien zwischen peripheren und zentralen Ländern tatsächlich minimieren.

Für Marini hingegen liegen die Interdependenzen zwischen entwickelten und unentwickelten Ländern viel tiefer. Er sieht zwar Unterschiede zwischen den kolonialen Verhältnissen einerseits und der neuen Abhängigkeit, die mit der Industrialisierung in den europäischen (Post-)Kolonialmächten erst entstanden ist, andererseits. Doch betont er, dass die Länder Lateinamerikas bereits seit dem 16. Jh. durch den Export von Edelmetallen, Rohstoffen und Lebensmitteln zur Entstehung einer globalen kapitalistischen Wirtschaft beigetragen haben (Marini 1973, 19). Marini sieht die Strukturen der Kapitalakkumulation in Europa und Lateinamerika derart verschränkt, dass ökonomische Überschüsse in Lateinamerika nur durch eine Hyperausbeutung der Arbeitskräfte erzielt werden konnten, wodurch die Entstehung starker Binnenmärkte in der Region verhindert wurde. Obendrein führte und führt die Technologie- und Kapitalabhängigkeit Lateinamerikas gegenüber den zentralen Ländern dazu, dass selbst eine konsequente auf Importsubstitution basierende Industrialisierung die Dependenzlogik vertiefe und auch weiterhin vertiefen werde: »Die lateinamerikanische Industrialisierung entspricht also einer neuen Arbeitsteilung, in deren Rahmen untergeordnete Etappen der industriellen Produktion auf die abhängigen Länder übertragen werden, während den imperialistischen Zentren die gehobenen Etappen (wie die Computerherstellung und die Elektronikindustrie im Allgemeinen, die Ausbeutung neuer Energiequellen wie die Atomenergie) und das Monopol über die entsprechende Technologie vorbehalten werden« (Marini 1973, 68–69; eigene Übers.).

Die Ausführungen Marinis – hier stellvertretend für die marxistische Variante der Dependenzschule erwähnt – haben für die Forschung über die Moderne erhebliche Konsequenzen. Sie zeigen, dass nicht erst die industrielle Revolution, sondern bereits der Kolonialismus Lateinamerika in die globale Geschichte der Moderne unwiderruflich eingebunden hat. Sie legen ferner dar, dass die Abhängigkeitsfrage global gestellt ist, also national nicht aufgehoben werden kann, wie die Reformisten es glaubten und glauben. Dieser entscheidende Bruch mit der Modernisierungstheorie wird gerade in den aktuellen Diskussionen über die Moderne (nicht nur) in Lateinamerika wieder verstärkt gewürdigt.

Gegenwärtige Tendenzen

In der pluralen akademischen Landschaft Lateinamerikas findet sich aktuell eine kaum überschaubare Fülle von Ansätzen und Strömungen, die sich empirisch und theoretisch mit der Moderne beschäftigen. Die unterschiedlichen Varianten schließen i. d. R. an international geführte Debatten an und sind insbesondere seit den 1990er-Jahren durch den Versuch geprägt, die Konfiguration der Moderne in Lateinamerika in den globalen Kontext einzuordnen.

Wie Zitationsmessungen zeigen (s. Costa 2013c), ist die gegenwärtige Auseinandersetzung mit der Moderne in Lateinamerika v. a. durch die Rezeption von Theoretikern geprägt, die Jeffrey C. Alexander (1994) unter die Kategorie *Neo-Modernism* einordnet. Dabei handelt es sich um Ansätze, die den seit den 1990er-Jahren eingetretenen »Triumph« der Marktwirtschaft und der Demokratie zum Anlass nehmen, der Sozialtheorie nach der Dominanz der postmodernen Skepsis wieder universalistische Ansprüche zuzuweisen. Anders als die Modernisierungstheorie der Nachkriegszeit beschreiben ›neo-moderne‹ Ansätze die Modernisierung zwar nicht mehr als einen endogenen Prozess, der im Rahmen von nationalen Gesellschaften erfolgt. Weitere grundlegende Annahmen der Modernisierungstheorie und insbesondere die dichotomische Unterscheidung zwischen Tradition und Moderne werden jedoch von solchen ›neo-modernen‹ Ansätzen nicht hinterfragt (Alexander 1994, 187).

Zentrale Referenzen in der Rezeption ›neo-moderner‹ Ansätze in Lateinamerika bilden Autoren wie Jürgen Habermas (u. a. 1998), Niklas Luhmann (u. a. 1997), Anthony Giddens (u. a. 1990) und Ulrich Beck (u. a. 2008), die ausgehend von ihren Beobachtungen in Europa die Konturen der globalen Moderne bzw. der Weltgesellschaft nachzeichnen. Diese Theorien wirken in ihrer Verwendung im Rahmen der empirischen Forschung zur Moderne in Lateinamerika wie einst die Modernisierungstheorie: Das, was lokal beobachtet wird, wird wieder zu einem Vorstadium der Strukturen und Prozesse erklärt, die in den rezipierten Theorien als charakteristisch für die gegenwärtige globalisierte Moderne gelten. Auf diese Weise werden zum Beispiel die in Mexikostadt untersuchten Sexualitäts- und Intimitätsmuster mit dem von Giddens (1992) und Beck/Beck-Gernsheim (1990) beschriebenen Reflexivwerden des intimen Lebens kontrastiert und entsprechend als »traditionell« eingestuft (Tenorio Tovar 2012). Ähnlich verhält es sich oft mit der Rezeption Luhmanns: Die Gesellschaften Lateinamerikas werden als ›peripher-modern‹ – ein besonderer Typus moderner Gesellschaften – bezeichnet, weil sie aus Sicht der Systemtheorie funktional unzureichend differenziert sind: »[…] die lateinamerikanischen Gesellschaften, die in einer funktional differenzierten Weltgesellschaft verankert [sind], strukturieren sich durch stratifizierte und hierarchisierte operative Merkmale« (Romero et al. 2009, 172).

Eine deutliche Abwendung von einer derartigen Methode des impliziten Vergleichs, in der eine idealisierte Beschreibung der europäischen und nordamerikanischen Moderne auf problematische Weise zum Maßstab avanciert, an dem der Entwicklungsgrad der Moderne in Lateinamerika bemessen wird, erfolgte erst jüngst im Rahmen von zwei unterschiedlichen Forschungsperspektiven: Bei der einen Sichtweise geht es darum, im Anschluss an Shmuel Eisenstadts Programm der *multiple modernities* (Eisenstadt et al. 2000) die Entfaltung der Moderne in Lateinamerika als einen spezifischen Entwicklungspfad zu begreifen; bei der anderen handelt es sich um postkoloniale Ansätze, die Lateinamerika in den Rahmen einer »verwobenen Moderne« (Conrad/Randeria 2002) zu stellen suchen.

Für die Untersuchung Lateinamerikas als einer bestimmten Variante multipler Modernen sind die Arbeiten des brasilianischen Soziologen José Maurício Domingues (insbesondere 2008 und 2009) das konsequenteste Beispiel. Domingues distanziert sich zwar von Eisenstadts Zivilisationsverständnis und dessen Betonung der Rolle von Religionen, weil er darin die Fortführung des methodologischen Nationalismus sieht: »world religions [...] become, in the writtings of Eisenstadt, something similar to national or in any case closed cultures« (Domingues 2008: 128). Er bezeichnet aber wie Eisenstadt die Moderne als ein artikuliertes Zivilisationsprogramm, das in verschiedenen Regionen unterschiedliche Gestalten annimmt. Im Zentrum von Domingues' Moderne-Begriffs stehen ein »modern imaginary«, zu dem »freedom, equality, solidarity, and responsibility« gehören, und ein Set von Institutionen wie »citizenship, the legal-rational state, nationhood, capitalism, racism, patriarchy« (Domingues 2008, xv). Demzufolge untersucht Domingues die Entwicklung der Moderne in Lateinamerika nicht als einen Prozess, der dem Vorbild der europäischen Modernisierung – auch chronologisch gesehen – nur nachfolgt, sondern als Prozess, der simultan und verbunden mit der Entfaltung der Moderne in Europa stattfindet. Es soll also gezeigt werden, wie sich das »modern imaginary« und die o. g. modernen Institutionen in Lateinamerika synchron zu Europa entwickeln. Nach Domingues führt die simultane und verflochtene Entwicklung der Moderne in Europa und in den Amerikas gleichwohl nicht zu einer dezentrierten oder polyzentrischen Moderne: »The dynamic center of the global system lay in the West – and it remains so to this day to a great extent, with the United States substituting the European countries as the world hegemon, although a number of modernizing moves and dynamic processes, especially if emancipatory, often emerge in the periphery [...]« (Domingues 2008, 125).

Hier setzen postkoloniale Ansätze an: Sie verschieben den Fokus weg von den Einzelregionen hin zu den Verflechtungen und Verhältnissen zwischen den Regionen. Damit wird die Moderne räumlich und zeitlich dezentriert: Sie findet nicht in Europa und/oder in Amerika statt, sondern sie formiert sich seit ihren Anfängen im Spannungsfeld der kolonialen und postkolonialen Machtbeziehungen zwischen Europa und dem »Rest« der Welt. Bei der Rede von Zentrum und Peripherie geht es hier dann nicht darum, dem Zentrum (Europa und Nordamerika) eine ontologische und chronologische Präzedenz in der Konstituierung der Moderne zuzuschreiben, sondern lediglich darum, das Machtgefälle zwischen dem Westen und dem ›Rest‹ auszudrücken. Ein solches theoretisches Programm wird in Lateinamerika durch die Arbeiten des peruanischen Soziologen Anibal Quijano (geb. 1928) paradigmatisch verkörpert (u. a. Quijano 1990; Quijano 2000). Er steht auch in Verbindung zur »Modernity/Coloniality Group«, zu der sich mehrere in den USA und Lateinamerika beschäftigte Kultur- und Sozialwissenschaftler, u. a. Walter Mignolo (Duke University), Arturo Escobar (University of North Carolina), Catherine Walsh (Universidad Andina Simón Bolívar, Ecuador), zusammengefunden haben. Die Gruppe arbeitet an der Entwicklung einer lateinamerikanischen Variante des Postkolonialismus, bekannt als »dekoloniale Perspektive« (s. Escobar 2007).

Quijanos Erforschung der Moderne entspricht in gewisser Weise einer Fortsetzung des Programms des marxistischen Flügels der Dependenztheorie, mit dem er in den 1970er-Jahren in enger Verbindung stand. Ihm zufolge wird die Moderne zwar als Kategorie erst im 18. Jh. geprägt, die entsprechenden sozialen Veränderungen waren jedoch schon seit Ende des 15. Jh.s mit der ›Entdeckung‹ Amerikas im Gang. Im Rahmen der neuen »historischen Ganzheit«, die Europa und Amerika verbindet, konstituiert sich, so Quijano, die Moderne sowohl durch den Güterverkehr in materieller Hinsicht als auch mit Bezug auf ein ganz spezifisches Ideenrepertoire: »Wie könnte man sich ohne Amerika die Entstehung einer typischen europäischen Utopie im 16. und 17. Jh. vorstellen, als die ersten Zeichen einer neuen Rationalität auftauchen, welche die Zukunft als Reich der Hoffnung und der Rationalisierung auszeichnet – statt der allgegenwärtigen Vergangenheit, bis dahin die alleinige Legitimations- und Erklärungsquelle, die einzige Referenz für alle Träume und Sehnsüchte der Menschheit?« (Quijano 1990, 12; eigene Übers.).

Eine weitere für die Konstituierung der Moderne entscheidende Verbindung von Amerika und Europa liegt Quijano zufolge in der Strukturierung einer rassisch basierten Kontrolle der Arbeit, welche den (post)kolonialen Kapitalismus prägt. Demnach führen Kolonialismus und moderne Sklaverei zu einer Arbeitsteilung, in deren Rahmen Indigene und aus Afrika verschleppte Menschen als rassisch unterlegen klassifiziert werden und unentgeltliche Arbeit leisten, während weiße Europäer für ihre Leistung bezahlt werden. Dies half Europa und den Europäern dabei, im 18. und 19. Jh. das Machtzentrum im Weltkapitalismus zu besetzen. Diese konstitutive Rolle des Kolonialismus für die Strukturierung der Machtverhältnisse zwischen den Regionen und Ethnien/›Rassen‹ in der Moderne wird mit dem von Quijano (u. a. 2000) geprägten und oft zitierten Begriff der »coloniality of power« ausgedrückt.

Regionen, Räume und Entwicklungspfade

Aus der obigen forschungsgeschichtlichen Rekonstruktion ergeben sich zwei deutlich abgrenzbare Vorstellungen bezüglich der räumlichen Entfaltung der Moderne. Die *erste* Vorstellung resultiert aus der evolutionistischen Perspektive: Sie beginnt mit Sarmiento und lässt sich über den wissenschaftlichen Rassismus, die erste Rezeption Webers, die Modernisierungstheorie und in gewisser Weise die reformistische Variante der Dependenztheorie bis hin zur Rezeption ›neo-moderner‹ Ansätze verfolgen. In dieser Sicht entspricht die Moderne einer Zeit-Raum-Konfiguration, die in Westeuropa im 18. Jh. ihren Ursprung hat. Von dort wurde sie auf die anderen Weltregionen übertragen, die sich nach einem ähnlichen Muster wie Europa modernisieren (können).

Sie hat gleichzeitig auch Auswirkungen auf die Deutung der Position Spaniens und Portugals innerhalb Europas: Denn aus ihr folgt auch die Einschätzung, dass die Gesellschaften der Iberischen Halbinsel nicht zur europäischen Moderne gehören und sich selbst erst europäisieren müssen. So sah Sarmiento in Anspielung auf die Position Spaniens im Süden Europas das Land seinerzeit als verortet »zwischen Mittelmeer und Atlantik, zwischen Mittelalter und neunzehntem Jahrhundert, mit dem gebildeten Europa durch eine breite Landenge verbunden und vom barbarischen Afrika durch eine schmale Meerenge getrennt […]« (Sarmiento 2007, 12). Ähnliches ist auch im Rahmen der ersten Rezeption von Max Webers Werk festzustellen; auch hier wird den katholischen Spaniern und Portugiesen eine ablehnende Haltung gegenüber der »moderne[n] Religion der Arbeit und [… der] Hochschätzung der nützlichen Tätigkeit […]« zugesprochen, die »gut zur eingeschränkten Fähigkeit passt, sich gesellschaftlich zu organisieren« (Holanda 2013, 18).

In Bezug auf einzelne Länder führt die evolutionistische Lesart der Moderne zu einem methodologischen Dualismus, durch den die noch nicht voll ›modernisierte‹ Gesellschaft als ein dichotomes Gefüge dargestellt wird: Zivilisierte vs. Barbaren (Sarmiento), überlegene und minderwertige Ethnien (wissenschaftlicher Rassismus), traditionelle vs. moderne Sektoren (Modernisierungstheorie), funktional differenzierte Systeme vs. hierarchisierte und stratifizierte Sphären (Systemtheorie), traditionelle bzw. einfach-moderne vs. reflexive Lebensformen (Rezeption ›neo-moderner‹ Ansätze).

Die *zweite* Raumvorstellung, die in den oben rekonstruierten forschungsgeschichtlichen Ansätzen zu finden ist, geht auf die marxistische Variante der Dependenzschule zurück; sie wird in den gegenwärtigen postkolonialen Theorien fortgesetzt. Danach beginnt die Geschichte oder zumindest die Vorgeschichte der Moderne mit der ›Entdeckung‹ Amerikas im 15. Jh., einem Ereignis, das deshalb schon als Produkt der Verflechtungen zwischen Europa und Amerika zu verstehen sei. Insofern sind auch Spanien und Portugal nicht der vor- oder nur halbmoderne Teil Europas; vielmehr müssten sie geradezu als die Vorreiter und treibenden Kräfte der Moderne in Europa interpretiert werden. Ihre spätere untergeordnete Rolle mache diese beiden Länder nicht weniger modern. Schließlich seien geographische Machtverschiebungen der Geschichte der Moderne geradezu inhärent. Entschieden abgelehnt werden von dieser zweiten Interpretationslinie auch dualistische Beschreibungen einzelner Gesellschaften, in diesem Fall lateinamerikanischer Länder. Hier wird ein radikaler relationaler Ansatz vertreten, insofern nicht nur die je verschiedenen Weltregionen, sondern auch gesellschaftsinterne Strukturen und Lebensformen, die als ›traditionell‹, ›modern‹, ›reflexiv‹ bezeichnet werden, als Teile eines totalisierenden Beziehungsgefüges verstanden werden, das die machtasymmetrische globale Moderne ausmacht.

Ein Ansatz im Rahmen der oben skizzierten Geschichte der wissenschaftlichen Beschäftigung mit der Moderne in Lateinamerika lässt sich freilich nicht besonders gut mit der Unterscheidung zwischen einer evolutionistischen und einer (post)kolonialen Geographie der Moderne fassen: das Forschungsprogramm der *multiple modernities*. Denn einerseits betont dieser Ansatz die Simultaneität der Entwicklung der Moderne in Europa und Amerika, wodurch er der postkolonialen Vorstellung durchaus nahe kommt. Andererseits räumt der für diesen Ansatz stehende und oben vorgestellte Autor José Maurício Domingues ein, dass Europa und später die USA das *modern imaginary* und die modernen Institutionen in gewisser Weise vorleben bzw. vorgeben, womit er nicht weit ab von evolutionistischen Interpretationslinien liegt. Außerdem beschreibt das auf Lateinamerika bezogene *multiple-modernities*-Programm unterschiedliche Entwicklungspfade, die die Moderne in den verschiedenen Regionen durchläuft. Dabei entstehen mehrere, bis zu einem gewissen Grad voneinander unabhängige Geographien der Moderne. Dies wird in postkolonialen Texten, wie in der Arbeit Quijanos exemplarisch dargestellt, bestritten, die seit dem Zeitalter der ›Entdeckungen‹ von der Existenz einer einzigen globalen und interdependenten Geographie der Moderne ausgehen.

Zeithorizonte

Die Diskussion über die Postmoderne als Aufhebung der modernen Ära beschäftigte lateinamerikanische Literaturkritiker und Kulturwissenschaftler in den 1980er und 1990er-Jahren intensiv und ist in Lateinamerika bis heute präsent (Überblick bei Beverly et al. 1995). In den Sozialwissenschaften hingegen hat diese Debatte wenig Fuß gefasst; hier bildete und bildet weiterhin die Moderne die Hauptreferenz. Zäsuren, Brüche und Wendungen werden nicht jenseits, sondern stets innerhalb der Moderne lokalisiert. Geht man von den drei erwähnten aktuell vertretenen Forschungsansätzen aus (›neo-moderner‹ Ansatz, *multiple-modernities*-Programm, postkoloniale Interpretationen), so lassen sich parallel und in Bezug zu den Geographien der Moderne zwei Zeithorizonte in der Forschungslandschaft deutlich ausmachen, wobei sich das *multiple-modernities*-Konzept auch diesbezüglich nicht eindeutig einordnen lässt.

Nach evolutionistischer Auffassung jedenfalls, die in der Rezeption ›neo-moderner‹ Ansätze überwiegt, entstand die Moderne mit der Aufklärung und der Industriellen Revolution in Europa. Gegen Ende des 20. Jh.s jedoch habe eine neue Epoche der Moderne begonnen, die je unterschiedlich benannt wird: Begriffe wie ›Spätmoderne‹, ›zweite Moderne‹ oder ›reflexive Moderne‹ werden oft austauschbar verwendet, je nachdem, ob man beispielsweise stärker das Werk von Jürgen Habermas, Anthony Giddens oder von Ulrich Beck rezipiert hat (vgl. etwa Matos 2000; Luciani 2010). Einen Unterschied gibt es aber doch: Während der Begriff ›Spätmoderne‹ eher deskriptiv verwendet wird, sind die Begriffe ›zweite‹ oder ›reflexive Moderne‹ normativ besetzt, als sollten die lateinamerikanischen Gesellschaften ihren Weg in die reflexive Moderne gefälligst bald finden. Ähnliches gilt auch für die Rezeption der Systemtheorie. Dort ist von der Entstehung einer Weltgesellschaft (im Singular) die Rede. Lateinamerika gehört danach synchron zwar dazu, jedoch, wie oben belegt, als ›periphere Moderne‹, die noch nicht ausreichend sozial differenziert ist.

Die postkolonialen Ansätze datieren die Entstehung der Moderne nicht erst auf das 18. und 19. Jh., sondern bereits auf das Ende des 15. Jh.s. Sie betonen zwar die geschichtlichen Machtverschiebungen mit den entsprechenden Herrschaftsmustern (Kolonialismus, Imperialismus, Hegemonie, etc.) von Süd- nach Westeuropa und von dort nach Nordamerika; epochale Brüche in der Geschichte der Moderne werden jedoch nicht gesehen.

Das *multiple-modernities*-Programm – zumindest in der oben skizzierten Version von Domingues – teilt zwar die postkoloniale Ansicht bezüglich der Bedeutung des Kolonialismus für die Konstituierung des Kapitalismus und der Machtverhältnisse in der Moderne. Dennoch ist von Brüchen und Diskontinuitäten die Rede, was der These Quijanos widerspricht, wonach eine Art Protomoderne bereits mit dem europäischen ›Anschluss‹ Amerikas entstanden war. Domingues zufolge liegt Quijanos Datierung der Moderne auf die koloniale Einschließung Amerikas durch die europäischen Kolonialmächte deshalb falsch, weil die Moderne sich erst mit der Entfaltung ihres emanzipatorischen *imaginary* im 18. und 19. Jh. eigentlich konstituierte. Quijanos Fehler bestehe also darin, «[…] to date modernity too early and [to] overlook the utopian, emancipatory horizon of modernity, concentrating only on the elements of domination it embodies» (Domingues 2008, xvii). Domingues unterscheidet drei Hauptphasen in der Geschichte der Moderne. Die Beschreibung der ersten und zweiten Phase schließt sich weitgehend an herkömmliche Periodisierungen und insbesondere an Peter Wagners (1995) Befunde an. Domingues spricht diesbezüglich von einer ›liberal restringierten Phase‹ vom Ende des 19. Jh.s bis zu den 1920ern, und einer zweiten Phase zwischen den 1930er- und 1980er-Jahren, die durch eine stärkere Präsenz des Staates charakterisiert ist (Domingues 2011, 518).

Der innovative Charakter seines Ansatz liegt v. a. in der Charakterisierung der dritten Phase, die in den 1990er-Jahren beginnt. Um seine Thesen und Zäsuren auch empirisch zu fundieren, geht Domingues nicht von Entwicklungen in Europa und/oder Nordamerika aus, sondern von solchen in Lateinamerika, v. a. Brasilien, und in Südasien unter besonderer Berücksichtigung Indiens und Chinas. Domingues (2011, 2009) beobachtet heute in allen drei Regionen bzw. Ländern die Konturierung einer dritten Phase der Moderne. Diese sei zwar in jedem der untersuchten Kontexte unterschiedlich entfaltet und geformt, weise aber einen gemeinsamen Kern auf: Anders als die marktgesteuerte erste und die vom Staat gelenkte zweite Phase sei die dritte Periode von neuen Vergesellschaftungs- und Steuerungsmodi geprägt, v. a. von einer zunehmenden Pluralisierung der Lebensformen und der Verbreitung thematisch spezialisierter Netzwerke, welche die Rolle bisheriger hierarchisierter Koordinierungsstrukturen teilweise übernähmen.

Zusammenfassend lässt sich festhalten, dass in der gegenwärtigen lateinamerikanischen Moderneforschung kein Konsens darüber besteht, wann die Moderne begann und in welchem Stadium der Moderne man sich heute befindet.

Themen und Leitprozesse

Die sich historisch wandelnden Hauptthemen, die die Auseinandersetzung mit der Moderne in Lateinamerika prägen, lassen sich in mindestens vier Komplexe aufteilen: ethnisch-kulturelle, gesellschaftliche, ökonomische sowie politische Fragestellungen.

In der ersten Forschungsphase, die oben mit ›Moderne als Transplantat‹ bezeichnet wurde, dominierten Diskussionen über die ethnische Zusammensetzung der neuen unabhängigen Nationen. Danach entsprach die Moderne der ›europäischen‹ Zivilisation und den in ihr lebenden Menschen. Der entscheidende Triebkraft der voranzutreibenden Modernisierung war demzufolge ein ganz spezifischer demographischer Wandel: Die Bevölkerung musste aus dieser Perspektive auch im ›rassischen‹ Sinne europäisiert werden.

Nachdem die Rassentheorien ihr Prestige auch international eingebüßt und die Länder Lateinamerikas in der Durchmischung der Ethnien, Kulturen und ›Rassen‹ eine Lösung für die Konstituierung einer angeblich einheitlichen Nation gefunden hatten, rückten während der oben mit ›Moderne als Selbsttransformation‹ benannten Phase andere Themen ins Zentrum. Es ging darum, die Länder politisch, ökonomisch und gesellschaftlich zu modernisieren. Politische Modernisierung bedeutete v. a. die Konsolidierung eines demokratischen Rechtsstaats mit den dazu gehörenden Institutionen. Ökonomische Entwicklung meinte v. a. Industrialisierung und technologischer Fortschritt in der Agrarwirtschaft. Mit Blick auf gesellschaftliche Prozesse schließlich dominierten Diskussionen über Urbanisierung und soziales Miteinander: Themen waren hier die Einbeziehung marginalisierter Gruppen und die Überwindung ›traditioneller‹ Vergesellschaftungsmuster. Dabei wurde, wie erwähnt, auch die Säkularisierung als Motor der Modernisierung verstanden.

Der Dependenztheorie sowohl in der reformistischen als auch in der marxistischen Variante ging es v. a. um ökonomische Entwicklung und die Entschärfung der Abhängigkeit durch eine günstigere Einbindung Lateinamerikas in die Weltwirtschaft. Untersuchungen über Steuerungsgrenzen des Nationalstaats oder über die politische Rolle der nationalen Bourgeoisie waren hier dem Primat der ökonomischen Entwicklung stets untergeordnet.

Ab den 1970er-Jahren, als der Entwicklungsdiskurs in vielen Ländern Lateinamerikas von modernisierenden Diktaturen kooptiert wurde, verschoben sich die Schwerpunkte der Diskussion auf die politische Ebene: Zuerst befasste sich die Moderneforschung mit dem Autoritarismus; nach dem Sieg über die Diktaturen rückten dann Diskussionen über Demokratisierung und den Aufbau einer politischen Öffentlichkeit, die Rolle der neuen sozialen Bewegungen sowie die Konsolidierung der Zivilgesellschaft und der Staatsbürgerrechte ins Zentrum. Das sind auch die Schwerpunkte, die bis Ende der 1990er-Jahre ganz oben auf der Agenda der Moderneforschung in Lateinamerika standen.

Jüngst sind erneut gesellschaftliche Transformationen ins Zentrum des Interesses getreten: Zum einen sind bei der sozialen Pluralisierung in unterschiedlichen Lebensbereichen religiöse Diversität, multiple Sexualitäts- und Intimitätsmuster, plurale Familienmodelle wichtige Themen. Zum anderen geht es um die Erforschung der sozialen Folgen der »neoliberalen Modernisierung« (Lechner 1990), deren Beginn auf die Implementierung der IWF-Programme zur Überwindung der Schuldenkrise der 1980er-Jahre datiert wird. Neben unzähligen Studien über die daraus folgende Verschärfung von Armut, Exklusion und Ungleichheit (z. B. Gago 2011) sind Abhandlungen hervorzuheben, welche die Auswirkungen des neoliberalen Zyklus auf die in Lateinamerika vorherrschenden Solidaritäts- und Vergesellschaftungsmuster untersuchen, paradigmatisch etwa das umfassende Forschungsprogramm der peruanisch-chilenischen Soziologin Kathya Araujo und des peruanisch-französischen Soziologen Danilo Martuccelli: In zeitdiagnostischer Absicht analysieren sie die auf Konsum basierende Entfaltung des Individuums in der chilenischen Gesellschaft und streben eine anspruchsvolle Theoretisierung der Bedeutung sozialer Bindungen in der Moderne Lateinamerikas an (s. besonders Araujo/Martuccelli 2012).

Auch ethnisch-kulturelle Fragen werden in jüngster Zeit wieder in die Moderneforschung integriert: Im Anschluss an die internationalen Debatten um Mutikulturalismus und Interkulturalität werden die Teilnahme und Teilhabe von Indigenen, Afroamerikanern und ›traditionellen‹ Bevölkerungsgruppen an der Moderne Lateinamerikas intensiv diskutiert. Die Debatten erfahren oft auch insofern eine epistemische Zuspitzung, als einige Autoren indigene und afroamerikanische Gruppen als Produzenten neuartiger, nicht-wissenschaftlicher Wissensbestände und Denkmuster charakterisieren. Die Wissensrepertoires werden insbesondere im Rahmen der Debatten über die ökologischen Grenzen des ökonomischen Wachstums ins Spiel gebracht, da hier Mensch-Natur-Verhältnisse erfasst werden, die als Korrektur der expansionistischen Exzesse der herkömmlichen Moderne gelten könnten (v. a. Walsh 2002; Escobar 2008). Nicht zuletzt hängt damit auch das in Deutschland viel beschworene Konzept des *buen vivir* (guten Lebens) zusammen (Altmann 2013).

Aus der obigen Rekonstruktion lässt sich eine kontinuierliche und intensive Beschäftigung mit der Moderne in Lateinamerika erkennen. Die Moderneforschung Lateinamerikas hat seit ihren Anfängen Anschluss an die europäischen und internationalen Debatten gesucht, wobei freilich die dortigen Sozialwissenschaften stets eine untergeordnete Rolle in der internationalen Wissenslandschaft spielten und oft noch spielen. Demzufolge rezipiert und reproduziert die lateinamerikanische Forschung oftmals nur ›westliche‹ Theorien und Methoden zur Untersuchung der Moderne, sodass die lokalen Ausformungen der Moderne lediglich als Ausdruck eines Modernisierungsdefizits gedeutet werden. Die Dependenztheorie suchte in den 1960er-Jahren diesen methodischen Fehler zu beheben, indem sie die abhängige Position Lateinamerikas – vornehmlich auf der ökonomischen, aber auch auf der wissenschaftsinstitutionellen Ebene – selbst ins Zentrum der Debatte rückte.

Die Dependenztheorie konnte jedoch die Moderneforschung in Lateinamerika von ihrer epistemischen Anhängigkeit nicht vollständig befreien. V. a. im Zuge der Aufnahme ›neo-moderner‹ Theorien werden seit den 1990er-Jahren die Erfahrungen mit der Moderne vor Ort (wieder einmal) als rückständige Variationen der ›reflexiven‹ Moderne Westeuropas und Nordamerikas gedeutet.

Immerhin lässt sich feststellen, dass die Anzahl der Autoren deutlich abnimmt, die noch glauben, dass die Moderne außerhalb Lateinamerikas geschieht, wie Octavio Paz einst feststellte. Vielmehr setzt sich die Ansicht durch, dass die Untersuchung der dortigen Ausformungen der Moderne einen interdependenten Zugriff erfordert, der dem Nexus zwischen Exogenem und Endogenem, nationalen und transnationalen, regionalen und globalen Transformationen konsequent nachgeht.

Literatur

Alexander, Jeffrey C.: Modern, Anti, Post, and Neo: How Social Theories Have Tried to Understand the ›New World‹ of ›Our Time‹. In: *Zs. für Soziologie* 23/3, 1994, 165–197.

Altmann, Philipp: Good Life as a Social Movement Proposal for Natural Resource Use: The Indigenous Movement in Ecuador. In: *Consilience. The Journal of Sustainable Development* 10/1, 2013, 59–71.

Araujo, Kathya/Martuccelli, Danilo: *Desafíos comunes. Retrato de la sociedad chilena y sus individuos*. Santiago de Chile 2012.

Beck, Ulrich: *Weltrisikogesellschaft: Auf der Suche nach der verlorenen Sicherheit*. Frankfurt am Main 2008.

Beck, Ulrich/Beck-Gernsheim, Elizabeth: *Das ganz normale Chaos der Liebe*. Frankfurt am Main 1990.

Beverly, John et al. (Hrsg.): *The Postmodernism Debate in Latin America*. Durham, NC 1995.

Boas, Franz: *Race and Democratic Society* [1904]. New York 1969.

Boatcă, Manuela/Costa, Sérgio: Postcolonial Sociology: A Research Agenda. In: Gutierrez-Rodríguez, Encarnación et al. (Hrsg.): *Decolonising European Sociology, Trans-Disciplinary Approaches*. Farnham 2010, 13–32.

Cairo, Heriberto: Critical Geopolitics and the Decolonization of Area Studies. In: Gutíerrez-Rodríguez et al. (Hrsg.): *Decolonising European Sociology: Trans-Disciplinary Approaches*. Farnham/Burlington 2010, 243–258.

Conrad, Sebastian/Randeria, Shalini: Einleitung. Geteilte Geschichten. Europa in einer postkolonialen Welt. In: Conrad, Sebastian/Randeria, Shalini (Hrsg.): *Jenseits des Eurozentrismus. Postkoloniale Perspektiven in den Geschichts- und Kulturwissenschaften*. Frankfurt am Main 2002, 9–49.

Costa, Sérgio: Nationalismus aus transnationaler Sicht: Wissenschaft, Rassismus und Nation in Brasilien um 1900. In: Fischer, Georg et al. (Hrsg.): *Brasilien in der Welt. Region, Nation und Globalisierung 1870–1945*. Frankfurt am Main/New York 2013 a, 71–94.

Costa, Sérgio: Nachwort. Das Brasilien Sérgio Buarque de Holandas. In: Holanda, Sérgio B.: *Die Wurzeln Brasiliens*. Berlin 2013 b, 235–269.

Costa, Sérgio: Die Geopolitik der soziologischen Wissensproduktion: Soziale Erfahrung und Theoriebildung in Lateinamerika. In: Hochmüller, Markus et al. (Hrsg.): *Politik in verflochtenen Räumen. Festschrift für Marianne Braig*. Berlin 2013 c, 106–120.

Domingues, José Maurício: *Latin America and Contemporary Modernity*. London/New York 2008.

Domingues, José Maurício: Modernity and Modernizing Moves: Latin America in Comparative Perspective. In: *Theory, Culture & Society* 26/7–8, 2009, 208–27.

Domingues, José Maurício: Beyond the Centre: The Third Phase of Modernity in a Globally Compared Perspective In: *European Journal of Social Theory* 14/4, 2011, 517–535.

Eisenstadt, Shmuel: Multiple Modernities. In: *Daedalus* 129, 2000, 1–29.

Escobar, Arturo: Worlds and Knowledge Otherwise. The Latin American Modernity/Coloniality Research Program. In: *Cultural Studies* 21/2, 2007, 179–210.

Escobar, Arturo: *Territories of Difference: Place, Movements, Life*. Redes 2008.

Gago, Verónica: De la invisibilidad del subalterno a la hipervisibilidad de los excluidos. Un desafío a la ciudad neoliberal. In: *Nómadas* 35, 2011, 49–63.

Germani, Gino: Secularization, Modernization, and Economic Development. In: Eisenstadt, Shmuel N. (Hrsg.): *The Protestant Ethic and Modernization. A Comparative View*. New York/London 1968, 343–366.

Germani, Gino: *Sociología de la modernización*. Buenos Aires 1971.

Giddens, Anthony: *The Consequences of Modernity*. Stanford 1990.

Giddens, Anthony: *The Transformation of Intimacy. Sexuality, Love and Eroticism in Modern Societies*. Cambridge 1992.

Habermas, Jürgen: *Die postnationale Konstellation*. Frankfurt am Main 1992.

Hofbauer, Andreas: *Uma história de branqueamento ou o negro em questão*. Sao Paulo 2006.

Holanda, Sérgio B.: *Die Wurzeln Brasiliens* [1936]. Berlin ²2013.

Kay, Cristóbal: *Latin American Theories of Development and Underdevelopment*. London/New York 1989.

Knöbl, Wolfgang: *Spielräume der Modernisierung. Das Ende der Eindeutigkeit*. Weilerwist 2001.

Lechner, Norbert: A modernidade e a modernização são compatíveis? O desafio da democracia latino-americana. In: *Lua Nova* 21, 1990, 73–86.

Luciani, Leandro: La protección social de la niñez: subjetividad y posderechos en la segunda modernidad. In: *Revista latinoamericana de Ciencias Sociais Niñez y Juventud* 8/2, 2010, 885–899.

Luhmann, Niklas: *Die Gesellschaft der Gesellschaft*, 2 Bde. Frankfurt am Main 1997.

Marini, Ruy Mauro: *Dialéctica de la Dependencia*. Mexikostadt 1973.

Matos, Marlise: *Reinvenções do vínculo amoroso: cultura e identidade de gênero na modernidade tardia*. Belo Horizonte 2000.

Mignolo, Walter D.: *The Idea of Latin America*. Malden/Oxford 2005.

Miller, Nicola: *Reinventing Modernity in Latin America. Intellectuals Imagine the Future, 1900–1930*. New York/Hampshire 2008.

Paz, Octavio: In Search of the Present. Stockholm, Nobel Lecture. In: http://www.nobelprize.org/nobel_prizes/literature/laureates/1990/paz-lecture.html (01. 04. 2015)

Quijano, Anibal: Coloniality of Power and Eurocentrism in Latin America. In: *International Sociology* 15/2, 2000, 215–232.

Quijano, Anibal: *Modernidad, Identidad y Utopía en América Latina*. Quito 1990.

Romero, Arturo V. et al.: Diferenciación funcional y sociedad civil: reflexiones para una nueva gobernación en América Latina. In: *Interações* 10/2, 2009, 171–183.

Sarmiento, Domingo F.: *Barbarei und Zivilisation. Das Leben des Facundo Quiroga*. Ins Deutsche übertragen und kommentiert von Berthold Zilly. Frankfurt am Main 2007 (span. 1845).

Schwarcz, Lilia M.: *O espetáculo das raças*, São Paulo 1993.

Schwarz, Roberto: *Misplaced Ideas: Essays on Brazilian Culture*. London/New York 1992.

Stepan, Nancy L.: ›*The Hour of Eugenics*‹. *Race, Gender, and Nation in Latin America*. Ithaca/London 1991.

Sunkel, Osvaldo: *Past, Present, and Future of the Process of Latin-American Underdevelopment*. Budapest 1973.

Tenorio Tovar, Natalia: Repensando el amor y la sexualidad: una mirada desde la segunda modernidad. In: *Sociológica* 76, 2012, 7–52.

Wagner, Peter: *Soziologie der Moderne. Freiheit und Disziplin*. Frankfurt am Main/New York 1995.

Walsh, Catherine: The (Re)Articulation of Political Subjectivities and Colonial Difference in Ecuador. Reflections on Capitalism and the Geopolitics of Knowledge. In: *Neplanta: Views from South* 3/1, 2002, 61–97.

Sérgio Costa

Literaturwissenschaften

Definitionen von Moderne und Anwendungsbereiche

Als Moderne bezeichnet man in der Geschichte der Literatur eine Aufbruchsbewegung, die epochen- und generationenübergreifend wirksam wurde und deren Folgen bis heute andauern und latent oder ausdrücklich auch die Poetik und Literaturtheorie der Gegenwart prägen. Die Moderne in der europäischen Literaturgeschichte stellt sich als ein vielschichtiges und nicht leicht zu fassendes Phänomen dar. Obwohl man in der literaturwissenschaftlichen Forschung überwiegend von einer Grundunterscheidung von antiker und nachantiker Literatur- und Kulturgeschichte ausgeht und diese Schwelle in mentalitätsgeschichtlicher, poetologischer und ästhetischer Hinsicht als markante Zäsur auffasst, werden die Kriterien und die Datierung der angenommenen Umstellung durchaus kontrovers diskutiert. Denn bei der Moderne handelt es sich keineswegs um ein homogenes oder gar holistisches Phänomen; vielmehr artikulieren sich ihre Erscheinungsformen innerhalb der nachantiken Literaturgeschichte als Differenzierungsbewegungen und als diverse Modernisierungsschübe. Es kann aufgrund der zeitlichen, nationalen und regionalen Differenzierungen die *eine* Moderne nicht geben; nichtsdestoweniger lassen sich typische Züge beobachten, die eine Art gemeinsamen Nenner oder wiederkehrendes Ensemble poetischer Figurationen, Konzepte und Metaphern bilden.

In diesem Kontext sind auch solche – wenngleich in quantitativer Hinsicht minoritäre – Positionen der literaturwissenschaftlichen Forschung zu berücksichtigen, die im Anschluss an neuere theoretische Ansätze der Kulturgeschichte und Soziologie den Geltungsanspruch und die Tragfähigkeit des Modernebegriffs problematisieren oder gar grundsätzlich in Frage stellen. Hier sind insbesondere das Konzept der ›Achsenzeit‹ (Armstrong 2006) und daran anschließend der Begriff der *multiple modernities* (Eisenstadt 2000 und 2002) sowie das herkömmliche Moderneauffassungen kritisierende Wissens- und Kulturkonzept Bruno Latours zu nennen (Latour 1991 und 2008; Schüttpelz et al. 2008; Schüttpelz 2009).

Obwohl man in den neueren Literaturwissenschaften größtenteils an der historischen und konzeptionellen Valenz des Begriffs ›Moderne‹ festhält, wird dieser keineswegs einheitlich definiert. Vielmehr kursieren sehr unterschiedliche Konzepte, und die damit verbundenen Periodisierungen werden jeweils kontrovers diskutiert. Versucht man, hier einen Überblick zu geben, so lassen sich die bestehenden Vorschläge und Vorstellungen im Wesentlichen drei verschiedenen Konzeptionen zuordnen: (1) Moderne als Gegenbegriff und Komplement zur Antike; (2) Moderne als ein längerer Zeitraum (*longue durée*) und Entwicklungshorizont von der Frühen Neuzeit bis in die aktuelle Gegenwart; (3) ästhetische oder literarische Moderne als ein Zeitalter poetischer und künstlerischer Innovationen zwischen 1850 und 1930, welche die Epochenströmungen des Ästhetizismus/Symbolismus sowie der literarischen Avantgarden umfasst. Die zu verzeichnende Pluralität hängt dabei aufs Engste mit den jeweiligen Definitionskriterien, den zugrunde liegenden Annahmen über die Entstehung von Moderne und Modernebewusstsein sowie mit den gewählten Gegenkonzepten bzw. komplementären Kategorien zusammen. Die genannten wissenschaftlichen Moderne-Konzepte knüpfen z. T. eng an Motive und Begrifflichkeiten an, die in den gesellschaftlichen, poetologischen sowie künstlerischen Selbstbeschreibungen jener Epochen entwickelt wurden. Daher ist es wichtig, sich diese kulturellen und literarischen Selbstbeschreibungen als Vorläufersemantiken der (literatur)wissenschaftlichen Modernekonzepte zu vergegenwärtigen.

Moderne im Unterschied zur Antike – Die Querelle des Anciens et des Modernes

Einen wichtigen historischen Anknüpfungspunkt der literaturwissenschaftlichen Modernediskussion bietet die Opposition von *Anciens* und *Modernes* (Antiken und Modernen), die einen entscheidenden begriffsgeschichtlichen Ausgangspunkt der Vorstellungen von Moderne in den Selbstbeschreibungen und Selbstentwürfen der Frühen Neuzeit bildet.

Im 17. Jh., mitten in der sog. *époque classique*, hatte in Frankreich eine Debatte über die Leitkriterien der Literatur- und Kunstgenese sowie über Fragen der ästhetischen Wertung Konjunktur, deren Wurzeln bis in die Renaissance und ins Mittelalter zurückreichen. Im Kern wurde dabei die Frage kontrovers verhandelt, inwiefern die antiken Autoren und Werke noch geeignet seien, als maßgebliches Vorbild für die zeitgenössische Literatur und Kunst zu fungieren. Schon die mittelalterlichen Gelehrten hatten das Verhältnis ihrer eigenen Gegenwart zur Wissens- und Kulturtradition der Antike reflektiert und in einem spannungsvollen, vielzitierten Vergleich festgehalten, der auf Bernhard von Chartres (um 1120) zurückgeht: Sie betrachteten sich als Zwerge, die auf den Schultern von Riesen sitzen, sodass sie mehr und Entfernteres als diese sehen könnten – wenn auch nicht aufgrund ihrer eigenen Sehkraft oder eigenen Statur, sondern wegen der gewaltigen Größe ihrer Träger (Kapitza 1981). Im Keim gelingt es Bernhard von Chartres und den zahlreichen Autoren, die sich in der Folgezeit auf ihn beriefen, mithilfe der prägnanten bildhaften Vorstellung den kühnen Gedanken eines Erkenntnisfortschritts und einer kulturellen Evolution zu formulieren, der sich allerdings noch in einem Bescheidenheitsgestus versteckt. Vorsichtig deutet sich hier die richtungsweisende Idee einer gewissen Überlegenheit der jeweiligen Gegenwartskultur über die Vergangenheit an, die gleichsam kumulativ begründet werden kann (etwa als stetige Anreicherung des Wissens). Der erste emphatische Modernebegriff verdankt sich dem Selbstverständnis der Autoren bzw. Künstler des 17. Jh.s als Teil einer Literatur und Kultur der Moderne, die sich in Abgrenzung von der Antike selbstbewusst zu positionieren begann.

In der Auseinandersetzung mit den Vertretern der *Anciens*, insbesondere Nicolas Boileau (1636–1711), entfaltet Charles Perrault (1628–1703) weitere Argumentationslinien zur Begründung der Eigenständigkeit und Vorzüglichkeit der modernen Literatur und Kunst (Perrault 1964). Dabei verzichtete er allerdings nicht auf jegliche literarische bzw. ästhetische Normen und Leitbilder. Vielmehr konzeptualisierte er die historische Entwicklung der Künste als einen Prozess zunehmender Annäherung an das ästhetische Ideal, der Dichtern und Künstlern der Gegenwart die Möglichkeit eröffne, die antiken Vorbilder zu übertreffen (Geyer 2007, 130).

In den Reflexionen Perraults artikuliert sich bereits ein nachdrückliches Plädoyer für eine von den antiken Maßstäben und Leitbildern unabhängig agierende, eigenständige und in ihrem Eigenwert anzuerkennende moderne Literatur und Ästhetik. Was sich zunächst als ein Rangstreit zwischen den Verfechtern der antiken Kunst und Poesie und den Fürsprechern der Moderne darstellt, offenbart sich bei genauerer Betrachtung zugleich als genuine Entdeckung der Moderne in ihrem ästhetischen Eigenwert, ihren je besonderen künstlerischen und literarischen Vorlieben sowie ihrer spezifischen Poetologie.

Unter den deutschen Autoren griff nicht zufällig Friedrich Schiller (1759–1805) die aus der französischen Querelle vertraute Dichotomisierung von Antike und Moderne in seiner dichtungstheoretischen Abhandlung *Über naive und sentimentalische Dichtung* (1795) auf und verlieh ihr zugleich eine etwas andere, neue Akzentsetzung. Der moderne Autor erscheint hier als der sentimentalische Dichter, während der Antike die naive Schreibweise zugeordnet wird. Programmatisch zuspitzend notiert Schiller am Anfang des dritten Kapitels: »Der Dichter, sagte ich, ist entweder Natur, oder er wird sie suchen, Jenes macht den naiven, dieses den sentimentalischen Dichter« (Schiller 1962, 436).

Im Grunde insistiert Schiller, stärker noch als seine Vorläufer, auf dem Gedanken, dass es müßig ist, die eine Dichtungsart gegen die andere auszuspielen. Moderne und Antike seien zwar verschieden, könnten aber durchaus gleichwertig sein, so wie jede mit der anderen im Grunde unvergleichlich ist: »… freilich, wenn man den Gattungsbegriff der Poesie zuvor einseitig aus den alten Poeten abstrahiert hat, so ist nichts leichter, aber auch nichts trivialer, als die modernen gegen sie herabzusetzen« (Schiller 1962, 439). Schiller wehrt sich gegen jeglichen wertenden Vergleich der vormodernen und modernen Epochen und betont stattdessen nachdrücklich deren Unvergleichlichkeit und deren verschiedenartige Leitkriterien. In den erstmals 1795 erschienenen *Briefen über die ästhetische Erziehung des Menschen* berührt Schiller zudem mit der Tendenz zur Spezialisierung und Arbeitsteilung ein modernetypisches Phänomen, das aufseiten des Individuums als problematisch erfahren wird und mit einer ganzheitlichen Anthropologie konfligiert, da es die ›harmonische Entwicklung‹ gefährde. Mithin verweist Schiller auf ein Charakteristikum der modernen Gesellschaft, Kultur und Literatur, das später wissenschaftlich weiter gedacht und systematisiert werden sollte: die Tendenz zur Spezialisierung und Differenzierung, die mit einer notwendigen Verengung des künstlerischen Aktionsradius im Vergleich zum Universalgenie der Renaissance einhergeht.

Die literaturwissenschaftliche Diskussion über Moderne verstand die genannten historischen Ausprägungen der *Querelle* und die in ihr artikulierte Antike-Moderne-Differenz zunächst als Symptome eines sich herausbildenden Modernebewusstseins (Jauß 1964; Hardtwig 2005, 221). Überdies wurden die jeweiligen Positionen als Antworten auf historische Krisenerfahrungen gelesen (Brenner 1981, 6 f.), die dann ihrerseits als konstitutiver Bestandteil eines Konzepts Moderne aufgefasst wurden.

Moderne als Sattelzeit

Die Bestimmung von Moderne als einer sich seit der Renaissance allmählich formierenden Modernebewegung, die sich in mehreren Schüben und in einer Ausdifferenzierung neuer ästhetischer Konzepte und literarischer Gattungen äußert, lässt sich etwa mit Reinhart Kosellecks Idee der ›Sattelzeit‹ abbilden. Als Sattelzeit bezeichnet Koselleck den graduellen Übergang von der Frühen Neuzeit zur späteren (literarischen) Moderne (ca. 1750–1870), der sich in historischer und mentalitätsgeschichtlicher Hinsicht auch als Epochenschwelle begreifen lässt (Koselleck 1979, XV-XVI).

Ähnlich betrachtet Niklas Luhmann die Frühe Neuzeit als eine Schlüsselperiode der modernen Gesellschaftsentwicklung, innerhalb deren sich der Übergang von der vormodernen stratifikatorischen Gesellschaft zur modernen funktionsorientierten Leistungsgesellschaft vollzogen habe. In diesem Zeitraum, so Luhmann, hätten sich die großen autopoietischen sozialen Systeme oder Subsysteme herausgebildet, darunter auch das Literatur- und Kunstsystem (Luhmann 1995, 244–294).

Zahlreiche neuere Literaturwissenschaftler stützen ihre literaturgeschichtlichen Analysen auf Luhmann bzw. Koselleck und erklären vor dieser Folie gesellschaftlicher Ausdifferenzierung, warum neue Gattungen wie der Roman im 18. Jh. eine Hochkonjunktur erlebten und sich moderne Konzeptionen von Individualität, Bildung, Empfindsamkeit, bürgerlicher Ethik und aufgeklärter Gelehrsamkeit etc. herausbildeten (Wegmann 1988; Werber 2003; Plumpe 1995). Erst der Wandel von dem vormodernen stratifikatorischen zum funktionsorientierten modernen Gesellschaftstyp habe auch das neue Selbstverständnis des modernen Autors hervorgebracht (wie es sich in der Genieästhetik artikuliert) und die Möglichkeit, als freier Autor bzw. Berufsschriftsteller zu agieren (Plumpe 1981). Dadurch seien im Vergleich zum früheren Mäzenatentum neue Handlungsspielräume eröffnet worden, aber auch neue Abhängigkeiten vom Verlagswesen, vom Lesepublikum und von den Dynamiken des Buchmarkts entstanden. Im Anschluss an diese Beobachtungen wurden in der literaturwissenschaftlichen Forschung intensive, zum Teil kontroverse Diskussionen über den Status des Autors geführt, wobei die hergebrachte Auffassung des Autors im Sinne eines Erzeugers oder Urhebers des Textes durch sprachphilosophische und diskurstheoretische Überlegungen zu einer tiefgreifenden Abhängigkeit der Autorfunktion von Diskursen und kulturellen Kontexten problematisiert und in Frage gestellt wurde (Kleinschmidt 1997; Detering 2002).

Ästhetische Moderne – Literarische Moderne

Ein anderes literaturwissenschaftliches Modernekonzept rückt den Zeitraum von ca. 1850 bis 1930 in den Blick. Dabei wird Moderne v. a. als ein Phänomen der Wahrnehmung und Erfahrung verstanden, wobei der Literatur und Kunst eine spezifische Disposition zur Beobachtung, Darstellung oder Analyse dieser Phänomene zugeschrieben wird. Auch hier schließt die literaturwissenschaftliche Konzeptbildung (Friedrich 1970; Allemann 1961; Bertrand/Durand 2006, 9–25) an literarische Selbstbeschreibungen der Epoche an, die sich selbst das Attribut ›modern‹ als Kennzeichen zuschrieb (Constant 2010; Chateaubriand 1997, 2562; Baudelaire 1925).

Die sog. ästhetische und literarische Moderne wird dabei oft als prototypische Kernperiode innerhalb der weiteren neuzeitlichen Moderne aufgefasst, in der sich deren charakteristische Prozesse und Merkmale mit besonderer Prägnanz manifestieren. In dem betreffenden Zeitraum, so die Annahme, kristallisierten sich die allgemeinen Modernephänomene mit größter Deutlichkeit und Intensität heraus.

Richtungweisend in diesem Kontext ist v. a. Charles Baudelaires (1821–1867) Moderne-Definition, die er in seinem berühmten Essay *Le peintre de la vie moderne* (1863) bündig formulierte: »La modernité, c'est le transitoire, le fugitif, le contingent, la moitié de l'art, dont l'autre moitié est l'éternel et l'immuable« (Baudelaire 1925, 66). Baudelaire hebt hier die Flüchtigkeit, Vergänglichkeit und das Kontingente der Moderne hervor, nicht ohne diese charakteristischen Merkmale allerdings – gleichsam dialektisch – an eine weiterhin angenommene Unvergänglichkeit und Ewigkeit anzubinden.

In Anschluss an Baudelaire hat die Forschung die Grundzüge eines Konzepts der literarischen Moderne entwickelt, das die ästhetisch-literarischen Elemente von Literatur und Kunst dezidiert hervorkehrt: die Rätselhaftigkeit und partielle Unverständlichkeit der modernen Literatur und Kunst (Friedrich 1970; Adorno 2006), die sich mit einer erhöhten Autonomisierung der Kunst verbinden und mit einem wachsenden Spannungsfeld zwischen Autonomie und gesellschaftlichem Engagement einhergehen. Der europäische Ästhetizismus und, damit verknüpft, die programmatische Feststellung der Autonomisierung der Kunst werden dabei in neueren Ansätzen (Fuchs/Luhmann 1989; Luckscheiter 2003, 7–37; Simonis 2000) weniger als Rückzug in den Elfenbeinturm denn als Selbstverständigung über die Aufgaben von Literatur und Kunst sowie als Reflexionsphänomen funktionaler Ausdifferenzierung interpretiert, wie sie nach Luhmann seit dem Übergang von der stratifikatorischen zur funktionsorientierten Leistungsgesellschaft ausgelöst wurde. Das Individualitätsstreben steigere sich zum Einzigartigkeitsparadoxon des modernen Kunstwerks (Fuchs/Luhmann 1989, 144–146), während sich zugleich ein neues Verhältnis der Künstler und Werke zum Phänomen der Zeit artikuliere. Die Idee der irreduziblen Einzigartigkeit moderner Werke ist dieser Konzeption zufolge aufs Engste mit dem Gedanken einer ›Selbstprogrammierung der Kunst‹ (Luhmann 1995, 328 f.) verwoben: Statt sich an vorgegebenen Programmen bzw. Leitdifferenzen wie schön/hässlich oder nützlich/unnütz zu orientieren, schafft sich jeder Künstler bzw. jedes Werk die ihm eigenen Maßstäbe.

Insofern die literarische Moderne ein erhöhtes Sprachbewusstsein bzw. eine intensive Sprachreflexion aufweist, die sich mitunter zur Sprachkrise steigern (etwa bei Hugo von Hofmannsthals *Ein Brief*, 1902), figuriert sie auch als Vorläufer sprachwissenschaftlicher und strukturalistischer Beschreibungsansätze, die in der literaturwissenschaftlichen Forschung bis heute impulsgebend wirken. Der russische Formalist Viktor Šklovskij (Šklovskij 1984) hat seine Konzeption des literarischen bzw. poetischen Schreibens als ›Verfremdung‹ (*ostranenie*, *остранение*) vor der Folie seiner Lektüren der Erzählungen und Gedichte der modernen russischen Literatur entworfen (Andrej Belyj u. a.), während Wolfgang Iser später seine Idee der Leerstelle, die als wichtige Kategorie in der Rezeptionsästhetik fungiert, nicht zufällig anhand von Gedichten des Imagismus entwickelte (Iser 1966; Iser 1994).

Ein weiterer literaturwissenschaftlicher Zugang zur Moderne besteht darin, diese v. a. als eine Veränderung der Zeitdimension bzw. Zeiterfahrung zu begreifen, als Erfahrung der Verzeitlichung (Koselleck 1979) und Beschleunigung (Rosa 2013). Literaturanalysen, die von diesem Konzept ausgehen, legen dar, wie moderne Künstler sich vermehrt der Zeitbeobachtung widmen und mit verschiedenen temporalen Werkstrukturen experimentieren (Kyora 2007, 212). Konzeptionen von Moderne als Verzeitlichung gehen meist davon aus, dass sich um 1900 eine nochmalige Veränderung und Intensivierung des Zeitbewusstseins abzeichnete, die durchaus einen ›qualitativen Sprung‹ im Vergleich zu jenen Prozessen der Verzeitlichung und Beschleunigung markiere, die sich seit der Frühen Neuzeit eher langsam anbahnten und über mehrere Jahrhunderte erstreckten (Simonis/Simonis 2000; Assmann 2002; Bohrer 2002).

Forschungsgeschichte, Semantik und Gegenkonzepte

Die Forschungsdiskussionen um die literarische Moderne(n) sind weit gefächert und vielfältig. Wissenschaftsgeschichtlich betrachtet, reichen sie bis zu Johann Gottfried Herder (1744–1803) und den Brüdern August Wilhelm Schlegel (1767–1845) und Friedrich Schlegel (1772–1829) zurück. Sie fallen im deutschsprachigen Raum mit den Anfängen der Literaturgeschichtsschreibung selbst zusammen (etwa bei August Wilhelm Schlegel).

In einem Aufsatz von 1773 (»Shakespear«, in: *Von deutscher Art und Kunst*) stellt Herder Shakespeares Dramen den antiken Tragödien und Theaterstücken eines Sophokles, Euripides und Aischylos vergleichend gegenüber und gelangt zu dem Ergebnis, dass Shakespeare notwendigerweise von der Poetik und Regelhaftigkeit der antiken Vorbilder abweichen musste. Letztere verfügten, so Herder, deshalb noch über eine größere Einheit und Homogenität, weil sich das gesamte Volk der antiken Polis noch in einem griechischen Theater, an einem Ort, habe versammeln können, wohingegen dies in der elisabethanischen Zeit nicht mehr möglich gewesen sei und der moderne Dichter daher in seinen Entwürfen entsprechend größerer Heterogenität und Differenziertheit zeige. Friedrich und August Wilhelm Schlegel entfalteten in ihren Schriften ebenfalls Modernekonzeptionen, wenn sie die ›romantischen‹ Dichter (d. h. die nachantiken, mittelalterlichen und neuzeitlichen Autoren) von den antiken Schriftstellern abgrenzten und würdigten (A. W. Schlegel 1803/04).

Während die sich im späteren 19. Jh. als akademische Disziplinen etablierenden Literaturwissenschaften bzw. Philologien im Einklang mit ihrer vorwiegend historischen Orientierung das Phänomen der Moderne bzw. der modernen Literatur kaum als eigenen Forschungsgegenstand ausgearbeitet haben, lässt sich seit der Wende zum 20. Jh. ein zunehmendes wissenschaftliches Interesse an der literarisch-ästhetischen Produktion der Gegenwart und, damit verbunden, an einer Selbstbeschreibung der eigenen historisch-epochalen Situation beobachten. In jenem Zeitraum entstand so eine Reihe von literaturphilosophischen Arbeiten, die als Vorläufer der späteren literaturwissenschaftlichen Moderne-Forschung gelten können: Hier sind insbesondere Georg Lukács' *Entwicklungsgeschichte des modernen Dramas* (1908) sowie *Theorie des Romans* (1916) zu nennen; auch Walter Benjamins Dissertation *Der Begriff der Kunstkritik in der deutschen Romantik* (1920) schreibt sich in diesen Kontext einer beginnenden literaturphilosophischen Modernereflexion des 20. Jh.s ein.

Auch die in den 1910er- und 20er-Jahren u. a. von Kasimir Edschmid (Edschmid 1957) und Walter Benjamin (Benjamin 1974, 234) evozierte Parallele von Expressionismus und Barock mag als eine verdeckte (Selbst-)Analyse literarischer Moderne im Spiegel einer anderen historischen Epoche aufgefasst werden. Auch Theodor W. Adornos in den 1940er-Jahren verfassten *Aufzeichnungen zu Kafka* lassen sich als Fallstudien lesen, die mit der Betonung der rätselhaften, hermetischen Züge von Kafkas Texten ein Moment hervorkehren, das in späteren Theorieansätzen (z. B. Friedrich 1970; Sparr 1989) als charakteristisches Element moderner Literatur firmieren wird. In den genannten Studien des frühen 20. Jh.s zeichnet sich somit eine theoretische Sensibilität gegenüber dem Modernephänomen und ein Ansatz zur Konzeptionalisierung ab, der über jene implizite Thematisierung von Moderneaspekten hinausgeht, die die literaturgeschichtliche und literaturwissenschaftliche Forschung gleichsam seit ihren Anfängen, v. a. im Kontext der Analyse einzelner Epochen, Genres und Werke, immer schon begleitet.

Deutlichere Konturen gewann die literaturwissenschaftliche Moderneforschung sodann in der zweiten Hälfte des 20. Jh.s, v. a. seit den 1970er-Jahren, im Zuge einer Reihe von Studien, die den Ausdruck ›Moderne‹ bzw. das zugehörige Adjektiv ›modern‹ nun auch in durchaus programmatischem Sinne als Titelwort ausstellten (Seidlin 1972; Nagel 1977; Emrich 1979). Etwa seit den 1990er-Jahren kommt es überdies zu einer grundsätzlichen systematischen und theoretischen Debatte um den Modernebegriff, die sich vorwiegend im Rekurs auf Modernekonzeptionen und -theorien anderer Disziplinen (Geschichtswissenschaft, Philosophie, Soziologie) vollzieht.

In Anlehnung an Niklas Luhmann und Reinhart Koselleck sind in diesem Zusammenhang eine Reihe von neueren literaturwissenschaftlichen Arbeiten entstanden, die Moderne als *longue durée* begreifen und sie in Anlehnung an systemtheoretische Prämissen als Ausdifferenzierung autopoietischer sozialer Teilbereiche sowie als Komplexitätszuwachs auffassen. Jene Arbeiten betonen die Eigenständigkeit des modernen Literatursystems, den damit verbundenen Komplexitätsgewinn sowie das sich daraus ergebende erhöhte Reflexionspotential. Gerhard Plumpe legte seiner Überblicksdarstellung *Epochen der Moderne* ein systemtheoretisches Modell zugrunde (Plumpe 1995). Ähnlich orientiert nahm Niels Werber das moderne Literatursystem im 18. Jh. in den Blick (Werber 1992). Annette Simonis analysierte den europäischen Ästhetizismus als Reflexionsphänomen der funktionalen Ausdifferenzierung von Literatursystem und Gesellschaft sowie als Wegbereiter der späteren Moderne, der Poetik und der Kulturwissenschaften des 20. Jh.s (Annette Simonis 2000).

Im Kontext der skizzierten literaturwissenschaftlichen Debatten wird kontrovers diskutiert, ob Moderne sich als graduelle Entwicklung durch eine Serie von Modernisierungsschüben äußert oder sich als mehr oder weniger präzise einzukreisende Epochenschwelle im Sinne von Hans Robert Jauß manifestiert (Jauß 1990). Die Relevanz des Umbruchs zwischen Vormoderne und Moderne für Mentalitätsgeschichte, Kulturgeschichte und literarische Evolution bleibt allerdings weithin unumstritten.

Neuere Arbeiten widmen sich den Themen der Subjektivität (von Petersdorff 2005), dem gesteigerten Reflexionspotential bzw. der Autoreflexivität (Anz 1994; Asholt 2004) sowie der Binnendifferenzierungen der Modernströmungen und künstlerischen Avantgarden.

Regionen, Räume und Entwicklungspfade

Alle drei Moderne Konzepte nehmen schwerpunktmäßig den europäischen und atlantischen Raum in den Blick, der als Ausgangs- bzw. Schwerpunkt von kulturellen und literarischen Modernisierungsprozessen gilt; darüber hinaus werden aber auch historisch jüngere Phänomene anderer geographischer und kultureller Räume unter dieses Konzept gefasst. Diese transnationalen Erscheinungsformen werden teils als Folgeerscheinungen einer sich ausbreitenden westlichen Moderne verstanden (Singer 1972; Gutjahr 2001), teils werden indessen auch, insbesondere was den lateinamerikanischen Kulturraum betrifft, die Besonderheiten außereuropäischer Modernephänomene (das neobarocke Element, die Hybridisierung, die Rezeption indigener Mythen etc.) betont, die aus einer eigenen, von der europäischen verschiedenen kulturellen Entwicklungslogik zu erklären seien (Floeck 1993; Scharlau 1994; Krumpel 2006). Auch im Blick auf die neuere chinesische Literatur wird die Frage nach Moderne unter dem Doppelaspekt eines *entanglement* mit westlichen Tendenzen einerseits und einer kulturspezifischen Eigendimension bzw. Eigenentwicklung andererseits erörtert (Kubin 2005; Bieg 2006; Riemenschnitter 2011).

Die Mehrzahl der Forschungsarbeiten zum Modernebegriff in der Literatur nimmt indessen zunächst die europäische Entwicklung als primären Bezugspunkt an. Das in der *longue durée* entworfene Modernekonzept geht dabei meist von Italien als Herkunftsort der Renaissance aus, sodann werden v. a. Frankreich und England als Vorreiter der Modernisierungsbewegungen genannt (Zwierlein 2012). Dabei werden Modernisierungsprozesse als sich nach und nach durch ganz Europa und in den internationalen Raum ausbreitende Tendenzen beschrieben (Stöckmann 2001).

Ein besonderes Interesse der literaturwissenschaftlichen Moderneforschung gilt dabei den europäischen (und ggf. außereuropäischen) Hauptstädten, in denen sie geographische und kulturelle Zentren von Moderne erblickt und unter denen Paris, insbesondere im Blick auf die Internationalisierung, eine herausragende Stellung zuerkannt wird. Die literaturwissenschaftliche (und kunstwissenschaftliche) Moderneforschung der letzten Jahrzehnte zeichnet sich insofern durch die Spezialisierung auf bestimmte urbane Zentren wie Berlin, Wien, Zürich etc. aus, deren jeweilige Spezifik, wichtigste Künstler- und Autorengruppen sowie literarisch-kulturelles Ambiente herausgearbeitet wurden (Wunberg 2006; Sprengel/Streim 1998; Husslein-Arco 2013). Die enge Verflechtung zwischen diesen unterschiedlichen ästhetischen Modernen und ihrem jeweiligen urbanen Standort bzw. einer besonderen Raumsemantik wird von einer korrespondierenden, inzwischen geläufigen geographischen Typologie reflektiert (zur Wiener Moderne s. exemplarisch Lorenz 1995; zur Berliner Moderne Forderer 1992; Becker 1993). Das reziproke Verhältnis zwischen Moderne und (städtischem) Raum wurde von der Forschung auch in theoretischer und methodologischer Hinsicht diskutiert, insofern es verschiedenartige Raumkonzeptionen sowie Reflexionen über das (analoge) Verhältnis von Textualität und Stadtarchitektur hervorgebracht hat (Mahler 1999; Eckhardt 2009).

Obgleich literaturwissenschaftliche Moderneforschungen schwerpunktmäßig bislang dem europäischen bzw. westlichen Raum gelten, beschreiben sie Moderne als ein Phänomen, das mit transkulturellen und transnationalen Tendenzen einhergeht, wenn nicht gar maßgeblich durch sie geprägt ist. So betont man die Bedeutung des Japonismus und des Orientalismus als für die europäische bzw. westliche Moderne impulsgebende Tendenzen und hebt den Einfluss fernöstlicher poetischer Traditionen wie Haiku oder Ghasel auf die moderne Lyrik hervor – im Imagismus und in der Wiener Moderne ebenso wie bei Ezra Pound oder Hugo von Hofmannsthal (Sommerkamp 1984; Reich 2000).

Zeithorizont und Epochenkonzept

Wie sich aus dem oben Gesagten ergibt, findet sich in den Literaturwissenschaften kein einheitliches Modernekonzept. Stattdessen begegnet man drei grundlegend verschiedenen Definitionen, die jeweils unterschiedliche Periodisierungen in Anspruch nehmen, letztlich aber nicht zueinander in Konkurrenz treten, weil sie unterschiedliche Sachverhalte erfassen und andere Leitkriterien zugrunde legen: (a) die Modernen im Unterschied zu den Antiken (Querelle): Antike versus Mittelalter und Neuzeit; (b) Moderne in Abgrenzung zur Vormoderne als Sattelzeit und Ausdifferenzierung funktionsorientierter autopoietischer sozialer Systeme, einschließlich des Literatursystems mit seinem neuen Schauplatz, dem Buchmarkt (ab 1750); (c) ästhetische und literarische Moderne (1850–1930).

Konzeptionen literarischer Moderne, die sich auf die zuletzt genannte Periodisierung stützen, grenzen innerhalb der genannten Periode der ästhetischen Moderne meist einen engeren Kernbereich ab (Berg et al. 1995; Klinger 2002), die sog. ›Klassische Moderne‹, die sich nach 1900 formiert und im anglo-amerikanischen Raum auch als *modernism* (›Modernismus‹) bezeichnet wird (Smart 2008).

In der näheren Bestimmung der literarischen bzw. ästhetischen Moderne stützen sich die Vertreter dieses Konzepts der Klassischen Moderne vornehmlich auf poetologische Kriterien, darunter das Experimentieren mit neuen Techniken und Verfahrensweisen, formalästhetische Innovationen, sprachspielerische Momente sowie eine Verstärkung intertextueller Bezüge. Zugleich beobachtet die Forschung im genannten Zeitraum eine aufschlussreiche Intensivierung der ästhetischen Selbstreflexion und der poetologischen Begleitsemantiken, an deren Konzeptualisierungen und Positionierungen sie teils terminologisch, teils gehaltlich produktiv anzuschließen sucht. Das Konzept literarischer/ästhetischer Moderne verbindet sich überdies mit einem bestimmten Ensemble von Autoren- bzw. Künstlernamen, die gleichsam zu kanonischen Vertretern des Konzepts erhoben wurden: James Joyce (1882–1941), Virginia Woolf (1882–1941), Alfred Döblin (1878–1857), John Dos Passos (1896–1970) und Franz Kafka (1883–1924) für die Erzählprosa; Paul Valéry (1871–1945), T. S. Eliot (1888–1965), Ezra Pound (1885–1972), Stefan Heym (1913–2001), Gottfried Benn (1886–1956) und andere als Initiatoren neuer Genres und Schreibweisen der Lyrik.

Insbesondere die moderne Lyrik hat das Stichwort zur Entwicklung eines Konzepts moderner Literatur gegeben, das eine erhöhte Komplexität und Subtilität des literarischen Ausdrucks sowie die Neigung zu Rätselhaftigkeit und Hermetik als Hauptkennzeichen hervorhebt (Friedrich 1970). So avancieren, zumindest in einigen Theorieansätzen (Szondi 1978a; Sparr 1989; Schumacher 2000; Simonis/Simonis 2000), Opazität und sprachliche Verschlüsselung zu Leitkriterien dessen, was als ästhetische bzw. klassische Moderne gilt – ein Bestimmungsversuch, dem auch philosophische Ästhetikkonzepte wie Theodor W. Adornos (1903–1969) *Ästhetische Theorie* sekundierten.

Was den Zeithorizont und die Reichweite des Epochenkonzepts Moderne betrifft, wird in der literaturwissenschaftlichen Forschung überdies kontrovers diskutiert, ob es sich bei der (literarischen) Moderne um einen unabgeschlossenen, sich bis heute fortsetzenden Prozess handle, in dem Moderne und Gegenwart eine Kontinuität bilden, oder ob Moderne durch eine auf sie folgende, von ihr distinkte jüngere Epoche abgelöst werde. Diese Diskussion artikuliert sich meist um das Begriffspaar Moderne/Postmoderne: Wurde das Verhältnis dieser beiden Termini zunächst als Diskontinuität und Bruch gefasst (Lyotard 1979), betont man in der neueren literatur- und kunsttheoretischen Forschung vermehrt Beziehungen und Kontinuitäten zwischen moderner und postmoderner Literatur und Kunst (Baßler 2007). Das Verhältnis von Postmoderne und Moderne ist daher nicht als »Epochenbestimmung im üblichen literaturwissenschaftlichen Sinne« zu fassen, sondern als »Konstellation von Diskursen und Erfahrungen« zu beschreiben, die »bereits in der Moderne entstehen, gleichwohl deren Grenzen markieren« (Renner 1988, 25).

Themen und Leitprozesse

Die Themen und Leitprozesse der literaturwissenschaftlichen Moderneforschung sind vielfältig. Dabei geht es zu einem großen Teil um Themen und Konzepte von Prozessen, die den literarischen Werken und deren Selbstreflexionen entnommen sind (darunter Fortschritt, Individualisierung, Globalisierung, Säkularisierung, Autonomie etc.). Allerdings sind die jeweils vorgeschlagenen Themen und Leitideen sehr divergierend und Gegenstand kontroverser Debatten. Einige Moderneauffassungen (vorzugsweise mit Blick auf historisch frühe Phasen) sprechen in diesem Zusammenhang von einer »Entdeckung« des menschlichen Subjekts (Geyer 2007) oder auch von einem neuen Selbstbewusstsein des menschlichen Individuums als eigenständig denkender und handelnder Instanz (etwa in Rekurs auf Giordano Bruno, Pico della Mirandola, Leonardo da Vinci, Descartes, Rousseau, Schiller, Goethe), wobei hier die Artikulation des Selbst meist bereits als Keim einer Selbstproblematisierung aufgefasst wird (Fetz 2005). Demgegenüber betonen andere Konzeptualisierungen (Kleinschmidt 1992; Benoît 2007), die sich vorwiegend auf die dritte Periodisierung von Moderne im Sinne der literarischen und ästhetischen Moderne (1850–1930) beziehen, eine Auflösung des tradierten Subjektbegriffs unter dem Aspekt der Wahrnehmungs- und Sprachkrise; dabei dienen etwa Mallarmés *Crise de Vers* (1897), Hofmannsthals Chandos-Brief (1902) und Rainer Maria Rilkes *Aufzeichnungen des Malte Laurids Brigge* (1910) als einschlägige Referenzen.

Auch das Thema der Urbanisierung und damit verbunden der Erfahrung einer sich verändernden Umwelt gehört zu den Leitthemen der literaturwissenschaftlichen Moderneforschung (Becker 1993; Corbineau-Hoffmann 2003; Harding 2003; Alter 2005; Eckardt 2009). Sie knüpft dabei an die literaturgeschichtliche Konjunktur an, die das Thema der Stadt bzw. der modernen Metropole seit dem ausgehenden 19. Jh. in der europäischen, amerikanischen und russischen Literatur erfährt, handle es sich nun um das Paris der *Fleurs du Mal* (1857) von Baudelaire, das in Walter Benjamins (1892–1940) Passagenwerk kaleidoskopartig gebrochen wiederkehrt, die Berlin-Darstellungen der deutschen Expressionisten oder das Petersburg von Andrej Belyj (1880–1934).

Ausgehend vom Thema der Stadt bzw. des urbanen Raums (vgl. auch das Kapitel »Stadtforschung und Urbanistik« in diesem Band) lässt sich eine weitere Tendenz der (neueren) literatur- und kulturwissenschaftlichen Moderneforschung nachvollziehen; denn nicht zuletzt die Erforschung urbaner Räume in der Literatur regte dazu an, den europäischen Horizont zu überschreiten und transnationale Aspekte in den Blick zu nehmen. Bei der Dimension des Transnationalen und Globalen, die auf diese Weise als ein Leitthema hervortritt, geht es unterdessen weniger darum, Moderne als ein transeuropäisches, weltweites Phänomen zu erforschen. Entscheidend ist vielmehr die Frage, inwieweit die literarische Reflexion von Globalität und die damit einhergehende Selbstbeschreibung von Literatur im Zeichen weltweiter Zusammenhänge ihrerseits integraler Bestandteil dessen sind, was sich als ›literarische Moderne‹ begreifen lässt (Moser/Simonis 2014). Mit der Reflexion von Globalität wird hier zugleich ein mögliches Kriterium der Erforschung literarischer Moderne vorgeschlagen, das einen historisch weit gefassten Modernebegriff nahelegt, der bis in die Periode der großen Entdeckungen in der Frühen Neuzeit zurückreicht (Lestringant 2012).

Zu den Leitthemen des literaturwissenschaftlichen Diskurses über Moderne gehört schließlich auch die Frage der Technik. Texte moderner Literatur werden als literarische Reaktionen, Kommentare oder Reflexionen auf technik- und mediengeschichtliche Umbrüche, auf das Aufkommen neuer Medien wie Fotographie und Film gelesen (Christians 2000; Nitsch 2002; Dünne 2010; Liebrand 2012; vgl. auch die Kapitel »Technikgeschichte« und »Filmwissenschaft« in diesem Band). Auch hier knüpft die Moderneforschung an eine bereits in den modernen literarischen Texten (z. B. des Futurismus, Expressionismus) selbst geführte Diskussion an, die sich teils in fiktionalen oder poetischen Texten, teils im kulturkritischen Diskurs der Zeit entfaltet, z. B. bei Georg Simmel (1858–1918), Ernst Jünger (1895–1998), Walter Benjamin oder Siegfried Kracauer (1889–1966). Wegweisend in der germanistischen Forschung und darüber hinaus wirkte in diesem Zusammenhang auch Walter Benjamins epochemachender Essay *Das Kunstwerk im Zeitalter seiner technischen Reproduzierbarkeit* (1936), der den Blick auf die produktionsästhetisch bedingten Neukonzeptualisierungen des Werkbegriffs lenkte. Die Moderneforschung erhält zudem wichtige Impulse seitens der neueren Medientheorie (Raussert 2001; Erstič 2005, Hörisch 2009), insofern sie die Erscheinungsformen der Moderne und Avantgarde als mediale Inszenierungen und Performanzen begreift.

Ein weiterer wichtiger Aspekt literaturwissenschaftlicher Modernekonzepte, den die Forschung den Selbstbeschreibungen ihres Gegenstands entnimmt, ist der der wechselseitigen Beziehungen und intermedialen Verknüpfungen zwischen den einzelnen Künsten. Dieser Komplex erfuhr in poetologischen und kunsttheoretischen Schriften seit Baudelaire verstärkte Aufmerksamkeit und setzte sich im Diskurs der Avantgarden fort. Neben Baudelaires *Salons* (Baudelaire 1981) seien hier exemplarisch die um die Jahrhundertwende (1899–1901) von Otto Julius Bierbaum, Alfred Walter Heymel und Rudolf Alexander Schröder herausgegebene literarische und bildkünstlerische Zeitschrift *Die Insel* (Ifkovits 1997), die Kunstkritiken des Dichters Guillaume Apollinaire (Apollinaire 1989) sowie die Bildgedichte dadaistischer Dichter (Beyme 2005, 314–316) genannt. Zeitgenössisch wurde dieses Phänomen schon von dem Germanisten Oskar Walzel (1864–1944) als »wechselseitige Erhellung der Künste« beschrieben (Walzel 1917).

Einzelne Epochenströmungen wie der Dadaismus und der Expressionismus formierten sich als intermediale Kunstrichtungen (Lautgedichte und Bildgedichte, vgl. u. a. *Der blaue Reiter*). Hugo von Hofmannsthal (1874–1929) verfasste *Die Briefe des Zurückgekehrten* (1907), die sich intensiv mit den Gemälden Van Goghs und ihrem neuartigen Stil auseinandersetzten. Rainer Maria Rilke widmete Rodin einen einfühlsamen und ästhetisch aufschlussreichen Essay. Hugo von Hofmannsthal und Richard Strauss (1864–1949) arbeiteten an gemeinsamen Opernprojekten und begründeten mit ihrer produktiven Zusammenarbeit das moderne Genre der ›Literaturoper‹. Alfred Döblin nahm in seinem Roman *Berlin Alexanderplatz* kinematographische Anregungen auf und adaptierte den ›Kinostil‹ im Erzähltext, während andere Autoren wie Jakob van Hoddis (1887–1942) ihn für die Lyrik produktiv machten.

Dass moderne Literatur im Keim selbst schon eine ›Theorie‹ der Moderne entwirft, an die spätere wissenschaftliche Konzeptualisierungen wie etwa diejenigen von Hugo Friedrich, Beda Allemann (1961), Peter Szondi (1978a) und Thomas Anz (1994) anknüpfen, hängt zum einen sicherlich mit einem ausgeprägten Hang zur (poetologischen) Selbstreflexion zusammen, hat aber zum anderen auch mit den engen Verflechtungen zu tun, die die Literatur jener Periode mit den modernen Humanwissenschaften, insbesondere der Psychologie, Psychoanalyse und Soziologie eingeht. Arthur Schnitzlers (1862–1931) Traumnovelle gibt den Anregungshorizont durch Freuds (1856–1939) Traumdeutung bereits im Titel zu erkennen. Max Weber

(1864–1920) und Georg Simmel haben die moderne Ästhetikdebatte entscheidend bestimmt und dabei nicht zuletzt künstlerische und ästhetische Momente als Mittel kritischer Gegenwartsanalysen entdeckt (Lichtblau 1999; Simonis 1999); hier sind insbesondere Simmels gesammelte Studien (*Philosophische Kultur*, 1911), seine Ausführungen zum »Stil des Lebens« (Simmel 1920, 480–585) in der *Philosophie des Geldes* (1900) sowie Max Webers vielbeachtete »Zwischenbetrachtung« der erstmals 1920–1921 erschienenen Studien zur Religionssoziologie zu nennen (Weber 1986, 537–573). Umgekehrt gingen von der modernen Literatur und Kunst wichtige Impulse für die Genese der neuen Kulturwissenschaften und Kulturtheorien aus. Simmels Goethe-Buch (1913) ist hier ebenso zu nennen wie seine Essays zu Rodin (1917) und zu Rodin und Michelangelo (1909).

Ein weiteres zentrales Thema literaturwissenschaftlicher Modernedebatten ist das der Zeit und der Verzeitlichung. Moderne wird (von theoretischen Ansätzen unterschiedlicher Provenienz) als historischer Ort der Entstehung eines neuen Zeitbewusstseins und als Periode des Aufkommens einer (radikalisierten) Verzeitlichungs- und Beschleunigungserfahrung charakterisiert (Simonis/Simonis 2000). Auch dieses Leitthema ist bereits im zeitgenössischen Wissen der Epoche und insbes. im literarischen Material selbst vorgezeichnet. So diagnostizierte Georg Simmel die unauflösliche Verschränkung des Zeitfaktors mit der modernen Mentalität und den großstädtischen Lebensrhythmen in seiner (insbes. für den deutschen Expressionismus) impulsgebenden Schrift *Die Großstädte und das Geistesleben* (1903).

Literaturwissenschaftliche Moderneforschungen haben die Zeitdimension auch als Analysekriterium bzw. strukturbildende Kategorie literarischer Werke in Anschlag gebracht. Solche Studien haben gezeigt, wie literarische Texte Verhältnissen temporalisierter Komplexität Rechnung tragen, indem sie räumliche Relationen in die Zeitdimension übertragen oder in Entsprechung zu gesellschaftlichen Vorgängen der Verzeitlichung vermehrt auch ihre eigenen Zeitstrukturen und ästhetischen ›Eigenzeiten‹ hervorkehren (vgl. das von der DFG geförderte Schwerpunktprogramm zum Thema ›Ästhetische Eigenzeiten‹).

Die literaturwissenschaftlichen Forschungsbeiträge zur Moderne haben nicht zuletzt der Gattungstheorie entscheidende Anregungen vermittelt, denn sie haben – entsprechend dem jeweils gewählten Modernebegriff und der zugrunde gelegten Periodisierung – unterschiedliche literarische Gattungen als modernetypisch vorgeschlagen und in den Mittelpunkt ihrer Analysen gerückt (Voßkamp 1973; Port 2005; Szondi 1978 b). So erscheint den Experten zum 18. Jh. und den Verfechtern einer Vorstellung von Moderne als *longue durée* meist der Roman als charakteristisches Genre der Moderne, dessen produktives Potential sich bis heute nicht erschöpft habe (Baßler 2002); andere wiederum betrachten die Lyrik als prototypische moderne Gattung (vgl. die Diskussionen um ›Lyrik als Paradigma‹ der Moderne; Iser 1966). Eine weitere Position wiederum beobachtet eine tiefgreifende mediale Umstellung in den Vorlieben der Rezipienten und sieht im neueren Kinofilm, dessen Anfänge in die literarische Moderne um 1900 zurückreichen, den legitimen Nachfolger der neuzeitlichen Romankultur (Liebsch 2005).

Nimmt man die oben dargelegten Themen und Tendenzen der neueren literaturwissenschaftlichen Forschungsdiskussion zum Modernekonzept in den Blick, lässt sich zusammenfassend feststellen, dass sich die betreffenden Debatten bei aller Rekurrenz bestimmter Leitthemen und Motive in eine Pluralität unterschiedlicher Bestimmungsversuche und Beschreibungsansätze aufgefächert haben, die sich nicht auf den gemeinsamen Nenner eines übergreifenden bzw. einheitlichen Konzepts reduzieren lassen. In der Verschiedenheit der Deutungsvorschläge lässt sich der Reflex eines unhintergehbaren konstruktiven bzw. konstruktivistischen Moments erkennen, das dem Modernekonzept (wie auch allen anderen Epochenkonzepten) eigen ist. Zu den offenen Fragen, die bis heute kontrovers diskutiert werden, gehört nicht zuletzt das u. a. von den Debatten über Postmoderne aufgeworfene Problem, ob man es bei Moderne mit einer abgeschlossenen und damit historisch gewordenen Epoche oder mit einer sich bis in die Gegenwart fortsetzenden und dort fortwirkenden Konstellation zu tun habe.

In Anbetracht neuerer globalgeschichtlicher Perspektiven sowie des Vorschlags der *multiple modernities* stellt sich überdies die Frage nach der Reichweite und Übertragbarkeit von Modernebeschreibungen, die vorwiegend im Ausgang von okzidentalen Traditionen entwickelt wurden. Inwieweit diese sich als tragfähig bzw. adaptierbar erweisen, auch andere, außereuropäische Kulturen und Literaturen in den Blick zu nehmen, wird erst noch anhand eingehender Untersuchungen zu erproben sein. Insgesamt ist jedoch bemerkenswert, dass das Konzept Moderne bei aller Problematisierung und Pluralisierung, die es durch die Annahme diverser und heterogener Erscheinungsformen von Moderne erfahren hat, auch in neueren Forschungen weiterhin Konjunktur hat und dort fortfährt, kontroverse Diskussionen zu animieren. Vor diesem Hintergrund wird man annehmen dürfen, dass die literaturwissenschaftliche Arbeit aus der Auseinandersetzung mit Moderne auch in Zukunft wichtige Impulse für die Konturierung ihrer Problemstellungen und für die Erkundung literarischer Texte beziehen wird.

Literatur

Adorno, Theodor W.: *Ästhetische Theorie*, hrsg. von Gretel Adorno und Rolf Tiedemann. Frankfurt am Main ^{17}2006.
Allemann, Beda: *Zeit und Figur beim späten Rilke. Ein Beitrag zur Poetik des modernen Gedichtes*. Pfullingen 1961.
Alter, Robert: *Imagined Cities. Urban Experience and the Language of the Novel*. New Haven 2005.
Anz, Thomas (Hrsg.): *Die Modernität des Expressionismus*. Stuttgart 1994.
Apollinaire, Guillaume: *Apollinaire zur Kunst. Texte und Kritiken 1905–1918*, hrsg. von Hajo Düchting. Köln 1989.
Armstrong, Karen A.: *The Great Transformation. The Beginning of Our Religious Traditions*. New York 2006.
Asholt, Wolfgang: Theorien der Modernität oder Theorie der Avantgarde(n). In: Asholt, Wolfgang et al. (Hrsg.): *Unruhe und Engagement. Blicköffnungen für das Andere*. Bielefeld 2004, 155–168.
Assmann, Aleida: Obsession der Zeit in der englischen Moderne. In: Middeke, Martin (Hrsg.): *Zeit und Roman. Zeiterfahrung im historischen Wandel und ästhetischer Paradigmenwechsel vom sechzehnten Jahrhundert bis zur Postmoderne*. Würzburg 2002, 253–274.
Baßler, Moritz: *Der deutsche Pop-Roman. Die Neuen Archivisten*. München 2002.
Baßler, Moritz: Moderne und Postmoderne. Über die Verdrängung der Kulturindustrie und die Rückkehr des Realismus als Phantastik. In: Becker, Sabina/Kiesel, Helmuth (Hrsg.): *Literarische Moderne. Begriff und Phänomen*. Berlin 2007, 435–450.
Baudelaire, Charles: Le peintre de la vie moderne. In: Ders.: *Œuvres Complètes*, hrsg. von Jaques Crépet. Paris 1925, 49–110.
Baudelaire, Charles: *Art in Paris 1845–1862: Salons and Other Exhibitions*, hrsg. von Jonathan Mayne. Oxford 1981.
Becker, Peter: *Das Projekt Moderne und die Postmoderne*. Regensburg 1989.
Becker, Sabina (Hrsg.): *Urbanität und Moderne. Studien zur Großstadtwahrnehmung in der deutschen Literatur 1900–1930*. St. Ingbert 1993.
Becker, Sabina/Kiesel, Helmuth (Hrsg.): *Literarische Moderne. Begriff und Phänomen*. Berlin 2007.
Benjamin, Walter: Ursprung des deutschen Trauerspiels. In: Ders.: *Gesammelte Schriften*, hrsg. von Hermann Schweppenhäuser und Rolf Tiedemann. Bd. 1. 1. Frankfurt am Main 1974, 203–430.
Benjamin, Walter: *Medienästhetische Schriften*, hrsg. von Detlev Schöttker. Frankfurt am Main 2002.
Benoît, Éric: *Néant sonore. Mallarmé ou la traversée des paradoxes*. Genève 2007.
Berg, Christian et al. (Hrsg.): *The Turn of the Century. Modernism and Modernity in Literature and the Arts*. Berlin/New York 1995.
Berghahn, Cord-Friedrich/Stauf, Renate (Hrsg.): *Bausteine der Moderne. Eine Recherche*. Heidelberg 2007.
Bertrand, Jean-Pierre/Durand, Pascal: *La modernité romantique. De Lamartine à Nerval*. Brüssel 2006.
Beyme, Klaus von: *Das Zeitalter der Avantgarden: Kunst und Gesellschaft 1905–1955*. München 2005.
Bieg, Lutz: Moderne chinesische Literatur und Weltliteratur. In: Antor, Heinz (Hrsg.): *Inter- und Transkulturelle Studien*. Heidelberg 2006, 219–233.
Bohrer, Karl Heinz: Utopie des Augenblicks und Fiktionalität: Die Subjektivierung von Zeit in der modernen Literatur. In: Middeke, Martin (Hrsg.): *Zeit und Roman. Zeiterfahrung im historischen Wandel und ästhetischer Paradigmenwechsel vom sechzehnten Jahrhundert bis zur Postmoderne*. Würzburg 2002, 215–252.
Brenner, Peter J.: *Die Krise der Selbstbehauptung. Subjekt und Wirklichkeit im Roman der Aufklärung*. Tübingen 1981.
Chateaubriand, François-René de: *Mémoires d'outre-tombe*, hrsg. von Jean-Paul Clément, Bd. 2. Paris 1997.
Christians, Heiko: Gesicht, Gestalt, Ornament: Überlegungen zum epistemologischen Ort der Physiognomik zwischen Hermeneutik und Mediengeschichte. In: *Deutsche Vierteljahrsschrift für Literaturwissenschaft und Geistesgeschichte*, Bd. 74/1, 2000, 84–110.
Constant, Benjamin: *De la liberté des Anciens comparée à celle des Modernes* [1819], hrsg. von Louis Lourme. Paris 2010.
Corbineau-Hoffmann, Angelika: *Kleine Literaturgeschichte der Großstadt*. Darmstadt 2003.
Detering, Heinrich: *Autorschaft. Positionen und Revisionen*. Stuttgart/Weimar 2002.
Dünne, Jörg: Célines katastrophische Feerie. Zur Katastrophenkompetenz moderner Literatur. In: *Lendemains* 138/9, 2010, 171–190.
Eckardt, Frank: *Die komplexe Stadt: Orientierungen im urbanen Labyrinth*. Wiesbaden 2009.
Edschmid, Kasimir: Über den dichterischen Expressionismus [1917]. In: Ders.: *Frühe Manifeste*. Mainz/Hamburg 1957, 26–43.
Eisenstadt, Shmuel N.: *Die Vielfalt der Moderne*. Weilerswist 2000.
Eisenstadt, Shmuel N. (Hrsg.): *Multiple Modernities*. New Brunswick 2002.
Emrich, Wilhelm: *Poetische Wirklichkeit. Studien zur Klassik und Moderne*. Wiesbaden 1979.
Erhart, Walter: Die germanistische Moderne – eine Wissenschaftsgeschichte. In: Becker, Sabina/Kiesel, Helmuth (Hrsg.): *Literarische Moderne. Begriff und Phänomen*. Berlin 2007, 145–166.
Erstić, Marijana: *Avantgarde, Medien, Performativität. Inszenierungs- und Wahrnehmungsmuster zu Beginn des 20. Jahrhunderts*. Bielefeld 2005.
Fähnders, Walter: Avantgarde – Begriff und Phänomen. In:

Becker, Sabina/Kiesel, Helmuth (Hrsg.): *Literarische Moderne. Begriff und Phänomen*. Berlin 2007, 277–290.

Fetz, Reto Luzius et al. (Hrsg.): *Geschichte und Vorgeschichte der modernen Subjektivität*. Berlin 1998.

Fleig, Anne: *Körperkultur und Moderne. Robert Musils Ästhetik des Sports*. Berlin/New York 2008.

Floeck, Wilfried (Hrsg.): *Das moderne Theater Lateinamerikas*. Frankfurt am Main 1993.

Forderer, Christof: *Die Großstadt im Roman. Berliner Großstadtdarstellungen zwischen Naturalismus und Moderne*. Wiesbaden 1992.

Friedrich, Hugo: *Die Struktur der modernen Lyrik*. Reinbek bei Hamburg ³1970.

Fuchs, Peter/Luhmann, Niklas: Vom schweigenden Aufflug ins Abstrakte. Zur Ausdifferenzierung moderner Lyrik. In: Dies. (Hrsg.): *Reden und Schweigen*. Frankfurt am Main 1989, 138–177.

Geyer, Paul: *Die Entdeckung des modernen Subjekts. Anthropologie von Descartes bis Rousseau*. Würzburg 2007.

Graevenitz, Gerhart von (Hrsg.): *Konzepte der Moderne*. Stuttgart 1999.

Gutjahr, Ortrud: Kultur-Kanon und interkulturelle Moderne. In: Auer, Michaela/Müller, Ulrich (Hrsg.): *Kanon und Text in interkulturellen Perspektiven. »Andere Texte anders lesen«*. Stuttgart 2001, 1–28.

Harding, Desmond: *Writing the City. Urban Visions & Literary Modernism*. New York 2003.

Hardtwig, Wolfgang: *Hochkultur des bürgerlichen Zeitalters*. Göttingen 2005.

Herrmann, Britta/Thums, Barbara: *Ästhetische Erfindung der Moderne? Perspektiven und Modelle 1750–1850*. Würzburg 2003.

Hinderer, Walter (Hrsg.): *Friedrich Schiller und der Weg in die Moderne*. Würzburg 2007.

Hörisch, Jochen: *Der Takt der Neuzeit: die Schwellenjahre der Geschichte*. Stuttgart 2009.

Husslein-Arco, Agnes (Hrsg.): *Wien – Berlin: Kunst zweier Metropolen*. München 2013.

Iser, Wolfgang: *Immanente Ästhetik, Ästhetische Reflexion. Lyrik als Paradigma der Moderne*. München 1966.

Iser, Wolfgang: *Der Akt des Lesens. Theorie ästhetischer Wirkung*. München ⁴1994.

Ifkovits, Kurt: *Die Insel. Eine Zeitschrift der Jahrhundertwende*. Wien 1997.

Jauß, Hans Robert: *Literaturgeschichte als Provokation*. Frankfurt am Main 1970.

Jauß, Hans Robert: *Studien zum Epochenwandel der ästhetischen Moderne*. Franfurt am Main ²1990.

Jauß, Hans Robert: Ursprung und Bedeutung der Fortschrittsidee in der *Querelle des Anciens et des Modernes*. In: Kuhn, Helmut/Wiedmann, Franz (Hrsg.): *Die Philosophie und die Frage nach dem Fortschritt*. München 1964, 51–72.

Kapitza, Peter K.: Der Zwerg auf den Schultern des Riesen. In: *Rhetorik* 2, 1981, 49–58.

Kiesel, Helmuth: *Geschichte der literarischen Moderne. Sprache, Ästhetik, Dichtung im zwanzigsten Jahrhundert*. München 2004.

Kleinschmidt, Erich: *Gleitende Sprache: Sprachbewußtsein und Poetik in der literarischen Moderne*. München 1992.

Kleinschmidt, Erich: *Autorschaft*. Weimar 1997.

Klinger, Cornelia: Modern/Moderne/Modernismus. In: Barck, Karlheinz (Hrsg.): *Ästhetische Grundbegriffe. Historisches Wörterbuch in 7 Bänden*, Bd. 4. Stuttgart 2002, 121–160.

Koselleck, Reinhart: Einleitung. In: Brunner, Otto et al. (Hrsg.): *Geschichtliche Grundbegriffe*, Bd. 1. Stuttgart 1979, XIII-XXVII.

Krumpel, Heinz: *Philosophie und Literatur in Lateinamerika – 20. Jahrhundert*. Frankfurt am Main 2006.

Kubin, Wolfgang: *Die chinesische Literatur im 20. Jahrhundert*. München 2005.

Kyora, Sabine: *Eine Poetik der Moderne. Zu den Strukturen modernen Erzählens*. Würzburg 2007.

Latour, Bruno: *Nous n'avons jamais été modernes. Essai d'anthropologie symétrique*. Paris 1991.

Lestringant, Frank: *Die Erfindung des Raums. Kartographie, Fiktion und Alterität in der Literatur der Renaissance*, hrsg. von Jörg Dünne. Bielefeld 2012.

Lichtblau, Klaus: Zum Stellenwert der ästhetisch-literarischen Moderne in den kultursoziologischen Gegenwartsanalysen von Georg Simmel und Max Weber. In: Graevenitz, Gerhart von (Hrsg.): *Konzepte der Moderne*. Stuttgart/Weimar 1999, 52–68.

Liebrand, Claudia (Hrsg.): *Gattung und Geschichte. Literatur- und medienwissenschaftliche Ansätze zu einer neuen Gattungstheorie*. Bielefeld 2012.

Liebsch, Dimitri (Hrsg.): *Philosophie des Films. Grundlagentexte*. Paderborn 2005.

Lohmeier, Anke Marie: Vorschläge zur Revision literaturwissenschaftlicher Modernebegriffe. In: *Internationales Archiv für Sozialgeschichte der Literatur* 31/1, 2007, 1–15.

Lorenz, Dagmar: *Wiener Moderne*. Stuttgart/Weimar 1995.

Luckscheiter, Roman (Hrsg.): *L'art pour l'art. Der Beginn der modernen Kunstdebatte in französischen Quellen der Jahre 1818 bis 1847*, hrsg., übers. und kommentiert von Roman Luckscheiter. Bielefeld 2003.

Luhmann, Niklas: *Die Kunst der Gesellschaft*. Stuttgart 1995.

Lyotard, Jean-François: *La condition postmoderne*. Paris 1979.

Mahler, Andreas: Stadttexte – Textstädte. Formen und Funktionen diskursiver Stadtkonstitution. In: Ders. (Hrsg.): *Stadt-Bilder. Allegorie, Mimesis, Imagination*. Heidelberg 1999, 11–36.

Middeke, Martin (Hrsg.): *Zeit und Roman. Zeiterfahrung im historischen Wandel und ästhetischer Paradigmenwechsel vom sechzehnten Jahrhundert bis zur Postmoderne*. Würzburg 2002.

Miller, Norbert et al.: *Bausteine zu einer Poetik der Moderne*. München 1987.

Moser, Christian/Simonis, Linda (Hrsg.): *Figuren des Globalen. Weltbezug und Welterzeugung in Literatur, Kunst und Medien*. Bonn 2014.

Nagel, Bert: *Kafka und Goethe: Stufen der Wandlung von der Klassik zur Moderne*. Berlin 1977.

Nitsch, Wolfram: Balzac und die Medien. Technik in der Metaphorik der *Comédie humaine*. In: Ders./Teuber, Bernhard (Hrsg.): *Vom Flugblatt zum Feuilleton. Mediengebrauch und ästhetische Anthropologie in historischer Perspektive*. Tübingen 2002, 251–262.

Perrault, Charles: *Parallèle des Anciens et des Modernes en ce qui regarde les arts et les sciences.* Faksimiledruck der vierbändigen Originalausgabe Paris 1688–1696, hrsg. von Hans Robert Jauß. München 1964.

Petersdorff, Dirk von: *Fliehkräfte der Moderne. Zur Ich-Konstitution in der Lyrik des frühen 20. Jahrhunderts.* Tübingen 2005.

Plumpe, Gerhard: Der Autor als Rechtssubjekt. In: Brackert, Helmut/Stückrath, Jörn (Hrsg.): *Literaturwissenschaft. Grundkurs 2.* Reinbek bei Hamburg 1981, 179–193.

Plumpe, Gerhard: *Epochen der Moderne. Ein systemtheoretischer Entwurf.* Opladen 1995.

Port, Ulrich: *Pathosformeln: die Tragödie und die Geschichte exaltierter Affekte (1755–1888).* München 2005.

Raussert, Wilfried: *Avantgarde(n) in den USA: Interkulturelle Prozesse und die Medien der Kunst 1940–1970.* Berlin 2001.

Reich, Annika: *Was ist Haiku? Zur Konstruktion der japanischen Nation zwischen Orient und Okzident.* Münster 2000.

Renner, Rolf Günter: *Die postmoderne Konstellation. Theorie, Text und Kunst im Ausgang der Moderne.* Freiburg 1988.

Rosa, Hartmut: *Beschleunigung und Entfremdung. Entwurf einer kritischen Theorie spätmoderner Zeitlichkeit.* Berlin 2013.

Riemenschnitter, Andrea: *Karneval der Götter. Mythologie, Moderne und Nation in Chinas 20. Jahrhundert.* Frankfurt am Main 2011.

Scharlau, Birgit (Hrsg.): *Lateinamerika denken. Kulturtheoretische Grenzgänge zwischen Moderne und Postmoderne.* Tübingen 1994.

Schiller, Friedrich: Ueber naive und sentimentalische Dichtung. In: *Schillers Werke. Nationalausgabe,* 20. Band, hrsg. von Benno von Wiese. Weimar 1962, 419–503.

Schlegel, August Wilhelm: *Vorlesungen über die romantische Poesie.* Nachlass August Wilhelm Schlegel – Mscr. Dresd.e. 90. 2 Bde. Berlin 1803 bis 1804 (http://digital.slub-dresden.de/id343287420).

Schüttpelz, Erhard: *Die Moderne im Spiegel des Primitiven: Weltliteratur und Ethnologie (1870–1960).* München 2005.

Schüttpelz, Erhard: Weltliteratur in der Perspektive einer Longue Durée: Die fünf Zeitschichten der Globalisierung. In: Özkan, Ezli et al. (Hrsg.): *Wider den Kulturenzwang. Migration, Kulturalisierung und Weltliteratur.* Bielefeld 2009, 339–360.

Schüttpelz, Erhard et al. (Hrsg.): *Bruno Latours Kollektive. Kontroversen zur Entgrenzung des Sozialen.* Frankfurt am Main 2008.

Schumacher, Eckhard: *Die Ironie der Unverständlichkeit. Johann Georg Hamann, Friedrich Schlegel, Jacques Derrida, Paul de Man.* Frankfurt am Main 2000.

Seidlin, Oskar: *Klassische und moderne Klassiker: Goethe, Brentano, Eichendorff, Gerhart Hauptmann, Thomas Mann.* Göttingen 1972.

Simmel, Georg: *Philosophische Kultur.* Leipzig [2]1919.

Simmel, Georg: *Philosophie des Geldes.* München und Leipzig. [3]1920.

Simmel, Georg: *Die Großstädte und das Geistesleben.* Frankfurt am Main 2006.

Simonis, Annette: *Literarischer Ästhetizismus. Theorie der arabesken und hermetischen Kommunikation der Moderne.* Tübingen 2000 (Ndr. Berlin 2012).

Simonis, Annette/Simonis, Linda: Einleitung: Moderne als ›Zeitkultur‹. In: Dies. (Hrsg.): *Zeitwahrnehmung und Zeitbewußtsein der Moderne.* Bielefeld 2000.

Simonis, Linda: Selbstreflexion der Moderne im Zeichen von Kunst. Max Weber und Georg Simmel zwischen Entzauberung und Ästhetisierung. In: Graevenitz, Gerhart von (Hrsg.): *Konzepte der Moderne.* Stuttgart/Weimar 1999, 612–632.

Singer, Milton: *When a Great Tradition Modernizes: An Anthropological Approach to Indian Civilization.* London 1972.

Šklovskij, Viktor: *Theorie der Prosa.* Frankfurt am Main 1984.

Smart, John: *Modernism and After: English Literature 1910–1939.* Cambridge 2008.

Sommerkamp, Sabine: *Der Einfluss des Haiku auf Imagismus und jüngere Moderne. Studien zur englischen und amerikanischen Lyrik.* Hamburg 1984.

Sparr, Thomas: *Celans Poetik des hermetischen Gedichts.* Heidelberg 1989.

Sprengel, Peter/Streim, Gregor: *Berliner und Wiener Moderne. Vermittlungen und Abgrenzungen in Literatur, Theater, Publizistik.* Wien/Köln 1998.

Stöckmann, Ingo: *Vor der Literatur. Eine Evolutionstheorie der Poetik Alteuropas.* Tübingen 2001.

Szondi, Peter: Durch die Enge geführt. Versuch über die Verständlichkeit des modernen Gedichts. In: Ders.: *Schriften II,* hrsg. von Jean Bollack und Wolfgang Fietkau. Frankfurt am Main 1978a, 345–389.

Szondi, Peter: Theorie des modernen Dramas. In: Ders.: *Schriften I,* hrsg. von Jean Bollack und Wolfgang Fietkau Frankfurt am Main 1978b, 345–389.

Vietta, Silvio: *Sprache und Sprachreflexion in der modernen Lyrik.* Bad Homburg 1970.

Voßkamp, Wilhelm: *Romantheorie in Deutschland von Martin Opitz bis Friedrich von Blanckenburg.* Stuttgart 1973.

Walzel, Oskar: *Wechselseitige Erhellung der Künste. Ein Beitrag zur Würdigung kunstgeschichtlicher Begriffe.* Berlin 1917.

Weber, Max: *Gesammelte Aufsätze zur Religionssoziologie,* Bd. 2. Tübingen [8]1986.

Wegmann, Nikolaus: *Diskurse der Empfindsamkeit. Zur Geschichte eines Gefühls in der Literatur des 18. Jahrhunderts.* Stuttgart 1988.

Werber, Niels: *Literatur als System. Zur Ausdifferenzierung literarischer Kommunikation.* Opladen 1992.

Werber, Niels: *Liebe als Roman. Zur Koevolution intimer und literarischer Kommunikation.* München 2003.

Wunberg, Gotthard: *Die Wiener Moderne: Literatur, Kunst und Musik zwischen 1890 und 1910.* Stuttgart 2006.

Zima, Peter V.: *Moderne/Postmoderne: Gesellschaft, Philosophie, Literatur.* Stuttgart [2]1997.

Zwierlein, Cornel: Frühe Neuzeit, Multiple Modernities, globale Sattelzeit. In: Landwehr, Achim (Hrsg.): *Frühe neue Zeiten. Zeitwissen zwischen Reformation und Revolution.* Bielefeld 2012, 389–405.

Annette Simonis/Linda Simonis

Medizin und Medizingeschichte

Definitionen und Anwendungsbereiche

Die Medizin war von Beginn an in Bezugssysteme eingebunden, die als modern gelten – Wissenschaftlichkeit, Rationalität, wissenschaftliches Naturverständnis und technisches Naturverhältnis. Dies ist das gängige Narrativ der Medizin. Es ist zugleich aber – wie nachfolgend zu diskutieren sein wird – das konstitutive Merkmal der Medizin gegenüber den vielfältigen anderen Formen des Heilens, die in jeder Gesellschaft gegeben waren und nach wie vor gegeben sind. Allein deshalb ordnet sich die Medizin scheinbar problemlos in das Fortschrittsnarrativ der Moderne ein. Aber – und das bildet den Hintergrund der nachfolgenden Diskussion – die Natur und die menschlichen Vergesellschaftungs- und Vergemeinschaftungsformen einschließlich der Medizin werden jeweils kulturadäquat gedeutet, dies allerdings auf der Grundlage jeweils gegebener biologischer und historischer Fakten: Natur und Kultur sind radikal zu historisieren (Breidbach 2011). Gleichwohl kann die Geschichte der Medizin des Okzidents kaum anders als eine Erfolgsgeschichte geschrieben werden.

Die Zeitgenossen, die seit den wissenschaftlichen Revolutionen des 16. und 17. Jh.s die »Meilensteine der Medizin« (Schott 1996) gesetzt und damit wesentlich zur »Verwandlung der Welt« im langen 19. Jh. beigetragen haben (Osterhammel 2009, Kap. V), benutzten zwar durchaus das Wort ›modern‹, um sich oder andere gegenüber tradierten Formen medizinischen Wissens und ärztlichen Handelns abzusetzen. Aber sie räsonierten nur selten über »Moderne und Medizin«. Die heftigen Auseinandersetzungen innerhalb und außerhalb der Medizin spielten sich in anderen Begrifflichkeiten ab: Gott und Welt, Gott und Mensch, Mensch und Natur, Mensch als Maschine, Theologie und Teleologie, therapeutischer Nihilismus, Allopathie oder Homöopathie, Freiheit der Wissenschaft gegenüber Kirche und Staat, Verwissenschaftlichung im Sinne der »reinen« Natur- und Technikwissenschaften, Natur und Naturheilkunde, Mediziner versus Arzt, Krise der Medizin, kritische Medizin, Laien- und Selbsthilfe, die Deutung von Leben, Gesundheit, Krankheit, Sterben oder Tod – es waren solche Begriffe und begrifflichen Dichotomien, welche die Debatten der jeweiligen Zeit bestimmten.

Das Begriffspaar ›Moderne und Medizin‹ ist allenfalls Thema im Rahmen einer Selbstreflexion der späten Moderne – sei sie historisch-rückblickend, sei sie international-vergleichend, sei sie systematisch-theoretisch angelegt. All dies macht die hier zu behandelnde Fragestellung zu einem Gegenstand, der nur durch thematische Vorentscheidungen und damit durch eine Auswahl möglicher Gesichtspunkte und theoretischer Ansätze bewältigt werden kann. Dieser Zugang könnte durchaus im Rahmen üblicher quantitativer oder qualitativer Theorien und Konzepte der Moderneforschung gesucht werden – von der Rationalisierung und Säkularisierung über die Industrialisierung und Technisierung bis zur sozialen Differenzierung und Individualisierung –, würde dann aber im Rahmen der gesetzten Operationalisierungen bleiben und liefe insgesamt Gefahr, die Spezifität des Gegenstandes zu verfehlen.

Deshalb soll der Zugang zu dem Thema ›Moderne und Medizin‹ aus dem Kernbereich der Medizin erschlossen werden: Der analytische Fokus der folgenden Überlegungen ist der Patient als das bestimmende und einheitsstiftende Element medizinischen Wissens und ärztlichen Handelns (Wieland 1975; Labisch/Paul 1998). Der Blick auf den Patienten verweist auf ein zentrales Problem der Medizin: Die unausweichliche Frage nach dem Sinn von Krankheit ist systematisch aus der Medizin der Moderne ausgeschlossen. Die Frage, warum, wann und mit welchen Folgen eben dies geschehen ist, wird damit zu einer Schlüsselfrage für die Genese der Medizin der Moderne. Es geht im Folgenden also darum, innerhalb der jeweiligen Kontingenz des historisch-kulturellen Wandels der Umgebungsbedingungen einerseits und andererseits der Möglichkeiten, diese methodisch zu erfassen, den Blick auf den Patienten als sowohl historisch-kontextgebundene wie reale Leitlinie zu nutzen. Aus diesem Zusammenhang heraus ergeben sich weitere Anhaltspunkte, die im Problembereich Moderne und Medizin nicht aus externen Theorien, sondern aus dem Gegenstandsbereich heraus zu entwickeln und zu diskutieren sind. Dies schließt die Wirkungen der Medizin nicht nur im individuellen, sondern auch im realen und im ideellen öffentlichen Raum ein.

Der nicht-metaphysische und nicht-religiöse Blick auf die Krankheit entstand keineswegs erst in der Neuzeit. Vielmehr begründet diese Perspektive die Genese der Medizin des Okzidents an sich. Bereits Ende des 5. Jh.s v. u. Z. erklärten Hippokrates und seine Schule Krankheiten als nicht von den Göttern gesandt, sondern als der Natur nach erkennbar und damit als theoretisch-rational behandelbar. Beispiel war die angeblich ›heilige Krankheit‹, die Epilepsie. Mit diesem Schritt wurde die Medizin von der allgemeinen Heilkunde abgeteilt. Die Medizin ist somit genuin ein auf theoretisch-rationalem Wissen gründender Teil eines an sich breit angelegten Heilwissens. Damit erfüllt sie qua Definition und von Beginn an ein Kriterium, das üblicherweise mit der Moderne-Diskussion der Neuzeit angesetzt wird.

Von Hippokrates und seinem Vollender Galen (129–um 216 u. Z.) führt allerdings kein gerader Weg zur modernen westlichen Medizin. Vielmehr haben sich im späten Mittelalter und in der Frühen Neuzeit Welterklärung und Weltdeutung auch im medizinischen Wissen und ärztlichen Handeln wieder zu einem geschlossenen Ganzen vereint. In der scholastischen Medizin des Mittelalters und in der Astromedizin der Frühen Neuzeit ordneten sich Physiologie, Pathologie und Therapie gänzlich in eine umfassende Weltsicht ein (zum Begriff und zu den Konzepten der Medizin vgl. grundlegend Rothschuh 1978). Diese – und hier ist dieser Begriff gerechtfertigt – ganzheitliche, katholische Weltsicht schloss in die Welterklärung zugleich die Sinngebung der Welt ein und verband sich in der Iatrotheologie (›Christus Medicus‹), der Iatro-Dämonologie, der Iatroastrologie und der Iatromagie zu eigenen medizinischen Konzepten (griech. *iatrós*, »Arzt«). Viele Aspekte dieser synkretistischen Medizin sind in das kollektive Gedächtnis abgesunken und bestimmen bis heute die Alltagswahrnehmung und auch das Alltagshandeln (Müller 1993), wie dies in Begriffen wie ›Entschlackung‹, ›Blutreinigung‹ oder ›Frühlingskur‹ zum Ausdruck kommt.

In der Renaissance, im Humanismus und in der Reformation begann sich die Welterkenntnis vom religiösen Denken zu lösen. Am Ende des 16. und Anfang des 17. Jh.s wurde in Europa das Naturverständnis innerhalb weniger Jahrzehnte revolutioniert – und zwar (a) durch die Mathematisierung, (b) durch die atomistisch-mechanische Auffassung der Natur und (c) durch die Produktion von Fakten durch Experimente. Diese drei Elemente formten einen sich selbst vorantreibenden Prozess der Welterkenntnis (z. B. Cohen 2010; Huff 2011). Francis Bacons (1561–1626) Wahlspruch *scientia est potestas* (»Wissen[schaft] ist Macht«) wurde zum Grundgedanken des wissenschaftlich-technischen Machbarkeitsparadigmas der Moderne.

Was bislang am Beispiel der Individualmedizin dargelegt wurde, gilt *mutatis mutandis* auch für die soziale bzw. öffentliche Bedeutung der Medizin und damit für den Einfluss der Medizin bei der Gestaltung von Verhältnissen und Verhalten. Bereits in den hellenistischen Städten der Antike entstanden frühe Formen einer öffentlichen Medizin, etwa in ersten Ansätzen einer kollegial organisierten Selbstkontrolle einschließlich der öffentlichen Pflicht zu ärztlicher Hilfe – beaufsichtigt durch einen *archiatrós*, einen »Erz-Arzt« (daraus das ›deutsche‹ Wort Arzt). Dies war der Beginn der öffentlichen Kontrolle und Bestallung der die Medizin ausübenden Personen. Gegen die ständig wiederkehrenden Pestepidemien entwickelten die spätmittelalterlichen und frühneuzeitlichen Handelsstädte Maßnahmen einer zunächst rein reaktiven Gefahrenabwehr (z. B. Quarantäne- und Contumaz-Anstalten).

Auf der Ebene der frühen (Personenverbands-)Staaten wurde im äußeren Gewaltmonopol die Ausbildung der Feldscherer für das Heeressanitätswesen reglementiert; im inneren Gewaltmonopol entstand die Gerichtsmedizin, welche die körperlichen Aspekte des Zivil- und Strafrechts erfasste. Allgemein gerichtete Vorschriften hatten auch gesundheitliche (Neben-)Wirkungen, so etwa die die öffentliche Ordnung der Stadt betreffenden Regelungen zur Wasserversorgung und Straßenreinigung, zu Lebensmittel- und Marktordnungen. Diese reich gegliederten öffentlichen Maßnahmen gründeten allerdings seitens der Handlungsträger zunächst nicht auf dem Gedanken öffentlicher Gesundheit und seitens der Medizin nicht auf einer öffentlich orientierten Wissenschaft samt einem daraus resultierenden Handlungsspektrum. Vielmehr stand die öffentliche Ordnung, die Regulation sozialer Hierarchien oder die Reichweite von städtischen oder staatlichen Eingriffen in Markt- und Lebensverhältnisse im Vordergrund. Die gelegentlichen Versuche von Ärzten, über ihre öffentliche Bestallung in städtische oder staatliche Verhältnisse einzugreifen, wurden von den Führungsschichten der Städte und Territorialstaaten stets strikt zurückgewiesen.

Regionen, Räume und Entwicklungspfade

Im Kalkül der modernen Wissenschaften wurden Gott und seine Offenbarung in der Bibel als Erklärungsfaktoren immer weniger benötigt. Daraus ergab sich im 18. und frühen 19. Jh. die entscheidende Wende im Verhältnis von Moderne und Medizin: die wissenschaftliche Erkenntnis wurde aller außerwissenschaftlichen Elemente entkleidet. Gleichzeitig wurde der wissenschaftlichen Erkenntnis selbst jedoch ein Wert zugeordnet: Wissenschaft und Forschung stellen nunmehr Werte aus sich selbst dar. Sie verlagern die Transzendenz des Paradieses in den innerweltlichen Fortschritt. Im fortschrittsbetonten Erkenntnisprozess wird die wissenschaftliche Erkenntnis der Natur zugleich als eine werthafte Ordnung gesetzt. Was wissenschaftlich als bewiesen gilt, wirkt allein durch das Prädikat ›wissenschaftlich‹ – und muss nicht in anderen Kategorien des Denkens, Wertens und Handelns begründet werden.

Aus dieser Entwicklung resultiert das entscheidende Problem der Medizin der Moderne: Es sind die ebenso konstitutiv werthaften Bezüge der jeweiligen Deutungen von Gesundheit und Krankheit einerseits wie der ebenso konstitutive Bezug zur modernen, vorgeblich wertfreien Wissenschaft andererseits. Diese Dichotomie führte dazu, dass die vormaligen ontologischen Krankheitsauffassungen, die immer auch die Sinnfrage enthielten und beantworteten, zugunsten analytischer Krankheitsauffassungen aufgegeben wurden. Ebenso wie die Naturwissenschaften verlor damit auch der Krankheitsbegriff seine metaphysische Dimension. Der mögliche analytische Umgang mit empirischen Krankheitsbeobachtungen und die exakte Klassifikation pathologischer Prozesse in Systemen von Krankheiten, in ›Nosologien‹ (griech. *nósos*, »Krankheit«), waren das Programm: Die Organe im 18. Jh., die Zellen im 19. Jh. und die Moleküle und Gene im 20. und 21. Jh. – und damit die Iatromorphologie, die Iatrotechnologie und jetzt die Iatrobiologie – wurden zu den letzten Erklärungsmomenten pathologischer Vorgänge. Diese werden als natürliche Prozesse im menschlichen Organismus gedeutet. Die Sinnfrage verschwindet in den Kulissen, wird aber gleichwohl im Erleben von schwerer Krankheit oder massenhaften Sterbens wieder virulent. Mit der Sinnfrage verschwindet der Patient als Person aus der Medizin: Der Patient wird zum Fall (Hartmann 1966; Jewson 1976).

Über die Pariser Schule des 18. und frühen 19. Jh.s, über die Edinburgher Medizin und die Zweite Wiener Schule in der Mitte des 19. Jh.s schloss die Iatrotechnik des 19. und 20. Jh.s an die rasante Entwicklung der Naturwissenschaften an. Getragen von dem Theoretiker Johannes Müller (1801–1858) einerseits und dem Kliniker Johann Lucas Schönlein (1793–1864) andererseits entstand in Deutschland in der zweiten Hälfte des 19. Jh.s mit Emil du Bois-Reymond (1818–1896), Hermann (von) Helmholtz (1821–1894), Rudolf Virchow (1821–1902) und vielen anderen in Berlin oder in Leipzig mit Carl Wunderlich (1815–1877) die deutsche Schule der Medizin. Diese zeichnete sich dadurch aus, dass Forschung, Klinik und die Ausbildung von Studierenden eng verbunden waren. Die Lebensvorgänge wurden als physikalische und chemische Prozesse gedeutet. Angesichts der Komplexität des Lebens musste der Organismus in überschaubare morphologische und physiologische Untereinheiten zerlegt werden. Die einzelnen Lebensvorgänge galt es gemäß den Kausalgesetzen der Natur im Experiment zu erforschen. Die Erkenntnisse führten dazu, dass diese einzelnen Vorgänge auf gezielte Weise physikalisch oder chemisch beeinflusst werden können. Krankheit heißt also festzustellen, wann und warum Lebensvorgänge gestört sind. Diese Störungen können ggf. durch entsprechend gezielte Eingriffe beseitigt werden. Aus diesen Grundannahmen folgte eine immer differenziertere Nosologie.

In der vormodernen Medizin beobachtete der Arzt sämtliche Zufälligkeiten, die ›Symptome‹ des Patienten, ordnete die Zeichen gemäß der Zeichenlehre (Semiologie) bestimmten, jeweils jetzt und auf der Stelle gegebenen Aktualzuständen des Säfte- und Qualitäten-Gleichgewichts zu und entwickelte daraus eine Prognose (Müller 1993; Stolberg 2003, 2009). In der modernen Medizin wird der Patient gleichsam ohne Ansehen der Person aufgrund der physikalisch, chemisch oder molekularbiologisch erhobenen Befunde, der Differentialdiagnose unter verschiedenen nosologischen Möglichkeiten und schließlich aufgrund der Diagnose einer bestimmten Nosologie einem außerhalb des Patienten bestehenden Krankheitsbild zugeordnet. Nach der Maßgabe der nosologischen Vorstellungen wird der Patient therapiert. An die Stelle der überkommenen empirischen, symptomatisch ausgerichteten Therapie tritt der gezielte Eingriff in die Pathophysiologie. Der Patient wird zum Fall und als solcher zum Objekt expertenhafter Intervention.

Aus dieser Reduktion erklären sich die nach wie vor bewunderten Fortschritte der modernen Medizin, die – über Zufallsentdeckungen etwa der Narkose oder der Röntgen-Strahlen hinaus – seit den 1880er-Jahren in der westlichen Welt in rascher Folge erzielt wurden. In diesem Prozess wird der menschliche Körper bis auf die Ebene der subzellulären Kompartimente samt deren biologisch kodierten Proteinen erforscht, physikalisch, chemisch und molekularbiologisch in seinen Funktionen durchdrungen und in bildgebenden Verfahren durchsichtig gemacht. Der Wissenschaftsbegriff des Okzidents führt gleichsam zwanghaft zu einer immer weiteren und tieferen wissenschaftlich rationalen Analyse der Natur. Aufgrund der ebenso zwingenden Bindung der Medizin an die Naturwissenschaften wird diese ebenfalls zu einer immer weiter- und tiefergehenden wissenschaftlich-rationalen Analyse der Physiologie, Pathologie und Therapie des menschlichen Körpers – und zwar einschließlich der sog. »Geisteskrankheiten« – führen.

Dies zieht notwendig die funktionale Differenzierung von immer weiteren Handlungsvollzügen in der Organisation und Administration medizinischer Dienstleistungen nach sich. Das Musterbeispiel ist der hochdifferenzierte und immer weiter verdichtete Betrieb von Universitätskliniken, der sich nachfolgend in die Peripherie der Allgemeinkrankenhäuser und der ambulanten ärztlichen Versorgung fortsetzt. Der Mensch als Person hat in dieser Art von Medizin keinen systematischen Ort. In der Individualmedizin der Moderne erscheint der Patient nicht als individuelle Person; vielmehr wird er als ein durch pathophysiologische Normabweichungen definierter Fall zum Objekt einer immer größeren Zahl hochverdichteter Aktionen. Daraus erklärt sich, dass chronisch Kranke als eine Serie von akuten Fällen behandelt werden und dass Siechtum, Sterben und Tod in der Medizin keinen systematischen Stellenwert haben (Stolberg 2011). Aus all diesem erklärt sich schließlich auch die massive Kritik, die trotz aller nachweislichen Heilerfolge an der modernen Medizin innerhalb wie außerhalb der Medizin erhoben wird.

Die Modernisierungsprozesse der Individualmedizin erfassten – vorangetrieben durch den raschen Wandel der Lebensverhältnisse vom Ständestaat zur Industriegesellschaft – auch die öffentliche Medizin. Als die Territorialstaaten administrativ durchgestaltet wurden, entstanden im ausgehenden 17. und frühen 18. Jh. die Medizinal- und die Sanitätsaufsicht und damit eine ständige Kontrolle der Geburtlichkeit, der Morbidität und der Mortalität sowie der die Medizin ausübenden Personen. Auch diese reich gegliederten öffentlichen medizinischen Maßnahmen waren primär auf die öffentliche Ordnung gerichtet. Gleichwohl bemerkten die Menschen, dass die öffentliche Medizin allmählich in ihre Lebensverhältnisse hineinzuwirken begann. Johann Peter Frank (1745–1821) legte mit seinem ab 1779 veröffentlichten *System einer vollständigen Medicinischen Polizey* den umfassendsten Entwurf einer Staatsmedizin des Ancien Régime vor. Frank wollte das gesamte private und öffentliche Leben unter gesundheitlichen Gesichtspunkten regeln: Beginnend mit Fortpflanzung, Ehe, Schwangerschaft, Kindbett und Kinderaufzucht samt Schule über Nahrungsmittel, Mäßigkeit, Kleidung, Erholung und Wohnung und schließlich öffentlicher Sicherheit bis hin zur gerichtlichen Arzneikunde und zu den Fragen der Ärzte und des Krankenhauswesens wurden sämtliche Aspekte privater und öffentlicher Gesundheit aus der Sicht aufgeklärt absolutistischer staatlicher Wohlfahrtspflege erfasst.

Der umfassende Blick der Medizin auf sämtliche privaten und öffentlichen Verhältnisse ist heute selbstverständlich. Seinerzeit musste sich Frank aber noch den Vorwurf gefallen lassen, dass sich die Medizin in das Leben der Menschen einzumischen beginne. Dies betraf auch ganz konkrete Maßnahmen: Die Pockenschutzimpfung, aus der Idee der staatlichen ›Peuplierungspolitik‹ geboren, war die erste große staatliche Intervention, die mit medizinischen Maßnahmen massiv in das Leben der Menschen einwirkte. Der Widerstand gegen die Zwangsimpfungen war entsprechend heftig (Wolff 1998). Nach wie vor war damals indes der Gedanke oder gar die Wissenschaft einer öffentlichen Gesundheit und öffentlicher Gesundheitsmaßnahmen – zu unterscheiden von individueller Gesundheit und individuellen Maßnahmen – in der Medizin nicht gegeben. Gleichwohl öffnete sich unter den Bedingungen des aufgeklärten Absolutismus jenes Dispositiv zumindest teilweise deckungsgleicher Interessen, in dem staatlicher Gestaltungswille, administrative Handlungsnotwendigkeiten und Professionalisierungsinteressen von Ärzten ein fruchtbares Verhältnis eingingen, um immer weitere Lebenswelten unter medizinischen Vorzeichen zu durchdringen. In diesem Prozess konnten die Ärzte konkurrierende Heilberufe, darunter die Wundärzte, marginalisieren und ihrerseits zu professionellen Experten aufsteigen (Huerkamp 1985; Sander 1989).

In der bürgerlichen Gesellschaft schließlich wurde das Staatsvolk als Souverän selbst zum Gegenstand öffentlicher Gesundheit. Die durch die Zunahme von weltweitem Handel und Wandel hervorgerufenen Cholera-Pandemien des 19. Jh.s beschleunigten diese Entwicklung. Im Zusammenwirken von Statistik, Epidemiologie, Physik, Geographie, Metereologie etc. und angetrieben von einem paternalistischen Wohlfahrtsgedanken, entstanden zunächst in England und Frankreich, dann in Deutschland die ersten modernen – d. h. sowohl an die Natur- als auch an die Sozial- und Wirtschaftswissenschaften angebundenen – Gesundheitswissenschaften. Mit dem Beginn der Industrialisierung wurde eine umfassende Gesundheitssicherung vermöge des »öffentlichen

Werthes« der Gesundheit (Max von Pettenkofer) entwickelt.

Gleichzeitig formulierten die modernen, d. h. hier: naturwissenschaftlich ausgerichteten Gesundheitswissenschaften in einer biologischen Kausalkette eine geschlossene Hygiene des Menschen: die Umgebungs- oder Konditionalhygiene von Michel Levy (1809–1872), Jules Guérin (1801–1886), Edmund Parkes (1819–1876) oder Max von Pettenkofer (1818–1901), die Mikrobiologie oder Bakteriologie als Auslösungshygiene Louis Pasteurs (1822–1895) oder Robert Kochs (1843–1910), die dynamische Theorie der Konstitutionshygiene, die Rassenhygiene und schließlich die Sozialhygiene erfassten im ausgehenden 19. und frühen 20. Jh. prinzipiell sämtliche Bereiche des menschlichen Lebens. Dies gilt insbesondere auch für das noch nicht geborene zukünftige Leben.

Auch der Gesundheitsbegriff begann sich deutlich zu wandeln. Aufgrund der religiösen Entbindung des Menschen in der Aufklärung hatte die Medizin begonnen, über die impliziten Definitionen des Gesundheitsbegriffs auch ideologische Kraft zu entfalten. Der Gesundheitsbegriff der Aufklärung war auf den einzelnen Bürger gerichtet. In Frankreich wurde im Kreis der ›Ideologues‹ Gesundheit zum politischen Programm, Krankheit zu einem politischen Problem (Frevert 1984). Durch die Synthese von Wissenschaften und Moralphilosophie sollten die rationalen Grundlagen der bürgerlichen Gesellschaft geschaffen werden. Nur die saubere Umgebung, nur die ärztliche Hilfe könnten zusammen mit einer gesunden Lebensführung das ›primitive Temperament‹ der Menschen zügeln. Ein gesellschaftlich gewährtes ›Recht auf Gesundheit‹ gehört seither unabdingbar mit einer gesellschaftlich eingeforderten ›Pflicht zur Gesundheit‹ zusammen.

Seit der Mitte des 19. Jh.s schieden die modernen naturwissenschaftlichen Gesundheitswissenschaften die Frage nach dem Sinn von Gesundheit aus der Medizin aus: Gesundheit stand als Wert für sich selbst. Gleichwohl wirkten im Ziel der öffentlichen Gesundheitspflege, in »Sauberkeit und Sittlichkeit« moralische und philanthropische Ideale der Aufklärung fort. Reinlichkeit, Sauberkeit, Helligkeit waren die Allheilmittel, das Wasser ein weltliches Sakrament moralischer Läuterung.

Erst die Mikrobiologie und Bakteriologie haben die Gesundheit in strikter naturwissenschaftlicher Betrachtung jeden offenbaren außerwissenschaftlichen Sinngehalts entkleidet. Gesundheit wurde zu einer Angelegenheit der Labors und der klinischen Epidemiologie. In den Typhusstudien Robert Kochs wurde der ›gesunde Keimträger‹ erkannt und identifiziert. Es wurde maßregelnd auf scheinbar Gesunde eingewirkt. Mit diesem Entwicklungsstand eines fortschrittsbetonten Erkenntnisprozesses wurde die wissenschaftliche Erkenntnis des Körpers als dessen werthafte Ordnung gesetzt. Sinngebung und Werthaftigkeit der körperlichen Existenz der Menschen wurden aus der wissenschaftlichen Erkenntnis gewonnen. Es ist dies die Denkfigur des ›homo hygienicus‹ (Labisch 1992).

Doch damit war die Entwicklung keineswegs abgeschlossen. Eine jetzt naturwissenschaftlich ausgerichtete Konstitutionshygiene verband die Ergebnisse und Methoden der experimentellen Hygiene, die Ergebnisse und Methoden der Bakteriologie und die als veränderlich angesehenen Krankheitsanlagen der Menschen zu einem dynamischen Modell individueller und öffentlicher Gesundheit. Sozialwissenschaftliche Methoden erlaubten in der Sozialhygiene, gesundheitsgefährdende Momente auch im gesellschaftlichen Zusammenleben der Menschen wissenschaftlich zu bestimmen. Die Rassenhygiene wollte schließlich einen ›gesunden Volkskörper‹ der Zukunft schaffen, indem die Träger ›kranker‹ bzw. unerwünschter Erbanlagen identifiziert und von bestimmten Handlungschancen ausgeschlossen (›negative‹ Eugenik) bzw. die Träger ›guter‹ Erbanlagen gefördert werden sollten (›positive‹ Eugenik).

Der rassenhygienische Gesundheitsbegriff setzte sich nahtlos in die Rassenkunde fort. Diese behauptete nicht nur den qualitativen Unterschied zwischen den Menschenrassen, sondern auch unter den Menschen eines Volkes. Es ist ein Zeichen der modernen Medizin, dass derartige Diskussionen positiver und negativer Eugenik in nahezu allen fortgeschrittenen Staaten des Westens – und zwar einschließlich der rassenhygienischen Konnotationen – geführt wurden. Es gab eine ›Internationale der Rassisten‹ (Kühl 1997). Den nationalsozialistischen Gesundheitspolitikern dienten für die Sterilisationsgesetzgebung einzelne Staaten der USA als Beispiele; in den nordeuropäischen Sozialstaaten wurde unter dem Aspekt der Kostenreduktion von den 1930ern bis in die 1960er-Jahre sterilisiert (Broberg/Roll-Hansen 1996).

Die seit der Wende zum 20. Jh. entwickelten Gedanken einer verpflichtenden kollektiven Gesundheit und der wirtschaftliche und soziale Gestaltungswille der Weimarer Zeit – Leitgedanke war die ›Planwirtschaft im Gesundheitswesen‹ – wurden im Nationalsozialismus in ein geradezu perfide rationales Modell einer weit in die Zukunft gerichteten Gesundheitssicherung umgestaltet. Diese war nicht wie in der Weimarer Republik auf sozialstaatliche Inklusion, sondern auf rassenhygienisch und rassenkundlich legitimierte Exklusion ausgerichtet. Ziel der NS-Gesundheitspolitik war ein »erbgesunder«, »rassisch reiner«, »arisch-deutschblütiger Volkskörper«, der dem säkularen Rassenkampf gewachsen sein sollte. Das gesamte Sozial- und Gesundheitswesen wurde danach ausgerichtet, zunächst alle als »rassenfeindlich« oder »rassenfremd« bezeichneten Menschen aus dem »Volkskörper« auszugliedern (Reichsbürgerrecht, Nürnberger Gesetze etc., durchgeführt durch die Standesämter, ggf. mit Hilfe der Gesundheitsämter). Aus der verbleibenden »arisch-deutschblütigen Bevölkerung« waren die Erbkranken auszugliedern (Sterilisierungsgesetz, Ehegesundheitsgesetz, ›Euthanasie‹ etc., organisiert durch die Gesundheitsämter mithilfe sämtlicher ambulanter und stationärer Einrichtungen des Gesundheits- und Sozialwesens). Die nun verbleibende »rassenreine«, »erbgesunde« und »arisch-deutschblütige« Bevölkerung sollte in einem umfassenden System von Arbeit bzw. Kampf und Erholung einem gezielten Ausleseprozess für den »Rassenkampf« ausgesetzt werden (»Kraft durch Freude«, Gesundheitspolitik der Deutschen Arbeitsfront, der NSV etc.) (Süss 2003; Eckart 2012).

Zeithorizonte und Epochenkonzepte

Die Medizin der Moderne stellte für die neue zivilisatorische Entwicklungsstufe der Industriegesellschaft einen produktiven Faktor dar. Die Industriearbeiter und ihre Familien hatten zumindest die Chance, im Fall von Krankheit, Invalidität und Tod entlastet zu werden. Ebenso entlastete sich die Gesellschaft durch die Sozial- und Gesundheitspolitik von den jeweils skandalisierten Krankheiten und Todesursachen. Gleichzeitig wirkte die Medizin auf ein stetig berechenbares Potential von Militärkraft sowie von intensiv bewirtschafteter Arbeitskraft hin. Hier setzten die ›Gesundheitswirtschaftslehre‹ der experimentellen Hygiene oder die ›Menschenökonomie‹ der Sozialhygiene ein. Darüber hinaus übernahm die Medizin die kontrollierenden und erzieherischen Aufgaben vormals familiärer oder gemeinschaftlicher Hilfe. Hilfsbedürftigkeit ist als besonderer sozialer Status in allen Gesellschaften mit der Kontrolle durch die Umgebung verbunden. Der Bezug zu den modernen Naturwissenschaften und die wissenschaftlich-rationale Nosologie sind die Voraussetzung dafür, dass sich Ärzte in einer universalen Orientierung funktional spezifisch und in affektiver Neutralität einem Kranken als Fall zuwenden können. Das ist die sozial produktive Seite der wissenschaftlichen Neutralisierung von Gesundheit und Krankheit. An die Stelle religiöser oder moralisch-werthafter Deutung von Krankheit, an die Stelle einer moralisch-werthaften Deutung von Gesundheit, an die Stelle persönlicher Kontrolle bei Hilfsbegehren trat der neutrale, wissenschaftlich definierte Fall und die neutrale, objektive Hilfe und Kontrolle medizinischer Profession.

Über ihre unmittelbaren Aufgaben ärztlicher Hilfe hinaus wirkte die Medizin in die Gesellschaft hinein. Denn sie konnte mit dem Körper verbundene Tatbestände nun auf eine neue, der wissenschaftlichen Weltsicht angemessene Art erklären: sei es die besondere Stellung der Frau, seien es Lebensstufen wie Kindheit oder Alter, sei es das weite Feld abweichenden Verhaltens, das nun medizinisch erklärt und therapiert werden konnte. Zugleich gibt die medizinische Deutung von Verhaltenserwartungen vor, wie sich die Menschen auch außerhalb unmittelbarer Kontrolle zu verhalten haben. Der gesellschaftlich durchdringende Charakter einer naturwissenschaftlich gedeuteten Gesundheit samt seiner Anbindung an anthropologische Grundtatsachen verschafft der Medizin der Moderne einen Sonderstatus im gesellschaftlichen System. Als paradigmatische Profession wird die Medizin zur legitimatorischen Instanz, der Arzt zum Sachwalter des öffentlichen Gutes Gesundheit.

Die Möglichkeiten der elektronischen Datenverarbeitung und Kommunikationstechniken treiben die Medizin im Verbund mit den Theorien und Methoden der Genetik und Molekularbiologie in das neue Konzept der molekular-biologischen Medizin. Damit gewinnen auch medizinisches Denken und ärztliches Handeln neue Dimensionen. Die Gestaltung zukünftigen menschlichen Lebens (z. B.: prädiktive Genetik, Präimplantations- und Pränataldiagnostik, Schwangerschaftsuntersuchungen), der Beginn des menschlichen Lebens (z. B. Fertilisationsverfahren), die Erhaltung menschlichen Lebens bei chronischer Krankheit (z. B. Hämodialyse, Schrittmacher, Herzkatheter) und die Verlängerung des menschlichen Lebens (z. B. Intensivmedizin) sind inzwischen Routineverfahren.

Allerdings löst die Medizin nicht mehr allein – wie in der Industrialisierung – bedeutende soziale Probleme. Vielmehr schafft die heutige Medizin neue und in dieser Form unvorhersehbare soziale, rechtliche und ethische Probleme. Der Status des Lebens, sei es das ungeborene Leben, sei es der (Hirn-)Tod, muss ständig neu definiert werden. Die angebliche Normalität und die Natürlichkeit des Lebens werden ständig in Frage gestellt (Birnbacher 2006a). Was als »Natur« zuvor schicksalhaft hinzunehmen war, tauschen die Menschen gegen die Sicherheit der medizinisch-technischen Intervention und gegen die Unsicherheit des Entscheidungszwanges ein. Dies führt zu fundamentalen theoretischen und praktischen ethischen Problemen. Daraus folgen die angestrengte Diskussion medizinischer Ethik, Rechtsstreitigkeiten und der Zwang zu neuen gesetzlichen Regelungen. Diese Diskussionen werden sich in dem Moment, in dem die neuen, bei ihrem Aufkommen heftig diskutierten Denkweisen und Verfahren Routine geworden sind, als Übergangsphase darstellen – so wie dies jede medizinische Neuerung seit Ende des 19. Jh.s begleitet hat (z. B. ›in vitro-Fertilisation‹ seit den 1960er/70er-Jahren).

Hinter dieser Entwicklung verbergen sich weitere elementare Vorgänge. Alle medizinischen Theorien bergen Utopien individueller und gesellschaftlicher Gesundheit. Die Bakteriologie hat das Leben der Menschen völlig umgestaltet – und zwar keineswegs nur im medizinischen Sinn, sondern bis in subtile Bereiche der Weltwahrnehmung, der Ordnungsvorstellungen, der Körperwahrnehmung hinein (Latour 1988; Gradmann 2005; Sarasin 2007; Berger 2009). Die Molekularmedizin, das Wissen um die Potentialität des Erbmaterials, wird das Leben der Menschen und ihre Weltwahrnehmung ebenfalls gänzlich umgestalten (Paul 2003). Die Aufgabe des Arztes wird in diesem Medizinkonzept darin bestehen, das zu einem jeweiligen Zeitpunkt gegebene genomische Potential eines Menschen zu erkennen und ihn als lebenslanger Berater mit Blick auf die Gefährdungsmomente vor den jeweiligen Risiken seiner Lebenswelt zu bewahren. Die letztlich ermittelten genetischen Dispositionen und die daraus resultierenden Gefährdungen werden neuen gesundheitsgerichteten Eingriffen und Verhaltensdispositionen neue wissenschaftliche Legitimation bieten.

Dies wird den medizinischen Aspekt auch der öffentlichen Gesundheitssicherung umgestalten. Auf der Grundlage des individuellen Gen-Codes wird Gesundheit individuell differenziert für jeden Menschen zu einer spezifischen Handlungsvorgabe. Die Bedeutung öffentlicher Gesundheitssicherung wird so zwar wachsen, gleichzeitig wird aber der Gesundheitsbegriff und die Verantwortung für die Gesundheit weiter individualisiert werden. Der allgemeine zivilisatorische Prozess zu einer medikalen Körperkultur ist dem Projekt der Moderne eigen. Folglich ist die ›Genetisierung der Gesellschaft‹ der aktuelle Schub einer mit der wissenschaftlichen Entwicklung stetig voranschreitenden ›Rationalisierung des Körpers‹. Ebenso wie die Menschen in die Welt der iatrotechnologischen Medizin allgemein und in die Welt der Mikrobiologie im Besonderen hineingewachsen sind, werden sie in die Welt der molekularen Medizin und der Molekulargenetik hineinwachsen. Die Menschen werden zu Selbstorganisatoren ihres genomischen Potentials.

Forschungsgeschichte, Semantik und Gegenkonzepte

Mit der Reflexion von ›Moderne‹ wird eine Diskussion an die Medizin herangetragen, die in den letzten Jahrzehnten vorwiegend in den Sozialwissenschaften geführt worden ist. Zwar wurde das Wort ›modern‹ in der Medizin durchaus häufig verwandt, um sich von Überkommenem abzusetzen und die eigene Sichtweise voranzutreiben – dies gilt vom Grundlagenwissenschaftler Rudolf Virchow bis zum Kliniker Bernhard Naunyn (1839–1925) besonders für die Generation der entschiedenen naturwissenschaftlichen Neuerer in der zweiten Hälfte des 19. Jh.s. In dieser Generation dürfte auch – ohne dies einem einzelnen Autor zuschreiben zu können – das Wort vom ›Siegeszug der modernen Medizin‹ entstanden sein. Aber eine Moderne-Diskussion hat in der Medizin zumindest unter dem Begriff ›Moderne‹ nicht stattgefunden. Die Medizin ist keine reflexive, sondern eine handelnde Disziplin.

Auch in der Medizingeschichte oder späterhin in der Medizinsoziologie lassen sich kaum eigenständige Arbeiten zum Thema ›Moderne und Medizin‹ nachweisen. Die wenigen Ausnahmen befassen sich mit der Diskussion historischer Forschungsansätze, um den Beitrag der Medizin zur Modernisierung Deutschlands zu erfassen (Weindling 1986), mit der Frage des wissenschaftstheoretischen Selbstverständnisses der Intensivmedizin (Wagner 1995) oder mit der Rolle der Medizin in der ideologischen und praktischen Modernisierung der öffentlichen Gesundheitssicherung einschließlich des Krankenhauswesens sowie der medizinischen Versorgung bis in das nationalsozialistische und das Nachkriegs-Deutschland (Berg/Cocks 1997). Roger Cooter und andere haben sich mit der Frage von Krieg, Medizin und Modernität befasst (Cooter et al. 1998). Erst 2011 erschien aus seiner Feder ein eigener Beitrag

Medicine and Modernity, in dem Cooter die Rolle der Medizin in Konzepten der Moderne (Max Weber, Michel Foucault) diskutiert (Cooter 2011).

Außer den Standardkonzepten und -themen hat es indes sowohl innerhalb als auch außerhalb der Medizin immer (teils überaus heftige) Diskussionen um die jeweils als modern angesehene Medizin gegeben. Diese Diskussionen waren und sind weniger theoretisch denn pragmatisch auf die jeweils als bedenklich eingeschätzten Tendenzen, Möglichkeiten und Interventionen einer als Handlungswissenschaft wahrgenommenen Medizin ausgerichtet. Die Kritik an jeweils neuen Theorien oder Methoden der Medizin ist so alt wie die Medizin selbst. Die Modernediskussion findet daher unter anderen Begrifflichkeiten als unter den Worten ›modern‹ oder ›Moderne‹ statt. Eben deshalb ist in diesem Beitrag der Zugang zum Thema nicht aus den soziologisch-theoretischen Begrifflichkeiten der Modernediskussion, sondern aus der Eigenheit der Medizin gewählt worden.

Historische Leitthemen und Leitprozesse

Der maßgebliche Wirkungskreis der Medizin ist und bleibt die unmittelbare Begegnung von Arzt und Patient. Dieser Wirkungskreis ist darauf gerichtet, im Zusammenwirken von Wissen und Handeln der jeweiligen individuellen Situation eines Patienten als individueller Person gerecht zu werden. Anhand dieser Forderung lassen sich systematisch die Auseinandersetzungen um die Modernisierung der Medizin abhandeln. Ein frühes Beispiel ist die antihippokratische Empirikerschule der Antike: Zwischen Arzt und Patient dürfe nicht einmal eine Theorie oder ein Konzept stehen. Hippokrates selbst – obwohl an sich Begründer der naturwissenschaftlichen Medizin – und später der Hippokratismus sind bis heute Leitfigur bzw. Leitbegriff bei der Wahrnehmung, Reflexion und Kritik des Eindringens wissenschaftlicher und technischer Verfahren in die Medizin – wie dies in der Argumentationsfigur des von Ärzten angeblich zu schwörenden ›Eides des Hippokrates‹ zum Ausdruck kommt.

Thomas Sydenham (1624–1689) wurde mit seiner strikten Orientierung auf das Wohl des Patienten als ›englischer Hippokrates‹ zu einem Gegenbeispiel der theoretischen Verwissenschaftlichung der Medizin in der Zeit vom 16. bis zum 18. Jh. erhoben. Am Ende des 19. und Anfang des 20. Jh.s gab es gegen die ›Schulmedizin‹ Wellen des ›Hippokratismus‹ (z. B. Heyll 2006, 201–228). Allgemein wurde und wird das Eindringen von Techniken, die aus den Grundlagenwissenschaften abgeleitet werden, als zunehmende Entfremdung zwischen Patient und Arzt empfunden. So wurde das Hörrohr, das im frühen 19. Jh. in die französische Medizin eingeführt wurde, bereits als technische Distanzierung von Patient und Arzt kritisiert (Lachmund 1997). Die Lebenswärme des Menschen, vom Arzt zuvor durch Handauflegen erfühlt und als Zeichen bewertet, wurde durch Temperaturmessung mit einem Gerät, dem Thermometer, objektiviert – eingeführt durch die naturwissenschaftlich-klinische Schule Carl Wunderlichs in Leipzig zur Mitte des 19. Jh.s und endend mit der obligatorischen Fieberkurve über jedem Krankenhausbett (Hess 2000). Das klassische semiotische Verfahren des Pulsfühlens wurde durch Herztöne, durch Blutdruckmessung und das Elektrokardiogramm und damit durch akustische oder optische Zeichen ersetzt (Martin 2007). Schlussendlich wurden der *calor innatus* (»angeborene Wärme«) der Menschen zu Fieber, ihre humoral- und qualitätenpathologischen Gleich- und Ungleichgewichte, Harnfarbe und Pulsqualität zu naturwissenschaftlichen (physikalischen und chemischen) Quantitäten umgedeutet. Die Sinne des Arztes wichen zunächst Geräten, dann Maschinen (Bynum/Porter 1993; Lachmund/Stolberg 1992). Auf dem Weg von der semiotischen zur diagnostischen Medizin wurde Gesundheit in chemischen und physikalischen Begriffen normiert (Hess 1993; 1997).

Der ›therapeutische Nihilismus‹ der Zweiten Wiener Schule förderte in Reaktion auf das Heilbegehren der Patienten bei den praktischen Ärzten die teils uralten traditionellen Verfahren der Erfahrungsheilkunde und der zu Beginn des 19. Jh.s neu entstandenen Homöopathie. Der Gang zum Homöopathen oder zu anderen Alternativmedizinern war und ist bis heute gleichsam aktive Modernekritik der Patienten an der Schulmedizin und eröffnet damit zugleich einen Blick auf das Janusgesicht von Moderne und Medizin. Der Begriff der Schulmedizin – entstanden schon in der Antike als reiner Tatsachenbegriff im Sinne einer, so der antike Sprachgebrauch, ›Sekte‹ oder Medizinschule – wandelte sich seit der zweiten Hälfte des 19. Jh.s zu einem Schimpfwort, um die bedenkenlose Anbindung der Medizin an den naturwissenschaftlichen Fortschritt zu kennzeichnen. Als Reaktion auf den Erkenntnisschub der naturwissenschaftlichen Medizin in der zweiten Hälfte des 19. Jh.s und die rasch voranschreitende Technisierung zunächst in der Diagnostik entstand die in der Lebenswelt und v. a. auch innerhalb der Medizin heftig geführte Debatte über den Gegensatz von Arzt und Mediziner, dem »wahren Arzt« gegen den »reinen Medizin-Techniker« (Koch 1923; 2004). Diese schließlich politisch ausartende Diskussion wurde in den 1920er-Jahren unter dem Stichwort ›Krise der Medizin‹ ausgetragen (Dinges 1996). Eine fatale Variante erhielt sie dadurch, dass »der deutsche Arzt« dem »jüdischen Mediziner« gegenübergestellt wurde. Im Nationalsozialismus entstand gegen die »jüdische Schulmedizin« eine – freilich schon in der nationalsozialistischen Polykratie bedeutungslose – ›Neue Deutsche Heilkunde‹ (Haug 1985).

Eine Konstante in der Diskussion von Moderne und Medizin ist der Begriff der Natur. Die ›Natur‹ der Menschen in ihrer natürlichen Lebenswelt ist konstitutiv für die Medizin: Die jeweilige Deutung von ›Natur‹ ist ihr definitorischer Bezugspunkt. ›Natur‹ und ›natürlich‹ sind also notwendige Merkmale einer unvermittelten Gestaltung sowohl des Arzt-Patient-Verhältnisses als auch der Außen- und Mitwelt der Menschen. Die »Naturheilkunde als soziale Bewegung« (Stollberg 1996) des 19. Jh.s war daher sowohl ein Protest zunächst gegen den therapeutischen Nihilismus wie späterhin gegen immer weiter entwickelte technische Verfahren der Medizin (Rothschuh 1983; Heyll 2006). Tatsächlich lebten die Menschen seit der Wende des 19. zum 20. Jh. dank der massiven Investitionen in Infrastruktur und Dienstleistungen im vorgeblich unnatürlichen Stadtleben gesünder und länger als im vorgeblich ›natürlichen‹ Landleben (Witzler 1995; Vögele 1998; 2001): Die Städte der Moderne sind nur mit der Medizin der Moderne denkbar. Heute gibt es kaum ein naturheilkundliches Verfahren, das nicht mit technischen Mitteln arbeitet – die in den Gründerzeiten der Naturheilkunde heftig bekämpft worden wären. Gleichzeitig ist Natur eine Metapher der Modernekritik (Birnbacher 2006a, 2006b).

Seit Ende der 1970er-Jahre wird zunehmend das paternalistische Arzt-Patient-Verhältnis in Zweifel gezogen. Die immer weitere Differenzierung der Medizin mit den notwendigen Folgen einer immer komplexeren Organisation der medizinischen Versorgung brachte neue Berufsgruppen in die unmittelbaren Interaktionen des medizinischen Geschehens ein: das – auch von seiner Ausbildung aufgewertete – Krankenpflegepersonal, medizinisch-technische Assistenzberufe vielfacher Art, akademische Berufe aus den Natur- und Humanwissenschaften. Der Idealtypus einer singulären Begegnung von Arzt und Patient findet nur noch in wenigen Ausnahmesituationen, etwa bei akuten Notfällen, ein realtypisches Äquivalent. Die Diskussion der Rechte von Patienten in den 1960er-Jahren, die neue Bestimmung des Subjektes und seiner Eigenverantwortung in der Vorsorgediskussion der 1970er-Jahre und die ›Medizinkritik‹ der 1980er-Jahre führten zu einer völligen Neubewertung des Patienten: Durch die Selbst- und Laienhilfe ist dieser – wesentlich gestützt durch die neuen elektronischen Informationsmedien – zu einem gleichberechtigten Partner im medizinischen Geschehen geworden. In Sonderheit bei chronischen Leiden ist der Patient ›Experte seiner Krankheit‹.

Seit der ersten Dekade des neuen Jahrtausends soll der Patient in der sog. personalisierten Medizin über die rein nosologische Zuordnung in der Diagnose hinaus wieder in seinen persönlichen Gegebenheiten wahrgenommen werden. Tatsächlich geht es hier nicht darum, die Verdinglichung des Patienten durch die moderne Medizin zurückzunehmen. Vielmehr wird die Personalität des Patienten durch seine molekularbiologische Typifizierung festgelegt und damit nach biologischen und keineswegs nach umfassenden wissenschaftlichen oder gar lebensweltlichen Kriterien bestimmt. Moderne und Modernekritik finden demnach auch aktuell in Themen und Leitprozessen der Medizin statt, die nicht in den Begrifflichkeiten der Modernediskussion geführt werden.

Ähnliches zeigt sich in den Bereichen, in denen die Medizin auf öffentliche Verhältnisse und öffentliches Verhalten wirkt. Die immer tiefer in die Lebenswelt reichenden Eingriffe der modernen Medizin wurden durchaus wahrgenommen und diskutiert. Gewaltsame Isolationsmaßnahmen führten und führen ebenso regelmäßig wie regelhaft zu heftigen Gegenreaktionen (z. B. den Pockenepidemien in Deutschland in den 1960er-Jahren; Ebola-Epidemie 2014). Das Impfen stellt nach wie vor eine Grenze zwischen der modernen Medizin und der Lebenswelt dar (z. B. Impfen gegen Human Papilloma Virus). Mit der Verwissenschaftlichung des Gesundheitsbegriffs beginnt die Zeit, in der die Medizin und ihre Theorien gesellschaftsgestaltende Kraft entfalten. Es öffnet sich der Wirkungskreis, in dem medizinische Argumente auf Politik und Weltanschauung einwirken. Das Leben in der urbanisierten Industriegesellschaft wird physiologisiert (Sarasin/Tanner 1998; Sarasin 2001). Das säkularisierte und individualisierte ›nervöse‹ Zeitalter wird neurotisiert und psychiatrisiert, die ›Zivilisationskrankheiten‹ werden entdeckt (Roelcke 1999), die Risiken moderner Lebensweisen permanent in medizinische Diskussionen eingeführt (ADH-Syndrom, ›Obesitas-Epidemie‹, ›Burn-Out-Syndrom‹ etc.).

Auf besondere Weise greifbar wird die moderne Medizin, wenn sie auf andere Kulturen übertragen wird. Die Kolonialmedizin wurde zu einem Experimentierfeld der Medizin der Moderne (zu Indien z. B. Arnold 1993; Chakrabarti 2012; zu Afrika z. B. Marks/Trapido 1987). Ein Ergebnis, das auf die kolonisierenden Länder zurückschlug, war die in den tropischen Regionen Afrikas entwickelte Rassentrennung: Ihr erster Grund war, die chronisch mit Typhus und Malaria infizierte indigene Bevölkerung von den Kolonialherren zu trennen. Darauf pfropfte sich in den Kolonien und später in den Heimatländern die kulturell begründete ›Rassen‹-Segregation: Die jeweils als ›fremd‹ stigmatisierte ›Rasse‹ wurde als Krankheitskeim identifiziert (Weindling 1989, 2000). Bei der Modernisierung der zu kolonisierenden Völker spielte die Medizin eine herausragende Rolle. In der Übergangsperiode lassen sich unterschiedliche Grade der Modernisierung feststellen. Dies gilt besonders für Regionen, in denen die moderne westliche Medizin teils mehr, teils weniger entschieden eingeführt wurde – wie etwa im gelenkten Modernisierungsprozess Japans oder historisch kontingent in den Vertragshäfen und ›Schutzgebieten‹ Chinas (vgl. u. a. Oberländer 1995; Yip 1995; Rogaski 2004; Borowy 2009). Aufgrund der vorbestehenden traditionellen medikalen Systeme und der ständigen Konfrontation mit unterschiedlichen Varianten der westlichen Medizin bildeten sich multiple Formen einer medizinischen Moderne heraus (Franken/Labisch 2012).

Eine Leerstelle in der Diskussion des Themas ›Moderne und Medizin‹ ist nach wie vor die Medizin im Nationalsozialismus. In der allgemeinen Geschichtswissenschaft hat es heftige, bis heute immer wieder aufflammende Diskussionen um dieses Thema gegeben (Übersicht: Bavaj 2003; Roseman 2011). Hingegen kommt die Historiographie der Medizin im Nationalsozialismus – bis auf wenige Ausnahmen – ohne weitergehende theoretische und methodische Vorarbeiten aus und lebt von einer ›Basis-Entrüstung‹. Tatsächlich hat die biologistische Ideologie des Nationalsozialismus in Deutschland einen gigantischen Medikalisierungs- und damit Modernisierungsschub ausgelöst – angefangen vom öffentlichen Gesundheitswesen über die Gesundheitsfürsorge für bislang nicht erreichte Bevölkerungsschichten bis hin zur Gesundheits- und Sozialpolitik (Sachsse/Tennstedt 1992, 2012; Süss 2003; Eckart 2012). Dieses in entscheidenden Teilen (Zwangssterilisierung 1933, ›Euthanasie‹ 1939, Holocaust ab 1941, Menschenversuche) im NS-typischen polykratischen Gegeneinander durchgesetzte Modell einer totalitären Gesundheitssicherung kann weltweit als Beispiel für eine gleichsam losgelassene Moderne gelten. Mit Blick auf das hier diskutierte Konzept von ›Moderne und Medizin‹ wurde die naturwissenschaftlich-technische Versachlichung des Patienten in der NS-Medizin so weit getrieben, dass die unter NS-Selektionskriterien vergegenständlichten Patienten gepflegt und repariert, ggf. aber – sofern sie dem ›gesunden Volkskörper‹ nichts mehr nutzten oder gar schadeten – auch verbraucht oder sogleich vernichtet werden konnten, etwa in Menschenversuchen oder tödlicher Arbeit (Weindling 2014).

Rudolf Virchows vielzitierter und üblicherweise weder in seinen historischen Intentionen noch in seinen Konsequenzen bedachter Satz aus der bürgerlichen Revolution von 1848, »Die Medizin ist eine soziale Wissenschaft, und die Politik ist weiter nichts als Medizin im Großen«, ist zwischen 1933 und 1945 auf grausame Weise verwirklicht worden. Die Medizin im Nationalsozialismus stellt die Apotheose einer nach biologischen und medizinischen Kriterien durchorganisierten Gesellschaft dar. Ein ganzes Volk sollte in einer auf mehrere Jahrhunderte angelegten Perspektive einem jenseits von Persönlichkeitsrechten gewaltsamen teils exkludierenden, teils inkludierenden Gesundheitsregime unterworfen werden. Dies ist nur in Denk- und Administrationsformen der Moderne möglich. Die Medizin im Nationalsozialismus ist nicht als Atavismus, sondern als das janusköpfige Gegengesicht einer ebenso fortschrittsbesessenen wie fortschrittsgeblendeten Moderne zu verstehen (vgl. in allerersten Ansätzen Labisch 2001; Roelcke 2012). Diese Gedanken schließen die Frage ein, was aus dem Modernisierungsschub des NS-Regimes auf die nachfolgenden deutschen Teilstaaten und letztlich auf das heutige Deutschland übergegangen ist und damit nach wie vor in der gesellschaftlichen Organisation Deutschlands wirkt.

Forschungsthemen

Konzeptuell und damit auf der Meta-Ebene der Methoden- und Theoriediskussion ist das Thema Medizin und Moderne insbesondere in der historischen Soziologie und Sozialgeschichte der Medizin diskutiert worden (Übersicht: Paul/Schlich 1998; Eckart/Jütte 2007). Aus der Systemtheorie sind nur wenige Beiträge zu verzeichnen. Sie befassen sich mit der Entzauberung der Krankheit (Steinebrunner 1987) und der lebensweltlichen vs. der systemischen Medizin (Stenzel 2005). Eine verhältnismäßig breite Diskussion haben indes Ansätze gefunden, in denen der Beitrag der Medizin als Handlungs- und Denksystem in der »gesellschaftlichen Konstruktion der Wirklichkeit« nach Peter L. Berger (geb. 1929) und Thomas Luckmann (geb. 1927), in der »Rationalisierung der Lebenswelten« nach Max Weber (1864–1920) und Edmund Husserl (1859–1938), im »Prozess der Zivilisation« nach Norbert Elias (1897–1990), der »sozialen Disziplinierung« nach Detlev Peukert (1950–1990) und daraus resultierend insgesamt der Medikalisierung analysiert werden soll.

Das Konzept der Medikalisierung kommt ursprünglich aus der französischen *Annales*-Schule und war zunächst deskriptiv auf die quantitative Ausweitung medizinischen Fachpersonals und medizinischer Institutionen ausgerichtet; es wurde dann in dem Sinne konzeptualisiert, dass die verbundenen Interessen von Staat und Ärzten schließlich zur bekannten Monopolstellung der Ärzte und zum nachfolgenden Oktroi medikalisierten Krankheits- und Gesundheitsverhaltens führten (Goubert 1982). Dem fraglos gegebenen historischen Phänomen der quantitativen Ausbreitung von medizinischen Akteuren, Institutionen, Denk- und Verhaltensweisen wurden in der weiteren Diskussion aus unterschiedlicher Perspektive die o. g. Konzepte zugeordnet. Dabei gingen die Pioniere der historisch-soziologischen Analyse des Wechselverhältnisses von Medizin und Gesundheit als Angehörige der 1968er-Generation zunächst von der Perspektive gesellschaftlicher Macht-, Gewalt- und Herrschaftsverhältnisse aus – wie es etwa in dem Aufsatztitel »Fürsorgliche Belagerung« im Verhältnis von Medizin und Arbeiterfrauen zum Ausdruck kommt (Frevert 1985).

Eine jüngere Generation von Medizinhistorikern hat das Konzept der »medizinischen Vergesellschaftung« nach Georg Simmel (1858–1918) entwickelt (Loetz 1993): Anstelle einer vertikal macht- und herrschaftsdurchsetzten Struktur sei eher ein horizontaler Interessenausgleich zwischen den beteiligten Gruppen und Interessen zu sehen. Zur Diskussion steht mithin, unter welchen Macht- und Herrschaftsverhältnissen die Medizin in das Leben der Menschen und ihrer primären Lebensgemeinschaften eindringt – als Aspekte amorpher Macht und strukturierter gesellschaftlicher Gewalt oder als gemeinschaftliche Aktion. Diese Diskussion blieb indes ohne Nachhall. Stattdessen wurde das gesamte Themenfeld einschließlich des Aspekts ›Moderne und Medizin‹ seit den 1990er-Jahren von der Diskurstheorie Michel Foucaults (1926–1984) überlagert, erheblich verstärkt durch deren späten Re-Import aus den USA zurück nach Europa. In den Dispositiven erlangt die Frage von Macht und ihrer diskursiven Diffusion in die Gesellschaft wieder wesentliche Bedeutung – sowohl als historische Tatsache als auch als analytisches Instrument (Bio-Macht; Bio-Politik).

Im Endeffekt bilden die verschiedenen Konzepte unterschiedliche Wahrnehmungen der Medizin einerseits und unterschiedliche Merkmale wie auch Phasen von Medikalisierungsprozessen andererseits ab. Das Ergebnis ist stets ähnlich: Zum Ende eines solchen Prozesses sind die Lebensvorgänge, sind die ›Regime des Selbst‹ weitgehend in medizinisch-biologischen Termini erklärt, die – in offenen Gesellschaften in Form von Handlungsanreizen (z. B. Ökonomisierung, Sexualisierung der Gesellschaft) – auch außerhalb der Räume unmittelbarer gesellschaftlicher Gewalt wirksam werden.

AIDS – eine andere Moderne der Medizin

Ein Schlüsselbeispiel für das Eindringen der Medizin in die Gesellschaft und zugleich ein Beispiel für den Übergang des Gesundheitsbegriffs von der fortschrittsorientierten zu einer anderen, näher zu diskutierenden Form der Moderne ist das Auftauchen und der Umgang mit AIDS. In den Machbarkeitswahn der 1960er- und 1970er-Jahre, in die sexuelle Befreiung durch die Kontrazeption schlug in den 1980er-Jahren eine bislang unbekannte Krankheit ein, die aufgrund erster epidemiologischer Hinweise etwas mit Sucht- und Sexualverhalten zu tun haben musste. Sämtliche historischen Atavismen im Umgang mit unbekannten Seuchen – von der angeblichen Strafe Gottes bis hin zu Untergangsszenarien der ganzen Menschheit – lassen sich in den AIDS-Diskussionen der 1980er/1990er-Jahre wiederfinden. Als Abwehrmaßnahmen wurden in den fortgeschrittenen Industrieländern die Interventionsmechanismen der klassischen Moderne ins Feld geführt: von der totalen Isolierung – ein Modell, das vom Mittelalter bis zu heutigen Containment-Strategien, z. B. bei unbedingt tödlichen Fiebererkrankungen (z. B. SARS; Ebola-Fieber), fortgeführt wird – bis zur Behandlung gemäß der klassischen Geschlechtskrankenfürsorge einschließlich Meldepflicht, Zwangsberatung und Zwangsbehandlung.

Wie kann sucht- und trieb-besetztes Verhalten in den heutigen horizontal und vertikal mobilen Gesellschaften gesellschaftsgerecht gestaltet werden? Das war die gesellschaftspolitische Dimension hinter einer vordergründig angst- und wertbesetzten gesundheitspolitischen Problemstellung. Durchgesetzt hat sich das neue Modell, die Vorsorge gänzlich in die Hände der *people at risk* zu legen (vgl. u. a. Epstein 1996; Rosenbrock/Wright 2000). Die sexuelle Risikogesellschaft setzt eine umfassende Aufklärung nicht nur der gefährdeten Gruppen, sondern der gesamten Bevölkerung keineswegs nur über die zu verhütende Krankheit, sondern über Sexualität insgesamt voraus. An die Stelle der in die Zeit der großen Pest des Mittelalters zurückreichenden Zwangs-Isolation und an die Stelle der Zwangsbehandlung der Gesundheitsfürsorge des frühen 20. Jh.s ist das Dispositiv ›Sexualität‹ getreten. In dieser scheinbar offenen, an sich aber machtdurchsetzten Deutung gelangt die Sinnfrage gesundheitsgerechten Verhaltens – allerdings in völlig neuer, ›moderner‹ Weise – in die Lebenswelt zurück.

Diese völlig neue Form des Umgangs mit einer als die gesamte Gesellschaft bedrohend eingeschätzten Infektionskrankheit wie AIDS ist das Vorspiel zu der Erkenntnis, wie in einer – noch näher zu diskutierenden – Form aktueller Modernität mit individueller und öffentlicher Gesundheit umgegangen wird. In einem Dispositiv von handlungsorientierendem medizinischen Wissen, von handlungsorientierter ärztlicher Begleitung und sich ständig differenzierender Handlungserwartungen der Gesellschaft werden die Menschen als scheinbar Gesunde bzw. mögliche Kranke auf der Basis eines neuen Wissens um ihr genomisches Vermögen sowie um die Gesundheitsrisiken ihres Verhaltens und ihrer Lebensumstände zu Selbstorganisatoren ihres gesundheitlichen Potentials.

Literatur

Arnold, David: *Colonizing the Body. State Medicine and Epidemic Disease in Nineteenth-Century India.* Berkeley u. a. 1993.

Bavaj, Riccardo: *Die Ambivalenz der Moderne im Nationalsozialismus. Eine Bilanz der Forschung.* München 2003.

Berg, Manfred/Cocks, Geoffrey (Hrsg.): *Medicine and Modernity. Public Health and Medical Care in Nineteenth- and Twentieth-Century Germany.* Cambridge 1997.

Berger, Silvia: *Bakterien in Krieg und Frieden. Eine Geschichte der medizinischen Bakteriologie in Deutschland 1890–1933.* Zürich 2009.

Birnbacher, Dieter: *Bioethik zwischen Natur und Interesse.* Frankfurt am Main 2006a.

Birnbacher, Dieter: *Natürlichkeit.* Berlin 2006b.

Borowy, Iris (Hrsg.): *Uneasy Encounters. The Politics of Medicine and Health in China, 1900–1937.* Frankfurt am Main 2009.

Breidbach, Olaf: *Radikale Historisierung. Kulturelle Selbstversicherung im Postdarwinismus.* Frankfurt am Main 2011.

Broberg, Gunnar/Roll-Hansen, Nils (Hrsg.): *Eugenics and the Welfare State. Sterilization Policy in Denmark, Sweden, Norway, and Finland* (Uppsala Studies in History of Science, 21). East Lansing 1996.

Bynum, William F./Porter, Roy (Hrsg.): *Medicine and the Five Senses.* Cambridge/New York 1993.

Chakrabarti, Pratik: *Bacteriology in British India. Laboratory Medicine and the Tropics.* Rochester, NY 2012.

Cohen, Hendrik F.: *How Modern Science Came into the World. Four Civilizations, One 17th-Century Breakthrough.* Amsterdam 2010.

Cooter, Roger: Medicine and Modernity. In: *The Oxford Handbook of the History of Medicine*, Oxford 2011; Online Publication Sep 2012 (DOI: 10.1093/oxfordhb/9780199546497.013.0006).

Cooter, Roger et al.: *War, Medicine and Modernity.* Stroud 1998.

Dinges, Martin (Hrsg.): *Medizinkritische Bewegungen im Deutschen Reich (ca. 1870–ca. 1933).* Stuttgart 1996.

Eckart, Wolfgang U.: *Medizin in der NS-Diktatur.* Wien u. a. 2012.

Eckart, Wolfgang U./Jütte, Robert: *Medizingeschichte. Eine Einführung.* Köln u. a. 2007.

Epstein, Steven: *Impure Science.* Berkeley/London 1996.

Franken, Gabriele/Labisch, Alfons: Internationaler Workshop »Medizin als Medium multipler Modernitäten – Transaktionen und Kontingenzen zwischen China, Deutschland und Japan im 19. und frühen 20. Jahrhundert« (Halle 2011). In: *Leopoldina-Jb. 2011*, 2012, 485–501.

Frevert, Ute: *Krankheit als politisches Problem 1770–1880. Soziale Unterschichten in Preußen zwischen medizinischer Polizei und staatlicher Sozialversicherung.* Göttingen 1984.

Frevert, Ute: »Fürsorgliche Belagerung«. Hygienebewegung und Arbeiterfrauen im 19. und frühen 20. Jahrhundert. In: *Geschichte und Gesellschaft* 11, 1985, 420–446.

Gradmann, Christoph: *Krankheit im Labor. Robert Koch und die medizinische Bakteriologie.* Göttingen 2005.

Goubert, Jean-Pierre: Die Medikalisierung der französischen Gesellschaft am Ende des Ancien Régime. Die Bretagne als Beispiel. In: *Medizinhistorisches Journal* 17, 1982, 89–114.

Hartmann, Fritz: Krankheitsgeschichte und Krankengeschichte (naturhistorische und personale Krankheitsauffassung). In: *Sitzungsberichte der Gesellschaft zur Beförderung der gesamten Naturwissenschaften zu Marburg* 87, 1966, 17–32.

Haug, Alfred: *Die Reichsarbeitsgemeinschaft für eine Neue Deutsche Heilkunde (1935/36). Ein Beitrag zum Verhält-*

nis von Schulmedizin, Naturheilkunde und Nationalsozialismus. Husum 1985.

Hess, Volker: *Von der semiotischen zur diagnostischen Medizin. Die Entstehung der klinischen Medizin zwischen 1750 und 1850*. Husum 1993.

Hess, Volker (Hrsg.): *Die Normierung von Gesundheit. Messende Verfahren der Medizin als kulturelle Praktik um 1900*. Husum 1997.

Hess, Volker: *Der wohltemperierte Mensch. Wissenschaft und Alltag des Fiebermessens (1850–1900)*. Frankfurt am Main 2000.

Heyll, Uwe: *Wasser, Fasten, Luft und Licht. Die Geschichte der Naturheilkunde in Deutschland*. Frankfurt am Main u. a. 2006.

Huerkamp, Claudia: *Der Aufstieg der Ärzte im 19. Jahrhundert. Vom gelehrten Stand zum professionellen Experten. Das Beispiel Preußens*. Göttingen 1985.

Huff, Toby E.: *Intellectual Curiosity and the Scientific Revolution. A Global Perspective*. Cambridge/New York 2011.

Jewson, Nicholas D.: The Disappearance of the Sick Man from Medical Cosmology 1770–1870. In: *Sociology* 10, 1976, 225–240.

Koch, Richard: *Ärztliches Denken. Abhandlungen über die philosophischen Grundlagen der Medizin*. München 1923.

Koch, Richard: *Zeit vor eurer Zeit. Autobiographische Aufzeichnungen*, hrsg. von Frank Töpfer, und Urban Wiesing. Stuttgart-Bad Cannstatt 2004.

Kühl, Stefan: *Die Internationale der Rassisten. Aufstieg und Niedergang der internationalen Bewegung für Eugenik und Rassenhygiene im 20. Jahrhundert*. Frankfurt am Main 1997.

Labisch, Alfons: *Homo hygienicus. Gesundheit und Medizin in der Moderne*. Frankfurt am Main 1992.

Labisch, Alfons: Die ›hygienische Revolution‹ im medizinischen Denken. Medizinisches Wissen und ärztliches Handeln. In: Ebbinghaus, Angelika/Dörner, Klaus (Hrsg.): *Vernichten und heilen. Der Nürnberger Ärzteprozeß und seine Folgen*. Berlin 2001.

Labisch, Alfons/Paul, Norbert: Medizin 1. Zum Problemstand. In: Korff, Wilhelm et al. (Hrsg.): *Lexikon der Bioethik*, Bd. 2. Gütersloh 1998, 631–642.

Lachmund, Jens: *Der abgehorchte Körper. Zur historischen Soziologie der medizinischen Untersuchung*. Opladen 1997.

Lachmund, Jens/Stollberg, Gunnar (Hrsg.): *The Social Construction of Illness. Illness and Medical Knowledge in Past and Present*. Stuttgart 1992.

Latour, Bruno: *The Pasteurization of France*. Cambridge, Mass. u. a. 1988.

Loetz, Francisca: *Vom Kranken zum Patienten. »Medikalisierung« und medizinische Vergesellschaftung am Beispiel Badens 1750–1850*. Stuttgart 1993.

Marks, Shula/Trapido, Stanley: *The Politics of Race, Class, and Nationalism in Twentieth-Century South Africa*. London, New York 1987.

Martin, Michael: Basilisken der Medizintechnik. Zur schwierigen Durchsetzung technischer Verfahren in der medizinischen Diagnostik vor 1900. In: *Technikgeschichte* 74/3, 2007, 1–24.

Müller, Ingo Wilhelm: *Humoralmedizin. Physiologische, pathologische und therapeutische Grundlagen der galenistischen Heilkunst*. Heidelberg 1993.

Oberländer, Christian: *Zwischen Tradition und Moderne. Die Bewegung für den Fortbestand der Kanpô-Medizin in Japan*. Stuttgart 1995.

Osterhammel, Jürgen: *Die Verwandlung der Welt. Eine Geschichte des 19. Jahrhunderts*. München 2009.

Paul, Norbert: *Auswirkungen der molekularen Medizin auf Gesundheit und Gesellschaft. Gutachten (Bio- und Gentechnologie)*. Bonn 2003.

Paul, Norbert/Schlich, Thomas (Hrsg.): *Medizingeschichte. Aufgaben, Probleme, Perspektiven*. Frankfurt am Main u. a. 1998.

Roelcke, Volker: *Krankheit und Kulturkritik. Psychiatrische Gesellschaftsdeutungen im bürgerlichen Zeitalter (1790–1914)*. Frankfurt am Main 1999.

Roelcke, Volker: Medizin im Nationalsozialismus. Radikale Manifestation latenter Potentiale moderner Gesellschaften. Historische Kenntnisse, aktuelle Implikationen. In: Fangerau, Heiner/Polianski, Igor J. (Hrsg.): *Medizin im Spiegel ihrer Geschichte, Theorie und Ethik. Schlüsselthemen für ein junges Querschnittsfach*. Stuttgart 2012, 35–50.

Rogaski, Ruth: *Hygienic Modernity. Meanings of Health and Disease in Treaty Port China*. Berkeley 2004.

Rosenbrock, Rolf/Wright, Michael T. (Hrsg.): *Partnership and Pragmatism: Germany's Response to AIDS Prevention and Care*. London 2000.

Roseman, Mark: National Socialism and the End of Modernity. In: *The American Historical Review* 116/3, 2011, 688–701 (vgl. auch den AHR-Roundtable im selben Heft)

Rothschuh, Karl Eduard: *Konzepte der Medizin in Vergangenheit und Gegenwart*. Stuttgart 1978.

Rothschuh, Karl Eduard: *Naturheilbewegung, Reformbewegung, Alternativbewegung*. Stuttgart 1983.

Sachße, Christoph/Tennstedt, Florian: *Der Wohlfahrtsstaat im Nationalsozialismus. Geschichte der Armenfürsorge in Deutschland*. Stuttgart 1992.

Sander, Sabine: *Handwerkschirurgen. Sozialgeschichte einer verdrängten Berufsgruppe*. Göttingen 1989.

Sarasin, Philipp: *Reizbare Maschinen. Eine Geschichte des Körpers 1765–1914*. Frankfurt am Main 2001.

Sarasin, Philipp: *Bakteriologie und Moderne. Studien zur Biopolitik des Unsichtbaren 1870–1920*. Frankfurt am Main 2007.

Sarasin, Philipp/Tanner, Jakob (Hrsg.): *Physiologie und industrielle Gesellschaft. Studien zur Verwissenschaftlichung des Körpers im 19. und 20. Jahrhundert*. Frankfurt am Main 1998.

Schott, Heinz: *Meilensteine der Medizin*. Dortmund 1996.

Steinebrunner, Bernd: *Die Entzauberung der Krankheit*. Frankfurt am Main, Konstanz 1987.

Stenzel, Oliver: *Medikale Differenzierung. Der Konflikt zwischen akademischer Medizin und Laienheilkunde im 18. Jahrhundert*. Heidelberg 2005.

Stolberg, Michael: *Homo patiens. Krankheits- und Körpererfahrung in der Frühen Neuzeit*. Köln 2003.

Stolberg, Michael: *Die Harnschau. Eine Kultur- und Alltagsgeschichte*. Köln 2009.

Stolberg, Michael: *Die Geschichte der Palliativmedizin. Me-*

dizinische Sterbebegleitung von 1500 bis heute. Frankfurt am Main 2011.

Stollberg, Gunnar: Die Naturheilkunde als soziale Bewegung. Die Laienmedizin organisiert sich. In: Schott, Heinz (Hrsg.): *Meilensteine der Medizin.* Dortmund 1996, 361–367.

Süß, Winfried: *Der »Volkskörper« im Krieg. Gesundheitspolitik, Gesundheitsverhältnisse und Krankenmord im nationalsozialistischen Deutschland 1939–1945.* München 2003.

Vögele, Jörg: *The Urban Mortality Change in England and Germany, 1870–1913.* Liverpool 1998.

Vögele, Jörg: *Sozialgeschichte städtischer Gesundheitsverhältnisse während der Urbanisierung.* Berlin 2001.

Wagner, Gerald: Die Modernisierung der modernen Medizin: die ›epistemologische Krise‹ der Intensivmedizin als ein Beispiel reflexiver Verwissenschaftlichung. In: *Soziale Welt. Zs. für sozialwissenschaftliche Forschung und Praxis*, 46/3, 1995, 266–281.

Weindling, Paul: Medicine and Modernization: The Social History of German Health and Medicine. In: *History of Science* 24, 1986, 277–301.

Weindling, Paul: *Health, Race and German Politics between National Unification and Nazism, 1870–1945.* Cambridge 1989.

Weindling, Paul: *Epidemics and Genocide in Eastern Europe. 1890–1945.* Oxford 2000.

Weindling, Paul. *Victims and Survivors of Nazi Human Experiments: Science and Suffering in the Holocaust.* London 2014.

Wieland, Wolfgang: *Diagnose. Überlegungen zur Medizintheorie.* Berlin 1975.

Witzler, Beate: *Großstadt und Hygiene. Kommunale Gesundheitspolitik in der Epoche der Urbanisierung.* Stuttgart 1995.

Wolff, Eberhard: *Einschneidende Maßnahmen. Pockenschutzimpfung und traditionale Gesellschaft im Württemberg des frühen 19. Jahrhunderts.* Stuttgart 1998.

Yip, Ka-che: *Health and National Reconstruction in Nationalist China. The Development of Modern Health Services, 1928–1937.* Ann Arbor, Mich. 1995.

Alfons Labisch

Musik und Musikwissenschaft

Definition und Anwendungsbereiche

Wenn in der Musikwissenschaft von ›Moderne‹ die Rede ist, ist i. d. R. eine bestimmte musikgeschichtliche Epoche in Mitteleuropa und den USA gemeint, die sich auf einen Zeitraum etwa zwischen 1890 und 1975, teilweise auch bis zum heutigen Zeitpunkt erstreckt. Eine solche Periodisierung, wonach die Moderne (im Englischen: *modernism* im Unterschied zur deutlich älteren Epoche der *modernity*) die musikgeschichtliche Epoche nach der Romantik und vor der Postmoderne darstellt, nimmt ihren Ausgang in erster Linie vom musikalischen Phänomen: Demnach ist die Tonsprache der Moderne primär durch den Abschied von der Tonalität charakterisiert, der sich bereits bei Komponisten wie u. a. Franz Liszt (1811–1886), Richard Wagner (1813–1883) und Modest Mussorgsky (1839–1881) abzeichnet und von Richard Strauss (1864–1949), Arnold Schönberg (1874–1951), Claude Debussy (1862–1918), Charles Ives (1874–1954) zu Beginn des 20. Jh.s praktisch vollzogen wird. Entsprechend wird das musikalische Schaffen des Kreises um Schönberg, der sog. Zweiten Wiener Schule, häufig (v. a. umgangssprachlich und populärwissenschaftlich) in Anlehnung an die Kunstgeschichte als ›Klassische Moderne‹ bezeichnet.

Die umgangssprachliche Verwendung von ›modern‹ als Kennzeichen populärer Musik wie Rock, Pop oder Jazz hat sich in der Historischen Musikwissenschaft bislang nicht durchsetzen können, da die Disziplin ihren auf der Kunstmusik liegenden Schwerpunkt erst in jüngerer Zeit auf popkulturelle Phänomene ausgeweitet hat (Meine/Noeske 2011). Im Folgenden wird daher in erster Linie von der (missverständlich) so genannten ›Ernsten Musik‹ die Rede sein.

Ein »›Goldenes Zeitalter‹ der musikalischen Moderne der Nachkriegszeit« (Borio/Danuser 1997, Bd. 2, 379) stellten nach verbreiteter Auffassung die 1950er- und 60er-Jahre dar. Hier erfuhr die moderne (d. h. insbesondere: atonale) Tonsprache auf den *Internationalen Darmstädter Ferienkursen für Neue Musik* seit 1946 einen weiteren Rationalisierungsschub, indem die serielle Ordnung von Tonhöhen (Schönbergs »Methode der Komposition mit zwölf nur aufeinander bezogenen Tönen«, vgl. Schönberg 1995, 110) durch die Ordnung von Parametern wie Lautstärke, Klangfarbe, Tondauer und Artikulation ergänzt wird. Die musikalische Moderne, in dieser Zeit häufig durch umfangreiche Kommentare der Komponisten zum eigenen Werk gekennzeichnet, erlangte hier ihren »Zenit« (Borio/Danuser 1997). Gleichzeitig erreichte die Ghettoisierung der ›Neuen Musik‹ (oft synonym mit ›moderne Musik‹ verwendet, vgl. Ballstaedt 2003, 47), zu der nur noch Spezialisten einen Zugang finden, einen Höhepunkt.

Erst seit den 1970er-Jahren, die aus diesem Grund vielfach als Umbruchszeit empfunden werden, bedienten sich Komponistinnen und Komponisten wieder vermehrt vergangener, im weitesten Sinne ›tonaler‹ Stilmittel des 17. bis 19. Jh.s, was ein neu erwachtes Interesse breiterer Hörerkreise an komponierter zeitgenössischer Musik mit sich brachte. Die objektiv-hermetische Tonsprache wird hier durch eine neue Ausdrucksästhetik und deren Identifikationsangebote abgelöst; die Moderne hatte um 1975 ihren Höhepunkt überschritten. Gleichwohl gehen Teile der Musikwissenschaft davon aus, dass sie – etwa in Form einer Zweiten Moderne (Klotz 1999, 195, Anm. 1; vgl. hierzu u. a. Mahnkopf 1998; Lehmann 2007) – nach wie vor weiterbesteht, von einer Postmoderne eigenen Rechts also nicht die Rede sein kann.

Mittlerweile wird die jahrzehntelang übliche Einteilung der Musikgeschichte in Epochen (und damit die Existenz einer eigenständigen Ära der Moderne) grundlegend in Frage gestellt, da sie der Heterogenität und Vielschichtigkeit vergangener Phänomene nicht gerecht werde und bevorzugt von einem westeuropäischen Blickwinkel ausgehe. Die Konsequenz hieraus ziehen Musikgeschichtsdarstellungen jüngeren Datums (u. a. Taruskin 2005), die ihren Gegenstand nicht mehr in Epochen, sondern in Zeitabschnitte wie Jahrhunderte einteilen bzw. unterschiedlichen musikalischen Schwerpunkten und Strömungen jeweils eigene Kapitel widmen (Ballstaedt 2003, 63).

Auch die gängige Erzählung, wonach die ersten beiden Jahrzehnte der *Darmstädter Ferienkurse* den Gipfel ›der‹ musikalischen Moderne (im Singular) darstellten, wird in jüngerer Zeit angezweifelt, da hier u. a. typische Denkmuster des Kalten Krieges sichtbar werden (Tischer 2009, 309). Denn auch im sowjetischen Einflussbereich entwickelte sich nach dem Zweiten Weltkrieg im Schatten des offiziell proklamierten Sozialistischen Realismus eine Moderne mit eigenem Profil, die allerdings hinsichtlich Klanglichkeit und musikalischer Semantik andere Priritäten als jene im ›Westen‹ setzte (Schneider 2002; Noeske 2007). Herausragendes Beispiel hierfür ist das seit 1956 bestehende internationale Festival *Warschauer Herbst*, das u. a. für die Herausbildung sonoristischer kompositorischer Verfahren (Klangkompositionen) steht und einen Knotenpunkt des Austauschs zwischen Ost und West darstellt. Wichtige Protagonisten sind hier u. a. die polnischen Komponisten Witold Lutosławski (1913–1994), Kazimierz Serocki (1922–1981) und Krzysztof Penderecki (geb. 1933).

Bedeutungsspektren

Zumindest in der westdeutschen Musikhistoriographie setzte sich die Orientierung an einer sozialgeschichtlichen Moderne, die bereits im Gefolge der Französischen Revolution bzw. mit Aufkommen des freien Künstlertums um 1800 ihren Ausgang nahm – in diesem Sinne waren bereits Ludwig van Beethoven (1770–1827) und in gewisser Hinsicht sogar Wolfgang Amadeus Mozart (1756–1791) ›moderne Komponisten‹ –, nicht durch. In Anlehnung an Nachbardisziplinen wie die Philosophie wird in der Musikwissenschaft jedoch häufig, wenn auch oft nur implizit, von einer genuin modernen Geisteshaltung ausgegangen, die sich seit dem frühen 19. Jh. musikgeschichtlich bemerkbar macht. Zentrale Stichworte hierfür sind u. a. Autonomie, Fortschritt, Authentizität, Rationalität und Emanzipation (Massow 2001; Berger 2008). Das ›moderne Kunstwerk‹ in der Musik gibt sich demnach, im Zuge der neuzeitlichen Ausdifferenzierung der verschiedenen Sphären Wissenschaft, Moral und Ästhetik, selbst sein Gesetz und erfüllt keine bestimmte (religiöse, soziale) Funktion mehr, wie dies noch im 18. Jh. der Normalfall war. Es orientiert sich, ganz im Sinne der im 19. Jh. verbreiteten Auffassung vom Komponisten als Originalgenie, an der Maßgabe der Originalität und Neuheit, verwirklicht nicht mehr zwingend Schönheit, sondern Wahrhaftigkeit, lässt damit auch dem Künstler Raum zum authentischen Ausdruck seiner Subjektivität und ist zudem (idealtypisch) durchdrungen von den humanistischen Idealen der Aufklärung.

Die moderne Komposition trägt damit letztlich, auch und gerade wegen ihrer Autonomie, dazu bei, dass die Welt ein besserer Ort wird. Sie konfrontiert die Rezipienten mit der Kantischen Aufforderung, sich des eigenen Verstandes ohne Leitung eines anderen zu bedienen: Dies kann entweder materialimmanent, durch kompositorische Rationalität, die sich von Konventionen und ›autoritären‹ Traditionen frei

weiß (z. B. im Darmstädter Serialismus), durch die Emanzipation der Interpreten von den Vorgaben des Komponisten (z. B. in der Aleatorik um 1960, die dem ›Zufall‹ Raum gewährt) oder im Sinne des Realismus, nämlich durch den ungeschminkten Ausdruck von Wirklichkeit, geschehen. Für Letzteren steht u. a. Theodor W. Adornos (1903–1969) Interpretation der Musik Schönbergs als Ausdruckskunst par excellence, die im Medium des Klangs gleichsam seismographisch psychische und gesellschaftliche Realitäten abbildet, ohne diese zu idealisieren und zu glätten (Adorno 2003). Auch der späte Beethoven, der Adorno zufolge in seinen Kompositionen ab op. 101 Heterogenes unversöhnt nebeneinander bestehen lässt und Konventionen nicht mehr ›zum Schein‹ vermittelt, oder die Symphonien Gustav Mahlers (1860–1911), in denen Trivialmusik als Zeugnis der realen (Alltags-)Welt integriert ist, sind in diesem Sinne ›realistische‹ Vertreter einer authentischen musikalischen Moderne. Ein anderer, früherer Strang des musikalischen Realismus im Sinne einer modernen Geisteshaltung ist die ›Ästhetik des Hässlichen‹ des Franzosen Hector Berlioz (1803–1869), der, etwa in seiner *Symphonie fantastique* (1830), dem »erste[n] große[n] Werk der musikalischen Moderne« (Stephan 1997, 394), nicht davor zurückschreckt, den (Alb-)Traum eines Opiumessers in Töne zu setzen und damit eine idealistisch-organizistische Ästhetik vor den Kopf zu stoßen.

Neben konsequenter Rationalität, der Emanzipation von Traditionen und einem Realismus als unverhohlener Darstellung von Wirklichkeit(en) besteht eine weitere Form ›moderner‹ musikalischer Aufklärung schließlich in der konkret-inhaltlichen Spezifizierung emanzipatorischer Ideale: So war es Hanns Eisler (1898–1962) oder Paul Dessau (1894–1979), die intensiv mit dem Schriftsteller Bertolt Brecht (1898–1956) zusammenarbeiteten, kompositorisch immer zugleich auch um das Erreichen eines kritisch-wachen Bewusstseins der Hörerinnen und Hörer zu tun. Heute wird dieses Ideal u. a. von Komponisten wie Helmut Lachenmann (geb. 1935), Mathias Spahlinger (geb. 1944) oder, multimedial, Heiner Goebbels (geb. 1952) und in jüngerer Zeit von Johannes Kreidler (geb. 1980) verkörpert.

Fortschritt:
Moderne, Avantgarde, neue Musik

Bereits in den 1850er-Jahren war ›Fortschritt‹ – sowohl musikimmanent-materialästhetisch als auch musikalisch-soziologisch – im Umkreis Liszts und

Wagners (und im Gefolge von Berlioz) eines der zentralen Schlagworte in Musikkritik und -ästhetik. Die damit einhergehende ›Kühnheit‹, die einem geschätzten Künstler in dieser Zeit regelmäßig attestiert wurde, steht letztlich sowohl für das moderne ›Sapere aude!‹ als Vorbild für gesellschaftliche Verhaltensweisen als auch für den Mut des unternehmerischen Selbst im Kapitalismus, denn seit dem 19. Jh. war ein Komponist nicht zuletzt aus marktwirtschaftlichen Gründen auf die Originalität und Einzigartigkeit seiner Werke angewiesen.

Doch auch ein weiterer Aspekt moderner Geisteshaltung ist in dieser Zeit anzutreffen, die als ›Parteienstreit‹ zwischen der *Neudeutschen Schule*, der sog. ›Fortschrittspartei‹ um Liszt und Wagner, und den vermeintlich ›Konservativen‹ um den Musikästhetiker Eduard Hanslick (1824–1904) und den Komponisten Johannes Brahms (1833–1897; hierzu auch Falke 1997) in die Musikgeschichte einging: Gemeint ist die Auffassung des Kunstwerks als Konzeptkunst im weitesten Sinne, die nicht mehr rein materialimmanent, sondern vielmehr multimedial bzw. durch den Kommentar vermittelt zu fassen ist und zugleich Ansätze einer »Rückführung der Kunst in die Lebenspraxis« (Bürger 1974, 98) in sich birgt. Während es Liszt um die Vereinigung von literarisch-philosophischem Programm und Musik ging, zielten Wagner und der Musikhistoriker Franz Brendel (1811–1868) mit dem sog. ›Kunstwerk der Zukunft‹ letztlich auf eine gesellschaftliche Utopie; auch Bayreuth stand mit seinen Festspielen seit 1876 zunächst für eine ›Idealgesellschaft‹. Gemeinsam haben beide Ansätze, dass die ›Töne selbst‹ medial über sich hinausweisen. Doch auch die hierzu kontrastierende Ästhetik Hanslicks, der mit seinem berühmten Traktat *Vom Musikalisch-Schönen* (1854) insofern Maßstäbe setzte, als er einzig und allein »tönend bewegte[n] Formen« – nicht aber z. B. Emotionen – ästhetische Relevanz zusprach (Hanslick 1854, 32), lässt sich als ›modern‹ bezeichnen, denn im Vordergrund stehen hier Rationalität und Autonomie des musikalischen Subjekts.

So können die ›Neudeutschen‹ in letzter Konsequenz als Vorläufer einer musikalischen Avantgarde im Sinne Bürgers gelten, die sich kritisch mit der Institution Kunst auseinandersetzte. Parallel dazu verfolgte die Komponistengruppe *Mächtiges Häuflein*, zu der u. a. Mussorgsky gehörte, einen genuin ›russischen‹ Realismus in der Musik, der soziales Engagement dezidiert einschloss. Ein späterer wichtiger Vorbote der Avantgarde ist der französische Komponist Erik Satie (1866–1925), der u. a. die Idee einer *musique d'ameublement* entwickelte; Musik dient hier der ›Verschönerung‹ des Lebens. Weitere einflussreiche Strömungen sind der musikalische Futurismus mit den Musikern Francesco Balilla Pratella (1880–1955) und Luigi Russolo (1885–1947), sowie der Dadaismus, zu dem u. a. die *Ursonate* (1923–1932) von Kurt Schwitters (1887–1948) zählt. Nach dem Zweiten Weltkrieg bewegen sich die absurd-spielerische, dabei ebenfalls häufig ironische und selbstbezügliche Kunst des argentinischen Komponisten Mauricio Kagel (1931–2008) sowie die musikalischen Experimente des Amerikaners John Cage (1912–1992) in diesem Fahrwasser.

In der Musikwissenschaft wird mitunter zwischen ›modernen‹ und ›avantgardistischen‹ Strömungen unterschieden: Während sich die Protagonisten der ›Moderne‹ wie z. B. Schönberg, Igor Strawinsky (1882–1971), teilweise auch Pierre Boulez (geb. 1925) und Karlheinz Stockhausen (1928–2007) nach wie vor an der »Kategorie des Kunstwerks« orientieren, gehen Vertreter der ›Avantgarde‹ von einer kritischen Selbstbefragung sowohl der Moderne als auch der Institution Kunst aus. Beide Richtungen jedoch sind dem Oberbegriff ›Neue Musik‹ zuzuordnen (Danuser 1992, 286; Borio 1993, 8; zum Zusammenhang von Neuer Musik, moderner Musik und Avantgarde auch Ballstaedt 2003, 4 ff.). Nicht berücksichtigt wird bei dieser Unterscheidung allerdings die engagierte politische Musik des 20. Jh.s, die Kunst und Lebenspraxis einander annähert, ohne dabei die Kategorie des Werkes aufzugeben. Seit der Jahrtausendwende hat diese Position unter jüngeren Komponisten unter dem Stichwort ›Neuer Konzeptualismus‹, der auch die neuen Medien wie das Internet bewusst miteinbezieht und sich gegen eine reine ›Materialästhetik‹ wendet, Verbreitung gefunden (Kreidler et al. 2010).

Forschungsgeschichte, Semantik und Gegenkonzepte

Die ›Moderne‹ als musikgeschichtliche Epoche

Wenn vor dem 20. Jh. in der Musikgeschichte von ›Moderne‹ bzw. ›moderner Musik‹ die Rede war, war i. d. R. die jeweils neue, gerade aktuelle Musik im Unterschied zum ›Alten‹ bzw. ›Antiken‹ gemeint. Bereits in der musikalischen *Encyclopädie* Gustav Schillings (1805–1880) heißt es jedoch 1837 zum Stichwort ›modern‹, dass allein das autonome musikalische Kunstwerk als modern gelten könne: Dieses sei demnach »noch nicht älter als kaum ein Jahrhundert« (Schilling 1837, Bd. 4, 726). Mit ›moderner Musik‹ ist hier also die heute als klassisch bzw. romantisch bezeichnete Musik gemeint, die sich von höfischen und religiösen Zwängen löst. Ferner gelte, dass moderne Musik im Einklang mit dem Zeitgeist stehen müsse; dies impliziere die »Uebertragung der erhöheten und erweiterten Cultur des jetzigen Menschengeschlechtes« auf die Musik (Schilling 1837, Bd. 4, 726). Seit dem mittleren 19. Jh. macht sich die Bedeutungsverschiebung hin zum qualitativen (und nicht mehr rein chronologischen) Merkmal noch deutlicher bemerkbar, wonach das Wortfeld um ›modern‹ zugleich auf einen Qualitätssprung im Sinne des wahrhaft Fortschrittlichen verweist. Beispielhaft hierfür stehen die erwähnten musikästhetischen Diskussionen im Umfeld der *Neudeutschen Schule* um Liszt, Wagner und Berlioz: Der Begriff ›modern‹ wird hier allerdings (im Gegensatz zu ›neu‹ und ›fortschrittlich‹) noch selten verwendet; das gilt auch für die Musikhistoriographie um 1850. Gleichwohl nimmt in dieser Zeit die Idee einer aktuellen, modernen Epoche, die mit Beethovens 9. Symphonie beginnt und schließlich, durch die Versöhnung von Wort und Ton, den Hegelschen Weltgeist zu sich selbst kommen lässt, deutliche Konturen an.

Erst in den 1920er-Jahren – im Anschluss an Schönbergs Entdeckung der Zwölftontechnik, Ferruccio Busonis (1866–1924) utopischen *Entwurf einer neuen Ästhetik der Tonkunst* (1907/16) und im Zuge der Etablierung einer Neuen Sachlichkeit in der Musik, die sich, etwa in der Musik Paul Hindemiths (1895–1963), Kurt Weills (1900–1950) und Ernst Kreneks (1900–1991), von romantischen Konzepten radikal abgrenzt – wurde der Begriff ›Moderne‹ explizit als musikwissenschaftliches Epochenkonzept ausgeprägt. Namentlich im Gefolge der russischen Oktoberrevolution 1917 entfaltete sich in der Sowjetunion eine reichhaltige, experimentierfreudige Musikkultur. So beobachtete der Musikwissenschaftler Guido Adler (1855–1941) 1924, teilweise mit großer Skepsis, im europäischen Raum ein überaus buntes musikalisches Treiben seit der Jahrhundertwende, eine »Stromschnelle«, die v. a. durch Experimentierlust charakterisiert sei. Pentatonik, Viertel- und Dritteltönigkeit, Atonalität, Bitonalität, Polytonalität, Clustertechniken, Lockerung des Metrums etc. stehen laut Adler für einen »Wirrwarr und Konflikt der Stile« (Adler 1924, 902), was unweigerlich zu einer ›Klärung‹ führen müsse, gleichzeitig aber kennzeichnend für die Epoche vor, insbesondere aber nach dem Ersten Weltkrieg sei (ebd., 905).

Ähnlich wie Adler gehen auch Kurt Westphal (1928) und Alfred Einstein (1934) von einer damals aktuellen Epoche der Moderne eigenen Rechts aus: »Wir […] belegen mit der Bezeichnung ›die Moderne‹ eine Epoche, die sich scheinbar organisch denen der Klassik, Romantik, Neuromantik, des Klassizismus in der Musik anschließt« (Westphal 1928, 9). Als eigentlichen Gegner der Moderne macht Einstein die romantische »Gefühlshaftigkeit« aus; das moderne Ideal sei mithin eine »mechanische Musik« (ebd., 153–157). Hiermit steht er im Einklang mit den Idealen der Neuen Sachlichkeit. Sowohl Westphal als auch Einstein begreifen Mussorgsky als ›Vater‹ einer Moderne, die sich musikalisch durch kompromisslose Wahrhaftigkeit und die damit verbundenen neuen kompositorischen Mittel auszeichne. Neben den konstruktiven Kräften der Moderne werden von den Zeitgenossen jedoch häufig auch deren negative, chaotische und zersetzende Tendenzen hervorgehoben; entsprechend müsse sich der moderne Komponist seiner Verantwortung gegenüber der Gesellschaft bewusst sein wie nie zuvor (Mersmann 1928, 32).

Konjunkturen und Zentren

Während nach dem Ersten Weltkrieg von musikalischer Moderne im Sinne einer Epochenbezeichnung die Rede ist, ist in Musikgeschichtsdarstellungen nach dem Zweiten Weltkrieg anstelle von ›moderner Musik‹ der Begriff ›Neue Musik‹ oder ›neue Musik‹ gebräuchlicher (Ballstaedt 2003, 30). Das Majuskel-›N‹ betont dabei den qualitativen Unterschied zur traditionellen Musik bzw. die Tatsache einer genuin ›neuen‹ oder ›modernen‹ Musiksprache, während ›neue Musik‹ in erster Linie von der bloßen Zeitgenossenschaft ausgeht. Sämtliche Bezeichnungen implizieren jedoch die Vorstellung einer ›Musik der Moderne‹, die durch die im 19. Jh. herausgebildete, in den 1850er-Jahren forciert diskutierte Semantik von ›Fortschritt‹ und ›Rationalität‹ geprägt ist. Dabei ist es kein Zufall, dass entsprechende Diskussionen um das Phänomen ›moderne Musik‹ stets in Krisenzeiten aufblühen: im Gefolge der gescheiterten deutschen Revolution von 1848 – etwa im Streit zwischen ›Neudeutschen‹ und ›Konservativen‹ – und im Anschluss an die beiden Weltkriege (nach 1918 und nach 1945).

Auffallend ist, dass das semantische Feld um Aufklärung im ›Westen‹ insbesondere nach 1945 in den Hintergrund rückt, wenn von Moderne im emphatischen Sinne die Rede ist, und stattdessen die Faktoren ›Rationalität‹ und ›Autonomie‹ zentral werden – u. a. handelt es sich um eine Folge der Abgrenzungsbestrebungen im Systemkonflikt zwischen Ost und West: Eine moderne Musik, die sich vom Programm des Sozialistischen Realismus in den Ländern des sowjetischen Einflussbereichs distanzierte, müsse ihre gesellschaftliche Unabhängigkeit betonen, um nicht den Verdacht aufkommen zu lassen, für politische Zwecke vereinnahmbar zu sein. Beispiele hierfür finden sich u. a. bei Hans Heinz Stuckenschmidt (1901–1988) und Adorno (Adorno 1990; vgl. auch die Quellensammlung in Dibelius/Schneider 1993).

Doch nicht nur historisch lässt sich eine Konjunktur von Moderne-Diskussionen in politisch, gesellschaftlich und ökonomisch ›instabilen‹ Konstellationen ausmachen, auch räumlich fokussiert sich die musikalische Moderne häufig um bestimmte, oft großstädtische Zentren, die durch Anonymisierung und Industrialisierung, Verkehr und Massenproduktion individuelle Krisenerfahrungen begünstigen, zugleich aber mit ihren Konzerthäusern, Festivals und Ensembles die Infrastruktur für die Entfaltung des Musiklebens bieten: Im 19. Jh. zählten Wien und Paris, aber auch die ›Klassikerstadt‹ Weimar als Schauplatz des ›Parteienstreits‹ dazu, im frühen 20. Jh. siedelten sich Hauptvertreter der musikalischen Moderne ebenfalls in Wien und Paris an, in den 1920er-Jahren war neben Berlin auch Moskau, nach dem Zweiten Weltkrieg waren u. a. Köln mit seinem elektronischen Studio und der internationalen künstlerischen Avantgarde-Szene, Paris mit den einflussreichen Lehrern Olivier Messiaen (1908–1992) und Nadia Boulanger (1887–1979), aber auch mit Pierre Schaeffers (1910–1995) Tonband-Klangexperimenten (*musique concrète*), München mit Karl Amadeus Hartmanns (1905–1963) Konzertreihe *musica viva*, Darmstadt mit den *Internationalen Ferienkursen*, New York, Warschau, Berlin, Hamburg und Leipzig Zentren moderner musikalischer Strömungen.

Doch auch die ›Provinz‹ bringt häufig eine Originalität ganz eigenen Schlages hervor: So stammen etwa wesentliche Kompositionen und Ideen des US-amerikanischen Komponisten und Instrumentenbauers Harry Partch (1901–1974) aus der Zeit seines Vagabundenlebens, der mexikanische Komponist Conlon Nancarrow (1912–1997) entwickelte sein *Player Piano* isoliert von den Zentren moderner Musik und Charles Ives komponierte seine ebenso originellen wie innovativen Werke neben seinem eigentlichen Beruf als Inhaber einer Versicherungsgesellschaft, um musikalisch keine Kompromisse eingehen zu müssen. In den sozialistischen Staaten war das Musikleben jenseits der großen Zentren häufig weniger reglementiert, was die Möglichkeit der Entfaltung moderner Strömungen begünstigte, doch auch etwa das zurückgezogene Leben der Komponistin Galina Ustwolskaja (1919–2006) in St. Petersburg ermöglichte eine maximal kompromisslose Musiksprache.

Forschungs- und Denktraditionen

Kaum zu überschätzen ist der enorme Einfluss, den der Philosoph, Soziologe, Musikwissenschaftler und Musiker Theodor W. Adorno mit seinem im amerikanischen Exil entstandenen Buch *Philosophie der neuen Musik* (1949) auf das Moderne-Konzept von Komponisten und Musikwissenschaftlern ausübte und – trotz zahlreicher Einwände und Widersprüche – teilweise bis heute ausübt. Adorno entwickelt hier nichts Geringeres als eine Theorie der ›wahren‹ musikalischen Moderne, indem er Schönbergs frei-atonale Werke als authentische Manifestationen neuer Musik, Strawinskys Orchestermusik hingegen als in ihrer Archaik und Brutalität ideologisch zutiefst fragwürdige, regredierende Kunst analysiert. Als der modernen Epoche einzig angemessen gilt demnach eine Musik, welche die Brüche und Widersprüche des Zeitalters kompromisslos und unverhüllt darstellt, mithin selber von Brüchen und Widersprüchen durchzogen ist und sich durch eine entsprechend inkommensurable Tonsprache von der Gesellschaft, deren Teil sie ist, entfernt.

Die Hermetik neuer Musik ist demzufolge ein Anzeichen für ihr Gelingen; radikaler Materialfortschritt schlägt – im Sinne einer ›negativen Dialektik‹ – um in ästhetische und damit auch gesellschaftliche Utopie (was vielfach kritisch gesehen wurde). Sobald eine Komposition Kompromisse eingeht, etwa durch die neoklassizistische Integration überkommener Stilmittel oder die Anreicherung einer grundsätzlich tonalen Musik durch ›falsche Töne‹ im Sinne einer gemäßigten Moderne oder gar eines bloßen Modernismus, wittert Adorno Verrat an der Wahrheit, mithin Ideologie. Entsprechend beinhaltet seine Ästhetik einen umfassenden ›Kanon des Verbotenen‹.

Bereits 1950 begann die intensive Rezeption von Adornos musikphilosophischem Denken in Darmstadt; sein Einfluss blieb dort bis etwa 1970 unvermindert stark (Borio/Danuser 1997, Bd. 1, 433). Gleichwohl war er aufgrund seiner Nähe zur Zweiten Wiener Schule nicht unumstritten: Nicht nur standen Komponisten wie Stockhausen und Boulez

Schönbergs vermeintlicher Inkonsequenz, die Reihentechnik nur auf den Parameter der Tonhöhe anzuwenden, kritisch gegenüber; umgekehrt polemisierte Adorno, führender Vertreter der Frankfurter Schule, gegen den Darmstädter Serialismus und die pseudo-wissenschaftliche Tendenz mancher kompositorischer Ansätze, die ihm bis zum Schluss fremd blieben. Dennoch war seine Denkweise in West wie Ost gleichermaßen wirksam und populär; von ihr geprägt sind u. a. Musikwissenschaftler wie Heinz-Klaus Metzger (1932–2009) und Günter Mayer (1930–2010), aber auch Komponisten wie Helmut Lachenmann, Mathias Spahlinger und Claus-Steffen Mahnkopf (geb. 1962).

Neben Adorno ist es der Einfluss des westdeutschen Musikwissenschaftlers Carl Dahlhaus (1928–1989), der das Konzept einer ›wahren‹ musikalischen Moderne im 20. Jh. maßgeblich prägte. Auch hier allerdings ist eine normative Sichtweise insofern unverkennbar, als Dahlhaus' Blickwinkel v. a. der westlichen Sichtweise des Kalten Krieges entspricht. So ist es ihm zufolge beispielsweise undenkbar, dass in wahrhaft avancierte Formen Neuer Musik »politische Gehalte« eingehen, ohne dass hinsichtlich der musikalischen Differenzierung ästhetische Kompromisse eingegangen werden: »Die Musik der Revolution und die Revolution der Musik sind in Gegensatz zueinander geraten, in einen Widerspruch, dessen Aufhebung nicht absehbar ist« (Dahlhaus 1978, 307).

Damit begeben sich sowohl Adorno als auch Dahlhaus, wenn auch jeweils mit anderen Schwerpunktsetzungen, in eine Gegenposition zur sich als politisch fortschrittlich begreifenden Moderne eines Hanns Eisler, Kurt Weill, Paul Dessau, Luigi Nono (1924–1990) oder Hans Werner Henze (1926–2012), deren Kunst ebenso engagiert wie differenziert zu sein beansprucht. Für Eisler geht die »Dummheit in der Musik« (Eisler 1958) von einer sozialen Dummheit aus: Differenziertes, genaues Hören und Musizieren zeugt ihm zufolge von einer differenzierten Wahrnehmung sozialer Wirklichkeit; das kompositorische Aufdecken von Missständen führt demnach letztlich zu einer gerechteren Welt. In diesem Sinne schließen sich Materialfortschritt und sozialer Fortschritt nicht aus, sondern bedingen einander. Ähnlicher Auffassung sind Komponisten wie Friedrich Goldmann (1941–2009), Reiner Bredemeyer (1929–1995) und Paul-Heinz Dittrich (geb. 1930), Schüler und Weggefährten Eislers, Dessaus und Rudolf Wagner-Régenys (1903–1969), die für eine eigenständige musikalische Moderne in der DDR stehen: Einer solchen ›Ost-Moderne‹ ging es bei aller Avanciertheit der Tonsprache stets auch um soziale Verbindlichkeit. Auf diese Weise grenzte sie sich sowohl von ›westlichen‹, den Materialfortschritt betonenden Tendenzen als auch von der Pseudo-Ästhetik des Sozialistischen Realismus im eigenen Lande ab. Analytisch flankiert wurden solche Ansätze u. a. von ostdeutschen Musikwissenschaftlern wie Frank Schneider (geb. 1942), Gerd Rienäcker (geb. 1939), Günter Mayer, Georg Knepler (1906–2003) und Eberhard Rebling (1911–2008).

Zur Reichweite des Moderne-Begriffs

Der Begriff der ›Moderne‹ ist in der Musikwissenschaft – den traditionellen Gepflogenheiten des Faches Musikwissenschaft entsprechend – bis heute eurozentrisch gefärbt; so ist nach wie vor i. d. R. von ›Moderne‹ (und nicht von den verschiedenen ›Modernen‹) die Rede, gleichsam als ob es nur einen Strang der Moderne gebe. Auch seitens der Musikethnologie bzw. Ethnomusikologie gibt es bislang kaum Ansätze einer globalen Perspektive, die den unterschiedlichen Entwicklungspfaden in den verschiedenen Ländern und Kontinenten unter dem Blickwinkel des ›Modernen‹ gerecht wird – denn erst seit wenigen Jahrzehnten gelten außereuropäische Musikkulturen nicht zwangsläufig als ›rückschrittlich‹ im Vergleich zur europäischen Moderne (Kurt 2009, 22 ff.).

Hinzu kommt, dass sich nach 1989 die ›westliche‹ Perspektive auf eine musikalische Moderne als hegemonial durchsetzen konnte, mithin Denkmuster des Kalten Krieges nach wie vor wirksam sind, wenn beispielsweise das Autonomie-Konzept als gleichbedeutend mit der musikalischen Moderne schlechthin aufgefasst wird und kompositorische Ansätze wie jener Dmitri Schostakowitschs (1906–1975), dem es weder primär um Materialfortschritt noch um musikalische Autonomie ging, ausgeklammert werden. Subversive kompositorische Strategien wie Ironie, Parodie, Karnevalisierung im Sinne des russischen Literaturwissenschaftlers Michail M. Bachtin (1895–1975) und dekonstruktive Verfahrensweisen, die ebenfalls genuin ›moderne‹ Gestaltungsmittel sind und u. a. von Komponisten wie Schostakowitsch, Goldmann und Dessau kompositorisch fruchtbar gemacht wurden (Noeske 2007), geraten auf diese Weise aus dem Blickfeld.

Allerdings machen sich die *Postcolonial Studies* seit den späten 1980er-Jahren insofern in der (zunächst US-amerikanischen) Musikwissenschaft bemerkbar, als die sog. *New Musicology* den Versuch unternahm, das Fach grundlegend neu zu kartographieren (Kerman 1985). So wurde nicht nur der westliche Kanon klassischer (und moderner) Meisterwerke massiv in Frage gestellt, indem die kulturellen Mechanismen und ideologischen Prämissen der Kanonbildung untersucht wurden, sondern hinzu kam eine Ausweitung der Perspektive, die – im Sinne einer Berücksichtigung von *race, class* und *gender* – (vermeintliche) Randgruppen verstärkt in die Musikgeschichtsschreibung einzubeziehen suchte.

Denn die musikgeschichtliche Epoche der Moderne bzw. eine moderne Geisteshaltung ist nicht allein durch die ›hochkulturelle‹ Perspektive des ›europäischen weißen Mannes‹ geprägt, sondern auch durch popkulturelle Phänomene, Subkulturen und Minderheiten; hierzu zählen u. a. Art Rock, Progressive Rock, Modern Jazz oder multimediale Kunstwerke jenseits der Grenzen zwischen ›E‹ und ›U‹. Gleichzeitig erübrigt sich damit jedoch das Konzept ›der‹ Moderne, da der Begriff, derart ausgeweitet, nichtssagend wird. So ist es nur konsequent, dass die Musikgeschichtsschreibung der letzten Jahre den Moderne-Begriff, wenn überhaupt, nur vorsichtig, gewissermaßen provisorisch und mit dem Bewusstsein seiner Unschärfe verwendet, um sich desto engagierter den jeweiligen Einzelphänomenen zu widmen. Neben einer allgemeinen Skepsis gegenüber dem Epochenkonzept trugen hierzu die Forschungen zur Musik- und Kulturgeschichte des Kalten Krieges bei, welche die ideologische Voreingenommenheit auch und insbesondere ›westlicher‹ Moderne-Konzepte offenlegten (Tischer 2011).

In jüngerer Zeit setzt sich unter Musikschaffenden vermehrt das Bewusstsein durch, dass die Frage nach Autorschaft, einer modernen Errungenschaft, im Zeitalter von Internet und Sampling mitunter kaum lösbar ist und damit obsolet wird (hierzu Johannes Kreidlers Aktion *product placements* von 2008); auf die ungleiche (und damit letztlich ungerechte) Verteilung der finanziellen Gewinne, die im Zuge der Globalisierung auch in der Musikindustrie üblich ist, machte Kreidler mit seinem Stück *Fremdarbeit* (2009) aufmerksam.

Zeithorizont und Epochenkonzept

Auch wenn Guido Adler bereits 1924 der Überzeugung war, dass sich die Epochen »nicht nach Lustren abgrenzen« lassen, besteht doch seit den 1920er-Jahren bis heute erstaunliche Einigkeit hinsichtlich des Anfangs der musikalischen Moderne: Adler selbst lässt diese ca. 1880 beginnen, als die Epoche der Romantik mit dem Tod Wagners und Liszts ihren Abschluss fand (Adler 1924, 901) und sich das Fin de siècle ankündigte. Kurt Westphal spezifiziert den Beginn der Moderne dahingehend, dass diese mit Debussys und Schönbergs Neuerungen auf dem Gebiet der Harmonik einsetzte. So kennzeichne der Name ›Moderne‹ »den Beginn einer auf ganz neuer technischer Grundlage ruhenden Epoche der Musik« (Westphal 1928, 10). Zwar ist auch heute immer wieder von Hector Berlioz als dem ersten Komponisten die Rede, der eine prototypisch moderne »Ästhetik des Heterogenen und des Diskontinuierlichen, des Zusammengesetzten, der gewollten Stilbrüche« vertrat (Dömling 1986, 153), doch gilt der französische Komponist in erster Linie als Vorläufer einer Ästhetik, die sich erst ab dem letzten Jahrhundertfünftel und insbesondere im 20. Jh. voll und ganz entfaltete.

Vereinzelt wird der Beginn der musikalischen Moderne aufgrund politischer, sozialgeschichtlicher oder kompositorischer Veränderungen bereits im mittleren und späten 18. Jh. verortet. So unterscheidet der Musikwissenschaftler Karol Berger etwa zwischen der vor-modernen, großenteils zyklischen Zeitgestaltung Johann Sebastian Bachs und der zielgerichteten Zeit in Wolfgang Amadeus Mozarts Kompositionen, die in einer typisch modernen Zeiterfahrung wurzle (Berger 2008, 9). Grund für das neue, lineare Zeitkonzept sei die Tatsache, dass die ehemals göttlich-transzendentale, metaphysische Heilserwartung seit dem 18. Jh. vorwiegend als gesellschaftsimmanente Utopie erfahren werde. Ein Epochenkonzept schließlich, das die Moderne im Einklang mit anderen Disziplinen wie der Philosophie bereits im 17. Jh. ansetzt, ist in der Musikwissenschaft kaum zu finden (vgl. Flotzinger 1996, 221; Berger/Newcomb 2005, ix).

Dahlhaus zufolge ist die Epochenzäsur um 1890 durch den Anfang von Richard Strauss' (1864–1949) Symphonischer Dichtung *Don Juan* (1889) sowie durch Werke wie Mahlers ebenfalls in dieser Zeit entstandene 1. Symphonie charakterisiert. Der Begriff der »Moderne« nenne, so Dahlhaus im Anschluss an Hermann Bahr, die musikalische »Aufbruchsstimmung der neunziger Jahre« adäquat beim Namen, »ohne eine Stileinheit der Epoche vorzutäuschen, die es nicht gab« (Dahlhaus 1980, 280; Dahlhaus 1978, 58). Damit ist die Frage nach dem Beginn der Moderne, die Westphal 1928 stellte und dabei zwischen 1890 und 1910 schwankte (Westphal 1928,

10), beantwortet. In dieser Zeit, um die Jahrhundertwende, machen sich grundlegende Veränderungen im Gattungs- und Formenkanon sowie eine generelle »Krise der Musiksprache« (Ballstaedt 2003, 49) bemerkbar, die sich – analog zur Sprachkritik eines Karl Kraus – etwa in den kurzen Stücken Anton Weberns (1883–1945) manifestiert.

Protagonisten der Moderne um 1900 sind demnach u. a. Strauss, Mahler, Debussy, Schönberg und Alexander Skrjabin (1872–1915; Dahlhaus 1980, 308), die eine je eigene, genuin moderne Tonsprache ausprägen (s. o. die ersten beiden Kapitel dieses Beitrags). U. a. gewinnt die Klangfarbe hier eine größere Bedeutung als je zuvor; eines der wichtigsten Beispiele hierfür ist Schönbergs Orchesterstück op. 16 Nr. 3 (›Farben‹) von 1909, das u. a. in György Ligetis (1923–2006) Orchesterstück *Atmosphères* (1961) einen späten Nachfolger findet. Abstrakter gesprochen, ist die musikalische Moderne um 1900 durch die Infragestellung bestimmter Aspekte der Fortschrittsidee gekennzeichnet, was zugleich eine Gegenbewegung zur technizistisch-wissenschaftlichen und gesellschaftlichen Moderne, die vielfach als Entwurzelung erfahren wird, impliziert: Schönberg beruft sich explizit auf Vorläufer wie Johannes Brahms, betont also nicht nur die ›Fortschrittlichkeit‹ desselben, sondern auch seine eigene feste Verankerung in der Tradition; Debussy proklamiert ebenso wie Satie die Rückkehr zur Natur bzw. zu vergangenen und (vermeintlich) archaischen Zeiten; Mahler greift kompositorisch auf trivialmusikalische Elemente und auf Naturklänge wie z. B. den (denaturierten) Kuckucksruf zurück, die – wie immer gebrochen – die Idee eines Ursprungs zumindest entfernt anklingen lassen.

Auf die »Krise der Musiksprache« wurden unterschiedliche Antworten formuliert: erstens ein »Traditionsbruch vorwärts« mit den angedeuteten Umwälzungen des musikalischen Materials; zweitens ein »Traditionsbruch rückwärts«, vollzogen etwa durch Richard Strauss seit dem *Rosenkavalier* (1911) sowie durch neoklassizistische Tendenzen; und schließlich, drittens, ein »Traditionsbruch schlechthin«, der die historischen Avantgardebewegungen mit ihrer Experimentierlust kennzeichnet (Danuser 1992, 11; Ballstaedt 2003, 49 f.). Erst nach Überwindung der Krise, ab 1924, werde die musikalische Moderne laut Dahlhaus endgültig von der »›Neuen Musik‹ im emphatischen Sinne« abgelöst; erst jetzt nämlich habe man sich von der Romantik verabschiedet (Dahlhaus 1978, 58). Dahlhaus zufolge wäre somit das Epochenende der Moderne – die von der ›Neuen Musik‹ abgelöst wird – zwischen 1907, dem Durchbruch der Atonalität, und 1924, dem Ende des Expressionismus, anzusetzen. Man könnte in diesem Sinne davon sprechen, dass um 1907 eine Art »Spätzeit der Moderne« anbreche (Danuser 1984, 13), die u. a. von Strawinsky, Ives und Béla Bartók (1881–1945) geprägt ist. Als dezidiertes »Werk der Epochengrenze zwischen Moderne und Neuer Musik«, die unentwirrbar miteinander verflochten sind, nennt Danuser Mahlers *Lied von der Erde* (1908/09; Danuser 1984, 20). Abschied und Neubeginn überlappen sich hier.

Mittlerweile wird in der Musikwissenschaft nur noch selten zwischen einer Epoche der Moderne und einer Epoche der Neuen Musik differenziert. Verbreitet ist hingegen ein ›inklusives‹ Moderne-Konzept, das von Moderne nicht als historischer Phase, sondern »im umfassenderen Sinn grundlegender Innovationen, des Avantgardismus, der Neuen Musik im emphatischen Sinn und mit Großbuchstaben für ›Neu‹« ausgeht (Heister 2005, 19). Gleichwohl werden häufig drei »Wellen« der Moderne unterschieden: Die Zeit etwa zwischen der Jahrhundertwende und 1917 mit ihren verschiedenen grundlegenden musikalischen Neuerungen (Atonalität, Montageprinzipien, Folklorismus, Futurismus u. a.) gilt demnach als »Goldene[s] Zeitalter« der Moderne. Daran schließt sich ein »Silbernes Zeitalter« an, das sich in zwei »Hauptphasen« einteilen lässt: Nach 1917/18 entfaltete sich die avantgardistische Anti-Kunst des Dadaismus und ähnlicher Strömungen; 1923 bis 1929, dem Jahr der Weltwirtschaftskrise, erreichte eine »doppelte, ästhetische wie soziale Avantgarde« (Neue Sachlichkeit, angewandte Musik, engagierte Musik etc.) einen Höhepunkt. Das dritte und letzte, von der zeitlichen Ausdehnung her umfangreichste Zeitalter der Moderne schließlich (1945 bis 1975) sei der Sache nach ein »(zweite[s]) Silberne[s] Zeitalter der Neuen Musik« (Heister 2005, 19). In diesen 30 Jahren entfalteten sich serielle und aleatorische Techniken, Techniken wie die Mikropolyphonie, die elektroakustische Musik erlebte ebenso eine Blüte wie neue Musiktheater-Konzeptionen und Avantgarde-Kompositionen verschiedenster Couleur.

Darin, dass in den Jahren um 1975, als vermehrt auf eine ›traditionelle‹ Tonsprache rekurriert wurde, ein nachhaltiger Wandel stattfand, besteht in der Musikwissenschaft weitgehend Einigkeit. Für einen tiefgreifenden musikhistorischen Einschnitt sprechen Ereignisse wie die skandalöse Uraufführung der ungewöhnlich eingängigen Soloviolinsonate des damals jungen deutschen Komponisten Hans Jürgen von Bose (geb. 1953) auf den *Darmstädter Ferienkur-*

sen im Jahr 1976 oder das Echo, welches die streckenweise tonale, hemmungslos aus der Musikgeschichte zitierende, musikalische Fragmente collagierende *Sinfonia* (1968) des italienischen Komponisten Luciano Berio (1925–2003) hervorrief; Bernd Alois Zimmermanns (1918–1970) Konzept einer ›Kugelgestalt der Zeit‹ war für das ›Reinheitsgebot‹ bestimmter Spielarten moderner Ästhetik ebenso eine Herausforderung wie Alfred Schnittkes (1934–1998) undogmatischer Umgang mit der musikalischen Vergangenheit. Unter dem missverständlichen journalistischen Etikett ›Neue Einfachheit‹ suchte eine Gruppe von Komponisten – u. a. Von Bose, Wolfgang von Schweinitz (geb. 1953), Wolfgang Rihm (geb. 1952), Manfred Trojahn (geb. 1949) – ab der Mitte der 1970er-Jahre wieder den Kontakt zu breiteren Hörerkreisen.

Dass es dabei jedoch, im Gegensatz zu der ebenfalls aufkommenden ›Minimal Music‹ etwa eines Philip Glass (geb. 1937) oder Terry Riley (geb. 1935) i. d. R. keineswegs um ›Vereinfachung‹ ging, zeigt bereits der flüchtige Blick in die monumentalen Orchesterpartituren damals entstandener Werke. Penderecki schuf mit seiner 1966 uraufgeführten, ausdrucksstarken *Lukas-Passion* ein Werk, das einen für Neue Musik außergewöhnlich breiten Anklang fand, und Sofia Gubaidulinas (geb. 1931) Violinkonzert *Offertorium* (1980) erregte durch seine erschütternde, sehr eigene Interpretation des Bachschen *Musikalischen Opfers* auch und v. a. in westlichen Ländern Neugier und Interesse eines größeren Publikums. Der subjektive musikalische Ausdruck war, ebenso wie der Rückgriff auf die tonale Musiksprache des 19. Jh.s mit den zentralen Gattungen Symphonie und Lied, nicht mehr verpönt, was wiederum den Verdacht des Verrats und Ausverkaufs ›moderner‹ Ideale auf den Plan rief: Materialfortschritt und Utopie wurden aus dieser Sichtweise einer Kommerzialisierung von ›Schönklang‹ geopfert.

So unterschiedlich die Reaktionen auf den Wandel der Tonsprache ausfielen, so unterschiedlich waren die Konsequenzen, die seitens der Musikhistoriographie gezogen wurden: Für die einen war das ›Projekt Moderne‹ im Sinne von Jürgen Habermas auch musikalisch noch keineswegs an ein Ende gelangt, sondern wurde vielmehr durch einen kompositorischen Irrweg höchstens leicht irritiert; für die anderen zeugten die neuen musikalischen Tendenzen von dem Gefühl, »die Geschichtsmächtigkeit der Gesinnung der ästhetischen Moderne habe sich erschöpft und einer Postavantgarde oder Postmoderne Platz gemacht, die sich […] in zahllose Richtungen zersplittert zeigt« (Danuser 1992, 1). Fest steht allein, dass ab den 1970er-Jahren die ›Neue‹ Musik mit ihren hermetischen Tendenzen nicht mehr den hegemonialen Strang der Musikgeschichte für sich beanspruchen konnte (falls sie dazu jemals berechtigt war). Welche Konsequenz daraus musikhistoriographisch gezogen wird, hängt vom jeweiligen Maßstab ab.

Themen und Leitprozesse

Dennoch entpuppt sich die vermeintliche Zäsur um 1975, die den Beginn einer Postmoderne markieren soll, bei genauerem Hinsehen als problematisch. Denn sämtliche Merkmale, die für eine postmoderne Musik in Anschlag gebracht werden – u. a. Heterogenität des Materials, Doppel- und Mehrfachcodierung, Zitat- und Collageverfahren, Öffnung des Werkbegriffs, Hörerorientierung, Hybridität, Integration und Offenheit gegenüber der Unterhaltungssphäre, Verzicht auf eine einheitliche Botschaft, Thematisierung von Wahrnehmung im Sinne von *aisthēsis*, Einbeziehung des Raums – finden sich bereits in Kompositionen, die gemeinhin der Moderne zugeschlagen werden. Hierzu zählen Werke von Satie, Ives, Mahler, Strawinsky, Schostakowitsch, Edgard Varèse (1883–1965), Bernd Alois Zimmermann, Cage, Henze, aber auch Alban Berg (1885–1935), Stockhausen und anderen, die dem idealtypischen Einheits-, Reinheits- und Totalitätsanspruch des modernen integralen Kunstwerks keineswegs konsequent Folge leisten, sondern diesen teilweise bewusst missachten.

Eine mögliche Begründung hierfür ist, dass die Moderne von Beginn an von der Kritik an ihr (und an ihrem Absolutheitsanspruch) begleitet wurde – und zwar nicht nur in Form einer ›konservativen‹ Anti-Moderne, sondern auch als Selbstkritik, die einem eingleisigen Fortschritt ohne Rücksicht auf Verluste skeptisch gegenüberstand. So wird selbst dem Protagonisten der Moderne par excellence, Theodor W. Adorno, mitunter bescheinigt, dass in dessen Beethoven-, Berg- und Mahler-Interpretation letztlich Sympathie für eine ›postmoderne‹ Denkweise avant la lettre mitschwinge, indem hier das musikalisch Nicht-Versöhnte als geschichtsphilosophisch einzig angemessen dargestellt werde (etwa in Form von Beethovens ›stehengelassenen Konventionen‹, die mittlerweile zum geflügelten Wort geworden sind). Dies aber zeuge von einer zutiefst humanen Abneigung gegen die gewaltsame Einebnung von Verschiedenem, wie sie sich z. B. in den »technokratischen Untertöne[n]« des Serialismus finden (Heister 2005, 53); eine solche Humanität aber sei letztlich der ›eigentliche‹ Kern der Moderne.

Somit handelt es sich beim ›Epochenumbruch‹ um 1975 – anders als bei der Durchsetzung der Atonalität zu Beginn des 20. Jh.s oder bei der Auflösung des Werkbegriffs – nicht um einen tatsächlichen musikhistorischen Einschnitt, sondern um eine Verschiebung von Prioritäten. Während zuvor die Neue Musik im emphatischen Sinne den hegemonialen Diskurs prägte, indem sie für sich beanspruchte, die Avantgarde zu sein, wurde von nun an auch jene Musik, die sich den Geboten von Rationalität, Reinheit, Einheit und Integralität entzog, auf Festivals, in Kompositionsklassen, in Universitätsseminaren und in ästhetischen Diskussionen ernst genommen – sie wurde, wie an den Postmoderne-Debatten der 1980er- und 90er-Jahre zu sehen ist, philosophiefähig. Gleichzeitig verschwand die Neue Musik – im Sinne einer elitären Kunst für Kenner, deren Oberfläche sich streng und sperrig gibt – ab den 1970er-Jahren keineswegs von der musikalischen Bildfläche; vielmehr existierte sie weiter neben den unterschiedlichsten ästhetischen Ansätzen.

Modernitätskritik und Anti-Moderne

Der Schatten der Moderne, die Modernitätskritik oder, radikaler, die Anti-Moderne, durchzieht das gesamte 20. Jh.: sei es in Form der (bereits antisemitisch getönten) Kritik an der »musikalischen Impotenz« durch Hans Pfitzner (Pfitzner 1920) oder als Verunglimpfung der jüngeren atonalen Komponisten in der Mitte der 1950er-Jahre als »staatlich subventionierte Dodekakerlinge, die, kaum den Phrasendreschflegeljahren entwachsen, mit eunuchischem Stolz ihre dogmatische Verschnittenheit zur Schau tragen« (Melichar 1954, 10). Auch Richard Strauss schlägt sich ab seinem *Rosenkavalier* auf die Seite der gemäßigten Anti-Modernisten, wobei gleichzeitig Historismus und Selbstreflexion Raum gewinnen. Ab 1933 gelangte der Anti-Modernismus in Form des nationalsozialistischen Antisemitismus in Deutschland zu einem unrühmlichen Höhepunkt, der dazu führte, dass die Moderne bzw. die Komponisten neuer Musik – u. a. Schönberg und sein Kreis, Eisler, Weill, Krenek, Franz Schreker (1878 – 1934) – fast vollständig aus Europa emigrierten oder, wie Hartmann oder Max Butting (1888 – 1976), in die ›innere Emigration‹ gingen. Die musikalische Moderne in Europa wurde hierdurch – auch wenn von einem Widerspruch zwischen ›moderner‹ Tonsprache und nationalsozialistischer Ideologie nicht die Rede sein kann – nachhaltig beschädigt. Zentrum des Neuen auf dem Gebiet der Komposition waren nun v. a. die USA.

Verglichen mit Deutschland war ein Gegensatz von Moderne und Faschismus auf dem Gebiet der Musik in Mussolinis Italien noch weniger spürbar, was die Musikhistoriographie mitunter in ein Dilemma zwischen ästhetischer Würdigung und moralischer Beurteilung bringt (Flamm 2010). In der Sowjetunion schließlich wurde – nach einer Hochblüte moderner Strömungen in den 1920er-Jahren – ab den 1930er-Jahren seitens der KPdSU der Versuch unternommen, den Sozialistischen Realismus durchzusetzen, gewissermaßen als eine Art Neudefinition der Moderne im Sinne der drei Schlagworte Volksverbundenheit, Parteilichkeit und Orientierung an den Klassikern. Federführend war zunächst der Schriftsteller Maxim Gorki (1868 – 1936); in den 1940er-Jahren übernahm Andrej Shdanow (1896 – 1948) die Funktion des Chef-Ideologen. Politisch erwünscht war eine allgemeinverständliche Musik, die geeignet war, den Sieg des Sozialismus in Töne zu fassen. Die tatsächliche Moderne hingegen wurde, wie auch nach 1945 in den Ländern des sowjetischen Einflussbereichs, als ›Modernismus‹ (wahlweise auch ›Kosmopolitismus‹ oder ›Formalismus‹) abgekanzelt.

Als einer der ersten Komponisten bekam 1936 Schostakowitsch zu spüren, was es heißt, eine nicht-genehme Musik öffentlich aufzuführen: Wahrscheinlich war es Stalin persönlich, der diesen angesichts seiner *Lady Macbeth von Mzensk* des Modernismus (bzw. des »Chaos statt Musik«) bezichtigte. In der DDR erlebten Dessau und Brecht mit der Oper *Das Verhör* bzw. *Die Verurteilung des Lukullus* sowie Eisler mit seinem *Johann Faustus*-Libretto zu Beginn der 1950er-Jahre seitens der ostdeutschen Kulturpolitik ähnliche Maßregelungen. Während daraufhin Dessau bis zu seinem Tod 1979 die Vereinbarkeit von politischer Botschaft und musikalischer Avantgarde kompositorisch demonstrierte und damit in der DDR eine ganze Komponistengeneration prägte, die er in seinem Zeuthener Haus, einer Art – wie es von vielen genannt wurde – ›Ost-Darmstadt‹, beherbergte, kam Eisler durch die kulturpolitische Zurechtweisung jegliche Zuversicht abhanden. Der politisch lancierte Versuch, die Anti-Moderne zur herrschenden musikalischen Strömung zu erklären, zeitigte somit ganz unterschiedliche Ergebnisse – von Anpassung und Widerstand bis hin zu subtilen Verfahren musikalischer Dekonstruktion.

Was im ›Westen‹ ab Mitte der 1970er-Jahre als ›Neue Einfachheit‹ fungierte, löste zeitweise auch in der DDR Befürchtungen aus: Das Bekenntnis des Komponisten Fritz Geißler (1921–1984) aus dem Jahre 1979, keine Neue Musik mehr schreiben zu wollen, ließ bei den ostdeutschen Vertretern Neuer Musik den (letztlich unbegründeten) Verdacht aufkommen, dass der Sozialistische Realismus nun erneut auf den Plan treten sollte. Sowohl in Letzterem als auch in der Postmoderne westlicher Provenienz vermeinten mithin viele Musikschaffende und Musikwissenschaftler ein Zeugnis der konservativen bis reaktionären Anti-Moderne zu erkennen. Nicht zuletzt die Postmoderne-Kritik von Jürgen Habermas wurde seitens der Musikwissenschaft in diesem Sinne rezipiert und fruchtbar gemacht: Postmoderne in der Musik bedeutet demnach letztlich nichts anderes als eine restaurativ-reaktionäre Fassadenkunst, die auf musikalische Effekte setzt (u. a. Gruhn 1989).

Postmoderne

Erst gegen Ende der 1980er-Jahre, mit der musikwissenschaftlichen Rezeption von Wolfgang Welschs Interpretation des Postmoderne-Konzepts Jean-François Lyotards, rückte ein anderes Verständnis von Postmoderne in den Vordergrund – und zwar nicht im Sinne einer Anti-Moderne, sondern im Sinne einer »postmodernen Moderne« (Wolfgang Welsch), welche die Moderne mit ihren eigenen Mitteln herausfordert und v. a. das moderne Einheitskonzept in Frage stellt. Eine derartige Musik, die vom Historismus scharf abzugrenzen ist und in der das »Prinzip Pluralisierung« greift (Danuser 2011, 214), ist demnach letztlich ebenfalls emanzipatorisch geprägt. Versuche der Klassifizierung von Werken als ›modern‹ oder ›postmodern‹ haben sich trotz der begrifflichen Differenzierung als weitgehend vergeblich erwiesen, da sich Kompositionen gegenüber Etiketten dieser Art grundsätzlich sperrig zeigen.

So ist die musikwissenschaftliche Postmoderne-Debatte seit den 1990er-Jahren, von punktuellen Ausnahmen abgesehen (Mahnkopf 2008), weitgehend verebbt. Festzuhalten ist: »Die Welt ist kompliziert, es hat nicht nur eine Erste Moderne gegeben, auf welche heute – in den Jahren der Milleniumswende um 2000 – eine ›Zweite Moderne‹ antwortet, sondern mehrere, ja viele Modernen, auf welche immer eine Zeit danach, eine Postmoderne, folgte« (Danuser 2011, 209). Man kann diese Feststellung noch radikalisieren: Womöglich lässt sich musikalisch ebenso wenig bestimmen, was ›modern‹ ist, wie es unmöglich ist, eine musikalische Post- oder Zweite Moderne zu definieren – die Frage: ›Zu welchem Behufe?‹ drängt sich zudem unweigerlich auf. Wenn – wie zu Beginn des dritten Jahrtausends – kaum jemand mehr von ›Moderne‹ spricht, gilt es zu untersuchen, was, von wem, warum und in welcher historischen Konstellation als ›modern‹ begriffen wurde und was nicht. Hierdurch lässt sich mehr über Musikgeschichte erfahren als durch die Einordnung von Musik in Schubladen, und seien diese noch so filigran.

Literatur

Adler, Guido (Hrsg.): *Handbuch der Musikgeschichte.* Frankfurt am Main 1924.
Adorno, Theodor W.: Die gegängelte Musik. In: Ders.: *Dissonanzen* (Gesammelte Schriften 14). Frankfurt am Main ³1990, 51–66.
Adorno, Theodor W.: *Philosophie der neuen Musik* (Gesammelte Schriften 12). Frankfurt am Main 2003.
Auner, Joseph/Lochhead, Judy (Hrsg.): *Postmodern Music. Postmodern Thought* (Studies in Contemporary Music and Culture 4). New York/London 2002.
Ballstaedt, Andreas: *Wege zur Neuen Musik. Über einige Grundlagen der Musikgeschichtsschreibung des 20. Jahrhunderts* (Neue Studien zur Musikwissenschaft 8). Mainz u. a. 2003.
Berger, Karol: *Bach's Cycle, Mozart's Arrows. An Essay on the Origins of Musical Modernity.* Berkeley u. a. ²2008.
Berger, Karol/Newcomb, Anthony (Hrsg.): *Music and the Aesthetics of Modernity: Essays.* Cambridge, Mass./London 2005.
Borio, Gianmario: *Musikalische Avantgarde um 1960. Entwurf einer Theorie der informellen Musik* (Freiburger Beiträge zur Musikwissenschaft 1). Laaber 1993.
Borio, Gianmario/Danuser, Hermann (Hrsg.): *Im Zenit der Moderne. Die Internationalen Ferienkurse für Neue Musik Darmstadt 1946–1966. Geschichte und Dokumentation in vier Bänden.* Freiburg im Breisgau 1997.
Bürger, Peter: *Theorie der Avantgarde.* Frankfurt am Main 1974.
Celestini, Federico et al. (Hrsg.): *Musik in der Moderne – Music and Modernism* (Wiener Veröffentlichungen zur Musikgeschichte 9). Köln u. a. 2011.
Dahlhaus, Carl: *Schönberg und andere. Gesammelte Aufsätze zur Neuen Musik.* Mainz 1978.
Dahlhaus, Carl: *Die Musik des 19. Jahrhunderts* (Neues Handbuch der Musikwissenschaft 6). Laaber 1980.
Danuser, Hermann: *Die Musik des 20. Jahrhunderts* (Neues Handbuch der Musikwissenschaft 7). Laaber ²1992.
Danuser, Hermann: Postmoderne – Stil, Ästhetik, Epoche? Ein Blick zurück auf die letzte Moderne. In: Meyer, Andreas (Hrsg.): *Was bleibt? 100 Jahre Neue Musik* (Stuttgarter Musikwissenschaftliche Schriften 1). Mainz u. a. 2011, 203–216.
De la Motte-Haber, Helga (Hrsg.): *Handbuch der Musik im 20. Jahrhundert,* Bd. 4: *1975–2000.* Laaber 2000.

Dibelius, Ulrich/Schneider, Frank (Hrsg.): *Neue Musik im geteilten Deutschland*, Bd. 1: *Dokumente aus den fünfziger Jahren*. Berlin 1993.

Dömling, Wolfgang: *Hector Berlioz und seine Zeit*. Laaber 1986.

Einstein, Alfred: *Geschichte der Musik*. Leiden 1934.

Eisler, Hanns: Über die Dummheit in der Musik. In: *Sinn und Form* 10/3, 1958, 442–445.

Falke, Gustav-H. H.: *Johannes Brahms: Wiegenlieder meiner Schmerzen – Philosophie des musikalischen Realismus*. Berlin 1997.

Flamm, Christoph: Musik, Diktatur, Geschichtsschreibung. Fünf Anmerkungen. In: Noeske, Nina/Tischer, Matthias (Hrsg.): *Musikwissenschaft und Kalter Krieg. Das Beispiel DDR* (KlangZeiten 7). Köln u. a. 2010, 131–141.

Flotzinger, Rudolf: Moderne Musik – Musik der Moderne. Ausgangsüberlegungen und -hypothesen. In: Haller, Rudolf (Hrsg.): *nach kakanien. Annäherung an die Moderne* (Studien zur Moderne 1). Wien u. a. 1996, 199–266.

Gruhn, Wilfried (Hrsg.): *Das Projekt Moderne und die Postmoderne* (Hochschuldokumentationen zu Musikwissenschaft und Musikpädagogik der Musikhochschule Freiburg 2). Regensburg 1989.

Hanslick, Eduard: *Vom Musikalisch-Schönen. Ein Beitrag zur Revision der Ästhetik der Tonkunst*. Leipzig 1854.

Heister, Hanns Werner (Hrsg.): *Handbuch der Musik im 20. Jahrhundert*, Bd. 3: *1945–1975*. Laaber 2005.

Hiekel, Jörn Peter: ›Postmoderne‹ im Musikdiskurs. Einige Einsichten und Ansichten. In: Flechsig, Amrei/Weiss, Stefan (Hrsg.): *Postmoderne hinter dem Eisernen Vorhang. Werk und Rezeption Alfred Schnittkes im Kontext ost- und mitteleuropäischer Musikdiskurse* (Ligaturen. Musikwissenschaftliches Jb. der Hochschule für Musik, Theater und Medien Hannover 6). Hildesheim u. a. 2013, 15–34.

Kerman, Joseph: *Contemplating Music. Challenges to Musicology*. Cambridge, Mass. 1985.

Klein, Richard/Mahnkopf, Claus-Steffen (Hrsg.): *Mit den Ohren denken. Adornos Philosophie der Musik*. Frankfurt am Main 1998.

Klotz, Heinrich: *Kunst im 20. Jahrhundert*. München 1999.

Kolleritsch, Otto (Hrsg.): *Wiederaneignung und Neubestimmung. Der Fall »Postmoderne« in der Musik* (Studien zur Wertungsforschung 26). Wien/Graz 1993.

Kreidler, Johannes et al.: *Musik – Ästhetik – Digitalisierung. Eine Kontroverse*. Hofheim 2010.

Kurt, Ronald: *Indien und Europa. Ein kultur- und musiksoziologischer Verstehensversuch*. Bielefeld 2009.

Lehmann, Harry: Avantgarde heute. Ein Theoriemodell der ästhetischen Moderne. In: *Musik & Ästhetik* 10/38, 2006, 5–41.

Lehmann, Harry: Die Kunst der reflexiven Moderne. In: Hiekel, Jörn Peter (Hrsg.): *Orientierung. Wege im Pluralismus der Gegenwartsmusik* (Veröffentlichungen des Instituts für Neue Musik und Musikerziehung 47). Mainz u. a. 2007, 24–44.

Mahnkopf, Claus-Steffen: Neue Musik am Beginn der Zweiten Moderne. In: *Merkur* 594/595, 1998, 864–875.

Mahnkopf, Claus-Steffen: Theorie der musikalischen Postmoderne. In: *Musik & Ästhetik* 12/46, 2008, 10–32.

Massow, Albrecht von: *Musikalisches Subjekt. Idee und Erscheinung in der Moderne* (Rombach Wissenschaften, Reihe Litterae 84). Freiburg 2001.

Meine, Sabine/Noeske, Nina (Hrsg.): *Musik und Popularität. Aspekte zu einer Kulturgeschichte zwischen 1500 und heute* (Populäre Kultur und Musik 2). Münster/New York 2011.

Melichar, Alois: *Die Überwindung des Modernismus*. Frankfurt am Main 1954.

Mersmann, Hans: *Die moderne Musik seit der Romantik* (Bücken-Handbuch der Musikwissenschaft). Wildpark Potsdam 1928.

Noeske, Nina: *Musikalische Dekonstruktion. Neue Instrumentalmusik in der DDR* (KlangZeiten 3). Köln u. a. 2007.

Pfitzner, Hans: *Die neue Ästhetik der musikalischen Impotenz. Ein Verwesungssymptom?* München 1920.

Schilling, Gustav (Hrsg.): *Encyclopädie der gesammten musikalischen Wissenschaften, oder Universal-Lexicon der Tonkunst*. Stuttgart 1837.

Schneider, Frank: Was ist musikalischer Fortschritt? Die Diskussion in den sozialistischen Ländern. In: Ehrmann-Herfort, Sabine et al. (Hrsg.): *Europäische Musikgeschichte*, Bd. 2. Kassel 2002, 1167–1193.

Schönberg, Arnold: Komposition mit zwölf Tönen (1935). In: Ders.: *Stil und Gedanke*, hrsg. von Ivan Vojtech. Frankfurt am Main 1995, 105–137.

Stephan, Rudolf: Moderne. In: Finscher, Ludwig (Hrsg.): *Die Musik in Geschichte und Gegenwart. Zweite Ausgabe*, Sachteil, Bd. 6. Kassel u. a. 1997, 392–397.

Taruskin, Richard: *The Oxford History of Western Music*, Bd. 4: *The Early Twentieth Century*. Oxford/New York 2005.

Tischer, Matthias: *Komponieren für und wider den Staat. Paul Dessau in der DDR* (KlangZeiten 6). Köln u. a. 2009.

Tischer, Matthias: Musik in der Ära des Kalten Krieges. In: Meyer, Andreas (Hrsg.): *Was bleibt? 100 Jahre Neue Musik* (Stuttgarter musikwissenschaftliche Schriften 1). Mainz u. a. 2011, 135–161.

Weber, Max: *Die rationalen und soziologischen Grundlagen der Musik*. Tübingen 1972.

Westphal, Kurt: *Die moderne Musik*. Leipzig 1928.

Nina Noeske

Muslimisches Südasien

Definitionen und Anwendungsbereiche

Der Diskurs über die Moderne wurde innerhalb der muslimischen Gemeinschaft Indiens seit dem 19. Jh. mit besonderer Heftigkeit geführt. Das Jahr 1857, in dem die sog. ›Sepoy-Meuterei‹ (engl. *Mutiny*), der Aufstand indischer Soldaten der *East India Company*, stattfand, stellt eine bedeutende Zäsur im Verhältnis der Muslime Südasiens zu den Briten dar. Nach der endgültigen Niederschlagung dieses Aufstandes im Jahr 1858 erfolgte die koloniale Durchdringung des Indischen Subkontinents durch die Briten. Die britische Königin erklärte sich zur ›Kaiserin Indiens‹ (Urdu: *Qaisar-i Hind*), und Indien wurde direkt der britischen Krone unterstellt. Gleichzeitig erfolgte eine umfassende Reform des Verwaltungs,- Wirtschafts- und Bildungssystems Indiens.

Den Muslimen als angeblichen Urhebern der ›Meuterei‹ wurde Illoyalität gegenüber dem neuen kolonialen Staat und seinem Verwaltungsapparat nachgesagt. Damit einher ging die Unterstellung, einer technischen Modernisierung ihres Landes, beispielsweise durch Postsystem, Straßenbeleuchtung, Druckerpresse oder Eisenbahn, ablehnend gegenüber zu stehen. Dieses, so behaupteten einflussreiche britische Kolonialbeamte (die gleichzeitig als Orientalisten, Historiker und Missionare tätig waren) wie Sir William Muir (1819–1905) und Sir William Wilson Hunter (1840–1900), sei Folge einer generellen Ablehnung der ›modernen Wissenschaften‹ durch die Muslime (Hardy 1972, 84–88; Preckel 2008, 490–493). Muslime verweigerten sich aus Sicht der Briten den Erkenntnissen der modernen Wissenschaften, womit in diesem Kontext die Resultate der Forschung europäischer Wissenschaftler aus dem Bereich der Physik, Astronomie, Chemie oder auch der Medizin gemeint waren. Im Gegensatz dazu seien Hindus oftmals sehr viel aufgeschlossener gegenüber den von den Briten verbreiteten modernen Wissenschaften gewesen.

So unbeweglich, wie von britischen Kommentatoren nicht selten behauptet, waren die Muslime Südasiens jedoch nicht. Bereits vor der britischen Kolonialherrschaft gab es einen Reformdiskurs über die Frage, wie eine ›Erneuerung‹ (Urdu: *tajdid*) der muslimischen Gemeinschaft (Urdu: *ummat*) auszusehen habe. Im Folgenden wird genau diese Debatte aufgegriffen, die von den Muslimen Südasiens (also den heutigen Ländern Indien, Pakistan und Bangladesch) geführt wurde und bis heute geführt wird. Der Beitrag analysiert die Schriften in Urdu und Persisch, die seit dem 19. Jh. in Südasien verfasst wurden, und bezieht auch die zumeist englischsprachigen Werke mit ein, die seit den 1960er-Jahren in der südasiatischen muslimischen Diaspora entstanden sind. Dabei erhielt die Diskussion durch die Auseinandersetzung mit britischen Konzepten und Werken der Kolonialbeamten und Orientalisten über Moderne und Wissenschaften sowie ›moderne Wissenschaften‹ neue Impulse.

Am Ende des 19. und zu Beginn des 20. Jh.s gab es in Südasien zahlreiche Urdu-sprachige Publikationen darüber, was als ›*jadid*‹ zu definieren sei. Dieses ursprünglich aus dem Arabischen stammende Adjektiv bedeutet ›neu‹ oder ›aktuell‹, erhielt aber im Urdu, der Sprache der Muslime Südasiens, auch die Bedeutung von ›modern‹. In diesem Sinn wird der Begriff heute häufig in Kombination mit dem Wort *sa'ins* verwendet. Dabei handelt es sich um die Urdu-Umschrift des englischen Wortes *science*, also ›Wissenschaft(en)‹. Der Begriff *jadid sa'ins* (›moderne Wissenschaften‹) meint in diesem Kontext die ›westlichen‹ Wissenschaften, v. a. die Kosmologie, die (Schul-)Medizin, Genetik und Evolutionslehre. Die ›Moderne‹, so die Auffassung der europäischen (zumeist britischen) Autoren ab dem 19. Jh., zeigt sich im Bereich der Kosmologie an der Akzeptanz des heliozentrischen bzw. kopernikanischen Weltbildes (Ansari 1998, 730–733), in der Medizin an der Anerkennung der Existenz von Bakterien als Infektionsursache und in der Biologie an der ernsthaften Auseinandersetzung mit Darwins Evolutionstheorie, die in Indien seit dem 19. Jh. verbreitet wurde (Riexinger 2009, 212–247).

Diese Deutungen erfuhren vom Westen aus globale Verbreitung. Ihre Popularisierung im Indien des 19. und 20. Jh.s traf in der Tat auf sehr ambivalente Reaktionen seitens der Muslime, die von völliger Gleichgültigkeit über Negierung bis zur Akzeptanz und (teilweisen) Adaptation dieser modernen wissenschaftlichen Theorien reichten. Unabhängig von der je unterschiedlichen Einordnung und Interpretation der *jadid sa'ins* besteht Einigkeit darüber, dass mit den ›modernen Wissenschaften‹ nicht diejenigen Wissenschaften gemeint sind, die dem Bildungskanon der traditionellen islamischen Schulen der höheren Bildung, der Madrasa, entstammen. Die dortigen Wissenschaften sind unter der Bezeichnung 'ilm (Plural 'ulum) bekannt – primär religiöse Wissenschaften, also diejenigen, die sich vorrangig mit dem Studium des Koran und seiner Auslegung, den Aussprüchen des Propheten Muhammad und seinen Gefährten sowie anderen Überlieferungen beschäftigten. Das westliche Konzept moderner Wissenschaften bleibt dabei gewollt oder ungewollt ein Referenzrahmen für den Diskurs über die Moderne. Im Zentrum dieser seit dem 19. Jh. bestehenden Diskussion stand und steht unter muslimischen Gelehrten die Frage, ob und wenn ja, bis zu welchem Grad sich der 'ilm und jadid sa'ins miteinander vereinbaren ließen, oder ob ihr Gegensatz unüberbrückbar sei. Dahinter verbirgt sich die nicht immer offen ausgesprochene Kernfrage nach der Vereinbarkeit von religiösen Wertesystemen und den modernen Wissenschaften. Diese wurde zu unterschiedlichen Zeiten in verschiedenen Kontexten innerhalb der muslimischen Gemeinschaft Südasiens und mit unterschiedlichen Ergebnissen diskutiert.

Forschungsgeschichte, Semantik und Gegenkonzepte

Grundlagen

Seit der Entstehung der Orientalistik und der Islamwissenschaften im 18. Jh. beschäftigte man sich in Europa mit den Schriften der islamischen Theologie und den ›islamischen Wissenschaften‹. Im Mittelpunkt des europäischen Interesses stand der Kanon der Madrasen. Von großer Bedeutung für den Diskurs in Südasien erwies sich die Auseinandersetzung zwischen dem französischen Philosophen, Historiker und Orientalisten Ernest Renan (1823–1892) und dem islamischen Theologen und Reformisten Sayyid Jamal ad-Din al-Afghani (1838–1897), der einige Zeit in Indien gelebt hatte. Zwischen den beiden Gelehrten entwickelte sich eine Debatte, nachdem Renan 1883 in einer Vorlesung an der Sorbonne behauptet hatte, dass Islam und Wissenschaften nicht vereinbar seien, da der Islam »unter den verschiedenen Formen des semitischen Monotheismus tausend Meilen von dem entfernt ist, was man Rationalismus oder Wissenschaft zu nennen pflegt« (Renan 1883, 8). Das, was die Araber als ›Goldenes Zeitalter des Islam und der Wissenschaften‹ bezeichneten, sei vielmehr das Erbe der griechischen Antike, das von nestorianischen Christen und persischen Gelehrten bewahrt worden sei. Afghani gestand daraufhin seinerseits ein, dass in muslimischen Ländern nicht der ›wahre‹ Islam der ›Frommen Vorväter‹ gelebt würde und deshalb dort Aberglaube und mangelnde Bildung vorherrschten. Dennoch könne nicht allgemein gelten, dass Muslime sich dem Rationalismus und der Wissenschaft verweigerten. Renan widersprach: Wie viele seiner Zeitgenossen war er überzeugt, dass der Beitrag des antiken Griechenlands – und somit Europas – zu den modernen Wissenschaften einzigartig gewesen sei. Allein der ›westliche Exzeptionalismus‹ (Bayly 2006, 391) bezüglich der Organisation und Kategorisierung des Wissens habe die Grundlage zur Verbreitung ›moderner Wissenschaften‹ seit dem 19. Jh. gelegt.

So problematisch und einseitig Renans Position auch war, er verwies in seiner Argumentation immerhin auf die Bedeutung von Wissenstransfers, insbesondere auf die Rezeption der antiken griechischen Wissenschaften und Übersetzungen wissenschaftlicher Werke im Bagdad des 8. bis 10. Jh.s, die v. a. auf den Gebieten von Medizin, Mathematik und Astronomie auch in Südasien aufgenommen wurden. Sie vermischten sich mit indigenen indischen Wissenstraditionen und bilden bis heute die Grundlage der Unani-Medizin. In der Tat betonen auch im gegenwärtigen Diskurs zahlreiche muslimische Gelehrte die Bedeutung der griechischen Antike für Astronomie, Mathematik, Philosophie und Medizin in der islamischen Welt, wobei griechische Werke primär über Übersetzungen ins Arabische und Persische rezipiert wurden.

In Südasien etablierte sich neben Arabisch als Medium der religiösen Unterweisung an den Madrasen Persisch als Kultur- und Wissenschaftssprache, die zudem als Amtssprache am Hof der Mogulherrscher Bedeutung erlangte. Das Mogulreich war neben dem Osmanischen Reich und dem persischen Safawidenreich eines der drei islamischen Großreiche des 16. und 17. Jh.s. Seit dem 16. Jh. lassen sich infolge der Wirtschaftskontakte zu den europäischen Handelsmächten Portugal, Niederlande und Frankreich, die in Südindien Handelsniederlassungen begründet hatten, erste Einflüsse europäischer Kultur ausmachen. Sie schlugen sich in der Malerei in der Selbstinszenierung von Mogulherrschern in Gestalt von Engeln und Aureolen oder in theologischen Diskussionen zwischen portugiesischen Jesuitenmönchen und lokalen Hofeliten Jalaluddin Muhammad Akbars (1556–1605) nieder (Reichmuth 2008, 293–300). Parallel zur einsetzenden Rezeption der europäischen Wissenschaften wurden am Mogulhof Werke aus dem Sanskrit ins Persische übertragen; Autoren beschrieben indische

Medizintraditionen wie Ayurveda oder Yoga in persischer Sprache.

Unter britischer Herrschaft

Mit der zunehmenden militärischen Durchdringung Südasiens durch die *East India Company* seit der Mitte des 18. Jh.s gewann die Tätigkeit der Orientalisten im britischen Verwaltungsapparat an Bedeutung. Sie unterrichteten an den neu gegründeten Colleges, übertrugen Texte indischer Wissenssysteme ins Englische oder gaben Übersetzungen aus dem Englischen in indische Vernakularsprachen heraus. Bei der Institutionalisierung der Ausbildung in ›modernen Wissenschaften‹ sind drei Institutionen besonders erwähnenswert: Am 1800 gegründeten Fort William College in Kalkutta wurden britische Militär- und Verwaltungsbeamte in Arabisch, Sanskrit, Persisch, Urdu und anderen Vernakularsprachen unterwiesen. Außerdem wurden an dieser Akademie Schriften in den genannten Sprachen ins Englische übersetzt, um den britischen Beamten grundlegende Kenntnisse der indischen Kultur und ihrer Wissenssysteme zu vermitteln. Eine vielleicht noch wichtigere Institution war das 1826 aus einer traditionellen Madrasa hervorgegangene Delhi College. Hier fand der Unterricht zunächst in den ›orientalischen Sprachen‹ statt; 1826 kam ein englischer Zweig hinzu. In den folgenden Jahren reduzierte die britische Verwaltung die Finanzierung der orientalischen Sektion und erhöhte die Stipendien für Studien in englischer Sprache, bis 1857 beide Zweige des Colleges zusammengeführt wurden. Die Beherrschung der klassischen Sprachen der islamischen Unterweisung in einer Madrasa (Arabisch und Persisch), Jura, Philosophie, Mathematik und Geographie waren hier Bestandteil des Curriculums; religiöse Texte fehlten völlig. Die Schulbücher wurden von Lehrern und ehemaligen Schülern aus dem Arabischen, Persischen oder Englischen ins Urdu übersetzt. Sie sollten einen Beitrag zur Vorstellung Europas und zur Vermittlung ›moderner Wissenschaften‹ in Südasien leisten (Pernau 2008, 114–116).

Der Begriff ›Moderne‹ erfuhr durch Sir Sayyid Ahmad Khan (1817–1898), dem Begründer der Aligarh Muslim University, eine besondere Prägung. Dieser entstammte der muslimischen Elite Nordindiens und stand zunächst den traditionalistischen muslimischen Gruppierungen nahe, propagierte nach der *Mutiny* von 1857 aber eine rationalistische Theologie. Sayyid Ahmad Khan sah die muslimische Bevölkerung Indiens beispielsweise bei der Vergabe von Verwaltungsstellen benachteiligt. Als Ursache betrachtete er den Stand der islamischen Bildung, welche die Muslime nicht adäquat auf die Moderne vorbereite. Die Hindus würden demgegenüber aufgrund ihres Interesses an den modernen Wissenschaften und der Technik bevorzugt. 1869/70 reiste Sayyid Ahmad Khan nach England. Er war von der ›Modernität‹ der Briten geradezu überwältigt; v. a. technologische Innovationen und das britische Bildungswesen beeindruckten ihn nachhaltig. Seine Erfahrungen schilderte er in zahlreichen Briefen und in der unter dem Titel *Musafiran-e Landan* (»Reisende nach London«) 1869 veröffentlichten Reisebeschreibung. 1875 gründete er das Anglo-Muhammadan College nach dem Modell der Universitäten Oxford und Cambridge, aus dem 1920 die Aligarh Muslim University hervorging.

Neben zahlreichen anderen Werken verfasste Sayyid Ahmad Khan einen Koran-Kommentar, in dem er die Auffassung vertrat, dass das Wort Gottes (also der Koran) niemals im Widerspruch zu Gottes Werk (der Natur) stehen könne. Der Koran – und damit der Islam – selbst müsse vom Aberglauben befreit werden wie etwa dem Glauben an die Existenz von Engeln (Masud 2007, 3–4; Preckel 2008, 30). Für seine Aussagen erntete er viel Kritik von islamischen Bewegungen wie den *Deobandis*, einer Gruppierung von Gelehrten einer traditionalistischen Madrasa in Deoband (Uttar Pradesh), den *Ahl-e hadith* (»Anhänger der Prophetenüberlieferungen«) oder den sufisch orientierten *Barelvis*. Sie alle bezeichneten ihn als *nechari* – ›Naturalisten‹. Diese Bewegungen lehnten die von Sayyid Ahmad Khan propagierte Unterweisung in griechischer Philosophie, Naturwissenschaften und Englisch ab und standen z. T. der Moderne ablehnend gegenüber. Aus diesem Spektrum von partieller oder völliger Akzeptanz bis zur Ablehnung der ›westlichen‹ Moderne entstanden bis 1947 zahlreiche neue islamische Bewegungen.

Nach dem Ende des Kolonialismus (1947)

Das ambivalente Verhältnis zur Moderne setzte sich nach der Teilung des Indischen Subkontinents und dem Ende des britischen Kolonialismus fort. 1947 entstanden die Nationalstaaten Indien und Pakistan, das mit Ost-Pakistan (dem heutigen Bangladesch) bis zum Bürgerkrieg 1971 noch einen gemeinsamen Staat bildete. Da sowohl Indien (1974) als auch Pakistan (1979) Atommächte sind, spielen in beiden Ländern Atomwissenschaften eine große Rolle. Die Islamische Republik Pakistan, dem Namen nach ›das

Land der Reinen‹ mit einer großen muslimischen Bevölkerungsmehrheit, wurde zunächst von Muhammad Ali Jinnah (1876–1948) regiert. Jinnah, ein in England ausgebildeter Rechtsanwalt, sah in Pakistan einen säkularen Staat, dessen Verfassung nicht auf der *sharia* beruhen und die religiösen Rechte der Minderheiten berücksichtigen sollte.

Prägender als Jinnahs Staatstheorien waren jedoch diejenigen von Muhammad Iqbal (1877–1938), der als geistiger Vater der Idee Pakistans gilt. Seine Schrift *The Reconstruction of Religious Thought in Islam* (1934), in der er Sayyid Ahmad Khans Forderung nach einer ›modernen islamischen Theologie‹ (*jadid 'ilm al-kalam*) erweiterte, beschrieb den Islam als religiöse, politische und philosophische Basis des Staates. Zentral für eine Theologie der Moderne sei der *ijtihad*, die eigenständige Urteilsfindung in Rechtsfragen. Der *ijtihad* solle der Allgemeinheit dienen und ermöglichen, dass der Islam eine dynamische, an die Moderne anpassungsfähige Religion bleibe. Iqbal befürwortete eine parlamentarische Demokratie, in der er das theologische Prinzip des *ijma*, (›Rechtskonsens‹) in der Gesellschaft verwirklicht sah. Den Säkularismus, der laut Iqbal im kapitalistischen Westen ›Gleichgültigkeit gegenüber der Religion‹ bedeute, erachtete er nicht als erstrebenswert für islamische Gesellschaften. Iqbal betrachtete die moderne Türkische Republik Kemal Atatürks (1881–1938) als Vorbild, und sogar die Abschaffung des Kalifats 1923 sah er eher positiv.

Einen anderen Ansatz bezüglich eines modernen islamischen Staates verfolgte der in Indien geborene Abu l-Ala Maududi (1903–1979), der hier 1941 die *Jamaat-e Islami* (›Islamische Gemeinschaft‹) begründete. Später migrierte er nach Pakistan. In einem islamischen Staat müsse alle Souveränität von Gott ausgehen. Ein islamischer Staat sei eine ›Theo-Demokratie‹ im Gegensatz zu einer säkularen Demokratie ›ohne Religion‹ (*la dini*). Maududi lehnte die Idee eines Nationalstaates ab; Grundlage eines Staates müsse die *sharia*, die islamische Gesetzgebung, sein. Westliche Konzepte der Moderne wie die Aufhebung der Geschlechtertrennung und Gesetze zur Regelung des Familienrechtes (z. B. der Polygamie) wies er zurück. Bereits 1940 prägte Maududi den Begriff der Islamischen Revolution, der über dreißig Jahre später im Iran bedeutsam werden sollte (Masud 2007, 1–36).

In den 1950er- und 1960er-Jahren waren die USA der wichtigste Partner Pakistans, weshalb Technisierung und Modernisierung nach westlichem Vorbild zunahmen. Gleichzeitig entstanden vermehrt Schriften muslimischer Autoren auf Englisch, die die westliche Moderne kritisierten und eigene islamische Modelle der ›Moderne‹ propagierten. Am Ende der 1960er-Jahre wurde der in den USA lebende iranische Physiker und Philosoph Seyyed Hossein Nasr (geb. 1933) durch seine Werke zum Verhältnis von Wissenschaft und Islam auch in Südasien bekannt. Nasr lehnt die ›westliche Moderne‹ und die damit verbundene Säkularisierung ab, die er nach Max Weber als »Entzauberung der Welt« begreift. Als ein Vertreter des sufischen mystischen Islam, der auch für Südasien von großer Bedeutung war und ist, propagiert Nasr eine Rückkehr zur spirituellen Tradition des Islam. Wissen (*'ilm*) sei gleichbedeutend mit Gnosis. Gotteserkenntnis (Persisch und Urdu: *'irfan-e naziri*) ist für Nasr die höchste aller Wissenschaften: Sie ist mit intellektuellen Fähigkeiten verbunden, die über das rationale Begreifen hinausgeht. Nasr nennt hier Intuition (*hads*), Illumination (*ishraq*) und Präsenz (*hudur*). Bloßer technischer Fortschritt hingegen habe keinen Fortschritt der Zivilisation gebracht, den Menschen lediglich von der Natur entfremdet und die Umwelt zerstört. Nur ein universalistischer Ansatz, der auf verschiedene religiös-spirituelle Erfahrungen zurückgreife, könne Einheit hervorbringen und letztendlich die Menschheit retten.

Seit der Iranischen Revolution (1979)

Nach der Iranischen Revolution von 1979 bestimmte der Diskurs um die Vereinbarkeit von Moderne und Islam die westlichen Massenmedien. Die Verschleierung der iranischen Frauen und die Ereignisse der Revolution waren für viele Menschen im Westen ein Beweis für die Rückständigkeit und Irrationalität des Islam. Darauf reagierten auch in Südasien zahlreiche Intellektuelle, die sich mit der ›Moderne‹ zumeist in englischer Sprache auseinandersetzten. Der pakistanische Gelehrte Fazlur Rahman (1919–1988) publizierte 1982 *Islam and Modernity*, worin er die Vereinbarkeit von Islam, islamischer Bildung und Moderne behandelt. Rahman versteht islamische Bildung nicht als bloßen Texterwerb im Sinne des Erlernens theologischer Texte, sondern als »islamischen Intellektualismus«. Der Islam sei in allen Lebensbereichen der Moderne sehr wichtig, daher müssten islamische Intellektuelle eine Islamisierung des Wissens in Richtung einer islamischen Metaphysik auf Grundlage des Korans entwickeln. Wie Iqbal wünschte Rahman keine komplette Säkularisierung der islamischen Welt. Solange eine Säkularisierung für die Gesellschaft keinen Fortschritt bringe, müsse die Religion, also der Islam, als Grundlage des Staates dienen. Dabei solle der moderne Islam den Koran unter Berücksichtigung von Philosophie und Geschichte interpretieren; dies solle als Basis einer neuen Gesellschaft dienen.

Die vielleicht umfassendsten Ausführungen zur Moderne und zu ihren Auswirkungen auf die islamischen Länder stammen seit den 1970er-Jahren von dem pakistanischen Physiker, Autor und Zukunftsforscher Ziauddin Sardar (geb. 1951). Eines seiner wichtigsten Forschungsthemen ist der Zusammenhang von Moderne, Islam und Wissenschaft. Sardar wuchs in Großbritannien auf, wo er auch ausgebildet wurde. Weitere Stationen seiner Tätigkeit waren Saudi-Arabien und Malaysien. Inzwischen lebt und arbeitet er wieder in Großbritannien. Seine Schriften verfasst Sardar ausschließlich auf English, bezieht sich in seinem Sprachgebrauch aber immer wieder auf Begriffe aus dem Arabischen/Urdu. Sardars Auseinandersetzung mit dem Islam und Wissenschaften im Kontext der Moderne begann 1977, als er *Science, Technology and Development in the Muslim World* verfasste. Wie Nasr befürwortet er eine Islamisierung des Wissens, wobei er dessen Auffassung teilt, dass westliche Wissenschaften nicht den Bedürfnissen der Muslime entsprächen. Sardar ist ein Vertreter des *ijmali*-Ansatzes, wobei *ijmali* sich auf das arabische Wort *jamil* (schön) bezieht. Damit meint er eine ganzheitliche Wissenschaft, da die reine Wissenschaft immer mit moralischer Wissenschaft zusammengehen müsse (Stenberg 1996, 307–312).

Der Mensch habe als Stellvertreter (arab. *khilafa*, engl. *trustee*) bzw. Beauftragter Gottes den Auftrag, die Einheit (*tauhid*) der Menschheit und die Einheit von Mensch und Natur zu bewahren. Dies könne als eine Verehrung Gottes (*'ibada*) angesehen werden, die Wissen (*'ilm*) produziert. Der Mensch erfüllt die Aufgabe entweder auf religiös erlaubte (*halal*) oder religiös verbotene Weise (*haram*). Nur wenn er *halal* handele, werde soziale Gerechtigkeit (*'adl*) herbeigeführt und die ganze Gesellschaft profitiere (*istilah*). Dies könne niemals durch einen Import der westlichen Moderne erreicht werden. Als Negativbeispiel nennt Sardar den säkularen Nationalismus der Türkei Atatürks und die aus Europa importierte Moderne, welche die islamischen Länder ihrer schützenden Traditionen und ihrer Zivilgesellschaft beraubt habe. Millionen von Menschen seien zur Migration in die Städte gezwungen worden, wo sie ohne ausreichende Versorgung und Infrastruktur lebten. Eine Konsequenz davon sei der islamische Fundamentalismus.

Sardar fällt auch über die Postmoderne ein negatives Urteil. In seinem Artikel »When the Pendulum Comes to Rest« äußerte er sich noch positiv über die Postmoderne als ein »Tor zum Wieder-Eintritt in die Humanität«, wo es Diversität und einen Pluralismus ethnischer Kulturen gäbe. Die Postmoderne sei eine Art Wüste, in der die Menschen abwarteten, bis das Pendel, das zwischen den beiden Extremen Moderne und Postmoderne schwinge, zur Ruhe käme. In späteren Werken wie *How Do You Know?* (2006) ist Sardar weniger positiv gegenüber dem Postmodernismus eingestellt; er bezeichnet ihn als die Logik des Spätkapitalismus und Endpunkt einer Entwicklung, die mit dem Kolonialismus begonnen, sich in der Moderne fortgesetzt und mit der Postmoderne geendet habe. Der europäische Imperialismus, der im 15. Jh. und mit der Entdeckung der ›neuen Welt‹ seinen Anfang genommen habe, sei monolithisch und repressiv – ausgerichtet auf die Bedürfnisse des Kapitalismus und des Säkularismus. Dieses Konzept von Säkularismus als Kennzeichen der Moderne ziele darauf, alle Spuren von Religiosität in einer Gesellschaft auszulöschen. Auf diese Weise habe die Moderne alle nicht-westlichen Kulturen unterdrückt. Der Blick der Moderne sei auf die Vergangenheit gerichtet, in der die nicht-westlichen, ›nicht modernen' Völker, angeblich lebten und weiterhin verharren würden.

Auch Postmodernismus sei nichts weiter als »ein neuer Imperialismus der westlichen Welt« (Sardar 2006, 2). Während vordergründig in einer postmodernen Welt den marginalisierten Gruppen eine Stimme gegeben werde, höhle der Westen die Werte nicht-westlicher Gesellschaften weiter aus. Postmodernismus zerstöre die Grenzen zwischen den Kulturen, aber nicht auf positive Weise. Wie der indische Schriftsteller Ashis Nandy (geb. 1937) betont Sardar die Notwendigkeit unterschiedlicher Kulturen und ein Nebeneinander in ihrer Verschiedenheit. Dafür erscheint ihn die ›Transmoderne‹ als Lösung: Diese sei am besten mit der Chaostheorie zu erklären: Komplexe Systeme hätten die Fähigkeit, Ordnung aus dem Chaos zu erschaffen (Sardar 2012, 968). So sei auch die ›Transmoderne‹ »ein Übergang der Moderne und der Postmoderne zu einer neuen Gesellschaftsordnung.« Zentrales Kennzeichen sei, dass die traditionelle (nicht-westliche) Gesellschaft offen für Veränderungen ist, jedoch ihre eigenen Werte behalte. Gleichzeitig werden von traditionellen Gesellschaften neue Formen von Moderne oder ›Modernitäten‹ geprägt und artikuliert. Die »Transmoderne« zwinge die westlichen Gesellschaften, traditionelle

Gesellschaften mit ihren Werte und Idealen wahrzunehmen und zu akzeptieren.

Der Frage der Stellung der Religion in Moderne und Postmoderne widmet der pakistanische Soziologe und Anthropologe Akbar S. Ahmed gleich zwei Monographien: *Postmodernism and Islam* (Ahmed 1992; Ahmed 1994). Im indischen Allahabad geboren, wurde er später pakistanischer Staatsbürger und hochrangiger Verwaltungsbeamter, 1999–2000 sogar Botschafter Pakistans in Großbritannien. Seitdem ist er an britischen und amerikanischen Universitäten tätig. In der Einleitung zu *Postmodernism and Islam* vertritt Ahmed die These, dass der Verlust des Vertrauens in das ›Projekt der Moderne‹ ein wichtiges Kennzeichen der Postmoderne ist. Einfache Lösungen und allumfassende Antworten für die Probleme der Gegenwart ließen sich nicht finden; Ideologien sind für ihn beliebig und lassen sich wie Marken im Einkaufszentrum zusammenstellen. Ahmed sieht die Postmoderne als Medienzeitalter, als ein Zeitalter des Kinos, das die vorherrschende Kultur einer kapitalistischen urbanen Mittelschicht zeigt, andere Kulturen jedoch ausblendet oder negativ dargestellt. Gleichzeitig böten die Medien Fundamentalisten aller Religionen eine Plattform, um einen ›Kampf der Kulturen‹ heraufzubeschwören. In seinen jüngsten Werken über Islam in Zeiten der Globalisierung (seit 2010) fordert Ahmed die Muslime auf, diesem Kampf entgegenzutreten und eigene Werte wie Gerechtigkeit (*'adl*) und Wissen (*'ilm*) wiederzuentdecken. Nur so könnten die Probleme des 21. Jh.s gelöst werden.

Einer der größten Kritiker des Konzeptes der ›islamischen Wissenschaft‹ ist der pakistanische Atomwissenschaftler, Essayist und Filmemacher Pervez Amirali Hoodbhoy (geb. 1950), der einer ismailitisch-schiitischen Familie entstammt und immer noch in Pakistan lebt, das er lediglich für seine Studien in den USA und in Europa verließ. Sein bekanntestes Werk (Hoodbhoy 1992) ist eine explizite Kritik der Vertreter der ›islamischen Wissenschaften‹ wie Sardar und Nasr. Es gebe keine ›islamischen‹ oder ›marxistischen‹ Wissenschaften; Wissenschaft beruhe immer auf objektiven Beweisen, niemals auf Ideologien. Die Entstehung der modernen Wissenschaften in Europa setzt Hoodbhoy mit dem Cartesianismus gleich. Dennoch gehörten ihre Erkenntnisse der gesamten Menschheit. Seine Kritik, dass Muslime in den letzten Jahrhunderten keine einzige bedeutsame wissenschaftliche Entdeckung gemacht hätten, erklärt er mit der politischen Entwicklung Pakistans, die seit den 1970er-Jahren von Militärdiktaturen und v. a. seit der Regierung Zia-ul-Haqs (1978–1988) von zunehmender Islamisierung gekennzeichnet sei. Hoodbhoy beklagt den erhöhten Einfluss konservativer islamischer Gelehrter, die die westliche Moderne komplett ablehnten und deshalb das Schulsystem und die Lehrbücher Pakistans negativ beeinflusst hätten. Islam und Wissenschaft, so Hoodbhoy, gingen in der islamischen Welt getrennte Wege. Eine Reform der Madrasen wie in Indien nach dem 11. September 2001 sei auch in Pakistan notwendig.

Auch in Indien gibt es seit 1947 einen Diskurs über die Moderne, der primär auf Englisch, aber auch auf Urdu geführt wird. An dieser Stelle seien zwei Vertreter völlig gegensätzlicher Positionen zur Moderne genannt. Der Schriftsteller Asghar Ali Engineer (1939–2013), Angehöriger der schiitischen Dawoodi Bohra-Gemeinschaft, beschäftigt sich mit der Frage der Demokratie und hebt hervor, dass Werte wie Pluralismus im Koran verankert sind (Engineer 2008). Der Moderne liege ebenso wie dem Koran eine Rationalität zugrunde, die blinden Glauben verurteilt und Veränderungen innerhalb des islamischen Bezugsrahmens fördert. Dazu gehöre auch der Einsatz für Demokratisierung und die Gleichberechtigung muslimischer Frauen.

Eine der umstrittensten Figuren des indischen Islam ist Zakir Naik (geb. 1965), der nach einer medizinischen Ausbildung (MBBS) als Prediger und Gründer der *Islamic Research Foundation* in Mumbai bekannt geworden ist. Seine Predigten sind im Fernsehen, über das Internet oder gedruckt verfügbar. Wegen seiner kontroversen Aussagen zum Verhältnis der Religionen sowie über Osama Bin Laden ist ihm die Einreise in die USA und nach Großbritannien untersagt. Der Begriff der Moderne ist zentral für Naik und sein Publikum aus der urbanen gebildeten Mittelschicht, die sich selbst als modern erachtet. Naik hält seine Predigten meist auf Englisch; sie sind aber auch auf Urdu verfügbar. Er betont stets die Modernität des Islam und v. a. des Koran. Dieser habe bereits im 7. Jh. die Entwicklungen der modernen Wissenschaften (Urdu: *modern sa'ins*) des Westens vorausgesagt. In diesem Punkt folgt er dem französischen Chirurgen und Koranwissenschaftler Maurice Bucaille (1920–1998), der 1976 behauptete, die Bibel enthalte zahlreiche wissenschaftliche Fehler, während der Koran frei davon sei.

Als der bekannteste südasiatischer Vertreter des sog. Bucaillismus legte Naik die ›Richtigkeit‹ und Vorausschau des Koran anhand von Wissensdisziplinen wie Evolutionslehre, Embryologie oder Astronomie dar. Erkenntnisse der europäischen Wissenschaften erwähnte er lediglich, um die große Überlegenheit des Koran (und des Islam) zu demonstrieren. So hätten die Russen im Zweiten Weltkrieg die positiven Effekte von Honig bei der Wundheilung festgestellt, und Honig (bzw. Propolis) sei in britischen Seniorenheimen mit guten Ergebnissen bei Alzheimerpatienten angewandt worden – doch bereits vor 1400 Jahren sei im Koran (Sure 16, Vers 69) auf seine Heilkräfte hingewiesen worden (Naik 2010, 42). Insgesamt gehen zahlreiche muslimische Gelehrte von einer Überlegenheit ›islamischer Wissenschaft‹ aus, die sowohl durch die ›Unfehlbarkeit‹ des Koran als auch durch historische Verdienste islamischer Gelehrter begründet sei.

Regionen, Räume und Entwicklungspfade

Die Mehrheit der genannten Autoren geht demnach von einer Vereinbarkeit von Moderne und Islam aus. Dabei suggerieren alle – auch diejenigen, die die Moderne ablehnen –, mehr oder weniger deutlich, dass der Ursprung der Moderne in Europa lag. Wie europäische Autoren des 19. Jh.s betonen auch zeitgenössische indo-muslimische Gelehrte die grundlegende Rolle der Wissenschaften der griechischen Antike, die von arabischen und persischen Muslimen aufgenommen und im ›Goldenen Zeitalter‹ des Islam perfektioniert worden seien. Heutige Muslime beanspruchen, dass der Islam mit Gelehrten wie al-Khwarizmi (780–850) in der Algebra oder al-Zahrawi (936–1013) in der Chirurgie die eigentlichen Pioniere gestellt habe. In anderen Wissensbereichen wie der Astronomie betonen indische Hindus und Muslime gleichermaßen, grundlegende Beiträge auch für westliche Forschung geleistet zu haben. Eine Trennung von Religion und Wissenschaft habe jedoch – anders als im Westen – niemals stattgefunden. Dass die genannten Gelehrten Muslime gewesen seien, wird in den Vordergrund gestellt – auch wenn für sie die Frage der Religion vielleicht nicht zentral war.

Autoren wie Nasr oder Sardar unterstellen, dass die Trennung von Wissenschaft und Religion der europäischen Moderne das moralische Fundament entzogen habe. Während es zunächst sogar in traditionellen islamischen Gruppierungen Bestrebungen gab, in Bezug auf technologische Errungenschaften Teil der europäischen Moderne zu werden, ist die Kritik an der Moderne mit ihren ökologischen oder sozio-ökonomischen Auswirkungen in den islamischen Ländern gewachsen. Im unabhängigen Indien bestimmte seit den 1960er-Jahren die marxistische Literatur den Diskurs und fügte ihm weitere Vorstellungen von der europäischer Moderne hinzu. Der in Indien geborene und später in Pakistan lebende Schriftsteller Hasan Askari (1919–1978) übersetzte die Werke von Marx, Lenin und Trotzki ins Urdu. In seinem Hauptwerk zur Moderne, *Jadidiyat* (1979, posthum) rezipierte und übersetzte er Teile aus den Schriften des französischen Philosophen René Gunéon (1886–1951). Wie dieser vertrat Askari die Ansicht, die Moderne sei in der Krise, weil der Westen Kapitalismus und Individualismus propagiere und dabei seine Traditionen vernachlässige. Damit gilt Askari als Vertreter einer ›vernakularen Moderne‹ in Südasien.

Zur selben Zeit setzte in der Urdu-Literatur ein Diskurs über die Postmoderne (Urdu: *ma ba'd jadidiyat*) ein, der von Themen des Feminismus oder der Situation der niedrigen Kasten bzw. der religiösen Minderheiten Indiens dominiert wurde. Die Postmoderne wurde dabei als ein globales Phänomen betrachtet, das mit dem Scheitern der europäisch/amerikanischen Moderne auch für die Situation in Südasien verantwortlich sei. Viele Autoren sahen als Lösung eine ›islamische Moderne‹, die gleichwertig mit der ›westlichen Moderne‹ und bereits in der islamischen Geschichte angelegt sei. Sardars Konzept der ›Transmoderne‹ ist ein Modell ›multipler Modernen‹, die unabhängig voneinander existieren – an eine ›Vereinbarkeit‹ der islamischen und der westlichen Moderne dachte Sardar nicht.

Fazlur Rahman hat zu Recht darauf hingewiesen, dass der Moderne-Diskurs in Südasien nicht ohne die innerislamische Reformdebatte seit dem 18. Jh. denkbar ist. In der islamischen Gesellschaft Südasiens wurden Begriffe wie Reform (*islah*) und Erneuerung (*tajdid*) diskutiert. Islamische theologische Konzepte wie die Rechtmäßigkeit des *jihad* (hier: bewaffnete Auseinandersetzung) oder der oben bereits erwähnte *ijtihad*, der außerhalb der modernistischen Gruppierungen als »Rückführung auf Koran und Überlieferung des Propheten« interpretiert wurde, standen im Kontext chiliastischer Erwartungen. Endzeitliche Bewegungen waren vor dem islamischen Jahr 1300 (1882) besonders aktiv. Einige Gelehrte deuteten die britische Herrschaft über Indien als Anzeichen des bevorstehenden Weltendes und erklärten sich selbst zu ›Erneuerern der Religion‹ (*mujaddid*), die bis zum Ende der Welt am Beginn jedes Jahrhunderts erscheinen, um die Religion zu reformieren. In diesem chiliastischen Zusammenhang wurden zahlreiche Ereignisse wie das Erscheinen des sog. Großen September-Kometen 1882 oder die Kolonialisierung der islamischen Welt gedeutet.

Zeithorizont und Epochenkonzept

Bis zur Mitte des 19. Jahrhunderts

Von großer Bedeutung für den Zeithorizont der Moderne waren zunächst die Handelsbeziehungen zu Europa. 1612 wurde zwischen dem Mogulherrscher Jehangir und der *East India Company* ein Abkommen geschlossen, das den Bau von Handelsstützpunkten und Manufakturen in der Gegend der Hafenstadt Surat vorsah. In der Folgezeit weitete die *East India Company* ihren Handel mit Gütern wie Baumwolle, Salpeter und Opium aus. Die Etablierung europäischer Macht musste auch militärisch abgesichert werden. Bei der Schlacht von Plassey besiegten die Briten 1757 den letzten muslimischen Herrscher Bengalens. Diese Schlacht wird als Zäsur betrachtet, wie z. B. dem Geschichtswerk des persischen Autors Ghulam Hussains (geb. 1727) *Sair al-muta'akhkhirin* (»Ein Überblick über die modernen Zeiten«) zu entnehmen ist. Die Beschreibung der ersten Übersetzung des Buches (*View of the Modern Times*, 1783/84) im Katalog der Londoner British Library verweist auf ein Konzept der ›Moderne‹: Es handle sich um eine Geschichte Indiens der Jahre 1118 bis 1195 islamischer Zeitrechnung, also bis 1780. Ausführlich wird auf die Kriege gegen die Briten in Bengalen zur Durchsetzung ihrer Herrschaft eingegangen. Deutlich wird, dass der Übersetzer, der türkischer Konvertit Hajji Mustafa, den Beginn der Moderne mit der Eroberung Bengalens durch die Briten gleichsetzte. Inwieweit diese Übersetzung tatsächlich der Intention des Autors entsprach, ist jedoch ungeklärt.

Nicht nur diese Niederlage in Bengalen, sondern auch die drei verlorenen Kriege des ›Tigers von Mysore‹, Tipu Sultan (1750–1799), ließen bei den Muslimen ein Gefühl der Unterlegenheit gegenüber den Europäern zurück. Tipu Sultan versuchte zeitweise erfolgreich, Franzosen und Briten gegeneinander auszuspielen, unterlag 1799 aber endgültig einer britischen Übermacht. Interessant ist, dass er über eine von den Mogulen erfundene und von ihm selbst weiter entwickelte ›moderne‹ Waffentechnologie für ein Raketensystem verfügte, das er in mehreren Schlachten einsetzte. Diese Raketen (Urdu: *ban*) bestanden aus einem mit Schwarzpulver gefüllten, 20 cm langen eisernen Geschoss, das an Bambusrohren befestigt wurde. Eine Rakete wog 2 kg, das Schwarzpulver 1 kg; die Reichweite betrug 900 Meter (Roy 2011, 81). Nach dem Sieg über Tipu Sultan konfiszierten die Briten Hunderte dieser Raketen, und William Congreve (1778–1828) entwickelte auf ihrer Basis die Congreve-Raketen, die in den Napoleonischen Kriegen eingesetzt wurden. Noch heute gilt Tipu Sultan vielen südasiatischen Muslimen als Vertreter einer islamischen Moderne, die der westlichen überlegen war. Seine Niederlage kurz vor dem Jahrhundertwechsel galt als Beweis für das nahe Weltende.

Dieses schien durch den Sieg eines muslimischen Herrschers im Norden Indiens bereits zuvor besiegelt zu sein: Im März 1739 hatte Nadir Shah (1688–1747), Herrscher des persischen Safawidenreiches, Delhi erobert, die Stadt geplündert und unter der Bevölkerung ein Massaker angerichtet. Zwar galten die Mogulherrscher vielen Gelehrten als dekadent und schwach, jedoch betrachteten diese den Aufstieg neuer hinduistischer Fürstentümer in ganz Indien mit Sorge. V. a. der berühmte Gelehrte Shah Waliyullah Dihlawi (1703–1762), der von saudi-arabischen puritanischen Islam-Interpretationen beeinflusst war, versuchte, in den von ihm begründeten Madrasen in Delhi durch eine Reform des Islam ein Wiedererstarken der Religion herbeizuführen. Die von ihm begründete Tradition der Rückbesinnung auf Koran und Prophetenüberlieferung sowie einer Reform des mystischen Islam wird bis heute von konkurrierenden Gelehrtengruppen Südasiens als Grundlage eines ›erneuerten‹ indischen Islam gesehen.

Auch Shah Waliyullahs Nachkommen suchten auf die Herausforderungen der britischen Präsenz zu reagieren. Ein islamisches Rechtsgutachten (*fatwa*) von Waliyullahs Sohn erlaubte die Aufhebung des islamischen Zinsverbotes unter den Bedingungen der Kolonialherrschaft und ermöglichte damit de facto den Handel mit den Briten. Die Rolle der Religion als bestimmender Kraft sollte in den Augen traditioneller Gelehrter gewahrt oder sogar verstärkt werden. Die Nutzung der Druckerpresse seit den 1820er-Jahren und die damit verbundene Verbreitung der islamischen Literatur in Urdu verstärkten die Missionsbestrebungen des sich immer weiter auffächernden Spektrums von islamischen Gelehrtenbewegungen. Technische Neuerungen wurden dabei von der großen Mehrheit der Gelehrten angenommen, v. a. dann, wenn sie der Unterstützung islamischer Ziele dienten (Preckel 2008, 213–215).

Nach dem Sepoy-Aufstand

Der Sepoy-Aufstand von 1857 war insofern eine wichtige Zäsur, als nach dessen Ende 1858 der Begriff ›Moderne‹ explizit in den sozio-politischen Diskurs einging. Mit Sayyid Ahmad Khan gab ein gegenüber den Briten loyaler und säkular orientierter Gelehrter die Definitionen von Moderne vor. Mit der Aligarh-Bewegung erhielt diese Strömung eine einflussreiche Stimme. Doch auch die Gegner Sayyid Ahmad Khans vertraten aktiv ihre Forderung nach der (Re-) Islamisierung der Gesellschaft.

Ab 1857 demonstrierten die Briten in symbolträchtigen Aktionen das Ende der muslimischen Herrschaft. Der letzte Mogulherrscher, Bahadur Shah Zafar (1775 – 1862), der die Aufständischen unterstützt hatte, wurde nach Rangoon verbannt. Das Rote Fort in Delhi, Regierungssitz der Moguln und Symbol ihrer Herrschaft, wurde geplündert und teilweise zerstört. In Delhi wurden einige Moscheen abgerissen, um den Bau der Eisenbahn zu ermöglichen. Überhaupt wurden zahlreiche Projekte zur ›Modernisierung‹ Indiens vorangetrieben, z. B. die Einführung der Straßenbeleuchtung oder ein flächendeckendes Postsystem ab 1871. Sogar konservative Gelehrte nutzten nun Dampfschiffe für die Pilgerfahrt nach Mekka; diese ermöglichten auch den Aufbau internationaler islamischer Gelehrtennetzwerke. Viele Mitglieder der traditionellen Eliten hingegen hatten die Patronage des Mogulhofes verloren und mussten sich um Positionen an den wenigen islamischen Fürstenhöfen bemühen. Auch hier kam der Universität von Aligarh eine gewichtige Rolle zu, weil dort Angehörige der alten Notabeln-Familien für die Beamtenausbildung qualifiziert wurden. Parallel entstand – insbesondere in Delhi – ein neues Wirtschaftsbürgertum, das v. a. den Händlerfamilien aus dem Punjab entstammte. Dieses engagierte sich nicht nur bei der Finanzierung von Madrasen und Moscheen, sondern förderte auch die neu entstehenden muslimischen Vereine (Pernau 2008, 271 – 277). Sie widmeten sich der Unterstützung religiöser Ziele sowie politischen Fragen. Aus diesen Vereinen ging 1885 der *Indian National Congress* hervor.

Die Jahre bis zum Ersten Weltkrieges standen unter der Frage, ob die Muslime Teil eines ›Volkes‹ (Urdu: *qaum*) jenseits der Abgrenzung einzelner Religionsgemeinschaften sein wollten, oder ob sie sich als zugehörig zur pan-islamischen Gemeinschaft (Urdu: *ummat*) betrachteten, in Indien jedoch ihre Zugehörigkeit zum Islam in Abgrenzung von anderen Religionsgemeinschaften betonen wollten (›Kommunalismus‹). Bei Ausbruch des Ersten Weltkrieges erklärten sich die Inder zunächst mit der britischen Kolonialmacht solidarisch. V. a. die Fürsten der Kleinstaaten spendeten große Summen zur Unterstützung der britischen Armee. Dazu kamen Anteile an von indischen Herrschern gestifteten Kriegs- und Lazarettschiffen.

Das Jahr 1923 bedeutete eine wichtige Zäsur für die südasiatischen Muslime im Hinblick auf das Verhältnis von Staat und Moderne, denn im Nationalstaat der Türkei wurde die für Muslime symbolträchtige Institution des Kalifats offiziell abgeschafft, nachdem das Osmanische Reich den Briten militärisch unterlegen war. Bereits 1919, als die Türkei die Herrschaft über Zypern, Ägypten Sudan verlor und die arabischen Gebiete des Osmanischen Reiches britischem und französischem Mandat unterstellt wurden, hatten sich einige Muslime zur Unterstützung des Osmanischen Reiches und des Kalifats zur Kalifatsbewegung (*Khilafat Movement*) zusammengefunden. Neben dem Ziel, den osmanischen Herrscher als Kalifen, also als »Stellvertreter des Gesandten Gottes auf Erden« und somit Oberhaupt aller Muslime einzusetzen, richtete sich die Kalifatsbewegung gegen die Nahostpolitik der Briten. Nicht zuletzt deshalb fand sie die Unterstützung Gandhis, was zeitweise zur Einheit von Hindus und Muslimen führte.

Als sich die Kalifatsbewegung 1923 auflöste, blieb unter Muslimen die Frage ungeklärt, welche politische Macht einem Kalifen in einem (unabhängigen) Staat Indien hätte eingeräumt werden können. Weder Gandhi noch Jinnah hatten einen völlig säkularisierten Staat angestrebt; sie wollten Nationalismus und religiöse Interessen vereinbaren, um die Unabhängigkeit zu erreichen. Spätestens seit 1947 wird allerdings ein »säkularer Nationalismus einem religiösen Kommunalismus gegenübergestellt« (Pernau 2008). Die Teilung des Subkontinents 1947 markierte für die Muslime des Subkontinents eine weitere Zäsur: Während in Pakistan aufgrund strategischer Partnerschaften mit den USA amerikanische Moderne-Konzepte rezipiert wurden, fanden mit Jawaharlal Nehrus (1889 – 1964) ›demokratischem Sozialismus‹ marxistische Ideen Eingang in den Moderne-Diskurs Indiens: Die westlich geprägte kapitalistische Moderne sei zwar nicht an ihr Ende gekommen, doch in einer schweren Krise.

Mit dem wachsenden Hindu-Fundamentalismus in Indien und dem steigenden Einfluss der Taliban sowohl in Pakistan als auch in Nordindien seit den 1990er-Jahren scheint der Säkularismus zunehmend bedroht und der Kommunalismus auf dem Vormarsch zu sein. Der 11. September 2001 war für viele ein Beweis des endgültigen Scheiterns der westlichen Moderne in Südasien. Zahlreiche Autoren negieren dies zwar, sprechen jedoch von einer Krise der Moderne, die sich in ökonomischen Problemen oder Identitätskrisen niederschlage (s. auch Bennett 2005, 226–228). Die sehr geringe Anzahl von Urdu-sprachigen Werken zum Thema ›Postmoderne‹ im Verhältnis zu Schriften, die sich mit westlichen Konzepten der ›Moderne‹ auseinandersetzen, lässt ein Weiterleben des sehr ambivalenten innerislamischen Diskurses zu diesem Thema vermuten.

Themen und Leitprozesse

Insbesondere die Diskussion über die Medizin reflektiert in Südasien sehr deutlich die Ambivalenz des Themas Wissenschaften und Wissenschaftlichkeit in der Moderne. Hier wird die Unani-Medizin (Urdu: *tibb-e yunani*, wörtlich ›griechische Medizin‹), hauptsächlich von Muslimen praktiziert. Deshalb und aufgrund ihrer historischen Weiterentwicklung im islamischen Kulturraum ist sie auch als ›graeco-islamische‹ Medizin bekannt. Die Unani-Medizin hat ihre Wurzeln in der antiken Lehre von den Elementen (Feuer, Wasser, Erde, Luft) und den Temperamenten (heiß, kalt, trocken und feucht), die sich in den Körpersäften (Blut, Phlegma, gelbe und schwarze Galle) wiederfinden. Krankheiten entstehen demnach durch ein Ungleichgewicht der Körpersäfte, das durch Therapien wie Schröpfen, Diät oder pflanzliche Heilmittel wieder ins Gleichgewicht gebracht werden kann. Grundlage der Unani-Medizin waren die griech. Schriften von Hippokrates (460–370 v. Chr., Urdu: Buqrat) und Galen (129–216, Urdu: Jalinus). Das wichtigste Werk war – wie in der westlichen Medizin – der *Kanon der Medizin* (*al-Qanun fi-l-tibb*) von Avicenna (980–1037, Urdu: Ibn Sina). Über die arabischen Länder und Persien verbreiteten sich die Schriften zur graeco-islamischen Medizin in Südasien; sie wurden ins Persische oder Arabische übersetzt, rezipiert und von indischen Gelehrten kommentiert. Am Mogulhof erlebte die Unani-Medizin ihre Blütezeit und die häufig aus Persien stammenden Praktizierenden erfuhren größte Unterstützung.

Sowohl Mogulherrscher als auch muslimische Provinzherrscher zeigten sich aber auch beeindruckt von den Erkenntnissen ›westlicher‹ Medizin und den Kenntnissen europäischer Ärzte: Der portugiesisch-jüdische Arzt und Konvertit zum Christentum, Garcia da Orta (1499–1568), wurde bereits Ende der 1530er-Jahre Leibarzt des Sultans von Ahmadnagar auf dem Dekkan, der Franzose Francois Bernier (1625–1688) war persönlicher Arzt des Mogulherrschers Aurangzeb (1618–1707). Beide Ärzte setzten sich intensiv mit den pluralen indigenen Wissenstraditionen Südasiens auseinander. Da Orta publizierte ein großes Werk zu Heilpflanzen in Goa – ein Beispiel von vielen Schriften, in denen europäische Gelehrte große Daten-Sammlungen, Spezifizierungen und Klassifizierungen indischer Wissenssysteme vornahmen. Parallel fand unter muslimischer Patronage eine Rezeption von Schriften zu Ayurveda, Siddha oder Yoga statt. So entstand ein großes medizinisches Korpus in persischer Sprache, das sich sowohl mit indigenen als auch mit europäischen Medizintraditionen beschäftigte.

Einen weiteren Impuls erfuhr die Rezeption europäischer Medizin durch die Einführung der Urdu-Druckerpresse in den 1820er-Jahren. Urdu setzte sich als neue Literatur- und Wissenschaftssprache der Muslime Südasiens durch. Neben persischen Werken wurden zunehmend englische Schriften ins Urdu übertragen. Seit 1858 versuchten die Briten, die europäische Medizin durchzusetzen. Schriften zur Anatomie oder Chirurgie wurden ebenso wie solche zur Nützlichkeit von Impfungen ins Urdu übersetzt bzw. enthielten Zitate englischer Werke zum Thema. Die europäische Medizin wurde in Urdu-Schriften als *daktari* (von engl. *doctor*) oder als *tibb-i jadid*, also als ›neue‹ oder ›moderne‹ Medizin, bezeichnet. Ähnliche Entwicklungen lassen sich bei anderen Wissenschaften (Mathematik, Landwirtschaft, Astrologie) feststellen. Wie auch Ayurveda stand die Unani-Medizin zunehmend in der Kritik der Vertreter der *East India Company*, aber auch indischer Mediziner, die in europäischer Tradition ausgebildet waren. Überall in Indien, v. a. aber in den Fürstenstaaten, entstanden Krankenhäuser, in denen Unani-Mediziner neben Praktizierenden der ›westlichen‹ Medizin arbeiteten.

Weil sich Hakim Ajmal Khan (1868–1927), der bedeutendste Reformer der Unani-Medizin im 20. Jh., neben seiner ärztlichen Tätigkeit in der indischen Unabhängigkeitsbewegung engagierte, wurde für viele Muslime die Unani-Medizin zu einem Symbol des Widerstandes gegen die Briten. Dabei war Hakim Ajmal Khan durchaus ein Befürworter des Austausches und der Kooperation mit der ›modernen‹ Medizin, während andere Vertreter der Unani-Medizin darauf bestanden, sie nicht mit der europäischen Medizin zu vermischen. Seit der Unabhängigkeit Indiens ist die Unani-Medizin eines der Medizinsysteme, die im AYUSH Department dem Gesundheitsministerium unterstellt sind. Zum einen betonen die sie Praktizierenden, dass sich die Grundlagen der Unani-Medizin mit den Methoden der modernen Wissenschaften belegen lassen, etwa die Temperamente durch die moderne Genetik. Andererseits wird hervorgehoben, dass die Unani-Medizin als Teil der *Traditional Indian Medicine* (TIM) aufgrund ihrer jahrtausendelangen erfolgreichen Praxis der modernen Medizin überlegen sei. Zudem berücksichtige sie die Perspektive des Patienten und habe einen holistischen Ansatz. Tradition wird in diesem Zusammenhang als Vorteil gegenüber der Moderne verstanden. Ziauddin Sardar kritisiert, dass in der Kolonialzeit und der (Post-)Moderne islamische Medizin unterdrückt und verspottet worden sei. ›Moderne‹ Medizin fokussiere sich auf die Krankheit statt auf die Gesundheit, wofür Schwangerschaft ein Beispiel sei; anstatt sie als natürlichen Prozess zu begreifen, bedürfe sie der medizinischen Behandlung durch die moderne Medizin. Die Lösung besteht darin, die traditionelle islamische Medizin zu re-legitimieren und mit den Erkenntnissen der neuesten Forschung auszustatten, um »die Menschheit vor einem Medizin-System […] zu retten, das sich auf einem Pfad der Selbstzerstörung befindet« (Inayatullah 2003, 8 – 10).

Zakir Naik lehnt die Allopathie nur indirekt ab, da er alle Medizinsysteme für erlaubt hält, wenn sie nicht gegen islamische Vorschriften verstoßen. Sowohl Allopathie als auch Homöopathie verwenden in ihren Heilmitteln Alkohol oder Gelatine (vom Schwein). Moderne Medizin sei jedoch nicht notwendig, wenn der Gläubige sich am Koran und am Vorbild des Propheten Muhammad orientiere. So beuge das täglich fünfmalige Ritualgebet mit seinem Bewegungsablauf Lungenerkrankungen und Hämorrhoiden vor (Naik 2010, 10 – 12). Ähnlich wie Naik stellt der pakistanische Autor Hakim Muhammad Tariq M. Chughta'i in seinem dreibändigen Werk *Die prophetische Tradition und die modernen Wissenschaften* (Urdu: *Sunnat-i nabawi aur jadid sa'ins*) islamische Überlieferungen aus Koran und *sunna* den Erkenntnissen der modernen Wissenschaften gegenüber. Er resümiert im Hinblick auf die Medizin und andere gesellschaftliche Entwicklungen, dass die modernen Wissenschaften keine Antworten für das Leben eines Muslims in der Moderne hätten. Der Koran und die prophetische Überlieferung stünden nicht im Gegensatz zur Moderne, sondern umfassten vielmehr deren Prinzipien. Chughta'is und Naiks Werke propagieren eine weitere islamische Medizintradition, die sich seit etwa zwanzig Jahren neben und teilweise in Abgrenzung von der Unani-Medizin etabliert hat: die ›Prophetenmedizin‹ (Urdu: *Tibb-i nabawi)*. Sie basiert auf den Aussprüchen des Propheten Muhammad zu einzelnen Heilpflanzen, Nahrungsmitteln und Therapieformen, die nicht unbedingt im Widerspruch zur Unani-Medizin stehen. Wie in dieser verwenden Praktizierende der Prophetenmedizin Diagnosemethoden wie EKG, Röntgen oder Ultraschall. Zur Verbreitung beider Medizinsysteme werden moderne Kommunikationsmedien genutzt. Lediglich bei schweren Erkrankungen oder Operationen werden allopathische Behandlungsmethoden eingesetzt. Wie umstritten die allopathische Medizin als Symbol der westlichen Moderne in Südasien aber ist, hat sich 2014 am Widerstand der Taliban gegen Polio-Impfkampagnen in Pakistan gezeigt, die als Symbol der Unterdrückung der Muslime durch den Westen gelten. Insgesamt stehen in Südasien die Medizinsysteme in einem pluralen Umfeld nebeneinander und verhalten sich ambivalent zur Moderne.

Am Beispiel der Diskussion über Moderne, Wissenschaft und ›moderne Wissenschaften‹ im muslimischen Kontext Südasiens lässt sich sehr deutlich das zwiespältige Verhältnis zu diesem Thema zeigen. Während Gelehrte wie Sayyid Ahmad Khan erklärten, dass es keinen Grund zur Ablehnung der modernen, westlichen, Wissenschaft gebe, sehen andere wie Ziauddin Sardar in den islamischen Wissenschaften eine Form von Moderne, die sich in der Transmoderne, einem Nebeneinander von verschiedenen Spielarten von Moderne, widerspiegelt. In der islamischen Welt (z. B. in Nigeria mit Boko Haram) finden sich derzeit jedoch auch islamische Strömungen, die westliche Wissenschaften und Bildung vollständig ablehnen und ein Lebensmodell nach dem Beispiel des Propheten Muhammad fordern, welches sie ausschließlich aus dem Koran und den Aussprüchen Muhammads und seiner Gefährten ableiten. Dieses schließt dennoch häufig die Rezeption ›westlicher‹ Autoren und Werke oder den Einsatz ›moderner‹ Kommunikationsmedien wie Fernsehen oder Internet nicht aus. Aus diesem Grund verbreiten sich diverse Interpretationen des Islam weltweit; Predigten und Pamphlete werden global rezipiert und in viele Sprachen übersetzt. Welche Interpretationen des Islam und der Moderne im multiethnischen und multireligiösen Kontext Südasiens unter den Muslimen zukünftig besondere Unterstützung und Verbreitung erfahren werden, lässt sich derzeit nicht abschätzen und wird auch von der Haltung einflussreicher Gelehrter an den religiösen Schulen abhängen.

Literatur

Ahmed, Akbar S.: *Postmodernism and Islam. Predicament and Promise*. London/New York 1992.

Ahmed, Akbar S. et al. (Hrsg.): *Islam, Globalization and Postmodernity*. London/New York 1994.

Ansari, S. M. Razaullah: Modern Astronomy in Indo-Persian Source. In: Andersen, Johannes (Hrsg.): *Highlights of Astronomy, Volume 11B. As Presented at the XXIIIrd Assembly of the IAU* (1997). Dordrecht 1998, 730–732.

Bayly, Christopher: *Die Geburt der modernen Welt. Eine Globalgeschichte 1780–1914*. Frankfurt am Main/New York 2006 (engl. 2004).

Bennett, Clinton: *Muslims and Modernity: Current Debates*. London u. a. 2005.

Bucaille, Maurice: *The Bible, the Qur'an and Science. The Holy Scriptures Examined in the Light of Modern Knowledge*. o. O., o. J. (franz. 1978).

Chughta'i, Muhammad Tariq Mahmud: *Sunnat-i nabawi aur jadid sa'ins*, Bde. 1–3. Na'i Dihli 1997–2002.

Engineer, Asghar Ali: *Islam in Post-Modern World. Prospects and Problems*. Gurgaon 2008.

Hoodbhoy, Pervez A.: *Islam and Science: Religious Orthodoxy and the Battle for Rationality*. London 1992.

Inayatullah, Sohail et al. (Hrsg.): *Islam, Postmodernism and Other Futures. A Ziauddin Sardar Reader*. Sterling, VA, 2003.

Lelyfeld, David: *Aligarh's First Generation. Muslim Solidarity in British India* [1996]. New Delhi 2003.

Masud, Muhammad Khalid: Iqbāl's Approach to Islamic Theology of Modernity. In: *Al-Hikmat* 27, 2007, 1–36.

Naik, Zakir: *Namaz aur jadid midikal sa'ins*. Dihli 2010.

Naik, Zakir: *The Qur'an & Modern Science. Compatible or incompatible?* New Delhi 2010.

Nasr, Sayyid Hossein: Theoretical Gnosis and Doctrinal Sufism and Their Significance Today. In: *Transcendent Philosophy* 1, 2000, 1–36.

Pernau, Margrit: *Bürger mit Turban. Muslime in Delhi im 19. Jahrhundert*. Göttingen 2008.

Preckel, Claudia: *Islamische Bildungsnetzwerke und Gelehrtenkultur im Indien des 19. Jahrhunderts. Muhammad Ṣiddīq Ḥasan Ḫān (st. 1890) und die Entstehung der Ahl-e ḥadīṯ-Bewegung in Bhopal*. Diss. Bochum 2005, veröffentlicht 2008. http://www-brs.ub.ruhr-uni-bochum.de/netahtml/HSS/Diss/PreckelClaudia/diss.pdf (22. 04. 2015).

Rahman, Fazlur: *Islam and Modernity. Transformation of an Intellectual Tradition*. Chicago/London 1982.

Reichmuth, Stefan: Kulturkontakt. 3. Islam. In: Jaeger, Friedrich (Hrsg.): *Enzyklopädie der Neuzeit*, Bd. 7, Stuttgart/Weimar 2008, 293–300.

Reichmuth, Stefan: Wissenssysteme, außereuropäische. 2. Islam. In: Jaeger, Friedrich (Hrsg.): *Enzyklopädie der Neuzeit*, Bd. 15. Stuttgart/Weimar 2012, 132–146.

Renan, Ernest: *Der Islam und die Wissenschaft. Vortrag gehalten in der Sorbonne am 29. März 1883. Kritik dieses Vortrages vom Afghanen Scheik Djemmal Eddin und Ernest Renan's Erwiderung*. Basel 1883.

Riexinger, Martin: Response of South Asian Muslims to the Theory of Evolution. In: *Die Welt des Islams* 49, 2009, 212–247.

Sardar, Ziauddin et al.: *How Do You Know? Reading Ziauddin Sardar. On Science, Islam and Cultural Relations*. London 2006.

Sardar, Ziauddin: Transmodern Journeys: Future Studies and Higher Education. In: Curaj, Adrian et. al. (Hrsg.): *European Education at the Crossroads*. Heidelberg 2012, 963–968.

Stenberg, Leif: *The Islamization of Science. Four Muslim Positions Developing an Islamic Modernity*. Lund 1996.

Claudia Preckel

Philosophie

Definitionen und Anwendungsbereiche

Für die Philosophie gilt nicht der Befund anderer Disziplinen, dass ›Moderne‹ ein inflationär gebrauchter Begriff ist, der in eine unübersichtliche Lage führt (Osterhammel 2009, 88 f.). Zwar ist auch die Philosophiegeschichte Teil einer allgemeinen sozial- und kulturgeschichtlichen Entwicklung, die in den Jahren nach 1830 einsetzte und um 1880 die Kriterien einer anbrechenden ›Hochmoderne‹ erfüllte (Osterhammel 2009, 110–114). Die Folgen des Imperialismus, die Legitimationsprobleme politischer Ordnungen und die ideengeschichtlichen Zäsuren schlugen sich in der Philosophie ebenso nieder wie in anderen Kulturformen. Schon Alfred Weber (1868–1958) sprach von den drei Stufen der Umwälzung im 19. Jh. (Weber 1935, 372 ff.): Neben den »Lebensumwälzungen« vor 1830 im Zuge von Industrialisierung und sozialen Bewegungen, den großen »Raum- und Weltaufschließungen«, die mit erheblichen »seelischen Umstellungen« verbunden seien, führte er ebenfalls die politischen und kapitalistischen Expansionen des späten 19. Jh.s an. Nach 1880 zeige sich, so Weber, eine Epochenschwelle, die mit dem Scheitern des »optimistischen Evolutionismus« und einer Hinwendung zum Realismus in Literatur und Künsten, in Philosophie und Wissenschaften zusammenhänge (Weber 1935, 376).

Die Selbstdeutung der Philosophie um 1900 steht im Kontext kulturhistorischer und -soziologischer Deutungsmuster des semantischen Feldes ›Moderne‹ und ›modern‹ (Lepsius 1974). Von Alfred Webers Behauptung der einen Moderne bis zu Shmuel Noah Eisenstadts (1923–2010) Rede von den *multiple modernities* (Eisenstadt 2005) gibt es eine reichhaltige und kenntnisreiche soziologische Forschungsliteratur zu einer Theorie der Moderne(n). Doch unter Historikern wird bereits ein differenzierter und sparsamer Umgang mit der Kategorie ›Moderne‹ gefordert. Dies impliziert, dass die Selbstinterpretationen des 19. Jh.s in den Blick genommen und anhand der Befunde Präzisierungen vorgenommen werden müssen (Osterhammel 2009, 1281 ff.). Für die Philosophiegeschichte des 19. und 20. Jh.s zeigt sich dann, dass ›Moderne‹ und ›modern‹ keine relevanten beschreibenden Kategorien für philosophische Tendenzen und Entwicklungen darstellten (Piepmeier 1984; Koselleck 1979, insbes. 302–321), bevor in den 1980er-Jahren eine Debatte über das Verhältnis von ›Moderne/Postmoderne‹ anbrach (Meier 1989, 1142–1145). Hingegen war in der Philosophie seit der Zeit um 1800 von der ›neuen Zeit‹ oder der ›neueren Zeit‹ die Rede (in Abgrenzung von der Philosophiegeschichte vor Kant), um 1900 dann von der ›Gegenwart‹ (in Abgrenzung zur Epoche des Idealismus und im Hinblick auf eine Öffnung zu anderen kulturellen Perspektiven). Das sind kategoriale Unterscheidungen, deren heuristischer Wert herauszuarbeiten ist.

Forschungsgeschichte, Semantik und Gegenkonzepte

Der Ideenhistoriker und Philosoph Karl Löwith (1897–1973) legte in seiner Studie *Von Hegel zu Nietzsche* (1939) das »Ende der von Goethe und Hegel vollendeten Welt« in die Jahre 1828 bis 1831. Dabei griff er die Atmosphäre einer Welt und Geisteshaltung nach Goethe und Hegel auf (Revolution, Taumel, das Hässliche und Gemeine, das Laute, die ungebremste Leidenschaft usw.), der er den Namen »Moderne/Modernität« gab; allerdings lieferte er keinen Beleg dafür, dass sich die Protagonisten seiner Darstellung auch selbst im Licht der Kategorie ›Moderne‹ sahen (Löwith 1986, 40–43; vgl. Schnädelbach 1983). Das Bild bekommt erst Tiefenschärfe, sobald wir auf die Philosophiegeschichtsschreibung der Zeit schauen, die Begriff und Geschichte der Philosophie ausdifferenzierte, sich methodisch ein eigenständiges Gerüst gab und damit zu einer reflektierten Geschichtsschreibung wurde (Gilbert 1965; Braun 1990).

Georg Wilhelm Friedrich Hegel (1770–1831) spricht in seinen *Vorlesungen über die Philosophie der Geschichte* von Stufen der Entwicklung, die der menschliche Geist durchmisst. Er sieht einen Kreislauf der Durchdringung von Vergangenem und Gegenwärtigem, wobei die gegenwärtige Gestalt des Geistes (sozio-kulturelle Formen, Institutionen) frühere Stufen in sich begreift, und er erkennt einen »Endzweck des Fortschreitens« (Hegel 1986b, 104 f.; Hegel 1986a, 347–365). Die »neue Zeit« bricht seiner Ansicht nach mit der Reformation an, nimmt in der Französischen Revolution Fahrt auf und kommt im Preußen des frühen 19. Jh.s zur Vollendung. Das eigentliche Problem Hegels ist nicht das historische Kontinuum, sondern die Entstehung des »Neuen«, das nicht bloß eine Verlängerung des Alten, aber auch kein radikal Neues sein darf, insofern die Geschichte als eine stufenförmige Entwicklung der sozio-kulturellen Formen und als Entfaltung ihres Sinnes, d. h. der Freiheit, gedacht wird.

Diese Problemstellung kehrt auch in seinen *Vorlesungen über die Geschichte der Philosophie* wieder, in denen zwischen einer Periode der »neueren Philosophie« – einsetzend mit Francis Bacon (1561–1626) und René Descartes (1596–1650) – und einer Periode der »neuesten deutschen Philosophie« – einsetzend mit Friedrich Heinrich Jacobi (1743–1819) und Immanuel Kant (1724–1804) – unterschieden wird. Das Resultat der Linienführung vom Alten zum Neuen und Neueren (Hegel 1986c, 454–462) ist die Anerkenntnis, dass die Entwicklung der vorausgehenden Jahrtausende in »unserer Zeit« kulminiert, weil die Idee der Freiheit als das Prinzip der Geschichte begrifflich gefasst und realisiert wird: »[…] das Werk der modernen Zeit ist, diese Idee zu fassen als Geist, als die sich wissende Idee« (Hegel 1986c, 458). Das qualitativ »Neue« der neuen Zeit ist die Selbstreflexivität des denkenden und handelnden Individuums. Das Wissen um das Prinzip geschichtlicher Entwicklung ist nach Hegel die Signatur einer »modernen Zeit«, ihr angemessener Ausdruck findet sich in der »letzten Philosophie« (Hegel 1986c, 461).

Mit Hegel war zwar das Ende der Philosophie verkündet, doch ihre Historisierung schritt in den Jahren nach 1830 unbeeindruckt voran. In dieser Hinsicht kann die deutschsprachige Philosophie im 19. Jh. für sich beanspruchen, eine Pionierleistung vollbracht zu haben. Die französisch- und englischsprachige Philosophie sollte diese Entwicklung nachholen und einige der hier erst erarbeiteten Begriffsunterscheidungen, z. B. die von alter und neuer/neuerer, moderner und gegenwärtiger Philosophie übernehmen (Braun 1990). Nach Hegel wurde die Differenzierung in eine Geschichte der alten Philosophie und eine Geschichte der neueren oder jüngeren Philosophie innerhalb der Philosophiegeschichtsschreibung präzisiert (Schneider 1999, 327–340). Die Geschichte der alten oder antiken Philosophie teilten sich die Schulen – hier Christian August Brandis' (1790–1867) *Handbuch der Geschichte der griechischen Philosophie* (1835/1866) als Vertreter der Schelling-Schule, dort Franz Carl Bieses (1803–1895) *Philosophie des Aristoteles* (1835) als Statthalter Hegels; dort Friedrich Karl Albert Schweglers (1819–1857) *Geschichte der griechischen Philosophie* (1859) als Vertreter der Tübinger Schule und, souverän alle überragend, Eduard Gottlob Zellers (1814–1908) *Philosophie der Griechen* (1844–1852; vgl. Mann 1996; Hartung 2010).

Die Geschichte der neueren Philosophie war entweder Darstellung der Entwicklungen innerhalb der Systemphilosophie, so in Karl Ludwig Michelets (1801–1893) *Geschichte der letzten Systeme der Philosophie in Deutschland* (1837/38), oder sie war deren kritische Revision, wie in Immanuel Hermann Fichtes (1796–1879) *Beiträge[n] zu einer Charakteristik der neueren Philosophie* (1829) und Hermann Ulricis (1806–1884) *Grundprinzip der Philosophie* (1845) oder deren souveräne Darstellung, so prägnant in Albert Schweglers *Geschichte der Philosophie im Umriß. Ein Leitfaden zur Uebersicht* (1870; [1]1848]) und großformatig in Kuno Fischers (1824–1907) *Geschichte der neueren Philosophie* (1852–1893).

Die neuere Philosophie ist die Darstellung von Denkern und ihren Lehren, worin die zu (re)konstruierende Geschichte der Philosophie mit der Entwicklungsgeschichte eines philosophischen Systems zusammenfällt, in dem die Geschichte der Philosophie ihren Abschluss findet (Rosen 2007; Forster 2012). Die neuere Philosophie wird als geschichtlicher Schlusspunkt einer Entfaltung des philosophischen Systems zur unüberbietbaren Gegenwart.

Die Geschichte der neueren Philosophie wurde um die Mitte des 19. Jh.s in eine »wissenschaftliche Darstellung« der Philosophiegeschichte eingebettet, die wiederum in zwei Bereiche fiel (Köhnke 1993). Zum einen wurde es möglich, die Geschichte der Philosophie als Geschehen innerhalb einer Disziplin darzustellen, so etwa in Johann Eduard Erdmanns (1805–1892) *Versuch einer wissenschaftlichen Darstellung der Geschichte der neueren Philosophie* (1836–1853). Zum anderen wurde es möglich, die Geschichte der Philosophie als Teil einer allgemeinen Wissenschaftsgeschichte vorzuführen, so etwa in Eduard Zellers *Geschichte der deutschen Philosophie* (1873) als 13. Band der *Geschichte der Wissenschaften in Deutschland – Neuere Zeit*, die von der Historischen Kommission bei der Königlichen Akademie der Wissenschaften in Bayern veranstaltet wurde. Zeitgleich mit diesen Projekten entstand das erste Lehrbuch der Geschichte der Philosophie, Friedrich Ueberwegs (1826–1871) *Grundriß der Geschichte der Philosophie von Thales bis auf die Gegenwart* (1862/64).

Hier wird festgehalten und für die zukünftigen Lehrbücher kanonisiert – der »Ueberweg« erschien in 12 Auflagen bis in die 1920er-Jahre –, nach welchem Schema die Philosophiegeschichte zu schreiben ist (Ueberweg 1866, Teil 3): Neuere Philosophie (seit Bacon und Descartes), neueste Philosophie (seit Kant) und Philosophie der Gegenwart (nach dem Ende der idealistischen Systeme).

Diese Unterscheidung verlor ihre Trennschärfe, als sich die »Gegenwart« der nachhegelschen Philosophie allmählich auf Jahrzehnte ausdehnte und die Schwelle um 1900 überschritt. Dann setzte sich allmählich die Kategorie ›modern‹ in der Philosophiegeschichtsschreibung durch, jedoch eher aus einer Verlegenheit heraus, da die sich in der Zeit ausdehnende Gegenwart wiederum ihre eigene Vergangenheit aus sich entlässt. Zu berücksichtigen ist weiterhin, dass die Klassifizierung ›moderne Philosophie‹ sich einer Kampfkonstellation gegen eine Philosophie verdankt, die sich nicht von der Religion gelöst hat, und gegen eine Naturwissenschaft, die sich als Weltanschauung positioniert. Einen ersten Schritt in diese Richtung ging Victor Cousin (1792–1867), der in seinen philosophiehistorischen Vorlesungen an der Pariser Sorbonne die Philosophie des 18. und 19. Jh.s besprach und dabei die Philosophie des deutschen Idealismus in seinem *Cours de l'histoire de la philosophie moderne* (1846) behandelte. In diesem Vorlesungszyklus übernahm Cousin der Sache nach die Unterscheidung ›alte und neue Philosophie‹ und übersetzte sie mit *philosophie ancienne et moderne*. Infolge einer Übersetzung von Cousins Vorlesungen zog der Ausdruck *modern philosophy* (Cousin 1952) auch in die englische Sprache ein.

Erst Friedrich Paulsen (1846–1908) führte dann im Namen Kants explizit den Kampf für die »moderne Philosophie« gegen ihre (zumeist dem katholischen Milieu zuzurechnenden) Verächter und erklärte sie zur *Philosophia militans* (Paulsen 1901). Bei William James (1842–1910) klingt das entspannter und ist tatsächlich auch nicht Teil eines sog. Kulturkampfes, wenn die Philosophie des Pragmatismus in die Konstellation von »alter« und »neuer« Weise des Philosophieren eingeführt wird: *Pragmatism. A new name for some old ways of thinking*, so lautet der Titel des berühmten Vorlesungszyklus (James 2014 [1907]).

Diese historischen und systematischen Hintergründe des semantischen Feldes von ›neu‹ und ›modern‹ sind in Vergessenheit geraten. Beispiele für eine Rezeption der innerhalb der deutschsprachigen Philosophie entwickelten Begriffsmuster im internationalen Zusammenhang sind Émile Brehiers *Histoire de la philosophie*, deren zweiter Teil *La philosophie moderne* (Brehier 1930) heißt, oder William Wrights *A History of Modern Philosophy* (1941) – neben den auch im 20. Jh. noch erscheinenden Übersetzungen der Werke von Ueberweg, Fischer und Zeller.

Festzuhalten ist, dass ›modern‹ im Sinne der Philosophiegeschichtsschreibung des 19. Jh.s kein Epochenbegriff in der Philosophie ist und dass der sich allmählich im frühen 20. Jh. durchsetzende Gebrauch dieser Kategorie v. a. ›gegenwärtig‹ meint. In diesem Sinne bezeichnete Fritz Mauthner (1849–1923) in seinem 1910/11 erstmalig erschienenen *Wörterbuch der Philosophie* die Moderne als »Stecknadelspitze der Gegenwart« (Mauthner 1980, 95).

Regionen, Räume und Entwicklungspfade

In den philosophischen Debatten des 19. und 20. Jh.s ist ein Nachdenken über regionale Strukturen nicht zu erkennen. Der Raum der Philosophie ist Europa – vom Mittelmeerraum der Antike über das Mittelalter mit seinen Schulbildungen im christlichen Europa zwischen Bologna, Salamanca, Paris und Oxford bis hin zu den neuzeitlichen Strukturen einer höfischen und entstehenden bürgerlichen Gesellschaft. Insofern außereuropäisches Denken in den Blick gerät – so bei Friedrich Schlegel, Artur Schopenhauer und in der Indien-Begeisterung um 1900 (Kossler 2008) –, wird doch explizit in positiver oder negativer Hinsicht der nicht-moderne Charakter der Denkschulen betont, die sich außerhalb Europas gebildet haben.

Ein Kriterium für diese Bestimmung ist seit Hegels geschichtlichem Abriss der Philosophie (Hegel 1986c) bis zu den großen kulturgeschichtlichen Entwürfen der 1890er- bis 1920er-Jahre, dass eine der Grundvoraussetzungen fehlt: die Trennung von Philosophie und Religion. Dieser Grundgedanke bestimmt beispielsweise noch den Band zur *Allgemeinen Geschichte der Philosophie* in der von Paul Hinneberg herausgegebenen großen Überblicksreihe *Die Kultur der Gegenwart, ihre Entwicklung und ihre Ziele* (Hinneberg 1909), in dem die »primitiven« Anfänge der Philosophie, die »orientalische« (d. h. die indische, islamische und jüdische, die chinesische und die japanische) Philosophie die Vor- und Nebengeschichte der »europäischen Philosophie« bildet, die von der Antike bis in die Gegenwart verläuft. Lediglich für die japanische Philosophie wird vom Autor (Tetsujiro Inouye) durch »den Zusammenstoß und die Verschmelzung der morgendländischen Gedanken mit den abendländischen« die Entwicklung für eine »moderne Philosophie in Japan« antizipiert (Inuoye 1909, 113).

Der Eurozentrismus ist im philosophischen Diskurs langlebig. In den letzten Jahrzehnten deutet sich unter dem Stichwort der ›interkulturellen Philosophie‹ (Schirilla et al. 2011; Stenger 2006) eine Aufweichung dieses Topos an. Gleichwohl geht es auch hier v. a. um das Aufzeigen verschiedener Ursprünge oder Praktiken des Philosophierens, aber nicht um die Frage nach *multiple modernities* in der Philosophie.

Zeithorizont und Epochenkonzept

Seit den 1990er-Jahren hat sich eine Epochenbezeichnung ›Moderne/modern‹ in der Philosophie etabliert. Insbesondere eine späte – auf die analytische Philosophie zurückgehende – Unterscheidung zwischen *pre-modern* (vor Descartes), *early modern* (um Descartes) und *modern philosophy* (seit Descartes) hat in der Nachfolge von Bertrand Russells (1872–1970) *History of Western Philosophy* zu einer statischen Unterscheidung von Epochen der Philosophiegeschichte geführt. Hier jedoch geht weitgehend verloren, was sowohl den philosophiehistorischen als auch den kulturphilosophischen Diskurs geprägt hat: Moderne bezeichnet nicht eine Epoche, sondern eine Haltung dezidiert gegenwärtigen Philosophierens im Hinblick auf Entwicklungen in der Gesellschaft und den Wissenschaften *und* eine entsprechende Einstellung zu den sozialen und kulturellen Begriffe wie bspw. ›Mensch‹, ›Natur‹, ›Technik‹.

Der sich seit den 1990er-Jahren etablierende Diskurs zur Moderne hat hingegen den Charakter einer Selbstbezüglichkeit der Philosophie. Für die jüngere Debatte zu einem philosophischen Konzept der ›Moderne‹ und einem angemessenen Gebrauch der Kategorie ›modern‹ ist eine Studie von Jürgen Habermas (geb. 1929) prägend geworden (Habermas 1985). Habermas geht für seine Bestimmung einer Theorie der Moderne auf Hegel zurück, nimmt die Linien der Links- und Rechtshegelianer hinzu, erklärt Nietzsche für den Eintritt in die Postmoderne verantwortlich, legt die rationalitätskritischen Potentiale der Philosophie Martin Heideggers (1889–1976) und der ihrer französischen Adepten Jacques Derrida (1930–2004) und Michel Foucault (1926–1984) frei, um zum Abschluss den normativen Gehalt ›der Moderne‹ hervorzuheben. »Nun war Hegel der erste Philosoph, der einen klaren Begriff der Moderne entwickelt hat; auf Hegel müssen wir deshalb zurückgehen, wenn wir verstehen wollen, was die bis Max Weber selbstverständlich gebliebene und heute in Frage gestellte interne Beziehung zwischen Modernität und Rationalität bedeutet hat« (Habermas 1988, 13). Was in historiographischer Hinsicht ohne angemessenen Befund und irreführend ist, gewinnt Bedeutung als Beschreibung einer Konstellation in Diskussionen der 1980er-Jahre, deren geschichtliche Rückversicherung für ihre Legitimation nicht ganz unerheblich ist.

In der Debatte, in die Habermas involviert ist und die er nachhaltig prägt, zeigt sich, dass ›Moderne/modern‹ als philosophische Kategorien erst geschärft werden, sobald ihre Infragestellung durch eine sog. ›Postmoderne‹ thematisiert wird (vgl. Meier 1989). Die geschichtliche Konstruktion einer ›philosophischen Moderne‹ erfüllt die Funktion, die vernunftkonstitutiven Potentiale der Philosophie Hegels (intersubjektiv, kommunikativ) gegen die unterschiedlichen vernunftkritischen Invektiven seiner Nachfolger zu verteidigen – u. a. im Hegelianismus, im Nietzscheianismus, in der Philosophie Heideggers, in der negativen Dialektik Theodor W. Adornos (1903–1969) und in Foucaults Machttheorie.

Es ist die Normativität dieses Anspruchs, durch den ›die Moderne‹ rückwirkend – und in philosophiehistorischer Hinsicht durchaus kontrafaktisch – gestiftet wird. Für die Durchsetzung der ›Moderne‹ als Epochenkonzept in der Philosophie ist diese Entscheidung jedoch folgenreich. So analysiert beispielsweise Charles Taylor (geb. 1931) das *Unbehagen an der Moderne* und artikuliert die Befürchtung, dass diese ihrem normativen Versprechen nicht gerecht werden könnte. In diesem Zusammenhang benennt er drei Seiten des aus seiner Sorge resultierenden Unbehagens: das Verblassen des moralischen Horizonts, das Verschwinden der Zwecke und ein Mangel an Freiheit (Taylor 1995, 17). Positiv gewendet erhalten wir ein normatives Gerüst der philosophischen Moderne, das aktuell im Hinblick auf die Versprechungen der Moderne prominent diskutiert wird. So handelt Dieter Thomä (geb. 1959) *Vom Glück der Moderne* (Thomä 2003) und zeichnet die Thematisierung des Glücks bei verschiedenen Autoren der zurückliegenden 200 Jahre nach. Am Leitfaden der Frage nach dem Glück konstruiert auch er einen Epochenzusammenhang. Auch die *Philosophie der Menschenrechte* (Gosepath/Lohmann 1998) entwirft anhand der normativen Implikationen der Menschenrechte das Bild einer Epoche.

Insgesamt zeigt sich, dass die Moderne nicht mehr nur als jüngste Phase der Neuzeit, als Stecknadelspitze der Gegenwart erfasst oder in Abgrenzung zur

Postmoderne verteidigt, sondern als ›Projekt der Moderne‹ entworfen wird. Während die anbrechende Moderne im 19. Jh. und die Hochmoderne um 1900 sich noch über eine philosophische Programmatik verständigten, die Geist und Leben, Kultur und Natur/Technik, Mensch und Lebenswelt in eine Perspektive integrieren wollte, gilt es heute in der Philosophie als modern, wenn v. a. Fragen der praktischen Philosophie, so etwa Fragen nach dem gerechten Handeln, dem individuellen Glück oder dem guten Leben (life balance) im Mittelpunkt stehen. Statt materiell bestimmen zu können, was gut oder gerecht ist, oder die geschichtliche Entwicklung zumindest als Annäherung an die Ideale gerechten Handelns oder eines guten Lebens annähern zu wollen, wird dies als Naivität oder Hybris vergangener Jahrhunderte abgetan. Entweder wird also das Projekt der Moderne als Versprechen gelingender Kommunikation aufrechterhalten oder es artikuliert sich eine moderne, d. h. gegenwärtige Haltung zum Leben durch den Imperativ der Selbsttranszendenz: *Du mußt dein Leben ändern* (Sloterdijk 2009).

Themen und Leitprozesse

Die Themen des philosophischen Diskurses der Moderne gruppieren sich um die theoretische und praktische Problematik, wie Menschen mit den Herausforderungen moderner Gesellschaftsverhältnisse (u. a. Arbeitsteilung, Industrialisierung, Warenkonsum, Großstadtleben, Technisierung der Lebenswelt) umgehen. Es liegt daher auf der Hand, dass v. a. die Strömungen der Lebens- und Existenzphilosophie, die philosophische Anthropologie und die Kulturphilosophie die entscheidenden Debatten über Lebensbedingungen im Kontext moderner Gesellschaften geprägt haben. Zwei Aspekte lassen sich hier paradigmatisch herausstellen: die Frage des Menschen nach seiner veränderten Position in Natur und Kultur sowie die Frage nach der Funktion der Technik und ihrem Einfluss auf die gesellschaftliche Entwicklung.

Die »Philosophie des modernen Menschen« – »der Mensch« als Problem der Philosophie

Friedrich Nietzsche (1844–1900) hat einen Grundgedanken der philosophiehistorischen Forschung des 19. Jh.s verschärft. Er weist darauf hin, dass die Begriffe ›Moderne‹ und ›modern‹ nicht eine Epoche, sondern einen Gemütszustand, eine Haltung oder eine Einstellung zum Leben meinen. Schon die zweite unzeitgemäße Betrachtung, die unter dem Titel *Vom Nutzen und Nachtheil der Historie für das Leben* (1874) erschien, spricht von einem »rasend-unbedachten Zersplittern und Zerfasern aller Fundamente, ihre Auflösung in ein immer fliessendes und zerfliessendes Werden, das unermüdliche Zerspinnen und Historisiren alles Gewordenen durch den modernen Menschen« (Nietzsche 1980, 313). Dieses Thema kehrt in seinen späteren Schriften unter dem Stichwort »moderne Unruhe« (Nietzsche 1988, 232 f.) wieder und meint ein Symptom der gegenwärtigen Kultur, die sich einerseits von antiquarischem Ballast befreit hat, andererseits aber der Ruhe, Konzentration und Sammlung der Kräfte zum Aufbau einer »höheren Cultur« ermangelt (Nietzsche 1988, 187–237: »Anzeichen höherer und niederer Cultur«).

Mit Nietzsche rücken der ›moderne Mensch‹ und die Anforderungen des ›modernen Lebens‹ in den Mittelpunkt kulturphilosophischer Debatten. In Wilhelm Diltheys (1833–1911) Weltanschauungsanalysen steht ebenfalls der Lebensbegriff im Mittelpunkt. Der Mensch wird nicht mehr vorrangig vom erkennenden Subjekt her betrachtet, sondern in den Zusammenhang des Lebens gestellt. »Ehedem suchte man von der Welt aus Leben zu erfassen. Es gibt aber nur den Weg von der Deutung des Lebens zur Welt. Und das Leben ist nur da im Erleben« (Dilthey 1981, 364). Von Diltheys »Zusätzen« zur Weltanschauungslehre hat der Herausgeber Bernhard Groethuysen (1880–1946) den letzten Zusatz »Der moderne Mensch und der Streit der Weltanschauungen« genannt (Dilthey 1968, 227–235).

In seiner *Einleitung in die Geisteswissenschaften* (1883) liefert Dilthey eine umfassende Analyse der psychischen Disposition des modernen Menschen: »Diese veränderte Auffassung der geistigen Bildung, wie sie in der zunehmenden Selbständigkeit der Religion, Wissenschaft und Kunst und der wachsenden Freiheit des Individuums gegenüber dem Verbandsleben der Menschheit erscheint, ist der tiefste, in der psychischen Verfassung des modernen Menschen selbst liegende Grund dafür, daß jetzt die Metaphysik ihre bisherige geschichtliche Rolle ausgespielt hat« (Dilthey 1990, 356). Innere psychische Verfassung und äußeres gesellschaftliches Leben werden in diesem Beispiel zusammengeführt. Der Auftritt des modernen Menschen, nach Dilthey sicherlich der folgenreichste Wandel in der Geistesgeschichte, vollzieht sich in diesem dynamischen Wechselverhältnis beider Sphären, in dem das individuelle Erleben und der Charakter der geistigen Formen tiefgreifend verändert wird.

Rudolf Euckens (1846–1926) Blick ist im Unterschied zu Dilthey auf die »Einheit des Lebens« gerichtet. Innerhalb die »Neuzeit« nimmt seiner Auffassung nach die Gegenwart eine besondere Stellung ein: Sie ist geprägt durch die Wendung zum Realismus, als Antwort auf die Systeme des philosophischen Idealismus. Modernisierungsschübe liefern die Sozialpolitik und die Naturwissenschaften; Eucken bezeichnet sie explizit als »modern«. Die Philosophie selbst ist hingegen nicht modern, denn sie hat zum einen den Anschluss an die Gegenwart verloren, zum anderen ist es aber auch nicht ihre Aufgabe, in den Tendenzen der Gegenwart aufzugehen. Ihre Aufgabe liegt in der »Notwendigkeit einer Lebensvertiefung« (Eucken 1912, 3. Teil. C. Kap. 6; 527–534). In seiner späteren Studie *Mensch und Welt* hingegen skizziert Eucken die Form eines »modernen Lebens« (wir »Daseinsmenschen«) als Negativfolie, der er ein »aufsteigendes«, rein gegenwärtiges Leben entgegensetzt. Der Grundgedanke ist den Beobachtungen Nietzsches verwandt: Das moderne Leben ist durch beschleunigtes Zeiterleben und Rastlosigkeit gekennzeichnet; der moderne Mensch steht vor der Aufgabe, sich in ein neues Verhältnis zur Zeit, d. h. echte Gegenwärtigkeit, zu versetzen. Dieses Projekt lässt sich entweder als Gegenentwurf zum modernen Leben oder als dessen Überbietung verstehen.

In Euckens Abhandlung *Der moderne Mensch und die Kultur* (1903) heißt es in diesem Sinne: »Denn täuschen wir uns nicht: ein starkes Gefühl der Unbefriedigung mit der gegenwärtigen Kultur geht durch die Menschheit; wir empfinden diese Kultur als zu wenig durchgreifend bis zur Wurzel des Wesens, als unfähig, dem Leben einen Sinn und Gehalt zu geben und die Gemüter mit jener grossen Liebe zu erfüllen, die über alle Not und Enge hinausstrebt. Der Mensch verlangt nach einem Werte seines Lebens und einer Bedeutung seines Tuns […] es steckt dahinter ein metaphysischer Lebensdrang, ein Zeugnis grösserer Tiefen und Geheimnisse der Wirklichkeit« (Eucken 1903, 180).

Auch die Philosophiegeschichtsschreibung der Zeit um 1900 wendet sich einer Bestimmung des modernen Lebens zu. Wilhelm Windelband (1848–1915) stellte die Geschichte der »neueren Philosophie« als Teil der großen Edition *Die Kultur der Gegenwart* dar. Dabei sprach er der Philosophie selbst nicht das Attribut ›modern‹ zu, bezeichnet jedoch eine Analyse der Philosophiegeschichte als »die unerläßliche Voraussetzung für das Einleben in die Motive des modernen Denkens« (Windelband 1909, 382). Dazu gehört die Einsicht, dass die Philosophie die Aufgabe hat, die kulturelle Wirklichkeit kritisch zu durchdringen und in ihrem Hintergrund allgemeingültige Werte aufzusuchen, die sowohl dem Voranschreiten in den Naturwissenschaften als auch der Entdeckung der geschichtlichen Vielfalt des Kulturellen standhalten können (Windelband 1909, 540 f.).

Windelband sprach in seinem Vortrag *Über die gegenwärtige Lage und Aufgabe der Philosophie* (1907) davon, dass man von »der Philosophie nicht die Einsicht in ein einzelnes Gebiet des Wirklichen, sondern vielmehr eine gedankliche Arbeit erwartet, die in wissenschaftlicher Begründung eine Weltanschauung und Lebensansicht gewähren soll« (Windelband 1921, 1). In der Ausführung dieser Aufgabe zeigt sich, dass die Philosophie von einer ähnlichen Unsicherheit zwischen Tradiertem und Neuem schwankt, die »wir in allen Sphären des modernen Lebens beobachten« können (Windelband 1921, 4). In seinem *Lehrbuch der Geschichte der Philosophie* zeigte Windelband die grundlegenden Probleme der Gegenwart auf: Es gilt, gegen die naturalistischen Tendenzen der Zeit den Kampf um die Seele fortzusetzen sowie die Differenz von Natur und Geschichte aufrechtzuerhalten und gegen den historistischen Relativismus die Wertproblematik zu behaupten (Windelband 1916, 523–567).

Der große Analytiker des modernen Lebens war allerdings Georg Simmel (1858–1918), dessen Überlegungen an den Grenzen von Philosophie und neu entstehender Soziologie anzusiedeln sind. Simmel diagnostiziert eine Sinnleere der modernen Lebenswelt und spricht von einer nie zuvor empfundenen »Kulturnot« (Simmel 1987 [1918], 151). Am Ende des 19. Jh.s habe sich die Suche nach einer neuen Weltanschauung in der Arbeit am Begriff des Lebens verdichtet und der Versuch, die grundlegenden Probleme im Verhältnis von Mensch und Wirklichkeit einer Lösung näher zu bringen, hat die Gestalt einer »Metaphysik des Lebens« angenommen. Weil die naturalistische Doktrin in den Wissenschaften hegemoniale Ansprüche erhebt, drückt sich in dieser metaphysischen Tendenz »der Kampf des Lebens um sein Selbst-Sein« aus (Simmel 1987 [1918], 158).

In seiner *Philosophie des Geldes* (1900) deutet Simmel die »Stilbestimmtheiten« des modernen Lebens (Simmel 1989, 591–716). Seiner Auffassung nach ist der moderne Lebensstil durch verschiedene Aspekte charakterisiert. Da ist zum einen die Distanziertheit, die Mittelbarkeit des Lebens zu sich selbst; Charakteristika sind hier das Übergewicht der Mittel über die Zwecke in unserer Lebensführung, was sich insbesondere im Geldverkehr zeigt, die Herrschaft des Formaspekts der Dinge über ihre materielle Bedingtheit, der Einsatz der Technik und die mit ihm einhergehenden Illusionen einer Herrschaft über die Natur usw. Diesem Verhalten korrelieren ein Zustand der inneren Unruhe des Menschen, ein rastloses Drängen nach Veränderung und ein Mangel an »Definitivem im Zentrum der Seele« (Simmel 1989, 675).

Vor diesem Hintergrund entwickelt Simmel seine Analyse des Zeitgefühls und -bewusstseins des modernen Menschen, wodurch deutlich wird, dass er den modernen Lebensstil vorrangig als einen bestimmten Umgang mit der Zeit versteht. Ausgangspunkt ist eine Bestimmung der natürlichen Zeit, eines Rhythmus des Lebens, der auf Wellenbewegungen der Natur, den Wechsel von Tag und Nacht zurückgeht und dem die »Wellenform des Seelischen« korreliert (Simmel 1989, 677). Dieser Rhythmus der Bewegung erlaubt die Integration von Physischem und Psychischem, die Synchronisierung der Rhythmen des Lebens und der Seele – das steht nach Simmel im modernen Kulturleben auf dem Spiel.

»Der Kulturmensch hat sich durch seine Verfügung über Nahrung und Wetterschutz hiervon unabhängig gemacht, so daß er in dieser Hinsicht seinen individuellen Impulsen und nicht mehr allgemein, also notwendig rhythmisch, bestimmten folgt« (Simmel 1989, 678). Seit sich die Tauschgesellschaft vom Naturaltausch entfernt hat, sich die Verfahren der Arbeitsteilung herausgebildet haben, die Organisation der Produktionsprozesse einen eigenen Rhythmus verlangt und die Lebenswelt technisiert wird und wir für Geld alles zu jeder Zeit kaufen können, verliert der Rhythmus des Lebens seine Verbindlichkeit für unsere Lebensführung. »Kurz, wenn die Kultur, wie man zu sagen pflegt, nicht nur den Raum, sondern auch die Zeit überwindet, so bedeutet dies, daß die Bestimmtheit zeitlicher Abteilungen nicht mehr das zwingende Schema für unser Tun und Genießen bildet, sondern daß dieses nur noch von dem Verhältnis zwischen unserem Wollen und Können und den rein sachlichen Bedingungen ihrer Betätigung abhängt« (Simmel 1989, 680). Im Resultat gewinnt das moderne Individuum durch die zunehmende Unregelmäßigkeit und Differenzierung der Bedürfnislagen ein vorher unbekanntes Maß an Freiheit.

Simmel hält fest, dass der moderne Mensch aufgrund der gewonnenen Freiheit, die sich in der Lebensführung in den Modi der Unregelmäßigkeit und der differenzierten Bedürfnislagen zeigt, vor einer neuen Aufgabe steht: Die Integration des rhythmisch-symmetrischen und des individualistisch-spontanen Lebensprinzips. »Und es ist ersichtlich, wie tief in die persönlichen Lebensstile dieser Gegensatz heruntersteigt. Auf der einen Seite die Systematisierung des Lebens: seine einzelnen Provinzen harmonisch um einen Mittelpunkt geordnet [...]; die einzelnen Betätigungen regelmäßig abwechselnd, zwischen Aktivitäten und Pausen ein festgestellter Turnus, kurz, im Nebeneinander wie im Nacheinander eine Rhythmik [...]. Auf der anderen Seite: die Formung des Lebens von Fall zu Fall, die innere Gegebenheit jedes Augenblicks mit den koinzidierenden Gegebenheiten der Außenwelt in das möglichst günstige Verhältnis gesetzt [...].« (Simmel 1989, 689; zu ähnlichen Thesen vgl. Lübbe 1992, 359–396; Rosa 2008; Rosa 2013, 99–106). Für die moderne Kultur gilt, dass sich besagter Konflikt »zum akuten gesteigert hat und die ganze Breite der Existenz« erfasst hat (Simmel 1987, 173). In seinen späten Arbeiten zur Tragik modernen Kulturlebens spricht Simmel von einem tragischen, unlösbaren Gegensatz.

Simmels Analysen stehen nicht isoliert, wie folgende Hinweise deutlich machen. So erklärt Max Weber (1864–1920) die moderne Kultur für einen sinnentleerten Kosmos. Seiner Ansicht nach zeigt die entzauberte Lebenswelt mit aller Härte »die Sinnlosigkeit der rein innerweltlichen Selbstvervollkommnung zum Kulturmenschen« (Weber 1920, 569). Auch der Kulturphilosoph Albert Schweitzer (1875–1965) ruft zu einer radikalen Diagnose der modernen Kultur auf. »So haben wir die Menschen von heute wieder zu elementarem Nachdenken über die Frage, was der Mensch in der Welt ist, und was er aus seinem Leben machen will, aufzurütteln. Noch hat der moderne Mensch kein richtiges Empfinden von der Schwere der Tatsache, dass er in unbefriedigender Weltanschauung oder in Weltanschauungslosigkeit lebt« (Schweitzer 1926, 9–10).

Die philosophisch-soziologischen Reflexionen zu den Konzepten des ›modernen Lebens‹, ›modernen Lebensstils‹ und ›modernen Menschen‹ wurden in einer neu entstehenden Disziplin namens ›Philosophische Anthropologie‹ zusammengeführt (Hartung 2003). Diese Disziplin entstand in einer, wie Helmuth Plessner (1892–1985) es formulierte, »Situation gesteigerter Bereitschaft zur Generalrevision aller Werte und Wahrheiten« (Plessner 1957, 411) und beruhte auf einer Diagnose, die in den Worten Max Schelers (1874–1928) prägnant lautet, »dass zu keiner Zeit der Geschichte der Mensch sich so problematisch geworden ist wie in der Gegenwart« (Scheler 1927, 161 f.).

In Ernst Cassirers (1874–1945) Kulturphilosophie werden diese Denkansätze zu einer Theorie der modernen Kultur verdichtet, auch wenn Cassirer den *general character of human culture* (Cassirer 1972, 22) herausarbeiten möchte. Seine Grundlegung einer »Philosophie der menschlichen Kultur« beruht auf den Zeitdiagnosen Simmels und Schelers. Das erste Kapitel des *Essay on Man* (1944) trägt den Titel »The Crisis in Man's Knowledge of Himself«. Cassirers kulturphilosophische Bestimmung des Menschen setzt voraus, dass sich der Mensch im Prozess der Objektivation seines Weltbezugs zugleich selbst objektiviert und nicht nur seine Sprache, seine künstlerische Ausdrucksform usw. als Funktionszusammenhang, sondern auch sich selbst als Funktionseinheit begreift. Dieses Moment der gesteigerten Selbstreflexion impliziert eine Theorie des modernen Lebens. Cassirers Bestimmung des Menschen als »animal symbolicum« (Casssirer 1972, 26), die keine Definition gibt, sondern lediglich die Bestimmbarkeit des Menschen offen halten will – »we must affirm that humanity is not to be explained by man, but man by humanity« (Cassirer 1972, 64) –, zielt auf eine Theorie der modernen Kultur, bei der es sich nicht um eine Epoche, sondern um eine Haltung und einen geistigen wie auch sozialen Prozess handelt: »Human culture as a whole may be described as the process of man's progressive self-liberation« (Cassirer 1972, 228).

Mensch und Technik – Zur Theorie des gegenwärtigen Zeitalters

Der Kultursoziologe Hans Freyer (1887–1969) hat mit seiner *Theorie des gegenwärtigen Zeitalters* (Freyer 1955) ein einflussreiches Werk zur Theorie der Moderne vorgelegt. Die grundlegende Problemstellung betrifft das Maß der Veränderung der Erde durch den Menschen, in der Freyer die Signatur unseres Zeitalters erkennt. Das hierdurch bedingte Unbehagen an der Moderne korreliert einem »Übertrumpfen der Natur« (Freyer 1955, 27). Aufgrund des überwältigenden Erfolgs der neuen Technologien – in der Landwirtschaft, in der Medizin usw. – setzt sich eine technische Einstellung zur Außenwelt durch, die jeder anderen Einstellung ihre Legitimationsbasis entzieht. Die großen Fortschritte zeigen sich in der Machbarkeit der Sachen, aber auch in der Organisierbarkeit der Arbeit und in der Zivilisierbarkeit des Menschen (Freyer 1955, 48). Es handelt sich hierbei um Wirkmächte, die gemeinsam ein »sekundäres System« der Einstellung zur Außenwelt und der Lebensführung ausbilden, das wie eine zweite Natur wirkt (Freyer 1955, 99; vgl. Rehberg 2007b, 77 f.). Wir müssen uns sekundäre Systeme wie Kreisläufe vorstellen, die strukturell ihren Vorgängertypus – die Rhythmik des Hegens und Pflegens in einer Agrargesellschaft, die den Tagesablauf und den Jahreszyklus bestimmt – nachbildet und die Menschen der Gegenwart in soziale, ökonomische und politische Handlungskreise einbindet.

Freyer behauptet nun, dass (entgegen dem klassischen Narrativ der Aufklärung) wir Menschen nicht deshalb schon frei werden, weil wir von dem o. a. Kreislauf erster Ordnung abgekoppelt werden (Freyer 1955, 110). Das eindrücklichste Beispiel für diesen Sachverhalt ist die moderne Technik, deren Sinn (seit der Erfindung der Dampfmaschine) die Macht und nicht mehr der Nutzen ist. »Die Frage, ob der Mensch nicht eines Tages wollen wird, bloß weil er kann, ist nun erst gestellt; aber sie ist nun auch allen Ernstes gestellt« (Freyer 1955, 167). Während sich also eine Einstellung zur Außenwelt – und die ihr korrespondierende Lebensführung – im Modus des Hegens und Pflegens an den materiellen Bedingungen erweisen und erschöpfen kann, fehlt diese Sinnhaftigkeit im Modus der Fabrikation zusehends: Die Natur gibt uns in der Moderne kein Maß für Einstellung und Lebensführung. Der Mensch in der modernen Sachwelt, der dem Kreislauf des hegenden und pflegenden Umgangs mit Natur, wie es in einer agrarischen Gesellschaft die Regel ist, enthoben wird, gerät in den Zustand einer »Erfahrungsleere«. Diese Leere nimmt in dem Maße zu, wie er als Element sekundärer Systeme bestimmt wird. In der Erfahrungsleere gedeihen Ideologien, denn der Mensch braucht im Sinne Diltheys eine Weltanschauung (Freyer 1955, 124).

Mit diesen Überlegungen leitet Freyer seine Analyse der Lebensführung des modernen Menschen ein. Seiner Auffassung nach fördern sekundäre Systeme die Einsamkeit des Menschen, die seit hundert Jahren zunimmt. Mit einer Anti-Hegelschen Invektive vermerkt er, dass in der Reformation und der Französischen Revolution zwar um die Freiheit gekämpft, aber v. a. die Einsamkeit errungen wurde. Seine weiterführende These lautet: In sekundären Systemen geht die Vereinzelung der Einzelnen weiter, als dass diese Tendenz mit dem Stichwort ›Individualismus‹ (der Soziologie Simmels entnommen) zu fassen wäre. Denn der Mensch steht nicht mehr im Mittelpunkt einer verlässlichen Welt, sondern erlebt sich selbst als auf einen »Schnittpunkt von Linien« (eines Systems, nicht mehr eines sinnhaften Kreislaufs) reduziert (Freyer 1955, 137).

Freyer diagnostiziert seiner Gegenwart ein Bestreben, »die Reduktion des Menschen durch die Wirkungen und Anforderungen des sekundären Systems« (Freyer 1955, 146) aufs Äußerste voranzutreiben. Sekundäre Systeme organisieren die Lebensführung und versuchen, diese sich lückenlos zu unterwerfen. Die voranschreitende Entfremdung zwischen dem Menschen und seiner Lebenssituation ermöglicht erst das moderne »Massedasein«, das in den großen Betrieben (von der Universität bis zum Krankenhaus), in den Verkehrsmitteln (als Ermöglichungsbedingungen des freien Menschen) oder bei Großveranstaltungen (vom Sport bis zur Politik) allgegenwärtig ist. Mit seiner Analyse der Reduktion des Menschseins stellt Freyer der Moderne ein pessimistisches Zeugnis aus, das beispielhaft für eine konservative Moderne-Theorie steht (Rehberg 2007b).

Arnold Gehlen (1904–1976) hat die Grundgedanken Freyers übernommen und in seine Analysen zum Verhältnis Mensch-Technik eingebaut. In *Die Technik in der Sichtweise der Anthropologie* entwickelt Gehlen die »Vorstellung eines Wesenszusammenhangs von Mensch und Technik, also zwischen der erfinderischen Intelligenz des Menschen, seiner Organausstattung und der Expansionsfähigkeit seiner Bedürfnisse« (1986a, 94). Seit den primitiven Anfängen der menschlichen Kultur liegt seiner Ansicht nach das faszinierende Moment der Technik im »Automatismus« der Bewegungsabläufe. »Diese Faszination ist ein Resonanzphänomen« (Gehlen 1986a, 97). Aber in der Gegenwart regt sich neben der anhaltenden Faszination für die Wiederholung, den Rhythmus, das Gleichmaß technischer Prozesse auch ein zunehmendes Unbehagen an der Technik. Gehlen meint damit »die industrialisierte und verwissenschaftlichte stählerne und drahtlose Großapparatur ›Technik‹« (Gehlen 1986a, 99).

In *Der Mensch und die Technik* erweitert Gehlen diese Überlegungen (Gehlen 1986b) und spricht von einem allgemeinen Trend in der Technik, vom Prinzip des Organersatzes zum Ersatz des Organischen überzugehen. Dahinter liegt die Idee, dass der Mensch von Resonanzphänomenen in der Welt des Organischen fasziniert ist, aber an deren effektiver Operationalisierung scheitert. In zentralen Bereichen seiner Natur ist der Mensch Automatismus: Herzschlag, Atmung und Ähnliches, aber er kann diese Strukturen nur im Bereich des Anorganischen durch technische Apparaturen nachahmen: »Der Mensch trägt also mit fortschreitender Technik in die unbelebte Natur ein Organisationsprinzip hinein, das im Inneren des Organismus an zahlreichen Stellen bereits wirksam ist« (Gehlen 1986b, 162).

An die Stelle des Natürlichen tritt das Technische als der Bereich, den wir Menschen uns schaffen, um uns in ihm wiederzufinden und wiederzuerkennen: »Bedrängt von der Rätselhaftigkeit seines Daseins und seines eigenen Wesens ist der Mensch schlechthin darauf angewiesen, seine Selbstdeutung über ein *Nicht-Ich* heranzuholen, über ein Anderes-als-Menschliches« (Gehlen 1986b, 157). Die Angewiesenheit auf ein Anderes-als-Menschliches ist zutiefst ambivalent. Gegen alle Hoffnungen der Aufklärungszeit bringt Gehlen eine eigenwillige Säkularisierungsthese in Anschlag: An die Stelle Gottes als Referenzstelle menschlicher Selbstdeutung tritt die Technik. Wenn der Mensch sich in seiner Selbstdeutung nur auf Produkte seiner Selbstentäußerung bezieht, schwindet gleichsam die Chance, aus dem Teufelskreis von Projektion und Selbstdeutung im Horizont der eigenen Projektionsflächen herauszutreten. Das Ergebnis ist ein mehr oder weniger explizites Unbehagen in der Moderne angesichts der erstaunlichen Erfolgsgeschichte des technischen Fortschritts.

Das wachsende Unbehagen an der Technik ist nach Gehlen ein Symptom moderner Lebensführung, wofür er mehrere Gründe anführt. Zum einen resultiert es aus der Abtrennbarkeit technischer Rationalität von den Sozial- und Sprachformen, von kulturellen Milieus, aus denen sie hervorgegangen ist. Es ist Gehlens eigenwilliger Kommentar zur Dialektik der Aufklärung, dass er das 18. Jh. für die Entfesselung der Individualkräfte und einer moralisch neutralen Rationalität verantwortlich macht. Der Siegeszug der technischen Rationalität erscheint für ihn somit als Vollendung und anders als bei Horkheimer und Adorno in der *Dialektik der Aufklärung* keinesfalls als Verkehrung der Aufklärungsideale.

Hinter diesen Aspekten steht jedoch ein Gedanke von existentiellem Ausmaß, der für die Lebensführung des modernen Menschen von großer Bedeutung ist. Zwar erfindet der Mensch immer schon Technik, aber erst in unserer Gegenwart verschwindet die Grenze zwischen Innen und Außen, Natürlich und Künstlich. »Die Technik umgibt […] nicht nur den modernen Menschen, sie dringt in sein Blut ein« (Gehlen 1986a, 102). Es ist wahrscheinlich, so mutmaßt Gehlen, dass diese qualitative Veränderung im Verhältnis von Mensch und Technik für die geradezu explosionsartige Steigerung des Tempos der Technikentwicklung verantwortlich ist. Das Seelenleben des modernen Menschen wird von dem Übergang zur Industriekultur in einem Maße ergriffen, dass Gehlen gar von einer gewaltigen Umwälzung spricht, die mit der neolithischen Revolution vergleichbar sei.

In seiner Studie *Die Seele im technischen Zeitalter. Sozialpsychologische Probleme in der industriellen Gesellschaft* (1957) erläutert Gehlen seine These von »eine[r] inneren Transformation der Art und Weise, wie wir Wirklichkeiten auffassen« (Gehlen 2007, 39). »Menschen des technischen Zeitalters« zeichnen sich dadurch aus, dass sie eine körperliche und geistige Anpassung an die technisch optimierte soziale Welt vornehmen. Der Typus des Opportunisten herrscht vor. Arbeitsteilung im Arbeitsprozess und Planung im Alltagsleben fördern die Entfremdung, indem sie die Chance zur Initiative verbauen. An die Stelle von echten Erfahrungen treten »Erfahrungen zweiter Hand«, und an die Stelle von Überzeugungen treten Meinungen. Die Industriekultur verändert die Lebenswelt des Menschen ständig, und diese Veränderung sind irreversibel (Gehlen 2007, 97). Von zentraler Bedeutung ist für Gehlen die Feststellung, dass die vielen kleinen Veränderungen nicht nur ein bloßes Summenverhältnis ergeben, das wir quantifizieren könnten, sondern dass der zu verzeichnende Umbruch einen qualitativen Sprung von einer Stufe kultureller Entwicklung auf eine andere meint. »Das heißt: kein Sektor der Kultur und kein Nerv im Menschen wird von dieser Transformation unergriffen bleiben, die noch Jahrhunderte dauern kann, wobei es unmöglich ist, anzugeben, was in diesem Feuer verbrennen wird, was umgeschmolzen wird und was sich als widerstehend erweisen wird« (Gehlen 2007, 97).

Auch bei Gehlen erscheint ›die Moderne‹ nicht als Epoche, sondern gleichsam als eine Haltung und Erfahrungsdisposition wie auch als ein Prozess der Transformation der Lebensverhältnisse. Freyer und Gehlen radikalisieren einen Grundgedanken der Simmelschen Theorie modernen Lebens im Sinne ihrer konservativen Modernitätskritik: Die Lebensführung des modernen Menschen ist riskant, d. h. im technischen Zeitalter steht das Überleben des Menschen selbst auf dem Spiel.

Demgegenüber formulierten die Soziologen Peter L. Berger (geb. 1929) und Thomas Luckmann (geb. 1927) 1966 ein positives Bild moderner Gesellschaften, in denen die Unlösbarkeit der Konflikte zu Formen der Kooperation führt. »Wir müssen bedenken, daß die meisten modernen Gesellschaften pluralistisch sind, das heißt, daß sie alle bestimmte gemeinsame Grundelemente einer Sinnwelt aufweisen, die als solche Gewißheitsstruktur haben, daß aber zusätzlich verschiedene Teilsinnwelten bestehen, die im Status gegenseitiger Übereinkunft koexistieren. Solche Teilsinnwelten mögen gewisse ideologische Funktionen erfüllen, aber der offene Konflikt von Ideologien wird nun ersetzt durch verschiedene Grade der Toleranz oder gar der Kooperation« (Berger/Luckmann 1980, 133 f.).

In großer Nähe zu dieser Position nennt der Kulturphilosoph Michael Landmann (1913–1984) den »Harmonismus« eine Geisteshaltung, die nichts anderes als ein Vorurteil ist. Es gibt Konflikte, die wir lösen können, aber daneben »bestehen die unharmonisierbaren und nicht aus der Welt zu schaffenden Konflikte« (Landmann 1971, 204). Diese Konflikte sind beispielsweise soziologischer Art, so zwischen Individuum und Gesellschaft, oder psychologischer Art, so zwischen Es und Über-Ich, oder axiologisch, so zwischen Innen- und Außenmoral, zwischen Werten wie Gerechtigkeit und Liebe, die sich antinomisch zueinander verhalten und uns in eine Pflichtenkollision stürzen. Die Einsicht in die tragische Konstellation menschlichen Lebens und insbesondere in die Tragödie der modernen Kultur (Simmel) ist, wie Landmann betont, wahrer als alle philosophischen Konfliktlösungsmodelle. Die Moderne wird hier zu einer Einstellung und Haltung zur Wirklichkeit, die um die Unlösbarkeit existentieller Grundprobleme weiß.

Literatur

Berger, Peter L./Luckmann, Thomas: *Die gesellschaftliche Konstruktion der Wirklichkeit. Eine Theorie der Wissenssoziologie*. Frankfurt am Main 1980.
Biese, Franz Carl: *Die Philosophie des Aristoteles, in ihrem inneren Zusammenhang, mit besonderer Berücksichtigung des philosophischen Sprachgebrauchs, aus dessen Schriften entwickelt*, Bd. 1. Berlin 1835.
Brandis, Christian August: *Handbuch der Geschichte der griechischen Philosophie*, 2 Bde. Berlin 1835 und 1866.
Braun, Lucien: *Geschichte der Philosophiegeschichte*. Darmstadt 1990.
Brehier, Emile: *Histoire de la philosophie*. Bd. 2: *La philosophie moderne*. Paris 1830.
Cassirer, Ernst: *An Essay on Man. An Introduction to a Philosophy of Human Culture*. New Haven/London 1972.
Cousin, Victor: *Cours de l'histoire de la philosophie moderne*. Première Série. Paris 1846.
Cousin, Victor: *Course of the History of Modern Philosophy*. Appleton 1852.
Dilthey, Wilhelm: *Weltanschauungslehre. Abhandlungen zur Philosophie der Philosophie*. In: Ders.: Gesammelte

Schriften, Bd. 8, hrsg. von Bernhard Groethuysen. Stuttgart/Göttingen ⁴1968.
Dilthey, Wilhelm: *Der Aufbau der geschichtlichen Welt in den Geisteswissenschaften. Zusätze*, hrsg. von Manfred Riedel. Frankfurt am Main 1981.
Dilthey, Wilhelm: *Einleitung in die Geisteswissenschaften. Versuch einer Grundlegung für das Studium der Gesellschaft und der Geschichte*. In: Gesammelte Schriften, Bd. 1. Stuttgart/Göttingen ⁹1990.
Eisenstadt, Shmuel Noah: Multiple Modernities. New Brunswick ²2005.
Erdmann, Johann Eduard: *Versuch einer wissenschaftlichen Darstellung der Geschichte der neueren Philosophie*, 3 Bde. Leipzig 1836–1853.
Eucken, Rudolf: Der moderne Mensch und die Kultur. In: Ders.: *Gesammelte Aufsätze zur Philosophie und Lebensanschauung*. Leipzig 1903, 172–186.
Eucken, Rudolf: *Die Lebensanschauungen der grossen Denker*. Leipzig ¹⁰1912.
Eucken, Rudolf: *Mensch und Welt. Eine Philosophie des Lebens*. Leipzig ³1923.
Fichte, Immanuel Hermann: *Beiträge zu einer Charakteristik der neueren Philosophie zur Vermittlung ihrer Gegensätze, oder kritische Geschichte derselben von Descartes und Locke bis auf Hegel*. Sulzbach 1829.
Fischer, Kuno: *Geschichte der neueren Philosophie*, 8 Bde. Heidelberg 1852–1893.
Forster, Michael: The History of Philosophy. In: Wood, Allen W. et al. (Hrsg.): *The Cambridge History of Philosophy in the Nineteenth Century (1790–1870)*. Cambridge 2012, 866–904.
Freyer, Hans: *Theorie des objektiven Geistes. Eine Einleitung in die Kulturphilosophie*. Leipzig/Berlin ³1934.
Freyer, Hans: *Theorie des gegenwärtigen Zeitalters*. Stuttgart 1955.
Gehlen, Arnold: Die Technik in der Sichtweise der Anthropologie. In: Ders.: *Anthropologische und sozialpsychologische Untersuchungen*. Reinbek bei Hamburg 1986 a, 93–103.
Gehlen, Arnold: Der Mensch und die Technik. In: Ders.: *Anthropologische und sozialpsychologische Untersuchungen*. Reinbek bei Hamburg 1986 b, 147–162.
Gehlen, Arnold: *Urmensch und Spätkultur. Philosophische Ergebnisse und Aussagen*. Wiesbaden ⁵1986 c.
Gehlen, Arnold: *Die Seele im technischen Zeitalter. Sozialpsychologische Probleme in der industriellen Gesellschaft* (1957). Frankfurt am Main 2007.
Gilbert, Felix: The Professionalization of History in the Nineteenth Century. In: Higham, John et al. (Hrsg.): *History*. Princeton 1965, 320–339.
Gosepath, Stefan/Lohmann, Georg (Hrsg.): *Philosophie der Menschenrechte*. Frankfurt am Main 1998.
Habermas, Jürgen: *Der philosophische Diskurs der Moderne. Zwölf Vorlesungen*. Frankfurt am Main 1988.
Hartung, Gerald: *Das Maß des Menschen. Aporien der philosophischen Anthropologie und ihre Auflösung in der Kulturphilosophie Ernst Cassirers*. Weilerswist 2003.
Hartung, Gerald (Hrsg.): *Eduard Zeller. Philosophie- und Wissenschaftsgeschichte im 19. Jahrhundert*. Berlin 2010.
Hegel, Georg Wilhelm Friedrich: *Enzyklopädie der philosophischen Wissenschaften*, Teil 3. In: Werke. Bd. 10. Frankfurt am Main 1986 a.
Hegel, Georg Wilhelm Friedrich: *Vorlesungen über die Philosophie der Geschichte*. In: Werke, Bd. 12. Frankfurt am Main 1986 b.
Hegel, Georg Wilhelm Friedrich: *Vorlesungen über die Geschichte der Philosophie*. Teil 3. In: Werke. Bd. 20. Frankfurt am Main 1986 c.
Hinneberg, Paul: *Die Kultur der Gegenwart, ihre Entwicklung und ihre Ziele, Teil 1, Bd. 5: Allgemeine Geschichte der Philosophie*. Berlin und Leipzig 1909.
Inouye, Tetsujiro: Die japanische Philosophie. In: *Die Kultur der Gegenwart, ihre Entwicklung und ihre Ziele, Teil 1, Bd. 5: Allgemeine Geschichte der Philosophie*, hrsg. von Paul Hinneberg. Berlin/Leipzig 1909, 100–114.
James, William: *Pragmatism. A New Name for Some Old Ways of Thinking*. Cambridge 2014.
Köhnke, Klaus Christian: *Entstehung und Aufstieg des Neukantianismus. Die deutsche Universitätsphilosophie zwischen Idealismus und Positivismus*. Frankfurt am Main 1993.
Koselleck, Reinhart: *Vergangene Zukunft. Zur Semantik geschichtlicher Zeiten*. Frankfurt am Main 1979.
Kossler, Matthias: *Schopenhauer und die Philosophien Asiens*. Wiesbaden 2008.
Landmann, Michael: *Das Ende des Individuums. Anthropologische Skizzen*. Stuttgart 1971.
Lepsius, M. Rainer: Soziologische Theoreme über die Sozialstruktur der »Moderne« und die »Modernisierung«. In: Koselleck, Reinhart (Hrsg.): *Studien zum Beginn der modernen Gesellschaft*. Stuttgart 1974, 10–29.
Löwith, Karl: *Von Hegel zu Nietzsche. Der revolutionäre Bruch im Denken des neuzehnten Jahrhunderts*. Hamburg ⁹1986.
Lübbe, Hermann: *Im Zug der Zeit. Verkürzter Aufenthalt in der Gegenwart*. Heidelberg/Berlin 1992.
Mann, Wolfgang-Rainer: The Origins of the Modern Historiography of Ancient Philosophy. In: *History and Theory. Studies in the Philosophy of History* 35, 1996, 165–195.
Mauthner, Fritz: *Wörterbuch der Philosophie. Neue Beiträge zu einer Kritik der Sprache*, Bd. 2 [1910/11]. Zürich 1980.
Meier, Stephan: Postmoderne. In: Ritter, Joachim et al. (Hrsg.): *Historisches Wörterbuch der Philosophie*, Bd. 7. Basel 1989, 1142–1145.
Michelet, Karl Ludwig: *Geschichte der letzten Systeme der Philosophie in Deutschland, von Kant bis Hegel*, 2 Bde. Berlin 1837/38.
Nietzsche, Friedrich: *Vom Nutzen und Nachtheil der Historie für das Leben*. In: Ders.: Sämtliche Werke. Kritische Studienausgabe, Bd. 1., hrsg. von Giorgio Colli und Mazzino Montinari. München 1980, 243–334.
Nietzsche, Friedrich: *Menschliches-Allzumenschliches*. In: Ders.: Sämtliche Werke. Kritische Studienausgabe, Bd. 2, hrsg. von Giorgio Colli und Mazzino Montinari. München 1988.
Osterhammel, Jürgen: *Die Verwandlung der Welt. Eine Geschichte des 19. Jahrhunderts*. München 2009.
Paulsen, Friedrich: Das jüngste Ketzergericht über die moderne Philosophie. In: Ders.: *Philosophia militans. Gegen Klerikalismus und Naturalismus*. Berlin 1901, 3–28.
Piepmeier, Rainer: Modern, die Moderne. In: Ritter, Joa-

chim et al. (Hrsg.): *Historisches Wörterbuch der Philosophie*, Bd. 6. Basel 1984, 54–62.

Plessner, Helmuth: Anthropologie II. Philosophisch. In: Betz, Hans Dieter et al. (Hrsg.): *Die Religion in Geschichte und Gegenwart. Handwörterbuch für Theologie und Religionswissenschaft*, Bd. 1. Tübingen ³1957, 410–414.

Rehberg, Karl-Siegbert: Arnold Gehlens Kulturtheorie der Moderne. Nachwort zur Neuausgabe. In: Gehlen, Arnold: *Die Seele im technischen Zeitalter. Sozialpsychologische Probleme in der industriellen Gesellschaft*. Frankfurt am Main 2007 a, 141–154.

Rehberg, Karl-Siegbert: Hans Freyer (1887–1969), Arnold Gehlen (1904–1976), Helmut Schelsky (1912–1984). In: Kaesler, Dirk (Hrsg.): *Klassiker der Soziologie*, Bd. 2. München ⁵2007 b, 72–104.

Rosa, Hartmut: *Beschleunigung – die Veränderung der Zeitstrukturen in der Moderne*. Frankfurt am Main 2008.

Rosa, Hartmut: *Beschleunigung und Entfremdung*. Berlin 2013.

Rosen, Michael: The History of Philosophy as Philosophy. In: Leiter, Brian et al. (Hrsg.): *The Oxford Handbook of Continental Philosophy*. Oxford 2007, 122–154.

Russell, Bertrand: History of Western Philosophy (1946). London 2004.

Scheler, Max: Die Sonderstellung des Menschen im Kosmos. In: Keyserling, Hermann Graf (Hrsg.): *Der Leuchter. Weltanschauung und Lebensgestaltung. Achtes Buch: Mensch und Erde*. Darmstadt 1927, 161–254.

Schnädelbach, Herbert: *Philosophie in Deutschland 1831–1933*. Frankfurt am Main 1983.

Schneider, Ulrich Johannes: *Philosophie und Universität – Historisierung der Vernunft im 19. Jahrhundert*. Hamburg 1999.

Schwegler, Friedrich Karl Albert: *Geschichte der griechischen Philosophie*. Tübingen 1859.

Schirilla, Nausikaa et al. (Hrsg.): Das Projekt der interkulturellen Philosophie heute. Themenheft *polylog. Zs. für interkulturelles Philosophieren* 25, 2011.

Schwegler, Friedrich Karl Albert: *Geschichte der Philosophie im Umriß. Ein Leitfaden zur Uebersicht*. Stuttgart ⁷1870.

Schweitzer, Albert: *Kultur und Ethik. Kulturphilosophie*, zweiter Teil. München ²1926.

Simmel, Georg: Der Konflikt der modernen Kultur (1918). In: Ders.: *Das individuelle Gesetz. Philosophische Exkurse*, hrsg. von Michael Landmann. Frankfurt am Main ²1987, 148–173.

Simmel, Georg: *Philosophie des Geldes*. Frankfurt am Main 1989.

Sloterdijk, Peter: *Du mußt dein Leben ändern. Über Anthropotechnik*. Frankfurt am Main 2009.

Stenger, Georg: *Philosophie der Interkulturalität: Erfahrung und Welten. Eine phänomenologische Studie*. Freiburg 2006.

Taylor, Charles: *Das Unbehagen an der Moderne*. Frankfurt am Main 1995.

Thomä, Dieter: *Vom Glück der Moderne*. Frankfurt am Main 2003.

Ueberweg, Friedrich: *Grundriß der Geschichte der Philosophie von Thales bis auf die Gegenwart*, 2 Bde. Berlin 1862/64.

Ulrici, Hermann: *Das Grundprinzip der Philosophie kritisch und spekulativ entwickelt*, Bd. 1. Leipzig 1845.

Weber, Alfred: *Kulturgeschichte als Kultursoziologie*. Leiden 1935.

Weber, Max: *Gesammelte Aufsätze zur Religionssoziologie*, Bd. 1. Tübingen 1920.

Weber, Max: Die ›Objektivität‹ sozialwissenschaftlicher und sozialpolitischer Erkenntnis (1904). In: Ders.: *Gesammelte Aufsätze zur Wissenschaftslehre*, hrsg. von Johannes Winckelmann, Tübingen 1988, 146–214.

Windelband, Wilhelm: *Die neuere Philosophie*. In: Hinneberg, Paul (Hrsg.): *Die Kultur der Gegenwart, ihre Entwicklung und ihre Ziele*. Teil 1, Bd. 5: *Allgemeine Geschichte der Philosophie*. Berlin und Leipzig 1909, 382–543.

Windelband, Wilhelm: *Die Philosophie im Deutschen Geistesleben des XIX. Jahrhunderts. Fünf Vorlesungen*. Tübingen 1909.

Windelband, Wilhelm: *Lehrbuch der Geschichte der Philosophie*. Tübingen ⁷1916.

Windelband, Wilhelm: Über die gegenwärtige Lage und Aufgabe der Philosophie (Vortrag 1907). In: Ders.: *Präludien. Aufsätze und Reden zur Philosophie und ihrer Geschichte*. Tübingen ⁷/⁸1921, 1–23.

Wright, William: *A History of Modern Philosophy*. London 1941.

Zeller, Eduard: *Die Philosophie der Griechen. Eine Untersuchung über Charakter, Gang und Hauptmomente ihrer Entwicklung*, 3 Bde. Tübingen 1844–1852.

Zeller, Eduard: *Geschichte der deutschen Philosophie*. München 1873.

Ziegler, Theobald: *Die geistigen und sozialen Strömungen des neunzehnten Jahrhunderts*. Berlin 1911.

Gerald Hartung

Rechtswissenschaft

Definitionen und Anwendungsbereiche

Die Rechtswissenschaft in einem engeren Sinn, als systematisch-wissenschaftliche Arbeit am jeweils geltenden Recht, hat keine Konzeption der Moderne entwickelt und diese weder definiert noch erforscht. Die juristischen Wörterbücher behandeln den Begriff ›Moderne‹ in aller Regel nicht; es gibt keine spezifische Moderne-Debatte der Disziplin.

Ein anderes Bild ergibt sich, wenn man zur Rechtswissenschaft (als Rechtssoziologie, -philosophie, -geschichte etc.) jene soziologische, philosophische und historische Theoriebildung zählt, die sich mit dem Recht und seiner Reflexionsform, der Rechtswissenschaft, befasst. Hier wurden (und werden) die ›Normative Moderne‹ des Rechts und ihre Bedeutung für die Herausbildung und Gestalt moderner Gesellschaften behandelt, wenngleich diese Diskurse terminologisch nicht immer am Begriffsfeld der ›Moderne‹ orientiert waren. Wie die Rechtswissenschaft ›die Moderne‹ bislang aufgegriffen hat und gegenwärtig zum Thema macht, lässt sich deshalb im Wesentlichen nur rekonstruktiv und im Spiegel ihrer Nachbar- und Referenzdisziplinen nachvollziehen.

Vernunftrecht und normativer Individualismus

Das Meisternarrativ zur Unterscheidung von ›vormodernem‹ und ›modernem‹ Recht bzw. Rechtsdenken, demzufolge das moderne Recht sich im 17. und 18. Jh. entwickelt und maßgeblich von der »revolutionäre[n] Gewalt« (Wieacker 1967, 276) einer Vernunftrechtsphilosophie vorangetrieben wird, die sich angesichts der religiösen Krise Europas und des durch sie relativierten theologischen Wahrheitsanspruchs seit Hobbes (1588–1679) und Pufendorf (1632–1694) von der christlichen Moraltheologie emanzipiert hat, darf als das herrschende gelten. Der Moderne-Begriff der Rechtswissenschaft präsentiert sich insofern alles andere als »prekär« (so aber Hunt 2013, 19).

Dass das mit dem 17. Jh. einsetzende rationalistische Naturrecht den Beginn ›modernen‹ Rechtsdenkens darstellt (Scattola 2009, 1), ist rückblickend ein Gemeinplatz. Wenngleich seine Vertreter, beginnend mit Hobbes, den radikalen methodischen Bruch ihrer Ansätze mit den Traditionen der Rechts- und Staatsphilosophie reflektierten, haben sie sich selbst doch nicht als Teil einer Entwicklung beobachtet, die sie als ›Moderne‹ verstanden. Erst durch Georg Wilhelm Friedrich Hegel (1770–1831) wird der normative Individualismus des Vernunftrechts als »Wirklichkeit der konkreten Freiheit« (»Grundlinien der Philosophie des Rechts« von 1820/21, § 260) auch unter den Begriff der Moderne subsumiert: »Das Prinzip der modernen Staaten hat diese ungeheure Stärke und Tiefe, das Prinzip der Subjektivität sich zum *selbständigen Extreme* der persönlichen Besonderheit vollenden zu lassen und zugleich es in die *substantielle Einheit zurückzufahren* und so in ihm selbst diese zu erhalten.« Aber auch dort, wo der epochale Bruch mit traditioneller Autorität und tradierten Formen der Normenbegründung unter anderer Begrifflichkeit verhandelt wird – wenn etwa Friedrich Julius Stahl (1802–1881) um 1860 das Naturrecht von Grotius bis Kant, das von der Tradition der Sitte und des Rechts bloß die Rechte der Einzelnen und die gegenseitige Assekuranz derselben übrig gelassen habe, als »wissenschaftlichen Unterbau der Revolution« bezeichnet (Stahl 1883, 23) – geht es der Sache nach um die Entstehung der ›Normativen Moderne‹.

Maine, Durkheim und Weber

Mit Henry James Sumner Maine (1822–1888) beginnt ein spezifischer Theoriestrang an der Grenze von Rechtsgeschichte und Makrosoziologie. In seinem Buch *Ancient Law: Its Connection with the Early History of Society, and Its Relation to Modern Ideas* (1861) thematisiert er die anhaltende Bedeutung der römischen Rechtsidee für das (zeitlich nicht näher bestimmte) ›moderne Denken‹, macht zugleich aber ein uniformes ›Fortschrittsgesetz‹ für die Modernisierung des Rechts aus. Dieses sieht er darin, dass als Basiseinheit ›moderner‹ (und dies bedeutet für Maine: allenfalls bestimmter ›westlicher‹) Gesellschaften an die Stelle der durch *patria potestas* zusammengehaltenen Familie und der Gruppenzugehörigkeit das Individuum tritt, das seine sozialen und rechtlichen Relationen zunehmend durch freiwillig eingegangene Vertragsbeziehungen gestaltet (»the movement of the progressive societies has hitherto been a movement *from Status to Contract*«; Maine 1861, 126, 168 ff., hier 170).

Die Beobachtung, dass ›moderne‹ Rechtsordnungen den ›Vertrag‹ als Hauptdeterminante individueller Lebensgestaltung an die Stelle immobiler Statuszuschreibungen gesetzt haben, übernimmt nicht nur Ferdinand Tönnies (1855–1936) von Maine und begreift sie als Leitunterscheidung zwischen ›Gesellschaft‹ und ›Gemeinschaft‹ sowie als Agens der Auflösung der Letzteren (1887, 213, 245). Sie spiegelt sich auch in Max Webers (1864–1920) und Herbert Spencers (1820–1903) Thesen, moderne Gesellschaften seien »Kontraktgesellschaften« (Weber 1980, 399) bzw. Ausdruck eines »Vertragsregimes« (Spencer 1884, 26), mit dem jedenfalls in westlichen Gesellschaften das Prinzip freiwilliger Kooperation unter rechtlich Gleichen das ›Statusregime‹ abgelöst habe, sowie in Émile Durkheims (1858–1917) Annahme, die Herausbildung des Konsensualvertrages sei das wichtigste Kennzeichen des Integrationsmodus ›höherer‹ Gesellschaften (Durkheim 1893), in denen Moral und Recht auf die Ermöglichung individueller Zielsetzungen ausgerichtet sind. Die Umstellung der Formen sozialer Kooperation auf das Privatrecht und insbesondere auf vertragliche Bindungen unter autonomen Privatleuten mittels des Instituts des Vertrags soll sodann auch konstitutiv für das ›Recht der bürgerlichen Gesellschaft‹ als einer »Privatrechtsgesellschaft« sein (Grimm 1987, 24 f.).

Sowohl Durkheim als auch Weber behandeln weitere Elemente der sozialen Institutionalisierung ›modernen‹ Rechts, ohne die Redeweise von der ›Moderne‹ als einer Epoche zu bemühen. Émile Durkheim thematisiert in seinem Werk *Über soziale Arbeitsteilung* (1893) das Recht moderner (in seiner Terminologie: »höherer«) Gesellschaften – also die rechtliche Moderne – als Ergebnis eines historischen Übergangs von den primär repressiven und vergeltungsorientierten Formen des Rechts segmentär differenzierter sozialer Einheiten (›mechanische‹ Solidarität) zu den primär vertraglich-koordinierenden und restitutiven (zivil-, handels- und familienrechtlichen) Rechtsbeziehungen zwischen funktional differenzierten und arbeitsteilig integrierten Individuen und Gruppen (›organische‹ Solidarität). Dabei verankert selbst Durkheims These, dass der »Kult« des Individuums in der Moderne Funktionen dessen übernommen habe, was vormals als Sakrales verhandelt wurde, die Ursprünge der für die normative Integration moderner Gesellschaften »notwendigen Doktrin« des normativen Individualismus im Liberalismus des 18. Jh.s, der »unsere Institutionen und Sitten durchdrungen« habe (Durkheim 1986, 57 f., 63).

Wie Max Weber in der programmatischen »Zwischenbetrachtung« seiner religionssoziologischen Schriften herausarbeitet, fallen die Wertsphären von Wissenschaft, Moral, Recht, Religion, Kunst etc. in der Neuzeit in eigengesetzlichen Rationalisierungsprozessen auseinander. Die Entwicklungsrichtung und spezifische »Herausdifferenzierung« (Weber 1980, 468) des modernen Rechts sieht er in seiner fortschreitenden formalen Rationalisierung als Teil eines universellen Rationalisierungsprozesses, der neben der Wirtschaft auch den bürokratischen Anstaltsstaat und Aspekte individueller Lebensführung umgreift und damit Ausdruck der Weberschen Theorie der Moderne als Produkt des »okzidentalen Rationalismus« ist. Weber sah in seiner theoretischen Idealtypik der Entwicklungsstufen des Rechts das Proprium des modernen Rechts in der »systematischen Rechtssatzung und […] fachmäßigen, auf Grund literarischer und formal logischer Schulung sich vollziehenden ›Rechtspflege‹ durch ›Rechts*gebildete*‹ (Fachjuristen)«, und hinsichtlich seiner formalen Qualitäten in »zunehmender *fachmäßig* juristischer, also logischer Rationalität und Systematik und damit – zunächst rein äußerlich betrachtet – […] einer zunehmend logischen Sublimierung und deduktiven Strenge des Rechts und […] einer zunehmend rationalen Technik des Rechtsgangs« (Weber 1980, 504 f.). Das Vollbild dieser Entwicklung, die zugleich dem kapitalistisch-industriellen System die für sein Funktionieren nötige Kalkulation und Rechtssicherheit ermöglicht, erkannte Weber in der kontinentalen gemeinrechtlichen Jurisprudenz, während für ihn, anders als später für Parsons, die Tradition des *Common Law* als Form der ›Kadi-Justiz‹ (Weber 1980, 510) dahinter zurückblieb.

Diese kognitive Rationalität des Rechts sah Weber durch Tendenzen in der Rechtsentwicklung seiner Zeit gefährdet, in der Bewegungen sozialer Demokratie »materielle Gerechtigkeit statt formaler Legalität« (Weber 1980, 507) einforderten. Hier wird deutlich, dass Webers Analyse über die Ebene der materialen Begründungsbedürftigkeit und Begründungsstrukturen modernen Rechts hinweg glitt, die seit dem Vernunftrecht des 17. Jh.s virulent sind (vgl. Habermas 1981b, Bd. 1, 355 ff.). In der Tat wird Webers Formalisierungsthese seit langem durch massive Tendenzen einer Rematerialisierung des Rechts in Frage gestellt (Nonet/Selznick 2001; Auer 2014), unter die nicht zuletzt auch die menschenrechtlichen Konstitutionalisierungsschübe seit 1945 zu subsumieren sind. Schon Georges Gurvitch (1894–1965) hat auf der Grundlage der Weberschen Analyse 1942 sieben Formen sozialer Inklusion nach ihrem Rechtssystem differenziert; er sah auf Webers Typus eines formal rationalisierten, nationalstaatlich verfassten Rechtssystems »transitionale Systeme« folgen, in denen das

Recht unter Bedingungen pluraler Demokratie wieder stärker zum Ort des Austrags sozioökonomischer Gegensätze wird (Gurvitch 1942, 221 ff.).

Talcott Parsons

Wie anhand der Beiträge Webers und Durkheims deutlich wird, nährt sich die rechtswissenschaftliche Reflexion des Begriffs der Moderne stark von der soziologischen Beobachtung, der zufolge das Recht bzw. die Emergenz eines spezifischen Rechtssystems eine wesentliche Komponente und Antriebskraft der mehrdimensionalen Entwicklung (Schmidt 2014) der sozialen Moderne darstellt. So bildet für Talcott Parsons (1902–1979) die Herausbildung eines »allgemeinen Rechtssystems«, das traditionelle Statuszuschreibungen durch ein universalistisches System von Rechten und Pflichten ersetzt, »das wichtigste einzelne Kennzeichen der modernen Gesellschaft« (Parsons 1964, 353). Gemeinsam mit der Herausbildung bürokratischer Organisation, geldvermittelter Märkte und demokratischer Selbststeuerungsmechanismen gehört es für ihn zu den vier grundlegenden integrativen Strukturen und evolutionären Universalien des modernen Typs von Gesellschaft, der auf eine erhöhte soziale Komplexität mit einer Steigerung seiner Adaptionskapazität reagiert (Parsons 1977, 174 ff.).

Parsons betont hierbei die Ko-Evolution modernen Rechts mit der Herausbildung bürokratischer Herrschafts- und marktförmiger Wirtschaftsstrukturen, die er beide auf die Institutionalisierung universaler Normen angewiesen sieht. Die Umstellung des Rechtssystems auf den Schutz subjektiver Rechte, darunter Eigentums- und Vertragsfreiheit, die in besonderer Weise im *Common Law* als dem »am weitesten fortgeschrittenen Fall einer universalistischen normativen Ordnung« verwirklicht worden sei, begreift Parsons deshalb nicht nur als Vorbedingung der industriellen Revolution, sondern als »wahrscheinlich entscheidend für die moderne Welt« (Parsons 1964, 353). Obgleich er die Emergenz wesentlicher Merkmale ›modernen‹ Rechts wie die ›Entbettung‹ des Rechts aus der Religion, die Formalisierung von Verfahrensregeln und die Herausbildung einer zunehmend unabhängigen Gerichtsbarkeit als ›Maschinerie autoritativer Interpretation‹ des Normenbestands bereits im römischen und mittelalterlichen kanonischen Recht ausmacht, stellt auch für Parsons soziale Integration durch moderne Rechtssysteme ein neuzeitliches Phänomen dar, das nicht vor dem 17. Jh. anzusiedeln sei.

In den 1960er-Jahren wurde der rechtswissenschaftliche Begriff des ›modernen Rechts‹ unter der Überschrift einer ›Modernisierung des Rechts‹ zum Teil der allgemeinen Modernisierungstheorie, die den generischen Typus der in den westlichen Industriestaaten seit dem späten 19. Jh. entstandenen Rechtssysteme in einem als irreversibel verstandenen Prozess in globaler Ausbreitung sah und den Entwicklungsländern zur Übernahme empfahl (vgl. den Beitrag »Soziologie« in diesem Band).

Modernes Rechtssystem

Ein »modernes Rechtssystem« in diesem Sinn ist, wie Marc Galanter (geb. 1931) als Summe des rechtssoziologischen *mainstream* von Maine über Weber bis Parsons skizziert, gekennzeichnet durch (1) ein System uniformer und gleichmäßig angewendeter Regeln, das die Rechtspersonen als kategorial gleich, aber funktional differenziert begreift und (2) Rechte und Pflichten primär aus konkreten rechtlichen Handlungen und Transaktionen, nicht aber aus einem handlungsunabhängigen Status oder ›Wert‹ der Beteiligten herleitet; sowie (3) durch universalistische Normen, die abstrakt generelle Regelungen treffen, welche auf allgemeine, gleiche, reproduzierbare und vorhersehbare Anwendung angelegt sind und Kadi-Justiz ausschließen. Die institutionellen Arrangements für die Rechtsanwendung beinhalten (4) ein hierarchisch verfasstes Gerichtssystem, das die Einhaltung uniformer und vorhersehbarer Standards im System garantiert und (5) hinsichtlich seiner Binnenstruktur und Funktionsweise bürokratisch verfasst ist, festgelegte und schriftliche Verfahren anwendet sowie (6) insofern rational ist, als die Techniken der Rechtsanwendung lern- und vermittelbar sind und funktionalen Grundsätzen folgen. Das System wird (7) durch Fachpersonal professional und binnendifferenziert verwaltet und verfügt (8) mit Anwälten über Vermittlungsagenten zwischen dem Rechtssystem und den Rechtssubjekten. Schließlich ist das System (9) dynamisch und anpassungsfähig angelegt und durch eine verfassungsmäßige Festlegung von Rechtssetzungs- sowie v. a. von Rechtsänderungsverfahren ausgezeichnet; es ist (10) in der Hand des Staates zentralisiert und monopolisiert oder zumindest durch diesen beaufsichtigt, durch (11) Prinzipien der Gewaltenteilung als Judikative jedoch von der Legislative und der Exekutive geschieden (Galanter 1966).

Unter dem Titel *Law and Development* wurde diese Theorie des modernen Rechtssystems zu einem

Leitbild der Entwicklungspolitik. Die zentrale These, dass gerade die rechtsstaatliche Modernisierung des Rechts infrastrukturelle und kausale Vorbedingung politischer und ökonomischer Modernisierung sei und diese in Form von *social engineering* vorantreiben könne, gerät seit den 1960er-Jahren allerdings zunehmend in die Kritik, wobei der geringe tatsächliche Erfolg solcher Politik ebenso adressiert wird wie die mangelnde sozialwissenschaftliche Komplexität ihres Rechtsverständnisses und die Grenzen ihrer Legitimation (Friedman 1969; Tamanaha 2011; Linnan 2012).

Lawrence Friedman (geb. 1930) fasst die Moderne des Rechts unter die Überschrift der Spezifika einer »modernen Rechtskultur« bzw. einer »Rechtskultur der Moderne« (Friedman 1994). Das Konzept zielt auf ein Set normgenerierender kollektiver Vor- und Einstellungen ab, die in der (zunächst westlichen) Moderne in institutionell gefestigter Form idealtypisch zu beobachten seien und zugleich Grund und Antriebskräfte der Rechtsentwicklung darstellten. Friedman nennt ein zusammenhängendes »System« von sechs solcher Eigenschaften, die gemeinsam moderne Rechtssysteme charakterisierten: Die zunehmende Positivierung des letztlich instrumentell legitimierten modernen Rechts und ubiquitäre Prozesse der Verrechtlichung führten sowohl zu einer beschleunigten Veränderungsdynamik moderner Rechtsordnungen als auch zu globalen Isomorphien zwischen Rechtsregimen. Von besonderem Interesse sind jedoch zwei materielle Eigenschaften, die Friedman dem spezifisch ›modernen‹ Recht zuschreibt: (1) eine durchgängige Umstellung auf institutionalisierte subjektive Individualrechte in Prozessen der Konstitutionalisierung des Rechts, und damit verbunden, (2) die grundlegende Vorstellung eines normativen Individualismus, der wiederum durch subjektive Rechte und Ansprüche abgesichert werde und insbesondere Freiheitsbereiche individueller Lebensführung und Persönlichkeitsentwicklung garantieren solle.

Niklas Luhmann

Niklas Luhmann (1927–1998) begreift wie Parsons die Ausdifferenzierung des Rechts als Antwort auf gesteigerte soziale Komplexität. Im Gegensatz zu diesem verankert er sie jedoch nicht primär in Normen und Institutionen, sondern in den spezifischen Formen rechtlicher Kommunikation. Luhmanns Theorie autopoietischer Systeme thematisiert den historischen Prozess und gegenwärtigen Stand der funktionalen Ausdifferenzierung des modernen Rechts als operativ geschlossenes gesellschaftliches Teilsystem. In der Analyse seiner Evolutionsdynamik hält Luhmann die Figur des subjektiven Rechts für die »bedeutendste Errungenschaft der neuzeitlichen Rechtsevolution« (Luhmann 1993, 291). Er konzipiert funktionale Differenzierung und die Institutionalisierung subjektiver Rechte, die mit dem Schutz des Individuums zugleich der Aufrechterhaltung der Ausdifferenzierung sozialer Systeme dienen, als komplementäre, ko-evolutive historische Prozesse, weil sich die simultane Teilnahme der Individuen an den verschiedenen systemischen Kommunikationen komplexer Gesellschaften für ihn nur noch über Individualrechte koordinieren lässt. Das subjektive Recht gilt so zugleich als Produkt und Ermöglichungsbedingung funktionaler Differenzierung.

Als »Basisprozess« der Modernisierung des Rechts qua Ausdifferenzierung und zugleich als Voraussetzung einer modernen Gesellschaft beschreibt Luhmann die zunehmende Positivierung des Rechts im Sinne der Institutionalisierung der Beliebigkeit seiner Änderung (Luhmann 1981, 113 ff.). Es ist für Luhmann der mit funktionaler Differenzierung einhergehende Möglichkeitsüberschuss an Handlungsoptionen, v. a. aber der enorme Zuwachs an Entscheidungsproblemen, auf den das Recht mit erhöhter Selektivität, zeitlicher und sachlicher Komplexität sowie Kontingenz antworten muss (Luhmann 1987, 190 ff.). Mit der Normierung der Normsetzung, also von Sekundärregeln für Kompetenzen und Verfahren, werde das Recht zugleich reflexiv; dies sei der Ort der Ko-Evolution des Rechts mit dem politischen System. Die Positivierung des Rechts betraf historisch v. a. Materien außerhalb des weiterhin überwiegend traditionell verwalteten Zivilrechts, nämlich jene, die mit dem Umbau zur Industriegesellschaft und ihren sozialen und später auch ökologischen Folgelasten zu tun haben. Während der Aufstieg des Gesetzes zur einzig legitimen Rechtsquelle (Coing 1985, 76 ff.) eine Folge der Aufklärung ist, hat die moderne Kodifikation aus diesem Grund erst im 19. Jh. ihre volle Gestalt erreicht. Zugleich sieht Luhmann in der Ausdifferenzierung der Rechtsverfahren den eigentlichen Träger der Evolution des Rechtssystems (Luhmann 1993, 263).

Verrechtlichung

Positivierung bedeutet zugleich, dass die Zahl der juridifizierbaren Themen zunimmt, es also insbesondere dort zu Verrechtlichungsschüben kommt, wo das Recht zum Instrument planmäßiger Veränderung der sozialen Wirklichkeit wird. Um 1980 setzte deshalb eine Diskussion um ›Verrechtlichung‹ im Sinne des stetigen Anwachsens des durch ein sich ausdehnendes und spezialisierendes Recht normierten Bereichs zu Lasten anderer Sozialbeziehungen und eine Analyse der verschiedenen Aspekte dieser Entwicklung ein (u. a. Vergesetzlichung, Bürokratisierung und Justizialisierung; vgl. Voigt 1980; Galanter 1992), in deren Folge die Eigendynamik der Verrechtlichung in der modernen Gesellschaft thematisiert wird (Bock 1997).

Epochale globale Verrechtlichungsschübe werden rückblickend in der Herausbildung zunächst des modernen Staats in der Frühen Neuzeit und seiner freiheitsverbürgenden Transformation erst zum bürgerlich-konstitutionellen Rechtsstaat des 19. Jh.s, sodann zum demokratischen Rechtsstaat und schließlich zu seiner sozialstaatlichen Form ausgemacht (Habermas 1981 b, Bd. 2, 524 f.). Gegenüber den freiheits- und statussichernden Wirkungen rechtsförmiger staatlicher Interventionen betont Jürgen Habermas (geb. 1929) mit seiner These der Verrechtlichung als »Kolonisierung der Lebenswelt« die Tendenz, dass wohlfahrtsstaatliche Eingriffe zu einer dysfunktionalen Umstellung von kommunikativ verfassten, wertintegrierten lebensweltlichen Beziehungen (wie Familie oder Schule) auf systemische Formen der Vergesellschaftung führen (Habermas 1981 b, Bd. 2, 522, 547). Axel Honneth (2011, 157 ff.) generalisiert diese Perspektive und glaubt, die ›Pathologien der rechtlichen Freiheit‹ in der Reduktion von intersubjektiver Kommunikation auf die Rechtsform und von individueller Identitätsbildung auf die ›leere Hülle‹ eines Trägers subjektiver Rechte ausmachen zu können. Der herkömmlichen Ansicht, dass das Recht das zentrale Handlungsinstrument für eine staatliche Lenkung gesellschaftlicher Prozesse darstelle, trat indessen in den 1980er-Jahren vehement die These entgegen, dass soziale Steuerung durch regulatorisches Recht in funktional ausdifferenzierten Gesellschaften schnell an ihr Ende komme (Teubner 1989). Umgekehrt wurde Verrechtlichung als Chance begriffen, die Lebenswelt vor das Forum rechtlich organisierter kommunikativer Auseinandersetzungen zu ziehen (Eder 1986).

Die Reflexion der Rechtsphilosophie auf die Frage, worin das Spezifikum modernen Rechts im Rahmen einer »Normativen Moderne« (Gutmann 2013) liegt, hebt v. a. auf eine Änderung der Anforderungen ab, die an die Begründung von Normen gerichtet werden. Das materielle Prinzip eines egalitären normativen Individualismus, das in der Vernunftrechtstheorie ausbuchstabiert wird, geht Hand in Hand mit der von Rainer Forst (geb. 1964) mit dem Schlagwort eines »Rechts auf Rechtfertigung« versehenen Annahme, dass jede Norm, die einer Rechtsperson die Gleichheit in der Freiheit verweigert, der Rechtfertigung durch gute Gründe bedarf, die nicht mehr einfach solche der Tradition oder der Religion sein können, sondern Bedingungen der Reziprozität und Allgemeinheit erfüllen müssen (Forst 2007). In dieser Perspektive kann die »Form des modernen Rechts als eine Verkörperung postkonventioneller Bewusstseinsstrukturen begriffen werden« (Habermas 1976, 266). Die Menschenrechte als der normative Kern modernen Rechts sind in diesem Verständnis jene Gehalte, »die gleichsam übrigbleiben, wenn die normative Substanz eines in religiösen und metaphysischen Überlieferungen verankerten Ethos durch den Filter posttraditionaler Begründungen hindurchgetrieben worden ist« (Habermas 1992, 129).

Das Recht der bürgerlichen Gesellschaft

Aspekte einer Theorie des Rechts in der Moderne werden seit Beginn des 19. Jh.s auch unter der Überschrift der ›Rechtsordnung der bürgerlichen Gesellschaft‹ diskutiert. Dies trifft zunächst auf die marxistische Theorie des Rechts zu. Der junge Karl Marx (1818–1883) selbst hatte die wesentliche Errungenschaft der »modernen bürgerlichen Gesellschaft« (Kommunistisches Manifest), die Figur des subjektiven (Menschen-)Rechts, als Ausdruck falscher Abstraktion und der Entfremdung des Einzelnen von seinem Gattungswesen kritisiert (Marx 1843). Sieht man mit der Marx'schen Theorietradition moderne Gesellschaften durch kapitalistische Produktions- und Zirkulationsverhältnisse bestimmt, so beginnt mit Georg Lukács (1885–1971) nach dem Ersten Weltkrieg eine Linie, welche nicht nur die Funktion des Rechts der bürgerlichen Gesellschaft im Dienste des Kapitalismus, sondern die spezifische *Form* dieses Rechts – sein Abstellen auf die abstrahierten Konzepte der Rechtssubjektivität und des subjektiven Rechts – als Spiegelung der Warenform, d. h. der verdinglichten Realabstraktion begreift, den der marktförmige Tauschakt verlangt: »Erst in der Warenwirtschaft wird die abstrakte Rechtsform geboren, d. h. die allgemeine Fähigkeit, ein Recht zu besitzen« (Paschukanis 1929, 117). Alfred Sohn-Rethel (1899–1990) wird diese Analyse später zur materialistischen Erkenntnistheorie einer ›geheimen Identität von Warenform und Denkform‹ radikalisieren und Crawford Brough MacPherson (1911–1987) in zwei Gründungsdokumenten der ›normativen Moderne‹, der Rechts- und Staatstheorie Hobbes' und Lockes, den Rechtscode der individualistischen Eigentumsmarktgesellschaft ausmachen (MacPherson 1962).

Von der Seite liberaler Theoriebildung wird die ›Rechtsordnung der bürgerlichen Gesellschaft‹ nicht anders als in der marxistischen Tradition als historisches Produkt der Marktgesellschaft und ihrer bürgerlichen Akteure verstanden. Sie wird zugleich jedoch idealtypisch als Ausdruck einer Gesellschaftsformation interpretiert, die sich wie keine andere im Recht konstituiere (Grimm 1987, 11 ff., 24 ff.). In ihr werde das Recht und mit ihm der Staat von der Durchsetzung eines materiellen Gerechtigkeitsideals entlastet und habe nur mehr die Koexistenz autonomer Individuen zu ermöglichen. Mit dieser Umstellung auf das Prinzip individueller Freiheit sei zugleich das mit dieser Freiheit identifizierte Konzept des Gemeinwohls entmaterialisiert und soziale Steuerung auf rechtliche Strukturen und Prinzipien umgestellt worden, die durch Voluntarismus, Formalismus und Abstraktheit gekennzeichnet sind und in denen ein dergestalt ›inhaltlich entleertes‹, aber technisch handhabbares Recht seine ›spezifische Rationalität‹ habe entfalten können. Hand in Hand hiermit sei die Herausbildung eines egalitären Universalismus gegangen, der mit seiner Forderung der Rechtsgleichheit aller (bei zunächst weiterbestehender Exklusion etwa von Sklaven und Frauen) die Organisationsformen der ständischen Gesellschaft zurückgedrängt und mit der Idee der Freiheit und Gleichheit der Individuen – rechtstechnisch umgesetzt durch die Grundfigur des subjektiven Rechts – zugleich die Autonomie der sozialen Subsysteme freigesetzt habe. Das so verstandene moderne Recht findet seine Reflexionsform in einer positivistisch vorgehenden Rechtswissenschaft, deren Theorie auf John Austin (1790–1859), den frühen Jeremy Bentham (1748–1832) oder auf Thomas Hobbes zurückgeführt wird (Bix 2005, 29 f.).

Die ›soziale Frage‹ seit dem Ende des 19. Jh.s und die Entwicklung hin zum Wohlfahrtsstaat erscheint in dieser Perspektive als »Krise der bürgerlichen Sozialordnung« (Grimm 1987, 43), auf die das Recht mit einem Strukturwandel hin zu seiner Re-Materialisierung reagiert habe. Während Weber und Franz Wieacker (1908–1994) die materielle, insbesondere sozialrechtliche Überformung des Rechts als Krise und Zerfall der inneren Einheit des (Privat-) Rechts begriffen haben (Wieacker 1967, 543 ff.), schlägt Marietta Auer mit der These einer »ambivalenten Modernität« (Auer 2014, 7) vor, jene erste Moderne des Rechts, die seit dem 16. Jh. durch rechtliche Diskurse geprägt war, die auf die Rationalisierung und Säkularisierung der Institutionen sowie auf einen methodischen und normativen Individualismus zielten, im Sinne von Ulrich Beck (1944–2015) von einer im 19. Jh. einsetzenden ›zweiten‹ oder ›reflexiven‹ Moderne des Privatrechts zu unterscheiden, die mit den Steuerungs- und Legitimationsproblemen der nationalstaatlich verfassten Industriegesellschaft die funktionellen Grenzen des egalitären Individualismus und die Nebenfolgen der ›ersten‹ Moderne des Rechts abarbeite.

Modernisierungsschübe

In der Geschichte der Rechtswissenschaft findet sich zudem eine Fülle von Beispielen dafür, dass sich juristische Ansätze, ohne damit schon einen Beitrag zur Debatte eines Konzepts der ›Moderne‹ zu leisten, als ›modern‹ in dem Sinn verstehen, dass sie sich als Teil einer in ihrem Eigenwert erkannten, sich dynamisch von der Vergangenheit absetzenden Epoche der Gegenwart (Gumbrecht 1978, 96, 100) darstellen. Gleichwohl reflektieren solche Selbstwahrnehmungen regelmäßig zugleich Modernisierungsschübe des Rechts. Schon im 11. Jh. spalteten sich Juristen bei der Auslegung des langobardischen *Liber Papiensis* in *antiqui* und *moderni* (Stein 1999, 79), wobei Letztere das römische Recht zur Interpretation, Ergänzung und Dynamisierung des langobardisch-fränkischen Rechts heranzogen.

Als ›lebendige Rechtsfortbildung‹ verstand sich auch der sog. ›Usus modernus‹ der Zeit zwischen 1500 und 1800, dem es im Wesentlichen um die Gleichberechtigung und *consonantia* des im Deutschen Reich als *ius commune*, d. h. als Grundlage von Rechtpraxis und -wissenschaft des rezipierten römisch-kanonischen Rechts einerseits mit Normen bzw. Gewohnheitsrecht germanischer Herkunft und andererseits mit lokalem Gesetzesrecht innerhalb einer einheitlichen, wissenschaftlich bearbeiteten Rechtsordnung ging. Spätestens mit Samuel Stryks (1640–1710) 1690 erschienenen und damit in zeitlichem Zusammenhang mit der *Querelle des Anciens et des Modernes* stehenden Werk *Usus modernus pandectarum* entspricht dieser Selbstzuschreibung als »moderner« Bewegung aber auch die Funktion einer Jurisprudenz, die nach Wieacker (1967, 225, 243) den »Modernisierungsprozeß« bzw. »Rationalisierungsprozeß« hin zu einer logisch-begrifflichen

Rechtsfindung und zum »fachlich-rationalen Rechtsbewusstsein« eines gelehrten Beamtentums, also die Verwissenschaftlichung des Rechts vorantreibt und so insgesamt als »Beginn [...] der eigentlichen selbstbewußten Modernität der Juristen« gelten kann (Luig 1998, 633; vgl. Coing 1967, 52).

Von ›moderner‹ Rechtswissenschaft unterscheidet sich die Jurisprudenz des *ius commune* allerdings noch dadurch, dass die Entwicklung eines geschlossenen und kohärenten Normen- und Begriffssystems – das wesentliche Produkt der Vernunftrechtsphilosophie (Wieacker 1967, 275; Schröder 2012, 94) –, ein soziologisches Bewusstsein von Normen als Resultat von Interessenkonflikten, aber auch ein historisierendes Verständnis der Evolution des eigenen Forschungsgegenstandes fehlen (Coing 1985, 16). Obgleich die Rechtswissenschaft bereits seit der Frühen Neuzeit ihren Beitrag zu ihrer sich verändernden und eben auch modernisierenden sozialen Umwelt in Form einer juristischen Methodenlehre reflektiert (Schröder 2012), entsteht das Konzept einer Evolution des Rechts als Voraussetzung dafür, die Moderne von einer Vormoderne des Rechts unterscheiden zu können, erst im 18. Jh. (Stein 1980).

Mit dem Selbstverständnis, Vertreter einer ›Moderne‹ bzw. Modernisierer zu sein, ist später regelmäßig eine Bewegung hin zur ›Realität‹, also zu einer sozialwissenschaftlich informierten (und nicht selten auch naturalistisch argumentierenden) Jurisprudenz verbunden, wenn etwa Rudolf von Jhering (1818–1892) mit seinem »Durchbruch zum Zweckdenken« das Recht funktional auf die Sicherung der »Lebensbedingungen der Gesellschaft« bezogen sehen will (Jhering 1877, 434) und hieraus eine Theorie des sozialen Wandels entwickelt, der durch die Evolution des Rechts vorangetrieben wird (Schelsky 1972), oder wenn zur selben Zeit Franz von Liszt (1851–1919) in seinem »Marburger Programm« (von Liszt 1882) mit seiner ›modernen‹ Schule der Kriminalpolitik der ›klassischen‹ Schule die Thesen entgegensetzt, Täterverhalten sei mit naturwissenschaftlichen Mitteln erklärbar und Strafe, in Absetzung von den als »metaphysisch« kritisierten Konzepten von Schuld und Vergeltung, als zweckmäßige, auf Spezialprävention zielende soziale Reaktion zu verstehen. Ähnliches gilt für die in den romanischen Ländern unter dem Titel *modernisme juridique* oder *modernismo giuridico* (Grossi 2010, 179) firmierende Freirechtsschule, der es seit der Wende vom 19. zum 20. Jh. um die Aufwertung einer der veränderten gesellschaftlichen Wirklichkeit gerecht werdenden, freien richterlichen Entscheidungspraxis zu tun war.

Forschungsgeschichte, Semantik und Gegenkonzepte

Der Diskurs der Rechtswissenschaft über Begriff und Konzept der Moderne ist nahezu ausschließlich ein interdisziplinärer; er fand bis zum Beginn der Debatten über globalisiertes Recht nach 1990 praktisch nur dort statt, wo Fragestellungen der Nachbarfächer rezipiert und fruchtbar gemacht wurden oder die Grundlagenfächer der Rechtswissenschaft selbst zu den Diskursen dieser Fächer beigetragen haben. Die Rezeption des soziologischen Moderne-Diskurses (beispielhaft Röhl 1987) zeigt exemplarisch, dass die dort einflussreichen Autoren und ›Klassiker‹ – bisweilen mit leichter Verzögerung – auch die Reflexion über eine Moderne des Rechts bestimmt haben. Die historischen Kontexte und soziokulturellen Konstellationen, in denen die Moderne-Diskussion der Rechtswissenschaft im engeren Sinn begann und ihre Konjunkturen erlebte, sind deshalb ebenso wie ihre Leitbegriffe und historischen Semantiken weitgehend mit jenen der Referenzdisziplinen identisch.

Auch die Kritik an der Modernität des Rechts (und am modernen Recht) speist sich ganz überwiegend aus den Quellen der Modernekritik *sans phrase*. Dass die krisenhaften Modi und Kontingenzen der Normenbegründung in der Moderne (Gutmann 2012) Kritiker auf den Plan gerufen haben, die das moderne Recht als ›nihilistisch‹ geißeln und einen ›Verlust der Mitte‹ beklagen (Irti 2004), kann nicht verwundern. Spezifischer ist Paolo Grossis (geb. 1933) Kritik an der selbststabilisierenden »Mythologie« der rechtlichen Moderne (Grossi 2007), die er in der Idealisierung des rechtsetzenden Souveräns und der Bindung des Rechts an den staatlichen Machtapparat als »Hauptfigur der juristischen Moderne«, sowie, beginnend mit der Französischen Revolution, in einer legalistischen Fetischisierung des Gesetzes als alleiniger Rechtsquelle ausmacht, aber auch auf Rechtsstaatlichkeit, Gewaltenteilung und das Prinzip einer konstitutionell vermittelten Hierarchie der Rechtsquellen erstreckt (Grossi 2010, 238, vgl. 109 ff.).

Soweit die ›normative Moderne‹ des Rechts um die Gedanken der kognitiven Rationalität des Normensystems und der Einlösbarkeit normativer rechtlicher Geltungsansprüche zentriert ist, wird man auch die verschiedenen Stränge des seit den 1970er-Jahren aktiven *Critical Legal Studies (CLS) Movement* in eine modernitätstheoretische Perspektive einordnen müssen. In der Bewegung sind Strömungen auszumachen, die auf die Traditionen des Marxismus und der Kritischen Theorie rekurrieren, sowie auch solche, die den französischen Poststrukturalismus fruchtbar zu machen versuchen.

Beiden gemeinsam ist die Kritik an den Annahmen, modernes Recht könne sich als politisch neutral, universell geltend und legitimierbar ausweisen. Unter der Überschrift einer Theorie des »Rechts moderner Gesellschaften« kritisiert Roberto M. Unger (geb. 1947) den klassischen, von den *CLS* meist als ›liberal‹ bzw. ›postliberal‹ bezeichneten formal rationalen Modus modernen Rechts wegen seiner Unfähigkeit, soziale Machtverhältnisse anzusprechen (Unger 1976). Dass die Abstraktionsbewegung der vernunftrechtlichen Begriffe von Freiheit und Gleichheit als die zentrale, »dem bürgerlichen Recht während des gesamten Entwicklungsprozesses der Moderne« eignende Strategie (Grossi 2010, 104 ff., 135) dazu angetan sei, historisch-kulturelle Komplexität und soziale Ungleichheit zu verdecken und das Rechtssubjekt auf den Eigentümer im Rahmen der bürgerlichen Marktgesellschaft zu reduzieren, gehört freilich schon seit der Mitte des 19. Jh.s zum Arsenal der Denunziation des egalitären Individualismus. Die Unterminierung liberaler Rechtsstaatlichkeit, die Unger als Folge der interventionistisch-korporatistischen Tendenzen des Wohlfahrtsstaats ausmacht, bietet für ihn die historische Chance, das System individueller Rechte durch kollektive Entscheidungen und informelle Relationen der Billigkeit und Solidarität zu ersetzen.

Die um 1980 einsetzende, v. a. auf Duncan Kennedy (geb. 1942) zurückgehende Diskussion um die ›Unbestimmtheit‹ des Rechts (*indeterminacy thesis*) entfaltet die Behauptung, dass modernes Recht normativ inhärent widersprüchlich sei und die Vorstellung einer rechtsstaatlichen ›Anwendung‹ demokratisch gesetzten Rechts durch die Gerichte entpolitisierende ideologische Funktionen erfülle, während sie tatsächlich das juristische Segment der herrschenden Klasse ermächtige, außerrechtliche Wertungen durchzusetzen (Kennedy 1976, 1997). Matti Koskenniemi (geb. 1953) verlängert diese Kritik auf das Gebiet des modernen Völkerrechts, dessen Theorie und Praxis er als Oszillieren zwischen den Polen einer bloßen Apologie politischer Macht einerseits und hilflosem naturrechtlichem Normativismus andererseits versteht (Koskenniemi 1989). Durch eine Kritik an Form und Substanz subjektiver Rechte und individueller Autonomie zielen *CLS* schließlich auf Grundfiguren der juridischen Moderne. Mit der Behauptung, Recht lasse sich wesentlich auf Politik reduzieren, kritisieren *CLS* die Vorstellung einer Autonomie des Rechtssystems und schließen damit zugleich an den pragmatistisch orientierten amerikanischen Rechtsrealismus des ersten Drittels des 20. Jh.s an, der antrat, den herrschenden ›Formalismus‹ durch eine Deutung des Rechts als Interessenrelation, Ausdruck politischer Machtverhältnisse und Werkzeug kontextbezogener sozialer Veränderung zu unterlaufen (Summers 1982).

Das seit den späten 1980er-Jahren regelmäßig, aber nicht nur im Rahmen der *CLS* auftauchende Gegenkonzept der ›Postmoderne‹ in der Rechtswissenschaft bezeichnet weniger einen Epochenbegriff als eine Sammelbezeichnung von theoretischen Ansätzen und Taktiken mit dem Ziel, den Anspruch klassischer Rechtstheorie (»the orthodox jurisprudence of modernity«, Douzinas/Warrington 1991, ix), Rechtstexte als Teil einer kohärenten Ordnung interpretieren und normative Geltungsansprüche einlösen zu können, zu dekonstruieren und zu suspendieren (Goodrich 1986; Carty 1990; Douzinas/Warrington 1991; Fitzpatrick 2001). In ihrem Selbstverständnis richtet sich die Kritik gegen »die vollendete Form des Projekts des modernen Rechts«, die mit der seit der Französischen Revolution einsetzenden Idee einer rationalen, sich durch Gründe ausweisenden Regierung assoziiert wird (Carty 1990, viii). Sie wird im Folgenden auf unterschiedlichen Rechtsgebieten, etwa anhand einer Kritik der Identitätspolitik des Europarechts aus dem Geist einer ›Kritik der Moderne‹ (Fitzpatrick/Bergeron 1998) exemplifiziert.

Daneben wird die *condition postmoderne* des Rechts mit dem Faktum eines zunehmenden Rechtspluralismus, d. h. des Neben- und Ineinanders einer Vielzahl von Rechtsordnungen, assoziiert und die Zerklüftetheit des Rechts entweder als befreiende Vielfalt hybrider Perspektiven und Ordnungen gefeiert oder aber die Frage gestellt, wie unter solchen Bedingungen die Rechtfertigung und gerechtigkeitsorientierte Durchsetzung des Rechts noch gelingen könnten (Douglas-Scott 2013). Unter den alternativen Begrifflichkeiten finden sich rechtstheoretische Anschlüsse an Zygmunt Baumans (geb. 1925) Konzept evasiver Machtverhältnisse in der ›verflüssigten‹ Moderne (Přibáň 2007); umgekehrt wird das spezifische Moment des ›spätmodernen‹ Rechts in seiner zunehmenden Proceduralisierung qua kommunikativer Rationalisierung gesehen (Eder 1986), während Marietta Auer die Materialisierung des Privatrechts als Ausdruck einer im 19. Jh. einsetzenden ›zweiten‹ oder ›reflexiven‹ Moderne versteht (Auer 2014).

Ein eigenes Reservoir der Rechtskritik (etwa Golder/Fitzpatrick 2010) bietet das Werk Michel Foucaults (1926–1984) seit den 1970er-Jahren, dessen Theorie der Moderne als Epoche der Entwicklung spezifischer Formen der ›Gouvernementalität‹ (Foucault 2006) allerdings darauf zielt, nicht primär rechtlich vermittelte Formen von sozialer Macht, Herrschaft und Widerstand zu thematisieren, die in der Textur sozialer Beziehungen, in der Erzeugung von Identitäten und Diskursen und im disziplinierenden ›biopolitischen‹ Zugriff auf den Körper liegen. Mit François Ewalds (geb. 1946) 1986 erschienenem Werk über den ›Vorsorgestaat‹ wendet sich diese Theorietradition jedoch explizit einer Analyse des sozialrechtlich verfassten Wohlfahrtsstaats zu.

Regionen, Räume, Entwicklungspfade

Die Entstehung eines ›modernen Rechtssystems‹ wird praktisch ausschließlich als zunächst europäische und sodann ›westliche‹ Entwicklung verstanden (Galanter 1966) – gleich, ob hierbei stärker auf die Tradition des römischen Rechts, auf den europäisch-amerikanischen Naturrechtsdiskurs des 17./18. Jh.s oder auf die spezifische Dynamik des ›okzidentalen Rationalismus‹ abgestellt wird. Wesentliche Elemente der rechtlichen Moderne, namentlich die Ausbreitung der Menschenrechte (der ersten Generation einschließlich rechtsstaatlicher Prinzipien) zu einem Rechtsregime mit weltweitem Anspruch, lassen sich kaum anders erklären als durch die Vorstellung eines globalen kulturellen Diffusionsprozesses, der zu einer Konvergenz von Werten und Institutionen führt, wie ihn die im Anschluss an Durkheim und Weber formulierte *world polity theory* der Schule John W. Meyers (2005) thematisiert. Was es für die ›Normative Moderne‹ bedeutet, dass sich das Zentrum der Dynamik der polyzentrisch gewordenen Moderne vom ›Westen‹ nach Asien verlagert (Schmidt 2014, 65 ff.), ist ungeklärt. Die entscheidenden Fragen lauten, ob sich die im Rahmen der ›westlichen Moderne‹ erhobenen universalistischen Geltungsansprüche, die mit dem Konzept der menschenrechtlichen Gewährleistung von Freiheit und Gleichheit verbunden sind, einlösen und als nicht mehr spezifisch ›westlich‹, sondern eben als modern (Friedman 2002, 37) ausweisen lassen, und ob die fortschreitende Durchsetzung der Standards der rechtlichen Moderne sich tatsächlich dadurch auszeichnet, in besonderer Weise auf die Herausforderungen einer global ausgebreiteten sozialen Moderne antworten zu können.

Seit etwa 1990 wird intensiv debattiert, wie die Veränderungen des Rechts, die sich aus der Dynamik der Globalisierung ergeben, theoretisch fassbar sind. Den Zweifeln daran, dass die Errungenschaft des nationalstaatlichen Konstitutionalismus angesichts der Fragmentierung des globalen Rechts auf der internationalen oder transnationalen Ebene rekonstruiert werden kann, stehen Ansätze gegenüber, die davon ausgehen, dass fundamentale Normen der internationalen Rechtsordnung in Gestalt eines nicht hierarchisch strukturierten transnationalen Netzwerks zumindest partiell Verfassungsfunktionen übernehmen können (Peters 2006; Macdonald/Johnston 2005). Thematisiert werden differenzierte Formen globaler *governance* bzw. ›internationaler öffentlicher Gewalt‹ und ihrer demokratischen Legitimierbarkeit (Slaughter 2004; v. Bogdandy et al. 2010; Cohen 2012), aber auch etwa die Frage danach, ob die historisch transitive Verbindung des Privatrechts mit dem Nationalstaat nicht ohne Schaden wieder zu lösen sein könnte (Jansen/Michaels 2008). Die Vorstellung eines globalen Rechtspluralismus, der die Einzelnen angesichts der Gleichzeitigkeit von intra-, inter- und supranationalen Rechtsetzungsprozessen unterschiedlichen, sich überschneidenden Rechtsordnungen unterwirft, wird sowohl als Zustandsbeschreibung diskutiert als auch hinsichtlich seiner Steuerbarkeit und normativen Wünschbarkeit befragt (Berman 2012; Krisch 2012; Teubner 2012), hierbei als Chance begriffen, aber auch als Prozess einer Refeudalisierung kritisiert (Günther 2014).

Während der rechtswissenschaftliche Globalisierungsdiskurs seit dem Jahr 2000 exponentiell zunimmt, hat sich die Rechtswissenschaft Konzepten der ›multiplen‹ oder ›verflochtenen‹ Moderne(n) nur zögerlich geöffnet. Ansätze dazu, den unter der Überschrift der *multiple modernities* stehenden Versuch, den Begriff der Moderne selbst zu pluralisieren (Eisenstadt 2000; Wittrock 2000), für die Rechtstheorie fruchtbar zu machen, haben bisher kaum Ergebnisse gezeitigt (Francot-Timmermans/De Vries 2011). Dies liegt zum einen daran, dass die *multiple modernities*-Schule zwar unterschiedliche kulturell geprägte Realisierungspfade für Modernisierung aufzeigt, aber einen einheitlichen Begriff dessen, was Moderne bedeutet, eigentümlich unterbelichtet lässt (Schmidt 2006), was im Hinblick auf die normative Dimension des Begriffs des modernen Rechts besonders problematisch erscheint. Zudem bleibt die Sphäre des (modernen) Rechts in den einschlägigen historisch-soziologischen Analysen stark im Hintergrund. Immerhin hat Werner Krawietz (2008) angedeutet, wie der Ansatz mit system- und kommunikationstheoretischen Prämissen zur ›These einer multiplen Modernität der Rechtssysteme‹ vermittelt werden könnte, solange man die moderne (Welt-) Gesellschaft weiterhin als Ansammlung von Regionalgesellschaften begreift. Auch nehmen Teile der Forschung, welche einen Vergleich gegenwärtiger ›Rechtskulturen‹ (vgl. Nelken 1997) vornehmen wollen, eine Perspektive ein, die der Sache nach Übereinstimmungen mit dem Konzept der ›multiplen Modernen‹ aufweist; einstweilen hat der Begriff der Rechtskultur hierzu aber noch zu wenig analytisches Potential entfaltet (Cotterell 1997) – auch dort, wo er in der Vorstellung einer globalen Kultur der Menschenrechte auftritt (Friedman 2011).

Ansätze, die die globale Welt des Rechts in sieben Traditionen einteilen, welche mit begrenzten Interdependenzen nebeneinander existierten und hierdurch »nachhaltige Diversität« versprächen (Glenn 2007), helfen hier wenig weiter, wiewohl zu sehen ist, dass kulturrelativistische Strömungen schon seit dem Ende des 18. Jh.s in Pfadabhängigkeiten gedacht haben. Beispielhaft ist hier die Historische Rechtsschule zu nennen (Savigny 1814, 1840), die trotz ihres Bemühens um eine zeitgemäße Rechtswissenschaft die Emanation des Rechts aus einem im Kern stabilen, sich nur organisch entwickelnden ›Volksgeist‹ betonte und der politischen Setzung von Recht durch Kodifikation ebenso ablehnend gegenüberstand wie der Dynamik vernunftrechtlicher Forderungen.

Transfergeschichtlich und komparatistisch angelegte Ansätze finden in der rechtshistorischen und der rechtsvergleichenden Forschung Verwendung. Hierbei ist zunächst zu sehen, dass das gemeineuropäische Recht selbst aus einem Transfer, der schon im 12. Jh. einsetzenden Rezeption des römisch-kanonischen Rechts, entstanden ist und dass spätestens seit dem 17. Jh. das Verhältnis zwischen römischem und einheimischem Recht im sog. *Usus modernus* in einer Rechtsquellen- und Rechtsanwendungslehre auch theoretisch reflektiert wurde. Die Rechtsgeschichte, die die Dimension des Transfers, der Übersetzung bzw. der Transplantation moderner Rechtsnormen – nicht zuletzt in ihren Analysen des Kolonialismus und Postkolonialismus – seit jeher thematisiert hat, hat erst kürzlich in systematischer Weise begonnen, die Methoden zur Rekonstruktion transnationaler globaler Verbindungen und Interdependenzen des Rechts als Teil *von entangled legal histories* transfergeschichtlich zu reflektieren (Duve 2014; Benton/Ross 2013). Diese Entwicklung deutet in die Richtung der These der *entangled modernities* (Randeria 1999), der zufolge das Konzept verschiedener, je essentialistisch verstandener Modernitäten durch die Vorstellung unterschiedlicher, aber miteinander im Verlauf einer gemeinsamen Geschichte verschlungener Ausprägungen und Pfade der Moderne ersetzt werden soll.

Die *Postcolonial Legal Studies* verweisen auf die Bedeutung des Kolonialismus für den globalen Transfer rechtlicher Texte und Institutionen und für die Erzeugung eines perennierenden Rechtspluralismus, aber auch auf Rückwirkungen der in den Kolonien entwickelten rechtsförmigen Regierungstechniken auf das europäische Recht (Merry 2004). Auch in der rechtssoziologischen Analyse präsentieren sich nationale Rechtskulturen im Lichte transnationaler Entwicklungen, Isomorphien und Verflechtungen heute als hybride Konstrukte und »multiple overlapping and conflicting ›juridiscapes‹« (vgl. Nelken 2007, 371).

Zeithorizont und Epochenkonzept

Blickt man auf Zeithorizont und Epochenkonzept der rechtswissenschaftlichen Modernevorstellung(en), so fällt zunächst auf, dass Kontinuitätserzählungen, die den Epochenschnitt Vormoderne/Moderne relativieren oder gar einebnen, in den Wissenschaften von den Grundlagen des Rechts breiten Platz einnehmen. Unter diesen findet sich das klassische Narrativ vom ›ewigen Naturrecht‹, d. h. von einem erkennbaren Korpus absolut geltender, überpositiver und überzeitlicher Normen, wie es exemplarisch von der neuthomistischen katholischen Lehre vertreten wird. Einflussreich sind aber auch die Ansicht von der durchgehenden Leitfunktion des römischen Rechts als Basis einer einheitlichen europäischen Rechtskultur (Savigny 1840; Stein 1999; Zimmermann 2007) und, mit ihr verwandt, die These, dass jedenfalls das für eine politische Setzung zu komplexe bürgerliche Recht seit jeher von traditionsbewussten akademischen Funktionseliten entwickelt und verwaltet worden ist (Jansen 2010). Eine »Wissenschaft in den Händen der Juristen«, die sich als »organisch fortschreitende Rechtswissenschaft« (Savigny 1814, 14, 161) im Rahmen einer übergreifenden historischen Kontinuität versteht, kann zwar den Schritt von einem ›natürlichen‹ zu einem ›gelehrten‹ Recht, d. h. vom Recht als Sitte und Volksglaube zum Recht als verwissenschaftlichter Jurisprudenz nachvollziehen und vorantreiben; die Vorstellung einer Epochenschwelle zwischen Vormoderne und Moderne des Rechts ist ihr jedoch notwendig fremd. Beispielhafte Kontinuitätsnarrative sind auch der

Vorschlag Willoweits (2013), alle rechtshistorischen Transformationen und Umbrüche als Verschiebungen und Übertragungen einer im Kern unberührten Sakralität zu verstehen, und die spezifischere These Hans Joas' (2011), die Genealogie der Menschenrechte sei in einem Prozess der Wertegeneralisierung zu verankern, der sich primär als innerchristliche Lerngeschichte darstelle.

Sodann kommt kaum ein Begriff rechtlicher Modernität ohne den Verweis auf historische Entwicklungen aus, die Modernisierungsschübe vorbereitet oder sogar ermöglicht haben, selbst jedoch Gesellschaftsformationen zugehören, die nicht mit dem Attribut ›modern‹ belegt werden können. Hierzu zählen Verweise auf den Investiturstreit als Säkularisationsvorgang (Böckenförde 1976, 94), auf die Entstehung des modernen, in Rechtsschulen ausgebildeten europäischen Juristenstands im 13. Jh. (Coing 1985, 11), auf die Ursprünge der individualistischen Orientierung im philosophischen und theologischen Voluntarismus der franziskanischen Spätscholastik (Grossi 2010, 73; Mensching 2012) bzw. auf die Herausbildung des Modells änderbarer Kodifikationen bereits in Rom sowie von Frühformen einer *rule of law* im Mittelalter (Tamanaha 2004).

Auch die Theorie autopoietischer Systeme sieht im Prozess der Evolution des funktional ausdifferenzierten Rechts *preadaptive advances*, also Errungenschaften, die im Rahmen eines älteren sozialen Ordnungstypus entwickelt und stabilisiert werden, aber erst nach weiteren strukturellen Änderungen des politischen und des Rechtssystems in ihre Funktion eintreten konnten. Schon das klassische römische Recht kann als Durchbruch zur Herausbildung des Rechts als eines sozialen Systems verstanden werden (Fögen 2002). Insbesondere die kanonistische Schuldlehre des 12. Jh.s lässt sich als Moment der eigenständigen Evolution und Ausdifferenzierung des Rechtssystems und der juristischen, insbesondere strafrechtlichen Formensprache unter dem nur vorläufigen Dach der Religion begreifen (Luhmann 1993, 239 ff.). In der spanischen Spätscholastik des 16. Jh.s wiederholte sich dieses Phänomen, als eine theologisch angeleitete Zivilrechtswissenschaft dazu übergehen musste, ihren Gegenstand von einem Konzept subjektiver Rechte her zu konstruieren; auch hier trieb die Eigenlogik des Rechts rechtliche Kommunikation letztlich aus der Theologie hinaus. Zugleich wird die Modernisierung und Säkularisierung des Rechts im Sinne einer »Überführung des prinzipiell Entschiedenen in die Wirklichkeit« (Böckenförde 1976, 107) als ein von Ungleichzeitigkeiten geprägter, historischer Prozess »langsame[n], aber stetige[n] Wachstums« verstanden, der in der Französischen Revolution ein Moment des Durchbruchs gefunden (Grossi 2010, 75), sich jedoch zumindest bis ins 20. Jh. gezogen habe.

Die rechtshistorischen Periodisierungsversuche entzünden sich nicht zuletzt an Harold J. Bermans (1918–2007) – auch gegen Marx und Weber gerichteten – These, »›moderne‹ rechtliche und politische Institutionen« und eine »einheitliche westliche Rechtstradition« seien bereits im Zuge der sog. ›päpstlichen Revolution‹ an der Wende vom 11. zum 12. Jh. entstanden (Berman 1983, 14). Das neue, auch auf der Bearbeitung der wiederentdeckten Digesten mittels der scholastischen Methode gründende kanonische Recht dieser Zeit stellt nach Berman »das erste moderne westliche Rechtssystem« dar (1983, 199 ff.), in dem ein »entbettetes« und durch Juristen, Richter, Universitäten und Rechtsschulen professionalisiertes Recht erstmals als »autonomes, integriertes, sich entwickelndes Korpus rechtlicher Prinzipien und Verfahren« entsteht (1983, 7 ff., hier 86) und dynamisch institutionalisiert wird. Seit dieser Zeit sei die ›westliche Rechtstradition‹ in ihrer spezifischen Verschmelzung des Rechtlichen mit dem Religiösen zugleich durch das Konzept einer Gesellschaft geprägt, die sich in einem dialektischen Modus organischer Evolution und revolutionärer Umbrüche wandele (1983, 118, 197), welche nicht zuletzt durch die Entwicklung des Naturrechtsdenkens mit seinem Anspruch auf Suprematie gegenüber der Politik ausgelöst würden (1983, 538 ff.). Die These von der päpstlichen Revolution des 11. und 12. Jh.s als »wichtigste[r] Epochengrenze der europäischen Rechtsgeschichte« bleibt wirkmächtig (Reinhard 2002, 285; s. weiterführend Brunkhorst 2014).

Für den Prozess einer zunehmenden Verrechtlichung sozialer Konflikte vermittels der Durchsetzung des staatlichen Gewaltmonopols *qua* Gerichtsbarkeit und das Verbot eigenmächtiger privater Selbsthilfe wird der Wormser Reichsabschied von 1495 als zentrales Datum begriffen; die auf ihn folgende Errichtung zentraler Obergerichte erscheint als »das wichtigste Kennzeichen für die Entstehung moderner Staatlichkeit schlechthin« (Oestmann 2011, 290 ff., 293). Als primäre Epochenschwelle, »grundlegende[s] historische[s] Phänomen der Moderne« (Grossi 2010, 98) und Geburt des spezifisch modernen ›sozialen Vorstellungsschemas‹ (Taylor 1984) wird allgemein die Naturrechtslehre des 17. und 18. Jh.s verstanden. Mit der Verfassung als zentraler »evolutionärer Errungenschaft« (Luhmann

1990; Grimm 2012) setzt in der zweiten Hälfte des 18. Jh.s die Verrechtlichung staatlicher Herrschaft ein; eine echte Bindung der Richter durch das Gesetz, aber auch die Unabhängigkeit der Gerichte gegenüber Machtsprüchen des Souveräns sind nachhaltig ebenfalls erst im 18. Jh. zu beobachten.

Schließlich lässt sich auch der Beginn einer modernen Kriminalpolitik nicht vor dem 18. Jh. ansiedeln (Schmidt 1965, 212); die Strafrechtsgeschichte bestätigt damit Troeltschs These von der Aufklärung als »Beginn und Grundlage der eigentlich modernen Periode der europäischen Kultur und Geschichte« (Troeltsch 1925, 338) und Habermas' Diktum, dass »das Projekt der Moderne« – auch einer Moderne des Rechts – »im 18. Jh. von den Philosophen der Aufklärung formuliert« worden sei (Habermas 1981 a, 453). Die Entstehung eines »modernen Rechtssystems« in Europa wird deshalb regelmäßig in die Sattelzeit um 1800 datiert (Galanter 1966). Mit Blick auf den positiven Charakter des modernen Rechts wird schließlich festgehalten, dass erst im 19. Jh. Rechtssetzung als Gesetzgebung zum Normalfall und das Recht insoweit ›modern‹ wird.

Themen und Leitprozesse

Die soziologische Theorie modernen Rechts und ihre rechtswissenschaftliche Rezeption kreisen seit Weber um den Begriff der Rationalität und um den spezifischen Beitrag des Rechts zur Ausbildung einer sozialen Moderne. Die Reflexion des normativen Selbstverständnisses modernen Rechts fokussiert seit dem 18. Jh. die materiellen Prinzipien von Freiheit und Gleichheit in Gestalt eines egalitären normativen Individualismus, der seit dem 19. Jh. allerdings mit der Frage konfrontiert wird, ob auf seiner Grundlage auch soziale Ungleichheit und die inegalitäre Verteilung der tatsächlichen Chancen auf Freiheit adressiert werden können.

Für die Reflexion des Verhältnisses von modernem Recht und Politik dient v. a. die Staatsbildung als ›Bewegungsbegriff‹. Grossi sieht die »Grundlegung der juristischen Moderne« eng mit der Herausbildung des modernen Staats verbunden und ordnet die Herausbildung einer genuin souveränen Herrschaftsgewalt im Frankreich des 14. Jh.s als »politisch-juristische Werkstatt der Moderne« ein (Grossi 2010, 71 ff.). Die Forschung der zweiten Hälfte des 20. Jh.s zeigt, dass »sich Gesellschaft im modernen Staat wesentlich mit den Mitteln des technischen Rechts modernisiert hat« (Wieacker 1967, 257) bzw. dass die Entstehung des modernen Staates seit dem 16. Jh. durch sein öffentliches Recht mitgeformt wurde und sieht beide durch eine Dialektik von Rationalisierung und Disziplinierung geprägt (Stolleis 1988, 399 ff.). Die Entstehung des öffentlichen Rechts ist nach Stolleis als Reaktion auf Krisen der Frühen Neuzeit zu begreifen; zu seinen Hauptursachen zählen die Freisetzung des politischen Handelns von religiösen Bindungen nach dem Verlust der sozialen Steuerungskraft der Religion, der Zerfall der abendländischen Einheitsvorstellung von Reich und Kirche und die Umstellung vom mittelalterlichen Lehensstaat auf den modernen, zentralisierten Anstaltsstaat, der durch Gesetz und *gute policey*, mithilfe schriftlicher Verfahren und bürokratischer Apparate herrscht. Ob bereits die Policey-Ordnungen des 17. und 18. Jh.s durchgängig als Modernisierungsinstrumente verstanden werden können, bleibt indes umstritten (Raeff 1983; Stolleis 1988, 371).

Die These der Gleichursprünglichkeit öffentlicher (demokratisch vollzogener) und privater (durch Freiheitsrechte gesicherter) Autonomie (Habermas 1992, 135 ff.; Maus 2011) knüpft das moderne Recht und seine Legitimationsressourcen demgegenüber an einen starken Begriff deliberativer Demokratie. Folglich führt der Bedeutungsverlust des demokratisch kontrollierbaren Nationalstaats in Prozessen der Globalisierung zu den Fragen, ob in der Herausbildung eines solcherart ›postmodernen Rechts‹ nicht Formen einer vormodernen Parallelität der Rechtswelten wieder auftauchen und ob in der plural fragmentierten rechtlichen Weltgesellschaft jene Zivilisationsgewinne verloren zu gehen drohen, die ein konstitutionell gezähmtes und Rechtsgleichheit vermittelndes staatliches Gewaltmonopol als spezifische Errungenschaft der Moderne realisieren konnte (Stolleis 2008).

Das Konzept des modernen Rechts hat sich in Europa von Anfang an in Abgrenzung zu Religion und Theologie definiert und – spätestens seit Hugo Grotius (1583–1645) im Prolog seines Buches *De jure belli ac pacis* (1625) schrieb, man müsse notwendig davon ausgehen, dass die normativen Grundprinzipien des Rechts auch dann gälten, »wenn man annähme [...], daß es keinen Gott gäbe oder daß er sich um die menschlichen Angelegenheiten nicht bekümmere« – auf seiner Begründungsebene als Säkularisierungsleistung verstanden (Gutmann 2011). Gegen die These der »Politischen Theologie« Carl Schmitts (1888–1985), der zufolge »alle prägnanten Begriffe der modernen Staatslehre [...] säkularisierte theologische Begriffe« sind (Schmitt 1922, 43), und ungeachtet gelegentlicher Erzählungen vom Weiterwirken spezifisch christlicher Gehalte etwa im deutschen Verfassungsrecht ist weithin geklärt, dass das moderne Recht nicht anders als der moderne Staat in der Folge der Glaubensspaltung und der konfessionellen Bürgerkriege das Ergebnis eines erfolgreichen Säkularisierungsvorgangs ist (Böckenförde 1976; Dreier 2013).

In dem um 1650 systematisch einsetzenden und in den 1970er-Jahren weitgehend abgeschlossenen Prozess der Ersetzung religiöser durch säkulare Begründungen staatlicher Normen (Siep et al. 2012) wird ein universaler (wenngleich zunächst okzidentaler) Vorgang gesehen, der die zentralen Sinnbezüge des Rechts auf den Funktions- und Begründungszusammenhang der Handlungskoordinierung autonomer, sich als Rechtspersonen wechselseitig anerkennender Individuen umgestellt hat. Dieser normativ gesteuerte, eigensinnige Prozess der ›Säkularisierung der Normenbegründung‹, dessen Plausibilität nicht von der empirischen Validität der soziologischen Säkularisierungsthese *tout court* abhängt, kann selbst als Ausdruck funktionaler Differenzierung verstanden werden. Seine Umsetzung im – vielfach verfassungsrechtlich abgesicherten – Gebot einer weltanschaulich-religiösen Begründungsneutralität des Rechts zeigt, dass das moderne Recht an dieser Stelle selbst eine ›Entdifferenzierungssperre‹ ausgebildet hat, die die systemische Ausdifferenzierung von Recht und Religion normativ stabilisiert (Fateh-Moghadam 2015).

Literatur

Auer, Marietta: *Der privatrechtliche Diskurs der Moderne*. Tübingen 2014.
Benton, Lauren/Ross, Richard J.: *Legal Pluralism and Empires, 1500–1850*. New York 2013.
Berman, Harold J.: *Law and Revolution. The Formation of the Western Legal Tradition*. Cambridge, Mass. 1983.
Berman, Paul Schiff: *Global Legal Pluralism. A Jurisprudence of Law beyond Borders*. Cambridge 2012.
Bix, Brian: Legal Positivism. In: Golding, Martin P./Edmundson, William A. (Hrsg.): *The Blackwell Guide to Philosophy of Law and Legal Theory*. Malden, Mass. 2005, 29–49.
Böckenförde, Ernst-Wolfgang: Die Entstehung des Staates als Vorgang der Säkularisation. In: Ders.: *Staat, Gesellschaft, Freiheit*. Frankfurt am Main 1976, 42–64.
Bogdandy, Armin von et al.: *The Exercise of Public Authority by International Institutions. Advancing International Institutional Law*. Heidelberg 2010.
Brunkhorst, Hauke: *Critical Theory of Legal Revolutions. Evolutionary Perspectives*. New York/London 2014.
Carty, Anthony: *Postmodern Law: Enlightenment, Revolution and the Death of Man*. Edinburgh 1990.
Cohen, Jean L.: *Globalization and Sovereignty. Rethinking Legality, Legitimacy, and Constitutionalism*. Cambridge 2012.
Coing, Helmut: *Europäisches Privatrecht*, Bd. 1: *Älteres Gemeines Recht (1500–1800)*. München 1985.
Cotterell, Roger: The Concept of Legal Culture. In: Nelken, David (Hrsg.): *Comparing Legal Cultures*. Aldershot 1997, 13–32.
Douglas-Scott, Sionaidh: *Law after Modernity*. Oxford/Portland 2013.
Douzinas, Costas/Warrington, Ronny: *Postmodern Jurisprudence: The Law of Texts in the Texts of Law*. London 1991.
Dreier, Horst: *Säkularisierung und Sakralität. Zum Selbstverständnis des modernen Verfassungsstaates. Mit Kommentaren von Christian Hillgruber und Uwe Volkmann*. Tübingen 2013.
Durkheim, Émile: Der Individualismus und die Intellektuellen. In: Bertram, Hans (Hrsg.): *Gesellschaftlicher Zwang und moralische Autonomie*. Frankfurt am Main 1986, 54–70.
Durkheim, Émile: *Soziale Arbeitsteilung*. Frankfurt am Main 1992 (franz. 1893).
Duve, Thomas (Hrsg.): *Entanglements in Legal History: Conceptual Approaches* (Global Perspectives on Legal History, Bd. 1). Frankfurt am Main 2014.
Eder, Klaus: Prozedurale Rationalität. Moderne Rechtsentwicklung jenseits von formaler Rationalisierung. In: *Zs. für Rechtssoziologie* 7/1, 1986, 1–30.
Eisenstadt, Shmuel N.: Multiple Modernities. In: *Daedalus* 129/1, 2000, 1–29.
Ewald, François: *Der Vorsorgestaat*. Frankfurt am Main 1993 (franz. 1986).
Fateh-Moghadam, Bijan: *Die religiös-weltanschauliche Neutralität des Strafrechts. Zur strafrechtlichen Beobachtung religiöser Pluralisierung*. Tübingen 2015 (im Druck).
Fitzpatrick, Peter/Bergeron, James Henry: *Europe's Other. European Law between Modernity and Postmodernity*. Aldershot 1998.
Fögen, Marie Theres: *Römische Rechtsgeschichten. Über Ursprung und Evolution eines sozialen Systems*. Göttingen 2002.
Forst, Rainer: Das grundlegende Recht auf Rechtfertigung. Zu einer konstruktivistischen Konzeption von Menschenrechten. In: Ders.: *Das Recht auf Rechtfertigung. Elemente einer konstruktivistischen Theorie der Gerechtigkeit*. Frankfurt am Main 2007, 291–327.
Foucault, Michel: *Sicherheit, Territorium, Bevölkerung. Geschichte der Gouvernementalität I*. (Vorlesungen am Collège de France 1977/1978), hrsg. von Michel Sennelart. Frankfurt am Main 2006.
Francot-Timmermans, Lyana/De Vries, Ubaldus (Hrsg.): Multiple Modernities and Law. In: *Utrecht Law Review* 7/2, 2011, 1–3.
Friedman, Lawrence M.: On Legal Development. In: *Rutgers Law Review* 24/1, 1969, 11–64.
Friedman, Lawrence M.: Is There a Modern Legal Culture? In: *Ratio Juris* 7/2, 1994, 117–131.
Friedman, Lawrence M.: One World: Notes on the Emerging Legal Order. In: Likosky, Michael (Hrsg.): *Transnational Legal Processes*. London u. a. 2002, 23–40.
Friedman, Lawrence M.: *The Human Rights Culture. A Study in History and Context*. New Orleans 2011.

Galanter, Marc: The Modernization of Law. In: Weiner, Myron (Hrsg.): *Modernization*. New York 1966, 153–165.

Galanter, Marc: Law Abounding: Legalisation Around the North Atlantic. In: *The Modern Law Review* 55/1, 1992, 1–24.

Glenn, H. Patrick: *Legal Traditions of the World. Sustainable Diversity in Law*. Oxford ³2007.

Golder, Ben/Fitzpatrick, Peter: *Foucault and Law*. Farnham 2010.

Goodrich, Peter: Law and Modernity. In: *The Modern Law Review* 49/5, 1986, 545–559.

Grimm, Dieter: Bürgerlichkeit im Recht. In: Ders.: *Recht und Staat der bürgerlichen Gesellschaft*. Frankfurt am Main 1987, 11–50.

Grimm, Dieter: Ursprung und Wandel der Verfassung. In: Ders.: *Die Zukunft der Verfassung II. Auswirkungen von Europäisierung und Globalisierung*. Frankfurt am Main 2012, 11–64.

Grossi, Paolo: *Das Recht in der europäischen Geschichte*. München 2010.

Grossi, Paolo: *Mitologie giuridiche della modernità*. Milano 2007.

Grotius, Hugo: *De jure belli ac pacis libri tres in quibus ius naturae et gentium item iuris publici praecipua explicantur*. Deutsche Übersetzung von Walter Schätzel. Tübingen 1950 (Original Paris 1625).

Gumbrecht, Hans-Ulrich: Modern, Modernität, Moderne. In: Brunner, Otto et al. (Hrsg.): *Geschichtliche Grundbegriffe. Historisches Wörterbuch zur politisch-sozialen Sprache*, Bd. 4. Stuttgart 1978, 93–131.

Günther, Klaus: Normativer Rechtspluralismus – Eine Kritik. *Cluster of Excellence ›The Formation of Normative Orders‹ Working Paper 03/2014*. www.normativeorders.net (01.02.2015).

Gurvitch, Georges: *Sociology of Law*. New York 1942.

Gutmann, Thomas: Säkularisierung und Normenbegründung. In: Jansen, Nils/Oestmann, Peter (Hrsg.): *Gewohnheit, Gebot, Gesetz. Normativität in Geschichte und Gegenwart. Eine Einführung*. Tübingen 2011, 221–248.

Gutmann, Thomas: L'etat de crise. Normenbegründung in der Moderne – eine Skizze. In: Mergel, Thomas (Hrsg.): *Krisen verstehen. Historische und kulturwissenschaftliche Annäherungen*. Frankfurt am Main/New York 2012, 315–328.

Gutmann, Thomas: Religion und Normative Moderne. In: Willems, Ulrich et al. (Hrsg.): *Moderne und Religion. Kontroversen um Modernität und Säkularisierung*. Bielefeld 2013, 447–488.

Habermas, Jürgen: Überlegungen zum evolutionären Stellenwert des modernen Rechts. In: Ders.: *Zur Rekonstruktion des Historischen Materialismus*. Frankfurt am Main 1976, 260–267.

Habermas, Jürgen: Die Moderne – ein unvollendetes Projekt. In: Ders.: *Kleine politische Schriften, I-IV*. Frankfurt am Main 1981a, 444–464.

Habermas, Jürgen: *Theorie des kommunikativen Handelns*, 2 Bde. Frankfurt am Main 1981b.

Habermas, Jürgen: *Faktizität und Geltung. Beiträge zur Diskurstheorie des Rechts und des demokratischen Rechtsstaats*. Frankfurt am Main 1992.

Honneth, Axel: *Das Recht der Freiheit. Grundriß einer demokratischen Sittlichkeit*. Frankfurt am Main 2011.

Irti, Natalino: *Nichilismo giuridico*. Rom/Bari 2004.

Jansen, Nils: *The Making of Legal Authority. Non-Legislative Codifications in Historical and Comparative Perspective*. Oxford 2010.

Jansen, Nils/Michaels, Ralf: Private Law and the State. Comparative Perceptions and Historical Observations. In: Dies. (Hrsg.): *Beyond the State. Rethinking Private Law*. Tübingen 2008, 16–67.

Jhering, Rudolf von: *Der Zweck im Recht*. Bd. 1: Leipzig 1877 (²1884); Bd. 2: Leipzig 1883 (²1886).

Joas, Hans: *Die Sakralität der Person. Eine neue Genealogie der Menschenrechte*. Berlin 2011.

Kennedy, Duncan: *A Critique of Adjudication (fin de siècle)*. Cambridge, Mass. 1997.

Kennedy, Duncan: Form and Substance in Private Law Adjudication. In: *Harvard Law Review* 89, 1976, 1685–1778.

Koskenniemi, Martti: *From Apology to Utopia. The Structure of International Legal Argument*. Cambridge 1989.

Krawietz, Werner: Juridische Kommunikation im modernen Rechtssystem in rechtstheoretischer Perspektive. In: Brugger, Winfried et al. (Hrsg.): *Rechtsphilosophie im 21. Jahrhundert*. Frankfurt am Main 2008, 181–206.

Krisch, Nico: *Beyond Constitutionalism. The Pluralist Structure of Postnational Law*. Oxford 2012.

Linnan, David K. (Hrsg.): *Legitimacy, Legal Development and Change. Law and Modernization Reconsidered*. Farnham 2012.

Liszt, Franz von: Der Zweckgedanke im Strafrecht. In: *Zs. für die gesamte Strafrechtswissenschaft* 3, 1882, 1–47.

Luhmann, Niklas: *Ausdifferenzierung des Rechts: Beiträge zur Rechtssoziologie und Rechtstheorie*. Frankfurt am Main 1981.

Luhmann, Niklas: *Rechtssoziologie*. Opladen ³1987.

Luhmann, Niklas: Verfassung als evolutionäre Errungenschaft. In: *Rechtshistorisches Journal* 9/1, 1990, 176–220.

Luhmann, Niklas: *Das Recht der Gesellschaft*. Frankfurt am Main 1993.

Luig, Klaus: Art. Usus modernus. In: Erler, Adalbert/Kaufmann, Ekkehard (Hrsg.): *Handwörterbuch zur deutschen Rechtsgeschichte* (HRG), Bd. 5. Berlin 1998, 628–636.

Macdonald, Ronald St. John/Johnston, Douglas M. (Hrsg.): *Towards World Constitutionalism. Issues in the Legal Ordering of the World*. Leiden 2005.

Macpherson, Crawford B.: *The Political Theory of Possessive Individualism: From Hobbes to Locke*. Oxford 1962.

Maine, Henry James Sumner: *Ancient Law: Its Connection with the Early History of Society*. London 1861.

Marx, Karl: Zur Judenfrage [1843]. In: Marx, Karl/Engels, Friedrich, *Werke*, Bd. 1. Berlin 1976, 347–377.

Maus, Ingeborg: *Über Volkssouveränität. Elemente einer Demokratietheorie*. Berlin 2011.

Mensching, Günther: Naturrecht, positives Gesetz und Herrscherwille bei Thomas von Aquin und Wilhelm von Ockham. In: Siep, Ludwig et al. (Hrsg.): *Von der religiösen zur säkularen Begründung staatlicher Normen. Zum Verhältnis von Religion und Politik in der Philosophie der Neuzeit und in rechtssystematischen Fragen der Gegenwart*. Tübingen 2012, 81–92.

Merry, Sally Engle: Colonial and Postcolonial Law. In: Sarat, Austin (Hrsg.): *The Blackwell Companion to Law and Society*. London 2004, 569–588.

Meyer, John W.: *Weltkultur. Wie die westlichen Prinzipien die Welt durchdringen.* Frankfurt am Main 2005.

Nelken, David (Hrsg.): *Comparing Legal Cultures.* Aldershot 1997.

Nelken, David: Culture, Legal. In: Clark, David S. (Hrsg.): *Encyclopedia of Law & Society. American and Global Perspectives.* Thousand Oaks 2007, 370–376.

Nonet, Philippe/Selznick, Philip: *Law and Society in Transition: Toward Responsive Law.* New York 1996.

Oestmann, Peter: Gerichtsbarkeit als Ausdruck öffentlicher Gewalt – eine Skizze. In: Dilcher, Gerhard/Quaglioni, Diego (Hrsg.): *Die Anfänge des öffentlichen Rechts 3/Gli inizi del diritto pubblico 3: Auf dem Wege zur Etablierung des öffentlichen Rechts zwischen Mittelalter und Moderne.* Bologna/Berlin 2011, 275–309.

Parsons, Talcott: Evolutionary Universals in Society. In: *American Sociological Review* 29/3, 1964, 339–57.

Parsons, Talcott: *The Evolution of Societies.* Englewood Cliffs, NJ 1977.

Paschukanis, Eugen: *Allgemeine Rechtslehre und Marxismus. Versuch einer Kritik der juristischen Grundbegriffe.* Wien/Berlin 1929.

Peters, Anne: Compensatory Constitutionalism: The Function and Potential of Fundamental International Norms and Structures. In: *Leiden Journal of International Law* 19/3, 2006, 579–610.

Přibáň, Jiří (Hrsg.): *Liquid Society and Its Law.* London 2007.

Raeff, Marc: *The Well-Ordered Police State. Social and Institutional Change Through Law in the Germanies and Russia, 1600–1800.* New Haven 1983.

Randeria, Shalini: Geteilte Geschichte und verwobene Moderne. In: Rüsen, Jörn (Hrsg.): *Zukunftsentwürfe. Ideen für eine Kultur der Veränderung.* Frankfurt am Main/New York 1999, 87–96.

Reinhard, Wolfgang: *Geschichte der Staatsgewalt. Eine vergleichende Verfassungsgeschichte Europas von den Anfängen bis zur Gegenwart.* München 2002.

Röhl, Klaus F.: *Rechtssoziologie.* Köln 1987.

Savigny, Friedrich Carl von: *System des heutigen Römischen Rechts*, Bd. 1. Berlin 1840.

Savigny, Friedrich Carl von: *Vom Beruf unserer Zeit für Gesetzgebung und Rechtswissenschaft.* Heidelberg 1814.

Scattola, Merio: Scientia iuris and ius naturae: The Jurisprudence of the Holy Roman Empire in the Seventeenth and Eighteenth Centuries. In: Canale, Damiano et al. (Hrsg.): *A Treatise of Legal Philosophy and General Jurisprudence.* Bd. 9: *A History of the Philosophy of Law in the Civil Law World 1600–1900.* Dordrecht u. a. 2009, 1–42.

Schelsky, Helmut: Das Jhering-Modell des sozialen Wandels durch Recht. Ein wissenschaftsgeschichtlicher Beitrag. In: Rehbinder, Manfred/Schelsky, Helmut (Hrsg.): *Zur Effektivität des Rechts* (Jb. für Rechtssoziologie und Rechtstheorie 3). Gütersloh 1972, 47–86.

Schmidt, Eberhard: *Einführung in die Geschichte der Deutschen Strafrechtspflege.* Göttingen ³1965.

Schmidt, Volker H.: Multiple Modernities or Varieties of Modernity? In: *Current Sociology* 54/1, 2006, 77–97.

Schmidt, Volker H.: *Global Modernity. A Conceptual Sketch.* Houndmills, Basingstoke 2014.

Schmitt, Carl: *Politische Theologie.* Berlin 1922.

Schröder, Jan: *Recht als Wissenschaft. Geschichte der juristischen Methodenlehre in der Neuzeit (1500–1933).* München ³2012.

Siep, Ludwig et al. (Hrsg.): *Von der religiösen zur säkularen Begründung staatlicher Normen. Zum Verhältnis von Religion und Politik in der Philosophie der Neuzeit und in rechtssystematischen Fragen der Gegenwart.* Tübingen 2012.

Slaughter, Anne-Marie: *A New World Order.* Princeton 2004.

Spencer, Herbert: *The Man versus the State, with Six Essays on Government, Society and Freedom* [1884], hrsg. von Eric Mack. Indianapolis 1981.

Stahl, Friedrich Julius: *Über die gegenwärtigen Parteien in Staat und Kirche.* Berlin 1883.

Stein, Peter G.: *Legal Evolution. The Story of an Idea.* Cambridge 1980.

Stein, Peter G.: *Römisches Recht und Europa. Die Geschichte einer Rechtskultur.* Frankfurt am Main ³1999.

Stolleis, Michael: *Geschichte des öffentlichen Rechts in Deutschland.* Bd. 1: *Reichspublizistik und Policeywissenschaft 1600–1800.* München 1988.

Stolleis, Michael: *Geschichte des öffentlichen Rechts in Deutschland.* Bd. 2: *Staatsrechtslehre und Verwaltungswissenschaft 1800–1914.* München 1992.

Stolleis, Michael: Vormodernes und postmodernes Recht. In: *Quaderni fiorentini* 37, 2008, 543–554.

Summers, Robert S.: *Instrumentalism and American Legal Theory.* Ithaca, NY 1982.

Tamanaha, Brian Z.: The Primacy of Society and the Failures of Law and Development. In: *Cornell International Law Journal* 44/2, 2011, 209–247.

Taylor, Charles: *Modern Social Imaginaries.* Durham/London 2004.

Teubner, Gunther: *Recht als autopoietisches System.* Frankfurt am Main 1989.

Teubner, Gunther: *Verfassungsfragmente. Gesellschaftlicher Konstitutionalismus in der Globalisierung.* Frankfurt am Main 2012.

Tönnies, Ferdinand: *Gemeinschaft und Gesellschaft.* Leipzig 1887.

Troeltsch, Ernst: Die Aufklärung [1897]. In: Ders.: *Gesammelte Schriften*, Bd. 4, hrsg. von H. Baron. Tübingen 1925, 338–374.

Unger, Roberto Mangabeira: *Law in Modern Society. Toward a Criticism of Social Theory.* New York 1976.

Wagner, Peter: *Modernity as Experience and Interpretation: A New Sociology of Modernity.* Cambridge 2008.

Weber, Max: *Wirtschaft und Gesellschaft. Grundriss der Verstehenden Soziologie.* Tübingen ⁵1980.

Willoweit, Dietmar: Die Sakralisierung des Rechts. In: *Juristenzeitung* 68/4, 2013, 157–163.

Wittrock, Björn: Modernity: One, None, or Many? European Origins and Modernity as a Global Condition. In: *Daedalus* 129/1, 2000, 31–60.

Zimmermann, Reinhard: Römisches Recht und europäische Kultur. In: *Juristenzeitung* 62, 2007, 1–12.

Thomas Gutmann

Religionswissenschaft

Definitionen und Anwendungsbereiche

Zwischen der Erforschung der Moderne und der Erforschung der Religionen bestehen wechselseitige Abhängigkeiten. Sie zeigen sich besonders klar an der Säkularisierungsthese. Im Jahre 1968 werden nur wenige Wissenschaftler widersprochen haben, als Arnold Toynbee und John Cogley in ihrem Buch *Religion ohne Zukunft* schrieben: Die »traditionellen Formen« der Religionen »sind späteren Generationen fremd und unannehmbar geworden, am meisten den Generationen unserer Zeit, in der das Tempo der Veränderung sein Höchstmaß erreicht hat. Aus diesen Ursachen haben alle jetzigen Religionen, ob stammgebunden oder missionarisch, ob ›niedriger‹ oder ›höher‹, ihren Einfluß auf die Herzen, die Sinne und das Gewissen ihrer früheren Anhänger verloren« (Toynbee/Cogley 1968, 23).

Dreißig Jahre später stellte Peter L. Berger (geb. 1929) eine vollständig andere Diagnose. Die moderne Welt sei überhaupt nicht säkularisiert; sie sei vielmehr massiv religiös, nur Westeuropa stelle eine Ausnahme dar. Die Säkularisierung existiere allein in den Köpfen westlich gebildeter Akademiker (Berger 1999, 10). Mittlerweile werden aber selbst in Bezug auf Europa Zweifel ob der Richtigkeit der Säkularisierungsthese angemeldet. Zwar sprechen die Statistiken des Kirchenbesuchs in vielen europäischen Ländern für eine Entkirchlichung. Stellt man aber statistische Daten zu den persönlichen Glaubensüberzeugungen daneben, ergibt sich ein Befund, den die britische Soziologin Grace Davie mit *believing without belonging* beschreibt (1994). Die Verbreitung von Glaubensanschauungen kann prozentual die Zahl der Gottesdienstbesucher übertreffen. Unabhängig wiederum von ihrem persönlichen Glauben können Menschen Mitglieder ihrer Kirchen bleiben und sich von diesen in ihren Stellungnahmen z. B. in Fragen von Krieg und Frieden, Arbeitslosigkeit, Gewährung von Asyl usw. vertreten sehen (Davie 2007). Eben dies sei als eine für Europa besondere Art der Religiosität zu verstehen: *vicarious religion*. Von einer prinzipiellen und generellen Abwendung vom Christentum könne in Europa trotz Entkirchlichung folglich nicht die Rede sein.

Eine andere Erklärung der Öffentlichkeit von Religion unter der Bedingung von Säkularisierung nahm José Casanova (geb. 1951) vor. An fünf Fallanalysen (vier katholischen, einer protestantischen in Spanien, Polen, Brasilien, USA) analysierte er, unter welchen Bedingungen Religionen in modernen Gesellschaften öffentlich wirksam werden und die politische Ordnung herausfordern. Dazu zerlegte er die Säkularisierungsthese in drei voneinander unabhängige Behauptungen: dass in der Moderne religiöse Ordnungen nicht mehr von säkularen geschützt würden; dass es zu einem Niedergang persönlichen Glaubens komme; und dass der Glaube zu einer privaten Angelegenheit würde. Casanovas Prüfung ergab, dass die These vom Niedergang persönlichen Glaubens in der Moderne nicht zutrifft. Der nach wie vor starke private Glaube, dessen typische Sozialform jetzt allerdings die freiwillige Vereinigung ist, werde im Falle von staatlichen Gesetzen und Maßnahmen, die Glaubensüberzeugungen verletzten, zum Ausgangspunkt einer öffentlichen Bekundung. »Indem Öffentlichkeit in die Privatsphäre getragen wird und Angelegenheiten privater Moral in die Öffentlichkeit, zwingen Religionen moderne Gesellschaften, sich der Aufgabe einer Wiederherstellung ihrer eigenen normativen Grundlagen zu stellen« (1994, 229). »Entprivatisierung« ist also der charakteristische Modus religiöser Öffentlichkeit in den modernen demokratischen Rechtsstaaten.

Religionswissenschaft und -soziologie mussten also lernen, dass in der Moderne Religionen keineswegs aus der Öffentlichkeit verschwanden. In diesem Zusammenhang ist eine sachgemäße Beschreibung der gegenwärtigen religiösen Lage von allergrößter Bedeutung. Die Rede von einer Rückkehr oder Wiederkehr der Götter oder der Religion kann dies nicht leisten; sie ist zu pauschal. Adäquater sind Analysen, die von einer gleichzeitigen Erstarkung und Verbreitung säkularer *und* religiöser Weltbilder und Praktiken ausgehen (Riesebrodt 2000, 48–50; Norris/Inglehart 2004, 53–79). Beide Tendenzen bestimmen die Moderne: einerseits eine ungebrochene Überzeugung von der Berechenbarkeit aller beobachtbaren natürlichen, historischen und sozialen Phänomene – ihrer Rationalität –, und andererseits eine fortdauernde Anerkennung religiöser Geltungsansprüche. In der Kultur der Gegenwart erleben wir laufend neue Beispiele für jede dieser Mächte. Wenn man die wechselseitigen Abhängigkeiten von Religionsforschung und Moderneforschung ermitteln möchte, dann rückt diese Gleichzeitigkeit ins Zentrum.

Forschungsgeschichte, Semantik und Gegenkonzepte

Eine religionswissenschaftliche Herangehensweise an das Phänomen der Moderne muss zweierlei im Blick haben: Zum einen gilt es, über die intellektuellen Debatten zur gesellschaftlichen Stellung und Rolle von Religion bzw. von Religionen zu berichten, die in Europa seit Reformation und Aufklärung geführt worden sind. Zum anderen ist zu ergründen, wie sich die Religionswissenschaft als säkulare Wissenschaft dem Phänomen der Moderne in begrifflicher wie theoretischer Hinsicht genähert hat.

Die Rolle von Religion(en) seit der Reformation

Die *Querelle,* der Streit zwischen *Anciens* und *Modernes,* wurde am Ende des 17. Jh.s von der Behauptung hervorgerufen, dass Wissenschaft und Kunst im Zeitalter Ludwigs XIV. gegenüber dem Altertum überlegen sei. Dem einen Lager war die Antike ein bleibendes Vorbild für die gegenwärtige Kultur, dem anderen wurzelten die Errungenschaften der eigenen Zeit im innovativen Geist von Genies. Am Ende setzte sich bei den Beteiligten die Einsicht durch, dass man im Blick auf Fortschritt zwischen Wissenschaft und Kunst unterscheiden müsse: In der Kunst könne es keinen messbaren und unbezweifelbaren Fortschritt geben, wohl aber in der Wissenschaft. Kunst müsse nach den ästhetischen Kriterien der jeweiligen Epoche beurteilt werden. Die antike und die moderne Kunst hätten jeweils ein eigenes Existenzrecht. Mit dieser Konstatierung eines Bruches in der Kultur ging der Übergang von einer klassischen zu einer historischen Betrachtung einher. Modernität wurde »nicht mehr als Gegensatz zum Alten, sondern als Zwiespalt mit der gegenwärtigen Zeit« erfahren (Jauss 1974, 49 f.).

Wie aber stand es in diesem Zusammenhang mit der Religion? War sie in Gefahr, vom Fortschritt der Wissenschaft überrollt zu werden, oder behielt sie ein eigenes Existenzrecht? Eine prominente Antwort darauf gab Friedrich Schiller hundert Jahre nach der *Querelle* in seinem Gedicht *Die Götter Griechenlands* (1788). In ihm traten die griechischen Götter als Teil einer Welt auf, in der die Natur noch nicht entgöttert war. Erst Christentum und Naturwissenschaft hätten diese harmonische Beziehung zerstört. Im Medium der Dichtung ließ Schiller eine Beziehung zur Welt lebendig werden, die von dem christlich-naturwissenschaftlichen Verständnis der Welt desavouiert wird. Die Götter Griechenlands wurden zu Zeugen gegen eine Berechenbarkeit von Welt und Mensch. Diese Aufwertung des Heidentums rief zwar heftige Kontroversen hervor, die Schiller zu einer Abschwächung der paganen Elemente seines Gedichtes veranlassten, doch konnte der Paganismus-Vorwurf nicht verhindern, dass die Rezeption weiterer nicht-christlicher Religionen immer weiter fortschreiten sollte.

Schon vor Schiller hatte Johann Gottfried Herder 1774 den jugendlichen Geist, die Ergebung und die Weisheit des Morgenlandes gerühmt und der gekünstelten kalten europäischen Welt vorgehalten. Europa sei unfähig, diesen Geist zu verstehen, zu fühlen, geschweige denn zu genießen. Was Herder angestrebt hatte – die Repristinierung außereuropäischer Traditionen jenseits von Hellenismus -, wurde bald von anderen in Angriff genommen. Als Abraham Hyacinthe Anquetil-Duperron (1731–1805), Soldat im Dienst der französischen Ostindischen Gesellschaft, das Vertrauen von parsischen Priestern gewinnen konnte und mit ihrer Hilfe in die Geheimnisse des Avesta, des heiligen Buches der Parsen, eindrang und schließlich 1771 eine erste Übersetzung in Paris veröffentlichte, war das ein epochales Ereignis. Die Geschichte und Kultur von Juden, Griechen und Römern seien den Humanisten bekannt, schrieb Anquetil in einem Vorwort. »Es bleiben Amerika, Afrika und Asien, die, ich wage es zu sagen, noch zu entziffern sind« (Kippenberg 1997, 44–45). In seiner Biographie Anquetils hat Raymond Schwab (1884–1956) den radikalen Umschwung, der mit diesen Entzifferungen kam, so geschildert: »Anquetil (...) schleuderte in unsere Schulen, die bis heute hochmütig hinter dem engen Erbe der griechisch-lateinischen Renaissance die Tür geschlossen halten, eine Vision zahlloser und uralter Zivilisationen, einer ungeheuren Menge von Literaturen; von jetzt an sind einige europäische Provinzen nicht mehr die einzigen, die ihre Namen in die Geschichte eingravieren!« (Kippenberg 1997, 45).

Die kulturelle Mauer um Europa fiel. Schlag auf Schlag folgten weitere Entzifferungen. Vorbei war die negative Bewertung orientalischer Kulturen. Nachdem diese noch in der Epoche der Aufklärung als unvernünftig gegolten hatten, änderte sich dieses Urteil in dem Maße, in dem Zweifel an dem vorausgesetzten Kriterium von Vernünftigkeit und seiner universellen Geltung geweckt wurde.

Diese Bewertung kam allen Kosmologien vom paganen antiken Typ zugute. Dies haben Forschungen zur Vorgeschichte der sogenannten Esoterik gezeigt.

Die antike Auffassung, wonach das Göttliche sich in der Natur offenbare und der Mensch durch Kontemplation des Kosmos am Göttlichen Anteil erlangen könne, war mit dem Sieg der kirchlichen Schöpfungstheologie nicht spurlos in der europäischen Religionsgeschichte untergegangen. Darauf haben insbesondere die Arbeiten von Antoine Faivre (geb. 1934) aufmerksam gemacht. Er schlug zudem vor, Esoterik systematisch als eine Denkform zu analysieren, der zufolge sichtbare und unsichtbare Teile des Universums durch ein Band der Entsprechungen miteinander verbunden sind und von einer lebendigen Energie durchzogen werden. Kenntnis und Beherrschung dieser Energie wird von spirituellen Autoritäten (Göttern, Engel, Meistern, Geistwesen) vermittelt (Faivre 1996). In dieser Denkform blieb der Paganismus tatsächlich in Europa über Jahrhunderte und sogar Jahrtausende subversiv bestehen, nicht ohne immer wieder angefeindet zu werden (Hanegraaff 2012).

So konnte die Religionswissenschaft dann auch herausarbeiten, dass die moderne europäische Kultur sich immer schon auf andere als nur die jüdisch-christliche Tradition bezogen hat. Die griechische Kultur sowie die Religionen von Judentum und Christentum (später auch des Islams), die aus dem östlichen Mittelmeerraum in das westliche Gebiet gelangt waren, wurden zu einem dauerhaften kulturellen Bezugsmodell der Westbewohner. Noch in der aktuellen philosophischen Debatte über die Kultur Europas gilt diese Diversität als ihr besonderes Merkmal. George Steiner (geb. 1929) hält die »Bikulturalität« für eine besondere kulturelle Kompetenz Europas (Steiner 2004, 424), und für Edgar Morin (geb. 1921) besteht die Einheit Europas in einer Komplexität, die größte Unterschiede von Weltdeutung miteinander verbindet, ohne sie zu vermengen. Zwischen Religion und Vernunft, Glaube und Zweifel, mythischem und kritischem Denken gebe es demzufolge permanente »Dialogiken« (Morin 1991, 33–35), schon weil die Europäer ihre Autoritäten aus einer geographischen Region erkoren haben, die nicht die ihre war. Und sie hielten zu ihnen respektvolle Distanz. Ob es die griechischen Philosophen oder die heiligen Schriften waren: Die Texte wurden übersetzt und kommentiert, aber die Übersetzung konnte nicht wirklich an die Stelle des Originals treten. Von dieser Diversität lebt die Dynamik der Religionsgeschichte der europäischen Moderne noch heute (Kippenberg/Rüpke/von Stuckrad (2009).

Von Kant bis Max Weber

Die explizit akademisch-wissenschaftliche Beschäftigung mit Religion lässt sich auf mehrere Ursprünge zurückführen. Für die sich im 19. und frühen 20. Jh. herausbildende Religionswissenschaft und -soziologie, zumal in Deutschland, ist Immanuel Kant (1724–1804) zu nennen, der das aufklärerische Nachdenken über Religion zu einem ersten Höhepunkt führte: »Unser Zeitalter ist das eigentliche Zeitalter der Kritik, der sich alles unterwerfen muß. Religion, durch ihre Heiligkeit, und Gesetzgebung durch ihre Majestät, wollen sich gemeiniglich derselben entziehen. Aber alsdann erregen sie gerechten Verdacht wider sich und können auf unverstellte Achtung nicht Anspruch machen, die die Vernunft nur demjenigen bewilligt, was ihre freie und öffentliche Prüfung aushalten können« (Erste Vorrede zur Kritik der reinen Vernunft, 1781, vgl. Kant 1956, 7).

Die freie und öffentliche Prüfung, die Kant vornahm, ergab, dass es sich bei dem Begriff ›Gott‹ erkenntnistheoretisch um eine transzendentale Idee handele, die jede mögliche Erfahrung übersteige und deshalb grundsätzlich nicht bewiesen werden könne. Kant schloss daraus aber nicht, dass derartige metaphysische Ideen als Illusionen entbehrlich seien. Die praktische Vernunft könne auch eine Anerkennung von nicht beweisbaren Behauptungen verlangen: dass Gott existiert, dass die Seele unsterblich ist und dass wir im Blick auf unser Handeln frei sind. Diese unbeweisbaren Postulate erfüllten notwendige regulative Funktionen im sozialen Leben: die subjektive Erkenntnis unserer Pflichten als göttlicher Gebote. Mit dieser Argumentation drehte Kant das Begründungsverhältnis von Handeln und Weltbild um. Auch ein partikulares religiöses Weltbild einschließlich des Islams kann zur Basis vernünftigen öffentlichen Handelns werden. Diese Umdrehung wurde religionswissenschaftlich grundlegend, weil es die Prüfung der religiösen Ansprüche von der Metaphysik auf das soziale Handeln verlegte; an die Stelle der Theologie trat die mündige Öffentlichkeit eines Gemeinwesens.

Kant hatte mit dieser Kritik die Spannung zwischen historischer Tradition und kritischer Vernunft so auf die Spitze getrieben, dass nicht zufällig in Auseinandersetzung mit ihm eine diametral entgegengesetzte Auffassung vorgebracht wurde. Johann Gottfried Herder (1744–1803) etwa verwarf die Annahme von Aufklärern, der Mensch könne das, was er sei, durch sich selbst werden. Auch im Blick auf sein geistiges Vermögen sei der Mensch kein Selbstgeborener, da es von der Sprachlichkeit allen Denkens bedingt ist. Wo ohne Rücksicht darauf ein berechnender Verstand die Macht über das Denken erlangt, sei eine »Mechanisierung« des Lebens und seine seelische Verarmung die Folge. Dem könne eine Besinnung auf die überlieferte Religion entgegenwirken. Auch in ihrem Fall ist es die Sprache, die in die Anschauungen der Menschen einen Geist einschreibe (Kippenberg 1997, 27–31).

Wilhelm von Humboldt (1767–1835) führte diese Überlegungen weiter und formulierte 1824–1826 die These, dass »in jeder Sprache eine eigentümliche Weltansicht« liege. »In die Bildung und den Gebrauch der Sprache geht notwendig die ganze Art der subjektiven Wahrnehmung der Gegenstände über. Denn das Wort entsteht ja aus dieser Wahrnehmung, und ist nicht ein Abdruck des Gegenstandes an sich, sondern des von diesem in der Seele erzeugten Bildes« (von Humboldt 1977, 32). Sprache ist Organ des Denkens und der Kommunikation. Wenn Worte mitgeteilt werden, machen sie etwas Subjektives objektiv und vermitteln so in der Kommunikation eine Weltansicht. Indem Menschen durch ihre sprachliche Kommunikation eine Weltansicht aus sich herausspinnen, spinnen sie sich zugleich in diese wiederum ein (von Humboldt 1977, 33).

Religionsforscher machten sich diese Herangehensweise zu eigen und rückten sprachliche Quellen ins Zentrum ihrer Untersuchungen. Anders als in Großbritannien und Frankreich, wo koloniale Interessen an Recht und Verwaltung die Forschung beherrschten, war man in Deutschland v. a. an Religionen und ihren subjektiven Aneignungen interessiert. Diesen deutschen Orientalismus hat Said in seinem berühmten gleichnamigen Buch ignoriert. Georg Stauth hält ihn für machtvoll, da er egalitär ist – er ist egalitär, weil er das Verständnis des anderen unterstellt, dabei »aber den selbstkonstitutiven Akt der Fremderkenntnis verschleiert« (Stauth 1993, 10 f.). Diese Herangehensweise dominierte auch bei jenen Religionshistorikern, die an Paul Hinnebergs Handbuch von 1906, *Die Kultur der Gegenwart* (mit den beiden Teilbänden *Die Orientalischen Religionen* und *Die Christliche Religion mit Einschluß der israelitisch-jüdischen Religion*), mitarbeiteten. Sie stehen am Beginn einer historisch-kritischen Religionsgeschichtsschreibung. Max Weber (1864–1920) stützte sich bei seiner Rekonstruktion der Entwicklung religiöser Gemeinschaften auf sie: Julius Wellhausen (1844–1918), Ignaz Goldziher (1850–1921), Hermann Oldenberg (1854–1920), Johann Jakob Maria de Groot (1854–1921).

Für Weber war aber zugleich auch der religionsphilosophische Vergleich Hermann Siebecks (1842–1920) von großer Bedeutung. Dieser hatte die historischen Religionen in drei Klassen eingeteilt: Naturreligionen, in denen Götter als Retter vom Übel der äußeren Welt auftreten; Moralreligionen, in denen Götter als Garanten sozialer Normen gelten und die eine positive Einstellung zur Welt begründeten, und schließlich Erlösungsreligionen, die von einem Widerspruch zwischen der Existenz Gottes und der Wirklichkeit des Bösen in der Welt ausgehen und Weltablehnung propagieren (Siebeck 1893, 49).

Für die Auffassung von Religion im Zusammenhang mit der Soziologie der Moderne wurde insbesondere die Kategorie von ›Erlösungsreligiosität‹ bzw. ›Weltablehnung‹ folgenreich. So debattierten auf dem ersten Soziologentag in Frankfurt 1910 die Vertreter dieser aufstrebenden Wissenschaft die Frage, welche Wirkung die Aufspaltung des Christentums in Kirche, Mystik und Sekte für die Herausbildung der Kultur der Moderne gehabt habe (Kippenberg in: Weber 2001, 12–17). In Religionen, die Weltablehnung praktizieren, löse sich das Subjekt von vorgefundenen Ordnungen und Mächten und basiere sein Handeln auf davon unabhängige Weltbilder. Subjektive Religiosität sei dabei imstande, traditionelle Lebensformen zu brechen. Genau diese Sicht wurde nun für Webers Analyse des Zusammenhangs von Protestantismus und Kapitalismus zentral. Ein Prozess der ›Entzauberung der Welt‹ bewirke ihm zufolge, dass Religiosität die Formen von Gesinnungsethik oder von Mystik annimmt (Weber 1988, 433). Umgekehrt würden mit der ›Entzauberung‹ Magie, Sakramente und Gesetzesethik als Heilsmittel entwertet – die Voraussetzung dafür, dass säkulare Ordnungsmächte nach praktischen Prinzipien operieren, die unabhängig von innerweltlichen Heilserwartungen sind, und umgekehrt religiöse Heilserwartungen nicht von bestehenden Normen bestimmt werden. Der Zwiespalt moderner Kultur wird also gerade durch die Abkoppelung sozialer Normen von Heilserwartungen und durch die Ausdifferenzierungen von neuartigen religiösen Heilswegen verstetigt. Hier schloss Max Webers Gesellschaftsanalyse an. Weber erklärte den Umstand, dass die kapitalistische Marktökonomie sich zuerst in puritanischen Territorien entwickelt hat, mit der religiösen Ethik der Puritaner: Diese glaubten, ihr Erwähltsein im beruflichen Alltag mittels Arbeit und Konsumverzicht aktiv bewähren zu können. Das religiöse Gegenmodell war Mystik: Kontemplative

Versenkung in den Grund allen Seins lehnten die Puritaner emphatisch ab.

20. und 21. Jahrhundert

Mit dieser Argumentation haben Max Weber und weitere Wissenschaftler an der Wende vom 19. zum 20. Jh. die Voraussetzungen für eine religionshistorisch informierte Soziologie der modernen Kultur geschaffen. Auch die einflussreichen Werke der frühen Religionsforschung von Friedrich Max Müller (1823–1990), Edward Burnett Tylor (1832–1917), William Robertson Smith (1846–1894), James Frazer (1854–1941), Émile Durkheim (1858–1917) und Rudolf Otto (1869–1937) waren nicht antiquarisch orientiert, sondern gaben ihren Befunden Bedeutung im Licht der Diskurse über die Moderne. Wenn sie religionshistorische Sachverhalte mit Begriffen wie ›Mythos‹, ›Animismus‹, ›Gemeinschaftsrituale‹, ›Magie‹, ›elementare Religion‹, das ›Heilige‹ oder ›Weltablehnung‹ deuteten, waren diese Interpretationen so angelegt, dass sie das Leben unter den modernen Großmächten von Wirtschaft und Staat in ihre Wertung mit einbezogen. Keine religionsgeschichtliche Studie, in der nicht das damalige Zentralproblem des Bürgertums verhandelt wurde: das Schicksal von Religion in der Moderne, genauer: das Schicksal einer Moderne, die sich von der Religion lossagt (Kippenberg 1997, 268).

Die Aktualität von Religion in den damaligen Kulturdiskursen zeigt sich eindrucksvoll in der ersten Auflage des überaus einflussreichen Lexikons *Die Religion in Geschichte und Gegenwart* (RGG[1]), dessen fünf Bände von 1909 bis 1913 erschienen. Es war das erklärte Ziel von Verleger und Herausgebern, ein »wissenschaftliches Nachschlagewerk für Jedermann« wie den Brockhaus zu schaffen. Es sollte wie andere damals verbreitete Konversationslexika die Bildung im Bürgertum anheben (Conrad 2006). Dabei mussten die Verantwortlichen entscheiden, ob auch Begriffe, die in der Öffentlichkeit kursierten, aber nicht die der Gläubigen oder Theologen waren, durch bessere ersetzt oder aber aufgenommen und wissenschaftlich reflektiert bzw. verfeinert werden sollten. Als nach langen und mühsamen Vorbereitungen 1909 der erste Band der RGG[1] erschien, gab der Herausgeber Friedrich Michael Schiele (1867–1913) im Vorwort Auskunft über das Verfahren der Generierung der Lemmata. »Für die Wahl der Stichwörter galt durchweg das Gesetz, unter den vielen Ausdrücken, die sich als Schlagwort für eine Gedankeneinheit anboten, immer dasjenige Wort zu wählen, das den Benutzern des Handlexikons voraussichtlich am nächsten läge, mochte es den Fachgelehrten auch ferner liegen« (RGG, Bd. 1, 1909, V.). Das Lexikon sollte »die Schlagwörter der Gegenwart, zufällig wie sie ihrer Natur nach sind«, aufgreifen (RGG ,Bd. 1, 1909, VI). Damit wurde es zur wertvollen Quelle für religiöse Sprache im öffentlichen Raum um 1900.

Reinhart Kosellecks (1923–2006) Überlegung, dass in Geschichtsdarstellungen die drei Zeitdimensionen von Vergangenheit, Gegenwart und Zukunft auf eine besondere Weise verschränkt sind, gilt auch für die Religionsgeschichtsschreibung. Auch sie bringt solche Erfahrungen der Vergangenheit zur Sprache, von denen der Historiker gegenwärtige oder zukünftige Relevanz erwartet (Koselleck 1979, 349–375). Die Art der Geltung religiöser Überlieferungen hatte in der Zeit, in der die RGG entstand, die theologischen Bedeutungszusammenhänge verlassen und war ›vagierende‹ (Nipperdey) Religiosität geworden. Dies lässt sich zum Beispiel am Artikel »Mystik« verifizieren. Gangolf Hübinger (geb. 1950) hat in einer Untersuchung des Programms des Diederichs-Verlags den zeitgenössischen Kontext des Begriffes so charakterisiert: Mystik war »ein ganz und gar diesseitiger Bezugspunkt vernunftkritischer Auseinandersetzung mit der Moderne« (Hübinger 1987, 102). Die RGG[1] fügte dementsprechend dem Artikel »Mystik« einen Abschnitt »Neue Mystik« hinzu. Ein Bedürfnis nach »Verinnerlichung« unserer »unheimlich in die Breite gehenden, wissenschaftlich und technisch gerichteten modernen Kultur« habe dazu geführt, dass die Mystik, die »in der 2. Hälfte des 19. Jahrhunderts in Missachtung geraten« sei, wieder Anklang gefunden hat. Die »Ausgrabung mystischer Schriften aller Zeiten und Völker« samt ihrer Einleitungen verraten, »dass diese neue Bewegung durchaus selbständig und keineswegs eine direkte Fortsetzung alter Mystik ist. Vielmehr ist sie geboren aus einem erwachenden Widerspruch des Gemüts gegen den Gesamtgeist gerade unserer Zeit, nämlich gegen einen öden Materialismus einerseits, gegen eine einseitige Verstandes- oder Willensreligion anderseits« (Hoffmann, in: RGG, Bd. 4, 1913, 608).

Der Eintrag bringt die kritische Deutung eines historischen Sachverhaltes im Blick auf eine Diagnose der Kultur der Gegenwart zur Darstellung. In Abwandlung des Aufsatztitels von Jauss (1974) könnte man sagen: Religiöse Tradition und gegenwärtiges Bewusstsein der Modernität gehören zusammen. Diese Betrachtungsweise, die das aktuelle reflexive Potential religionshistorischer Sachverhalte einbezog, verlangte in späteren Auflagen der RGG nach Aktualisierung. Das Stichwort »Mystik« wurde in der vierten Auflage der RGG (1998–2005) von »New Age« bzw. »Esoterik« abgelöst. »New Age« war ein Begriff, den Medien populär gemacht hatten (Bochinger 1995). Was die Sozialform der Mystik anlangt, trat im angelsächsischen Sprachraum zuerst »cult« an seine Stelle. Schon zuvor war der Begriff der Mystik auf andere Religionen ausgeweitet und mit der Sozialform der antiken Mysterienkulte verbunden worden (Krech 2002, 259–261).

Ähnlich wie dem Begriff der Mystik erging es dem der Sekte. Zu Anfang des 20. Jh.s bezeichnete er noch eine zwar zahlenmäßig kleine und radikale, aber dennoch populäre Form christlicher Gemeinschaft. Die Begriffsgeschichte in den aufeinander folgenden Ausgaben der RGG zeigt eine schrittweise Verengung auf den Aspekt von Marginalität. Als im Laufe der 1970er- und 1980er-Jahre diese christliche Sozialform wieder Verbreitung fand, waren es die Medien, die den Terminus ›Fundamentalismus‹ statt ›Sekte‹ verwendeten. ›Fundamentalismus‹ hat nur äußerlich den Anschein, alt und vor-modern zu sein. Tatsächlich aber waren seine fundamentalistische Lehren, Endzeiterwartungen und Gesellschaftswerte eine Antwort auf die Erfahrung von Moderne (Marty 1988; Lawrence 1989, 27).

Eine ähnliche Karriere machte jüngst der Begriff des ›Salafismus‹. Am Beginn des 20. Jh.s bezeichnete salafiyya noch eine moderne reformistische Strömung im Islam. Im siebten Band der RGG[4] (2004) fehlte er noch, fünf Jahre später arbeiteten Islamwissenschaftler seine Entstehungsgeschichte auf (Meijer 2009). Inzwischen hatte das Wort nämlich in der Öffentlichkeit einen Bedeutungswandel durchgemacht; Salafisten sind nun Feinde der modernen Kultur. Die Genese solcher Begriffe im öffentlichen Raum zeigt an, dass religiöse Erscheinungen in öffentlichen Diskursen eigenständige Bedeutungen erlangen. Selbst ganze Religionen wie das türkische Alevitentum sind auf diesem Wege generiert worden (Dressler/ Mandair 2011, 187–208). Die öffentliche Prüfung der Religion, wie Kant sie forderte, hat also eine eigenständige Begrifflichkeit hervorgebracht. Auffassungen vom Religiösen wurden von den Auffassungen der Gläubigen/Theologen gelöst und sogen im Raum medialer Diskurse neue Bedeutungen auf.

Regionen, Räume und Entwicklungspfade

Die Religionswissenschaft nahm ihren Ausgangspunkt in Europa; daher ist es wenig verwunderlich, dass hier ethnozentrische Perspektiven weithin vorherrschen, wie etwa Edward Said mithilfe des Konzepts des Orientalismus gezeigt hat (Said 1978). Andererseits sind derartige verzerrende Perspektiven langfristig eine Voraussetzung dafür geworden, dass auch außereuropäische Kulturen Teilhaber der Moderne werden konnten (Eisenstadt 2000). Dipesh Chakrabarty (2010) hat diesbezüglich herausgearbeitet, dass die Konstruktionen kolonialistischer Autoren außereuropäischen Intellektuellen zu einer Artikulation ihrer Identität verholfen haben, damit jedoch eine klare Scheidung zwischen den kolonisierenden Subjekten und den kolonisierten Objekten nicht mehr möglich ist. Modernisierung löst sich von dem europäischen Modell der Kultur im Zwiespalt und wird zu einer kulturellen Beziehungskategorie. In China z. B. werden vergangene Kulturmächte wie der Konfuzianismus aktualisiert, gegenwärtige Gesellschaftsmodelle wie die sozialistische Revolution hingegen musealisiert. Arif Dirlik hat diese Prozesse feingliedrig zerlegt und ihr Zusammenwirken als *global modernity* bezeichnet (2003).

Von einer Angleichung der Kulturen wird man folglich nicht ausgehen dürfen. Unter einer oberflächlichen Homogenisierung bleibt eine tiefe Diversität bestehen (Geertz 1996). Darauf reagierte auch die Debatte um die sog. Achsenzeit – ein Unterkapitel der Religionsgeschichte. Der Begriff wurde von Karl Jaspers (1883–1969) bekannt gemacht. Mit ihm wurde behauptet, dass die Prophetie nicht auf Israel begrenzt war, sondern auch andere Kulturen geprägt hat. In großer Nähe zu dieser Argumentation legte der Religionshistoriker Wilhelm Bousset (1865–1920) dar, dass das »prophetische Zeitalter« vom 8. bis zum 6. Jh. v.Chr. in Israel, in Griechenland, in Indien (Buddha), in Iran (Zarathustra), in China (Konfuzius) zu fundamentalen Umbrüchen geführt habe. In allen diesen Kulturen seien Persönlichkeiten aufgetreten, die sich im Namen einer transzendenten Macht gegen die Verbindlichkeit der tradierten Heilsmittel aufgelehnt und »eine einheitliche, in sich abgeschlossene Überzeugung vom Inhalt und Wesen des Lebens« verkündet hätten. Mit dieser »Religion als eines innerlich-einheitlichen Lebensganzen« sei die Befreiung von äußerer Moral und nationalem Kult einhergegangen (zitiert nach Lang 2001, 170).

Der israelische Soziologe Shmuel N. Eisenstadt (1923–2010) hat Jahrzehnte später dann den Begriff der Achsenzeit erneut aufgegriffen und mit jeweils andersartigen Traditionsbrüchen in den verschiedenen durch Religion zutiefst geprägten Zivilisationen in Verbindung gebracht – mit Folgewirkungen bis in unsere Gegenwart (vgl. u. a. den Beitrag »Soziologie« in diesem Band). Sein Konzept einer Vielfalt von Modernen – *multiple modernities* – stützt sich auf diesen Typ der Religionsgeschichtsschreibung, womit er für die religionswissenschaftliche Reflexion über den Zusammenhang von Religion und Moderne wichtige Anstöße gegeben hat (Eisenstadt 2000). Freilich kann dabei auch nicht übersehen werden, dass heute statt Homogenität von Zivilisationen und Kulturkreisen eher deren interne Heterogenität angenommen wird.

Ein Blick auf die geographische Verteilung von Religionen auf dem Globus seit den 1960er-Jahren zeigt, dass sie die territoriale und kulturelle Bindung, von der sie über Jahrhunderte geprägt worden waren, verloren haben. Hier ist das Stichwort Migration zu nennen, denn Arbeitsmigranten wanderten zwar in Gesellschaften ein, die ihnen eine Zukunft boten, hielten aber an überlieferten Religionen fest. Diesbezüglich kam dann auch ein modifizierter Begriff von Diaspora auf (Clifford 1995), der betonte, dass die Gläubigen in der Diaspora in einer komplexen Sozialbeziehung stehen: Sie sind einerseits Minderheit im Gegensatz zur Mehrheit des Nationalstaates; sie sind andererseits aber auch Angehörige transnationaler Netzwerke. Technologien des Verkehrs und der Kommunikation schaffen also aus der Überschreitung von Grenzen, die Menschen einst unwiderruflich trennten, eine neue Art von Gemeinsamkeit. An die Stelle einer allmählichen Assimilation der Migranten an die Kultur der Aufnahme-Gesellschaft kann ein dauerhaftes Leben in zwei Kulturen treten. Ein neuer Typ von religiöser Diversität entsteht, ermöglicht von einem internationalen Menschenrecht, das Religionen vor Diskriminierung schützt (Koenig/de Guchteneire 2007). Eine derartige transnationale Religion bildet für den Nationalstaat freilich eine erhebliche Herausforderung (Juergensmeyer 2009).

Am Fall des Islam in Europa sind Grundzüge dieser neuen Diaspora studiert worden. Der Islamismus, der sich in den Ländern des Nahen Ostens eine Re-Islamisierung von Gesellschaft und Staat zum Ziel setzt, entfaltete sich in Europa in Gestalt einer methodischen Lebensführung, einem ›Post-Islamismus‹ in der Terminologie von Olivier Roy (2006, 98). Wie Roy (geb. 1949) darlegt, stützten sich Muslime schon immer auf Ratschläge von Gelehrten. Bereits der Prophet verlangte in seinen Offenbarungsreden von den Gläubigen, dass sie einander zum Guten aufrufen und untereinander gebieten, was richtig, und verbieten, was verwerflich ist. Doch was tun in Situationen, für die es keine klaren Normen oder Vorbilder gibt? Die auftauchenden Fragen legten Muslime einem anerkannten Ratgeber (*mufti*) vor. Die von erteilte Auskunft (*fatwa*) war nicht bindend; die Fragesteller mussten selbst entscheiden, ihr zu folgen oder nicht. Eine bindende Hierarchie von Muftis gab es nur unter Schiiten, nicht aber Sunniten. Angesichts der Herkunft von Muslimen aus unterschiedlichen Ländern sowie einer rasanten Verbreitung von *fatwa*-Webseiten vergrößerte der Post-Islamismus somit in der Diaspora die Vielfalt von Typen islamischer Lebensführung (Gräf/Skovgaard-Petersen 2009). Eine derartige Ambiguität war zwar immer schon typisch für den Islam, sie nahm aber in der globalisierten Moderne noch sehr zu.

Themen und Leitprozesse

Säkularisierung und Säkuralismus

Wie in der Einleitung ausgeführt, wurde die religionswissenschaftliche und -soziologische Debatte um Religion in modernen Gesellschaften von der Säkularisierungsthese vorangetrieben. Doch verkehrte sich im Laufe der Diskussion die Stoßrichtung. Nicht mehr die Fortdauer von Religion in der Moderne, sondern die Herkunft des Konzeptes des Säkularen wurde zum Problem. Schon vor Talal Asad (geb. 1933), der diese neuere Diskussion angestoßen hat, hatten die sog. Religionsphänomenologen die Säkularisierung als ein Kapitel der Religionsgeschichte gedeutet. Sie gingen von einem verbreiteten Grundzug archaischer Religionen aus: Der Himmelsgott habe zwar einst die Welt geschaffen, sei danach aber aus ihr zurückgedrängt worden (*deus otiosus*) und habe anderen Mächten das Feld überlassen müssen. Nur in Manifestationen des Heiligen, in Hierophanten, meldete er sich erneut zurück. Der Bruch, den die moderne Kultur mit dem Heiligen vollzieht, ist also Teil der Religionsgeschichte. Genau so deuteten Mircea Eliade (1907–1986), Henry Corbin (1903–1978) und andere Teilnehmer des Eranos-Kreises ihre Gegenwart. »Mein Säkularismus ist nicht säkular«, brachte Gershom Scholem (1897–1982) eine solche Auffassung auf den Punkt (Wasserstrom 1999, 61).

Talal Asad freilich ignorierte eine solche gewagte Vereinnahmung des Säkularismus für die Religionsgeschichte; er analysierte stattdessen die Genealogie des Gegensatzpaares ›religiös‹ – ›säkular‹, womit er dem Begriff des Säkularen seine angebliche Neutralität und Zeitlosigkeit nehmen und ihm einen Ort in der Geschichte Europas geben wollte (Asad 2003, 192). In der Zeit vor der Reformation habe Religion wie ein Mantel verschiedenartige Erfahrungen und Praktiken der Menschen umschlossen. Aus der Reformation und den anschließenden Kriegen seien dann jedoch staatliche Ordnungen hervorgegangen, die Religionen aus der Öffentlichkeit ins Private verbannten. Diese Entpolitisierung religiöser Ansprüche geschah in den reformatorischen Nationalstaaten und diente nicht so sehr der Toleranz als der Ausweitung der Staatsmacht und der Befriedung der religiös zerrissenen Gesellschaft. Die Unterscheidung von sakraler religiöser und säkularer profaner weltlicher Macht resultiere aus diesem politischen Vorgang. Mit dieser Behauptung provozierte Asad das europäische Grundverständnis, wonach öffentliches Leben unvermeidlich säkular und damit religiös neutral sei. Und in der Tat, bis heute meint man, über Politik, Ökonomie und soziales Handeln schreiben zu können, als ob Religion nicht existiere. Inzwischen aber wird dieser methodische Säkularismus hinterfragt (Calhoun et al. 2011).

Säkularismus wurde auch zum Objekt einer eindrucksvollen Darstellung des Kanadiers Charles Taylor (geb. 1931). Er rekonstruiert in *Ein säkulares Zeitalter* (2012), wie in der Geschichte Europas allmählich neben den alles umfassenden Mantel der ›Religion‹ eine säkulare Option treten konnte. Taylor griff die These Max Webers auf, wonach für die Moderne eine Entzauberung der Beziehungen des Menschen zur Welt grundlegend sei. Die Mächte, die einst in der verzauberten Welt selber angesiedelt waren, wurden in diesem Prozess einerseits zu Gegenständen wissenschaftlicher Beobachtung, andererseits in das Innere des Menschen, in sein Denken und Fühlen, verlegt (2012, 900 f.). Ein »immanenter Rahmen« generiert »die beiden Kräftefelder (*cross pressure*), die unsere Kultur bestimmen« (Taylor 2012, 987): das objektive unpersönlich nach Gesetzen funktionierende Universum einerseits und die subjektive Religiosität andererseits. Die Religiosität des Individuums entfaltet sich Taylor zufolge unter den Einwirkungen dieser entgegengesetzten Kräfte.

Fundamentalismus und Endzeiterwartungen

Für die empirische Religionsforschung insgesamt wurde wichtig, dass durch die um sich greifende Kritik am säkularisierungstheoretischen Deutungsrahmen der religionswissenschaftliche Blick auf Phänomene möglich wurde, die noch in den 1950er- und 60er-Jahren kaum gesehen und auch gar nicht für möglich gehalten wurden. Dies gilt für den ›Fundamentalismus‹, dem in den letzten Jahrzehnten deshalb besondere Aufmerksamkeit gewidmet wurde, weil sich an ihm das komplexe Verhältnis von Religion und Moderne schlaglichtartig zeigt. ›Fundamentalismus‹ bezeichnet eine Sammlungsbewegung im amerikanischen Protestantismus, die vor dem Ersten Weltkrieg begann. Ihr Ziel war die Verteidigung biblischer Grundwahrheiten (*fundamentals*) gegen aufgeklärte liberale Theologen, die von besonders anstößigen Lehren – darunter die Unfehlbarkeit der Bibel, die Jungfrauengeburt, die Auferstehung des Leibes, das stellvertretende Sühnopfer Christi und seine leibliche Wiederkehr am Ende der Zeiten – Abstand nahmen. Herz der fundamentalistischen Bewegung war eine akute Endzeiterwartung, die sich ebenfalls gegen liberale Protestanten richtete. Letztere glaubten, dass Christus am Ende des Millenniums (daher ›Postmillenarier‹) wiederkehren werde, weshalb sie einen allmählichen Übergang zur perfekten Gesellschaft annahmen. Hierauf gründeten sie ihre Lehre vom *social gospel*: Das Kommen des Reiches Gottes solle und könne allmählich durch den aktiven Einsatz der Gläubigen gegen das soziale Unrecht in der Welt vorbereitet werden. Sozialreform sei Aufgabe der Christen. Anders die Fundamentalisten: Sie erwarteten die Wiederkunft Jesu vor dem Beginn des Tausendjährigen Reiches und glaubten an eine Entrückung der wahren Christen vor den endzeitlichen Schrecken (›Prämillenarier‹). Eine Rettung der bestehenden Welt außerhalb der Gemeinschaft der Erwählten schien ihnen ausgeschlossen; die Geschichte müsse erst in einer Katastrophe enden. Allerdings führte diese Erwartung auch nicht zwingend zu einem Rückzug aus der sozialen Welt. Fundamentalisten forderten offensiv und in aller Öffentlichkeit eine Moralreform.

Über eine solche Kontinuität heilsgeschichtlicher Erwartungen in der Moderne hat man sich lange wenig Gedanken gemacht. Der englische Historiker Peter Burke (geb. 1937) hat sogar noch 1978 in einer viel gelesenen Studie über die europäische Volkskultur der Frühen Neuzeit die Grenze zwischen Mittelalter und Neuzeit folgendermaßen gezogen: »Um

1800 war es für Gebildete fast genauso natürlich, sich über Prophezeiungen lustig zu machen, wie es dreihundert Jahre vorher selbstverständlich gewesen war, sie ernst zu nehmen« (Burke 1981 [1978], 287 f.).

Überraschenderweise breitete sich aber im selben Jahr, in dem Burke diese Einschätzung gab, nämlich 1978, im Iran ein Aufstand gegen die säkularistische Herrschaft des Schahs und für eine islamische Ordnung aus. Damals kam dies völlig unerwartet. Mittlerweile wird die Möglichkeit des Auftretens derartiger Strömungen in fast allen Religionen akzeptiert (Marty 1991–1995). Von einem Verschwinden des Prophetieglaubens in der Moderne ist keine Rede mehr. »Wir müssen Männer wie Joachim von Fiore [ca. 1130–1202] und Hal Lindsay [geb. 1929] als gleichrangig sehen und die dauerhafte Existenz einer Tradition messianischer Revolution im Westen vom Mittelalter bis in unsere Zeit anerkennen« (Katz/Popkin 1998, 253). Denn gerade in den USA, also einem Land, das die Moderne geradezu zu verkörpern scheint, besitzt die prämillenarische Endzeiterwartung überwältigende Verbreitung und Popularität in Politik, Literatur, Medien, Internet und Filmen (Boyer 1992).

Einzelfallstudien wie die von Lucian Hölscher (geb. 1948) bezeugen zudem die Gleichzeitigkeit und damit die Konkurrenz von religiösen Endzeiterwartungen und der Erwartung der sozialistischen Revolution am Ende des 19. Jh.s in Deutschland. Mit dem Aufkommen von Möglichkeiten, Naturprozesse wissenschaftlich zu erklären und damit auch zu kontrollieren, war die Zukunft in den Bereich des Machbaren gerückt. Das bedeutete jedoch nicht, dass jede Hoffnung auf das Reich Gottes begraben wurde. Eher kann man von einer »Verdoppelung des Zukunftsbegriffes« sprechen (Hölscher 1989, 32–34). Die Erwartung eines Fortschrittes in der Naturbeherrschung muss unterschieden werden von der Frage nach dem Sinn der Geschichte als ganzer, auch wenn sich beide Auffassungen vielfach miteinander gekreuzt und verbunden haben, wie die Auseinandersetzung zwischen Karl Löwith (1897–1973) und Hans Blumenberg (1920–1996) zeigt. Löwith zufolge ist im *Kommunistischen Manifest* von 1848 ein säkularer Fortschrittsglaube an die Stelle der christlichen Endzeiterwartung getreten und hat diese säkularisiert. Hans Blumenberg hielt dem entgegen, der Glaube an Fortschritt habe seine Grundlage in der Erweiterung der Naturbeherrschung; anders die biblische Heilserwartung, die im generellen Sinn-Defizit menschlicher Existenz wurzle. Beide Auffassungen seien selbständig und könnten einander nicht ersetzen. Die Legitimität der Neuzeit – so Blumenberg (1966, 22–25) – besteht gerade in der staatlichen Neutralisierung religiöser Heilserwartungen. Wie auch immer diese Kontroverse zu werten ist, deutlich wird doch, dass immer wieder Politik und Religion miteinander verknüpft werden, dass der Zwiespalt moderner Kultur Zukunftsvisionen erzeugt, die in Konkurrenz zueinander treten: einerseits die Erwartung eines objektiven planbaren Fortschritts und andererseits eine subjektive Hoffnung auf Heil und Erlösung.

Analysen zu Zeitkonzeptionen können zum Verständnis dieser geschichtsphilosophischen Konkurrenz durchaus beitragen. Hier ist besonders Henri Bergson (1859–1941) zu nennen, der argumentierte, dass die gängigen Ausdrücke für Zeit der Sprache des Raumes entlehnt seien; die Zeit werde in fixe Punkte zerlegt und vergangene, gegenwärtige und zukünftige Zustände als Glieder einer Ursachenkette gesehen. Kaum ein Philosoph habe »bei der Zeit nach positiven Eigenschaften gesucht«. Bergson aber verlangte: »Geben wir der Bewegung ihre Beweglichkeit zurück, der Veränderung ihr Fließen, der Zeit ihre Dauer. ... Die Dauer wird sich als das offenbaren, was sie tatsächlich ist: nämlich fortdauernde Schöpfung, unterbrochenes Hervortreten« (Bergson 1993, 228 f.). Die Zeit erzeuge Möglichkeiten, die nicht durch die Vergangenheit determiniert seien; Zeit hat es mit einer unaufhörlichen Schaffung von Möglichkeiten zu tun; Zeit sei *L'évolution creatrice*, »schöpferische Entwicklung« (so sein Buch aus dem Jahre 1907), was verstehbar macht, dass immer wieder Zeitvorstellungen in der Vergangenheit auftauchten und auch in Zukunft auftauchen werden, die den Beginn der Heilszeit für nicht planbar oder unberechenbar halten.

Naturphilosophie und Mystik

Die Konkurrenz zwischen Fortschrittshoffnung und Erlösungsglauben schlug sich nicht zuletzt auch im Bereich der Naturphilosophie nieder. Die Verbreitung von Mystik, New Age oder Esoterik fand auch bei Naturwissenschaftlern Beachtung. Gregory Bateson (1904–1980) war nicht der Einzige, der Kritik an wissenschaftlichen Verfahren übte, ein Reich des Berechenbaren und Rationalen von einem Reich des Unberechenbaren und Irrationalen abzutrennen. Er verwies auf Zusammenhänge zwischen Materiellem und Immateriellem, Natur und Geist (Asprem 2014, 58 f.). Holistisch sollte die Betrachtung sein, was auch in der wissenschaftlichen Religionsforschung aufgegriffen wurde (von Stuckrad 2014). Diese hatte ja von Anfang an empirische Sachverhalte im Lichte der Unterscheidung von ›säkular‹ oder ›religiös‹ beschrieben.

Diese alternativen Kategorien waren seit dem 19. Jh. so fest etabliert (Hölscher 2013), dass sie unvermeidlich die Rhetorik der ethnographischen und religionshistorischen Beschreibungen durchdrangen: Astrologie im Unterschied zu Astronomie, Alchemie im Unterschied zu Chemie, Magie im Unterschied zu Wissenschaft – das eine gehört jeweils ins Reich des Religiösen, das andere in das des Säkularen. Die Angemessenheit und Reichweite solcher Distinktionen wurde jedoch allmählich und dann immer entschiedener hinterfragt, was insbesondere die Debatte um die sog. ›Esoterik‹ getan hat (von Stuckrad 2014, 178–182). Neuralgischer Punkt ist das Verständnis von ›Leben‹: Ist es eine geheime Beziehung zwischen den Einzelteilen und dem Ganzen (als Organismus)? Oder ein Ort von Spirituellem (*mind*) in der toten Natur? Oder eine Beziehung zwischen Mechanismen und Teleologie? Diese Erörterungen stellten ein neues Feld der Versöhnung von Wissenschaft und Religion bereit: Von neuen Arten »natürlicher Theologie« spricht Egil Asprem (2014, 195–198).

Gemeinschaftsbildung

Und noch eine aktuelle Diskussion profitiert von einer Infragestellung des Gegensatzes ›religiös‹ – ›säkular‹: die Diskussion um Formen von Vergemeinschaftung, die religiösen Inhalts sind, jedoch in Konkurrenz zu säkularen sozialen Institutionen stehen. Die Forschungen zum Fundamentalismus haben sich zunehmend der Untersuchung der Bildung von Gemeinschaften zugewandt, in denen Gläubige die zukünftige Heilsordnung dadurch antizipieren, dass sie bestehende Ordnungen und Mächte ablehnen und neuartige »Enklaven« ins Leben rufen (Almond et al. 2003, 23–89). Besonders erwähnenswert ist, dass religiöse Charismatiker hierbei zuweilen durchaus mit geheiligten Traditionen brechen. Dies tut ihrem Ansehen keinen Abbruch – im Gegenteil. Die ›starke Religion‹ der Enklave muss sich von der ›Welt draußen‹ und ihrer ›schwachen‹ Religion unabhängig machen. Ihre Repräsentanten sind von der Idee beseelt, durch Hegemonie über das Territorium die kulturelle Hoheit über das Leben aller Mitglieder zu erlangen. Dazu gründen sie eigene soziale Institutionen wie Krankenhäuser, Bildungseinrichtungen, Kommunikationsmedien (Zeitung, Radio, Fernsehen), Einrichtungen der Konfliktmediation sowie bewaffnete Milizen.

Territorialisierung ist ein Merkmal dieser Form von religiöser Gemeinschaftlichkeit. Sie ist hochgradig konfliktträchtig, weil sie mit der Kontrolle nachbarschaftlicher Räume zugleich auch eine Einschränkung der öffentlichen Gewalt des Nationalstaates mit sich bringt. Mehr noch: Sie ist Ausdruck eines »Verlustes des Glaubens an den säkularen Nationalismus in einer zusehends globalisierten Welt« (Juergensmeyer 2009, 12). Dieses Phänomen ist für eine Theorie der Moderne besonders aufschlussreich, insofern der säkulare Nationalstaat als eine emblematische Institution eben dieser Moderne in Frage gestellt wird.

Für derartige religiöse Sozialformen ist damit erneut jener Vorgang typisch, den Max Weber im Blick auf Weltverhältnisse »Entzauberung« genannt hat. Die religiöse Gemeinschaft befreit sich von der Vorherrschaft politischer und ökonomischer Mächte. Sie kann dies tun, weil sie eine Brüderlichkeit praktiziert, die ihren Ursprung in der Nachbarschaftshilfe hat, dann aber in der religiösen Gemeinde zum religiösen Gebot wurde (Weber 2001, 372). Brüderlichkeit und Nothilfepflicht lösen sich von der nachbarschaftlichen Reziprozität bzw. der Sippenpflicht und werden zu Forderungen einer religiösen Ethik, die damit die religiöse Vergemeinschaftung vom politischen Verband unabhängig werden lässt (Kippenberg 2011).

Der US-amerikanische Politikwissenschaftler Robert Putnam versah diese Form der religiösen Vergemeinschaftung mit dem Label »Sozialkapital«: »Netzwerke, Normen und soziales Vertrauen, die Koordination und Kooperation zum gegenseitigen Nutzen fördern« (Putnam 1994, 28). Die Besonderheit dieser Art Kapital besteht darin, dass es seinen Wert nur vergrößern kann, wenn es verausgabt wird. Je weniger dies geschieht, umso kleiner wird es; je mehr, umso größer. Wenn man diese Neubeschreibungen religiöser Gemeinschaftlichkeit mit Blick auf eine Theorie der globalen Moderne ausdeutet, lässt sich mit Peter Beyer sagen, dass sich religiöse Institutionalisierung vom Modell ›Organisation‹ auf das Modell ›Handeln‹ verschiebt, und als ›Lebensführung‹ autonome Züge annimmt im Verhältnis zu Wirtschaft, Verwandtschaft/Familie, Staat und Recht. Studien und Themenbände von Peter Beyer zu Religionen im Prozess der Globalisierung zeigen, dass sich die religiöse Botschaften zunehmend auf spezifische Praktiken richten, die Heil vermitteln sollen und von den dazugehörigen Erzählungen gerechtfertigt werden (Beyer 2001; 2006). Dies geht einher mit der Werbung für unterschiedliche Heilswege: Pfingstgemeinden kultivieren Ekstase und Geistheilungen; fundamentalistische und evangelikale Gemeinden praktizieren einen prämillenarischen Prophetieglauben samt der verlangten Bewährung im Kampf gegen die Mächte der Gottlosigkeit; islamische Aktivisten betreiben eine Islamisierung der Gesellschaft und – wenn es die Situation der Religionsgemeinschaft verlangt – eine jihadistische Kampfbereitschaft; jüdische Vertreter eines religiösen Zionismus stützen ihr Handeln auf den messianischen Prozess, in dem sie sich zu befinden glauben.

Ergebnis

Welcher Art also sind die wechselseitigen Abhängigkeiten zwischen einer Erforschung der Moderne und der Erforschung der Religionsgeschichte? Man muss beide Seiten gesondert in den Blick nehmen. Betrachtet man aus der Perspektive der Religionsgeschichte die moderne Kultur, dann erweist sie sich als eine Kultur im Zwiespalt. Prozesse einer Entzauberung aller Beziehungen zur Welt schaffen Raum für einen Glauben an die Berechenbarkeit und Planbarkeit von Natur, Geschichte und Gesellschaft. Dieser Glaube, der sich in Erwartungen einer Säkularisierung aller Lebensverhältnisse und sozialen Ordnungen manifestiert, findet aber in der Religionsgeschichte ein Gegenüber. Hier sieht man Weltbilder und Handlungsmodelle am Werke, die zu einem solchen Glauben in Widerspruch stehen. Magie, Ekstase, Mystik, Esoterik, Millenarismus, Apokalyptik, Prophetie, Brüderlichkeitsethik: Alles dies sind Konzepte, die eigenständige Bedeutung in öffentlichen Diskursen erlangt haben, das Handeln von Menschen nach wie vor bestimmt haben und damit symptomatisch geworden sind für die Erkenntnis der Grenzen planbarer Beziehungen zur Welt. In dieser Eigenschaft wurden sie zum Kristallisationspunkt von performativen Handlungen und Gemeinschaftsbildungen.

Im Zentrum der theoretischen Ermittlung der Beziehungen von moderner Kultur und Religionsgeschichte steht die Säkularisierungsthese. Nach ihrer Zerlegung durch José Casanova (s. o.) ist es die Idee der funktionalen Differenzierung, die das Argument tragen muss. Doch wie ist diese zu verstehen? Wenn sie als Verselbständigung der großen sozialen Ordnungen Herrschaft, Wirtschaft, Recht, Wissenschaft in ihren Beziehungen zu den Religionen aufgefasst wird, dann bleiben interferierende Prozesse zwischen diesen Ordnungen im Dunklen. Bei genauerem Hinsehen können die Beziehungen der Ordnungen untereinander, einschließlich der zur Religion, jedoch gar nicht angemessen nach dem Modell funktionaler Differenzierung erfasst werden. Besser als »funktionale Differenzierung«, die jüngst wieder Gegenstand einer historischen Behandlung und kontroversen Diskussion wurde (Gabriel et al. 2014), ist der Begriff der Interferenzen geeignet, die Beziehungen zwischen säkularen und religiösen Ordnungen zu erfassen. Solche Interferenzen ziehen sich durch die gesamte europäische Geschichte (Kippenberg et al. 2009, 444 f.), sodass mit diesem Modell die lange Geschichte der gemeinsamen Diskurse zwischen diesen Ordnungen tatsächlich empirienah erschlossen werden kann. Daraus folgt, dass der Zwiespalt moderner Kultur nicht vor Naturwissenschaft, Geschichts- oder Gesellschaftstheorie Halt macht. So sehr die Moderne eine Geschichte von fortschreitender Entzauberung ist, so sehr ist sie auch eine Geschichte der Prüfung ihrer eigenen Rationalität in diesen Themenfeldern.

Literatur

Almond, Gabriel A. et al.: *Strong Religion. The Rise of Fundamentalisms around the World*. Chicago 2003, 23–89.

Asad, Talal: *Formations of the Secular. Christianity, Islam, Modernity*. Stanford 2003.

Asprem, Egil: *The Problem of Disenchantment. Scientific Naturalism and Esoteric Discourse, 1900–1939*. Leiden 2014.

Berger, Peter L. (Hrsg.): *The Desecularization of the World. Resurgent Religion and World Politics*. Washington 1999.

Bergson, Henri: Denken und schöpferisches Werden (1934/1948). In: Zimmerli, Walter Ch./Sandbothe, Mike (Hrsg.): *Klassiker der modernen Zeitphilosophie*. Darmstadt 1993, 223–238.

Beyer, Peter (Hrsg.): *Religions in Global Society*. New York/London 2006.

Blumenberg, Hans: *Legitimität der Neuzeit*. Frankfurt am Main 1966.

Bochinger, Christoph: *»New Age« und moderne Religion. Religionswissenschaftliche Analysen*, Gütersloh ²1995.

Boyer, Paul: *When Time Shall Be No More. Prophecy Belief in Modern American Culture*. Cambridge, Mass. 1992.

Burke, Peter: *Helden, Schurken und Narren. Europäische Volkskultur in der frühen Neuzeit*. Stuttgart 1981 (engl. 1978).

Calhoun, Craig et al. (Hrsg.): *Rethinking Secularism*. Oxford 2011.

Casanova, José: *Public Religions in the Modern World*. Chicago 1994.

Chakrabarty, Dipesh: *Europa als Provinz: Perspektiven post-*

kolonialer Geschichtsschreibung. Frankfurt am Main 2010 (engl. 2007).
Clifford, James: Diasporas. In: *Cultural Anthropology* 9, 1995, 302–338.
Conrad, Ruth: *Lexikonpolitik: Die erste Auflage der RGG im Horizont protestantischer Lexikographie.* Berlin 2006.
Davie, Grace: *Religion in Britain since 1945: Believing without Belonging.* Oxford 1994.
Davie, Grace: Vicarious Religion: A Methodological Challenge. In: Ammerman, Nancy T. (Hrsg.): *Everyday Religion: Observing Modern Religious Lives.* Oxford 2007, 21–37.
Dirlik, Arif: Global Modernity? Modernity in an Age of Global Capitalism. In: *European Journal of Social Theory* 6, 2003, 275–292.
Dressler, Markus/Mandair, Arvind-Pal (Hrsg.): *Secularism & Religion-Making.* Oxford 2011.
Eisenstadt, Shmuel (Hrsg.): *Kulturen der Achsenzeit.* 2 Bde. Frankfurt am Main 1987 (engl. 1986).
Eisenstadt, Shmuel: Multiple Modernities. In: *Daedalus* 129, 2000, 1–30.
Faivre, Antoine: *Esoterik.* Braunschweig 1996 (franz. 1992).
Gabriel, Karl et al. (Hrsg.): *Umstrittene Säkularisierung. Soziologische und historische Analysen zur Differenzierung von Religion und Politik.* Berlin ²2014.
Geertz, Clifford: *Welt in Stücken. Kultur und Politik am Ende des 20. Jahrhunderts.* Wien 1996 (engl. 1998).
Gräf, Bettina/Skovgaard-Petersen, Jakob (Hrsg.): *Global Mufti. The Phenomenon of Yusuf al-Qaradawi.* London 2009.
Hanegraaff, Wouter J.: *Esotericism and the Academy. Rejected Knowledge in Western Culture.* Cambridge 2012.
Hinneberg, Paul (Hrsg.): *Die orientalischen Religionen* (Die Kultur der Gegenwart. Ihre Entwicklung und ihre Ziele, Teil 1, Abt. 3/1). Berlin/Leipzig 1906.
Hinneberg, Paul (Hrsg.): *Die Christliche Religion mit Einschluß der israelitisch-jüdischen Religion* (Die Kultur der Gegenwart. Ihre Entwicklung und ihre Ziele, Teil 1, Abt. 4). Berlin/Leipzig 1906.
Hoffmann, Walther: Neue Mystik. In: *Religion in Geschichte und Gegenwart*, Bd. 4. Tübingen ¹1913, 608–611.
Hölscher, Bernhard: *Weltgericht oder Revolution. Protestantische und sozialistische Zukunftsvorstellungen im deutschen Kaiserreich.* Stuttgart 1989.
Hölscher, Lucian: *Die Entdeckung der Zukunft.* Frankfurt am Main 1999.
Hölscher, Lucian: The Religious and the Secular. Semantic Reconfigurations of the Religious Field in Germany from the Eighteenth to the Twentieth Centuries. In: Eggert, Marion/Hölscher, Lucian (Hrsg.): *Religion and Secularity. Transformations and Transfers of Religious Discourses in Europe and Asia.* Leiden 2013, 35–58.
Hübinger, Gangolf: Kulturkritik und Kulturpolitik des Eugen-Diederichs-Verlags im Wilhelminismus. Auswege aus der Krise der Moderne? In: Renz, Horst/Graf, Friedrich Wilhelm (Hrsg.): *Umstrittene Moderne* (Troeltsch-Studien 4), 1987, 92–114.
Humboldt, Wilhelm von: Natur der Sprache überhaupt [1824-1826]. In: Christmann, Hans Helmut (Hrsg.): *Sprachwissenschaft des 19. Jahrhunderts.* Darmstadt 1977, 19-46.

Jauß, Hans Robert: Literarische Tradition und gegenwärtiges Bewußtsein der Modernität. In: Ders. (Hrsg.): *Literaturgeschichte als Provokation.* Frankfurt am Main ⁵1974, 11–66.
Juergensmeyer, Mark (Hrsg.): *Die Globalisierung religiöser Gewalt. Von christlichen Milizen bis al-Qaida.* Hamburg 2009 (engl. 2008).
Kant, Immanuel: *Kritik der reinen Vernunft* [1781]. Hamburg 1956.
Katz, David S./Popkin, Richard H.: *Messianic Revolution. Radical Religious Politics to the End of the Second Millennium.* New York 1998.
Kippenberg, Hans G.: *Die Entdeckung der Religionsgeschichte. Religionswissenschaft und Moderne.* München 1997.
Kippenberg, Hans G. et al. (Hrsg.): *Europäische Religionsgeschichte. Ein mehrfacher Pluralismus*, 2 Bde. Göttingen 2009.
Kippenberg, Hans G.: Webers Konzeption von Brüderlichkeitsethik und die Macht religiöser Vergemeinschaftung. In: Bienfait, Agathe (Hrsg.): *Religionen Verstehen. Zur Aktualität von Max Webers Religionssoziologie.* Wiesbaden 2011, 92–122.
Koenig, Matthias/Guchteneire, Paul de (Hrsg.): *Democracy and Human Rights in Multicultural Societies.* Aldershot u. a. 2007.
Koselleck, Reinhart: »Erfahrungsraum« und »Erwartungshorizont« – zwei historische Kategorien. In: Koselleck, Reinhart: *Vergangene Zukunft. Zur Semantik geschichtlicher Zeiten.* Frankfurt am Main 1979, 349–375.
Krech, Volkhard: *Wissenschaft und Religion. Studien zur Geschichte der Religionsforschung in Deutschland 1871–1933.* Tübingen 2002.
Krech, Volkhard: Secularization, Re-Enchantment, or Something in between? Methodical Considerations and Empirical Observations Concerning a Controversial Historical Idea. In: Eggert, Marion/Hölscher, Lucian (Hrsg.): *Religion and Secularity. Transformations and Transfers of Religious Discourses in Europe and Asia.* Leiden 2013, 77–108.
Lang, Bernhard: Prophet, Priester, Virtuose. In: Kippenberg, Hans G./Riesebrodt, Martin (Hrsg.): *Webers »Religionssystematik«.* Tübingen 2001, 167–191.
Lawrence, Bruce: *Defenders of God. The Fundamentalist Revolt against the Modern Age.* San Francisco 1989.
Löwith, Karl: *Weltgeschichte und Heilsgeschehen. Die theologischen Voraussetzungen der Geschichtsphilosophie.* Stuttgart ⁵1967.
Marty, Martin E.: Fundamentalism as a Social Phenomenon. In: *Bulletin of the American Academy of Arts and Sciences* 42, 1988, 15–29.
Marty, Martin E./Appleby, R. Scott (Hrsg.): *The Fundamentalism Project.* Bd. 1: *Fundamentalisms Observed*; Bd. 2: *Fundamentalisms and Society. Reclaiming the Sciences, the Family, and Education;* Bd. 3: *Fundamentalisms and the State. Remaking Polities, Economies, and Militancy*; Bd. 4: *Accounting for Fundamentalisms. The Dynamic Character of Movements*; Bd. 5: *Fundamentalisms Comprehended.* Chicago 1991–1995.
Meijer, Roel (Hrsg.): *Global Salafism. Islam's New Religious Movement.* London 2009.

Morin, Edgar: *Europa denken*. Frankfurt am Main 1991 (franz. 1987).

Norris, Pippa/Inglehart, Ronald: *Sacred and Secular. Religion and Politics Worldwide*. Cambridge 2004.

Religion in Geschichte und Gegenwart. Tübingen [1]1909–1913; [2]1927–1931; [3]1957–1964; [4]1998–2005.

Putnam, Robert D.: Demokratie in Amerika am Ende des 20. Jahrhunderts (engl. 1995). In: Graf, Friedrich Wilhelm et al. (Hrsg.): *Soziales Kapital in der Bürgergesellschaft*. Stuttgart 1999, 21–70.

Riesebrodt, Martin: *Die Rückkehr der Religionen. Fundamentalismus und der ›Kampf der Kulturen‹*. München 2000.

Roy, Olivier, *Der islamische Weg nach Westen. Globalisierung, Entwurzelung und Radikalisierung*. München 2006 (franz. 2002).

Said, Edward W.: *Orientalismus*. Frankfurt am Main 1981 (engl. 1978).

Siebeck, Hermann: *Lehrbuch der Religionsphilosophie*. Freiburg/Leipzig 1893.

Stauth, Georg: *Islam und westlicher Rationalismus. Der Beitrag des Orientalismus zur Entstehung der Soziologie*. Frankfurt am Main 1993.

Steiner, George: *Nach Babel. Aspekte der Sprache und des Übersetzens*. Frankfurt am Main 2004 (engl. 1992).

Stuckrad, Kocku von: *The Scientification of Religion. An Historical Study of Discursive Change, 1800–2000*. Berlin 2014.

Taylor, Charles: *Ein säkulares Zeitalter*. Frankfurt am Main 2012 (engl. 2007).

Toynbee, Arnold/Cogley, John: *Religion in a Secular Age*. New York 1968.

Wasserstrom, Steven M.: *Religion after Religion*. Princeton 1999.

Weber, Max: Über einige Kategorien der Verstehenden Soziologie. In: Ders.: *Gesammelte Aufsätze zur Wissenschaftslehre*, hrsg. von Johannes Winckelmann. Tübingen [7]1988, 427–474.

Weber, Max: *Wirtschaft und Gesellschaft*. Bd. 2: *Religiöse Gemeinschaften*, hrsg. von Hans G. Kippenberg. Tübingen 2001.

Hans G. Kippenberg

Russland und Osteuropa

Definitionen und Anwendungsbereiche

Dieser Beitrag behandelt eine Region, in der ein eigentlicher Moderne-Diskurs nicht geführt, aber sehr früh versucht wurde, Vorstellungen der Aufklärung, aus denen die Moderne hervorging, in die Praxis umzusetzen. Bis in das erste Drittel des 19. Jh.s fehlte für den Diskurs die entscheidende Voraussetzung, nämlich eine hinreichend große Bildungsschicht. Bis über das Ende der Sowjetunion hinaus gab es im Russischen keinen Begriff für die ›Moderne‹. In der Literatur über Russland und Osteuropa wird der Begriff allerdings verwendet. Der Fortschrittsglaube, der bereits im ausgehenden 17. Jh. den Herrscher, im Verlauf des 19. Jh.s dann auch die entstehende Bildungselite erfasste, orientierte sich immer am Westen. Bestenfalls ging es darum – und diese Erörterung war durch Gottfried Wilhelm Leibniz (1646–1716) von Beginn an präsent – Gebrauch vom »Privileg der Rückständigkeit« (Hildermeier 2013, 1313–1346) zu machen, um bei der Übernahme westlicher Institutionen aus den Erfahrungen und Fehlern der Ursprungsländer zu lernen (Griesse 2015). Auch die ›sozialistische Moderne‹ im 20. Jh., die nach 1945 ganz Osteuropa einbezog, war substantiell nichts anderes als die westliche Moderne, nur dass sie einzelne Inhalte ausgrenzte und andere stärker gewichtete.

Beim Blick auf Osteuropa stehen hier Russland und die Sowjetunion im Vordergrund; eine detaillierte Betrachtung aller osteuropäischen Staaten ist in diesem engen Rahmen nicht möglich. Einige der Besonderheiten gelten aber für alle osteuropäischen Länder (Berend 2008). Die Französische Revolution erschütterte hier v. a. den Fortschrittsglauben der Herrscher. Eine parlamentarische Demokratie galt der etablierten Elite, aber auch Teilen der oppositionellen Bildungselite als Fremdkörper. Vor dem Ersten Weltkrieg verzögerte sich oder unterblieb die Herausbildung von Nationalstaaten, die vielfach als Kernelement der Moderne angesehen werden. Die Zwischenkriegszeit mit ihren politischen Erschütterungen sollte dazu beitragen, dass nach 1945 kurzfristig auch im Westen Europas (Großbritannien, Frankreich und im Westteil des besiegten Deutschlands) Teile des kommunistischen Experiments als Elemente einer besseren Zukunft angesehen wurden. Nur der Osten Europas wurde eher gezwungen als freiwillig zum erweiterten Experimentierfeld der ›Sozialistischen Moderne‹. Auch für diese Phase lässt sich nach dem Zweiten Weltkrieg bis zum Ende der 1980er-Jahre feststellen, dass die Entwicklung in den einzelnen Staaten Osteuropas ähnlich verlief. Das gilt bedingt selbst für die Zeit nach Ende der kommunistischen Regimes. Insofern könnte man von einer spezifisch östlichen Ausprägung der europäischen Moderne sprechen.

Russlands erste Begegnung mit der im Entstehen begriffenen ›Moderne‹ in Form der Frühaufklärung war eng verbunden mit der in der Frühen Neuzeit aufkommenden Ansicht, ein guter Herrscher sei nicht nur für das Seelenheil seiner Untertanen verantwortlich, sondern habe sein Land auch zu militärischer Stärke und Wohlstand zu führen. Die Wirtschaftslehren des Merkantilismus und des Kameralismus sowie das mit den Vorstellungen vom Absolutismus einsetzende Bestreben, die Verwaltung zu vervollkommnen, gaben an der Wende zum 18. Jh. unter Peter dem Großen (1689–1725) den Anstoß zu dem Reformexperiment der ›Verwestlichung‹. Vom Fortschrittsglauben der Frühaufklärung und ihrem Setzen auf eine rationale Volksbildung angestoßen, wollte Peter scheinbar überlegene, weil rational gestaltete, soziale Institutionen des Westens kopieren und auf diese Weise sein eigenes, von ihm als ›rückständig‹ eingestuftes Land zumindest mit dem Westen gleichziehen lassen.

Das nächste große Reformprojekt unternahm Katharina II. (1762–1796) im engen Austausch mit westlichen Aufklärern (Duchhardt/Scharf 2004), bevor die Französische Revolution 1789 einen grundlegenden Wandel in der Einstellung des Herrschers zur Fortschrittsidee einleitete (Schmidt 1996). Danach gab die militärische Niederlage im Krimkrieg angesichts der Gefahr, den Status einer europäischen Großmacht wieder einzubüßen, den Anstoß zu den ›Großen Reformen‹ der 1860er-Jahre.

Der Beitrag stellt die Modernevorstellungen im Bereich von Politik und Gesellschaft in den Vordergrund, weil nur hier nennenswerte Abweichungen vom Westen aufzuzeigen sind. Die Antwort einzelner Angehöriger der Bildungseliten auf die von ihnen empfundene Rückständigkeit ihrer Herkunftsländer und auf das dortige politische System, das ihre Freiheit zu Arbeiten und Denken beschränkte, bestand im Bestreben, sich ganz der westlichen Moderne anzuschließen. Die enge Vernetzung ist darauf zurückzuführen, dass viele osteuropäische Wissenschaftler seit dem 18. Jh. im Westen Universitäten besuchten (u. a. Lomonossov 1711 – 1765; Radiščev 1749 – 1802) oder dort ihre Ausbildung erhielten (Amburger 1961, 214 – 232). Um die Wende zum 20. Jh. endete der zuvor einseitige Wissenstransfer von West nach Ost. Von nun ab begannen russländische Gelehrte, mit ihren Beiträgen die Forschung im Westen voranzubringen. Stellvertretend für eine beachtenswerte Zahl international vernetzter und anerkannter Russländer seien hier nur der Agrarwissenschaftler Alexander Čajanov (1888 – 1937) und der Soziologe Maksim M. Kovalevskij (1851 – 1916) genannt. In der Folge des Oktoberumsturzes verschlechterte sich dann aber der Wissensaustausch erneut. Einige Forscher waren gezwungen, ins Exil zu gehen. Von denen, die blieben, wurden viele (darunter Čajanov) während des Terrors der 1930er-Jahre ermordet.

Aus der Perspektive Russlands und der Sowjetunion liegt es nahe, die Modernedefinition auf wenige notwendige Kriterien zu beschränken: Zentral ist erstens der Fortschrittsglaube: die Vorstellung, dass sich die Welt verbessern lässt. In Anlehnung an Wallerstein (1995) ist es sinnvoll, dabei zwei zusammenhängende Ebenen zu unterscheiden. Die eine könnte man als ›Technologie-Moderne‹ bezeichnen: Die Dynamik neuer Erfindungen und Kenntnisse, die das Umfeld beeinflussen, in denen die Menschen leben, ist ungebrochen. Die zweite Ebene könnte als ›Moderne der Befreiung‹ bezeichnet werden, die auf dem ›Versprechen der menschlichen Emanzipation‹ basierte. Sie ist viel enger mit moralischen Wertungen verbunden. So versprach der Kommunismus nach der Beseitigung der Ausbeutung des Menschen durch den Menschen eine Gesellschaftsordnung, in der sich jeder auf Basis der Arbeit selbst verwirklichen könne. Beide Moderne-Ebenen standen etwa in den ersten Jahren nach dem Oktoberumsturz nebeneinander. So entwickelte Aleksej Gastev (1882 – 1939) Konzepte für die effiziente Organisation des Arbeitsprozesses durch die Anpassung des Menschen an die Maschine (Gastev 1964, 1966, 1973). 1920 wurden Sinfonien mit Fabriksirenen und Dampfpfeifen aufgeführt, die dem industriellen Rhythmus Ausdruck verleihen sollten (Lorenz 1969). Dagegen stand in den Vorstellungen von Alexandra Kollontaj (1872 – 1952) die Emanzipation der Frau aus patriarchalischen Zwängen im Vordergrund. Sie verlangte deshalb u. a. die Zerschlagung der bürgerlichen Institution Ehe und freie Liebe (Kollontaj 1918).

Entscheidend ist zweitens, dass der Fortschrittsglaube für die politische Gestaltung relevant ist, sei es als Leitbild des Herrschers oder durch die Möglichkeit, über das Versprechen einer besseren Zukunft politische Legitimation und Gefolgschaft zu gewinnen. 1698 bis 1789 und dann wieder ab 1917 waren es die Herrscher, die sich vom Fortschritt Stabilität versprachen. Zwischen dem Dekabristenaufstand (1825) und dem Oktoberumsturz wechselte der Fortschritt die Seite und es waren gerade die autokratiekritischen Kreise der Bildungselite, die den Fortschritt mit einer besseren, weil sozial gerechteren Gesellschaftsordnung verbanden, um daraus die Legitimation zum Sturz der Autokratie zu beziehen. In Russland und der Sowjetunion verband sich die Moderne zu jedem Zeitpunkt sehr eng mit politischem Handeln.

Dabei ist der Forschrittsglaube drittens aktiv bestimmt: Er beruht nicht mehr auf ›Gottvertrauen‹, wonach dereinst ein Teil der Menschheit Zutritt in das Paradies erhält, sondern auf der Überzeugung, dass der Fortschritt vom Menschen gestaltbar und wissenschaftlich planbar ist, dass der Mensch die Dinge zum Besseren wenden und erkannte Probleme lösen kann. Das ›wissenschaftlich‹ abgeleitete rationale Zukunftsversprechen für die weltliche Ordnung ersetzt oder ergänzt dabei das religiöse Paradies (Schmidt 1996). Die ›sozialistische Moderne‹ hielt an der Erwartung der frühen Aufklärung fest, wonach der moderne, rational denkende Mensch ein Wesen höherer Ordnung sein würde. Seit der Mitte des 19. Jh.s verbreiteten sich Vorstellungen des ›neuen Menschen‹, der unter den Bedingungen des Sozialismus entstehen und dann die Welt nach seinem Willen gestalten würde. Sie finden sich etwa bei Černyševskij (1828 – 1889) ebenso wie bei Stalin (1878 – 1953) und Chruščev (1894 – 1971). In der Überspitzung vertrat die ›sozialistische Moderne‹ eine grenzenlose Machbarkeit und Veränderbarkeit der Welt durch den subjektiven Willen des Menschen.

Forschung, Semantik und Gegenkonzepte

Abgesehen von einer Monographie (Plaggenborg 2006), die den Anspruch erhebt, das Konzept der Moderne auf die Sowjetunion zu beziehen, gibt es keine speziellen Studien zur Moderne in Osteuropa. Neuere Forschungsliteratur im Feld einer wie vage auch immer zu bezeichnenden Modernediskussion gibt es v. a. zur Verflechtungsgeschichte im 18. Jh. Sie gibt Auskunft darüber, wie stark Peter I. mit seiner ›Verwestlichungspolitik‹ Anleihen bei der Frühaufklärung nahm; zugleich zeigt sie auf, wie aufmerksam die europäische Bildungselite die Entwicklung in Russland verfolgte und die weiteren Ausprägungen der Moderne-Konzeption im Westen beeinflusste (Matthes 1981; Poe 2000; Griesse 2013; Blohme/Depkat 2002). Russland unter Peter I. diente den Frühaufklärern (etwa Leibniz und Christian Wolff) und der europäischen Bildungselite als Beleg dafür, dass die rationale Gestaltung von Wirtschaft und Gesellschaft unter einem aufgeklärten Herrscher eine große Beschleunigung des Fortschritts bewirken und die Menschen verändern könne.

Forschungsgeschichte

Die russische Auseinandersetzung um den weiteren Weg des Landes zwischen dem Dekabristenaufstand 1825 und dem Oktoberumsturz 1917 war zeitgenössisch und im Verlauf des 20. Jh.s der Gegenstand vieler Forschungen. Mittlerweile liegen im Westen Biographien und Studien zur Einstellung von Gruppen und Geistesschulen für alle namhaften Vertreter vor. In dem Streit zwischen ›Westlern‹ und ›Slavophilen‹ ging es vordergründig darum, ob man sich am westlichen Fortschritt orientieren und welche Rolle man den für überlegen betrachteten kulturellen Werten Russlands dabei einräumen sollte. Beide Richtungen gingen letztlich von einem gemeinsamen Grundverständnis und der Orientierung an den gleichen westlichen Methoden wie etwa dem Hegelianismus aus (Semenov et al. 2013). Hildermeier (2002) unterscheidet für das 19. Jh. drei Traditionslinien: die Ansicht der Slavophilen von der Einzigartigkeit der Russischen Geschichte; das Konzept der Rückständigkeit; und die (von einigen westlichen Historikern vertretene) Perspektive, die das Vermächtnis der Aufklärung im Verlauf der russischen Geschichte betonen und diese deshalb in den Kontext der europäischen Moderne stellen. Als eine vergleichsweise neue Betrachtung unter dem im Zusammenhang der Moderneforschung einschlägigen Begriff der Einstellung zum Fortschritt (progress) kann nur die Antrittsvorlesung von Christoph Schmidt (1996) genannt werden. Kürzlich ist aus russischer Feder gewissermaßen eine ›Mängelgeschichte‹ geschrieben worden. Postkoloniale Argumente verwendend, behandelt sie die Entwicklung der russischen Soziologie vor 1914. Sie zeigt auf, welche Fehler die zeitgenössischen Soziologen aus der Sichtweise der heutigen Autoren machten, weil sie imperiale Zusammenhänge nicht erkannten und sich in ihren Interpretationen eng an die europäische Soziologie anlehnten (Semenov et al. 2013).

In der Literatur, die sich spezieller mit Osteuropa beschäftigt, herrscht weitgehende Einigkeit darüber, dass sich die russische/sowjetische/osteuropäische Moderne nicht prinzipiell von der westlichen unterscheidet (u. a. Plaggenborg 2006; Hoffmann 2000 und 2011; Beyrau 2012; Mironov 1999). Während dies bei Hoffmann zu einer positiven Bestandsaufnahme grundlegender Gemeinsamkeiten führt, geht es Plaggenborg v. a. darum, das Modernekonzept selbst zu diskreditieren. Die Bol'ševiki hätten ihr Projekt als Modernisierungsvorhaben begriffen. Die spezifischen Bedingungen der relativen Rückständigkeit hätten dazu geführt, dass sich in Russland die westliche Moderne in ihrer krassesten, von Stephen Toulmin (1922–2009) beschriebenen Form »theoretisch perfektionistisch, moralisch rigoros und menschlich unerbittlich« (Toulmin 1991, 318) vollendete. In Anlehnung an Zygmunt Bauman (geb. 1925) betont Plaggenborg somit die Ambivalenz der Moderne, wobei er wie Bauman auch westliche Modernisierungsvorstellungen kritisiert.

Letztlich will Plaggenborg die Frage klären, welcher ›theoretische Ertrag‹ aus der Beschäftigung mit der sowjetischen Geschichte für die ›Moderne‹ gezogen werden kann. Dabei geht er von der Diskrepanz »zwischen der imaginierten Moderne der Narrative und der Moderne in der Praxis« (Plaggenborg 2006, 8) aus. Aus Unbehagen an dem mangelnden Wirklichkeitsgehalt der dominant vertretenen »imaginierten« Moderne will er den Diskurs über die Moderne mit »realgeschichtlichen Vorgängen« konfrontieren, um das »Verständnis von Moderne« zu ändern. Die »sozialistische Moderne« hält er für ein »grandios gescheitertes Experiment« (ebd. 9). Sie habe auf »Strukturauflösung und Traditionsverlust« beruht, weil sie eine vollständige Neuordnung der Welt nach rationalen Kriterien (tabula rasa) bezweckte (ebd. 17).

Den Modernediskurs in Russland trugen in den einzelnen Zeitphasen unterschiedliche Gruppen. Von 1698 bis 1789 war es der Herrscher, ab 1825 bis 1917 dann eine zum Staat oppositionell eingestellte Bildungselite, die ihre konzeptionellen Vorstellungen aus der europäischen Diskussion im Westen bezog, an der sie seit dem ausgehenden 19. Jh. selbst gleichberechtigt teilnahm. Nach kurzer Offenheit für zumindest sozialistische Modernevorstellungen in den 1920er-Jahren war es zwischen 1933 und 1986 der diktatorische Herrscher, der über die Moderne befand. Auch Anfang der 1990er-Jahre setzte kein wirklicher Diskurs ein. Dominant war unter den russischen Wissenschaftlern anfänglich die Erwartung der Übertragung von vermeintlich überlegenen Elementen der westlichen Moderne wie der parlamentarischen Demokratie, mehr persönlicher Freiheit für den Einzelnen und einer Wirtschaft, die stärker die Konsumbedürfnisse der Bevölkerung befriedige.

Die Historiker gingen in ihrer Geschichte zurück, um Anknüpfungspunkte zur westlichen Moderne zu suchen, die sie zunächst bei Lenin in den 1920er-Jahren, dann aber schnell in der Zeit vor 1914 zu finden glaubten. Alte Debatten wurden neu belebt. Einige Historiker vertraten die Ansicht, die Reformen des 19. Jh.s hätten Russland auf den Weg zur westlichen Moderne führen können (Anan'ič 1996; Mironov 1999, 2, 284–304). Die von westlichen Historikern angestoßene Debatte, wie weit die Zivilgesellschaft in Osteuropa vor dem Ersten Weltkrieg gekommen war, stieß unter diesen Umständen auf fruchtbaren Boden (Pietrow-Ennker 2007; Tumanova 2008). Einzelne betonten wie Solženicin (1918–2008) erneut die Eigenständigkeit der russischen kulturellen Werte. Auch in den 1990er-Jahren wurden also wieder im Westen entwickelte Vorstellungen und Konzepte entlehnt und für den russischen Diskurs nutzbar gemacht.

Während Neuausgaben russischer Exilliteratur oder russischer Dichter und Denker seit dem 18. Jh. auch heute noch auf breite Resonanz stoßen, findet der westliche Modernediskurs praktisch keine Beachtung. So griffen russische Historiker etwa die westliche Debatte, ob die Sowjetunion als Modernisierungsregime angesehen werden kann, nicht auf (David-Fox 2006). Auch die Forderung, die russische Geschichte als imperiale Geschichte zu verstehen und den *post-colonial*-Ansatz für Forschungen über das Russische Reich vor 1914 oder die Sowjetunion zu übernehmen, prallt an ihnen ab. Die Protagonisten dieses Ansatzes, zu denen Gerasimov, Semenov, Glebov, Mogil'ner sowie der seit geraumer Zeit in Deutschland lebende Kaplunovskij gehören, werden von westlichen Imperiumsforschern unterstützt. Sie geben seit 2002 die Zeitschrift *Ab imperio* heraus. Diese macht v. a. durch Übersetzungen aus dem Englischen Klassiker des *Post-Colonialism* (etwa Howe 2011) zugänglich und erwartet, dass eine künftige Generation von Historikern die für die britische Imperialgeschichte entwickelten theoretischen Ansätze auf Russland überträgt. Gerasimov betont, dass »der Orientalismus des Russischen Imperiums den Diskurs im Ganzen aufnehme: das kolonisierte Subjekt finde sich in Russland neben dem kolonisierenden Objekt« (Ab imperio 2002).

Ab imperio ist im Moment die einzige in Russland erscheinende Zeitschrift, die am Rande auch westliche theoretische Ansätze der Moderne-Diskussion dem russischen Leser vorstellt (2002; 2011). Dass russische Autoren diese Anregungen bisher kaum aufgreifen, hängt neben ihrer ausgeprägten Theorieabstinenz und den Schwierigkeiten, gegenwärtig als Historiker in Russland sein Einkommen zu bestreiten, auch von der traditionellen Zweiteilung der Forschung und Lehre in Geschichte Russlands und Weltgeschichte ab. Beide Bereiche werden von unterschiedlichen Personen bearbeitet.

Semantik

Semantisch fehlte im Russischen bis zum Ende der Sowjetunion ein Begriff für das Moderne-Konzept. Heute findet sich in der russischen Literatur gelegentlich – eingeführt durch *Ab imperio* – der Begriff *modernost'*, eine Ableitung vom englischen *modernity*. Der zumeist und v. a. vor 1914 verwendete Begriff *sovremennost'* bedeutet einfach ›Gegenwart‹, *Sovremennik* – der Name eines ›dicken‹ (und zunächst von Bakunin herausgegebenen) Journals im 19. Jh. – ›Zeitgenosse‹. Inhaltlich kommt ihm das Konzept der ›Verwestlichung‹ am nächsten, das sich erstmals in Peters Reformpolitik niederschlug, um dann mit mehr oder minder kritischer Note bis zum Anfang des 20. Jh.s und in vielfacher Hinsicht auch bis in die Sowjetunion und die postsowjetischen 1990er-Jahre fortgeschrieben zu werden. Dies unterstreicht, in welchem Maße (bis etwa Mitte der 2000er-Jahre) der Westen – verbunden mit einer russischen Selbstverortung als ›rückständig‹ – zum Vorbild genommen wurde, zuletzt mit dem Einsetzen der *Perestrojka* und noch stärker, weil ungebrochen durch sozialistische Rhetorik, in der Jelzin-Ära. Interessant ist insbesondere, wie stark der Begriff ›Deutsch‹ für den Westen oder Europa steht, und wie sich die Nähe zu Deutschland im Bezug auf das Moderne-Vorbild im Zeitverlauf veränderte. Zur Zeit Peters hieß die Ausländervorstadt ›deutsche Vorstadt‹, die von Peter dem Adel verordnete westliche Kleidung ›deutsche Kleidung‹. Deutschland und ›Deutsch‹ standen dabei nicht nur aufgrund der geographischen Nachbarschaft für Europa insgesamt. Den noch unter Peter ins Reich integrierten Deutschbalten fiel eine wesentliche Rolle bei Russlands ›Verwestlichung‹ zu. Im 19. Jh. zeigte sich die politisch-konservative Nähe beider Staaten immer deutlicher. Blickt man auf Kultur und Diplomatie oder die von Adligen geführten Salons, diente auch für Russland Frankreich als Vorbild.

Im russischen Diskurs wurde seit dem 18. Jh. der Begriff *progress* (Fortschritt) verwendet, wenn es um die Auseinandersetzung mit westlichen Modernevorstellungen ging. Die Tatsache, dass ›Fortschritt‹ im Russischen bis heute ein Fremdwort ist, verweist darauf, wie unvermittelt der Fortschrittsbegriff Anfang des 18. Jh.s übernommen wurde (Schmidt 1996). Als die Dekabristen 1825 die Fortschrittsidee gegen die Autokratie wandten und zur Rechtfertigung ihres Umsturzversuchs nutzten, verwandelte sich Fortschritt zum Oppositionsbegriff, bevor ihn die Bol'ševiki nach dem Oktoberumsturz erneut zum Gegenstand der Legitimation ihrer Herrschaft machten. Zunächst war *progress* völlig auf Europa, seit der Jahrhundertwende und v. a. ab den 1920er-Jahren dann immer stärker auf die USA bezogen (Kotkin 1995).

Semantisch sind für das 19. und die Wende zum 20. Jh. noch zwei Begriffe nachzutragen: *Stil modern* wurde am Ende des 19. Jh.s als Bezeichnung für den Jugendstil verwendet, der sich angesichts der ungeheuren Dynamik der Stadtentwicklung in den Jahren vor dem Ersten Weltkrieg beim Bau von Stadthäusern in Russland schnell verbreitete. Ansonsten benutzte man den Begriff des Neuen für die Erwartung besser geordneter Verhältnisse in der Zukunft: So sprach man vom ›neuen‹ Menschen, glaubte an die ›lichte‹ Zukunft bzw. träumte vom ›roten‹ Stern (Bogdanov 1908).

Selbstverortungen

Eine negative Wertung des Fortschritts und der von Peter diktierten Änderungen trat in Reaktion auf die Französische Revolution auf. Fortschritt wurde nun, v. a. aus der Perspektive des Herrschers, als zerstörerisch und als Gefahr für bewährte kulturelle Werte gesehen. Der Diskurs der sich danach formierenden russischen Bildungselite um den Fortschritt erlaubte zugleich, ›Gegenkonzepte‹ zu entwickeln, indem das in Europa Beobachtete kontrovers als Fortschritt oder Fehlentwicklung eingeordnet wurde. Das Spektrum reichte bis zu einer expliziten Ablehnung des Fortschritts. Die Kontroverse zwischen den ›Westlern‹ und den ›Slavophilen‹ entspann sich an den 1836 in Russland publizierten Thesen von Petr Čaadaev (1794–1856), obwohl er umgehend von Zar Nikolaus I. für verrückt erklärt wurde. Čaadaev hatte dabei Russland als riesengroßes Land, das »geistig … vollständig unbedeutend« sei, bezeichnet und die Schuld an der russischen Rückständigkeit der orthodoxen Kirche zugewiesen (Čaadaev 1992). Zu den Slavophilen, die entsprechenden Ansichten der Westler vehement widersprachen, gehörten insbesondere A. S. Chomjakov (1804–1860); I. V. Kireevskij (1806–1856) und K. S. Aksakov (1817–1860). Sie setzten sich am deutlichsten von der Orientierung des Modernedenkens am Westen ab und betonten den Wert eigener russischer Traditionen: der Orthodoxie und der dem russischen Wesen angeblich entsprechenden Autokratie oder idealisierten spezifische Formen von Gemeineigentum wie der Umverteilungsgemeinde (*obščina*) (Walicki 1975; Riasanovsky 1952).

Zur Mitte des 19. Jh.s bezogen einige Vertreter der Elite eine ablehnende Position zur Industrialisierung. Sie glaubten, die von ihnen als Fehlentwicklungen eingestufte Entstehung eines landlosen Proletariats und soziale Unruhe in den russischen Städten vermeiden zu können. Als Vorteil sahen sie an, dass Russland über hinreichend Rohstoffe auch für den Export verfügte, und erwarteten eine langfristig höhere Krisenanfälligkeit rohstoffarmer Länder, die gezwungen würden, auf die verarbeitende Industrie zu setzen. Aus solchen Überlegungen entsprang die Idee einer geradezu naturgegebenen ›Modernisierungspartnerschaft‹ zwischen Russland und Deutschland, die bis heute überdauert. Die Aufhebung der Leibeigenschaft 1861, konzipiert von ›aufgeklärten Bürokraten‹, vermied die Freisetzung landloser Bauern. Um soziale Unruhe aus den Städten fernzuhalten, wurden die nunmehr persönlich freien Bauern an ihre Landgemeinden gebunden. Die Industrie sollte zu den Arbeitskräften auf das Land gehen, um das Entstehen eines städtischen Proletariats zu vermeiden.

Die Volkstümler (*narodniki*) – unter ihnen Alexander Herzen (1812–1870), Nikolaj Černyševskij und Petr Lavrov (1823–1900) und an sie anknüpfend später die Sozialrevolutionäre (Viktor Černov 1873–1952) – sahen in der bäuerlichen Dorfgemeinde ein wichtiges Element einer künftigen sozialistischen Gesellschaft schon realisiert, sodass Russland die Entwicklung zum Kapitalismus mit den negativen Folgen der Proletarisierung und der Entwurzelung der Bauern umgehen und auf direktem Wege den Sozialismus erreichen könne. Von einer Erhebung der Bauern erwarteten sie den Umsturz der Autokratie. Auch Karl Marx vertrat zeitweilig die Ansicht, Russland verfüge mit der *obščina* bereits über eine dem Westen überlegene Form von Gemeineigentum, die dem Land einen direkten Weg in den Sozialismus eröffne. Die Morde an den zu Hilfe eilenden Ärzten während der Choleraepidemie 1892 erschütterten aber den Glauben an das ›unschuldige Wesen‹ der Bauern. Danach rückten die Marxisten in den Vordergrund, die sich auf die entstehende Arbeiterklasse orientierten. Sie sahen ihr Vorbild in der in ihren Augen politisch am höchsten entwickelten deutschen und britischen Arbeiterklasse. Lenin (1870–1924) schließlich war ein Bewunderer der deutschen Kriegswirtschaft, in der er das Modell für die in Sowjetrussland zu schaffende Planwirtschaft erblickte.

Erst angesichts von Gorbačevs Bruch mit dem Kommunismus und seinem neuerlichen Hilfeersuchen an den Westen bringen konservative russische Kreise seit den 1990er-Jahren China als Vorbild in die Diskussion. Dabei steht für sie allerdings das erfolgreiche Festhalten am kommunistischen Modell im Vordergrund. Es geht also eher um den Vorwurf, Gorbačev habe leichtfertig die ›sozialistische Moderne‹ verspielt. Alle Vertreter dieser Ansicht stufen China als Entwicklungsland ein, das in der Industrialisierung auch heute noch hinter Russland zurücksteht. Im asiatischen Raum erblicken allerdings einige ernsthaft in Südkorea, das mit abweichenden Institutionen scheinbar das amerikanische Erfolgsmodell übertrumpft, ein nachahmenswertes Vorbild. Vorherrschend war seit 1992 zunächst die starke Orientierung am Moderne-Modell der USA.

Aus dem slavophilen Denken entwickelte sich in seiner rechtsextremen Form im 20. Jh. der Eurasismus, der Russland als eurasische Kultur im Gegensatz zu Europa verortete. Das gründete auf den Jahrhunderte währenden Spannungen zwischen dem europäisch-polnischen ›Lateinertum‹ und der Orthodoxie. Leibniz hatte dagegen das »noch nicht zivilisierte« und damit auch nicht »verbildete« Russland als geradezu naturgegebenen Mittler zwischen den Hochkulturen Europas und Asiens verortet (Griesse 2015). Ansätze zum Eurasismus gehen auf Orientalisten im späten Zarenreich zurück (Tolz 2001). Der Eurasismus wurde dann von russischen Emigranten in den 1920er-Jahren als geopolitische Ideologie formuliert. Lev Gumilov (1912–1992) entwickelte sie ab den 1960er-Jahren zur Bewahrung ›russisch-orthodoxer‹ Werte im sowjetischen Untergrund weiter (Gumilov 1979).

In den ›Farbenrevolutionen‹ setzte der Westen auf die Stärkung eines antirussischen Nationalismus (etwa bei den Georgiern und Westukrainern); dies ruft entsprechende Gegenreaktionen der russischen Nationalisten hervor. Nach der Orangenen Revolution von 2004 in der Ukraine entbrannte ein Kampf um den kulturellen Einfluss auf die Jugend, die am anfälligsten für westliche Vorstellungen erschien. Es kam zur Gründung ›eigener‹, an russischen Werten orientierter Jugendorganisationen. War es bei Wladimir Putin (geb. 1952) die Enttäuschung über die fehlende Bereitschaft des Westens, mit Russland auf Augenhöhe zu verhandeln, befürchten Alexander Dugin (geb. 1962) und andere die Gefährdung Russlands durch die gegenwärtige Hegemonie westlicher kultureller Anschauungen. Patriotische Vorstellungen und der Glaube an einen gerechten Herrscher, der die Dinge regelt, sind in der russischen, aber auch der ukrainischen Bevölkerung weit verbreitet (Lane 2011).

In Anknüpfung an die Rolle der Sowjetunion als Gegenpol zum Westen während des Kalten Krieges wird Russland heute als einzige Bastion betrachtet, die sich dem westlichen Hegemoniestreben widersetzen kann. Dahinter stehen der russische Patriotismus und die Überzeugung, russisch-orthodoxe Werte in Politik, Moral und Religion seien mit westlichen Vorstellungen nicht vereinbar. Dugin vertritt die Idee eines großrussischen, »eurasischen Staates« und fordert einen offenen Kampf gegen den westlichen Hegemonieanspruch in allen Bereichen (Dugin 2012). Die wenig überzeugenden ›Argumente‹ machen es schwer, von einem rationalen ›Diskurs‹ zu sprechen. Es handelt sich um eine Fundamentalopposition gegen die westliche Moderne. Sie behauptet die Existenz einer alternativen, eurasischen Moderne, deren Werte aber nur kontrastiv zu westlichen Werten benannt werden (Höllwerth 2007). Letztlich geht es um Geostrategie. Dugin sieht Russland durch die offene Unterstützung der USA für den ukrainischen oder georgischen Nationalismus auf dem – nach seiner Wertung – ›eigenen‹ Territorium bedroht.

Regionen, Räume und Entwicklungspfade

Da Russland bis zum Ende des 17. Jh.s an den geistigen Entwicklungen in Europa nur sehr bedingt Anteil hatte, überrascht die frühe Übernahme von aufklärerischem Gedankengut. Die Kontakte zwischen ›Europäern‹ und ›Moskowitern‹ im 17. Jh. ließen zwei Kulturen aufeinanderprallen, die man sich unterschiedlicher kaum vorstellen kann. Die wenigen Russlandreisenden (zumeist Ethnographen oder Diplomaten) waren ohne Ausnahme Angehörige der westlichen Bildungselite, aufgewachsen mit dem wiederentdeckten Wissen der Antike, vertraut mit der aristotelischen Regierungslehre und dem Gedankengut von Renaissance und Humanismus – *Renaissance gentlemen* (Poe 2000). Sie trafen auf ein Land, dessen Elite nie mit diesem Wissen konfrontiert worden war. Die Herrschaftsform interpretierten sie als Despotie und führten dies auf die ›sklavische Mentalität‹ der Untertanen zurück.

Peter der Große und die Frühaufklärung

Dass es unter diesen Umständen und zu diesem Zeitpunkt überhaupt zu einem so umfassenden Kontakt zur erst im Entstehen begriffenen europäischen Moderne, vermittelt über die Frühaufklärer, kommen konnte, ist entscheidend der Person Peters des Großen zuzuschreiben. Die Reformen, die im Moskauer Staat im 17. Jh. eingesetzt hatten (Schmidt 1996; Haumann 1996, 193–217; Hildermeier 2012), gewannen damit eine neue Qualität. Die prägenden Momente von Peters Kindheit hat Anisimov (1993) am Besten dargelegt. Nach einer erfolgreichen Schlacht 1696 gegen das Osmanische Reich begann Peter, seine Rolle als ›Erster Diener des Staates‹ zu beschreiben und griff die Fortschrittsidee auf, um sich vom angeblich unaufgeklärten Moskauer Staat abzugrenzen. 1702 führte er den Begriff des Gemeinwohls in die Gesetzgebung ein (Schmidt 1996). Er war zutiefst von der Machbarkeit von Veränderungen überzeugt und verfolgte das Ziel, Russland durch die Übertragung der rationalen Organisationsformen von Staat und Gesellschaft Westeuropas so stark wie die anderen europäischen Mächte zu machen.

Den Bruch mit Altrussland, insbesondere mit der Orthodoxie, inszenierte er unmittelbar nach seiner Rückkehr von einer Europareise 1697/98 (›Große Gesandtschaft‹) auf seine Art. Um seinen Untertanen – an vorderster Front dem Hofadel – ins Bewusstsein zu bringen, dass eine neue Zeit angebrochen war, verordnete er, die Bärte abzuschneiden. Dieser Gewaltakt verletzte das religiöse Bewusstsein der Betroffenen. Kahlscheren galt als Zeichen der Schande und das Bartschneiden war mit schweren Kirchenstrafen belegt. Bei seiner Rückkehr trug der Zar zudem selbst ›deutsche Kleider‹ und verlangte dies nun auch von allen Mitgliedern der Oberschicht. Bald darauf untersagte er den Adligen die Heirat, falls sie nicht zuvor ein Bildungspatent erworben hatten. Auch wenn das kurzfristig keine Wirkung entfaltete, waren sechs Jahrzehnte später die positiven Folgen unbestreitbar. Unter Katharina war Bildung in den Reihen des Adels schon fast eine Selbstverständlichkeit. Dies kann als Zeichen der langfristigen Wirksamkeit einzelner Reformen gewertet werden (Kahan 1975).

Die Korrespondenz mit Leibniz vermittelte Peter die Bedeutung von Anstrengungen im Bereich einer von oben verordneten Volksbildung. 1708 überreichte ihm Leibniz eine Denkschrift über »die Erziehung der Jugend«, die u. a. die Einrichtung von Universitäten und Akademien (für die Jugend) anregte. Leibniz' Vorstellung basierte dabei auf dem Gedanken einer *tabula rasa*, also des Fehlens von Bildung im Ausgangszustand. Die Akademie der Wissenschaften sollte v. a. durch Übersetzungen westliches Wissen in Russland zugänglich machen. In ihrem Rahmen waren europäische Wissenschaftler in Russland tätig (Amburger 1969, 24–52). Russland schien den westlichen Aufklärern geradezu ideale Bedingungen für eine erstmalige Erprobung ihrer Vorstellungen zu bieten, über Bildung könne rationales Verhalten unter dem Volk verbreitet werden. Das Land war mit einem ›aufgeklärten‹ Despoten ausgestattet, der vorgab, seinen Staat nach rationalen Prinzipien gestalten und seinen Untertanen Bildung vermitteln zu wollen, und der dazu auch noch die in Westeuropa vorhandenen sozialen Institutionen kopieren wollte. Zudem entsprachen die Untertanen, ›edlen Wilden‹ gleich und gänzlich bildungsunerfahren, den Vorstellungen der Frühaufklärer: Sie waren dadurch auch nicht – wie die Bevölkerung im Westen Europas – mit ›falschem‹ Wissen vorbelastet. Empfänglich für wahre Bildung erschien v. a. die Jugend, die noch nicht ›verbildet‹ war. Leibniz nahm Peters Zwang gegen vermeintliche Reformgegner in Kauf, um sein Bildungsexperiment nicht zu gefährden (Griesse 2015).

Peters in der Frühaufklärung im Westen stark beachtete Kraftanstrengung ermöglichte erst, dass im 18. Jh. die Gebildeten Europas die Überzeugung gewannen, ein rationaler Gestaltungswille, umgesetzt von einem aufgeklärten Herrscher, könne eine enorme, zuvor nie für möglich gehaltene Beschleunigung der Entwicklung bewirken. Die Gebildeten verfolgten das Geschehen gebannt über die Tagespresse. Alles, was Peter an Plänen entwarf und in Gesetzen dekretierte, übermittelte die Presse als Fakten und suggerierte zugleich die Erreichbarkeit dieser Pläne (Blohme/Depkat 2002). In der Frühaufklärung spielte dabei das Individuum noch keine Rolle. Es galt als Aufgabe des Souveräns, seine unmündigen Untertanen zu zivilisierten Bürgern zu machen und sie dabei nötigenfalls auch zu ihrem Glück zu zwingen (Griesse 2015). Peters Handeln bestätigte der europäischen Bildungselite nicht nur die Überlegenheit ihrer eigenen Institutionen, sondern zeigte zugleich die Voraussetzung für die Machbarkeit auf: Benötigt wurde ein an der Vernunft orientierter Herrscher. Daraus entwickelten sie Forderungen an die Herrschaft im eigenen Land. Ihr gegenüber wurde Peter als Vorbild hingestellt, etwa von Voltaire (1694–1778).

Katharina II. und Alexander I.

Katharina selbst pflegte einen engen Briefwechsel mit prominenten Aufklärern, insbesondere Voltaire und Diderot (1713–1784). In ihren Verordnungen übernahm sie anfangs viel vom Gedankengut der Aufklärung; so orientierte sich ihre ›Große Instruktion‹ von 1763 an Montesquieu (1689–1755). Das empfand Voltaire als »schönstes Monument des Jahrhunderts«. Er und andere bedauerten, nicht als Russen geboren zu sein und so nicht von der ›aufgeklärten Herrschaft‹ profitieren zu können (Lubenow 2002, 106; vgl. auch Scharf 1998). Bei Katharinas Übertragung westlicher Institutionen standen die korporative Verfassung des Adels und der Stadt im Vordergrund. Sie wollte einen ›Mittelstand‹ schaffen und von dessen Wohlstand profitieren. Wiederum zeigten die Maßnahmen zunächst wenig Effekt. Bis zur Mitte des 19. Jh.s begannen allerdings einzelne Reformen zu greifen.

Im Verlauf des 18. Jh.s weiteten sich die kulturellen Kontakte nach Westeuropa aus. Die Gebildeten rezipierten die dortigen geistigen Entwicklungen direkt. Bei der Übernahme setzten die Russländer eigene Akzente. Einige sahen nach ihrer Rückkehr das politische System der Autokratie selbst als eigentliches Hindernis für den Fortschritt an. Das galt etwa für S. E. Desnickij (1740–1789), der wenig Interesse für die Debatte über das Verhältnis zwischen wirtschaftlichem und moralischem Fortschritt im Westen zeigte und sein Interesse ganz auf politische Aspekte einer Läuterung der Autokratie richtete (Schmidt 1996). Die gewaltigen Veränderungen, die das aufklärerische Denken im weiteren Verlauf des 18. Jh.s erfuhr, erlangten in Russland keine Prägekraft, weil sie nicht mehr mit den Interessen des Herrschers im Einklang standen und eine zahlenmäßig hinreichend starke Bildungselite noch nicht existierte. Insofern wurde die Prägung der europäischen Bildungselite durch die Rezeption der Amerikanischen Revolution im letzten Drittel des Jh.s nicht mehr nach Russland transportiert, wonach nun nicht mehr der Herrscher der Held war, sondern die eingewanderten europäischen Individuen (Blohme/Depkat 2002). Im russischen Denken des 19. Jh.s sollte nicht das Individuum, sondern der ›Dienst am Volk‹ im Zentrum stehen, wobei die aufkommende Bildungselite die von Peter und Katharina eingenommene Rolle als ›Erster Diener‹ des Volks selbst beanspruchte. Im 19. Jh. verband sich der Fortschrittsglaube in Russland mit der festen Überzeugung, dass nur ein Umsturz des politischen Systems der Autokratie die Entwicklung vorantreiben könne (Schmidt 1996).

Der Ausbau von Bildungseinrichtungen unter Alexander I. (1801–1825) ließ auch in Russland allmählich so etwas wie eine ›Öffentlichkeit‹ entstehen, eine zunächst zahlenmäßig kleine, städtische Bildungselite. Anfänglich rekrutierte sie sich aus »Angehörigen verschiedener Stände« (raznočincy), vornehmlich aus Adligen. Mit ihrer Hilfe verdichtete sich nachfolgend der geistige Austausch mit dem westlichen Europa. Während bis zum Beginn des 19. Jh.s die wenigen Vertreter der russländischen Bildungselite die Denker der Aufklärung im Original lasen (Duchhardt/Scharf 2004, 292 f.), erlangten nunmehr selektive Übersetzungen und Publikationen die Hauptbedeutung. Damit gewannen die Publizisten mit ihren Vorlieben entscheidenden Einfluss. Sie bestimmten, welche Bücher in Russische zu übersetzen waren und welche Gedanken Eingang in die von der Bildungselite gelesenen ›dicken Journale‹ und damit den Diskurs innerhalb Russlands fanden (Herzberg 2013).

Ab dem Dekabristenaufstand (1825)

Der Dekabristenaufstand machte 1825 mit seinem politischen Umsturzversuch und der entschiedenen Forderung nach der Abschaffung der Leibeigenschaft die politische Gefahr für den Herrscher endgültig klar, auch wenn dahinter noch keine gesellschaftliche Bewegung stand. Die Dekabristen waren junge, aus dem Adel stammende Offiziere, die im Zuge der Befreiungskriege nach Paris gekommen und die dortigen Verhältnisse mit eigenen Augen gesehen hatten. In der Folgezeit konzentrierte sich der kritische Diskurs auf die Leibeigenschaft und das politische System. Nur die Überwindung der Autokratie schien den Durchbruch zu fortschrittlichen Institutionen zu ermöglichen. Großen Einfluss auf das Fortschrittsdenken in Russland übte Radiščev aus, der sich auch intensiv mit den Lehren von Rousseau auseinandergesetzt hatte. Er sah als Vorbedingung für den Fortschritt die Überwindung der Leibeigenschaft an (Schmidt 1996). Mitte des 19. Jh.s wurde das Denken der kritischen Bildungselite stark von Bakunin (1814–1876), Herzen und Černyševskij geprägt. Zur Jahrhundertwende bestimmten dann Soziologen den Fortschrittsdiskurs (Kareev 1890; Kovalevskij 1912).

Die Reformen der 1860er-Jahre wiesen schon bei ihrer Ausarbeitung eine ganz andere Qualität auf. Sie standen unter der kritischen Begleitung einer im Entstehen begriffenen Öffentlichkeit, die unter dem Einfluss der Publizistik Reformen forderte. Die Gesetze wurden nicht mehr vom Herrscher allein (Peter I.) oder unterstützt von wenigen, zumeist adligen Beratern (Katharina II.) verfasst, sondern von einer ›aufgeklärten Bürokratie‹. Sie arbeitete die Reformprojekte gewissermaßen professionell aus. Dazu orientierte sie sich weiterhin an westlichem Gedankengut, studierte nun aber zuvor die institutionellen Vorbilder in anderen europäischen Staaten vergleichend vor Ort. Die institutionellen Reformen der 1860er-Jahre griffen vielfach auf preußische Vorbilder zurück (u. a. landschaftliche und städtische Selbstverwaltung). In der Verfassungsdiskussion an der Wende zum 20. Jh. orientierte man sich an Deutschlands konstitutioneller Monarchie (Beyrau 1996).

Im Verlauf der 1840er-Jahre spaltete sich diese zunächst einheitlich kritische Positionierung der Bildungselite in eine patriotisch-konservative und eine auf den Westen ausgerichtete fortschrittlich bis revolutionäre Richtung. Die entstehende Bildungselite teilte überwiegend die Überzeugung von der Rückständigkeit Russlands im Ausgangsstadium. Sie war deshalb besonders aufgeschlossen gegenüber Evolutionstheorien, die versprachen, dass Russland in einem künftigen Entwicklungsstadium zu den fortgeschrittenen Nationen aufschließen oder diese – aufgrund einer angenommenen Überlegenheit der russischen Kultur – sogar übertreffen würde (Semenov et al. 2013).

Die im 19. Jh. aufkommende Bildungselite trat in die Fußstapfen des Herrschers, selbst wenn sie diesen häufig scharf kritisierte. Sie forderte überwiegend die Verwestlichung des Landes, nun allerdings verbunden mit einer grundlegenden Veränderung des Herrschaftssystems. Sie ging aber zumeist weiter davon aus, dass die Veränderungen von oben durchgesetzt werden müssten. Damit entfernte sie sich von den anarchistischen Vorstellungen Bakunins, der von einer gesellschaftlichen Selbstorganisation ausgegangen war. Die auf den Fortschritt orientierten Teile der Bildungselite fanden ihre eigene Rolle, an der sie ihre Unentbehrlichkeit festmachten, indem sie sich die Aufgabe zuwiesen, das ›Volk‹ – in seiner überwältigenden Masse Bauern – in die richtige Zukunft zu führen (Hoffmann 2011; Semenov et al. 2013).

Sozialismus und Marxismus

Diese die Volksmassen bevormundende Haltung verfestigte sich sogar noch mit dem marxistischen Projekt, das die Bildungselite als ›Avantgarde‹ der Arbeiterklasse sah. Als Mitglieder der Partei erlangten sie die Aufgabe, das einfache Volk auf dem ›wissenschaftlich fundierten‹ und vom weisen Führer vorgezeichneten Weg in die ›sozialistische Moderne‹ zu führen. In den 1890er-Jahren gewannen marxistische und sozialistische Richtungen die Oberhand, die im Einklang mit den Vorstellungen des Westens die Arbeiter als revolutionäre Klasse betrachteten. Große Teile der russischen Bildungselite vor 1914 waren nunmehr zutiefst von der Rückständigkeit und Irrationalität der russländischen Bauern überzeugt (Hoffmann 2000; Gerasimov 2004).

Das Marx'sche Stufenmodell war für eine solche Rollenzuschreibung besonders geeignet. Es stellte den Kommunismus als vermeintlich höchste und abschließende Stufe gesellschaftlicher Entwicklung hin und postulierte, auch die fortschrittlichen westlichen Staaten könnten dorthin nur nach Überwindung der kapitalistischen Wirtschafts- und Gesellschaftsordnung mittels des Klassenkampfes gelangen. Die Bildungselite fand damit eine ideale Lösung für ihr empfundenes Problem der Rückständigkeit, die alles verband: westliche Herkunft, das Versprechen, das im Westen erreichte Stadium durch ein ›noch‹ fortschrittlicheres Endstadium der Geschichte, den Kommunismus, zu übertreffen und damit den paradiesischen Endzustand der Menschheit im Diesseits herzustellen. Das alles wurde ›wissenschaftlich fundiert‹ in einem vermeintlich geschlossenen Theoriegebäude präsentiert, dem ›wissenschaftlichen Sozialismus‹. Die Vorstellung von der »Unfehlbarkeit der Partei« stieß sich also nicht zu sehr mit dem kollektiven Selbstverständnis dieser Bildungselite. Sie vermochte sich der ›objektiven Wahrheit‹ zu unterwerfen, die ein als gerecht empfundener Herrscher formulierte.

Als Besonderheit Osteuropas erscheint, dass der Übergang zur parlamentarischen Demokratie nicht mitvollzogen wurde. Dazu trug das dominante Selbstverständnis der Bildungselite entscheidend bei. Sie verstand sich nicht als Teil des Volkes, sondern wollte aufgrund ihres größeren Wissens als sein naturgegebener Sprecher agieren und es über den richtigen Weg belehren. Das verhinderte zugleich, dass zivilgesellschaftliche Vorstellungen griffen, die auf gleichberechtigter Interessenartikulation beruhen. Zagańczyk-Neufeld (2012) vertritt die Ansicht, dass selbst die Bildungselite im heutigen Polen noch weiter an dieser Auffassung festhält und damit das Entstehen einer Zivilgesellschaft blockiert.

Die Bildungselite betrachtete das Volk zwar als ›revolutionäres Subjekt‹, doch es hatte nach ihren Anweisungen zu handeln. Sie bewahrte damit in der osteuropäisch/sowjetischen Moderne im Ansatz obrigkeitsstaatliches Denken, selbst wenn sie zugleich eine radikale Umwälzung der politischen Verhältnisse forderte. Teile der russischen Bildungselite stellten der Forderung nach Selbstbestimmung des Individuums das moralisch als überlegen empfundene ›Kollektiv‹, verstanden als das Gemeinwohl, entgegen. Auch wenn sich dies bei genauerem Hinsehen als lediglich rhetorisches Konstrukt erweist, über das egoistische Motive verschleiert werden konnten, war der kulturelle Prägefaktor enorm. Für einen Russen blieb es selbst in einer Autobiographie verpönt, Subjektives zu schreiben. Wenn er nicht in den Geruch geraten wollte, nur schnöde Eigeninteressen zu verfolgen und damit den Anspruch auf Gehör zu verlieren, musste er ›objektiv‹ das Empfinden des Kollektivs ausdrücken (Poe 2000; Herzberg 2013). Das hielt aber niemanden davon ab, in der Praxis – häufig rücksichtslos – eigene Interessen zu verfolgen, die sich nach außen in der Argumentation so vortrefflich hinter der Beschwörung von Gemeinschaftswerten verbergen ließen. Auch Stalins ›neuer Mensch‹ war nichts anderes als ein extrem egoistischer Zeitgenosse, der zum eigenen Vorteil andere rücksichtslos denunzierte (Merl 2012). Mit ihrem Festhalten an der obrigkeitsstaatlichen Herrschaftsauffassung orientierten sich die Modernevorstellungen des überwiegenden Teils der Bildungselite bis zum Beginn des 21. Jh.s in Russland und der Sowjetunion weiter an der Frühaufklärung.

Zeithorizont und Epochenkonzept

Die erste Phase der Orientierung am Fortschrittsgedanken reichte in Russland von Peter über Katharina bis zur Französischen Revolution. Sie war dadurch gekennzeichnet, dass die Reformen vom Herrscher betrieben wurden. Der Fortschritt schien sich mit der Autokratie zu verbinden. In einer Zwischenphase vom letzten Drittel des 18. bis zur Mitte des 19. Jh.s wechselte der Fortschritt dann gewissermaßen die Seite; die Autokratie wandte sich von dynamischen Begriffen wie Fortschritt ab und ging zu statischen Begriffen wie Volkstum über (Schmidt 1996, 13 f.). Denker wie Karamzin (1766–1826), der auch als Hofhistoriograph fungierte, bereiteten unter dem Eindruck der Französischen Revolution diese Gegenbewegung vor. Nun rückten die Kosten des Fortschritts in den Vordergrund. In den Augen Karamzins verwandelte sich Peter, welchen er zunächst als Lichtgott der Menschheit bezeichnet hatte, der seine Untertanen auf die Bahn des Ruhms geführt hatte, in den Urheber gigantischer Verwüstungen, weil er Staat und Volk aus ihrer historischen Verwurzelung gerissen habe (Schmidt 1996, 11 f.; Karamzin 1811). Darauf begründete der Bildungsminister Sergej Uvarov (1786–1855) den neuen Ideenkanon zur Legitimation des Zarenstaates: Orthodoxie, Autokratie und Volkstum (Schmidt 1996). *Progress* wurde nach 1825 von der Herrschaft zum Tabuwort gemacht.

Mit der Verbreitung von Bildung unter der Bevölkerung stellten die 1840er-Jahre eine Zäsur dar. Erstmals war nun auch in Russland die Voraussetzung für einen Modernediskurs vorhanden: eine zunehmend breite Bildungsschicht, die sich in der nunmehr öffentlichen Debatte über den Fortschritt in verschiedene Gruppierungen aufspaltete. Schmidt unterscheidet vier Positionen: die konservative, die von jedwedem Wandel nichts wissen wollte, und die christliche, die nicht Wandel, sondern Erlösung versprach. Zu den Gruppierungen, die den Fortschritt begrüßten und Reformen in Verbindung mit der Veränderung des politischen Regimes forderten, gehörten die liberale und die sozialistische Position. Allein die letztere unterwarf sich dem Fortschrittsglauben bedingungslos (Schmidt 1996, 14–25).

Die dritte Phase von der Oktoberrevolution bis zum Ende des Sowjetregimes war auch ein Experiment in moderner Massenpolitik. Nur noch in der Anfangsphase bis etwa 1930 gab es einen Diskurs über unterschiedliche Konzepte für die Zukunft. Danach bestimmte derjenige, der jeweils diktatorisch die Herrschaft ausübte, die Modernekonzeption allein. Bis in die ausgehenden 1980er-Jahre gab es darüber keinen öffentlichen Diskurs mehr. Eine kritische Auseinandersetzung mit dem Paradiesversprechen ›Kommunismus‹ musste das Regime mit allen Mitteln unterbinden, um die Zielutopie vor kommunikativer Verflüssigung zu bewahren. Nur so konnte es Repressionen gegen vorgebliche Feinde des Fortschritts ergreifen, ohne den Fortbestand der diktatorischen Herrschaft zu gefährden (Merl 2012). Dies blockierte den Modernediskurs in allen osteuropäischen Staaten. Als die Tschechoslowakei 1968 das Tabu brach und im Prager Frühling einen ›Sozialismus mit menschlichem Antlitz‹ propagierte, wurde die Verbreitung dieser Vorstellung um der Bewahrung der Parteiherrschaft willen mit militärischen Mitteln beendet. Auch in der Tschechoslowakei wurde die Partei gezwungen, die strikte Kontrolle der öffentlichen Kommunikation wieder herzustellen (Kohout 2011). Ungarn konnte seinen ›Gulaschkommunismus‹ nur deshalb praktizieren, weil es einen öffentlichen Diskurs darüber nicht zuließ. Das Ende der kommunistischen Diktaturen leitete Gorbačev ungewollt ein, als er 1986 das Tabu aufhob, öffentlich über die Zielvorstellung des Kommunismus zu diskutieren (Merl 2012).

Die vom Staat bestimmte ›sozialistische Moderne‹ modifizierte sich nach Stalins Tod mit Chruščevs programmatischen Aussagen zum Kommunismus geringfügig. Stalin hatte 1936 mit der neuen Verfassung das Erreichen des Sozialismus verkündet und sich in seiner Rede zugleich deutlich von den westlichen Demokratievorstellungen abgesetzt. Als Elemente der ›sozialistischen Moderne‹ führte er die Begriffe ›sozialistische Nation‹ und ›sozialistische Demokratie‹ ein (Stalin 1936). Am Ende der 1950er-Jahre machte Chruščev seine Vorstellungen vom Kommunismus und einer leistungsunabhängigen Bedürfnisbefriedigung verbindlich. ›Wissenschaftlich begründete‹ Normen bestimmten nun, wie viele Waren, dauerhafte Konsumgüter und andere Leistungen im Bereich von Gesundheit, Bildung, Kommunalwirtschaft und Freizeit Pro-Kopf zur Verfügung gestellt werden sollten. Zugleich wurde die Bevölkerung aufgerufen, aktiv in Form ›freiwilliger Volksmilizen‹ an der ›Parasitenbekämpfung‹ (darunter verstand Chruščev Personen, die keiner ›gesellschaftlich nützlichen‹ Arbeit nachgingen, also insbesondere private Handwerker und ›Kultdiener‹/Geistliche) an der Durchsetzung kommunistischer Normen unter der Bevölkerung mitzuwirken (Chruščev 1959; Merl 2002).

Obwohl man die Vorstellungen von der Volkssouveränität nicht übernahm, wurde eine Politik verfolgt, die darauf zielte, die Massen zu erreichen und an das Regime zu binden (Merl 2012). Diese Einbeziehung musste nicht zwangsläufig das westliche Verständnis von Demokratie übernehmen. Wie Hoffmann (2000) feststellt, zerstörte der moderne Rationalismus nicht nur alte Traditionen, sondern erfand aus dem Bedürfnis, die Massen einzubinden, zugleich neue. Mit kommunikativen Techniken gelang es den Bol'ševiki, der Bevölkerung die Erwartung eines besseren Lebens in der ›lichten‹ Zukunft zu vermitteln, daraus Legitimitätsglauben zu gewinnen und dem Regime Stabilität zu verleihen (Merl 2012). Die ›sozialistische Moderne‹ trat an, die als kapitalistisch geschmähte europäisch-westliche durch eine noch höhere Entwicklungsdynamik zu übertreffen. Ihr Selbstverständnis bezog sie aus den Grundzügen der europäischen Moderne. Das kam in einer Vielzahl ähnlich gelagerter, staatsinterventionistischer Experimente zum Ausdruck.

Eine letzte Zäsur trat an der Wende zu den 1990er-Jahren mit der Abkehr von der ›sozialistischen Moderne‹ auf. Man versuchte nun, bislang zurückgewiesene Aspekte der ›westlichen‹ Moderne nachzuholen; scheinbar überlegene Elemente des westlichen Modernemodells wie Parlamentarismus und Marktwirtschaft wurden übernommen. Die breite Masse der Bevölkerung teilte anfangs die Erwartung, die Selbstbestimmung in neu geschaffenen Nationalstaaten, ein auf ›freie Wahlen‹ reduziertes Demokratieverständnis, die Freigabe der Preise in Verbindung mit einer Privatisierung der Produktionsmittel und das Setzen auf die individuelle Selbstverwirklichung würden umgehend in eine bessere Zukunft führen. Das Erwachen in der westlichen Moderne erschütterte nach kurzer Zeit diesen Glauben. Das Ergebnis verweist auf die Januskäpfigkeit ihrer vermeintlichen inhaltlichen Vorzüge: die Folgen waren und sind teils blutige nationale Konflikte, Fremdenhaß, in der Politik die Ausbreitung populistischer Strömungen, in der Wirtschaft die Verfestigung von Korruption und ein permanentes Gefühl sozialer Kälte, einhergehend mit sichtbarer individueller Bereicherung. Das an der Wende zu den 1990er-Jahren erneut gestartete Experiment der ›Verwestlichung‹ wird deshalb heute von vielen Beobachtern in den betroffenen Ländern als gescheitert angesehen (s. oben). Was unter den Bedingungen des Kalten Krieges als angebliche Gründe für die Überlegenheit der westlichen Moderne gegolten hatte, verlor bei der Umsetzung schnell seinen Glanz. In den Augen der Bevölkerung verklärt sich nostalgisch die ›sozialistische Moderne‹ zu einer Phase, unter der alles so viel besser gewesen war. Kritik am Terror unter Stalins Erziehungsdiktatur verstummt. Zunächst unbedeutende Strömungen wie der Eurasismus finden plötzlich Gehör.

Themen und Leitprozesse

Orientierung am Westen

Die aus der Aufklärung hervorgehenden Moderne-Vorstellungen waren in Russland und der Sowjetunion in hohem Maße eurozentrisch ausgerichtet. Im Kern waren sie zwischen 1698 und 1991 von der

Überzeugung dominiert, dass eine rationale, wissenschaftliche Organisation von Wirtschaft und Gesellschaft die Rückständigkeit des Landes vollständig überwinden könne und in eine bessere Zukunft führen würde. Als entscheidende Voraussetzung dazu galt der Erwerb rationaler Bildung durch die Bevölkerung. Das verband sich mit Vorstellungen von einer nahezu unbegrenzten Machbarkeit von Veränderungen, die scheinbar nur vom rationalen Willen des Menschen abzuhängen schienen. ›Wissenschaftlichkeit‹ wurde eine entscheidende Bedeutung bei der Bestimmung der richtigen Formen [für die Zukunft] zugewiesen. In der Reichweite war das Konzept Moderne also sehr umfassend. Stärker noch als im Westen lieferte es die Grundlage zu realen Politik- und Reformansätzen.

Als erstaunliche Kontinuität ist anzusehen, dass das von Peter I. an der Wende zum 18. Jh. erstmals in der Geschichte begonnene Experiment, durch die Kopie westlicher Institutionen seinem als rückständig empfundenen Land zu Fortschritt und einer enormen Entwicklungsdynamik zu verhelfen, bis heute mehrfach wiederholt wurde. Nach dem gleichen Muster vollzogen sich Katharinas Reformpolitik, die Reformen der 1860er-Jahre, und schließlich die Transformationspolitik, die 1989/1992 Osteuropa und dann die Nachfolgestaaten der Sowjetunion erfasste. Jeweils wurde mit der gleichen Naivität wie unter Peter das Experiment am lebenden Objekt begonnen, ohne auf die seit Peters Verwestlichung durchaus analysierbaren Praxis-Erfahrungen zurückzugreifen. Diese Beharrlichkeit, mit der an Vorstellungen der frühen Aufklärung von einer rationalen Organisation der Gesellschaft festgehalten und das Experiment, westliche Institutionen auf rückständige Gebiete zu übertragen, immer von neuem wiederholt wird, sollte den heutigen Betrachter erstaunen. Sie belegt v. a., in welchem Maße auch die Moderne nicht nur vom Sammeln, sondern zugleich von der Verdrängung von Wissen (›verschüttetes‹ Wissen) gekennzeichnet ist, sodass sie aus Scheitern nicht lernt und ›Fehler‹ immer von neuem wiederholt. Der Transformationsprozess Osteuropas ab 1989 wiederholte nur, was seit Peter mehrfach immer wieder mit den gleichen dürftigen Resultaten und enormen sozialen Kosten betrieben wurde.

Hegelianismus und Frühsozialismus

Im Folgenden sollen inhaltliche Varianten näher betrachtet werden, die jeweils die Moderne in Russland/Osteuropa von der im Westen unterschieden.

Insgesamt war der russische Diskurs anhaltender an Vorstellungen der Frühsozialisten orientiert und rückte im Gegensatz zu dem Westen Europas zeitweilig die Bauern als revolutionäres Subjekt in das Zentrum der Überlegungen. Bei einzelnen Inhalten erwies sich Russland als Vorreiter (Säkularisierung), bei vielen bewegte es sich im europäischen Trend (Interventionsstaat) und bei anderen, dazu gehörten die parlamentarische Demokratie, die Konzepte der Nationalitätenpolitik und die Rechte des Individuums, verweigerte es sich dem generellen Trend.

Starke Prägekraft im russischen Modernediskurs des 19. Jh.s erlangten sowohl der Hegelianismus als auch die egalitären Vorstellungen der Frühsozialisten. Orientiert an Hegels Dialektik erschien das bäuerliche Volk als Subjekt des revolutionären Umsturzes. Herzen, Bakunin und Černyševskij erwarteten, dass in der künftigen sozialistischen Gesellschaft eine Form von Gemeineigentum bestehen und eine föderale Organisation die Verbindung von Sozialismus und Freiheit ermöglichen würde. Bakunin vertrat dabei eine Föderation, die auf Basis freier Assoziationen der Individuen, Produktionsgemeinschaften und Kommunen zur größtmöglichen Unabhängigkeit und Selbstbestimmung führen sollte. Da das Volk in Russland praktisch mit den Bauern zusammenfiel und die bäuerliche Umverteilungsgemeinde das Gemeineigentum und die künftige Gleichheit in der sozialistischen Gesellschaft schon vorwegzunehmen schien, richtete sich das Denken der fortschrittlich-revolutionären Bildungselite in Russland zunächst ganz auf die Bauern aus.

In Reaktion auf die konservative Gegenwehr gegen ihre Träume vom Fortschritt verbanden die Westler ihre Überzeugung von der russischen Rückständigkeit nun kompensatorisch mit der Gewissheit von der Überlegenheit russischer Gemeinschaftsformen wie Bauerngemeinde und Arbeitsartel. Den negativen Folgen der Proletarisierung und Entwurzelung der Bauern in den Städten stellten sie ihren Bauernsozialismus entgegen, der die Industrie aufs Land holen sollte. Alexander Herzen erwartete vom Exil in London aus, dass die Leibeigenen sich gegen das sie knechtende System erheben würden (Herzen 1848). Anknüpfend an diese Vorstellungen von Assoziationen als künftiger Form des Gesellschaftsaufbaus beschrieb Černyševskij (1952), wie eine solche künftige Handwerkergenossenschaft, geführt von ›neuen Menschen‹, funktionieren könnte.

Emanzipation und ländliche Moderne

Die spezifischen Bedingungen Russlands bewirkten also, dass die Zukunftsvorstellungen viel stärker als in Westeuropa mit der Bauernschaft verbunden wurden (Bruisch 2014). Auch zum Zeitpunkt des Oktoberumsturzes war Russland noch ein Bauernstaat. Auf dem Höhepunkt des Kriegskommunismus verfasste Čajanov 1920 seinen utopischen Roman, der die Weiterentwicklung Sowjetrusslands bis 1984 in eine Bauernrepublik schildert. Der Annahme von Marx folgend, wonach die Bauern selbst nicht organisationsfähig seien, sah Čajanov die künftige Republik unter Führung der professionellen Intelligenz der Genossenschaftler stehen. Spezifisch russische Modernevorstellungen aus der Mitte des 19. Jh.s beschrieb er als realisiert. So hatte die Bauernrepublik eine kapitalistische Verstädterung durch die Rückverlagerung der Industrie auf das Land überwunden. Die Experten sorgten dafür, dass der wissenschaftliche und technische Fortschritt vorangetrieben und umgesetzt wurde. Die Republik beruhte auf dezentralen Assoziationen von Produzenten, die Städte hatten sich entvölkert (Čajanov 1920). Zu Beginn der 1920er-Jahre gab es weitere Ansätze zu einem Bauernsozialismus. Eine ›Bauerninternationale‹ wurde gegründet, und es verbreitete sich die Vorstellung, den osteuropäischen Agrarstaaten eröffne sich zwischen Kapitalismus und Arbeitersozialismus ein spezifischer, ›dritter Weg‹ in die Moderne (Černov 1917; Bruisch 2014, 162 f.).

Mit großer Sympathie griff die russische Bildungselite Vorstellungen von der Befreiung aus der Knechtschaft auf. Während die Zensur eine Auseinandersetzung über die Leibeigenschaft unterband, konnte erstaunlicherweise der Diskurs der Abolitionisten gegen die Sklaverei nach Russland übertragen werden, verbunden mit der Anschauung von der universellen Gültigkeit der Menschenrechte. Eine absurde Folge dieser ›Internationalisierung‹ des Diskurses war es, dass auch die russischen Leibeigenen-Autobiographien die Stereotype des Sklaverei-Diskurses übernahmen, obwohl die reale Situation in Russland völlig anders gewesen war (Herzberg 2013). In dem Diskurs über die Umwandlung der Leibeigenen in gleichberechtigte Mitglieder der Gesellschaft erlangte die Lehre des Schotten Samuel Smiles (1812–1904) unter Teilen der Bildungselite Popularität. Er vertrat die Ansicht, auch jeder Bauer könne sich autodidaktisch Wissen aneignen (Smajl's 1867). Mehrere Autobiographie-Projekte griffen diese Lehre auf, um mit dem Nachweis der gleichen Veranlagung aller Menschen die zarische Ständegesellschaft zu bekämpfen. Dazu wollten sie die ehemaligen Bauern anleiten, die eigene autodidaktische Emanzipation zu beschreiben (Herzberg 2013; Rubakin 1903).

Säkularisierung und Erziehungsgedanke

Ein weiteres Moderne-Element, der weltliche Geist der Aufklärung, verbreitete sich in Russland sehr früh. Griesse (2015) wirft sogar die Frage auf, ob Peters Maßnahmen nicht überhaupt erst die Säkularisierungserwartung der Aufklärung schürte. Bereits 1698 entschloss sich Peter, den Konflikt mit der Kirche aufzunehmen und die von ihr gesetzten Normen (u. a. Bärte, Kleidung) anzugreifen. Nach dem Tod des Patriarchen (1700) erklärte Peter sich selbst zum Oberhaupt der Orthodoxen Kirche. Dahinter standen finanzpolitische Überlegungen, denn den Einnahmen des Staates waren solange enge Grenzen gesetzt, wie die Kirche etwa ein Drittel des Bodens und einen erheblichen Teil der Bevölkerung kontrollierte. Peter unterstellte deshalb die Kirchenverwaltung einem neuen Kollektivorgan, dem Heiligen Synod (1721). Die zuvor der Kirche zugeschriebenen Bauern wurden zu ›Ökonomiebauern‹ und mussten nun Steuern an den Staat entrichten. Nach diesem ersten Angriff auf das Vermögen der Kirche erfolgte 1764 endgültig die Säkularisation mit der Beseitigung des Klosterbesitzes.

Ein zentraler Inhalt der russischen Modernevorstellungen war der mit der Vermittlung rationaler Bildung verbundene Erziehungsgedanke. Peter, Katharina, die Bildungselite und dann die ›sozialistische Moderne‹ verfolgten durchweg den Anspruch, den Menschen und sein Denken durch die Vermittlung von Wissen zu verändern. Für Leibniz spielte die Volksbildung eine zentrale Rolle im Zivilisierungsprozess, und seine Ratschläge an Peter konzentrierten sich auf diesen Bereich. Katharina ordnete mit der Einrichtung von Waisenhäusern zeitweilig konkrete Erziehungsexperimente an ›unverbildeten‹ Kindern an, um aus ihnen ›neue‹, bessere Menschen zu machen. Diese Idee barg zumindest in Ansätzen bereits Stalins ›Erziehungsdiktatur‹ in sich, denn im Bild des aufgeklärten Gärtners steckt der Glaube an die planbare Gestaltung des Gartens, die die Ausmerzung des Unkrauts einschließt (u. a. Bauman 1992, 2005). Auch die Sowjetunion setzte auf die Kinder, die aus ihrer Perspektive zugleich die Zukunft repräsentierten und aus denen sie ›neue Menschen‹ formen wollte.

Im Gewalthandeln Stalins kulminierte die Ambivalenz des Erziehungsgedankens. Die rasante Durchsetzung einer elementaren Massenbildung in der Sowjetunion fiel deshalb in den 1930er-Jahren keineswegs zufällig mit dem Terror zusammen, der auch beanspruchte, ›Unerziehbare‹ zu beseitigen. Die Erziehungskampagne sollte das krasse Bildungsgefälle in Europa zu Beginn des 20. Jh.s zumindest abschwächen, zugleich aber ›falsche Bildung‹ ausrotten. Eine ›Erziehungsdiktatur‹ zu rechtfertigen, lag dem russischen Denken offenbar näher als dem anderer europäischer Staaten. Es wurzelte aber in den Vorstellungen der Frühaufklärung. Peters Bereitschaft, Zwang zur Durchsetzung der von ihm als richtig erkannten Ziele und Visionen einzusetzen, erschütterte das positive Bild von ihm bei vielen Frühaufklärern kaum. Einige waren bereit, Gewalt gegen Rückständige als unvermeidbares Opfer im Zivilisierungsprozess anzusehen. Gewalt gegen Reformfeinde im Namen einer vorgeblich guten Sache, der Zivilisierung der Gesellschaft, sollte in der Folgezeit immer wieder praktiziert werden. Stalin handelte dabei nur besonders brutal und menschenverachtend.

Auch die Überzeugung von der grenzenlosen Machbarkeit von Veränderungen erweist sich als allgemeines Element russischer Modernevorstellungen. In der Sowjetunion fand sie u. a. Ausdruck in Stalins gewaltigem Projekt zur ›Umgestaltung der Natur‹. Unmittelbar nach der erfolgreichen Beendigung des ›Kampfs gegen den Faschismus‹ setzte er siegesgewiss ›den Kampf gegen die Natur‹ auf die Tagesordnung (Gestwa 2001). Bereits Bogdanov (1908) hatte vor dem Ersten Weltkrieg in seinem populären Roman *Der rote Stern* eine Umgestaltung der Natur mit der Umlenkung von Flüssen durch den Menschen zur Erreichung einer höheren Kulturstufe beschrieben. Čajanov erwartete in seiner Bauernutopie die Beherrschung des Wetters durch den Menschen über Kraftwerke, die mit Magnetfeldern arbeiten (Čajanov 1920). Der Glaube an einen beständigen Fortschritt war ein entscheidender Bestandteil der ›sozialistischen Moderne‹. Von der schnellen technologischen Entwicklung ging Faszination aus. Politiker und ›Planer‹ verfolgten übereinstimmend Projekte zur Eroberung des geographischen Raums und zur sozialen Transformation der Gesellschaft.

Nationalitäten

Die Herrschaft im Osten konnte mit dem im 19. Jh. vordringenden Moderne-Projekt Nationalstaat nicht nur deshalb nichts anfangen, weil es den Zusammenhalt der Vielvölkerstaaten gefährdete. Vielmehr stieß sich auch die dahinter stehende individuelle Selbstfindung an der kulturellen Orientierung auf Werte der Gemeinschaft. In Russland war bis in die erste Hälfte des 19. Jh.s hinein eine tolerante Nationalitätenpolitik verfolgt worden, die regionale Eliten kooptierte und weder religiös noch ethnisch auf Homogenisierung ausgerichtet war. Erst im letzten Drittel des 19. Jh.s erfolgte mit der Russifizierungspolitik eine Kehrtwende zur staatlichen Vereinheitlichung. Die verschiedenen Ethnien sollten jetzt über den Reichspatriotismus und den ›Zarenmythos‹ über die Person des Herrschers integriert werden. Die ›sozialistische Moderne‹ konzipierte und praktizierte in den 1920er-Jahren dann mit der Politik der ›Einwurzelung‹ (*korenizacija*) eine Nationalitätenpolitik, die sich deutlich von westlichen Vorbildern absetzte. Nationalismus wurde vom Nationalitätenkommissar Stalin als bürgerliche Erscheinung eingestuft, die der Sozialismus überwinden würde. Nach dem Ausscheiden der national bewussten Balten und Polen waren in Sowjetrussland nur Georgier und Ukrainer als Ethnien verblieben, die bereits über bedingt separatistisch eingestellte Bildungseliten verfügten.

Wie mit der Emanzipation der Frauen setzte die ›sozialistische Moderne‹ deshalb auch gegenüber den mehr als 100 Ethnien auf Emanzipation. Eingeschlagen wurde eine Politik der *affirmative action*, die auch den Ethnien ohne eigene Schriftsprache und Elite zunächst die nachholende Entwicklung ermöglichen sollte. Gleichzeitig bekämpfte das Regime den ›großrussischen Chauvinismus‹. Es ließ in den 1920er-Jahren für etwa 70 Ethnien Schriftsprachen mit lateinischem Alphabet entwickeln und ordnete die Aufnahme des muttersprachlichen Schulunterrichts an. In den jeweiligen Territorien der Ethnie sollte ihre Sprache auch Amts- und Gerichtssprache werden. Für viele Ethnien bedeutete diese staatliche Förderung einen großen Entwicklungssprung und bewirkte eine positive Identifikation mit dem Sowjetstaat. Stalin erwartete, dass nach der sozialen Ausdifferenzierung alle Ethnien in einer zweiten Phase eine Arbeiterklasse ausbilden würden. Über deren internationalistische Ausrichtung sollte der Sowjetstaat als Arbeiterstaat wieder zusammenwachsen (Martin 2001). Die *korenizacija* war durchaus erfolgreich. Sie förderte aber eher die nationale Bewusstseinsbildung und damit das Erkennen des Trennenden und wurde nach der Zwangskollektivierung der Bauern unter Stalin Mitte der 1930er-Jahre durch eine Politik ersetzt, die den Zusammenhalt der sowjetischen Bevölkerung in den Vordergrund rückte. Stalin kreierte in Anlehnung an das Vorbild der nationalsozialistischen ›Volksgemeinschaft‹ Mitte der 1930er-Jahre die ›Einheit des Sowjetvolkes‹, die alle Ethnien gleichberechtigt einzubeziehen versprach (Merl 2012; Martin 2001). Das nahm die Angehörigen der einzelnen Ethnien aber nicht von dem zugleich verfolgten sozialistischen Erziehungs- und Zivilisierungsprojekt aus (Hoffmann 2000).

Social Engineering

Zentrale Züge der Aufklärung teilte die Moderne in Russland weitgehend: den Glauben an den Fortschritt, das Vertrauen in die Vernunft, die Verehrung von Wissenschaftlichkeit, ebenso wie die Geringschätzung von Religion und Tradition (Hoffmann 2000). Sobald der Blick auf Versuche zur Neuordnung der Gesellschaft auf einer rationalen Basis und auf Ansätze des Staatsinterventionismus gerichtet ist, erweist sich der Sozialismus als eines der vielen ideologischen Produkte der europäischen Moderne (Hoffmann 2000, 256).

In den Jahrzehnten vor dem Ersten Weltkrieg baute auch Russland die Bürokratie und staatliche Kontrolle aus (Raphael 2000) und unternahm erste Versuche, die Gesellschaft zu rationalisieren und nach wissenschaftlichen Begriffen neu zu kategorisieren (Hofmann 2000 und 2011). Der Bedeutungsanstieg des Sozialen im ausgehenden 19. Jh. war auch hier eine Reaktion auf die Industrialisierung und eine beginnende Urbanisierung. Die städtische Selbstverwaltung sah sich in Russland mit den gleichen Fragen und Problemen konfrontiert wie die Kommunalverwaltungen im Westen: Wohnen, Hygiene, Seuchenvorsorge, Arbeitsunfälle, Alkoholismus, Armut, soziale Unruhe und Arbeitslosigkeit. Bei der Suche nach Lösungen setzte man – in engem Austausch mit westlichen Kollegen – auf Professionalisierung und Expertentum, etwa auf Feldern wie Stadtplanung, Sozialreform und dem Gesundheitswesen (Hoffmann 2011). Das soziale Leben wurde von lokalen Traditionen getrennt und auf Basis rationaler Strukturen neu geordnet. Wenn Luhmann (1927–1998) und nachfolgend Giddens (geb. 1938) die modernen Institutionen als eng verbunden mit dem Mechanismus des Vertrauens in abstrakte Systeme, v. a. Expertensysteme, beschreiben, so gilt das mit nur wenigen Abstrichen ebenfalls für Russland und die Sowjetunion, so gerne die Bevölkerung auch hier fortfuhr, mit einzelnen Personen in der Verwaltung direkt in Austauschprozesse zu treten (Merl 2012).

Nach 1917 wurden traditionelle moralische Zwänge beseitigt, sodass das Regime die Gesellschaft nun umfassender auf Basis einer rationalen, idealisierten Vision von sozialer Ordnung umgestalten konnte. Das in der Selbstdarstellung vertretene und in der westlichen Literatur zumeist unkritisch übernommene Bestreiten einer funktionalen Differenzierung in der Sowjetunion hält einer Prüfung nicht stand. Hinter der Kulisse von der Allwissenheit von Führer und Partei spielten Experten sehr wohl eine Rolle und in Ansätzen wurde auch eine funktionale Differenzierung geduldet, ohne die kein moderner Staat Stabilität erzielen könnte (Luhmann). Die Sprachcodes der Experten blieben aber aus dem von der Partei kontrollierten öffentlichen Diskurs ausgeschlossen und nur für Spezialisten verständlich (Merl 2012).

Im 20. Jh. verfolgte der Interventionsstaat auch in der Sowjetunion eine grundlegende Umgestaltung der Gesellschaft (*social engineering, population management*) (Hoffmann 2000 und 2011). Da das Eingreifen auf der Vorstellung basierte, der Staat müsse den Einzelnen bevormunden, um ihn vor einem Absturz durch fehlende Vorsorge für Alter, Krankheit und dem Verlust der Arbeitsfähigkeit zu bewahren, kann im Interventionsstaat zugleich eine Wiederannäherung der ›europäischen Moderne‹ an die ›sozialistische Moderne‹ gesehen werden. In diesem Punkt sind die Abweichungen zu den amerikanischen Modernevorstellungen heute eklatant, obwohl Roosevelts (1882–1945) *New Deal* Mitte der 1930er-Jahre auf ähnlichen Überlegungen beruht hatte, dann aber von den amerikanischen Gerichten gestoppt wurde.

Am Ende des Zweiten Weltkrieges wurde zur gemeineuropäischen Moderne-Überzeugung, dass es das vorrangige Ziel des Interventionsstaats sein müsse, die soziale Not zu überwinden. Beveridges (1879–1963) Konzept des *welfare state*, Schillers (1911–1994) ›Konzertierte Aktion‹ und Chruščevs kommunistisches Modell der ›Bedürfnisbefriedigung‹ (Merl 2010) trafen sich in dieser Überzeugung. Diese Bereitschaft zu obrigkeitsstaatlicher Bevormundung der Bevölkerung gründete im Westen auf der Erkenntnis, dass die Übel der Zwischenkriegszeit mit der Weltwirtschaftskrise und der politischen Radikalisierung auf einer unter den Wohlstandsbedingungen der Moderne vermeidbaren sozialen Not beruhten. Den Absturz des Einzelnen in Not zu verhindern, galt dabei als Garantie für die Bewahrung der Demokratie. Das Moderne-Projekt, basierend auf dem Glauben, die moderne Gesellschaft könne die ›Not überwinden‹, galt also zeitweilig für beide Welten. Beide scheiterten daran aber in den 1970er-Jahren, auch weil sich die damit verbundenen Kosten als zu hoch erwiesen. Der interventionistische Wohlfahrtsstaat setzte gleichermaßen neues Wissen, neue Ziele der Regierung und neue Technologien der sozialen Kontrolle ein. Dabei gestaltete die ›sozialistische Moderne‹ vielleicht das Gesundheitswesen bevormundender als andere europäische Länder, sie fokussierte stärker auf gesellschaftliche als auf individuelle Interessen.

Der Blick auf Osteuropa zeigt also, dass die Modernevorstellungen hier gegenüber dem Westen unterschiedlich gewichtet waren, sich aber in den gleichen, im gemeinsamen Europa entwickelten Modellen bewegten. Die ›sozialistische Moderne‹ fußte auf grundlegenden Gemeinsamkeiten mit der westlichen Moderne, der sie abweichende Modelle kontrastierend entgegenstellte: wissenschaftliche Wirtschaftslenkung statt Marktanarchie, Verteilung nach Bedürfnissen statt nach Leistung. Lediglich die in den letzten Jahren wiederauflebende eurasische Verortung Russlands (Dugin) spricht konsequenterweise von einer Vielzahl von Modernen, wobei sie die orthodox-eurasische den abgelehnten Komponenten der westlichen Moderne gegenüberstellt. Gerade auch die Konzeption der Gegenmodelle zur Moderne weisen Russland und Osteuropa also als Bestandteil der europäischen Moderne aus.

Literatur

Amburger, Erik: *Beiträge zur Geschichte der deutsch-russischen kulturellen Beziehungen* (Giessener Abhandlungen zur Agrar- und Wirtschaftsforschung des europäischen Ostens 14). Gießen 1961.

Anan'ič, Boris (Hrsg.): *Vlast' i reformy. Ot samoderžavnoj k sovetskoj Rossii.* St. Petersburg 1996.

Anisimov, Evgenii V.: *The Reforms of Peter the Great. Progress through Coercion in Russia.* New York 1993 (russ. 1989).

Bauman, Zygmunt: *Moderne und Ambivalenz. Das Ende der Eindeutigkeit.* Hamburg 1992 (engl. 1991).

Bauman, Zygmunt: *Verworfenes Leben. Die Ausgegrenzten der Moderne.* Hamburg 2005 (engl. 2004).

Berend, Ivan T.: Rückständigkeit und Moderne in Mittel- und Osteuropa. In: *Europäische Rundschau: Vierteljahreszeitschrift für Politik, Wirtschaft und Zeitgeschichte* 36, 2008, 19–26.

Beyrau, Dietrich et al. (Hrsg.): *Reformen im Rußland des 19. und 20. Jahrhunderts. Westliche Modelle und russische Erfahrungen.* Frankfurt am Main 1996.

Beyrau, Dietrich: Rückblick auf die Zukunft: das sowjetische Modell. In: Lutz Raphael (Hrsg.): *Theorien und Experimente der Moderne. Europas Gesellschaften im 20. Jahrhundert.* Köln 2012, 65–100.

Blohme, Astrid/Depkat, Volker: *Von der »Civilisirung« Rußlands und dem »Aufblühen« Nordamerikas im 18. Jahrhundert. Leitmotive der Aufklärung am Beispiel deutscher Russland- und Amerikabilder.* Bremen 2002.

Bogdanov, Alexander: *Der rote Stern.* Darmstadt 1982 (russ. 1908).

Bruisch, Katja: *Als das Dorf noch Zukunft war. Agrarismus und Expertise zwischen Zarenreich und Sowjetunion.* Köln 2014.

Čaadaev, Petr: Erster Philosophischer Brief. In: Ders.: *Apologie eines Wahnsinnigen. Geschichtsphilosophische Schriften.* Leipzig 1992 (russ. 1836, franz. 1828).

Čajanov (Tschajanow), Alexander W.: *Reise meines Bruders Aleksej ins Land der bäuerlichen Utopie,* hrsg. von Krisztina Mänicke-Gyöngyösi. Frankfurt am Main 1981.

Calic, Marie-Janine et al. (Hrsg.): *The Crisis of Socialist Modernity. The Soviet Union and Yugoslavia in the 1970s.* Göttingen 2011.

Černov, Viktor M.: *Vojna i ›tret'ja sila‹. Sbornik statej.* Petrograd ²1917.

Černyševskij (Tschernyschewskij), Nikolai G.: *Was tun? Aus Erzählungen vom neuen Menschen.* Berlin 1952 (russ. 1863).

David-Fox, Michael: Multiple Modernities vs. Neo-Traditionalism: On Recent Debates in Russian and Soviet History. In: *Jahrbücher für Geschichte Osteuropas* 54, 2006, 535–555.

Dixon, Simon: *The Modernisation of Russia 1676–1825.* Cambridge 1999.

Duchhardt, Heinz/Scharf, Claus (Hrsg.): *Interdisziplinarität und Internationalität. Wege und Formen der Rezeption der französischen und der britischen Aufklärung in Deutschland und Rußland im 18. Jahrhundert.* Mainz 2004.

Dugin, Alexander: *»If you are in favour of global liberal hegemony, you are the enemy!«,* Interview mit A. Dugin 2012. http://www.counter-currents.com/2012/07/interview-with-alexander-dugin sowie https://www.academia.edu/2082958/The_Eurasian_Idea (6.01.2015)

Gastev, Aleksej K.: *Poesija rabočego udara.* Moskau 1964; *Kak nado rabotat'* Moskau 1966; *Trudovye ustanovki.* Moskau 1973.

Gerasimov, Ilya: Russians into Peasants? The Politics of Self-Organization and Paradoxes of the Public Modernization Campaign in the Countryside in Late Imperial Russia. In: *Journal of Modern European History* 2, 2004/2, 232–253.

Gestwa, Klaus: *Die »Stalinschen Großbauten des Kommunismus«. Sowjetische Technik- und Umweltgeschichte 1948–1964.* München 2001.

Geyer, Dietrich: Rußland an der Jahrhundertwende. Zeitdiagnosen und Zukunftsprojektionen aus östlicher Perspektive. In: Frevert, Ute (Hrsg.): *Das Neue Jahrhundert. Europäische Zeitdiagnosen und Zukunftsentwürfe um 1900* (Geschichte und Gesellschaft, Sonderheft 18), Göttingen 2000, 244–264.

Griesse, Malte: Von der Barbarei zur Rückständigkeit: Revolten in Russland als Projektionsflächen eines »aufgeklärten Absolutismus«. In: David Feest/Lutz Häfner (Hrsg.): *Die Zukunft der Rückständigkeit. Festschrift für Manfred Hildermeier.* Köln 2015 (im Druck).

Gumilov, Lev N.: *Ėtnogenez i biosfera Zemli*. Moskau 1979.
Haumann, Heiko: *Geschichte Russlands*. München 1996.
Herzberg, Julia: *Gegenarchive. Bäuerliche Autobiographik zwischen Zarenreich und Sowjetunion*. Bielefeld 2013.
Herzen, Alexander: *Russkij narod i socialism*, London 1858.
Hildermeier, Manfred: Rossijskij »dolgij XIX vek«: »osobyj put'« evropejskoj modernizacii? In: *Ab imperio* 1, 2002, 85–101.
Hildermeier, Manfred: *Geschichte Russlands vom Mittelalter bis zur Oktoberrevolution*. München 2013.
Hoffmann, David L.: European Modernity and Soviet Socialism. In: Ders./Kotsonis, Yanni (Hrsg.): *Russian Modernity. Politics, Knowledge, Practices*. New York 2000, 245–260.
Hoffmann, David: *Cultivating the Masses: Modern State Practices and Soviet Socialism, 1914–1939*. Ithaca 2011.
Höllwerth, Alexander: *Das sakrale eurasische Imperium des Alexander Dugin. Eine Diskursanalyse zum postsowjetischen russischen Rechtsextremismus*. Stuttgart 2007.
Kahan, Arcadius: Die Kosten der »Verwestlichung« in Rußland: Adel und Ökonomie im 18. Jahrhundert. In: Dietrich Geyer (Hrsg.): *Wirtschaft und Gesellschaft im vorrevolutionären Russland*. Köln 1975, 53–82.
Karamzin, Nikolaj: *Zapiska o drevnej i novoj Rossii*. Moskau 1811.
Kareev, Nikolaj I.: *Suščnost' istoričeskogo progressa i rol' ličnosti v istorii*. Moskau 1890.
Kohout, Pavel: *Mein tolles Leben mit Hitler, Stalin und Havel. Erlebnisse – Erkenntnisse*. Berlin 2010.
Kollontaj, Alexandra M.: *Sem'ja i kommunističeskoe gosudarstvo*. Moskau 1918; *Novaja moral i rabočij klass*. Moskau 1918.
Kotkin, Stephen: *Magnetic Mountain: Stalinism as a Civilisation*. Berkeley 1995.
Kovalevskij, Maksim M.: Progress. In: *Vestnik Evropy* 47, 1912, 225–260.
Lane, David: *Elites and Classes in the Transformation of State Socialism*. New Brunswick 2011.
Lorenz, Richard (Hrsg.): *Proletarische Kulturrevolution in Sowjetrussland (1917–1921). Dokumente des ›Proletkult‹*. München 1969.
Lubenow, Martin: *Französische Kultur in Russland: Entwicklungslinien in Geschichte und Kultur*. Köln 2002.
Martin, Terry: *The Affirmative Action Empire. Nations und Nationalism in the Soviet Union, 1923–1939*. Ithaca 2001.
Matthes, Eckhard: *Das veränderte Rußland. Studien zum deutschen Rußlandverständnis im 18. Jahrhundert zwischen 1725 und 1762*. Frankfurt am Main 1981.
Merl, Stephan: Entstalinisierung, Reformen und Wettlauf der Systeme 1953–1964. In: *Handbuch der Geschichte Russlands*, Bd. 5/1. Stuttgart 2002, 175–318.
Merl, Stephan: Von Chruschtschows Konsumkonzeption zur Politik des »Little Deal« unter Breschnew. In: Greiner, Bernd et al. (Hrsg.): *Ökonomie im Kalten Krieg*. Hamburg 2010, 279–310.
Merl, Stephan: *Politische Kommunikation in der Diktatur. Deutschland und die Sowjetunion im Vergleich* (Das Politische als Kommunikation 9). Göttingen 2012.
Mironov, Boris N.: *Social'naja istorija Rossii perioda imperii (XVIII – načalo XX v.). Genezis ličnosti, demokratičeskoj sem'i, graždanskogo obščestva i pravogogo godusarstva*, 2 Bde. St. Petersburg 1999.
Pietrow-Ennker, Bianka/Ul'janova, Galina (Hrsg.): *Graždanskaja identičnost' i sfera graždanskoj dejatel'nosti v Rossijskoj imperii. Vtoraja polovina XIX-načalo XX veka*. Moskau 2007.
Plaggenborg, Stefan: *Experiment Moderne. Der sowjetische Weg*. Frankfurt/New York 2006.
Poe, Marshall T.: *»A People Born to Slavery«. Russia in Early Modern European Ethnography, 1476–1784*. Ithaca/London 2000.
Radischtschev (Radiščev), Alexander: *Reise von Petersburg nach Moskau*. Berlin 1961 (russ. 1790).
Raphael, Lutz: *Recht und Ordnung. Herrschaft durch Verwaltung im 19. Jahrhundert*. Frankfurt am Main 2000.
Riasanovsky, Nicholas V.: *Russia and the West in the Teaching of the Slavophiles. A Study of Romantic Ideology*. Cambridge, Mass. 1952.
Rubakin, N. A.: *Krest'jane-Samoučki*. St. Petersburg ^{5}1903.
Scharf, Claus: Tradition – Usurpation – Legitimation. Das herrscherliche Selbstverständnis Katharinas II. In: Hübner, Eckard et al. (Hrsg.): *Russland zur Zeit Katharina II.*, Köln u. a. 1998, 41–101.
Smajl's, (Smiles), S.(Samuel): *Samopomošč' [Self-Help]*. Char'kov 1867.
Schmidt, Christoph: Aufstieg und Fall der Fortschrittsidee in Russland. In: *Historische Zs.* 263, 1996, 1–30.
Semyonov (Semenov), Alexander et al.: Russian Sociology in Imperial Context. In: George Steinmetz (Hrsg.): *Sociology and Empire. The Imperial Entanglement of a Discipline*. Durham, NC 2013, 53–82.
Stalin, Josef: *Fragen des Leninismus*. Berlin-Ost 1972.
Tolz, Vera: *Russia (Inventing the Nation)*. London 2001.
Toulmin, Stephen: *Kosmopolis. Die unerkannten Aufgaben der Moderne*. Frankfurt am Main 1991 (engl. 1990).
Tumanova, Anastasija S.: *Obščestvennye organizacii i russkaja publika v načale XX veka*. Moskau 2008.
Walicki, A.: *The Slavophile controversy. History of a Conservative Utopia in Nineteenth-Century Russian Thought*. Oxford 1975 (poln. 1964).
Wallerstein, Immanuel: The End of What Modernity? In: *Theory and Society* 24, 1995, 471–488.
Zagańczyk-Neufeld, Agnieska: Zivilgesellschaft oder Eliten-Demokratie? Protestkultur in Polen: Zivilgesellschaftlicher Ansatz und neopositivistischer Diskurs. In: Bingen, Dieter et al (Hrsg.): *Legitimation und Protest. Gesellschaftliche Unruhe in Polen, Ostdeutschland und anderen Transformationsländern nach 1989*. Wiesbaden 2012, 247–260.

Stephan Merl

Soziologie

Definitionen von Moderne und Anwendungsbereiche

Obwohl nicht selten behauptet wird, die Soziologie sei eine Wissenschaft mit der Hauptaufgabe, ›die Moderne‹ bzw. moderne Gesellschaften zu untersuchen, war diese Disziplin nicht von Anfang an schwerpunktmäßig mit dieser Thematik befasst. Keineswegs alle der sog. Gründerväter des Faches am Ende des 19. und zu Beginn des 20. Jh.s verwendeten den Begriff ›Moderne‹ oder stellten einen ähnlichen Terminus in den Mittelpunkt ihrer Überlegungen, und selbst bei denjenigen, die dies taten, war die Begrifflichkeit kaum je wirklich systematisch ausgearbeitet oder theoretisch unterfüttert.

Tatsächlich war es so, dass ›Moderne‹ (englisch: *modernity*) erst ab den 1960er-Jahren zu einem Zentralbegriff der Soziologie avancierte: zunächst in Theorien sozialen Wandels und hier insbesondere in der Modernisierungstheorie, die mit der Dichotomie von traditionaler vs. moderner Gesellschaft bzw. von Tradition vs. Moderne arbeitete, dann aber – seit den frühen 1970er-Jahren – v. a. in zeitdiagnostischen Arbeiten. Diese hatten zumeist einen (gesellschafts-)kritischen Impuls, wodurch der Moderne-Begriff in weiten Teilen der Soziologie schnell zu einem anscheinend unvermeidlichen Referenzrahmen der Analyse wurde.

Diese überragende Stellung in der Disziplin hat der Begriff bis heute behauptet. Konkurrierende Termini wie der in den frühen 1980er-Jahren in die Soziologie einwandernde Begriff der ›Postmoderne‹ konnten sich letztlich nicht durchsetzen, sodass der Moderne-Begriff, freilich in jüngster Zeit häufig pluralisiert (gemeint ist hier die Rede etwa von ›multiplen Modernen‹ oder von *entangled modernities*), nach wie vor das Interesse von theoretisch und/oder zeitdiagnostisch orientierten SoziologInnen aus aller Welt auf sich zieht.

Forschungsgeschichte, Semantik und Gegenkonzepte

Klassiker der Sozialwissenschaften

Die Klassiker bzw. Gründerväter der Sozialwissenschaften in Deutschland haben den in den 1880-Jahren auftauchenden Moderne-Begriff kaum je aufgegriffen und ihn i. d. R. nicht als ein vielversprechendes Angebot verstanden. Für Max Weber (1864–1920) und Werner Sombart (1863–1941) etwa gilt, dass sie zwar das Adjektiv ›modern‹ in ihren Texten vielfach benutzten (wie in ihrer Rede vom ›modernen Kapitalismus‹) und häufig auch große Mühe darauf verwendeten, das Spezifische der jeweils als ›modern‹ bezeichneten Phänomene herauszuarbeiten. Gerade Weber hat durch die Bildung von Idealtypen viel dafür getan, um den ›modernen Staat‹, die ›moderne gewerbliche Arbeit‹ oder den ›modernen okzidentalen Rationalismus‹ zu charakterisieren, sodass man ihn *später* mit einer gewissen Plausibilität als einen Theoretiker der Moderne bezeichnen konnte. Aber bemerkenswert ist allemal, dass Weber kaum je das Wort ›Modernisierung‹ und m. W. tatsächlich überhaupt nie den Begriff ›Moderne‹ gebrauchte. Warum dies der Fall war, wird wohl kaum aufzuhellen sein; jedenfalls tat Weber nicht den Schritt, aus der Tatsache, dass man Institutionen als ›modern‹ bezeichnen kann, zu einer substantivierenden und damit letztlich vergegenständlichenden Redeweise von der ›Moderne‹ als einer Epoche überzuwechseln.

In den Schriften vieler anderer Klassiker des Faches – dies trifft auf die US-amerikanischen Autoren wie George Herbert Mead (1863–1931), Charles Horton Cooley (1864–1929) oder Robert Ezra Park (1864–1944) ebenso zu wie auf die französischen wie Gabriele de Tarde (1843–1904), Émile Durkheim (1858–1917) oder Marcel Mauss (1872–1950) – findet sich das Adjektiv ›modern‹ mehr oder weniger häufig. Die genannten US-Amerikaner sprechen dann von *modern world, modern life, modern communication* und manchmal sogar – mit Bezugnahme auf Deutschland, England und Frankreich – von *great modern nations*; die genannten Franzosen von *société moderne, grands États modernes, religions modernes, industrie moderne, temps modernes, le monde moderne* und sogar *les pays modernisés* etc. Doch zumeist war mit diesen Ausdrücken nicht sehr viel mehr gemeint als das jeweils Gegenwärtige. Von Modernisierung oder der Moderne war auch bei ihnen nicht die Rede.

Die zwei größeren Ausnahmen unter den Klassikern bildeten in diesem Punkt Thorstein Veblen (1857–1929) und Georg Simmel (1858–1918): Ersterer hat in zwei während des Ersten Weltkrieges verfassten Büchern (*Imperial Germany and the Industrial Revolution, 1915, und An Inquiry into the Nature of Peace and the Terms of its Perpetuation, 1917) nicht nur von *modernity* und *modernization* gesprochen, sondern auch eine Art Modernisierungstheorie und Sonderwegsthese *avant la lettre* vorgelegt, die jedoch in den folgenden Jahrzehnten kaum beachtet wurde. Georg Simmel war hier wesentlich einflussreicher. Auch er verwendete explizit den Moderne-Begriff. Freilich wird man im Gegensatz zu Thesen späterer Interpreten (Frisby 1985) nicht behaupten können, dass er diesen wirklich systematisiert hätte und somit tatsächlich als ein erster Soziologe der Moderne bezeichnet werden müsste. Vielmehr übernahm Simmel weitgehend die von Charles Baudelaire 1863 formulierte Definition (»Die Modernität ist das Vergängliche, das Flüchtige, das Zufällige, die eine Hälfte der Kunst, deren andere Hälfte das Ewige und Unwandelbare ist«, Baudelaire 1989, 226) – und zugleich alle damit zusammenhängenden Besonderheiten und Probleme.

So wie Baudelaire mit dieser Definition allenfalls eine Form zeitgenössischer (künstlerischer) Erfahrung charakterisierte und insofern auch keineswegs darauf aus war, einen neuen Epochenbegriff zu prägen, so wenig spezifisch waren dann auch Simmels Ausführungen. Ganz abgesehen davon, dass er in seinen Hauptwerken, etwa in seiner *Philosophie des Geldes* oder in der *Soziologie*, den Moderne-Begriff nicht verwendet, sondern dort eher vom »typisch modernen Menschen« redet, benutzte Simmel diesen doch immerhin, wenn auch nicht an wirklich zentralen Stellen seines Œuvres. Eingebettet sind Simmels Bemerkungen zur Moderne – und hier ist die Anlehnung an Baudelaire deutlich zu sehen – charakteristischerweise stets in kunsttheoretische und ästhetische Überlegungen, etwa in seinem Aufsatz zu Rodin: »Denn das Wesen der Moderne überhaupt ist Psychologismus, das Erleben und Deuten der Welt gemäß den Reaktionen unsres Inneren und eigentlich als einer Innenwelt, die Auflösung der festen Inhalte in das flüssige Element der Seele, aus der alle Substanz herausgeläutert ist, und deren Formen nur Formen von Bewegungen sind« (Simmel 1996, 346).

Ob Simmel mit derartigen Formulierungen tatsächlich eine »Gesellschaftsheorie der Moderne« (Frisby 1989, 10) suchte oder gar fand, ist somit einigermaßen zweifelhaft, zumal er keine institutionentheoretischen Interessen verfolgte (Frisby 1989, 47) und historisch angelegte Analysen zu spezifisch ›modernen‹ Phänomenen und Institutionen in seinen Werken auch kaum je zu finden sind: Wenn Frisby (1989, 93) deshalb unterstellt, dass für Simmel die Urgeschichte der Moderne in der Geldwirtschaft liege, dann ist dieser Hinweis angesichts der Bedeutung von Simmels *Philosophie des Geldes* vermutlich nicht falsch. Da jedoch bei Simmel die Geldwirtschaft – anders als bei Marx, Weber oder Sombart – nicht wirklich historisch situiert wird, bleibt einigermaßen unklar, wo genau diese Moderne zu finden ist und was genau sie charakterisiert, zumal auch die Erfahrungen von Individuen in der sich historisch wandelnden Geldwirtschaft nicht immer die gleichen geblieben sein dürften.

Auch in der Zeit zwischen den Weltkriegen und noch im Zweiten Weltkrieg spielte der Moderne-Begriff kaum eine Rolle. Dies gilt selbst für die Werke von Autoren im und im Umkreis des Frankfurter Instituts für Sozialforschung, insofern die allenfalls stark von Simmel geprägten Repräsentanten dieser Strömung dem Moderne-Begriff eine gewisse Bedeutung zumaßen. In den neun Bänden der zwischen 1932 und 1941 erschienenen legendären *Zeitschrift für Sozialforschung* taucht das Substantiv ›Moderne‹ als Epochenbegriff zwar kaum je auf und auch Theodor W. Adornos (1903–1969) und Max Horkheimers (1895–1973) 1944 verfasstes und 1947 erschienenes Buch *Dialektik der Aufklärung* kommt, der Simmelschen Soziologie fernstehend, fast ganz ohne den Moderne-Begriff aus (und dies, obwohl es wie wenige andere zu einem Referenzwerk für spätere Moderne-Debatten werden sollte).

Bei dem von Simmel beeinflussten Walter Benjamin (1892–1940) ist dies jedoch anders: Er erwähnt in seinem *Passagen-Werk* tatsächlich immer wieder (wie Simmel) Baudelaires Definition der Moderne, kommt aber über dessen in erster Linie an ästhetischen Erfahrungen orientierte Definition auch nicht wirklich hinaus, wenn er etwa das Moderne »als das Neue im Zusammenhang des immer schon Dagewesenen« definiert (Benjamin 1982, 675). Die bereits bei Baudelaire und Simmel auffallende Ort- wie Zeitlosigkeit des Moderne-Begriffs wird von Benjamin also weitgehend beibehalten – mit all den daran haftenden Problemen.

Ab der Mitte des 20. Jahrhunderts

Ein umfassender Moderne-Diskurs begann in der Soziologie erst in der zweiten Hälfte der 1960er-Jahre, obwohl Einzelfiguren wie etwa der französische Philosoph und Soziologe Henri Lefebvre (1901–1991) den Begriff der Moderne zu Beginn dieses Jahrzehnts durchaus verwendeten, freilich sehr stark eingebettet in philosophische und kunsthistorische Zusammenhänge (*Einführung in die Modernität. Zwölf Präludien*). Bezeichnenderweise aber enthält die mehrfach aufgelegte, von Edwin R. A. Seligman und Alvin Johnson herausgegebene *Encyclopedia of the Social Sciences* noch 1963 lediglich einen alten Artikel des Philosophen Horace Kallen (1882–1974) zu »Modernism« und nicht zu »Modernisierung« oder »Moderne«, mit ganz überwiegend kunsttheoretischer Argumentation. Erst 1968 unter der Herausgeberschaft von David L. Sills änderte sich dies mit einem umfassenden Eintrag Daniel Lerners zu »Modernisierung«, der dann auch *criteria of Modernity* entwickelt.

Die notwendigen Grundlagen für diese hier exemplarisch greifbare Hinwendung zum Modernebegriff wurden schon unmittelbar mit dem Beginn des Kalten Krieges gelegt, als in den frühen 1950er-Jahren die Konturen dessen entwickelt wurden, was man später Modernisierungstheorie nennen sollte. Von ›Grundlagen‹ ist deshalb zu sprechen, weil in und mit dieser Modernisierungstheorie erstmals ein klares Bild der Gestalt einer ›modernen Gesellschaft‹ entwickelt wurde und sich darüber dann die Idee der ›Moderne‹ etablieren konnte. Insofern trifft es tatsächlich zu (vgl. Langenohl 2010, 192), dass die Idee der ›Moderne‹ von der Vorstellung der ›Modernisierung‹ nicht scharf zu trennen ist.

Die stark vom US-amerikanischen Selbstverständnis der unmittelbaren Nachkriegszeit geprägte Modernisierungstheorie war im Sinne eines Gegenentwurfs zum Marxismus als eine Theorie makrosozialen Wandels angelegt worden, mit der nicht nur die Entstehung moderner industriekapitalistischer Demokratien erklärt, sondern auch die zukünftige Industrialisierung und zu erwartende Demokratisierung der später dann sog. ›unterentwickelten‹ Länder praktisch angeleitet werden sollte. Letztlich lag dieser Theorie der Modernisierung die Vorstellung eines gerichteten Wandels von sog. traditionalen hin zu modernen Gesellschaften zugrunde: ›Modernisierung‹ ist genau dieser Wandel, wobei darunter ein Bündel von verschiedenen, aber im Wesentlichen parallel laufenden und sich wechselseitig stützenden Subprozessen begriffen wurde, nämlich die Parallelität von wirtschaftlichem Wachstum, Urbanisierung, Demokratisierung, Säkularisierung, Individualisierung etc. Mit der Nennung dieser Subprozesse war dann auch schon die Gestalt einer modernen Gesellschaft umrissen, insofern das Etikett ›modern‹ nur solchen Gesellschaften angeheftet wurde, die eine industriekapitalistische Wirtschaft, ein demokratisches politisches System und eine weitgehend säkularisierte und individualistische Kultur aufweisen. Es dürfte nicht allzu schwer zu erkennen sein, dass bei dieser Definition insbesondere die US-amerikanische Gesellschaft Pate stand. Und in der Tat hatte unter den Modernisierungstheoretikern der damaligen Zeit kaum jemand Zweifel daran, dass die USA tatsächlich die modernste Gesellschaft *sind*.

Schon sehr viel schwieriger dürfte zu erkennen sein, dass der Formulierung eines scheinbar so simplen Wandlungsmodells komplexe theoretische Operationen zugrunde lagen, die unmittelbar mit dem Namen von Talcott Parsons (1902–1979) verbunden sind, dem höchst einflussreichen Theoretiker der US-amerikanischen Soziologie. Parsons hatte in den 1940er-Jahren mit Überlegungen begonnen, wie sich seine handlungstheoretischen Konzepte zu einer Ordnungstheorie zusammenfügen lassen könnten. Ein Ergebnis war die Entwicklung der sog. *pattern variables* (Mustervariablen) aufgrund der Behauptung, dass sich jegliches menschliche Handeln in fünf Dichotomien bewege: Handeln ist demnach entweder affektiv oder affektiv neutral, selbst-orientiert oder auf das Kollektiv bezogen, an universalistischen oder an partikularistischen Werten orientiert, auf Leistungskriterien bezogen oder von sozial vererbten Zuschreibungen geleitet, und es erfüllt schließlich entweder spezifische oder diffuse Rollenerwartungen. Parsons glaubte, mit dieser Taxonomie von Handlungsformen auch ein Instrument zur Konzeptualisierung und Typisierung sozialer Ordnungen in die Hand zu bekommen. Diese Hoffnung erfüllte sich letztlich nicht, wie er selbst schnell erkannte.

Dies hinderte andere Autoren (die Modernisierungstheoretiker!) jedoch nicht daran, intensiven Gebrauch von diesem Konzept zu machen, um zu einer Theorie sozialen Wandels zu gelangen. Dies geschah durchaus nicht immer in vollem Einklang mit Parsons, der zumeist sehr viel komplexere Ideen verfolgte. De facto ordneten Modernisierungstheoretiker Anfang der 1950er-Jahre Parsons' Mustervariablen in einer ganz spezifischen Weise und definierten darüber Gesellschaftstypen: Behauptet wurde, dass in traditionalen Gesellschaften überwiegend affektive, am Kollektiv orientierte, auf partikularistische Werte bezogene, von Statuszuschreibungen geleitete und letztlich diffuse Rollenerwartungen erfüllende Handlungsformen dominieren würden, während moderne Gesellschaften über die in den Dichotomien entgegengesetzten Handlungstypen zu definieren seien.

Damit schien eine Art handlungstheoretisch ansetzender Plausibilitätsnachweis erbracht worden zu sein, denn es ließ sich behaupten, dass eine industriekapitalistische, individualistisch geprägte und letztlich säkulare Gesellschaft auf eben genau die Handlungsformen angewiesen sei, die man im Rahmen der Diskussion und spezifischen Anordnung von Parsons' Mustervariablen als ›modern‹ identifiziert hatte. Anders formuliert: Die Institutionen moderner Gesellschaften sind und können nur deshalb modern sein, weil sie auf entsprechenden, nämlich zu ganz bestimmten Handlungsformen führenden Persönlichkeitsstrukturen beruhen. Klassische modernisierungstheoretische Untersuchungen wie etwa *The Passing of Traditional Society* (1958) von Daniel Lerner (1917–1980) argumentierten dann nicht allein institutionentheoretisch, sondern auch sozialpsychologisch, weil man nun – mit Verweis auf bestimmte dominante Handlungsorientierungen – sehr viel genauer als frühere Soziologen definieren zu können glaubte, was man als den *modern man* zu bezeichnen habe (Inkeles/Smith 1974).

Die von der Modernisierungstheorie vorgenommene Dichotomie zwischen ›Tradition‹ und ›Moderne‹ sollte schnell zum Problem werden, nicht zuletzt deshalb, weil man zwar ein einigermaßen klares Bild von den Institutionen moderner Gesellschaften hatte, gleichzeitig aber auch allzu sichtbar wurde, dass der Begriff ›traditionale Gesellschaft‹ lediglich eine Residualkategorie war, zu der man das alte Ägypten ebenso rechnen konnte wie das vorindustrielle England. In der wandlungstheoretischen Debatte um die Angemessenheit bzw. Problematik dieser Dichotomie tauchte nun explizit der Begriff der *modernity* auf, der freilich zu dieser Zeit – Mitte der 1960er-Jahre – in der Soziologie noch tastend verwendet wurde; daneben war auch noch von *modernism* die Rede.

Ab den 1970er-Jahren

Es waren v. a. theoriebewusste Modernisierungstheoretiker oder die der Modernisierungstheorie eher freundlich gesonnenen Kritiker, die den Begriff *modernity* in der Diskussion verankerten, wobei insbesondere Texte von Edward Shils (1910–1995), Reinhard Bendix (1916–1991) und Joseph R. Gusfield (1923–2015) einflussreich geworden sind. Insbesondere die beiden letztgenannten Autoren hinterfragten, ob sich tatsächlich eine saubere Unterscheidung zwischen traditionalen und modernen Elementen durchführen lasse und ob nicht auch moderne Gesellschaften von erheblichen Traditionsbeständen geprägt seien, was dann – wenn dies zuträfe – auch Auswirkungen auf die allzu simple These eines gerichteten Wandels von traditionalen zu modernen Gesellschaften haben müsste. Tatsächlich wurden diese Aspekte innerhalb der Modernisierungstheorie aufgegriffen, etwa vom israelischen Soziologen Shmuel Eisenstadt (1923–2010), der 1973 in einer mit *Tradition, Change and Modernity* betitelten Aufsatzsammlung nochmals versuchte, die Modernisierungstheorie zu reformieren und die schon angeschnittenen kritischen Einwände produktiv zu verarbeiten.

Fast gleichzeitig etablierte sich der Moderne-Begriff aber noch in einem anderen Diskussionszusammenhang, in dem nicht mehr wandlungstheoretische Interessen im Vordergrund standen, sondern *zeitdiagnostische*, wenn sich auch beide nicht immer klar voneinander trennen lassen. Einer der Schlüsseltexte war *The Homeless Mind. Modernization and Consciousness* (Berger et al. 1973), dessen englische Fassung nicht nur den Begriff der *modernity* an zentralen Stellen für zeitdiagnostische Zwecke verwendete; die Übersetzung trug sogar den Titel *Das Unbehagen in der Modernität* und eröffnete damit im deutschen Sprachraum die entsprechende Epochendebatte in der Soziologie, in der dann letztlich nicht der Begriff der Modernität, sondern derjenige der Moderne fest etabliert werden sollte. Schon in den Anfangspassagen des Buches machen die AutorInnen klar, dass an dem in jüngster Zeit noch so selbstverständlich geäußerten Fortschrittsglauben nicht mehr festgehalten werden könne, weswegen nicht nur zunehmende Unklarheit und Unsicherheit über die Bedeutung und den Inhalt von *modernity* herrsche, sondern auch die Frage nach dem Anfang, erst recht aber nach dem Ende der Moderne gestellt werden müsse (Berger et al. 1973, 4).

Zugleich mit der Etablierung des Moderne-Begriffs entstand also sofort die Frage nach dessen (zukünftiger) Angemessenheit und Tauglichkeit, und dies insbesondere deshalb, weil die VerfasserInnen Phänomene ausmachten, die sie kaum mehr mit den institutionellen und mentalen Strukturen der jüngsten Vergangenheit in Zusammenhang bringen konnten: So verwiesen sie nicht nur auf Entfremdungserscheinungen in einer hoch rationalisierten und als ›modern‹ definierten Welt, sondern exemplarisch auch auf machtvolle Tendenzen der *demodernization* – vom Erstarken nationalistischer Bewegungen in der nicht-westlichen Welt bis hin zur alternativen Jugendkultur gerade in der westlichen Hemisphäre, die sich beide machtvoll dem Rationalitätspostulat der Moderne entgegenstellen. Selbst wenn die AutorInnen diesen Protest gegen die durchrationalisierte moderne Gesellschaft nachvollziehen können, fragen sie auch besorgt nach Grenzen dieser *demodernization*, d. h. danach, wieviel ›Entmodernisierung‹ eine durchtechnisierte Welt überhaupt akzeptieren und ertragen könne.

Wenige Jahre später verschärfte Daniel Bell (1919–2011) die zeitdiagnostische Argumentation und wendete sie deutlich ins Konservative. Seine Studie *The Cultural Contradictions of Capitalism* (1976) behandelte weit mehr als ›nur‹ den Kapitalismus, sondern zielte auf eine Analyse der problematischen Seiten der (westlichen) Moderne im Ganzen, wobei er v. a. deren Kultur ins Auge fasste: Habe es im bürgerlichen Zeitalter noch eine Art funktionales Passungsverhältnis zwischen ökonomischem System, Kultur und Person gegeben, so sei dies mittlerweile in vielleicht pathologischer, jedenfalls aber kritikwürdiger Weise nicht mehr der Fall, weil eine avantgardistische Kultur – unterstützt durch einen auf Massenkonsum basierenden und sinnlose Bedürfnisse befriedigenden Kapitalismus – einen schrankenlosen Individualismus und damit die Auflösung stabiler Institutionengefüge herbeigeführt habe, die letztlich sogar drohe, die motivationalen und kulturellen Voraussetzungen jenes Kapitalismus selbst zu untergraben und zu zerstören.

Diese Mitte der 1970er-Jahre anhebende Moderne-Diskussion musste nicht – wie bei Bell – mit konservativer Stoßrichtung geführt werden; eine linke Kritik der Moderne und moderner Gesellschaften konnte man in ähnlicher, wenn auch zum Teil ganz anders akzentuierter Weise vorbringen (etwa Habermas 1981, der sich auch intensiv mit Bell auseinandersetzte), wobei sich Passagen von Adornos und Horkheimers *Dialektik der* Aufklärung ebenso nutzen ließen wie Resultate der gerade in Deutschland zu dieser Zeit aufblühenden Weber-Philologie, die Max Weber in erster Linie als einen Theoretiker der spannungsreichen Rationalisierung der Welt und somit ›der Moderne‹ etablierte. Deutlich zu erkennen ist, dass die bei Berger et al. (1973) wie bei Bell (1973) angedeutete These eines Epochenbruchs von der Moderne hin zu einer anderen Epoche deshalb für plausibel gehalten wurde, weil zu dieser Zeit die Debatte um die von Alain Touraine (geb. 1925) und von Bell selbst ausgerufene ›postindustrielle Gesellschaft‹ bereits im vollen Gang war, man also zumindest in der westlichen Welt einen fundamentalen sozialstrukturellen und wirtschaftlichen Wandel diagnostizierte, der es zu rechtfertigen schien, über neue soziale Akteure und Konflikte und damit auch über das Ende der bislang industriell verfassten Moderne nachzudenken.

Eine andere Wendung für die aufkommende Moderne-Debatte war fast gleichzeitig durch das Erstarken der anglo-amerikanischen Historischen Soziologie in dieser Zeit vorbereitet worden. Bis dato hatte man (und dies gilt auch für die bereits zitierten TheoretikerInnen) ein Moderne-Bild zugrunde gelegt, das – auf der einen Hälfte von Parsons' Mustervariablen aufbauend und die modernisierungstheoretische Wandlungserzählung weitgehend akzeptierend – von einer eher bruchlosen und fast linear verlaufenden Durchsetzung moderner Institutionen und Kulturkomplexe ausging, auch wenn man heftig darüber streiten mochte, welche Aspekte der Moderne zu kritisieren seien und ob diese Moderne nicht schon wieder auslaufe.

In der unorthodox an Karl Marx anschließenden und die Modernisierungstheorie aufs Schärfste kritisierenden Weltsystemtheorie Immanuel Wallersteins (geb. 1930) war aber bereits die Frage gestellt worden, ob die als ›modern‹ erachteten Institutionenkomplexe westlicher Gesellschaften nicht eine dunkle Unterseite hätten, die von Ausbeutungsphänomenen in der Semi-Peripherie und Peripherie nicht zu trennen sei. Insbesondere stellte sich dabei die Frage, ob die in diesen Regionen seit der Zeit des Kolonialismus vorfindliche Sklaverei und strukturähnliche heutige Arbeitsverhältnisse höchst neue, mithin moderne Phänomene seien, sodass nicht nur die scharfe Trennung von Tradition und Moderne nicht funktioniere, sondern jeder Versuch, ein klinisch sauberes Bild der ›westlichen‹ Moderne zu zeichnen, von vornherein zum Scheitern verurteilt sei.

Auf ähnliche Weise, wenn auch einen ganz anderen Theorieansatz als Wallerstein verwendend, argumentierten SoziologInnen wie die US-Amerikanerin Theda Skocpol (geb. 1947) und der Brite Anthony Giddens (geb. 1938), insofern sie insbesondere die Rolle der zwischenstaatlichen Gewalt bei der Konstituierung moderner Gesellschaften hervorhoben. Giddens etwa vertrat in *The Nation-State and Violence* (1985) die Ansicht, dass zu den vier institutionellen Merkmalen der Moderne nicht nur der Kapitalismus und der Industrialismus zählen, sondern untrennbar auch der Staat mit dem in ihm schlummernden Potential der totalitären Überwachung und schließlich das System der Nationalstaaten, in dem Krieg und massive Gewalt eine ständige Bedrohung darstellen.

Am stärksten und für die Soziologie am eindrucksvollsten sind die Schattenseiten und dunklen Begleiterscheinungen der Moderne aber von dem polnisch-britischen Soziologen Zygmunt Bauman (geb. 1925) beschrieben worden: Seine Studie *Modernity and the Holocaust* (1989) stellte sich dezidiert gegen das weit verbreitete harmonisierende Bild der Moderne – mit der These, dass der Mord an den europäischen Juden gerade durch die moderne bürokratische Rationalität möglich gemacht worden und damit nicht in erster Linie als ein deutsches Verbrechen, sondern als ein Phänomen der modernen Zivilisation zu werten sei. Die Moderne habe gerade durch ihr Streben nach Systematisierung, nach Vereinheitlichung und nach Eindeutigkeit u. a. Ideologien wie den ›wissenschaftlichen‹ Rassismus hervorgebracht, weshalb es falsch sei, die Folgen dieses Rassismus und Antisemitismus als modernitätswidrige oder archaische Relikte zu beurteilen: Rassismus, Antisemitismus und mithin die industriell betriebene Massentötung im Holocaust seien gerade unter den Bedingungen der Moderne ermöglicht worden. Baumans Hervorhebung der negativen Seiten der Moderne war nicht nur eine auch später viel diskutierte Reaktion auf die Vorarbeiten der Historischen Soziologie, sondern auch auf den v. a. in der Philosophie und Kunstgeschichte bereits seit den 1970er-Jahren immer stärker werdenden Diskurs um die ›Postmoderne‹.

Zwar war in der Soziologie der Begriff der Postmoderne bzw. der postmodernen Gesellschaft an prominenter Stelle bereits 1968 in Amitai Etzionis *The Active Society* aufgetaucht. Doch Etzioni (geb. 1929) buchstabierte die Unterscheidung zwischen modernen und postmodernen Gesellschaften in erster Linie im Hinblick auf neue Steuerungs- und Selbsteinwirkungsfähigkeiten aus, wobei er durchaus mit Ideen konform ging, wie sie auch der schon erwähnte Alain Touraine zur selben Zeit formuliert hatte (Welsch 2002, 26 ff.). Da Etzionis Buch jedoch eine eher unglückliche Rezeption erfuhr, war es erst Lyotards Buch *La condition postmoderne. La rapport sur le savoir* (1979), das die soziologische Postmoderne-Diskussion tatsächlich befeuerte.

Postmoderne

Der französische Philosoph Jean-François Lyotard (1924–1998) baute seine Thesen entscheidend auf Debatten um die postindustrielle Gesellschaft auf, insofern er seine Argumentation mit der Behauptung von der zentralen Bedeutung des Wissens in heutigen Gesellschaften begann. Freilich deutete er die neuartige Stellung des »Wissens« nun ganz anders als Bell oder gar Touraine: Wir seien heute in einer Situation, in der kein Wissen mehr universelle Gültigkeit beanspruchen könne; vielmehr müsse von einem nicht zu einem Konsens führenden, andauernden Wettbewerb zwischen unterschiedlichen Sprachspielen ausgegangen werden. Ein Meta-Wissen, eine große Meta-Erzählung sei nirgends mehr zu erkennen, weil zu viele Akteure mit für sie jeweils guten Gründen ihre lokalen Standpunkte behaupten könnten. Dieser Sachverhalt, die Heteromorphie der Sprachspiele, wurde von Lyotard nun nicht beklagt, sondern vielmehr als Befreiung gefeiert, weil die für die Moderne so typische Beschwörung universeller Standards noch stets zur Machtausübung und damit zur Unterdrückung von Minderheiten geführt habe. In der postmodernen Gesellschaft, die jetzt heraufziehe, werde diese letztlich Zwang befördernde Konsenssuche aufgegeben – mit den von Lyotard entsprechend begrüßten Freiheitsgewinnen.

Lyotards Thesen waren für die Soziologie freilich nicht einfach aufzunehmen, zumal es ihm als Philosophen nie darauf angekommen war, die diagnostizierten Wandlungsprozesse tatsächlich auch empirisch zu unterfüttern oder gar institutionentheoretisch auszuformulieren. Für die soziologische Diskussion um die Postmoderne hatte dies Konsequenzen, denn in der Tat finden sich kaum substantielle Arbeiten, welche in überzeugender Manier einen fundamentalen Bruch im *Institutionengefüge* westlicher Gesellschaften behaupten, der es rechtfertigen würde, nun von ›postmodernen Gesellschaften‹ oder der ›Postmoderne‹ zu sprechen. So ist es wenig verwunderlich, dass die in der Soziologie anhebende Postmoderne-Diskussion eben nicht in erster Linie mit Blick auf Institutionen geführt wurde, sondern – und hier spielte dann die Rezeption Simmels und dessen Konzeptualisierung der Moderne eine wichtige Rolle – mit Blick auf neuartige Erfahrungen von Individuen in westlichen Gesellschaften. Dabei traten an manchen Punkten merkwürdige begriffliche Überschneidungen mit der eher modernisierungstheoretisch argumentierenden Wertewandel-Forschung eines Ronald Inglehart (1997) auf.

An der oftmals von nietzscheanischen, lebensphilosophischen und poststrukturalistischen Motiven getriebenen soziologischen Debatte um die Postmoderne waren zwar Autoren aus verschiedensten Ländern und Soziologietraditionen beteiligt, die aber alle, wie insbesondere die Arbeiten von Scott Lash

(1985), Mike Featherstone (1991) oder Steven Seidman (1991) zeigen, ein starkes kulturtheoretisches Interesse teilten. Zu einem wichtigen Forum der Diskussion um Moderne und Postmoderne schälte sich die in der Mitte der 1980er-Jahre gegründete Zeitschrift *Theory, Culture & Society* heraus. Hier hatte der bereits erwähnte Zygmunt Bauman 1988 die Frage gestellt: »Is there a Postmodern Sociology?«, die er freilich eigentümlich beantwortete, insofern er betonte, dass ›Postmoderne‹ lediglich die *Erfahrung* einer ganz spezifischen, aber wesentlichen Gruppe, nämlich der westlichen Intellektuellen, artikuliere (Bauman 1988, 217). Wenige Jahre später gab er freilich diese Vorsicht auf und formulierte eine soziologische Theorie der Postmoderne, die weit über die Erfahrungen von Intellektuellen hinausgeht (Bauman 1991): Hier nun beschrieb er die Postmoderne als eine Epoche; er charakterisierte sie als eine vollentwickelte Moderne, die mit den von dieser Moderne produzierten unintendierten Nebenfolgen umzugehen habe. Das postmoderne Zeitalter sei im Unterschied zum modernen ein dezidiert antisystemisches, in dem Unvereinbarkeiten und Ungleichzeitigkeiten zwischen gesellschaftlichen Bereichen zur Normalität geworden seien, in dem der Fortschrittsglaube mit seinen Metaphern keine Rolle mehr spiele, in welchem der Wandel kontingent und damit nicht gesteuert und auch nicht steuerbar verlaufe, in dem der Begriff der (National-)Gesellschaft und die mit ihr ehemals noch gegebene Ordnung ihre Bedeutung verliere, in der schließlich *agency* und nicht mehr institutionalisierte und ausdifferenzierte Ordnungen den Fokus der soziologischen Analyse bilden müssten.

Besonders konkret waren gerade diese zuletzt genannten institutionentheoretischen Anmerkungen Baumans freilich nicht, weshalb die Kritik an ihm und ähnlich argumentierenden Autoren extrem scharf sein konnte. Craig Calhoun (geb. 1952) etwa legte mit seinem Aufsatz *Postmodernism as Pseudohistory* (1993) die Schwachstellen postmoderner Arbeiten in der Soziologie offen, indem er darauf verwies, dass der Kapitalismus und die Bürokratie als zentrale Merkmale der Moderne so fest im Sattel säßen wie eh und je, und postmoderne Theoretiker die ›moderne‹ Vergangenheit allzu eindimensional und fast karikaturhaft (ver-)zeichneten. Deshalb sei es absurd, eine neue Epoche auszurufen, die unter ganz anderen Vorzeichen zu analysieren wäre. Auch wenn es immer wieder neue Versuche einer Institutionenanalyse der Postmoderne gegeben hat, durchzudringen vermochten diese Ansätze angesichts der genannten Kritik letztlich nicht. Das zeigt sich auch daran, dass Bauman in seinen späteren zeitdiagnostischen Büchern wieder zunehmend mit dem Moderne-Begriff (*liquid modernity* etwa) arbeitete (Bauman 2000). Der soziologische Postmoderne-Diskurs ist heute, nach seiner Hochzeit in der ersten Hälfte der 1990er-Jahre, zwar nicht verschwunden und lebt nach wie vor etwa in Debatten um neue Formen der Identitätsbildung fort, doch allgemein wird die starke Bruchbehauptung, die mit der Neuschöpfung des Begriffs der *Post*moderne impliziert war, als immer weniger plausibel erachtet.

Late, High, Liquid Modernity und zweite Moderne

Akzeptiert wurde und wird in der Disziplin sehr viel eher die Rede von einem Wandel *in* der Moderne, wobei eine ganze Reihe von Komposita entstanden sind. Die Rede ist dabei von einer ›zweiten‹ oder gar ›dritten Moderne‹ (Münch 1997), von *Late Modernity* oder *High Modernity* (Giddens 1991, 10–34) oder eben *der Liquid Modernity*. Als besonders einflussreich in diesem Kontext seien die Arbeiten von Ulrich Beck, Anthony Giddens und Peter Wagner genannt. Der deutsche Soziologe Ulrich Beck (1944–2015) hat einflussreich wie wenige andere den Gestaltwandel der Moderne behauptet, weil – und hier bezog er sich mehr oder minder implizit auf die kapitalistischen Wohlstandsgesellschaften Europas – die alten Klassenkonflikte mittlerweile durch das Entstehen einer breiten Mittelschicht gedämpft worden seien (Beck 1986). Angesichts ökologischer Gefährdungen seien stattdessen neuartige Umweltkonflikte an der Tagesordnung, die zu neuen politischen Konstellationen und Politikstilen führten. Kennzeichnend dafür seien Formen der Politisierung der Wissenschaft und damit der Entdifferenzierung vormals getrennter Sphären, in denen sich ein Gestaltwandel der Moderne andeute. Heutige Gesellschaften hätten es in erster Linie mit den Nebenfolgen der klassischen Moderne zu tun; laut Beck reagieren sie reflexiv auf diese, weshalb er hierfür den Begriff der ›zweiten‹ oder ›reflexiven Moderne‹ prägte.

Eine Auseinandersetzung um die ›eine‹ oder – gemäß einer alternativen Interpretation – sich eben verändernde und damit zweite Moderne führten dann auf dem deutschen Soziologentag 1990 in Frankfurt am Main Ulrich Beck und der Modernisierungstheoretiker Wolfgang Zapf, der den Zusammenbruch des Sowjetblocks als Bestätigung der Modernisierungstheorie sowie als eine Bestätigung der evolutionären Überlegenheit des Institutionensystem westlicher Gesellschaften und damit der westlichen klassischen Moderne wertete. Beck vertrat hier die Gegenposition und sensibilisierte, eng mit Anthony Giddens kooperierend (Giddens 1991), wie wenige andere auch für die geänderten Intim- und Familienbeziehungen in heutigen Gesellschaften, die mit denjenigen in der von ihm so bezeichneten ›ersten Moderne‹ kaum mehr zu vergleichen seien.

Historischer noch und in einer zudem breiter, weil komparativ angelegten Studie hat der deutsche Soziologe Peter Wagner (geb. 1956) zwischen verschiedenen Krisen der Moderne und damit zwischen einer liberalen (im Wesentlichen das 19. Jh. umfassenden) Moderne, einer organisierten Moderne (die Zeit ungefähr zwischen 1900 und 1960) und dem Ende dieser organisierten Moderne (ab 1960) gesprochen (Wagner 1995). So brillant sein Buch auch war, insofern er nicht nur verschiedene soziale Institutionenbereiche (von der Wissenschaft über die Politik bis hin zu Wirtschaft) analysierte, sondern seine Untersuchung auch komparativ anlegte, ein Problem ließ sich dennoch nicht verdecken: Unklar blieb, welchen geographischen Ausdehnungsbereich die jeweilige ›Moderne‹ hatte: Becks (und Giddens') Analysen bezogen sich überwiegend auf mitteleuropäische und anglo-amerikanische Wohlstandsgesellschaften, Wagner integrierte in seine Analysen immerhin noch den damaligen sowjetischen Machtbereich. Doch damit wurde nur allzu deutlich, dass in dieser Moderne-Debatte große Teile der Welt einfach ausgeblendet blieben, deren Stellung zu und in dieser Moderne jedenfalls nicht substantiell diskutiert werden konnte.

Frühes 21. Jahrhundert

Dies war dann der Ausgangspunkt für die bislang letzte Wende in der soziologischen Debatte um die Moderne, die zu einer Pluralisierung des Begriffs führen sollte. Eine der Zentralfiguren war hierbei der schon genannte Shmuel Eisenstadt, der mit seinem zivilisationsvergleichenden Ansatz genau dieses Defizit beheben und dabei zugleich bestimmte normative Implikationen der bisherigen Moderne-Debatte vermeiden wollte. Denn unabhängig von der zum Teil scharfen (postmodernen) Polemik gegen den Moderne-Begriff war und ist unbestreitbar, dass dieser nach wie vor weithin positiv besetzt ist, sodass die Aberkennung von Modernität einem negativen Werturteil gleichkommt: Das Nicht-Moderne ist dann stets das Zurückgebliebene und Defizitäre!

Eisenstadts Untersuchungen basierten auf der vom deutschen Philosophen Karl Jaspers (1883–1969) prominent vertretenen These der Achsenzeit (Jaspers 1949), wonach in der Periode zwischen 800 und 200 v. Chr. in unterschiedlichen Kulturen Phänomene der Transzendenz aufgetreten seien, was zur Etablierung der bis heute bestehenden Weltreligionen geführt habe. Eisenstadt buchstabierte diese These seit den späten 1970er-Jahren institutionentheoretisch aus (zur Achsenzeit-Debatte jetzt Joas 2014), wobei er sich immer stärker von seinen ursprünglichen modernisierungstheoretischen Wurzeln löste. Zwar behauptete Eisenstadt, dass die auf unterschiedlichen religiösen Traditionen basierenden Zivilisationen je verschiedene politische und soziale Dynamiken entwickelt hätten, wobei die christlich-jüdisch geprägten Regionen durch besonders scharfe ideologische und politische Konflikte und eine entsprechend schnelle Wandlungsdynamik gekennzeichnet gewesen seien. Dies habe letztlich dazu geführt, dass das, was man gemeinhin als Moderne bezeichnet, tatsächlich in dieser jüdisch-christlichen Zivilisation entstanden sei.

Doch Eisenstadt brach scharf mit modernisierungstheoretischen Annahmen im Hinblick auf eine zu erwartende Konvergenz der Entwicklungen. Vielmehr behauptete er (etwa Eisenstadt 2000), dass nicht-westliche Zivilisationen – wenn auch vom Westen beeinflusst – bestimmte institutionelle Merkmale übernähmen, diese jedoch entsprechend ihrem eigenen zivilisatorischen Programm entwickelten, sodass man nicht von einer einzigen (westlichen) Moderne sprechen könne, sondern von einer Vielzahl der Modernen (*multiple modernities*) mit je spezifischen Merkmalsausprägungen und Dynamiken ausgehen müsse.

Wie nicht anders zu erwarten, blieb Eisenstadts Argumentation nicht ohne Widerspruch, wobei nicht nur die theoretische Vagheit des Zivilisationsbegriffs bemängelt wurde (der für seine Rede von den »multiplen Modernen« entscheidend ist), sondern auch die Tatsache, dass er im Unterschied zu anderen zivilisationstheoretisch argumentierenden Soziologen wie Benjamin Nelson (1911–1977) kaum je die wechselseitige Beeinflussung und Verwobenheit von Zivilisationen in den Blick nehme (Nelson 1977). Letztlich schreibe er daher die ethnozentrische Geschichte von der Überlegenheit des Westens fort, der vermeintlich ganz eigenständig den ersten Durchbruch zur Moderne geschafft habe (so die Kritik von postkolonialen AutorInnen wie Gurminder Bhambra 2007, 64). Angesichts dieser Kritik hat die

Rede von *entangled modernities* (verwobenen Modernen), die zunächst stärker in der Geschichtswissenschaft und der Anthropologie verbreitet war (Conrad/Randeria 2002), auch Anklang in der gegenwärtigen Soziologie gefunden (Therborn 2003).

Dennoch wäre es falsch zu behaupten, dass die Pluralisierung des Moderne-Begriffs in der Soziologie widerspruchslos akzeptiert worden wäre (vgl. die Debatte in Schwinn 2006), weil v. a. dem modernisierungstheoretischen Paradigma verhaftete AutorInnen an einem relativ klar umrissenen und als ›modern‹ definierten Institutionenset festhalten, auch wenn sie das Zentrum der Dynamik der Moderne heute nicht mehr im ›Westen‹, sondern in Asien vermuten (Schmidt 2014). Insofern leuchtet ihnen auch die Rede von Modernen (Plural!) nicht ein. Dies trifft auch auf die beeindruckend breit angelegten, vergleichenden Arbeiten des Brasilianers José Maurício Domingues (geb. 1960) zu, dem eine modernisierungstheoretische Perspektive fremd ist: Er vertritt vielmehr in multidimensionaler Perspektive kapitalismustheoretische Thesen, macht unterschiedliche *modernizing moves* in unterschiedlichen Weltregionen zum Thema und spricht mit Blick auf die Gegenwart von einer dritten Phase der Moderne, einer nun tatsächlich »globalen Moderne« (Domingues 2012; s. auch den Beitrag »Lateinamerika« in diesem Band).

Regionen, Räume und Entwicklungspfade

Die in den 1960er-Jahren einsetzende Moderne-Diskussion war aufgrund ihrer engen Verknüpfung mit der Modernisierungstheorie im Wesentlichen eine Diskussion über die west-/mitteleuropäische und anglo-amerikanische Moderne. In der Modernisierungstheorie firmierte zumeist die US-amerikanische Gesellschaft als ›die moderne Gesellschaft‹ schlechthin, zumal man dort die eine Hälfte *der pattern variables* am prägnantesten und stabilsten verankert sah (s. o.). Noch die Debatten in den 1980er-Jahren wurden so geführt, wie sich exemplarisch an Richard Münchs (geb. 1945) zweibändigem Werk *Die Kultur der Moderne* zeigt, in der eben diese Kultur anhand der Fälle England, Amerika, Frankreich und Deutschland beschrieben wird (Münch 1986). Im Hintergrund stand dabei ein Moderne-Bild, das die in der europäisch-amerikanischen Aufklärung propagierten Werte und Codes wie Rationalismus, Aktivismus, Individualismus oder Universalismus (Münch 1986, Bd. 1, 179) und die entsprechenden institutionellen Konfigurationen wie etwa die parlamentarische Demokratie oder die liberale Marktwirtschaft zum Maßstab einer gelungenen oder eben verfehlten Modernität machte. Bei Münch führte das dazu, dass er innerhalb der vier von ihm untersuchten Länder Stufungen vornahm und – angesichts nationalsozialistischer Verbrechen durchaus nachvollziehbar – die schon aus der Modernisierungstheorie bekannte Sonderwegsthese beibehielt (Münch 1985, Bd. 1, 129), wonach gerade das spezifische Modernitätsdefizit Deutschlands letztlich in die nationalsozialistische Katastrophe geführt habe.

Eine solche damals noch von vielen geteilte Perspektive bedingte natürlich auch, dass – und hier zeigt sich wieder das Erbe der Modernisierungstheorie – über die Moderne in nicht-westlichen Regionen allenfalls mit Begriffen der Rückständigkeit gesprochen werden konnte: Deren Eintritt in die Moderne stünde noch bevor, sei nur halb erreicht, wäre blockiert etc. – so die impliziten oder manchmal auch expliziten Annahmen und Aussagen nicht weniger TheoretikerInnen. Deutlich zeigt sich dies auch im Werk von Jürgen Habermas (geb. 1929), der zwar stärker als die meisten Modernisierungstheoretiker auf die Spannungen und Paradoxien der Moderne hingewiesen hat, gleichwohl nur den Resultaten der europäischen bzw. US-amerikanischen Geistesgeschichte (und hier auch nur Teilen davon, nämlich der Aufklärung und nicht etwa z. B. der Romantik) und den daraus entspringenden Differenzierungsformen das Etikett ›modern‹ zuschreiben wollte (Habermas 1981). Insofern sprach er dann konsequent von der Moderne als einem »unvollendeten Projekt«, wobei er unterstellte, dass die im westlichen Kulturkreis entwickelten (aber selbst dort noch nicht vollständig durchgesetzten) aufklärerischen Prinzipien universal gültig seien.

Wie im obigen Abschnitt ausgeführt, wurde die Moderne-Diskussion erst in den 1990er-Jahren so geführt, dass man nun auch nach den spezifischen Modernitätsmerkmalen nicht-westlicher Regionen fragte. Dies hatte in der Soziologie nicht wenig mit dem Einfluss des o. g. Shmuel Eisenstadt und der von ihm angestoßenen Debatte um die ›Vielfalt der Moderne‹ zu tun, aber sicherlich auch damit, dass mit der zunehmenden internationalen Vernetzung der Wissenschaften im Allgemeinen und der Soziologie im Besonderen sich SoziologInnen aus nicht-westlichen Regionen zu Wort meldeten. Sie konnten, oft belehrt durch Untersuchungen aus Geschichtswissenschaft und Kulturanthropologie, mit großer Überzeugungskraft darlegen, dass (westliche) Behauptungen von der Traditionalität ihres Landes oder ihrer Kultur schon deshalb falsch seien, weil viele dort vorzufindende Merkmale, die gewöhnlich als traditional rubriziert wurden, tatsächlich gerade jüngeren und damit modernen Ursprungs seien (s. auch den Beitrag »Afrika« in diesem Band). Insofern sei es unzutreffend, ›ihrer‹ Region und Kultur das Etikett der Modernität abzusprechen. Derartige Positionen zogen freilich schnell die Kritik auf sich, dass es nicht sinnvoll sein könne, die Rede von ›Moderne‹ beliebig zu pluralisieren (Knöbl 2012, 71), also jedem Land eine eigene Moderne zuzuschreiben, weil so der analytische Gewinn des Moderne-Begriffs verlorengehe: Dann sei schlicht alles »modern«!

Diese Kritik führte vielfach zu der Einsicht, dass es fruchtbar sei, verschiedene Pfade in die Moderne zusammenzufassen, also gewissermaßen Webersche Idealtypen zu bilden. Man konnte dabei an den von Eisenstadt vorgelegten zivilisationstheoretischen und auf religionssoziologischen Annahmen basierenden Analysen weiterarbeiten. Dies unternahm etwa der Isländer Johann P. Arnason (geb. 1940) ebenso wie der Schweden Björn Wittrock (geb. 1945) in beeindruckenden Analysen (Arnason 1997; Wittrock 2005; Arnason/Wittrock 2012).

Freilich war auch ein ganz anderer Weg möglich, den in der Soziologie am einflussreichsten der Schwede Göran Therborn (geb. 1941) beschritt. Er unterscheidet unter Einbeziehung der Kolonialgeschichte vier verschiedene Pfade in die Moderne: zum einen die höchst gewalttätige Genese der Moderne in Europa; ferner die Moderne in der Neuen Welt, womit in erster Linie die weißen Siedlergesellschaften und Lateinamerika gemeint sind; des Weiteren die Moderne in der *colonial zone*, die große Teile Afrikas und Südostasiens umfasst, in denen die Moderne in erster Linie »aus den Gewehrläufen« (Therborn 1995, 6) der Imperialisten kam; und schließlich eine ›reaktive Moderne‹, zu der Meiji-Japan, aber auch das Qing-China oder das Osmanische Reich gehören, insofern hier zum Teil erfolgreich aktive Anstrengungen gegen die Überwältigung durch den westlichen Imperialismus unternommen wurden (Therborn 2010). Laut Therborn entwickelten sich in diesen vier Regionen dann unterschiedliche Ausprägungen der Moderne mit jeweils anderen Institutionenkomplexen. – Insgesamt lässt sich vermuten, dass die Suche nach überzeugenden Typisierungen im Hinblick auf unterschiedliche Modernen und deren jeweilige Entwicklungspfade zu den Brennpunkten zukünftiger Moderneforschung zählen wird.

Zeithorizont und Epochenkonzept

Wenig überraschend dürfte sein, dass die im obigen Abschnitt diskutierte räumliche Erstreckung spezifischer Moderne-Konzepte nicht klar von der Frage der ihnen zugrunde liegenden Epochenzäsuren zu trennen ist, und zwar schlicht deshalb, weil in unterschiedlichen Regionen jeweils andere historische Wandlungsdynamiken zu beobachten waren. Die der Modernisierungstheorie unmittelbar folgenden Moderne-Theorien machten i. d. R. die Reformation und die europäisch-amerikanische Aufklärung zu den entscheidenden Ereignissen, welche die Moderne eingeleitet oder entscheidend vorangebracht hätten. In diesem Sinne spricht Habermas (1981, 453) davon, dass »das Projekt der Moderne […] im 18. Jh. von den Philosophen der Aufklärung formuliert worden« sei. Mit Verweis auf die revolutionäre Loslösung der britischen Kolonien in Nordamerika und die Französische Revolution sowie die sich in ihrer Folge etablierende politische Institutionenstruktur ist dies ein nachvollziehbarer Argumentationsschritt, auch wenn auffällt, dass höchst selten die Revolution in Haiti und die Unabhängigkeitsbewegungen in Lateinamerika in die Analyse mit einbezogen worden sind. Dies verweist erneut darauf, dass das Moderne-Konzept nicht nur als ein ›westliches‹ verstanden wurde, sondern als eines, das nur ganz bestimmte Ereignisse in diesem ›Westen‹ zur Kenntnis nahm.

Diejenigen, die weniger institutionentheoretisch argumentierten und im Unterschied zu Habermas nicht bereit waren, die Moderne allein mit den Zielen und institutionellen Resultaten der Aufklärung gleichzusetzen, bezogen sich seit den 1980er-Jahren stark auf das Sattelzeitkonzept Reinhart Kosellecks (1923–2006). Dieser hatte die These vertreten, dass um 1800 die Erfahrung einer zunehmenden Beschleunigung der Zeit mit der Folge des Auseinanderfallens von Erfahrungsraum und Erfahrungshorizont zu beobachten sei (Koselleck 1979). Der Rekurs auf neuartige Erfahrungen und Erwartungen in Bezug auf kontinuierlichen Wandel bot gegenüber institutionentheoretisch argumentierenden Ansätzen den entscheidenden Vorteil, dass man zum einen hier sehr viel einfacher auch die dunklen Seiten der Moderne zum Thema machen konnte, ohne sie sogleich als modernitätswidrig qualifizieren zu müssen, und zum anderen nicht gezwungen war, in jeder neuen historischen Situation die Existenz einer neuen Moderne zu behaupten.

Der deutsche Soziologe Franz-Xaver Kaufmann (geb. 1932) hat dies prägnant so auf den Punkt gebracht: »Modernität als Kategorie der Bewegung, als ›Geist der ewigen Revision‹; mit dieser Bestimmung scheint mir der Anfang eines Leitfadens gefunden, der die oft beklagte Unbestimmtheit des Modernitätsbegriffs gleichzeitig zu verstehen und im Hinblick auf sozialwissenschaftliche Analysen zu überwinden gestattet. Insofern es Modernität mit Wandelbarkeit selbst zu tun hat, scheitert jede Bestimmung durch feststehende Merkmale. Nur wer Modernität als Epochenmerkmal begreift, ist zu einer ständigen Revision des Modernitätsbegriffs gezwungen, oder aber zur Postulierung einer ›Postmoderne‹, also zur Verweisung der Modernen in die Vergangenheit« (Kaufmann 1989, 41). Der mittlerweile auch weit über Deutschland hinausreichende Einfluss von Kosellecks Studien zur historischen Semantik (Koselleck 1979), welche die Sattelzeit als einen entscheidenden Anfangspunkt der Moderne betonen, findet sich in den Arbeiten von Niklas Luhmann (1992) ebenso wie in Studien jüngerer deutscher Soziologen, etwa bei Hartmut Rosa (2005) oder Andreas Reckwitz (2006).

Überraschenderweise scheint es in diesem Debattenstrang einen vergleichsweise breiten Konsens hinsichtlich bestimmter Zäsuren *in* der Moderne zu geben: Die 1960er/1970er-Jahre werden oft als wichtiger Einschnitt betrachtet: Ob man – wie Peter Wagner – vom Ende der »organisierten Moderne« in dieser Zeit spricht und auf die Veränderung von organisationellen Prinzipien in Staat und Wirtschaft verweist, ob man – wie Beck und Giddens – auf eine angesichts neuartiger Bedrohungen und Lebensformen entstehende Sub-Politik und Identitätspolitik aufmerksam macht, ob man – wie Berger et al. (1973) – die entmodernisierenden Ambitionen der Jugendkultur herausstreicht oder ob man – wie Bauman – die neo-liberalen Tendenzen in einer zunehmend ›flüchtigen‹ Moderne betont: Bei all diesen AutorInnen scheint die Bereitschaft vorhanden zu sein, wesentliche Änderungen in der Moderne gerade in diesen Jahrzehnten zu diagnostizieren. Vollkommener Konsens bei westlichen Modernetheoretikern besteht dabei freilich nicht, insofern etwa Niklas Luhmann und die an ihn anschließenden Autoren die Gestalt der ›modernen Gesellschaft‹ mit dem Vorherrschen funktionaler Differenzierung schlechthin gleichsetzen und eben deshalb keinen grundlegenden Wandel zu sehen vermögen, weil ihrer Ansicht nach an diesem Differenzierungsprinzip nirgendwo ernsthaft gerüttelt wurde und wird.

Außerhalb der westlichen Wissenschaftlergemeinschaft oder für solche AutorInnen, die in ihren Analysen gerade auch nicht-westliche Regionen im Blick haben, sind die gerade genannten Epochenzäsuren nicht unmittelbar naheliegend (s. etwa den Beitrag »Lateinamerika« in diesem Band), weil hier etwa die Ankunft von Kolonialherren ganz spezifische Zäsuren setzte, die von Region zu Region zeitlich sehr verschieden sein konnten: Wer etwa – wie Therborn – von unterschiedlichen Pfaden spricht und dabei auch die schon genannte *colonial zone* im Blick hat, tut sich schwer, klar definierte Zäsuren zu setzen: Bestimmte Weltgegenden wurden zu sehr unterschiedlichen Zeiten der imperialen Herrschaft unterworfen, auch wenn viele (aber bei weitem nicht alle!) dieser Länder die Erfahrung der Dekolonisierung und damit der staatlichen Unabhängigkeit in der gleichen Epoche machten, nämlich in den zwei Jahrzehnten nach dem Zweiten Weltkrieg.

Hinzuweisen ist aber darauf, dass in der v. a. in der Geschichtswissenschaft geführten Debatte um die *early modernities*, an der auch einige Soziologen beteiligt waren, immerhin der Versuch gemacht wurde, eine gemeinsame *frühe* Wandlungsdynamik sowohl westlicher als auch nicht-westlicher Regionen in den Blick zu nehmen (Goldstone 1998; Eisenstadt/Schluchter 1998). Freilich ist die Debatte nicht besonders intensiv weitergeführt worden und für die Soziologie als Ganze weitgehend einflusslos geblieben, sodass abzuwarten bleibt, ob man es für sinnvoll erachten wird, weiterhin ernsthaft nach *gemeinsamen* Zäsuren in der westlichen und der nicht-westlichen Moderne zu suchen.

Themen und Leitprozesse

In der Moderne-Debatte sind seit den 1980er-Jahren nicht nur die sog. dunklen Seiten wie Krieg und Gewalt als Themen verhandelt worden (s. o.). Fast zur gleichen Zeit kam auch das Verhältnis von Religion und Moderne auf die Tagesordnung, nicht zuletzt bedingt durch gesellschaftliche und politische Ereignisse, vom Erstarken oder zumindest Öffentlich-Werden des protestantischen Fundamentalismus in den USA bis hin zur islamischen Revolution im Iran des Ayatollah Khomeini 1978/79. Damit wurden bestimmte Grundannahmen der Modernisierungstheorie und mancher Strömung in der Moderne-Diskussion ausgehebelt, insofern etwa Lerner (1958) in säkularisierungstheoretischer Perspektive im Wesentlichen von einer marginalen Rolle der Religion in modernen Gesellschaften ausgegangen war (s. den Beitrag »Religionswissenschaft« in diesem Band). In

Bezug auf die von ihm untersuchten islamischen Gesellschaften hatte er eine fast zwangsläufige Abschwächung und Privatisierung der Religion erwartet – ganz nach dem Vorbild der Zivilreligion der USA. Auch eher linke Autoren wie Jürgen Habermas sahen die Moderne, ganz den Prämissen der radikalen Aufklärung verpflichtet, noch in den 1980er- und 1990er-Jahren als ein wesentlich säkulares Projekt, stilisierten also Religion und Moderne zu einer Art Opposition zwischen konkurrierenden Prinzipien (Kaufmann 1989, 45).

International höchst einflussreich für die anhebende soziologische Debatte um Religion und Moderne wurde dann aber ein Buch des Spaniers José Casanova (geb. 1951), *Public Religions in the Modern World* (1994), insofern dort die Säkularisierungstheorie systematisch diskutiert und dabei bestritten wurde, dass Modernisierung notwendig zu einem Bedeutungsverlust und zu einer Privatisierung der Religion führen müsse. Unter bestimmten Umständen könne auch das genaue Gegenteil eintreten, weshalb über das Schicksal der Religion in der Moderne noch nicht entschieden sei. Derartige Thesen sensibilisierten Teile der internationalen Soziologie stark für religiöse Fragen und wurde auch für die Moderne-Debatte enorm einflussreich, insofern etwa der schon erwähnte Alain Touraine (1992, 354 f.) gegen Habermas die Möglichkeit individueller Identitätsfindung via Religion auch in der Moderne verteidigte, darin also keinen von vornherein modernitätswidrigen Impuls erkennen wollte. Damit hatte er eine Position formuliert, der sich auch Habermas zunehmend annähern sollte (Habermas 2005; Überblick über den Stand der Debatte bei Willems et al. 2013).

Im Unterschied zum Begriff der Säkularisierung hat der Prozessbegriff der funktionalen Differenzierung in der Moderne-Debatte noch keine derart scharfe Kritik erfahren. Wie schon angedeutet, hatte Niklas Luhmann die moderne Gesellschaft im Wesentlichen mit einer funktional ausdifferenzierten Gesellschaft gleichgesetzt, funktionale Differenzierung also zu einem Wesensmerkmal der Moderne erklärt, auch wenn auffallend ist, dass er sich eher zögerlich gegenüber Modernitäts- und Moderne-Debatten verhielt und »Moderne« in erster Linie als einen Modus der Selbstbeschreibung von Gesellschaften thematisierte. Erstaunlich häufig wird jedenfalls bei sehr unterschiedlichen und nicht nur systemtheoretisch argumentierenden Autoren (so etwa bei Rosa 2005 oder Reckwitz 2006) das Vorliegen funktional-differenzierter Einheiten unterstellt und die Dynamiken in der Moderne gerade auch auf die Dynamiken in diesen Funktionssystemen zurückgeführt. Allerdings erfolgte schon frühzeitig der Einwand, dass der Weg in die Moderne wohl kaum angemessen als ein *fortschreitender* Differenzierungs- und Entzauberungsprozess zu beschreiben sei. Wie der amerikanische Soziologe Edward Tiryakian (geb. 1929) betont hat, war die Moderne noch stets gekennzeichnet von Entdifferenzierungs- und Verzauberungsprozessen. Insbesondere mit Blick auf die Geschichte der westlichen Moderne sei auffallend, dass derartige Prozesse nicht selten zu Revitalisierungsschüben geführt hätten, die es nicht erlaubten, den Prozess der funktionalen Differenzierung mit demjenigen der Modernisierung einfach gleichzusetzen (Tiryakian 1992).

Insgesamt fallen bei der in jüngster Zeit geführten Auseinandersetzung um Themen und Leitprozesse in der Moderne-Debatte mindestens zwei Sachverhalte auf:

(1) Vergleichsweise selten wird zum Thema gemacht, was die treibenden Kräfte hinter dem Prozess der Modernisierung und seinen Subprozessen (Säkularisierung, Demokratisierung, Differenzierung etc.) sind. Diese Prozesse sind ja Ergebnisse des Handelns von Akteuren und keine automatisch sich einstellenden Tendenzen. Letztlich blieb und bleibt der Moderne-Debatte damit ein Problem erhalten, das in ähnlicher Form schon in der klassischen modernisierungstheoretischen Diskussion der 1950er- und 1960er-Jahre vorliegt, nämlich das Fehlen verallgemeinerbarer Aussagen darüber, welche Akteursgruppen den Prozess der Modernisierung eigentlich vorantreiben (Knöbl 2001, 179 ff.). Ein bewusster Verzicht auf die Klärung solcher akteurstheoretischer Fragen, wie im systemtheoretischen Theoriedesign üblich, ist keine Lösung, sondern allenfalls ein Ausweichen.

(2) Es ist kaum zu bestreiten, dass nicht wenige der in der Soziologie zur Thematisierung von Modernisierung und Moderne in Anschlag gebrachten Prozessbegriffe gerade in jüngster Zeit mit guten Gründen kritisiert worden sind (s. beispielhaft die obigen Ausführungen zur Säkularisierungstheorie; vgl. hierzu systematischer Joas 2012). Insofern wird man konstatieren dürfen, dass die Makrosoziologie derzeit in begrifflicher Hinsicht in einer Krise steckt, was sich nicht zuletzt bei den Schwierigkeiten zeigt, die vermeintlich ›globale‹ Welt überzeugend zu theoretisieren. Es fehlen schlicht angemessene Prozessbegriffe. In der Moderne-Debatte sind derzeit diesbezüglich zwar einige vielversprechende Anstrengungen erkennbar (s. etwa Domingues, 2014), doch

sind derartige Versuche noch viel zu selten. Man wird sehen, ob sich dies in Zukunft ändern wird, ob also die Soziologie zur ›Modernisierung‹ ihres analytischen Werkzeuges in der Lage ist, oder ob angesichts wenig überzeugender Erträge und vielfach auftretender Aporien allmählich eine Erschöpfung in jener ausufernden soziologischen Debatte um die Moderne eintritt. Bemerkenswert ist jedenfalls, dass einige Autoren wie etwa Hans Joas (geb. 1948) die soziologische Fruchtbarkeit der beschriebenen kontinuierlichen Auseinandersetzung um den Wesensgehalt der ›Moderne‹ in Zweifel ziehen und dafür plädieren, angesichts einer Vielzahl ungelöster Probleme den Moderne-Begriff nicht zu ›fetischisieren‹ (Joas 2012, 112 f.).

Literatur

Araujo, Kathya/Martuccelli, Danilo: *Desafíos communes. Retrato de la sociedad chilena y sus individuos*, 2 Bde. Santiago de Chile 2012.
Arnason, Johann P.: *Social Theory and Japanese Experience. The Dual Civilization*. London/New York 1997.
Arnason, Johann Páll/Wittrock, Björn (Hrsg.): *Nordic Paths to Modernity*. New York 2012.
Baudelaire, Charles: Der Maler des modernen Lebens. In: Ders.: *Sämtliche Werke/Briefe. In acht Bänden*, hrsg. von Friedhelm Kemp et al., Bd. 5: *Aufsätze zur Literatur und Kunst, 1857–1860*. München/Wien 1989, 213–258.
Bauman, Zygmunt: Is There a Postmodern Sociology? In: *Theory, Culture & Society* 5, 1988, 217–237.
Bauman, Zygmunt: *Modernity and the Holocaust*. Oxford 1989 (dt.: *Dialektik der Ordnung. Die Moderne und der Holocaust*. Hamburg 1992 u. ö.).
Bauman, Zygmunt: A Sociological Theory of Postmodernity. In: *Thesis Eleven* 19, 1991, 33–46.
Bauman, Zygmunt: *Liquid Modernity*. Cambridge 2000.
Beck, Ulrich: *Risikogesellschaft. Auf dem Weg in eine andere Moderne*. Frankfurt am Main 1986.
Beck, Ulrich: Der Konflikt der zwei Modernen. In: Zapf, Wolfgang (Hrsg.): *Die Modernisierung moderner Gesellschaften (Verhandlungen des 25. Deutschen Soziologentages in Frankfurt am Main 1990)*. Frankfurt am Main/New York 1991, 40–53.
Bell, Daniel: *The Coming of Post-Industrial Society. A Venture of Social Forecasting*. New York 1973 (dt.: *Die nachindustrielle Gesellschaft*).
Bell, Daniel: *The Cultural Contradictions of Capitalism*. New York 1976 (dt.: *Die kulturellen Widersprüche des Kapitalismus*. Frankfurt am Main 1991).
Bendix, Reinhard: Tradition and Modernity Reconsidered. In: *Comparative Studies in Society and History* 9, 1967, 292–346.
Benjamin, Walter: *Das Passagen-Werk*, 2 Bde., hrsg. von Rolf Tiedemann. Frankfurt am Main 1982.
Berger, Peter et al.: *The Homeless Mind. Modernization and Consciousness*. New York 1973 (dt.: *Das Unbehagen in der Modernität*. Frankfurt am Main 1973 u. ö.).
Bhambra, Gurminder K.: *Rethinking Modernity. Postcolonialism and the Sociological Imagination*. Houndsmill 2007.
Calhoun, Craig: Postmodernism as Pseudohistory. In: *Theory, Culture & Society* 10/1, 1993, 75–96.
Casanova, José: *Public Religions in the Modern World*. Chicago/London 1994.
Conrad, Sebastian/Randeria, Shalini (Hrsg.): *Jenseits des Eurozentrismus. Postkoloniale Perspektiven in den Geschichts- und Kulturwissenschaften*. Frankfurt am Main/New York 2002.
Domingues, José Maurício: *Global Modernity, Development, and Contemporary Civilization. Towards a Renewal of Critical Theory*. New York 2012.
Domingues, José Mauricio: Global Modernity: Levels of Analysis and Conceptual Strategies. In: *Social Science Information* 53/2, 2014, 180–196.
Eisenstadt, Shmuel N.: *Tradition, Change and Modernity*. New York 1973 (dt.: *Tradition, Wandel und Modernität*. Frankfurt am Main 1979).
Eisenstadt, Shmuel N.: *Die Vielfalt der Moderne*. Weilerswist 2000.
Eisenstadt, Shmuel N./Schluchter, Wolfgang: Introduction: Paths to Early Modernities – A Comparative View. In: *Daedalus* 127/3, 1998, 1–18.
Endreß, Martin/Srubar, Ilja (Hrsg.): *Karl Mannheims Analyse der Moderne. Mannheims erste Frankfurter Vorlesung von 1930. Edition und Studien* (Jb. für Soziologiegeschichte 1996). Opladen 2000.
Etzioni, Amitai: *The Active Society. A Theory of Societal and Political Processes*. New York 1968 (dt.: *Die aktive Gesellschaft. Eine Theorie gesellschaftlicher und politischer Prozesse*).
Featherstone, Mike: *Consumer Culture and Postmodernism*. London u. a. 1991.
Frisby, David: Georg Simmel: First Sociologist of Modernity. In: *Theory, Culture & Society* 2/3, 1985, 49–67.
Frisby, David: *Fragmente der Moderne. Georg Simmel – Siegfried Kracauer – Walter Benjamin*. Rheda-Wiedenbrück 1989.
Giddens, Anthony: *The Nation-State and Violence. Volume Two of A Contemporary Critique of Historical Materialism*. Oxford 1985.
Giddens, Anthony: *Modernity and Self-Identity. Self and Society in the Late Modern Age*. Cambridge 1991.
Goldstone, Jack: The Problem of the ›Early Modern‹ World. In: *Journal of Economic and Social History of the Orient* 41/3, 1998, 249–284.
Gusfield, Joseph R.: Tradition and Modernity: Misplaced Polarities in the Study of Social Change. In: *American Journal of Sociology* 72, 1966/67, 351–362.
Habermas, Jürgen: Die Moderne – ein unvollendetes Projekt. In: Ders.: *Kleine politische Schriften I-IV*. Frankfurt am Main 1981, 444–464.
Habermas, Jürgen: *Zwischen Naturalismus und Religion. Philosophische Aufsätze*. Frankfurt am Main 2005.
Inglehart, Ronald: *Modernization and Postmodernization. Cultural, Economic, and Political Change in 43 Societies*. Princeton 1997.
Inkeles, Alex/Smith, David H.: *Becoming Modern. Individual Change in Six Developing Countries*. London 1974.
Jaspers, Karl: *Vom Ursprung und Ziel der Geschichte*. München/Zürich 1949.

Joas, Hans: Gefährliche Prozessbegriffe. Eine Warnung vor der Rede von Differenzierung, Rationalisierung und Modernisierung. In: Gabriel, Karl et al. (Hrsg.): *Umstrittene Säkularisierung. Soziologische und historische Analysen zur Differenzierung von Religion und Politik*. Berlin 2012, 603–622.

Joas, Hans: *Glaube als Option. Zukunftsmöglichkeiten des Christentums*. Freiburg u. a. 2012.

Joas, Hans: *Was ist die Achsenzeit? Eine wissenschaftliche Debatte als Diskurs über Transzendenz*. Basel 2014.

Kaufmann, Franz-Xaver: *Religion und Modernität. Sozialwissenschaftliche Perspektiven*. Tübingen 1989.

Knöbl, Wolfgang: *Spielräume der Modernisierung. Das Ende der Eindeutigkeit*. Weilerswist 2001.

Knöbl, Wolfgang: Beobachtungen zum Begriff der Moderne. In: *Internationales Archiv für Sozialgeschichte der Deutschen Literatur* 37/1, 2012, 63–77.

Koselleck, Reinhart: *Vergangene Zukunft. Zur Semantik geschichtlicher Zeiten*. Frankfurt am Main 1979.

Langenohl, Andreas: Modernization, Modernity, and Tradition. Sociological Theory's Promissory Notes. In: Calichman, Richard F./Kim, John Namjun (Hrsg.): *The Politics of Culture. Around the Work of Naoki Sakai*. London/ New York 2010, 192–210.

Lash, Scott: Postmodernity and Desire. In: *Theory and Society* 14/1, 1985, 1–33.

Lefebvre, Henri: *Einführung in die Modernität. Zwölf Präludien*. Frankfurt am Main 1978 (franz. 1962).

Lerner, Daniel: *The Passing of Traditional Society. Modernizing the Middle East*. New York 1958.

Luhmann, Niklas: *Beobachtungen der Moderne*. Opladen 1992.

Münch, Richard: *Die Kultur der Moderne*, Bd. 1: *Ihre Grundlagen und ihre Entwicklung in England und Amerika*; Bd. 2: *Ihre Entwicklung in Frankreich und Deutschland*. Frankfurt am Main 1986.

Münch, Richard: *Globale Dynamik, lokale Lebenswelten. Der schwierige Weg in die Weltgesellschaft*. Frankfurt am Main 1997.

Nelson, Benjamin: *Der Ursprung der Moderne. Vergleichende Studien zum Zivilisationsprozeß*. Frankfurt am Main 1977.

Reckwitz, Andreas: *Das hybride Subjekt. Eine Theorie der Subjektkulturen von der bürgerlichen Moderne zur Postmoderne*. Weilerswist 2006.

Rosa, Hartmut: *Beschleunigung. Die Veränderung der Zeitstrukturen in der Moderne*. Frankfurt am Main 2005.

Schmidt, Volker: *Global Modernity. A Conceptual Sketch*. Houndmills, Basingstoke 2014.

Schwinn, Thomas (Hrsg.): *Die Vielfalt und Einheit der Moderne. Kultur- und strukturvergleichende Analysen*. Wiesbaden 2006.

Seidman, Steven (Hrsg.): *The Postmodern Turn: New Perspectives on Social Theory*. Cambridge 1991.

Shils, Edward: *The Intellectual Between Tradition and Modernity: The Indian Situation* (Supplement 1 of Comparative Studies in Society and History). The Hague 1961.

Simmel, Georg: Philosophische Kultur. Gesammelte Essais. In: *Georg Simmel. Hauptprobleme der Philosophie. Philosophische Kultur. Gesamtausgabe*, Bd. 14, hrsg. von Rüdiger Kramme und Otthein Rammstedt. Frankfurt am Main 1996, 159–459.

Skocpol, Theda: *States and Social Revolutions. A Comparative Analysis of France, Russia, and China*. Cambridge 1979.

Therborn, Göran: *European Modernity and Beyond. The Trajectory of European Societies 1945–2000*. London u. a. 1995.

Therborn, Göran: Entangled Modernities. In: *European Journal of Social Theory* 6/3, 2003, 293–305.

Therborn, Göran: Different Roads to Modernity and Their Consequences. A Sketch. In: Gutiérez Rodríguez, Encarnación et al. (Hrsg.): *Decolonizing European Sociology. Transdisciplinary Approaches*. Farnham 2010, 71–83.

Tiryakian, Edward A.: Dialectics of Modernity. Reenchantment and Dedifferentiation as Counterprocesses. In: Haferkamp, Hans/Smelser, Neil J. (Hrsg.): *Social Change and Modernity*. Berkeley u. a. 1992, 78–94.

Touraine, Alain: *La societé post-industrielle*. Paris 1969 (dt.: Die postindustrielle Gesellschaft).

Touraine, Alain: *Critique de la Modernité*. Paris 1992.

Veblen, Thorstein: *Imperial Germany and the Industrial Revolution* [1915]. New York 1954.

Veblen, Thorstein: *An Inquiry into the Nature of Peace and the Terms of Its Perpetuation* [1917]. New York 1964.

Wagner, Peter: *Soziologie der Moderne. Freiheit und Disziplin*. Frankfurt am Main/New York 1995.

Welsch, Wolfgang: *Unsere postmoderne Moderne*. Berlin ⁶2002.

Willems, Ulrich et al. (Hrsg.): *Moderne und Religion. Kontroversen um Modernität und Säkularisierung*. Bielefeld 2013.

Wittrock, Björn: Cultural Crystallization and Civilization Change: Axiality and Modernity. In: Ben-Rafael, Eliezer/ Sternberg, Yitzhak (Hrsg.): *Comparing Modernities. Pluralism versus Homogenity. Essays in Homage to Shmuel N. Eisenstadt*. Leiden/Boston 2005, 83–123.

Zapf, Wolfgang: Modernisierung und Modernisierungstheorien. In: Ders. (Hrsg.): *Die Modernisierung moderner Gesellschaften* (Verhandlungen des 25. Deutschen Soziologentages in Frankfurt am Main 1990). Frankfurt am Main/New York 1991, 23–39.

Wolfgang Knöbl

Stadtgeschichte und Urbanistik

Definitionen und Anwendungsbereiche

Lange Zeit spielte die Moderne in der historischen Stadtforschung keine Rolle. Wo ›modern‹ auftauchte, geschah dies beiläufig oder man behalf sich mit zusätzlichen Zeitraumangaben wie ›zwischen 1918 und 1945‹, zumal man i. d. R. nur kleinere Zeiträume im Visier hatte und mit ›Neuzeit‹ ein sehr allgemeiner, freilich inhaltlich kaum verbindlicher Epochenbegriff zur Verfügung stand. In einer 228 Titel umfassenden Bibliographie zur Städtebaugeschichte und Stadtentwicklung (1985–2008; Benke 2008), taucht lediglich ein Titel mit der Epochenbezeichnung ›Moderne‹ auf; ein Titel enthält den Begriff ›Nachmoderne‹, vier den der ›Modernisierung‹. Die Entwicklung im historisch-urbanistischen Fach stimmt überein mit den Befunden einer begriffsgeschichtlichen Abhandlung, dass ›Moderne‹ bis in die 1980er-Jahre im allgemeinen wissenschaftlichen Sprachgebrauch entweder sehr spezialisiert oder als Allerweltsbegriff verwendet wurde (Klinger 2002, 143). Dazu passt, dass sich – anders als ›Stadt in der Frühen Neuzeit‹ (Schilling 1993) – die Bezeichnung ›Vormoderne‹ (Feldbauer et al. 2002) nicht hat durchsetzen können.

Vor fast drei Jahrzehnten wurde das Jahr 1840 als Zäsur einer industriell und durch neue Verkehrsnetze bedingten Geschichte der Verstädterung betrachtet. Mit ›Verstädterung‹ und ›Urbanisierung‹ sind die großen, fruchtbaren Leitbegriffe der professionellen historischen Stadtforschung seit etwa 1980 (Engeli/Matzerath 1989; Reulecke 1985) genannt. Die Urbanisierung galt als fundamental, unausweichlich und letztlich doch als etwas Positives, da mit emanzipatorischen Prozessen verbunden, war aber als Konzept für das 20. Jh. wenig geeignet, weil zwar die Verstädterung in Deutschland noch zunahm, aber die Kriege, der Suburbanisierungsprozess und das Aufkommen der Dienstleistungsgesellschaft die Kontur einer industriegesellschaftlich definierten Urbanisierung erheblich verändern sollten.

Zwei rare und qualitativ herausragende Beispiele für die Orientierung heutiger Stadtgeschichtsforschung an einem Konzept der Moderne sind die Darstellungen von Richard Dennis und Friedrich Lenger. Dennis´ Buch *Cities in Modernity* (Dennis 2008) beginnt wegen des in Großbritannien vorangeschrittenen Urbanisierungsprozesses um 1840, berücksichtigt stark die mit der industriellen Moderne verbundenen sozialen Krisen und Konflikte und zeigt auf, welche neuen Formen großstädtischer Urbanität sich international bis zu den 1930er-Jahren entwickelten. Auch Lenger lässt die urbane Moderne in der Mitte des 19. Jh.s beginnen (Lenger 2013, 28; Lenger 2009). Ausgehend von London und Paris als »Schrittmacher[n] der Moderne« behandelt er in seinem gesamteuropäisch konzipierten Werk nicht allein die miteinander verwobenen Prozesse der Stadtentwicklung, sondern auch die Stadtplanung und ›Massenkultur‹ als besondere Kennzeichen der Moderne sowie die neuen Wohnformen der 1920er-Jahre bis hin zu den städtischen Protesten im Sozialismus. Es geht v. a. auch um kulturelle – und medialisierte – Wahrnehmungen des Städtischen, die wiederum auf wechselseitiger Beobachtung der urbanen Akteure beruhen. Der Darstellung liegen soziologische Moderne-Konzepte und der Stand allgemeiner Debatten in der Geschichtswissenschaft zugrunde. ›Moderne‹ wird im Kern als historischer Zustand der »Offenheit und Gestaltbarkeit der Zukunft« verstanden (Lenger 2013, 13), etwa im Bereich literarischer Experimente (ebd. 238), aber auch Gewalterfahrungen, Pogrome, Straßenkampf und Proteste sind in ihr verankert. Der Autor differenziert zwischen ›bürgerlicher‹ und der um 1900 beginnenden ›organisierten‹ Moderne bzw. der von Ulrich Herbert konzipierten ›Hochmoderne‹ (Herbert 2007). Der Begriff ›Postmoderne‹ mit seinen Konnotationen der Individualisierung, Konsumorientierung und Ästhetisierung wird nur vorsichtig aufgenommen (Lenger 2013, 491, 496).

Um zu ihrer hochkomplexen modernen Gestalt zu finden, so der Konsens der Stadtgeschichts- und Urbanisierungsforschung, benötigten die Metropolen der Moderne viele Jahrzehnte und dies war das Resultat vielfältiger innerer Akteurskonstellationen und überlokaler Verwobenheiten. Demnach ist die Epoche der Moderne durch gemeinsame Züge gekennzeichnet, z. B. durch ständiges wirtschaftliches und demographisches Wachstum und seine Verwerfungen sowie durch sich kontinuierlich fortsetzende zivilisatorische Innovationen. Die Stadt der Moderne stellt sich als das Ergebnis von sowohl intendierten als auch vielfältigen nichtintentionalen Prozessen dar (darunter Wirtschaftskrisen, ungewollte Migrationsströme oder Rückwirkungen des Kolonialismus).

Erst unter dem Eindruck kultursoziologischer Diskurse und durch die stärkere Interdisziplinarität der historischen Stadtforschung ist es in den letzten beiden Jahrzehnten zur verstärkten Rezeption von ›Moderne‹ und zu einem expliziten Gebrauch des Begriffs ›modern‹ gekommen. Durch den allgemeinen Bedeutungszuwachs der Komparatistik, transnationalen Sozialgeschichte und Metropolenforschung, aber auch angesichts der Frage nach den Konturen der ›europäischen Stadt‹ und vor dem Hintergrund einer einsetzenden Europäisierung (Zimmermann 2000; Lenger/Tenfelde 2006; Saldern 2006; Baumeister/Liedtke 2009) ist die Internationalität der deutschen Stadtgeschichtsforschung und damit das Interesse an ›Moderne‹ als übergreifender Leitkategorie prinzipiell gewachsen. Hierbei werden Anregungen der *Urban Studies* aufgegriffen. Die Ungleichzeitigkeiten der Stadtentwicklung werden immer wieder beschrieben, wenngleich theoretisch kaum reflektiert. In Westeuropa löste sich beispielsweise die geschlossene Form der Großstädte seit dem frühen 20. Jh. schon wieder auf, während die asiatischen oder südamerikanischen Metropolen ihren massiven Wachstumsprozess noch vor sich hatten (Osterhammel 2010, 362–379). Auch hier könnte eine Orientierung am Begriff der Moderne heuristisch wertvoll sein.

Bei der Untersuchung von komplexen inneren Prozessen in den insgesamt weiterhin wachsenden Städten sowie von Fortschritts- und Kontrollideen, die sich in Stadtplanungen und Modellvorhaben äußern, bei der Erkenntnis konflikthafter räumlicher Ausdifferenzierung der (großen) Städte und angesichts des neuen Phänomens gegenläufiger Schrumpfungsprozesse in den nun schon gealterten, teils erfolgreich umgebauten Industriestädten (Zimmermann 2013) bietet sich ebenfalls ganz pragmatisch ›Moderne‹ als Paketbegriff an. Der homogenisierende und letztlich stark teleologisch konzipierte Begriff ›Urbanisierung‹ kann all diese Komplexität nicht mehr fassen – höchstens noch Teilaspekte wie die Urbanisierung der ländlichen Gesellschaft, die im 20. Jh. weiter fortschritt.

Spezifischer sind Verwendungen von ›Moderne‹ in neueren kulturwissenschaftlich und -historisch orientierten Untersuchungen, etwa die Bedeutungen, die sich an die Zeit ›um 1900‹ knüpfen (s. u. 284 f.).

Dem Folgenden liegt ein Sample relevanter Beiträge zur Stadtgeschichtsforschung und der Raum-, Sozial- und Kulturwissenschaften zugrunde, soweit sich diese in historischer Perspektive mit dem Thema des Wechselbezugs von Stadt und Moderne beschäftigen. Dies schließt fremdsprachige Beiträge mit ein, weil sich *modernity* in der englischsprachigen Stadtgeschichte und den *Urban Studies* breiter durchgesetzt hat als ›Moderne‹ in der deutschsprachigen Forschung. Allerdings kann hier nicht die gesamte Breite der Diskussion (in der sich in den *Urban Studies* geographische und soziologische, weniger aber historische Blickrichtungen begegnen) über globale Städte und Weltstädte berücksichtigt werden (provokativer Überblick: Robinson 2006).

Unbestritten gelten in den betrachteten Teildisziplinen Großstädte und v. a. Metropolen als paradigmatische Orte einer oft als ›klassisch‹ apostrophierten Moderne, von denen aus sich Modernisierungsprozesse auf dem Land oder in die Regionen ausbreiteten. Hierbei ist die Zeit um 1890/1900 markant. Speziell in wahrnehmungsgeschichtlichen Studien wird immer wieder auf die Metropolen als Orte überbordender Innovation und zeitgenössischer Kontroversen verwiesen. Schließlich ist unbestritten, dass gerade dort, wo das Modernisierungstempo hoch war, die Situation auch Gegenbewegungen auslöste, die entweder auf fundamentaler Kritik der städtischen Verhältnisse beruhten oder in Eigeninitiativen städtischer Bevölkerungen mündeten.

Nachdem die historische Urbanistik in den 1980er- und 1990er-Jahren vielfach die Perspektive vergangener Akteure implizit teilte, ist es der heutigen Forschung gerade an der Offenlegung historischer Fortschrittskriterien gelegen. Aber unverändert gelten (europäische und amerikanische) Metropolen als dynamische Phänomene, in denen sich Standards und Praktiken, Technologien und räumliche Muster entwickelten, die bis in die Gegenwart reichen und für die Gestaltung heutigen städtischen Lebens durchaus Relevanz haben, etwa das Konzept der begrünten, funktionalen Stadt (Clark 2006) oder der in Westeuropa um 1900 erreichte Standard kommunaler Sozialpolitik. Ferner besteht Konsens, dass die Wirkmächtigkeit der konzeptionellen Anläufe um 1900, wie sie in der Berliner Städtebauausstellung 1910 zum Ausdruck kamen, trotz folgender Zäsuren und neuer Anläufe bis heute reicht (Bodenschatz et al. 2010). Ein gut belegtes Beispiel hierfür ist die Geschichte des Wiederaufbaus der deutschen Städte, als die Stadtplaner nach dem Bombenkrieg die Gelegenheit wahrnahmen, rationalistisch-funktionalistische Prinzipien und Verkehrsplanungen umzusetzen, die schon vorher erdacht waren. Insofern ist für die Stadtgeschichtsforschung – über die Epochenschwelle und die formative, besonders dynamische und mit neuen Ideen aufgeladene Ära um 1900 wie auch über die ›klassische‹ Moderne der 1920er-Jahre hinaus – auch das weitere 20. Jh. (implizit) ein (problembeladenes) Jahrhundert der Moderne (zu Umweltproblemen: Bernhardt/Massard-Guilbaud 2002).

Um das Ende dieser Epoche zu benennen, etwa mit Blick auf eine kategoriale Einordnung der heutigen demographischen Schrumpfungsprozesse, ist bislang kaum eine Begrifflichkeit entwickelt worden. Die aus der Kunst- und Architekturtheorie sowie Philosophie stammende Kategorie der ›Postmoderne‹ (Klotz 1985; Nehls 2008) hat sich nicht durchgesetzt, mit Ausnahme ganz weniger Arbeiten zur Stadtsoziologie, wo der Begriff aber beliebig erscheint und mit ›postfordistisch‹ gleichgesetzt wird (Häußermann et al. 2008). Eine geographische Untersuchung verwendet ›postmodern‹ unter Verweis auf Lyotard (Kühne 2008). Bei Edward William Soja erscheint das Wort als Umschreibung seines radikal konstruktivistischen Ansatzes (Soja 2003). Ansonsten taucht der Terminus im Kontext raumtheoretischer Essayistik auf, nicht aber in empirischen oder historischen Arbeiten. Die Konzepte der ›reflexiven Moderne‹, ›Zweiten Moderne‹ oder ›Hochmoderne‹, die aus der Soziologie stammen und gelegentlich von Stadtplanungstheoretikern adaptiert wurden (Sieverts 1998), sind in der Stadtgeschichte und den *Urban Studies* ebenfalls kaum rezipiert worden (Ausnahme: Lenger 2013).

Semantik und Gegenkonzepte

Modernisierung

Während die Stadt in der Moderne heute keineswegs als eine Geschichte linearen Fortschritts erscheint, folgte in den 1980er-Jahren der bis heute wichtige Leitbegriff der ›Modernisierung‹ einem überwiegend linear-genetischen Modell. Zweifellos gab es in den 1980er und 1990er-Jahren eine Meistererzählung der Innovationsgeschichte von Metropolen und Großstädten. Trotz der unentrinnbaren normativen Verzerrungen der implizierten Modernisierungstheorie arbeiteten Planungs- und Stadthistoriker mit der dichotomischen Konstruktion von Tradition und Modernität sowie deren optimistischer Aufladung (zusammenfassend: Schwinn 2006, 11–13; Spohn 2006, 103–107) und auf der Basis von Quellennähe und der genauen Beobachtung der Komplexität städtischen Lebens heraus, dass ›Modernisierung‹ Proteste hervorrief, sich sektoral vollzog und nicht einfach eine Erfolgsgeschichte darstellte (Schubert 1995). Heute erscheint der Begriff, wenn er von unreflektierter Teleologie befreit wird, als technischer Terminus durchaus anwendbar, um »einen Komplex zusammenhängender struktureller, kultureller, psychischer und physischer Veränderungen« zu bezeichnen (Loo/Reijen 1992, 11; Mergel 2011).

Weiterhin erscheint die Stadt, insbesondere die Metropole, als Akteur der gesellschaftlichen Modernisierung (Schott 2008; Lenger 2013). Im Zusammenhang der Städtebaulehre bzw. -geschichte verweist ›Modernisierung‹ auf Raumordnung als eine Bestrebung des 20. Jh.s. Gemeint ist die geplante, aber nie erreichbare Homogenisierung von strukturellen Bedingungen des Raumes. In einem engeren technischen Verständnis bezeichnet Modernisierung heute die Sanierung von Bauten und Städten z. B. durch Entkernung oder ›Flächensanierung‹ bzw. in Form der ›erhaltenden‹ Modernisierung (Harlander 1999, 296–305). Hier hat sich der Begriff völlig von einem emphatischen oder epochalen Sinngehalt entfernt.

Ambivalente Moderne

In historischen und kulturwissenschaftlichen Veröffentlichungen fällt mittlerweile die – zumindest unterschwellige – Darstellung der urbanen Moderne als ein zutiefst ambivalentes und krisenhaftes Phänomen auf (z. B. Hauser 2006). Das erste unter den wenigen deutschsprachigen Büchern, das in seinem Titel ausdrücklich *Stadt und Moderne* thematisiert, wurde 1989 von der Kultur- und Sozialhistorikerin Adelheid von Saldern herausgegeben. Unter Verweis auf Detlev Peukerts Kennzeichnung der 1920er-Jahre als »ambivalenter Moderne« behandelt es zugleich die Periode ihres Durchbruchs v. a. in Kunst, Medien und Freizeit, die wiederum auf den städtischen Raum zurückweisen (Saldern 1989, 11). Schon der in der Literatur durchaus gefeierten Wiener Moderne (Horak u. a. 2000; Lorenz 2007; Wunberg 2006; Brix 1990) wohnt Ambivalentes inne (s. u.), weil sie ästhetische Modernität und künstlerische Reformbewegungen einerseits und eine von Zerfall geprägte *Fin de siècle*-Stimmung andererseits umgreift. Die Stadt der Moderne ist demnach nicht nur ein Ort zielgerichteter Modernisierungsprozesse, sondern auch gegenläufiger Bewegungen, der Subversion, der schwer fassbaren Esoterik; sie ist nicht nur Schauplatz ›moderner‹ oder modernistischer Kunstrichtungen, sondern ein Raum möglichen Zweifelns an bislang unumstößlichen akademischen Kunstkonzepten.

Zeithorizont und Epochenkonzept

Die Wiener Moderne

Paradigmatisch für die ältere Sicht von verräumlichter Moderne in kulturhistorischer Sicht ist seit den 1980er-Jahren die ›Wiener Moderne‹. Sie beruht auf der paradigmatischen Beschreibung experimenteller künstlerischer Ansätze, die auf die Textur und die Gestalt der Metropole größten Einfluss hatten. Für ihr Konzept wurde nicht zuletzt der Architekt und Stadtplaner Otto Wagner (1841–1918) zum Kronzeugen, der seinen Ansatz 1894 in der Zeitschrift *Moderne Architektur* begründete. Nach der einflussreichen Deutung des Kulturhistorikers Carl Emil Schorske tendierte Wagner als ›Mensch der Moderne‹ in eine zukunftsoffene, funktionale Richtung, ins Ganzheitliche und Monumentale (Schorkse 1982, 80, 90 f.). Im Kommunikationsraum Wien liefen in dieser Zeit verschiedene künstlerische Bewegungen wie die ›Secession‹ auf einzigartige Weise zusammen, was enorme Produktivität freisetzte. In der Krise des Liberalismus, den antisemitische Sozialreformer verdrängten, vollzog sich der Aufbruch des »Modernismus« der »geistige[n] Neuerer« (Schorsky 1982, VIIf., XVf., 69, 71).

Die Wiener Bau- und Kulturgeschichte des 19. Jh.s – Biedermeier, Bau der Ringstraße, multiethnische Zuwanderung, schließlich die vielseitige, schwelgende Kultur des Fin de siècle mit den Hauptfiguren Arthur Schnitzler, Karl Kraus, Egon Schiele und Otto Wagner – erscheint als einziger »Aufbruch zur Moderne« (Öhlinger 1999). In einem Katalog des Wien-Museums wird die Wiener Moderne von 1900 bis auf 1930 ausgedehnt und die Krisenhaftigkeit dieser Zeit im urbanen Kontext eindrucksvoll beschrieben. Stichworte sind nicht nur die üblichen Konnotationen wie »Inszenierungen des modernen Körpers«, »Jazz, Girls, Kino« oder »Projekt Rotes Wien«, sondern auch »Absturzgefahr«, »Choreographie der Massen«, »fast moderne Großstadt« und »moderne Architektur als Vielzahl von Positionen« (Kos 2010, 244). Doch hatte die Wiener Moderne eine dunkle zweite Seite: die Stigmatisierung der für die Eliten nicht kontrollierbaren Vorstädte, die Marginalisierung der Volkskultur und entfremdende Erfahrungen von Arbeitslosigkeit in den 1920er-Jahren (Maderthaner/Musner 2002).

Moderne um 1900 als Wahrnehmungsmodus der Großstadt

An kanonisierte Schriften von Georg Simmel (1995), Siegfried Kracauer (1963) und Walter Benjamin (1991) anknüpfend ist in den letzten Jahren ein reichhaltiges, wenngleich redundantes Schrifttum entstanden, das auf eine neue ›moderne‹ Großstadterfahrung um 1900 verweist, die David Frisby unter Berufung auf Baudelaire als »transitorisch« und »fließend« beschrieben hat: »This modernity was both a ›quality‹ of modern life and a new aesthetic object, grounded in the ›ephemeral, contingent newness of the present‹« (Frisby 2004, 7). In kulturwissenschaftlicher Sicht läuft die urbane Moderne auf eine quasi-filmische Wahrnehmung des großstädtischen Lebens in seiner Medialität hinaus, deren unterschiedliche Rhythmen nur noch medial re-integriert werden können (Prümm 1993, 130; Zhang 1999; Turvey 2011). Sie verkörpert einen ständigen »perceptual shock« und eine »intensification« des Lebens (Singer 1995, 72). Neue kommunikative und mediale Praxen, die Lust am Schauen und ein Übermaß an Visualität konstituieren, so der kulturalistische Ansatz, die moderne Metropole bis heute (Schwartz 1999; Ward 2001).

Ungewissheit als Kriterium um 1900

An die soeben skizzierte kommunikationsgeschichtliche Sichtweise – und auch an die Figur der Ambivalenz – knüpft der Ansatz Marshall Bermans an, der St. Petersburg (wie auch Schlögel 1988) als Erfahrungsfeld der Moderne betrachtet, aber gerade auf das Transitorische, die Ungewissheit aller Lebensverhältnisse, die ständige Präsenz von Gewalt, »Verflüssigung«, Unterentwicklung und schockhafte Erlebnisse als Signatur abhebt (Berman 1988). Die Metropole steht für die dunklen Seiten der modernen Städte: »The man in the modern street, thrown into this maelstrom, is driven back on his own resources« (Berman 1988, 159). Konnotiert wird damit genau die Gegenseite der in den großen Welt- und Städteausstellungen gefeierten Urbanität. Berman greift Motive von Charles Baudelaire, Beschreibungen unglücklicher Ereignisse in der zeitgenössischen Zeitungspresse und den aktuellen anti-urbanistischen Diskurs auf, die alle die Metropole im Werden als unübersichtlich, chaotisch und gefährlich wahrnehmen. Es geht um die Entdeckung der ›dunklen‹ Modernität der Metropole und besonders ihrer Straßenräume, wo Verbrechen, Gewalt, Chaos und Unterentwicklung herrschen. V. a. das Kriterium des ›Transistorischen‹ ist in die Diskussion eingegangen und im angelsächsischen Bereich kanonisch geworden. Neuerdings wird der Aspekt von Gewalt und Zerstörung auch in der Stadtgeschichte als zentral eingeschätzt und empirisch-komparativ behandelt (Lenger 2013, 245 – 272, 385 – 434, 516 – 552).

Ende der Moderne?

Im 20. Jh. verlor die Stadt aufgrund der gesamtgesellschaftlichen Modernisierungseffekte, die sie selbst auslöste, aber auch durch andere übergreifende Prozesse wie den Machtzuwachs des Nationalstaats und seines Apparates zunehmend an Autonomie. Traditionell ist ein wesentlicher Aspekt des Modernebegriffs im urbanen Kontext mit Innovation und Gestaltungsfähigkeit verknüpft. Genau dieser Aspekt ist heute jedoch auf breiter Front gefährdet: in den ›Megastädten‹ der Schwellenländer aufgrund der Unmöglichkeit einer planmäßigen Gestaltung des Stadtraums und in Europa nicht zuletzt aufgrund der Dynamiken des kapitalistischen Immobilienmarkts. Damit stellt sich die Frage, ob man nicht am Ende der gestaltungsorientierten Moderne angekommen ist.

Ansätze einer Selbsthistorisierung des Begriffs finden sich zum einen in der Debatte über die »Ruinen der Moderne« (Hell/Schönle 2010), zum anderen in der seit etwa 1990 erörterten Frage, ob die Bauten der sog. ›Nachkriegsmoderne‹ erhaltenswert seien (Vogt/Zschokke 2001; Braum/Welzbacher 2009; Hillmann 2011).

Themen und Leitprozesse

Vom Modernismus zur klassischen Moderne

Eines der Hauptthemen der einschlägigen Diskussion über die Gestalt der Stadt ist der ›Modernismus‹, der dann fließend in die ›klassische Moderne‹ der 1920er-Jahre übergeht, wobei manche Autoren diese Klassizität auf 1900 vorverlegen (Vidler 2008). In Erweiterung der oben skizzierten ›Wiener Moderne‹ stellt sich ›Modernismus‹ als ästhetisch-gesellschaftliche, in vielen Aspekten zivilisationskritische Reformbewegung v. a. in der Architektur und im Städtebau dar, die tief in die städtischen Texturen des 20. Jh.s eingreifen sollte. Die architektonische und städtebauliche Moderne entwickelte sich demnach »aus der Kritik an den Folgen von Industrialisierung und Verstädterung« sowie als Kritik an der realen Modernisierung (Kurz 2008, 85 f.). Herausragende Orte wie Barcelona (*modernismo*) wurden zu Bühnen und Aktionsfeldern modernistischer Bewegungen, zu Schauplätzen einer innovativen und unterschiedlich medialisierten Urbanität (Hermansen 2004; Zimmermann 2000; Lenger 2013, 238 – 243, 366 – 385). Karl Schlögel sah St. Petersburg als positiven Motor und »Laboratorium« der Moderne (Schlögel 1988) – eine Metapher, die auf die Gegenwart übertragen worden ist (Matejovski 2000). Was als Reformbewegung an einzelnen herausragenden Orten begann, erweiterte sich später zum Gesamtansatz des ›Neuen Bauens‹ und des funktionalistischen Städtebaus, zu einem Totalitätsanspruch auf einheitliche Gestaltung der gebauten Umwelt bis hin zur eng bemessenen Normierung des Wohnraums. Insofern hat ›Modernismus‹ auch ideologischen Charakter (Cooper 2012, 209).

Nach diesem in der Architektur- und Städtebaugeschichte weit verbreiteten und normativ aufgeladenen Begriffsverständnis folgte dann mit der ›klassischen‹ bzw. sog. ›internationalen Moderne‹ eine monolithisch konstruierte Fortschrittsgeschichte der Architektur des frühen 20. Jh.s (Pevsner 2005/1936; Curtis 1982; s. auch das Kapitel «Architekturgeschichte und Architekturtheorie» in diesem Band), die aber deutlich vielgestaltiger war, als die bis heute anhaltende Orientierung an den Koryphäen Mies van der Rohe (1886 – 1969) oder Le Corbusier (1887 – 1965) suggeriert. Die ›Moderne Bewegung‹ und das ›Neue Bauen‹ im Anschluss an das Bauhaus fand trotz bekannter Ikonen wie Max Tauts (1884 – 1967) Verwaltungsgebäude des Allgemeinen Deutschen Gewerkschaftsbundes in Berlin weder zu einer einheitlichen Formensprache noch wollte man angesichts der krisenhaften Zeitumstände um 1930 ganz auf Tradition und Vertrautes verzichten (Meyer 2003, 111 – 114).

Inzwischen geht die »baugeschichtliche Moderne-Forschung […] von parallel existierenden, hierarchisierten Teilkulturen des Bauens innerhalb der modernen Gesellschaft« aus (Aigner 2010, 9). Insofern handle es sich inzwischen nicht um die Frage der »architektonischen Moderne«, sondern der »Architektur in der Moderne« (Aigner 2010, 11). Über eine kulturelle Transfergeschichte findet sich im Resultat eine »vernakulare Moderne«, in der unterschiedliche Intentionen verschmelzen und ein Ortsbezug von Architektur hergestellt wird (Aigner 2010, 26 f.; Senarclens de Grancy 2007). Man würdigt nun die Bestrebungen, einfache ländliche Bauformen im

Sinne einer kreativen Übersetzungsleistung in einen reformerischen Kontext einzubauen, etwa durch Hermann Muthesius (1861–1927) (Umbach 2010, 246). In diesem Zusammenhang steht der Begriff des *Bourgeois Modernism*. Stadtarchitekten wie Fritz Schumacher (1869–1947) griffen in Hamburg im Kontext des Deutschen Werkbundes die Ansätze einer neuen räumlichen Ordnung der Stadt energisch auf, suchten zugleich aber mit differenzierender Raumgestaltung, örtlich angepassten Architekturen und sozialem Wohnungsbau eine geordnete Gesellschaftsentwicklung zu erreichen (Umbach 2009).

Die ›Baumoderne‹ der 1920er-Jahre verlief trotz der Zurückdrängung durch den – lange fälschlich als völlig antimodern betrachteten – Nationalsozialismus nach 1933 in verschiedenen Sektoren weiter (Nerdinger 1993) und verbreitete sich durchschlagend als globales Konzept. Nach dem Krieg trat die Baumoderne mit ihren dezidierten ästhetischen und rationalistischen Prinzipien und vervielfältigt durch ihre industrialisierten Massenwohnungsprogramme im Wohnungs- und Städtebau wie auch in öffentlichen Repräsentationsbauten in Ost wie West wieder hervor und wurde für das Baugeschehen materiell dominant. Insoweit erscheinen die 1960er- und 1970er-Jahre als letzter Höhepunkt dessen, was die Bauhaus-Moderne in den 1920er-Jahren vorgedacht hatte, wenn auch nicht alles vorhersehbar war, was dann die Gestalt der Städte entscheidend verändern sollte. Mit Verweis auf den Architekten Walter Gropius (1883–1969) findet sich ferner die Bezeichnung ›weiße Moderne‹ (Guckes 2008, 663 f.; Kähler 1996, 13 f., 357 ff.). Für manche sozialwissenschaftlich orientierte Autoren ist in diesem Zusammenhang der Begriff des ›Fordismus‹ maßgeblich, v. a. im Zusammenhang der 1920er-Jahre, obwohl sich das ›Neue Bauen‹ nicht auf rationalistisch-industrielle Prinzipien reduzieren lässt (Bernhardt/Vonau 2009; Fehl 2009).

Modernistische Bewegungen traten in allen westlichen Nationen in allerdings sehr unterschiedlicher Intensität auf, in einer wichtigen Variante auch in der Sowjetunion (Novikov 2013). Sie nahmen weitere Ziele der Gesellschaftsreform auf, nahmen eine funktionalistische Wende und waren mithilfe von Kommunikationsplattformen wie die internationale Vereinigung der Stadtplaner, CIAM, sowie deren Manifest des Städtebaus (›Charta von Athen‹, 1933) letztlich weltweit verbreitet (Mumford 2002; Gold 1997; Gunn 2010).

Einer der Kulminationspunkte, an dem modernistische Architektur und die geplante Stadt der Moderne eine Symbiose eingingen, war Brasilia, die ›Hauptstadt der Moderne‹, mit ihrer hohen Homogenität, privilegierten Autostraßen, vielen Grünflächen und der Absicht, vollkommen stabile Lebensgrundlagen für die Bewohner zu schaffen. Die sozialen und demographischen Dynamiken des vehementen Bevölkerungszuwachses sowie der Armutszuwanderung vom Land wurden bei dieser Hauptstadtplanung in Satellitenstädte verlagert, woraus soziale Segregation außerhalb des ursprünglichen Planraums entstand (Costa 2011).

Städtische Moderne als Technizität

Die Großstadt der Moderne wird von einem wesentlichen Teil der gegenwartsbezogenen Forschung als eine hybride Verbindung von aktiv verfolgten Planungsprozessen, Institutionen der Bildung und Wissenschaft, subjektiver Wahrnehmung und gesteigerter Perzeption, und – hierin liegt ein weiterführender Aspekt – avancierten Infrastrukturen und Technologien verstanden (Klingan 2009; Levin 2010; Hård/Misa 2008). Nach diesem Ansatz erfolgte der Sprung in die Moderne im (späten) 19. Jh., als die sich industrialisierenden Städte, insbesondere die größeren und größten, völlig neue Institutionen der Daseinsfürsorge sowie stadttechnische Systeme erhielten. Damit übernahmen sie auch die neue Funktion eines Motors gesamtgesellschaftlichen, v. a. technisch-zivilisatorischen Wandels (s. hierzu das Kapitel »Technikgeschichte« in diesem Band) – ganz konkret auch durch die Einbeziehung des Umlands in die städtischen Infrastrukturen.

In diesem Sinne wird die Moderne als Periode verstanden, in der sich auf vielen Gebieten die Verhältnisse gleichzeitig änderten und bislang unbekannte technische Errungenschaften die Grundlage der Lebensgestaltung massiv zu verändern begannen. Prozesse der ständigen Beschleunigung und nachhaltigen Medialisierung gingen von den Städten auf die Gesamtgesellschaft aus. Die technische Infrastrukturentwicklung wiederum integrierte die auseinanderdriftenden, wachsenden Großstädte. Diese Infrastrukturen ermöglichten erst das, was die Modernität der städtischen Lebensformen ausmacht, etwa die Trennung von Wohnung, Freizeit und Arbeitsplatz sowie die ständige Versorgung mit Lebensgütern. Ferner geht es in diesem Forschungsfeld um die überlokale Zirkulation einschlägiger Technologien und Leitbilder sowie die kulturellen Umstände ihrer Verbreitung in den Städten, die auf eine gewisse Diversität der Ausformungen hinauslief. Ein expliziter Bezug zu einer Theorie der Moderne wird in diesem Forschungsfeld aber kaum hergestellt.

Regionen und Räume

Großstadt der Moderne im europäischen Kontext

Die Beschäftigung von Historikern und historisch orientierten Sozial- und Kulturwissenschaftlern mit konstitutiven Merkmalen des Städtischen sowie der Urbanität stand bislang – abgesehen von unzähligen regionalen Studien – ganz überwiegend im jeweiligen nationalen Rahmen oder, mit wachsender Tendenz, in europäischer Perspektive. In diesem Rahmen wurden, wie bereits erörtert, Sichtweisen und Definitionen dessen entwickelt, was als Metropole oder Großstadt in der Moderne zu verstehen ist (Mittel- und Kleinstädte sind unter diesem Gesichtspunkt bislang so gut wie nie behandelt worden; Ausnahmen: Führ 1989; Zimmermann 2003; Lechner 2006; Schmidt-Lauber 2010).

Die Ausbreitung ursprünglich westeuropäischer Kriterien urbaner Moderne wird nun im Zuge einer Beziehungsgeschichte (*entangled history*) als Teil der »transnationalen Umorientierung der Geschichtswissenschaft« diskutiert (Kaelble 2005), welche transkontinentale Beziehungen aufgreift (Osterhammel 2001). Nur ein Beispiel für einen solchen über die nationalen Grenzen verlaufenden Prozess ist die Rezeption des englischen Reihenhauses (Muthesius 1904/05) in den Kreisen deutscher Städteplaner und Stadtarchitekten, und zwar im Kontext des ebenfalls englisch inspirierten Gartenstadtkonzepts. Beides waren große Schritte in Richtung des heute international aufgestellten Urbanismus (Kohlrausch 2010; Lu 2012). Der tatsächliche Transfer der Konzepte einer Städtebaumoderne war nur möglich, wenn Akteure der ›Zivilgesellschaft‹ sie durchsetzten (Baumeister 2002; Baumeister/Liedtke 2009). In den Metropolen Südosteuropas vollzog sich auch angesichts rasanter Entwicklungen im Einzelnen die Modernisierung sozial und geographisch ungleich (Höpken 2006).

Die Paradigmen ›Moderne‹ und *modernity* haben sich mit Blick auf die Entwicklung von Metropolen, insbesondere London (Forgan 2010; Lenger 2013), Berlin (Heßler 2010), Chicago und Manchester (Platt 2005), in verschiedenen urbanistischen Disziplinen etabliert. Zuletzt hat man begonnen – symptomatisch für die Gesamttendenz einer Pluralisierung von Stadt-Modernen –, etwa im Falle Münchens (Jerram 2007) von einer »anderen« Moderne zu sprechen (Behrends 2007), dies auch in Analogie zur Begrifflichkeit der postkolonialen Debatte (Gaonkar 2001). München gilt als Ort einer gemäßigten Moderne, in deren Regime die Stadtbevölkerung einbezogen war (Zimmer 2013).

Von der europäischen zur vielfältigen Moderne

Bisherige Konzepte von Stadt und Moderne haben unhinterfragt westeuropäische Strukturen und Verhältnisse zugrunde gelegt und daran alle anderen Phänomene gemessen. Die postkoloniale Debatte (Cooper 2012) der letzten zehn Jahre zeigt, dass dies unhaltbar oder zumindest vereinfacht ist. Der Postkolonialismus hat, auch wenn man seine politischen Anstöße kritisch sieht, ein Ende der Erzählungen unreflektiert verbindlicher europäischer Modernität eingeleitet, und er hat die mit der Moderne verbundenen Repressionen, Diskriminierungen und Gewaltmomente offengelegt. Freilich ist das europäische Erbe in den außereuropäischen Gesellschaften zum einen nicht einfach mit ›Kolonialismus‹ gleichzusetzen; zum anderen ist es in seinen positiven wie negativen Aspekten immer noch präsent und wirksam.

Der Ausweg liegt in einem Konzept ›vielfältiger Modernen‹ innerhalb Europas wie auch im globalen Zusammenhang. Durch Transfers und Konfrontationen wurden Komplexe beispielgebender Moderne jeweils adaptiert oder auch zurückgewiesen. Die *multiple modernities* werden allerdings – anders als bei dem Erfinder dieses Terminus, Shmuel Noah Eisenstadt (Eisenstadt 2000) –, nicht als eine Vielheit großer geschlossener und essentialisierter (Spohn 2006, 110) Weltkulturen zu verstehen sein. Stattdessen sollte man die *multiple modernities* als das Resultat interaktiver Beziehungen betrachten, die zu verflochtenen Mustern führten, wobei die Kolonisierungsgeschichte einen kritischen Stellenwert hat (Randeria 1999). Diese Geschichte sollte innere Differenzierungen ebenso einbeziehen wie regionale Untersuchungsebenen – über die Kategorie des Ortes oder gerade der Städte. Ferner ist zu berücksichtigen, dass sich im ökonomischen, kulturellen und medialen (und nicht einfach vereinheitlichenden) Globalisierungsprozess des 20. Jh.s neue lokale Bedingungen von Kultur ergeben haben (Thompson 1995, 179–206; Bhabha 2008). Es sei auch auf die Position Thomas Schwinns verwiesen, dass Interdependenz nicht einfach auf Konvergenz hinausläuft. Die

Forschung steht weiterhin vor der Aufgabe, einen »gemeinsamen Kern« zu identifizieren, »der die Moderne im Singular bestimmt« (Schwinn 2009, 470).

Architekten in der jungen türkischen Republik wählten den Weg, Konzepte der klassischen Moderne zu nationalisieren, indem sie an ein stilisiertes Bild eigener nationaler Bautraditionen anknüpften. Zum Projekt einer an den Kemalismus angepassten modernen Bauweise gehörte die Kolonisierung der ländlichen Gesellschaft durch eine standardisierte, geplante Dorfarchitektur und die Ausbildung des idealisierten (d. h. aber auch standardisierten) »türkischen Hauses« (Bozdoğan 2001, 7, 97–105, 243–273).

Das Konzept multipler oder vielfältiger Modernen hebt die Dichotomie von ›traditionell‹ und ›modern‹ auf. Es steht dadurch in der Gefahr, die Begriffskerne aus dem Auge zu verlieren. Das Traditionale wird in bestimmten Konstellationen zu einer Ressource jeweiliger Modernität.

Indigene Modernen

Ein weiterer einschlägiger Begriff ist ›indigene‹ Moderne. Auch er zielt auf die Kritik eines universalistischen Eurozentrismus. Was geschieht, wenn rationalistische, bürokratische, technologische Modernekonzepte auf indigene (oder als indigen vorgestellte) Kulturen, Strukturen und Dynamiken treffen? Wieweit haben diese Kulturen eigene Vorstellungen von ›Fortschritt‹ und Entwicklung hervorgebracht? In der gegenwärtigen Forschungssituation muss das Ziel sein, eigenständigen Entwicklungspotenzialen und -wegen sowie Phänomenen anderer Kulturen angemessen zu begegnen, dabei die eigene (d. h. europäische) Zivilisationsgeschichte zu historisieren, ohne stets unterschwellig ›westliche‹ Modernitätsbegriffe zugrunde zu legen, sie aber auch nicht einfach zu verwerfen. Bei indigenen Modernen, speziell in den hier interessierenden urbanen Kontexten, geht es einerseits um das Mit- und Gegeneinander von importierten, rationalistischen Raumordnungen und lokalen sozialen Praktiken des improvisierten und produktiv angeeigneten Raums, andererseits um die kritische Frage eigenständiger und expliziter kultureller Manifestationen einer indigenen Moderne (Chakrabarty 1997).

Jyoti Hosagrahar spricht von *indigenous modernities* im Zusammenhang der ausgreifenden britischen Stadtplanungen in Delhi. Hierbei geht es ihr nicht so sehr um die Neuplanung der Hauptstadt, sondern um den Umgang mit der äußerst dicht bevölkerten und nach eigenen sozialen Traditionen besiedelten Altstadt. Die britischen Stadtplaner betrachteten diese alten Gebiete als Slums, Brutherde von Krankheiten und Quelle der Unsicherheit, wenngleich man mit ihnen auch zeitlose romantische Vorstellungen verband. Durch große Bauten, Straßendurchbrüche, Raumordnung und Implantierung hygienischer Infrastrukturen sollten hier nun Prinzipien der europäischen Stadtplanung durchgesetzt werden. Dabei lag eine Fehlperzeption zugrunde: Die Altstadt sei durchaus rational konzipiert, an die lokalen klimatischen Bedingungen angepasst, eben sozialen Gewohnheiten entsprechend erbaut worden, was man als entscheidende Vorteile hätte erkennen können (Hosagrahar 2005, 186 f.). Die britischen Städtebauer, Ingenieure und Planer suchten die Umwelt und Lebensweise der indischen Untertanen zu modernisieren. Dies erreichten sie jedoch aufgrund widerstrebender sozialer Kräfte und kultureller Konzepte sowie des begrenzten Einsatzes materieller Ressourcen nur teilweise. Gleichzeitig nahm die industrielle Arbeit und damit die Zuwanderung nach Delhi so stark zu, dass dort ständig improvisiert weitergebaut wurde, um Wohnraum und Basare zu schaffen, sodass der Gesamtprozess nicht mehr steuerbar war. Das Gesamtresultat dieser Interaktionen beschreibt Hosgarahar wie folgt: »The cultural landscape of Delhi presents an example of syncretism between customary ways of building and inhabiting, imposed social and spatial forms emerging from Europe's modernity, and the cultural chaos of modernity and colonialism« (Hosagrahar 2005, 9, 13).

Ein wichtiger Ansatzpunkt der postkolonialen Stadtgeschichte ist die Beobachtung des Aushandelns von Interessen, Werthaltungen und sozialen Geltungsansprüchen (Sundaram 2010). Im kolonial besetzten chinesischen Tianjin etwa begannen die europäischen Mächte nach 1900 ebenfalls damit, eine massive Hygienisierungs- und Raumordnungspolitik durchzusetzen. Erfolge stellten sich aber erst im Zuge hartnäckiger Implementierung über Jahrzehnte hinweg und erst in dem Moment ein, als das einheimische, zunächst individualistisch angelegte chinesische Gesundheitskonzept *weisheng ju* im Sinne von Präventivmedizin umgedeutet worden war und einheimische Eliten sich gegen die neuen gesundheitlichen Praxen und Normen nicht mehr sperrten, ja diese als chinesische Errungenschaft interpretierten. Hier zeigt sich, wie ein traditionelles kulturelles Konzept unter den Druck von außen geriet, wie es aber auch in den Eliten ein autochthones Konzept gab, ›modern‹ zu sein (Rogaski 2000). Kriterien europäischer Modernität sind dazu geeignet, konvergente Entwicklungen verschiedener Gesellschaften zu messen. ›Fortschritt‹, ›Reform‹ und ›Modernisierung‹ waren im innerchinesischen Diskurs des 20. Jh.s durchaus essentielle Kategorien (Osterhammel 2002, 106 f.). Hier ging es zugleich um die Adaption europäischer Neuerungen, die letztlich der Selbstbehauptung dienten.

Shanghai als Ort der Fusion westlicher und indigener Modernität

Eine produktive Verbindung von ›westlicher‹ Moderne und lokaler Kultur, die bereits zu einem Mythos geworden ist, sei am Beispiel Shanghais demonstriert. Der europäische Besucher von Shanghai in den 1930er-Jahren traf dort auf all das, was ihm aus den eigenen Metropolen vertraut war: Kinos, Bars und andere Freizeitvergnügungen, Mode und Literaturszenen, Autos, Neonreklamen und Menschengetümmel, Repräsentationsbauten und erste Wolkenkratzer, Technik und Presse. Die Literaten der fünftgrößten Stadt der Welt feierten diese als das ›Paris Asiens‹. An vielen Stellen äußerte sich der explizite Anspruch, ›modern‹ zu sein. In der von chinesischen und europäischen Mächten und Einflusszonen geteilten Metropole kam es zu permanenten Begegnungen und Aneignungsprozessen. Hier, an einer Schnittstelle von Ost und West, waren die ideologischen Argumente präsent, aus denen der entstehende chinesische Nationalismus schöpfte, hier vermittelte sich Zukunftsgewissheit, bis der Einmarsch der Japaner 1937 und der Bürgerkrieg nach 1945 all dem für längere Zeit ein Ende setzten. Shanghai war auch der Ort, an dem die Zukunft der chinesischen Kultur im Rahmen eines erstarkenden Nationalismus in Frage stand. Insgesamt war Shanghai »ein Schmelztiegel für neue widerstreitende nationale und kosmopolitische Begriffe der Moderne« (Birnie Danzker 2004, 18, 64; Lee 1999). Von Shanghai aus sollte nach der Kulturrevolution das heutige globalisierte China entscheidende Anstöße erhalten (Bergère 2009, 242–284).

Mindestkriterien ›westlicher‹ urbaner Modernität im globalen Kontext

Angesichts des ungeheuren Drucks der Zuwanderung von Flüchtlingen und Armen in den neuen Megametropolen der Welt – wo Informalität zentrales Charakteristikum der urbanen Ordnung darstellt (ein Kriterium der ›indigenen‹ Modernitätsdebatte), sich indes unkontrollierbare Gewalt ausbreitet und, ungeachtet kultureller Vielfalt, die soziale Segregation scharfe Formen annimmt (Schwentker 2006) – stellt sich die Frage, ob wichtige Leitbilder und Systeme der europäischen urbanen Moderne dort nicht von Nutzen für eine ausgeglichene Stadtentwicklung sein könnten. Jürgen Osterhammel hat auf die Beispiele »urbaner Selbstverwestlichung« etwa in Kairo vor der Kolonialherrschaft hingewiesen. Es sei ein Konsens in der Frage entstanden, was zu einer ›modernen‹ und ›zivilisierten‹ Stadt gehöre: »Selbst unter ungünstigen äußeren Umständen […] strengten sich lokale Machthaber und Eliten an, einem solchen westlichen Ziel zumindest nahezukommen. Dass ein solches Modell westlicher Herkunft war, störte niemanden. Ohnehin erzwangen die örtlichen Umstände Anpassungen und Abstriche der verschiedensten Art.« Insofern habe es nur zweitrangig ›multiple‹ Modernen gegeben, vorgeherrscht habe vielmehr die eine unteilbare Moderne (Osterhammel 2010, 424, 1094, 1281; Dinçal 2008 zum Konsenspotenzial beim Stadtumbau von Istanbul).

Heutige Megastädte der Schwellenländer stehen vor noch weitaus größeren Schwierigkeiten als die historischen europäischen Metropolen, Grundwerte zu verwirklichen: Gesundheitsdienste, Infrastrukturentwicklung, Partizipation der Bevölkerung, Sicherung der Daseinsfürsorge (Malik 2001; Sundaram 2010). Dem widerspricht nicht, dass nicht-westliche Völker »kulturelle Formen entwickeln, die nicht bloße Wiederholungen der Tradition sind, sondern ihre eigenen Perspektiven in den Fortschritt einbringen«, bzw. dass den alleinigen Ansprüchen der Europäer eigene Alternativen entgegengestellt wurden (Cooper 2012, 195).

Schluss

Insgesamt hat man es im Bereich der historischen Stadtforschung, die nicht allein einen zunehmend interdisziplinären Zusammenhang darstellt, sondern sich inzwischen auch ansatzweise internationalisiert, mit impliziten wie expliziten Konzepten einer Moderne des 19. und 20. Jh.s zu tun. Die Zeit um 1900 mit ihrem Großstadtwachstum, der Zunahme des Tempos gesamtgesellschaftlicher Urbanisierung, ihren reformerischen Errungenschaften einerseits, ihrem beunruhigenden und ›dunklen‹ Charakter andererseits, erscheint als besonders wichtige Zäsur, von der sich eine Phase der ›klassischen‹ Moderne ableiten lässt. Es ist evident, dass diese im gesamten

20. Jh. nachwirkte, und dass einmal geschaffene technische und soziale Standards der Stadtentwicklung in der Formationsperiode der Moderne bis heute eine Grundlage des urbanen Lebens darstellen.

Es ist aber in der Stadtforschung nicht klar, wie bzw. ob man die Stadtentwicklung der letzten zwei bis drei Jahrzehnte als Teil der Moderne oder als eine neue, von ihr abzugrenzende Phase auffassen soll. Im globalen Maßstab stellt sich, wie gezeigt, die Frage, was die Einheit in der Vielfalt von Modernen ausmacht. Hier eröffnet die Stadtgeschichte einen eigenen Erkenntnisbereich, der durch konsequente Komparatistik zum Thema ›Moderne‹ beitragen wird. In dem Moment, in dem auch die deutsche Stadtgeschichte vor der Herausforderung einer Europäisierung steht, lassen sich aus den Debatten um die ›multiplen Modernen‹ geeignete heuristische Erkenntnisinstrumente ableiten. Die Frage nach der ›Moderne‹ berührt das Problem, wie individuell die jeweils untersuchten urbanen Phänomene sind und inwieweit sich in ihnen allgemeine Merkmale zeigen, die mit dem früheren Leitbegriff der Urbanisierung nicht abgedeckt werden können. Das bedeutet nicht, dass ›Urbanisierung‹ ein untauglicher Begriff geworden ist – sie findet global in unerhörtem Tempo statt –, doch im europäischen Zusammenhang ist sie nicht mehr die Hauptfrage.

Literatur

Aigner, Anita: Einleitung. Von »architektonischer Moderne« zu »Architektur in der Moderne«: Kulturelle Grenzüberschreitungen. In: Dies. (Hrsg.): *Vernakulare Moderne. Grenzüberschreitungen in der Architektur um 1900. Das Bauernhaus und seine Aneignung.* Bielefeld 2010, 7 – 35.

Baumeister, Martin: Alteuropäische Städte auf dem Weg in die Moderne. Großausstellungen und metropolitane Identitäten in Turin und Barcelona, 1884 bis 1929. In: *Historische Anthropologie* 10/3, 2002, 449 – 463.

Baumeister, Martin/Liedtke, Rainer: Probleme mit der »europäischen Stadt«: Städte in Südeuropa. In: *Informationen zur modernen Stadtgeschichte* 1, 2009, 5 – 14.

Behrends, Jan C.: Die andere Moderne: Russische Wahrnehmungen amerikanischer Urbanität vor 1917. In: *Informationen zur modernen Stadtgeschichte* 1, 2007, 24 – 36.

Benjamin, Walter: Das Passagenwerk (Gesammelte Schriften V, 1 – 2), hrsg. von Rolf Tiedemann und Hermann Schweppenhäuser. Frankfurt am Main 1991.

Benke, Carsten: Literaturauswahl: Planungsgeschichte, Städtebaugeschichte, Stadtentwicklung (2008). http://www.carstenbenke.de/literatur.html (12.03.2015).

Bergère, Marie-Claire: *Shanghai. China´s Gateway to Modernity.* Stanford 2009.

Berman, Marshall: *All That Is Solid Melts into Air. The Experience of Modernity* [1982]. London/New York 1988.

Bernhardt, Christoph/Massard-Guilbaud, Geneviève: *Le démon moderne. La pollution dans les sociétés urbaines et industrielles d´Europa.* Clermont-Ferrand 2002.

Bernhardt, Christoph/Vonau, Elsa: Zwischen Fordismus und Sozialreform: Rationalisierungsstrategien im deutschen und französischen Wohnungsbau 1900 – 1933. In: *Zeithistorische Forschungen* 6/2, 2009. Online-Ausgabe: http://www.zeithistorische-forschungen.de/1626041.

Bhabha, Homi K.: *The Location of Culture.* London/New York [7]2008.

Birnie Danzker, Jo-Anne: Shanghai Modern. In: Dies. et al. (Hrsg.): *Shanghai Modern 1919 – 1945.* München 2004, 18 – 72.

Blau, Eve/Rupnik, Ivan: *Project Zagreb. Transition as Condition, Strategy, Practice.* Barcelona 2007.

Bodenschatz, Harald et al.: *Stadtvisionen 1910/2010. Berlin, Paris, London, Chicago. 100 Jahre Allgemeine Städtebauausstellung in Berlin.* Berlin 2010.

Bozdoğan, Sibel: *Modernism and Nation Building. Turkish Architectural Culture in the Early Republic.* Seattle/London 2001.

Braum, Michael/Welzbacher, Christian (Hrsg.): *Nachkriegsmoderne in Deutschland: Eine Epoche weiterdenken; Baukultur vor Ort: Hannover.* Basel u. a. 2009.

Brix, Emil (Hrsg.): *Die Wiener Moderne: Ergebnisse eines Forschungsgespräches der Arbeitsgemeinschaft Wien um 1900 zum Thema »Aktualität und Moderne«.* Wien 1990.

Chakrabarty, Dipesh: The Difference – Deferral of a Colonial Modernity: Public Debates on Domesticity in British Bengali. In: Cooper, Frederick/Stoler, Ann Laura (Hrsg.): *Tensions of Empire. Colonial Cultures in a Bourgeois World.* Berkeley u. a. 1997, 373 – 405.

Clark, Peter (Hrsg.): *The European City and Green Space. London, Stockholm, Helsinki and St. Petersburg, 1850 – 2000.* Aldershot 2006.

Cooper, Frederick: *Kolonialismus denken. Konzepte und Theorien in kritischer Perspektive.* Frankfurt am Main/New York 2012 (engl. 2005).

Costa, Carlos Smaniotto: Brasília und die Idee einer neuen Gesellschaft. Zwischen Hauptstadt der Moderne und Unesco-Welterbe. In: *Stadt+Grün* 7, 2011, 48 – 55.

Curtis, William J. R.: *Modern Architecture since 1900.* Oxford [3]2009.

Dennis, Richard: Modern London. In: Daunton, Martin (Hrsg.): *The Cambridge Urban History of Britain*, Bd. 3. Cambridge 2000, 95 – 131.

Dennis, Richard: *Cities in Modernity. Representations and Productions of Metropolitan Space, 1840 – 1940.* Cambridge 2008.

Dinçal, Noyan: Arenas of Experimentation: Modernizing Istanbul in the Late Ottoman Empire. In: Hård, Mikael/Misa, Thomas J. (Hrsg.): *Urban Machinery. Inside Modern European Cities.* Cambridge, Mass./London 2008, 49 – 69.

Eisenstadt, Shmuel N.: *Die Vielfalt der Moderne.* Weilerswist 2000.

Engeli, Christian/Matzerath, Horst (Hrsg.): *Moderne Stadtgeschichtsforschung in Europa, USA und Japan. Ein Handbuch.* Stuttgart 1989.

Fehl, Gerhard: Welcher Fordismus eigentlich? Eine einleitende Warnung vor dem leichtfertigen Gebrauch des Begriffs. In: *Zeithistorische Forschungen* 6/2, 2009. Online-Ausgabe: http://www.zeithistorische-forschungen.de/16126041.

Feldbauer, Peter et al. (Hrsg.): *Die vormoderne Stadt. Asien und Europa im Vergleich*. Wien 2002.

Forgan, Sophie: From Modern Babylon to White City. Science, Technology and Urban Change in London, 1870–1914. In: Levin, Miriam R. et al. (Hrsg.): *Urban Modernity. Cultural Innovation in the Second Industrial Revolution*. Cambridge/London 2010, 75–132.

Frisby, David: *Fragmente der Moderne. Georg Simmel, Siegfried Kracauer, Walter Benjamin*. Rheda-Wiedenbrück 1989.

Frisby, David: Analysing Modernity: Some Issues. In: Hvattum, Mari/Hermansen, Christian (Hrsg.): *Tracing Modernity. Manifestations of the Modern in Architecture and the City*. London/New York 2004, 3–22.

Führ, Eduard: *Modernisierung der Stadt. Über den Zusammenhang von Städtebau, Herrschaft und Alltagskultur. Allgemeine Tendenzen im 19. und 20. Jahrhundert und konkrete Entwicklung in Nordhorn*. Marburg 1989.

Gaonkar, Dilip Parameshwar: On Alternative Modernities. In: Gaonkar, Dilip Parameshwar (Hrsg.): *Alternative Modernities*. Durham/London 2001, 1–23.

Gold, John: *The Experience of Modernism: Modern Architects and the Future City, 1928–53*. London 1997.

Guckes, Jochen: Ordnungsvorstellungen im Raum. Überlegungen zur deutschen Stadtplanungs- und Architekturgeschichte zwischen 1918 und 1945 aus kulturhistorischer Sicht. In: *Archiv für Sozialgeschichte* 48, 2008, 661–702.

Gunn, Simon: The Rise and Fall of Urban Modernism: Planning Bradford, circa 1945–1970. In: *The Journal of British Studies* 49/4, 2010, 849–869.

Hård, Mikael/Misa, Thomas J. (Hrsg.): *Urban Machinery. Inside Modern European Cities*. Cambridge, Mass./London 2008.

Harlander, Tilman: Wohnen und Stadtentwicklung in der Bundesrepublik. In: Flagge, Ingeborg (Hrsg.): *Geschichte des Wohnens*, Bd. 5: *1945 bis heute*. Stuttgart 1999, 233–417.

Häußermann, Hartmut et al.: *Stadtpolitik*. Frankfurt am Main 2008.

Hauser, Andrea: *Halle wird Großstadt. Stadtplanung, Großstadtleben und Raumerfahrung in Halle a. d. Saale 1870 bis 1914*. Halle 2006.

Hell, Julia/Schönle, Andreas (Hrsg.): *Ruins of Modernity*. Durham/London 2010.

Herbert, Ulrich: Europe in High Modernity. Reflections on a Theory of the 20th Century. In: *Journal of Modern European History* 5, 2007, 5–21.

Hermansen, Christian: Ildefonso Cerdá and Modernity. In: Hvattum, Mari/Hermansen, Christian (Hrsg.): *Tracing Modernity. Manifestations of the Modern in Architecture and the City*. London/New York 2004, 217–231.

Heßler, Martina: Damned Always to Alter, but Never to Be: Berlin´s Culture of Change around 1900. In: Levin, Miriam R. et al. (Hrsg.): *Urban Modernity. Cultural Innovation in the Second Industrial Revolution*. Cambridge/London 2010, 167–204.

Hillmann, Roman: *Die erste Nachkriegsmoderne. Ästhetik und Wahrnehmung der westdeutschen Architektur 1945–63*. Petersberg 2011.

Höpken, Wolfgang: Schrittmacher der Moderne? Urbanisierung und städtische Lebenswelten in den Metropolen Südosteuropas im 19. und frühen 20. Jahrhundert. In: Lenger, Friedrich/Tenfelde, Klaus (Hrsg.): *Die europäische Stadt im 20. Jahrhundert. Wahrnehmung – Entwicklung – Erosion*. Köln u. a. 2006, 61–104.

Horak, Roman et al.: *Metropole Wien. Texturen der Moderne*, Bd. 1. Wien 2000.

Hosagrahar, Jyoti: *Indigenous Modernities. Negotiating Architecture and Urbanism*. London/New York 2005.

Jerram, Leif: *Germany´s Other Modernity. Munich and the Making of Metropolis, 1895–1930*. Manchester 2007.

Kaelble, Hartmut: Die Debatte über Vergleich und Transfer und was jetzt? http://hsozkult.geschichte.hu-berlin.de/forum, 2005.

Kähler, Gert: Nicht nur Neues Bauen. In: Kähler, Gert (Hrsg.): *Geschichte des Wohnens*, Bd. 3: *1918–1945*. Stuttgart 1996, 303–452.

Klingan, Katrin (Hrsg.): *A Utopia of Modernity: Zlín*. Berlin 2009.

Klinger, Cornelia: Modern/Moderne/Modernismus. In: Barck, Karlheinz/Fontius, Martin (Hrsg.): *Ästhetische Grundbegriffe. Historisches Wörterbuch*, Bd. 4. Stuttgart/Weimar 2002, 121–167.

Klotz, Heinrich: *Moderne und Postmoderne. Architektur der Gegenwart 1960–1980*. Braunschweig 1985.

Kohlrausch, Martin (Hrsg.): *Expert Cultures in Central Eastern Europe. The Internationalization of Knowledge and the Transformation of Nation States since World War I*. Osnabrück 2010.

Kos, Wolfgang (Hrsg.): *Kampf um die Stadt. Politik, Kunst und Alltag um 1930*. Wien 2010.

Kracauer, Siegfried: *Das Ornament der Masse*. Frankfurt am Main 1963.

Kühne, Olaf: *Neunkirchen. Eine Stadt zwischen Moderne und Postmoderne*. Saarbrücken 2008.

Kurz, Daniel: *»Disziplinierung der Stadt«. Moderner Städtebau in Zürich, 1900 bis 1940*. Zürich 2008.

Lechner, Stefan (Hrsg.): *Der lange Weg in die Moderne. Geschichte der Stadt Bruneck 1800–2006*. Innsbruck 2006.

Lee, Leo Ou-fan: *Shanghai Modern. The Flowering of a New Urban Culture 1930–1945*. Cambridge 1999.

Lenger, Friedrich: Die Herausforderung der Moderne: Erlangen im Industriezeitalter [2004]. In: Ders.: *StadtGeschichten. Deutschland, Europa und die USA seit 1800*. Frankfurt am Main 2009, 57–73.

Lenger, Friedrich: *Metropolen der Moderne. Eine europäische Stadtgeschichte seit 1850*. München 2013.

Lenger, Friedrich/Tenfelde, Klaus (Hrsg.): *Die europäische Stadt im 20. Jahrhundert. Wahrnehmung – Entwicklung – Erosion*. Köln u. a. 2006.

Levin, Miriam R.: Dynamic Triad: City Exposition, and Museum in Industrial Society. In: Dies. et al. (Hrsg.): *Urban Modernity. Cultural Innovation in the Second Industrial Revolution*. Cambridge/London 2010, 1–12.

Van der Loo, Hans/Van Reijen, Willem: *Modernisierung. Projekt und Paradox*. München 1992.

Lorenz, Dagmar: *Wiener Moderne*. Stuttgart/Weimar ²2007.

Lu, Duanfang: Entangled Histories of Modern Architecture. In: Crysler, Greig et al. (Hrsg.): *The SAGE Handbook of Architectural Theory*. London 2012, 231–246.

Maderthaner, Wolfgang/Musner, Lutz: Wiener Beiträge zur historischen Metropolenforschung. In: *Historische Anthropologie* 20, 2002, 436–448.

Malik, Ayyub: After Modernity: Contemporary Non-Western Cities and Architecture. In: *Futures* 33, 2001, 873–882.

Matejovski, Dirk (Hrsg.): *Metropolen. Laboratorien der Moderne*. Frankfurt am Main/New York 2000.

Mergel, Thomas: Art. Modernisierung [2011]. In: Europäische Geschichte online: http://ieg-ego.eu/de/threads/modelle-und-stereotypen/modernisierung/thomas-mergel-modernisierung (15. 04. 2014).

Meyer, André: *Architektur zwischen Tradition und Innovation. Die Zentralschweiz auf dem Weg in die Moderne*. Luzern 2003.

Mumford, Eric: *The CIAM Discourse on Urbanism, 1928–1960*. Cambridge, Mass. 2002.

Muthesius, Hermann: *Das englische Haus*, 3 Bde. Berlin 1904/05.

Nehls, Werner: *Zweite Moderne oder Postmoderne? Ein Architektur-Diskurs*. Norderstedt 2008.

Nerdinger, Winfried: *Bauhaus-Moderne im Nationalsozialismus. Zwischen Anbiederung und Verfolgung*. München 1993.

Novikov, Felix: *Architect of the Soviet Modernism*. Berlin 2013.

Öhlinger, Walter: *Wien im Aufbruch zur Moderne*. Wien 1999.

Osterhammel, Jürgen: *Geschichtswissenschaft jenseits des Nationalstaats. Studien zu Beziehungsgeschichte und Zivilisationsvergleich*. Göttingen 2001.

Osterhammel, Jürgen: Gesellschaftsgeschichtliche Parameter chinesischer Modernität. In: *Geschichte und Gesellschaft* 28/1, 2002, 71–108.

Osterhammel, Jürgen: *Die Verwandlung der Welt. Eine Geschichte des 19. Jahrhunderts*. München ⁵2010.

Pevsner, Nikolaus: *Pioneers of Modern Design. From William Morris to Walter Gropius*. [1936]. New Haven 2005.

Platt, Harold L.: *Shock Cities. The Environmental Transformation and Reform of Manchester and Chicago*. Chicago 2005.

Prümm, Karl: Die Stadt ist der Film. Film und Metropole in den zwanziger Jahren am Exempel Berlin. In: Alter, Peter (Hrsg.): *Im Banne der Metropolen. Berlin und London in den zwanziger Jahren*. Göttingen/Zürich 1993, 111–130.

Randeria, Shalini: Geteilte Geschichte und verwobene Moderne. In: Rüsen, Jörn et al. (Hrsg.): *Zukunftsentwürfe. Ideen für eine Kultur der Veränderung*. Frankfurt am Main/New York 1999, 87–96.

Reulecke, Jürgen: *Geschichte der Urbanisierung in Deutschland*. Frankfurt am Main 1985.

Robinson, Jennifer: *Ordinary Cities. Between Modernity and Development*. New York 2006.

Rogaski, Ruth: Hygienic Modernity in Tianjin. In: Esherick, Joseph W. (Hrsg.): *Remaking the Chinese City. Modernity and National Identity, 1900–1950*. Honolulu 2000, 30–46.

Rykwert, Joseph: *The First Moderns: The Architects of the Eighteenth Century*. Cambridge, Mass. 1980.

Saldern, Adelheid von: Wohnen in der europäischen Großstadt 1900–1939. Eine Einführung. In: Janatková, Alena/Kozińska-Witt, Hanna (Hrsg.): *Wohnen in der Großstadt 1900–1939*. Stuttgart 2006, 11–38.

Saldern, Adelheid von: Stadt und Moderne. In: Dies. (Hrsg.): *Stadt und Moderne. Hannover in der Weimarer Republik*. Hamburg 1989, 7–30.

Schilling, Heinz: *Die Stadt in der Frühen Neuzeit*. München 1993.

Schlögel, Karl: *Jenseits des Großen Oktober. Das Laboratorium der Moderne. Petersburg 1909–1921*. Berlin 1988.

Schmidt-Lauber, Brigitta (Hrsg.): *Mittelstadt. Urbanes Leben jenseits der Metropole*. Frankfurt am Main 2010.

Schorske, Karl E.: *Wien. Geist und Gesellschaft im Fin de Siécle*. München/Zürich 1982.

Schott, Dieter: Stadt und Moderne: Die Stadt als Modernisierungsagent? In: Schneider, Ute/Raphael, Lutz (Hrsg.): *Dimensionen der Moderne* (Fs. Christof Dipper). Frankfurt am Main 2008, 459–479.

Schubert, Dirk: Stadterneuerungsmaßnahmen als janusköpfige Form von Modernisierung. Entwicklungslinien und Paradigmenwechsel am Beispiel Londons und Hamburgs. In: *Die Alte Stadt* 22/4, 1995, 364–382.

Schwartz, Vanessa R.: *Spectacular Realities. Early Mass Culture in Fin-de-Siècle Paris*. Berkeley u. a. 1999.

Schwentker, Wolfgang (Hrsg.): *Megastädte im 20. Jahrhundert*. Göttingen 2006.

Schwinn, Thomas: Die Vielfalt und die Einheit der Moderne – Perspektiven und Probleme eines Forschungsprogramms: In: Ders. (Hrsg.): *Die Vielfalt und Einheit der Moderne. Kultur- und strukturvergleichende Analysen*. Wiesbaden 2006, 7–34.

Schwinn, Thomas: Multiple Modernities: Konkurrierende Thesen und offene Fragen. Ein Literaturbericht in konstruktiver Absicht. In: *Zs. für Soziologie* 38/6, 2009, 454–476.

Senarclens de Grancy, Antje: *Keine Würfelwelt. Architekturpositionen einer ›bodenständigen‹ Moderne. Graz 1918–1938*. Graz 2007.

Sieverts, Thomas: Die Stadt in der Europäischen Moderne, eine europäische Perspektive. In: *Informationen zur Raumentwicklung* 7/8, 1998, 455–473.

Simmel, Georg: Die Großstädte und das Geistesleben (1903). In: Ders.: *Gesamtausgabe*, Bd. 7, hrsg. von Rüdiger Kramme, Rüdiger und Otthein Rammstedt. Frankfurt am Main 1995, 116–131.

Singer, Ben: Modernity, Hyperstimulus and the Rise of Popular Sensationalism. In: Charney, Leo/Schwartz, Vanessa R. (Hrsg.): *Cinema and the Invention of Modern Life*. Berkeley/Los Angeles 1995, 72–99.

Soja, Edward: *Postmodern Geographies. The Reassertion of Space in Critical Social Theory*. London ⁸2003.

Spohn, Wilfried: Globale, multiple und verwobene Modernen: Perspektiven der historisch-vergleichenden Soziologie. In: Schwinn, Thomas (Hrsg.): *Die Vielfalt und Einheit der Moderne. Kultur- und strukturvergleichende Analysen*. Wiesbaden 2006, 101–128.

Sundaram, Ravi: Imaging Urban Breakdown. Delhi in the 1990. In: Prakash, Gyan (Hrsg.): *Noir Urbanisms. Dystopic Images of the Modern City*. Princetown/Oxford 2010, 241–260.

Thompson, John B.: *The Media and Modernity. A Social Theory of the Media*. Cambridge 1995.

Turvey, Malcolm: *The Filming of Modern Life. European Avant-Garde Film of the 1920s*. Cambridge, Mass./London 2011.

Umbach, Maiken: German Cities and Bourgeois Modernism, Oxford 2009.

Umbach, Maiken: Moderne zwischen Heimat und Globalisierung. Anmerkungen zum deutschen Werkbund. In: Aigner, Anita (Hrsg.): *Vernakulare Moderne. Grenzüberschreitungen in der Architektur um 1900. Das Bauernhaus und seine Aneignung*. Bielefeld 2010, 231–261.

Vidler, Anthony: *Histories of the Immediate Present: Inventing Architectural Modernism*. Cambridge, Mass. 2008.

Vogt, Adolf Max/Zschokke, Walter (Hrsg.): *Nachkriegsmoderne Schweiz: Architektur von Werner Frey, Franz Füeg, Jacques Schader, Jakob Zweifel*. Basel 2001.

Ward, Janet: *Weimar Surfaces. Urban Visual Culture in 1920s Germany*. Berkeley u. a. 2001.

Wunberg, Gotthart (Hrsg.): *Die Wiener Moderne. Literatur, Kunst und Musik zwischen 1890 und 1910*. Stuttgart 2006.

Zhang, Yingjin (Hrsg.): *Cinema and Urban Culture in Shanghai, 1922–1943*. Stanford 1999.

Zimmer, Oliver: *Remaking the Rhythms of Life. German Communities in the Age of the Nation State*. Oxford 2013.

Zimmermann, Clemens: *Die Zeit der Metropolen. Urbanisierung und Großstadtentwicklung*. Frankfurt am Main ²2000.

Zimmermann, Clemens (Hrsg.): *Kleinstadt in der Moderne*. Ostfildern 2003.

Zimmermann, Clemens (Hrsg.): *Industrial Cities. History and Future*. Frankfurt am Main/New York 2013.

Clemens Zimmermann

Technikgeschichte

Definitionen und Anwendungsbereiche

Die Moderne beginnt in der Technikgeschichte mit der Industriellen Revolution als technisch- organisatorischem Kern der epochalen Umwälzung von malthusianischen zu wachstumsgetriebenen Gesellschaften. Thomas Robert Malthus (1766–1834) hatte noch geglaubt, dass die Bevölkerung stets schneller als die Nahrungsproduktion wachse, was zu Verelendung und letztlich zum Tod der nicht mehr zu ernährenden Menschen führen würde. Stattdessen ist die Weltbevölkerung in den letzten beiden Jahrhunderten in historisch einmaligem Maße gewachsen. Die Fokussierung auf die epochale Wirkung der Industriellen Revolution hat zur Folge, dass in der Technikgeschichte eher von Industriezeitalter als von Moderne gesprochen wird. Die epochale Neuorientierung der Gesellschaft in der Industriellen Revolution fand in der Exponentialkurve ihre Metapher: exponentielles Wachstum der Bevölkerungszahlen, des Ressourcenverbrauchs, der Arbeitsproduktivität und des Konsums. Dieses langfristige Wirtschaftswachstum bedeutete auch, dass krisenhafte Fluktuationen der Wirtschaft nicht mehr wie in vorindustrieller Zeit sogleich zu Nahrungsknappheit und damit existenzieller Bedrohung führten, sondern sich eher als zeitweiliges, relatives Zurückfallen im Konsum gewerblicher Waren und Dienstleistungen auf einem insgesamt sehr viel höheren und langfristig immer weiter steigendem Niveau ausdrückten.

Lange bevor die Frage nach der Endlichkeit und Nachhaltigkeit dieser exponentiellen Entwicklungen virulent wurde, war die Nicht-Teilhabe daran als fundamentale Ungerechtigkeit anerkannt, sei es innerhalb der in der Moderne entstehenden nationalen Volkswirtschaften, sei es global zwischen den sich auch jetzt erst ausdifferenzierenden Industrie- und Entwicklungsländern. Mit diesen beiden normativen Positionen – Verteilungsgerechtigkeit versus Nachhaltigkeit – ist zugleich ein Fundamentaldilemma der entwickelten Moderne benannt, vor dessen Folie technikhistorische Forschung betrieben wurde und wird. Drei miteinander verschränkte Phänomene stehen im Mittelpunkt der Technikgeschichte der Moderne: die Schaffung und die Verwendung historisch singulären materiellen Reichtums sowie die ökologischen Folgen dieses Prozesses. Industrialisierung, Massenkonsum und tiefgreifende technische Verwandlung der Umwelt sind aus technikhistorischer Sicht die hervorragenden Kennzeichen der Moderne.

Forschungsgeschichte, Semantik und Gegenkonzepte

Das Bedürfnis nach einer Geschichte der Technik entstand mit dem Bedürfnis zur Vergegenwärtigung der historisch neuen Identität als Industriegesellschaft. Diese nun ebenfalls neue Geschichte der Technik entstand nicht als Ausdifferenzierung aus der allgemeinen Geschichte, sondern direkt aus den Identifizierungsbedürfnissen der industriellen Akteure sowie deren Kritiker. Technikgeschichte war ein Reflex auf bereits fortgeschrittene Industrialisierung und wandte sich erst später, von dort ausgehend, auch vorindustriellen Themen zu. Hierzu entstand eine nahezu enzyklopädisch angelegte Literatur, in der technische Details vergangener Technik und die Weiterentwicklung von Konstruktionsprinzipien zum Teil minutiös verfolgt wurden. Die Absicht war, über das Besondere der industriellen Zeit hinaus technisches Schaffen als Grundlage jeder Zivilisation zu identifizieren. In der wissenschaftlichen Technikgeschichte wurde diese enge, *internalistisch* genannte und mit vielen technischen Imperativen operierende Perspektive erst im letzten Drittel des 20. Jh.s zugunsten einer *kontextuellen* Betrachtung der Technik als Ausdruck gesellschaftlicher Prozesse in den Hintergrund gedrängt (Staudenmaier 1985, 162–173).

Historische Anfänge der Technikgeschichte

Erste Anfänge einer Technikgeschichte gab es in Deutschland, das darin eine disziplinäre Vorreiterrolle hatte, um die Wende vom 19. zum 20. Jh., und sie waren eng mit dem Bedürfnis der neuen Berufsgruppe der Ingenieure nach gesellschaftlicher Anerkennung verbunden. Hierzu gehörten im Verständnis der Zeit mit dem Namen verbundene akademische Titel und eine historisch begründete, dem Gemeinwesen nützliche Identität. Für die Titel Dipl.-Ing. und Dr.-Ing. hatte Kaiser Wilhelm II. 1899 in einem Erlass gesorgt. Die dem Gemeinwesen nützliche Identität wurde ganz im Hinblick auf die humanistisch gebildeten Eliten in der kulturschaffenden Funktion der Technik und damit ihrer prominentesten Repräsentanten, der neuen Berufsgruppe der Ingenieure, gesehen. Der Verein Deutscher Ingenieure betrieb seit der Wende zum 20. Jh. aktiv Technikgeschichte, bzw. ließ sie betreiben, um das Ansehen der Ingenieure zu heben und ihnen selbst eine positiv bewertete Identität und Tradition zu geben. In dieser Technikgeschichte wurden die kulturellen Leistungen der Ingenieure im Sinne des älteren materiellen Kulturbegriffs hervorgehoben. Die erste vom VDI unterstützte große Monographie war die 1901 erschienene, sehr detailreiche *Geschichte der Dampfmaschine* des späteren VDI-Direktors Conrad Matschoss (1871–1942) (Matschoss 1901). Es war die Geschichte einer Ikone des frühen Industriezeitalters und das erste wissenschaftliche historische Buch, dessen Referenzsubjekt eine Maschine war.

Ein zusätzliches Anliegen dieses Buches wie vieler technikhistorischer Arbeiten von Ingenieuren in der ersten Hälfte des 20. Jh.s war der Wunsch, mit einer Nebenfolge des raschen technischen Fortschritts in der Moderne fertig zu werden, dem schnellen Vergessen nicht mehr genutzter technischer Lösungen. Die Geschichte der Dampfmaschine sollte, wie viele andere Publikationen danach, den Vorrat technischen Wissens für künftige Ingenieurgenerationen lebendig halten, um sie vor zeitraubenden Wiedererfindungen oder gar dem völligen Verlust nützlichen technischen Wissens zu bewahren. Die moderne Erfahrung, dass technisches Wissen rasch veraltet, musste erst noch gemacht werden.

Frühe Kulturkritik

Der Konstruktion einer technikoptimistischen und kulturschaffenden, historisch begründeten Identität der Ingenieure stand das von ihnen befürchtete und bekämpfte Bild einer kulturzerstörenden oder zumindest kulturnegierenden Technik der Moderne entgegen. Aus der Geringschätzung der *Engineers*, der Maschinisten, durch das Bildungsbürgertum wurde mit der Irritation an fortscheitender Industrialisierung und den damit verbundenen sozialen und kulturellen Umwälzungen eine immer schärfere konservative Kulturkritik, die nun gerade in der seelenlosen Technik einen Hauptquell allen Übels sah. Oswald Spengler (1880–1936) in *Der Mensch und die Technik* (Spengler 1931) in Deutschland und Lewis Mumford (1895–1990) in *Technics and Civilization* (Mumford 1934) in den USA präsentierten eine ganz andere Geschichte moderner Technik, die sie ebenso als kulturprägend, aber eben in eine verhängnisvolle Richtung, verstanden.

Damit waren die Pole des Streits um die historisch begründete Identität der Technik bezogen. Die technikoptimistischen Ingenieure suchten weiteren Rückhalt im Verständnis moderner Technik als angewandter Naturwissenschaft, womit Technik zum Ausdruck aufgeklärter Rationalität wurde, deren Wurzeln gemeinsam mit der Wissenschaftsgeschichte in der Frühen Neuzeit gesucht wurden. Die Technikpessimisten sahen in ihr zur Gegenwart hin v. a. Herrschaftstechnik, mithin ein Instrument von Unterdrückung und Zerstörung. Eine vermittelnde Position nahmen historisch denkende Nationalökonomen ein, die – wie etwa Werner Sombart (1863–1941) oder, besonders wirkungsmächtig, Joseph Schumpeter (1883–1950) – die industrielle Technik als Innovationsmotor der modernen Volkswirtschaft verstanden, ohne deswegen von der dauerhaften sozialen Stabilität dieses Prozess überzeugt zu sein. Kurz nach dem Zweiten Weltkrieg verfasste der Schweizer Architekt Sigfried Giedion (1888–1968), aktiver Vertreter einer architektonischen Moderne in der Zwischenkriegszeit, eine sehr einflussreiche, kulturkritische Geschichte moderner Produktion und ihrer Auswirkungen auf die Mentalität der Gesellschaft unter dem programmatischen Titel *Mechanization Takes Command* (Giedion 1948). Technikgeschichte war in Europa und den USA mittlerweile ein Feld, das in sehr viel mehr Disziplinen als den nur an wenigen Orten institutionalisierten technikhistorischen Lehrstühlen und Museen bearbeitet wurde.

Ideologische Konkurrenz des Kalten Krieges

Im Kalten Krieg kam es zu einer Neusortierung politischer Grundüberzeugungen und damit verbundener Bewertung moderner Technik. Der bislang durchweg technikoptimistische Marxismus fand seine Fortsetzung in einer weiter technikoptimistischen sowjetischen Schule mit entsprechenden Ablegern in den sozialistischen Ländern, die in der technischen Entwicklung seit der Industriellen Revolution v. a. ein großes Befreiungspotential für die Menschheit sah, das allenfalls vorübergehend vom Klassenfeind missbraucht werden konnte (Berthold 1985–1990). Im westlichen Neomarxismus fand dagegen eine kulturkritische Umbewertung der industriellen Technik und damit auch ihrer Geschichte statt. Die von Marxisten in der Zwischenkriegszeit noch heftig befehdeten Positionen Oswald Spenglers wurden in vielem rehabilitiert. Die Kritische Theorie sah vorwiegend die entfremdenden Aspekte der modernen Technik. Jacques Ellul (1912–1994), französischer Professor der Rechtsgeschichte und der Soziologie sowie protestantischer Theologe, wurde in seinem sehr technikskeptisch und kulturkritisch gewendeten Marxismus für viele vorbildlich. Sein 1954 erschienenes Buch *La technique ou l'enjeu du siècle* (Ellul 1954) erfuhr Übersetzungen in viele Sprachen und avancierte im Laufe des 20. Jh.s zu einem Leittext der These von der Autonomisierung der Technik und deren letztlicher Unterwerfung des Menschen. Die konservative Kulturkritik der Technik wanderte im Westen von der weltanschaulichen Rechten zur weltanschaulichen Linken. Der Technikoptimismus nahm zur gleichen Zeit die Gegenrichtung ein: Er wanderte von der Linken zur Rechten. Im Westen gehörten die Ingenieure jetzt zu den konservativen Eliten, hatten ihr Anerkennungsziel also erreicht.

In der zweiten Hälfte des 20. Jh.s gab es zwei unterschiedliche Emanzipationsgeschichten der modernen Technik: eine westliche, die modernisierungstheoretisch begründet war, und eine östliche mit produktivkrafttheoretischer Begründung. Daneben verlief eine westliche, kulturkonservative Entfremdungsgeschichte aus zunächst neomarxistischen und dann pluralisierten, sich aber weiterhin eher politisch links, also kapitalismuskritisch, verstehenden Positionen. Gemeinsam war allen drei Geschichten, dass es sich bei industrieller Technik, wie sie seit dem frühen 19. Jh. betrieben wurde, erkennbar um die Technik einer Epoche handelte – unabhängig davon, ob sie als historischer Glücksfall oder als Verhängnis eingeschätzt wurde.

In der ›Emanzipationsgeschichte West‹ gab es enge Verbindungen zur Wirtschaftsgeschichte bis hin zur Wirtschaftstheorie. Walt Rostows (1916–2003) modernisierungstheoretisches Take-Off-Modell fand sich in Wirtschafts- wie Technikgeschichte gleichermaßen wieder. Insbesondere die Entdeckung des technischen Fortschritts im Sinne von Produktivitätssteigerungen als wichtigstem Wachstumsfaktor moderner Volkswirtschaften durch Moses Abramovitz (1912–2000) und Robert Solow (geb. 1924) in den Jahren 1956/57 hat nicht nur die Wachstumsmodelle der neoklassischen Wirtschaftstheorie vollkommen revidiert, sondern dem Epochenbruch durch die Industrielle Revolution und damit auch der entsprechenden Periodisierung in der Technikgeschichte eine solide empirische Basis verliehen: Nicht vermehrter Ressourceneinsatz, sondern effizientere Ressourcennutzung war demnach die Hauptquelle des in den letzten beiden Jahrhunderten stets steigenden materiellen Wohlstandes. Ihren bekanntesten Ausdruck fand diese Geschichte der Moderne in David Landes' (1924–2013) *The Unbound Prometheus* mit seinem die Epoche der Moderne umschreibenden Untertitel (Landes 1969/2003).

Die ›Produktivkraftgeschichte Ost‹ unterscheidet sich – außer in der politischen Bewertung der Akteure – für die Analyse des Epochenbruchs zur Moderne und deren Entwicklung bis in das frühe 20. Jh. substantiell nur wenig von der modernisierungstheoretischen Westvariante. Beides sind erfolgreiche Fortschrittsgeschichten, die trotz völlig unterschiedlicher ideologischer Positionen zu nahezu austauschbaren Technikgeschichten führten. Erst für die Zeit nach dem Zweiten Weltkrieg kompliziert sich diese Situation durch das immer offensichtlicher werdende Zurückbleiben der Innovationsdynamik in den sozialistischen Ländern. In der orthodox-marxistischen wie in der westlich neomarxistisch inspirierten Technikgeschichte stand die Epoche der Moderne, die mit dem Zeitalter des Kapitalismus gleichgesetzt wurde, kurz vor ihrem Ende. Man war davon überzeugt, im Spätkapitalismus zu leben. Die westlich-neomarxistische Variante hatte durchaus konservativ kulturkritische Züge, indem sie die Arbeitsbedingungen im Kapitalismus bis in die Mitte des 20. Jh.s und v. a. im vormodernen Handwerk als weniger ausbeuterisch einschätzte als jene in der Gegenwart bzw. nahen Zukunft. Ein Kerntext dieser Niedergangs- und Entfremdungserzählung industrieller Produktion war die Arbeit des amerikanischen Trotzkisten Harry Braverman (1920–1976) *Labor and Monopoly Capital: The Degradation of Work in the Twentieth Century* (Braverman 1974). In ihr kam die schier endlose Debatte, wie die Entwertung handwerklicher Fähigkeiten beim Übergang zur maschinellen und automatisierten Produktion im Vergleich zur entstehenden psychisch-intellektuellen Qualifikation für die neuen Produktionsverfahren zu bewerten sei, zu einem pessimistischen Höhepunkt.

Die ursprünglich neomarxistische Entfremdungsgeschichte der Technik hat sich gegen Ende des 20. Jh.s zu einer von marxistischen Positionen unabhängigen Entfremdungsgeschichte gewandelt und ihr Hauptaugenmerk auf die Geschichte der technisch verursachten Umweltschäden gerichtet. Auch die Konsumkritik der Kritischen Theorie, die mit Konzepten wie falschem Bewusstsein und Verblendung operierte, um die ungebremste Konsumlust in freien Marktwirtschaften zu erklären, verlor an Unterstützung (Strasser 2002). Fundamentalkritik an der zeitgenössischen Moderne speist sich in der Technikgeschichte heute v. a. aus ökologischer Kritik an Produktion und Konsum und fokussiert auf Befürchtungen in der Klimadebatte (Pfister/Bär 1995). Im wachsenden Energieverbrauch seit Beginn der Industrialisierung wird die Vorgeschichte des kommenden Klimakollapses gesehen, mit dem dann auch die Epoche der Moderne zu einem selbst verursachten, katastrophalen Ende kommen müsste – es sei denn, es gelänge der Weltgesellschaft, noch rechtzeitig auf ein nachhaltiges Reproduktionsmodell umzustellen, das dann aber ebenso ein Ende der Moderne, wie wir sie kennen, bedeuten würde.

Pluralisierung der Perspektiven

Mit dem Abflauen des Kalten Krieges schwand in der Technikgeschichte, wie in vielen anderen Disziplinen auch, die Anforderung bzw. Zumutung, sich in dieser ideologischen Polarisierung zu positionieren. Dadurch konnten einige theoretische Prokrustesbetten verlassen werden und es entstand eine perspektivische Vielfalt, die bis heute noch wächst. Erste Absetzbewegungen fanden sich schon in den späten 1950er- und in den 1960er-Jahren. Besonders hervorzuheben ist die Aufgabe der Position, bei moderner Technik handele es sich um angewandte Naturwissenschaft. Technik- und Wissenschaftsgeschichte waren meist sprachlich verklammert aufgetreten und hatten gemeinsame wissenschaftliche Gesellschaften und gemeinsame Publikationen, ähnlich der Sozial- und Wirtschaftsgeschichte zur gleichen Zeit. Und ebenso wie Letztere sich trennten, da sie sich nicht länger als zwei Seiten derselben Medaille betrachteten, setzte sich die Technikgeschichte von der Wissenschaftsgeschichte ab, indem sie behauptete, nicht nur eine besondere, abgeleitete Form von Wissenschaft zu untersuchen. Der wichtigste institutionelle Schritt in diese Richtung war die Gründung der *Society for the History of Technology* (SHOT) in den USA im Jahr 1958. SHOT ist heute internationalisiert und die dominierende wissenschaftliche Gesellschaft der Technikgeschichte, die auch die wichtigste Zeitschrift – der Name ist Programm – *Technology and Culture* herausgibt (Staudenmaier 1985). Da in der Wissenschaftsgeschichte bis in die 1980er-Jahre der Beginn der Moderne noch im 16. Jh. mit Kopernikus (1473 – 1543) und Galileo (1564 – 1642) verortet wurde, bedeutete die Zurückweisung der These, moderne Technik sei angewandte Naturwissenschaft, implizit zugleich eine Stärkung der aus der Wirtschaftsgeschichte stammenden Periodisierung, nach der die Moderne als die in die Gegenwart reichende Epoche erst mit der Industriellen Revolution begann. Eine erneute Annäherung zwischen Technik- und Wissenschaftsgeschichte ging am Ende des 20. Jh.s von Letzterer aus, wobei nun jedoch in Umkehrung früherer Positionen moderne Naturwissenschaft zunehmend als Anwendung von Technik verstanden wurde (Wise 1993).

In der Tendenz ganz ähnlich verlief die Diskussion in der orthodox marxistischen Technikgeschichte. Ausgehend von der Leningrader Akademie der Wissenschaften, aber letztlich an der TU Dresden sehr viel erfolgreicher ausgearbeitet, wurde die Geschichte einer eigenständigen Technikwissenschaft betrieben, die wissenschaftstheoretische ebenso wie ökonomische und sozialwissenschaftliche Aspekte umfasste und damit weit über den bis dahin üblichen, engen Begriff der Ingenieurwissenschaften hinaus ging (Buchheim 1990). Auch wenn der Begriff der Moderne in diesem Kontext nicht verwendet wurde, folgte die Periodisierung dem Marxschen Vorbild, das mit der Industrialisierung – genauer: mit dem Industriekapitalismus – trotz aller frühbürgerlicher Vorläufer eine neue, bis heute andauernde Epoche begründet.

Die Entdeckung von Konsum und Geschlecht

Sehr viel wirkungsvoller für die Neuorientierung der Technikgeschichte im späten 20. Jh. als die Beschäftigung mit der Spezifik technischen Wissens war jedoch die Hinwendung zur Konsumgeschichte der Technik und die Aktivierung der Kategorie ›Geschlecht‹ für die technikhistorische Forschung. In Ersterer wurde aus der Fortschrittserzählung der immer besseren Technik, die sich dank ihrer hohen Leistungsfähigkeit durchsetzte, jetzt eine Beschäftigung mit den Aneignungs- und Verwendungspraxen, die ganz eigenen und damit anderen Prinzipien folgten als jene der Produktion. Die Gestaltung von Technik folgte jetzt nicht mehr irgendwie sachdeterminierten technischen Kriterien, sondern die NutzerInnen – ein neuer Begriff – waren an diesem Prozess als Koproduzenten über Konsumschnittstellen auf dem Markt und im gesellschaftlichen Diskurs beteiligt (Oudshoorn 2003). Nach einer kurzen Anfangsphase, die noch vom Herrschaftstheorem des kulturkritischen Neomarxismus bestimmt war, dominierten rasch kulturtheoretische Ansätze. Insbesondere anthropologische und psychologische Konsumstudien sind seither vorbildlich geworden (Douglas/Isherwood 1979; Csikszentmihalyi/Rochberg-Halton 1981). KonsumentInnen waren nicht mehr bloße

Opfer raffinierter Konzerne oder patriarchalischer Macht, sondern wurden als weitgehend selbstbestimmte und gegenüber den Herrschaftszumutungen durchaus erfolgreich subversive Akteure anerkannt. Aus dem Entfremdungskonsum technischer Güter wurde allmählich ein Ermächtigungskonsum zur Gestaltung der eigenen Identität – aber eben einer eigenen und nicht einer aus vermeintlich technischer Rationalität abgeleiteter.

Ganz ähnlich entwickelte sich die Geschlechtergeschichte der Technik. Auch hier stand am Anfang eine Entfremdungs- und Herrschaftsgeschichte in neomarxistischer Perspektive, die sich v. a. mit dem Ausschluss der Frauen aus der Erwerbsarbeit bzw. ihrer Verdrängung in technisch wenig anspruchsvolle Aushilfs- und Routinetätigkeiten befasste. Ein früher Ansatz einer optimistischen Emanzipationsgeschichte, wie er etwa 1930 von Ivy Pinchbeck (1898 – 1982) für das sich aus der Kontrolle des paternalistischen Familienverbandes und der unterbezahlten Dienst- und Heimarbeit lösende *factory girl* der Industriellen Revolution vorgelegt wurde, blieb lange folgenlos (Pinchbeck 1930). Die Arbeit wurde erst in den 1990er-Jahren wiederentdeckt und ihre zuvor meist verworfenen optimistischen Thesen (gerade auch zur Geschichte der Hausfrau im 19. Jh.) einer vorsichtigen Neubewertung unterzogen.

Die Produktionszentrierung der älteren Technikgeschichte setzte sich in der Geschlechtergeschichte erst einmal fort (Lerman et al. 2003). Das galt auch für die Geschichte der Haushaltstechnik, die zunächst fast nur unter dem Aspekt technischer Produktivität gesehen wurde. *More Work for Mother* war das deprimierende Resultat eines Jahrhunderts der Haushaltstechnisierung (Cowan 1983). Die hohe Produktivität der industriellen Arbeit und die damit verbundene steigende Entlohnung hatten die Möglichkeit für einzelne Familienmitglieder geschaffen, sich aus der Erwerbsarbeit zumindest zeitweise zurückzuziehen, um sich entweder längerer Schul- und Berufsausbildung oder häuslicher Arbeiten zu widmen. Während der Wegfall der Kinder- und Jugendlichenarbeit bis heute unisono begrüßt wird, erfährt die häusliche Arbeit von ganz überwiegend Frauen eine differenzierte und meist skeptische Bewertung. So ging es zunächst darum, diese Arbeit gegenüber der bezahlten Erwerbsarbeit überhaupt als vollwertig anzuerkennen, was ihr dann auch die gleiche Aufmerksamkeit in der Technikgeschichte einbrachte, aber eben zunächst auch die gleichen Bewertungskriterien. Konsum und Arbeit im Haushalt wurden getrennt behandelt und Hausfrauen in der Literatur teils als Fabrikarbeiterinnen zu Hause, teils als hedonistische Konsumentinnen der expandierenden technischen Warenwelt betrachtet.

Erst allmählich setzte sich vor dem Hintergrund anthropologischer Studien die kulturtheoretische Einsicht durch, dass Hausarbeit und Konsum nicht einfach nur Verzehr von Ressourcen und (unwirtschaftliche) Produktion zu Hause sind, sondern in hohem Maße der Herstellung von Sinn, Sozialität und Identität dienen. Die Konsum- und die Geschlechtergeschichte trugen entscheidend dazu bei, das Paradigma stets überlegener industrieller Produktion und ihrer verallgemeinerbaren Rationalität in der Technikgeschichte zu brechen. Das hatte schließlich auch Folgen für die Beurteilung scheinbar rückständiger und angeblich technikferner Praktiken im Haushalt. So wurde z. B. in einer Variante des Pinchbeck-Optimismus entdeckt, dass die vielgescholtene hausfrauliche Putzarbeit und Nahrungskonservierung in einer Zeit, als es noch keine wirksamen Antibiotika gab, das wirksamste und höchst erfolgreiche Mittel gegen die hohe Mortalität durch Infektionskrankheiten gerade von Kindern war (Mokyr 2005, Kap. 5).

Statt in der Haushaltsarbeit eine ineffiziente Kleinvariante der industriellen Produktion zu erblicken, wurde in diesem Beispiel wie in vielen anderen erkannt, dass es sich um die Produktion industriell nicht oder zu einem erreichbaren Preis nicht verfügbarer Güter und Dienstleistungen handelte, die gleichwohl durch Integration industriell gefertigter Hilfsmittel in die Eigenarbeit erstellt werden konnten. *Consumption skills*, die Fähigkeit zur Optimierung der Eigenproduktion einschließlich der Fähigkeit, deren Opportunitätskosten im Einzelfall richtig abzuschätzen und durch kostenbewussten Einkauf den effektiven Lebensstandard zu erhöhen, erwiesen sich als hochspezialisierte technisch-wirtschaftliche Kompetenz. Aus der etwas einfältigen, ihre objektiven Interessen nicht sehenden Hausfrau wurde die mindestens ebenso leistungsfähige Schöpferin von Gesundheit, Lebensqualität und Lebensstandard wie ihr normalverdienender Gatte (De Vries 2008, Kap. 5). Dass sie sich mit dieser familiären Arbeitsteilung langfristig in eine Herrschaftsfalle manövriert hatte, merkte sie im späten 20. Jh. selbst und begann sich entschlossen daraus zu befreien, was allerdings bislang erst ansatzweise zu einem technikhistorischen Thema wurde. Das komplexere, kulturtheoretisch informierte Bild der Sinn- und Identitätsstiftung in Produktion und Konsum sowie die historische Analyse der Eigenproduktion haben in der jüngeren

Technikgeschichte schließlich auch den Kurzschluss zwischen vermeintlich objektiver technischer Rationalität und Männlichkeit überwunden.

Regionen, Räume, Entwicklungspfade

Technikgeschichte ist bis heute ganz überwiegend die Geschichte westeuropäischer oder aus Westeuropa stammender Gesellschaften, zu deren Identität die überlegene Beherrschung industrieller Technik gehört. Industrielle Technik des 19. und 20. Jh.s in Westeuropa und Nordamerika ist dabei immer noch das mit Abstand am besten erforschte Gebiet. Konsum- und Umweltgeschichte der Technik konzentrieren sich auch ganz überwiegend auf diesen Raum und diese Zeit. Dies alles geschieht jedoch mit zunehmendem Unbehagen: weniger gegenüber früheren Epochen, die auch in anderen historischen Subdisziplinen weniger intensiv bearbeitet werden, als gegenüber außereuropäischen Kulturen. Das fraglos aus Europa und Nordamerika angestoßene Projekt einer technischen Moderne globaler Reichweite muss unverständlich bleiben, solange man es immer nur in seinem Herkunftskontext untersucht. So wie die Geschichte industrieller Produktion in Europa und Nordamerika erst durch die Untersuchung von Konsum und Umwelt verständlich und zu einer sinnvollen Geschichte industrieller Technik werden konnte, wird die Geschichte westlicher Technik erst durch die Untersuchung globaler Technik in ihren Spezifika und ihrer historischen Tragweite verständlich werden. Und nur so kann letztlich eine Geschichte der Technik in der Moderne entstehen. Die Schritte dorthin sind noch recht zaghaft, werden aber sichtbar mehr und überwinden auch allmählich die Euro- und Amerikazentrik, die nicht nur in der Geschichte der Technik sondern auch in den untersuchten Sprachräumen herrscht. So finden sich in der Zeitschrift *Technology & Culture* in den letzten Jahren immer häufiger Beiträge zur Technikgeschichte Asiens und Afrikas.

Das Interesse an der Geschichte außereuropäischer und außeramerikanischer Technik hat sich bislang v. a. auf die Vorphase der Industrialisierung konzentriert. Die Technikgeschichte verdankt dies ganz überwiegend der singulären Forschungsleistung von Joseph Needham (1900–1995) und seiner Schule. Needham hat sich die Frage gestellt, warum Europa und nicht das über Jahrhunderte technisch viel weiter entwickelte China zum Ausgangspunkt der Industriellen Revolution wurde. Diese *Needham Question* wurde am Ende des 20. Jh.s zur Frage nach der *Great Divergence* zwischen Europa und Asien mit Einsatz der Industrialisierung ausgeweitet (O'Brien 2009). Bis ins späte 18. Jh. hatte Europa Asien im Grunde nur Silber im Tausch gegen eine Vielzahl attraktiver Waren, nicht nur Gewürze, sondern auch gewerblicher Waren von Textilien bis zu Porzellan, zu bieten, um dann binnen weniger Jahrzehnte selbst zum Anbieter der begehrtesten technischen Güter zu werden. China und Indien, die zu Beginn des 19. Jh.s noch mit Abstand größten Volkswirtschaften der Welt, sanken in weniger als hundert Jahren zu unterentwickelten Armenhäusern herab. Der rasante wirtschaftlich-technische Wiederaufstieg der asiatischen Gesellschaften in der jüngsten Vergangenheit ist aber bislang noch kein Thema der Technikgeschichte, die sich vornehmlich mit der kolonialen und unmittelbar postkolonialen Vergangenheit befasst, darin aber zunehmend eine autonome Vielpfadigkeit statt der modernisierungstheoretisch zu erwartenden Kopie des europäischen Weges sieht (Moon 2007).

Zeithorizont und Epochenkonzept

Die Industrialisierung wurde als so umstürzend empfunden, dass ihr Beginn schon im 19. Jh. Industrielle Revolution genannt wurde (Blanqui 1837; Toynbee 1884). Nachdem sie anfangs noch an ihren sichtbarsten Ikonen, allen voran der Dampfmaschine, festgemacht wurde, hat sich die technikhistorische Forschung, eng verbunden mit der Wirtschaftsgeschichte, schon bald auf den Ersatz menschlicher Arbeit durch Maschinenarbeit und auf deren technischen Kern, die Arbeitsmaschinen, konzentriert. Sie folgte dabei den ersten Theoretikern des Fabrikwesens, wie es im 19. Jh. oft hieß: Andrew Ure (1778–1857), Charles Babbage (1791–1871) und dem von ihnen inspirierten Karl Marx (1818–1883) (Paulinyi 1986). Unter Arbeitsmaschinen werden mechanische Einrichtungen verstanden, die, mit einem Antrieb versehen, die Form von Materie umwandeln können. Ganz einfache Arbeitsmaschinen sind Getreidemühlen, die mithilfe von Wind- oder Wasserkraft Getreidekörner zu Mehl vermahlen.

Wichtig am Konzept der Arbeitsmaschine ist, dass Menschen sie bauen, in Gang setzen und steuern, aber selbst nicht in die Formveränderung der Materie eingreifen. Letztere ist in die Maschine eingebaut. Was die Arbeitsmaschinen der Industriellen Revolution von den meisten der Zeit davor, wie die o. g. Getreidemühle, unterscheidet, ist, dass sie die bearbeitete Materie in eine geometrisch bestimmte Form bringen, also nicht einfach nur klein reiben. In vorindustrieller Zeit bedurfte das der Führung des Werkzeugs durch eine qualifizierte Arbeitskraft. Seit der Industriellen Revolution wanderten immer mehr Werkzeuge aus der Hand in einen Mechanismus. Das bedeutet freilich auch – was lange übersehen wurde –, dass nicht nur Hand- sondern auch koordinierende Kopfarbeit schon in der Anfangsphase der Industrialisierung von diesen Maschinen übernommen wurde. So konnte ein kleines Team von vier Leuten zu Beginn des 19. Jh.s in England zwei von einem Wasserrad angetriebene Spinnmaschinen mit je 240 Spindeln bedienen und damit die über hundertfache Spindelzahl im Vergleich zur Handarbeit in Gang setzen. Statt Menschen mit Handwerkzeugen arbeiten zu lassen, wurden immer mehr Kombinationen von Maschinenwerkzeugen erdacht, die Teilprozesse der Produktion selbsttätig erledigen konnten.

Wenngleich sich die Aufmerksamkeit bei den frühen Autoren auf mechanische Prozesse konzentrierte, spielte die chemische Verfahrenstechnik eine ganz ähnliche Rolle. Hier wurde Materie zwar nicht geometrisch, wohl aber chemisch definiert. Der technisch gestaltete und von unmittelbarer Handarbeit unberührte Prozess hatte statt der Stoffformung die Stoffumwandlung zum Ziel. Das Ergebnis war genauso eine von körperlicher menschlicher Beschränkung losgelöste Produktionsmenge und bald auch Produktqualität. Woher die Kreativität hinter diesen Innovationswellen so plötzlich kam und was sie so schnell zur Routine werden ließ, bleibt umstritten. Nicht umstritten ist jedoch ihre epochale Wirkung. Mit der Verbreitung dieses Prinzips auf immer mehr Produktionsprozesse wuchs die Arbeitsproduktivität so gewaltig, dass wir heute in Westeuropa bei konservativer Berechnung um den Faktor 16 mehr Realeinkommen zur Verfügung haben als noch im 18. Jh. (McCloskey 2010, Kap. 6). Neu entstanden war die Fähigkeit, die Produktivität der Arbeit durch ständig weiterentwickelte technische Einrichtungen dauerhaft zu steigern. Wenn Moderne u. a. dadurch gekennzeichnet ist, dass in ihr Wandel auf Dauer gestellt wird, dann ist die technische Moderne durch bislang unerschöpfliche technische Innovationstätigkeit in historisch einmaligem Tempo gekennzeichnet. Sachlich begründete Zweifel am anhaltend hohen Innovationstempo in absehbarer Zeit sind bislang nur punktuell erschienen (Gordon 2012).

Wenn der Beginn der Moderne aus technikgeschichtlicher Sicht im weitgehenden Ersatz menschlicher Arbeit durch Maschinenarbeit gesehen wird, so ist ein Ende der Moderne nicht abzusehen, da dieser Prozess weder rückgängig gemacht wird noch durch eine andere als Maschinenarbeit im weiteren Sinne, darunter auch chemische Verfahrenstechnik, Mobilitätstechnik, Informatisierung usw. als neue Maschinenformen, abgelöst wird. Wohl aber finden wir im Sinne von Daniel Bells postindustrieller Gesellschaft (Bell 1973), dass die Beschäftigung im Industriesektor weltweit rückläufig ist. Das bedeutet freilich nicht, dass weniger Industriegüter produziert werden, sondern nur, dass die Produktivität in der Industrie schneller wächst als die nach wie vor steigenden Bedürfnisse nach dem Konsum industriellen Waren. Es ergeht der Industrie darin wie der Landwirtschaft, die auch mit immer weniger Arbeitskräften immer mehr Nahrungsmittel produziert. Beide Sektoren der materiellen Produktion, Landwirtschaft und Industrie, sind heute alt – dies aber nicht, weil ihre Wachstumsdynamik nachgelassen hat, sondern ganz im Gegenteil, weil sie die immer noch rasch wachsende Nachfrage überschießt. Es ist ein Erfolg, der sich selbst auffrisst.

Themen und Leitprozesse

Die großen Themen der Technikgeschichte der Moderne sind die seit der Industriellen Revolution auf eine völlig neue Grundlage gestellte Produktion, der Konsum der industriell erzeugten Güter und Dienstleistungen und die nicht intendierten Nebenfolgen, v. a. für die Umwelt industrieller Gesellschaften und damit letztlich der Welt insgesamt.

Produktionsperspektive

Die Technikgeschichte hat die Verbreitung des Prinzips der Arbeitsmaschinen und der unterstützenden Technologien wie Antriebe, Prozesswärme, Energieerzeugung, Regeltechnik, Verkopplung usw. untersucht und dabei recht unterschiedliche Stile in verschiedenen Ländern oder genauer in unterschiedlichen produktionstechnischen Kulturen gefunden. Das Prinzip der mechanisierten Fabrik mag gleich gewesen sein, die konkreten Ausformungen waren es nicht – weder regional noch historisch. Gleichwohl gewann die Fabrik der Moderne in der Industriellen Revolution eine Identität, die bis heute Gültigkeit besitzt und auch nach der Verlagerung des Schwergewichtes von materieller zu immaterieller Produktion wiedererkennbar bleibt. Ihr Prinzip, die um Maschinen – oder allgemeiner: um der Produktion dienende, weitgehend selbsttätige technische Einrichtungen – zentrierte Arbeit, wurde auf viele andere Tätigkeiten übertragen. Es ist in den hochtechnisierten Büros der Gegenwart die häufigste Organisationsform. Es gibt eine Filmindustrie und eine Tourismusindustrie, deren stark nachgefragte und mit hohem technischem Aufwand erzeugte Produkte Erlebnisse sind. Selbst von einer Finanzindustrie ist die Rede, was angesichts eines mittlerweile vollständig auf Computern basierten Buchungs- und Transaktionswesens, in dem die Arbeitsgegenstände Symbole statt materielle Dinge sind, sicher angemessen ist. Die Vorstellung, dass allein mit Fleiß (*industria*) wachsender materieller Wohlstand zu erreichen sei, machte an der Wende vom 18. zum 19. Jh. der Überzeugung Platz, dass dieser Fleiß immer raffinierterer technischer Unterstützung bedarf, um einen stets wachsenden Ertrag zu erbringen – ja, dass der Fleiß am ertragreichsten in der Erzeugung solcher Systeme von Arbeitsmaschinen im weiteren Sinne investiert ist (Paulinyi 1986; Landes 2003, Kap. 2).

Angesichts der Faszination, die der mechanisierte und teilweise bereits automatisierte Fließbetrieb (Autos, Haushaltsgeräte, Unterhaltungselektronik usw.) auf Zeitgenossen wie auf die technikhistorische Forschung ausübte, wurde oft vergessen, dass es ganz ähnliche Verbilligungen durch Massenproduktion in der Verfahrenstechnik gab, wo es v. a. um chemische oder biotechnische Stoffumwandlung und anschließende Konfektionierung der Produkte ging. Dies konnten Nahrungsmittel wie pasteurisierte Milch oder Fleischextrakt sein oder auch Pharmaka, die aus den Forschungslabors der Universitäten und der chemischen Industrie kamen. Die Fähigkeit, Schmerzmittel, Antibiotika, Ovulationshemmer usw. in nahezu unbegrenzter Menge zu Bruchteilen von Pfennigen herzustellen, hatte auf das Leben in der Moderne sicher mindestens ebenso weitreichende Folgen wie die offensichtlicheren Autos und Radios.

Die materiellen Produktionskosten spielten in diesen verfahrenstechnischen Prozessen kaum eine Rolle. Bei der Preisbildung ging es v. a. darum, die hohen Forschungsaufwendungen für die erstmalige Erzeugung kleiner Mengen und die anschließenden Wirksamkeits- und Verträglichkeitstests zu amortisieren. Da die meisten in den Labors erzeugten Substanzen sich als unverwertbar erwiesen, wurde Industrieforschung zu einem wirtschaftlich risikoreichen stochastischen Prozess. Wissenschaftliches Wissen, dessen Produktion nicht vorhersehbar war, wurde zur zentralen Ressource und Voraussetzung für industrielle Produktion. Verwissenschaftlichung der Produktion bedeutete in diesem Falle gerade nicht, dass sie planbarer und vorhersehbarer wurde: Im Gegenteil, Verwissenschaftlichung bedeutete auf der Unternehmensebene Kontingenzsteigerung, der man nur mit breit streuender Vorratsforschung begegnen konnte. Wissenschaft wurde zur Produktivkraft, wie es sehr anschaulich in marxistischen Studien hieß (Josephson 1981).

Dieser Prozess führte in der Produktionsgeschichte auch zu einer Untergliederung der Moderne in eine vorwissenschaftlichen Zeit, welche sich mit den Technologien der Industriellen Revolution, den Textilmaschinen, den Dampfmaschinen, der Eisenbahn, Bergbau und Eisenindustrie verband, und in die stärker verwissenschaftlichten Industrien wie Synthesechemie, Elektrotechnik, automatisierte Massenproduktion und dergleichen. Häufig wird der Aufstieg dieser zweiten Industrie-Generation auch als zweite Industrielle Revolution bezeichnet (Landes 2003, 4).

Im 20. Jh. wurde die Naturwissenschaft dann endgültig zu einer der wichtigsten Quellen technischer Innovationen. Es entstand aber auch eine eigenständige Technikwissenschaft, in der es zu einer systematischen Verbindung von erfahrungsgeleiteter Empirie und an der Naturwissenschaft orientierter Laborforschung kam. In der zweiten Hälfte des 20. Jh.s stammten wesentliche Impulse aus der Simulation technischer Prozesse mithilfe von Computern. Der Computer wurde zum Universalwerkzeug in Forschung und Produktion, schließlich auch im Alltag (Ensmenger 2012).

Der letzte Höhepunkt dieser laborgeborenen Produktion ist die Biotechnologie, in der Lebensprozesse, sei es in ihrer ursprünglichen Form, sei es nach genetischer Manipulation, zur Produktion genutzt werden. War in den 1960er-Jahren *Small is beautiful* noch ein industriekritischer Slogan, so beschreibt er heute die wichtigsten Technologien der Spitzenindustrien. Ob mit dieser Miniaturisierung durch Informatisierung und Biologisierung einschließlich der gerade erst aufkommenden Nanotechnik und deren Verbindung mit den Kognitionswissenschaften am Beginn des 21. Jh.s eine weitere Unterepoche der industriellen Moderne angebrochen ist, wird – wiederum in einer optimistischen und in einer pessimistischen Variante – noch diskutiert (Roco/Bainbridge 2003, 1–27; Rose 2007).

Konsumperspektive

Erst nach der Untersuchung der historischen Entwicklung der industriellen Produktion wandte sich das Interesse auch dem Konsum industriell erzeugter Güter und Dienstleistungen zu. Zunächst stand deren technische Nützlichkeit im privaten Gebrauch im Vordergrund. Die Rationalität der Fabrik wurde auf die vermutete gleichartige Rationalität des privaten Gebrauchs übertragen. Die Ideologie der Fabrik kolonisierte die Fragestellungen der Technikgeschichte des Konsums, die anfangs von einem heftigen technokratischen Paternalismus geprägt war. Was die Maschine in der Fabrik leistete, sollte deren kleine Variante im Haushalt leisten. Doch mit der Entdeckung, dass sich die Produktivitätsgewinne durch den Einsatz technischer Hilfsmittel in der Privatsphäre nicht einfach nur in mehr Muße, sondern in immer weitere, zusätzliche Konsumaktivitäten umsetzen, das Ganze also eine eher endlose Perspektive aufweist, die auch bei dem Faktor 16 in der Gegenwart noch nicht endet, fand eine Abkehr von produktivistischen zugunsten kulturalistischer Fragestellungen statt. Statt objektiver physiologischer Bedürfnisse, die schon nach wenigen Jahrzehnten der Industrialisierung weitgehend gedeckt waren, traten jetzt subjektive soziale und kulturelle Bedürfnisse in den Fokus. Dauerhaft satt, warm und trocken unter akzeptablen hygienischen Bedingungen waren die Bewohner der Industrieländer schnell. Was sie viel mehr um- und den Konsum antrieb, war die Suche nach Anerkennung, Status und Sinn (Blaszczyk 2009).

Der schon aus der Frühen Neuzeit bekannte Effekt, dass Bevölkerungen auf Deregulierungsgewinne wie Aufweichung des Zunftzwangs und der Kleiderordnungen mit intensiviertem expressivem Konsum antworten, wurde durch die großen Produktivitätsgewinne der Industrialisierung gewaltig verstärkt. Technisch ganz unvernünftige Dinge wie zerbrechliches Geschirr und dünne weiße Textilien hatten schon im 17. und 18. Jh. den Weg zum Anerkennungskonsum gewiesen und eine große Aufnahmebereitschaft für eher kulturell und sozial als technisch leistungsfähige Waren signalisiert. Wenn es nur darum ging, technische Effekte zum Schutz und zur Stabilisierung des menschlichen Organismus zu erzielen, herrschte im Konsum der Moderne schon bald Überfluss. Ging es dagegen um Anerkennung und letztlich Identität in der permanenten Konkurrenzsituation einer individualisierten Gesellschaft unter Bedingungen wirtschaftlichen Wachstums, also um relative Positionierung in einem inflationären System, dann konnte es nie genug sein.

Das aus der Ökonomie bekannte, nach dem US-amerikanischen Ökonomen Richard Easterlin (geb. 1926) benannte Easterlin-Paradox, wonach in der modernen Gesellschaft konstante Zufriedenheit steigende Realeinkommen verlangt (Easterlin 1995), schlägt sich im Konsum technischer Produkte als Ausweitung des notwendigen Besitzes und als permanentes Verlangen nach Neuheiten nieder. Die Technikgeschichte des Konsums in der Moderne fragt deshalb nach dem Entstehen spezifisch moderner Konsumpraktiken und Identitätsbildungen im Umgang mit immer mehr technischen Produkten und Dienstleistungen. Doch während der Produktivitätsschub in den Fabriken ganz offensichtlich bereits mit der Industriellen Revolution einsetzte, scheint der demokratische Massenkonsum auch in den wohlhabenden Ländern erst im 20. Jh. in ähnlicher Weise an Schwung zu gewonnen zu haben (Schrage 2009).

Ökologische Perspektive

Die gewaltige Ausdehnung der materiellen Produktion – sei es, um materielle Güter direkt zur Verfügung zu stellen, sei es, um technisch erzeugte Dienstleistungen wie Eisenbahnfahrten, Schiffsreisen oder Telefongespräche zu ermöglichen – hatte einen stark erhöhten Ressourcenverbrauch zur Folge und veränderte gleichzeitig die Lebenswelt durch die vielen technischen Infrastrukturen von privaten Häusern bis zu Kanälen, Schienennetzen, Straßen und Informationsträgern fundamental. Technikphilosophen sprechen von einem Umzug der Menschen von einem Biotop in ein Technotop (Ropohl 1979, 12). Dieses Technotop war nur durch massiven Ressourcentransfer aus der Natur in hochtechnisierte und konzentrierte Produktions- und Siedlungslandschaften zu schaffen, dessen Folgen eine neue hochtechnisierte Lebenswelt ebenso wie die Zerstörung der vorindustriellen Welt waren. Da Emanzipation und Entfremdung zwei Seiten desselben Prozesses sind, wurde dieser Umzug stets sehr unterschiedlich bewertet. Technikoptimisten betonten die bereichernden neuen Möglichkeiten, Technikpessimisten den Verlust des stabilisierend Vertrauten – vom sozialen Gefüge bis zu den Landschaften.

In der Sache, nicht aber in der Zeitdimension, ganz unbestritten waren dagegen die Endlichkeit der eingesetzten Ressourcen und die Massierung des Abfalls nach deren Verwendung. Die Industrialisierung mit der Mobilisierung von Steinkohlen und Erdöl als wichtigster energetischer Grundlage wurde zugleich als Eintritt in ein fossiles Zeitalter gesehen. Damit war die Moderne die erste Epoche, die in großem Umfang auf nicht-regenerative Ressourcen zurückgriff und sich somit auch als Erste auf einen grundsätzlich nicht-nachhaltigen Austausch mit der die Menschheit tragenden Natur einließ. Die ungewollten Spuren menschlicher Tätigkeit verschwinden nicht mehr in den natürlichen Schwankungen der biologischen und klimatischen Prozesse, wie das in vorangegangenen Epochen, von kurzen Episoden abgesehen, der Fall war. Auch wenn das in modernen Gesellschaften zu beobachtende veränderte generative Verhalten auf eine absehbare Stagnation der Bevölkerungszahlen hinauszulaufen scheint, sind robuste Tendenzen zu stagnierenden oder gar rückläufigen Konsumbedürfnissen nicht auszumachen.

Die aus der Technikgeschichte hervorgegangene Umweltgeschichte hat sich in einer ähnlichen Abfolge zunächst mit den Produktionsprozessen beschäftigt und deren Umweltschädlichkeit, v. a. deren Toxizität, untersucht, von den Rauchgasschäden und Abwasserbelastungen der Frühindustrialisierung bis zu Sondermüll und Radioaktivität im späteren 20. Jh. (McNeill 2003). Parallel dazu lief die Beschäftigung mit den drohenden Ressourcenverknappungen von der *coal question* in den 1870er-Jahren bis zu den *limits to growth* 100 Jahre später. Erst mit der Diskussion des Treibhauseffekts trat die globale Wirkung nicht-toxischen Abfalls (CO_2) in den Fokus. Da in den wohlhabenden Ländern mittlerweile der Energieverbrauch der privaten Haushalte größer ist als der der Industrie, verlagert sich der Fokus der Umweltgeschichte, allerdings nur sehr allmählich, von der Produktions- zur Konsumgeschichte der Technik (Pfister 1995).

Die Umweltgeschichte hat das Erbe der kulturpessimistischen Technikbewertungen aus der Mitte des 20. Jh.s übernommen und befreit sich nur sehr langsam daraus (Uekötter 2007, 88–92). Eine optimistische oder zumindest gelassene Umweltgeschichte ist derzeit noch nicht zu beobachten. Ob es, wie z. B. in der Geschichte industrieller Arbeit, dahin kommen wird, dass nach der neomarxistisch inspirierten Geschichte dauernder Verschärfung von zunächst überwiegend körperlicher zu immer stärkerer psychischer Belastung eine Neubewertung einsetzt, nach der durchaus auch positive Entwicklungen dargestellt werden, bleibt im Falle der Umweltgeschichte abzuwarten. Dort ist bislang nur das Bedrohungsszenario schwerpunktmäßig von Gift auf Klima umgestellt – ähnlich wie von körperlichen auf psychische Schäden in der Arbeitsgeschichte. Auch die Verbindung der Umweltgeschichte mit der neueren, von der Sinn- und Anerkennungsproduktion geprägten Konsumgeschichte hat noch keine großen Fortschritte gemacht.

Jenseits der breit etablierten Umweltgeschichte von Abfall, Toxizität, Landschaft und Klima hat sich in den letzten Jahren eine vielversprechende Evolutionsgeschichte herausgebildet, die nicht mehr nur die lange Evolution der Menschheit als Gattung, sondern gerade auch die kurze Epoche der Moderne in den Blick nimmt. Frei von Entfremdungs- und Emanzipationsdichotomien wird hier die Koevolution aller Organismen, einschließlich der Menschen, im Milieu einer hochtechnisierten Moderne untersucht, sei es absichtsvoll in der Biotechnologie, sei es, was sehr viel häufiger auftritt, als Nebenfolge weiträumiger und tiefgreifender Technisierungsprozesse, die ihrerseits unmittelbar auf Selektionsprozesse wirken (Russell 2011). Eine robuste Periodisierung ist in diesem jungen Feld freilich noch nicht absehbar; eine große Relevanz für das Verständnis der Moderne aber sehr wohl.

Literatur

Bell, Daniel: *The Coming of Post-Industrial Society. A Venture in Social Forecasting.* New York 1973.
Berthold, Rudolf (Hrsg.): *Geschichte der Produktivkräfte in Deutschland von 1800–1945*, 3 Bde. Berlin 1985–1990.
Blanqui, Adolphe-Jérôme: *Histoire de l'économie politique en Europe depuis les anciens jusqu' à nos jours. Suivie d'une bibliographie raisonnée des principaux ouvrages d'economie politique.* Paris 1837.
Blaszczyk, Regina Lee: *American Consumer Society, 1865–2005. From Hearth to HDTV.* Wheeling, Ill. 2009.
Braverman, Harry: *Labor and Monopoly Capital. The Degradation of Work in the Twentieth Century.* New York ²1974.
Buchheim, Gisela/Sonnemann, Rolf: *Geschichte der Technikwissenschaften.* Leipzig 1990.
Cowan, Ruth Schwartz: *More Work for Mother. The Ironies of Household Technology from the Open Hearth to the Microwave.* New York 1983.
Csikszentmihalyi, Mihaly/Rochberg-Halton, Eugene: *The Meaning of Things. Domestic Symbols and the Self.* Cambridge 1981.
De Vries, Jan: *The Industrious Revolution. Consumer Behavior and the Household Economy, 1650 to the Present.* Cambridge 2008.
Douglas, Mary/Isherwood, Baron C.: *The World of Goods. Towards on Anthropology of Consumption.* London 1979.
Easterlin, Richard A.: Does Economic Growth Improve the Human Lot? Some Empirical Evidence. In: David, Paul A./Reder, Melvin W. (Hrsg.): *Nations and Households in Economic Growth. Essays in Honor of Moses Abramovitz.* New York 1974, 89–125.

Ellul, Jacques: *La technique ou l'enjeu du siècle*. Paris 1954.
Ensmenger, Nathan: The Digital Construction of Technology. Rethinking the History of Computers in Society. In: *Technology & Culture* 53/4, 2012, 753–776.
Giedion, Sigfried: *Mechanization Takes Command. A Contribution to Anonymous History*. New York 1948.
Gordon, Robert J.: Is U. S. Economic Growth Over? Faltering Innovation Confronts Six Headwinds. *Working Papers in Economic History* (National Bureau of Economic Research) No. 18315, 2012.
Josephson, Paul R.: Science and Ideology in the Soviet Union: The Transformation of Science into a Direct Productive Force. In: *Soviet Union* 8/1, 1981, 159–185.
Landes, David S.: *The Unbound Prometheus. Technological Change and Industrial Development in Western Europe from 1750 to the Present* [1969]. Cambridge ²2003.
Lerman, Nina E. et al. (Hrsg.): *Gender & Technology. A Reader*. Baltimore 2003.
Matschoss, Conrad: *Geschichte der Dampfmaschine. Ihre kulturelle Bedeutung, technische Entwicklung und ihre grossen Männer*. Berlin 1901.
McCloskey, Deirdre N.: *Bourgeois Dignity. Why Economics Can't Explain the Modern World*. Chicago, Ill. 2010.
McNeill, John Robert: *Blue Planet. Die Geschichte der Umwelt im 20. Jahrhundert*. Frankfurt am Main 2003.
Mokyr, Joel: *The Gifts of Athena*. Princeton, NJ 2005.
Moon, Suzanne: *Technology and Ethic Idealism. A History of Development in the Netherlands East Indies*. Leiden 2007.
Mumford, Lewis: *Technics and Civilization*. New York 1934.
O'Brien, Patrick: The Needham Question Updated. A Historiographical Survey and Elaboration. In: *History of Technology* 29, 2009, 7–28.
Oudshoorn, Nelly/Pinch, Trevor (Hrsg.): *How Users Matter. The Co-Construction of Users and Technologies*. Cambridge, Mass. 2003.
Paulinyi, Akos: Revolution and Technology. In: Porter, Roy/Teich, Mikulas (Hrsg.): *Revolution in History*. Cambridge 1986, 261–289.
Pfister, Christian/Bär, Peter (Hrsg.): *Das 1950er Syndrom. Der Weg in die Konsumgesellschaft*. Bern 1995.
Pinchbeck, Ivy: *Women Workers and the Industrial Revolution 1750–1850*. London 1930.
Roco, Mihail C./Bainbridge, William Sims (Hrsg.): *Converging Technologies for Improving Human Performance. Nanotechnology, Biotechnology, Information Technology and Cognitive Science*. Dordrecht 2003.
Ropohl, Günter: *Eine Systemtheorie der Technik. Zur Grundlegung der allgemeinen Technologie*. München 1979.
Rose, Nikolas: *The Politics of Life Itself. Biomedicine, Power, and Subjectivity in the Twenty-first Century*. Princeton, NJ 2007.
Russell, Edmund: *Evolutionary History. Uniting History and Biology to Understand Life on Earth*. Cambridge 2011.
Schrage, Dominik: *Die Verfügbarkeit der Dinge. Eine historische Soziologie des Konsums*. Frankfurt am Main 2009.
Spengler, Oswald: *Der Mensch und die Technik. Beitrag zu einer Philosophie des Lebens*. München 1931.
Staudenmaier, John M.: *Technology's Storytellers. Reweaving the Human Fabric*. Cambridge, Mass. 1985.
Strasser, Susan: Making Consumption Conspicuous. Transgressive Topics Go Mainstream. In: *Technology & Culture* 43/4, 2002, 755–770.
Toynbee, Arnold: *Lectures on the Industrial Revolution in England*. London 1884.
Ueköfter, Frank: *Umweltgeschichte im 19. und 20. Jahrhundert*. München 2007.
Wise, Norton: Mediations. Enlightenment Balancing Acts, or the Technologies of Rationalism. In: Horwich, Paul (Hrsg.): *World Changes. Thomas Kuhn and the Nature of Science*. Cambridge, Mass. 1993, 207–256.

Ulrich Wengenroth

Theaterwissenschaft

Definitionen und Anwendungsbereiche

Die Begriffe ›Moderne‹ und ›modern‹ finden in theaterwissenschaftlichen Untersuchungen v. a. in zwei Kontexten Verwendung. Sie werden auf theatrale Phänomene und Prozesse bezogen, die (1) nach 1500, d. h. im Zuge von Säkularisierung, Rationalismus und Kapitalismus in Europa entstanden, und solche, die (2) aus Prozessen der Modernisierung hervorgingen, wie sie in Europa und den USA seit den letzten Jahrzehnten des 19. Jh.s vollzogen wurden und in nicht-westlichen Gesellschaften seit der Wende vom 19. zum 20. Jh. zu verschiedenen Zeitpunkten einsetzten. In beiden Kontexten werden die Begriffe mit unterschiedlichen Semantiken verwendet.

Kontexte der Neuzeit

Die Frühe Neuzeit betreffend ist zwischen Verwendungen zu differenzieren, (a) welche die Abkehr von mittelalterlichen Verhältnissen zum Thema machen, und (b) solchen, die auf eine Auseinandersetzung mit der Antike abheben.

(a) Auch wenn bereits vor 1550 fahrende Spielleute, Scharlatane und ähnliche Akteure durch Europa zogen und ggf. in spezifischen Funktionen an Aufführungen geistlicher Spiele beteiligt waren, die von den Städten ausgerichtet und entsprechend von den Bürgern und z. T. vom Klerus getragen wurden, gilt die Gründung professioneller Schauspieltruppen als eine Erscheinung der Moderne. In Italien fand die erste aktenkundig gewordene Gründung einer solchen Truppe 1545 in Padua statt, als Ser Maphio (gest. 1553) den Vertrag zur Bildung einer *fraternal compagnia* abschloss. In London eröffnete James Burbage (ca. 1531–1597) im nordöstlich gelegenen Distrikt Shoreditch das erste permanente, professionelle und öffentliche Theater, kurz *Theatre* genannt. Das Ereignis fiel zeitlich ungefähr mit dem Ende der geistlichen Spiele in England zusammen. In Coventry wurde der gesamte Zyklus, der für die Passions- und Fronleichnamsspiele typisch ist, zum letzten Mal 1580 aufgeführt. Mit den in Italien unter der Bezeichnung *commedia all'improviso*, *commedia mercenaria* oder auch *commedia italiana* (die Bezeichnung *commedia dell'arte* stammt aus dem 18. Jh.) geführten Truppen ebenso wie mit den zwischen 1576 und 1605 in London neu gegründeten Theatern entstanden unterschiedliche Formen eines professionellen kommerziellen Theaters, das seine Aufführungen gegen Bezahlung feilbot. Sie wurden generell als erste moderne Theater bezeichnet. ›Modern‹ heißt in diesem Zusammenhang säkular, professionell und kommerziell.

(b) Zum anderen fungiert der Begriff ›modern‹ in diesem Kontext als ein Gegenbegriff zu ›antik‹. Seine Verwendung geht z. T. auf zeitgenössische Diskurse v. a. des 17. und 18. Jh.s zurück.

Als erstes modernes Theatergebäude wird häufig das Teatro Olimpico in Vicenza bezeichnet, das auf der Grundlage von Vermessungen verschiedener antiker Theater in Rom und andernorts sowie von Vitruvs Schrift *De architectura libri decem* (1. Jh. n.Chr.) nach Plänen und Entwürfen des oberitalienischen Architekten Andrea Palladio (1508–1580) als eine kreative Transformation des römischen Modells erbaut wurde. Es eröffnete 1585 mit einer Aufführung des *König Ödipus*. In einer weiteren kreativen Transformation wurde nach dem Vorbild des Teatro Olimpico die sog. italienische Bühne oder Guckkastenbühne entwickelt, die bis ins 20. Jh. hinein als Prototyp eines modernen Theaters galt.

Auch die Entstehung einer neuen, später als modern bezeichneten Theaterform geht auf die Auseinandersetzung mit dem antiken Theater zurück – in diesem Fall mit der griechischen Tragödie: die Entstehung der Oper. Sie ist den Bemühungen der Florentiner Camerata zu verdanken, die griechische Tragödie wiederzubeleben, insbesondere die antike Deklamationspraxis. In diesem neuen Genre sollte singend gesprochen werden – *parlar cantando*, wie Monteverdi (1567–1643) es 1616 in einem Brief an Alessandro Striggio den Jüngeren ausdrückte -, um auf diese Weise unterschiedliche Affekte des Menschen zu repräsentieren und in den Zuschauern/Zuhörern auszulösen.

Während in diesen Fällen das antike Modell als Vorbild galt, das allerdings den neuen Ansprüchen entsprechend verändert werden musste, stritt man in Frankreich im ausgehenden 17. Jh. in der sog. *Querelle des Anciens et des Modernes* mit Vehemenz über den Vorbildcharakter des griechischen Theaters für die moderne Bühne. Die später sog. klassische französische Tragödie des 17. Jh.s ging unter Rückgriff auf die griechische Tragödie als eine moderne Gattung aus dem Streit hervor. Auch die Anhänger der *Anciens* veränderten die jeweilige Vorlage erheblich, sodass wir gerade in ihrem Fall von moderner

Tragödie sprechen – was aus ihrer Perspektive paradox anmuten würde.

In den deutschsprachigen Ländern erwies sich für die Diskussion um ein modernes Theater Johann Joachim Winckelmanns (1717–1768) auf die Bildende Kunst bezogene Schrift *Gedanken über die Nachahmung der griechischen Werke in der Malerei und Bildhauerkunst* (1758) als ein wichtiger Anhalts- und Ausgangspunkt. Als modern galt in diesem Zusammenhang ein spezifischer Umgang mit dem griechischen Vorbild, der zu seiner entscheidenden Veränderung führte, wie z. B. in Goethes *Iphigenie auf Tauris* (Endfassung 1787). In der Auseinandersetzung mit der Antike wurde von Goethe (1749–1832) und Schiller (1759–1805) die Abwendung vom realistischen Theater der Aufklärung gefordert, das die bürgerliche Wirklichkeit abbilde, um den bürgerlichen Zuschauer zu belehren oder – auf dem Wege über die Erregung von Gefühlen, v. a. von Mitleid – zu einem besseren Menschen zu machen (s. u.). Schillers Einsatz des Chores in der *Braut von Messina* und Goethes Verwendung von Masken in seiner Inszenierung des *Ion* von August Wilhelm Schlegel (1767–1845) nach Euripides' gleichnamiger Tragödie im Jahr 1802 sollten dem Zuschauer eine ästhetische Distanz ermöglichen, die ihm eine Reflexion des Vorgeführten erlaubte. Unter Verwendung von Mitteln, die dem antiken Theater entstammten, sollte ein modernes Theater geschaffen werden, das der Forderung nach der Autonomie der Kunst Genüge zu tun vermochte.

Der Begriff ›modern‹ wird außerdem ohne Bezug auf die Antike auf die neue realistisch-psychologische Schauspielkunst angewendet, die in der zweiten Hälfte des 18. Jh.s entstand und in zahlreichen Schriften von Theatertheoretikern und Philosophen wie Diderot (1713–1784), Lessing (1729–1781), Lichtenberg (1742–1799) oder Johann Jacob Engel (1741–1802) diskutiert wurde – modern insofern, als sie sich von der alten Affektenlehre abwandte und unter Rekurs auf die physiologische Theorie der Zeit eine neue Vorstellung von Emotion formulierte, die nach dem ›Gesetz der Analogie‹ eine andere Art der Repräsentation erforderte. Diese neue Schauspielkunst galt als Voraussetzung für die Schaffung einer vollkommenen Illusion, wie sie für die ›Ansteckung‹ des Zuschauers mit eben dieser Emotion notwendig erschien (Fischer-Lichte 1983, Bd. 2; Ruppert 1995).

Wie diese wenigen Beispiele für die Anwendung des Begriffs auf theatrale Phänomene und Prozesse der Zeit von etwa 1550 bis 1800 zeigen, wurde er entweder als ein Gegenbegriff zu den Termini ›antik‹ und ›mittelalterlich‹ verwendet oder zur Bezeichnung für Entwicklungen, die im Einklang mit den zur entsprechenden Zeit jeweils neuesten Entwicklungen in anderen kulturellen Bereichen erfolgten, etwa in der Gesellschaft (der spezifischen Ausformung der höfischen Gesellschaft unter Ludwig XIV. oder dem Aufstieg der bürgerlichen Klasse in England und später Deutschland) oder der Philosophie und Wissenschaft (Entwicklung eines neuen Naturbegriffs; Einführung des säkularen Begriffs *emotion* anstelle der mit christlichen Assoziationen verbundenen Begriffe *affect* und *passion*; Neubestimmung des Verhältnisses von Körper und Seele in der Physiologie) oder auch in anderen Künsten (etwa Erfindung der Zentralperspektive in der Malerei, die im ausgehenden 15. und frühen 16. Jh. die Entstehung der ›modernen‹ Perspektivbühne ermöglichte). Der Begriff ist in den genannten Fällen nicht scharf definiert. Er könnte häufig durch andere Begriffe wie ›neu‹ oder ›zeitgemäß‹ ersetzt werden. Er intendiert in allen diesen Fällen die Differenzierung, wenn nicht gar Absetzung von einem früheren Zustand bzw. Modell.

Seit dem späten 19. Jahrhundert

Den zweiten Kontext bilden Modernisierungsprozesse, die z. T. bis heute anhalten. Dabei wird davon ausgegangen, dass solche Prozesse sich multidimensional und keineswegs gleichzeitig entwickeln (Fischer-Lichte et al. 2010). Sie beziehen sich auf spezifische Konstellationen bestimmter politischer, sozialer, ökonomischer, wissenschaftlicher, technologischer und ästhetischer Dimensionen. Weder vollziehen sich die Veränderungen, die aus Prozessen der Modernisierung erfolgen, isoliert voneinander, noch stehen sie in einer eindeutigen kausalen Beziehung zueinander. Ein Theater, das als modern bezeichnet wird, kann Modernisierungsprozessen in anderen Bereichen vorausgehen, mit ihnen in Wechselwirkung entstehen oder als Reaktion auf sie in einem und mehreren anderen Bereichen. Häufig reagiert es auf soziale, politische oder künstlerische Krisen, die den Modernisierungsprozessen vorausgehen oder durch diese verursacht werden. Eine einheitliche Definition für den Begriff ›modern‹ im Zusammenhang mit theatralen Phänomenen und Prozessen, der über eine wie auch immer geartete und jeweils genauer zu bestimmende Beziehung zu Modernisierungsprozessen welcher Art auch immer hinausgeht, lässt sich kaum finden. ›Modern‹ kann sich auf einen je anderen Aspekt dieser Prozesse beziehen.

Europa

Das früheste Theater in Europa, das in diesem Sinne als modern bezeichnet wird, ist das naturalistische Theater. Seine Entwicklung steht in einer Beziehung zu sozialen und ökonomischen Modernisierungsprozessen, wie sie durch Industrialisierung und Urbanisierung vollzogen wurden, ebenso auch zu Entwicklungen in den Naturwissenschaften, der Psychologie und der Literatur, mit der es eine enge Wechselbeziehung einging. Das naturalistische Theater gilt als modern sowohl im Hinblick auf sein Repertoire und die Gegenstände seiner Darstellung als auch auf seine Schauspielkunst. In André Antoines Pariser *Théâtre Libre* (1887), Otto Brahms Berliner *Freier Bühne* (1889), Jacob Greins *Independent Theatre Society* in London (1891) und Konstantin Sergejewitsch Stanislavskis *Moskauer Künstlertheater* (1898) kamen die Stücke u. a. Ibsens, Björnsons, Strindbergs, Turgenevs, Tolstojs, Gorkis, Hauptmanns und Shaws zur Aufführung, die soziale ebenso wie psychologische und ethische Probleme behandelten, die in einem deutlichen Zusammenhang mit Prozessen der Modernisierung standen.

Die auf diesen Bühnen praktizierte Schauspielkunst beruhte zwar auf den Grundsätzen der realistisch-psychologischen Schauspielkunst, wie sie zuerst im 18. Jh. entwickelt wurde (s. o.). Insofern bestand durchaus eine gewisse Kontinuität. Gleichwohl wurde sie mit Blick auf die Erkenntnisse der ›modernen‹ Psychologie in einzelnen Aspekten entscheidend verändert. Während die Figuren des 18. Jh.s sich überwiegend sprachlich zu artikulieren wussten und u. a. Deklamation, Mimik, Gestik und Bewegung die Funktion erfüllten, die Bedeutungen des Gesprochenen zu intensivieren und zu vertiefen, traten jetzt Inhalt des Gesprochenen und die Weise des Sprechens, von Mimik, Gestik und Bewegung auseinander. Im Falle, dass die Figuren sich nur unzureichend zu artikulieren vermochten – wie z. B. proletarische Figuren – oder das Gesagte und Gemeinte auseinander fielen, kam es jetzt der Schauspielkunst zu, nicht nur das Gesagte zu ergänzen und zu verdeutlichen, sondern v. a. das tatsächlich Gemeinte zum Ausdruck zu bringen. Im Unterschied zur Sprache, die unvollständig sein oder gar lügen mag und generell in eine tiefe Krise geraten war, wie Nietzsche, Hofmannsthal und andere nicht müde wurden zu betonen, wurde dem Körperausdruck Wahrhaftigkeit zugeschrieben. Die moderne Schauspielkunst, wie sie u. a. von Konstantin Sergejewitsch Stanislavski (1863–1938) entwickelt wurde, hatte die Aufgabe, diese Wahrhaftigkeit des Körperausdrucks unter Beweis zu stellen. Stanislavskis ›System‹ einer solchen Schauspielkunst bildet bis heute die Grundlage für die Ausbildung von Schauspielern im realistisch-psychologischen Stil.

Andererseits werden gerade diejenigen theatralen Phänomene und Prozesse als modern bezeichnet, welche dezidiert und z. T. höchst polemisch den Naturalismus ablehnten. Während das naturalistische Theater in der Aufführung naturalistischer Dramen dem Prinzip einer minutiösen und detaillierten Abbildung von Wirklichkeit folgte, wurde dies Prinzip von ganz unterschiedlichen seit ca. 1900 entstandenen Bewegungen grundsätzlich bekämpft. Trotz der z. T. erheblichen Differenzen zwischen Symbolisten, Theaterreformern wie Edward Gordon Craig (1872–1966), Adolphe Appia (1862–1928), Georg Fuchs (1868–1949), Vsevolod Meyerhold (1874–1940), den Dadaisten, Futuristen, Expressionisten, Surrealisten und später dem Bauhaus, stimmten die Vertreter aller dieser Richtungen in der Überzeugung überein, dass Theater nicht eine andernorts bestehende Wirklichkeit abbilden, sondern eine neue, eigene Wirklichkeit schaffen solle – sei es auf der Bühne, sei es im gesamten Theaterraum durch die Interaktion zwischen Akteuren und Zuschauern, sei es durch Auszug aus den Theatergebäuden und die Eroberung neuer Räume, die bis dahin ganz anderen Zwecken dienten. Diese neue Wirklichkeit sollte keineswegs von der sozialen oder politischen Wirklichkeit isoliert sein, sondern vielmehr auf sie einwirken, wie besonders prominent Meyerhold nach der Oktoberrevolution sowie Erwin Piscator (1893–1966) und Bertolt Brecht (1898–1956) in den 1920er-Jahren proklamierten. Diese Zielsetzung galt allerdings bereits für das naturalistische Theater, das z. B. gegen die Ausbeutung der Arbeiter oder die Unterdrückung der Frau kämpfte.

Als modern wurden zwei auf den ersten Blick widersprüchlich erscheinende Auffassungen vom Theater bezeichnet: zum einen das Verständnis von Theater als einer eigenständigen Kunst und zum anderen das Verständnis von Theater als eines Festes und rituellen Massenspektakels. Beide Auffassungen lassen sich zu historischen Vorläufern in eine Beziehung setzen.

Theaterreformer wie Craig und Appia definierten Theater als eine spezifische Kunstform, die sich nur aufgrund der ihr eigenen Mittel von allen anderen Kunstformen unterscheide (Craig 1969/1911; Appia 1899). Die Bühne gilt entsprechend als ein Kunstraum, der nicht andere Räume abbildet, sondern durch seine Strukturierung mithilfe von Stufen, Stellwänden und Licht Möglichkeiten für Bewegungen der Akteure durch den Raum schafft. Ebenso wie sie betont etwas später Meyerhold, dass die Bühne aufhören müsse, als Magd der Literatur zu fungieren; vielmehr solle sie sich darauf konzentrieren, ihre eigenen Mittel zu erforschen. V. a. der menschliche Körper sollte nicht mehr dem Ausdruck von Seelenzuständen, Gefühlen und Charaktereigenschaften dienen, sondern als ein ganz spezifisches Material erforscht und eingesetzt werden.

Theater als eine eigene Kunstform verlangt nach einer Instanz, welche die verschiedenen Mittel ordnet und zueinander in Beziehung setzt. Modernes Theater ist in diesem Sinne Regietheater. Als historische Vorläufer lassen sich zwar Goethe und Richard Wagner (1813–1883) anführen. Goethe postulierte bereits 1798 in seiner Schrift *Über Wahrheit und Wahrscheinlichkeit der Kunstwerke* die Eigenständigkeit des Theaters als einer spezifischen Kunst und übernahm selbst in Weimar die Funktion der Regie. Wagners Begriff des Gesamtkunstwerks impliziert ebenfalls eine vorab festzulegende Beziehung zwischen allen beteiligten Personen und Materialien und entsprechend einen Regisseur, als der Wagner in Bayreuth selbst auftrat. Ohne den Regisseur ist das moderne Theater, verstanden als Kunst, nicht denkbar. Allerdings genügt die Instanz des Regisseurs nicht als Definiens, um eine Theaterform als modern zu bezeichnen, wie der Verweis auf Goethe und Wagner zeigt. In diesem Kontext wurde der Begriff also von Künstlern verwendet, die Theater als eine spezifische Kunstform propagierten.

Die Idee des Theaters als Fest scheint im Widerspruch zu der Vorstellung von Theater als einer eigenständigen Kunst zu stehen. Denn im 17. und 18. Jh. wurden Theateraufführungen nicht nur in speziellen Gebäuden oder auf Marktplätzen als Ware angeboten, sondern bildeten auch einen unverzichtbaren Bestandteil höfischer Feste. Richard Wagner kehrte dieses Verhältnis zwischen Theater und Fest um: Es waren die Aufführungen seiner Musikdramen, die das Fest bilden sollten. Seine Idee, Theateraufführungen selbst als Feste zu verstehen, wurde um die Jahrhundertwende von Künstlern wie Peter Behrens (1868–1940), Georg Fuchs, Adolphe Appia, Emile Jaques-Dalcroze (1865–1950) und v. a. Max Reinhardt (1873–1943) aufgegriffen, ebenso von dem Begründer der britischen Pageant-Bewegung, Louis Napoleon Parker (1852–1944). Nach dem Ersten Weltkrieg wurde sie von den Massenspektakeln u. a. der Kommunisten, Sozialdemokraten und Zionisten realisiert. Zum einen wurde der Begriff des Festes also von Künstlern verwendet, die Theater als eine eigenständige Kunstform proklamierten, und zum anderen von Anhängern der verschiedensten Ideologien zur Gesellschaftsveränderung.

Die Pageants seit 1905 in England und seit 1908 in den USA, die Massenspektakel in der jungen Sowjetunion nach der Oktoberrevolution und in den 1920er-Jahren der Sozialdemokraten in der Weimarer Republik werden insofern als modernes Theater bezeichnet, als sie auf Desintegrationstendenzen innerhalb der Gesellschaft reagierten, wie sie durch Modernisierungsprozesse ausgelöst oder vertieft wurden, auch wenn sie unter Rückgriff auf Praktiken vergangener Zeiten geschaffen wurden – und zwar sowohl in der Absicht »to kill the modernizing spirit«, wie Parker es ausdrückte (zit. nach Withington 1963, Bd. 2, 195), als auch mit der Intention, der Moderne entsprechende Gemeinschaften zu ermöglichen. Die Auflösung bzw. der Zerfall traditioneller Gemeinschaften hinterließ ein Vakuum, welches vom Fest des Theaters – sei es als künstlerisches Ereignis, sei es als rituelles Massenspektakel, sei es als eine Art Amalgam von beiden – gefüllt werden sollte, indem es für die Zeit der Aufführung eine Gemeinschaft zwischen Akteuren und Zuschauern herstellte. Nach der Revolution bzw. nach dem Ende des Ersten Weltkriegs erfüllten die Massenspektakel u. a. die Funktion, modellhaft ›neue Gemeinschaften‹ zu schaffen und zu erproben, die z. T. durchaus über die Dauer der Aufführung hinaus Bestand haben sollten (Warstat 2005).

Mit dem Amalgam von künstlerischem Ereignis und Massenspektakel ist ein drittes Definiens für den Begriff ›modernes Theater‹ angesprochen: die Vermischung von Elementen aus Elitekultur und Populärkultur, aus europäischen und nicht-europäischen – v. a. japanischen und chinesischen – Theaterkulturen (Meyerhold 1979). Ein besonders eindrucksvolles Beispiel, das Theater als eine eigenständige Kunst und zugleich als ein Fest realisierte und mit Elementen aus Hoch- und Volkskultur, europäischer und japanischer Theaterkultur arbeitete, stellt das Theater Max Reinhardts (1873–1943) dar. Mit dem Bau der intimen Kammerspiele (Berlin 1906) oder mit der Verwendung des *hanamichi*, eines Stegs, der im japanischen Kabuki-Theater quer durch den Zuschauerraum gelegt ist und als Auftritts- und Spielort dient (1910 in *Sumurun*), oder auch mit der ebenfalls dem Kabuki-Theater entlehnten Drehbühne und einer Reihe technischer Neuerungen, für die er Patente anmeldete, schuf Reinhardt für die Zuschauer ganz neue Bedingungen der Wahrnehmung, die in vielfältiger Weise auf die von der modernen Großstadt geschaffenen Wahrnehmungsbedingungen bezogen waren. Mit dem Auszug aus den Theatergebäuden z. B. in Wälder (*Sommernachtstraum* im Berliner Grunewald und bei Murnau 2010) oder in die Zirkusarena (*König Ödipus* 1910, *Orestie* 1911, Zirkus Schuman, Berlin) wurde nicht nur ein neues Publikum gewonnen, das bisher vom Theater ausgeschlossen war. Es wurden auch auf geradezu provozierende Weise für das Bürgertum nahezu ›heilige Texte‹ wie griechische Tragödien in der ›vulgären‹ Zirkusarena aufgeführt und dabei zirkusähnliche Mittel wie das Auftreten von Pferden nicht gescheut. Generell heben die Kritiker an Reinhardts Inszenierungen lobend oder kritisch hervor, dass sie zuallererst die Sinne und Nerven der Zuschauer ansprachen bzw. bis zum Zerreißen strapazierten. Dies galt den Zeitgenossen als unumstößliches Zeugnis für ihre Modernität. Die ›Nerven‹ bildeten in vieler Hinsicht einen neuen Bezugspunkt der Moderne.

Während Max Reinhardts Theater in der Theaterwissenschaft auch heute noch überwiegend als modern bezeichnet wird, findet für die Vertreter von Futurismus, Dadaismus, Expressionismus, Surrealismus, des sog. Theateroktobers und des Bauhauses meist der Begriff der Avantgarde Verwendung (s. u.). Dagegen werden in der anglo-amerikanischen Theaterwissenschaft alle neuen Theaterformen seit dem Auftreten des Naturalismus bis ca. 1930 als *modernist* bezeichnet.

Nicht-westliche Kulturen

In Bezug auf nicht-westliche Kulturen bezeichnet ›modern‹ eine Theaterform, die im Zuge von Modernisierungsprozessen neu eingeführt wurde. Er dient in diesem Zusammenhang als Gegenbegriff zu ›traditionell‹. Während in Japan z. B. das Nô-Theater, das Kyogen- oder das Kabuki-Theater als traditionelle Theaterformen bezeichnet werden, galt das zu Beginn des 20. Jh.s neu eingeführte Sprechtheater – Shingeki – bis in die 1950er-Jahre als modern. In China wurde das Sprechtheater durch Studenten, die in Tokyo studiert hatten, wenig später eingeführt. Unter der Bezeichnung Huaju galt es als der moderne Gegenpart der verschiedenen traditionellen Opernformen. In beiden Fällen erfolgte die Etablierung des Sprechtheaters als Folge der einsetzenden Modernisierungsprozesse: in Japan mit der Öffnung des Landes v. a. in der Meiji-Periode (1868–1912), in China nach Gründung des Frühlingsweidentheaters (1909) und v. a. im Zuge der Bewegung des 4. Mai 1919. Die traditionellen Theaterformen erschienen als steril und ungeeignet, die neu auftauchenden bzw. schon längst virulenten sozialen Probleme auf der Bühne zu diskutieren. Diese Funktion sollte die neue Form des Sprechtheaters erfüllen. Es wurde nach dem Vorbild des realistisch-psychologischen Theaters des Naturalismus geschaffen. Eine besondere Funktion kam in diesem Zusammenhang der Inszenierung von Henrik Ibsens (1828–1906) Dramen zu. *Nora oder Ein Puppenheim* (1879) wurde in Japan wie in China als Beitrag zur Frauenfrage, v. a. zur Forderung nach der ›neuen Frau‹ auf die Bühne gebracht und rezipiert. Mit Ibsens *Volksfeind* (1882) wurden grundsätzliche Fragen nach den Folgen der Industrialisierung und nach dem Demokratieverständnis in die Öffentlichkeit getragen.

Das moderne Theater in Japan und China ist in diesem Sinne nicht als eine ›Verwestlichung‹ des Theaters zu verstehen, wenn man mit Eisenstadt von *multiple modernities* ausgeht (Eisenstadt 2003; vgl. auch unten das Kap. Regionen, Räume und Entwicklungspfade), sondern als ein wichtiger Beitrag zur je besonderen Modernisierung der eigenen Gesellschaft.

Da sich diese Prozesse auch in anderen nicht-westlichen Gesellschaften sehr unterschiedlich vollzogen, wobei genau zwischen nicht-kolonialen, kolonialen und post-kolonialen Gesellschaften unterschieden werden muss, ist eine Vielzahl moderner Theaterformen entstanden, die überwiegend durch produktive Auseinandersetzung und Aneignung zunächst des realistisch-psychologischen Theaters und später anderer Theaterformen geschaffen wurden, z. T. in Abgrenzung von eigenen traditionellen Theaterformen, z. T. in Verflechtung mit ihnen. Alle diese unterschiedlichen Formen vereint, dass sie sich mit Problemen der Modernisierung und aus ihr folgenden Krisen auseinandersetzen (vgl. Amine/Carlson 2011; Fiebach 1986; Fischer-Lichte et al. 1990 und 2013; Mackerras 1983; Okagbue 2007; Ortolani 1995; Taylor 1991).

Forschungsgeschichte, Semantik und Gegenkonzepte

Theaterwissenschaft als eine Universitätsdisziplin ist ihrerseits aus Prozessen der Modernisierung hervorgegangen (Corssen 1998; Jackson 2004). Während Theatergeschichte im 19. Jh. in der jeweiligen Literaturwissenschaft betrieben wurde, da Theater durch die Literatur definiert war, die in ihr zur Aufführung kommt, und daher als legitimer Gegenstand der Literaturwissenschaft galt, bildete sich um die Wende vom 19. zum 20. Jh. eine neue Vorstellung von Theater heraus (Fischer-Lichte 1995). Es wurde nun durch die Aufführung definiert, an der Schauspieler und Zuschauer beteiligt sind und die in diesem Sinne von ihnen gemeinsam geschaffen bzw. hervorgebracht wird. Es erscheint kaum als ein Zufall, dass die Theaterwissenschaft sich ungefähr gleichzeitig mit der Ritualforschung herausbildete, welche im Gegensatz zum bisher vorherrschenden Verständnis dem Ritual die Priorität vor dem Mythos zusprach. Diese performative Wende in den Geisteswissenschaften lässt sich ebenfalls in einen Zusammenhang mit den Desintegrationstendenzen in den europäischen Gesellschaften stellen: Eine Theateraufführung ebenso wie die Aufführung eines Rituals ließ sich als eine je spezifische Form der Herstellung von Gemeinschaft begreifen.

Zwar definierte die neue Disziplin Theaterwissenschaft ihren Gegenstand als Aufführungen: (1) des Kunsttheaters (Max Herrmann in Berlin; vgl. Herrmann 1920), (2) des Volks- und religiösen Theaters (Artur Kutscher in München; vgl. Kutscher 1936) und (3) darüber hinaus von Festen, Feiern, Spielen, Sportwettkämpfen, Zeremonien, Ritualen – kurz: jeglicher Art kultureller Aufführungen aller Völker und Zeiten (Carl Niessen in Köln) (Niessen 1927). Doch gerieten die Vertreter der neuen Disziplin insofern in einen Selbstwiderspruch, als sie gerade nicht zeitgenössische Aufführungen untersuchten – d. h. die einzigen Aufführungen, die ihnen als solche zugänglich waren –, sondern dem geltenden Verständnis von Geisteswissenschaften als historisch-hermeneutischen Wissenschaften entsprechend sich mit Dokumenten zu Aufführungen früherer Zeiten – und z. T. anderer Kulturen – auseinandersetzten. Das zeitgenössische und bereits von den Zeitgenossen als modern bezeichnete Theater bildete nicht den Gegenstand ihrer Untersuchung. Der Terminus ›modern‹ findet in ihren Schriften daher kaum Verwendung.

Erst als in den 1980er-Jahren die theaterwissenschaftliche Forschung in vielen europäischen Ländern und den USA sich verstärkt den bereits erwähnten Theaterformen seit dem Naturalismus zuwandte, avancierte der Begriff ›modern‹ zu einem geläufigen Bestandteil des terminologischen Repertoires des Faches, wurde allerdings kaum je genauer definiert. Das von mir herausgestellte Kriterium des Zusammenhangs mit Modernisierungsprozessen wurde selten explizit gemacht, auch wenn es implizit vorausgesetzt wurde. Alternativ wurde häufig der Begriff der Avantgarde verwendet oder die Bezeichnung ›Theater des oder im 20. Jh.‹.

Die historiographische Forschung hat die Einbettung der Theater- und Tanzavantgarden um 1900 in die Lebensreformbewegung betont. Die Entwicklung neuer Theaterräume, Körperbilder, Wahrnehmungs- und Bewegungsformen im europäischen Theater des frühen 20. Jh.s, aber auch im neuen Tanz (freier Tanz, Ausdruckstanz) vollzog sich in unverkennbarer Nähe zu den heterogenen Bestrebungen von bündischer Jugendbewegung, Vegetarismus, Wandervogel, Anthroposophie, Freikörperkultur, Sexualreform und anderen Initiativen der Lebensreform. Unter modernitätstheoretischen Gesichtspunkten ist dieser Kontext wichtig, denn in ihm zeigt sich eine gewisse Ambivalenz in der Haltung zu modernen Entwicklungen: Immerhin werden der Lebensreformbewegung neben modernen Visionen einer neuen Lebensweise durchaus auch antimoderne Orientierungen zugeschrieben (Technikkritik, Großstadtkritik, Zurück-zur-Natur, Gemeinschaft statt Gesellschaft etc.).

Weder hat sich in der Theaterwissenschaft ein eigener Moderne-Diskurs herausgebildet noch werden Klassiker aus anderen Disziplinen als maßgeblich hinzugezogen. Denn die in der Literaturwissenschaft oder der Kunstgeschichte vorherrschenden Verwendungsweisen lassen sich kaum mit Erkenntnisgewinn auf theatrale Phänomene und Prozesse übertragen. Als eine Diskussion des Moderne-Begriffs in den 1980er-Jahren einsetzte, geschah dies überwiegend im Zusammenhang mit dem neugeprägten Terminus der Postmoderne, der sich allerdings nicht wirklich durchsetzen konnte. Während für das Theater der Wende vom 19. zum 20. Jh. und die ersten Dekaden des 20. Jh.s u. a. die Begriffe ›Moderne‹ und ›Avantgarde‹ Verwendung fanden, wurden spezifische Entwicklungen in den darstellenden Künsten seit den 1960er-Jahren zwar gelegentlich als postmodern bezeichnet, v. a. wenn die Diskussion der ästhetischen Mittel im Zentrum stand. Überwiegend fanden jedoch die Begriffe Neo-Avantgarde oder postdramatisch Verwendung. Keiner von ihnen ist klar definiert. Unterschiedliche Verwendungsweisen heben auf unterschiedliche Aspekte der untersuchten theatralen Phänomene und Prozesse ab.

Hinsichtlich der Termini ›Avantgarde‹ und ›Neo-Avantgarde‹ lässt sich allerdings feststellen, dass sie bevorzugt werden, wenn es um den Zukunftsbezug von Theater geht, der v. a. in den vielen

›ismen‹ des frühen 20. Jh.s besonders ausgeprägt in Erscheinung tritt und dort sowohl eine ästhetische als auch eine soziale Utopie meint. Dies gilt in anderem Maße auch für die darstellenden Künste seit den ausgehenden 1960er-Jahren wie experimentelles Theater, Performance Kunst, Happenings und alternative Formen eines partizipatorischen Theaters. Die neuen Formen, die hier gefunden wurden, oder der neue Gebrauch alter Formen zielt häufig auf eine Transformation aller am Ereignis Beteiligten – der Künstler ebenso wie der Zuschauer – ab. ›Modern‹ wird in diesem Zusammenhang kaum je gebraucht.

Regionen, Räume und Entwicklungspfade

Der Begriff der Moderne wird mit Bezug auf die unterschiedlichsten Kulturen gebraucht (s. o.). Einen wichtigen Aspekt stellt dabei die Übernahme von Elementen aus anderen Theaterkulturen dar. Dabei ist eine zeitliche Koinzidenz Europas, Japans und Chinas festzustellen. Ungefähr zur selben Zeit, da sich europäische Theaterkünstler Verfahren aus dem japanischen und chinesischen Theater aneigneten, um sie in je besonderer Funktion einzusetzen, eigneten sich japanische und chinesische Theaterkünstler Texte und Verfahren des europäischen psychologisch-realistischen Theaters an, um soziale Probleme auf der Bühne diskutieren zu können. Das erste Gastspiel einer japanischen Theatertruppe in Paris, Berlin und weiteren europäischen Städten, die eine ›modernisierte‹, jedoch für europäische Zuschauer immer noch sehr fremdartige Form des traditionellen Kabuki-Theaters realisierte, löste eine Welle von Kommentaren aus, die dieses Theater als die gesuchte Alternative zum bestehenden naturalistischen Theater anpriesen: als Modell für das gesuchte Theater der Zukunft, für ein modernes europäisches Theater.

Diese gleichzeitigen Bewegungen werden heute als Beispiele für verflochtene Modernen angesehen. Die Verwendung der Begriffe *histoire croisée* und *multiple modernities* wurde durch Diskurse um das sog. interkulturelle Theater seit den 1980er-Jahren sowie durch die Herausbildung von *postcolonial theory* vorbereitet bzw. nahegelegt (Fischer-Lichte et al. 1990 und 2013; Marranca/Dasgupta 1991; Pavis 1996). Während der Begriff des interkulturellen Theaters die ästhetische Dimension des Transfers von Elementen nicht-westlicher Theaterkulturen in westliche und umgekehrt fokussiert, stehen Fragen der Macht, die einen solchen Transfer ermöglicht, im Zentrum des Interesses der *postcolonial theory* (vgl. Gilbert/Lo 2002). Während der Begriff des interkulturellen Theaters die Vorstellung einer Gleichberechtigung der beteiligten Theaterkulturen suggeriert, obwohl im Phänomen selbst hegemoniale Tendenzen westlicher Künstler virulent sind, wird von den Theoretikern des Postkolonialismus das Machtgefälle zwischen westlichen und nicht-westlichen Kulturen betont.

In jüngster Zeit wurde der Begriff der Verflechtungen von Theaterkulturen geprägt. Er hat die Anerkennung multipler Modernen zur Voraussetzung ebenso wie die Vorstellung von Kultur als eines dynamischen, unabschließbaren Prozesses. Mit Blick auf Prozesse der Globalisierung, des jüngsten Ausläufers der Modernisierung, zielt dieser Begriff auf die neuen Diversitäten, die durch die Kollaboration von Künstlern mit unterschiedlichem kulturellen Hintergrund, durch die Übernahme von Elementen aus anderen Theaterkulturen, durch die Arbeit einer Gruppe innerhalb unterschiedlicher kultureller Kontexte und andere Formen der Begegnung, des Austauschs, der Verhandlung, Aneignung, Lokalisierung entstehen. Aufführungen, die aus solchen Verflechtungsprozessen hervorgehen oder als solche Verflechtungen sich vollziehen, werden allerdings nur selten als modern bezeichnet. Da sie sehr unterschiedliche Funktionen zu erfüllen vermögen, wie aus kulturkomparatistischen Fallstudien hervorgeht (Fischer-Lichte et al 2013), scheint die einheitliche Bezeichnung modern nicht angemessen. Ebenso wenig erscheint es sinnvoll, in diesen Verflechtungen zwischen traditionellen und modernen Elementen unterscheiden zu wollen. Was hier entsteht, sind neue Formen eines zeitgenössischen Theaters.

Einen anderen Akzent als die vergleichend angelegten Forschungen zu *multiple modernities* setzen neuere Forschungsrichtungen, die sich als *Global History* verstehen (Featherstone 1995; Conrad 2013). Anstatt die Verschiedenartigkeit von Modernisierungsprozessen in unterschiedlichen Regionen zu betonen, interessieren sie sich für Veränderungen in großem Maßstab, die sich regions- und kulturübergreifend vollziehen. Dies können zum Beispiel ökonomische oder klimatische Veränderungen sein, die weite Teile der Welt betreffen. Auch in der Theaterwissenschaft finden sich (erst vereinzelt) Ansätze zu einer globalen Theatergeschichte (Zarrilli et al. 2006), die kulturübergreifende Veränderungen fokussiert – etwa die Herausbildung interkontinentaler Tourneetheaterbetriebe und Distributionsstrukturen.

Zeithorizont und Epochenkonzept

Mit Blick auf die beiden Kontexte, in denen der Begriff Verwendung findet (s. o. Kap. »Definitionen und Anwendungsbereiche«) lässt sich eine sehr grobe Differenzierung zwischen der Frühen Neuzeit/Frühen Moderne vornehmen, die sich von ca. 1500 bis zum Beginn des 19. Jh.s erstreckt, und den Modernisierungsprozessen, die anschließend einsetzten und bis heute andauern. So wie in Europa und den USA Theaterkünstler seit der Wende vom 19. zum 20. Jh. immer wieder auf theatrale Phänomene und Prozesse sowie mit ihnen verbundene Diskurse der vergangenen Jahrhunderte ebenso wie anderer Kulturen zurückgriffen und sie für ihre Zwecke transformierten, beziehen sich Theaterkünstler in Asien, Lateinamerika, Afrika und der arabischen Welt z. T. im selben Zeitraum, meist jedoch zu unterschiedlichen Zeiten auf Formen des westlichen – v. a. realistischen – Theaters als auch auf eigene Traditionen. In globaler Perspektive erscheint es daher kaum sinnvoll, übereinstimmende Periodisierungen vornehmen zu wollen. Auch lediglich im Hinblick auf das europäische Theater lässt sich die Frage schwer beantworten, wann modernes Theater begann, wenn der Begriff nicht auf eine spezifische Semantik festgelegt werden soll.

Die Begriffe ›postmodern‹, ›postdramatisch‹ oder auch ›postkolonial‹ suggerieren, dass eine Epoche zu Ende gegangen ist und wir in eine neue eingetreten sind, für die noch keine angemessene Bezeichnung gefunden wurde. Der Bruch, den sie unterstellen, lässt sich im Hinblick auf die darstellenden Künste jedoch nur z. T. belegen, da an die Stelle von kolonialen Verhältnissen häufig neo-kolonialistische und kulturimperialistische Tendenzen getreten sind (vgl. Fischer-Lichte 2014, Kap. 2 und 9).

Themen und Leitprozesse

Einen wichtigen inhaltlichen Schwerpunkt der Diskussion um modernes Theater im 20. Jh. bildet die Einführung der neuen Medien ins Theater. Dabei geht es zum einen um ihre Verwendung auf der Bühne und zum anderen um aus ihnen abgeleitete dramaturgische Prinzipien wie z. B. die Montage. Piscators Theater der 1920er-Jahre wird in diesem Sinne als ein Prototyp des modernen Theaters behandelt. Er arbeitete mit dem Montageprinzip, fügte Film- und Radioaufzeichnungen in seine Inszenierungen ein und nutzte darüber hinaus eine Reihe technischer Neuerungen. Hans Günther Heymes *Hamlet*-Inszenierung (Köln 1979), in der nach einem Medienkonzept Wolf Vostells eine Reihe von Fernsehmonitoren an der Rampe und an der Bühnenrückwand den Raum dominierten, wurde als in der Nachfolge Piscators stehend rezipiert und ebenfalls als modern bezeichnet.

Für den seit den 1990er-Jahren immer üblicher gewordenen Einsatz von Video auf der Bühne wird dagegen kaum je der Begriff ›modern‹ verwendet – ebenso wenig wie für den Einsatz anderer technischer und technologischer Neuerungen.

Eine vergleichbare Situation ergibt sich mit Blick auf den Transfer von Elementen aus anderen Theaterkulturen. Während Max Reinhardts oder Vsevolod Meyerholds Bezug auf japanisches und chinesisches Theater ebenso wie die Gründung des Shingeki in Japan und des Huaju in China als Beleg für die Modernität dieser Theaterformen gilt, findet sich der Begriff nicht im Zusammenhang mit dem sog. interkulturellen Theater seit den 1980er-Jahren. Sowohl Intermedialität als auch Interkulturalität betreffend handelt es sich um transformierende Weiterentwicklungen von Praktiken aus den ersten Dekaden des 20. Jh.s. Gleichwohl werden sie nicht oder nur ganz selten unter den Begriff ›modern‹ subsumiert. Dagegen findet der Begriff der Modernisierung auch im Hinblick auf Entwicklungen der performativen Künste seit den 1960er-Jahren Gebrauch (vgl. Carruthers/Yasunari 2004; Hirata/Lehmann 2009; Fisher Sorgenfrei 2005). Eine der japanischen Gegenbewegungen aus den 1960er-Jahren, das sog. Angura (Untergrundtheater) – etwa von Tadashi Suzuki (geb. 1939), Shuji Terayama (1935–1983) oder Yukio Ninagawa (geb. 1935) – wird durchaus mit Modernisierungsprozessen in Verbindung gebracht, ohne modern genannt zu werden. Diese Theaterkünstler wandten sich ausdrücklich gegen Shingeki und schufen neue theatrale Formen z. T. unter Rückgriff auf traditionelle japanische Theaterformen und shintoistische Rituale auf der einen und die zeitgenössische Popkultur auf der anderen Seite.

Die Begriffe der Modernisierung und seit den 1990er-Jahren der Globalisierung werden zunehmend als übergreifender Orientierungsrahmen gewählt, was im Falle des Letzteren allerdings nicht unumstritten ist. Häufig wird argumentiert, dass dieser Terminus für Wirtschaft und Finanzen gilt, für die performativen Künste jedoch nicht angemessen sei. Für sie wird vereinzelt der Begriff des Kosmopolitismus vorgezogen. Alle derartigen Begriffe zielen darauf, Entwicklungen in den performativen Künsten in übergreifenden Zusammenhängen zu untersuchen und zu erklären. Gegen den Terminus der Globalisierung wird zusätzlich angeführt, dass er sich eher auf Prozesse anwenden lasse, die sich jenseits des Individuums vollziehen, wie dies eben bei Finanzströmen und der Zirkulation von Waren der Fall sei. Der Begriff des Kosmopolitismus dagegen bezieht sich auf eine Einstellung von Individuen, die aus gutem Grund nicht bereit sind, sich in ihrem Handeln auf den nationalen Rahmen zu beschränken, und in Kooperation mit Künstlern aus anderen Nationen ihre Vorstellungen von Theater verwirklichen wollen (Rebellato 2009).

Nun zirkulieren jedoch nicht nur Waren und Finanzströme weltweit, sondern auch die unterschiedlichsten sog. kulturellen Güter wie Kunstwerke, wissenschaftliche Erkenntnisse, Ideen u. a. m. Wenn griechische Tragödien und Stücke Shakespeares, Ibsens, Tschechows und Brechts in den unterschiedlichsten Theaterkulturen der Welt aufgeführt werden, z. T. in traditionellen Theaterformen wie z. B. der chinesischen Sichuan, Kunqu, Yue oder Peking Oper oder dem indischen Kathakali, so findet eine jeweils ganz spezifische Aneignung und Lokalisierung von Texten statt, die weltweit zirkulieren. Andererseits mutieren Aufführungstraditionen indigener Völker durch ihren Transfer und Einschluss in globale Ereignisse wie die Olympischen Spiele oder in internationale Theaterfestivals ihrerseits von lokalen zu globalen Ereignissen. ›Globalisierung‹ und ›Lokalisierung‹ bzw. ›global‹ und ›lokal‹ stellen, wie diese Beispiele verdeutlichen, wichtige Begriffe zur Bezeichnung von Tendenzen in den performativen Künsten dar, die weltweit zu beobachten sind, unabhängig davon, ob sie als kritisch oder affirmativ bestimmt sind und entsprechend verwendet werden.

Auch wenn von verflochtenen und multiplen Modernen ausgegangen wird, wie dies für die Theaterwissenschaft inzwischen überwiegend gilt, wird kaum dem Faktor Rechnung getragen, dass es sich bei ›modern‹ um einen in europäischen bzw. westlichen Kulturen geprägten Begriff handelt, dessen Semantik und Anwendungsbereiche sich im Laufe der Geschichte geändert haben. Gleichwohl meint dieser Begriff selbst in den verschiedenen europäischen Sprachen nicht dasselbe. So verwenden wir im Deutschen den Begriff im Hinblick auf politische, soziale, kulturelle, wissenschaftliche, ästhetische Phänomene und Prozesse. Im Englischen dagegen wird zwischen *modernity* und *modernism* unterschieden, wobei der letzte Terminus v. a. bei künstlerischen Prozessen zwischen etwa 1890 und 1930 Anwendung findet. Diese Unterscheidung ist im Deutschen nicht üblich.

Auch wenn vereinzelt zum Begriff ›*Modernismus*‹ Zuflucht genommen wird, gilt ›Moderne‹ generell auch für künstlerische Phänomene.

Die Theaterwissenschaft sieht sich zunehmend mit dem Problem konfrontiert, Erscheinungen in nicht-westlichen Theaterkulturen mit Termini europäischer Sprachen, v. a. des Englischen, zu erfassen. Ob es entsprechende Begriffe in den Sprachen der betreffenden Theaterkultur gibt und wie sie hinsichtlich ihrer Semantik und Anwendungsbereiche bestimmt sind, entzieht sich meist der Kenntnis, abgesehen von der kleinen Zahl von Theaterwissenschaftlern, die zugleich Japanologen, Sinologen, Indologen, Afrikanologen etc. sind. Theaterwissenschaftliche Veröffentlichungen in nicht-westlichen Sprachen bleiben für die Mehrzahl der westlichen Spezialisten unzugänglich. Wenn Theaterwissenschaftler nicht-westlicher Kulturen über ihr Theater auf Englisch schreiben, verwenden sie i. d. R. die geläufigen englischen Begriffe, ohne ihre Anwendung in diesem Kontext zu problematisieren.

Wenn in der Theaterwissenschaft ein Modernediskurs geführt werden sollte, müsste er sich dieser Problematik annehmen. Dabei wäre zunächst zu klären, mit welchem Begriff jeweils diejenigen theatralen Phänomene und Prozesse, die westliche Theaterwissenschaftlern wegen ihres Bezugs zu Modernisierungsprozessen ›modern‹ nennen, bezeichnet werden und welche Semantiken ihnen zukommen. Die Diskussion um den Begriff der Moderne in der Theaterwissenschaft neu zu eröffnen, wäre in diesem Kontext in der Tat sinnvoll.

Literatur

Amine, Khalid/Carlson, Marvin: *The Theatres of Morocco, Algeria and Tunesia. Performance Traditions of the Maghreb.* New York 2011.
Appia, Adolphe: *Die Musik und die Inszenierung.* München 1899.
Balme, Christopher (Hrsg.): *Das Theater von Morgen.* Würzburg 1988.
Carruthers, Ian/Yasunari, Takahashi: *The Theatre of Suzuki Tadashi.* Cambridge 2004.
Conrad, Sebastian: *Globalgeschichte. Eine Einführung.* München 2013.
Corssen, Stefan: *Max Herrmann und die Anfänge der Theaterwissenschaft.* Tübingen 1998.
Craig, Edward Gordon: *Über die Kunst des Theaters.* Berlin 1969 (engl. London 1911).
Dixon, Thomas: *From Passions to Emotions: The Creation of a Secular Psychological Category.* Cambridge 2003.
Eberstein, Bernd: *Das chinesische Theater im 20. Jahrhundert.* Wiesbaden 1983.

Eisenstadt, Shmuel N.: *Comparative Civilizations and Multiple Modernities*. Leiden 2003.

Eisenstadt, Shmuel N.: *The Great Revolutions and Civilisations of Modernity*. Leiden 2006.

Esty, Joshua D.: Amnesia in the Fields, Late Modernism, Late Imperialism and the English Pageant Play. In: *English Literary History* 69, 2002/1, 245–276.

Featherstone, Mike: *Undoing Culture. Globalization, Postmodernism and Identity*. London 1995.

Fiebach, Joachim: *Die Toten als die Macht der Lebenden*. Berlin 1986.

Fischer-Lichte, Erika: *Semiotik des Theaters*, 3 Bde. Tübingen 1983 (^{5}2007).

Fischer-Lichte, Erika (Hrsg.): *Theater Avantgarde*. Tübingen/Basel 1995.

Fischer-Lichte, Erika: *Dionysus Resurrected. Performances of Euripides »The Bacchae« in a Globalizing World*. Oxford 2014.

Fischer-Lichte, Erika et al. (Hrsg.): *The Dramatic Touch of Difference. Theatre, Own and Foreign*. Tübingen 1990.

Fischer-Lichte, Erika et al. (Hrsg.): *Theater seit den 60er Jahren. Grenzgänge der Neo-Avantgarde*. Tübingen/Basel 1998.

Fischer-Lichte, Erika et al. (Hrsg.): *Global Ibsen. Performing Multiple Modernities*. London/New York 2010.

Fischer-Lichte, Erika et al. (Hrsg.): *The Politics of Interweaving Performance Cultures. Beyond Postcolonialism*. London/New York 2013.

Fisher Sorgenfrei, Carol: *Unspeakable Acts. The Avant-Garde Theatre of Terayama Shuji and Postwar Japan*. Honolulu 2005.

Gilbert, Helen/Lo, Jacqueline: Towards A Topography of Cross-Cultural Theatre Practice. In: *The Drama Review* 46, 2002/3, 31–53.

Harding, James (Hrsg.): *Contours of the Theatrical Avantgarde. Performance and Textuality*. Ann Arbor, Mich. 2000.

Herrmann, Max: Über die Aufgaben eines theaterwissenschaftlichen Instituts (Vortrag vom 27. Juni 1920). In: Klier, Helmar (Hrsg.): *Theaterwissenschaft im deutschsprachigen Raum*. Darmstadt 1981, 15–24.

Hirata, Eiichiro/Lehmann, Hans-Thies (Hrsg.): *Theater in Japan*. Berlin 2009.

Hulfeld, Stefan: Modernist Theatre. In: Wiles, David/Dymkowski, Christine (Hrsg.): *The Cambridge Companion to Theatre History*. Cambridge 2013, 15–32.

Jackson, Shannon: *Professing Performance. Theatre in the Academy from Philology to Performativity*. Cambridge 2004.

Kutscher, Artur: *Grundriss der Theaterwissenschaft*. Düsseldorf 1936.

Lehmann, Hans-Thies: *Postdramatisches Theater*. Frankfurt am Main ^{5}2011.

Mackerras, Colin: *Chinese Theatre. From Its Origins to the Present Day*. Honolulu 1983.

Marranca, Bonnie / Dasgupta, Gautam (Hrsg.): *Interculturalism and Performance*. New York 1991.

Marx, Peter: *Max Reinhardt. Vom bürgerlichen Theater zur metropolitanen Kultur*. Tübingen/Basel 2006.

Meyerhold, Vsevolod E.: *Schriften*, 2 Bde. Berlin 1979.

Niessen, Carl: Aufgaben der Theaterwissenschaft. In: *Die Scene. Blätter für Bühnenkunst* 17, 1927, 44–49.

Okagbue, Osita: *African Theatre and Performance*. London/New York 2007.

Ortolani, Benito: *The Japanese Theatre. From Shamanistic Ritual to Contemporary Pluralism*. Princeton 1995.

Parker, Louis N.: *Several of my Lives*. London 1928.

Pavis, Patrice (Hrsg.): *The Intercultural Performance Reader*. London/New York 1996.

Rebellato, Dan: *Theatre & Globalization*. Basingstoke 2009.

Rimer, Thomas: *Towards a Modern Japanese Theatre*. Princeton 1974.

Ruppert, Rainer: *Labor der Seele und der Emotionen*. Sigma 1995.

Taylor, Diana: *Theatre of Crisis. Drama and Politics in Latin America*. Lexington 1991.

Warstat, Matthias: *Theatrale Gemeinschaften. Zur Festkultur der Arbeiterbewegung*. Tübingen/Basel 2005.

Withington, Robert: *English Pageantry. A Historical Outline*, 2 Bde. New York 1963.

Zarrilli, Phillip B. et al.: *Theatre Histories. An Introduction*. London/New York 2006.

Erika Fischer-Lichte

Theologie, Katholische

Definitionen und Anwendungsbereiche

Nicht zu Unrecht lässt sich die katholische Theologie in der Moderne als ein auf Dauer gestellter Diskurs um die Modernität von Theologie begreifen. Wie kaum in einer anderen Wissenschaft begegnen sich hier divergierende Modernitätsnarrationen, die ihre Entstehung vielfach hochideologischen Deutungskämpfen um die ›Neuzeitlichkeit‹ der Theologie verdanken. Dabei werden diese Kontroversen durch die konfessionsbezogene Eigentümlichkeit befeuert, dass binnenkirchliche Konflikte die theologischen Debatten nachhaltig bestimmen. Dies hat unter anderem damit zu tun, dass in der Gestalt des kirchlichen Lehramtes eine wissenschaftsfremde Institution den innertheologischen Diskurs nicht nur strukturell zu beeinflussen versucht hat. Sie machte bis in die Mitte des 20. Jh.s hinein bisweilen exzessiven Gebrauch von disziplinarischen und inquisitorischen Mitteln, um modernitätsaffine Theologen zu bekämpfen. Somit ist die diskursive Praxis der katholischen Theologie in einem hohen Maße machtförmig strukturiert gewesen!

Es entsprach über lange Zeit hinweg dem theologischen Sprachgebrauch, Diskurskonstellationen, in denen heute eher der Modernebegriff verwendet wird, dem semantischen Feld des Neuzeitbegriffs zuzuordnen. In den ersten Versuchen einer theologiehistorischen Vergewisserung der katholischen Theologie im 19. Jh. findet der Modernebegriff keine Verwendung; zu beobachten ist allenfalls ein unspezifischer Gebrauch, beispielsweise in der Rede von den »modernen« Natur- und Staatsrechten (Werner 1866, VIII). Stattdessen herrschte die Adjektivbildung ›neuzeitlich‹ vor, und zwar vornehmlich im Zusammenhang philosophischer und geistesgeschichtlicher Entwicklungen. In den 90er-Jahren des 19. Jh.s finden sich erste Belege, in denen explizit der Begriff der »Neuzeit« als Epochenbezeichnung verwendet wird (Schell 1892, 6–9). Bis dahin wird die Rede von der »neueren Zeit« verwendet, die den Zeithorizont von der Reformation bis zur je eigenen Gegenwart charakterisiert, wobei Letztere als »Zeit der Restauration von 1830 abwärts« bezeichnet wird (Schell 1892, 2; Scheeben 1874, 459 f.).

Weil die »zersetzenden und antikirchlichen Elemente« des Aufklärungszeitalters »Verwirrung und Auflösung« in die Theologie hineingetragen hätten, wird die eigene Zeit als »Epoche des Verfalls« qualifiziert (Scheeben 1874, 444 f., 457–459). Als Referenzhorizont fungiert somit die Aufklärung des 18. Jh.s, in der es »neuzeitliche […] Gährungsprocesse« gegeben habe, die der Ausprägung eines »neuzeitlichen Bewusstseins« Vorschub leisteten (Werner 1866, VII, 2). Hinter diesen Beschreibungen stehen ganz unterschiedliche Epochenkonzeptionen, die freilich nicht nur (wie die genannten) negativ konnotiert werden. So fordert der Theologe und Philosoph Herman Schell (1850–1906) ausdrücklich, dass die Theologie dem »Bedürfnis der Zeit« zu entsprechen und die »neue Zeit« als »beständige Herausforderung an das katholische Christentum« zu beurteilen sei, »seine Vernunft und sein inneres Recht auf die Zukunft zu erweisen« (Schell 1892, 7). Diese Bemerkung ist bereits Teil des als »Modernismus« bezeichneten Modernitätsdiskurses der katholischen Theologie (s. u.). Indem Schell als des Modernismus verdächtiger Debattenteilnehmer die Position vertritt, dass es in »unserer Gegenwart« nicht »unkirchlich« sein könne, »die fortgeschrittene, vertiefte und erweiterte Philosophie der Neuzeit mit dem Offenbarungsglauben in eine fruchtbare Bundesgenossenschaft zu bringen« (Schell 1897, 56), artikuliert er, ohne dass er den Begriff verwendet, in normativer Absicht das entschiedene Modernitätsbewusstsein eines katholischen Theologen, den »Geist der Neuzeit« mit dem »Geist der Kirche« zu versöhnen. Aus dieser Intention erwächst das Programm, den Katholizismus als »Prinzip des Fortschritts« zu begreifen und den überzeitlichen Gehalt des kirchlichen Glaubens mit dem Fortschritt in jeder Gestalt und also auch mit der »neuen Zeit« zu vermitteln (Schell 1897).

Die Redewendung »moderner Geist« gehörte am Ende des 19. Jh.s zu den geläufigen Ausdrücken der Charakterisierung »unserer« Zeit (Schell 1892). Gelegentlich findet sich auch eine Dreifachperiodisierung der Neuzeit, bei der das 19. Jh. insofern den Beginn einer neuen Periode markiere, sofern sie auf die epochalen Umbrüche von Aufklärung und Revolutionen zu reagieren habe (Erhard 1901). Die explizite Verwendung des Modernebegriffs begegnet erst Anfang des 20. Jh.s. Eine der frühesten Belege für die Nominalbildung ›Moderne‹ findet sich bei Karl Adam (1876–1966), der die Moderne sogleich als Oppositionsbegriff zum Katholizismus einführt. Angesichts der Katastrophe des Ersten Weltkriegs wird der Kirche die Aufgabe übertragen, modernistische Verfallsdynamiken zu überwinden: »Es gibt für die

Moderne nur eine Rettung: Zurück zur katholischen Kirche und zu ihrem Glauben« (Adam 1920, 150).

Karl Eschweiler (1886–1936) verwendet den Begriff der Moderne im kritischen Bezug auf Ernst Troeltsch, dem er, ohne dies näher auszuführen, vorhält, den »überkommenen Begriff der geschichtlichen Neuzeit auf die spezifische ›Moderne‹« eingeengt zu haben. Eschweiler spricht der Aufklärung einen epochalen Zäsurcharakter zu, weil sie allererst den »spezifisch ›modernen Geist‹ geboren« habe. Dessen Heraufkunft beurteilt er freilich kritisch, da er »seiner Natur nach vor allem in schärfstem Gegensatz zu der überlieferten christlichen Weltauffassung auftreten [musste]«. »Die ›Moderne‹ wirkte sich in der theoretischen und ethischen Aufklärungsbewegung aus als geistige Säkularisation […]« (Eschweiler 1921/22, 8–25, 16). Auf der anderen Seite will Eschweiler solchen katholischen Theologien »Modernität« bescheinigen (Eschweiler 1921/22, 18 f.), die im Widerspruch zum »modernen Geist«, der einem »Vernunft-Naturalismus« huldige, am Projekt einer rationalen Geltungssicherung der übernatürlichen Offenbarungswahrheit festhalten. Gegenläufig zu zeitgenössischen Epochenkonzepten wehrt er sich dagegen, »die moderne Periode mit Immanuel Kant wie mit einem absoluten Anfang beginnen zu lassen«. Dieses Verfahren verdecke die »vernünftige systematische Apologetik« der katholischen Theologie, die »bis heute im Dunkel des Nichtbeachtens« gelassen werde (Eschweiler 1921/22, 25). Als alternatives Gegenkonzept zur traditionellen Geistesgeschichtsschreibung seiner Zeit interpretiert Eschweiler das letzte Drittel des 18. Jh.s als Formationsepoche eines spezifisch katholisch-theologischen Philosophieansatzes, der auf der Metaphysik Christian Wolffs (1679–1754) basiert. Konsequenterweise rekonstruiert Eschweiler die katholische Theologiegeschichte in der Moderne am Leitfaden der theologischen Erkenntnislehre und privilegiert in ihr vornehmlich modernitätskritische Theologien (Eschweiler 1926).

Demgegenüber finden sich in enzyklopädischen bzw. lexikalischen Standardwerken der katholischen Theologie der 1960er-Jahre, beispielsweise dem *Lexikon für Theologie und Kirche*, dem *Handbuch theologischer Grundbegriffe* oder dem pastoraltheologischen *Lexikon Sacramentum Mundi*, keine Lemmata zum Modernebegriff (LThK 1962; HthG 1963; SM 1969). In kirchen- und theologiegeschichtlichen Gesamtdarstellungen wiederum dominierte weithin der Neuzeitbegriff (Grabmann 1933; Eicher 2005; Smolinsky/Schatz 2008), wobei das 19. und 20. Jh. gelegentlich als »Moderne« oder »moderne Welt« gekennzeichnet werden (Jedin 1973; Mayeur 1992/2002; Smolinsky/Schatz 2008; Wolf 1997). Noch eine der wirkungsgeschichtlich bedeutsamsten katholischen Theologiekonzeptionen der 1960er- und 1970er-Jahre, die »Neue Politische Theologie« von Johann Baptist Metz (geb. 1928), verwendet nahezu ausschließlich den Neuzeitbegriff und zwar in der affirmativen Absicht, die Aufklärung und die durch sie initiierten gesellschaftlich-geschichtlichen Emanzipations- und Säkularisierungsprozesse ins Zentrum des theologischen Interesses zu stellen (Metz 1977).

Die heutige Priorität des Begriffs der Moderne und seine definitorische Unterscheidung von dem der Neuzeit sind jüngeren Datums. Sie dürften wesentlich der theologischen Verarbeitung genuin soziologischer Modernisierungsdebatten geschuldet sein (Kaufmann 2012), der kirchengeschichtlichen Freilegung des Zäsurcharakters der Französischen Revolution (Wolf 1997) oder der Rezeption der Sattelzeittheorie Kosellecks sowie spezifisch nachidealistischer Philosophien, denen zufolge die Neuzeit in der Moderne ihre maßgebliche Selbstauslegung gefunden habe (Essen 1998). Dabei fungieren die Aufklärung, die Französische Revolution sowie die Säkularisation von 1803 sichtlich als Referenzpunkte, sofern und weil sie dem euroatlantischen Raum eine »zweite normative Ordnung« beschert haben, die in der Selbstwahrnehmung dominanter Strömungen in Theologie und Kirche die erste (das aber heißt: die christliche) abzulösen beansprucht (Dipper 2013, 268). Folglich changiert die katholisch-theologische Rede von »der« Moderne zwischen einem eher deskriptiven und einem eher normativen Gebrauch. So kann der Begriff zur Beschreibung und Deutung jener hochkomplexen Transformationsprozesse herangezogen werden, die gemeinhin als ›Modernisierung‹ von Institutionen und Gesellschaft begriffen werden. Oder aber der Modernitätsbegriff umreißt die Vielzahl theologischer Ansätze, die sich mit den philosophischen, politischen und ethischen Umbrüchen im Selbst- und Weltverhältnis des Menschen in ›der‹ Moderne auseinandersetzen.

Forschungsgeschichte, Semantik und Gegenkonzepte

Während die erste Hälfte des 19. Jh.s weithin von der Dominanz der Systematischen Theologie und hier besonders der Dogmatik geprägt war, veränderte sich das enzyklopädische Selbstverständnis der katholischen Theologie durch die Etablierung zunächst der historischen und exegetischen Fächer im Verlaufe der zweiten Hälfte des 19. Jh.s, ab der Mitte des 20. Jh.s dann auch der praktischen Theologie. Durch die damit verbundenen divergenten interdisziplinären Bezugnahmen gewannen Moderne-Diskussionen aus unterschiedlichen Nachbarfächern theologisch an Bedeutung. Dies geschah auf katholischer Seite mit einer gewissen Verzögerung im Vergleich zu den nach 1831 einsetzenden einzelwissenschaftlichen Ausdifferenzierungsprozessen (Schnädelbach 1991), da aufgrund der faktischen Dominanz einer philosophisch orientierten Systematischen Theologie das Einwirken des historischen Bewusstseins auf die theologische Vergewisserung des kirchlichen Überlieferungsbestandes allererst im letzten Drittel des 19. Jh.s spürbar wurde. Der wissenschaftshistorische Paradigmenwechsel von der Philosophie zum Historismus gehörte dann zu den Themen, die im Mittelpunkt der Modernismuskrise der katholischen Theologie standen.

Referenzrahmen Philosophie

Doch für das 19. Jh. selbst bildete unter der Vorherrschaft der Systematischen Theologie zunächst die Philosophie nahezu exklusiv den Referenzhorizont für die genuin theologischen Moderne-Debatten. Im Mittelpunkt stand die Frage, inwiefern es der Theologie erlaubt sei, an die Stelle der traditionellen Metaphysik, die im Zeitraum vom 16. bis zum 18. Jh. zunächst von der (spanischen) Spätscholastik und dann schließlich von Christian Wolff maßgeblich geprägt wurde, auf die Vernunftkritiken Kants oder auf die von ihnen ausgehenden Philosophietraditionen zurückzugreifen. Die unter dem Einfluss der Romantik vollzogene Abwendung von Kant folgte weniger restaurativen Interessen, sondern vielmehr dem Programm, durch eine Rezeption idealistischer Geschichtskonzeptionen die für den christlichen Glauben konstitutive Kategorie der Offenbarung in einer Weise zu rehabilitieren, dass, vermittelt durch sie, die spezifisch katholischen Grundbegriffe ›Tradition‹ und ›Kirche‹ neu begründet werden konnten. Ansätze dieser Art, die sich in der sog. Katholischen Tübinger Schule sowie bei Johann Michael Sailer (1751–1832) und seinen Schülern finden, konnten sich jedoch nicht durchsetzen, sondern gerieten alsbald unter Häresieverdacht.

Gegenläufig zur ersten Phase des katholischen Frühkantianismus, in der die Kantischen Vernunftkritiken auch katholischerseits rezipiert wurden, wurde die *Kritik der reinen Vernunft* 1827 auf den *Index Librorum Prohibitorum* gesetzt (Fischer 2005). Den Auftakt zu einer ganzen Reihe von lehramtlichen Maßnahmen gegen katholische Theologen bildete 1835 die posthum erfolgte Verurteilung der Werke des Kantianers Georg Hermes (1775–1831). Ihr folgte 1857 die Verurteilung von Anton Günther (1783–1863), der sich um eine Neubegründung der Theologie in einer kritischen Auseinandersetzung mit dem Deutschen Idealismus bemüht hatte. Seit Mitte des 19. Jh.s gewannen unter dem zunächst als Fremd-, zunehmend auch als Selbstbezeichnung firmierenden Begriff ›Neuscholastik‹ theologische Strömungen die Oberhand, die sich als »Theologie der Vorzeit« (Kleutgen 1853/1870) begriffen, um sich im Rückgriff auf mittelalterliche Scholastiktraditionen in defensiv-apologetischer Haltung von modernen Philosophien jedweder Art abzugrenzen. Im Gefolge dieser Auseinandersetzungen bildeten sich jene Semantiken aus, mit denen bis weit ins 20. Jh. das moderne, namentlich von Descartes und Kant ausgehende philosophische Denken etikettiert wurde: Subjektivismus, Rationalismus, Fideismus, Relativismus.

Historisierung und Historismus

Eine theologische Modernisierungskrise ganz eigener Art, die schließlich am Beginn des 20. Jh.s in die Modernismuskrise einmünden sollte, stellte die Herausforderung dar, die biblischen und dogmatischen Überlieferungen einer konsequenten Historisierung zu unterziehen. Der Virulenz des Historismus konnten sich auch die exegetisch-historischen Wissenschaften der katholischen Theologie auf Dauer nicht entziehen, auch wenn die Auseinandersetzungen um die Implementierung der historisch-kritischen Methoden in den exegetischen, dogmen- sowie kirchengeschichtlichen Disziplinen erst später einsetzte, als dies in der protestantischen Theologie der Fall war. Grund dafür war eine Vielzahl von antimodernistischen Maßnahmen des römischen Lehramtes. Getrieben von der Sorge, die wissenschaftliche Schriftexegese würde die Lehrautorität der Kirche in Glaubens- und Sittenfragen gefährden, intervenierte es mit mehreren Stellungnahmen und dekretierte auf dem Ersten Vatikanum, es komme allein der Kirche zu, »über den wahren Sinn und die Auslegung der heiligen Schriften zu urteilen« (Denzinger-Hünermann, Nr. 3007).

Dass die apologetische Sicherung des kirchlichen Lehrbestandes durch das Festhalten an einer überzeitlichen Wahrheit der kirchlichen Schrift- und Traditionsauslegung garantiert werden sollte, steht im Hintergrund der Verurteilung des Theologen und Religionshistorikers Alfred Loisy (1857–1949). Dieser hatte gegenläufig zu dem lehramtlich unterstellten unhistorischen Verhältnis des Glaubens zur Geschichte versucht, in der Auseinandersetzung mit Adolf von Harnack (1851–1930) die katholische Lehre von der Kirche und ihrer Traditionsbildung unter den Bedingungen des Historismus und also unter Rückgriff auf das historisch-kritische Methodeninstrumentarium zu verteidigen. In der Verurteilung Loisys und weiterer Theologen sowie der Indizierung einer Vielzahl als ›modernistisch‹ angesehener theologischer Werke, insbesondere aber in Stellungnahmen der Päpstlichen Bibelkommission zu exegetischen und historischen Einzelfragen kulminierte zwischen 1893 und 1914 die Modernismuskrise (Arnold 2007).

In dem Dekret *Lamentabile* von 1907 wurden nahezu alle Errungenschaften der modernen theologischen Wissenschaften, namentlich auf dem Gebiet der Exegese und Historie, verurteilt. Die Enzyklika *Pascendi dominici gregis* von 1907 belegte schließlich alle Theologen mit dem Etikett des »Modernismus«, die sich um eine »Versöhnung« von Kirche und Moderne bemühten. Sie wirkte zugleich als disziplinarische Maßnahme zur Einschärfung vormoderner, insbesondere scholastischer Philosophie- und Theologietraditionen. Die damit lehrautoritativ sanktionierten antimodernistischen Repressionen wurden ab 1910 zusätzlich durch den ›Antimodernisteneid‹ verschärft, bei dessen Ablegung allen pauschal ›Modernismus‹ genannten ›Irrtümern‹ abgeschworen werden musste. Die kirchenoffizielle Haltung, die hinter diesen Maßnahmen stand und die die innertheologische Forschungsfreiheit aufs Empfindlichste störte, im Übrigen aber auch die Leistungsfähigkeit der katholischen Theologie traf, wurde nur zögerlich aufgegeben und sollte erst auf dem Zweiten Vatikanum (1962–1965) eine Kurskorrektur erfahren.

Praktische Theologie, Sozial- und Morallehre

Stellte bereits die Neubesinnung auf ihre Praxisrelevanz einen Beitrag zur Selbstmodernisierung der Theologie dar, die zu Beginn des 19. Jh.s zur Etablierung der Praktischen Theologie führte, so geschah dies noch prägnanter durch die Ausarbeitung einer eigenen Methodologie des Theologietreibens. Durch die theologische Rezeption handlungstheoretischer, empirischer, aber auch psychologischer und soziologischer Methoden seit der zweiten Hälfte des 20. Jh.s gelang es der katholischen Theologie schließlich, kirchlich-pastorale Praxisfelder im Lichte sozialwissenschaftlicher bzw. religionssoziologischer Modernitätsbegriffe zu analysieren (Willems u. a. 2013; Gärtner u. a. 2014). Im Bereich der Praktischen Theologie formierten oder reformierten sich darüber hinaus Fächer wie die Missionswissenschaften, die christliche Sozialethik oder die Moraltheologie, in denen die veränderten Lebensbedingungen beim Übergang in die moderne Gesellschaft, aber auch deren Rückwirkungen auf die sich ausdifferenzierende Sozialgestalt des Katholizismus theologisch reflektiert wurden.

In den 1890er-Jahren wurde ungefähr gleichzeitig mit der ersten Sozialenzyklika *Rerum novarum* von 1891 der theologische Fächerkanon um die Christliche Soziallehre erweitert, um die ökonomischen und sozialen Transformationen der fortschreitenden Industrialisierung sozialethisch zu verarbeiten. Dies geschah zunächst im methodischen Rahmen einer naturrechtlichen Grundlegung der katholischen Soziallehre. Die damit verbundene Zielperspektive einer ständestaatlichen Wirtschaftsgesellschaft und ihr komplementäre vormoderne Sozialformen wurde erst im Verlauf des 20. Jh.s überwunden, und zwar zunächst zugunsten einer christlichen Philosophie des sog. ›Personalismus‹. Erst nach dem Zweiten Vatikanum finden sich Neukonzeptionen, die sich interdisziplinär in das breite Spektrum der neueren Sozialethik einschreiben.

Im Referenzhorizont der Moraltheologie sind Modernitätskonflikte zu verorten, die bis in die Gegenwart hinein innerkirchlich ausgetragen werden. Sie betreffen vordringlich Vorstellungen über die private Lebensführung, die in der Moderne ganz grundsätzlich der Sphäre autonomer Selbstbestimmung unterstellt sind. Die gesellschaftliche Ortlosigkeit kirchlicher Positionen zur katholischen Sexual- und Beziehungsethik stellt die Moraltheologie zunehmend vor das Problem, die katholische Morallehre überhaupt noch interdisziplinär mit nichttheologischen Soziologie- und Psychologiediskursen vermitteln zu können (Hilpert 2011). Grundsatzdebatten um die Autonomie individueller Gewissensbindung oder theologische Urteilsfindungen zu gesellschaftlichen, politischen oder biopolitischen Fragen gehören bis in die Gegenwart hinein zum virulenten Kern katholisch-theologischer Verhältnisbestimmungen zur Moderne (Schockenhoff 2014)!

Missionswissenschaften und interkulturelle Theologien

Aus modernitätstheoretischem Blickwinkel betrachtet, verdienen die Missionswissenschaften besondere Aufmerksamkeit. Als historisch wie systematisch arbeitende Disziplinen etablierten sie sich im letzten Drittel des 19. Jh.s, um die vielfältigen Missionsunternehmungen der Kirche wissenschaftlich zu orientieren; somit waren die Missionswissenschaften von ihrer Geschichte her zunächst das typische Produkt eines kolonial orientierten Eurozentrismus (Collet 2002). Doch als Folge einer theologischen Aufarbeitung der praktischen Missionstätigkeit in verschiedenen Kulturen entwickelte diese Disziplin ein methodisches Instrumentarium, um die Kontextualität von Glaubensvermittlungsprozessen zu erforschen, und konzipierte zu diesem Zweck die Kategorien der ›Adaption‹, ›Akkulturation‹ und schließlich der ›Inkulturation‹. In dem Maße, wie Letztere zum theologischen Grundbegriff erhoben wurde (Collet 2002), profilierten sich Kontextuelle Theologien mit dem normativen Projekt, theologieintern jene wissenschaftsförmige Reflexionskompetenz auszubilden, die das Christentum dazu befähigen soll, sich in den wissenschaftlichen und öffentlichen Diskurs um Voraussetzung und Gestalt von globalisierten Kulturen und multikulturellen Gesellschaften einzubringen. Unter dem Druck gesamtkirchlicher Veränderungsprozesse, die als Wandel von einer mono- zu einer polyzentrischen Weltkirche beschrieben werden (Rahner 1980; Metz 1987), beharren interkulturelle Theologien auf der epistemischen Gleichrangigkeit und theologischen Autonomie kulturell verschiedener Ortskirchen und unterbauen diese kirchenpolitische Anliegen mit dem Konzept einer auf reziproke Anerkennung zielenden Glaubenshermeneutik (Essen 2007).

Insofern bilden die vielfältigen Ansätze interkultureller, komparativer bzw. kontextueller Theologien, aber auch Religionstheologien, die das einstige Fach der Missionswissenschaften auf dem Wege einer methodenorientierten Selbstmodernisierung aus sich entlassen hat, inzwischen eine Verbunddisziplin, die die traditionell westliche Ausrichtung theologischer Modernekonzeptionen kritisieren (von Stosch 2012). Teilweise geschieht dies auch in vielfältiger Kooperation mit Strömungen einer politischen, öffentlichen, feministischen, Queer- oder Befreiungstheologie (Bevans/Tahaafe-Williams 2001). Hier wurden und werden die vielfältigen Ansätze einer postmodernen Dekonstruktion der 1980er- und 1990er-Jahre ebenso theologisch rezipiert wie globalgeschichtliche bzw. postkoloniale Theorieansätze der letzten Jahre. Indem dieses Problembewusstsein in den Diskursrahmen der Theologie einsickern konnte, wurden kulturvergleichende und globale Perspektiven im Blick auf unterschiedliche Modernisierungspfade zum Gegenstand theologisch-kirchlicher Selbstverständigungsdebatten (Wijsen/Schreiter 2007). Im Gefälle dieser Rezeptionsverhältnisse gewannen zunehmend auch religionssoziologische Theoriekonzepte an Bedeutung, sodass nunmehr auch genuin sozialwissenschaftliche Modernisierungsdebatten, insbesondere zu dem intrikaten Verhältnis von Modernisierung und Säkularisierung, theologisch verarbeitet wurden (Joas 2012; Taylor 2012).

Regionen, Räume und Entwicklungspfade

Vor dem Hintergrund der »ekklesiologischen Geographie« des 19. Jh.s, die »Rom«, Frankreich, Deutschland sowie – mit peripherer Bedeutung – Großbritannien als theologierelevante Zentren heraushob (Aubert 1961), war der innerkatholische Modernitätsdiskurs über weite Strecken hinweg von spezifisch westlichen Wahrnehmungsmustern geprägt. Dies dürfte u. a. mit der katholischerseits über lange Zeit hinweg und teilweise bis in die Gegenwart hinein favorisierten Abendlandrhetorik zusammenhängen, in der Europa vielfach als Synthese von »Jerusalem«, »Athen« und »Rom« begriffen wird (Ratzinger 2005). Nordamerikanische Theologien traten erst am Ende des 19. Jh.s ins allgemeine theologische Bewusstsein, und zwar bezeichnenderweise zunächst unter dem negativ besetzten Begriff des ›Amerikanismus‹ (Zöller 1995). Ihnen wurde kirchlicherseits eine illegitime Anpassung von Kirche und Theologie an die politischen und kulturellen Errungenschaften der Moderne unterstellt, wobei die bejahende Haltung zu den Verfassungsprinzipien von Demokratie, staatlicher Weltanschauungsneutralität und Religionsfreiheit zum Stein des Anstoßes wurde. Theologische Grundauffassungen zu diesen Themen prägten freilich im Verlauf des 20. Jh.s auf pragmatische Weise den nordamerikanischen Katholizismus (Carey 2004) und erwiesen sich auf dem Zweiten Vatikanum als eine innerkirchlich konsensfähige Positionierung der katholischen Kirche in der politischen Moderne.

Weltweit wurde der westeuropäische Standard wissenschaftlicher Theologie mit einem universalkirchlichen Geltungssinn versehen, wobei dieser Typ des Theologietreibens faktisch zur Norm weltweiter akademischer Theologenausbildung erhoben wurde. Erst in der Wirkungsgeschichte des Zweiten Vatikanischen Konzils, in dessen Gefolge sich die Kirche erstmals in der Moderne als polyzentrische Weltkirche verstand, konnten sich kontextuelle Theologien etablieren. Erst hier wurden, im Paradigma der Inkulturation, die Selbstverortung des Katholizismus in indigenen Kulturen und Gesellschaften thematisiert, und es bildeten sich, so in der lateinamerikanischen Befreiungstheologie, eigene akademische Traditionen aus (Ellacuría/Sobrino 1995/96). Im letzten Drittel des 20. Jh.s öffnete sich die Theologie postkolonialen Theoriedebatten über den Eurozentrismus und später dann Konzepten der *multiple modernities* (s. u.).

Zeithorizont und Epochenkonzept

Wo der Begriff der Moderne in der gegenwärtigen katholisch-theologischen Moderneforschung im eigentlichen Sinne als Epochenbegriff verwendet wird (Kaufmann 2012), markiert sein Anfang eine Zäsur, die in deutlicher Parallele zum Sattelzeittheorem auf die Zeit ›um 1800‹ datiert wird. In der katholischen Theologiegeschichtsschreibung hat sich eingebürgert, die Zeit von ca. 1775 bis ca. 1840 als Formationsepoche der Moderne zu bezeichnen (Essen 1998); Rückbezüge auf sie sind für den katholisch-theologischen Modernitätsdiskurs bis heute geradezu identitätskonstitutiv. In dieser Zeitspanne, die die Vernunftkritiken Kants, den Deutschen Idealismus, die deutsche Klassik und die Romantik umfasst, entwickelte sich eine eminent produktive religionsphilosophische Debattenkultur. So wurden, um einige prominente Beispiele zu nennen, durch philosophisch-theologische »Streitsachen« zu den Themen ›Pantheismus‹, ›Atheismus‹ und ›Theismus‹ die Grundlagen der traditionellen christlichen Rede von Gott und Offenbarung in eine nachhaltige Krise gestürzt.

Dass die philosophische Bearbeitung der Religionsthematik in den diversen Systementwürfen des Deutschen Idealismus im Geltungsbereich der Vernunftautonomie angestrebt wurde und zudem mit einer Emanzipation von kirchlich überlieferten Lehrgehalten und Frömmigkeitsformen einherging, musste nahezu zwangsläufig dazu führen, dass diese Umbrüche im Religions- und Glaubensbegriff innerkatholisch zu hochdramatischen Kontroversen führten (Essen/Danz 2012). Einerseits etablierten sich in diesem Zeitraum explizit modernitätsaffine Theologien, so beispielsweise in der sog. Katholischen Tübinger Schule, im Umfeld von Johann Michael Sailer (1751–1832) sowie in der Schule von Georg Hermes (1775–1831) oder in der Gestalt des theologie- wie kirchenpolitisch umtriebigen Ignaz Heinrich von Wessenberg (1774–1860). Hier suchte man, diesen Herausforderungen mit innovativen Konzepten zu begegnen, rezipierte in großem Umfang zeitgenössische Literatur und Wissenschaft und nahm an den jeweils aktuellen Debatten lebhaft Anteil (Fries/Schwaiger 1975). Andererseits geht auf denselben Zeitraum jene Entzweiung von katholischer Theologie und Moderne zurück, die an der Wende vom 19. zum 20. Jh. in die Modernismuskrise der katholischen Kirche einmünden sollte.

Zugleich aber schreiben sich epochale religionspolitische Zäsuren in die Formationsepoche der Moderne ein, die ihrerseits die Selbstverortung von Theologie und Kirche nachhaltig prägen sollten: Bereits in seiner ersten Stellungnahme zur Französischen Revolution im Jahre 1791 verurteilte der Heilige Stuhl die Menschenrechtserklärung und bezog damit in den theologischen Auseinandersetzungen zum neuzeitlichen Freiheitsbewusstsein eindeutig Position. Der Einfall der napoleonischen Truppen in den Kirchenstaat 1796/97 und die ›Säkularisation‹ in Deutschland von 1803 markierten faktisch das Ende des defensiven Arrangements des Katholizismus mit den absolutistischen Nationalstaaten. Die hier vollzogenen revolutionären Umbrüche gesellschaftlicher und politischer Ordnungsprinzipien erzwangen ihrerseits eine Umgestaltung der institutionellen und sozialen Gestalt der katholischen Kirche. Der zunächst als struktureller Zwang erfahrene Kontinuitätsbruch eröffnete zum einen den Weg für kirchliche Suchbewegungen, um den als ambivalent erfahrenen Modernisierungsprozessen lebensweltlich und institutionell begegnen zu können. Zum anderen datieren bereits auf die Zeit ›um 1800‹ erste Kirchenkonzeptionen, die die katholische Kirche als antimodernistisches Bollwerk imaginierten und damit restaurative Entwicklungen befördern sollten, die auf das streng auf »Rom« hin fokussierte Kirchenbild des Ersten Vatikanischen Konzils (1869/70) hinauslaufen sollten (Pottmeyer 1975).

Ekklesiologisch leitend wurde im 19. Jh. die Lehre von der Kirche als *societas perfecta*, die in modernitätstheoretischer Hinsicht scheinbar gegenläufige Zielsetzungen auf sich vereinigen konnte. Sie ermöglichte zum einen eine nach innen gerichtete Identitätssicherung und reagierte damit auf die ›Freisetzungsdimension‹ der Moderne als Folge von Individualisierungserfahrungen. Diese Lehre verfolgte – vornehmlich auf der Basis eines neugewonnenen Zentralitätszuwachses des päpstlichen Amtes – zum anderen aber auch das Ziel, die Freiheit der Kirche gegenüber staatlichen Vereinnahmungsstrategien zu verteidigen, und nahm damit unter dem Titel der *libertas ecclesiae* Autonomie für die Kirche in Anspruch. Sofern diese Haltungen auf der Überzeugung einer fundamentalen Dualität von Kirche und Welt aufruhten, internalisierte der Katholizismus auf seine Weise damit jedoch das religionskritische Vorurteil, dass Religion und Moderne Antipoden seien. Sichtbarster Ausdruck für diese Entwicklung war die Enzyklika *Quanta cura* von 1864, in der Papst Pius IX. so gut wie alle Errungenschaften der Moderne verdammte.

In der darauffolgenden Modernismuskrise trat deutlich zutage, dass die Kirche den Modernitätskonflikt primär als Machtkampf mit konkurrierenden normativen Ordnungssystemen von Staat, Recht und Wissenschaft deutete. In diesem geistigen Umfeld entstand – beispielsweise bei den bereits genannten Theologen Matthias Josef Scheeben und Karl Werner – die Gegenthese zum protestantischen Konzept einer ›christlichen Moderne‹. Dabei zeigte sich, dass, nach einer anfänglichen Aufgeschlossenheit für diese Philosophietraditionen, Kant und der auf ihn folgende Deutsche Idealismus alsbald zum Hauptgegner des Katholischen avancierten und, wichtiger noch, diese Strömungen als durch und durch ›protestantische‹ Positionen wahrgenommen wurden (Fischer 2005; Eschweiler 2010).

Die Heraufkunft der Moderne wurde auf katholischer Seite als ein fortschreitender Verfallsprozess gedeutet, der in der Abfolge von Reformation, Aufklärung und Revolution zunehmend entgleist sei. Die damit verbundene Hinwendung zum Ideal vorneuzeitlicher Weltanschauungen fand seit der Mitte des 19. Jh. ihr wissenschaftliches Korrelat in der theologiepolitischen Mobilisierung einer explizit antimodernen Richtung, deren Kennzeichnung als Neuscholastik programmatisch gemeint war (Coreth et al. 1988). Die Akteure dieses Theologiemodells wie beispielsweise Joseph Kleutgen (1811–1883) oder Franz Jakob Clemens (1815–1862) beantworteten die Frage nach dem Verhältnis von Tradition und Moderne in der Weise, dass für sie die Moderne eine Epoche des religiösen Zerfalls sei. Den als Niedergang des kirchlichen Lebens wie der Theologie wahrgenommenen Umbrucherfahrungen setzen sie die vormoderne Zeit einer kirchlichen Einheitskultur, die zumeist mit dem Mittelalter identifiziert wird, entgegen: die sprichwörtlich gewordene »Theologie der Vorzeit« (Kleutgen 1853/1870).

Diese Entwicklungen führten im weiteren Verlauf des 19. und 20. Jh.s zu einer eigentümlich paradoxalen Selbstverortung der römisch-katholische Kirche in den Prozessen gesellschaftlicher Modernisierung: Einerseits reagierte die Kirche auf die Ausdifferenzierung von gesellschaftlichen Teilsystemen durch die Bildung eines verkirchlichten Katholizismus. Dabei erwies sich die Wiederbelebung kirchlichen Lebens durchaus als eine organisatorische Konsequenz des Ultramontanismus, der durch eine Charismatisierung des Papstbildes zu neuen Formen einer Legitimitätsbeschaffung sowie zur Ausbildung einer ›corporate identity‹, also einer institutionellen Identität beitrug. Die Kirche schuf durch die – mit Max Weber gesprochen – herrschaftlich geprägten Kommunikations- und Handlungsstrukturen die organisatorischen Voraussetzungen, um durch neue rituell-kultische Angebote wie beispielsweise Wallfahrten, Heiligenverehrung etc. von der Religionsproduktivität in der Moderne zu profitieren.

Zu den kirchlichen Modernisierungsmaßnahmen gehörte schließlich auch das wache Gespür für die im 19. Jh. neu entstehende soziale Frage, auf die sie u. a. mit dem Konzept einer christlichen Soziallehre sowie mit der Gründung sozialintegrativer Verbandsstrukturen zu reagieren suchte. Damit aber formierte sich die Kirche nach dem Ende der feudalistischen Umklammerung andererseits als moderne Organisation, die ihrerseits von einer strikt antimodernen Ideologie getragen und stabilisiert wurde. An der damit einhergehenden Ungleichzeitigkeit des Katholizismus entbrannte der Streit um die Modernität katholischer Theologie, der bis heute anhält und sich in den Debatten um die Rezeption des Zweiten Vatikanischen Konzils verdichtet, das gemeinhin als Ereignis einer nachholenden Selbstmodernisierung der Kirche gedeutet wird (Hünermann/Wolf 1998/99).

Themen und Leitprozesse

Von Anfang an kreisen katholisch-theologische Debatten um die prinzipielle Frage nach der Bedeutung des Modernitätsbewusstseins für die Identität der katholischen Existenz, nach den Konsequenzen moderner Vergemeinschaftungs- und Vergesellschaftungsformen für die kirchliche Sozialgestalt sowie nach den Anforderungen des modernen Wissenschafts- und insbesondere des Geschichts- und Gesellschaftsverständnisses für eine sich kirchlich verstehende Theologie (Döllinger 1863). Die genuin religionssoziologische Fragestellung, ob sich Religion (bzw. der Umgang mit ihr) in als spezifisch modern qualifizierte Deutungsmuster einfügt oder nicht, wird in umgekehrter Form in den innertheologischen Diskussionen verhandelt, und zwar als Frage nach der Selbstverortung von Kirche und Theologie in den Prozessen der Moderne (Metz 2006; Gärtner 2014). Der theologische Streit um die – so der weithin vorherrschende Begriff – ›Neuzeitlichkeit‹ der Theologie ist somit explizit als normativer Modernitätskonflikt angelegt. Ein Dissens in der Beantwortung der Frage nach der Sozialgestalt einer hierarchisch organisierten Kirche war ebenso unvermeidbar wie die nach der Vermittelbarkeit überlieferter Wahrheitsüberzeugungen mit dem modernen, auf Autonomie zielenden Selbst- und Weltverständnis des Menschen.

Als Drehscheibe dieser Debatten fungiert eine hochkomplexe dogmatische Theorie der Neuscholastik, die weitreichende modernitätstheoretische Implikationen besitzt (Scheeben 1861; Eschweiler 1926). Im Medium der theologischen Zuordnung von menschlicher Natur und göttlicher Gnade wurde in der Neuscholastik unter Verwendung des Begriffs der ›Übernatur‹ eine theologische Theorie konzipiert, die die Entzweiung von christlichem Bewusstsein und dem modernen Autonomiebewusstsein theologisch auf die Spitze trieb. An dieser Konzeption ist in modernitätstheoretischer Hinsicht zweierlei bemerkenswert: Da als die einzige Verbindung zwischen der Ordnung der Natur und der der Gnade die Gehorsamspflicht galt, die der Mensch seinem Schöpfer zu leisten habe, legitimierte diese Form der Hinordnung des Menschen auf Gott (*potentia oboedientialis*) bruchlos jene Autoritätskultur, mit der das kirchliche Lehramt seine Wahrheitsansprüche in der Moderne nach innen wie nach außen präsentierte (Ruster 1994). Für die katholisch-theologische Selbstverortung in der Moderne ist zum anderen bemerkenswert, mit welcher Entschlossenheit hier der kirchliche Glaube zu einer übernatürlichen Eigenwelt erklärt wird, die beziehungslos neben natürliche Daseinsordnungen gestellt wird. Der Katholizismus verharrte in einer radikalen Ungleichzeitigkeit, die als Alternative zur »entwurzelte[n] moderne[n] Geistigkeit« offensiv vertreten wurde (Adam 1920, 164).

Gegenüber diesem ›Extrinsezismus‹ genannten schroffen Verzicht auf jedwede Form einer hermeneutischen Vermittlung der Glaubenslehre mit der je eigenen Zeit konnten sich im Verlaufe der ersten Hälfte des 20. Jh.s erst allmählich Konzeptionen einer sog. ›Immanenzapologetik‹ durchsetzen, die, wie etwa Maurice Blondel (1861–1949), George Tyrell (1861–1909), Karl Rahner (1904–1984) oder Bernhard Welte (1806–1986) in der Rezeption vornehmlich anthropologischer Vermittlungskategorien den kritischen Anschluss an genuine Moderne-Traditionen suchten. Doch auch Theologen, die an diesem Projekt mitwirkten, flankieren ihre Konzeptionen mit modernitätsskeptischen Narrativen. Noch in den Werken von Henri de Lubac (1896–1991) oder Hans Urs von Balthasar (1905–1988) finden sich beispielsweise geistesgeschichtliche Rekonstruktionen zur Heraufkunft der Moderne, die eine Krise der Neuzeit diagnostizieren, die im Verlust des Christlichen ihren Anfang genommen habe. Für die Tatsache, dass ein in der Zwischenkriegsepoche zu beobachtender kulturell-intellektueller Aufbruch des Katholizismus durchaus mit einem antimodernen Subtext unterlegt sein kann, spricht das Werk von Romano Guardini (1885–1968). Ein von ihm als prinzipielles Modernitätsbewusstsein diagnostizierter »Empörungsglaube des Autonomismus« kann erst durch das diagnostizierte »Ende der Neuzeit« überwunden werden; ein Ende, das auf die Hypertrophie dieses Autonomieanspruchs zurückgeführt wird (Guardini 1950, 91).

Ein reflexives katholisches Modernitätsbewusstsein, das sich kritisch von dieser Endzeit-Semantik distanziert, artikulierte sich schließlich in den 1960er-Jahren, wo unter dem Stichwort der »anthropozentrischen Wendung« der Neuzeit deren theologischer Nachvollzug programmatisch eingefordert wurde (Rahner 1967). Er eröffnete der katholischen Theologie die Möglichkeit, an den protestantischerseits schon länger geführten Debatten um die theologische Legitimität der Neuzeit teilzunehmen (Metz 1968). Gegenläufig zu dichotomischen Argumentationsfiguren, die eine Entzweiung von Christentum und Moderne unterstellen, wird hier das Narrativ entwickelt, dass die Genese der Neuzeit sich genuin christlichen Traditionen verdankt und zentrale Grundbegriffe modernen Selbstverständnisses wie ›Säkularisierung‹ und ›Subjektivität‹ christlichen Ursprungs seien. Historische Rekonstruktionen zur Entstehung der modernen Rechtskultur berufen sich in legitimatorischer Absicht auf das sog. ›Böckenförde Paradox‹: »Der freiheitliche Staat lebt von Voraussetzungen, die er selbst nicht garantieren kann« (Böckenförde 1991, 112). Gegenläufig zu seinem Geltungssinn, der die Säkularität des weltanschauungsneutralen Staates ausdrücklich nicht in Frage stellt, findet sich auf katholischer Seite vielfach eine Beanspruchung dieses Paradoxes, die argumentativ den Weg freimachen soll, aufzuzeigen, dass auch die profanen Rechtsordnung auf die Substanz der religiösen Überlieferung angewiesen ist (Tebartz-van Elst 2012; Hoye 1999).

Im Diskursumfeld dieser Debatten (Essen 2004; Bormann/Irlenborn 2008), die allesamt nach dem Zweiten Vatikanum stattfinden, wird schließlich auch konzeptionell die Möglichkeit eröffnet, katholische Theologie unter den Bedingungen der Moderne zu explizieren und sich konstruktiv auf die Herausforderungen des Autonomiedenkens einzulassen. Dies geschieht zum einen im Blick auf die theologische Rezeption der einschlägigen wissenschaftstheoretischen Grundlagendiskussion des 20. Jh.s (Peukert 1976) sowie der vielfältigen freiheits- bzw. subjektphilosophischen Ansätze des 19. und 20. Jh. (Pröpper 2011). Dies geschieht zum anderen durch Transformationen im Begriff der Theologie selbst, die der modernen Logik eines sich ausdifferenzierenden Wissenschaftsbegriffs folgen. Dies verlangt von der katholischen Theologie, sich dem damit verbunden Legitimationsdruck zu stellen. Auch als Folge gesellschaftlicher Transformationsprozesse steht sie vor der Herausforderung, sich als akademische Disziplin in den Universitäten institutionell wesentlich stärker zu vernetzen und interdisziplinär auszurichten, als dies bislang der Fall war. Wie immer man die Chancen und Gefahren dieser Entwicklungen auch einschätzen mag, sie erzwingen das Nachdenken über die Frage, welche Theologie kirchlich und gesellschaftlich ›gebraucht‹ wird, um auch in Zukunft eine Universitätsdisziplin zu sein, die als Theologie auf Augenhöhe an den institutionellen und interdisziplinären Kooperationsformen der Universität teilzunehmen vermag (Wissenschaftsrat 2010).

Literatur

Adam, Karl: *Glauben und Glaubenswissenschaft im Katholizismus. Akademische Antrittsrede*. Rottenburg 1920.
Arnold, Claus: *Kleine Geschichte des Modernismus*. Freiburg u. a. 2007.
Aubert, Roger: Die ekklesiologische Geographie im 19. Jahrhundert. In: Daniélou, Jean et al. (Hrsg.): *Sentire Ecclesiam. Das Bewusstsein von der Kirche als gestaltende Kraft der Frömmigkeit* (Fs. Hugo Rahner). Freiburg u. a. 1961, 430–473.
Bevans, Stephen B./Tahaafe-Williams, Katalina (Hrsg.): *Contextual Theology for the Twenty-First Century*. Eugene, OR, 2012.
Böckenförde, Ernst-Wolfgang, Die Entstehung des Staates als Vorgang der Säkularisation (1967). In: Ders.: *Recht, Staat, Freiheit. Studien zur Rechtsphilosophie, Staatstheorie und Verfassungsgeschichte*. Frankfurt am Main 1991, 92–114.
Bormann, Franz-Josef/Irlenborn, Bernd (Hrsg.): *Religiöse Überzeugungen und öffentliche Vernunft. Zur Rolle des Christentums in der pluralistischen Gesellschaft*. Freiburg u. a. 2008.
Carey, Patrick W. (Hrsg.): *American Catholic Religious Thought. The Shaping of a Theological & Social Tradition*. Milwaukee, WI, 2004.
Collet, Giancarlo: *»… bis an die Grenzen der Erde«. Grundfragen heutiger Missionswissenschaft*. Freiburg u. a. 2002.
Coreth, Emerich et al. (Hrsg.): *Christliche Philosophie im katholischen Denken des 19. und 20. Jahrhunderts. Bd. 2: Rückgriff auf scholastisches Erbe*. Graz u. a. 1988.
Denzinger, Heinrich: *Kompendium der Glaubensbekenntnisse und kirchlichen Lehrentscheidungen*, hrsg. von Peter Hünermann. Freiburg u. a. ^{43}2010.
Dipper, Christof: Religion in modernen Zeiten. Die Perspektive des Historikers. In: Willems, Ulrich et al. (Hrsg.): *Moderne und Religion. Kontroversen um Modernität und Säkularisierung*. Bielefeld 2013, 261–292.
Döllinger, Ignaz von: Die Vergangenheit und Gegenwart der katholischen Theologie. In: Gams, Pius Bonifatius (Hrsg.): *Verhandlungen der Versammlung katholischer Gelehrten in München vom 28. September bis 1. Oktober 1863*. Regensburg 1863, 25–59.
Eicher, Peter: Neuzeitliche Theologien. In: Eicher, Peter (Hrsg.): *Neues Handbuch theologischer Grundbegriffe*, Bd. 3. München 2005, 206–240.
Ellacuría, Ignacio/Sobrino, Jon (Hrsg.): *Mysterium Liberationis. Grundbegriffe der Theologie der Befreiung*, Bde. 1–2. Luzern 1995/96.
Erhard, Albert: *Der Katholizismus und das zwanzigste Jahrhundert im Lichte der kirchlichen Entwicklung der Neuzeit*. Stuttgart u. a. 1901.
Eschweiler, Karl: *Die zwei Wege der neueren Theologie. Georg Hermes – Matth. Jos. Scheeben. Eine kritische Untersuchung des Problems der theologischen Erkenntnis*. Augsburg 1926 (digitale Version, hrsg. von Thomas Marschler, Augsburg 2010).
Eschweiler, Karl: *Die katholische Theologie im Zeitalter des deutschen Idealismus. Die Bonner theologischen Qualifikationsschriften von 1921/22*. Aus dem Nachlass hrsg. und mit einer Einleitung versehen von Thomas Marschler. Münster 2010.
Essen, Georg: »Und diese Zeit ist unsere Zeit, immer noch.« Neuzeit als Thema katholischer Fundamentaltheologie. In: Müller, Klaus (Hrsg.): *Fundamentaltheologie – Fluchtlinien und gegenwärtige Herausforderungen*. Regensburg 1998, 23–44.
Essen, Georg: *Sinnstiftende Unruhe im System des Rechts. Religion im Beziehungsgeflecht von modernem Verfassungsstaat und säkularer Zivilgesellschaft* (Essener Kulturwissenschaftliche Vorträge 14). Göttingen 2004.
Essen, Georg: Interkulturelle Theologie. In: Straub, Jürgen et al. (Hrsg.): *Handbuch interkultureller Kommunikation und Kompetenz. Grundbegriffe – Theorien – Anwendungsfelder*. Stuttgart 2007, 283–293.

Essen, Georg/Danz Christian (Hrsg.): *Philosophisch-theologische Streitsachen. Pantheismusstreit – Atheismusstreit – Theismusstreit*. Darmstadt 2012.
Fischer, Norbert (Hrsg.): *Kant und der Katholizismus. Stationen einer wechselhaften Geschichte*. Freiburg u. a. 2005.
Fries, Heinrich/Schwaiger, Georg (Hrsg.): *Katholische Theologen im 19. Jahrhundert*, 3 Bde. München 1975.
Gärtner, Stefan et al. (Hrsg.): *Praktische Theologie in der Spätmoderne. Herausforderungen und Entdeckungen* (Studien zur Theologie und Praxis der Seelsorge 89). Würzburg 2014.
Grabmann, Martin: *Geschichte der Katholischen Theologie seit dem Ausgang der Väterzeit. Mit Benützung von M. J. Scheebens Grundriss dargestellt*, Freiburg im Breisgau 1933.
Guardini, Romano: *Das Ende der Neuzeit*. Würzburg 1950.
Hilpert, Konrad (Hrsg.): *Zukunftshorizonte katholischer Sexualethik*. Freiburg u. a. 2011.
Hoye, William J.: *Demokratie und Christentum. Die christliche Verantwortung für demokratische Prinzipien*. Münster 1999.
Hünermann, Peter/Wolf, Hubert (Hrsg.): *Programm und Wirkungsgeschichte des II. Vatikanums, 3 Bde*. Paderborn u. a. 1998/99.
Jedin, Hubert (Hrsg.): *Handbuch der Kirchengeschichte. VI. Die Kirche der Gegenwart, Bd. 2. Die Kirche zwischen Anpassung und Widerstand (1878–1914)*, Freiburg u. a. 1973.
Joas, Hans: *Glaube als Option. Zukunftsmöglichkeiten des Christentums*. Freiburg u. a. 2012.
Kaufmann, Franz-Xaver: *Kirche in der ambivalenten Moderne*. Freiburg u. a. 2012.
Kleutgen, Joseph: *Die Theologie der Vorzeit*. Münster 1853–1870.
Maier, Hans: *Revolution und Kirche*. München 1959.
Mayeur, Jean-Marie et al. (Hrsg.): *Die Geschichte des Christentums. Religion – Politik – Kultur*, Bde. 10–13. Freiburg u. a. 1992–2002.
Metz, Johann Baptist: *Zur Theologie der Welt*. Mainz 1968.
Metz, Johann Baptist, *Glaube in Geschichte und Gesellschaft. Studien zu einer praktischen Fundamentaltheologie*. Mainz 1977.
Metz, Johann Baptist: Im Aufbruch zu einer kulturell-polyzentrischen Weltkirche. In: Kaufmann, Franz-Xaver/ Metz, Johann Baptist: *Zukunftsfähigkeit. Suchbewegungen im Christentum*. Freiburg u. a. 1987, 93–123.
Metz, Johann Baptist, *Memoria Passionis. Ein provozierendes Gedächtnis in pluralistischer Gesellschaft*, Freiburg u. a. 2006.
Peukert, Helmut: *Wissenschaftstheorie – Handlungstheorie – Fundamentale Theologie. Analysen zu Ansatz und Status theologischer Theoriebildung*. Düsseldorf 1976.
Pottmeyer, Hermann Josef: *Unfehlbarkeit und Souveränität. Die päpstliche Unfehlbarkeit im System der ultramontanen Ekklesiologie des 19. Jahrhunderts*. Mainz 1975.
Pröpper, Thomas: *Theologische Anthropologie*, 2 Bde. Freiburg u. a. 2011.
Rahner, Karl: Theologie und Anthropologie. In: Ders.: *Schriften zur Theologie*, Bd. 8. Einsiedeln u. a. 1967, 43–65.
Rahner, Karl: Theologische Grundinterpretation des II. Vatikanischen Konzils. In: Ders.: *Schriften zur Theologie*. Bd. 14: *In Sorge um die Kirche*. Zürich u. a. 1980, 287–302.
Ratzinger, Joseph: *Werte in Zeiten des Umbruchs. Die Herausforderungen der Zukunft bestehen*. Freiburg u. a. 2005.
Ruster, Thomas: *Die verlorene Nützlichkeit der Religion. Katholizismus und Moderne in der Weimarer Republik*. Paderborn u. a. 1994.
Scheeben, Matthias Joseph: *Natur und Gnade. Versuch einer systematischen, wissenschaftlichen Darstellung der natürlichen Lebensordnung im Menschen*. Mainz 1861.
Scheeben, Matthias Joseph: *Handbuch der Dogmatik*, Bd. 1. Freiburg im Breisgau 1874.
Schell, Herman: *Katholische Dogmatik. Kritische Ausgabe*, hrsg., eingeleitet und kommentiert von Heinrich Petri und Paul-Werner Scheele. *III. Menschwerdung und Erlösung. Heiligung und Vollendung*. Paderborn u. a. 1994 (1892).
Schmidt, Thomas M./Pitschmann, Annette (Hrsg.): *Religion und Säkularisierung. Ein interdisziplinäres Handbuch*. Stuttgart 2014.
Schnädelbach, Herbert: *Philosophie in Deutschland, 1831–1933*. Frankfurt am Main ^{4}1991.
Schockenhoff, Eberhard: *Grundlegung der Ethik. Ein theologischer Entwurf*. Freiburg u. a. ^{2}2014.
Stosch, Klaus von: *Komparative Theologie als Wegweiser in der Welt der Religionen*. Paderborn u. a. 2012.
Smolinsky, Heribert/Schatz, Klaus: *Kirchengeschichte der Neuzeit*, 2 Bde. Düsseldorf $^{2-3}$2008.
Taylor, Charles: *Ein säkulares Zeitalter*. Berlin 2012.
Tebartz-van Elst, Franz-Peter: *Werte wahren – Gesellschaft gestalten. Plädoyer für eine Politik mit christlichem Profil*. Kevelaer 2012.
Werner, Karl: *Geschichte der katholischen Theologie: Seit dem Trienter Concil bis zur Gegenwart* (Geschichte der Wissenschaften in Deutschland 6). München 1866.
Wijsen, Frans/Schreiter, Robert (Hrsg.): *Global Christianity. Contested Claims* (Studies in World Christianity and Interreligious Relations 43). Amsterdam/New York 2007.
Willems, Ulrich u. a. (Hrsg.): *Moderne und Religion. Kontroversen um Modernität und Säkularisierung*. Bielefeld 2013.
Wissenschaftsrat, *Empfehlungen zur Weiterentwicklung von Theologien und religionsbezogenen Wissenschaften an deutschen Hochschulen*, Berlin 2010. http://www.wissenschaftsrat.de/download/archiv/9678–10.pdf (22. 04. 2015).
Wolf, Hubert (Hrsg.): *Ökumenische Kirchengeschichte. Bd. 3: Von der Französischen Revolution bis 1989* (Ökumenische Kirchengeschichte). Freiburg u. a. 1997.
Zöller, Michael: *Washington und Rom. Der Katholizismus in der amerikanischen Kultur*. Berlin 1995.

Georg Essen

Theologie, Protestantische

Definitionen und Anwendungsbereiche

Der Begriff ›die Moderne‹ scheint in der protestantischen Theologie von dem österreichischen Kunstkritiker Hermann Bahr (1863–1934) übernommen worden zu sein, der einem in der Zeitschrift *Moderne Dichtung* erschienenen Aufsatz den Titel »Die Moderne« (1890) gab. Wenngleich der Begriff wohl erstmals von dem Literaturwissenschaftler Eugen Wolff (1863–1929) in seinem Essay »Die Moderne. Zur ›Revolution‹ und ›Reform‹ der Litteratur« (1886) angeführt wurde, bezeichnete der Berliner Theologe Reinhold Seeberg (1859–1935) in seinem Werk »Die Kirche Deutschlands im neunzehnten Jahrhundert« (1903) »die Moderne« doch ausdrücklich als das von Bahr gemünzte Schlagwort (Seeberg 1904, 191). Er bezog das Substantiv ebenso wie das Adjektiv »modern« zunächst wie Bahr auf die den Naturalismus überwindende Literatur und bildende Kunst. Seeberg übertrug den in der Kunstkritik beheimateten Begriff der ›Moderne‹ auch nicht einfach auf die protestantische Theologie; vielmehr war modern für ihn grundsätzlich jeder, der die durch die geistige Konstellation der Zeit gestellten Aufgaben empfinde. Er selbst wollte auf der einen Seite modern denken, auf der anderen mit dem modernen Denken die Tatsachen des geistlichen Lebens der Christenheit als das Positive rechtfertigen. Daher forderte er eine modern-positive Theologie, die von den Problemen und Methoden als dem Modernen ausgeht, um zum Positiven zu gelangen (Seeberg 1904, 308 f.).

In Abgrenzung von allen Versuchen, Christentum und moderne Bildung miteinander zu versöhnen, wandte sich der Basler Theologe Franz Overbeck (1837–1905) im Nachwort (1902) der zweiten Auflage seiner Schrift *Über die Christlichkeit der heutigen Theologie* (1873) gegen den Glauben der herrschenden Theologie – dabei hatte er v. a. Adolf von Harnack (1851–1930) im Visier –, dass unter dem Königsmantel der Modernität, den sie sich umgeworfen habe, auch das Christentum für immer geborgen sei. Denn die Theologie sei zwar stets modern, aber darum auch stets die natürliche Verräterin des Christentums gewesen, da das Christentum nie eine Geschichte habe haben wollen, sondern sich in Erwartung des nahen Weltendes gegen die Geschichte und die Welt gestellt habe (Overbeck 1963, 216 f.).

Während Seeberg den Begriff der Moderne auf die Gegenwart um 1900 bezog, sprach Ernst Troeltsch (1865–1923) nicht von der Moderne, sondern von der modernen Welt, dem modernen Geist oder der modernen Kultur, präziser von der modernen europäisch-amerikanischen Kultur. Als Substantiv begegnet bei ihm nur ›das Moderne‹, und dieses Substantiv spielte in seiner Protestantismus-Deutung eine zentrale Rolle. Die moderne Welt war für Troeltsch aber nicht nur die Gegenwart, sondern jene Epoche, die mit der Aufklärung begann und bis in seine Gegenwart reichte. Bereits in seinen Lexikonartikeln »Aufklärung« (1897; in: Troeltsch 1925, 338–374), »Deismus« (1898; in: Troeltsch 1925, 429–487) und »Moralisten, englische« (1903; in: Troeltsch 1925, 374–429) legte er sich terminologisch so fest.

Die Aufklärung definierte er hier als Beginn und Grundlage der eigentlich modernen Periode der europäischen Kultur und Geschichte, und zwar im Gegensatz zu der bis dahin herrschenden kirchlich-theologisch bestimmten Kultur. Zwar hätten sich schon seit dem Ausgang des sog. Mittelalters Gegenströmungen gegen sie erhoben, doch habe sich diese Kultur mit der Kirchenspaltung wieder auf verschärfte Weise verfestigt. Bei der Aufklärung handle es sich keineswegs um eine nur wissenschaftliche Bewegung, sondern um eine Gesamtumwälzung der Kultur auf allen Lebensgebieten (Troeltsch 1925, 338 f.). Der Kulturhistoriker Troeltsch interessierte sich insbesondere für das Verhältnis des Protestantismus zu dieser mit der Aufklärung beginnenden modernen Welt. In seiner Abhandlung *Protestantisches Christentum und Kirche in der Neuzeit* (1906; in: Troeltsch 2004, 81–539) formulierte er als grundlegenden Satz, den er als Voraussetzung für jedes historische Verständnis des Protestantismus betrachtete, dass dieser zunächst in seinen wesentlichen Grundzügen und Ausprägungen eine Umformung der mittelalterlichen Idee sei; das in ihm enthaltene Moderne sei als Modernes erst voll zur Geltung gelangt, nachdem die erste und klassische Form des Protestantismus zerbrochen oder zerfallen war (Troeltsch 2004, 87).

Troeltsch sprach also nicht von der Moderne, sondern von dem Modernen, das im Protestantismus zwar impliziert, aber erst nach dem Ende des konfessionellen Zeitalters in der Aufklärung als solches explizit geworden sei. Dementsprechend unterschied er auch zwei Arten von Protestantismus, nämlich den Altprotestantismus des 16./17. Jh.s und den modernen Protestantismus des 18./19. Jh.s, der auch als

Neuprotestantismus bezeichnet wird. Mit der Auflösung der staatskirchlichen Einheitskultur sowie dem Entstehen des modernen weltlichen, paritätischen und toleranten Staates und einer kirchenfreien Wissenschaft sei der Protestantismus zu einer geistigen Einzelströmung neben anderen geworden. Auch habe er seine Einheit und Geschlossenheit verloren, die radikalen Ideen aus seiner schöpferischen Epoche in sich aufgenommen und mit modernen wissenschaftlichen und sozialen Verhältnissen in Verbindung gebracht. Dadurch sei er aber in Konflikt mit seiner eigenen dogmatischen Tradition und alten Organisation geraten (Troeltsch 2004, 134). Der mit dem modernen Protestantismus identifizierte Neuprotestantismus war für Troeltsch ein Produkt der Aufklärung, die jene neue Kulturform hervorgebracht habe, die sich nach Ablauf der Aufklärungsperiode als moderne Zivilisation bezeichne. Wie Troeltsch nun einerseits die Einwirkung der modernen Kultur auf den Protestantismus betonte, so andererseits in seinem aus einem Vortrag von 1906 hervorgegangenen Essay »Die Bedeutung des Protestantismus für die Entstehung der modernen Welt« (1911; in: Troeltsch 2001, 183–316) den Beitrag des Protestantismus zu dieser Kultur.

Als schwierig sah er es allerdings an, eine fest umrissene Wesensbestimmung der modernen Kultur zu geben. Zwar lasse diese sich negativ als Bruch mit der kirchlichen Autoritätskultur bestimmen, aber damit sei über den positiven Inhalt nur das rein Formelle gesagt, dass das Individuum seine Freiheit erlangt habe. In seiner Abhandlung *Das Wesen des modernen Geistes* (1907) gelangte Troeltsch daher zu dem Schluss, dass die moderne Welt kein einheitliches Prinzip sei und sie sich folglich auch nicht aus einem einzigen Punkt einheitlich konstruieren lasse. Vielmehr könne man nur die sie beherrschenden Hauptzüge – u. a. Diesseitigkeit, Steigerung von Kritik und wissenschaftlichem Reflexionsvermögen, technische Naturbeherrschung, rationelle Wirtschaft und Humanität – hervorheben, die untereinander allein durch ihren Ursprung im befreiten Individualismus verbunden seien (Troeltsch 1925, 336 f.).

Zunächst im außerdeutschen Kontext wurde der von Troeltsch mit dem modernen Protestantismus identifizierte Neuprotestantismus auch als ›Modernismus‹ bezeichnet. Gegen ihn wandte sich der konservative niederländische Neocalvinist Abraham Kuyper (1837–1920) bereits in seiner Schrift *Het modernisme een fata morgana op christelijk gebied* (1871). In seinen in Princeton gehaltenen Vorlesungen zu *Calvinism* (1899) bezeichnete er den mit der Aufklärung beginnenden Modernismus als den eigentlichen Feind, dem der Calvinismus aber deshalb überlegen sei, weil er die positiven Entwicklungen der Moderne – die westliche Demokratie, die Naturwissenschaften und die autonome Kunst – gefördert habe. Ein positives Verständnis des Modernismus liegt hingegen dort vor, wo der Begriff wie in Großbritannien und in den Vereinigten Staaten als Selbstbezeichnung liberaler Theologengruppen verwendet wurde. So wurde 1898 innerhalb der englischen Staatskirche *The Churchmen's Union* als eigene Partei gegründet, die seit 1911 die Zeitschrift *The Modern Churchman* herausgab und sich 1928 in *The Modern Churchmen's Union* umbenannte. Von dem ihr zugehörigen Cambridger Theologen James Franklin Bethune-Baker (1861–1951) stammt das Werk *The Way of Modernism* (1927).

Die anglikanischen Modernisten grenzten sich nicht nur von den katholischen Modernisten, sondern auch vom Anglokatholizismus innerhalb der englischen Staatskirche entschieden ab. In den Vereinigten Staaten wurde die *Chicago School* zum Sammelbecken des amerikanischen Modernismus; ihr Gründer Shailer Matthews (1863–1941) publizierte The *Faith of Modernism* (1924). Der Gegner des Modernismus ist hier v. a. der Fundamentalismus, während der Titel des Buches *Beyond Fundamentalism and Modernism* (1934) von George W. Richards bereits die Überwindung des Modernismus andeutet, die durch die Rezeption der Dialektischen Theologie bewirkt werde.

Denn nach dem Ersten Weltkrieg kam es mit der radikalen Kritik der Dialektischen Theologie an der aus der Aufklärung sich herleitenden modernen Welt in Karl Barths (1886–1968) *Kirchlicher Dogmatik* (1932) zu einer Verurteilung dessen, was er die modernistisch-protestantische Theologie oder den pietistisch-rationalistischen Modernismus nannte (Barth 1964, 33). Damit wurde die für eine Richtung der katholischen Theologie zu Beginn des 20. Jh.s übliche Bezeichnung auf die gesamte protestantische Theologie angewandt, sofern sie in der Aufklärung – Barth stellte dem Aufklärungsrationalismus den Pietismus zur Seite – wurzelt, und wie der katholische Modernismus der lehramtlichen Verurteilung anheimfiel, wurde der protestantische Modernismus von Barth als Häresie verurteilt. In seinen Vorlesungen *Die protestantische Theologie im 19. Jahrhundert* (gehalten 1926 und 1932/33) charakterisierte Barth ihn als eine Angelegenheit des Bürgertums, das nicht ohne Christentum sein wolle, das alte Christentum aber als allzu unbürgerlich empfinde. Die historische

Herleitung des protestantischen Modernismus belegt, dass auch Barth die Aufklärung als den Beginn der modernen Welt sah. Zwar griff ihn bereits Friedrich Karl Schumann (1886–1960) in »Der Gottesgedanke und der Zerfall der Moderne« (1929) auf, doch der Begriff der Moderne hat sich in der protestantischen Theologie erst spät zur Bezeichnung der mit der Aufklärung anhebenden Epoche, Kultur und Zivilisation eingebürgert.

In seiner Aufsatzsammlung *Theologie in der Moderne* (1991) geht Trutz Rendtorff (geb. 1931) mit Troeltsch davon aus, dass mit der Aufklärung nicht nur die moderne Welt und mit ihr ein moderner Protestantismus entstand, den er gegenüber dem Antimodernismus nicht bloß der Dialektischen Theologie verteidigt. Er bezeichnet das, was mit der Aufklärung beginnt, auch als ›die Moderne‹. Ähnlich spricht Falk Wagner (1939–1998) in seiner Wiener Antrittsvorlesung *Christentum und Moderne* (1989) vom Begriff der Moderne in einem sozial-, kultur- und geistesgeschichtlichen Sinn, der sich auf denjenigen neuzeitlichen Epochenabschnitt bezieht, der in der Mitte des 18. Jh.s begann und sozialgeschichtlich durch die politischen und industriellen Revolutionen, kultur- und geistesgeschichtlich durch die Ideen der Aufklärung bestimmt war (Wagner 1996, 250). Folgerichtig unterscheidet Wagner innerhalb der Neuzeit zwischen Früher Neuzeit und Moderne. Die Neuzeit wird im Anschluss an die sich in der zweiten Hälfte des 19. Jh.s ausbildende Terminologie als die das Mittelalter ablösende und bis in die Gegenwart andauernde Periode bezeichnet, die seit dem 16. Jh. an ein formuliertes eigenständiges Epochenbewusstsein gebunden sei (Wagner 1992, 699f.). Allerdings thematisiere sich die Neuzeit erst seit der Aufklärung selbst, sodass die Moderne als die sich selbst erfassende und behauptende Neuzeit bestimmt werden könne.

Forschungsgeschichte, Semantik und Gegenkonzepte

Die Verbindung des Begriffs der Moderne mit der Aufklärung als epochalem Ereignis liegt nahe, vergegenwärtigt man sich den Gebrauch des Adjektivs ›modern‹ in der protestantischen Theologie. Wenn der dem Linkshegelianismus zuzurechnende Tübinger Theologe David Friedrich Strauß (1808–1874) seinem im Vormärz erschienenen dogmatischen Hauptwerk als »Die christliche Glaubenslehre in ihrer geschichtlichen Entwicklung und im Kampf mit der modernen Wissenschaft« (1841/42) betitelte, meinte er mit der modernen Wissenschaft die unterschiedlichen Formen der neuzeitlichen Philosophie seit den Frühaufklärern Bacon und Descartes, gipfelnd in Hegels System als der neuesten Philosophie. Strauß zufolge ging nämlich der erste Anstoß zu einer neuen Entwicklungsperiode in der Theologie in der zweiten Hälfte des 18. Jh.s auf die Wirkung der durch die beiden Frühaufklärer gestifteten modernen Philosophie zurück. An die Stelle des früheren konfessionellen Gegensatzes zwischen Lutheranern, Reformierten und Katholiken sei nunmehr der Gegensatz zwischen dem Standpunkt des christlichen Glaubens überhaupt und dem der modernen Wissenschaft oder der zwischen Heteronomie und Autonomie des Geistes getreten (Strauß 1984, VIf.).

In seinem Spätwerk *Der alte und der neue Glaube* (1872) gelangte Strauß schließlich zu einer Verabschiedung des mit dem Christentum identifizierten alten Kirchenglaubens zugunsten der modernen Weltanschauung, die er als das mühsam errungene Ergebnis fortgesetzter Natur- und Geschichtsforschung betrachtete (Strauß 1938, 6). Die moderne Weltanschauung sei sowohl in ihrer idealistischen wie auch in ihrer materialistischen Ausprägung monistisch und sei der dualistischen christlichen Weltanschauung entgegengesetzt, die den Menschen in Leib und Seele spalte, sein Dasein in Zeit und Ewigkeit scheide und der geschaffenen, vergänglichen Welt einen ewigen Schöpfergott gegenüberstelle (Strauß 1938, 148).

Auch wo man den alten Glauben nicht durch die moderne Weltanschauung ersetzt, die ihre Wurzeln in der Aufklärung hat, kann man mit Strauß daran festhalten, dass die Aufklärung den entscheidenden Umbruch in der protestantischen Theologie bewirkt hat. So konnte ein Lehrer von Strauß, der Tübinger Theologe Ferdinand Christian Baur (1792–1860), in seiner Abhandlung *Die Epochen der kirchlichen Geschichtsschreibung* (1852) erklären, dass die Periode von der Reformation bis zur Gegenwart zu unterteilen sei, wobei er das Epochenmachende in dem allgemeinen Umschwung des dogmatischen Bewusstseins während des 18. Jh.s erblickte. Hier erst habe der Protestantismus an dem noch aus der Alten Kirche stammenden Dogma dieselbe Kritik geübt, die er schon zur Zeit der Reformation am Papsttum vollzogen habe. Damit habe eine völlige Umgestaltung des alten kirchlichen Systems eingesetzt. Alle Ideen, Grundsätze und Lehren, die die Basis der sozinianischen Kritik am Dogma bildeten, hätten nunmehr auch in die protestantische Kirche Eingang gefunden und seien hier konsequent durchgeführt worden. Auf diese Weise sei es zu einer Humanisierung, Rationalisierung, Verinnerlichung und Vergeistigung des Christentums gekommen. Die historische Kritik habe auch nicht etwa beim Dogma Halt gemacht, sondern sich auf die kanonischen Schriften bezogen und gezeigt, dass schon sie sich einem geschichtlichen Entwicklungsprozess verdankten (Baur 1963, 273–275).

In seinem *Lehrbuch der christlichen Dogmengeschichte* (1847) betonte Baur, dass dieser Umschwung des protestantischen Bewusstseins seinem Prinzip nach keineswegs etwas Neues gewesen sei; das protestantische Prinzip habe sich jetzt nur von seiner Gebundenheit und Selbstbeschränkung befreit. Denn die Reformation habe von Anfang an neben dem spezifisch religiösen auch das allgemeine Vernunftinteresse besessen, da das im Interesse der Religion beanspruchte Recht auf Glaubens- und Gewissensfreiheit nur als ein Recht der Vernunft geltend gemacht werden konnte. Allerdings habe dieses in der Freiheit des Selbstbewusstseins begründete protestantische Prinzip der Reformation zwar zugrunde gelegen, sei aber in ihr noch nicht rein zum Bewusstsein gelangt. Vielmehr habe sich durch das Vorherrschen des religiösen Interesses und die daraus resultierende Bindung der Schriftauslegung an die konfessionellen Bekenntnisse ein dem katholischen Autoritätszwang vergleichbarer dogmatischer Glaubenszwang entwickelt. Erst indem der Protestantismus sich von ihm gelöst habe, sei das protestantische Prinzip der Selbstbefreiung zur vollen Geltung gelangt (Baur 1858, 343 f.).

Baur erblickte das Zentrum des von ihm diagnostizierten Umschwungs des Bewusstseins im deutschen Protestantismus, sodass für ihn die Dogmengeschichte in ihrem letzten Stadium mit dessen Geschichte zusammenfällt. Tatsächlich kam es zunächst nur in diesem zu einem durch jenen Umschwung bedingten Umbau der an staatlichen Universitäten vertretenen kirchlichen Theologie, während im außerdeutschen Protestantismus aufklärungsaffine Gruppen wie etwa die dogmenkritischen Unitarier in Großbritannien und den Vereinigten Staaten neue kirchliche Gemeinschaften gründeten. Allerdings wirkte sich der Umschwung im deutschen Protestantismus dann auch auf die Theologie außerhalb Deutschlands aus.

Das gilt zunächst für die deutschsprachige Schweiz, deren Theologie durch die Entwicklung der Theologie und Philosophie in Deutschland geprägt ist. Hier knüpfte der Zürcher Theologe Alois Emanuel Biedermann (1819–1885) mit seiner *Christlichen Dogmatik* (1868) zwar an Strauß an, lehnte aber in seiner Rede *Strauß und seine Bedeutung für die Theologie* (1875) dessen Verabschiedung des Christentums zugunsten eines neuen Glaubens ab und strebte nach einer wissenschaftlichen Herausarbeitung und Darstellung des Prinzips der christlichen Dogmatik. Auch er ging davon aus, dass der altprotestantische Autoritätsglaube sich noch im Widerspruch zu seinem eigenen Prinzip befunden habe und erst die Verstandeskritik der Aufklärung an der altprotestantischen Form der christlichen Glaubenslehre sowie an der von ihr vorausgesetzten Symbol- und Schriftautorität der wahre Durchgangspunkt für ihre vollständig protestantische Ausbildung und damit allein der gegenwärtigen Kulturstufe der Menschheit angemessen sei (Biedermann 1884, 341 f.). Zürich wurde zum Zentrum der freien Theologie in der Schweiz, und der dortige Pfarrer Heinrich Lang (1826–1876) konnte in seiner Schrift *Martin Luther, ein religiöses Charakterbild* (1870) Zwinglis Geist als modern protestantisch bezeichnen, während Luthers Geist noch mittelalterlich katholisch sei.

Wie in der Schweiz bildete sich auch in den Niederlanden eine moderne Richtung der Theologie aus. In Leiden wurde sie von dem reformierten Theologen Johannes Hendricus Scholten (1811–1885) u. a. im Rückgriff auf die Tübinger Schule Baurs begründet und von seinem Schüler Abraham Kuenen (1828–1891) in der Schrift »Das gute Recht der Modernen« (1866) verteidigt. Neben Leiden wurde Utrecht durch Cornelis Willem Opzoomer (1821–1892) zu einem Zentrum der modernen Richtung, der sein Schüler Allard Pierson (1831–1896) seine Abhandlung *De moderne richting en de kristelijke kerk* (1866) widmete.

Während der mit der Aufklärung beginnende moderne Protestantismus von Baur, Biedermann und anderen liberalen Theologen als die konsequente Entwicklung des in der Reformation bereits vorhandenen protestantischen Prinzips gesehen wird, ändert sich dieses Bild bei Wilhelm Dilthey (1833–1911) und im Rückgriff auf ihn bei Troeltsch. Denn in seiner Abhandlung *Auffassung und Analyse des Menschen im 15. und 16. Jahrhundert* (1891/92) wollte Dilthey erkennen, wie die Menschheit aus der theologischen Metaphysik des Mittelalters zur Begründung der Herrschaft des Menschen über die Natur, der Autonomie des erkennenden und handelnden Menschen, der Ausbildung eines natürlichen Systems auf den Gebieten von Recht und Staat, Kunst, Moral und Theologie gekommen sei. Zwar sei schon am Beginn des 16. Jh.s ein religiöser Theismus in ganz Europa siegreich hervorgedrungen, doch während sich ihm Martin Luther (1483–1546) entgegengeworfen habe, sei er von Huldrych Zwingli (1484–1531) teilweise aufgenommen und von den Sekten zumal der reformierten Kirche fortgebildet worden. Mit diesen Sekten und dem reformierten Gebiet stehe dann die Fortgestaltung dieses Standpunkts während des 17. Jh.s zumeist in einem klar erkennbaren historischen Zusammenhang (Dilthey 1957, 41 f.). Dilthey sah Luther weitgehend von mittelalterlichen dogmatischen Voraussetzungen abhängig, während er den Spiritualisten Sebastian Franck (1499–1543) zum Vorläufer und Begründer der modernen Religionsphilosophie erklärt (Dilthey 1957, 85).

An diese mehr die Diskontinuität betonende Sicht des Verhältnisses von Reformation und Neuzeit knüpfte Troeltsch in seinem Beitrag »Protestantisches Christentum und Kirche in der Neuzeit« (1906) an. Auch für ihn erwachsen die leitenden Ideen des Protestantismus aus der Fortsetzung der mittelalterlichen Ideen. Die protestantische Idee von Gnade und Glaube, einer religiösen, das Gesamtleben umfassenden Kultur, deren Verwirklichung in einem nur durch den Protestantismus bestimmten und ihm dienenden Staat sowie sein Kirchen- und Autoritätsbegriff seien nur neue Lösungen mittelalterlicher Probleme. Zwar habe der Protestantismus mit seiner Auflösung des katholischen Sakramentsbegriffs und der Verwandlung der Religion in eine Glaubens- und Geistesreligion durchaus etwas Neues gebracht, wodurch er wenigstens zu einem Teil der Schöpfer der modernen Welt geworden sei. Aber dieses Neue habe erst aus der Verbindung mit mittelalterlichen Ideen gelöst werden müssen, um wirklich als prinzipiell Neues zu wirken (Troeltsch 2004, 111 f.). Denn die vom Protestantismus erzeugte konfessionelle Kultur sei dem mittelalterlichen Typus näher als dem modernen, und der Fall der mittelalterlichen Schranken sei selbst erst durch moderne Einwirkungen zustande gekommen.

Bei Troeltsch führt diese Abgrenzung der Reformation und des Altprotestantismus auch zu einer stärkeren Anbindung Luthers an das Mittelalter, während die auf die moderne Welt vorausweisenden Gedanken eher im Humanismus sowie bei den Täufern und Spiritualisten zu finden seien. Bereits der Konflikt zwischen Luther und Erasmus (1466–1536) sei der Konflikt zwischen dem schroff erneuerten mittelalterlichen Supranaturalismus und Dualismus auf der einen und dem modernen antisupranaturalistischen und universalen Religionsgedanken auf der anderen Seite, und der moderne Protestantismus stehe wissenschaftlich und soziologisch Franck näher als seinem Helden Luther (Troeltsch 2004, 140; 193).

Während Troeltsch aus der Innerlichkeit des Luthertums die deutsche Spekulation mit ihren Gedanken eines natürlich-geistigen Weltprozesses und einer sich frei entfaltenden Autonomie des Geistes ausgehen ließ, sah er – wie der befreundete Max Weber (1864–1920) in seiner Studie *Die protestantische Ethik und der Geist des Kapitalismus* (1905) – im Calvinismus die dem modernen Kapitalismus angemessene Arbeitsgesinnung ebenso angebahnt wie die politische Neigung zum naturrechtlichen Individualismus wie zum rationalen Aufbau des Staates und damit einen Beitrag zu den großen soziologischen Umbildungen der modernen Welt, einschließlich erster Elemente der Gewissensfreiheit. Mit dem englischen Independentismus habe dann auf reformiertem Boden das Täufertum gesiegt, was das Ende der mittelalterlichen Idee bedeute (Troeltsch 2004, 240, 281, 301 f.). An die Stelle des noch weitgehend der mittelalterlichen Einheitskultur verpflichteten Altprotestantismus trete nunmehr der Neuprotestantismus oder der moderne Protestantismus.

Regionen, Räume und Entwicklungspfade

Traditionell wird der Begriff der Moderne innerhalb der protestantischen Theologie normativ verwendet, um eine sich aus der Aufklärung herleitende neue Form der westlichen Kultur mit ihren globalen Folgen zu bezeichnen. Verwendet man den Begriff hingegen nur als Bezeichnung des Zeitraums, der von der sogenannten Sattelzeit um 1750 bis in die Gegenwart reicht, so zeichnet sich der Protestantismus in der Moderne zumal im globalen Vergleich durch das Nebeneinander ganz unterschiedlicher Tendenzen aus. In jüngster Zeit kommt es in der protestantischen Theologie im Anschluss an die Geschichtswissenschaft aufgrund der vielfach konstatierten Renaissance des Religiösen seit den 70er-Jahren zu einem neuen Interesse an den unterschiedlichen religiösen Kulturen der Moderne. Dabei betont Friedrich Wilhelm Graf (geb. 1948) in seinem Artikel »Neuzeit« (Graf 2003) die paradoxe Gleichzeitigkeit des vermeintlich Ungleichzeitigen als Strukturmerkmal der Religions- und Konfessionsgeschichte seit der Mitte des 18. Jh.s. Auf den Religionsmärkten der Moderne böten konkurrierende Anbieter unterschiedlichste religiöse Güter an, die von den Konsumenten je nach Präferenz nachgefragt würden, sodass der Pluralisierung auf der Anbieterseite eine Individualisierung auf Seiten der Konsumenten entspreche. Das Entstehen neuer religiöser Gruppen mit entsprechenden Konkurrenzkämpfen lasse die Zeit zwischen 1830 und 1960 als zweites konfessionelles Zeitalter erscheinen. Zudem ließen neue Komposita des Religionsbegriffs – »Kunstreligion«, »Bildungsreligion«, »Zivilreligion« usw. – erkennen, dass die Moderne nicht weniger religionshaltig sei als andere Epochen. Wie im Katholizismus und Judentum komme es verstärkt auch im Protestantismus in der Moderne zu einer inneren Polarisierung zwischen liberalen Modernisierern und konservativen Neoorthodoxen.

Der Tendenz der Entkirchlichung auf den europäischen Religionsmärkten stünden zudem im außereuropäischen Bereich eine Expansion christlicher Konfessionskirchen – etwa der Pfingstkirchen in Lateinamerika und Afrika – und die Bildung indigener Gestalten des Christentums nach dem Ende des modernen Kolonialismus und der mit ihm einhergehenden Mission gegenüber. Dabei folgten die außereuropäischen Kirchen und Theologien weitgehend den Modernisierungspfaden der europäischen Kirchen, wobei es allerdings trotz der Durchsetzung westlicher Zweckrationalität nur selten zur Säkularisierung einzelner Sozialsysteme komme, sondern die Religion diese stärker durchdringe als in Europa. Das aber zeige bloß, dass die europäischen religiösen Modernisierungspfade nur moderne Sonderweg neben anderen modernen Wegen seien (Graf 2003, 255–259). Graf verabschiedet so das normative Konzept der Moderne, um die unterschiedlichen Formen protestantischer Religiosität als gleichzeitige Momente eines als Moderne bezeichneten Zeitraums begreifen zu können.

Sowohl Dilthey als auch Troeltsch bedienen sich hingegen eines normativen Modernebegriffs, wenn sie unter der Moderne die westliche Moderne als europäischen Sonderweg verstehen. Die moderne Welt ist für Troeltsch die Ende des 17. Jh.s und im 18. Jh. entstehende neue Kulturform, die jene Kulturform ablöst, die seit dem Bündnis des Römischen Reiches mit der siegreichen Kirche herrschend war. Sie habe sich anfangs als Aufklärung und nach Ablauf der Aufklärungsperiode als moderne Zivilisation bezeichnet in dem Gefühl, gegenüber Antike und Mittelalter etwas Eigentümliches zu besitzen, das ihr eine innere Einheit verleiht. Sie knüpfe an während des konfessionellen Zeitalters in den Hintergrund gedrängte Ideen der Renaissance an, die nach den Religionskriegen wieder hervortreten und gegen den bisherigen konfessionellen Geist eingesetzt würden. Mit dem Zurücktreten Spaniens gelange die Gegenreformation an ihr Ende, die Kolonialpolitik erschließe außereuropäische Gebiete, und die politischen Allianzen durchbrächen die konfessionellen Grenzen. Es entstehe der moderne Staat in Holland, England, Frankreich und Preußen, der Kapitalismus schaffe die rechenhafte Seelenstimmung des modernen Erwerbslebens, und an die Stelle des harten konfessionellen trete ein milder philanthropischer Geist.

Auf dem Boden der neuen Wissenschaft, v. a. der Naturwissenschaft und Philosophie, bilde sich auch eine Art moderner Religion, die mit dem neuen Weltbild auch neue religiöse Gefühle verbinde. Die Bahnbrecher der modernen Wissenschaft – Galilei, Pascal, Macchiavelli, Bodin, Descartes – seien zwar Katholiken gewesen. Aber die moderne Welt ist Troeltsch zufolge in ihrem Wesen und Ursprung konfessionell neutral, und dass ihre Ideen dann v. a. von protestantischen Völkern rezipiert wurden, hängt für ihn mit dem protestantischen Geist der Individualität und der Gewissensautonomie zusammen. Wegweisend seien dabei Länder wie Holland und England, wo der strenge staatskirchliche Protestantismus nie voll zur konfessionellen Herrschaft gelangt sei.

Troeltsch geht den Wirkungen unterschiedlicher Bereiche der modernen Kultur auf den Protestantismus näher nach, und er unterscheidet dabei fünf Bereiche: Ethik, Religion, Staat, Kirche und Gesellschaft. Den Ausgangspunkt der modernen weltlichen Ethik bilde die englische Revolution, in der die Ethik des konfessionellen Zeitalters an ihr Ende gelangt sei. Die bisher überwiegend aufs Jenseits ausgerichtete theologische Ethik werde bei Hobbes, Locke und den englischen Moralisten humanisiert und auf innerweltliche Güter bezogen. Die moderne protestantische Ethik schließe dabei mehrheitlich theoretisch ihren Kompromiss mit den neuen ethischen Theorien und praktisch mit den veränderten Verhältnissen. Sie feiere den Protestantismus als Religion der Autonomie und der Wiederentdeckung des Rechts der weltlichen Güter, halte die Verschmelzung mit dem modernen praktischen Leben für ein gutes protestantisches Recht und denke nicht mehr an den Weltgegensatz und die Einheitlichkeit des christlichen Kulturlebens im Altprotestantismus. Vielmehr stimme sie mit der modernen Entwicklung zu individuell-autonomen Überzeugungen und zur Schätzung der menschlichen Kultur völlig überein (Troeltsch 2004, 308–330).

Die Umbildung der Ethik folgt laut Troeltsch erst aus der Veränderung der religiösen Idee selbst, die durch die moderne Metaphysik und das moderne Weltbild bewirkt werde. Je mehr aber die Metaphysik zurücktrete, desto bedeutsamer werde die allgemeine Religionswissenschaft, die die historische Erscheinung des Christentums mit den anderen Religionen zu einem allgemeinen Begriff der Religion zusammenfasse. Neben Baruch de Spinoza (1632 – 1677) waren es laut Troeltsch auch hier wieder die Engländer, die unter dem Eindruck der Religionskämpfe und der Stuartreaktion den Deismus begründeten, der einen allgemeinen natürlichen Gottesglauben als psychologisch gemeinsamen Kern aller Religionsbildung angesehen und gegen die streitenden Zufälligkeiten der positiven Religionen geltend gemacht habe.

So seien die Grundlagen der modernen allgemeinen Religionswissenschaft entstanden, wobei sich im Zuge des Bekanntwerdens außerchristlicher Religionen im Kolonialzeitalter die Erkenntnis der prinzipiellen Gleichartigkeit aller menschlichen Religion ausbilde und man zur Idee einer allgemeinen Entwicklungsgeschichte des religiösen Bewusstseins gelange, die dann entweder im Anschluss an Hume in der positivistischen oder wie in Deutschland in der idealistischen Religionstheorie münde. Im modernen Idealismus werde die Religionswissenschaft zur Lehre von der stufenweisen Entwicklung des religiösen Bewusstseins mit dem Christentum als Vollendung der religiösen Idee. Doch schließlich werde auch diese von Friedrich Schleiermacher (1768 – 1834) und Georg Wilhelm Friedrich Hegel (1770 – 1831) als den Vätern der wissenschaftlichen Theologie im modernen Sinn vertretene Auffassung Opfer des umfassenden modernen Relativismus. Allerdings sieht Troeltsch einen deutlichen Unterschied zwischen den führenden Geistern der modernen Kultur, die diese Wirkung der modernen Religionswissenschaft auf den Protestantismus anerkennen, und der Masse der kirchlich Gesinnten, die insofern ein Doppelleben führen, als sie zwar in den religiös nicht direkt bedeutsamen Dingen die moderne Welt akzeptieren, aber in religiösen Dingen eine antiquarische Dogmatik retten (Troeltsch 2004, 330 – 340).

Ein weiterer Wandel, der den Übergang zur modernen Welt markiert, ist für Troeltsch die Ausbildung des modernen Staats- und Kirchenbegriffs. Denn die Säkularisation des Staates verändere Wesen und Form des protestantischen Kirchentums. Der Staat diene nicht mehr der Ehre Gottes, sondern seiner eigenen, sodass die Souveränität Gottes zur Souveränität des Staates werde. Auch die Entwicklung der modernen Staatstheorie bei Thomas Hobbes (1588 – 1679) und John Locke (1632 – 1704), die von der im Naturrecht begründeten Gleichheit aller Menschen und der Konstitution des Staates durch einen allgemeinen Vertrag ausgeht, habe sich auf reformiertem Boden vollzogen. Denn schließlich habe man in der Entstehung der Niederlande, in den neuenglischen Kolonialstaaten sowie in dem Covenant der Schotten und Cromwells den Staat tatsächlich aus einem Vertrag entstehen lassen.

Der moderne Staat, wie er sich zuerst in Westeuropa ausbildet, verlange aber eine totale Veränderung seines Verhaltens zu den auf seinem Boden befindlichen Kirchen. Da er seinen Zweck nicht mehr in der Kirche habe, werde er einerseits kirchlich neutral und tolerant gegenüber christlichen Konfessionen, Sekten und Juden. Andererseits unterwerfe er die Kirchen im staatlichen Interesse seiner Aufsicht, da er nichts Staatsfeindliches in ihnen dulde, überlasse sie aber ansonsten sich selbst. Troeltsch merkt allerdings an, dass der moderne Staat diese Stellung konsequent nur in den Vereinigten Staaten und seit 1905 auch in Frankreich einnehme, während andernorts Reste des alten Staatskirchentums fortdauerten. Die protestantischen Kirchen hätten sich dem modernen Staat durch einen neuen Kirchenbegriff angepasst, der dem Staatsbegriff analog sei. Die Kirche verstehe sich nunmehr gleichfalls als selbstständig gegenüber dem Staat und leite sich aus einem vertraglichen Zusammenschluss ihrer Glieder ab. Aus der einstigen Anstaltskirche werde eine Religionsgemeinschaft und Glaubensgenossenschaft, deren Zweck rein religiös sei. Im konfessionslosen Staat sei nur derjenige gläubig, der es auch selbst wolle, sodass die Kirche zur Freiwilligkeitskirche werde. Wie der neue Staatsbegriff habe auch dieser neue Kirchenbegriff seinen Ursprung im independentistischen Calvinismus Englands, für den es aufgrund seiner verfassungsmäßigen Selbstständigkeit leichter war, ihn anzunehmen als für das Luthertum und den Zwinglianismus. Durch das Eindringen des modernen Individualismus in die Kirchen komme es auch zur Duldung verschiedener Gruppen in ihnen und zu einer Beschränkung ihrer dogmatischen Bindung auf ein Minimum, sodass sich ein undogmatisches Christentum ausbilde (Troeltsch 2004, 340 – 355).

Das veränderte Staats- und Kirchenverständnis hat laut Troeltsch auch ein neues Verhältnis des Protestantismus zum Ganzen der Gesellschaft zur Folge. Mit der realen Entwicklung der Gesellschaft setzten sich zunächst im Westen neue soziale Ideale durch, die dann in den großen modernen Typen sozialen Denkens – Liberalismus, Demokratie, Sozialismus und Anarchismus – ihren Ausdruck fänden und auf die die Kirchen sich einstellen müssten. Neben diesen vierten Wandel in der modernen Welt trete schließlich als fünfter die Auflösung der protestantischen Askese mit der Ausbildung einer neuen Gefühlsstellung zur Welt und zum Natürlich-Sinnlichen. Dabei sei es das eigentümliche Schicksal des Protestantismus, dass zum einen die aus dem Katholizismus ausgestoßenen modernen Kräfte der Renaissance, die v. a. bei den Reformierten eine Zuflucht gefunden hatten, sich gegen ihn wandten, wie dies für die moderne Wissenschaft gelte. Zum andern aber habe er durch seine Askese selbst die Mächte groß gezogen, die sich schließlich gegen seine asketische Lehre kehrten, wie das für den modernen Staat ebenso gelte wie für die moderne kapitalistische Wirtschaftsordnung. Die Idee der Allgesetzlichkeit mit ihrem Zug zum Pantheismus bei Spinoza und Shaftesbury (1671 – 1713) wie auch der Optimismus des Fortschritts- und Entwicklungsgedankens hätten dabei entscheidend zur Auflösung der Askese beigetragen, was sich auch in der modernen Kunst spiegle (Troeltsch 2004, 355 – 388).

Zeithorizont und Epochenkonzepte

Die Rekonstruktion der Entstehung des Neuprotestantismus verbindet sich bei Troeltsch wie bei allen liberalen Theologen mit einer positiven Wertung der Moderne. Dies änderte sich in der deutschsprachigen protestantischen Theologie der Zeit nach dem Ersten Weltkrieg, der als Epochenbruch erfahren wurde. Nicht nur die Vertreter der Dialektischen Theologie verknüpften eine Kritik am Neuprotestantismus mit einer grundsätzlichen Kritik der Moderne, die auf die Renaissance und Aufklärung zurückgeführt wurde.

Emil Brunner

In seiner Habilitationsschrift *Erlebnis, Erkenntnis und Glaube* (1921) hielt der Zürcher Theologe Emil Brunner (1889 – 1966) es für unverkennbar, dass die als Reaktion gegen eine erstarrte doktrinäre Objektivität des Mittelalters entstandene moderne Welt trotz aller Proteste ihrer Gegner als Geschöpf und Ausdruck des modernen Denkens existiere und gegenwärtig in eine Krise geraten sei. Seltener jedoch sei die Erkenntnis, dass ihr Zusammenbruch seinen Grund nicht in äußeren politischen und ökonomischen Konstellationen haben könne, sondern die Folge eines Risses in den geistigen Fundamenten sei.

Brunner erblickte den Hauptgrund für den Zusammenbruch im modernen religiösen Subjektivismus. Zwar sei nicht die neuzeitliche kritisch-historische Wissenschaft an sich das Übel, doch sie habe unter dem Druck des allgemeinen Zeitgeistes den Sinn für das Nichtmenschlich-Objektive verloren und das Evangelium der Historie und Psychologie ausgeliefert. Die moderne Religion sei Erlebnisreligion, gestützt auf den Psychologismus der Moderne, und als solche ein Missverständnis des Glaubens und eine ehrfurchtslose Haltung des Menschen gegen Gott (Brunner 1933, 1 – 3). Brunner plädierte für eine Loslösung nicht nur von Schleiermacher und Albrecht Ritschl (1822 – 1889) als den beiden Schulhäuptern der modernen subjektivistischen Theologie, sondern von der modernen Theologie überhaupt mit ihrem historischen Relativismus und ihrer psychologischen Innerlichkeit, von der Religion der modernen Mystiker, Romantiker und Reichgottespraktiker. Der Glaube müsse aus seinen modernen Umdeutungen befreit und in seiner unmodernen zeitlosen Objektivität verstanden werden. Brunner deutete den Ersten Weltkrieg als Zusammenbruch der Moderne, der seinen tiefsten Grund in der Transformation des Glaubens in eine moderne Erlebnisreligion habe. Mit seiner Ablehnung der modernen Religion und Theologie stand er nicht allein.

Karl Barth

In Karl Barths *Christlicher Dogmatik im Entwurf* (1927) begegnet ein vergleichbarer Protest gegen den modernen Protestantismus und den für ihn zentralen Begriff der Religion. In den Winkel der Religion habe sich die moderne Theologie zurückgezogen, als sie den Mut verlor, vom Wort Gottes (das heißt der Selbstoffenbarung Gottes) her zu denken, und froh war, in einer menschlichen Gemütsaffektion einen Flecken Humanität zu finden, auf dem sie sich im Frieden mit dem modernen Wissenschaftsbegriff niederlassen konnte (Barth 1982, 594 f.). Barths Kritik am modernen Protestantismus gipfelt darin, dass der in der mittelalterlichen Mystik und humanistischen Renaissance wurzelnde pietistisch-rationalistische Modernismus im ersten Band der *Kirchlichen Dogmatik* (1932) als Häresie innerhalb der organisatorischen Einheiten der evangelischen Kirchen verurteilt wird (Barth 1964, 33).

Dieser Häresievorwurf führte dann dazu, dass in der Interpretation, die Barth und sein damaliger lutherischer Mitstreiter Hans Asmussen (1898–1968) der ersten These der gegen die Deutschen Christen und die nationalsozialistische Kirchenpolitik gerichteten *Barmer Theologischen Erklärung* (1934) verliehen, mit der Theologie der Deutschen Christen die gesamte moderne protestantische Theologie verworfen wird. Indem die deutschchristliche Theologie als deren Vollendung gedeutet wird, wird durch ihre Verwerfung auch diejenige der modernen protestantischen Theologie legitimiert (Barth 1984, 72 f.). Der Protest von Barmen richtete sich Asmussen zufolge nicht nur gegen die Deutschen Christen, sondern auch gegen deren zweihundertjährige Vorbereitung durch den modernen Protestantismus. Mit der *Theologischen Erklärung* der Barmer Bekenntnissynode erhielt die Verurteilung des gesamten modernen Protestantismus seit der Aufklärung bekenntnismäßigen Charakter.

Paul Tillich

Paul Tillich (1886–1965) teilte einerseits mit Barth die ablehnende Haltung gegenüber der deutschchristlichen Theologie. Zugleich warf der in die USA emigrierte religiöse Sozialist Barth und der Dialektischen Theologie mit ihren Attacken auf die moderne liberale Theologie des Protestantismus einen unterträgbaren Supranaturalismus vor. In seiner Abhandlung *Die religiöse Lage der Gegenwart* (1926) ging auch Tillich andererseits vom Zusammenbruch der bürgerlichen Gesellschaft und des Protestantismus des 19. Jh.s aus, der durch den Ersten Weltkrieg und die Revolution nur beschleunigt worden sei (Tillich 1968, 19 f.). In seinem Beitrag *Das Christentum und die moderne Gesellschaft* (1928) sah er allerdings im Protestantismus den Ermöglichungs- und Hintergrund der modernen Gesellschaft, dem sie den Persönlichkeitsgedanken ebenso verdanke wie die Heiligung des täglichen Lebens. Doch sei die moderne Gesellschaft völlig profan und durch eine Verdiesseitigung des religiösen Erbgutes gekennzeichnet. Sie ist für Tillich die autonome und profane Entwicklungsstufe der christlich-protestantischen Gesellschaft, mit der die moderne Kirche in Einheit und Spannung zugleich stehe (Tillich 1968, 103).

In seinem Aufsatz *The End of the Protestant Era?* (1937) sprach er zwar vom Ende der protestantischen Ära als dem Ende der Verwirklichung des Protestantismus in Massenkirchen und in einer vom Protestantismus durchdrungenen Kultur. Aber der Protestantismus sei nicht an diese Art der Verwirklichung gebunden, die durch sein Bündnis mit dem Humanismus entstanden und durch einen liberalen Harmonieglauben charakterisiert sei. Mit dem Humanismus sei allerdings auch der Protestantismus in die Desintegration der spätkapitalistischen Massengesellschaft hineingezogen. Den Abwehrkampf der Bekenntniskirche gegen die eingedrungenen deutschchristlichen Häresien deutete Tillich negativ als Rückzugsgefecht des deutschen Protestantismus aus der protestantischen Ära in die enge antihumanistische Orthodoxie, verbunden mit autoritativen Elementen vorprotestantischen Charakters (Tillich 1962, 153–157).

Emanuel Hirsch

Tillich warf dem befreundeten Emanuel Hirsch (1888–1972) eine illegitime religiöse Verklärung der nationalsozialistischen Revolution vor. Einerseits wandte sich der deutschchristliche Göttinger Theologe Hirsch in seinen »Akademischen Vorlesungen zum Verständnis des deutschen Jahrs 1933« (Hirsch 1934) gegen die radikale Verurteilung des modernen Protestantismus, andererseits teilte er mit der Dialektischen Theologie, Barth und Tillich die Absage an den modernen Kulturprotestantismus, der das Christentum zum wirkungsmächtigen ethisch-religiösen Träger des gesellschaftlichen Lebens eingeebnet habe. Das Ende des Kulturprotestantismus sah er in einer allgemeinen geistigen Krise begründet, die ihre Wurzeln im Scheitern der durch Vernunft und Freiheit definierten allgemeinmenschlichen Humanität habe, die nach den Konfessionskämpfen an die Stelle des gemeinsamen christlichen Glaubens getreten und mit dem Zusammenbruch des Idealismus zerstört worden sei. Die auf sich selbst gegründete Humanität besitze keine verbindende Kraft, sondern erweise sich letztlich als eine zerstörerische Macht, die Emanzipation, Individualismus und Liberalismus aus sich heraussetze, alles der Reflexion preisgebe und damit eine bedingungslose Entwurzelung betreibe, welche in Historismus, Nihilismus, Relativismus und Skeptizismus münde. Erst die nationalsozialistische Revolution stelle die Ursprungsbindung wieder her, sei Befreiung und Aufbruch des evangelischen Christentums (Hirsch 1934, 7–25).

Aber obgleich Hirsch die kritische Sicht auf die in der Aufklärung wurzelnde Moderne und den mit ihr verbundenen Kulturprotestantismus mit der Dialektischen Theologie teilte, warf er in seinem Aufsatz *Die Lage der Theologie* (1936) und in dem *Leitfaden zur christlichen Lehre* (1938) Barths neuorthodoxer Unterwerfung unter die Autorität von Schrift und Dogma vor, den Boden des allgemeinen Wahrheitsbewusstseins verlassen zu haben, das in der Neuzeit durch Zweifel und Autonomie geprägt sei. In seinem Lesebuch *Die Umformung des christlichen Denkens in der Neuzeit* (1938) sah Hirsch das christliche Denken und Leben durch die Geschichte des abendländischen Denkens während der letzten Jahrhunderte dem Schicksal unterworfen, das dazu nötige, eine von Grund auf neue Gestalt christlichen Glaubens zu finden, ohne die ein in Wahrhaftigkeit gegründetes Verhältnis zum Christlichen für alle geistig Lebendigen im abendländischen Kulturkreis unmöglich werde (Hirsch 1985, Vf.).

Anders als Troeltsch nahm Hirsch zwar im Anschluss an die von Karl Holl (1866–1926) eingeleitete Luther-Renaissance eine wesentlich engere Verbindung zwischen Luther und der Neuzeit an, während er der Orthodoxie die Preisgabe wesentlicher Einsichten Luthers vorwarf. Doch in seiner *Geschichte der neuern evangelischen Theologie* (1949–1954, vgl. Hirsch 1968) ging er gleichwohl von der Umformung des überlieferten Christentums aus, zu der es trotz der positiven Rolle, die er der westeuropäischen Aufklärung zunächst einräumte, allein im deutschen Denken komme. Allerdings wusste er angesichts der in der Mitte des 19. Jh.s sich anbahnenden Krise des modernen Kulturprotestantismus keine Antwort auf die Frage, wie der Kampf zum einen um die Umformung des christlichen Denkens und Lebens und zum andern um die Stellung des Christentums im Ganzen des geistigen Lebens der sich wandelnden Menschheit endgültig ausgehen werde (Hirsch 1951, 621–625).

Martin Werner

In der Zeit nach dem Zweiten Weltkrieg waren es v. a. die Vertreter des Schweizer Neoliberalismus aus der Schule Albert Schweitzers (1875–1965), die sich für den Neuprotestantismus einsetzten und dabei sowohl an Hirsch als auch an Troeltsch anknüpften. So begann der Berner Theologe Martin Werner (1887–1964) sein Werk *Der protestantische Weg des Glaubens* (1955) mit der These, dass der moderne Protestantismus an seiner eigenen Geschichte kranke. Er sei mit der tiefgreifenden inneren Wandlung durch Pietismus und Aufklärung, also dem Umschwung vom Alt- zum Neuprotestantismus auch gegenwärtig noch nicht ins Reine gekommen. Aus der Differenz der Stellungnahmen zu diesem Umschwung entsteht Werner zufolge der bedeutendste Unterschied im innerlich aufgespaltenen Protestantismus: Auf der einen Seite stehe der den Neuprotestantismus verurteilende neuorthodoxe Versuch einer Rückkehr zum konfessionellen Protestantismus des 16. und 17. Jh.s, der jedoch seine Vertreter in immer neue Gruppen aufspalte, sodass sich an der Neuorthodoxie das Schicksal des Altprotestantismus nur wiederhole. Diesen restaurativen Tendenzen stehe die Front derer gegenüber, die von dem im Aufklärungschristentum sich offenbarenden Versagen des orthodoxen Altprotestantismus überzeugt seien und für die alle Neu- und Weiterentwicklung des Protestantismus nur im Weiterschreiten des in der Aufklärung eingeschlagenen Weges bestehen könne.

Allerdings bedeutet auch für Werner der Bruch des Neuprotestantismus mit der Orthodoxie des Altprotestantismus nicht, dass er mit keinem seiner Wesenszüge in der Reformation verwurzelt wäre. Vielmehr komme in ihm nachträglich Wesentliches zum Durchbruch, was ansatzweise bereits in Luthers Persönlichkeit, Zwinglis Humanismus und Tendenzen der radikalen Reformation sichtbar geworden, aber von der Orthodoxie zurückgedrängt worden sei. Werner erblickte dieses Wesentliche mit Troeltsch in der vergeistigten Glaubensreligion, im religiösen Individualismus, in der Gesinnungsethik und in der Weltoffenheit. V. a. aber habe der Neuprotestantismus sich in seiner Kritik der kirchlichen Lehrüberlieferung als legitime Fortbildung des ursprünglichen Protestantismus verstehen können. Gleichwohl habe der Neuprotestantismus mit dem Fortschritt von Wissenschaft und Philosophie zusehends erkennen müssen, dass erstens auch die Orthodoxie ein legitimes Ergebnis der reformatorischen Entwicklung gewesen sei, zweitens der moralische Vernunftglaube der Aufklärung nicht identisch sei mit dem ursprünglichen Christentum, drittens das Christentum sich im Vergleich mit anderen Weltreligionen nicht verabsolutieren lasse und viertens die nachidealistische Philosophie eine Religionskritik durchführe, die mit jeder Religion auch das Christentum in Frage stellt. In dieser Situation sei zwar auch der Neuprotestantismus durch Uneinheitlichkeit gekennzeichnet. Werner zufolge ist es aber für die protestantische Theologie ebenso sinnlos wie unwürdig, angesichts dieser durch die moderne Wissenschaft und Philosophie gestellten Probleme auf eine vorbehaltlos kritische Untersuchung zu verzichten und sich auf fragwürdige Kompromisse im Sinne eines kirchlichen Opportunismus einzulassen (Werner 1955, 1–12).

Themen und Leitprozesse

Säkularisierung und Neuzeit

Zu den modernitätsspezifischen Themen, die auf inhaltlicher Ebene den theologischen Fachdiskurs der Zeit nach dem Zweiten Weltkrieg bestimmten und auch über die protestantische Theologie hinaus relevant wurden, gehört die Säkularisierung. Bei dem der Dialektischen Theologie entstammenden Troeltsch-Schüler Friedrich Gogarten (1887–1967) rückte sie in den Mittelpunkt. Ihm ging es um den Zusammenhang, der zwischen dem modernen Bewusstsein der Selbstständigkeit und Freiheit des Menschen der Welt gegenüber und dem Christentum bestehe. Denn der christliche Glaube vollziehe eine radikale Unterscheidung zwischen Gott und Welt, insofern er das Gottesverhältnis von jeder Bedingung durch das Tun des Menschen in der Welt befreie. Der Welt gegenüber sei der Mensch selbstständig und lebe aus seinem Werk, während er Gott gegenüber auf das Empfangen der Gnade im Offenbarungsglauben angewiesen sei. Damit breche aber der christliche Glaube mit dem mythischen Weltbild der Antike und leite jene Entzauberung der Welt ein, die sich in der modernen wissenschaftlich-technischen Kultur der Weltbeherrschung vollende. Der neuzeitliche Mensch begreife sich selbst nicht mehr aus einer vorgegebenen Weltordnung, sondern wisse sich als autonomer Herr der Welt, der deren Ordnung selbst entwerfe.

In seinem Werk *Verhängnis und Hoffnung der Neuzeit* (1953) vertrat Gogarten daher die These, dass die mit dem Beginn der Neuzeit einsetzende Säkularisierung, die heute die gesamte Existenz des Menschen und seine Welt ergriffen habe, die notwendige und legitime Folge des christlichen Glaubens sei. Denn in der Säkularisierung gehe es um die Forderung der Freiheit des Menschen der Welt gegenüber, die ihren Grund in der gläubigen Unterscheidung zwischen der göttlichen Wirklichkeit des Heils und den Werken des Gesetzes habe. Es war letztlich die lutherische Unterscheidung von Gesetz und Evangelium, die für Gogarten die Werke eine der Vernunft des Menschen überantwortete Angelegenheit der Welt sein ließ. Allerdings unterschied Gogarten scharf zwischen zwei grundverschiedenen Arten von Säkularisierung. Legitim sei nur diejenige Säkularisierung, die die Welt Welt sein lasse, während die illegitime Form der Säkularisierung der Säkularismus in Gestalt der neuzeitlichen Heilslehren und Ideologien oder des Nihilismus sei (Gogarten 1966, 142f.). Die Weltlichkeit der Welt werde ebenso wie die Freiheit des Menschen nur dort gewahrt, wo der Mensch sich im Glauben seiner »Sohnschaft« gegenüber Gott bewusst bleibe. Weil dies in der Aufklärung ebenso wie im Idealismus nicht der Fall sei, werden sie beide dem Säkularismus zugerechnet, sodass Gogartens Stellung zur Neuzeit oder Moderne ambivalent war.

Während in der protestantischen Theologie der Zeit nach 1945 die negative Haltung gegenüber Aufklärung und Idealismus dominierte, wandte sich Hans Blumenberg (1920–1996) in *Die Legitimität der Neuzeit* (1966) gegen die theologische Deutung der Neuzeit mithilfe der Säkularisierungsthese und erklärte sie stattdessen aus der humanen Selbstbehauptung gegenüber einem theologischen Absolutismus des spätmittelalterlichen Nominalismus.

Autorität und Aufklärung

In seinem Aufsatz *Die christliche Legitimität der Neuzeit* (1968) kritisierte der Münchner Theologe Wolfhart Pannenberg (geb. 1928) Blumenbergs These und grenzte sich zugleich gegen Gogarten ab. Denn die Selbstständigkeit des neuzeitlichen Menschen gegenüber der Welt beruhe bei Letzterem auf der Autorität des Gotteswortes, dessen Verbindlichkeit zusammen mit derjenigen aller überlieferten Autoritäten von der Neuzeit gerade in Frage gestellt und mithilfe des neuen Weltverständnisses abgebaut worden sei. Man könne nicht die neuzeitliche Säkularität bejahen und zugleich an der Autorität festhalten, die Glauben fordere. Denn der Sinn der neuzeitlichen Weltlichkeit bestehe in der Emanzipation des Menschen von allen heteronomen Traditionen, also auch vom überlieferten Christentum der konfessionellen Kirchenlehren.

Anders als für Blumenberg ist die Neuzeit für Pannenberg aber nicht aus einem Akt humaner Selbstbehauptung gegen den Gnadenabsolutismus des christlichen Gottesgedankens entstanden, sondern aus der Kritik der kirchlichen Autorität, die dem Spätmittelalter als nicht rational zu rechtfertigen gegolten habe, und der durch die konfessionelle Zersplitterung des Christentums und die Konfessionskriege bedingten Suche nach einem neuen gemeinsamen Boden des menschlichen Zusammenlebens in Natur und Vernunft, im Staat und in der allgemeinen Moral unter Absehung von konfessionellen Autoritäten. Die Kritik an der überlieferten Autorität habe jedoch in den protestantischen Ländern kaum zu einem Bruch mit dem Christentum geführt, weil der Protestantismus die Tendenz zur Emanzipation von den überlieferten Autoritäten im Rückgriff auf die Reformation zu legitimieren vermocht habe. Daher ergibt sich für Pannenberg aus den Gedanken der Reformation eine positive Wertung der neuzeitlichen Emanzipation und damit im Gegenzug zu Blumenbergs These eine christliche Legitimität der Neuzeit. Daher kann er auch der Säkularisierung einen christlichen Sinn abgewinnen, indem er sie als einen charakteristischen Zug der Neuzeit in ihrem Kampf gegen das Autoritätsprinzip im religiösen wie im politischen Leben versteht (Pannenberg 1972, 115 f., 125 – 128).

Pannenberg gelangt so in Abgrenzung von den in der deutschsprachigen protestantischen Theologie nach dem Ersten Weltkrieg üblichen negativen Urteilen über die Neuzeit oder Moderne zu deren positiver Bewertung. Diese Auffassung teilt er mit Trutz Rendtorff, der in seinen Beiträgen *Die Neuzeit als ein Kapitel der Christentumsgeschichte* (1985), *Theologische Orientierung im Prozess der Aufklärung. Eine Erinnerung an Ernst Troeltsch* (1987) und *Der Wandel der Moderne im Bewusstsein der Theologie* (1988) die Moderne und die Aufklärung gegenüber dem antiliberalen Aufstand gegen sie verteidigt, wobei er sich u. a. auf Herrmann Lübbes (geb. 1926) Werk *Religion nach der Aufklärung* (1986) stützt. Allerdings findet sich in Falk Wagners Vortrag *Christentum und Moderne* (1989) in Anlehnung an die Frankfurter Schule auch das Stichwort von der Dialektik der Aufklärung oder der halbierten Moderne: Zwar werde keiner die Fortschritte leugnen, die die Moderne auf den Gebieten der technisch-praktischen Welt- und Daseinsgestaltung sowie für das Bewusstsein der Freiheit des Einzelnen herbeigeführt hat. Gleichwohl werde der durch ein aufgeklärtes Bewusstsein getragene rechtlich-politische, wirtschaftliche und technisch-wissenschaftliche Modernisierungsprozess seit seinen Anfängen durch das Bewusstsein der Kritik und Krise begleitet. Denn das die Moderne steuernde Subjekt sei die halbierte Rationalität des technisch-instrumentellen Verstandes, die sich nicht an der Freiheit und an den Interessen der Individuen, sondern an der systemischen Selbsterhaltung orientiere, die sich über das Selbst der Individuen hinwegsetze.

Ebenso wie der systemischen Universalisierung der technisch-funktionalen Rationalität stellt Wagner sich der Postmoderne entgegen, in der er nur die modische Spielart eines Bewusstseins erblickt, das in regelmäßigen Abständen die Zweideutigkeit des Modernisierungsprozesses durch romantische Sehnsüchte untermale. Statt dessen plädiert er für eine Neubelebung der nur unzureichend realisierten Ideen einer freien Humanität und aufgeklärten Vernunft, die den Rechtsgrund ihrer Tätigkeit darin erblicke, den menschlichen Selbst- und Weltumgang gemäß dem Prinzip freier Subjektivität, die auch ihr Anderes als Form frei entlassenen Selbstseins anerkennt, zu begreifen und zu gestalten. Die Dialektik der Aufklärung bestehe aber darin, dass dieser Vernunft in der Welt der Moderne der Rang durch die Kultur des quantifizierenden technischen Verstandes streitig gemacht worden sei (Wagner 1996, 260 – 264). Die Säkularisierung ist für Wagner das Resultat der im Anschluss an Niklas Luhmann (1927 – 1998) beschriebenen funktionalen Differenzierung der modernen Gesellschaft in die verschiedenen sozialen Systeme. Sie bedeutet für ihn nicht, dass die Religion selber oder einzelne christliche Gehalte in Säkularisate umgesetzt werden, sondern dass die soziale Wirklichkeit außerhalb der institutionalisierten Religion nicht durch religiöse Erwartungen bestimmt ist.

Mit der so verstandenen Säkularisierung hänge die Privatisierung der Religion zusammen, und beide Vorgänge widersprächen keineswegs der Eigenart der christlichen Religion, sondern stellten eine Chance dar, dass das Christentum der Realisierung seiner geistig-sachlichen Eigenart näher komme (Wagner 1996, 252 – 254). Dass der Zugang zur Religion in den modernen Gesellschaften prinzipiell von privatisierten Entscheidungen der Individuen abhängig sei, entspreche nämlich nicht nur der menschen- und grundrechtlich fixierten Glaubensfreiheit, sondern auch dem Charakter der christlichen Religion. Allerdings werde er – wie Wagner in seinem Artikel »Neuzeit« betont (Wagner 1992) – durch die religions- und ideologiekritisch bedingte Geltungs- und Relevanzkrise des Christentums erschwert. Vor dem Hintergrund der Krise der wissenschaftlich-technisch-ökonomischen Zweckrationalität als Ausdruck einer nicht von der qualitativen Vernunft, sondern vom quantifizierenden Verstand geprägten Moderne werde der Krise der christlichen Religion allerdings weniger durch die Mobilisierung von Gefühlen als vielmehr durch die Stärkung kognitiv gesteuerter Bildungsanstrengungen zu begegnen sein (Wagner 1992, 703 f.). Angesichts der Dominanz eines in der deutschen protestantischen Theologie seit dem Ersten Weltkrieg vorherrschenden Antimodernismus plädiert Wagner für die Fortschreibung des neuprotestantischen Projekts der Moderne, das der Moderne der Religion durch Umformung ihrer Symbolgehalte entspricht (Wagner 1999, 170 f.).

Literatur

Barth, Karl: *Die Kirchliche Dogmatik*, Bd. 1/1. Zürich [8]1964.

Barth, Karl: *Die Christliche Dogmatik im Entwurf*, Bd. 1, hrsg. von Gerhard Sauter. Zürich 1982.

Barth, Karl: *Texte zur Barmer Theologischen Erklärung*, hrsg. von Martin Rohkrämer, Zürich 1984.

Baur, Ferdinand Christian: *Lehrbuch der christlichen Dogmengeschichte*. Tübingen [2]1858.

Baur, Ferdinand Christian: Die Epochen der kirchlichen Geschichtsschreibung. In: Ders.: *Ausgewählte Werke in Einzelausgaben*, Bd. 2, hrsg. von Klaus Scholder. Stuttgart-Bad Cannstatt 1963, 1–281.

Biedermann, Alois Emanuel: *Christliche Dogmatik*, Bd. 1. Berlin [2]1884.

Brunner, Emil: *Erlebnis, Erkenntnis und Glaube*. Tübingen [4/5]1933.

Damberg, Wilhelm et al. (Hrsg.): *Konfession und Gesellschaft. Beiträge zur Zeitgeschichte*, Bd. 1–50. Stuttgart 1988–2014.

Dilthey, Wilhelm: *Weltanschauung und Analyse des Menschen seit Renaissance und Religion*. Gesammelte Schriften, Bd. 2. Stuttgart/Göttingen [5]1957.

Gogarten, Friedrich: *Verhängnis und Hoffnung der Neuzeit. Die Säkularisierung als theologisches Problem*. München/Hamburg 1966.

Graf, Friedrich Wilhelm: Neuzeit. In: Betz, Hans Dieter et al. (Hrsg.): *Die Religion in Geschichte und Gegenwart*, Bd. 6. Tübingen [4]2003, 254–259.

Graf, Friedrich Wilhelm/Hübinger, Gangolf (Hrsg.): *Religiöse Kulturen der Moderne*, 13 Bde., Gütersloh 1996–2006.

Hirsch, Emanuel: *Die gegenwärtige geistige Lage im Spiegel philosophischer und theologischer Besinnung. Akademische Vorlesungen zum Verständnis des deutschen Jahrs 1933*. Göttingen 1934.

Hirsch, Emanuel: *Geschichte der neuern evangelischen Theologie im Zusammenhang mit den allgemeinen Bewegungen des europäischen Denkens*, Bd. 5. Gütersloh [4]1968.

Hirsch, Emanuel: *Die Umformung des christlichen Denkens in der Neuzeit. Ein Lesebuch*, hrsg. von Hans-Martin Müller. Tübingen/Goslar 1985.

Overbeck, Franz: *Über die Christlichkeit unserer heutigen Theologie*. Darmstadt [3]1963.

Pannenberg, Wolfhart: *Gottesgedanke und menschliche Freiheit*. Göttingen 1972.

Rohls, Jan: *Protestantische Theologie der Neuzeit*, 2 Bde. Tübingen 1997.

Seeberg, Reinhold: *Die Kirche Deutschlands im neunzehnten Jahrhundert. Eine Einführung in die religiösen, theologischen und kirchlichen Fragen der Gegenwart*. Leipzig [2]1904.

Strauß, David Friedrich: *Der alte und der neue Glaube. Ein Bekenntnis*. Stuttgart 1938.

Strauß, David Friedrich: *Die christliche Glaubenslehre in ihrer geschichtlichen Entwicklung und im Kampf mit der modernen Wissenschaft*. Frankfurt am Main 1984 (Ndr. der Ausgabe 1840/41).

Tillich, Paul: *Der Protestantismus als Kritik und Gestaltung. Schriften zur Theologie I*. Gesammelte Werke, Bd. 7, hrsg. von Renate Albrecht. Stuttgart 1962.

Tillich, Paul: *Die religiöse Deutung der Gegenwart. Schriften zur Zeitkritik*, Gesammelte Werke, Bd. 9, hrsg. von Renate Albrecht. Stuttgart 1968.

Troeltsch, Ernst: *Aufsätze zur Geistesgeschichte und Religionssoziologie*, hrsg. von Hans Baron. Tübingen 1925.

Troeltsch, Ernst: *Schriften zur Bedeutung des Protestantismus in der modernen Welt (1906–1913)*. Kritische Gesamtausgabe Bd. 8, hrsg. von Trutz von Rendtorff und Stefan Pautler. Berlin/New York 2001.

Troeltsch, Ernst: *Protestantisches Christentum und Kirche in der Neuzeit*. Kritische Gesamtausgabe Bd. 7, hrsg. von Volker Drehsen. Berlin/New York 2004.

Wagner, Falk: Neuzeit. In: *Evangelisches Kirchenlexikon*, Bd. 3. Göttingen [3]1992, 699–704.

Wagner, Falk: *Religion und Gottesgedanke. Philosophisch-theologische Beiträge zur Kritik und Begründung der Religion. Beiträge zur rationalen Theologie*, Bd. 7. Frankfurt am Main 1996.

Wagner, Falk: *Metamorphosen des modernen Protestantismus*. Tübingen 1999.

Werner, Martin: *Der protestantische Weg des Glaubens*, Bd. 1. Bern 1955.

Jan Rohls

Wirtschaftsgeschichte

Definitionen und Anwendungsbereiche

In der Wirtschaftswissenschaft wird der Begriff der Moderne bestenfalls in umgangssprachlicher Weise genutzt; er ist weder Konzept- noch Theoriebegriff. Wirtschaftsgeschichte und Wirtschaftswissenschaft haben nach ihrem Selbstverständnis mit den historischen Formen der Gestaltung von Knappheit zu tun. Diese Gestaltung folgt allgemeinen Regeln, namentlich dem Prinzip der begrenzten Rationalität und der Budgetrestriktion (Kirchgässner ^{4}2013). Hiernach verhalten sich wirtschaftliche Akteure ihren jeweiligen Präferenzen und ihrem Wissen entsprechend budgetrational, d. h. sie versuchen, mit geringem Aufwand einen großen Nutzen bzw. einen gegebenen Nutzen mit möglichst geringem Aufwand zu erzielen. Insofern sind die Akteure auch an einer für sie vorteilhaften Gestaltung des institutionellen Handlungsrahmens interessiert, der die Möglichkeiten wirtschaftlichen Handelns restringiert und ggf. sanktioniert, und richten ihr allgemeines Verhalten ggf. auf die Erreichung günstiger institutioneller Arrangements aus (North 1988). Dieses zeitübergreifende Konzept, das auf bestimmten Annahmen bezüglich der Natur menschlicher Verhaltensweisen beruht, ermöglicht es zugleich, verschiedene institutionelle Arrangements nach bestimmten Kriterien gegeneinander abzugrenzen, wobei das in der Wirtschaftswissenschaft und Wirtschaftsgeschichte gewählte Kriterium das der Effizienz ist. Diese Abgrenzung unterschiedlicher institutioneller Arrangements ist nicht zwingend an eine bestimmte Vorstellung historischer Abfolgen in dem Sinne gebunden, dass ältere Ordnungen weniger effizient sind als neuere.

Die gegenwärtige Wirtschaftswissenschaft ist mithin grundsätzlich unhistorisch ausgerichtet und kann daher auf einen emphatischen Modernebegriff verzichten, ja kommt generell ohne eine Vorstellung gerichteten historischen Wandels aus. Das heißt aber nicht, dass das wirtschaftliche Handeln der Menschen nicht im Zeitablauf betrachtet und entsprechend definierter Kriterien eingegrenzt bzw. historisch abgegrenzt werden kann. Grob gesehen unterscheidet man zwischen verschiedenen Arten der Gestaltung des Koordinationsproblems im Umgang mit Knappheit (Acemoğlu/Robinson 2013), wobei es idealtypisch marktwirtschaftliche und verwaltungswirtschaftliche Institutionalisierungsformen gibt, die zudem unterschiedlich mit liberalen bzw. eingeschränkten Eigentumsstrukturen korrespondieren. Auf dieser Basis lassen sich Ordnungs- oder Systemvorstellungen entwickeln, wobei die Tatsache, dass im 20. Jh. markt- und verwaltungswirtschaftliche Strukturen in großen Teilen der Welt gleichzeitig und zueinander in Konkurrenz stehend existierten, es ausschließt, diese Konzepte mit Begriffen wie vormodern/modern zu attribuieren.

Forschungsgeschichte, Semantik und Gegenkonzepte

Diese grundsätzliche Ahistorizität des ökonomischen Denkens nun könnte man selbst als dessen moderne Form fassen, nur wechselt man dann die Perspektive. Betrachtet man den Wandel wirtschaftlicher Praktiken, deren institutionelle Fassung und ihre semantische Tradition, so wird die Wirtschaft zum Thema historischer Reflexion. Nun geht es nicht mehr primär um die Lösung von Allokationsproblemen, sondern darum, wie diese sich im historischen Wandel darstellen. Die Fragestellung ist mithin keine der unmittelbaren Problemlösung mehr, sondern betrachtet die historische Abfolge von ökonomischen Problemlösungskonstellationen und sucht deren jeweiligen historischen Status und die unter Umständen zwischen diesen Konstellationen bestehenden Verbindungen aufzuklären. Diese Perspektive ist keine wirtschaftswissenschaftliche im engeren Sinne; bei den Klassikern des ökonomischen Denkens finden sich zwar Versatzstücke, die derart interpretiert werden können (Gegenüberstellung von Naturzustand und Zivilisation, wobei auch der Begriff der Moderne fällt), doch handelt es sich hier nicht um Epochenkonzepte, sondern um rhetorische Konfrontationen, deren Zweck im Wesentlichen in der funktionalen Herleitung der Gegenwart aus den Schwächen der Vorgängerzustände besteht (Smith 1974 [1776]).

Die ökonomische Klassik englischer und französischer (Jean Baptiste Say, 1767–1832), aber auch deutscher Herkunft (Hermann Heinrich Gossen, 1810–1858) wurde zur Mitte des 19. Jh.s gerade wegen dieser Ahistorizität und ihres daher im Kern spekulativen Charakters in Frage gestellt. Diese Kritik kam namentlich aus der deutschen Wirtschaftswissenschaft, die der englischen Klassik einerseits vorwarf, die ökonomische Realität in ihrem zeitlichen Wandel nicht erfassen zu können, andererseits mit unhistorischen Annahmen zu arbeiten, die selbst aber nur historisch erklärt werden könnten (Plumpe 1999). Die aus der englischen Klassik folgende Normativität des Laissez-faire-Kapitalismus wurde scharf abgelehnt, da sie weder den vorfindlichen ökonomischen und sozialen Tatsachen gerecht werde, noch die unterstellte ›Wolfsnatur‹ des Menschen allgemein zutreffe. Der *homo oeconomicus* sei bestenfalls ein Zuchtprodukt der ›Moderne‹, keinesfalls aber deren anthropologische Voraussetzung (Plumpe 2007). Eine zutreffende Betrachtung der wirtschaftlichen Welt im Wandel müsse mithin sowohl von den empirisch vorfindbaren Tatsachen ausgehen als auch die sich wandelnden Regulative menschlichen Verhaltens in Rechnung stellen (Grimmer-Solem 2003). Nehme man diese Gesichtspunkte zusammen, so zeige sich durchaus ein sinnvoll gegliederter historischer Abfolgeprozess, der bei Adolf Wagner (1835–1917), Karl Bücher (1847–1930) oder Gustav Schmoller (1838–1917) nun auch, angelehnt an Kriterien der Produktivität und der Reichweite des Handels, als eine Art Fortschrittsprozess zu sehen war: Der ökonomische Wandel wurde historisch als eine Art Stufenfolge von der Haus-, über die Dorf- hin zur Stadt-, zur Volks- und schließlich zur Weltwirtschaft gesehen, wobei dann naheliegenderweise die gegenwärtige Weltwirtschaft mit moderner Wirtschaft zu identifizieren war (Bücher 1926 [1893]; Bäthge 1962).

Ihre Merkmale konnten dann als Merkmale moderner Wirtschaft gelten: Technik, Ausdifferenzierung, Arbeitsteilung, kapitalintensive Massenproduktion, überregionaler Handel, aber auch Bevölkerungszunahme, Verbesserung des Bildungsniveaus, Zunahme des wissenschaftlichen Wissens überhaupt. Diese Annahmen korrespondierten eng mit den zeitgenössischen Vorstellungen über das sich ändernde Leben hin zu einer marktvermittelten, großstädtischen Existenz, die ihrerseits zum Inbegriff der Moderne schlechthin wurde (Simmel 1995 [1903]). Diese Stufentheorien, wie man sie nannte, waren freilich in hohem Maße normativ überformt, da sie den ökonomischen Wandel nicht nur als Fortschrittsprozess ansahen, sondern ihn, sollte er gelingen, zugleich als einen zunehmenden Versittlichungsprozess verstanden (Schmoller 1900/1904), insofern der Staat von einem bestimmten Zeitpunkt die Bedingungen der Möglichkeit ökonomischen Fortschritts als Gestaltungsaufgabe betrachtete und etwa über eine aktive Sozialpolitik gewährleistete.

Werner Sombart

Dass Max Weber und Werner Sombart gegen eine derart normativ gefasste Vorstellung des wirtschaftlichen Wandels kritische Einwände erhoben, verwundert nicht (Lindenlaub 1967). Namentlich Werner Sombart (1863–1941) gab mit dem nun bezeichnenderweise *Moderner Kapitalismus* genannten Werk, das 1902 erstmals und dann in weiteren Auflagen (1917, 1925) jeweils umfangreich erweitert erschien, eine andere Vorstellung vom historischen Wandel der Wirtschaft und deren konzeptioneller Fassung. Sombart trug erstens empirische Befunde zusammen, die einen fundamentalen Bruch zwischen einer vormodernen Welt und dem modernen Kapitalismus belegen sollten, den er in das Spätmittelalter terminierte. Er sah zweitens den dort entstehenden modernen Kapitalismus selbst historischem Wandel unterworfen, der schließlich auf ein Absterben der historischen Triebkräfte des Kapitalismus im bürokratisierten Großkonzern der Gegenwart hinauslief. Sombarts Ansatz war dabei ein wirtschaftssoziologischer Entwurf (Sombart 1930), der insbesondere drei entscheidende Merkmale, nämlich Geist, Recht und Technik, in den Blick nahm. Für die vormoderne, vorkapitalistische Welt habe man es mit einem traditionalen Geist, mit herkömmlichem Recht und mit einer handwerklichen Technik zu tun: Insgesamt sei hierdurch ein eher statisches Wirtschaftssystem entstanden, das durch die Genügsamkeit der Akteure (Nahrungsprinzip), die Traditionalität des Rechts und eine v. a. auf Erfahrung setzende Technik gekennzeichnet gewesen sei. Mit dem modernen Kapitalismus sei hingegen nicht nur ein neuer Geist (Erwerbsprinzip) eingezogen; infolgedessen habe sich auch der Umgang mit Recht geändert und das technische Grundverständnis sei ein anderes geworden. Der Gesichtspunkt rationaler Gestaltung sei an die Stelle der Herkunftsorientierung und der Ehrfurcht vor dem historisch Überkommenen getreten.

Erwerbsgeist, rationales Recht und verwissenschaftlichte Technik werden so zu den Eigenschaften der ökonomischen Moderne, die sich eben in kapitalistischer Form entwickelt habe. Insofern gehören zur modernen Wirtschaft in ihrer kapitalistischen Form auch die soziale Ungleichheit, die entsprechend unterschiedlichen Konsummuster und die damit verbundenen sozialen Kämpfe, wobei Sombart anfangs Sympathien für die Sozialdemokratie zeigte, was ihn der kaiserzeitlichen Wissenschaftsbürokratie zumindest eine Weile überaus suspekt machte (vom Brocke 1987; Lenger 1994).

Die Frage, die sich aus diesem Ansatz zwangsläufig ergab, war die nach den treibenden Kräften des Wandels von der vormodernen Welt zum modernen Kapitalismus, also nach den Ursprüngen der so überaus dynamischen Wirtschaft der Gegenwart. Im Kontext dieser Frage war Sombart letztlich außerordentlich offen und gestand zu, dass eine Vielzahl von Faktoren zusammenkommen musste, um den Untergang der herkömmlichen Welt und die Entstehung der ökonomischen Moderne zu ermöglichen. In den Jahren vor dem Ersten Weltkrieg war indes die Idee vorherrschend, dass es v. a. die Bourgeoisie, genauer die Unternehmerschaft (Schumpeter 1912) gewesen sei, die durch ihr modernes Verhalten letztlich den Weg in den Kapitalismus geebnet hätte. Woher diese Bourgeoisie kam, war dann das eigentliche Problem. Damit trat die Bourgeoisie, der Sombart eine umfangreiche Studie widmete, in das Zentrum der Erklärung der modernen Welt, und im Rahmen der Bourgeoisie war es wiederum – aus historischen wie aus anthropologischen Gründen – das Judentum, das sich als geradezu idealer Träger des modernen Wirtschaftsgeistes und des von hier aus inspirierten unternehmerischen Verhaltens erwies (Sombart 1911; Sombart 1913).

Sombarts Analyse des modernen Kapitalismus war überaus hellsichtig und auch die konzeptionellen Überlegungen zur Konstitution und Bedeutung von Wirtschaftssystemen waren durchaus anschlussfähig, nur handelte es sich dabei streng genommen um wirtschaftssoziologische Zeitdiagnostik, weniger um eine historische Erklärung des ökonomischen Wandels. Genau diese Kritik musste sich Sombart daher auch von der zeitgenössischen Geschichtswissenschaft gefallen lassen, die ihm vorwarf (namentlich Georg von Below 1920), für soziologische Großkonzepte die historische Genauigkeit aufzugeben (s. auch die Kritik von Brunner 1936).

Max Weber

Max Weber (1864 – 1920) war wie Sombart ebenfalls um die historischen Abläufe nicht sonderlich bekümmert. Ihn interessierte v. a. die Aufklärung der Gegenwart, die sich eben nur im Kontrast zu dem begreifen ließ, was es nicht mehr gab (Köster/Plumpe 2007). Es ist kein Zufall, dass sich auch Max Weber zunächst und vorrangig um die Aufklärung der Motive der vermeintlichen Trägergruppe des modernen Kapitalismus bemühte, um die Energie, mit der sie ihre Ziele verfolgt und durchgesetzt hatte, deren Dynamik schließlich der gesamten Wirtschaft ihren Stempel aufdrückte (Weber 1904/5). An Sombarts Überlegungen, die er allerdings offen kaum kritisierte, missfiel Weber auch nicht die Reichweite von dessen historischen Annahmen, sondern die fehlgehende Diagnose der Rolle des Judentums und der Abenteurer. Der moderne Kapitalismus war in Webers Sicht gerade das Gegenteil hiervon, nämlich eine Kombination von strenger Affektbeherrschung und generalisiertem, erfolgsorientiertem Tauschverhalten. Weder Abenteurer noch Juden konnten die Träger des modernen Kapitalismus sein; es waren vielmehr jene protestantischen Gruppen, deren religiöses Weltbild seit dem 16. Jh. ein rationales Wirtschaftsverhalten begründete (innerweltliche Askese, disziplinierte Arbeitshaltung), dessen Erfolg schließlich auch seine religiösen Wurzeln vergessen ließ.

Diese im Kern gegen Sombart gerichtete Argumentation hat eine breite, bis heute andauernde Debatte um »Die Protestantische Ethik und den Geist des Kapitalismus« ausgelöst (Weber 1904/05). Webers Position hat dabei der Kritik nicht standhalten können, da sich ein historisch zweifelsfrei identifizierbarer Zusammenhang von protestantischer Alltagsethik und ökonomischem Erfolg empirisch nicht hat zeigen lassen; die Empirie der Quellen ist zu vielfältig, um Webers These zu tragen. Nun wäre es aber auch vollkommen falsch, Weber allein auf die »protestantische Ethik« festzulegen. In den Mitschriften seiner späten Vorlesung (Weber 1958) zeigt sich vielmehr, dass Weber den Prozess der Entstehung und Durchsetzung des modernen Kapitalismus viel komplexer begriff und keineswegs nur auf den Faktor der »protestantischen Ethik« reduzierte. In diesem Text geht er vielmehr von einem (in seiner damaligen Sicht allein abendländischen) Prozess der Rationalisierung aus, der neben einer insofern rationalen, auf Erwerb zielenden berechnenden Wirtschaftsgesinnung auch parallele Rationalisierungsprozesse in Kunst, Politik und Wissenschaft, ja im familiären Verhalten voraussetzte, bedingte und zur Folge hatte. Der moderne Kapitalismus ist der geronnene Ausdruck dieses Rationalisierungsprozesses, dessen Ausdruck die moderne Wirtschaft und Gesellschaft in ihrer ganzen Unentrinnbarkeit und Zwangsläufigkeit sind.

Weber besitzt entsprechend keinen emphatischen Gegenwartsbegriff mehr wie Gustav Schmoller, für den das historisch Erreichte zugleich auch das ethisch Gesollte war (Lindenlaub 1967). Für die jüngste Historische Schule der Nationalökonomie, als deren Vertreter Werner Sombart und Max Weber gelten, gibt es mithin zwar auch einen gerichteten

Prozess des wirtschaftlichen Wandels, doch führt dieser Weg nicht ins Licht, sondern in das Dunkel einer bürokratischen Zwangsanstalt, in die Verliese des bürokratischen Kapitalismus, in denen der Einzelne keine Handlungschancen mehr besitzt. Bestenfalls ein gelegentlicher Ausbruch ist möglich, mehr nicht.

Die Schwäche der Konzeption beider Wirtschaftssoziologen liegt weniger in ihrer empirischen Fülle oder Kargheit als vielmehr in dem Anachronismus, die Vergangenheit nach dem Bild der Gegenwart zu formen und dabei die modernen Konzepte zugleich zu universalhistorischen Schlüsseln zu erklären.

Otto Brunner

Eine wesentliche Erweiterung des Verständnisses der historischen Dimension wirtschaftlichen Handelns wurde erst von Otto Brunner (1898–1982) ausformuliert. Brunner kam im Kern von einer vormodernen Sicht der Welt (Brunner1965 [1939]) und begriff die Gegenwart zunächst als einen Zerfallsprozess, eine Folge des sich seit dem 17. Jh. durchsetzenden »Trennungsdenkens«. Für ihn war insbesondere das 18. Jh. eine Bruchzone, in der die alte aristotelische Ordnung zerbrach, an deren Stelle eine funktional differenzierte Kombination sich gegenseitig ermöglichender, gleichwohl oder gerade deshalb ihrer Eigenlogik folgender gesellschaftlicher Teilbereiche trat, wie eben u. a. Recht, Wirtschaft, Politik und Kunst. Schon der Begriff der ›Wirtschaftlichkeit‹ selbst, der gegenwärtig mit individueller Kosten-Nutzen-Rationalität und Effizienz gleichgesetzt werde, sei für die ältere Welt weitgehend sinnlos (Brunner 1956).

Brunner machte diese ältere Vorstellung eines geordneten Kosmos am Begriff des ›ganzen Hauses‹ fest, der zur Zentralkategorie seiner Vorstellung der ›homerischen‹ Welt wurde. Im ›ganzen Haus‹ ist nach diesem Denken alles Handeln zugleich sach- wie hausbezogen, jedes praktische Handeln soll also zugleich der Ordnung des Hauses folgen und diese bestätigen. In den Vorstellungen der modernen Welt hingegen sei das Haus als Angelpunkt verschwunden; hier folge jeder allein seiner individuellen Rationalität, deren Maßstab, zumindest was die ökonomische Theorie betrifft, allein Kosten-Nutzen-Denken und Effizienz und eben nicht die übergeordnete Ordnung des Hauses seien. Insofern sind mit Brunner die moderne Wirtschaft und das moderne ökonomische Denken als einander ermöglichende Phänomene des 18. Jh.s anzusehen, die eben keinen Universalanspruch erheben können, auch wenn sie für einander Erklärungsfunktionen besitzen und so zugleich den Schein allgemeinen Weltbegreifens erzeugen. Doch ist es dieses allgemeine Weltbegreifen, in historischer Perspektive, eben gerade nicht.

Brunners Konzept des »ganzen Hauses« als Kern der alteuropäischen, ›homerischen Welt‹ ist in der sozialhistorischen Diskussion zeitweilig scharf kritisiert worden, nicht zuletzt wohl auch deshalb, weil Brunners Sicht zeitweilig im Sinne der Wiederherstellung einer nicht funktional ausdifferenzierten Welt überaus normativ aufgeladen war; dies brachte ihn in große Nähe zum Nationalsozialismus, der ja genau diese Zerfaserung der Moderne durch die Wiederherstellung einer um eine zentrale Spitze herum organisierten Ordnung aufzuheben beanspruchte (Oexle 1984). Den Preis einer derartigen ja nur gewaltsam überhaupt vorstellbaren Wiederherstellung einer umfassenden Ordnung scheint Brunner in Kauf genommen zu haben (Jütte 1984), doch ändert die Tatsache dieser totalitären Neigung nichts an der Qualität des fundierenden Arguments. Die ältere und die moderne Welt sind eben nicht oder nicht vorrangig Varianten derselben Grundtatsachen menschlichen Wirtschaftens, zumindest solange man sich nicht in anthropologische Trivialitäten flüchten will. Zwischen vormoderner Welt und moderner Wirtschaft bestehen vielmehr kategoriale (und entsprechende empirische) Differenzen, die sich nicht auf Variationen einer grundsätzlich gegebenen wirtschaftssystematischen Konstellation reduzieren lassen.

Themen und Leitprozesse

Moderne Wirtschaft oder Wirtschaft in unserem heutigen Alltagsverständnis ist mithin ein historisches Phänomen, das sich mit den Mitteln und Methoden der modernen Wirtschaftswissenschaft, die insofern mit Niklas Luhmann (1927–1998) auch als Selbstbeobachtung eines funktional ausdifferenzierten Teilsystems der Gesellschaft bezeichnet werden kann, zumindest weitgehend sinnvoll beschreiben lässt (Luhmann 1990). Die moderne Wirtschaftswissenschaft klärt allerdings nicht über den historischen Status der modernen Wirtschaft auf, und sie ist wegen ihrer Modellannahmen auch zu hochgradig formalen Aussagen gezwungen, die die Heterogenität ökonomischen Geschehens nicht abbilden, doch ist das auch nicht ihr Zweck. Ihre Funktion besteht in einer formal korrekten Erfassung der regelhaft erfolgenden ökonomischen Abläufe einerseits und ihrer Optimierung unter dem Gesichtspunkt effizienter

Ressourcenallokation andererseits. Die überaus facettenreiche ökonomische Realität interessiert insofern nicht, ebenso nicht die Möglichkeit, dass die unterstellte Regelhaftigkeit des ökonomischen Geschehens irgendwann einmal untergehen wird. Es interessieren allein die regelmäßig und regelhaft feststellbaren ökonomischen Abläufe sowie ihre Beeinflussbarkeit unter dem Gesichtspunkt ihrer Effizienzsteigerung. Insofern ist die moderne Wirtschaftswissenschaft auch nicht »reine« Wissenschaft; sie ist immer auch – als Selbstbeobachtung – Teil des von ihr thematisierten Teilsystems, an dessen Prozessen sie unmittelbar teilnimmt.

Das eigentliche Thema der Betrachtung der modernen Wirtschaft ist die Erläuterung der historischen Bedingungen der Möglichkeit dezentraler Koordination ökonomischen Handelns über preisbildende Märkte und bedingt rationale Akteure. In diesem Rahmen lassen sich dann Leitprozesse des alltäglichen ökonomischen Prozedierens beobachten und analysieren, lässt sich also wirtschaftswissenschaftlich und wirtschaftshistorisch die Performanz einer solchen Ordnung ökonomischen Geschehens in der Zeit im Einzelnen betrachten. Dabei stehen naheliegenderweise jene Gesichtspunkte im Vordergrund, die für moderne Wirtschaften typisch sind und sie von der älteren fundamental und im Einzelnen deutlich unterscheiden. Diese Gesichtspunkte sind dabei ganz unterschiedlicher, nicht unbedingt primär ökonomischer Art, hängen aber mit der modernen Ökonomie in nichttrivialer Weise zusammen. Die folgenden Merkmale sind nicht geordnet, jedenfalls nicht im Sinne einseitiger Bedingtheit. Die moderne Wirtschaft ist das Ergebnis einer Zirkularität von Momenten, die sich gegenseitig sowohl bedingen als auch voraussetzen. Das Geheimnis der europäischen Entwicklung seit dem 17. Jh., als hier eine sehr viel größere ökonomische Dynamik als anderswo feststellbar war, liegt genau in dieser Zirkularität letztlich nichtgeplanter Merkmalskombinationen, die damals möglich wurden und sich dann sehr schnell selbst verstärkten.

Bevölkerung

Für die moderne Ökonomie kennzeichnend ist zunächst eine Beschleunigung des Bevölkerungswachstums (Ehmer 2004) über alle historisch bekannten Ausmaße hinaus. Eine den vormodernen Bedingungen verpflichtete Betrachtungsweise, wie sie etwa der englische Ökonom, Theologe und Moralphilosoph Thomas R. Malthus (1766–1834) um 1800 herum vornahm, ging von einer stabilen bzw. nur mäßig wachsenden Bevölkerung als feststehendem Grundsatz aus, der in den ihm zur Verfügung stehenden Informationen über die älteren Strukturen der Bevölkerungsentwicklung seine Bestätigung fand. Hiernach setzte die nur langsam steigende Agrarproduktivität (Nahrungsspielraum) dem Bevölkerungswachstum eine effektive Grenze, das insofern auch dauerhaft um die Veränderung des Nahrungsspielraums oszillierte. Sollte die Bevölkerung schneller als der Nahrungsmittelspielraum zunehmen, kam es in dieser Sicht zu schweren Krisen, in deren Folge die Bevölkerung dramatisch zurückging: ein Zusammenhang, der für die Welt um 1800 als historisch gesichert galt (Schumpeter 1965 [1954]).

Im Rahmen der modernen Wirtschaft nahm indes die Agrarproduktivität sehr viel stärker zu als bis dato vorstellbar, der Nahrungsmittelspielraum erweiterte sich in den Zentren der modernen Wirtschaft dramatisch, der Lebensstandard stieg und die Sterblichkeit sank. Da zugleich die hohe Geburtlichkeit anhielt, die zuvor notwendig war, um die Reproduktion der Bevölkerung überhaupt zu sichern, stieg die Bevölkerung in England und Nordwesteuropa, schließlich auch im restlichen Europa, später in Nordamerika stark an. Dieses große Bevölkerungswachstum erwies sich unter den gegebenen Bedingungen nach und nach als wirtschaftlicher Vorteil, da das Angebot an (ausgebildeten) Arbeitskräften hoch und die Lohnkosten relativ begrenzt blieben, andererseits die Nachfrage nach den Gütern des täglichen Lebens stark zunahm (Boserup 1965). Mit dem steigendem Lebensstandard und dem Sinken der Sterblichkeit zeigte sich zudem ein bemerkenswertes Phänomen, nämlich der Rückgang der Geburtlichkeit, der bereits vor 1914 einsetzte und sich im 20. Jh. bis zur gegenwärtigen Überalterungssituation verstärkte. In der Aufklärung der Strukturen der Bevölkerungsentwicklung im Rahmen der modernen Wirtschaft liegt daher eines der zentralen Probleme zu ihrem Verständnis.

Marktvermitteltheit

Ein wichtiger Punkt bei der Steigerung der Agrar- und schließlich der Gesamtproduktivität war die Umstellung der Koordination des ökonomischen Alltagshandelns auf preisbildende Märkte. Zwar war faktisches Marktverhalten, also die Orientierung an der Befriedigung der effektiv vorhandenen Nachfrage durch chancennutzende Anbieter, bereits im

18. Jh. und davor weit verbreitet, doch brachten erst die semantischen Umstellungen der Zeit, namentlich die französische Physiokratie und die englische Klassik (Rothschild 2001), die entscheidenden Neuerungen. In deren Licht wurden dann im Kontext und in der Folge der Französischen Revolution jene institutionellen Änderungen möglich, die das marktbezogene, an Individualinteressen orientierte Verhalten zum generalisierten Regelfall ökonomischen Handelns werden ließen (Wischermann/Nieberding 2004).

Karl Polanyi (1978 [1944]) hat die Generalisierung, die schrankenlose Ausdehnung der Märkte auch auf traditionell dem Tauschverhalten entzogene Güter wie Geld, Land und Arbeit als Prozess der Entbettung und der Entfesselung beschrieben, der sozial desaströse Folgen nach sich gezogen habe. Das ist jedoch ein Zerrbild, denn die Umstellung um 1800 war keine Befreiung des Handelns aus Fesseln, sondern seine Konditionierung durch die jetzt geltenden Regeln des Marktes, die zudem überaus gestaltungsfähig waren und sind, zumindest solange der Grundsatz preisbildender Märkte nicht in Frage gestellt wird. Die marktliche Koordination funktionierte dabei keineswegs reibungslos. Einerseits war schon früh erkennbar, dass nicht alle Marktteilnehmer an offenen Märkten interessiert waren, sondern nach für sich günstigen Regelungen strebten, die die Funktionsweise der Märkte behindern konnten (Sartorius 2000); andererseits unterlag das wirtschaftliche Geschehen nunmehr eigentümlichen Rhythmen und Störungen (Konjunkturen und Krisen), die immer wieder den Ruf nach planvollem Vorgehen laut werden ließen. Die vermeintliche Anarchie des Marktes war auch ein Argument, weshalb zumindest zeitweilig Planwirtschaften als wirtschaftlich effizienter galten. Die Durchsetzung des Marktprinzips wegen der offensichtlichen Ineffizienz der vorhergehenden obrigkeitlich regulierten Wirtschaft schuf mithin kein Paradies störungsfreier Abläufe, sondern konstituierte eine bis in die Gegenwart (Kartellverbot, Monopolkontrolle, Mindestlohngesetz) dauernde Auseinandersetzung um akzeptable Marktregeln (Jaeger 1988), in der zum Teil mit ideologisch verhärteten Positionen (Liberalismus, Sozialismus) argumentiert wurde und wird.

Produktion und Konsum

Unter den Bedingungen einer stark steigenden Bevölkerung ändern preisbildende Märkte mit dezentraler Koordination nach individuellen Nützlichkeitsgesichtspunkten kurz-, mittel- und langfristig die Anreize für ökonomisches Alltagsverhalten in wesentlichem Maße. Die auf dem Markt erzielbaren Preise für Güter und Dienstleistungen und für menschliche Arbeitsleistungen gewinnen eine Steuerungsfunktion; dies betrifft einerseits die vorfindlichen Preise, andererseits – und ganz entscheidend – auch die für die Zukunft erwarteten Preise. Die Preise sind dabei zum einen Indikator für Höhe und Umfang der erwartbaren Nachfrage, zum anderen der Maßstab dafür, ob die Herstellung und Vermarktung von Gütern und Dienstleistungen lohnenswert ist bzw. in Zukunft lohnenswert sein wird. Eine steigende Bevölkerung und ein wenn auch nur langsam zunehmender Lebensstandard führen zu einer deutlich wachsenden aggregierten Gesamtnachfrage. Diese wirkt wiederum als starker Stimulus für die Aufnahme bzw. die Erweiterung der Produktion von Massenkonsumgütern, deren Herstellung in großem Stil zugleich deren Durchschnittskosten senkt und damit wiederum die erwarteten Erlöse steigert (Wrigley 2010). Mit wachsenden Konsumchancen steigt die Arbeitsbereitschaft der konsumwilligen bzw. schlicht bedürftigen Menschen, deren insofern gesteigerte Arbeitsproduktivität wiederum zu einer Ausdehnung der Produktion bei sinkenden Durchschnittskosten und damit zu einer Erweiterung der Konsumchancen führt (De Vries 2008; Voth 2000). In diesem Rahmen erweisen sich dann auch die herkömmlichen Produktionsmethoden als unzureichend, wodurch eine zusätzliche Prämie auf die Einführung bzw. Nutzung technischer Neuerungen entsteht, als deren Ergebnis sich dann nach und nach die moderne Fabrik herausbildet (Landes 1973 [1969]; Mokyr 2009).

Dieser von technischen Neuerungen getriebene Zusammenhang von Massenproduktion und Massenkonsumtion hält bis in die Gegenwart an, ja ist durch die Transportrevolutionen und den dramatischen Verfall der Transportpreise nicht nur zu einem globalen Phänomen, sondern zu dem Hauptantrieb globaler Vernetzung geworden. Bemerkenswert daran ist nicht nur die wechselseitige Stimulanz von Angebot und Nachfrage über die jeweiligen Märkte, sondern ein weiterer Gesichtspunkt, der allein für die moderne Wirtschaft zutrifft und sie fundamental von der älteren Welt scheidet: Die moderne Wirtschaft ist im Kern Bedürfnisbefriedigung der Massen zu für sie erschwinglichen Preisen und die Ausrichtung der Produktionstechnik gerade an diesem Ziel.

Unternehmer, Unternehmung

Kennzeichen der modernen Wirtschaft ist ein permanenter Strukturwandel, der zunächst die über Jahrhunderte andauernde Dominanz landwirtschaftlicher Tätigkeiten und der durch sie gestützten Institutionen (›homerische Welt‹) zugunsten des Aufschwungs von Gewerbe und Industrie beseitigt hat. Diese sind freilich ebenso wenig stehen geblieben, sondern haben durch stete Neuerung laufend ihr Gesicht gewandelt, wobei der Anteil wissenschaftsbasierter Tätigkeiten eine immer größere Rolle spielt. Ob man diesen Strukturwandel mit einfachen Sektoralmodellen fassen kann, ist mittlerweile umstritten, seine Existenz deshalb aber keineswegs (Ambrosius 2006). Die Frage ist vielmehr, was sich dahinter verbirgt.

Von Joseph A. Schumpeter (1883–1950) stammt der Begriff der schöpferischen Zerstörung (Schumpeter 1912). Um Zerstörung handelt es sich in den meisten Fällen nicht allein, weil das Alte verschwindet und die mit ihm verbundene soziale Konstellation untergeht, sondern auch deshalb, weil das Neue häufig nicht einmal aufgrund von Funktionsproblemen des Alten auftritt, sondern einfach deshalb, weil seine Nutzung neue Chancen verspricht. Insofern sucht das Alte häufig auch seine Position dadurch zu behaupten, dass es dem Neuen die Legitimität abspricht, ein im Übrigen in der alteuropäischen Tradition tief verankertes semantisches Muster, das das Neue im Gegensatz zum Etablierten, das allein durch seine Existenz immer schon gerechtfertigt erscheint, unter Begründungszwang stellt. Das Neue muss sich also gegen Widerstände durchsetzen, die einfach in der Funktionsweise des Bestehenden liegen – und genau dieser Zusammenhang begründet nach Joseph Schumpeter die zentrale Rolle des Unternehmers oder – gegenwärtig – der Unternehmerfunktion für die moderne Wirtschaft. Sie benötigt eine Kraft, die aufgrund positiver Zukunftserwartungen (Spekulation) in der Gegenwart Innovationen gegen Widerstand durchsetzt (Plumpe 2003).

Neben Unternehmern sind mithin Unternehmen als spezifische Form der Organisation ökonomischer Transaktionen von entscheidender Bedeutung für die Funktionsweise der modernen Wirtschaft – freilich nicht allein, weil es um die Unternehmerfunktion und um die Ausdifferenzierung hinreichender Eigenkomplexität zur Manövrierung im Medium des Marktes geht (Luhmann 1991; Baecker 1993), sondern aus zwei weiteren wesentlichen Gründen. Einerseits sind Unternehmen Investitionen in die Zukunft, da ja zuerst produziert werden muss, bevor verkauft werden kann. Sie sind mithin der förmliche Ausdruck eines spezifischen finanziellen Risikos, das strukturiert werden muss, um hinreichende Bereitschaft zu finden, es einzugehen. Das zeigt sich an der älteren Bezeichnung ›Firma‹, die ja auf nichts anderes referiert als auf eine rechtsverbindliche Unterschrift dessen, der haftbar gemacht werden kann, wenn etwas schief läuft.

Unternehmen sind mithin Risikostrukturierungen – eine Funktion, die in der älteren Welt und zu großen Teilen bis heute von Familien wahrgenommen wird. Die Familie, die das Geschäft als Basis ihres materiellen Lebens betrieb, haftete zugleich mit ihrem Vermögen für das eingesetzte eigene und ggf. fremde Geld. Im Bereich der Familie und der Familienunternehmen gibt es daher eine starke Traditionslinie, die die ältere Welt mit der modernen Wirtschaft verbindet, zumal familienzentrierte Unternehmensformen über eine erstaunliche organisatorische Flexibilität verfügten und noch verfügen (Berghoff 2004). Freilich erweisen sich familiengebundene Organisationen von einem bestimmten Zeitpunkt an als nicht mehr allgemein angemessen, da seit dem 19. Jh. nicht nur die Nutzung technischer Handlungschancen einen stets wachsenden Kapitalaufwand benötigt, sondern auch die Kostenstrukturen der Produktion ein Größenwachstum der Unternehmen verlangen (*economies of scale*, *economies of scope*), das sich familiär nicht mehr abbilden lässt (Chandler 1977).

Allein insofern erscheint auch die Bezeichnung Kapitalismus für die moderne Wirtschaft gerechtfertigt, als es sich eben um eine Form des Wirtschaftens handelt, die in zunehmendem Maße vom Kapitaleinsatz schlicht quantitativ abhängig ist. Sicherung der Unternehmerfunktion, organisatorische Eigenkomplexität und Risikostrukturierung sind indes nur eine Facette der Bedeutung von Unternehmen für die moderne Wirtschaft. Eine andere, wesentliche Funktion liegt nicht im einzelnen Unternehmen, sondern in der Tatsache begründet, dass es zahlreiche Unternehmen gibt, die insofern nur der Ausdruck der Dezentralität von Entscheidungsprozessen in modernen Marktwirtschaften sind. Diese Dezentralität, garantiert durch eine Vielzahl von Unternehmen, ist nun eine der Bedingungen des zuvor als konstitutiv für die moderne Ökonomie skizzierten permanenten Wandels, denn Zerstörung und Neuschöpfung betreffen nie die Volkswirtschaft als Ganzes, sondern stets nur einzelne Momente. Eine derartige Organisationsform ist mithin dazu in der Lage, Stabilität und permanenten Wandel zugleich abzubilden und zu garantieren. Dies drückt sich darin aus, dass ständig einzelne Unternehmen untergehen können, ohne deshalb Existenz oder Funktionsweise der modernen Wirtschaft generell zu gefährden. Wie wesentlich dieses Moment ist, zeigt sich im Vergleich zu den Experimenten im vormaligen sozialistischen Wirtschaftsgebiet, in dem es nicht möglich war, dass einzelne Wirtschaftseinheiten (etwa VEBs) untergingen. Die Planwirtschaft spielte daher Zukunftsfähigkeit stets nur vor, ohne sie je zu besitzen (Steiner 2007).

Arbeit und Ausbeutung

In der Tradition der marxistischen Argumentation ist der Kern der modernen Wirtschaft, dort stets als Kapitalismus bezeichnet, weniger in den zuvor geschilderten Zusammenhängen (die dort z. T. nicht bestritten wurden und werden), sondern vielmehr in der Organisation des Produktionsprozesses und damit im Umgang mit menschlicher Arbeitskraft, genauer in ihrer Ausbeutung gesehen worden. Die Ausbeutung der menschlichen Arbeit ist jedoch keineswegs typisch für die moderne Wirtschaft; sie ist in ihr tendenziell sogar zurückgegangen und durch Maßnahmen der sozialen Flankierung von Industriearbeit abgemildert worden. Die Ausbeutung fand und findet auch dort ihre strukturelle Grenze, wo sie selbst zu einem effektiven Hindernis der Entfaltung des Konsums geworden wäre. Insofern wäre eine schrankenlose Ausdehnung der Ausbeutung geradezu eine Bedrohung für die moderne Wirtschaft, die zu ihrer Existenz eben nicht nur der Massenproduktion, sondern eben auch der Massenkonsumtion bedarf.

Nicht die Ausbeutung macht den Unterschied zur modernen Wirtschaft, sondern die Neufassung des Arbeitsverhältnisses, das nun generell (und nicht allein in wie auch immer bedeutenden Ausnahmefällen) als Gegenstand freier, gleicher und sozialer Verträge von voneinander unabhängigen Vertragspartnern angesehen wird. Dass die Realität von Vertragsschluss und Vertragsgestaltung hiervon abweicht, ändert nichts daran, dass in Anfängen seit dem späten 18. und dann explizit im 19. Jh. ein modernes Arbeitsrecht als institutioneller Rahmen entstand, der genau diesen Gesichtspunkten entsprechend kodifiziert war. Die Sklaverei verschwand im 19. Jh. Sie war kein konstitutiver Teil der modernen Wirtschaft, und auch die noch vormodern anmutenden Abhängigkeitsverhältnisse etwa im Gesinderecht wurden jetzt als Relikt angesehen und nach und nach beseitigt.

Geld und Schulden

Spätestens seit David Graebers schlagzeilenträchtigem Sachbuch *Schulden* (Graeber 2012) ist klar, dass Verschuldung kein besonderes Kennzeichen der modernen Ökonomie ist, sondern sich durch die überlieferte Geschichte wie eine Art roter Faden hindurchzieht. Allerdings wird bei Graeber verdeckt, dass sich Geld, Kredit und Schulden im Verhältnis zur älteren Welt fundamental gewandelt haben, da sie nun Teil der Ermöglichung des zuvor geschilderten Zusammenhangs von Produktion und Konsum geworden sind, den sie in seiner spezifisch modernen Form überhaupt erst ermöglichen (Muldrew 2001; Neal 1990; Hamilton 1986). Kredit ist daher kein zu vermeidendes Übel, sondern der konstituierende Kern einer Marktwirtschaft, in der Produktion und Konsum eben nicht gleichzeitig, sondern nacheinander stattfinden, weshalb der Kredit nichts anderes als der Ausdruck der Vermittlung dieser Asynchronität ist.

Die moderne Unternehmerschaft – Joseph Schumpeter hat hierauf nachdrücklich hingewiesen – ist ohne Kredit (vulgo ›Schulden‹) gar nicht vorstellbar, da erst der Kredit eine Handlung ermöglicht, deren Ertrag erst in der Zukunft erzielt werden kann. Es ist insofern auch kein Zufall, dass der Umgang mit Geld professionell institutionalisiert wurde, zunächst durch Banken, später durch Aktien- und Finanzmärkte, wodurch Geld selbst zum Gegenstand von Markthandeln wurde. Doch war dies nicht, wie Polanyi nahelegt, eine Art Pervertierung, sondern logische Folge von Sicherungsverhalten, da das Geben von Kredit mit spezifischen Risiken verknüpft war und ist, die es einzugrenzen gilt, damit überhaupt Kredit entsteht. Die Schaffung von in strengem Sinne wertlosem Geld (zunächst Papier-, heute rein elektronisches Geld) brachte allerdings das Problem seiner Geltung mit sich, das (wie man früh erkannte) von seiner Menge abhing und abhängt und damit von der Solidität der ausgebenden Stelle.

Schon die ersten Großversuche, Kriege durch die Ausdehnung der Papiergeldmenge zu finanzieren (Frankreich, Österreich) endeten in veritablen Inflationen, sodass seither einerseits die Neigung der Staaten, in wirtschaftlich schwierigen Situationen auf die Geldpresse zurückzugreifen, notorisch geworden ist, andererseits auch die entsprechenden Bemühungen, genau dies zu verhindern, sei es durch nationale Vorschriften (Zentralbankgesetzgebung), sei es durch internationale Währungsordnungen, die den jeweiligen Außenwert der Währungen stabilisieren (sollen) (Eichengreen 2008). Mit der Entgrenzung der Möglichkeit zur Geldschöpfung bekommen Geld- und Währungspolitik daher eine für die Funktionsweise der modernen Wirtschaft zentrale Bedeutung, die entsprechend der jeweiligen politischen und wirtschaftlichen Situation stark umstritten ist. Dass deren jeweilige (nationale bzw. internationale) Regulierung daher dauerndem Wandel unterworfen ist, ist weniger eine Überraschung als das Bemühen der Politik, immer wieder ›alternativlose‹ Ordnungen zu schaffen, deren Begrenztheit doch offensichtlich ist.

Wachstum, Strukturwandel, Lebensstandard

Nimmt man die zuvor skizzierten Merkmale (Leitprozesse) der modernen Wirtschaft zusammen, so ergibt sich in deren Ergebnis seit dem späten 18. Jh. eine Beschleunigung des Wirtschaftswachstums, die trotz wachsender Bevölkerung in jenen Staaten, in denen sich die moderne Wirtschaft zunächst durchsetzte, zu einem starken und seither anhaltenden Anstieg des Pro-Kopf-Einkommens und damit des Lebensstandards geführt hat. Auch wenn das Messen des Lebensstandards an Globaldaten wie dem Bruttoinlandsprodukt (BIP) pro Kopf der Bevölkerung sehr umstritten ist, da das BIP nur ein recht eingeschränktes Bild der wirtschaftlichen Realität zulässt (nämlich die zu Marktpreisen monetär bewerteten Transaktionen – und zwar gleichgültig, worauf sie sich beziehen), haben auch anspruchsvollere Wohlstandsindikatoren wie der *Human Development Index* (HDI) der Vereinten Nationen letztlich kein anderes Bild ergeben als die Orientierung an den herkömmlichen BIP-Daten (Diefenbacher/Zieschank 2011). So eingeschränkt der Maßstab sein mag, so eindeutig und zutreffend sind seine Ergebnisse: Nach ihnen unterscheiden sich die alteuropäische und die moderne Wirtschaft v. a. durch die dauernd zunehmende Leistungsfähigkeit der Letzteren, sodass auch von Epochen der Statik und der Dynamik gesprochen werden kann.

Kennzeichnend für die Dynamik ist das starke Wachstum der Produktivität, die wiederum in enger Verbindung zu einem massiven Strukturwandel steht (Ambrosius 2006), der ebenfalls mit dem 18. Jh. einsetzte. Im alten Europa waren noch die meisten Menschen auf dem Lande mit Tätigkeiten beschäftigt, die mehr oder weniger eng mit der Landwirtschaft und der Nahrungsmittelproduktion bzw. der Herstellung von agrarisch gewonnenen Textilien zusammenhingen. Mit der zunehmenden Agrarproduktivität ging die landwirtschaftliche Beschäftigung jedoch flächendeckend zurück; es wurden Ressourcen und Arbeitskräfte für Industrie und Gewerbe freigesetzt, deren Anteil seither deutlich zugenommen hat, bei freilich erheblichen Binnendifferenzierungen.

Die eigentliche Industriearbeit stieg etwa in Deutschland bis zur Mitte des 20. Jh.s auf einen Anteil von etwa 50 % an der Beschäftigung an, um seither deutlich auf weniger als 20 % zu sinken, in den entwickelten Volkswirtschaften gelegentlich sogar 10 %. Gleichzeitig nahm der Anteil nicht nur der öffentlichen und privaten, sondern auch der industrienahen Dienstleistungen stark zu, die mittlerweile fast überall, wo moderne Verhältnisse herrschen, die 80 %-Marke an der Beschäftigung erreicht haben. Es wäre indes ebenso falsch, diesen Anstieg als Ausdruck einer flächendeckenden Deindustrialisierung zu interpretieren, wie man lange geglaubt hat, der Dienstleistungssektor wachse v. a. wegen dessen geringer Produktivität. Beides ist unzutreffend. Industrie und Dienstleistungen sind kaum getrennt voneinander zu sehen, und der Dienstleistungsbereich hat sich im Zuge der mikroelektronischen Revolution grundlegend geändert. Der wachstumsgetriebene Strukturwandel hält an und ist ein typisches Kennzeichen einer modernen Ökonomie, auch wenn er sich über simple Sektorenmodelle nicht wirklich erfassen lässt (Fourastié 1954 [1949]; Kritik hieran: Hesse 2013).

Ungleichheit

Es ist bemerkenswert, dass die älteren Vorstellungen von der Funktionsweise der modernen Wirtschaft, namentlich die variierenden Kapitalismus-Konzepte, die vermeintlichen Tatsachen der Ausbeutung und der stark zunehmenden sozialen Ungleichheit, nicht nur empirisch in den Vordergrund rückten, sondern auch zum Angelpunkt ihrer Theoriegebäude machten. In der Prägephase von Karl Marx (1818–1883) und Friedrich Engels (1820–1895), den Jahren des sog. Pauperismus zwischen 1820 und 1840 und der seinerzeit verbreiteten Massenarmut, mochte das immerhin noch eine gewisse empirische Evidenz besitzen, obwohl auch damals bereits offensichtlich war, dass etwa David Ricardos (1772–1823) Vorstellung von der dauerhaften Stagnation der Löhne unzutreffend war (Conze 1954).

Spätestens nach der Jahrhundertwende aber ließ sich das Argument der Verelendung durch und im Kapitalismus für Großbritannien kaum mehr aufrechterhalten.

In übergreifender Perspektive war die vormoderne Welt sehr viel ungleicher als alle von der modernen (kapitalistischen) Wirtschaft geprägten Gesellschaften. Da es keine systematischen Daten für die ältere Zeit gibt, ja nicht geben kann, da alle Daten sehr stark raum- und zeitspezifisch sind, ist ein allgemeines Bild schwer zu zeichnen, doch ist es nicht unrealistisch zu behaupten, dass bis 1800 wenigstens zwei Drittel der Bevölkerung an der Existenzgrenze lebten (Kocka 1990). Diese in der Literatur unbestrittene vorindustrielle Massenarmut reichte noch weit in das 19. Jh. hinein, doch war sie bei aller berechtigten Kritik an den Arbeitsbedingungen der Frühindustrialisierung gerade kein systematisches Kind des Fabrikzeitalters, das mit seinen technischen Fortschritte vielmehr diese Massenarmut nach und nach zu überwinden half (Fischer/Bajohr 1967).

Für die moderne Wirtschaft ist Armut eher ein Problem als eine mehr oder weniger erwünschte Folge der Profitgier der Reichen, und zwar deshalb, weil sich Armut nachhaltig negativ auf die Massenkaufkraft auswirkt, die doch wiederum eine der Existenzbedingungen der modernen Wirtschaft ist. Gemessen an den vorindustriellen Verhältnissen geht die Armut daher seit dem 19. Jh. in absoluten Zahlen überall dort dramatisch zurück, wo sich die moderne Wirtschaft durchsetzt und behauptet, kann allerdings je nach konjunktureller und technischer Dimension relativ stark schwanken. *Grosso modo* muss man, von regionalen und nationalen Unterschieden der Einkommens- und Vermögensverteilung hier abgesehen, davon ausgehen, dass die Ungleichheit in Phasen dynamischen Wachstums und großer Gewinne für die Wachstumsträger zunimmt, während sie in Krisen- und Stagnationsphasen parallel zur fallenden Tendenz der Kapitaleinkommen i. d. R. zurückgeht, zumindest aber nicht weiter zunimmt.

Die Daten von Thomas Piketty (2013), die dieser kürzlich zur Unterstützung seiner These von der selbstzerstörerischen Tendenz der modernen Wirtschaft (in seinen Worten: des Kapitalismus qua Ausweitung der sozialen Ungleichheit) vorlegte, sind auch deshalb kritisiert worden (Paqué 2014), weil sie durch das Vergleichen von bestimmten Extrempunkten der Ungleichheit deren historische Struktur wissentlich und willentlich verzerren. So ist zwar, gemessen an ihrem Tiefpunkt in den 1970er-Jahren, die soziale Ungleichheit seither wieder angestiegen, doch ist dieser Anstieg nicht nur bereits wieder gebremst – er ist weit entfernt von den Ungleichheitsdaten des späten 19. Jh.s. Weder im historischen Vergleich mit der älteren Zeit noch im Vergleich der verschiedenen Entwicklungsphasen der modernen Wirtschaft trifft es daher zu, dass diese eine besondere Nähe zur sozialen Ungleichheit habe, ja diese bis zur sozialen Ungerechtigkeit auf die Spitze treibe. In der längerfristigen Perspektive ist das Gegenteil der Fall.

Konjunktur und Krisen

Wirtschaftliche Entwicklung verläuft unter modernen Bedingungen zyklisch; Krisen kehren wieder und mit ihnen große soziale Probleme. V. a. die Massenarmut der Zeit vor 1848, die soziale und politische Katastrophe infolge der Weltwirtschaftskrise von 1929 und das weltweite Wirtschafts- und Finanzdesaster nach 2008 werden dabei immer wieder als Beispiele für die soziale Schieflage der modernen Wirtschaft herangezogen. Dabei wird freilich in der Gegenwart eher der Ruf nach einer stärkeren Regulierung der modernen Wirtschaft, hier des Kapitalismus, laut als nach ihrer Beseitigung. Ob diese Regulierung das gewünschte Ergebnis erzielt, nämlich die moderne Wirtschaft schwankungs- und krisenfrei zu machen, ist allerdings fraglich, zumal bereits die These, Schwankungen und Krisen verdankten sich einem Regulierungsdefizit, mehr als problematisch ist. Diese Annahme folgt der bis heute anhaltenden Persistenz älterer Vorstellungen der modernen Wirtschaft, die, wie zu Anfang gesagt, stark normativ überladen waren – sei es im Sinne der Möglichkeit eines dauerhaften wirtschaftlichen Gleichgewichts bei einer den Regeln der wirtschaftlichen Vernunft entsprechenden Regulierung (Liberalismus), sei es im Sinne der Zurückführung von Schwankungen und Krisen auf die Profitgier des Kapitals, die es zu zügeln oder zu beseitigen gelte, um eine entsprechende gleichgewichtige Wirtschaftsentwicklung zu ermöglichen.

Sicher ist, dass Schwankungen und Krisen weiterhin existieren werden, auch wenn der Staat sich im Versuch, sie zu beseitigen, längst ruiniert hat, da sie den inneren Regeln der modernen Wirtschaft folgen, die auch in dieser Hinsicht mit den alteuropäischen Erfahrungen gründlich gebrochen hat. In der älteren Welt, die Schwankungen und Krisen selbstverständlich kannte, waren es v. a. Wetterereignisse, die über die Auswirkungen auf die Erntemengen die Preise und damit einerseits die Lebensmöglichkeiten der armen Leute drastisch verschlechterten, andererseits die Nachfrage nach nichtlandwirtschaftlichen Gütern massiv beschnitten, sodass Hunger und Armut auf dem Lande, Niedergang des Gewerbes, Arbeitslosigkeit und Armut in der Stadt die Folge waren (Abel 1978). Angesichts der ohnehin verbreiteten Armut hatten vormoderne Krisen daher häufig katastrophale Folgen (Abel 1974). Die starken Produktivitätssteigerungen der Landwirtschaft bereiteten diesen Verhältnissen im 19. Jh. zumindest dort ein Ende, wo sich die moderne Wirtschaft durchsetzte (Achilles 1993), doch traten jetzt ganz andere Phänomene auf, die die Beobachter zunächst sehr verwunderten, nämlich regelmäßig wiederkehrende Krisen, zunächst als Handelskrisen bezeichnet, die schon im 18. Jh. in England vorkamen, aber seit den 1820er-Jahren auch auf dem Kontinent und dies mit großer Regelmäßigkeit.

Diese Krisen erschienen geradezu als Widerlegung der Vorstellung, eine vernunftgeleitete Wirtschaft befinde sich im Gleichgewicht, weshalb zunächst die meisten Beobachter diese Krisen auf äußere Ereignisse (wie etwa Kriege) zurückführten; manche bemühten wegen ihrer Regelmäßigkeit sogar astronomische Argumente. Es war Karl Marx, der den Glauben an die externe Verursachung der Krisen zerstörte, indem er sie schlüssig mit der eigentümlichen Art der Organisation von Produktion und Konsumtion in Verbindung brachte, die sich von England aus auch auf dem Kontinent nach und nach etablierte. Danach handelten die Anbieter von Gütern (die warenproduzierenden Kapitalisten) entsprechend ihren Profiterwartungen: Sie dehnten bei positiver Erwartung die Kapazitäten und die Produktion aus, mit der sie später wie die weiteren Anbieter auf den Markt drängten. Dessen Kapazitäten wurden bald überfordert, sodass die Preise fielen, ein Teil der Produktion nicht mehr absetzbar war und entsprechend ein Teil der Anbieter Konkurs machte. Arbeitslosigkeit breitete sich somit dort aus, wo nicht eine Intensivierung der Ausbeutung (Lohnsenkung etc.) das Überleben gerade noch sicherte. Parallel zu den sinkenden Preisen schwanden die großen Erwartungen; die Kreditnachfrage sank und die Zinsen gingen zurück, bis schließlich ein unterer Boden gebildet war, von dem aus der gesamte Kreislauf neu einsetzte.

Das war klug beobachtet und fand später auch seine empirische Bestätigung, wobei allein Marxens schwarzer Pessimismus hinsichtlich der Zukunftsfähigkeit dieser Art der Produktion enttäuscht wurde, da die Krisen eben nicht immer schlimmer wurden, der Konkurrenzkampf nicht mehr und mehr eskalierte und der Kapitalismus eben nicht an seine immanenten Grenzen stieß. Marx unterschätzte völlig den wirtschaftlichen und technischen Strukturwandel, aufgrund dessen die Zyklen sich eben nicht immer gleichen, sondern stets unter neuen Bedingungen neu einsetzen (Plumpe 2013). Im Gegenteil, Zyklen und Krisen wurden selbst zu Beschleunigern des Strukturwandels, indem sie einerseits schwache Anbieter ruinierten, andererseits Innovationen positiv sanktionierten. In zukunftsträchtigen Innovationen, das sah auch der eigentliche Entdecker der Regelmäßigkeiten der Entwicklung der modernen Wirtschaft, Joseph A. Schumpeter, lag insofern das gleichzeitige Geheimnis der kapitalistischen Expansion und ihrer hierfür typischen Schwankungen (Schumpeter 1961 [1939]). Den Beobachtungen der kurzfristigen Regelmäßigkeit dieser Zyklen von Boom, Krise, Depression und Aufschwung durch den französischen Arzt Clement Juglar (1819–1905), der in den 1860er-Jahren eine Frequenz von Boom zu Boom von etwa sieben bis neun Jahren konstatiert hatte, fügte Schumpeter in den 1930er-Jahren auf der Basis historischer Betrachtungen noch die Annahme langfristiger Schwankungen infolge sog. Basisinnovationen hinzu. Seit Marx und Schumpeter aber ist auf jeden Fall klar, dass sich die moderne Wirtschaft um einen langfristigen Wachstumspfad herum zyklisch entwickelt, Schwankungen und Krisen also die Form dieser Entwicklung sind und nicht deren vermeidbare Störfälle.

Damit ist auch die Spekulation als grundlegende Kategorie der modernen Wirtschaft zugleich begründet und rehabilitiert. Denn unter modernen Bedingungen ist jede Investition, die sich erst später auszahlt, spekulativ, ist mithin spekulatives Verhalten der Kern jeder zukunftsgestaltenden Dynamik. Risiko und Spekulation sind mithin nicht voneinander zu trennen, die Spekulation daher auch nicht das Grundübel der modernen Wirtschaft, sondern die Bedingung ihrer Fähigkeit, die eigene Verfahrensweise kalkuliert auf eine eben offene Zukunft hin umzustellen. Ohne Spekulation kann es keine Dynamik geben, und jede Spekulation ist ein Risiko, das strukturiert werden muss (Luhmann 1991; Bonß 1995).

Staat und Wirtschaft

Nicht zuletzt die aufgrund ihrer Bedeutungszunahme und Größenentwicklung mittlerweile zentrale Rolle der Wirtschaft, ihrer Schwankungen und

Krisen für die Gegenwart hat die Wirtschaft selbst immer mehr zum Gegenstand wie zur Ressource politischen Handelns werden lassen. Die moderne Marktwirtschaft ist in ihren Strukturen und Abläufen auch auf der Basis, dass die Politik ihre grundlegenden Regeln (Eigentum, preisbildende Märkte, dezentrale Koordination) akzeptiert hat, andauernder Gegenstand politischer Gestaltung, die über die Marktregeln, über die wirtschaftliche Ausnutzung technischer Handlungschancen sowie die Verteilung der dabei erzielten Einkommen stetig neu entscheidet, auch wenn sich in der wirtschaftlichen Alltagspraxis sehr viel spontan vollzieht, was eigentlich der Regulierung unterliegt oder ihrer bedürfte.

Da die für die moderne Wirtschaft konstitutiven Risiken in der Gesellschaft zusätzlich nicht gleichmäßig verteilt sind (Arbeitslosigkeit, Arbeitsunfähigkeit), deren Tragbarkeit aber Voraussetzung ihrer Funktionsfähigkeit ist, hat sich von Beginn an eine Praxis der Regulierung innerhalb der marktwirtschaftlichen Ordnung ergeben, die, wenn auch wegen ihrer Verteilungswirkung umkämpft, die alltägliche Nutzung der Marktregeln und ihre soziale Voraussetzungen, Bedingungen und Folgen zum Thema haben. Die Art und Intensität der damit verbundenen Auseinandersetzungen ändert sich entsprechend der politischen Partizipationschancen der unterschiedlichen Marktteilnehmer. Mit der Durchsetzung des allgemeinen Wahlrechts und der parlamentarischen Demokratie spätestens seit Ende des Ersten Weltkrieges ist es daher zu einem kaum noch entwirrbaren Geflecht von Wirtschafts- und Sozialpolitik gekommen, deren Umstrittenheit zudem mit den konjunkturellen Bedingungen stark schwankt.

Dadurch hat das Verhältnis von Staat und Wirtschaft in der Gegenwart eigenartig paradoxe Züge angenommen. Einerseits setzt die moderne Wirtschaft institutionelle Regelungen und deren laufende Anpassung entsprechend den jeweiligen konjunkturell-technischen Rahmenbedingungen ebenso voraus wie sie durch ihren eigenen Wandel diese Regelungen stets erneut testet. Andererseits wird der Staat, zumal der konjunkturpolitisch aktive Staat, zur Erreichung seiner Ziele, die keineswegs nur sozialpolitischer, sondern eben auch konjunkturpolitischer Natur sind, immer mehr von der Verfügung über wirtschaftliche Ressourcen abhängig, was ihn dazu zwingt, direkt in die Wirtschaft einzugreifen oder aber sich durch Schulden zu refinanzieren. Dadurch wird der Staat von der Performanz der Wirtschaft, die er zu steuern vorgibt, im Laufe der Zeit immer abhängiger (Streeck 2013), bis ihm schließlich nur der Rückgriff auf die Geldpresse (die jeweilige Zentralbank) bleibt, um seinen laufenden Bedarf überhaupt noch decken zu können. Letztlich liegt hier für die moderne Wirtschaft derzeit die größte Gefahr, dass nämlich der Staat aus vermeintlich guter Absicht das Geldwesen deshalb ruiniert, weil er glaubt, nur so die moderne Wirtschaft stabilisieren zu können.

Regionen und Räume

So sehr sich die moderne Wissenschaft für die Wissenschaft schlechthin, die moderne Ökonomie für die Ökonomie schlechthin hielt und hält, so sehr waren die Perspektiven der Betrachter auch bezüglich der regionalen Dimension der wirtschaftlichen Moderne lange sehr begrenzt. Da sich der Bruch mit der ›homerischen Welt‹ zunächst in Europa und später in Amerika – und dort auch wiederum zumindest teilweise in Regionen mit mehrheitlich protestantischer Bevölkerung – abspielte, knüpften an diese empirischen Befunde sehr schnell verallgemeinernde Rationalisierungen an: »Nur das Abendland …« (Weber 1958).

Die Vorstellung, allein das Abendland und seine Ableger seien für die moderne Wirtschaft geeignet, war freilich von Anfang an unzutreffend, wenn auch gerade nicht ohne empirische Relevanz. Diese Thesen, die die wirtschaftliche Entwicklung jeweils an einen im Okzident maßgeblichen Faktor banden (Religion, Wissenschaft, Technik, Staat, Mentalität etc.), gingen ja zunächst von einem sie bestätigenden Befund aus, nämlich der großen ökonomischen Dynamik des Westens, den solche Thesen eben plausibilisierten. Die Kritik an der westlichen ökonomischen Moderne, nach der es gerade diese Moderne selbst sei, die die Statik und das Zurückbleiben anderer Teile der Welt erkläre, weil sich die nordwestliche Dynamik auf die einseitige Ausbeutung der globalen Ressourcen stütze, hat das gleiche Problem: Sie ist trotz zahlreicher empirischer Belege (jüngst Beckert 2014) letztlich unzutreffend, denn Dynamik wie Statik sind keine durch einzelne Momente kausal erzeugten Zustände.

Spätestens das 20. Jh. hat gezeigt, dass ökonomische Dynamik nicht allein auf den Westen beschränkt ist, sondern überall dort auftritt, wo die Bedingungen hierfür günstig sind und in einer zirkulären Verstärkung entsprechende Änderungsdynamiken auslösen. Länder, die einst als notorisch rückständig galten, sind heute regionaler Teil einer prosperierenden modernen Ökonomie, die entsprechend nicht mehr länger als Resultat bestimmter regionaler oder kultureller Konstellationen konzipiert werden kann, auch wenn die jeweilige konkrete Ausformung der modernen Wirtschaft hiermit zusammenhängen mag. Aber die offensichtlichen Unterschiede machen aus China und den USA eben nicht zwei unterschiedliche moderne Ökonomien; beide Länder stellen vielmehr regional ausdifferenzierte Varianten der modernen Wirtschaft dar, die einander in überaus vielen Momenten sehr viel ähnlicher sind, als die oberflächlich sichtbaren Unterschiede suggerieren. Die Vorstellung, ein Teil der Welt sei entwickelt, weil der andere Teil unterentwickelt sei – dies vertraten im Kern alle älteren Imperialismustheorien ebenso wie Wallersteins Weltsystemtheorie (Wallerstein 1986–2012) oder gegenwärtig modische Betrachtungen zur Bedeutung des Kolonialismus (Iriye/Osterhammel 2012), sind mithin nicht wirklich plausibel, auch wenn es, wie gesagt, im Meer der Empirie stets Argumente dafür geben mag. Die weltwirtschaftlichen Strukturen sind aber insgesamt mittlerweile viel zu dynamisch, um einseitige Gewalt-, Herrschafts- oder Ausbeutungsvorstellungen, die es im Einzelnen immer gegeben hat und geben wird (Reinhard 2008), generell zu stützen.

Es scheint, dass die Kritik an der westlichen Dominanz auch die These beinhaltet, wonach der ›Aufstieg des Westens‹ sich v. a. bestimmten geographischen und geologischen Vorteilen sowie der Europa unterstellten Gewalttätigkeit bei der Verfolgung wirtschaftlicher Vorteile verdanke (Abu-Lughod 1989; Pomeranz 2000). Diese Mischung aus Gewalt und günstiger Ressourcenausstattung habe es Nordwesteuropa und Nordamerika spätestens seit dem 18. Jh. ermöglicht, rascher zu wachsen und diese Dynamik einseitig zugunsten des Westens auszunutzen. Doch zeichne sich ein Ende der *Great Divergence* ab; mit dem Aufschwung Asiens, namentlich Chinas, schließe sich die Große Gabelung, und die Ausnahmestellung des Westens verliere zumindest an Bedeutung.

Damit sehen viele Globalhistoriker zugleich die alte These von der Besonderheit Europas, die lange Zeit die wirtschaftshistorische Literatur beherrschte, in Frage gestellt. Es seien nicht spezielle Fähigkeiten gewesen, die Europa groß gemacht hätten, sondern Gelegenheit und Skrupellosigkeit, die Bereitschaft, wie jüngst Sven Beckert meinte, zum Kriegskapitalismus, in und mit dem der Westen sich die Ressourcen der Welt gewaltsam angeeignet habe (Beckert 2014). Moderne Wirtschaft ist nach jener Lesart nicht mehr ein besonderes Merkmal des Westens, sondern sein Vorsprung bei der Durchsetzung dieser Art der Wirtschaft nur die Folge seiner Schamlosigkeit. Das ist alles mit viel Engagement geschrieben; nur erklärt es eben nicht die hohe Angebotselastizität bestimmter ökonomischer Konstellationen im Europa des 17. und 18. Jh.s, die auf eine Änderung ökonomischer Anreize eben durch eine Erweiterung des ökonomischen Angebots infolge der Nutzung neuer Herstellungstechniken reagierten. Hierin lag das Geheimnis der europäischen Entwicklung (Mitterauer 2003; Jones 1991 [1981]) und hierin liegt es bis heute auch in anderen Teilen der Welt: Handlungschancen zur Erweiterung des Angebots und nicht allein zur individuellen Bereicherung der Herrschaft zu nutzen. Erhellend sind daher auch gar nicht die großen regionalen Unterschiede zwischen den Weltteilen, sondern die Unterschiede in Europa selbst. Spanien reagierte auf den Zustrom des lateinamerikanischen Edelmetalls eben ganz anders als Großbritannien oder die Niederlande. Warum das so war – darin liegt der Schlüssel zum Verständnis der modernen Ökonomie. Dies alles war und ist nicht auf Europa beschränkt, doch ist Europa das historisch erste und in mancher Hinsicht auch beste Beispiel der Entstehung und Durchsetzung moderner ökonomischer Strukturen.

Fazit

Die moderne Wirtschaft ist ein sich über die Nutzung technischer Chancen selbst dynamisierender Zusammenhang von Massenproduktion und Massenkonsum, der über preisbildende Märkte mit dezentralen Organisationsformen und Entscheidungsstrukturen organisiert ist und in dem Motive des individuellen Nutzens eine wesentliche Rolle spielen. Auf diese Weise ist seit dem 18. Jh. zunächst in Europa und in Nordamerika, seither aber in vielen Teilen der Welt ein mit der Zunahme der Bevölkerung unmittelbar interagierender Prozess der Produktivitätssteigerung, damit der Zunahme der wirtschaftlichen Leistungsfähigkeit und zumindest grosso modo des Lebensstandards einhergegangen, der in übergreifender Perspektive die moderne Wirtschaft fundamental von der älteren statischen Welt unterscheidet.

Äußeres Kennzeichen der modernen Wirtschaft ist ihre Unruhe, der ständige Wechsel, die permanente Häutung zumindest ihres materiellen Ausdrucks, der freilich nicht beliebig unterbrochen werden kann, sondern unmittelbarer Ausdruck ihres Wesens ist. Dies gilt ebenso für ihre semantischen Fassungen wie die jeweiligen institutionellen Regelungen, die in Abhängigkeit von der materiellen Veränderungsdynamik in stetem Wandel begriffen sind.

Die moderne Wirtschaft ist insofern eine semantische und institutionelle Baustelle, die ihre Form, wenn auch nicht ihre Grundstrukturen, laufend ändert. In diesem Rahmen spielt die Kritik, auch die Grundsatzkritik an der modernen Wirtschaft, eine wesentliche Rolle, da sie ständig neue Anpassungen institutioneller Art provoziert. Aufgrund ihrer Herkunft aus der älteren praktischen Philosophie (der aristotelischen Philosophie) und aus modernen Erlösungsutopien (Marxismus) nimmt diese Kritik nicht selten bizarre Formen an, doch teilt sie diese Neigung mit den Verteidigern der modernen Wirtschaft, die häufig deren Gründungsversprechen (also die Zusage, die Ineffizienz der älteren Ordnung durch eine vernunftkonstituierte harmonische Welt gut funktionierender freier Märkte zu ersetzen) für bare Münze nehmen und damit die empirische Realität der modernen Wirtschaft ebenso regelmäßig verfehlen. Diese Kritik ist dabei nicht weiter zu kritisieren, ist sie doch selbst dynamisches Moment der fortlaufenden Selbstregulation der modernen Wirtschaft, doch ist immerhin darauf hinzuweisen, dass die Kritik dazu neigt, die Bedeutung der Ökonomie zu überschätzen, der zumeist nicht nur die mehr oder weniger gute Güterversorgung als Aufgabe zugewiesen wird, sondern die in den Status eines Schlüsselsektors des menschlichen Glücks erhoben wird – womit sie nur scheitern kann.

Literatur

Abel, Wilhelm: *Agrarkrisen und Agrarkonjunktur. Eine Geschichte der Land- und Ernährungswirtschaft Mitteleuropas seit dem hohen Mittelalter*. Hamburg/Berlin ³1978 (¹1935, ²1966).

Abel, Wilhelm: *Massenarmut und Hungerkrisen im vorindustriellen Europa. Versuch einer Synopsis*. Hamburg/Berlin 1974.

Abu-Lughod, Janet: *Before European Hegemony. The World System A. D. 1250–1350*. New York u. a. 1989.

Acemoğlu, Daron/Robinson, James A.: *Warum Nationen scheitern. Die Ursprünge von Macht, Wohlstand und Armut*. Frankfurt am Main 2013 (engl. 2012).

Achilles, Walter: *Deutsche Agrargeschichte im Zeitalter der Reformen und der Industrialisierung*. Stuttgart 1993.

Ambrosius, Gerold: Wirtschaftsstruktur und Strukturwandel. In: Ders. et al. (Hrsg.): *Moderne Wirtschaftsgeschichte. Eine Einführung für Historiker und Ökonomen*. München ²2006, 213–234.

Baecker, Dirk: *Die Form des Unternehmens*. Frankfurt am Main 1993.

Bäthge, Günther: *Die logische Struktur der Wirtschaftsstufen. Wirklichkeit und Begriffsbild in den Stufentheorien*. Meisenheim am Glan 1962.

Beckert, Sven: *King Cotton. Eine Globalgeschichte des Kapitalismus*. München 2014 (engl. 2014).

Below, Georg von: Die Entstehung des modernen Kapitalismus. In: Ders.: *Probleme der Wirtschaftsgeschichte. Eine Einführung in das Studium der Wirtschaftsgeschichte*. Tübingen 1920, 399–500.

Berghoff, Hartmut: *Moderne Unternehmensgeschichte. Eine themen- und theorieorientierte Einführung*. Stuttgart 2004.

Bonß, Wolfgang: *Vom Risiko. Unsicherheit und Ungewißheit in der Moderne*. Hamburg 1995.

Boserup, Ester: *The Conditions of Agricultural Growth. The Economics of Agrarian Change under Population Pressure*. London 1965.

Brocke, Bernhard vom (Hrsg.): *Sombarts »Moderner Kapitalismus«. Materialien zur Kritik und Rezeption*. München 1987.

Brunner, Otto: Zum Problem der Sozial- und Wirtschaftsgeschichte. In: *Zs. für Nationalökonomie* 7, 1936, 671–685.

Brunner, Otto: *Land und Herrschaft. Grundfragen der territorialen Verfassungsgeschichte Österreichs im Mittelalter*. Darmstadt 1990 (Ndr. der 5. Aufl. von 1965; zuerst 1939).

Brunner, Otto: *Neue Wege der Sozialgeschichte. Vorträge und Aufsätze*. Göttingen 1956.

Bücher, Karl: *Die Entstehung der Volkswirtschaft. Vorträge und Aufsätze*. Tübingen ¹⁷1926 (zuerst 1893).

Chandler, Alfred D.: *The Visible Hand. The Managerial Revolution in American Business*. Cambridge, Mass. 1977.

Conze, Werner: Vom »Pöbel« zum »Proletariat«. Sozialgeschichtliche Voraussetzungen für den Sozialismus in Deutschland. In: *Vierteljahrschrift für Sozial- und Wirtschaftsgeschichte* 41, 1954, 333–364.

De Vries, Jan: *The Industrious Revolution. Consumer Behavior and the Household Economy, 1650 to the Present*. Cambridge 2008.

Diefenbacher, Hans/Zieschank, Roland: *Woran sich Wohlstand wirklich messen lässt. Alternativen zum Bruttoinlandsprodukt*. München 2011.

Ehmer, Josef: *Bevölkerungsgeschichte und historische Demographie 1800–2000*. München 2004.

Eichengreen, Barry: *Globalizing Capital. A History of the International Monetary System*. ²2008 (zuerst 1996; dt. 2000).

Fischer, Wolfram/Bajohr, Stefan (Hrsg.): *Die soziale Frage. Neuere Studien zur Lage der Fabrikarbeiter in den Frühphasen der Industrialisierung*. Stuttgart 1967.

Fourastié, Jean: *Die große Hoffnung des zwanzigsten Jahrhunderts*. Bonn 1954 (franz. 1949).

Graeber, David: *Schulden. Die ersten 5000 Jahre*. Stuttgart 2012 (engl. 2011).

Grimmer-Solem, Erik: *The Rise of Historical Economics and Social Reform in Germany 1864–1894*. Oxford 2003.

Hamilton, Adrian: *The Financial Revolution*. London 1986.

Hesse, Jan-Otmar: Ökonomischer Strukturwandel. Zur Wiederbelebung einer wirtschaftshistorischen Leitsemantik. In: *Geschichte und Gesellschaft* 39, 2013, 86–115.

Iriye, Akira/Osterhammel, Jürgen (Hrsg.): *Geschichte der Welt*. München 2012 ff.

Jaeger, Hans: *Geschichte der Wirtschaftsordnung in Deutschland*. Frankfurt am Main 1988.

Jones, Eric L.: *Das Wunder Europa. Umwelt, Wirtschaft und Geopolitik in der Geschichte Europas und Asiens*. Tübingen 1991 (engl. 1981).

Jütte, Robert: Zwischen Ständestaat und Austrofaschismus. Der Beitrag Otto Brunners zur Geschichtsschreibung. In: *Jb. des Instituts für Deutsche Geschichte* 13, 1984, 237–262.

Kirchgässner, Gebhard: *Homo oeconomicus. Das ökonomische Modell individuellen Verhaltens und seine Anwendung in den Wirtschafts- und Sozialwissenschaften*. Tübingen [4]2013 (zuerst 1991).

Kocka, Jürgen: *Weder Stand noch Klasse. Unterschichten um 1800*. Bonn 1990.

Köster, Roman/Plumpe, Werner: Hexensabbat der Moderne. Max Webers Konzept der rationalen Wirtschaft im zeitgenössischen Kontext. In: *Westend. Neue Zs. für Sozialforschung* 2, 2007, 3–22.

Landes, David S.: *Der entfesselte Prometheus. Technologischer Wandel und industrielle Entwicklung in Westeuropa von 1750 bis zur Gegenwart*. Köln 1973 (engl. 1969).

Lenger, Friedrich: *Werner Sombart 1863–1941. Eine Biographie*. München 1994.

Lindenlaub, Dieter: *Richtungskämpfe im Verein für Sozialpolitik. Wissenschaft und Politik im Kaiserreich, vornehmlich vom Beginn des »Neuen Kurses« bis zum Ausbruch des Ersten Weltkrieges (1890–1914)*, 2 Bde. Wiesbaden 1967.

Luhmann, Niklas: *Die Wissenschaft der Gesellschaft*. Frankfurt am Main 1990.

Luhmann, Niklas: *Soziologie des Risikos*. Berlin u. a. 1991.

Mitterauer, Michael: *Warum Europa? Mittelalterliche Grundlagen eines Sonderwegs*. München 2003.

Mokyr, Joel: *The Enlightened Economy. An Economic History of Britain, 1700–1850*. New Haven, Conn. 2009.

Muldrew, Craig: *The Economy of Obligation. The Culture of Credit and Social Relations in Early Modern England*. Basingstoke 2001.

Neal, Larry: *The Rise of Financial Capitalism. International Capital Markets in the Age of Reason*. Cambridge 1990.

North, Douglass C.: *Theorie des institutionellen Wandels. Eine neue Sicht der Wirtschaftsgeschichte*. Tübingen 1988 (engl. 1981).

Oexle, Otto Gerhard: Sozialgeschichte – Begriffsgeschichte – Wissenschaftsgeschichte. Anmerkungen zum Werk Otto Brunners. In: *Vierteljahrschrift für Sozial- und Wirtschaftsgeschichte* 71, 1984, 305–341.

Paqué, Karl Heinz: Der Historizismus des Jakobiners. Anmerkungen zu dem Buch von »Capital in the Tweny-First Century« von Thomas Piketty. In: *Perspektiven der Wirtschaftspolitik* 15, 2014, 271–287.

Piketty, Thomas: *Das Kapital im 21. Jahrhundert*. München 2014 (franz. 2013).

Plumpe, Werner: Die Geburt des »Homo oeconomicus«. Historische Überlegungen zur Entstehung und Bedeutung des Handlungsmodells der modernen Wirtschaft. In: Reinhard, Wolfgang/Stagl, Justin (Hrsg.): *Menschen und Märkte. Studien zur historischen Wirtschaftsanthropologie*. Wien 2007, 319–352.

Plumpe, Werner: Gustav von Schmoller und der Institutionalismus. Zur Bedeutung der Historischen Schule der Nationalökonomie für die moderne Wirtschaftsgeschichtsschreibung. In: *Geschichte und Gesellschaft* 25, 1999, 252–275.

Plumpe, Werner: Die Unwahrscheinlichkeit des Jubiläums – oder: warum Unternehmen nur historisch erklärt werden können. In: *Jb. für Wirtschaftsgeschichte* 1, 2003, 143–156.

Plumpe, Werner: Ökonomisches Denken und wirtschaftliche Entwicklung. Zum Zusammenhang von Wirtschaftsgeschichte und historischer Semantik der Ökonomie. In: *Jb. für Wirtschaftsgeschichte* 1, 2009, 27–52.

Plumpe, Werner: *Wirtschaftskrisen. Geschichte und Gegenwart*. München [4]2013 (zuerst 2010).

Polanyi, Karl: *The Great Transformation. Politische und ökonomische Ursprünge von Gesellschaften und Wirtschaftssystemen*. Frankfurt am Main 1978 (engl. 1944).

Pomeranz, Kenneth: *The Great Divergence. China, Europe, and the Making of the Modern World Economy*. Princeton 2000.

Reinhard, Wolfgang: *Kleine Geschichte des Kolonialismus*. Stuttgart [2]2008 ([1]1996).

Rothschild, Emma: *Economic Sentiments. Adam Smith, Condorcet, and the Enlightenment*. Cambridge, Mass. 2001.

Sartorius, Georg: Von der Mitwirkung der obersten Gewalt zur Beförderung des Nationaleigentums (1806). In: Priddat, Birger/Burkhardt, Johannes (Hrsg.): *Geschichte der Ökonomie*. Frankfurt am Main 2000, 354–373.

Schmoller, Gustav von: *Grundriß der allgemeinen Volkswirtschaftslehre*, 2 Bde. Leipzig 1900–1904.

Schumpeter, Joseph A.: *Theorie der wirtschaftlichen Entwicklung*. Berlin [1]1912.

Schumpeter, Joseph A.: *Konjunkturzyklen. Eine theoretische, historische und statistische Analyse des kapitalistischen Prozesses*, 2 Bde. Göttingen 1961 (engl. 1939).

Schumpeter, Joseph A.: *Geschichte der ökonomischen Analyse*, 2 Bde. Göttingen 1965 (engl. 1954).

Simmel, Georg: Die Großstädte und das Geistesleben (1903). Ndr. in: Ders.: *Aufsätze und Abhandlungen 1901–1908*, hrsg. von Rüdiger Kramme et al. (Georg Simmel Gesamtausgabe, Bd. 7). Frankfurt am Main 1995, 116–131.

Smith, Adam: *Der Wohlstand der Nationen. Eine Untersuchung seiner Natur und seiner Ursachen*. München 1974 (engl. 1776).

Sombart, Werner: *Der moderne Kapitalismus*. Leipzig 1902 (u. ö., z. T. stark rev. und erw. Auflagen).

Sombart, Werner: *Die Juden und das Wirtschaftsleben*. Leipzig 1911.

Sombart, Werner: *Der Bourgeois. Zur Geistesgeschichte des modernen Wirtschaftsmenschen*. Leipzig 1913.

Sombart, Werner: *Die drei Nationalökonomien. Geschichte und System der Lehre von der Wirtschaft*. München 1930.

Steiner, André: *Von Plan zu Plan. Eine Wirtschaftsgeschichte der DDR*. Berlin [2]2007 (zuerst 2004).

Streeck, Wolfgang: *Gekaufte Zeit. Die vertagte Krise des demokratischen Kapitalismus*. Berlin 2013.

Voth, Hans-Joachim: *Time and Work in England, 1750–1830*. Oxford 2000.

Wallerstein, Immanuel: *Das moderne Weltsystem,* 4 Bde. Wien 1986–2012 (engl. 1974–2011).
Weber, Max: Die protestantische Ethik und der Geist des Kapitalismus. In: *Archiv für Sozialwissenschaft und Sozialpolitik* 20, 1904, 1–54; 21, 1905, 1–110.
Weber, Max: *Wirtschaftsgeschichte. Abriß der universalen Sozial- und Wirtschaftsgeschichte,* besorgt von Johannes F. Winckelmann. Berlin ³1958 (zuerst 1923).
Wischermann, Clemens/Nieberding, Anne: *Die institutionelle Revolution. Eine Einführung in die deutsche Wirtschaftsgeschichte des 19. und frühen 20. Jahrhunderts.* Stuttgart 2004.
Wrigley, Edward A.: *Energy and the English Industrial Revolution.* Cambridge 2010.

Werner Plumpe

Wissenschaftsgeschichte

Definitionen und Anwendungsbereiche

»Soweit man sieht, hat die Wissenschaft nie Mühe, ja es nicht einmal nötig gehabt, sich als ›modern‹ darzustellen. Die modernen Staaten – das ist ein Thema gewesen. Die Modernität der modernen Gesellschaft wird in der Soziologie weitläufig diskutiert. Was moderne Kunst ist, fragt man noch heute. Für den Bereich der Wissenschaft scheint sich nicht einmal die Frage, geschweige denn ein Argument zu lohnen« (Luhmann 1990, 702).

Jeder Versuch, den Zusammenhang von Wissenschaft und Moderne in historischer Perspektive zu umreißen, sieht sich mit drei Besonderheiten konfrontiert. Erstens scheint Wissenschaft so selbstverständlich mit Moderne verschmolzen zu sein, ihre Prinzipien wie etwa Rationalität, Objektivität oder Fortschritt dermaßen einem normativen Modernebegriff zu entsprechen, dass sich jeder Versuch einer genaueren historischen Bestimmung dieser Verknüpfung zu erübrigen scheint. Als zweite Besonderheit muss die Vielfalt nicht nur der Moderne, sondern auch der Wissenschaften selbst in Betracht gezogen werden. Diese Vielfalt ist selbst ein Produkt der Moderne, sowohl im Sinne der These Charles P. Snows (1905–1980) von den zwei getrennten Kulturen der Moderne, der naturwissenschaftlichen und der geisteswissenschaftlich-literarischen, als auch im Sinne einer zunehmenden Diversifizierung und Spezialisierung der Wissenschaft und ihrer Disziplinen (Snow 2001 [1959]). Drittens schließlich berührt eben diese Vielfalt der Wissenschaften das Selbstverständnis und die disziplinäre Verortung des Faches Wissenschaftsgeschichte selbst, weswegen die untersuchten Phänomene und Bedeutungen der Moderne in der Wissenschaftsgeschichte im Einzelnen ausgesprochen mannigfaltig ausfallen.

In seiner Erörterung der Frage nach dem *Gegenstand der Wissenschaftsgeschichte* schrieb Georges Canguilhem (1904–1995) 1966, dass in ihr die »Beschreibung eines kürzlich gefundenen Hafenbuches ebenso Platz findet wie die ausführliche Analyse des Aufbaus einer physikalischen Theorie. Es ist also nicht müßig« – so Canguilhem weiter – »nach der Vorstellung zu fragen, welche sich jene von der Wissenschaftsgeschichte machen, die behaupten, sie zu betreiben« (Canguilhem 1979, 22 [franz. 1966]). Eine andere Frage, die bei Canguilhem zumindest mitschwingt, ist: die Geschichte welcher Wissenschaft? Auch wenn in den letzten Jahren Bestrebungen zu beobachten waren, in die Wissenschaftsgeschichte auch die Geistes- und Sozialwissenschaften zu integrieren und somit die Grenzen zwischen den beiden erwähnten Kulturen *science* und *humanities* aufzuweichen; grundsätzlich beschäftigt sich die Wissenschaftsgeschichte vorwiegend mit der Geschichte der Naturwissenschaften.

Dieser Umstand hat mit der Geschichte des Faches Wissenschaftsgeschichte selbst zu tun und bestimmte auch lange Zeit ein sehr spezifisches Verständnis vom Anteil der Wissenschaften an der Formierung moderner Gesellschaften. Die Ursprünge der Wissenschaftsgeschichte liegen in den naturwissenschaftlichen Disziplinen um 1900. Die Auseinandersetzung mit der historischen Entwicklung des jeweiligen Faches war Bestandteil der naturwissenschaftlichen Ausbildung ohne Anbindung an die historischen Wissenschaften. In diesem Zusammenhang erfüllte Wissenschaftsgeschichte in der Hauptsache die Funktion einer Identitätspräsentation, indem sie dazu verhalf, sich der Identität des Faches und des Fortschritts der Wissenschaften zu vergewissern. Historisch betrachtet führte die lange Zeit bestehende Verwurzelung der Wissenschaftsgeschichte in den Naturwissenschaften zu einem Geschichtsbild, das sich in heroischen Darstellungen großer Männer und ihrer Theorien und Entdeckungen im Dienste des Fortschritts erschöpfte. Der Geniegedanke, wesentlich für einen spezifischen Typus der Moderne und lange Zeit den Künsten zugehörig, wurde nun auch auf die Geisteshelden der Wissenschaften angewandt. Das Modell einer Geschichte fortschreitender Entdeckungen dominierte die Wissenschaftsgeschichte des 19. Jh.s: »Erst allmählich lernte sie, die Historizität des wissenschaftlichen Wissens selbst in den Blick zu nehmen und von der Vorstellung einer linearen disziplinären Aufwärtsbewegung zu trennen; erst allmählich konnte sie auch anfangen, Wissenschaft aus deren engeren – materiellen und institutionellen – Produktionsbedingungen und zugleich größeren kulturellen Kontexten heraus zu begreifen« (Rheinberger 2007, 362).

Insgesamt haben die Wissenschaften etwa seit 1800 sukzessive als »Quelle von Weltdeutungsmodellen alltagsprägende Kraft« gewonnen (Hagner 2001, 29). Dass Wissenschaft überprüfbares wahres Wissen über die Natur generiere, gilt als ein wesentliches Charakteristikum moderner Wissenschaften, was sie von anderen Wissensformen grundsätzlich unterscheidet. Die zentrale Annahme moderner Wissenschaften besteht demnach darin, dass ihre Erkenntnisse auf objektiven und nicht auf spezifischen sozialen oder kulturellen Konstellationen beruhen. Aus diesem Grund wird wissenschaftlichem Wissen ein privilegierter Status zugesprochen. Und obwohl dieser herausragende Status durch Kritik an solchen ›Errungenschaften‹ wie chemische Waffen, Atomkraft oder Biotechnologie in den letzten fünfzig Jahren immer wieder erschüttert wurde – grundsätzlich in Frage gestellt wurde er nicht. Worin begründet sich nun diese selbstverständliche Verknüpfung von Wissenschaft und Moderne, die so selbstverständlich zu sein scheint, dass dafür nicht einmal ein Argument notwendig erscheint, wie Niklas Luhmann ausführt?

Die besondere Bedeutung wissenschaftlichen Wissens in modernen Gesellschaften ist Teil eines historischen Prozesses. Sie erhielt diesen Status nach einer Formierungsphase im 17. und 18. Jh., der durch einen offensiv vorgetragenen Gestaltungswillen und Durchsetzungsstrategien im 19. Jh. stabilisiert und im 20. Jh. vollendet wurde. Fragt man nun nach konkreten Phänomenen im Spannungsverhältnis von Moderne und Wissenschaft, so können, der Argumentation von Carsten Reinhardt (2010, 84) folgend, drei grundlegende Punkte herausgehoben werden.

Erstens handelt es sich dabei um Objektivität und Rationalität. Demnach genießt wissenschaftliches Wissen gegenüber anderen Formen des Wissens einen gesellschaftlich privilegierten Status in der Moderne, weil es nach rationalen Kriterien überprüfbar und ggf. korrigierbar ist. Es war v. a. Robert K. Merton (1910–2003), der diese Bedingungen 1942 vor dem Hintergrund der Bedrohung der »freien Wissenschaften« durch die Zumutungen totalitärer Regime systematisch ausformulierte. Seine bekannten vier Normen der Wissenschaft sind in ihren ersten Ansätzen bereits im 17. Jh. entstanden. Sie umfassen den Universalismus (rationale Beurteilung wissenschaftlicher Leistungen unabhängig von Nationalität, Religion, Klassenzugehörigkeit etc.), den Kommun(al)ismus (Forschungsergebnisse sind Produkte gemeinschaftlicher Arbeit und werden dem allgemeinen Wissensbestand zugeführt), die Uneigennützigkeit (Integrität durch Interesse am wissenschaftlichen Fortschritt) und den organisierten Skeptizismus (interne Strukturen ermöglichen eine kritische Überprüfung von Forschungsergebnissen) (Merton 1972, 48–55).

Zweitens ist der Aspekt der Anwendbarkeit von Bedeutung. Im 19. Jh. ging erstmals die von Francis Bacon (1561–1626) im Jahr 1620 in *Novum Organum Scientiarum* formulierte Gleichsetzung von Wissen und Macht umfassend in Erfüllung. Die Naturwissenschaften begannen nicht nur ihr ökonomisches Nützlichkeitspotenzial auszuschöpfen, sondern wurden eben in diesem Sinne auch propagiert.

Drittens gehört zu den Phänomenen, auf die sich der Begriff Moderne in der Wissenschaftsgeschichte bezieht, die enge Allianz von Wissenschaft, Industrie und Militär im 20. Jh. Damit ging einher, dass wissenschaftliche Erkenntnisse und Forschungstechnologien zunehmend zur Lösung gesellschaftlicher Aufgaben, zur Austragung internationaler Konflikte und zur Regulierung von Sozialität herangezogen wurden. In dem Kontext zunehmender wissenschaftlicher Steuerungsphantasien und der großen Bedeutung von Experten für die Ordnung und Regulierung von Sozialität und Gesellschaft im 20. Jh. wird unter dem Ansatz der *Verwissenschaftlichung des Sozialen* diskutiert, wie naturwissenschaftliche Modelle und Prinzipien zunehmend auf die Sozialwissenschaften übertragen wurden (Raphael 1996).

Forschungsgeschichte, Semantik und Gegenkonzepte

Der deutsche Industrielle und Ingenieur Werner von Siemens (1816–1892) diagnostizierte in den 1880er-Jahren, dass mit dem 19. Jh. ein neues Zeitalter angebrochen sei, das man aufgrund des ungeheuren Einflusses von Wissenschaft und Technik auf alle Bereiche des menschlichen Lebens als naturwissenschaftliches Zeitalter charakterisieren könne (Siemens 1886). Tatsächlich ist im 19. Jh. speziell in Ausführungen von Ingenieuren oder Wissenschaftlern zur historischen Bedeutung der Naturwissenschaften zum einen ein klassisches Fortschrittsmodell erkennbar, wonach die Menschheit durch bahnbrechende Forschungen und Erfindungen zu ihrem Wohle eine stets höhere Kulturstufe nach der anderen erklimmt. Zum anderen wurde – unmittelbar mit diesem Modell verwoben – ein selbstbewusster gesellschaftlicher Gestaltungswille formuliert. So erklärte der Physiologe Emil du Bois-Reymond (1818–1896) im Jahre 1877 in einem Vortrag mit dem Titel *Kulturgeschichte und Naturwissenschaften* die Naturwissenschaften kurzerhand zum »absoluten Organ der Kultur« und ergänzte zudem: Die »Geschichte der Naturwissenschaften [ist] die eigentliche Geschichte der Menschheit« (Du Bois-Reymond 1877/1912a, 596).

In dieser Sichtweise ist die Gegenwart des »Westens« der zentrale Referenzpunkt für die historische Betrachtung der Naturwissenschaften, mit der Konsequenz, dass einerseits vorherige Zeiten jeweils entweder als Vorläufer oder Irrläufer klassifiziert und andererseits auch der Entwicklungsstand zeitgenössischer »nichtwestlicher« Kulturen auf der Basis der Wissenschaftsentwicklung beurteilt werden konnten. Michael Hagner macht darauf aufmerksam, dass sich diese Form der modernen Fortschrittsgeschichte nicht grundsätzlich von denen der Allgemeinhistoriker unterschied. Aber an Stelle kultureller oder politischer »Reife« diente die Wissenschaftsentwicklung als Bewertungsmaßstab (Hagner 2001, 13).

So wurde im 19 Jh. etwa unter den Kernbegriffen moderner Wissenschaftsentwicklung wie ›Rationalität‹ und ›Objektivität‹ die romantische Naturphilosophie um 1800 als ein spekulativ-metaphysischer, dem wissenschaftlichen Fortschritt im Wege stehender, historischer Irrläufer klassifiziert. In du Bois-Reymonds Überlegungen zur *Geschichte der Wissenschaft* durchlief die deutsche Naturwissenschaft, einem sich »unreifer Schwärmereien hingebenden Jüngling« gleich, zu dieser Zeit eine »dunkle Phase«: »Eine falsche Naturphilosophie beherrschte die Kathederund drang bis in die Akademien; die Spekulation verdrängte die Induktion aus dem Laboratorium, ja fast vom Seziertisch« (Du Bois-Reymond, 1912b, 437 [1872]). Während also die romantische Naturphilosophie der Vor- bzw. Gegenmoderne zugeordnet wurde, galt etwa Galileo Galilei (1564–1641) hingegen als Vorläufer moderner Wissenschaften, der seine bahnbrechenden Entdeckungen und die Unabhängigkeit objektiver Wissenschaften gegen die Übergriffe und Anmaßungen einer wissenschaftsfeindlichen und unbelehrbaren Kirche verteidigt habe (Feldhay 1995).

Zu den wichtigen Leitthemen der Wissenschaftsgeschichte gehörten zum einen die Frage nach der Grenze zwischen Natur und Kultur und zum anderen die nach der Genese wissenschaftlichen Wissens. Einen wichtigen, wenn auch mit Verzögerung einsetzenden Einfluss auf die Wissenschaftsgeschichtsschreibung hatten in dieser Hinsicht die Schriften des polnischen Mediziners und Wissenschaftstheoretikers Ludwik Fleck (1896–1961). Fleck unterstrich in seiner 1935 veröffentlichten Arbeit *Entstehung und Entwicklung einer wissenschaftlichen Tatsache*, in der es um die Konstruktion des Syphilis-Begriffes geht, den experimentellen und sozialen Charakter modernen Wissens. Fleck griff v. a. die klassische Heldenerzählung der Wissenschaftsgeschichte über Entdeckungen und Erfindungen an. Damit sind seine zwei Leitbegriffe verwoben: nämlich Denkstil und Denkkollektiv.

Erstens, hier nur grob skizziert, sei die Generierung wissenschaftlichen Wissens an umfassende menschliche Interaktion gebunden: Nicht das heroische, entdeckende Individuum, sondern das (Denk-)Kollektiv bestimme wissenschaftliche Arbeit und somit auch die Entstehung und Entwicklung wissenschaftlichen Wissens. Zweitens wird die Erkenntnistheorie konsequent historisiert, indem anstelle einer im traditionellen Gewand der Moderneerzählung daherkommende Geschichte eines stetig fortschreitenden, durch sprunghafte Entdeckungen und Erfindungen vorangetriebenen kumulativen Prozesses der Wissenschaftsentwicklung eine kontinuierliche, nicht zwingend zielgerichtete Veränderung von Denkstilen gesetzt wird (Fleck 2012 [1935]). Laut Fleck ist Naturwissenschaft in ihrer grundsätzlichen Verfasstheit demokratisch, beruhe sie doch »auf Organisation und jederzeitige[m] Unterkontrolle sein, lehnt das Privileg der göttlichen Herkunft ab und will jedem zugänglich und nützlich sein« (Fleck 1983, 49/50 [1929]). Insofern unterschied für Fleck das Zusammenspiel von demokratischer verfasster Gesellschaft und Naturwissenschaft als spezifisches Gepräge die Moderne von früheren Epochen.

Fleck blieb ein wissenschaftlicher Außenseiter. Obwohl er als einer der Vordenker der historischen Epistemologie gilt, wurden seine Arbeiten lange Zeit kaum wahrgenommen, was nicht zuletzt auch mit politischen Verwerfungen seiner Zeit zu tun hatte: 1941 wurde er als jüdischer Arzt zunächst in das Ghetto in Lwów und danach in die Konzentrationslager von Auschwitz und Buchenwald deportiert. Nach der Befreiung ließ er sich wieder in Polen nieder, um in den 1950er-Jahren nach Israel auszuwandern (Rheinberger 2007, 365–367). Nicht zuletzt, weil sich der US-amerikanische Wissenschaftsphilosoph und -historiker Thomas Kuhn (1922–1996) in seiner wirkungsreichen Arbeit *Die Struktur wissenschaftlicher Revolutionen* (Kuhn 1973 [engl. 1962]) auf ihn als eine wichtige Inspirationsquelle berief, kam es in den 1970er-Jahren zu einer späten Popularität. Tatsächlich weist seine Arbeit auf den ersten Blick eine ähnliche Stoßrichtung auf, wie die Jahrzehnte zuvor publizierte Untersuchung von Fleck.

Auch wenn Kuhn nicht explizit die Moderne oder die Frage nach der Modernität der Wissenschaften thematisiert, so behandelt er doch wesentliche Facetten der modernen Semantik: Fortschritt und Revolution. Keineswegs wird bei Kuhn die Denkfigur der wissenschaftlichen Revolution oder die Entstehung der modernen Wissenschaften als Teil eines europäischen Sonderweges ad acta gelegt (Kuhn 1973, 179). Ähnlich wie Fleck jedoch problematisiert er die Auffassung von der Geschichte der Wissenschaft als eine des langsamen, aber unaufhaltsamen Fortschritts, der sich gegen irrationale Irrläufer zwangsläufig durchzusetzen vermag. An Beispielen aus der Physikgeschichte legte Kuhn dar, wie sich Phasen von Normalwissenschaft und wissenschaftlichen Revolutionen ablösen. Solche revolutionären Perioden sind für ihn durch Paradigmenwechsel charakterisiert, wobei der (wegen seiner Unschärfe häufig kritisierte) Begriff ›Paradigma‹ gemeinsame Einschätzungen, Werte und Praktiken einer *scientific community* bezeichnet. Das Denken in Paradigmenwechseln weist in der Tat auf die Geschichtlichkeit wissenschaftlicher Standards und Praktiken sowie auf die nur relative Geltung wissenschaftlicher Theorien hin. In der Gesamtschau ersetzt bei Kuhn der Begriff ›Krise‹ denjenigen des ›Fortschritts‹. Kurzum, die modernen Wissenschaften entwickeln sich nicht, weil ihre Praxis als Teil eines sozialen Prozesses immer weitere Teile der Geheimnisse der Natur entschlüsselt, sondern weil sie wiederkehrend in Krisen gerät, die zu einem Wandel ihrer Grund- und Vorannahmen führen. Von Bedeutung ist, dass aufeinanderfolgende Paradigmen in begrifflicher Hinsicht nicht miteinander vergleichbar sind. Wissenschaftsentwicklung ist nicht kumulativ; sie kann zwar als Fortschrittsgeschichte gedacht werden, aber als eine mit Diskontinuitäten, Brüchen und Verzweigungen.

Die Frage nach der Grenze zwischen Natur und Kultur ist in der Wissenschaftsgeschichte zwischen den – hier nur grob umrissenen – Lagern der ›Moderne‹ und ›Postmoderne‹ heftig umkämpft. In den US-amerikanischen Debatten ist in diesem Zusammenhang auch der Begriff *science wars* geprägt worden. Die Fragen, die den Kern dieser Auseinandersetzungen lange bestimmten, sind: Was ist eine wissenschaftliche Tatsache, was liegt im Bereich der von Menschen unbeeinflussten Natur und was im Gebiet des Kulturellen und Sozialen und ist damit im Grunde erst historisch?

In den Auseinandersetzungen um Moderne und Postmoderne in der historischen Wissenschaftsforschung sind außerordentlich einflussreiche Arbeiten von Bruno Latour (geb. 1947) vorgelegt worden. In seiner wohl bekannteste Studie *Wir sind nie modern gewesen* (Latour 2008 [franz. 1991]) führt er aus, dass seit etwa 1800 die Moderne auch auf der Vorstellung einer klaren Trennung von Natur und Kultur, von natürlichen, von menschlicher Sozialität und Vergesellschaftung unberührten Phänomenen auf der einen und Gesellschaft auf der anderen Seite beruhe. In diesem Sinne gehört zu dem modernen Selbstverständnis der Naturwissenschaften (und darin sind ihm auch viele Wissenschaftshistoriker gefolgt), dass natürliche Phänomene, da sie sich dem menschlichen Tun grundsätzlich entziehen, nicht durch soziale und kulturelle Interaktionen hervorgebracht, sondern entdeckt werden.

Anknüpfend an eine Studie von Steven Shapin (geb. 1943) und Simon Schaffer (geb. 1955), in der es um eine Art gleichlaufende Entwicklung von Wissenschaftspraxis und politischer Philosophie im 17. Jh. geht (Shapin/Schaffer 1985), arbeitet Latour u. a. ein wesentliches Merkmal der Moderne nach, nämlich die Ansicht: »[A]llein die Menschen bauen die Gesellschaft auf und bestimmen frei über ihr Schicksal«, während die Menschen aber nicht die Natur erschaffen, »sie existiert seit eh und je und war schon immer da« (Latour 2008, 44). Dies stehe aber – so Latour – in einem Widerspruch zu dem Umstand, dass die modernen Wissenschaften hybride »Quasiobjekte« erzeugen, die sich nicht eindeutig entweder der Sphäre der Natur oder der Kultur zuordnen lassen: »Sobald wir unsere Aufmerksamkeit […] gleichzeitig auf die Arbeit der Reinigung und der Hybridisierung richten, hören wir sofort auf, gänzlich modern zu sein, unsere Zukunft beginnt sich zu verändern. Im selben Moment hören wir auf, modern gewesen zu sein – im Perfekt –, weil uns rückblickend bewußt wird, daß die beiden Ensembles von Praktiken in der zu Ende gehenden historischen Periode schon immer am Werk gewesen sind. Unsere Vergangenheit beginnt sich zu verändern« (Latour 2008, 20).

Regionen, Räume und Entwicklungspfade

Als Max Weber (1864–1920) 1917 in seinem berühmten Vortrag *Wissenschaft als Beruf* der Frage nachging, was eigentlich Rationalisierung durch Wissenschaft praktisch bedeute, dienten ihm wie selbstverständlich »Wilde« als Vergleichsfolien, um die Besonderheiten des okzidentalen Rationalismus stärker hervorheben zu können: Bedeute Rationalisierung »[e]twa, daß wir heute, jeder z. B., der hier im Saale sitzt, eine größere Kenntnis der Lebensbedingungen hat, unter denen er existiert, als ein Indianer oder ein Hottentotte? Schwerlich. Wer von uns auf der Straßenbahn fährt, hat – wenn er nicht Fachphysiker ist – keine Ahnung, wie sie das macht, sich in Bewegung zu setzen. Er braucht auch nichts davon zu wissen. Es genügt ihm, daß er auf das Verhalten des Straßenbahnwagens ›rechnen‹ kann […]. Der Wilde weiß das von seinen Werkzeugen ungleich besser. […] Die zunehmende Intellektualisierung und Rationalisierung bedeutet also *nicht* eine zunehmende allgemeine Kenntnis der Lebensbedingungen, unter denen man steht. Sondern sie bedeutet etwas anderes: das Wissen davon oder den Glauben daran: daß man, wenn man *nur wollte*, es jederzeit erfahren *könnte*, daß es also prinzipiell keine geheimnisvollen unberechenbaren Mächte gebe, die da hineinspielen, daß man vielmehr alle Dinge – im Prinzip – durch *Berechnen beherrschen* könne. Das aber bedeutet: die Entzauberung der Welt« (Weber 2002, 488, [1919]).

Diese »Entzauberung« durch berechnendes Beherrschen sei – so Weber schon früher in seiner *Protestantischen Ethik* – unentwirrbar mit der systematisch rationalen Grundhaltung des Okzident verwoben, die er u. a. an der mathematischen Durchdringung der Naturwissenschaften in Europa festmachte. Letztlich – so Weber – gebe es »[n]ur im Okzident […] ›Wissenschaft‹ in dem Entwicklungsstadium, welches wir heute als ›gültig‹ anerkennen« (Weber 2010, 12, [1920]). Mit diesen Überlegungen hat Weber die Wissenschaftsforschung stark beeinflusst.

Wie selbstverständlich beschränkte sich in der Wissenschaftsgeschichte die Reichweite des Modernebegriffs lange Zeit ausschließlich auf Europa. Geradezu paradigmatisch wird dies im ersten Satz der Studie von Paolo Rossi: »Es gibt in Europa keinen bestimmten Ort, an dem jene komplexe historische Realität entstand, die wir heute als moderne Wissenschaft bezeichnen. Europa selbst ist dieser Ort« (Rossi 1997, 13). Insofern wurde die Entstehung der modernen Naturwissenschaften, wenn in diesem Kontext denn überhaupt die Reichweite des Modernebegriffs und die spezifischen soziokulturellen Konstellationen thematisiert wurden, als wesentlicher Bestandteil und Ursache eines europäischen Sonderwegs beschrieben. Der Darstellung der modernen europäischen Wissenschaftstradition als Ausdruck okzidentaler Rationalität und Aufgeklärtheit entspricht dabei die Darstellung des nichtwissenschaftlichen Charakters außereuropäischer Wissenssysteme als fundamentaler Beleg ihrer Irrationalität und Unterlegenheit. In einer kulturvergleichenden und globalen Perspektive stellt sich für die Wissenschaftsgeschichte die Schwierigkeit der Differenzierung von modernem wissenschaftlichem und nichtwissenschaftlichem Wissen. Ähnlich wie in einer zeitlichen Differenzierungsachse: modern – vormodern, kommen zur normativen Abgrenzung auch in räumlichen Unterscheidungsmodellen Begriffe wie ›Aberglaube‹, ›Tradition‹ oder, hier spezifischer auf außereuropäische Regionen angewandt, ›indigenes Wissen‹ zum Einsatz (vgl. hierzu Basalla 1967; Elshakry 2010).

Besonders deutlich wird dieser Interpretationsrahmen, wenn es um den Wissenschaftstransfer in globalem Ausmaß geht. Die bekannten Forschungsreisen wie etwa eines Alexander von Humboldt oder, dann später, eines Robert Koch, folgen häufig dem Narrativ einer Heldengeschichte der Moderne, in der selbstlose Wissenschaftler sich den Anstrengungen der außereuropäischen Welt stellen, um dann neue Entdeckungen zu machen. Zugleich tragen sie dabei die Wohltaten der Wissenschaften auch in die abgelegensten Regionen der Welt. »Europa fungiert nicht nur als das politische, sondern auch als das epistemische Zentrum der Welt«: Wissenschaftstransfer erscheint so als ein rein einseitiger Prozess des Exportes moderner europäischer Wissenschaften in außereuropäische Regionen (Lipphardt/Ludwig 2011, 11).

Es zeichnet sich jedoch auch eine Öffnung gegenüber Perspektiven aus der Globalgeschichte und den *Postcolonial Studies* ab, bei der die klassische Frage »Warum Europa?« zunehmend kulturvergleichend und mit Anleihen aus neueren Konzepten der verflochtenen oder multiplen Modernen angegangen wird. Dies hat zum einen zu einer Perspektivenverschiebung geführt, sodass in der gegenwärtigen Forschung verstärkt indigene Wissensformen sowie Verschränkungen zwischen indigenen und europäischen Wissenssystemen beachtet werden. Zum anderen ist die wichtige Rolle von Ärzten, Wissenschaftlern und Ingenieuren für die Durchführung des kolonialen Projektes zunehmend ein Thema der Wissenschaftsgeschichte. Die in den Kolonien vorzufindenden Bedingungen ermöglichten Feldforschungen, die anderswo kaum durchsetzbar waren. Nicht ohne Grund hatten die verschiedensten modernen Wissenschaften von der Ethnologie bis hin zur Tropenmedizin ihren Höhepunkt in der Zeit des Kolonialismus (Eckart 1997). Die Eugenik als eine interdisziplinäre Human- und Naturwissenschaft und zugleich als eine moderne Variante der Sozialpolitik etwa ist ohne die koloniale Erfahrung kaum denkbar (Grosse 2000). Insgesamt erstreckt sich das

Themenspektrum inzwischen über den einseitigen Export europäischer Wissenschaft hinaus auch auf die Vielfalt der wechselseitigen Beeinflussungen zwischen verschiedenen Wissenssystemen (z. B. Petitjean 1992).

Zeithorizont und Epochenkonzept

Zu den klassischen Narrativen der Wissenschaftsgeschichte gehört es, die Moderne überhaupt mit der Wissenschaftlichen Revolution, also im 17. Jh., beginnen zu lassen (Cohen 2010). Zwar haben mehrere Studien herausgearbeitet, dass zahlreiche Gelehrte des 17. und 18. Jh.s tatsächlich der Ansicht waren, dass sich durch naturwissenschaftliche Erkenntnisse zu ihren Lebzeiten etwas grundlegend Neues anbahnte. Doch die Charakterisierung dieser Zeitspanne mit dem Begriff der ›Wissenschaftlichen Revolution‹ und die damit verbundene Zäsur, die den Beginn der Moderne mit dieser ›Revolution‹ einsetzen lässt, ist eine Zuschreibung, die deutlich später, nämlich auf die Mitte des 20. Jh.s, zu datieren ist. Ein bekanntes Beispiel für diese Zäsur- und Begriffsbildung aus den 1940er-Jahren ist das Urteil des britischen Historikers Herbert Butterfield (1900–1979), der die ›Wissenschaftliche Revolution‹ als die Wurzel sowohl der modernen Welt wie auch des modernen Denkens betrachtet. Dies lasse ihm zufolge die herkömmliche Periodisierungssysteme der europäischen Geschichte zumindest fragwürdig erscheinen (Butterfield 1949/1959, VIII). Mittlerweile ist das mit dem Begriff ›Revolution‹ verknüpfte Geschichtsbild eines gleichermaßen radikalen und abrupten Wandels hin zur Moderne insbesondere durch Steven Shapin relativiert worden (Shapin 1998).

Die Idee, dass Wissenschaften objektive Aussagen generieren und ein Abbild dessen erzeugen, was ist, und nicht, was sein soll (also die klare Unterscheidung zwischen Naturerkenntnis und moralischem Diskurs, die kulturellen und sozialen Faktoren in der wissenschaftlichen Tätigkeit keinen Platz einräumte), wurde in ihren Grundzügen – wie Shapin deutlich macht – im 17. Jh. entwickelt. Dies sei ein wesentlicher Grund dafür, dass »kanonische Darstellungen in der wissenschaftlichen Revolution die Epoche sehen, aus der die Moderne hervorgegangen ist« (Shapin 1998, 187). Hinzu kommt die institutionelle Etablierung der modernen Wissenschaften, die sich sukzessive im 17. und 18. Jh. vollzog. Bekannte Beispiele sind die Gründung der Royal Society 1662 in London, der Academia de Lincei 1600–1630 in Rom und die Académie des Sciences 1666 in Paris. In der Gesamtschau lässt sich auch ohne Rückgriff auf den Revolutionsbegriff konstatieren, dass es im 17. Jh. einerseits zur ersten Institutionalisierung der modernen Wissenschaften kam und andererseits sich die Methoden moderner Wissenschaft und hierbei insbesondere das Experiment etablierten.

Die Zeitspanne vom Beginn des 19. Jh.s bis zum Zweiten Weltkrieg hingegen war in institutioneller Hinsicht geprägt durch die Universitäten und speziell durch eine Wandlung der Universitäten zu Forschungs- und Lehranstalten (Schubring 1991). Damit ging die Trennung von Grundlagen- und angewandter Forschung einher, wobei die anwendungsorientierte Forschung zunehmend in industrielle Forschungsanstalten ausgelagert wurde. Unmittelbar mit diesen Entwicklungen verbunden war der beschleunigte Prozess der Spezialisierung und Ausdifferenzierung der wissenschaftlichen Disziplinen sowie Wissensbestände (Lenoir 1997). Für die zweite Hälfte des 20. Jh.s wird v. a. eine Anpassung der Forschung an die Industrie und eine verstärkte Kooperation der wissenschaftlichen Akteure und Institutionen mit staatlichen Stellen konstatiert. Infolge des gestiegenen wirtschaftlichen Stellenwerts von Wissenschaft sei an die Stelle der Universitäten (und dies betrifft besonders Projekte aus dem Gebiet der *Big Science* wie etwa in der Teilchenphysik) zunehmend der Staat getreten (Price 1986).

In den Zusammenhang mit Periodisierungsmodellen sind auch die Kontroversen um die Wissensgesellschaft einzuordnen. Nico Stehr (geb. 1942) hat in einer die historischen Dimensionen der modernen Wissenschaftsentwicklung einbeziehenden Studie, drei Formen des Wissens unterschieden. Der Aufklärung ordnet er das Deutungs- bzw. das Orientierungswissen zu. Im 19. Jh. sei das Produktivwissen dominant gewesen, ein Wissen, das unmittelbar auf Naturaneignung ausgerichtet gewesen sei. Die jüngste Form wird als Handlungswissen tituliert. Im Unterschied zu den vorangegangenen Arten des Wissens sei diese eine »sekundäre Produktionsstruktur«, die in der klassischen Moderne angeeignetes und kulminiertes Wissen so neu ordne, dass es zur direkten Produktivkraft transformiert werde und durch andere Ressourcen wie Arbeit und Kapital nicht mehr kompensiert werden könne. Und eben dieser Umstand mache, neben der Verwissenschaftlichung aller Lebensbereiche, die Wissensgesellschaften etwa seit 1950 aus (Stehr 1994, 215–219).

Diese Kategorisierung und Zäsur etwa um 1950 ist in den letzten Jahren einer detaillierteren Historisierung unterzogen worden, z. B. durch Lutz Raphael (1996) oder Margit Szöllesi-Janze (2004). Sie verorten die Wissengesellschaft in der durch technisch-wissenschaftliche Fortschrittsversprechen geprägten Hochmoderne zwischen den 1880er- und 1970er-Jahren, wobei Szöllesi-Janze mit Blick auf die deutsche Geschichte den Versuch unternimmt, die Zeitgeschichte über weitreichende Verwissenschaftlichungsprozesse zu bestimmen, die sie ab ca. 1880 ansetzt. Untersucht werden in dieser eher mittelfristigen Zeitperspektive sowohl die zunehmende Spezialisierung und Ausdifferenzierung wissenschaftlicher Einrichtungen als auch die wissensgestützte Industrieforschung und Formen moderner staatlicher Leistungsverwaltung. Ohne die Plausibilität des Konzeptes Wissensgesellschaft grundsätzlich in Frage zu stellen, gibt aber Carsten Reinhardt zu bedenken, dass damit zwar eine Geschichte der Wissensgesellschaft geschrieben werden könne, nicht aber die Geschichte einer Wissenschaftsgesellschaft, »die im Wesentlichen auf den Transformationen und Wechselwirkungen des wissenschaftlichen Wissens beruht. Hier geht es um eine Wissensform, die besondere Geltungsansprüche vertritt: objektiv, neutral, neu, am Gemeinwohl orientiert, nützlich« (Reinhardt 2010, 88).

Themen und Leitprozesse

Prozessbegriffe wie Rationalisierung und funktionale Differenzierung spielen in der Thematisierung von Moderne und Modernität in den Wissenschaften eine wichtige Rolle, wobei allerdings das traditionelle Bild einer kontinuierlich wachsenden Rationalität der modernen Wissenschaften langsam durch die Vorstellung einer grundsätzlichen sozialen und kulturellen Prägung des wissenschaftlichen Wissens ersetzt wird (z. B. Daston 2001). Doch die spezifischen Thematisierungen der Moderne in der Wissenschaftsgeschichte sind so vielfältig wie die Wissenschaften selbst. Hinzu kommt, dass sich die jeweils zeittypischen modernen Richtungen (sofern sie überhaupt klar zu identifizieren sind) – etwa in der Biologie, Physik oder Mathematik –, in ihren Inhalten und Argumenten erheblich unterscheiden. So hat etwa Mitchell G. Ash (geb. 1948) darauf hingewiesen, dass die Moderne in der Physik und Mathematik wie in der Kunst von einer Emanzipation vom Anschaulichen und einer Betonung der Abstraktion getragen wurde (vgl. dazu den Beitrag »Kunstgeschichte« in diesem Band). In der Gestaltpsychologie hingegen betonten ihre sich durchaus als Modernisierer verstehenden Mitglieder gerade die »immanente Strukturiertheit des Anschaulichen« (Ash 2000, 124). Ähnlich ambivalent verhält es sich mit dem holistischen Denken in den Wissenschaften, das bislang klar der Gegenmoderne, und politisch betrachtet, dem konservativ-reaktionären Lager zugerechnet wurde.

Und doch gab es im 20. Jh. Bestrebungen etwa in der Psychologie und Biologie, die klassischen Kategorien holistischen Denkens wie ›Ganzheit‹ oder ›Gestalt‹ mittels naturwissenschaftlicher Ansätze in die Moderne zu überführen und – wieder aus politischer Perspektive – mit demokratischen und auch sozialistischen Ansätzen kompatibel zu gestalten. Die Forschung hat mittlerweile gezeigt, dass diese verschiedenen Prozesse in den jeweiligen Fachkulturen nicht automatisch in einem dualistischen Bild von Moderne und Gegenmoderne eingeordnet werden, sondern vielmehr als divergierende Varianten von Modernität interpretiert werden können.

Wenn die Rationalisierung in allen nur denkbaren Konnotationen ein wesentliches Charakteristikum der Moderne ist, dann verkörpert in diesem allgemeinen Sinn die Moderne nichts so sehr wie die Mathematik. Nach moderner Sichtweise rede die Mathematik, so Herbert Mehrtens (geb. 1946), nicht einfach von etwas, sondern ist vielmehr selbst Sprache: »eine Sprache der Rechthaberei kraft Beweis«, die Muttersprache der durchrationalisierten Moderne (Mehrtens 1990, 9). Hierzu gehört einerseits, dass sich die Mathematik um 1900 mehr und mehr von ihren ontologischen Bedingungen lossagte, sich also nicht mehr nur auf die realen Objekte und Phänomene bezog. Zahlen lösten sich von Zählbarem, die Geometrie vom Raum der gewöhnlichen Anschauung. Funktionen wurden nicht mehr als Abhängigkeiten zwischen realen Größen aufgefasst. Die zentralen Fragen der Anschaulichkeit, Abstraktion und Abbildfunktion mathematischer Symbolsysteme verbindet aber auch die Entwicklungen der modernen Mathematik mit den bekannten Kontroversen um Quantenmechanik und Relativitätstheorie in der ersten Hälfte des 20. Jh.s, in denen zumeist Vertreter der experimentellen Physik diesen Theorien vorwarfen, rein mathematische Artefakte ohne empirische Begründung zu sein. Andererseits ist ebenfalls sehr deutlich, dass die Mathematik eine moderne kulturelle Praxis und einen elementaren Bestandteil der technokratischen Moderne darstellte, der sich in Biometrik, Eugenik, Fordismus, Kunstsprachen, Ethnologie, Fahrplänen, Musik und Kunst manifestierte.

Der Gegensatz zwischen Modernität, verstanden als Emanzipation von Symbolsystemen und Anschaulichkeit, und Gegenmoderne, interpretiert als Versuch, Symbolsysteme mit menschlicher Erfahrung zu verbinden, kulminierte, wie die Forschung herausgearbeitet hat, in der völkischen Wissenschaft des Nationalsozialismus. In der ›Deutschen Physik‹ zog man gegen jüdische Wissenschaftler und gegen das ›undeutsche‹ Theoretische der Quantenphysik zu Felde. Auch die ›Deutsche Chemie‹, unter dem Schlagwort der ›gestalthaften Atomlehre‹ etwas weniger offensiv rassistisch operierend als die ›Deutsche Physik‹, war Bestandteil eben dieser Riege der völkischen Wissenschaften. Im Nationalsozialismus wurde auch die moderne Mathematik als jüdisch abgelehnt, als deutsch galt das Anschauliche. Die arische Wissenschaft sei dem anschaulich-geometrischen Denken verpflichtet. Allerdings fanden die Ablehnung der formalistischen Mathematik und die Beiträge der ›Deutschen Mathematik‹ in wissenschaftlichen Kreisen kein besonderes Interesse (Epple 2009). Doch darf der Hinweis auf diese skurril wirkenden Auswüchse nicht zu der Annahme verleiten, im Nationalsozialismus sei lediglich Pseudowissenschaft gefördert worden; ansonsten sei das NS-Regime schon allein aufgrund völkischer Gesellschaftsvorstellungen und der Blut-und-Boden-Ideologie radikal wissenschaftsfeindlich gewesen. Ganz im Gegenteil: Wie neuere Studien gezeigt haben, müssen die Wissenschaften sogar zu den tragenden Säulen des ›Dritten Reiches‹ gezählt werden (Schieder 2010, 47–50).

Das Experiment gilt als eine Schlüsselkategorie der Moderne. Dies gilt nicht nur für die Naturwissenschaften, sondern ebenso auch etwa für die Literatur oder die Künste, in denen experimentelle Verfahren vor dem Hintergrund der ästhetischen Moderne zunehmend einen programmatischen Stellenwert erhielten. Forschungen, die sich der Eigendynamik des Experimentalprozesses der modernen Wissenschaften widmeten und in diesem Kontext auch die Materialität von Forschung thematisierten, haben die Herausbildung verschiedener Experimentalkulturen als ein wichtiges Signum modernen Wissenschaften sichtbar werden lassen (Woolgar/Latour 1979). In diesem Kontext schlug sich eine Experimentalisierung des Lebens seit dem ausgehenden 19. Jh. in den verschiedensten gesellschaftlichen Gebieten und in den intimsten Aspekten menschlichen Lebens nieder, sei es die Nutztier- und Pflanzenzucht, die menschliche Ermüdung und Nahrungsaufnahme oder der Umgang mit und die Wahrnehmung von Sexualität. Dabei ist die Dynamik der Experimentalisierung kaum von der technisch-apparativen Seite moderner Naturwissenschaften zu trennen. Experimentelle Forschung konstruiert ihre Untersuchungsgegenstände v. a. technisch: »Im Zentrum des epistemischen Ensembles« – so das Argument Hans-Jörg Rheinbergers (geb. 1946) – »erscheint in der neuzeitlichen Wissenschaft das Instrument: Es ist einerseits die Verkörperung erworbenen Wissens; andererseits wird mit seiner Hilfe der Gegenstand als ein Technophänomen hervorgebracht« (Rheinberger 2006, 45). Das Instrument erscheint als ein »verdinglichtes Theorem« und das Technische als elementarer Bestandteil des »theoretischen Wesens der modernen Wissenschaften« (Rheinberger 2006, 50).

Im Zuge einer Hinwendung zu den technisch-apparativen und experimentellen Bedingungen der Wissenschaften ist in der historischen Forschung dem Labor als einem exemplarischen Ort der Moderne besondere Aufmerksamkeit gewidmet worden (z. B. Woolgar/Latour 1979). Insgesamt lassen sich die Anfänge des Laboratoriums bis zum Ende des 17. Jh.s zurückverfolgen, wo der Begriff im Wesentlichen Arbeitsstätten – etwa von Alchemisten oder Apothekern – bezeichnete, in denen wissenschaftliche Einsichten mithilfe technischer Apparaturen gewonnen und diese verarbeitet und festgehalten werden konnten. Aber erst im ausgehenden 19. Jh. entwickelten sich Laboratorien zu jenen Forschungsstätten, wie sie in hohem Maß unser Bild von den modernen Wissenschaften noch heute prägen. Die sog. Laborrevolution im 19. Jh. wurde durch zwei Prozesse forciert: zum einen durch die Universitätsreformen und -neugründungen nach 1800, in deren Zuge Universitäten zunehmend auch zu naturwissenschaftlich-technischen Forschungsstätten wurden, zum anderen durch die zunehmende Anerkennung wissenschaftlicher Leistungen von Privatlaboratorien, die i. d. R. von anerkannten Hochschullehrern geleitet wurden.

Zu Beginn des 20. Jh.s ist die Entwicklung der modernen naturwissenschaftlichen Forschung mit zwei grundlegenden Entwicklungstendenzen des Laborbetriebs verknüpft, die beide auf einen zunehmenden Anwendungsbezug abzielen. Zum einen sind die Industrielaboratorien zu nennen, wobei in Europa und v. a. in Deutschland (z. B. Hoechst und Bayer) die chemische Industrie dominierte. Im Vergleich zu den Laborgründungen des 19. Jh.s waren hier der unmittelbare Anwendungsbezug, die Patentanerkennung und der wirtschaftliche Nutzen wesentlich

(z. B. Trischler/vom Bruch 1999). Zum anderen ist die Herausbildung von Großforschungseinrichtungen von zentraler Bedeutung, für die gegenwärtig paradigmatisch das 1990 gegründete *Human Genom Project* oder die 2008 in Betrieb genommene Europäische Organisation für Kernforschung (CERN) stehen. Zu Beginn des 20. Jh.s zeichnete sich in diesem Zusammenhang eine weitere charakteristische Entwicklung ab: die Einbettung von Großforschungseinrichtungen in militärische Zusammenhänge. Für die deutsche Wissenschaftsgeschichte sind hier etwa die Arbeiten zur Geschichte der Kaiser-Wilhelm-Institute aufzuführen, die den hohen Stellenwert der militärischen Forschung etwa am Beispiel der Metallforschung oder Kampfstoffforschung untersucht haben (Schieder 2010).

Zur Einordnung des Stellenwertes des Laboratoriums für die modernen Naturwissenschaften werden klassische Schlagwörter aus dem Repertoire der Moderneforschung herangezogen: Rationalisierung, Mechanisierung, Industrialisierung. Für die Wissenschaftssoziologin Karin Knorr-Cetina (geb. 1944) stellt das Laboratorium gar einen Ort der Verdichtung moderner Gesellschaften dar, dessen spezifische Form der Produktion wissenschaftlichen Wissens zunehmend an den Maximen von Mechanisierung, Spezialisierung und Standardisierung orientiert ist (Knorr-Cetina 1988). In diesem Zusammenhang heben historische Studien die Ähnlichkeiten von Fabrik- und Laborbetrieb, von Verwissenschaftlichung und Industrialisierung hervor (Galison/Jones 1999).

In den letzten Jahren hat das Interesse an der Verwissenschaftlichung sozialer und kultureller Phänomene als historischem Makroprozess und Strukturmerkmal der Moderne und an der zunehmenden Bedeutung von Expertenwissen für gesellschaftliche Regulierungstechniken im 20. Jh. spürbar zugenommen. Bemerkenswert ist in diesem Zusammenhang, dass im Gegensatz zu einer gradlinigen Modernisierungs- und Disziplinierungsgeschichte auch die Ambivalenzen und Nebeneffekte von Verwissenschaftlichungsprozessen in den Blick genommen werden. Dementsprechend ist das Spektrum der unter diesem Ansatz untersuchten Themen außerordentlich breit: Psychotherapeuten, Statistiker, Priester, Demoskopen, Marktforscher und Kriminologen, die lange Zeit in wissenschaftshistorischen Studien keinen Platz hatten, finden mittlerweile Berücksichtigung (Brückweh 2012). Und eben in dieser Ausweitung scheinen die Grenzen zwischen den beiden Wissenschaftskulturen der Moderne, wie sie Snow konstatiert hatte, ein wenig brüchig zu werden.

Literatur

Ash, Mitchell G.: Krise der Moderne oder Modernität als Krise? Stimmen aus der Akademie. In: Fischer, Wolfram et al. (Hrsg.): *Die Preußische Akademie der Wissenschaften zu Berlin 1914–1945*. Berlin 2000, 121–142.

Basalla, George: The Spread of Western Science. In: *Science* 156, 1967, 211–622.

Brückweh, Kerstin et al. (Hrsg.): *Engineering Society. The Role of the Human and Social Sciences in Modern Societies, 1880–1980*. Basingstoke 2012.

Butterfield, Herbert: *The Origins of Modern Science, 1300–1800*. New York ³1959.

Canguilhem, Georges: Der Gegenstand der Wissenschaftsgeschichte [franz. 1966]. In: Ders.: *Wissenschaftsgeschichte und Epistemologie. Gesammelte Aufsätze*. Frankfurt am Main 1979, 22–37.

Cohen, Hendrik Floris: *How Modern Science Came into the World. Four Civilizations, One 17th-Century Breakthrough*. Amsterdam 2010.

Daston, Lorraine: *Wunder, Beweise und Tatsachen. Zur Geschichte der Rationalität*. Frankfurt am Main 2001.

Du Bois-Reymond, Emil: Kulturgeschichte und Naturwissenschaft [1877]. In: Ders.: *Reden von Emil du Bois-Reymond in zwei Bänden*, Bd. 1, hrsg. von Estelle du Bois-Reymond. Leipzig ²1912 a, 567–629.

Du Bois-Reymond, Emil: Über Geschichte der Wissenschaft. In der Leibniz-Sitzung der Akademie der Wissenschaften am 4. Juli 1872 gehaltene Rede. In: Ders.: *Reden von Emil du Bois-Reymond in zwei Bänden*, Bd. 1, hrsg. von Estelle du Bois-Reymond. Leipzig ²1912 b, 431–440.

Eckart, Wolfgang U.: *Medizin und Kolonialimperialismus: Deutschland 1884–1945*. Paderborn 1997.

Elshakry, Marwa: When Science Became Western. Historiographical Reflections. In: *ISIS* 101, 2010, 98–109.

Epple, Moritz: Kulturen der Forschung: Mathematik und Modernität am Beginn des 20. Jahrhunderts. In: Fried, Johannes et al. (Hrsg.): *Wissenskulturen: Über die Erzeugung und Weitergabe von Wissen*. Frankfurt am Main 2009, 125–158.

Feldhay, Rivka: *Galileo and the Church: Political Inquisition or Critical Dialogue?* Cambridge 1995.

Fleck, Ludwik: Zur Krise der Wirklichkeit [1929]. In: Ders.: *Erfahrung und Tatsache. Gesammelte Aufsätze*. Frankfurt am Main 1983, 46–58.

Fleck, Ludwik: *Entstehung und Entwicklung einer wissenschaftlichen Tatsache. Einführung in die Lehre vom Denkstil und Denkkollektiv* [1935]. Frankfurt am Main ⁹2012.

Galison, Peter/Jones, Caroline A.: Factory, Laboratory, Studio: Dispersing Sites of Production. In: Galison, Peter et al. (Hrsg.): *The Architecture of Science*. Cambridge 1999, 497–540.

Grosse, Pascal: *Kolonialismus, Eugenik und bürgerliche Gesellschaft in Deutschland 1850–1918*. Frankfurt am Main 2000.

Hagner, Michael: Ansichten der Wissenschaftsgeschichte.

In: Ders. (Hrsg.): *Ansichten der Wissenschaftsgeschichte*. Frankfurt am Main 2001, 7–39.
Knorr-Cetina, Karin: Das naturwissenschaftliche Labor als Ort der Verdichtung von Gesellschaft. In: *Zs. für Soziologie* 17, 1988, 85–101.
Kuhn, Thomas S.: *Die Struktur wissenschaftlicher Revolutionen*. 2., rev. und um das Postskriptum von 1969 ergänzte Aufl. Frankfurt am Main 1973 (engl. 1962).
Latour, Bruno: *Wir sind nie modern gewesen. Versuch einer symmetrischen Anthropologie*. Frankfurt am Main 2008 (franz. 1991).
Lenoir, Timothy: *Instituting Science: The Cultural Production of Scientific Disciplines*. Stanford 1997.
Lipphardt, Veronika/Ludwig, David: Wissens- und Wissenschaftstransfer. In: *Europäische Geschichte Online (EGO)*, 2011–09–28. http://www.ieg-ego.eu/lipphardtv-ludwigd–2011.de (3.2.2014).
Luhmann, Niklas: *Die Wissenschaft der Gesellschaft*. Frankfurt am Main 1990.
Mehrtens, Herbert: *Moderne – Sprache – Mathematik. Eine Geschichte des Streits um die Grundlagen der Disziplin und des Subjekts formaler Systeme*. Frankfurt am Main 1990.
Merton, Robert K.: Science and Technology in a Democratic Order [1942]. In: Weingart, Peter (Hrsg.): *Wissenschaftssoziologie. Wissenschaftliche Entwicklung als sozialer Prozeß*. Frankfurt am Main 1972, 45–59.
Petitjean, Patrick et al. (Hrsg.): *Science and Empires: Historical Studies about Scientific Development and European Expansion*. Dordrecht 1992.
Price, Derek J. de Solla: *Little Science, Big Science ... and Beyond*. New York 1986.
Raphael, Lutz: Die Verwissenschaftlichung des Sozialen als methodische und konzeptionelle Herausforderung für eine Sozialgeschichte des 20. Jahrhunderts. In: *Geschichte und Gesellschaft* 22, 1996, 165–193.
Rheinberger, Hans-Jörg: *Epistemologie des Konkreten. Studien zur Geschichte der modernen Biologie*. Frankfurt am Main 2006.
Rheinberger, Hans-Jörg: Zur Historizität wissenschaftlichen Wissens. Ludwik Fleck, Edmund Husserl. In: Oexle, Otto Gerhard (Hrsg.): *Krise des Historismus – Krise der Wirklichkeit. Wissenschaft, Kunst und Literatur, 1880–1932*. Göttingen 2007, 359–375.
Reinhardt, Carsten: Historische Wissenschaftsforschung, heute. Überlegungen zu einer Geschichte der Wissensgesellschaft. In: *Berichte zur Wissenschaftsgeschichte* 33, 2010, 81–99.
Rossi, Paolo: *Die Geburt der modernen Wissenschaften in Europa*. München 1997 (ital. 1997).
Schieder, Wolfgang: Der militärisch-industriell-wissenschaftliche Komplex im »Dritten Reich«. Das Beispiel der Kaiser-Wilhelm-Gesellschaft. In: Dinçkal, Noyan et al. (Hrsg.): *Selbstmobilisierung der Wissenschaft. Technische Hochschulen im »Dritten Reich«*. Darmstadt 2010, 47–62.
Schubring, Gert (Hrsg.): *»Einsamkeit und Freiheit« neu besichtigt: Universitätsreformen und Disziplinbildung in Preußen als Modell für Wissenschaftspolitik im Europa des 19. Jahrhunderts*. Stuttgart 1991.
Shapin, Steven/Schaffer, Simon: *Leviathan and the Air-Pump. Hobbes, Boyle, and the Experimental Life*. Princeton, NJ 1985.
Shapin, Steven: *Die wissenschaftliche Revolution*. Frankfurt am Main 1998 (engl. 1996).
Snow, Charles Percy: *The Two Cultures* [1959]. London 2001.
Siemens, Werner von: *Das naturwissenschaftliche Zeitalter*. Berlin 1886.
Stehr, Nico: *Arbeit, Eigentum und Wissen. Zur Theorie von Wissensgesellschaften*. Frankfurt am Main 1994.
Szöllösi-Janze, Margit: Wissensgesellschaft in Deutschland. Überlegungen zur Neubestimmung der deutschen Zeitgeschichte über Verwissenschaftlichungsprozesse. In: *Geschichte und Gesellschaft* 30, 2004, 277–313.
Trischler, Helmuth/Bruch, Rüdiger vom: *Forschung für den Markt. Geschichte der Fraunhofer-Gesellschaft*. München 1999.
Weber, Max: *Wissenschaft als Beruf* [1919]. Schriften 1894–1922. Ausgewählt und hrsg. von Dirk Kaesler. Stuttgart 2002.
Weber, Max: *Die protestantische Ethik und der Geist des Kapitalismus* [1920]. München 2010.
Woolgar, Steve/Latour, Bruno: *Laboratory Life. The Construction of Scientific Facts* [1979]. Princeton ²1986.

Noyan Dinçkal

Anhang

Die Autorinnen und Autoren

Sérgio Costa
Professor für Soziologie Lateinamerikas an der Freien Universität Berlin.
Forschungsschwerpunkte: soziale Ungleichheit; Rassismus und Antirassismus; postkoloniale Theorien.
Ausgewählte Publikationen: Vom Nordatlantik zum ›Black Atlantic‹, Bielefeld 2007; Decolonizing European Sociology. Interdisciplinary Approaches, Farnham 2010 (Mitherausgeber); Democracia y reconfiguraciones contemporáneas del derecho en América Latina, Frankfurt/Madrid 2012 (Mitherausgeber).
Beitrag: Lateinamerika

Sabine Dabringhaus
Professorin für Ostasiatische Geschichte am Historischen Seminar der Albert-Ludwigs Universität Freiburg.
Forschungsschwerpunkte: Sino-mandschurisches Imperium (1644–1911); chinesischer Nationalismus im 20. Jahrhundert; Modernediskurse in China; Umweltgeschichte Chinas; Territorialer Nationalismus in China.
Ausgewählte Publikationen: Historisch-Geographisches Denken 1900–1949, Köln/Weimar 2006; Geschichte Chinas im 20. Jahrhundert, München 2009, Geschichte Chinas: Von der Mongolenherrschaft bis zur Gründung der Volksrepublik 1279–1949, München 2015 (überarbeitete Neuauflage).
Beitrag: China

Noyan Dinçkal
Akademischer Oberrat a. Z. am Historischen Institut der Universität Paderborn und Privatdozent am Institut für Geschichte der TU Darmstadt.
Forschungsschwerpunkte: Wissenschafts- und Technikgeschichte; Stadt- und Umweltgeschichte.
Ausgewählte Publikationen: Sportlandschaften. Sport, Raum und (Massen-)Kultur in Deutschland 1880–1930 (Kritische Studien zur Geschichtswissenschaft 211), Göttingen 2013; Selbstmobilisierung der Wissenschaft. Technische Hochschulen im »Dritten Reich«, Darmstadt 2010 (Herausgeber mit Christof Dipper und Detlev Mares).
Beitrag: Wissenschaftsgeschichte

Christof Dipper
Professor emeritus für Neuere und Neueste Geschichte an der TU Darmstadt.
Forschungsschwerpunkte: Geschichte der Moderne; Begriffsgeschichte; italienische Geschichte.
Ausgewählte Publikationen: Aufklärung und Moderne, in: Olaf Asbach (Hrsg.), Europa und die Moderne im langen 18. Jahrhundert, Hannover 2014, 33–62; Max Weber, Ernst Troeltsch und die ›Entdeckung der Moderne‹, in: Detlev Mares/Dieter Schott (Hrsg.), Das Jahr 1913. Aufbrüche und Krisenwahrnehmungen am Vorabend des Ersten Weltkriegs, Bielefeld 2014, 95–118; Le ragioni del moderno, Bologna 2014 (Annali dell'Istituto italo-germanico in Trento. Quaderni 93) (Herausgeber mit Paolo Pombeni).
Beitrag: Geschichtswissenschaft

Andreas Eckert
Professor für die Geschichte Afrikas; Direktor des BMBF Käte Hamburger Kollegs »Arbeit und Lebenslauf in globalgeschichtlicher Perspektive«, Humboldt Universität zu Berlin.
Forschungsschwerpunkte: Geschichte Afrikas; Globalgeschichte; Geschichte der Arbeit.
Ausgewählte Publikationen: Kolonialismus, Frankfurt am Main 2006; Herrschen und Verwalten. Afrikanische Bürokraten, Staat und Politik in Tanzania, 1920–1970, München 2007; Travail et culture dans un monde globalisé, Paris 2015 (Herausgeber mit Babacar Fall).
Beitrag: Afrika

Georg Essen
Inhaber des Lehrstuhls für Dogmatik und Dogmengeschichte an der Katholisch-Theologischen Fakultät der Ruhr-Universität Bochum.
Forschungsschwerpunkte: Zentrale Themen der dogmatischen Theologie; Christologie; Geschichtstheologie; Gotteslehre; Theologie und Moderne; katholische Theologiegeschichtsforschung des 19. Jahrhunderts; Rechtsphilosophie und Religionsverfassungsrecht.
Ausgewählte Publikationen: Geschichtstheologie und Eschatologie im 20. Jahrhundert. Eine Grundlegung, Münster u. a. 2015 (im Druck); Die Autonomiewelten der Moderne als religionspolitische Herausforderung für den christlichen Glauben, in: Stephan

Goertz/Magnus Striet (Hrsg.), Nach dem Gesetz Gottes. Autonomie als christliches Prinzip, Freiburg i. Br. 2014, 129–149; Hellenisierung des Christentums? Zur Problematik und Überwindung einer polarisierenden Deutungsfigur, in: Zeitschrift Theologie und Philosophie, 2012, 1–17.
Beitrag: Theologie, Katholische

Erika Fischer-Lichte
Professorin für Theaterwissenschaft, Freie Universität Berlin.
Forschungsschwerpunkte: Ästhetik und Theorie des Theaters; Europäische Theatergeschichte; Verflechtungen von Theaterkulturen; Theatergeschichte als Kulturgeschichte; Theater und Ritual.
Ausgewählte Publikationen: Theatre, Sacrifice, Ritual. Exploring Forms of Political Theatre, London/New York 2005; Global Ibsen. Performing Multiple Modernities, London/New York 2010 (Herausgeberin); Dionysos Resurrected. Performances of Euripides' *The Bacchae* in a Globalizing World, Oxford 2014.
Beitrag: Theaterwissenschaft

Winfried Fluck
Professor emeritus für Amerikanische Kultur am John F. Kennedy-Institut für Nordamerikastudien der Freien Universität Berlin.
Forschungsschwerpunkte: Amerikanische Ideengeschichte; Theorien ästhetischer Erfahrung; American Cultural Studies.
Ausgewählte Publikationen: Das kulturelle Imaginäre, Frankfurt am Main 1997; Romance with America? Essays on American Culture, Heidelberg 2009; American Dream: Eine Weltmacht in der Krise (Herausgeber mit Andreas Etges), Frankfurt am Main 2011.
Beitrag: Ästhetische Theorie und American Studies

Gabriele Genge
Inhaberin des Lehrstuhls für Neuere Kunstgeschichte/Kunstwissenschaft am Institut für Kunst und Kunstwissenschaft der Universität Duisburg-Essen.
Forschungsschwerpunkte: Visuelle Kultur des 18. bis 21. Jahrhunderts, insbesondere der interdisziplinäre Körper- bzw. Genderdiskurs der Moderne und die mediale Verflechtung der Kunst mit den Wissens- und Erkenntnisformen der Kulturgeographie und Anthropologie. Kuratorisch an der Konzeption virtueller Forschungs- und Lehrumgebungen beteiligt, u. a. bei der *museums plattform nrw* (www.nrw-museum.de)

Ausgewählte Publikationen: The Survival of Images? Fetish and Concepts of Image between Westafrica and Europe, in: Gabriele Genge/Angela Stercken (Hrsg.), Art History and Fetishism Abroad: Global Shiftings in Media and Methods, Bielefeld 2014, 29–56; Black Atlantic. Andere Geographien der Moderne (Düsseldorfer Kunsthistorische Schriften Bd. 11), Düsseldorf 2012; Artefakt Fetisch Skulptur. Aristide Maillol und die Beschreibung des Fremden in der Moderne, München 2009.
Beitrag: Kunstwissenschaft

Thomas Gutmann
Inhaber des Lehrstuhls für Bürgerliches Recht, Rechtsphilosophie und Medizinrecht an der Westfälischen Wilhelms-Universität Münster.
Forschungsschwerpunkte: Rechtsphilosophie und Rechtssoziologie.
Ausgewählte Publikationen: Moderne und Religion. Kontroversen um Modernität und Säkularisierung, Bielefeld 2013 (Herausgeber mit Ulrich Willems, Detlef Pollack, Helene Basu und Ulrike Spohn); Von der religiösen zur säkularen Begründung staatlicher Normen. Zum Verhältnis von Religion und Politik in der Philosophie der Neuzeit und in rechtssystematischen Fragen der Gegenwart, Tübingen 2012 (Herausgeber mit Ludwig Siep, Bernhard Jakl und Michael Städtler); Zur Institutionalisierung der Normativen Moderne, in: Aulis Aarnio et al. (Hrsg.): Positivität, Normativität und Institutionalität des Rechts. FS für Werner Krawietz, Berlin 2013, 471–494.
Beitrag: Rechtswissenschaft

Gerald Hartung
Universitätsprofessor am Philosophischen Seminar der Bergischen Universität Wuppertal.
Forschungsschwerpunkte: Kulturphilosophie; philosophische Anthropologie; Naturphilosophie; Philosophie des 19. und 20. Jahrhunderts.
Ausgewählte Publikationen: Sprach-Kritik. Sprach- und Kulturtheoretische Reflexionen im deutsch-jüdischen Kontext, Weilerswist 2012; Philosophische Anthropologie. Grundwissen Philosophie, Stuttgart 2008; Das Maß des Menschen. Aporien der philosophischen Anthropologie und ihre Auflösung in der Kulturphilosophie Ernst Cassirers, Weilerswist 2003, ^{2}2004.
Beitrag: Philosophie

Friedrich Jaeger
Senior Fellow am Kulturwissenschaftlichen Institut Essen und apl. Professor für Neuere Geschichte an der Universität Witten/Herdecke.
Forschungsschwerpunkte: Kulturgeschichte und Geschichte der Kulturwissenschaften; Amerikanische Geschichte; Historiographiegeschichte und Geschichtstheorie.
Ausgewählte Publikationen: Amerikanischer Liberalismus und zivile Gesellschaft. Perspektiven sozialer Reform zu Beginn des 20. Jahrhunderts, Göttingen 2001; Enzyklopädie der Neuzeit, 16. Bde., Stuttgart 2004–2012 (Geschäftsführender Herausgeber); Ernst Troeltsch und John Dewey: Religionsphilosophie im Umfeld von Historismus und Pragmatismus, in: Bettina Hollstein/Matthias Jung/Wolfgang Knöbl (Hrg.), Handlung und Erfahrung. Das Erbe von Historismus und Pragmatismus und die Zukunft der Sozialtheorie, Frankfurt/Main und New York 2011, 107–130.
Beitrag: Mitherausgeber des Handbuchs

Wulf Kansteiner
Associate Professor für Erinnerungskultur, Mediengeschichte und Geschichtstheorie an der Universität Aarhus.
Forschungsschwerpunkte: Europäische Erinnerungskulturen; Holocausterinnerung; Geschichtsdarstellungen in visuellen Medien; nicht-fiktionale Narratologie; Traumatheorie.
Ausgewählte Publikationen: In Pursuit of German Memory: History, Television, and Politics after Auschwitz, Athens/Ohio 2006; Historical Representation and Historical Truth, Malden/Mass. 2009 (Herausgeber mit Christoph Classen); Den Holocaust erzählen: Historiographie zwischen wissenschaftlicher Empirie und narrativer Kreativität, Göttingen 2013 (Herausgeber mit Norbert Frei).
Beitrag: Filmwissenschaft

Hans Gerhard Kippenberg
Professor für Theorie und Geschichte der Religionen an der Jacobs University Bremen.
Forschungsschwerpunkte: Vorderasiatische und europäische Religionsgeschichte; Geschichte der Religionswissenschaft; Religionssoziologie von Max Weber; aktuelle religiöse Gewalt.
Ausgewählte Publikationen: Die Entdeckung der Religionsgeschichte. Religionswissenschaft und Moderne, München 1997; Max Weber, Wirtschaft und Gesellschaft. Religiöse Gemeinschaften (MWG I 22–2), Tübingen 2001 (Herausgeber); Gewalt als Gottesdienst. Religionskriege im Zeitalter der Globalisierung, München 2008 (englische Übersetzung: Violence as Worship. Religious Wars in the Age of Globalization, Stanford 2011).
Beitrag: Religionswissenschaft

Wolfgang Knöbl
Direktor des Hamburger Instituts für Sozialforschung und Professor für Soziologie an der Universität Göttingen.
Forschungsschwerpunkte: Sozialtheorie; Geschichte der Soziologie; Historisch-vergleichende Soziologie; Politische Soziologie; Soziologie des Krieges und der Gewalt.
Ausgewählte Publikationen: Spielräume der Modernisierung. Das Ende der Eindeutigkeit, Weilerswist 2001; Die Kontingenz der Moderne. Wege in Asien, Europa und Amerika, Frankfurt am Main 2007; Kriegsverdrängung. Ein Problem in der Geschichte der Sozialtheorie (zusammen mit Hans Joas, 2008; engl. Ausgabe 2012).
Beitrag: Soziologie; Mitherausgeber des Handbuchs

Gudrun Krämer
Professorin für Islamwissenschaft an der Freien Universität Berlin.
Forschungsschwerpunkte: Geschichte, Recht und Politik islamisch geprägter Gesellschaften, insbesondere der arabischen Welt seit 1800.
Ausgewählte Publikationen: Hasan al-Banna, Oxford/New York, 2010; A History of Palestine, Princeton 2008 (überarb. Taschenbuchausgabe 2011); Speaking for Islam. Religious Authorities in Muslim Societies, Leiden/Boston 2006 (Herausgeberin mit Sabine Schmidtke).
Beitrag: Arabische Welt

Alfons Labisch
Universitätsprofessor für Geschichte der Medizin an der Heinrich-Heine-Universität Düsseldorf.
Forschungsschwerpunkte: Geschichte des Wechselverhältnisses von Gesundheit, Medizin und Gesellschaft; historische und aktuelle Bedingungen und innere Antriebe ärztlichen Handelns; Sozialgeschichte der Medizin einschließlich ihrer Theorien, Konzepte und Methoden.
Ausgewählte Publikationen: Medizin: Zum Problemstand, in: Wilhelm Korff et al. (Hrsg.), Lexikon der Bioethik, Gütersloh 1998, Bd. 2, 631–642 (mit Norbert Paul); Medizin als Medium multipler Modernitäten – Transaktionen und Kontingenzen zwischen China, Deutschland und Japan im 19. und frü-

hen 20. Jahrhundert, in: Leopoldina-Jahrbuch 2011, 485–501, 2012 (mit Gabriele Franken); Geschichte – Medizin – Biologie: ein selbstkritischer Rück- und Ausblick auf die Sozialgeschichte der Medizin, in: Jörg Vögele/Thorsten Noack/Stefanie Knöll (Hrsg.): Epidemics and Pandemics in Historical Perspective / Epidemien und Pandemien in historischer Perspektive, Herbolzheim 2015, 367–399.
Beitrag: Medizin und Medizingeschichte

Philipp Lenhard
Dr. phil., Wissenschaftlicher Assistent am Lehrstuhl für Jüdische Geschichte und Kultur der Ludwig-Maximilians-Universität München.
Forschungsschwerpunkte: Jüdische Geschichte in Deutschland, Frankreich und Nordamerika vom 18.–20. Jahrhundert; Jüdische Geistes- und Philosophiegeschichte; Nationalismus- und Ethnizitätsforschung; Antisemitismus.
Ausgewählte Publikationen: Volk oder Religion? Die Entstehung moderner jüdischer Ethnizität in Frankreich und Deutschland 1782–1848, Göttingen 2014; Gegenaufklärung. Der postmoderne Beitrag zur Barbarisierung der Gesellschaft, Freiburg i. Br. 2011 (2. akt. Auflage: 2014; Herausgeber mit Alex Gruber).
Beitrag: Jüdische Studien

Stephan Merl
Professor für Allgemeine Geschichte unter besonderer Berücksichtigung der Osteuropäischen Geschichte an der Universität Bielefeld.
Forschungsschwerpunkte: Kultur-, Sozial- und Wirtschaftsgeschichte Russlands und der Sowjetunion seit 1850; Sowjetisierung und Entstalinisierung in Osteuropa; Vergleichende Konsumgeschichte.
Ausgewählte Publikationen: Politische Kommunikation in der Diktatur. Deutschland und die Sowjetunion im Vergleich, Göttingen 2012; Kann der Korruptionsbegriff auf Russland und die Sowjetunion angewandt werden? In: Niels Grüne/Simona Slanicka (Hrsg.), Korruption. Historische Annäherungen an eine Grundfigur politischer Kommunikation, Göttingen 2010, 247–279; Entstalinisierung, Reformen und Wettlauf der Systeme 1953–1964, in: Stefan Plaggenborg (Hrg.), Handbuch der Geschichte Rußlands, Bd. 5: 1945–1991. Vom Ende des Zweiten Weltkriegs bis zum Zusammenbruch der Sowjetunion, Stuttgart 2002, 175–318.
Beitrag: Russland und Osteuropa.

Nina Noeske
Professorin für Historische Musikwissenschaft mit einem Schwerpunkt Musik und Gender an der Hochschule für Musik und Theater Hamburg.
Forschungsschwerpunkte: Musik- und Kulturgeschichte vom 18. bis zum 21. Jahrhundert; (Neue) Musik in der DDR und im geteilten Deutschland; Franz Liszt und die Neudeutsche Schule; Musik und Kitsch; ästhetische und methodologische Fragestellungen; Musiktheater und Inszenierungspraxis im 20. Jahrhundert.
Ausgewählte Publikationen: Musikalische Dekonstruktion. Neue Instrumentalmusik in der DDR, Köln u. a. 2007; Musik und Kitsch, Hildesheim u. a. 2014 (Mitherausgeberin); Liszt – Faust – Symphonie. Ästhetische Dispositive um 1857 (Druck in Vorb.).
Beitrag: Musik und Musikwissenschaft

Werner Plumpe
Professor für Sozial- und Wirtschaftsgeschichte an der Goethe-Universität Frankfurt am Main.
Forschungsschwerpunkte: Allgemeine Wirtschafts- und Sozialgeschichte der Neuzeit; Unternehmens- und Industriegeschichte des 19. und 20. Jahrhunderts; Geschichte der industriellen Beziehungen; Geschichte des ökonomischen Denkens und der ökonomischen Theorien.
Ausgewählte Publikationen: Unternehmer – Fakten und Fiktionen. Historisch-biografische Studien. München 2014 (Herausgeber); Die Große Depression – Die Weltwirtschaftskrise 1929–1939, Frankfurt am Main/New York 2014 (mit Jan-Otmar Hesse und Roman Köster); Wirtschaftskrisen. Geschichte und Gegenwart, München 2010.
Beitrag: Wirtschaftsgeschichte

Claudia Preckel
Wissenschaftliche Mitarbeiterin (Post-Doc) an der Ruhr-Universität Bochum im DFG-Projekt: Medizinisches Wissen und plurale Kultur: Die graeco-islamische Medizin (ṭibb-i yūnānī, Unani Medicine) und ihre Darstellung in Südasien.
Forschungsschwerpunkte: Islam in Südasien; Reformistische Islamische Bewegungen in Südasien; graeco-islamische Medizin (Unani Medicine) in Südasien.
Ausgewählte Publikationen: Muslim Bodies: Körper, Sexualität und Medizin in muslimischen Gesellschaften, Münster 2015 (mit Susanne Kurz und Stefan Reichmuth); Islamische Bildungsnetzwerke und Gelehrtenkultur im Indien des 19. Jahrhunderts. Muḥammad Ṣiddīq Ḥasan Ḫān (st. 1890) und die

Entstehung der Ahl-e ḥadīt-Bewegung in Bhopal. Diss. Ruhr-Universität Bochum 2005, veröffentlicht 2008 (http://www-brs.ub.ruhr-uni-bochum.de/netahtml/HSS/Diss/PreckelClaudia/).
Beitrag: Muslimisches Südasien

Jan Rohls
Professor für Systematische Theologie an der Evangelisch-Theologischen Fakultät der Ludwig-Maximilians-Universität München.
Forschungsschwerpunkte: Theologiegeschichte; Theologie und Philosophie; Geschichte der Ethik; Kunst und Religion.
Ausgewählte Publikationen: Protestantische Theologie der Neuzeit, 2 Bde., Tübingen 1997; Philosophie und Theologie in Geschichte und Gegenwart, Tübingen 2002; Ideengeschichte des Christentums, 4 Bde., Tübingen 2012–2014.
Beitrag: Theologie, Protestantische

Carsten Ruhl
Professor für Kunstgeschichte an der Goethe-Universität Frankfurt am Main.
Forschungsschwerpunkte: Architekturgeschichte des 18. bis 21. Jahrhunderts; Geschichte der Architekturtheorie; Internationale Bauhaus-Rezeption; Architektur und Kunst der Moderne.
Ausgewählte Publikationen: The Death and Life of the Total Work of Art. Henry van de Velde and the Legacy of a Modern Concept. 12th International Bauhaus-Colloquium, Berlin 2015 (Herausgeber mit Chris Dähne und Rixt Hoekstra); Magisches Denken – Monumentale Form. Aldo Rossi und die Architektur des Bildes, Tübingen 2013; Mythos Monument. Urbane Strategien in Architektur und Kunst seit 1945, Bielefeld 2011 (Herausgeber).
Beitrag: Architekturgeschichte und Architekturtheorie

Ute Schneider
Professorin für Sozial- und Wirtschaftsgeschichte an der Universität Duisburg-Essen.
Forschungsschwerpunkte: Sozial-, Rechts- und Kulturgeschichte Europas im 19. und 20. Jahrhundert; Wissenschaftsgeschichte (kartographische Visualisierungen, Kartographie, Geographie seit der Frühen Neuzeit); Methoden und Theorien der Geschichtswissenschaft.
Ausgewählte Publikationen: Inquiries or Statistics? Agricultural Surveys and Methodological Considerations in the Nineteenth Century, in: Nadine Vivier (Hrsg.), The Golden Age of State Enquiries: Rural Enquiries in the Nineteenth Century (Rural History in Europe 14), Turnhout 2014, 43–57; Die Macht der Karten. Eine Geschichte der Kartographie vom Mittelalter bis heute, Darmstadt 2012 (3. erw. und aktualisierte Auflage); Dimensionen der Moderne. FS für Christof Dipper, Frankfurt am Main 2008 (Herausgeberin mit Lutz Raphael).
Beitrag: Mitherausgeberin des Handbuchs

Susanne Schröter
Professorin für Ethnologie kolonialer und postkolonialer Ordnungen; PI im Exzellenzcluster »Herausbildung normativer Ordnungen« an der Goethe-Universität Frankfurt.
Forschungsschwerpunkte: Politische und kulturelle Transformationen in der islamischen Welt; Frauenrechte, Transgender, LGBTI; (Post)Säkularismus; Konstruktionen kultureller Diversität.
Ausgewählte Publikationen: Review of Indonesian and Malaysian Affairs (RIMA) 48/1, 2014, Special Issue: Modes of Belonging. Citizenship, Identity and Difference in Indonesia (Herausgeberin mit Birgit Bräuchler und Kathryn Robinson); Geschlechtergerechtigkeit durch Demokratisierung? Transformationen und Restaurationen von Genderverhältnissen in der islamischen Welt. Bielefeld 2013 (Herausgeberin); Gender and Islam in Southeast Asia. Women's Rights Movements, Religious Resurgence and Local Traditions. Leiden 2013 (Herausgeberin).
Beitrag: Ethnologie

Shingo Shimada
Inhaber des Lehrstuhls für Modernes Japan II mit sozialwissenschaftlichem Schwerpunkt an der Heinrich-Heine-Universität Düsseldorf.
Forschungsschwerpunkte: Theorie und Methode des Kulturvergleichs; Wissenssoziologie; Soziologie des Alter(n)s; sozialer Wandel in der japanischen Gesellschaft.
Ausgewählte Publikationen: Grenzgänge – Fremdgänge. Japan und Europa im Kulturvergleich, Frankfurt am Main 1994; Die Erfindung Japans. Kulturelle Wechselwirkung und politische Identitätskonstruktion, Frankfurt am Main 2000/2007; Alternde Gesellschaften im Vergleich. Solidarität und Pflege in Deutschland und Japan, Bielefeld 2006 (mit Christian Tagsold).
Beitrag: Japan

Annette Simonis
Professorin für Allgemeine und Vergleichende Literaturwissenschaft und Deutsche Literaturwissenschaft an der Justus Liebig Universität Gießen.
Forschungsschwerpunkte: Literarische Moderne und Avantgarde; Intermedialität; Inter Arts; Literatur und Musik; Kulturtransfer; Gestalttheorie; Wissensgeschichte; kulturelle Imaginationsgeschichte.
Ausgewählte Publikationen: Das kulturelle Imaginäre (Comparatio 6.1), Heidelberg 2014 (Herausgeberin mit Carsten Rohde); »Die süße Macht der Töne…«. Zur Bedeutung der Musik in Shakespeares Werken und ihrer Rezeption, Hildesheim 2014 (Wegzeichen Musik 9; Herausgeberin mit Ute Jung-Kaiser); Intermedialität und Kulturaustausch. Beobachtungen im Spannungsfeld zwischen Künsten und Medien, Bielefeld 2009 (Herausgeberin).
Beitrag: Literaturwissenschaften (mit Linda Simonis)

Linda Simonis
Professorin für Allgemeine und Vergleichende Literaturwissenschaft an der Ruhr-Universität Bochum.
Forschungsschwerpunkte: Literatur- und Kulturkritik; Performanz und Politik in Drama und Oper der Frühen Neuzeit; Poetiken der Globalität; Geheimnis und Geheimschriften; Poetik und Medialität der Inschrift; Formen literarischer Poesis.
Ausgewählte Publikationen: Zeitwahrnehmung und Zeitbewußtsein in der Moderne. Bielefeld 2000 (Herausgeberin mit Annette Simonis); Figuren des Globalen: Weltbezug und Welterzeugung in Literatur, Kunst und Medien, Bonn 2014 (Herausgeberin mit Christian Moser); Archäologiefiktion im französischen Gegenwartsroman. Alain Nadauds *Archéologie du zéro*, in: Heike Kuhn/Beatrice Nickel (Hrsg.), Erschwerte Lektüren. Der literarische Text im 20. Jahrhundert als Herausforderung für den Leser, Frankfurt am Main 2014, 147–171.
Beitrag: Literaturwissenschaften (mit Annette Simonis)

Ulrich Wengenroth
Inhaber des Lehrstuhls für Geschichte der Technik i. R. an der Technischen Universität München.
Forschungsschwerpunkte: Technik der Moderne.
Ausgewählte Publikationen: Grenzen des Wissens – Wissen um Grenzen, Weilerswist 2012 (Herausgeber); Technikwissenschaften: Erkennen – Gestalten – Verantworten, Berlin 2013 (acatech IMPULS) (mit Klaus Kornwachs et al.); Brücken in die Moderne, in: Ulrich Beck/Martin Mulsow (Hrsg.), Vergangenheit und Zukunft der Moderne, Berlin 2014, 183–231.
Beitrag: Technikgeschichte

Clemens Zimmermann
Universitätsprofessor für Kultur- und Mediengeschichte am Historischen Institut der Universität des Saarlandes, Saarbrücken.
Forschungsschwerpunkte: Mediengeschichte; Stadtgeschichte; Stadt-Land-Beziehungen; Kulturgeschichte.
Ausgewählte Publikationen: Stadt und Medien. Vom Mittelalter bis zur Gegenwart, Köln/Weimar/Wien 2012; La época de las metrópolis. Urbanismo y desarrallo de la gran ciudad, Madrid 2012; Industrial Cities. History and Future, Frankfurt am Main/New York 2013 (Herausgeber).
Beitrag: Stadtgeschichte und Urbanistik

Personenregister

A

Abramovitz, Moses 290
Adam, Karl 309
Adler, Guido 186
Adonis 35
Adorno, Theodor W. 10, 49, 50, 85, 86, 140, 160, 181, 184, 185, 188, 207, 212, 262, 265
Ahmed, Akbar S. 30, 197
Aischylos 157
Akbar, Jalaluddin Muhammad 193
al-Afghani, Sayyid Jamal ad-Din 193
al-Azmeh, Aziz 35
al-Azm, Sadeq Jalal 27, 30, 35
Alexander I. 251
Ali, Muhammad (Mehmed) 33
al-Jabri, Mohammed Abed 27
Anquetil-Duperron, Abraham Hyacinthe 232
Antoine, André 301
Apollinaire, Guillaume 137
Appadurai, Arjun 75
Appia, Adolphe 301, 302
Araujo, Kathya 152
Arnason, Johann P. 270
Arslan, Shakib 35
Asad, Talal 28, 30, 73, 237, 238
Ash, Mitchell G. 354
Askari, Hasan 198
Asmussen, Hans 327
Auer, Marietta 221
Aurier, Albert 134, 137

B

Babbage, Charles 293
Bach, Johann Sebastian 130, 186
Bachofen, Johann Jakob 71
Bacon, Francis 167, 205, 349
Badiou, Alain 84, 85
Bahadur Shah Zafar 200
Bahr, Hermann 319
Bakunin, Michail A. 247, 251, 252, 255
Balandier, Georges 19
Balthasar, Hans Urs von 316
Baron, Salo W. 118
Barth, Fredrik 123
Barth, Karl 320, 326

Basnage, Jacques 121
Bateson, Gregory 239
Baudelaire, Charles 132, 156, 160, 161, 262, 278
Bauer, Thomas 31
Bauman, Zygmunt 124, 266, 267, 271
Baumann, Gerd 75
Baur, Ferdinand Christian 321, 322
Beck, Ulrich 147, 150, 221, 267, 268, 271
Beethoven, Ludwig van 181
Behrens, Peter 39, 302
Bell, Daniel 265, 266
Belyj, Andrej 160
Bendix, Reinhard 264
Benjamin, Walter 54, 85, 87, 134, 140, 160, 161, 262
Benn, Gottfried 160
Berg, Alban 188
Berger, Peter L. 176, 213, 231, 265, 271
Bergman, Ingmar 89
Bergson, Henri 52, 239
Berio, Luciano 188
Berlioz, Hector 181, 182, 183, 186
Berman, Harold J. 226
Berman, Marshall 278
Bethune-Baker, James Franklin 320
Bhabha, Homi 73
Biedermann, Alois Emanuel 322
Biese, Franz Carl 205
Bloch, Ernst 106
Blondel, Maurice 316
Blumenberg, Hans 239, 329
Boas, Franz 72, 144
Boehm, Gottfried 138
Boellstorff, Tom 78
Bogdanov, Alexander 248, 257
Boileau, Nicolas 155
Bois-Reymond, Emil du 168, 349, 350
Borchardt, Rudolf 94
Bordwell, David 86
Bose, Hans Jürgen von 187
Bougainville, Louis-Antoine de 70
Boulanger, Nadia 184
Boulez, Pierre 182
Bourdieu, Pierre 28, 120
Bousset, Wilhelm 236
Bowers, Eileen 87

Boyarin, Daniel 124
Brahms, Johannes 182
Brahms, Otto 301
Brandis, Christian August 205
Braverman, Harry 290
Brecht, Bertolt 181, 301
Bredemeyer, Reiner 185
Brehier, Émile 206
Brendel, Franz 182
Breuer, Marcel 43
Brunner, Emil 326
Brunner, Otto 100, 335
Bruno, Giordano 160
Buber, Martin 129
Bucaille, Maurice 197
Bücher, Karl 333
Buckle, Henry Thomas 110, 111
Burbage, James 299
Burke, Peter 238, 239
Busoni, Ferruccio 183
Butler, Judith 28, 123
Butterfield, Herbert 353
Butting, Max 189

C

Čaadaev, Petr 248
Čajanov/Tschajanow, Alexander 245, 256, 257
Calhoun, Craig 267
Canguilhem, Georges 348
Cannell, Fenella 77
Cardoso, Fernando H. 146
Casanova, José 36, 231, 272
Casetti, Francesco 84
Cassirer, Ernst 95, 211
Castro, Fidel 145
Černyševskij/Tschernyschewski, Nikolai G. 245, 248, 251, 255
Césaire, Aimé 73
Cézanne, Paul 137
Chagall, Marc 129
Chakrabarty, Dipesh 28, 236
Chang Yansheng 65
Chartres, Bernhard von 155
Chen Lai 61
Chruščev, Nikita S. 245, 254, 258
Chughta'i, Hakim Muhammad Tariq M. 202
Clair, Rene 86
Clemens, Franz Jakob 315
Cogley, John 231
Comaroff, Jean 24
Comaroff, John 24
Conze, Werner 100, 101

Cooley, Charles Horton 261
Cooper, Frederick 22, 23, 24
Cooter, Roger 172
Corfield, Penelope 95
Cousin, Victor 133, 206
Craig, Edward Gordon 301
Crane, Hart 51
Cushing, Frank Hamilton 72

D

Dahlhaus, Carl 185
Dalí, Salvador 56, 58
Da Orta, Garcia 201
Darwin, Charles 192
Davie, Grace 231
Da Vinci, Leonardo 160
Debussy, Claude 180, 187
de Groot, Johann Jakob Maria 234
Deleuze, Gilles 89
Delmedigo, Joseph 125
Denis, Maurice 134
Dennis, Richard 275
Derrida, Jacques 28, 33, 207
Descartes, René 160, 205, 311
De Sica, Vittorio 89
Desnickij, S.E. 251
Dessau, Paul 181, 185
De Tarde, Gabriel 261
Dewey, John 55
Diamond, Stanley 71
Diderot, Denis 251, 300
Dilthey, Wilhelm 208, 322, 323, 324
Dimendberg, Ed 88
Diner, Dan 118
Dinur, Ben-Zion 122
Dittrich, Paul-Heinz 185
Döblin, Alfred 160, 161
Doi, Takeo 112
Domingues, José Maurício 148, 150, 269
Dos Passos, John 51, 160
Dos Santos, Theotonio 146
Droysen, Johann Gustav 95
Dubnow, Simon 122
Duchamp, Marcel 86
Duerr, Hans Peter 72
Dugin, Alexander 249
Durkheim, Émile 19, 217, 218, 235, 261

E

Easterlin, Richard 296
Einstein, Alfred 183
Eisenman, Peter 46

Eisenstadt, Shmuel N. 2, 23, 31, 76, 102, 148, 204, 237, 264, 268, 269, 281
Eisler, Hanns 181, 185
Elias, Norbert 72, 176
Eliot, Thomas Stearns 51, 160
Ellul, Jacques 290
Emden, Jacob 126
Emerson, Ralph Waldo 49, 50
Endelman, Todd M. 119
Engel, Johann Jacob 300
Engels, Friedrich 71, 340
Engineer, Asghar Ali 197
Enwezor, Okwui 135
Erasmus von Rotterdam, Desiderius 323
Erdmann, Johann Eduard 205
Eschweiler, Karl 310
Escobar, Arturo 148
Ettinger, Shmuel 122
Etzioni, Amitai 266
Eucken, Rudolf 209
Euripides 157
Eybeschütz, Jonathan 126

F

Fahmy, Khaled 33
Faivre, Antoine 233
Faletto, Enzo 146
Falzon, Mark-Anthony 76
Fanon, Frantz 73
Fan Wenlan 63
Faulkner, William 51
Feiner, Shmuel 119
Feldman, David 119
Ferguson, James 18, 73, 77
Fichte, Immanuel Hermann 205
Fischer, Kuno 205
Fischinger, Oskar 86
Fitzgerald, F. Scott 51
Fleck, Ludwik 350
Fortna, Benjamin 34
Forty, Adrian 46
Foucault, Michel 28, 176, 207
Frank, André Gunder 146
Frank, Johann Peter 169
Frazer, James George 235
Freud, Sigmund 52, 56, 161
Freyer, Hans 101, 211
Friedman, Jonathan 75
Friedman, Lawrence 219
Fried, Michael 140
Friedrich II. 121
Frisby, David 278

Fuchs, Georg 301, 302
Fukuyama, Francis 100
Fukuzawa, Yukichi 111

G

Gabriel, Teshome 91
Galanter, Marc 218
Galbraith, John Kenneth 72
Galenos von Pergamon 167
Gastev, Aleksej 245
Gauguin, Paul 70
Gautier, Théophile 133
Geertz, Clifford 77
Gehlen, Arnold 101, 212, 213
Geiger, Abraham 123
Geißler, Fritz 190
Gelasius (Papst) 133
Germani, Gino 145
Gérôme, Jean-Léon 139
Geschiere, Peter 75
Giddens, Anthony 10, 29, 147, 150, 265, 267, 268, 271
Giedion, Sigfried 38, 40, 289
Gill, Irving 44
Glass, Philip 188
Goebbels, Heiner 181
Goethe, Johann Wolfgang von 160, 300, 302
Gogarten, Friedrich 329
Goldhagen, Sarah William 46
Goldmann, Friedrich 185
Goldziher, Ignaz 234
Gorbačev, Michail S. 249, 254
Gorki, Maxim 189
Gorky, Arshile 57
Gossen, Hermann Heinrich 332
Graeber, David 339
Graetz, Heinrich 122
Graf, Friedrich Wilhelm 98
Gramsci, Antonio 28
Greenberg, Clement 135, 137, 140
Grein, Jacob 301
Griffith, David Wark 87
Gropius, Walter 38, 39, 40, 41, 43, 280
Grossi, Paolo 222, 227
Grotius, Hugo 227
Guardini, Romano 316
Gubaidulina, Sofia 188
Guérin, Jules 170
Guizot, François Pierre Guillaume 110, 111, 121
Gunéon, René 198
Gunning, Tom 87
Günther, Anton 311

Gupta, Akhil 73
Gurvitch, Georges 217
Gusfield, Joseph R. 264
Gutenberg, Johannes 125

H
Haam, Achad 129
Habermas, Jürgen 10, 28, 43, 104, 147, 150, 207, 269, 270, 272
Halévy, Léon 121
Hall, Stuart 29
Händel, Georg Friedrich 130
Hanslick, Eduard 182
Hanssen, Jens 34
Harnack, Adolf von 312, 319
Hartmann, Karl Amadeus 184, 189
Hawthorne, Nathaniel 50
Hegel, Georg Wilhelm Friedrich 204, 205, 216, 325
Heidegger, Martin 33, 207
Helmholtz, Hermann von 168
Hemingway, Ernest 51
Henze, Hans Werner 185
He Qinglian 61, 67
Herbert, Ulrich 96, 103, 275
Herder, Johann Gottfried 157, 232, 233
Hermes, Georg 311
Herzen, Alexander 248, 251, 255
Heschel, Susannah 123
Hess, Jonathan M. 119
Heyme, Hans Günther 306
Heym, Stefan 160
Hilberseimer, Ludwig 38, 44
Hildebrand, Adolf 47
Hinneberg, Paul 206, 234
Hippokrates 166, 173
Hirsch, Emanuel 327
Hitchcock, Henry-Russel 39
Hobbes, Thomas 325
Hobsbawm, Eric 20, 101, 123
Hoddis, Jakob van 161
Hodgson, Marshall G. S. 31
Hofmannsthal, Hugo von 102, 160, 161
Holanda, Sérgio Buarque de 144, 145
Hoodbhoy, Pervez Amirali 197
Horkheimer, Max 49, 50, 212, 262
Horton, James Africanus 25
Hosagrahar, Jyoti 282
Hsün, Lu 113
Hübinger, Gangolf 98
Humboldt, Alexander von 352
Humboldt, Wilhelm von 234
Hunter, William Wilson 192

Hu Shi 63
Husserl, Edmund 176

I
Ibn Sina (Avicenna) 201
Ibsen, Henrik 303
Imdahl, Max 138
Iqbal, Muhammad 195
Iser, Wolfgang 55, 157
Ives, Charles 180, 184
Iwata, Yoshimichi 114

J
Jacobi, Friedrich Heinrich 205
Jacobs, Jane 46
Jacob, Wilson Chacko 33
Jaeger, Friedrich 95
James, William 50, 52, 206
Jameson, Frederic 89
Jaques-Dalcroze, Emile 302
Jaspers, Karl 236, 268
Jauß, Hans Robert 158
Jefferson, Thomas 59
Jehangir 199
Jencks, Charles 46
Jhering, Rudolf von 222
Jinnah, Muhammad Ali 195, 200
Joas, Hans 226
Johnson, Philip 39
Jost, Isaak Markus 121
Joyce, James 160
Juda(h) he-Chassid (Jehuda der Fromme) 122
Juglar, Clement 342
Jünger, Ernst 161

K
Kafka, Franz 160
Kallen, Horace 263
Kandinsky, Wassily 137
Kang Youwei 62, 63
Kant, Immanuel 205, 233, 311, 314
Kaplan, Yosef 124
Kaprow, Allan 140
Karamzin, Nikolaj M. 253
Katharina II. 244, 251, 252, 256
Katz, Jacob 119
Kaufmann, Emil 38, 40
Kaufmann, Franz-Xaver 270
Kawashima, Takenobu 112
Kay, Cristóbal 146
Khan, Hakim Ajmal 201
Khan, Sayyid Ahmad 194, 200, 202

Khomeini 271
Kittsteiner, Heinz Dieter 95
Kleutgen, Joseph 315
Klotz, Heinrich 43
Klute, Georg 77
Knöbl, Wolfgang 102
Knorr-Cetina, Karin 356
Koch, Robert 170, 352
Kocka, Jürgen 101
Kohl, Karl-Heinz 76
Kollontaj, Alexandra 245
Koselleck, Reinhart 10, 97, 98, 103, 106, 156, 158, 235, 270, 271, 310
Kovalevskij, Maksim M. 245
Kracauer, Siegfried 85, 87, 161
Kramer, Fritz 71
Kraus, Karl 278
Kreidler, Johannes 181, 186
Krochmal, Nachman 122
Kuenen, Abraham 322
Kuhn, Thomas 350
Kumon, Shunpei 112
Kurosawa, Akira 89
Kurzweil, Baruch 129
Kuyper, Abraham 320

L
Lachenmann, Helmut 181, 185
Lahontan, Louis Armand Baron de 70
Landes, David 290
Landmann, Michael 213
Lang, Heinrich 322
Laroui, Abdallah 27
Lässig, Simone 120
Latour, Bruno 91, 136, 141, 154, 351
Le Corbusier 38, 39, 40, 279
Lederhendler, Eli 119
Leibniz, Gottfried Wilhelm 244, 256
Lenger, Friedrich 275
Lenin (Uljanow, Wladimir Iljitsch) 249
Lerner, Daniel 29, 263, 264, 271
Lessing, Gotthold Ephraim 137, 300
Levinas, Emmanuel 124
Levy, Michel 170
Liang Qichao 62, 65
Liang Shuming 65
Lichtenberg, Georg Christoph 300
Li Shiyue 64
Li Shu 64
Liszt, Franz 180, 181, 183
Li Zehou 64
Locke, John 325

Loisy, Alfred 312
Loos, Adolf 39
Löwith, Karl 204, 239
Löw, Jehuda ben Bezalel 124
Lubac, Henry de 316
Lübbe, Herrmann 330
Luckmann, Thomas 176, 213
Ludwig XIV. 232, 300
Ludwig XVI. 128
Lugard, Frederick John Dealtry 25
Luhmann, Niklas 10, 28, 124, 147, 156, 157, 158, 219, 271, 272, 330, 335
Lukács, Georg 220
Luther, Martin 322, 323, 328
Lutosławski, Witold 181
Lyotard, Jean-François 28, 33, 103, 266

M
MacArthur, Douglas 111
Machel, Samora 20
Maciunas, George 140
Mahler, Gustav 181, 186, 187
Mahmood, Saba 36
Mahnkopf, Claus-Steffen 185
Malinowski, Bronislaw 72, 74
Malthus, Thomas 288, 336
Manet, Édouard 133
Mann, Michael 34
Mao Zedong 63, 65
Maphio, Ser 299
Marcus, George E. 76
Marini, Rui Mauro 146
Marranci, Gabriele 77
Martuccelli, Danilo 152
Maruyama, Masao 112
Marx, Karl 18, 28, 71, 220, 248, 252, 262, 265, 293, 340, 342
Matschoss, Conrad 289
Matthews, Shailer 320
Maududi, Abu l-Ala 195
Mauss, Marcel 261
Mayer, Günter 185
McCabe, Colin 85
Mead, George Herbert 261
Mead, Margaret 72, 73
Meadows, Dennis 100
Melville, Herman 50
Mendelssohn, Moses 120
Mendelssohn-Bartholdy, Felix 129
Merton, Robert K. 68, 349
Messiaen, Olivier 184
Metzger, Heinz-Klaus 185

Metz, Johann Baptist 310
Meyer, Hannes 38
Meyer, Michael A. 119, 126, 128
Meyerhold, Vsevolod 301, 306
Michelet, Karl Ludwig 205
Mies van der Rohe, Ludwig 38, 39, 40, 41, 43
Mignolo, Walter 148
Minakata, Kumagusu 111
Minobe, Tatsukichi 115
Miró, Joan 57
Mitchell, Timothy 33
Mitchell, William T. 141
Modena, Leone da 125
Mommsen, Wolfgang J. 101
Mondrian, Piet 38, 137
Montesquieu, Charles Louis de Secondat 251
Monteverdi, Claudio 299
Morgan, Lewis Henry 70
Mori, Arinori 111
Morin, Edgar 233
Morris, William 45
Mozart, Wolfgang Amadeus 181, 186
Muhammad (Prophet) 193, 202
Muir, William 192
Müller, Friedrich Max 235
Müller, Johannes 168
Mumford, Lewis 42, 289
Münch, Richard 269
Murakami, Yasusuke 112
Murphy, Dudley 86
Musser, Charles 87
Mussorgsky, Modest 180, 182, 183
Muthesius, Hermann 280

N
Naik, Zakir 197, 202
Nakae, Chômin 116
Nakane, Chie 112
Nancarrow, Conlon 184
Nandy, Ashis 196
Napoleon Bonaparte 128
Nasr, Seyyed Hossein 195, 196, 197, 198
Naunyn, Bernhard 172
Needham, Joseph 293
Nehru, Jawaharlal 200
Nelson, Benjamin 268
Neutra, Richard 44
Nietzsche, Friedrich 52, 208, 266
Ninagawa, Yukio 306
Nishi, Amane 111
Nono, Luigi 185
Noro, Eitarô 114

O
Oguma, Eiji 112
Oldenberg, Hermann 234
Opzoomer, Cornelis Willem 322
Osterhammel, Jürgen 6, 283
Ôtsuka, Hisao 112
Otto, Rudolf 235
Oud, Jacobus Johannes Pieter 39
Overbeck, Franz 319

P
Palladio, Andrea 299
Pannenberg, Wolfhart 329, 330
Pan Wei 67
Park, Robert Ezra 261
Parker, Louis Napoleon 302
Parkes, Edmund 170
Parsons, Talcott 19, 23, 218, 263, 265
Partch, Harry 184
Pasteur, Louis 170
Paulsen, Friedrich 206
Paz, Octavio 143, 152
Penderecki, Krzysztof 181
Perrault, Charles 133, 155
Perrault, Claude 45
Peter der Große 244, 245, 247, 250, 251, 252, 255, 256
Petrarca, Francesco 104
Pettenkofer, Max von 170
Peukert, Detlev J. K. 96, 97, 176
Pevsner, Nikolaus 41
Pfitzner, Hans 189
Pico della Mirandola, Giovanni 125, 160
Pierson, Allard 322
Piketty, Thomas 341
Piscator, Erwin 301, 306
Pius IX. (Papst) 315
Plaggenborg, Stefan 245, 246
Plumpe, Gerhard 158
Polanyi, Karl 337
Pound, Ezra 51, 160
Poussin, Nicolas 133
Pratella, Francesco Balilla 182
Putin, Wladimir 249
Putnam, Robert 240

Q
Quijano, Anibal 148, 150

R
Radiščev, Alexandr Nikolajevič 251
Rahman, Fazlur 195

Rahner, Karl 316
Rancière, Jacques 89
Ranger, Terence 20
Raphael, Lutz 96, 99, 354
Ray, Man 86
Reckwitz, Andreas 271
Redfield, Robert 73
Reinhardt, Carsten 349
Reinhardt, Max 302, 303, 306
Renan, Ernest 193, 203
Rendtorff, Trutz 321, 330
Resnais, Alain 86
Reuchlin, Johannes 125
Ricardo, David 340
Rice, Abraham 126
Riley, Terry 188
Rilke, Rainer Maria 160, 161
Robertson, Roland 76
Rodin, Auguste 161
Rokkan, Stein 102
Rosa, Hartmut 271
Rossellini, Roberto 89
Rossi, Aldo 42
Rossi, Paolo 352
Rossi, Salomone 130
Rostow, Walt W. 290
Rousseau, Jean-Jaques 160
Rowe, Colin 42
Roy, Olivier 237
Russell, Bertrand 207
Russolo, Luigi 182
Ruttmann, Walter 86

S

Sadan, Dov 129
Sahlins, Marshall 72
Said, Edward 28, 30, 73, 74, 113, 236
Sailer, Johann Michael 311
Saldern, Adelheid von 277
Salomon, Haym 128
Salvador, Joseph 121
Salvatore, Armando 30
Santayana, George 50
Sardar, Ziauddin 196, 197, 198, 202, 203
Sarmiento, Domingos F. 144, 149
Sasaki, Kizen 111
Satie, Erik 182
Satô, Seizaburô 112
Say, Jean Baptiste 332
Schaeffer, Pierre 184
Schaffer, Simon 351
Scheeben, Matthias Josef 315

Scheler, Max 210
Schell, Herman 309
Schieder, Theodor 100
Schieder, Wolfgang 101
Schiele, Egon 278
Schiele, Friedrich Michael 235
Schiller, Friedrich 155, 160, 232, 300
Schilling, Gustav 182
Schindler, Rudolph Michael 44
Schlegel, August Wilhelm 157
Schlegel, Friedrich 157, 206
Schleiermacher, Friedrich 325
Schlesier, Karl 71
Schlögel, Karl 279
Schmidt, Christoph 246
Schmoller, Gustav 333, 334
Schneider, Robert A. 94
Schnitzler, Arthur 161, 278
Scholem, Gershom 122
Schönberg, Arnold 130, 180, 183, 187
Schönlein, Johann Lucas 168
Schopenhauer, Artur 206
Schorske, Carl Emil 278
Schostakowitsch, Dmitri 185, 189
Schumacher, Fritz 47, 280
Schumann, Friedrich Karl 321
Schumpeter, Joseph A. 289, 334, 338, 342
Schwegler, Friedrich Karl Albert 205
Schweitzer, Albert 210
Schwinn, Thomas 281
Schwitters, Kurt 182
Scott, James 71, 73
Seeberg, Reinhold 319
Serocki, Kazimierz 181
Shah Waliyullah 199
Shakespeare, William 157
Shapin, Steven 351, 353
Shdanow, Andrej 189
Shils, Edward 264
Siebeck, Hermann 234
Siemens, Werner von 349
Sigrist, Christian 71
Simmel, Georg 161, 162, 176, 209, 210, 262, 266
Simonis, Annette 158
Singer, Ben 82
Šklovskij, Viktor 53, 157
Smiles, Samuel 256
Smith, William Robertson 235
Snow, Charles P. 348
Sohn-Rethel, Alfred 220
Soja, Edward William 277
Solow, Robert 290

Sombart, Werner 261, 289, 333, 334
Sophokles 157
Sörgels, Herman 47
Sorkin, David 120
Spahlinger, Mathias 181, 185
Spencer, Herbert 217
Spengler, Oswald 289
Spivak, Gayatri Chakravorty 124
Stahl, Friedrich Julius 216
Stalin, Josef 245, 253, 254, 256, 257
Stanislavski, Konstantin S. 301
Stehr, Nico 353
Stein, Gertrude 51
Steiner, George 233
Stern, Selma 123
Stockhausen, Karlheinz 182
Strauß, David Friedrich 321
Strauss, Richard 161, 180, 186, 187, 189
Strawinsky, Igor 182
Stryks, Samuel 221
Sumner Maine, Henry James 216
Sunkel, Osvaldo 146
Suzuki, Tadashi 306
Sydenham, Thomas 173
Szöllesi-Janze, Margit 354

T
Tafuri, Manfredo 42
Táíwò, Olúfémi 24
Takeuchi, Yoshimi 113
Tauts, Max 279
Tax, Sol 71
Taylor, Charles 36
Tedlock, Barbara 72
Terayama, Shuji 306
Terragni, Giuseppe 41
Therborn, Göran 270, 271
Thierry, Augustin 121
Thoreau, Henry David 50
Tibi, Bassam 30
Tillich, Paul 327
Tipu Sultan 199
Tiryakian, Edward A. 272
Tönnies, Ferdinand 217
Toulmin, Stephen 246
Touraine, Alain 265, 266, 272
Toynbee, Arnold 96, 231
Troeltsch, Ernst 97, 98, 310, 319, 320, 322, 323, 324, 325
Trotha, Trutz von 77
Truffaut, François 89
Tschajanow s. Čajanov

Tschernyschewski s. Černyševskij
Twain, Mark 49, 50
Tylor, Edward Burnett 235
Tyrell, George 316

U
Ueberweg, Friedrich 205
Ulrici, Hermann 205
Ungers, Oswald Mathias 42
Ure, Andrew 293
Ustwolskaja, Galina 184
Uvarov, Sergej 253

V
Valéry, Paul 160
Van de Velde, Henry 39
Van der Rohe, Mies 279
Van Gogh, Vincent 161
Van Rahden, Till 123
Varèse, Edgard 188
Vattimo, Gianni 91
Venturi, Robert 42
Virchow, Rudolf 168, 172, 175
Visconti, Luchino 89
Vitruv 45, 299
Vogt, Adolf Max 42
Volkov, Shulamit 123
Voltaire 105, 251

W
Wagner, Adolf 333
Wagner, Falk 321, 330
Wagner, Otto 39, 278
Wagner, Peter 267, 268, 271
Wagner, Richard 180, 182, 183, 302
Wagner-Régenys, Rudolf 185
Wallerstein, Immanuel 265
Walsh, Catherine 148
Walzel, Oskar 161
Wang Hui 61, 66
Warburg, Aby 140
Warhol, Andy 86
Watenpaugh, Keith David 34
Weber, Alfred 101, 204
Weber, Max 19, 28, 96, 97, 98, 101, 112, 124, 144, 149, 161, 176, 195, 207, 210, 217, 221, 234, 238, 240, 261, 262, 265, 270, 333, 334, 351
Wehler, Hans-Ulrich 101
Wei Jingsheng 65
Weill, Kurt 183, 185
Wellhausen, Julius 234
Welte, Bernhard 316

Werber, Niels 158
Werner, Karl 315
Werner, Martin 328
Westphal, Kurt 183, 186
White, Hayden 124
Whitfield, Stephen J. 124
Whitman, Walt 49, 50
Wieacker, Franz 221
Wilhelm II. 288
Williams, William Carlos 51
Winckelmann, Johann Joachim 300
Windelband, Wilhelm 209
Wirz, Albert 17
Wittrock, Björn 17, 270
Wolf, Eric 74
Wolf, Immanuel 118
Wolff, Christian 310, 311
Wolff, Eugen 94, 104, 319

Woolf, Virginia 160
Wrights, Frank Lloyd 44
Wright, William 206
Wunderlich, Carl 168, 173

Y
Yanagita, Kunio 111
Yerushalmi, Yosef Hayim 123

Z
Zapf, Wolfgang 267
Zeller, Eduard 205
Zevi, Bruno 42
Zhao Litao 61
Zimmermann, Bernd Alois 188
Zwingli, Huldrych 323, 328
Zwi, Sabbatai 126